山东统计年鉴

SHANDONG STATISTICAL YEARBOOK

2018

(总第 30 期 No．30)

山　东　省　统　计　局
国家统计局山东调查总队　编

Compiled by

Shandong Provincial Bureau of Statistics

Survey Office of the National Bureau of Statistics in Shandong

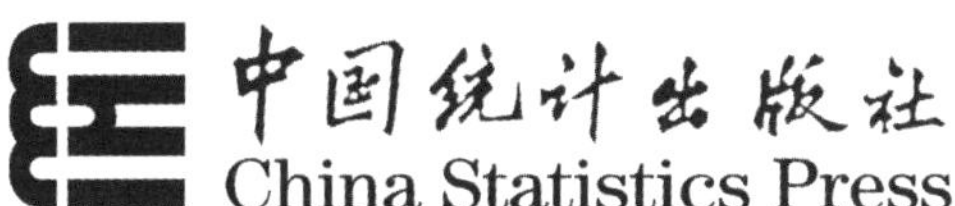

中国统计出版社
China Statistics Press

图书在版编目（CIP）数据

山东统计年鉴. 2018：汉英对照 / 山东省统计局，国家统计局山东调查总队编. -- 北京：中国统计出版社，2018.8
ISBN 978-7-5037-8509-2

Ⅰ. ①山… Ⅱ. ①山… ②国… Ⅲ. ①统计资料一山东一2018一年鉴一汉、英 Ⅳ. ①C832.52-54

中国版本图书馆 CIP 数据核字(2018)第 160921 号

山东统计年鉴-2018

作　　者/ 山东省统计局　国家统计局山东调查总队
责任编辑/ 钟　钰　赵善胜
责任校对/ 赵善胜
装帧设计/ 王　勇
出版发行/ 中国统计出版社
地　　址/ 北京市丰台区西三环南路甲 6 号
邮政编码/ 100073
电　　话/ 邮购（010）63376909　书店（010）68783171
网　　址/ http://www.zgtjcbs.com
印　　刷/ 山东麦德森文化传媒有限公司
经　　销/ 新华书店
开　　本/ 890mm×1240mm　1/16
字　　数/ 1900 千字
印　　张/ 52
版　　别/ 2018 年 8 月第 1 版
版　　次/ 2018 年 8 月第 1 次印刷
定　　价/ 460.00 元　Price:460.00(RMB)

本书附同版本 CD-ROM 一张，光盘内容以书面文字为准。
如有印装差错，由本社发行部调换。

《山东统计年鉴－2018》编辑委员会

Shandong Statistical Yearbook – 2018

EDITORIAL BOARD AND STAFF

编辑说明

一、《山东统计年鉴》是一部全面反映山东省国民经济和社会发展情况的资料性年刊，是认识和研究山东省情、制定政策、指导国民经济发展的重要资料和历史性工具书。

二、《山东统计年鉴—2018》共包括特载、统计表和附录三大部分。特载部分包括政府工作报告、统计公报和统计工作综述，综合反映全省经济社会发展概况和山东省统计工作情况。

统计表部分收录了 2017 年度山东省国民经济和社会发展方面的统计数据，共有二十二篇：第一篇，综合；第二篇，国民经济核算；第三篇，人口；第四篇，就业、工资和社会保障；第五篇，固定资产投资；第六篇，对外经济和旅游；第七篇，能源；第八篇，财政和金融；第九篇，价格指数；第十篇，居民生活；第十一篇，城市建设；第十二篇，资源和环境；第十三篇，农业；第十四篇，工业；第十五篇，建筑业；第十六篇，规模以上服务业；第十七篇，运输和邮电；第十八篇，批发和零售、住宿和餐饮业；第十九篇，教育和科技；第二十篇，文化、体育和卫生；第二十一篇，公共管理和社会服务；第二十二篇，各县（市、区）主要经济指标。

各篇章插页后附有简要说明，概括介绍各篇主要内容和资料来源；各篇章最后附有主要统计指标解释，简要介绍指标的概念、统计方法、统计口径和统计范围。

附录部分包括全国各省（市、自治区）主要经济指标、部分国际统计资料和山东省统计局工作大事记等。

三、本《年鉴》所列各项指标，《政府工作报告》和《统计公报》使用的数字为快报数或初步统计数；其他各部分为正式年报数据。凡与本《年鉴》数字不符的一律以本《年鉴》为准。

四、本《年鉴》的编辑，已根据现行国家统计制度，对统计指标概念、口径、范围、计算方法、计算价格等，作了统一调整，并分别在各部分的主要指标解释或表末加以注释；各表中价值量指标，凡未加说明的，均按当年价格计算。部分数据合计数或相对数由于单位取舍不同而产生的计算误差均未作机械调整。

五、《山东统计年鉴》公开出版以来，受到了广大读者的关心与支持，对此深表谢意。本《年鉴》编辑中难免存在不足之处，恳请广大读者提出宝贵意见，以便改进、提高。

PREFACE

I. *Shandong Statistical Yearbook* is an annual publication, which covers very comprehensive data and reflects various aspects of Shandong's social and economic development. It can also work as an important and historical reference book which will play a great role in comprehending and studying the basic conditions of Shandong, making policies, and guiding the development of society and economy.

II. The yearbook contains the following three parts: part one feature, part two statistics and part three appendixes. Feature mainly includes Government Work Report, Shandong Statistics Communique and Summary of Shandong Statistical Undertaking, comprehensively reflecting the development of society and economy and showing the achievements in statistics of Shandong Province.

Part 2 contains the following twenty-one chapters, 1. General Survey; 2. National Accounts; 3. Population; 4. Employment, Wages and Social Security ; 5. Investment in Fixed Assets; 6. Foreign Trade and Tourism; 7. Energy; 8. Government Finance and Banking; 9. Price Indices; 10. People's Livelihood; 11. City Construction; 12. Natural Resources and Environment; 13. Agriculture; 14. Industry; 15. Construction; 16.Service Enterprise Above Designated Size; 17. Transport, Postal and Telecommunication Services; 18. Wholesale, Retail, Hotels and Catering Services; 19. Education, Science and Technology; 20. Culture,Sports and Health;21.Public Management and Social Services;22. Main Indicators of Counties (Cities and Districts at County Level).

In brief introduction at the beginning of each chapter, main coverage of this chapter, data sources and statistical coverage are concerned. In addition, explanatory notes on main statistical indicators are provided at the end of each chapter, giving a brief explanation of statistical indicators, such as definition, statistical methods, statistical coverage and statistical scope.

Appendix contains the main economic indicators of some other provinces (municipality), international statistics and Events of Shandong Provincial Bureau of Statistics.

III. Data used in Government Work Report and Shandong Statistics Communiqué are preliminary statistics. data in other chapters is official annual data. Data in Shandong Statistical Yearbook are all verified and should be based on this standard.

IV. In *Shandong Statistical Yearbook*, statistical definitions, statistical coverage, statistical methods and prices are adjusted according to the current state statistical standards, and all changes have been noted at the end of the table or in the explanatory notes. Data in value terms are calculated at current prices if there are no notes. Statistical discrepancies on totals and relative figures due to rounding are not adjusted.

V. After this yearbook was published, it has received lots of concerns and support from readers whom we should thank. Because of our ability, it is inevitable that there are shortcomings in this book, so we welcome all candid comments and criticism from our readers to perfect this book and to offer readers better service.

目录

Contents

特　　载
ESPECIALLY PRINTED HERE ARE

统 计 表
STATISTICAL TABLE

第一篇　综　　合
CHAPTER　1　General Survey

第二篇 国民经济核算
CHAPTER 2 National Accounts

第三篇　人　口
CHAPTER　3　Population

第四篇　就业、工资和社会保障
CHAPTER　4　Employment , Wages and Social Security

第六篇 对外经济和旅游
CHAPTER 6 Foreign Trade and Tourism

第八篇 财政和金融
CHAPTER 8 Government Finance and Banking

第九篇 价格指数
CHAPTER 9 Price Indices

第十篇 居民生活
CHAPTER 10 People's Livelihood

第十二篇 资源和环境
CHARPTER 12 Natural Resources and Environment

第十三篇 农 业
CHAPTER 13 Agriculture

第十四篇 工 业
CHAPTER 14 Industry

第十五篇 建筑业
CHAPTER 15 Construction

第十六篇　规模以上服务业
CHAPTER　16　Service Enterprises Above Designated Size

第十七篇　运输和邮电
CHAPTER　17　Transport, Post and Telecommunication Services

第十八篇 批发和零售、住宿和餐饮业
CHAPTER 18 Wholesale, Retail, Hotels and Catering Services

第十九篇 教育和科技
CHAPTER 19 Education, Science and Technology

第二十篇 文化、体育和卫生
CHAPTER 20 Culture, Sports and Health

第二十一篇 公共管理和社会服务
CHAPTER 21 Public Management and Social Services

第二十二篇 各县（市、区）主要经济指标
CHAPTER 22 Main Indicators of Counties (Cities and Districts at County Level)

附 录
APPENDICES

政府工作报告

——2018 年 1 月 25 日在山东省第十三届人民代表大会第一次会议上

山东省省长　龚　正

各位代表：

现在，我代表省人民政府向大会报告工作，请予审议，并请省政协各位委员提出意见。

一、经济文化强省建设取得新成就，为决胜全面建成小康社会奠定坚实基础

本届政府任职的五年，是我省发展进程中很不平凡的五年。面对世界经济复苏乏力、我国经济发展进入新常态等一系列深刻变化，我们在以习近平同志为核心的党中央坚强领导下，坚持以习近平新时代中国特色社会主义思想为指导，深入贯彻党的十八大和十八届历次全会精神，把学习宣传贯彻党的十九大精神作为首要政治任务，全面贯彻习近平总书记视察山东重要讲话、重要指示批示精神，认真贯彻党中央、国务院决策部署，落实中共山东省委要求和省第十一次党代会精神，克难攻坚，砥砺奋进，省十二届人大一次会议确定的目标任务圆满完成。

五年来，全省经济综合实力大幅提升，地区生产总值迈上两个万亿元台阶，2017 年达到 7.27 万亿元；一般公共预算收入突破 6000 亿元；规模以上工业增加值年均增长 8.4%；粮食产量稳定在 900 亿斤以上；三次产业结构实现“二三一”到“三二一”的历史性转变。发展动力和活力显著增强，主要领域改革主体框架基本确立，简政放权、行政体制、财税金融、企业事业、农业农村、对外开放等改革取得实质性进展。区域城乡发展更趋协调，城镇化率年均提高 1.6 个百分点，850 万农业转移人口成为城镇居民；城镇人居环境持续改善，美丽乡村建设成效明显；对口支援和扶贫协作工作取得新成绩。民主法治建设有序推进，社会主义协商民主进一步加强，提请省人大常委会审议通过地方性法规 41 件、修改 50 件、废止 25 件，制定政府规章 45 件，行政复议体制改革全面完成，政府法律顾问制度全面建立。文化事业和文化产业蓬勃发展，中国梦和社会主义核心价值观深入人心，齐鲁优秀传统文化广泛弘扬；基层公共文化服务水平不断提升，文化产业增加值达到 3120 亿元，翻了近一番。群众体育蓬勃发展，我省体育健儿在国内外重大赛事连创佳绩。人民群众生活明显改善，城镇、农村居民人均可支配收入分别达到 36789 元、15118 元，年均分别增长 8.5%、9.7%；五年累计 500 多万省标以下贫困人口稳定脱贫，贫困发生率由 7.2%下降到 0.3%；城镇新增就业每年 110 万人以上，城镇登记失业率控制在 4%以内。生态山东建设成效显著，生态补偿制度率先建立，城际联防联控制度初步形成，省市县乡村五级河长体系全部落实，大气、水、土壤等环境质量持续改善，污染物总量控制约束性指标全面完成。五年来的发展成就，充分印证了党的十八大以来我国经济社会发展取得的历史性成就、发生的历史性变革，鼓舞人心，催人奋进，为决胜全面建成小康社会、开启社会主义现代化新征程奠定了坚实基础。

党的十九大胜利召开，科学标定了我国发展新的历史方位。去年，我们按照“一切围绕十九大、一切服从十九大、一切捍卫十九大”的要求，认真落实习近平总书记对山东提出的“走在前列”根本要求和凤凰涅槃、腾笼换鸟等重要指示精神，按照省第十一次党代会部署，统筹推进稳增长、促改革、调结构、惠民生、防风险各项工作，加快推进新旧动能转换重大工程，聚焦聚力安全生产、生态环保、脱贫攻坚、金融风险防控、社会稳定攻坚战，形成了标本兼治、系统发力的工作局面，经济社会保持持续健康发展。

（一）供给侧结构性改革取得重大突破。“三去一降一补”强力推进，全年压减粗钢产能 527 万吨、生铁产能 175 万吨、煤炭产能 351 万吨，超额完成国家下达的目标任务，妥善分流安置去产能企业职工 4.12 万人。违法违规电解铝关停和“地条钢”清理整顿工作圆满完成，山钢集团在济南的 640 万吨钢生产线、567 万吨铁生产线实现全线安全停产。商品住宅去化周期 10.1 个月，稳定在合理区间。规模以上工业企业资

产负债率降至55%。落实各项减税降费政策，为企业减负860亿元。高速铁路、高速公路通车里程分别达到1240公里、5820公里，比2012年增长55.2%、17%；沿海港口吞吐量突破15亿吨，比2012年增长42%。两条“外电入鲁”通道建成投用，新增外电接纳能力500万千瓦。

（二）新旧动能转换重大工程启动实施。积极创建新旧动能转换综合试验区，成立领导小组和工作专班，草拟上报综试区总体方案，今年1月3日国务院正式批复，同步编制总体规划、专项规划和实施意见。谋划推出各类政策100余项，与国家部委、金融机构、中央企业、知名民企等签订合作协议。持续做好“去增提”三篇文章，在压减过剩产能、淘汰落后产能的同时，促进新兴动能和传统动能协调并进。坚持用工程的办法推进工作，建立健全项目库，围绕“四新四化”先期储备重大项目数百个，实行有进有出、动态管理。新技术、新产业、新业态、新模式快速发展，新登记“四新”经济企业1.9万家，增长37.2%；高新技术产业产值占规模以上工业比重达到35%。

（三）改革开放事业开创新局。制定推动国有企业改革、支持非公有制经济健康发展两个10条意见，省管企业公司制改制基本完成，省管企业实现利润增长123%，创五年来新高。商事制度改革深入推进，实有市场主体达到806.8万户，其中企业突破225.9万户。农村集体产权制度改革、农村土地“三权”分置稳步推进，供销社综合改革成效明显。营改增试点全面推开，民生领域财政事权与支出责任划分改革率先突破。地方金融监管体制初步建立并发挥作用，金融风险防控机制不断完善。金融业增加值五年平均增长10.4%，直接融资规模由2012年的1814亿元增加到5366.9亿元。科教融合发展实现突破，齐鲁工业大学与省科学院整合成立新的齐鲁工业大学，齐鲁医科大学组建稳步推进，中国能源大学正在谋划筹建。制定出台推进新一轮高水平对外开放20条意见。全省进出口总额17823.9亿元，增长15.2%；实际利用外资1210.5亿元，增长9%；对“一带一路”沿线实际投资100.6亿元，增长81.7%。

（四）民生保障水平明显提高。聚焦“4个2”重点区域和老弱病残特殊贫困群体，以前所未有的力度推进脱贫攻坚，全年实现省标以下83.2万贫困人口脱贫。黄河滩区居民迁建规划获得国家批复，各项资金总额280亿元，其中中央补助资金60亿元；28个新建村台工程已开工18个，42个规划外迁社区已动工41个；我们将在2020年全面完成迁建任务，圆60万滩区群众的安居梦。深入开展环保突出问题综合整治攻坚，PM2.5、PM10平均浓度比上年分别下降13.6%、11.7%。煤炭消费总量压减2706万吨，超额完成控制目标任务。全省万元地区生产总值能耗五年累计下降22.9%，年度能耗总量近二十年来首次下降。教育事业加快发展，全省普通中小学大班额化解工作取得显著进展。全民参保计划深入实施，社会保险待遇水平稳步提升。棚户区改造基本建成64.7万套，老旧小区改造惠及66.9万户群众，农村危房改造竣工率100%。17市全部开展分级诊疗工作，全部实现跨省异地就医住院费用直接结算，组建各种模式医联体800多个；国家健康医疗大数据区域中心建设正式启动。

（五）稳定和谐局面更加巩固。全力推进化工产业安全生产转型升级和危险化学品综合治理，开展非煤矿山转型升级和专项整治，全年安全生产事故起数、死亡人数分别下降49.1%和25.5%。出台退役士兵安置和权益保障11条政策，为25.5万人解决了就业、生活等困难。国防后备力量建设不断加强，双拥共建取得新成效。征兵工作任务圆满完成。推进网格化管理、组团式服务、信息化支撑，社区治理体系逐步健全。加强社会治安综合治理，按照省委统一部署，集中开展防范暴力恐怖事件、群体性事件、个人极端事件、安全事故等四类风险专项行动，保持对违法犯罪的高压态势。

（六）政务生态环境持续改善。自觉接受省人大及其常委会的法律监督和工作监督，主动接受政协、民主党派民主监督和社会各界监督，办理省人大代表建议348件、政协提案767件。严格规范公正文明执法，行政复议、行政应诉等制度进一步完善。放管服改革不断深化，本届政府省级行政审批事项累计削减641项，兑现削减二分之一的承诺。首批公布3.6万项“零跑腿”和“只跑一次”事项。省市县三级政务服务网上大厅实现互联互通，行政许可事项全部网上办理。政务信息系统整合共享工作全面推开，山东公共数据开放网建成开通。基层政务公开标准化规范化试点成效明显。认真贯彻中央八项规定精神和省委实施办法，持之以恒改进作风，“三公”经费比2012年压减55.3%。以坚定决心、更大力度推进反腐倡廉，全省纪检监察机关立案37075件，处分35520人，反腐败斗争压倒性态势已经形成并巩固发展。

一年来，在省委正确领导下，各级政府改革创新、锐意进取，广大干部群众同心协力、勤奋工作，我们

统筹谋划办成了一批事关山东长远发展的大事要事，全省上下贯彻新发展理念、推动科学发展的力度空前，对加快推进新旧动能接续转换的认识高度一致，人民群众的获得感幸福感安全感不断提升，几代人孜孜以求的强省建设站在了新的历史起点上。

每一份成绩的取得，都来之不易。这是以习近平同志为核心的党中央坚强领导的结果，是中共山东省委团结带领全省人民努力奋斗的结果，是省人大、省政协和社会各界有效监督和大力支持的结果。在此，我代表省人民政府，向全省各族人民，向各民主党派、工商联、无党派人士、各人民团体和各界人士，向离退休老同志，向驻鲁人民解放军和武警部队官兵，向中央驻鲁单位，向所有关心支持山东发展的港澳台同胞和海内外朋友，表示衷心的感谢和崇高的敬意！

回顾过去五年的发展历程，我们深刻体会到，做好政府工作，必须始终坚定维护习近平总书记在党中央和全党的核心地位，坚定维护党中央权威和集中统一领导，坚持以习近平新时代中国特色社会主义思想为指导，坚决把习近平总书记视察山东重要讲话、重要指示批示精神落到实处；必须始终坚持党的全面领导，全面从严治党，坚持在省委领导下开展工作，共同营造风清气正的良好政治生态；必须始终贯彻新发展理念，立足当前，着眼长远，把握规律，抢抓机遇，善于创造性开展工作，切实增强工作的敏锐性、前瞻性、主动性；必须始终践行以人民为中心的发展思想，着眼满足人民日益增长的美好生活需要，最大限度激发广大群众追求幸福生活的主动性创造性，形成改革发展的磅礴力量；必须始终发扬艰苦奋斗作风，坚持做到忠诚老实、公道正派、实事求是、清正廉洁，激励干部改革创新、担当作为、埋头苦干，形成干事创业的浓厚氛围。这些，不仅是弥足珍贵的经验体会，也是必须长期坚持的原则要求，我们一定倍加珍惜、坚定遵循。

我们也清醒地看到，全省经济社会发展中仍然存在很多矛盾和问题，面临不少困难和风险。发展的质量和效益不够高，创新引领能力不够强，结构性制约凸显；区域城乡发展仍不平衡，基本公共服务均等化水平有待提升；食品药品安全、安全生产还存在薄弱环节，生态环保任重道远；民生领域有不少短板，就业、教育、医疗、居住、养老等方面缺口还比较大；政府职能转变还不到位，政府工作人员的法治思维、专业素养、开放意识需要进一步提升；不正之风和腐败问题时有发生。对上述问题，我们一定以更努力的工作、更扎实的举措，认真加以解决。

二、牢牢把握走在前列目标定位，全面开创新时代现代化强省建设新局面

今后五年，是“两个一百年”奋斗目标的历史交汇期，是山东加快新旧动能转换、实现转型升级的重要窗口期，是走在前列谋新篇、开创强省建设新局面的关键突破期。要以习近平新时代中国特色社会主义思想为指导，全面贯彻落实党的十九大精神，加强党的领导，坚持稳中求进工作总基调，坚持新发展理念，紧扣我国社会主要矛盾变化，按照高质量发展的要求，统筹推进“五位一体”总体布局和协调推进“四个全面”战略布局，贯彻省第十一次党代会关于奋力开创经济文化强省建设新局面的部署，以供给侧结构性改革为主线，全面实施新旧动能转换重大工程，加快推进创新发展、持续发展、领先发展，谱写物质富裕、精神富有、和谐美丽现代化强省建设新篇章。

全面贯彻党的十九大精神，做好政府工作，必须坚持把“走在前列、由大到强、全面求强”作为总体思路要求，做好谋篇布局，以勇于担当、求真务实的精神深化改革创新，以踏石留印、抓铁有痕的劲头狠抓任务落实，苦干实干谋发展，合心合力强山东。走在前列，就是自觉把走在前列贯穿到经济社会发展全过程、各方面，围绕走在前列谋划发展思路、展开发展布局、制定发展举措、衡量发展成效，努力在新时代中国特色社会主义伟大实践中作出新的更大贡献。由大到强，就是立足山东大而不够强的重要阶段性特征，深入贯彻落实新发展理念，正确处理事关全局的重大关系，加快推进由大到强战略性转变。全面求强，就是深刻领会、主动对标强国建设的精髓要义，准确把握强省建设的丰富内涵，全面聚焦全省优势，聚力做好优势转化、扬长补短的大文章，全面发力，持续加力，推动各项工作、各项事业都强起来。

（一）牢记习近平总书记嘱托，始终把走在前列作为长期坚持的目标定位和根本要求。习近平总书记对山东发展寄予厚望，要求我们在全面建成小康社会进程中走在前列。我们要初心不改、矢志不渝，站在全国看山东，着眼长远谋发展，进一步解放思想、更新观念，主动寻标对标，高标定位，奋勇争先。

今后五年要努力实现以下目标：在圆满完成“十三五”规划确定的目标任务、高水平全面建成小康社会基础上，谋划实施“十四五”规划，推动由大到强战略性转变取得重大进展。到2022年，在结构优化、

效益提升的基础上，新动能主导经济发展的新格局基本形成，现代化经济体系建设取得积极进展，实现经济发展更加高质高效、民主法治更加健全、生态环境更加优美、人民群众更加富裕、社会更加文明和谐。

在全面建成小康社会进程中走在前列。建成高质高效的全面小康，有效解决发展不平衡不充分的一些突出问题，产业迈向中高端水平，发展质量效益明显提高。建成补齐短板的全面小康，空间发展格局更加优化，农村贫困人口全部脱贫，实施乡村振兴战略成效显著，区域城乡差距进一步缩小。建成厚植优势的全面小康，创新驱动发展动力更加强劲，创新型省份率先建成，生态环境明显好转，绿色低碳循环发展水平大幅提升。建成群众满意的全面小康，实现更高质量、更加充分的就业，中等收入人口比重上升，多层次社会保障体系基本建成，人口素质不断提高，人民群众获得感幸福感安全感显著增强。

在社会主义现代化新征程中走在前列。山东实现全面现代化的过程，就是由大到强、全面求强的过程。通过不懈努力，到 2035 年，经济实力、科技实力大幅跃升，法治政府基本建成，美丽山东目标基本实现，文化软实力显著增强，共同富裕迈出坚实步伐，在基本实现社会主义现代化进程中走在前列。到本世纪中叶，物质文明、政治文明、精神文明、社会文明、生态文明水平全面提升，实现治理体系和治理能力现代化，全省人民共同富裕基本实现，享有更加幸福安康的生活，在建成富强民主文明和谐美丽社会主义现代化强国奋斗中走在前列。

（二）深入贯彻落实新发展理念，持续推动由大到强战略性转变。把握我国经济已由高速增长阶段转向高质量发展阶段基本特征，加快形成推动高质量发展的指标体系、政策体系、标准体系、统计体系、绩效评价、政绩考核，创建和完善制度环境，使发展能够很好满足人民日益增长的美好生活需要，使创新成为第一动力、协调成为内生特点、绿色成为普遍形态、开放成为必由之路、共享成为根本目的，全面增强山东经济创新力和竞争力。要围绕贯彻落实五大发展理念，处理好五个关系。

一是处理好速度与效益的关系，看结构优化的形和此消彼长的势，始终在创新发展上保持定力。牢牢把握高质量发展的要求，始终保持战略定力，不为增长速度的高低所困扰。速度掉一点不可怕，关键看掉的是什么，如果掉下去的是高能耗、高污染、低效益的过剩产能，提上来的是转型升级的传统动能、新兴产业、现代服务业、高新技术产业、高附加值产品，就是强质量、提效益、上水平。只要经济运行在合理区间，就一心一意谋发展、聚精会神抓改革，坚持不懈深化供给侧结构性改革，推进新旧动能转换，实现更高质量、更有效率、更加公平、更可持续的发展。

二是处理好点与面的关系，看全省一盘棋，始终在协调发展上保持定力。在省级层面统筹推进区域协同、城乡融合、陆海并进、生态节能，不断增强发展的整体性和协调性。落实好主体功能区规划，严格按照优化、重点、限制、禁止开发的主体功能定位推动发展，科学划定工业、城镇开发边界，发挥地方立法作用，推动各类开发活动向存量调整、内涵提升转变。强化聚力攻坚，不搞平均用力，避免各自为战，通过点上突破带动全局，实现互促互进、共同发展。坚持在国家发展全局中谋划推进工作，全面融入“一带一路”建设，积极对接京津冀协同发展、长江经济带等国家战略，深度融入环渤海经济合作区、中原城市群、淮河生态经济带等区域战略，拓展对内对外发展空间。

三是处理好当前与长远的关系，看可持续发展，始终在绿色发展上保持定力。坚持人与自然和谐共生，牢固树立“绿水青山就是金山银山”理念，像对待生命一样对待生态环境，实施好大气、水、土壤污染防治行动计划，建设绿水青山新山东。实行能源、水资源、建设用地总量和强度双控管理，建立健全用能、用水、碳排放权初始分配和交易制度，推进资源全面节约和循环利用。拓展实施“工业绿动力”计划，推行清洁生产。开展国土资源节约集约示范省创建，加强耕地保护和改进占补平衡。坚持以水定城、以水定地、以水定人、以水定产，加快建立以供水安全、防洪安全、生态安全为核心的水安全保障体系。加大生态红线保护力度，发挥公益诉讼作用，坚决守住生态功能保障基线、环境质量安全底线、自然资源利用上线，绝不以破坏环境、浪费资源、牺牲子孙后代利益为代价，换取一时一地发展。

四是处理好激活与规范的关系，看市场体制机制优势的再造，始终在开放发展上保持定力。坚持以开放倒逼改革，以改革促进开放，在有退有进、有破有立、有放有管中，完善社会主义市场经济体制，使市场的“发动机”更加强劲、政府的“方向盘”更为有效。支持济南构建开放型经济新体制综合试点试验，抓好创建潍坊农业开放发展综试区工作，放大青岛跨境电商综试区、威海服务贸易创新发展试点、临沂商城市场采购贸易方式试点的综合效应。加快自贸试验

区改革创新经验的复制推广。深化开发区体制机制创新试点，提升海关特殊监管区的功能优势，积极推动出口加工区、保税港区向综合保税区转型。持续优化营商环境，加强国际贸易单一窗口建设，实行高水平的贸易和投资自由化便利化政策，全面落实准入前国民待遇加负面清单管理制度；持续优化生活环境，完善国际学校、医疗、文化等设施；持续优化政策环境，加大政策创新力度，打造开放层次更高、营商环境更优、辐射作用更强的开放发展新高地。

五是处理好锦上添花与雪中送炭的关系，看综合效益最佳，始终在共享发展上保持定力。坚持以人民为中心，抓住群众最关心最直接最现实的利益问题，既尽力而为，又量力而行，一件事情接着一件事情办，一年接着一年干，使人民获得感幸福感安全感更加充实、更有保障、更可持续。始终把人民对美好生活的向往作为奋斗目标，加大民生投入，增加基本公共服务供给，在发展中补齐民生短板、促进社会公平正义，在幼有所育、学有所教、劳有所得、病有所医、老有所养、住有所居、弱有所扶上不断取得新进展。努力保持居民收入增长高于地区生产总值增长、农民收入增长高于城镇居民收入增长、贫困地区居民收入增长高于农村居民收入增长，不断缩小城乡差距、区域差距、贫富差距，朝着实现共同富裕迈进。

（三）坚持强优势补短板，全面发力全面求强。坚持世界眼光、国际标准、山东优势，坚持扬长避短、扬长克短、扬长补短，加快我省区位优势、资源优势、基础优势等的创造性转化，培育新的增长点，串点成线、扩线成面，积极开拓强省建设新途径。

一是发挥实体经济大省优势，开拓制造强省新途径。深入落实《<中国制造2025>山东省行动纲要》，大力发展智能制造、绿色制造、服务型制造，努力打造质量效益好、创新能力强、品牌价值高、安全环保节能的山东现代工业。实施工业强基工程，推动新一轮技术改造和产品升级，加快构建新一代材料产业体系，培育更多行业单项冠军。努力建设数字山东，加快互联网、大数据、云计算、物联网、人工智能与制造业深度融合，推动“企业上云”，发展个性化定制、工业设计等新业态。制定实施好《山东省高端装备制造业发展规划》《山东省信息技术产业发展规划》，培育在国内外具有重要影响力的先进制造业集群。统筹推进钢铁产能优化升级和集中布局，高标准建设日照先进钢铁制造基地。建设鲁北环渤海湾高端石化基地，实现石化产业发展高端化、基地化、智能化、绿色化、服务化、国际化。推动生产性服务业向专业化和价值链高端延伸、生活性服务业向精细化和高品质转变。加快物流产业集群培育，促进城乡、区域、产业链之间物流服务均衡充分智能发展。

二是发挥农业大省优势，开拓乡村振兴新途径。坚持走中国特色社会主义乡村振兴道路，坚持把解决好“三农”问题作为重中之重，坚持农业农村优先发展，编制实施乡村振兴战略规划，建立健全城乡融合发展体制机制和政策体系。聚焦产业兴旺，把保障粮食安全作为农业现代化的首要任务，加快构建现代农业产业体系、生产体系、经营体系，推进粮食生产功能区、重要农产品生产保护区、特色农产品优势区和现代农业产业园建设，加强土地整治和高标准农田建设，建成千亿斤粮食产能省、农产品质量安全省。发挥潍坊蔬菜标准和技术集成推广优势，成立蔬菜质量标准中心，制定国家蔬菜标准。建设德州国家现代农业示范区。培植壮大农业“新六产”，坚持产业链相加、价值链相乘、供应链相通，推动终端型、体验型、智慧型、循环型发展，突出农村电商和乡村旅游，到2020年建设农业“新六产”示范县50个、示范主体600家。聚焦生态宜居，开展农村人居环境三年整治行动，大力改善路水电气暖讯房等基础设施，坚持不懈推进“厕所革命”，提升美丽乡村标准化建设水平。推进四好农村路建设，实现农村公路建养管运协调发展。聚焦乡风文明，加强农村思想道德建设，深入开展乡村文明行动，推动移风易俗、文明进步，营造崇德向善的淳美乡风。聚焦治理有效，创新农村社会治理，健全自治、法治、德治治理体系。巩固完善农村基本经营制度，全面落实第二轮土地承包到期后再延长30年的政策。聚焦生活富裕，完善农村土地“三权”分置制度，发展多种形式适度规模经营，大力培育新型农业经营主体和新型职业农民，完善社会化服务体系，健全利益联结机制，推进小农户和现代农业有机衔接。深化农村土地和集体产权制度改革，保障农民财产权益。打破区划限制，培育一批产业集聚型、创新创业型、文化传承型、强农富农型的特色小镇，促进农业强起来、农村美起来、农民富起来。

三是发挥教育科技大省优势，开拓创新强省新途径。深入实施创新驱动发展战略，全面落实《山东省“十三五”教育事业发展规划》《山东省“十三五”科技创新规划》，把教育大省、人口大省优势转化为教育强省、人才强省优势。强化创新引领发展第一动力。加快建设以企业为主体、市场为导向的技术创新体系，打造政产学研金服用“北斗七星”创新共同体。发展壮大科技型企业和高新技术企业，建设一批具有较强竞争力的创新型产业集群。高水平建设山东半岛国家自主创新示范区，加快建设黄河三角洲农业高新技术产业示范区，积极创建国家可持续发展议程创新示范区。强化科技第一生产力。继续深化科技体制改革，推动科技管理向创新服务转变。加快国家实验室、制造业创新中心、技术创新中心、产业创新中心等重大平台建设。大力推进济青烟国家科技成果转移转化示范区建设，促进科技与经济紧密结合。全面实施知识产权强省战略，加强知识产权创造、保护、运用。强化创新人才第一资源。全面落实《关于深化人才发展体制机制改革的实施意见》《关于做好人才支撑新旧动能转换工作的意见》《关于加快实行以增加知识价值为导向分配政策的实施意见》，谋划推出最能补齐发展短板、最能激发潜在优势的人才新政。深入实施泰山学者、泰山产业领军人才、“外专双百计划”等高层次人才工程，造就一批具有国际水平的战略科技人才、产业领军人才、科技创新人才、高技能人才和高水平创新团队。支持省级人才改革试验区建设。充分发挥教育启智、育才、聚力重要作用，全面提高教育质量，实行学术人才和应用人才分类培养、通识教育和专业教育结合培养的制度，着力培养创意创新创业能力。大力弘扬劳模精神和工匠精神，建设知识型、技能型、创新型劳动者大军。

四是发挥海洋资源丰富优势，开拓海洋强省新途径。强化陆海统筹，整合沿海港口资源，优化口岸布局，谋划推进青岛港、渤海湾港、烟台港、日照港四大集团建设，适时组建山东港口投资控股集团公司。落实好《山东省海洋主体功能区规划》，打造向海经济，做强海洋生命健康、海洋高端装备、海水利用、绿色海洋化工、海洋旅游等产业。支持日照、威海等市创建国家海洋经济发展示范区，加快“海上粮仓”、海洋牧场和海洋经济特色园区建设。探索发展海水稻。实施“透明海洋”工程，强化“智慧海洋”深海基地公共服务平台建设，打造全国深远海开发战略保障基地。依托青岛海洋科学与技术国家实验室和中科院海洋大科学研究中心，加快培育青岛西海岸新区、蓝色硅谷，支持青岛、烟台、潍坊、威海等建设海洋科技产业聚集示范区，形成具有国际影响力的海洋科技创新中心。高度重视海洋生态环境保护，开展海岸带综合保护与利用试点，扎实推进长岛海洋生态保护和持续发展。

五是发挥齐鲁文化资源丰厚优势，开拓文化强省新途径。齐鲁大地钟灵毓秀，人文荟萃，历史文化悠久，素有“孔孟之乡、礼仪之邦”的美誉，推动优秀传统文化创造性转化、创新性发展，这是强省建设最深厚、最持久的精神力量。要坚持中国特色社会主义文化发展道路，培育和践行社会主义核心价值观，实施时代新人培育工程。深入实施中华优秀传统文化传承发展工程，加强儒学深度研究，充分挖掘齐鲁文化蕴含的思想观念、人文精神、道德规范，继承发扬齐鲁儿女忠诚、仁义、豁达、好客、包容、诚信、勤奋、进取的优良品格。加快曲阜优秀传统文化传承发展、齐文化传承创新两大示范区建设，实施“七区三带”重大文物保护工程，加强文物保护利用和非物质文化遗产保护传承。统筹保护好、传承好、利用好大运河文化。大力弘扬“水乳交融、生死与共”沂蒙精神，建设好爱国主义、党性党史和廉政教育基地。加强新型智库建设，推进哲学社会科学创新工程。推动媒体融合发展，打造具有全国影响力的新媒体大平台。完善文化经济政策，培育新型文化业态，推动文化产业与科技、金融、旅游等融合发展。打造影视创作生产高地，建设青岛电影基地等一批影视产业基地。扩大对外文化交流，办好“一带一路”版权贸易洽谈会。

六是发挥战略平台综合优势，开拓区域协调发展新途径。全面落实国务院批复要求，实施好新旧动能转换综合试验区总体方案，加快提升济南、青岛、烟台核心地位，发挥其他 14 市国家和省级开发区、高新区、海关特殊监管区带动作用，支持济南加快建设新旧动能转换先行区，形成三核引领、区域融合互动的新旧动能转换总体格局。深化“两区一圈一带”提升行动，加快实施山东半岛城市群发展规划，提高省会城市首位度，支持青岛建设国家中心城市，推进淄博老工业城市和资源型城市产业转型升级示范区建设，加大力度支持西部地区发展。依托德龙烟干线、胶济线、鲁南高铁等通道，把东部口岸优势向西部延伸，打造整体发展的空间优势。全面推进以人为核心的新型城镇化，加快农业转移人口市民化，开展大中小城市培育工程，提升城市规划建设管理水平，努力治理好城市病。推进交通强省建设，落实“多规合一”、综合交通网规划、高速铁路网规划。加快京九高铁、郑济高铁、鲁南高铁、京沪二通道山东段、环渤海高铁山东段等高铁项目建设，打造“三环四横六纵”高铁网络；加快济青高速扩容改造、枣庄至菏泽、潍坊至日照、淄博至临沂等高速公路项目建设，完善高速公路网；新增 4 个民用机场布点，形成“两枢一干九支”

民用运输机场布局，积极发展通用航空。建设黄水东调应急二期工程，推进南水北调胶东续建工程，扩大向胶东地区输送长江水、黄河水能力。

七是发挥区位战略节点优势，开拓开放强省新途径。实施更加积极主动的开放战略，突出“一带一路”建设，放大山东由南向北扩大开放、由东向西梯度发展战略节点作用，在构建陆海内外联动、东西双向互济的全面开放新格局上走在前列。依托海上丝绸之路促进沿海城市互联互通，支持青岛、烟台、威海、日照打造海上合作战略支点，依托东亚交通物流枢纽中心区位优势，大力发展跨境转口贸易，探索中欧班列新模式。加快推进中韩（烟台）产业园、济南中德产业园、威海中韩地方经济合作示范区和东亚海洋合作平台建设，支持济南打造“内陆港”、设立空港保税物流中心。组织实施“选择山东”全球路演，加快引进一批世界 500 强和行业领军企业项目。加强国际产能、创新能力的开放合作，有效引导支持对外投资。着力转变外贸发展方式，推动从大进大出向优质优价、优进优出转变，加快打造外贸强省。

八是发挥品牌大省优势，开拓激发市场主体活力新途径。品牌是质量和诚信的象征，我省拥有一大批卓越的产品品牌、企业品牌、行业品牌、区域品牌和地理标志品牌，好品山东、好客山东品牌体系享誉海内外。要坚持质量第一、效益优先，大力实施质量强省战略、品牌战略和标准化战略，推动“山东标准”建设，积极创建全国标准化综合改革试点省。加强质量基础设施建设，广泛开展质量提升行动。鼓励企业开展商标国际注册、国际认证，加快培育一批国际知名自主品牌。大力推进社会信用体系建设，完善守信激励和失信联合惩戒机制。健全各类企业的市场主体地位，鼓励企业建立规范完善的现代企业制度，引导规模企业进行规范化公司制改制。激发和保护企业家精神，统筹推进企业家队伍建设。引导企业持续强化科技创新、品牌创新、模式创新，统筹做好由大变强、由小变精两篇文章，培育更多具有全球竞争力的世界一流企业，推动个转企、小升规、规改股、股上市，加快形成大企业顶天立地、中小企业铺天盖地的生动局面。

各位代表，山东是驻军大省、兵员大省、优抚安置大省。要贯彻军民融合深度发展战略，完善军民融合体制机制，加快推进青岛军民融合创新示范区建设，创建军民融合深度发展示范省。完善国防动员体系，大力加强国防后备力量建设，积极支持国防和军队深化改革，扎实做好双拥工作，巩固军政军民团结。全面落实退役军人安置政策，维护军人军属合法权益。加强军事设施保护，支持和服务保障军队备战练兵。深化全民国防教育，营造全社会关心国防、热爱国防、支持国防和尊崇军人的浓厚氛围。

我们坚信，在习近平新时代中国特色社会主义思想指引下，在中共山东省委坚强领导下，全省上下团结一心，共同努力，撸起袖子加油干，强省建设宏伟蓝图一定能够实现，一个物质富裕、精神富有、和谐美丽的新山东必将蓬勃崛起。

三、深入实施新旧动能转换重大工程，推动高质量发展取得显著进展

2018 年是贯彻党的十九大精神的开局之年，是改革开放 40 周年，是决胜全面建成小康社会、实施“十三五”规划承上启下的关键一年，也是启动建设新旧动能转换综合试验区的第一年。我们要紧紧围绕推动高质量发展，贯彻新理念、聚焦新目标、落实新部署，确保开好局、起好步。今年，全省经济社会发展主要预期目标是，地区生产总值增长 7%以上；一般公共预算收入增长 6.5%；外贸进出口保持稳定增长；城镇和农村居民人均可支配收入分别增长 8%和 8.5%；城镇新增就业 110 万人，城镇登记失业率控制在 4%以内；全面完成国家下达的节能减排降碳约束性目标。

（一）深化改革开放强化创新驱动，加快推动新旧动能转换。新旧动能转换中心任务是，通过发展新技术、新产业、新业态、新模式，促进产业智慧化、智慧产业化、跨界融合化、品牌高端化，实现传统产业提质效、新兴产业提规模、跨界融合提潜能、品牌高端提价值。要全力抓好综合试验区总体方案的推进落实，以知识、技术、信息、数据等新生产要素为支撑，积极探索新旧动能转换模式，推动经济发展质量变革、效率变革、动力变革，大力提高全要素生产率，建设现代化经济体系。

聚力建设协同发展产业体系，推进塑造实体经济新辉煌。深化供给侧结构性改革，重点在“破”“立”“降”上下功夫，加快建设实体经济、科技创新、现代金融、人力资源协同发展的产业体系。集中培育“5+5”十强产业，前瞻布局新一代信息技术产业、高端装备产业、新能源新材料产业、现代海洋产业、医养健康产业等新兴产业，突破核心关键技术，培育特色产业集群，打造新动能主体力量；改造提升高端化工产业、现代高效农业、文化创意产业、精品旅游产

业、现代金融服务等优势产业，促使“老树发新芽”，转换形成新动能。以重大项目建设为抓手，提升项目库，完善管理服务平台，建立项目落地绩效考评机制，设立6000亿元新旧动能转换基金，推动重大工程取得实质性突破。积极主动推进“三去一降一补”，今年再压减粗钢产能355万吨、生铁产能60万吨、煤炭产能465万吨，进一步降低实体经济成本和企业杠杆率。

深化改革激发动能转换活力，推进塑造政策、环境和服务集成新优势。以改革开放40周年为契机，树立改革强省的鲜明导向，保持将改革进行到底的坚定执着，逢山开路，遇水搭桥，着力构建市场机制有效、微观主体有活力、宏观调控有度的经济体制。创新要素市场配置机制。打破地域分割和行政垄断，清理废除妨碍统一市场和公平竞争的各种规定和做法。开展促进劳动力、人才社会性流动体制机制改革，深化电力体制改革，稳妥推进石油、天然气、盐业体制改革，抓好重点领域价格改革。创新市场主体健康发展机制。毫不动摇巩固和发展公有制经济，加快国有经济布局优化、结构调整、战略性重组，推进混合所有制改革，提高资产证券化水平。探索建立划转国有股权统筹运作长效机制，充分发挥省社会保障战略储备基金作用。毫不动摇鼓励、支持、引导非公有制经济发展，加强对各种所有制组织和自然人财产权的保护，大力实施小微企业治理结构和产业结构“双升”战略，坚决清除各种“玻璃门”“旋转门”“弹簧门”，努力为民营企业降门槛、减手续、添动力。创新财税金融体制机制。完善政府预算体系，推进预算绩效管理，深化省以下财政事权和支出责任划分改革。扎实推进费改税改革，稳妥开展水资源税、环境保护税改革。规范发展融资担保、互联网金融、股权融资、要素交易等新业态，稳步推进债券品种创新，更好发挥齐鲁股权交易中心等区域股权市场功能，促进多层次资本市场健康发展。支持济南区域性产业金融中心、青岛财富管理金融综合改革试验区、烟台区域性基金管理中心建设。构建普惠金融体系，积极发展绿色金融。

创新驱动增强动能转换动力，推进塑造创新创业创造新动能。加快新旧动能转换关键共性技术、前沿引领技术、现代工程技术、颠覆性技术创新，推进创新链、产业链、资金链融合发展，在量子通信、人工智能、石墨烯、氢能源、碳纤维、生物育种、合成生物等领域加强前瞻性技术布局。在智能制造和机器人、新材料、新能源汽车、绿色化工、智慧农机、精准医学等领域实施重大科技创新工程。用好自然科学基金，支持开展应用基础研究。落实研发费用加计扣除、高新技术企业税收优惠政策，加大研发投入后补助实施力度，新增高新技术企业1000家以上。支持壮大创新百强企业，努力培育一批瞪羚企业、独角兽企业和科技型中小微企业。深入推进大众创业、万众创新，开展双创示范基地建设，办好双创活动周，营造创新创业浓厚氛围。

扩大开放释放动能转换潜力，推进塑造全面开放新格局。深入推进境外经贸合作园区建设，谋划建设“一带一路”综合示范区，办好中国—东盟中小企业合作高峰会等重要商务活动。加快对外贸易转型，推动跨境电子商务、市场采购贸易方式、外贸综合服务创新发展，进一步提高贸易便利化水平。推进济南、青岛服务外包示范城市和特色服务出口基地建设，加快发展新兴服务贸易。发挥我省特定产品指定口岸优势，增加中高端消费品进口，引导境外消费回流。扩大服务业对外开放，推进外商投资审批管理体制改革，促进利用外资和对外投资稳定发展。加强与国内创新型、引领型企业合作，在先进技术、高端人才、重大项目引进等方面实现新突破。支持企业加强与境外高新技术和先进制造业企业投资合作，在境外设立研发中心，提高技术研发和生产制造能力。

持续扩大有效需求，推进塑造动能转换新支撑。加强需求侧管理，以高效投资带动产业提升，以消费升级带动供给提升，促进经济行稳致远。聚焦十强产业重点领域，筛选100个重点建设的大项目好项目，集中力量抓落实抓落地，突出抓好青岛国家高速列车技术创新中心、济南国家健康医疗大数据区域中心、烟台万华100万吨乙烯一体化、潍柴新能源动力产业园、临沂新松机器人产业小镇、日照整车及零部件产业基地等重大产业项目。深化投融资体制改革，积极稳妥发展政府和社会资本合作模式，鼓励和扩大民间有效投资。发挥消费的基础性作用，加快培育文化、体育、健康、养老、教育培训等服务消费，大力发展电子商务。推动重要产品追溯体系示范省建设。拓展新能源汽车、智能家居、节能环保产品、虚拟现实设备等新兴消费产品，加快发展分享经济、平台经济、网络经济等新业态。扩大高质量、个性化旅游精品供给，积极创建全域旅游示范省。

（二）突出抓重点补短板强弱项，坚决打好三大攻坚战。坚持标本兼治，既补齐短板，又加固底板，以治标的更大成效，形成倒逼新旧动能转换、转型升级的良性机制。

坚决打好防范化解重大风险攻坚战。重点抓好三项工作。一是持续推进金融风险防控。深化地方金融监管体制改革，加强地方与中央监管协同，建立更加严密、高效的金融风险防范体系，坚决守住不发生系统性金融风险的底线。支持金融机构发挥主体作用，多措并举化解不良贷款。坚决打击经济诈骗、恶意逃废金融债务等违法行为，严堵非法集资渠道，扎实推进互联网金融风险专项整治工作。全面完成存量政府债务置换，严格控制政府性债务风险。二是持续抓好安全生产。强化安全生产责任落实和巡查考核，推动高危行业和规模以上企业建立规范有效的安全风险管控和隐患排查治理双重预防体系。深入推进化工产业安全生产转型升级，基本完成城市密集区危险化学品生产企业搬迁、转产或关闭任务。深化道路交通、建筑施工、水上交通、矿山、消防等重点领域安全生产综合整治，坚决遏制重特大生产安全和火灾事故。三是持续维护社会和谐稳定。深化平安山东建设，扎实推进“雪亮工程”，健全完善立体化、智能化社会治安防控体系，依法打击和惩治黄赌毒黑拐骗等违法犯罪活动，组织开展好扫黑除恶专项斗争。加强社会治理制度建设，改进信访工作，完善预防和化解社会矛盾机制，发挥社会组织作用，持续推进网格化管理、组团式服务、信息化支撑，实现政府治理和社会调节、居民自治良性互动。加强各民族交往交流交融，积极引导宗教与社会主义社会相适应。

坚决打好精准脱贫攻坚战。坚持聚焦再聚焦、精准再精准，瞄准特定贫困群众精准帮扶，进一步完善和落实保障性扶贫措施，基本完成脱贫任务，做到脱真贫、真脱贫。突出抓好精神扶贫，注重扶贫同扶志、扶智相结合，激发贫困人口内生脱贫动力。加快推进黄河滩区 60 万群众脱贫与迁建，保质保量完成全省易地扶贫搬迁任务。实施贫困村提升工程，推动 2000 个省扶贫工作重点村，在脱贫基础上加快建设美丽乡村。发挥社会救助在脱贫攻坚中的兜底保障作用，将符合条件的农村贫困人口全部纳入保障范围。加大涉农资金整合力度，加强扶贫资金和项目管理，完善资产收益扶贫机制。深入推进第一书记抓党建促脱贫，提高扶贫协作实效，广泛汇集社会力量参与扶贫。开展扶贫领域腐败和作风问题专项治理，强化监督考核，倒逼责任落实。制定打好精准脱贫攻坚战三年行动实施意见，探索建立稳定脱贫长效机制，进一步巩固脱贫成果。

坚决打好污染防治攻坚战。强力推进中央环保督察反馈意见整改落实，以钉钉子精神一抓到底，做到立行立改、不贰过。继续实施大气污染防治行动，主动做好京津冀及周边地区大气污染联防联控联治，加快散煤污染治理，稳妥有序开展电代煤、气代煤行动，有效遏制重污染天气频发态势。落实水污染防治行动计划，健全完善河长制、湖长制，推进流域环境和近岸海域综合治理。扎实推进净土行动，加强农业面源污染防治，固体废弃物综合利用率提高到87%以上。统筹山水林田湖草系统治理，大力实施水土流失综合治理、地下水超采区综合整治、矿山地质环境恢复综合治理等生态建设和修复工程，加强湿地保护与修复，强化各类保护区规范建设和管护，深入开展“绿满齐鲁·美丽山东”国土绿化行动，让山更绿、水更清、天更蓝、空气更清新。

（三）提高保障和改善民生水平，让改革发展成果更多更公平惠及全省人民。

优先发展教育事业。全面完成农村义务教育薄弱学校改造任务，建立消除城镇普通中小学大班额长效机制。启动第三期学前教育行动计划，年内新建改扩建幼儿园 2000 所以上，新增幼儿园学位 50 万个以上。实施第二期特殊教育提升计划。推动高中阶段学校多样化发展，加快特色普通高中建设。完善职业教育和培训体系。加快建立现代大学制度，持续推进“双一流”建设和高水平应用型大学建设。支持和规范社会力量兴办教育。深入实施中小学校长职级制和“县管校聘”教师管理体制改革。深化考试招生制度改革，稳步实施高考综合改革试点。加强师德师风建设。

提高就业质量和人民收入水平。实施就业优先战略和积极就业政策，引导和鼓励高校毕业生到基层工作，促进农民工多渠道就业创业。大规模开展职业技能培训，缓解结构性就业矛盾。优化全方位的就业创业服务，建立创业载体发展联盟，加大就业创业资金支持力度，发挥好创业带动就业的倍增效应。完善政府、工会、企业共同参与的协商协调机制，构建和谐劳动关系。调整机关事业单位工作人员基本工资标准，增加机关事业单位离休人员离休费。适当调整最低工资标准，科学发布企业工资指导线，合理提高职工工资水平和技术工人待遇。多渠道增加居民财产性收入。

加强社会保障体系建设。完善职工、居民基本养老保险制度，调整退休人员基本养老金水平和居民基础养老金标准。完善基本医疗保险和大病保险制度，深化医保支付方式改革。居民基本医疗保险政府补助标准由每人每年 450 元提高到 490 元，基本公共卫生服务经费标准由人均50元提高到55元。推进职工长期护理保险制度。完善工伤保险制度。统筹城乡低保制度，完善社会救助体系，健全农村留守儿童和妇女、老年人关爱服务体系。发展残疾人事业，加强残疾预防和康复服务。加快住房制度改革和长效机制建设，建立多主体供给、多渠道保障、租购并举的住房制度。大力推进住房租赁补贴，改造老旧小区40万户，开工改造棚户区84.3万套，全面完成农村存量危房改造任务。

提高文化惠民水平。深化文化涵养核心价值观行动，启动实施乡村文明行动第二个五年规划，组织开展“思想强农”工程。实施文化惠民提升工程，办好“文化惠民、服务群众”实事，开展好第二届山东文化惠民消费季活动。大力开展全民阅读活动。探索实施省市县三级联合购买公共文化服务，采取以奖代补方式，加强规范引导，鼓励文艺院团创作和演出。创新公共图书馆、博物馆、文化馆（站）、美术馆、方志馆等公共文化服务设施运行机制。开工建设山东自然博物馆，支持建设一批民办博物馆，持续推进县级档案馆建设。完成省市县三级第二轮修志和一年一鉴任务。办好第五届尼山世界文明论坛、世界儒学大会和第十一届山东文化艺术节。加强互联网内容建设，营造清朗的网络空间。

加快建设健康山东。推进医养结合示范省建设，高水平打造国家健康医疗大数据区域中心，支持济南建设国际医学科学中心。进一步深化医药卫生体制改革，强化医疗、医保、医药三医联动。继续推进公立医院综合改革，健全现代医院管理制度，深化破除以药补医改革。完善分级诊疗制度，持续推进医联体建设和家庭医生签约服务。加快推进基层医疗卫生机构标准化建设，健全全科医生培养与使用机制。深入开展爱国卫生运动，推进疾控体系建设，有效预防控制重大疾病。健全中医药健康服务体系，推动中医药传承创新发展。支持社会办医。促进人口均衡发展，开展妇幼保健机构标准化、规范化建设。构建居家、社区、机构医养结合养老服务体系，建成300处社区综合养老服务中心，办好老年大学。统筹发展群众体育、竞技体育和体育产业，加快建设体育强省。全域推进食品安全、农产品质量安全市县创建，建立健全源头可溯、去向可查、风险可控、责任可究的质量安全保障体系，打造食品安全放心省。

民之所盼，政之所向。我们一定要从群众关心的事情做起，尽最大可能，花更大功夫，下更大气力，把民生投入安排好，把民生实事办扎实，努力让全省人民生活更美好。

四、增强施政履职能力，实现对人民作出的庄严承诺

进入新时代，开启新征程，政府工作必须要有新气象、新作为。要把牢政治方向，加快转变职能，强化责任担当，提高履职能力，改进工作作风，以功成不必在我的境界，多做打基础、利长远的事情，做好经济、平安、党建三张报表，守住民生改善、生态环保、稳定和谐、廉洁从政四条底线，努力创造经得起实践、人民、历史检验的实绩。

（一）强化思想政治保障，努力建设人民满意政府。牢固树立“四个意识”，坚定“四个自信”，把坚决维护习近平总书记在党中央和全党的核心地位作为第一位的政治要求，坚决维护党中央权威和集中统一领导，自觉在政治立场、政治方向、政治原则、政治道路上同以习近平同志为核心的党中央保持高度一致，做到思想上高度认同，政治上坚决维护，组织上自觉服从，行动上紧紧跟随。深刻领会和把握习近平新时代中国特色社会主义思想的精神实质和实践要求，全面贯彻党的基本理论、基本路线、基本方略，认真开展“不忘初心、牢记使命”主题教育，引领推动广大干部群众更加自觉地为实现新时代党的历史使命不懈奋斗。

（二）强化环境保障，努力建设服务型政府。在共同营造风清气正的政治生态基础上，打造精简高效的政务生态、富有活力的创新创业生态、彰显魅力的自然生态、诚信法治的社会生态，全力培育审批事项少、办事效率高、服务质量优的发展环境。抓实放管服改革重点任务，深入开展削权减证、流程再造、精准监管、体制创新、规范用权五大行动，继续压减行政权力事项，大力推行政务服务一窗受理、一网办理、一个机构管政务、一枚印章管审批，做好“证照分离”改革试点工作，加强“双随机、一公开”监管。构建亲清新型政商关系，增强服务企业意识，放下身段，提供一对一、精准化的保姆式服务，做到主动服务、有求必应、无需不扰。打破信息孤岛、拔掉数据烟囱，基本完成全省政务信息系统整合。坚决查处和整治各种违法违规收费，最大程度利企便民，让企业和群众少跑腿、好办事、不添堵。

（三）强化制度保障，努力建设法治政府。严格遵守宪法和法律，坚持依法行政，善于用法治思维和

法治方式加快改革、推动发展、化解矛盾。坚持科学决策、民主决策、依法决策，加快构建决策科学、执行坚决、监督有力的权力运行机制。自觉接受省人大及其常委会的法律监督、工作监督，加强同人民政协民主协商，密切与民主党派、工商联、无党派人士和人民团体联系沟通。全力支持做好国家监察体制改革试点工作，自觉接受监察委员会的监督。发挥好审计的监督作用，加强跟踪审计和成果运用。继续支持人民法院解决执行难问题。加强规范性文件备案审查。扎实推进政务全过程公开，更好接受群众监督。深化行政体制改革和事业单位改革，推进乡镇（街道）行政管理体制改革。抓好统计管理体制改革。

（四）强化本领保障，努力建设担当政府。政府工作人员既要有宽肩膀，又要有硬肩膀；既要政治过硬，又要本领高强。要全面提升政府工作人员的专业素养专业能力，着力增强领导干部学习本领、政治领导本领、改革创新本领、科学发展本领、依法执政本领、群众工作本领、狠抓落实本领、驾驭风险本领，打造一支定力深、眼力准、能力强、合力好的干部队伍。健全完善正向激励、考核评价、容错纠错、澄清保护机制，旗帜鲜明地为敢于担当、踏实做事、不谋私利的干部撑腰鼓劲。抓好公务员职务与职级并行制度试点。关心关爱基层一线干部，主动为他们排忧解难，营造积极向上、担当作为的良好环境。

（五）强化作风保障，努力建设廉洁政府。始终保持政治定力，严字当头、一严到底，拧紧责任链条，层层传导压力，推动政府系统全面从严治党向纵深发展。把纪律和规矩挺在前面，强化政治纪律和组织纪律，带动廉洁纪律、群众纪律、工作纪律、生活纪律严起来，严肃党内政治生活，使党员干部心有所戒、行有所止，守住底线、不碰高压线。开展廉政教育和廉政文化建设，推动遵规守纪成为干部根植内心的素养、无需提醒的自觉。深入落实中央八项规定精神和省委实施办法，持之以恒克服形式主义、官僚主义，久久为功祛除享乐主义和奢靡之风，绝不允许“四风”反弹回潮。运用好监督执纪四种形态，抓早抓小、防微杜渐，做到严管和厚爱结合。深入推进反腐败斗争，保证干部清正、政府清廉、政治清明。

各位代表，中央决定，今年 6 月在我省青岛市举办上海合作组织领导人峰会。这是我国今年的重要主场外交活动之一，也是山东的重大责任、重大使命、重大机遇。我们一定要按照中央部署要求，全力做好峰会服务保障工作，确保办出世界水准、中国气派、山东风格、青岛特色，提升山东知名度、美誉度、开放度，为推动新时代中国特色大国外交、构建新型国际关系和人类命运共同体作出山东贡献。

各位代表，宏伟蓝图变为美好现实，关键在抓贯彻抓落实。我们要把“五力五强”作为系统方案，牢牢把握旗帜鲜明讲政治这个根本要求，坚定维护以习近平同志为核心的党中央权威和集中统一领导，做到政治上坚定有力，思想理论武装强；牢牢把握新时代伟大复兴这个新使命，紧紧围绕走在前列的目标定位，做到目标上凝神聚力，改革发展动力强；牢牢把握贯彻新发展理念这个总方向，全力推进新旧动能转换重大工程，做到战略上保持定力，思路举措创新强；牢牢把握抓重点补短板强弱项这个方法论，坚决打好防范化解重大风险、精准脱贫、污染防治三大攻坚战，做到战术上精准发力，重点难点突破强；牢牢把握党领导一切这个根本保证，始终坚持党要管党、全面从严治党，做到保障上全面给力，政治生态支撑强。

各位代表，新思想引领新时代，新作为创造新辉煌。让我们更加紧密地团结在以习近平同志为核心的党中央周围，深入贯彻习近平新时代中国特色社会主义思想和党的十九大精神，在中共山东省委的坚强领导下，不忘初心、牢记使命，开拓创新、埋头苦干，加快建设物质富裕、精神富有、和谐美丽现代化强省，为实现“两个一百年”奋斗目标、实现中华民族伟大复兴的中国梦而努力奋斗！

2017年山东省
国民经济和社会发展统计公报

山　东　省　统　计　局
国家统计局山东调查总队

2018年2月27日

2017年，全省以习近平新时代中国特色社会主义思想为指导，深入学习贯彻党的十九大精神，坚持稳中求进工作总基调，坚持践行新发展理念，认真落实省第十一次党代会各项部署，牢牢把握走在前列目标定位，以供给侧结构性改革为主线，加快实施新旧动能转换重大工程，统筹推进稳增长、促改革、调结构、惠民生、防风险各项工作，经济社会呈现提质增效、稳中向好态势，转型发展加快推进，民生保障持续增强，社会事业全面进步，生态环境显著改善，经济文化强省建设迈出坚实步伐。

一、综合

经济总量再上新台阶。初步核算，全省实现生产总值（GDP）72678.2亿元，按可比价格计算，比上年增长7.4%。其中，第一产业增加值4876.7亿元，增长3.5%；第二产业增加值32925.1亿元，增长6.3%；第三产业增加值34876.3亿元，增长9.1%。三次产业构成为6.7：45.3：48.0。人均生产总值72851元，按年均汇率折算为10790美元。

就业形势基本稳定。城镇新增就业128.3万人。其中，失业人员再就业58.1万人，困难群体再就业8.8万人。城镇登记失业率为3.40%，低于4%的全年控制目标。

物价水平温和上涨。居民消费价格比上年上涨1.5%，涨幅较上年回落0.6个百分点。其中，城市上涨1.6%，农村上涨1.4%；服务项目价格上涨2.9%，消费品价格上涨0.7%；非食品价格上涨2.3%，食品价格下降1.7%，自2003年以来首次转降。农业生产资料价格上涨0.9%，农产品生产者价格下降1.4%。工业生产者价格连降五年后首次转涨，出厂价格上涨5.5%，购进价格上涨7.3%。固定资产投资价格上涨5.8%。

表1　2017年居民消费价格指数(以上年为100)

指　　标	全省	城市	农村
居民消费价格指数	101.5	101.6	101.4
食品烟酒	99.6	99.7	99.3
粮食	102.8	102.7	103.0
鲜菜	91.0	91.0	91.0
猪肉	89.1	89.6	88.2
蛋类	96.1	96.9	94.3
鲜瓜果	106.5	106.5	106.7
衣着	101.1	101.3	100.3
居住	102.6	102.4	102.9
生活用品及服务	100.9	100.7	101.7
交通和通信	101.1	101.0	101.5
教育文化和娱乐	102.8	102.5	103.8
医疗保健	105.4	106.7	102.3
其他用品和服务	101.8	102.0	101.3

常住人口规模过亿。全年出生人口174.98万人，出生率17.54‰；死亡人口73.82万人，死亡率7.40‰；自然增长率10.14‰。年末常住人口10005.83万人。其中，0-14岁人口占总人口的17.21%，15-64岁人口占68.80%，65岁及以上人口占13.99%。

城镇化水平继续提升。常住人口城镇化率达到60.58%，比上年末提高1.56个百分点。280万农业转移人口获得市民待遇。

区域经济融合协调发展。山东半岛蓝色经济区、黄河三角洲高效生态经济区生产总值33972.1亿元、9686.6亿元，分别比上年增长7.2%和6.0%。县域经济实力不断壮大，地方一般公共预算收入过30亿元、50亿元、70亿元、100亿元的县（市、区）分别达到55个、29个、20个和8个。

二、改革

*重点领域改革持续深化。*制定推动国有企业改革和支持非公有制经济健康发展两个10条意见，省管企业实现利润比上年增长1.2倍。非公有经济增加值42141.2亿元，增长7.3%。其中，民营经济增加值36896.0亿元，增长7.2%。削减省级行政权力事项1082项。整合26项涉企证照事项，在“五证合一”基础上实现“三十一证合一”。省市县三级政府性债务风险防控体系逐步构建，信用体系建设扎实推进。

*“三去一降一补”取得新进展。*完成175万吨生铁、527万吨粗钢、351万吨煤炭去产能任务，违法违规电解铝项目和“地条钢”清理整顿工作圆满完成。年末商品房待售面积3257.3万平方米，比上年末减少920.8万平方米。年末规模以上工业企业资产负债率为54.6%，比上年末降低0.2个百分点。落实各项减税降费政策为企业减负860亿元。规模以上工业企业每百元主营业务收入成本为87.5元，比上年降低0.4元。基础设施投资9999.3亿元，比上年增长29.2%。

*农业供给侧结构性改革深入推进。*稳定粮食播种面积，主动调整种植结构。玉米播种面积比上年减少1.5%，小麦播种面积增加0.4%，棉花播种面积减少37.5%。畜牧业中小规模养殖户加速退出，大型规模养殖户成长壮大。各类休闲农业经营主体超过1.9万家，年营业额突破630亿元。国家级休闲农业和乡村旅游示范县、示范点分别达到20个、30个。农村集体产权制度改革试点县（市、区）达到42个。 农林牧渔服务业增加值282.0亿元，增长12.9%。

*实体经济效益进一步改善。*规模以上工业企业主营业务收入比上年增长6.8%，实现利润增长11.5%，主营业务收入利润率为5.8%，比上年提高0.3个百分点。规模以上服务业企业营业收入增长14.3%，营业利润增长21.7%，营业收入利润率为14.3%，比上年提高0.2个百分点。

*质量强省战略有序实施。*制造业质量竞争力指数83.99，比上年提高0.69。年末有效注册商标72.3万件，比上年增长22.1%。其中，驰名商标711件，地理标志商标542件。马德里国际注册商标申请量增长2.1倍。共有全国质量强市示范城市10个，全国知名品牌创建示范区11个，国家地理标志保护产品66个，有效期内山东名牌产品、山东省服务名牌、山东省优质产品基地分别达到1536个、543个、37个。

三、动能转换与创新

*新经济规模发展壮大。*高新技术产业产值占规模以上工业的比重为35.0%，比上年提高1.2个百分点。工业机器人、城市轨道车辆、服务器、新能源汽车等高技术产品产量分别增长60.7%、80.2%、16.3%、3.0倍。软件业业务收入4933.1亿元，增长14.3%；软件业务出口16.1亿美元，增长10.9%。新登记市场主体149.6万户，比上年增长4.5%。其中，新登记“四新”经济企业增长37.2%。123家企业和研发单位落户测绘地理信息产业基地。运营共享单车47万辆。

*各类人才统筹发展。*共有在鲁两院院士49人，“千人计划”专家205人，国家百千万人才工程人选176人，享受国务院政府特殊津贴专家3260人，省有突出贡献的中青年专家1297人，齐鲁首席技师1359人，高技能人才290.6万人。获中国政府“友谊奖”专家66人。获得“高层次高技能人才服务绿卡”人选402人。国家级高技能人才培训基地23个，省级以上人力资源服务产业园12家，博士后创新实践基地130个，山东省技工教育特色名校7个。

*创新平台作用增强。*中国（烟台）知识产权保护中心正式挂牌运营，青岛、东营、烟台、潍坊4市入围国家知识产权强市创建市。共有国家知识产权强县工程示范县（区）18个，国家级高新技术产业开发区13个，国家知识产权试点示范园区11个，国家创新型产业集群试点7个，国家火炬计划特色产业基地69个，国家级工程技术研究中心36个，企业国家重点实验室17个，院士工作站334个。

*双创活力持续迸发。*获得国家级科技成果奖励19项。其中，国家技术发明奖3项，国家科学技术进步奖16项。第十九届中国专利奖金奖4项，专利奖优秀奖64项。PCT国际专利申请量1700件，比上年增长21.5%。发明专利申请量6.8万件，发明专利授权量1.9万件。每万人口有效发明专利拥有量7.57件，比上年增加1.24件。省级创业孵化示范基地和创业示范园区达到161家，省级示范创业大学达到11家。年末实有民营经济市场主体增长13.9%。其中，私营企业增长19.9%，个体工商户增长12.0%。

四、农业

*粮食产量再创新高。*农业增加值2802.3亿元，比上年增长4.6%。粮食总产量4723.2万吨，增长0.5%，是历史第一高产年。无公害农产品、绿色食品、有机农产品和农产品地理标志获证企业3561家，比上年增

加122家；产品7508个，增加106个；产地总面积375.1万公顷，增长30.7%。

表2　2017年主要种植业产品产量及增长速度

指标	单位	产量	比上年增长（%）
粮食	万吨	4723.2	0.5
夏粮	万吨	2350.1	0.2
秋粮	万吨	2373.1	0.8
棉花	万吨	34.5	-37.0
油料	万吨	327.7	0.3
蔬菜及食用菌	万吨	10618.3	2.8
水果	万吨	3295.8	1.2
园林水果	万吨	1776.9	2.8

林牧渔业总体稳定。林业增加值116.0亿元，比上年增长9.9%；年末林地面积349.0万公顷，活立木总蓄积量13040.5万立方米，森林覆盖率17.51%。牧业增加值997.8亿元，增长3.7%；猪牛羊禽肉产量772.4万吨，增长2.7%；禽蛋产量449.3万吨，增长1.9%；牛奶产量266.2万吨，下降0.8%。渔业增加值960.6亿元，下降0.5%；水产品总产量（不含远洋渔业产量）881.4万吨。其中，海水产品产量731.9万吨，淡水产品产量149.5万吨。年末专业远洋渔船519艘。

生产条件优化改善。除险加固大中型水库21座、小型水库249座，治理中小河流210条，开工建设雨洪资源利用项目22个，综合治理水土流失面积1320平方公里。农机合作社7699家。年末大中型拖拉机59.5万台，农作物耕种收综合机械化水平超过83%。

五、工业和建筑业

工业生产平稳增长。全部工业增加值28705.7亿元，比上年增长6.6%。规模以上工业增加值增长6.9%。其中，轻工业增长6.9%，重工业增长6.9%；装备制造业增长11.0%，高技术产业增长10.9%，六大高耗能行业增长3.6%。工业产销率为98.9%。

表3　2017年规模以上工业增加值增长速度

指　标	比上年增长（%）
规模以上工业	6.9
国有企业	8.5
集体企业	6.6
股份合作企业	7.5
股份制企业	7.1
外商及港澳台商投资企业	7.0
其他经济类型企业	0.8

表4　2017年规模以上工业主要产品产量及增长速度

指标	单位	产量	比上年增长（%）
啤酒	万千升	608.8	2.2
纱	万吨	876.8	1.4
布	亿米	121.1	3.0
机制纸及纸板（外购原纸加工除外）	万吨	2177.5	2.6
化学农药原药（折有效成分100%）	万吨	33.1	-50.2
水泥	万吨	15300	-2.6
平板玻璃	万重量箱	7232.2	6.5
粗钢	万吨	7147.9	1.7
钢材	万吨	9209.8	-2.5
原铝（电解铝）	万吨	725.3	-14.8
发动机	万千瓦	21744.9	39.0
汽车	万辆	140.3	11.4
动车组	辆	1512	-24.6
家用电冰箱	万台	821.4	-7.0
家用洗衣机	万台	627.2	-6.5
电子计算机整机	万台	79.4	4.6
移动通信手持机（手机）	万台	5041.5	-15.0

业较快发展。具有资质等级的总承包和专业承包建筑业企业6944家，比上年增加773家。其中，特级和一级建筑企业658家。建筑业总产值11477.8亿元，增长13.8%。其中，国有及国有控股企业2900.7亿元，增长13.4%；非国有企业8577.1亿元，增长13.9%。

六、服务业

服务业比重持续提升。服务业增加值占地区生产总值（GDP）比重为48.0%，比上年提高1.3个百分点，“三二一”结构进一步稳固。服务业对经济增长的贡献率达到56.4%。

现代服务业加快发展。生产性服务业中，规模以上互联网和相关服务营业收入比上年增长40.9%，软件和信息技术服务业增长20.4%，商务服务业增长24.8%，科技服务业增长14.2%。生活性服务业中，规模以上电影和影视节目制作营业收入增长75.1%，文艺创作与表演增长41.2%，体育营业收入增长38.4%，居民服务业增长17.0%，机动车、电子产品和日用产品修理业增长

17.3%，其他服务业增长18.7%。

全域旅游高效发展。旅游消费总额9200.3亿元，比上年增长14.5%，其中，国内游客消费增长14.8%，入境游客消费增长3.6%。旅游投资2231.8亿元，增长11.2%。共有全域旅游集散和咨询服务中心243处，跨界融合新业态旅游项目629个，旅游厕所1.6万座。共有A级旅游景区1075家，省级以上旅游度假区45家，省级旅游强乡镇527个，省级旅游特色村1180个。

快递电信业快速增长。邮电业务总量1891.3亿元，比上年增长64.4%。其中，电信业务总量1498.4亿元，增长76.5%；邮政业务总量392.9亿元，增长30.3%。快递业务量15.1亿件，增长25.7%。光缆线路总长度207.3万公里，增长18.9%。固定长途电话交换机容量19.1万路端。年末固定电话用户884.0万户，下降8.9%；移动电话用户9943.9万户，增长3.6%。电话普及率为每百人109部。

客货运量平稳增长。铁路、公路、水路共完成旅客运量6.5亿人次，比上年增长2.9%；货运量32.3亿吨，增长14.6%。沿海港口货物吞吐量15.2亿吨，增长6.2%。

表5　2017年客货运输量及增长速度

指标	旅客			
	运输量（亿人次）	增长（%）	周转量（亿人公里）	增长（%）
合计	6.5	2.9	1247.7	5.0
铁路	1.3	12.5	754.6	7.2
公路	4.9	0.6	481.0	1.8
水路	0.2	1.8	12.1	0.6

表5续表

指标	货物			
	运输量（亿吨）	增长（%）	周转量（亿吨公里）	增长（%）
合计	32.3	14.6	9663.5	9.7
铁路	1.8	6.7	1254.9	8.8
公路	28.8	15.3	6650.2	9.5
水路	1.7	10.6	1758.4	10.8

七、固定资产投资

投资结构继续优化。固定资产投资（不含农户）54236.0亿元，比上年增长7.3%。三次产业投资构成为1.9:49.6:48.5，服务业投资比重比上年提高2.7个百分点。重点领域中，工业技术改造投资增长14.1%，水利、环境和公共设施管理业投资增长28.9%，邮政业、互联网和相关服务业、金融业等现代服务业投资分别增长2.2倍、39.8%和35.6%。

房地产市场平稳发展。房地产开发投资6637.2亿元，比上年增长5.0%。其中，住宅投资4929.5亿元，增长5.1%。房屋施工面积63563.2万平方米，增长6.0%。其中，住宅施工面积46742.1万平方米，增长5.9%。竣工面积8429.1万平方米，增长2.1%。其中，住宅竣工面积6406.5万平方米，增长0.8%。商品房销售面积12813.2万平方米，增长8.7%。其中，住宅销售面积11201.0万平方米，增长5.7%。

基础设施进一步改善。公路通车里程27.1万公里，比上年增加4813公里。其中，高速公路通车里程5821公里，增加111公里。高速铁路通车里程1240公里，石济客专山东段和龙烟铁路等重大项目建成使用。沿海港口生产型泊位581个，其中万吨级以上深水泊位297个。榆横至潍坊、扎鲁特至青州“外电入鲁”通道建成投用，新增外电接纳能力500万千瓦。新能源和可再生能源发电装机占电力总装机比重达到19.4%。

八、消费市场

市场消费运行平稳。社会消费品零售总额33649.0亿元，比上年增长9.8%。其中，餐饮收入3602.6亿元，增长10.5%；商品零售30046.4亿元，增长9.7%。城镇消费品零售额26814.5亿元，增长9.7%；乡村消费品零售额6834.5亿元，增长10.3%。

新型消费快速释放。网上零售额2539.3亿元，比上年增长37.5%。其中，实物商品网上零售额2084.5亿元，增长32.3%；占社会消费品零售总额比重为6.2%，比上年提高1.3个百分点。

主要商品销售稳定。限额以上单位商品零售中，粮油、食品类零售额1465.3亿元，比上年增长8.8%；服装、鞋帽、针纺织品类零售额989.0亿元，增长7.6%；日用品类零售额415.3亿元，增长6.8%；汽车类零售额3058.3亿元，增长5.8%；家用电器和音像器材类零售额989.5亿元，增长13.0%；建筑及装潢材料类零售额322.7亿元，增长9.0%。

九、开放型经济

对外贸易快速增长。货物进出口总额17823.9亿元，比上年增长15.2%。其中，进口7858.5亿元，增长22.2%；出口9965.4亿元，增长10.1%。出口商品中，机电产品出口3877.3亿元，增长11.9%；纺织服装出口1444.1亿元，增长5.9%；农产品出口1152.5亿元，增长7.2%。主要市场中，对美国、东盟、欧盟、韩国和日本出口分别增长12.6%、5.9%、12.7%、9.9%和17.9%。服务进出口总额3528.1亿元，增长15.2%。其中，出口1692.0亿元，增长12.1%；进口1836.1亿元，增长18.2%。

利用外资增势平稳。新设立外商投资企业1479家；合同外资1860.8亿元，比上年增长32.5%；实际使用外资1210.5亿元，增长9.0%。其中，制造业实际使用外资645.8亿元，增长9.7%；服务业实际使用外资466.7亿元，增长9.0%。新批及增资总投资过亿美元项目102个，合同外资158.1亿美元。世界500强企业投资项目54个，合同外资14.9亿美元。6家世界500强企业在山东首次投资，创历史新高。

“走出去”战略稳步推进。实际对外投资377.5亿元。其中，跨国并购实际投资117.8亿元。对外承包工程新签合同额874.7亿元，完成营业额793.7亿元，分别比上年增长4.0%和9.3%。派出各类劳务人员7.2万人，增长4.2%。

“一带一路”合作成效明显。与“一带一路”沿线国家商品进出口4816.3亿元，比上年增长16.4%。其中，出口2672.5亿元，增长6.7%。对“一带一路”沿线国家实际投资100.6亿元，增长81.7%。实际使用“一带一路”沿线国家资金99.8亿元，增长19.2%。在“一带一路”沿线国家承包工程完成营业额473.4亿元，增长11.2%。

十、财政金融

财政收支结构持续优化。地方一般公共预算收入6098.5亿元，比上年同口径增长6.6%。其中，税收收入4419.3亿元，增长9.1%；占一般公共预算收入比重为72.5%，提高0.6个百分点。地方一般公共预算支出9257.7亿元，同口径增长5.2%。其中，民生支出7319亿元，占一般公共预算支出比重为79%。社会保障和就业支出增长14.0%，住房保障支出增长24.7%。

重点领域信贷保障有效。年末金融机构本外币存款余额91018.7亿元，比年初增加5335.2亿元。年末金融机构本外币贷款余额70873.9亿元，比年初增加5630.4亿元。其中，涉农贷款余额25819.4亿元，增加1690.4亿元；县域贷款余额20707.9亿元，增加1353.7亿元；小微企业贷款余额15330.7亿元，增加1426.9亿元。

表6 2017年末金融机构本外币存贷款余额及增长速度

指标	余额（亿元）	比上年末增长（%）
存款余额	91018.7	6.2
住户存款	44409.1	6.4
非金融企业存款	29472.2	5.0
贷款余额	70873.9	8.6
境内短期贷款	28927.9	3.2
境内中长期贷款	37609.5	20.3

资本市场稳健发展。共有上市公司294家，比上年增加26家。其中，境内上市公司196家，增加23家。“新三板”、齐鲁股权交易中心、蓝海股权交易中心挂牌企业分别达到636家、2270家和1124家。证券公司代理买卖证券交易金额11.8万亿元，比上年增长0.9%。期货公司代理成交金额7.8万亿元，增长39.9%。年末私募基金机构443家，管理基金规模1568.6亿元。

保费收入较快增长。保险保费收入2738.1亿元，比上年增长18.9%。其中，财产险保费收入741.4亿元，增长11.8%；人身险保费收入1996.6亿元，增长21.8%。支付各项赔款与给付831.3亿元，增长5.7%。农业保费收入23.6亿元，增长18.5%，为1729.2万户次农户提供了647.3亿元的风险保障。

十一、民生保障

脱贫攻坚精准推进。83.2万省标以下贫困人口实现脱贫，完成年度减贫任务。60万黄河滩区居民脱贫迁建全面启动，18个村台、41个外迁安置社区开工建设。为242.4万建档立卡贫困人口购买“扶贫特惠保险”，改造建档立卡贫困户危房4.85万户。

居民生活明显改善。城镇居民人均可支配收入36789元，比上年增长8.2%；人均消费支出23072元，增长7.3%。农村居民人均可支配收入15118元，增长8.3%；人均消费支出10342元，增长8.6%。城镇、农村居民人均现住房建筑面积分别为37.6平方米和42.5平方米。年末民用汽车拥有量1952.9万辆，增长11.3%。其中，私人轿车1140.1万辆，增长11.7%。

表7　2017年居民人均可支配收入及增长速度

指标	城镇居民		农村居民	
	指标值（元）	比上年增长（%）	指标值（元）	比上年增长（%）
可支配收入	36789	8.2	15118	8.3
工资性收入	23431	7.4	6069	9.0
经营净收入	5194	8.7	6730	7.4
财产净收入	3034	10.7	391	9.0
转移净收入	5131	9.6	1928	9.6

表8　2017年居民人均消费支出及增长速度

指标	城镇居民		农村居民	
	指标值（元）	比上年增长（%）	指标值（元）	比上年增长（%）
消费支出	23072	7.3	10342	8.6
食品烟酒	6180	4.2	2960	4.5
衣着	2034	2.8	585	1.5
居住	4895	9.4	1974	11.7
生活用品及服务	1736	10.1	690	14.2
交通通信	3284	9.4	1710	10.7
教育文化娱乐	2622	9.3	1141	12.6
医疗保健	1781	10.6	1129	9.9
其他用品和服务	540	2.5	152	-0.7

表9　2017年末每百户城乡居民家庭
主要耐用消费品拥有量

指标	单位	城镇居民	农村居民
家用汽车	辆	59.2	32.4
摩托车	辆	17.4	58.1
电冰箱(柜)	台	101.5	97.6
洗衣机	台	98.0	93.6
热水器	台	96.6	82.1
空调	台	128.1	63.7
彩色电视机	台	106.8	110.2
照相机	台	41.3	6.6
计算机	台	81.1	39.8
固定电话	线	27.8	17.8
移动电话	部	226.0	225.3
接入互联网的移动电话	部	139.4	86.7
健身器材	台	7.1	1.3
空气净化器（含新风系统）	台	3.0	0.6

*城乡建设水平提升。*市政公用设施投资1273亿元。开工老旧小区改造项目1906个，查处违法建设9872万平方米，拆除8348万平方米。城市污水集中处理率、生活垃圾无害化处理率分别达到96.5%、99.0%。村镇建设投资1773亿元。改造农村无害化卫生厕所449.1万户，86%的建制镇和全部建成入住的农村新型社区建有污水处理设施。17个试点县（镇）公共场所和农村新型社区实现冬季清洁供暖。

*社会保障更加完善。*年末职工基本养老、职工基本医疗、失业、工伤、生育保险参保人数分别达2660.9万人、2013.1万人、1268.3万人、1569.1万人、1186.6万人。居民基本养老保险和医疗保险参保人数分别达到4530.6万人、7282.6万人。企业退休人员月人均养老金达到2627元。432家医院实现省内异地就医联网即时结算。失业保险金标准平均增长8.4%，1至4级工伤职工伤残津贴平均增长6.2%。城镇最低生活保障人数23.8万人，年人均保障标准6192元，比上年提高222元。农村最低生活保障人数181.7万人，年人均保障标准4249元，比上年提高435元。各类养老服务机构和设施10590个，各类养老床位64.9万张。

*保障性安居工程任务全面完成。*棚户区改造开工80.4万套，基本建成64.7万套，年度任务完成率分别为105.2%和197.4%。公共租赁住房基本建成3.2万套，年度任务完成率为138.8%。

*安全生产事故持续下降。*发生各类生产安全事故1442起，死亡1307人，分别比上年下降49.1%和25.5%。亿元GDP生产安全事故死亡率0.018，十万人工矿商贸企业就业人员生产安全事故死亡率0.63，煤矿百万吨死亡率0.032。

十二、绿色生态

*生态环境显著改善。*细颗粒物（$PM_{2.5}$）、可吸入颗粒物（PM_{10}）、二氧化硫和二氧化氮平均浓度比上年分别下降13.6%、11.7%、31.4%和2.6%。“蓝天白云，繁星闪烁”天数平均为275.4天，比上年增加26.5天；重污染天数平均14.9天，比上年减少8.2天。水环境质量连续15年持续改善，国控地表水达到或优于Ⅲ类水质比例为55.4%；劣Ⅴ类水质比例为2.4%，比上年下降6.0个百分点。国家级、省级森林公园分别达到52处、67处，国家级、省级湿地公园分别达到68处、134处。

*节能降耗成效卓著。*初步核算，万元GDP能耗比上年下降6.94%，规模以上工业万元增加值能耗下降9.43%。规模以上工业煤炭消费量减少6.6%。一次能源转换为二次能源效率比上年提高0.9个百分点。工业能耗占全社会能耗比重为75.3%，比上年下降1.2个百分点。

新能源生产初具规模。清洁能源发电量231.4亿千瓦时，比上年增长15.2%；占规模以上全部发电量的比重为4.6%，比上年提高1.1个百分点。其中，风力发电量132.9亿千瓦时，增长13.2%；生物质发电量60.0亿千瓦时，增长8.8%；太阳能发电量32.5亿千瓦时，增长1.2倍。

资源勘探取得新成果。新发现矿产地9处，新增矿权16项，新增主要矿产资源量金200.0吨、铁2.9亿吨、有色金属12.0万吨、煤3.4亿吨、石墨5.4万吨、稀土17.1万吨。圈定具有开采潜力的地下水水源地29处，新增富水地段58处，可满足1346万人的供水需求。

十三、社会事业

教育事业呈现新气象。全面推进“县管校聘”管理改革，交流轮岗校长、教师4.4万人。12个设区市完成校长职级制认定和聘任。新建、改扩建中小学校1146所、幼儿园1834所。小学教育、初中教育、高中教育专任教师分别达到42.2万人、27.6万人、13.4万人。中等职业学校专任教师4.9万人，普通高等学校专任教师11.1万人。

表10　2017年各类学校基本情况

指　标	机构数（所）	招生数（万人）	在校生数（万人）
研究生培养机构	33	3.6	9.2
普通高等教育	145	61.3	201.5
中等职业学校（不含技工学校）	401	26.1	79.3
技工学校	194	12.9	33.3
普通高中	592	55.0	165.5
普通初中	2968	109.4	329.4
普通小学	9738	127.0	708.5
特殊教育学校	147	0.5	2.9
幼儿园	19020	105.2	277.3

文化事业产业向好发展。13件“文化惠民、服务群众”实事基本完成。成功举办第八届世界儒学大会和2017瑞典•中国山东文化年等文化活动。年末广播人口、电视人口综合覆盖率分别为99.11%、98.97%。城市营业影院477家，电影票房收入22.9亿元。共有艺术表演团体105个，艺术表演场馆92个，博物馆497家，公共图书馆154个，群众艺术馆和文化馆157个，美术馆49个，文化站1815个。出版各类图书18092种，报纸87种，杂志263种。规模以上文化产业法人单位增长9.9%，实现利润增长14.5%。国家级、省级文化产业示范园区(基地)分别达到17个、146个。

卫生服务水平继续提升。国家健康医疗大数据区域中心试点正式启动。年末医疗卫生机构7.9万所。其中，医院2452所，比上年增加433所；基层医疗卫生机构7.5万所，社区卫生服务中心及乡镇卫生院中医药综合服务区（国医堂、中医馆）设置率分别达到74.6%和86.5%。完成诊疗服务6.4亿人次。实施医疗救助289万人次。人均基本公共卫生服务经费补助标准由45元提高至50元。

全民体育健身更加普及。举办山东省第七届全民健身运动会赛事活动4773项次，参与总人数达到410万人次。全民健身中心县级覆盖率超过90%，行政村覆盖率92.6%。18名运动员在7个项目上获得世界冠军。获得第十三届全国运动会金牌59枚、银牌45枚、铜牌47枚。

气象地震服务能力增强。启动重大气象灾害应急响应498次，人工作业增加降水7.6亿立方米，减少雹灾损失2.2亿元。妥善应对显著性有感地震39次。

注：

1. 本公报中数据均为初步统计数。

2. 全省生产总值、各产业增加值、人均生产总值按现价计算，增长速度按可比价格计算。自2016年开始，将研究与开发支出计入地区生产总值核算，并对历史数据进行了修订。

3. 规模以上工业企业指年主营业务收入2000万元及以上的工业法人企业。

4. 规模以上服务业企业，一是指辖区内年营业收入1000万元及以上或年末从业人员50人及以上服务业法人单位。包括：交通运输、仓储和邮政业，信息传输、软件和信息技术服务业，租赁和商务服务业，科学研究和技术服务业，水利、环境和公共设施管理业，教育，卫生和社会工作；以及物业管理、房地产中介服务、自有房地产经营活动和其他房地产业等行业。二是指辖区内年营业收入500万元及以上或年末从业人员50人及以上服务业法人单位。包括：居民服务、修理和其他服务业，文化、体育和娱乐业。

5. 固定资产投资（不含农户）包括城镇和农村各种登记注册类型的企业、事业、行政单位以及城镇个体户计划总投资500万元及以上的建设项目投资，全部房地产开发经营业法人单位开发项目投资。

6．房地产业投资包括房地产开发投资，还包括建设单位自建房屋以及物业管理、中介服务和其他房地产投资。

7．限额以上批发业企业指年主营业务收入2000万元及以上的批发业企业，限额以上零售业企业指年主营业务收入500万元及以上的零售业企业，限额以上住宿和餐饮业企业指年主营业务收入200万元及以上的住宿和餐饮业企业。

8．软件业务收入统计范围：一是在我国境内注册（港澳台地区除外），主要从事软件研发、系统集成及相关信息技术服务业务，且主营业务年收入500万以上，具有独立法人资格的软件企业；二是在我国境内注册，主营业务年收入在1000万元以上，并有软件研发、系统集成及相关信息技术服务收入，且该收入占本企业主营业务收入30%以上的独立法人单位；三是在我国境内注册，主要从事集成电路设计的企业或其集成电路设计和测试的收入占本企业主营业务收入60%以上，且主营业务年收入500万元以上的独立法人单位。

2017年山东统计工作综述

2017年，全省统计系统深入学习贯彻习近平新时代中国特色社会主义思想和党的十九大精神，紧紧围绕省委、省政府决策部署，牢牢把握走在前列目标定位，不断加快“四个转变”，奋力打造“四个中心”，全面提升“四种能力”，办成了一些过去想办而没有办成的难事，解决了一些过去想解决而没有解决的难题，各项工作蓬勃发展、亮点纷呈。

一、从严治党呈现新气象

认真贯彻落实中央、省委关于全面从严治党部署要求，坚决履行管党治党责任，增强政治定力，把牢政治方向。**一是创新党建思路。**聚力“三同三促三建三抓”，目标上，将党的建设与统计工作同谋划、同部署、同考核；导向上，落实“一岗双责”促融合、促联动、促引领；方法上，聚焦主业建平台、建制度、建机制；基础上，建设特色党支部抓创新、抓亮点、抓品牌，形成一体推动、同步发展的党建工作新格局。**二是强化理论武装。**扎实推进“两学一做”学习教育常态化制度化，召开动员大会，制定实施方案，高质量完成规定动作，高标准做好自选动作，举办读书会、轮训班、“学习月”，党员干部“四个意识”进一步增强。**三是狠抓党风廉政。**坚持把党风廉政建设作为从严治党重要内容，突出“两个责任”落实，层层签订责任书，时时拉紧责任链。印发《山东省统计局关于私设“小金库”、以数谋私违纪违法问题风险防控工作方案》，强化风险防控。积极组织开展警示教育，及时发布廉政提醒，织密廉洁“防护网”。**四是突出作风建设。**巩固深化巡视整改，开展“回头看”“再回头”，各项整改工作落实落地。坚决贯彻落实中央八项规定精神，制定《关于转作风抓落实七项要求》，持之以恒纠正“四风”。大力倡导“早快细严实”工作作风，多干事、多担当、多添彩的良好风气已经形成。**五是坚持党管干部。**把牢干部队伍建设方向，突出政治标准、事业为上，出台《激励干部担当作为干事创业的实施意见（试行）》，一批想干事、能干事、会干事、干成事的干部脱颖而出。新设省统计科学研究所，评选首席经济分析师组建研究团队，推进职务职级并行试点，加强人才教育培训，为实干者搭建舞台，为担当者创造环境，“好干部”成为全体党员干部的共同追求。

二、改革创新取得新成效

准确把握中央深化统计管理体制改革精神，积极探索统计改革发展的新路径。**一是统计管理体制改革全面铺开。**优化改革设计，深入调查研究，广泛征求意见，结合山东实际，代省委、省政府制定了《关于深化统计管理体制改革提高统计数据真实性的实施意见》。省委、省政府召开全省统计工作专题会议，时任省委常委、常务副省长李群同志到会动员部署。省委组织部、省统计局举办了深化统计管理体制改革培训班。这两件事是山东统计历史上的第一次。强力督促落实，对42项具体改革任务倒排工期，挂图作战，重点督办，截至2017年底完成28项。**二是统计方法制度改革蹄疾步稳。**聚焦统一核算改革，完成研发支出计入GDP改革以及战略性新兴产业、体育产业、文化产业增加值核算，开展资产负债表编制试点，提前实现省与各市GDP基本衔接。力推专业统计改革，在全国先行试点5000万元以上投资项目财务支出法改革，率先构建省级《绿色发展指标体系》《绿色发展统计制度》，扎实推进“五证合一、一证一码”，统计方法制度更加科学规范。**三是统计法治建设扎实推进。**建立配套法规制度，制定《山东省统计执法“双随机”抽查办法》等6个规范性文件。在省委组织部、省编办的大力支持下，省里批准成立统计执法监督局，组建统计执法人才库，进一步充实统计执法力量。实施“双随机”执法检查，全省共检查企业7000余家，立案146件。各市八仙过海，各显其能，加快改革，创新发展，淄博、东营出台改革实施意见方案；泰安率先成立市级统计执法监督局；潍坊市、县两级全部成立统计执法监督机构。

三、服务发展开创新局面

紧盯省委、省政府重大决策部署，出主意、当参谋、早谋划、快落实。**一是聚焦动能转换，**第一时间成立新旧动能转换工作协调小组，研究制定《关于贯彻落实省委、省政府新旧动能转换重大工程的实施意见》。组织开展重大专题调研，形成《关于重庆市新旧动能转换实践的调研报告》《浙江经济转型发展的实践及启示》《江苏开放型经济发展的经验及启示》等调研报告，省委书记刘家义同志批转省委常委及有关部门阅研。探索建立新旧动能转换监测体系、健康山东监测体系，完善“四新”统计制度，启动新旧动能转换实现程度测算工作，为宏观决策及时提供重要依据。**二是聚焦环保督察**，统筹谋划、关口前移，成立专门机构，实行24小时值班，先后加工提报3万多笔数据和200余份档案材料，就重点问题及时作出客观全面说明解释，得到督察组充分肯定，《省委保障中央环保督察工作简报》刊发了“省统计局早快细严实全力做好中央环保督查统计服务保障工作”的经验介绍。中央环保督察反馈意见会议一结束，省统计局迅即召开专题会议，研究提出九条措施，全力服务和保障反馈意见落实，省委书记刘家义同志对此作出重要批示。**三是聚焦脱贫攻坚**，全力配合做好农村贫困人口“建档立卡”工作，探索研究基于农村贫困人口的消费价格指数，改进和完善“十三五”贫困标准测算方法，完成2017年省定贫困标准测算工作。高质量开展贫困户抽样调查，及时反映脱贫攻坚成效及问题，提出对策建议。另外，还围绕化工产业转型升级、医养健康等重大任务，加强统计监测预警，提供统计信息保障。2017年，报送统计专报136篇，省领导批示131篇，在省委、省政府“两办”信息采用得分均由第5位跃升到第2位，在国家统计局《每日调查》采用信息居全国第1名。各市也不断拓展服务领域，提升服务品质，烟台、潍坊、威海建立各具特色的统计监测体系，临沂探索搭建规上企业政企互通信息管理服务平台，充分发挥统计服务价值。

四、分析研判再上新台阶

积极发挥统计职能作用，强化前瞻思考，深入调查研究，全面把握新常态下增速换挡、结构优化、动能转换的新特点新规律。比如，分析一季度经济形势时，提出了“一个大周期、两个小周期”观点，二季度作出了“经济将继续保持平稳向好，下半年可能出现小幅回落，全年将呈现前高后稳或略低走势”的判断，进入三季度，省委、省政府实施了化工产业转型、大气污染防治、环保专项整治等一系列重大举措，经济运行一度出现较大波动，省统计局深入分析，科学研判，提出了“三个没有变”。一是从长期看，平稳向好发展的趋势没有变；二是从中期看，L横行波动的走势没有变；三是从短期看，转型举措叠加释放影响的态势没有变。从全年实际走势看，这些判断都得到了有效印证。比如，在中央、全省经济工作会议召开前，提出《关于我省2018年经济工作安排的初步建议》，为省委、省政府谋划2018年经济工作提供了重要参考。比如，面对社会不同声音，深化分析解读，正面引导社会预期，2017年省统计局共60余人次接受中央和省电视台等主流媒体采访；在《大众日报》刊登50余篇新闻稿；在《山东新闻联播》播出50余条新闻；在山东统计信息网发布100余篇解读文章；利用“中国统计开放日”“阳光政务热线”、统计微博微信等平台，广泛宣传经济社会发展成就。

五、普查调查取得新进展

坚持以基础扎实、方法科学、手段先进、规范统一为标准，扎实做好重大普查调查和常规统计调查。**一是“三农普”取得重大成果。**各级普查机构精心组织，各相关部门密切配合，全省44万名普查指导员和普查员共同努力，完成了对1963万个农户，18万家农业经营单位，7.7万个村级单位，1754个乡级单位的现场登记，摸清了全省“三农”家底。**二是1%人口抽样调查创新开展。**首次在部分县区尝试调查服务外包，自行研发数据处理程序，通过视频模式培训五级调查员，减轻了基层负担，提高了调查效率。**三是“四经普”筹备及时启动。**在全国率先成立“四经普”筹备领导小组，研讨普查思路，预判工作难点，编制经费预算，开展企业组织结构调查试点，各项准备工作扎实有效。**四是常规调查有序推进。**严守联网直报“四条红线”，执行《统计数据质量管理体系》，顺利完成各项定报年报任务。积极推进投入产出、人才服务统计、城乡划分等专项调查，获取了翔实的基础数据。认真贯彻《实施意见》，有效治理统计数据历史遗留问题。**五是社情民意调查更具实效。**相继开展群众安全感、环保督察、新旧动能、养老服务、消费者信心等几十项自主调查，社情民意调查工作的政治性、时效性极大提升。济南、枣庄等市不断丰富调查内容，进一步畅通党委政府与人民群众的联系渠道，桥梁纽带作用更加有效发挥。

六、基层基础得到新加强

突出目标导向，坚持重心下移，政策上关注基层，措施上倾斜基层，工作上支持基层。制定《关于进一步加强统计基层基础建设提高统计数据质量的意见》《关于加强基层基础建设考核办法》，提升乡镇统计能力，调动基层统计人员积极性。加强基本单位名录库建设，利用“五证合一”信息系统，核查更新单位信息，建立“准四上”企业库，及时补遗漏、挖潜力、增新企、去“僵尸”，为搞准搞实源头数据奠定基础。

青岛、泰安积极培育引导“四上”企业，一批新企业主体迅速崛起；济南对基层统计规范化先进单位进行奖励；东营探索成立社区统计调查队和村居统计办公室；聊城加强基层统计人员“全覆盖”培训；菏泽建立重点企业联系点制度，统计基层基础建设不断向纵深推进。

七、部门统计增添新亮点

各部门秉承统计管理体制改革精神，结合各自实际，加快改革创新，部门统计整体水平不断提升。省人社厅、省司法厅、省住建厅、人民银行济南分行、济南铁路局等部门，建立健全制度规定，落实统计工作责任，完善统计工作流程；省政府办公厅牵头建设全省经济社会发展大数据平台，省卫计委建立卫生计生综合统计查询平台；省经信委、省国土资源厅、省交通厅等部门实行联网直报制度；省农业厅、省新闻出版广电局、省食品药品监管局等部门大力开展统计培训，等等。省统计局加强部门沟通协作，与省科技厅、省工商局、济南海关等签订合作协议，共同推进部门统计上水平、上台阶。各市围绕大数据、统计服务、统计核算等，统筹推进部门统计发展。济宁建成全国首个统计云和“三农普”大数据平台；莱芜研究建立政府综合统计与部门统计数据共享机制；日照、德州、滨州建立部门联席 GDP 核算会议制度，部门协同配合更加务实高效。

八、文明创建实现新突破

始终把精神文明建设作为凝聚力量、提振精神、推动工作的重要抓手，全面动员，全员参与，创新载体，务求实效。评选“最美基层统计人”“统计系统道德模范”；打造“山东统计大讲堂”“道德讲堂”“青年论坛”品牌；开展志愿服务、经典诵读、节能行动；选派优秀党员干部挂职“第一书记”，推进实施“双联共建”，文明创建丰富多彩，成效显著，省统计局被中央文明委表彰为第五届“全国文明单位”称号。各市统计局持续推进文明单位“升级连创”，强化措施，加大力度，系统文明创建硕果累累，济宁、临沂继续保持“全国文明单位”称号，其他市统计局继续保持“省级文明单位”称号，135 个县（市、区）统计局获得不同层级的“文明单位”。通过深化文明创建，党员干部精神面貌、创业热情不断激发，统计机关形象、社会影响显著提升。

回顾 2017 年，山东统计提出了一种工作理念，创新了一批制度方法，完善了一批机制措施，形成了一批重大成果，统计工作转型发展迈出了坚实步伐。2018 年，全省统计系统将高举习近平新时代中国特色社会主义思想伟大旗帜，不忘初心、牢记使命，同心同力、奋进前行，推动统计工作实现新跨越、再上新台阶，为决胜全面建成小康社会、奋力谱写新时代中国特色社会主义的山东篇章作出新的更大贡献。

第1篇

综　合

General Survey

简 要 说 明

一、本篇资料的主要内容

本篇资料是对我省乡镇以上行政区划、分行业法人单位数和国民经济、社会发展的综合反映，主要包括行政区划、法人单位数和平均每天社会经济活动、国民经济主要比例关系、国民经济和社会发展主要指标占全国的比重、国民经济和社会发展主要指标及其增长速度等资料。

二、本篇资料的来源

1.“行政区划一览表”主要包括2017年底各（地级）市、各县（市、区）和乡镇级的行政区划资料，数据来源于省民政厅。

2.法人单位情况由省统计局普查中心整理提供。

3.国民经济和社会发展综合部分来源于本年鉴各篇章中的资料，由省统计局综合处加工整理。

Brief Introduction

I. Main Content

Data in this chapter cover the main indicators on divisions of administrative areas, corporate units and national economy and social development, including divisions of administrative areas, number of corporate units and average daily social and economic activities, ratio, and percentage of main indicators of Shandong to the whole nation and growth rate.

II. Source of Data

(1) Data on divisions of administrative areas are provided by Shandong Provincial Department of Civil Affairs.

(2) Data on corporate units situation are provided and compiled by the Census Center of Shandong Provincial Bureau of Statistics.

(3) Data on general survey of economy and society are based on those of different chapters and compiled by the Division of Comprehensive Statistics of Shandong Provincial Bureau of Statistics.

1-1 行政区划(2017年底)
Divisions of Administrative Areas (Year-end of 2017)

单位:个 (unit)

地 区	Region	县 级 单位数 Numbers of Counties	市辖区 Districts under the Jurisdiction of Cities	县级市 Cities at County Level	县 Coumty	乡镇级 单位数 Numbers of Towns	街 道 办事处 Street Communities	乡 Townships	镇 Towns
全 省	**Total**	**137**	**55**	**26**	**56**	**1824**	**660**	**70**	**1094**
济南市	Jinan	10	7		3	141	112		29
青岛市	Qingdao	10	7	3		145	102		43
淄博市	Zibo	8	5		3	88	30		58
枣庄市	Zaozhuang	6	5	1		64	18		46
东营市	Dongying	5	3		2	40	15	2	23
烟台市	Yantai	12	4	7	1	154	66	6	82
潍坊市	Weifang	12	4	6	2	118	56		62
济宁市	Jining	11	2	2	7	156	48	4	104
泰安市	Tai'an	6	2	2	2	88	20	6	62
威海市	Weihai	4	2	2		71	23		48
日照市	Rizhao	4	2		2	55	14	4	37
莱芜市	Laiwu	2	2			20	7		13
临沂市	Linyi	12	3		9	156	29	9	118
德州市	Dezhou	11	2	2	7	134	27	16	91
聊城市	Liaocheng	8	1	1	6	135	32	9	94
滨州市	Binzhou	7	2		5	91	29	4	58
菏泽市	Heze	9	2		7	168	32	10	126

1-2 国民经济和社会发展主要指标

类别		Category		2000	2005
一、人口		**Population**			
年末总人口	(万人)	Total Population at the Year-end	(10 000 persons)	8997	9248
按性别分		**By Sex**			
男	(万人)	Male	(10 000 persons)	4562	4676
女	(万人)	Female	(10 000 persons)	4413	4537
按农业非农业分		**Agricultural and Non-agricultural Population**			
农业人口	(万人)	Agricultural Population	(10 000 persons)	6566	6066
非农业人口	(万人)	Non-agricultural Population	(10 000 persons)	2409	3147
人口密度	(人/平方公里)	Population Density	(persons/sq.km)	574	589
二、就业人员和劳动工资		**Employment and Wages**			
年末就业人员	(万人)	Year-end Employed Persons	(10 000 persons)	5441.8	5840.7
第一产业	(万人)	Primary Industry	(10 000 persons)	2887.7	2350.3
第二产业	(万人)	Secondary Industry	(10 000 persons)	1286.0	1781.4
第三产业	(万人)	Tertiary Industry	(10 000 persons)	1268.1	1709.0
乡村就业人员	(万人)	Rural Employed Persons	(10 000 persons)	3617.1	3563.9
城镇就业人员	(万人)	Urban Employed Persons	(10 000 persons)	1825.2	2276.8
职工年末人数	(万人)	Number of Staff and Workers at the Year-end	(10 000 persons)	790.1	871.1
# 国有单位	(万人)	State-owned Units	(10 000 persons)	542.1	415.8
城镇集体单位	(万人)	Urban Collective-owned Units	(10 000 persons)	103.9	63.3
工资总额	(亿元)	Total Wages Bill	(100 million yuan)	695.1	1440.3
# 国有单位	(亿元)	State-owned Units	(100 million yuan)	524.4	823.7
城镇集体单位	(亿元)	Urban Collective-owned Units	(100 million yuan)	58.8	73.2
平均工资	(元)	Average Wage	(yuan)	8772	16614
# 国有单位	(元)	State-owned Units	(yuan)	9655	19823
城镇集体单位	(元)	Urban Collective-owned Units	(yuan)	5585	11474
三、国民经济核算		**National Accounting**			
地区生产总值	(亿元)	Gross Domestic Product	(100 million yuan)	8337.47	18496.99
第一产业	(亿元)	Primary Industry	(100 million yuan)	1268.57	1963.51
第二产业	(亿元)	Secondary Industry	(100 million yuan)	4164.45	10595.22
第三产业	(亿元)	Tertiary Industry	(100 million yuan)	2904.45	5938.26
工业	(亿元)	Industry	(100 million yuan)	3665.74	9532.68
建筑业	(亿元)	Construction	(100 million yuan)	498.71	1062.54
人均地区生产总值	(元)	Per Capita GDP	(yuan)	9326	20075
支出法计算的国内生产总值		**Gross Domestic Product by Expenditure Approach**			
#最终消费	(亿元)	Government Final Consumption Expenditure	(100 million yuan)	4021.46	7490.05
居民消费	(亿元)	Household Consumption Expenditures	(100 million yuan)	3082.06	5451.19
政府消费	(亿元)	Government Consumption Expenditure	(100 million yuan)	939.40	2038.86
资本形成总额	(亿元)	Gross Capital Formation	(100 million yuan)	4122.26	9529.59
#固定资形成总额	(亿元)	Gross Capital Formation	(100 million yuan)	3159.03	9093.18
居民消费水平		**Household Consumption Expenditure**			
全省居民	(元)	Average Expenditure of All Residents	(yuan)	3447	5916
农村居民	(元)	Rural Residents	(yuan)	2118	3109
城镇居民	(元)	Urban Residents	(yuan)	5603	9453
四、固定资产投资		**Investment in Fixed Assets**			
全社会固定资产投资额	(亿元)	Total Investment in Fixed Assets	(100 million yuan)	2542.65	10541.87
国有经济	(亿元)	State-Owned Units	(100 million yuan)	1153.65	1853.29
集体经济	(亿元)	Collective-Owned Units	(100 million yuan)	679.48	1042.41
个体经济	(亿元)	Individuals Economy	(100 million yuan)	353.93	2736.61

注：1.2000和2010年年末总人口数据为人口普查时点数据。
2.2010年起，工资总额、平均工资数据为城镇单位就业人员口径。

Main Indicators on National Economic and Social Development

2007	2008	2009	2010	2011	2012	2013	2014	2015	2016	2017
9367	9417	9470	9579	9637	9685	9733	9789	9847	9947	10006
4739	4761	4792	4839	4870	4868	4883	4960	4999	5049	5089
4606	4632	4658	4697	4721	4712	4729	4787	4823	4872	4919
5909	5860	5902	5698	5646	5559	5482	5462	5120	5056	4984
3436	3532	3548	3839	3945	4021	4130	4285	4702	4865	5024
596	599	603	610	613	616	619	620	624	630	634
6081.4	6187.6	6294.2	6401.9	6485.6	6554.3	6580.4	6606.5	6632.5	6649.7	6560.6
2265.2	2313.5	2297.4	2273.1	2211.6	2168.0	2086.0	2023.2	1963.2	1935.1	1856.6
1989.9	1955.5	2014.1	2086.7	2185.6	2245.2	2270.2	2294.2	2338.0	2354.0	2335.6
1826.3	1918.6	1982.7	2042.1	2088.4	2141.1	2224.2	2289.1	2331.3	2360.6	2368.4
3519.9	3507.5	3490.8	3474.5	3471.2	3470.0	3427.4	3405.5	3376.6	3371.4	3329.2
2561.5	2680.1	2803.4	2927.4	3014.4	3084.3	3153.0	3201.0	3255.9	3278.3	3231.4
879.7	872.7	889.6	919.9	1006.0	1060.2	1237.6	1210.0	1178.0	1155.5	1130.3
411.6	413.9	413.3	422.4	424.4	431.8	397.6	386.2	374.6	372.1	369.6
57.8	54.1	54.4	54.6	58.4	60.5	55.5	48.3	44.5	44.2	38.9
1992.6	2294.5	2629.3	3166.7	3956.1	4628.2	6098.9	6545.4	7054.6	7531.7	8059.3
1118.8	1285.8	1432.8	1683.5	1885.8	2125.1	2184.5	2334.1	2677.1	2940.3	3191.7
90.9	101.6	118.1	147.1	182.1	216.3	247.7	232.8	235.4	242.3	234.4
22844	26404	29688	33321	37618	41904	46998	51825	57270	62539	68081
27290	31169	34794	38490	43469	47894	52811	58485	69050	76903	83845
15636	18656	21496	25626	29683	34001	41416	45015	50191	53790	58002
25982.63	31212.34	34219.28	39571.20	45874.95	50626.96	55911.86	60164.80	63858.62	67925.62	72634.15
2501.03	2983.61	3194.38	3538.73	3909.28	4198.20	4454.11	4662.81	4902.82	4830.25	4832.71
14839.13	17839.09	19219.83	21643.00	24538.45	26367.39	28163.57	29585.72	30334.56	31343.67	32942.84
8642.47	10389.64	11805.07	14389.47	17427.22	20061.37	23294.18	25916.27	28621.24	31751.70	34858.60
13471.22	16156.34	17207.32	19256.75	21784.29	23417.15	24975.72	26128.52	26762.35	27588.70	28705.69
1367.91	1682.75	2012.51	2386.24	2754.16	2950.24	3273.83	3547.15	3664.86	3806.31	4276.97
27825	33233	36236	41527	47724	52403	57587	61635	65040	68633	72807
10367.79	12386.29	13592.53	15349.22	18418.30	21253.41	24294.20	26265.05	28452.22	32149.67	35185.91
7603.39	9085.22	9910.18	11058.97	13304.09	15279.70	17925.83	20144.84	22418.79	25593.42	28285.46
2764.40	3301.07	3682.35	4290.25	5114.21	5973.71	6368.37	6120.21	6033.43	6556.25	6900.45
13304.67	15867.79	18447.10	21932.09	25199.13	27539.02	30053.76	31582.57	33560.45	34637.26	36412.57
12704.75	15315.30	18071.58	21233.35	24536.01	26796.33	29350.32	30448.84	32120.03	33548.68	34703.97
8142	9673	10494	11606	13840	15816	18463	20637	22834	25860	28353
4251	5081	5396	5730	7206	8604	10182	12065	13966	15970	18530
12633	14815	16026	17717	20389	22556	25779	27828	29798	33016	34955
12537.02	15435.93	19030.97	23276.69	26769.73	31255.96	36789.07	42495.55	48312.46	53322.49	55202.73
1838.55	2431.54	3086.82	3648.45	3783.31	3949.65	4757.31	5455.94	6304.58	7497.32	9568.25
1269.64	1811.23	2308.54	2627.32	2715.00	3129.27	3113.17	3380.39	3125.74	1545.38	1496.62
3566.49	4360.90	5235.29	6505.00	8234.50	9879.75	12827.66	16215.47	20268.78	22191.42	22328.55

a)Total population data of 2000 and 2010 year-end are based on the national population census.
b)Since 2010,data of total wages bill and average wage refer to the range of employed persons in urban.

1-2 续表 1

类　　别		Category		2000	2005
其他经济	(亿元)	Others	(100 million yuan)	355.59	4909.56
五、能　源		**Energy**			
能源生产总量	(万吨标煤)	Total Energy Production	(10 000 tons of SCE)	9648.75	13995.62
原　煤	(万吨标煤)	Coal	(10 000 tons of SCE)	5741.96	10021.63
原　油	(万吨标煤)	Crude Oil	(10 000 tons of SCE)	3822.49	3849.36
天燃气	(万吨标煤)	Natural Gas	(10 000 tons of SCE)	83.54	123.03
水　电	(万吨标煤)	Hydro-power	(10 000 tons of SCE)	0.76	1.60
水电、风电和太阳能光伏发电	(万吨标煤)	Hydro,Wind and Solar PV Power	(10 000 tons of SCE)		
六、财　政		**Government Finance**			
一般公共预算收入	(亿元)	General Pubilic Budget Revenue	(100 million yuan)	463.68	1073.13
#增值税		Value Added Tax		89.69	193.00
营业税		Business Tax		87.66	217.79
企业所得税		Company Income Tax		81.87	110.83
个人所得税		Personal Income Tax		24.75	38.89
资源税		Resource Tax		6.22	18.24
城市维护建设税		Urban Maintenance and Development Tax		27.62	65.95
房产税		Tax on Real Estates		15.56	32.80
城镇土地使用税		Urban Land Using Tax		8.82	29.44
土地增值税		Land Value-added Tax		0.74	14.39
车船税		Tax on Vehicle and License		3.19	5.60
行政事业性收费收入		Incom from Adiministrative Work Fees		30.57	108.07
一般公共预算支出	(亿元)	General Pubilic Budget Expenditure	(100 million yuan)	613.08	1466.23
#基本建设支出		Expenditure for Capital Construction		29.51	70.48
城市维护费		City Maintenance		38.88	117.97
支援农业支出		Expenditure for Supporting Rural Production		41.19	89.58
文教科学卫生事业费		Operating Expenses for Culture,Education, Science and Health Care		167.79	375.17
行政管理费		Expenditure for Government Administratio		62.21	162.95
#一般公共服务		General Public Service			
教育		Education			
社会保障和就业		Social Security and Employment			
医疗卫生		Health			
农林水事务		Farming、Forestry and Irrigation Affairs			
七、金　融		**Fiancial Intermediation**			
金融机构人民币存款余额	(亿元)	RMB Deposits	(100 million yuan)	7471.20	17103.51
#企业存款		Deposits by Enterprises		2077.20	4123.86
财政存款		Fiscal Deposits		76.45	259.66
农业存款		Agricultural Deposits		135.15	322.20
储蓄存款		Urban and Rural Household Savings Deposits		4466.72	9035.14
金融机构人民币贷款余额	(亿元)	RMB Loans	(100 million yuan)	6209.05	13381.75
#工业贷款		Loans to Industrial Sector		993.80	2021.82
农业贷款		Loans to Agricultural Sector		528.18	1561.11
商业贷款		Loans to Commercial Sector		1124.92	1086.77
基建贷款		Loans to Capital Construction		731.59	2040.32
技改贷款		Loans to Technical Innovation		267.82	206.97
八、价格指数		**Price Indices**			
居民消费价格总指数	(上年=100)	Consumer Price Index	(preceding year=100)	100.2	101.7
商品零售物价总指数	(上年=100)	Retail Price Index	(preceding year=100)	98.6	100.6
九、居民生活		**People's Livelihood**			
农民生活		Rural's Livelihood			
年末人均住房建筑面积	(平方米)	Per Capita Space of Living House at Year-end	(sq.m)	23.61	29.64

注：2009年开始，一次能源包含水电、风电和太阳能光伏发电，2000—2008年数据不包括风电和太阳能光伏发电。

continued

2007	2008	2009	2010	2011	2012	2013	2014	2015	2016	2017
5862.34	6832.27	8400.32	10495.92	12036.92	14297.30	16090.93	17443.75	18613.36	22088.37	21809.31
14616.67	14615.32	14600.08	16055.71	15997.81	16973.80	15165.08	15220.40	14632.77	13677.95	14000.35
10526.28	10500.62	10424.07	11913.14	11585.87	12528.16	10722.56	10699.80	10242.27	9489.22	9791.26
3990.22	3998.91	4040.38	3980.08	3973.65	3963.94	3894.94	3876.09	3725.83	3279.01	3192.78
99.22	113.05	119.97	129.01	64.33	75.71	65.11	62.89	58.61	56.11	54.16
0.95	2.74									
		15.66	33.48	53.35	79.19	116.19	133.13	161.90	229.07	305.89
1675.40	1957.05	2198.63	2749.38	3455.93	4059.43	4559.95	5026.83	5529.33	5860.18	6098.63
290.79	333.78	324.48	378.23	413.82	438.12	489.56	596.96	594.98	1129.75	1705.96
339.71	396.09	470.61	631.51	765.72	896.64	1068.33	1135.92	1252.40	650.45	
198.50	229.97	220.30	293.31	398.56	441.64	445.95	483.01	498.72	503.24	620.30
56.81	61.13	64.67	81.01	96.58	95.11	104.59	115.18	143.12	143.15	186.73
28.99	28.81	32.81	33.29	38.36	91.11	92.62	119.57	103.81	95.18	99.56
92.46	104.14	109.08	130.74	179.60	198.88	217.84	231.33	243.71	250.83	261.82
44.35	47.26	57.86	64.65	74.02	100.83	111.75	122.49	133.86	143.36	157.81
65.96	103.57	120.88	137.69	158.46	211.69	229.16	264.69	358.75	393.74	398.18
32.53	36.56	43.84	66.19	105.67	145.21	205.91	257.74	259.51	293.15	367.18
7.53	12.64	17.69	23.27	29.72	35.86	40.26	46.65	53.31	61.00	69.37
144.44	163.20	171.59	203.02	278.82	305.29	284.12	302.20	296.74	328.25	320.28
2261.85	2704.66	3267.67	4145.03	5002.07	5904.52	6688.80	7177.31	8250.01	8755.21	9258.40
421.82	468.24	490.14	544.31	618.48	705.51	749.96	725.33	738.11	783.56	857.51
453.36	550.99	613.49	770.45	1047.90	1311.80	1399.67	1461.05	1690.62	1825.99	1890.00
251.78	285.05	342.79	416.77	501.54	596.48	681.98	763.53	904.64	992.66	1131.96
99.65	140.42	189.24	250.77	360.36	422.91	485.86	605.67	701.43	790.19	829.27
163.01	235.30	369.35	465.98	564.00	673.82	748.14	772.84	964.42	943.44	953.59
22072.24	26930.18	34697.78	41104.96	46345.41	54301.53	62077.88	67498.29	74524.16	83414.88	88531.71
5910.20	6828.95	10020.94	11585.54							
479.06	535.25	868.34	1026.07	1109.49	1172.88	1226.84	1297.72	920.97	1013.17	1454.86
431.06	447.17	660.50	277.96							
11438.11	14382.19	17082.76	19648.21	22173.27	26343.31	29796.08	33178.56			
17545.15	20053.91	25961.32	30722.64	35179.00	42899.91	44761.26	50058.64	55437.00	61726.88	67575.96
3300.69	3550.94	3941.55								
2155.94	2463.43	2962.97								
1053.05	943.99	1117.77								
3047.84	3644.33	5252.66								
140.52	152.83	132.83								
104.4	105.3	100.0	102.9	105.0	102.1	102.2	101.9	101.2	102.1	101.5
103.6	104.9	99.4	102.7	104.7	101.6	101.4	101.0	100.2	101.3	100.8
31.69	32.98	34.24	34.71	36.31	38.43	39.56	40.25	40.91	42.10	42.54

a)Since 2009, Primary Energy has included hydro,wind and solar PV power. 2000-2008 data do not include wind and solar PV power.

1-2 续表 2

类 别		Category		2000	2005
人均可支配收入	(元)	Annual Per Capita Disposable Income of Rural Households	(yuan)		
人均纯收入	(元)	Annual Per Capita Net Income of Rural Households	(yuan)	2659	3931
人均生活消费支出	(元)	Living Expenditure of Rural Households	(yuan)	1771	2736
城镇居民生活		**Urban's Livelihood**			
人均可支配收入	(元)	Annual Per Capita Disposable Income of Urban Households	(yuan)	6490	10745
人均消费性支出	(元)	Annual Per Capita Consumption Expenditure of Urban Households	(yuan)	5022	7457
人均非消费支出	(元)	Annual Per Capita Non-consumption Expenditure of Urban Households	(yuan)	1037	2432
年末人均住房建筑面积	(平方米)	Per Capita Space of Living House at Year-end	(sq.m)	13.8	28.5
十、农林牧渔业		**Farming,Forestry,Animal Husbandry and Fishery**			
农林牧渔业总产值	(亿元)	Gross Output Value of Farming Forestry, Animal Husbandry and Fishery	(100 million yuan)	2294.4	3741.8
农 业	(亿元)	Farming	(100 million yuan)	1300.4	2034.0
林 业	(亿元)	Forestry	(100 million yuan)	47.6	57.6
牧 业	(亿元)	Animal Husbandry	(100 million yuan)	599.2	1125.0
渔 业	(亿元)	Fishery	(100 million yuan)	347.1	465.5
农林牧渔服务业	(亿元)	Services for Agriculture	(100 million yuan)		59.7
农业生产情况		**Farming**			
粮食总产量	(万吨)	Total Output of Grain	(10 000 tons)	3837.7	3917.4
粮食单产	(千克/公顷)	Grain	(kilogram/hectare)	4938	5837
棉花总产量	(万吨)	Total Output of Cotton	(10 000 tons)	59.0	84.6
棉花单产	(千克/公顷)	Cotton	(kilogram/hectare)	1085	1000
油料总产量	(万吨)	Total Output of Oil-bearing Crops	(10 000 tons)	356.9	363.9
油料单产	(千克/公顷)	Oil-bearing Crops	(kilogram/hectare)	3730	4044
肉类总产量	(万吨)	Total Output of Grain	(10 000 tons)	500.0	657.8
猪存栏	(万头)	Number of Pigs	(10 000 heads)	2401.8	2772.0
牛存栏	(万头)	Number of Cattles	(10 000 heads)	779.9	750.4
羊存栏	(万只)	Number of Sheep and Goats	(10 000 heads)	2260.1	2646.0
家禽存栏	(万只)	Number of Poultry	(10 000 heads)	47789.9	54641.3
猪出栏	(万头)	Slaughtered Pigs	(10 000 heads)	3213.2	4263.5
牛出栏	(万头)	Slaughtered Cattle	(10 000 heads)	322.2	425.7
羊出栏	(万只)	Slaughtered Sheep	(10 000 heads)	2375.7	3003.0
家禽出栏	(万只)	Slaughtered Poultry	(10 000 heads)	91195.0	145089.4
禽蛋产量	(万吨)	Poultry Eggs	(10 000 tons)	301.0	363.2
奶类产量	(万吨)	Milk	(10 000 tons)	62.7	196.7
水产品总产量	(吨)	Total Aquatic Products	(tons)	6306551	6648983
海水产品	(吨)	Seawater Aquatic Products	(tons)	5375169	5655207
海洋捕捞	(吨)	Catching in Ocean	(tons)	2780483	2421396
海水养殖	(吨)	Seawater Aquiculture	(tons)	2594685	3233811
淡水产品产量	(吨)	Freshwater Aquatic Products	(tons)	931382	993776
捕捞量	(吨)	Catching	(tons)	81214	110887
养殖量	(吨)	Freshwater Aquiculture	(tons)	850168	882889
水产品养殖面积	(万亩)	Aquiculture Area	(10 000 mu)	788.4	1033.1
海 水	(万亩)	Seawater Aquiculture Area	(10 000 mu)	420.7	611.1
淡 水	(万亩)	Freshwater Aquiculture Area	(10 000 mu)	367.6	422.0
十一、工 业		**Industry**			
工业总产值	(亿元)	Gross Industrial Output Value	(100 million yuan)	12509.5	35387.4
#国有经济	(亿元)	State-owned Enterprises	(100 million yuan)	2474.5	1982.9
集体经济	(亿元)	Collective-owned Enterprises	(100 million yuan)	2394.0	2264.9

注：从2013年起，全省实施城乡住户调查一体化改革，居民收支调查指标与2013年前分别实施的城镇和农村住户调查的调查范围、方法、指标口径有所不同。

continued

2007	2008	2009	2010	2011	2012	2013	2014	2015	2016	2017
						10687	11882	12930	13954	15118
4985	5641	6119	6990	8342	9446	10620	11809	12849		
3622	4077	4417	4807	5901	6776	6877	7962	8748	9519	10342
14265	16305	17811	19946	22792	25755	26882	29222	31545	34012	36789
9667	11007	12013	13118	14561	15778	16646	18323	19854	21495	23072
3522	3640	4060	4298	4781	4879					
29.8	31.3	31.8	32.1	33.2	33.4	36.4	37.3	36.4	37.5	37.6
4752.7	5584.0	5953.2	6573.8	7311.1	7817.8	8577.1	8988.2	9283.9	9075.6	9140.4
2589.5	2863.3	3170.0	3588.4	3737.0	3829.2	4335.8	4556.1	4662.6	4387.5	4403.2
82.0	102.2	101.3	86.5	100.0	107.0	120.3	131.5	139.9	147.5	165.1
1317.1	1715.5	1699.5	1796.5	2205.7	2328.7	2410.6	2478.8	2602.1	2620.3	2501.4
577.3	679.1	735.7	829.8	973.2	1227.8	1347.0	1420.8	1447.3	1409.7	1476.0
186.8	223.9	246.6	272.5	295.1	325.1	363.4	400.9	432.0	510.7	594.7
4107.8	4353.9	4442.7	4502.8	4701.3	4815.8	4883.4	5038.3	5147.4	5332.3	5374.3
5896	6086	6088	6043	6172	6214	6099	6087	6123	6261	6356
95.1	94.0	79.0	59.0	60.8	51.4	43.4	44.2	33.9	32.9	20.7
1112	1172	1151	945	1043	1012	923	1122	1042	1179	1185
368.8	374.7	349.2	347.7	343.7	341.8	341.6	329.6	318.7	317.1	318.3
4190	4283	4349	4317	4367	4404	4386	4355	4302	4310	4389
660.0	704.5	730.9	754.0	763.1	822.6	838.2	836.8	845.5	837.1	866.0
2686.0	2786.7	2845.8	2871.6	2998.2	3101.2	3167.0	3179.5	3147.3	3086.8	3040.3
557.5	498.5	452.6	440.3	438.3	433.7	424.3	410.5	407.6	391.9	401.5
2282.0	2033.9	1939.1	1926.9	1887.9	1850.3	1797.9	1765.0	1767.9	1693.1	1754.0
49627.4	55864.4	54789.4	58214.0	63790.2	70959.8	70261.3	69911.9	71816.0	78056.1	76604.5
3680.2	3973.0	4245.4	4425.5	4387.8	4800.8	5043.0	5245.7	5156.4	5093.2	5180.7
440.3	439.3	426.5	413.0	390.0	385.3	382.6	372.4	370.2	360.8	361.6
3001.4	2941.3	2827.0	2707.4	2546.5	2493.4	2472.1	2530.6	2527.1	2540.8	2629.8
140913.6	155662.1	161151.1	169549.8	181519.0	199140.7	195931.9	182274.9	192052.0	214261.0	220423.3
359.9	365.0	377.1	384.8	401.6	402.4	396.6	388.4	424.3	441.1	445.1
207.1	218.0	220.3	231.0	235.8	248.6	237.7	244.7	240.7	233.8	231.3
7133795	7303048	7535939	7838259	8138280	7885248	8084522	8464587	8722448	8899622	8680030
5986873	6094766	6263895	6463345	6647212	6524046	6654179	7085761	7352063	7541952	7371727
2451596	2481256	2449591	2350888	2512437	2161603	2087829	2286654	2356409	2414112	2180891
3535277	3613510	3814304	3962643	4134775	4362443	4566350	4799107	4995654	5127840	5190836
1146922	1208282	1272044	1374914	1491068	1361202	1430344	1378826	1370385	1357670	1308303
114368	129643	128342	130896	135378	112783	115167	90661	83086	93900	83730
1032554	1078639	1143702	1244018	1355690	1248419	1315177	1288165	1287299	1263770	1224573
885.0	993.5	1029.3	1136.5	1174.4	1205.2	1240.4	1252.7	1269.2	1259.3	1250.4
609.3	639.3	662.1	751.4	768.2	785.6	820.2	822.7	844.8	907.2	915.6
275.7	354.1	367.2	385.1	406.2	419.6	420.1	429.9	424.4	352.1	334.8
54428.3	62958.5	71209.4	83851.4	99505.0	114707.3	129906.0	141415.0	145964.2	150705.1	137440.7
2988.1	4577.2	4074.7	5486.1	6200.8	5022.1	4250.1	4262.2	4547.1	3895.7	2276.0
2922.8	2464.1	2775.7	2632.6	2983.4	3129.1	1750.4	1672.3	1686.3	1716.0	1417.3

a)An integrated household survey institution has been emplemented since 2013,including both urban and rural households.The coverage,methodology and definitions used in the suvey are different from those used for the separate urban and rural household survey prior to 2013.

1-2 续表 3

类别		Category	2000	2005
按轻重工业分		**Grouped by Light & Heavy Industries**		
轻工业	(亿元)	Light Industry (100 million yuan)	5964.7	13124.1
重工业	(亿元)	Heavy Industry (100 million yuan)	6544.8	22263.3
十二、交通运输邮电		**Transport,Posts and Telecommunications**		
铁路通车里程	(公里)	Length of Railways (km)	2672	3402
公路通车里程	(公里)	Length of Highways (km)	70686	80132
#晴雨通车	(公里)	Length of Highways Operating under All Weathers (km)	70038	79854
内河通航里程	(公里)	Length of Navigable Inland Waterways (km)	1476	1012
客运量	(万人)	Passenger Traffic (10 000 persons)	66128	98485
铁　路	(万人)	Railways (10 000 persons)	3840	3952
公　路	(万人)	Highways (10 000 persons)	61466	93178
水　路	(万人)	Waterways (10 000 persons)	822	1355
客运周转量	(百万人公里)	Passenger Turnover (million passenger-km)	54873	82778
铁　路	(百万人公里)	Railways (million passenger-km)	22180	28268
公　路	(百万人公里)	Highways (million passenger-km)	32358	53910
水　路	(百万人公里)	Waterways (million passenger-km)	335	600
货运量	(万吨)	Freight Traffic (10 000 tons)	92483	147999
铁　路	(万吨)	Railways (10 000 tons)	11253	18338
公　路	(万吨)	Highways (10 000 tons)	76778	120455
水　路	(万吨)	Waterways (10 000 tons)	4452	9206
货运周转量	(百万吨公里)	Freight Turnover (million ton-km)	403315	558286
铁　路	(百万吨公里)	Railways (million ton-km)	79964	121908
公　路	(百万吨公里)	Highways (million ton-km)	40575	71182
水　路	(百万吨公里)	Waterways (million ton-km)	282776	365196
邮政局总计	(处)	Number of Post & Telecommunications Offices (unit)	3011	3025
邮路总长度	(万公里)	Length of Postal Routes (10 000 km)	16.95	17.34
函　件	(万件)	Number of Letters (10 000 pcs)	32878	24075
电信业务总量	(亿元)	Business Volume of Telecommunication Services (100 million yuan)	186.5	675.5
长话电路	(路)	Long-distance Telephone Lines (line)	222500	290996
长途电话	(万次)	Number of Long Distance Telephone Calls (10 000 times)	96010	152883
市内电话	(万户)	Number of Urban Telephone Calls (10 000 subscribers)	547.0	1410.9
农村电话	(万户)	Number of Rural Telephone Calls (10 000 subscribers)	559.0	1275.7
十三、国内贸易		**Domestic Trade**		
社会消费品零售总额	(亿元)	Total Retail Sales of Consumer Goods (100 million yuan)	3264.05	6166.94
市	(亿元)	City (100 million yuan)	2017.18	3890.93
县	(亿元)	County (100 million yuan)	313.35	687.50
县以下	(亿元)	Under County Level (100 million yuan)	933.52	1588.51
按行业分		**By Sector**		
批零贸易业	(亿元)	Wholesale and Retail Trades (100 million yuan)	2075.94	5173.89
住宿和餐饮业	(亿元)	Hotels and Catering Services (100 million yuan)	339.46	776.51
其他行业	(亿元)	Others (100 million yuan)	156.67	216.54
十四、对外贸易和旅游		**Foreign Economy and Trade,Tourism**		
对外贸易		Foreign Economy and Trade		
海关进出口总值	(万美元)	Total Value of Imports and Exports (10 000 USD)	2498998	7688876
海关出口总值	(万美元)	Total Exports (10 000 USD)	1552905	4625113
#一般贸易	(万美元)	General Trade (10 000 USD)	746563	2310122
来料加工装配贸易	(万美元)	Processing and Assembling with Customer's Materials (10 000 USD)	293008	594991
进料加工贸易	(万美元)	Processing and Assembling with Import Materials (10 000 USD)	507050	1668351

注：交通运输部2014年修订了公路、水运运输量统计试行方案，统计口径发生了变化。

continued

2007	2008	2009	2010	2011	2012	2013	2014	2015	2016	2017
19011.8	21315.3	24195.8	27161.8	31019.1	36682.8	40763.8	43837.1	46775.9	48228.0	45219.1
35416.5	41643.3	47013.6	56689.6	68485.8	78024.5	89142.2	97577.9	99188.3	102477.1	92221.6
3379	3329	3620	3833	4177	4306	4397	4546	4863	4882	5115
212236	220687	226693	229858	233189	244586	252785	259514	263447	265720	270590
211279	219525	225235	228906	232264	243779	252066	259031	262986	265265	270150
1012	1012	1012	1150	1150	1150	1150	1150	1150	1150	1150
123963	213387	234234	248720	250469	264935	269391	73582	59625	62727	64536
5127	5470	5806	6041	6609	7650	8484	9508	10666	11904	13388
117309	205917	226134	240044	241457	254711	258327	62052	46960	48823	49111
1527	2000	2294	2635	2403	2574	2580	2022	1999	2000	2037
106879	141867	158713	164471	172751	183196	189285	114056	112745	116882	122676
34039	36694	37993	42135	45872	50951	54995	61734	64444	68442	73365
72022	104569	119723	121151	125691	130995	133137	51141	47137	47240	48104
818	604	997	1185	1188	1250	1153	1181	1164	1200	1207
198507	247489	284463	298055	314962	330270	344401	260983	258444	281557	322564
19923	20872	19596	18056	19711	19814	19043	16792	15786	16745	17853
163959	216604	251587	264366	279380	296752	311812	230018	227934	249752	288052
14625	10013	13280	15633	15871	13704	13546	14172	14724	15060	16659
642854	1010234	1095569	1174705	1258364	1099119	1026088	817690	833415	879552	962225
131151	134133	134139	144775	152606	149384	138910	123808	107728	113668	121363
106926	511792	604502	621680	662435	705922	749888	571138	587699	607143	665022
404777	364309	356928	408250	443323	243813	137290	122744	137988	158741	175840
3046	2934	2862	2840	2851	2856	2861	2870	2870	2878	2880
17.38	17.68	18.08	6.80	6.60	7.30	7.30	7.57	8.00	10.00	45.20
47157	46362	52074	53963	46014	45663	42389	29233	18787	10328	6978
1179.9	1426.2	1586.8	1920.9	723.6	797.6	863.7	1067.8	1253.1	863.4	1494.8
350028	413082									
157152	124858	123510								
1377.6	1398.4	1291.3	1193.5	1087.6	1071.3	1032.2	879.3	773.2	678.2	639.0
1211.5	1053.7	965.0	829.6	809.0	786.8	712.2	538.9	343.9	292.2	245.0
8607.45	10658.76	12362.97	14620.30	17155.49	19651.94	22294.84	25111.53	27761.41	30645.76	33649.04
5488.52	6766.32	8038.46								
971.12	1240.07	1437.80								
2147.81	2652.37	2886.71								
7205.96	9314.97	10348.40								
1123.47	1063.78	1673.61								
278.02	280.00	340.96								
12261798	15814480	13860378	18895058	23599191	24554487	26715854	27711549	24174867	23420733	26305670
7524374	9317486	7956530	10424695	12578809	12873171	13450998	14474545	14406069	13715826	14710207
3800924	4739880	3637582	4973019	6466907	6875045	7603996	8373918	9042024	8653875	9428956
679014	722044	697915	750340	842878	867657	866031	802064	739933	716557	651868
2863332	3573434	3296132	4230872	4737751	4566215	4392892	4734553	4183875	3904404	4151643

a)The pilot statistical investigation program on passenger traffica and turnover was revised in 2014,and the statistical scope was adjusted.

1-2 续表 4

类　　别		Category		2000	2005
海关进口总值	(万美元)	Total Imports	(10 000 USD)	946093	3063763
利用外资		**Utilization of Foreign Capital**			
合同项目个数	(个)	Number of Contracts	(unit)	2733	6415
#外商直接投资	(个)	Direct Foreign Investments	(unit)	2728	6415
合同外资金额	(万美元)	Total Amount of Contracted Foreign Capital	(10 000 USD)	561066	2884398
#外商直接投资	(万美元)	Direct Foreign Investments	(10 000 USD)	507435	2749510
实际利用外资金额	(万美元)	Total Amount of Foreign Capital Actually Utilized	(10 000 USD)	381243	1101441
#外商直接投资	(万美元)	Direct Foreign Investments	(10 000 USD)	297119	897072
对外承包工程和劳务合作		**Foreign Contracted Projects Labor Cooperation**			
合同个数	(个)	Number of Contracts	(unit)	1250	2171
合同金额	(万美元)	Contracted Value	(10 000 USD)	61601	164091
营业额	(万美元)	Value of Business	(10 000 USD)	45229	174518
年末在外人数	(人)	Population in Foreign Countries and Regions	(person)	35028	71610
旅　游		**Tourism**			
接待海外旅游人数	(人次)	International Tourists	(person-times)	723145	1551056
外国人	(人次)	Foreigners	(person-times)	480090	1247842
港澳台胞	(人次)	Compatriots from Hong Kong Macao and Taiwan	(person-times)	243055	303214
旅游外汇收入	(万元)	Foreign Exchange Earnings	(10 000 yuan)	260839	639142
旅游外汇收入	(万美元)	Foreign Exchange Earnings	(10 000 USD)	31513	78023
人民币对主要外币年平均汇价(中间价)		**Average Exchange Rate of RMB Yuan Against Main Convertible Currencies (Middle Rate)**			
100美元	(人民币元)	100 US Dollars	(RMB yuan)	827.72	819.17
100日元	(人民币元)	100 Japanese Yen	(RMB yuan)	7.39	7.45
100港元	(人民币元)	100 Hong Kong Dollars	(RMB yuan)	106.08	105.30
十五、教　育		**Education**			
普通高等学校		**Regular Institutions of Higher Education**			
学校数	(所)	Number of Schools	(unit)	58	104
招生数	(人)	New Enrollment	(person)	124817	400573
在校学生数	(人)	Total Enrollment	(person)	303826	1171284
毕业生数	(人)	Graduates	(person)	49687	224611
教职工数	(人)	Teachers and Staff	(person)	54910	109920
#专任教师	(人)	Full-time Teachers	(person)	24764	64636
中等专业学校基本情况		**Secondary Professional Schools**			
学校数	(所)	Number of Schools	(unit)	243	134
招生数	(人)	New Enrollment	(person)	93493	86044
毕业生数	(人)	Graduates	(person)	103629	75076
在校学生数	(人)	Total Enrollment	(person)	333184	257161
教职工数	(人)	Teachers and Staff	(person)	37241	20406
#专任教师	(人)	Full-time Teachers	(person)	20409	12193
普通中学基本情况		**Regular Senior Secondary Schools**			
学校数	(所)	Number of Schools	(unit)	4575	4404
招生数	(万人)	New Enrollment	(10 000 persons)	234.18	179.71
毕业生数	(万人)	Graduates	(10 000 persons)	167.96	207.29
在校学生数	(万人)	Total Enrollment	(10 000 persons)	678.60	592.49
教职工数	(人)	Teachers and Staff	(person)	430754	470584
#专任教师	(人)	Full-time Teachers	(person)	350353	377133
技工学校基本情况		**Technical Schools**			
学校数	(所)	Number of Schools	(unit)	279	229
招生数	(人)	New Enrollment	(person)	48008	138505
毕业生数	(人)	Graduates	(person)	66546	78091
在校学生数	(人)	Total Enrollment	(person)	137718	325924

注：2010年起，中等专业学校数据改为中等职业学校口径。

continued

2007	2008	2009	2010	2011	2012	2013	2014	2015	2016	2017
4737424	6496994	5903848	8470390	11020382	11681316	13264856	13237004	9768798	9704906	11595464
2717	1527	1468	1632	1433	1333	1405	1352	1509	1477	1479
1173880	1014959	871045	1363381	1579081	1655717	1770879	1595327	2004467	2115351	2740567
1101159	820246	801007	916833	1116022	1235267	1405315	1519511	1630090	1682556	1785731
2642	2880	2397	3075							
540344	754137	932312	1092504	948287	988209	1078349	1237694	1344383	1355479	1393003
301928	358867	509083	602415	819857	898864	940828	1021544	1120799	1195427	1278651
93797	90623	96421	102149	108662	103736	98988	115328	116100	119655	130384
2496437	2537575	3100379	3667909	4242277	4699116	4527082	4456513	4607800	4854664	4943732
2020311	2065007	2411857	2778699	3123264	3422261	3273678	3256968	3358600	3526723	3530595
476126	472568	688522	889210	1119013	1276855	1253404	1199545	1249200	1327941	1413137
1027946	966397	1205874	1458866	1647486	1845554	1691487	1667300	1804062	2034836	2143055
135185	139148	176530	215506	255076	292365	273120	271424	289651	306345	317405
760.40	694.51	683.10	676.95	645.88	631.25	619.32	614.28	622.84	664.23	675.18
6.46	6.74	7.30	7.73	8.11	7.90	6.33	5.82	5.15	6.12	6.02
97.46	89.19	88.12	87.13	82.97	81.38	79.85	79.22	80.34	85.58	86.64
111	114	128	133	139	137	140	142	143	144	145
453479	514176	501082	495722	497292	498621	527539	580763	595646	624408	612660
1440378	1534009	1592974	1631373	1645589	1658490	1698545	1796665	1900612	1995880	2015345
355735	411143	431598	444003	472882	474266	475858	464076	474195	509142	571220
128761	134072	136753	139100	142698	142370	142240	143939	147035	150345	154311
81889	87432	89734	91413	94621	96058	98685	101380	104724	107748	110807
135	130	124	640	591	560	525	460	435	428	401
98634	93217	99212	426954	444703	404670	363547	319143	294033	288180	261190
92275	83077	88355	439337	386564	380451	378626	354032	320353	286687	248347
283231	271905	271993	1131621	1177130	1147012	1031585	948167	857264	809826	793357
20985	20308	19981	78769	74232	71449	66810	64488	62319	60613	60408
13223	13224	13093	55465	53569	52430	50243	49274	48926	48244	48659
4039	3893	3750	3645	3569	3522	3464	3461	3446	3504	3560
162.49	160.54	160.24	164.12	161.83	159.88	158.53	153.58	151.12	160.35	164.39
191.02	172.88	158.65	156.89	157.80	153.20	156.04	153.73	156.01	157.62	151.42
520.31	502.14	499.34	501.07	501.58	492.64	488.48	486.06	479.93	482.41	494.85
454920	445545	442447	438787	462765	464942	466088	471653	475798	484579	502004
370255	367658	372550	372082	376760	376819	382340	386923	390059	397471	410339
200	197	196	209	208	213	207	203	194	194	194
159954	161000	147000	136995	149407	154546	144165	128007	131550	133600	129109
110278	121000	140300	133615	123404	113066	121782	108046	98154	89629	103815
385325	415000	396200	397719	381503	401207	369922	329473	318182	335348	332634

a)Data of secondary professional schools refer to the caliber of secondary vocational school since 2010 .

1-2 续表 5

类　　别		Category		2000	2005
教职工数	(人)	Teachers and Staff	(person)	24484	22049
#专任教师	(人)	Full-time Teachers	(person)	14066	15058
小学基本情况		**Regular Primary Schools**			
学校数	(所)	Number of Schools	(unit)	26017	15871
招生数	(万人)	New Enrollment	(10 000 persons)	104.48	104.27
毕业生数	(万人)	Graduates	(10 000 persons)	195.12	113.31
在校学生数	(万人)	Total Enrollment	(10 000 persons)	774.88	615.37
教职工数	(人)	Teachers and Staff	(person)	440161	410394
#专任教师	(人)	Full-time Teachers	(person)	408200	377729
成人高等学校基本情况		**Adult Institutions of Higher Education**			
学校数	(所)	Number of Schools	(unit)	40	24
招生数	(人)	New Enrollment	(person)	82423	108707
毕业生数	(人)	Graduates	(person)	70810	118379
在校学生数	(人)	Total Enrollment	(person)	219977	258521
教职工数	(人)	Teachers and Staff	(person)	14090	11481
#专任教师	(人)	Full-time Teachers	(person)	7084	6683
十六、科　技		**Science**			
重要科技成果		**Major Scientific Achievements**			
成果数量	(项)	Number of Achievements	(unit)	3728	2408
农　业	(项)	Agricultural	(unit)	575	320
工　业	(项)	Industry	(unit)	1289	539
国际领先先进水平	(项)	Internationally Advanced	(unit)	599	534
国内领先先进水平	(项)	Nationally Advanced	(unit)	2861	1741
省内领先先进水平	(项)	Provincial Advanced	(unit)	182	133
专利情况		**Patent Applications**			
申请量	(件)	Number of Patent Applications Examined	(unit)	10019	28835
授权量	(件)	Number of Patent Applications Granted	(unit)	6962	10743
十七、卫生、文化事业基本情况		**Public Health and Culture**			
卫生机构床位数	(万张)	Number of Beds in Health Institutions	(10 000 units)	21.5	25.1
卫生技术人员数	(万人)	Medical Technical Personnel	(10 000 persons)	31.5	32.5
#执业(助理)医师	(万人)	Licensed (Assistant) Doctors	(10 000 persons)	14.5	14.1
文化(艺术)馆		**Cultural(Arts) Centers**			
机构数	(个)	Number of Institutions	(unit)	159	158
人　数	(人)	Number of Employed Persons	(person)	3055	2982
文化站		**Cultural Stations**			
机构数	(个)	Number of Institutions	(unit)	2422	1768
人　数	(人)	Number of Employed Persons	(person)	3304	3166
艺术表演团体		**Arts Performance Troupes**			
机构数	(个)	Number of Institutions	(unit)	118	117
人　数	(人)	Number of Employed Persons	(person)	5943	6066
剧场(院)		**Theaters and Music Halls**			
机构数	(个)	Number of Institutions	(unit)	105	94
人　数	(人)	Number of Employed Persons	(person)	2473	1881
图书馆		**Libraries**			
机构数	(个)	Number of Institutions	(unit)	133	145
人　数	(人)	Number of Employed Persons	(person)	2506	2690
博物馆		**Museums**			
机构数	(个)	Number of Institutions	(unit)	59	75
人　数	(人)	Number of Employed Persons	(person)	1633	1723

continued

2007	2008	2009	2010	2011	2012	2013	2014	2015	2016	2017
26744	24700	24963	18183	24379	29909	30860	29404	29228	29133	29294
23586	18847	19378	14962	21050	21451	23977	23000	22613	22908	22565
14064	13503	12858	12405	12047	11573	11151	10770	10404	10027	9738
111.46	104.61	101.78	111.30	119.40	109.55	115.69	124.70	124.43	123.91	126.98
103.87	107.48	109.47	110.26	106.82	106.16	103.30	101.02	98.92	107.15	110.96
634.01	632.98	626.81	629.25	644.07	627.67	625.98	648.47	674.63	691.31	708.47
420353	420552	421057	417504	393612	387203	383692	378886	379239	386405	391838
386641	387957	389962	387453	386280	382562	387312	389080	396368	408856	421877
23	22	21	18	17	17	11	11	11	11	11
106857	152713	136048	133191	147677	166515	165522	178737	163012	179199	157559
97584	93079	105081	110347	144703	120404	128297	147592	161377	167440	279185
297085	355307	377343	388741	386481	428180	459803	485274	484493	502274	375102
12627	7390	6240	4225	3951	4286	2843	2259	2200	1604	1580
7537	4840	4142	2946	2731	2917	1982	1544	1493	1082	1048
2346	2330	2364	2367	2379	2393	2332	2955	3011	3016	2537
330	301	306	391	305	338	297	440	385	421	363
704	677	849	751	723	853	866	1095	1019	1010	876
543	592	751	676	647	609	681	817	967	762	610
1662	1618	1412	1316	1296	1349	1067	1146	1212	1095	973
46849	60247	66857	80856	109599	128614	155170	158619	193220	212911	204861
22821	26688	34513	51490	58843	75522	76976	72818	98101	98093	100522
28.3	32.0	34.7	38.2	41.6	47.3	49.0	50.0	51.9	54.3	58.5
34.6	37.6	40.6	44.1	48.2	53.0	59.8	60.4	61.9	64.3	68.9
15.0	16.0	16.9	17.8	18.6	20.1	23.2	23.1	23.7	24.5	26.5
157	156	158	158	160	158	159	158	157	157	157
3012	3025	3115	3055	3086	3033	3062	3047	3034	3006	2978
1826	1826	1867	1855	1828	1821	1807	1811	1814	1816	1815
3715	3754	4593	4543	4643	4987	4915	5181	5534	5262	5334
119	119	118	119	116	104	103	104	104	103	105
6163	6254	6279	6268	6163	5722	5557	5728	5368	5651	5689
92	90	82	91	93	93	93	93	92	93	100
1937	1827	1640	1904	2134	2083	1719	1734	1632	1602	1821
145	147	150	149	150	150	153	153	154	154	154
2640	2606	2669	2680	2697	2647	2760	2730	2750	2828	2877
87	96	111	114	120	178	194	243	312	393	485
1915	2064	2307	2456	2787	4353	4748	5369	6310	7152	7976

1-3 国民经济和社会发展主要指标增长速度

单位:%

类 别	Category	2000	2005
一、人 口	**Population**		
年末总人口	Population at the Year-end	1.3	0.7
按性别分	**By Sex**		
男	Male	0.6	0.5
女	Female	0.6	0.6
按农业非农业分	**Agricultural and Non-agricultural Population**		
农业人口	Agricultural Population	-0.5	-2.4
非农业人口	Non-agricultural Population	3.8	6.6
人口密度	Population Density	1.2	0.5
二、就业人员和劳动工资	**Employment and Wages**		
年末就业人员	Year-end Employed Persons	2.4	2.0
第一产业	Primary Industry	2.7	-7.5
第二产业	Secondary Industry	3.2	12.7
第三产业	Tertiary Industry	0.9	6.5
乡村就业人员	Rural Employed Persons	-0.8	-0.7
城镇就业人员	Urban Employed Persons	9.3	6.4
职工年末人数	Number of Staff and Workers at the Year-end	-2.4	12.2
#国有单位	State-owned Units	-4.3	-14.0
城镇集体单位	Urban Collective-owned Units	-12.8	-5.8
工资总额	Total Wages Bill	12.1	30.1
#国有单位	State-owned Units	10.2	6.6
城镇集体单位	Urban Collective-owned Units	-2.2	8.6
平均工资	Average Wage	14.6	15.9
#国有单位	State-owned Units	15.1	23.7
城镇集体单位	Urban Collective-owned Units	12.0	16.3
三、国民经济核算	**National Accounting**		
地区生产总值	Gross Domestic Product	10.3	15.1
第一产业	Primary Industry	3.8	4.8
第二产业	Secondary Industry	12.0	17.6
第三产业	Tertiary Industry	10.4	14.5
工 业	Industry	12.2	18.2
建筑业	Construction	9.7	12.0
人均地区生产总值	Per Capita GDP	9.0	14.3
居民消费水平	**Household Consumption Expenditure**		
全省居民	Average Expenditure of All Residents	8.2	15.2
农村居民	Rural Residents	5.6	13.0
城镇居民	Urban Residents	9.1	13.2
四、固定资产投资	**Investment in Fixed Assets**		
全社会固定资产投资额	Total Investment in Fixed Assets	14.4	38.2
国有经济	State-Owned Units	10.6	5.2
集体经济	Collective-Owned Units	6.9	-57.6
个体经济	Individuals Economy	13.9	254.4
其他经济	Others	52.7	86.1

注：1.2000和2010年年末总人口增速根据人口普查数据计算。
2.2010年起，工资总额、平均工资增长速度为城镇单位就业人员口径。

Growth Rates of Main Indicators on National Economic and Social Development

(%)

2007	2008	2009	2010	2011	2012	2013	2014	2015	2016	2017
0.6	0.5	0.6	1.2	0.5	0.5	0.5	0.6	0.6	1.0	0.6
0.7	0.5	0.6	1.0	0.6	-0.0	0.3	1.6	0.8	1.0	0.8
0.7	0.6	0.6	0.9	0.5	-0.2	0.4	1.2	0.8	1.0	1.0
-2.4	-0.8	0.7	-3.5	-0.9	-1.5	-1.4	-0.4	-6.3	-1.3	-1.4
6.4	2.8	0.5	8.2	2.8	1.9	2.7	3.8	9.7	3.5	3.3
0.7	0.5	0.7	1.2	0.5	0.4	0.5	0.2	0.6	1.0	0.6
2.0	1.7	1.7	1.7	1.3	1.1	0.4	0.4	0.4	0.3	-1.3
-2.7	2.1	-0.7	-1.1	-2.7	-2.0	-3.8	-3.0	-3.0	-1.4	-4.1
6.4	-1.7	3.0	3.6	4.7	2.7	1.1	1.1	1.9	0.7	-0.8
3.7	5.1	3.3	3.0	2.3	2.5	3.9	2.9	1.8	1.3	0.3
-0.4	-0.4	-0.5	-0.5	-0.1	-0.0	-1.2	-0.6	-0.8	-0.2	-1.3
5.6	4.6	4.6	4.4	3.0	2.3	2.2	1.5	1.7	0.7	-1.4
0.6	-0.8	1.9	3.4	5.4	5.4	16.7	-2.2	-2.6	-1.9	-2.2
0.6	0.6	-0.1	2.2	-3.0	1.7	-7.9	-2.9	-3.0	-0.7	-0.7
-3.0	-6.4	0.6	0.4	3.5	3.6	-8.3	-13.0	-7.9	-0.7	-12.0
19.7	15.2	14.6	17.3	24.9	17.0	31.8	7.3	7.8	6.8	7.0
20.3	14.9	11.4	15.2	12.0	12.7	2.8	6.8	14.7	9.8	8.5
15.4	11.8	16.2	20.3	23.8	18.8	14.5	-6.0	1.1	2.9	-3.3
18.8	15.6	12.4	13.3	12.9	11.4	13.7	10.3	10.5	9.2	8.9
19.7	14.2	11.6	11.5	12.9	10.2	12.3	10.7	18.1	11.4	9.0
19.1	19.3	15.2	15.5	15.8	14.5	23.6	8.7	11.5	7.2	7.8
14.3	12.1	12.2	12.3	10.9	9.9	9.6	8.7	8.0	7.6	7.4
4.0	5.1	4.2	3.6	4.0	4.7	3.6	3.8	4.2	3.8	3.6
15.9	12.2	13.9	12.8	11.8	10.7	10.5	9.2	7.4	6.6	6.3
14.6	14.0	11.2	13.5	11.3	9.9	9.5	8.9	9.5	9.3	9.1
16.7	12.8	12.9	12.8	12.7	11.2	11.0	9.4	7.4	6.6	6.6
8.3	6.5	25.4	12.6	5.2	5.8	8.4	8.1	7.1	5.1	3.4
13.6	11.5	11.6	11.3	10.0	9.3	9.1	8.1	7.3	6.7	6.5
13.6	13.3	10.8	10.3	9.6	10.4	11.6	11.4	10.7	8.5	8.6
15.2	12.1	11.1	11.6	13.1	15.6	16.4	16.1	15.2	14.2	13.9
11.5	12.7	9.5	8.3	6.6	6.8	8.2	8.2	7.3	4.6	5.2
24.2	23.1	23.3	22.3	21.8	20.2	17.7	15.5	13.7	10.4	7.2
4.4	32.3	26.9	18.2	3.7	12.0	21.8	14.7	15.6	18.9	30.8
37.3	42.7	27.5	13.8	3.3	21.6	0.7	8.6	-7.5	-50.6	-2.1
34.0	22.3	20.1	24.3	26.6	25.8	31.1	26.4	25.0	9.5	4.9
29.3	16.5	23.0	24.9	14.7	50.1	13.7	8.4	6.7	18.7	-1.3

a)Growth rate on Total population of 2000 and 2010 are based on the national population census.
b)Since 2010,data of total wages bill and average wage refer to the range of employed persons in urban.

1-3 续表 1

单位:%

类　　别	Category	2000	2005
五、能　源	**Energy**		
能源生产总量	Total Energy Production	-6.5	-2.8
原　煤	Coal	-10.6	-4.2
原　油	Crude Oil	0.4	0.8
天燃气	Natural Gas	-6.2	10.0
水　电	Hydro-power	4.1	226.5
水电、风电和太阳能光伏发电	Hydro,Wind and Solar PV Power		
六、财　政	**Government Finance**		
一般公共预算收入	General Pubilic Budget Revenue	14.6	29.6
#增值税	Value Added Tax	14.7	66.3
营业税	Business Tax	11.0	23.4
企业所得税	Company Income Tax	29.6	28.8
个人所得税	Personal Income Tax	31.9	21.7
资源税	Resource Tax	4.1	35.0
城市维护建设税	Urban Maintenance and Development Tax	16.0	20.1
房产税	Tax on Real Estates	15.4	22.5
城镇土地使用税	Urban Land Using Tax	22.8	39.1
土地增值税	Land Value-added Tax	111.9	58.4
车船税	Tax on Vehicle and License	64.2	13.5
行政性收费收入	Incom from Adiministrative Fees	43.9	18.8
一般公共预算支出	General Pubilic Budget Expenditure	11.5	23.3
#基本建设支出	Expenditure for Capital Construction	-9.2	17.4
城市维护费	City Maintenance	10.7	33.2
支援农业支出	Expenditure for Supporting Rural Production	2.3	22.5
文教科学卫生事业费	Operating Expenses for Culture,Education,Science and Health Care	15.5	21.4
行政管理费	Expenditure for Government Administration	14.2	24.1
#一般公共服务	General Public Service		
教育	Education		
社会保障和就业	Social Security and Employment		
医疗卫生	Health		
农林水事务	Farming、Forestry and Irrigation Affairs		
七、金　融	**Fiancial Intermediation**		
金融机构人民币存款余额	RMB Deposits	13.8	17.8
#企业存款	Deposits by Enterprises	20.4	6.5
财政存款	Fiscal Deposits	30.7	15.0
农业存款	Agricultural Deposits	24.6	18.7
储蓄存款	Urban and Rural Household Savings Deposits	8.7	17.0
金融机构人民币贷款余额	RMB Loans	9.3	13.6
#工业贷款	Loans to Industrial Sector	-4.4	5.0
农业贷款	Loans to Agricultural Sector	19.1	16.5
商业贷款	Loans to Commercial Sector	-11.1	-6.8
基建贷款	Loans to Capital Construction	31.5	21.2
技改贷款	Loans to Technical Innovation	6.2	6.3
八、价格指数	**Price Indices**		
居民消费价格	Consumer Price	0.2	1.7
商品零售价格	Retail Price	-1.4	0.6
九、居民生活	**People's Livelihood**		
农民生活	**Rural's Livelihood**		
年末人均住房建筑面积	Per Capita Space of Living House at Year-end	-5.8	10.1
人均可支配收入	Annual Per Capita Disposable Income of Rural Households		
人均纯收入	Annual Per Capita Net Income of Rural Households	4.3	12.1
人均生活消费支出	Living Expenditure of Rural Households	5.4	14.5

continued

(%)

2007	2008	2009	2010	2011	2012	2013	2014	2015	2016	2017
3.8	0.0	-0.1	10.0	-0.4	6.1	-10.7	0.4	-3.9	-6.5	2.4
4.8	-0.2	-0.7	14.3	-2.7	8.1	-14.4	-0.2	-4.3	-7.4	3.2
1.4	0.2	1.0	-1.5	-0.2	-0.2	-1.7	-0.5	-3.9	-12.0	-2.6
-4.1	13.9	6.1	7.5	-50.1	17.7	-14.0	-3.4	-6.8	-4.3	-3.5
-47.8	188.4									
			113.8	59.4	48.4	46.7	14.6	21.6	41.5	33.5
23.5	16.8	12.3	25.0	25.7	17.5	12.3	10.2	10.0	8.5	6.6
19.8	14.8	-2.8	16.6	9.4	5.9	11.7	21.9	-0.3	32.8	5.4
25.0	16.6	18.8	34.2	21.3	17.1	19.1	6.3	10.3	-20.9	
33.9	15.9	-4.2	33.1	35.9	10.8	1.0	8.3	3.3	0.9	23.3
24.0	7.6	5.8	25.3	19.2	-1.5	10.0	10.1	24.3	持平	30.4
10.9	-0.6	13.9	1.5	15.2	137.5	1.7	29.1	-13.2	-8.3	4.6
17.9	12.6	4.7	19.9	37.4	10.7	9.5	6.2	5.4	2.9	4.4
14.6	6.6	22.4	11.7	14.5	36.2	10.8	9.6	9.3	7.1	10.1
83.4	57.0	16.7	13.9	15.1	33.6	8.3	15.5	35.5	9.8	1.1
47.7	12.4	19.9	51.0	59.6	37.4	41.8	25.2	0.7	13.0	25.3
17.2	68.0	39.9	31.5	27.7	20.6	12.3	15.9	14.3	14.4	13.7
8.4	13.0	5.1	18.3	37.3	9.5	-6.9	6.4	-1.8	10.6	-2.4
23.4	19.6	20.8	26.8	20.7	18.0	13.3	7.3	14.9	6.1	5.2
21.6	11.0	4.7	11.1	13.6	14.1	6.3	-3.3	1.8	6.3	9.4
34.3	21.5	11.3	25.6	36.0	25.2	6.7	4.4	15.7	7.4	3.5
28.4	13.2	20.3	21.6	20.3	18.9	14.3	12.0	18.5	9.9	14.0
31.4	40.9	34.8	32.5	43.7	17.4	14.9	24.7	15.8	12.7	4.9
22.7	44.3	57.0	26.2	21.0	19.5	11.0	3.3	24.8	-2.3	1.1
12.4	22.0	28.8	18.5	12.7	17.2	14.3	8.7	9.4	11.9	6.1
23.8	15.6	46.7	15.6							
39.6	11.7	62.2	18.2	8.1	5.7	4.6	5.8	-29.0	10.0	43.6
9.0	3.7	47.7	-57.9							
10.4	25.7	18.8	15.0	12.9	18.8	13.1	11.4			
11.7	14.3	29.5	18.3	14.5	21.9	4.3	11.8	10.7	11.3	9.5
16.3	7.6	11.0								
16.9	14.3	20.3								
5.5	-10.4	18.4								
16.0	19.6	44.1								
-2.0	8.8	-13.1								
4.4	5.3	持平	2.9	5.0	2.1	2.2	1.9	1.2	2.1	1.5
3.6	4.9	-0.6	3.3	4.7	1.6	1.4	1.0	0.2	1.3	0.8
3.3	4.1	3.8	1.4	4.6	5.8	2.9	1.7	1.6	2.9	1.0
						12.4	11.2	8.8	7.9	8.3
14.1	13.2	8.5	14.2	19.3	13.2	12.4	11.2	8.8		
15.2	12.6	8.3	8.8	22.7	14.8	9.1	15.8	9.9	8.8	8.6

1-3 续表 2

单位:%

类　　别	Category	2000	2005
城镇居民生活	**Urban's Livelihood**		
人均可支配收入	Annual Per Capita Disposable Income of Urban Households	11.7	13.9
人均消费性支出	Annual Per Capita Consumption Expenditure of Urban Households	11.2	11.7
人均非消费支出	Annual Per Capita Non-consumption Expenditure of Urban Households	-4.2	3.4
年末人均建筑面积	Per Captia Construction Area of Buildings	5.0	8.0
十、农林牧渔业	**Farming,Forestry,Animal Husbandry and Fishery**		
农林牧渔业总产值	**Gross Output Value of Farming Forestry,Animal Husbandry and Fishery**	**3.9**	**5.2**
农　业	Farming	4.0	3.9
林　业	Forestry	6.2	-3.7
牧　业	Animal Husbandry	5.4	7.3
渔　业	Fishery	0.5	6.7
农林牧渔服务业	Services for Agriculture		9.2
农业生产情况	**Farming**		
粮食总产量	Total Output of Grain	-10.1	11.4
粮食单产	Grain	-6.3	4.8
棉花总产量	Total Output of Cotton	50.5	-23.0
棉花单产	Cotton	1.2	-3.5
油料总产量	Total Output of Oil-bearing Crops	11.4	-1.6
油料单产	Oil-bearing Crops	3.2	3.4
肉类总产量	Total Output of Grain	-4.7	5.8
猪存栏	Number of Pigs	-6.2	0.4
牛存栏	Number of Cattles	-20.2	-2.7
羊存栏	Number of Sheep and Goats	-10.9	-0.8
家禽存栏	Number of Poultry	-10.4	-3.9
猪出栏	Slaughtered Pigs	-1.1	5.0
牛出栏	Slaughtered Cattle	-17.6	3.0
羊出栏	Slaughtered Sheep	-16.3	4.7
家禽出栏	Slaughtered Poultry	-9.0	18.3
禽蛋产量	Poultry Eggs	-13.8	2.1
奶类产量	Milk	2.3	17.1
水产品总产量	Total Aquatic Products	0.5	2.5
海水产品	Seawater Aquatic Products	-1.2	2.3
海洋捕捞	Catching in Ocean	-7.4	-0.8
海水养殖	Seawater Aquiculture	6.5	4.7
淡水产品产量	Freshwater Aquatic Products	11.2	3.7
捕捞量	Catching	1.5	18.6
养殖量	Freshwater Aquiculture	12.2	2.1
水产品养殖面积	Aquiculture Area	9.1	1.8
海　水	Seawater Aquiculture Area	25.2	2.2
淡　水	Freshwater Aquiculture Area	-4.9	1.4
十一、工　业	**Industry**		
工业总产值	**Gross Industrial Output Value**	**17.9**	**36.6**
#国有经济	State-owned Enterprises	6.2	16.6
集体经济	Collective-owned Enterprises	17.7	-25.1
按轻重工业分	**Grouped by Light & Heavy Industries**		
轻工业	Light Industry	20.0	11.3
重工业	Heavy Industry	15.9	57.7

continued

(%)

2007	2008	2009	2010	2011	2012	2013	2014	2015	2016	2017
17.0	14.3	9.2	12.0	14.3	13.0	9.7	8.7	8.0	7.8	8.2
14.1	13.9	9.1	9.2	11.0	8.4	8.5	10.1	8.4	8.3	7.3
8.4	3.4	11.5	5.9	11.2	2.1					
1.7	5.1	1.5	0.9	3.4	0.8	8.8	2.5	-2.5	3.2	0.3
3.3	**5.1**	**4.3**	**3.6**	**3.8**	**4.7**	**3.8**	**4.0**	**4.3**	**4.4**	**4.0**
3.4	3.6	2.7	2.5	3.9	2.5	4.4	4.6	4.7	5.0	4.4
7.8	13.9	9.9	9.9	9.3	3.4	9.0	9.7	8.1	9.5	9.9
0.8	5.9	5.2	3.9	2.5	7.7	2.1	2.4	3.1	2.6	3.7
4.7	5.9	6.2	4.9	4.4	4.1	3.3	2.7	3.2	2.0	-0.5
10.8	13.3	10.1	9.9	7.2	7.7	9.5	9.3	8.5	15.8	12.5
0.4	6.0	2.0	1.4	4.4	2.4	1.4	3.2	2.2	3.6	0.8
0.8	3.2	0.0	-0.7	2.1	0.7	-1.9	-0.2	0.6	2.2	1.5
-7.0	-1.2	-15.9	-25.3	3.0	-15.4	-15.5	1.8	-23.3	-3.0	-37.1
-3.2	5.3	-1.8	-17.9	10.3	-2.9	-8.8	21.5	-7.1	13.1	0.6
12.4	1.6	-6.8	-0.4	-1.1	-0.6	-0.1	-3.5	-3.3	-0.5	0.4
1.3	2.2	1.5	-0.7	1.1	0.9	-0.4	-0.7	-1.2	0.2	1.8
-5.5	6.7	3.7	3.2	1.2	7.8	1.9	-0.2	1.0	-1.0	3.5
7.1	3.7	2.1	0.9	4.4	3.4	2.1	0.4	-1.0	-1.9	-1.5
-11.9	-10.6	-9.2	-2.7	-0.5	-1.1	-2.2	-3.2	-0.7	-3.9	2.4
-3.6	-10.9	-4.7	-0.6	-2.0	-2.0	-2.8	-1.8	0.2	-4.2	3.6
-4.7	12.6	-1.9	6.3	9.6	11.2	-1.0	-0.5	2.7	8.7	-1.9
-16.2	8.0	6.9	4.2	-0.9	9.4	5.0	4.0	-1.7	-1.2	1.7
0.9	-0.2	-2.9	-3.2	-5.6	-1.2	-0.7	-2.7	-0.6	-2.5	0.2
-0.8	-2.0	-3.9	-4.2	-5.9	-2.1	-0.9	2.4	-0.1	0.5	3.5
-6.7	10.5	3.5	5.2	7.1	9.7	-1.6	-7.0	5.4	11.6	2.9
1.7	1.4	3.3	2.0	4.4	0.2	-1.4	-2.1	9.2	4.0	0.9
-5.7	5.3	1.1	4.9	2.1	5.4	-4.4	3.0	-1.6	-2.9	-1.0
4.3	2.4	3.2	4.0	3.8	-3.1	2.5	4.7	3.0	2.0	-2.5
3.5	1.8	2.8	3.2	2.8	-1.9	2.0	6.5	3.8	2.6	-2.3
3.9	1.2	-1.3	-4.0	6.9	-14.0	-3.4	9.5	3.1	2.4	-9.7
3.3	2.2	5.6	3.9	4.3	5.5	4.7	5.1	4.1	2.6	1.2
8.8	5.3	5.3	8.1	8.4	-8.7	5.1	-3.6	-0.6	-0.9	-3.6
-2.6	13.4	-1.0	2.0	3.4	-16.7	2.1	-21.3	-8.4	13.0	-10.8
10.2	4.5	6.0	8.8	9.0	-7.9	5.3	-2.1	-0.1	-1.8	-3.1
5.4	12.3	3.6	10.4	3.3	2.6	2.9	1.0	1.3	-0.8	-0.7
7.9	4.9	3.6	13.5	2.2	2.3	4.4	0.3	2.7	7.4	0.9
0.1	28.4	3.7	4.9	5.5	3.3	0.1	2.3	-1.3	-17.1	-4.9
22.8	**14.1**	**20.1**	**12.1**	**12.0**	**17.2**	**15.1**	**10.6**	**8.4**	**4.8**	**-13.6**
28.2	19.2	-5.4	-11.8	6.6	-17.7	-14.0	1.9	12.1	-13.0	-44.6
16.5	9.0	19.7	11.7	6.9	6.6	-43.2	-2.9	5.9	3.3	-21.7
23.9	16.0	20.6	12.5	7.7	20.2	12.9	9.3	12.1	4.7	-11.1
24.1	11.5	19.9	11.9	14.0	15.8	16.1	11.2	6.8	4.9	-14.7

1-3 续表 3

单位:%

类 别	Category	2000	2005
十二、交通运输邮电	**Transport,Posts and Telecommunications**		
铁路通车里程	Length of Railways	持平	1.6
公路通车里程	Length of Highways	4.2	3.0
#晴雨通车	Length of Highways Operating under All Weathers	4.5	3.1
内河通航里程	Length of Navigable Inland Waterways	持平	持平
客运量	Passenger Traffic	11.4	10.2
铁 路	Railways	4.6	2.5
公 路	Highways	12.1	10.5
水 路	Waterways	-4.8	9.2
客运周转量	Passenger Turnover	5.9	10.7
铁 路	Railways	7.8	5.9
公 路	Highways	12.2	13.4
水 路	Waterways	-19.1	7.5
货运量	Freight Traffic	15.3	12.1
铁 路	Railways	6.6	2.7
公 路	Highways	13.4	12.7
水 路	Waterways	14.1	26.3
货运周转量	Freight Turnover	26.7	16.7
铁 路	Railways	8.7	9.7
公 路	Highways	14.8	19.4
水 路	Waterways	70.9	18.7
邮政局总计	Number of Post & Telecommunications Offices	-31.8	0.5
邮路总长度	Length of Postal Routes	-8.5	6.8
函 件	Number of Letters	-6.4	-51.9
电信业务总量	Business Volume of Telecommunication Services	32.1	39.4
长话电路	Long-distance Telephone Lines	36.2	-42.9
长途电话	Number of Long Distance Telephone Calls	-0.6	26.1
市内电话	Number of Urban Telephone Calls	32.2	7.4
农村电话	Number of Rural Telephone Calls	97.0	6.5
十三、国内贸易	**Domestic Trade**		
社会消费品零售总额	**Total Retail Sales of Consumer Goods**	**13.6**	**16.6**
市	City	14.4	17.2
县	County	13.6	16.8
县以下	Under County Level	12.1	15.0
按行业分	**By Sector**		
批零贸易业	Wholesale and Retail Trades	14.9	16.4
餐饮业	Catering Services	20.6	17.5
其他行业	Others	16.0	16.8
十四、对外贸易和旅游	**Foreign Economy and Trade,Tourism**		
对外贸易	Foreign Economy and Trade		
海关进出口总值	Total Value of Imports and Exports	36.8	26.5
海关出口总值	Total Exports	34.1	28.9
#一般贸易	General Trade	37.9	28.4
来料加工装配贸易	Processing and Assembling with Customer's Materials	34.0	23.1
进料加工贸易	Processing and Assembling with Import Materials	28.4	33.2
海关进口总值	Total Imports	41.4	23.0

continued

(%)

2007	2008	2009	2010	2011	2012	2013	2014	2015	2016	2017
-0.8	-1.5	8.7	5.9	9.0	3.1	2.1	3.4	7.0	0.4	4.8
3.6	4.0	2.7	1.4	1.4	4.9	3.4	2.7	1.5	0.9	1.8
3.9	3.9	2.6	1.6	1.5	5.0	3.4	2.8	1.5	0.9	1.8
持平	持平	持平	13.6	持平	持平	持平	持平	持平	持平	持平
13.2	72.1	9.8	6.2	0.7	5.8	1.7	-1.0	-19.0	5.2	2.9
7.8	6.7	6.1	4.0	9.4	15.7	10.9	12.1	12.2	11.6	12.5
13.6	75.5	9.8	6.2	0.6	5.5	1.4	-3.1	-24.3	4.0	0.6
7.8	31.0	14.7	14.9	-8.8	7.1	0.2	11.8	-1.1	0.1	1.8
14.9	32.7	11.9	3.6	5.0	6.0	3.3	5.5	-1.1	3.7	5.0
5.6	7.8	3.5	10.9	8.9	11.1	7.9	12.3	4.4	6.2	7.2
19.8	45.2	14.5	1.2	3.7	4.2	1.6	-1.7	-7.8	0.2	1.8
23.4	-26.1	65.0	18.9	0.3	5.2	-7.8	7.3	-1.5	3.1	0.6
18.5	24.7	14.9	4.8	5.7	4.9	4.3	0.1	-1.0	8.9	14.6
4.2	4.8	-6.1	-7.9	9.2	0.5	-3.9	-11.8	-6.0	6.1	6.6
19.9	32.1	16.2	5.1	5.7	6.2	5.1	1.0	-0.9	9.6	15.3
25.7	-31.5	32.6	17.7	1.5	3.5	-1.2	2.7	3.9	2.3	10.6
-3.4	57.1	8.4	7.2	7.1	-12.7	-6.6	0.9	1.9	5.6	9.4
-13.2	2.3	0.0	7.9	5.4	-2.1	-7.0	-10.9	-13.0	6.0	6.8
26.5	378.6	18.1	2.8	6.6	6.6	6.2	3.9	2.9	3.3	9.5
-5.8	-10.0	-2.0	14.4	8.6	5.5	2.1	1.3	12.4	15.0	10.8
0.1	-3.7	-2.5	-0.8	0.4	0.2	0.2	0.3	持平	0.3	0.1
2.5	1.7	2.4	-62.4	-2.9	10.6	持平	3.7	4.4	25.0	352.0
6.3	-1.7	12.3	3.6	-14.7	-0.8	-7.2	-31.0	-35.7	-45.0	-32.4
27.1	20.9	11.3	21.1	14.8	10.2	8.3	23.6	17.3	49.3	73.1
-24.3	18.0									
5.7	-20.6	-1.1								
-0.2	1.5	-7.7	-7.6	-9.2	-1.5	-3.6	-14.8	-12.1	-12.3	-5.8
-3.6	-13.0	-8.4	-14.0	-2.5	-2.7	-9.5	-24.3	-36.2	-15.0	-16.2
19.3	**23.8**	**16.0**	**18.3**	**17.3**	**14.6**	**13.4**	**12.6**	**10.6**	**10.4**	**9.8**
19.5	23.3	18.8								
20.7	27.7	15.9								
18.1	23.5	8.8								
19.2	29.3	11.1								
21.4	-5.3	57.3								
12.5	0.7	21.8								
28.7	29.0	-12.4	36.3	24.9	4.1	8.8	3.7	-12.8	-3.1	12.3
28.3	23.8	-14.6	31.0	20.7	2.4	4.5	7.6	-0.5	-4.8	7.2
26.1	24.7	-23.3	36.7	30.0	6.3	10.6	10.1	8.0	-4.3	9.0
3.5	6.3	-3.3	7.5	12.3	2.9	-0.2	-7.4	-7.7	-3.2	-9.0
37.5	24.8	-7.8	28.4	12.0	-3.6	-3.8	7.8	-11.6	-6.7	6.3
29.3	37.1	-9.1	43.5	30.1	6.0	13.6	-0.2	-26.2	-0.7	19.5

1-3 续表 4

单位:%

类别	Category	2000	2005
利用外资	**Utilization of Foreign Capital**		
合同利用外商直接投资	Direct contracted Foreign Investments	63.1	35.5
实际利用外商直接投资	Direct Foreign Investments	20.4	3.1
对外承包工程和劳务合作	**Foreign Contracted Projects Labor Cooperation**		
合同个数	Number of Contracts (unit)	12.0	15.5
合同金额	Contracted Value	-9.1	11.9
营业额	Value of Business	-28.9	15.1
年末在外人数	Population in Foreign Countries and Regions	13.1	14.2
旅　游	**Tourism**		
接待海外旅游人数	International Tourists	16.3	30.0
外国人	Foreigners	14.9	29.8
港澳台胞	Compatriots from Hong Kong Macao and Taiwan	23.5	31.0
旅游外汇收入(人民币)	Foreign Exchange Earnings(RMB)	18.8	36.3
旅游外汇收入(美元)	Foreign Exchange Earnings(USD)	18.8	37.7
人民币对主要外币年平均汇价（中间价）	**Average Exchange Rate of RMB Yuan Against Main Convertible Currencies (Middle Rate)**		
100美元	100 US Dollars	0.0	-1.0
100日元	100 Japanese Yen	-8.5	-2.7
100港元	100 Hong Kong Dollars	-0.4	-0.9
十五、教　育	**Education**		
普通高等学校	**Regular Institutions of Higher Education**		
学校数	Number of Schools	11.5	7.2
招生数	New Enrollment	51.5	22.3
毕业生数	Graduates	0.2	34.5
在校学生数	Total Enrollment	42.2	23.8
教职工数	Teachers and Staff	10.7	17.4
#专任教师	Full-time Teachers	16.5	20.0
中等专业学校	**Secondary Professional Schools**		
学校数	Number of Schools	-3.2	-7.6
招生数	New Enrollment	-23.6	-2.1
毕业生数	Graduates	-2.9	13.8
在校学生数	Total Enrollment	-3.2	-1.2
教职工数	Teachers and Staff	-5.2	-5.6
#专任教师	Full-time Teachers	-4.2	-4.5
普通中学	**Regular Senior Secondary Schools**		
学校数	Number of Schools	-0.2	-3.6
招生数	New Enrollment	5.4	-6.6
毕业生数	Graduates	1.9	-3.0
在校学生数	Total Enrollment	9.4	-5.7
教职工数	Teachers and Staff	3.9	-0.7
#专任教师	Full-time Teachers	4.9	-0.5
技工学校	**Technical Schools**		
学校数	Number of Schools	-7.6	-8.0
招生数	New Enrollment	-5.7	14.1
毕业生数	Graduates	-6.9	32.7
在校学生数	Total Enrollment	-14.7	18.8

continued

(%)

2007	2008	2009	2010	2011	2012	2013	2014	2015	2016	2017
7.4	-10.0	-14.2	56.5	15.8	4.9	7.0	-9.9	25.6	5.5	29.6
10.1	10.2	-2.3	14.5	21.7	10.7	13.8	8.1	7.3	3.2	6.1
5.1	9.0	-16.8	28.3							
37.8	39.6	23.6	17.2	-13.2	4.2	12.1	14.8	8.6	0.8	2.8
30.0	18.9	41.9	18.3	36.1	9.6	4.5	8.6	9.7	6.7	7.0
11.7	-3.4	6.4	5.9	6.4	-4.5	2.3	16.5	0.7	3.1	9.0
29.3	1.7	22.2	18.3	15.7	10.8	-3.7	-1.6	3.4	5.4	1.8
29.5	2.2	16.8	15.2	12.4	9.6	-4.3	-0.5	3.1	5.0	0.1
28.4	-0.8	45.7	29.1	25.8	14.1	-1.8	-4.3	4.1	6.3	6.4
27.2	-6.0	24.8	21.0	12.9	12.0	-8.3	-1.4	8.2	12.8	5.3
33.3	2.9	26.9	22.1	18.4	14.6	-6.6	-0.6	6.7	5.8	3.6
-4.6	-8.7	-1.6	-0.9	-4.6	-2.3	-1.9	-0.8	1.4	6.6	1.6
-5.8	4.3	8.3	5.9	4.9	-2.5	-19.9	-8.1	-11.4	18.8	-1.6
-5.0	-8.5	-1.2	-1.1	-4.8	-1.9	-1.9	-0.8	1.4	6.5	1.2
1.8	2.7	12.3	3.9	4.5	-1.4	2.2	1.4	0.7	0.7	0.7
1.9	13.4	-2.5	-1.1	2.6	-0.2	-0.1	10.1	2.6	4.8	-1.9
32.5	15.6	5.0	2.9	3.5	1.5	2.7	-2.5	2.2	7.4	12.2
7.6	6.5	3.8	2.4	0.3	0.3	5.8	5.8	5.8	5.0	1.0
6.3	4.1	2.0	1.7	0.9	0.8	2.4	1.2	2.2	2.3	2.6
9.7	6.8	2.6	1.9	6.5	0.3	0.3	2.7	3.3	2.9	2.8
3.8	-3.7	-4.6		-7.7	-5.2	-6.3	-12.4	-5.4	-1.6	-6.3
9.1	-5.5	6.4		4.2	-9.0	-10.2	-12.2	-7.9	-2.0	-9.4
15.5	-10.0	6.4		-12.0	-1.6	-0.5	-6.5	-9.5	-10.5	-13.4
7.1	-4.0	0.0		4.0	-2.6	-10.1	-8.1	-9.6	-5.5	-2.0
2.1	-3.2	-1.6		-5.8	-3.7	-6.5	-3.5	-3.4	-2.7	-0.3
4.7	0.0	-1.0		-3.4	-2.1	-4.2	-1.9	-0.7	-1.4	0.9
-3.3	-3.6	-3.7	-2.8	-2.1	-1.3	-1.6	-0.1	-0.4	1.7	1.6
-1.3	-1.2	-0.2	2.4	-1.4	-1.2	-0.8	-3.1	-1.6	6.1	2.5
-2.9	-9.5	-8.2	-1.1	0.6	-2.9	1.9	-1.5	1.5	1.0	-3.9
-6.1	-3.5	-0.6	0.3	0.1	-1.8	-0.8	-0.5	-1.3	0.5	2.6
-1.6	-2.1	-0.7	-0.8	5.5	0.5	0.2	1.2	0.9	1.8	3.6
-0.6	-0.7	1.3	-0.1	1.3	0.02	1.5	1.2	0.8	1.9	3.2
1.5	-1.5	-0.5	6.6	-0.5	2.4	-2.8	-1.9	-4.4	持平	持平
7.6	0.7	-8.7	-6.8	9.1	3.4	-6.7	-11.2	2.8	1.6	-3.4
12.3	9.7	16.0	-4.8	-7.6	-8.4	7.7	-11.3	-9.2	-8.7	15.8
7.7	7.7	-4.5	0.4	-4.1	5.2	-7.8	-10.9	-3.4	5.4	-0.8

1-3 续表 5

单位:%

类 别	Category	2000	2005
教职工数	Teachers and Staff	-15.2	3.2
#专任教师	Full-time Teachers	-3.2	3.1
小 学	**Regular Primary Schools**		
学校数	Number of Schools	-11.7	-6.3
招生数	New Enrollment	-10.0	-5.4
毕业生数	Graduates	1.9	-9.1
在校学生数	Total Enrollment	-11.0	-2.0
教职工数	Teachers and Staff	-2.4	0.0
#专任教师	Full-time Teachers	-2.5	-0.3
成人高等学校	**Adult Institutions of Higher Education**		
学校数	Number of Schools	持平	持平
招生数	New Enrollment	-5.4	-17.8
毕业生数	Graduates	14.9	10.0
在校学生数	Total Enrollment	-0.5	-3.6
教职工数	Teachers and Staff	-1.7	3.8
#专任教师	Full-time Teachers	-0.7	7.0
十六、科 技	**Science**		
重要科技成果	**Major Scientific Achievements**		
成果数量	Number of Achievements	1.1	-20.5
#农 业	Agricultural	3.2	-29.5
工 业	Industry	1.5	-51.9
国际领先先进水平	Internationally Advanced	-19.5	10.1
国内领先先进水平	Nationally Advanced	4.5	-27.2
专利情况	**Patent Applications**		
申请量	Number of Patent Applications Examined	16.7	56.8
授权量	Number of Patent Applications Granted	6.5	10.4
十七、卫生、文化事业	**Public Health and Culture**		
卫生机构床位数	Number of Beds in Health Institutions	0.7	8.4
卫生技术人员数	Medical Technical Personnel	2.3	0.6
#执业(助理)医师	Licensed (Assistant) Doctors	4.3	1.5
文化(艺术)馆	**Cultural (Arts) Centers**		
机构数	Number of Institutions	0.6	-0.6
人 数	Number of Employed Persons	-4.4	-4.9
文化站	**Cultural Stations**		
机构数	Number of Institutions	-2.9	-0.8
人 数	Number of Employed Persons	0.3	-0.8
艺术表演团体	**Arts Performance Troupes**		
机构数	Number of Institutions	0.9	-0.9
人 数	Number of Employed Persons	-2.2	1.2
剧场(院)	**Theaters and Music Halls**		
机构数	Number of Institutions	-1.9	-1.1
人 数	Number of Employed Persons	-2.8	-9.9
图书馆	**Libraries**		
机构数	Number of Institutions	持平	2.1
人 数	Number of Employed Persons	-1.9	2.2
博物馆	**Museums**		
机构数	Number of Institutions	3.5	4.2
人 数	Number of Employed Persons	-1.8	2.3

continued

(%)

2007	2008	2009	2010	2011	2012	2013	2014	2015	2016	2017
19.9	-7.6	1.1	-27.2	34.1	22.7	3.2	-4.7	-0.6	-0.3	0.6
45.5	-20.1	2.8	-22.8	40.7	1.9	11.8	-4.1	-1.7	1.3	-1.5
-3.7	-4.0	-4.8	-3.5	-2.9	-3.9	-3.6	-3.4	-3.4	-3.6	-2.9
4.0	-6.2	-2.7	9.4	7.3	-8.2	5.6	7.8	-0.2	-0.4	2.5
2.1	3.5	1.9	0.7	-3.1	-0.6	-2.7	-2.2	-2.1	8.3	3.6
1.8	-0.2	-1.0	0.4	2.4	-2.5	-0.3	3.6	4.0	2.5	2.5
1.3	0.1	0.1	-0.8	-5.7	-1.6	-0.9	-1.3	0.1	1.9	1.4
1.3	0.3	0.5	-0.6	-0.3	-1.0	1.2	0.5	1.9	3.2	3.2
-4.2	-4.4	-4.5	-14.3	-5.6	持平	-35.3	持平	持平	持平	持平
11.5	42.9	-10.9	-2.1	10.9	12.8	-0.6	8.0	-8.8	9.9	-12.1
178.8	-4.6	12.9	5.0	31.1	-16.8	6.6	15.0	9.3	3.8	66.7
0.6	19.6	6.2	3.0	-0.6	10.8	7.4	5.5	-0.2	3.7	-25.3
-1.2	-41.5	-15.6	-32.3	-6.5	8.5	-33.7	-20.5	-2.6	-27.1	-1.5
0.3	-35.8	-14.4	-28.9	-7.3	6.8	-32.1	-22.1	-3.3	-27.5	-3.1
1.4	-0.7	1.5	0.1	0.5	0.6	-2.5	26.7	1.9	0.2	-15.9
-2.4	-8.8	1.7	27.8	-22.0	10.8	-12.1	48.1	-12.5	9.4	-13.8
11.7	-3.8	25.4	-11.5	-3.7	18.0	1.5	26.4	-6.9	-0.9	-13.3
21.2	9.0	26.9	-10.0	-4.3	-5.9	11.8	20.0	18.4	-21.2	-19.9
-4.6	-2.6	-12.7	-6.8	-1.5	4.1	-20.9	7.4	5.8	-9.7	-11.1
22.4	28.6	11.0	20.9	35.5	17.3	20.6	2.2	21.8	10.2	
43.2	16.9	29.3	49.2	14.3	28.3	1.9	-5.4	34.7	持平	
9.1	13.1	8.4	10.1	8.9	13.8	3.4	2.1	3.8	4.5	7.8
2.8	8.7	8.0	8.6	9.2	10.0	12.8	1.0	2.5	3.9	7.2
2.5	6.7	5.6	5.3	4.5	7.8	15.7	-0.4	2.6	3.4	8.0
-0.6	-0.6	1.3	持平	1.3	-1.3	0.6	-0.6	-0.6	持平	持平
-1.5	0.4	3.0	-1.9	1.0	-1.7	1.0	-0.5	-0.4	-0.9	-0.9
-1.7	持平	2.2	-0.6	-1.5	-0.4	-0.8	0.2	0.2	0.1	-0.1
11.6	1.0	22.3	-1.1	2.2	7.4	-1.4	5.4	6.8	-4.9	1.4
0.8	持平	-0.8	0.8	-2.5	-10.3	-1.0	1.0	持平	-1.0	1.9
-1.4	1.5	0.4	-0.2	-1.7	-7.2	-2.9	3.1	-6.3	5.3	0.7
-3.2	-2.2	-8.9	11.0	2.2	持平	持平	持平	-1.1	1.1	7.5
-7.7	-5.7	-10.2	16.1	12.1	-2.4	-17.5	0.9	-5.9	-1.8	13.7
1.4	1.4	2.0	-0.7	0.7	持平	2.0	持平	0.7	持平	持平
0.6	-1.3	2.4	0.4	0.6	-1.9	4.3	-1.1	0.7	2.8	1.7
14.5	10.3	15.6	2.7	5.3	48.3	9.0	25.3	28.4	26.0	23.4
8.2	7.8	11.8	6.5	13.5	56.2	9.1	13.1	17.5	13.3	11.5

1-4 国民经济主要比例关系
Proportions on National Economic Indicators

单位:% (%)

项目	Item	2010	2012	2013	2014	2015	2016	2017
一、地区生产总值比例	**Structure of Gross Domestic Product**							
第一产业	Primary Industry	8.9	8.3	8.0	7.8	7.7	7.1	6.7
第二产业	Secondary Industry	54.7	52.1	50.3	49.1	47.5	46.1	45.3
第三产业	Tertiary Industry	36.4	39.6	41.7	43.1	44.8	46.8	48.0
二、国内支出总额比例	**Structure of Government Consumption**							
最终消费	Final Consumption	38.8	42.0	43.5	43.7	44.6	47.3	48.4
资本形成	Capital Formation	55.4	54.4	53.8	52.5	52.6	51.0	50.1
三、人口比例	**Structure of Population**							
按性别分	Sexual Structure							
男	Male	50.7	50.8	50.8	50.9	50.9	50.9	50.8
女	Female	49.3	49.2	49.2	49.1	49.1	49.1	49.2
按农业非农业分	Agricultural and Non-agricultural Structure							
农业人口	Agricultural Structure	59.8	58.0	57.0	56.0	52.1	51.0	49.8
非农业人口	Non-agricultural Structure	40.3	42.0	43.0	44.0	47.9	49.0	50.2
四、社会就业人员比例	**Structure of Employment**							
第一产业	Primary Industry	35.5	33.1	31.7	30.7	29.6	29.1	28.3
第二产业	Secondary Industry	32.6	34.2	34.5	34.7	35.2	35.4	35.6
第三产业	Tertiary Industry	31.9	32.7	33.8	34.6	35.2	35.5	36.1
五、农林牧渔业总产值比例	**Structure of Gross Output Value of Agriculture**							
农　业	Farming	54.6	49.0	50.6	50.7	50.2	48.3	48.2
林　业	Forestry	1.3	1.4	1.4	1.5	1.5	1.6	1.8
牧　业	Animal Husbandry	27.3	29.8	28.1	27.6	28.0	28.9	27.4
渔　业	Fishery	12.6	15.7	15.7	15.8	15.6	15.5	16.1
农林牧渔服务业	Services of Farming,Forestry,Animal Husbandry and Fishery	4.1	4.2	4.2	4.5	4.7	5.6	6.5
六、工业总产值中轻重工业比例	**Structure of Output Value of Light and Heavy Industries**							
轻工业	Light Industry	32.4	32.0	31.4	31.0	32.0	32.0	32.9
重工业	Heavy Industry	67.6	68.0	68.6	69.0	68.0	68.0	67.1
七、全社会固定资产投资比例	**Structure of Investment in Fixed Assets**							
国有经济	State-owned Units	15.7	12.6	12.9	12.8	13.0	14.1	17.3
集体经济	Collective-owned Units	11.3	10.0	8.5	8.0	6.5	2.9	2.7
个体经济	Self-employed Units	27.9	31.6	34.9	38.2	42.0	41.6	40.4
八、一般公共预算收入占地区生产总值的比重	**Proportion of General Pubilc Budget Revenue to GDP**	**6.9**	**8.0**	**8.2**	**8.4**	**8.7**	**8.6**	**8.4**
九、财政支出比例	**Structure of Local Government Expenses**							
一般公共服务支出	General Public Service	13.1	11.9	11.2	10.1	8.9	8.9	9.3
科学技术	Science and Technology	2.0	2.1	2.2	2.0	1.9	1.9	2.1
教　育	Education	18.6	22.2	20.9	20.4	20.5	20.9	20.4

1-5 平均每天社会经济活动
Selected Indicators on Average Daily Social and Economic Activities

指标名称	Item	2012	2013	2014	2015	2016	2017
一、全省每天创造的财富	**Daily Production**						
地区生产总值（万元）	Gross Domestic Product (10 000 yuan)	1387040	1531832	1648351	1749551	1860976	1989977
工业总产值（万元）	Gross Output Value of Industry (10 000 yuan)	3142665	3559069	3874384	3999019	4117627	3765500
农林牧渔业总产值（万元）	Gross Output Value of Farming, Forestry, Animal Husbandry and Fishery (10 000 yuan)	217692	239726	252007	261634	254806	250421
一般公共预算收入（万元）	General Pubilic Budget Revenue (10 000 yuan)	111217	124930	137721	151488	160114	167086
布（万米）	Cloth (10 000 m)	3929	3521	3162	3175	3249	3318
发电量（万千瓦时）	Electricity (10 000 kwh)	90570	98561	102404	128345	139443	141444
原　油（万吨）	Crude Oil (10 000 tons)	7.6	7.5	7.4	7.1	6.3	6.1
粗　钢（吨）	Steel (ton)	163205	174000	175644	181351	195822	195833
二、全省每天消费量	**Daily Consumption**						
城乡居民消费总量（万元）	Resident Consumption (10 000 yuan)	417478	491119	551913	614213	699274	774944
社会消费品零售额（万元）	Total Retail Sails of Consumer Goods (10 000 yuan)	538409	610818	687987	760587	837316	921892
三、其他经济活动	**Other Daily Economic Activities**						
铁路、公路和水路客运人数（万人）	Passenger Traffic (10 000 persons)	725.8	738.1	201.6	163.4	171.4	176.8
住宅竣工面积（平方米）	Floor Space of Residential Buildings Completed (sq.m)	166759	166119	166870	169468	173720	175519
四、全省人口变动和婚姻	**Daily Population Changes and Marriages**						
出生人口（人）	Birth (person)	3082	3204	6029	3912	4198	5623
死亡人口（人）	Death (person)	2189	1639	1695	1651	1460	3243
结婚对数（对）	Marriages (couples)	2557	2442	2279	1921	1832	1715
离婚对数（对）	Divorces (couples)	539	617	641	660	695	747

1-6 国民经济和社会发展主要指标占全国的比重(2017年)
Proportion of Main Economic and Social Indicators to the Whole Country(2017)

指标名称	Item	山东 Shandong	全国 China	山东占全国比重(%) Proportion of Shandong to China (%)
一、人口与就业	**Population and Employment**			
年末总人口 (万人)	Population at the Year-end (10 000 persons)	10006	139008	7.2
就业人员 (万人)	Employment (10 000 persons)	6561	77640	8.5
二、土地面积 (万平方公里)	**Area of Land (10 000 sq.km)**	**15.79**	**960**	**1.6**
三、农林牧渔业总产值 (亿元)	**Gross Output Value of Farming, Forestry,AnimalHusbandry and Fishery (100 million yuan)**	**9140**	**109332**	**8.4**
四、地区生产总值 (亿元)	**Gross Domestic Product (100 million yuan)**	**72634**	**827122**	**8.8**
第一产业 (亿元)	Primary Industry (100 million yuan)	4833	65468	7.4
第二产业 (亿元)	Secondary Industry (100 million yuan)	32943	334623	9.8
第三产业 (亿元)	Tertiary Industry (100 million yuan)	34859	427032	8.2
五、人均地区生产总值 (元)	**Per Capita Gross Domestic Product (yuan)**	**72807**	**59660**	
六、主要工农业产品产量	**Output of Major Farm and Industrial Products**			
粮　食 (万吨)	Grain (10 000 tons)	5374.3	66160.7	8.1
棉　花 (万吨)	Cotton (10 000 tons)	20.7	565.3	3.7
油　料 (万吨)	Oil-bearing Crops (10 000 tons)	318.3	3475.2	9.2
肉　类 (万吨)	Meat (10 000 tons)	866.0	8654.4	10.0
水产品 (万吨)	Aquatic products (10 000 tons)	868.0	6445.3	13.5
原　油 (万吨)	Crude Oil (10 000 tons)	2234.9	19150.6	11.7
发电量 (亿千瓦时)	Electricity (100 million kwh)	5162.7	64951.4	7.9
家用电冰箱 (万台)	Household Refrigerators (10 000 units)	821.4	8548.4	9.6
彩色电视机 (万台)	Color Television Sets (10 000 units)	1704.4	15932.6	10.7
原　盐 (万吨)	Salt (10 000 tons)	1407.3	6266.6	22.5
化　肥 (万吨)	Chemical Fertilizer (10 000 tons)	425.3	6184.3	6.9
粗　钢 (万吨)	Steel (10 000 tons)	7147.9	83172.8	8.6
平板玻璃 (万重量箱)	Plate Glass (10 000 weight cases)	7232.2	79023.5	9.2
七、固定资产投资	**Investment in Fixed Assets**			
全社会固定资产投资额 (亿元)	Total Investment in Fixed Assets (100 million yuan)	55203	641238	8.6
八、运输、邮电	**Transport,Post and Telecommunication Services**			
货物周转量 (亿吨公里)	Total Freight Ton-kilometers (100 million ton-km)	9622	192345	5.0
旅客周转量 (亿人公里)	Total Passenger-kilometers (100 million person-km)	1227	23300	5.3
沿海主要港口货物吞吐量 (万吨)	Volume of Freight Handled in Major Coastal Ports (10 000 tons)	151571	865464	17.5
邮电业务总量 (亿元)	Total Volume of Post and Telecommunication Services (100 million yuan)	1888	37320	5.1
九、财政金融	**Finance and Financial Intermediation**			
一般公共预算收入 (亿元)	General Pubilic Budget Revenue (100 million yuan)	6099	91448	6.7
一般公共预算支出 (亿元)	General Pubilic Budget Expenditure (100 million yuan)	9258	173471	5.3
住户人民币存款余额 (亿元)	RMB Savings and Deposit of Urban and Rural Households at the Year-end (100 million yuan)	44036	643768	6.8
十、国内贸易	**Domestic Trade**			
社会消费品零售额 (亿元)	Total Retail Sales of Consumer Goods (100 million yuan)	33649	366262	9.2
十一、外贸外经旅游	**Foreign Trade and Tourism**			
进出口总额 (亿美元)	Total Value of Imports and Exports (100 million USD)	2630.6	41045.0	6.4
出口总额 (亿美元)	Exports (100 million USD)	1471.0	22635.2	6.5
国际旅游外汇收入 (亿美元)	Foreign Exchange Earnings (100 million USD)	31.7	1234.0	2.6
十二、价格指数	**Price Indices**			
商品零售价格指数 (上年=100)	Retail Price Indices (%)	100.8	101.1	
居民消费价格指数 (上年=100)	Consumer Price Indices (%)	101.5	101.6	
十三、人民生活	**People's Livelihood**			
城镇单位就业人员工资总额(亿元)	Total Wages of Employed Persons in Urban Units (100 million yuan)	8059.3	129889.1	6.2
城镇单位就业人员平均工资 (元)	Average Wage of Employed Persons in Urban Units (yuan)	68081	74318	
城镇居民人均可支配收入 (元)	Per Capita Disposabal Income of Urban Households (yuan)	36789	36396	
农村居民人均可支配收入 (元)	Per Capita Annual Net Income of Rural Households (yuan)	15118	13432	
十四、教育、卫生	**Education and Health Care**			
普通本专科学校在校生数 (万人)	Total Enrollment of Institutions of Higher Education (10 000 persons)	201.5	2753.6	7.3
医院床位数 (万张)	Number of Hospital Beds (10 000 beds)	44.1	612.0	7.2
专业卫生技术人员数 (万人)	Number of Medical Technical Personnel (10 000 persons)	68.9	897.8	7.7

1-7 按行业分法人单位数
Number of Corporate Units by Sector

单位：个 (unit)

行　业	Sector	2015	2016	2017
总　计	**Total**	**1269917**	**1652065**	**2014790**
农、林、牧、渔业	Agriculture,Forestry,Animal Husbandry and Fishing	69181	106857	140409
采矿业	Mining	3726	3776	3777
制造业	Manufacturing	235765	284344	342448
电力、燃气及水的生产和供应业	Production and Supply of Electric Power and Heat Power	3734	6094	8453
建筑业	Construction	58288	84503	118986
批发和零售业	Wholesale and Retail Trade	403975	543508	661401
交通运输、仓储和邮政业	Traffic,Transport,Storage and Post	33781	42742	52738
住宿和餐饮业	Hotels and Catering Services	17774	23469	29388
信息传输、软件和信息技术服务业	Information Transfer, Software and Information Technology Services	25611	39025	53404
金融业	Financial Intermediation	6953	10033	12053
房地产业	Real Estate	32596	40442	49233
租赁和商务服务业	Leasing and Business Services	101011	141897	177736
科学研究和技术服务业	Scientific Research and Technical Service	59213	78175	96840
水利、环境和公共设施管理业	Management of Water Conservancy,Environment and Public Facilities	6534	8272	9895
居民服务、修理和其他服务业	Households Services, Repair and Other Services	22923	30633	37020
教　育	Education	25908	31676	35308
卫生和社会工作	Health and Social Work	18964	21068	21774
文化、体育和娱乐业	Culture,Sports and Entertainment	15590	21732	27861
公共管理、社会保障和社会组织	Public management,Social Security and Social Organization	128390	133819	136066
国际组织	International Organization			

1-8 按机构类型分法人单位数
Number of Corporate Units by Status of Organization

单位:个 (unit)

机构类型	Organization Status	2010	2011	2012	2013	2014	2015	2016	2017
合　计	**Total**	**773752**	**832443**	**906064**	**825706**	**1042809**	**1269917**	**1652065**	**2014790**
企　业	Enterprises	592359	649509	722344	616676	819036	1048470	1344176	1675975
事业单位	Institutions	36631	36470	36366	41349	41210	40919	44903	48350
机　关	Agencies & Organizations	12145	12117	12085	12431	12420	12411	12826	12304
社会团体	Social Groups	13531	13739	13545	15553	15909	15919	18819	20929
民办非企业单位	Private Non-enterprise Units	17805	17928	17951	15495	16099	16098	19740	24624
基金会	Foundation	24	23	18	77	78	81	99	115
居委会	Neighborhood Committee	5950	5941	6101	7452	7574	7507	7323	7048
村委会	Village Committee	79002	78969	77470	73506	73957	73947	73909	73453
农民专业合作社	Professional Farmers Cooperatives							110936	136031
其他组织机构	Others	16305	17747	20184	43167	56526	54565	19334	15961

1-9 按地区分法人单位数
Number of Corporate Units by Region

单位:个 (unit)

地　区	Region	2010	2011	2012	2013	2014	2015	2016	2017
全省总计	**Total**	**773752**	**832443**	**906064**	**825706**	**1042809**	**1269917**	**1652065**	**2014790**
济南市	Jinan	85972	90588	100313	83999	100614	119575	144859	162066
青岛市	Qingdao	130498	145414	160640	145067	183720	230230	302471	345793
淄博市	Zibo	49615	50484	53616	45720	56058	68198	89514	115280
枣庄市	Zaozhuang	24618	26763	29357	27657	32120	37887	47322	60639
东营市	Dongying	17078	17507	19593	17048	21081	28465	39590	49073
烟台市	Yantai	75741	81475	89959	78051	97998	118699	151831	168440
潍坊市	Weifang	65071	71739	77854	75265	97326	115593	154860	194938
济宁市	Jining	47936	52812	57972	60054	79974	101533	123715	153557
泰安市	Tai'an	37759	39267	42531	43362	51211	56600	69235	79894
威海市	Weihai	30173	34149	37214	30581	41837	51595	69610	86039
日照市	Rizhao	18554	19038	22083	19085	26083	29516	37205	48228
莱芜市	Laiwu	13798	15055	15552	13205	15537	17200	22005	28270
临沂市	Linyi	48297	50580	55623	53039	71599	92164	121410	167916
德州市	Dezhou	39447	40115	37427	39638	46164	51189	64949	83694
聊城市	Liaocheng	25359	28617	32272	31371	38347	46442	59745	80289
滨州市	Binzhou	23788	26006	28582	25697	34187	44869	61010	76260
菏泽市	Heze	40048	42834	45476	36867	48953	60162	92734	114414

1—10 山东半岛蓝色经济区主要经济指标
Shandong Peninsula Blue Economic Zone Major economic indicators

指 标		Indicator		2017年	比上年增长(%) Growth over the previous year (%)
地区生产总值	(亿元)	Gross Dommestic Product	(100 million yuan)	33972.1	7.2
第一产业	(亿元)	Primary Industry	(100 million yuan)	1945.1	3.0
第二产业	(亿元)	Secondary Industry	(100 million yuan)	16010.7	6.6
第三产业	(亿元)	Tertiary Indusrtry	(100 million yuan)	16016.2	8.3
规模以上工业增加值	(亿元)	Value-added of Industrial Enterprises above Designated Size	(100 million yuan)		7.5
规模以上工业主营业务收入	(亿元)	Revenue from Principal Business of Industrial Enterprise above Designated Size	(100 million yuan)	62181.8	5.4
规模以上工业利税总额	(亿元)	Total Profits and Taxes of Industrial Enterprise above Designated Size	(100 million yuan)	5516.0	9.7
规模以上工业利润总额	(亿元)	Total Profits of Industrial Enterprise above Designated Size	(100 million yuan)	3639.3	12.1
固定资产投资	(亿元)	Investment in Fixed Assets	(100 million yuan)	25644.4	6.0
社会消费品零售总额	(亿元)	Total Retail Sales of Consumer Goods	(100 million yuan)		9.9
进出口总额	(亿元)	Total Value of Imports and Exports	(100 million yuan)	13206.7	14.9
#出口总额	(亿元)	Exports	(100 million yuan)	7253.0	9.7
实际到账外资	(亿元)	Total Amount of Foreign Capital Actual Arrival	(100 million yuan)	895.4	11.7
一般公共预算收入	(亿元)	General Pubilic Budget Revenuee	(100 million yuan)	2984.5	7.6
一般公共预算支出	(亿元)	General Pubilic Budget Expenditure	(100 million yuan)	3723.7	4.7
金融机构本外币存款余额	(亿元)	RMB and Foreign Currencies Deposits of Financial Institutions	(100 million yuan)	40537.6	1677.4
#住户存款	(亿元)	Household Deposit	(100 million yuan)	18775.2	792.8
金融机构本外币贷款余额	(亿元)	RMB and Foreign Currencies Loans of Financial Institutions	(100 million yuan)	33254.1	2743.4
农村居民人均可支配收入	(元)	Per capita Annual Disposable Income of Rural Households	(yuan)	17636	8.1

注：1. “山东半岛蓝色经济区”包括青岛、东营、烟台、潍坊、威海、日照6市及滨州市沾化区和无棣县。
2. 金融机构本外币存贷款余额比上年增长栏为比年初增加额。
a)"Shandong Peninsula Blue Economic Zone" includes Qingdao, Dongying, Yantai, Weifang, Weihai, Rizhao,Zhanhua District of Binzhou City,Wudi County.
b)RMB and Foreign Currencies Deposits of Financial Institutions "Growth over the previous year" compare with the beginning of the year to increase the amount.

1-11 黄河三角洲高效生态经济区主要经济指标
Efficient eco economic zone in the Yellow River Delta Major economic indicators

指　　标		Indicator		2017年	比上年增长(%) Growth over the previous year (%)
地区生产总值	(亿元)	Gross Dommestic Product	(100 million yuan)	9686.6	6.0
第一产业	(亿元)	Primary Industry	(100 million yuan)	673.1	3.7
第二产业	(亿元)	Secondary Industry	(100 million yuan)	5235.1	6.2
第三产业	(亿元)	Tertiary Indusrtry	(100 million yuan)	3778.4	6.2
规模以上工业增加值	(亿元)	Value-added of Industrial Enterprises above Designated Size	(100 million yuan)		6.4
规模以上工业主营业务收入	(亿元)	Revenue from Principal Business of Industrial Enterprise above Designated Size	(100 million yuan)	26449.6	11.0
规模以上工业利税总额	(亿元)	Total Profits and Taxes of Industrial Enterprise above Designated Size	(100 million yuan)	1757.2	17.7
规模以上工业利润总额	(亿元)	Total Profits of Industrial Enterprise above Designated Size	(100 million yuan)	1049.7	15.7
固定资产投资	(亿元)	Investment in Fixed Assets	(100 million yuan)	6882.6	5.5
社会消费品零售总额	(亿元)	Total Retail Sales of Consumer Goods	(100 million yuan)		9.2
进出口总额	(亿元)	Total Value of Imports and Exports	(100 million yuan)	2673.7	25.3
#出口总额	(亿元)	Exports	(100 million yuan)	1024.4	10.8
实际到账外资	(亿元)	Total Amount of Foreign Capital Actual Arrival	(100 million yuan)	71.3	-14.6
一般公共预算收入	(亿元)	General Pubilic Budget Revenuee	(100 million yuan)	723.2	4.8
一般公共预算支出	(亿元)	General Pubilic Budget Expenditure	(100 million yuan)	929.0	2.8
金融机构本外币存款余额	(亿元)	RMB and Foreign Currencies Deposits of Financial Institutions	(100 million yuan)	9161.2	107.9
#住户存款	(亿元)	Household Deposit	(100 million yuan)	4660.7	255.2
金融机构本外币贷款余额	(亿元)	RMB and Foreign Currencies Loans of Financial Institutions	(100 million yuan)	7789.9	380.6
农村居民人均可支配收入	(元)	Per capita Annual Disposable Income of Rural Households	(yuan)	16139	8.6

注：1.“黄河三角洲高效生态经济区”包括东营、滨州两市及潍坊寒亭区、寿光市、昌邑市，德州乐陵市、庆云县，淄博高青县和烟台莱州市。
2.金融机构本外币存贷款余额比上年增长栏为比年初增加额。

a)"Efficient eco economic zone in the Yellow River Delta" includes Dongying,Binzhou,Hanting District of Weifang,Shouguang City,Changyi City,Leling City, Qingyun County,Gaoqing County,Laizhou City.

b)RMB and Foreign Currencies Deposits of Financial Institutions "Growth over the previous year" compare with the beginning of the year to increase the amount.

1-12 省会城市群经济圈主要经济指标
Capital city group economic circle Major economic indicators

指 标		Indicator		2017年	比上年增长 (%) Growth over the previous year (%)
地区生产总值	(亿元)	Gross Dommestic Product	(100 million yuan)	25281.7	7.4
第一产业	(亿元)	Primary Industry	(100 million yuan)	1705.9	3.8
第二产业	(亿元)	Secondary Industry	(100 million yuan)	11421.4	7.0
第三产业	(亿元)	Tertiary Indusrtry	(100 million yuan)	12154.4	8.3
规模以上工业增加值	(亿元)	Value-added of Industrial Enterprises above Designated Size	(100 million yuan)		7.0
规模以上工业主营业务收入	(亿元)	Revenue from Principal Business of Industrial Enterprise above Designated Size	(100 million yuan)	52611.9	6.4
规模以上工业利税总额	(亿元)	Total Profits and Taxes of Industrial Enterprise above Designated Size	(100 million yuan)	4734.6	5.8
规模以上工业利润总额	(亿元)	Total Profits of Industrial Enterprise above Designated Size	(100 million yuan)	2929.2	6.6
固定资产投资	(亿元)	Investment in Fixed Assets	(100 million yuan)	18458.4	8.3
社会消费品零售总额	(亿元)	Total Retail Sales of Consumer Goods	(100 million yuan)		9.9
进出口总额	(亿元)	Total Value of Imports and Exports	(100 million yuan)	3074.9	16.3
#出口总额	(亿元)	Exports	(100 million yuan)	1751.5	10.2
实际到账外资	(亿元)	Total Amount of Foreign Capital Actual Arrival	(100 million yuan)	250.3	5.6
一般公共预算收入	(亿元)	General Pubilic Budget Revenuee	(100 million yuan)	1902.2	7.1
一般公共预算支出	(亿元)	General Pubilic Budget Expenditure	(100 million yuan)	2795.9	7.4
金融机构本外币存款余额	(亿元)	RMB and Foreign Currencies Deposits of Financial Institutions	(100 million yuan)	34450.8	2117.9
#住户存款	(亿元)	Household Deposit	(100 million yuan)	15433.1	919.9
金融机构本外币贷款余额	(亿元)	RMB and Foreign Currencies Loans of Financial Institutions	(100 million yuan)	26864.2	2097.1
农村居民人均可支配收入	(元)	Per capita Annual Disposable Income of Rural Households	(yuan)	14762	8.7

注：1．"省会城市群经济圈"包括济南、淄博、泰安、莱芜、德州、聊城、滨州7个市。
2．金融机构本外币存款余额比上年增长栏为比年初增加额。
a)"Capital city group economic circle" includes Ji'nan, Zibo, Tai'an, Laiwu, Dezhou, Liaocheng, Binzhou.
b)RMB and Foreign Currencies Deposits of Financial Institutions "Growth over the previous year" compare with the beginning of the year to increase the amount.

1-13 西部经济隆起带主要经济指标
Western economic uplift belt Major economic indicators

指 标	Indicator	2017年	比上年增长 (%) Growth over the previous year (%)
地区生产总值 (亿元)	Gross Dommestic Product (100 million yuan)	21177.7	7.4
第一产业 (亿元)	Primary Industry (100 million yuan)	2070.2	3.9
第二产业 (亿元)	Secondary Industry (100 million yuan)	10047.1	6.7
第三产业 (亿元)	Tertiary Indusrtry (100 million yuan)	9060.5	9.2
规模以上工业增加值 (亿元)	Value-added of Industrial Enterprises above Designated Size (100 million yuan)		7.7
规模以上工业主营业务收入 (亿元)	Revenue from Principal Business of Industrial Enterprise above Designated Size (100 million yuan)	48916.7	9.4
规模以上工业利税总额 (亿元)	Total Profits and Taxes of Industrial Enterprise above Designated Size (100 million yuan)	4500.1	13.4
规模以上工业利润总额 (亿元)	Total Profits of Industrial Enterprise above Designated Size (100 million yuan)	3060.4	15.3
固定资产投资 (亿元)	Investment in Fixed Assets (100 million yuan)	16238.9	8.4
社会消费品零售总额 (亿元)	Total Retail Sales of Consumer Goods (100 million yuan)		9.5
进出口总额 (亿元)	Total Value of Imports and Exports (100 million yuan)	2285.5	16.3
#出口总额 (亿元)	Exports (100 million yuan)	1397.7	15.8
实际到账外资 (亿元)	Total Amount of Foreign Capital Actual Arrival (100 million yuan)	87.3	-2.4
一般公共预算收入 (亿元)	General Pubilic Budget Revenuee (100 million yuan)	1399.8	3.8
一般公共预算支出 (亿元)	General Pubilic Budget Expenditure (100 million yuan)	2729.6	5.6
金融机构本外币存款余额 (亿元)	RMB and Foreign Currencies Deposits of Financial Institutions(100 million yuan)	23152.8	2136.7
#住户存款 (亿元)	Household Deposit (100 million yuan)	15007.5	1313.7
金融机构本外币贷款余额 (亿元)	RMB and Foreign Currencies Loans of Financial Institutions (100 million yuan)	15289.5	1485.4
农村居民人均可支配收入 (元)	Per capita Annual Disposable Income of Rural Households (yuan)	13095	9.0

注：1. "西部经济隆起带"包括枣庄、济宁、临沂、德州、聊城、菏泽6市及泰安市宁阳县和东平县。
2. 金融机构本外币存贷款余额比上年增长栏为比年初增加额。

a)"Western economic uplift belt" includes Zaozhuang, Jining, Linyi, Dezhou, Liaocheng, Heze,Ningyang county , Dongping County.

b)RMB and Foreign Currencies Deposits of Financial Institutions "Growth over the previous year" compare with the beginning of the year to increase the amount.

主要统计指标解释

行政区划 指国家对行政区域的划分。根据宪法规定，我国的行政区域划分如下：(1)全国分为省、自治区、直辖市；(2)省、自治区分为自治州、县、自治县、市；(3)自治州分为县、自治县、市；(4)县、自治县分为乡、民族乡、镇；(5)直辖市和较大的市分为区、县；(6)国家在必要时设立的特别行政区。

国民经济行业分类 自 2017 年统计年报开始使用新的《国民经济行业分类》(GB/T4754-2017)，该分类是由国家统计局组织修订，经国家质量监督检验检疫总局和国家标准化管理委员会批准，于 2017 年 6 月 30 日发布。这次修订是在 2011 年分类标准的基础上，参照联合国《所有经济活动的国际标准产业分类》(ISIC/Rev.4) 进行的。修订后的《国民经济行业分类》(GB/T4754-2017) 共有门类 20 个，大类 97 个，中类 473 个，小类 1380 个。大类增加 1 个，中类增加 41 个，小类增加 286 个。

企业(单位)登记注册类型 是以在工商行政管理机关登记注册的各类企业为划分对象，以工商行政管理部门对企业登记注册的类型为依据，将企业登记注册类型分为内资企业、港澳台商投资企业和外商投资企业三大类。内资企业包括国有企业、集体企业、股份合作企业、联营企业、有限责任公司、股份有限公司、私营公司和其他企业；港澳台商投资企业和外商投资企业分别包括合资经营企业、合作经营企业、独资经营企业和股份有限公司。对不在工商行政管理部门进行登记注册的行政机关、事业单位和社会团体，主要按其经费来源和管理方式进行划分。

国有企业 指企业全部资产归国家所有，并按《中华人民共和国企业法人登记管理条例》规定登记注册的非公司制的经济组织。不包括有限责任公司中的国有独资公司。

集体企业 指企业资产归集体所有，并按《中华人民共和国企业法人登记管理条例》规定登记注册的经济组织。

股份合作企业 指以合作制为基础，由企业职工共同出资入股，吸收一定比例的社会资产投资组建，实行自主经营，自负盈亏，共同劳动，民主管理，按劳分配与按股分红相结合的一种集体经济组织。

联营企业 指两个及两个以上相同或不同所有制性质的企业法人或事业单位法人，按自愿、平等、互利的原则，共同投资组成的经济组织。联营企业包括国有联营企业、集体联营企业、国有与集体联营企业和其他联营企业。

有限责任公司 指根据《中华人民共和国公司登记管理条例》规定登记注册，由两个以上、五十个以下的股东共同出资，每个股东以其所认缴的出资额对公司承担有限责任，公司以其全部资产对其债务承担责任的经济组织。有限责任公司包括国有独资公司以及其他有限责任公司。

股份有限公司 指根据《中华人民共和国公司登记管理条例》规定登记注册，其全部注册资本由等额股份构成并通过发行股票筹集资本，股东以其认购的股份对公司承担有限责任，公司以其全部资产对其债务承担责任的经济组织。

私营企业 指由自然人投资设立或由自然人控股，以雇佣劳动为基础的营利性经济组织。包括按照《公司法》、《合伙企业法》、《私营企业暂行条例》规定登记注册的私营有限责任公司、私营股份有限公司、私营合伙企业和私营独资企业。

其他企业 指上述企业之外的其他内资经济组织。

与港澳台商合资经营企业 指港澳台地区投资者与内地企业依照《中华人民共和国中外合资经营企业法》及有关法律的规定，按合同规定的比例投资设立、分享利润和分担风险的企业。

与港澳台商合作经营企业 指港澳台地区投资者与内地企业依照《中华人民共和国中外合作经营企业法》及有关法律的规定，依照合作合同的约定进行投资或提供条件设立、分配利润和分担风险的企业。

港澳台商独资经营企业 指依照《中华人民共和国外资企业法》及有关法律的规定，在内地由港澳台地区投资者全额投资设立的企业。

港澳台商投资股份有限公司 指根据国家有关规定，经原外经贸部依法批准设立，其中港、澳、台商的股本占公司注册资本的比例达 25%以上的股份有限公司。凡其中港、澳、台商的股本占公司注册资本的比例小于 25%的，属于内资企业中的股份有限公司。

中外合资经营企业 指外国企业或外国人与中国内地企业依照《中华人民共和国中外合资经营企业法》及有关法律的规定，按合同规定的比例投资设立、分享利润和分担风险的企业。

中外合作经营企业 指外国企业或外国人与中国内地企业依照《中华人民共和国中外合作经营企业法》及有关法律的规定，依照合作合同的约定进行投资或提供条件设立、分配利润和分担风险的企业。

外资企业 指依照《中华人民共和国外资企业法》及有关法律的规定，在中国内地由外国投资者全额投资设立的企业。

外商投资股份有限公司 指根据国家有关规定，经原外经贸部依法批准设立，其中外资的股本占公司注册资本的比例达 25%以上的股份有限公司。凡其中外资股本占公司注册资本的比例小于 25%的，属于内资企业中的股份有限公司。

行政机关、事业单位和社会团体 参照企业登记注册类型，主要按其经费来源和管理方式划分。具体规定如下：

⑴行政机关：包括国家机关和政党机关，原则上均列为“国有”。但有特殊规定的，如供销社等，则列为“集体”。

⑵事业单位：包括经国家机构编制部门和有关业务主管部门批准成立的各类事业单位，不包括实行企业化管理的事业单位。事业单位的划分办法如下：

①由国家财政预算拨款或列入财政预算外资金管理以及经费主要来源于国有主管部门或国有上级单位的事业单位，列为“国有”。

②经费主要来源于集体单位的事业单位，列为“集体”。

③公民个人(或个人合伙)开办的事业单位，列为“私营”。

④上述以外的其他事业单位，如果其经费来源不明确，按管理方式进行归类。

⑶社会团体：包括经民政部门批准成立以及未纳入社会团体管理条例范围的工会、妇联等各类社会团体。社会团体的划分办法如下：

①未纳入民政部社会团体管理条例范围的工会、妇联、共青团、青联、工商联、科协、侨联等社会团体，国家拨款设立的基金会或基金管理组织以及经费主要来源于国有业务主管部门或国有上级单位的社会团体，列为“国有”。

②经费主要来源于集体单位的社会团体，列为“集体”。

③公民个人(或个人合伙)开办的社会团体，划为“私营”。

④上述以外的其他社会团体，如果其经费来源不明确，改按管理方式进行归类。

Explanatory Notes on Main Statistical Indicators

Divisions of Administrative Areas refers to the division of administrative areas by the state. The Constitution of the People Republic of China stipulates that the administrative areas in China are divided as: 1) The whole country is divided into provinces, autonomous regions and municipalities directly under the central government; 2) Provinces and autonomous regions are divided into autonomous prefectures, counties, autonomous counties and cities; 3) Autonomous prefectures are divided into counties, autonomous counties and cities; 4) Counties and autonomous counties are divided into townships, nationality townships and towns; 5) Municipalities and large cities are divided into districts and counties, 6) The state shall, when necessary, establish special administrative regions.

Industrial Classification of the National Economy The new Industrial Classification of the National Economy (GB/T 4754-2017) is used in **Industrial Classification of the National Economy** starting from the compilation of 2017 annual statistics. This Classification is revised and organized by the National Bureau of Statistics, promulgated by the National Administration of Quality Supervision, Inspection and Quarantine and Standardization Administration of the People's Republic of China on June 30, 2017. This revision is taking into consideration of the International Standards of the Industrial Classification of All Economic Activities (ISIC/Rev.4) of the United Nations, and based on the the Classification Standard in 2011. The revised version of the Industrial Classification of the National Economy (GB/T 4754-2017) is composed of 20 major divisions, 97 divisions, 473 major groups and 1380 groups, added 1 division, 41 major groups and 286 groups.

Registration Status of Enterprises are classified into 3 categories, namely domestic funded enterprises, enterprises with investment from Hong Kong, Macau and Taiwan, and enterprises with foreign investment, in the light of the registration status of an enterprise in industrial and commercial administration agencies. Domestic-funded enterprises include state-owned enterprises, collective-owned enterprises, cooperative enterprises, joint ownership enterprises, limited liability corporations, share-holding corporations Ltd., private enterprises and other enterprises. Included in the enterprises with investment from Hong Kong, Macau and Taiwan and enterprises with foreign investment are joint-venture enterprises, cooperative enterprises, sole investment enterprises and share holding corporations Ltd. For government agencies, institutions and social organizations which are not requested to be registered in industrial and commercial administration agencies, they are classified mainly by their sources of funds and way of management.

State-owned Enterprises refer to non-corporation economic units where the entire assets are owned by the state and which have registered in accordance with the Regulation of the People' s Republic of China on the Management of Registration of Corporate Enterprises. Excluded from this category are sole state funded corporations in the limited liability corporations.

Collective-owned Enterprises refer to economic units where the assets are owned collectively and which have registered in accordance with the Regulation of the People' s Republic of China on the Management of Registration of Corporate Enterprises.

Cooperative Enterprises refer to a form of collective economic units (enterprises) where capitals come mainly from employees as their shares, with certain proportion of capital from the outside, where production is organized on the basis of independent operation, independent accounting for profits and losses, joint work, democratic management, and a distribution system that integrates remuneration according to work with dividend according to capital share.

Joint Ownership Enterprises refer to economic units established by two or more corporate enterprises or corporate institutions of the same or different ownership, through joint investment on the basis of equality, voluntary participation and mutual benefits. They include state joint ownership enterprises, collective joint ownership enterprises, joint state-collective enterprises, other joint ownership enterprises.

Limited Liability Corporations refer to economic units established with investment from 2-50 investors and registered in accordance with the Regulation of the People' s Republic of China on the Management of Registration of Corporations, each investor bearing limited liability to the corporation depending on its share of investment, and the corporation bearing liability to its debt to the maximum of its total assets. Limited liability corporations include exclusive state funded limited liability corporations and other limited liability corporations.

Share-holding Corporations Ltd. refer to economic units registered in accordance with the Regulation of the People' s Republic of China on the Management of Registration of Corporations, with total registered capitals divided into equal shares and raised through issuing stocks. Each investor bears limited liability to the corporation depending on the holding of shares, and the corporation bears liability to its debt to the maximum of its total assets.

Private Enterprises refer to profit-making economic units invested and established by natural persons, or controlled by natural persons using employed labour. Included in this category are private limited liability corporations, private share-holding corporations Ltd., private partnership enterprises and private-funded enterprises registered in accordance with the Corporation Law, Partnership Enterprises Law and Interim Regulations on Private Enterprises.

Other Domestic-funded Enterprises refer to domestic funded economic units other than those mentioned above.

Cooperative Enterprises with Funds from Hong Kong Macau and Taiwan established by investors from Hong

Kong, Macau and Taiwan with enterprises in the mainland of China in accordance with the Law of the People' s Republic of China on Sino-foreign Cooperative Enterprises and other relevant laws, where the investment or provision of facilities, and the share of profits and risks is stipulated in the cooperative contract.

Enterprises with Sole (exclusive) Investment from Hong Kong, Macau and Taiwan refer to enterprises established in the mainland of China with exclusive investment from investors from Hong Kong, Macau and Taiwan in accordance with the Law of the People's Republic of China on Foreign Funded Enterprises and other relevant laws.

Share-holding Corporations Ltd. with Investment from Hong Kong, Macau and Taiwan refer to share holding corporations Ltd. established with the approval from the former Ministry of Foreign Trade and Economic Relations in line with relevant state regulations, where the share of investment from Hong Kong, Macau or Taiwan businessmen exceeds 25% of the total registered capital of the corporation. In case the share of investment from Hong Kong, Macau or Taiwan is less than 25% of the total registered capital, the enterprise is to be classified as domestic-funded share-holding corporation Ltd.

Joint-venture Enterprises with Foreign Investment refer to enterprises jointly established by foreign enterprises or foreigners with enterprises in the mainland of China in accordance with the Law of the People' s Republic of China on Sino-foreign Joint Venture Enterprises and other relevant laws, where the share of investment, profits and risks is stipulated in the contract.

Cooperation Enterprises with Foreign Investment refer to enterprises jointly established by foreign enterprises or foreigners with enterprises in the mainland of China in accordance with the Law of the People' s Republic of China on Sino foreign Cooperative Enterprises and other relevant laws, where the investment or provision of facilities, and the share of profits and risks is stipulated in the cooperative contract.

Enterprises with Sole (exclusive) Foreign Investment refer to enterprises established in the mainland of China with exclusive investment from foreign investors in accordance with the Law of the People' s Republic of China on Foreign Funded Enterprises and other relevant laws.

Share-holding Corporations Ltd. with Foreign Investment refer to share-holding corporations Ltd. established with the approval from the Ministry of Foreign Trade and Economic Relations in line with relevant state regulations, where the share of investment from foreign investors exceeds 25% of the total registered capital of the corporation. In case the share of foreign investment is less than 25% of the total registered capital, the enterprise is to be classified as domestic funded share holding corporation Ltd.

Government Agencies, Institutions and Social Organizations are classified into following categories by source of funds and way of management taking reference of the registration status of enterprises:

(1) Government agencies: include state and party agencies, classified in principle as state owned. There are exceptions, such as supply and marketing cooperatives which are classified as collective-owned.

(2) Institutions: include institutions of various types established with the approval by organization and staffing departments of the government, but exclude institutions where enterprise management system is introduced. Institutions are further classified as follows:

(a) Institutions whose main budget is listed in the government budget appropriations or extra budget funds, or allocated from the budget of their competent government agencies. Such institutions are classified as state owned.

(b) Institutions whose budget mainly comes from collective units. Such institutions are classified as collective owned.

(c) Social organizations established by individual or a group of citizens, which are classified as private.

(d) Institutions other than those mentioned above whose source of budget is not clear. Such institutions are classified by way of management.

(3) Social organizations: include social organizations established with the approval from the Ministry of Civil Affairs, and organizations that are not covered by social organization management regulations such as trade unions, womens federations etc.. Social organizations are further classified as follows:

(a) Social organizations that are not covered by social organization management regulations of the Ministry of Civil Affairs such as trade unions, womens federations, communist youth leagues, youth associations, industrial and commerce associations, scientists associations, overseas Chinese associations, etc., foundations and fund management organizations established with funds from the state, and social organizations whose funds mainly come from the budget of their competent government agencies. Such institutions are classified as state owned.

(b) Social organizations whose budget mainly comes from collective units. Such institutions are classified as collective owned.

(c) Social organizations established by individual or a group of citizens, which are classified as private.

(d) Social organizations other than those mentioned above whose source of budget is not clear. Such organizations are classified by way of management.

第2篇

国民经济核算

National Accounts

简 要 说 明

一、本篇资料的主要内容

本篇资料从宏观上反映了经济发展的总体状况和发展水平，主要包括地区生产总值及其增长、结构、三次产业对经济增长的贡献、消费水平等方面的资料。

二、本篇资料的来源

本篇资料来源于国民经济核算统计报表，由省统计局核算处整理提供。

Brief Introduction

I. Main Content

Data in the chapter reflect the overall situation and development of economy on the macro level, including growth rate and components of GDP, share of the three industries to the increase of GDP and household consumption expenditure.

II. Source of Data

Data in this chapter are prepared according to the data of national accounts and compiled by the Division of National Accounts of Shandong Provincial Bureau of Statistics.

2-1 主要年份地区生产总值
Gross Domestic Product in Major Years

单位:亿元 (100 million yuan)

年 份 Year	地 区 生产总值 Gross Domestic Product	第一产业 Primary Industry	第二产业 Secondary Industry	第三产业 Tertiary Industry	#工 业 Industry	#建筑业 Construction	人均地区生产总值(元) Per Capita GDP (yuan)
1952	43.81	29.55	7.27	6.99	6.82	0.45	91
1955	57.78	35.52	11.42	10.84	10.81	0.61	113
1957	61.39	31.95	17.59	11.85	16.62	0.97	116
1962	64.38	30.42	16.91	17.05	15.90	1.01	120
1965	86.25	42.24	28.96	15.05	25.99	2.97	152
1970	126.31	52.23	53.71	20.37	50.16	3.55	199
1975	166.19	65.54	75.31	25.34	69.76	5.55	240
1978	225.45	75.06	119.35	31.04	108.53	10.82	316
1979	251.60	91.12	127.68	32.80	114.67	13.01	350
1980	292.13	106.43	146.11	39.59	130.55	15.56	402
1981	346.57	132.21	155.41	58.95	138.09	17.32	472
1982	395.38	154.07	166.05	75.26	147.10	18.95	531
1983	459.83	185.57	178.75	95.51	159.15	19.60	611
1984	581.56	222.13	239.27	120.16	214.20	25.07	765
1985	680.46	235.96	293.07	151.43	259.42	33.65	887
1986	742.05	252.73	313.21	176.11	274.80	38.41	956
1987	892.29	287.31	384.57	220.41	341.31	43.26	1131
1988	1117.66	331.94	497.10	288.62	435.51	61.59	1395
1989	1293.94	359.14	579.65	355.15	513.97	65.68	1595
1990	1511.19	425.29	635.98	449.92	568.25	67.73	1815
1991	1810.54	521.85	745.90	542.79	663.90	82.00	2122
1992	2196.53	534.62	999.11	662.80	889.59	109.52	2556
1993	2770.37	596.63	1355.71	818.03	1201.67	154.04	3212
1994	3844.50	775.03	1891.43	1178.04	1692.10	199.33	4441
1995	4953.35	1010.13	2355.78	1587.44	2098.06	257.73	5701
1996	5883.80	1200.17	2784.09	1899.54	2475.99	308.10	6746
1997	6537.07	1195.00	3147.37	2194.70	2796.02	351.35	7461
1998	7021.35	1215.81	3408.06	2397.49	3008.45	399.61	7968
1999	7493.84	1221.00	3644.32	2628.52	3197.16	447.16	8483
2000	8337.47	1268.57	4164.45	2904.45	3665.74	498.71	9326
2001	9195.04	1359.49	4556.01	3279.53	4004.09	551.92	10195
2002	10275.50	1390.00	5184.98	3700.52	4518.87	666.11	11340
2003	12078.15	1480.67	6485.05	4112.43	5706.71	778.34	13268
2004	15115.24	1778.45	8562.38	4774.41	7658.02	904.36	16515
2005	18496.99	1963.51	10595.22	5938.26	9532.68	1062.54	20075
2006	22059.66	2138.90	12716.93	7203.83	11518.66	1198.27	23775
2007	25982.63	2501.03	14839.13	8642.47	13471.22	1367.91	27825
2008	31212.34	2983.61	17839.09	10389.64	16156.34	1682.75	33233
2009	34219.28	3194.38	19219.83	11805.07	17207.32	2012.51	36236
2010	39571.20	3538.73	21643.00	14389.47	19256.75	2386.24	41527
2011	45874.95	3909.28	24538.45	17427.22	21784.29	2754.16	47724
2012	50626.96	4198.20	26367.39	20061.37	23417.15	2950.24	52403
2013	55911.86	4454.11	28163.57	23294.18	24975.72	3273.83	57587
2014	60164.80	4662.81	29585.72	25916.27	26128.52	3547.15	61635
2015	63858.62	4902.82	30334.56	28621.24	26762.35	3664.86	65040
2016	67925.62	4830.25	31343.67	31751.70	27588.70	3806.31	68633
2017	72634.15	4832.71	32942.84	34858.60	28705.69	4276.97	72807

注:1、本表按当年价格计算。
2、从2013年开始，根据《国民经济行业分类》(GB/T4754—2011)标准规定和国家统计局要求，将“农、林、牧、渔业”中的“农、林、牧、渔服务业”、“采矿业”中的“开采辅助活动”、“制造业”中的“金属制品、机械和设备修理业”等三个大类行业调入第三产业(下表同)。
3、实施研发支出核算方法改革后，对各年度GDP数据进行了系统修订(下表同)。
4、根据第三次农业普查结果，对全省2007—2017年生产总值进行了修订。

a) Data in this table are calculated at current prices.
b) According to the Standard Industrial Classification Codes (GB / T4754-2011) and the requirements of the National Bureau of Statistics, service in support of agriculture in the industry of agriculture, forestry, animal husbandry and fishery, support activities for mining in the industry of mining, repair service of metal products, machinery and equipment in the industry of manufacturing have been included in the Tertiary Industry since 2013 (the same as in the following tables).
c) After implementing the reform of R&D Expenditure Method, the data of GDP of each year have been systematically revised(the same as in the following tables).
d) According to the Third National Agricultural Census, the data of GDP from 2007 to 2017 of Shandong have been revised.

2-2 主要年份地区生产总值指数
Indices of Gross Domestic Product in Major Years

(以1952年为100) (1952=100)

年份 Year	地区生产总值 Gross Domestic Product	第一产业 Primary Industry	第二产业 Secondary Industry	第三产业 Teritary Industry	#工业 Industry	#建筑业 Construction
1952	100.0	100.0	100.0	100.0	100.0	100.0
1955	127.5	115.6	155.3	147.0	157.1	126.5
1957	137.5	101.6	262.0	154.6	264.6	226.6
1962	113.5	69.7	214.8	184.4	213.2	236.4
1965	171.3	107.2	405.0	197.8	386.0	693.0
1970	251.6	129.3	753.3	260.9	748.4	833.4
1975	361.8	154.6	1366.0	310.5	1374.6	1325.5
1978	466.4	174.6	1948.3	379.5	1907.5	2580.4
1979	497.2	188.9	2071.0	395.1	2004.8	3060.4
1980	557.9	207.4	2319.5	469.8	2233.3	3586.8
1981	590.3	220.9	2393.7	524.8	2329.3	3382.4
1982	657.0	244.8	2527.7	667.5	2443.4	3774.8
1983	748.3	284.0	2719.8	825.7	2648.6	3823.9
1984	878.5	336.0	3201.2	952.0	3090.9	4810.5
1985	978.6	343.4	3793.4	1093.8	3619.4	6200.7
1986	1040.3	341.3	4199.3	1189.0	4035.6	6504.5
1987	1183.9	366.6	4917.4	1391.1	4794.3	6764.7
1988	1331.9	365.9	6033.6	1524.6	5858.6	8537.1
1989	1385.2	363.7	6462.0	1567.3	6356.6	8101.7
1990	1458.6	383.3	6927.3	1578.3	6865.1	8028.8
1991	1671.6	437.7	7897.1	1830.8	7894.9	8478.4
1992	1954.1	438.6	10155.7	2129.2	10216.0	10225.0
1993	2352.0	465.4	13005.4	2554.0	13142.9	12506.2
1994	2733.9	499.3	15269.6	3081.4	15454.7	14448.4
1995	3115.8	544.0	17419.6	3604.3	17579.7	16984.1
1996	3491.3	579.9	19830.5	4054.1	19993.4	19521.5
1997	3878.5	582.6	22350.9	4639.9	22532.6	22032.0
1998	4295.4	615.5	25048.7	5159.6	25254.5	24658.2
1999	4725.8	644.4	28069.5	5639.4	28340.7	27237.5
2000	5211.6	668.9	31429.5	6228.2	31795.4	29884.9
2001	5734.9	697.0	34883.6	6927.6	35366.0	32649.3
2002	6407.6	714.1	40102.1	7682.7	40515.3	38519.6
2003	7266.8	753.7	46839.3	8555.5	47613.6	42987.9
2004	8378.6	806.1	55855.9	9608.7	57664.8	45154.5
2005	9643.8	844.8	65686.5	11001.9	68159.8	50573.0
2006	11061.4	887.8	76590.5	12597.2	79883.3	56186.6
2007	12643.2	923.4	88768.3	14436.4	93223.8	60850.1
2008	14173.0	970.5	99598.1	16457.5	105156.5	64805.4
2009	15902.2	1011.2	113442.2	18300.8	118721.7	81266.0
2010	17858.1	1047.6	127962.8	20771.4	133918.0	91505.5
2011	19804.7	1089.5	143062.4	23118.5	150925.6	96263.7
2012	21765.3	1140.7	158370.1	25407.3	167829.3	101847.0
2013	23856.3	1181.6	175064.5	27816.0	186264.8	110369.7
2014	25931.8	1226.5	191170.5	30291.7	203773.7	119309.6
2015	28006.4	1278.0	205317.1	33169.4	218853.0	127780.6
2016	30134.8	1326.5	218868.0	36254.1	233297.3	134297.4
2017	32364.8	1374.3	232656.7	39553.3	248694.9	138863.5

注：本表按可比价格计算。
a) Data in this table are calculated at constant prices.

2-2 续表 continued

(以上年为100) (preceding year=100)

年 份 Year	地 区 生产总值 Gross Domestic Product	第一产业 Primary Industry	第二产业 Secondary Industry	第三产业 Teritary Industry	#工 业 Industry	#建筑业 Construction	人均地区生产总值 Per Capita GDP
1955	109.5	110.4	104.6	112.2	104.7	101.8	
1957	96.5	87.5	110.8	101.9	112.9	81.0	
1962	97.4	106.8	79.8	108.2	80.7	72.6	
1965	122.0	126.6	130.0	102.5	125.7	182.8	
1970	115.7	103.5	126.1	117.4	127.1	111.7	
1975	129.2	110.6	159.8	104.7	163.6	117.0	
1978	110.1	94.0	125.4	100.8	123.5	148.4	
1979	106.6	108.2	106.3	104.1	105.1	118.6	105.6
1980	112.2	109.8	112.0	118.9	111.4	117.2	111.2
1981	105.8	106.5	103.2	111.7	104.3	94.3	115.3
1982	111.3	110.8	105.6	127.2	104.9	111.6	109.8
1983	113.9	116.0	107.6	123.7	108.4	101.3	112.6
1984	117.4	118.3	117.7	115.3	116.7	125.8	116.3
1985	111.4	102.2	118.5	114.9	117.1	128.9	110.3
1986	106.3	99.4	110.7	108.7	111.5	104.9	105.0
1987	113.8	107.4	117.1	117.0	118.8	104.0	112.0
1988	112.5	99.8	122.7	109.6	122.2	126.2	110.8
1989	104.0	99.4	107.1	102.8	108.5	94.9	102.7
1990	105.3	105.4	107.2	100.7	108.0	99.1	102.5
1991	114.6	114.2	114.0	116.0	115.0	105.6	111.9
1992	116.9	100.2	128.6	116.3	129.4	120.6	116.1
1993	120.4	106.1	128.1	120.0	128.7	122.3	119.9
1994	116.2	107.3	117.4	120.7	117.6	115.5	115.8
1995	114.0	108.9	114.1	117.0	113.7	117.6	113.6
1996	112.1	106.6	113.8	112.5	113.7	114.9	111.6
1997	111.1	100.5	112.7	114.5	112.7	112.9	110.6
1998	110.8	105.7	112.1	111.2	112.1	111.9	110.1
1999	110.0	104.7	112.1	109.3	112.2	110.5	109.7
2000	110.3	103.8	112.0	110.4	112.2	109.7	109.0
2001	110.0	104.2	111.0	111.2	111.2	109.3	109.1
2002	111.7	102.5	115.0	110.9	114.6	118.0	111.2
2003	113.4	105.6	116.8	111.4	117.5	111.6	112.9
2004	115.3	106.9	119.3	112.3	121.1	105.0	114.7
2005	115.1	104.8	117.6	114.5	118.2	112.0	114.3
2006	114.7	105.1	116.6	114.5	117.2	111.1	113.9
2007	114.3	104.0	115.9	114.6	116.7	108.3	113.6
2008	112.1	105.1	112.2	114.0	112.8	106.5	111.5
2009	112.2	104.2	113.9	111.2	112.9	125.4	111.6
2010	112.3	103.6	112.8	113.5	112.8	112.6	111.3
2011	110.9	104.0	111.8	111.3	112.7	105.2	110.0
2012	109.9	104.7	110.7	109.9	111.2	105.8	109.3
2013	109.6	103.6	110.5	109.5	111.0	108.4	109.1
2014	108.7	103.8	109.2	108.9	109.4	108.1	108.1
2015	108.0	104.2	107.4	109.5	107.4	107.1	107.3
2016	107.6	103.8	106.6	109.3	106.6	105.1	106.7
2017	107.4	103.6	106.3	109.1	106.6	103.4	106.5

2-3 主要年份地区生产总值构成
Composition of Gross Domestic Product in Major Years

单位:% (%)

年 份 Year	地区生产总值 Gross Domestic Product	第一产业 Primary Industry	第二产业 Secondary Industry	第三产业 Teritary Industry	#工 业 Industry	#建筑业 Construction
1952	100	67.4	16.6	16.0	15.6	1.0
1955	100	61.5	19.7	18.8	18.7	1.0
1957	100	52.0	28.7	19.3	27.1	1.6
1962	100	47.2	26.3	26.5	24.7	1.6
1965	100	49.0	33.5	17.5	30.1	3.4
1970	100	41.4	42.5	16.1	39.7	2.8
1975	100	39.4	45.3	15.3	42.0	3.3
1978	100	33.3	52.9	13.8	48.1	4.8
1979	100	36.2	50.8	13.0	45.6	5.2
1980	100	36.4	50.0	13.6	44.7	5.3
1981	100	38.2	44.8	17.0	39.8	5.0
1982	100	39.0	42.0	19.0	37.2	4.8
1983	100	40.3	38.9	20.8	34.6	4.3
1984	100	38.2	41.1	20.7	36.8	4.3
1985	100	34.7	43.0	22.3	38.1	4.9
1986	100	34.1	42.2	23.7	37.0	5.2
1987	100	32.2	43.1	24.7	38.3	4.8
1988	100	29.7	44.5	25.8	39.0	5.5
1989	100	27.8	44.8	27.4	39.7	5.1
1990	100	28.1	42.1	29.8	37.6	4.5
1991	100	28.8	41.2	30.0	36.7	4.5
1992	100	24.3	45.5	30.2	40.5	5.0
1993	100	21.5	49.0	29.5	43.4	5.6
1994	100	20.2	49.2	30.6	44.0	5.2
1995	100	20.4	47.6	32.0	42.4	5.2
1996	100	20.4	47.3	32.3	42.1	5.2
1997	100	18.3	48.1	33.6	42.7	5.4
1998	100	17.3	48.5	34.2	42.8	5.7
1999	100	16.3	48.6	35.1	42.6	6.0
2000	100	15.2	50.0	34.8	44.0	6.0
2001	100	14.8	49.5	35.7	43.5	6.0
2002	100	13.5	50.5	36.0	44.0	6.5
2003	100	12.3	53.7	34.0	47.3	6.4
2004	100	11.8	56.6	31.6	50.7	6.0
2005	100	10.6	57.3	32.1	51.5	5.7
2006	100	9.7	57.6	32.7	52.2	5.4
2007	100	9.6	57.1	33.3	51.8	5.3
2008	100	9.6	57.1	33.3	51.7	5.4
2009	100	9.3	56.2	34.5	50.3	5.9
2010	100	8.9	54.7	36.4	48.7	6.0
2011	100	8.5	53.5	38.0	47.5	6.0
2012	100	8.3	52.1	39.6	46.3	5.8
2013	100	8.0	50.3	41.7	44.7	5.9
2014	100	7.8	49.1	43.1	43.4	5.9
2015	100	7.7	47.5	44.8	41.9	5.7
2016	100	7.1	46.1	46.8	40.6	5.6
2017	100	6.7	45.3	48.0	39.5	5.9

注:本表按当年价格计算。
a)Data in this table are calculated at current prices.

2-4 地区生产总值
Gross Domestic Product

单位:亿元

分　组	Sector	2016	2017	2016年为2015年 % 2015=100	2017年为2016年 % 2016=100
地区生产总值	**Gross Domestic Product**	**67925.62**	**72634.15**	**107.6**	**107.4**
第一产业	Primary Industry	4830.25	4832.71	103.8	103.6
第二产业	Secondary Industry	31343.67	32942.84	106.6	106.3
第三产业	Tertiary Industry	31751.70	34858.60	109.3	109.1
农林牧渔业	Agriculture, Forestry, Animal Husbandry and Fishery	5072.25	5114.70	104.3	104.0
工　业	Industry	27588.70	28705.69	106.6	106.6
建筑业	Construction	3806.32	4276.97	105.1	103.4
批发和零售业	Wholesale and Retail Trades	9044.95	9283.73	109.2	108.6
交通运输、仓储和邮政业	Transport, Storage and Postal Services	2725.41	3268.01	106.7	112.9
住宿和餐饮业	Hotels and Catering Services	1440.16	1665.39	108.5	110.5
信息传输、软件和信息技术服务业	Information Transmission, Software and Information Technology	1094.35	1153.84	101.9	106.0
金融业	Financial Intermediation	3364.56	3651.56	109.1	110.1
房地产业	Real Estate	2773.29	3091.37	106.7	108.0
租赁和商务服务业	Leasing and Business Services	1977.23	2342.98	119.1	113.1
科学研究和技术服务业	Scientific Research and Technical Services	1038.78	1149.00	95.6	102.6
水利、环境和公共设施管理业	Management of Water Conservancy, Environment and Public Facilities	420.72	443.86	97.1	102.7
居民服务、修理和其他服务业	Service to Households, Repair and Other Services	1117.09	1212.62	116.3	109.9
教　育	Education	2202.49	2467.51	119.9	108.5
卫生和社会工作	Financial Intermediation	1115.95	1239.65	108.7	111.9
文化、体育和娱乐业	Culture, Sports and Recreation	357.47	450.77	114.6	121.9
公共管理、社会保障和社会组织	Public Management,Social Security and Social Organization	2785.90	3116.50	110.9	105.4
人均地区生产总值(元)	**Per Capita GDP (yuan)**	**68633**	**72807**	**106.7**	**106.5**
支出法计算的地区生产总值中	**Gross Domestic Product by Expenditure Approach**				
一、最终消费支出	Final Consumption Expenditure	32149.67	35185.91	108.1	108.3
居民消费支出	Household Consumption Expenditure	25593.42	28285.46	109.4	109.5
农村居民	Rural Household	6634.93	7431.12	109.8	109.9
城镇居民	Urban Household	18958.49	20854.34	109.2	109.3
二、资本形成总额	Gross Capital Formation	34637.26	36412.57	107.3	106.9
三、货物和服务净流出	Net Exports of Goods and Services	1138.69	1035.67	106.2	100.7

注:本表绝对数按当年价格计算,指数按可比价格计算。
a)Data in this table are calculated at current prices.Indices are calculated at constant prices.

2-5 1978-2017年支出法计算的地区生产总值
Gross Domestic Product by Expenditure Approach from 1978 to 2017

单位:亿元 (100 million yuan)

年份 Year	地区生产总值(支出法) Gross Domestic Product by Expenditure Approach	最终消费 Final Consumption Expenditure	居民消费 Household Consumption	政府消费 Government Consumption	资本形成总额 Gross Capital Formation	固定资本形成总额 Gross Capital Formation	存货增加 Change in Inventories	货物和服务净流出 Net Exports of Goods and Services
1978	225.45	143.67	120.59	23.08	77.08	62.32	14.76	4.70
1979	251.60	155.83	133.42	22.41	81.05	65.45	15.60	14.72
1980	292.13	188.26	161.67	26.59	95.27	71.31	23.96	8.60
1981	346.57	212.91	181.79	31.12	100.41	81.95	18.46	33.25
1982	395.38	257.12	221.77	35.35	126.52	102.30	24.22	11.74
1983	459.83	285.15	242.31	42.84	142.59	121.09	21.50	32.09
1984	581.56	318.40	264.67	53.73	192.49	153.86	38.63	70.67
1985	680.46	365.69	297.92	67.77	253.68	195.39	58.29	61.09
1986	742.05	410.40	330.87	79.53	279.80	230.54	49.26	51.85
1987	892.29	481.01	377.18	103.83	371.44	293.40	78.04	39.84
1988	1117.66	592.91	471.31	121.60	458.97	335.12	123.85	65.78
1989	1293.94	700.93	522.40	178.53	537.52	333.27	204.25	55.49
1990	1511.19	807.32	588.46	218.86	638.78	412.59	226.19	65.09
1991	1810.54	914.36	667.63	246.73	815.00	555.76	259.24	81.18
1992	2196.53	1078.95	780.50	298.45	1045.40	758.28	287.12	72.18
1993	2770.37	1259.92	906.93	352.99	1371.58	1023.16	348.42	138.87
1994	3844.50	1878.65	1319.71	558.94	1775.44	1225.52	549.92	190.41
1995	4953.35	2457.11	1684.63	772.48	2229.66	1473.83	755.83	266.58
1996	5883.80	2961.31	1988.53	972.78	2731.98	1765.43	966.55	190.51
1997	6537.07	3250.52	2375.94	874.58	3158.91	2027.75	1131.16	127.64
1998	7021.35	3477.58	2543.69	933.89	3409.36	2324.02	1085.34	134.41
1999	7493.84	3742.49	2807.77	934.72	3590.75	2632.54	958.21	160.60
2000	8337.47	4021.46	3082.06	939.40	4122.26	3159.03	963.23	193.75
2001	9195.04	4479.42	3360.92	1118.50	4422.24	3518.25	903.99	293.38
2002	10275.50	4887.40	3555.72	1331.68	4840.39	4192.58	647.81	547.71
2003	12078.15	5608.60	3960.91	1647.69	5668.51	5180.82	487.69	801.04
2004	15115.25	6578.00	4506.51	2071.49	7540.03	6980.14	559.89	997.22
2005	18496.98	7490.05	5451.19	2038.86	9529.59	9093.18	436.41	1477.34
2006	22059.67	8900.93	6553.88	2347.05	11324.26	10976.08	348.18	1834.48
2007	25982.63	10367.79	7603.39	2764.40	13304.67	12704.75	599.92	2310.17
2008	31212.34	12386.29	9085.22	3301.07	15867.79	15315.30	552.49	2958.26
2009	34219.28	13592.53	9910.18	3682.35	18447.10	18071.58	375.52	2179.65
2010	39571.20	15349.22	11058.97	4290.25	21932.09	21233.35	698.74	2289.89
2011	45874.95	18418.30	13304.09	5114.21	25199.13	24536.01	663.12	2257.52
2012	50626.96	21253.41	15279.70	5973.71	27539.02	26796.33	742.69	1834.53
2013	55911.86	24294.20	17925.83	6368.37	30053.76	29350.32	703.44	1563.90
2014	60164.80	26265.05	20144.84	6120.21	31582.57	30448.84	1133.73	2317.18
2015	63858.62	28452.22	22418.79	6033.43	33560.45	32120.03	1440.42	1845.95
2016	67925.62	32149.67	25593.42	6556.25	34637.26	33548.68	1088.58	1138.69
2017	72634.15	35185.91	28285.46	6900.45	36412.57	34703.97	1708.60	1035.67

注:本表按当年价格计算。
a)Data in this table are calculated at current prices.

2-6 1978-2017年居民消费水平及指数
Household Consumption Expenditure and Indices from 1978 to 2017

年 份 Year	绝对额(元) Value(yuan)			指数(上年=100) Index(Preceding Year=100)			指数(1978年=100) Index(1978=100)		
	全省居民 All Households	农村居民 Rural Household	城镇居民 Urban Household	全省居民 All Households	农村居民 Rural Household	城镇居民 Urban Household	全省居民 All Households	农村居民 Rural Household	城镇居民 Urban Household
1978	169	136	529	110.0	113.9	97.5	100.0	100.0	100.0
1979	185	150	544	106.1	106.7	101.7	106.1	106.7	101.7
1980	223	181	632	107.6	106.3	110.8	114.2	113.4	112.7
1981	247	203	662	109.7	109.7	105.7	125.3	124.4	119.1
1982	298	259	642	111.3	116.2	96.2	139.5	144.6	114.6
1983	322	285	633	108.7	111.8	96.3	151.6	161.7	110.4
1984	348	310	642	106.7	107.2	99.8	161.8	173.3	110.2
1985	388	338	737	104.7	102.8	105.5	169.4	178.2	116.3
1986	426	373	795	106.3	107.2	102.7	180.1	191.0	119.4
1987	478	415	933	102.3	101.3	107.7	184.2	193.5	128.6
1988	588	494	1160	105.0	101.9	105.6	193.4	197.2	135.8
1989	644	514	1277	72.3	92.0	101.9	139.8	181.4	138.4
1990	698	563	1310	137.3	104.0	92.2	191.9	188.7	127.6
1991	780	617	1501	110.5	107.1	112.5	212.0	202.1	143.6
1992	909	667	1893	108.5	102.5	115.3	230.1	207.2	165.5
1993	1051	757	1935	112.0	110.2	107.6	257.7	228.3	178.1
1994	1524	1126	2265	116.3	111.2	119.8	299.7	253.8	213.4
1995	1939	1413	2895	112.5	107.2	114.0	337.1	272.1	243.2
1996	2280	1655	3391	108.5	106.4	106.8	365.8	289.5	259.8
1997	2712	1901	4123	111.4	110.7	111.1	407.5	320.5	288.6
1998	2887	1952	4479	108.9	106.2	111.8	443.8	340.4	322.7
1999	3178	2034	5085	110.1	106.7	113.4	488.6	363.2	365.9
2000	3447	2118	5603	108.2	105.6	109.1	528.7	383.5	399.2
2001	3726	2260	6020	107.6	104.9	107.8	568.8	402.3	430.3
2002	3924	2366	6232	108.1	103.8	108.3	614.9	417.6	466.0
2003	4351	2467	6974	107.5	103.9	106.8	661.0	433.9	497.7
2004	4924	2662	7965	109.9	104.0	111.1	726.4	451.3	552.9
2005	5916	3109	9453	115.2	113.0	113.2	836.6	509.8	626.1
2006	7064	3608	11193	115.4	114.8	113.4	965.4	585.2	710.1
2007	8142	4251	12633	113.6	115.2	111.5	1096.6	674.1	792.0
2008	9673	5081	14815	113.3	112.1	112.7	1242.9	755.5	892.3
2009	10494	5396	16026	110.8	111.1	109.5	1377.1	839.1	977.1
2010	11606	5730	17717	110.3	111.6	108.3	1519.1	936.4	1058.2
2011	13840	7206	20389	109.6	113.1	106.6	1665.7	1059.4	1128.1
2012	15816	8604	22556	110.4	115.6	106.8	1839.4	1224.8	1205.3
2013	18463	10182	25779	111.6	116.4	108.2	2053.3	1425.7	1304.3
2014	20637	12065	27828	111.4	116.1	108.2	2287.4	1655.1	1411.9
2015	22834	13966	29798	110.7	115.2	107.3	2531.7	1905.9	1515.4
2016	25860	15970	33016	108.5	114.2	104.6	2746.9	2175.8	1584.9
2017	28353	18530	34955	108.6	113.9	105.2	2983.1	2478.1	1667.3

注：本表绝对额按当年价格计算，指数按可比价格计算。
a)Data in this table are calculated at current prices.Indices are calculated at constant prices.

2-7 三次产业对经济增长的贡献率及拉动百分点

Share and Contribution of the Three Industries to the Inctrease of GDP

单位:% (%)

年 份 Year	贡 献 率 Share			地 区 生产总值 增 长 率 (%) Increase Rate of Gross Domestic Product	拉动百分点 Contribution		
	第一产业 Primary Industry	第二产业 Secondary Industry	第三产业 Tertiary Industry		第一产业 Primary Industry	第二产业 Secondary Industry	第三产业 Tertiary Industry
1980	25.6	53.4	21.0	12.2	3.1	6.5	2.6
1981	42.0	25.2	32.8	5.8	2.4	1.5	1.9
1982	36.2	22.4	41.4	11.3	4.1	2.5	4.7
1983	43.3	23.3	33.4	13.9	6.0	3.2	4.7
1984	40.3	41.0	18.7	17.4	7.0	7.1	3.3
1985	7.3	65.4	27.3	11.4	0.8	7.5	3.1
1986	-3.7	73.7	30.0	6.3	-0.2	4.6	1.9
1987	17.6	55.3	27.1	13.8	2.4	7.6	3.8
1988	-0.6	83.2	17.4	12.5	-0.1	10.4	2.2
1989	-4.6	89.3	15.3	4.0	-0.2	3.6	0.6
1990	27.0	70.3	2.7	5.3	1.4	3.7	0.2
1991	27.2	40.2	32.6	14.6	4.0	5.9	4.7
1992	0.3	70.7	29.0	16.9	0.0	12.0	4.9
1993	7.2	63.4	29.4	20.4	1.5	12.9	6.0
1994	9.5	52.5	38.0	16.2	1.5	8.5	6.2
1995	12.5	49.8	37.7	14.0	1.7	7.0	5.3
1996	10.2	56.8	33.0	12.1	1.2	6.9	4.0
1997	0.8	57.6	41.6	11.1	0.1	6.4	4.6
1998	8.4	57.3	34.3	10.8	0.9	6.2	3.7
1999	7.2	62.1	30.7	10.0	0.7	6.2	3.1
2000	5.4	61.2	33.4	10.3	0.6	6.3	3.4
2001	6.4	54.7	38.9	10.0	0.6	5.5	3.9
2002	3.0	64.3	32.7	11.7	0.4	7.5	3.8
2003	5.5	64.9	29.6	13.4	0.7	8.7	4.0
2004	3.9	66.9	29.2	15.3	0.6	10.2	4.5
2005	3.6	64.5	31.9	15.1	0.5	9.8	4.8
2006	3.7	64.6	31.7	14.7	0.5	9.5	4.7
2007	2.7	64.6	32.7	14.3	0.4	9.2	4.7
2008	3.7	59.3	37.0	12.1	0.4	7.2	4.5
2009	2.8	67.2	30.0	12.2	0.3	8.2	3.7
2010	2.3	62.2	35.5	12.3	0.3	7.6	4.4
2011	3.2	59.2	37.6	10.9	0.4	6.4	4.1
2012	4.0	59.5	36.5	9.9	0.4	5.9	3.6
2013	2.9	60.5	36.6	9.6	0.3	5.8	3.5
2014	3.1	59.1	37.8	8.7	0.3	5.1	3.3
2015	3.6	51.9	44.5	8.0	0.3	4.1	3.6
2016	3.9	41.4	54.7	7.6	0.3	3.1	4.2
2017	3.6	40.3	56.1	7.4	0.3	3.0	4.1

2-8 三大需求对经济增长的贡献率和拉动百分点
Share and Contribution of the Three Components of GDP to the Growth of GDP

单位:% (%)

年 份 Year	贡献率 Share			地区生产总值增长率(%) Increase Rate of Gross Domestic Product	拉动百分点 Contribution		
	最终消费 Final Consumption Expenditure	资本形成总额 Gross Capital Formation	货物和服务净流出 Net Exports of Goods and Services		最终消费 Final Consumption Expenditure	资本形成总额 Gross Capital Formation	货物和服务净流出 Net Exports of Goods and Services
1993	34.3	67.7	-2.0	20.4	7.0	13.8	-0.4
1994	54.4	40.5	5.1	16.2	8.8	6.6	0.8
1995	50.7	45.5	3.8	14.0	7.1	6.4	0.5
1996	46.3	52.5	1.2	12.1	5.6	6.4	0.1
1997	42.1	58.8	-0.9	11.1	4.7	6.5	-0.1
1998	43.8	51.0	5.2	10.8	4.8	5.4	0.6
1999	51.1	39.8	9.1	10.0	5.1	4.0	0.9
2000	45.7	49.7	4.6	10.3	4.7	5.1	0.5
2001	53.8	36.0	10.2	10.0	5.4	3.6	1.0
2002	46.9	40.2	12.9	11.7	5.5	4.7	1.5
2003	41.1	48.0	10.9	13.4	5.4	6.5	1.5
2004	40.1	55.8	4.1	15.3	6.1	8.6	0.6
2005	47.7	51.0	1.3	15.1	7.2	7.7	0.2
2006	45.8	49.3	4.9	14.7	6.8	7.2	0.7
2007	44.7	50.0	5.3	14.3	6.4	7.1	0.8
2008	48.4	49.5	2.1	12.1	5.8	6.0	0.3
2009	44.6	66.9	-11.5	12.2	5.4	8.2	-1.4
2010	40.9	62.9	-3.8	12.3	4.9	7.9	-0.5
2011	40.5	65.9	-6.4	10.9	4.5	7.1	-0.7
2012	46.6	58.2	-4.8	9.9	4.6	5.8	-0.5
2013	45.3	55.4	-0.7	9.6	4.3	5.4	-0.1
2014	41.7	53.8	4.5	8.7	3.6	4.7	0.4
2015	43.5	51.4	5.1	8.0	3.5	4.1	0.4
2016	47.3	50.3	2.4	7.6	3.6	3.8	0.2
2017	50.3	49.4	0.3	7.4	3.7	3.7	0.0

2-9 各市生产总值
Gross Domestic Product by Region

单位:亿元 (100 million yuan)

地 区	Region	地区生产总值 Gross Domestic Product			第一产业增加值 Value-added of Primary Industry			第二产业增加值 Value-added of Secondary Industry		
		2016	2017	2017年为2016年% 2016=100	2016	2017	2017年为2016年% 2016=100	2016	2017	2017年为2016年% 2016=100
全省总计	**Total**	**67925.62**	**72634.15**	**107.4**	**4830.25**	**4832.71**	**103.6**	**31343.67**	**32942.84**	**106.3**
济南市	Jinan	6586.31	7151.63	108.0	273.66	267.56	103.3	2429.90	2569.22	108.4
青岛市	Qingdao	10184.70	11024.11	107.5	359.30	368.85	103.2	4309.65	4546.21	106.8
淄博市	Zibo	4473.40	4771.36	107.4	147.48	139.98	104.3	2375.58	2490.03	106.4
枣庄市	Zaozhuang	2159.36	2303.67	106.7	154.76	150.43	103.7	1119.52	1194.99	106.3
东营市	Dongying	3563.40	3814.35	106.4	141.78	138.15	104.0	2221.09	2391.68	107.1
烟台市	Yantai	7047.34	7343.53	106.5	468.60	485.78	102.3	3578.76	3674.35	105.7
潍坊市	Weifang	5640.52	5854.93	107.0	493.65	491.06	103.5	2653.70	2671.32	105.8
济宁市	Jining	4358.78	4636.77	107.1	480.63	476.02	104.4	1998.15	2122.16	106.6
泰安市	Tai'an	3364.59	3578.39	106.8	274.30	274.58	103.4	1534.51	1627.93	106.8
威海市	Weihai	3299.94	3512.91	108.1	265.64	268.96	102.5	1514.00	1580.49	107.5
日照市	Rizhao	1828.24	2008.88	109.0	157.37	158.26	103.8	866.50	963.48	109.4
莱芜市	Laiwu	715.36	894.97	108.1	54.75	55.53	104.8	364.60	499.26	107.2
临沂市	Linyi	4080.01	4330.11	107.9	354.56	348.25	103.8	1788.60	1884.25	106.0
德州市	Dezhou	2979.93	3141.66	107.3	310.04	314.23	103.6	1431.53	1498.62	106.9
聊城市	Liaocheng	2866.29	3013.55	107.5	298.16	298.70	104.2	1454.72	1514.08	106.8
滨州市	Binzhou	2513.46	2601.14	106.2	231.94	228.44	103.8	1183.22	1222.30	105.8
菏泽市	Heze	2589.24	2825.81	108.5	285.33	286.55	103.1	1334.37	1458.34	108.4

注:1、本表绝对额按当年价格计算,速度按可比价格计算。
2、根据第三次农业普查结果，对2007—2017年农林牧渔业增加值数据进行了修订。

a)Absolute figure in this table are calculated at current prices while growth rate at constant prices.

b)According to the Third National Agricultural Census, the data of GDP from 2007 to 2017 have been revised.

2-9 续表 continued

单位:亿元 (100 million yuan)

地 区	Region	第三产业增加值 Value-added of Tertiary Industry			工业增加值 Value-added of Industry			人均地区生产总值(元) Per Capita GDP (yuan)	
		2016	2017	2017年为2016年% 2017=100	2016	2017	2017年为2016年% 2017=100	2016	2017
全省总计	**Total**	**31751.70**	**34858.60**	**109.1**	**27588.70**	**28705.69**	**106.6**	**68633**	**72807**
济南市	Jinan	3882.75	4314.86	108.2	1939.94	2003.10	108.9	91699	98275
青岛市	Qingdao	5515.75	6109.05	108.4	3802.65	3952.87	106.7	111302	119215
淄博市	Zibo	1950.34	2141.35	109.0	2091.19	2183.05	106.5	95904	101569
枣庄市	Zaozhuang	885.08	958.25	107.9	1004.55	1062.10	106.3	55414	58798
东营市	Dongying	1200.53	1284.52	105.1	2142.34	2309.09	107.4	167978	177962
烟台市	Yantai	2999.98	3183.40	108.0	3231.19	3309.38	106.2	100117	103771
潍坊市	Weifang	2493.16	2692.55	108.9	2329.43	2307.54	105.8	60539	62553
济宁市	Jining	1880.00	2038.59	108.3	1760.11	1855.96	106.6	52346	55430
泰安市	Tai'an	1555.78	1675.88	107.3	1311.55	1365.32	106.2	59878	63433
威海市	Weihai	1520.30	1663.46	109.6	1365.43	1413.79	107.8	117340	124463
日照市	Rizhao	804.37	887.14	109.4	759.70	838.38	109.6	63248	69062
莱芜市	Laiwu	296.01	340.18	109.9	325.44	459.40	108.6	52457	65046
临沂市	Linyi	1936.85	2097.61	110.5	1490.26	1536.28	105.8	39317	41227
德州市	Dezhou	1238.36	1328.81	108.6	1279.91	1324.36	106.4	51669	54222
聊城市	Liaocheng	1113.41	1200.77	109.3	1365.79	1413.95	106.8	47742	49806
滨州市	Binzhou	1098.31	1150.40	107.1	1075.65	1116.74	106.7	64864	66668
菏泽市	Heze	969.53	1080.92	110.1	1171.11	1281.26	109.6	30243	32558

2-10 各市生产总值构成
Composition of Gross Domestic Product by Region

单位:% (%)

地区	Region	地区生产总值 Gross Domestic Product 2016	2017	第一产业 Primary Industry 2016	2017	第二产业 Secondary Industry 2016	2017	第三产业 Teritary Industry 2016	2017
全省	**Total**	**100.0**	**100.0**	**7.1**	**6.7**	**46.1**	**45.3**	**46.8**	**48.0**
济南市	Jinan	100.0	100.0	4.2	3.8	36.9	35.9	58.9	60.3
青岛市	Qingdao	100.0	100.0	3.5	3.4	42.3	41.2	54.2	55.4
淄博市	Zibo	100.0	100.0	3.3	2.9	53.1	52.2	43.6	44.9
枣庄市	Zaozhuang	100.0	100.0	7.2	6.5	51.8	51.9	41.0	41.6
东营市	Dongying	100.0	100.0	4.0	3.6	62.3	62.7	33.7	33.7
烟台市	Yantai	100.0	100.0	6.6	6.6	50.8	50.0	42.6	43.4
潍坊市	Weifang	100.0	100.0	8.8	8.4	47.0	45.6	44.2	46.0
济宁市	Jining	100.0	100.0	11.1	10.2	45.8	45.8	43.1	44.0
泰安市	Tai'an	100.0	100.0	8.2	7.7	45.6	45.5	46.2	46.8
威海市	Weihai	100.0	100.0	8.0	7.7	45.9	45.0	46.1	47.3
日照市	Rizhao	100.0	100.0	8.6	7.8	47.4	48.0	44.0	44.2
莱芜市	Laiwu	100.0	100.0	7.7	6.2	50.9	55.8	41.4	38.0
临沂市	Linyi	100.0	100.0	8.7	8.1	43.8	43.5	47.5	48.4
德州市	Dezhou	100.0	100.0	10.4	10.0	48.0	47.7	41.6	42.3
聊城市	Liaocheng	100.0	100.0	10.4	9.9	50.8	50.3	38.8	39.8
滨州市	Binzhou	100.0	100.0	9.2	8.8	47.1	47.0	43.7	44.2
菏泽市	Heze	100.0	100.0	11.0	10.1	51.6	51.6	37.4	38.3

注:本表按当年价格计算。
a)Data in this table are calculated at current prices.

2-11 各市居民消费水平及指数
Household Consumption Expenditure and Indices by Region

地区	Region	绝对额(元) Value(yuan) 全体居民 All Households 2016	2017	农村居民 Rural Households 2016	2017	城镇居民 Urban Households 2016	2017	2017年为2016年% Preceding Year =100 全省居民 All Households	农村居民 Rural Households	城镇居民 Urban Households
全省	**Total**	**25860**	**28353**	**15970**	**18530**	**33016**	**34955**	**108.6**	**113.9**	**105.2**
济南市	Jinan	31018	32932	12857	13726	39003	41165	105.9	106.2	105.3
青岛市	Qingdao	28131	30628	16588	18655	32901	35273	107.0	110.6	105.3
淄博市	Zibo	27587	30565	17929	19645	31904	35316	109.8	109.1	109.6
枣庄市	Zaozhuang	16209	17659	11799	13051	19894	21222	108.1	109.3	106.0
东营市	Dongying	28363	30951	21485	23819	31827	34346	106.0	109.3	104.3
烟台市	Yantai	25761	28166	13254	14600	33680	36174	111.3	112.2	109.4
潍坊市	Weifang	22021	23949	15389	17205	27028	28627	110.0	112.7	107.3
济宁市	Jining	19117	20665	12473	13833	24499	25993	107.5	109.6	105.8
泰安市	Tai'an	24806	27077	12750	13837	33516	35961	108.7	108.2	106.9
威海市	Weihai	35543	37685	28597	30034	39282	41547	106.5	104.9	106.5
日照市	Rizhao	20002	21289	11258	12884	26917	27214	107.3	115.5	101.9
莱芜市	Laiwu	17898	21654	10693	14525	22703	26052	108.2	112.2	105.4
临沂市	Linyi	12456	13455	9176	9704	15049	16240	109.4	107.1	109.2
德州市	Dezhou	17975	19518	9198	10345	25520	26852	107.4	110.7	104.2
聊城市	Liaocheng	16090	17581	9141	9661	22633	25215	108.6	104.9	110.8
滨州市	Binzhou	21890	23016	14841	15236	27490	28712	108.1	110.6	105.3
菏泽市	Heze	14917	15991	11141	11363	19304	20445	106.7	102.5	104.7

注:本表绝对数按当年价格计算,指数按可比价格计算。
a)Data in this table are calculated at current prices.Indices are calculated at constant prices.

主要统计指标解释

国内生产总值（GDP） 指一个国家（或地区）所有常住单位在一定时期内生产活动的最终成果。

国内生产总值有三种表现形态，即价值形态、收入形态和产品形态。

从价值形态看，它是所有常住单位在一定时期内生产的全部货物和服务价值超过同期中间投入的全部非固定资产货物和服务价值的差额，即所有常住单位的增加值之和；

从收入形态看，它是所有常住单位在一定时期内创造并分配给常住单位和非常住单位的初次收入分配之和；

从产品形态看，它是所有常住单位在一定时期内最终使用的货物和服务价值与货物和服务净出口价值之和。

在实际核算中，国内生产总值有三种计算方法，即生产法、收入法和支出法。三种方法分别从不同的方面反映国内生产总值及其构成。

①生产法 是从生产过程中生产的货物和服务总产品价值入手，剔除生产过程中投入的中间产品的价值，得到增加价值的一种方法，公式为：

增加值＝总产出－中间投入

总产出 是一定时期内一个国家（或地区）常住单位生产的所有货物和服务的价值。既包括新增价值，也包括转移价值。

中间投入 是常住单位在生产或提供货物与服务过程中，消耗和使用的所有非固定资产货物和服务的价值。中间投入也称为中间消耗。

增加值 是指常住单位生产过程创造的新增价值和固定资产的转移价值。按生产法计算它等于总产出减去中间投入。

②收入法 收入法也称分配法，按收入法计算国内生产总值是从生产过程创造收入的角度，对常住单位的生产活动成果进行核算。按照这种计算方法，增加值由劳动者报酬、生产税净额、固定资产折旧和营业盈余四个部分组成。

用公式表示为：

增加值＝劳动者报酬+生产税净额+固定资产折旧+营业盈余

国民经济各部门的增加值之和等于国内生产总值。

劳动者报酬 指劳动者因从事生产活动所获得的全部报酬。它包括劳动者获得的各种形式工资、奖金和津贴，既包括货币形式的，也包括实物形式的，它还包括劳动者所享受的公费医疗和医疗卫生费、上下班交通补贴和单位直接支付的社会保险费等。

生产税净额 生产税减生产补贴后的差额。

生产税指政府对生产单位生产、销售和从事经营活动以及因从事生产活动使用某些生产要素，如固定资产、土地、劳动力所征收的各种税、附加费和规费。具体包括销售税金及附加、增值税、管理费中开支的各种税、应交纳的养路费、排污费和水电费附加、烟酒专卖上缴政府的专项收入等。

生产补贴与生产税相反，是政府对生产单位的单方面收入转移，因此视为负生产税处理，包括政策亏损补贴、粮食系统价格补贴、外贸企业出口退税收入等。

固定资产折旧 指一定时期内为弥补固定资产损耗按照核定的固定资产折旧率提取的固定资产折旧，或按国民经济核算统一规定的折旧率虚拟计算的固定资产折旧。它反映了固定资产在当期生产中的转移价值。各种类型企业和企业化管理的事业单位的固定资产折旧指实际计提并计入成本费用中的折旧费；不计提折旧的单位，如政府机关、非企业化管理的事业单位和居民住房的固定资产折旧则是按照统一规定的折旧率和固定资产原值计算的虚拟折旧。

营业盈余 是指常住单位创造的增加值扣除劳动者报酬、生产税净额和固定资产折旧后的余额。它相当于企业的营业利润加上生产补贴，但要扣除从利润中开支的工资和福利等。

③支出法 支出法是从最终使用角度来反映国内生产总值最终去向的一种方法。最终使用包括货物和服务的最终消费支出、资本形成总额、货物和服务净出口三部分。

最终消费 指常住单位在一定时期内对于货物和服务的全部最终消费支出，也就是常住单位为满足物质、文化和精神生活的需要，从本国经济领土和国外购买的货物和服务的支出；不包括非常住单位在本国经济领土内的消费支出。最终消费分为居民消费和政府消费。

居民消费 指常住住户对货物和服务的全部最终消费支出。居民消费按市场价格计算，即按居民支付的购买者价格计算。购买者价格是购买者取得货物所支付的价值，包括购买者支付的运输和商业费用。

居民消费除了直接以货币形式购买货物和服务的消费之外，还包括以其他方式获得的货物和服务的消费支出，即所谓的虚拟消费支出。居民虚拟消费支出包括以下几种类型：单位以实物报酬及实物转移的形式提供给劳动者的货物和服务；住户生产并由本住户消费的货物和服务，其中的服务仅指住户的自有住房服务；金融机构提供的金融媒介服务；保险公司提供的保险服务。

政府消费 指政府部门为全社会提供公共服务的消费支出和免费或以较低价格向住户提供的货物和服务的净支出。前者等于政府服务的产出价值减去政府单位所获得的经营收入的价值，政府服务的产出价值等于它的经常性业务支出加上固定资产折旧；后者等于政府部门免费或以较低价格向住户提供的货物和服务的市场价值减去向住户收取的价值。

资本形成总额 指常住单位在一定时期内获得减去处

置的固定资产和存货的净额，包括固定资本形成总额和存货增加两部分。

固定资本形成总额 指常住单位购置、转入和自产自用的固定资产价值，扣除销售和转出的价值，包括有形固定资产形成总额和无形固定资产形成总额。有形固定资产形成总额包括一定时期内完成的建筑工程、安装工程和设备工器具购置（减处置）价值，商品房销售增值，土地改良形成的固定资产，新增役、种、奶、毛、娱乐用牲畜和新增经济林木价值。无形固定资产形成总额包括矿藏勘探、计算机软件、娱乐和文学艺术品原件等获得减处置的价值。

存货增加 指常住单位存货实物量变动的市场价值，即期末价值减期初价值的差额。存货增加可以是正值，也可以是负值；正值表示存货上升，负值表示存货下降。它包括生产单位购进的原材料、燃料和储备物资等存货，以及生产单位生产的产成品、在制品等存货等。

货物和服务净出口 指货物和服务出口减货物和服务进口的差额。出口包括常住单位向非常住单位出售或无偿转让的各种货物和服务的价值；进口包括常住单位从非常住单位购买或无偿得到的各种货物和服务的价值。由于服务活动的提供与使用同时发生，因此服务的进出口业务并不发生出入境现象，一般把常住单位从国外得到的服务作为进口，非常住单位从本国得到的服务作为出口。货物的出口和进口都按离岸价格计算。

三次产业 是根据社会生产活动历史发展的顺序对产业结构的划分，产品直接取自自然界的部门称为第一产业，对初级产品进行再加工的部门称为第二产业，为生产和消费提供各种服务的部门称为第三产业。它是世界上较为通用的产业结构分类，但各国的划分不尽一致。

按照国民经济行业分类标准（GB/T 4754—2011）和我国的实际情况，我国的三次产业划分是：

第一产业 农、林、牧、渔业（不含农、林、牧、渔服务业）。

第二产业 指采矿业（不含开采辅助活动），制造业（不含金属制品、机械和设备修理业），电力、热力、燃气及水生产和供应业，建筑业。

第三产业 第三产业即服务业，是指除第一产业、第二产业以外的其他行业。具体包括：批发和零售业，交通运输、仓储和邮政业，住宿和餐饮业，信息传输、软件和信息技术服务业，金融业，房地产业，租赁和商务服务业，科学研究和技术服务业，水利、环境和公共设施管理业，居民服务、修理和其他服务业，教育，卫生和社会工作，文化、体育和娱乐业，公共管理、社会保障和社会组织，国际组织，以及农、林、牧、渔业中的农、林、牧、渔服务业，采矿业中的开采辅助活动，制造业中的金属制品、机械和设备修理业。

当年价格 指报告期的实际价格，如工业品的出厂价格，农产品的收购价格，商业的零售价格等。按当年价格计算，是指一些以货币表现的物量指标，如工农业总产值、国内生产总值等，按照当年的实际价格来计算总量。使用当年价格计算的数字，是为了使国民经济各项指标互相衔接，便于考察当年社会经济效益，便于对生产流通、生产和分配、生产和消费进行经济核算和综合平衡。

按当年价格计算的价值指标，在不同年份之间进行对比时，因为包含有各年间价格变动的因素，不能确切地反映实物量的增减变动。必须消除价格变动因素后，才能真实反映经济发展动态。因此，在计算增长速度时都使用按可比价格计算的数字。

可比价格 指计算各种总量指标所采用的扣除了价格变动因素的价格，可进行不同时期总量指标的对比。按可比价格计算总量指标有两种方法：一种是直接用产品产量乘某一年的不变价格计算；另一种是用价格指数进行换算。

不变价格 指以同类产品某一时期的平均价格作为固定价格，用于计算各时期的产品价值。按不变价格计算的产品价值消除了价格变动因素，不同时期对比可以反映生产的发展速度。新中国成立后，随着工农业产品价格水平的变化，国家统计局先后八次制定了全国统一的工业产品不变价格和农业产品不变价格。从 1949 年到 1957 年使用 1952 年工（农）业产品不变价格，从 1957 年到 1971 年使用 1957 年不变价格，从 1971 年到 1981 年使用 1970 年不变价格，从 1981 年到 1990 年使用 1980 年不变价格，从 1991 年到 2000 年使用 1990 年不变价格，从 2001 年到 2005 年使用 2000 年不变价格，从 2006 年开始使用 2005 年不变价格，从 2011 年开始使用 2010 年不变价格，从 2016 年开始使用 2015 年不变价格。

Explanatory Notes on Main Statistical Indicators

Gross Domestic Product refers to the final products at market prices produced by all residents in a country (or a region) during a certain period of time.

Gross domestic product is expressed in three different forms, i.e. value, income, and products respectively.

GDP in its value form refers to the total value of all goods and services produced by all resident units during a certain period of time, minus the total value of input of goods of non-fixed assets and services; in other term, it is the sum of the value-added of all resident units.

GDP in the form of income includes the income created by all resident units and distributed to resident and non-resident units.

GDP in the form of products refers to the value of all goods and services for final consumption by all resident units minus the net exports of goods and services during a given period of time.

In the practice of national accounting, gross domestic product is calculated with three approaches, i.e. production approach, income approach and expenditure approach, which reflect gross domestic product and its composition from different aspects.

Production Approach focuses on the total value of goods and services produced in production activities. GDP by Production Approach equals the value of total output minus that of input consumed in production process.

GDP by Production Approach = gross output—intermediate input

Gross Output refers to the total value of goods and service produced by all residents in a given period,including newly-produced goods and service, and intermediate input.

Intermediate Input refers to non-fixed assets and paid service consumed during production process when goods and service are produced. Intermediate input is also called intermediate consumption.

Value-added refers to the value of newly-produced goods and service and that of consumed fixed assets. By production approach, it equals gross output minus intermediate input.

Income Approach (also known as distribution approach): refers to the method measuring the final results of production activities o from the perspective of income made by all residents. GDP of income approach includes laborers' remuneration,net taxed on production, depreciation of fixed assets and operating surplus.

GDP by income approach = laborers' remuneration+ net taxed on production+depreciation of fixed assets+operating surplus.

The sum of value added made by different industries is GDP.

Laborers' Remuneration refers to the whole payment of various forms earned by the laborers' from the productive activities they are engaged in. It includes wages, bonuses and allowances the laborers' earned in monetary form and in kind. It also includes the free medical services provided to the laborers' and the medicine expenses, traffic subsidies and social insurance, housing fund paid by the employers.

Net Taxes on Production refers to the difference of the taxes on production minus the subsidies on production.

Taxes on production refers to the various taxes, extra charges and fees levied on the production units on their production, sale and business activities as well as on the use of some factors of production, such as fixed assets, land and labor force in the production activities they are engaged in.

In contrast to the taxes on production, the subsidies on production refer to the unilateral government transfer to the production units and are therefore regarded as negative taxes on production.They include subsidies on the loss due to implementation of government policies, price subsidies, etc.

Depreciation of Fixed Assets refers to the depreciation of fixed assets of a given period, drawn in accordance with the stipulated depreciation rate for the purpose of compensating the wear loss of the fixed assets or the depreciation of fixed assets calculated in a fictitious way in accordance with the stipulated unified depreciation rate in the national economic accounting system. It reflects the value of transfer of the fixed assets in the production of the current period. The depreciation of fixed assets in various enterprises and institutions managed as enterprises refers to the depreciation expenses actually drawn. In government agencies and institutions not managed as enterprises which do not draw the depreciation expenses, as well as for the houses of residents, the depreciation of fixed assets is the imputed depreciation, which is calculated in accordance with the stipulated unified depreciation rate. In principle, the depreciation of fixed assets should be calculated on the basis of the re-purchased value of the fixed assets.

Operating Surplus refers to the balance of the value added created by the resident units deducting the laborers' remuneration, net taxes on production and the depreciation of fixed assets. It is equivalent to the business profit of the enterprises plus subsidies on production, but the wages and welfare expenses paid from the profits should be deducted.

GDP by Expenditure Approach refers to the method of measuring the final results of production activities of a country (region) during a given period from the perspective of final use. It includes final consumption expenditure, total capital formation and net export of goods and services.

Final Consumption Expenditure refers to the total expenditure on goods and services in a given period, which means the total expenditure of resident units for purchases of goods and services from domestic economic territory and abroad to meet the requirements of material, cultural and spiritual life. It excludes the expenditure of non-resident units on consumption in the economic territory of the country. The final consumption expenditure is broken down into household consumption expenditure and government consumption expenditure.

Household consumption refers to the consumption expenditure made by household on goods and services. It is calculated at market price which is the purchasers'price. Purchasers'price means the money the purchasers paid for goods, including transportation fees and operating fees.

In addition to the consumption of goods and services bought by the households directly with money, the households consumption expenditure also includes expenditure on goods and services obtained by the households in other ways, i.e. the so-called imputed consumption expenditure, which includes the following: (a) the goods and services provided to the households by the employer in the form of payment in kind and transfer in kind; (b) goods and services produced and consumed by the households themselves, in which the services refer only to the owner-occupied housing and domestic and individual services provided by the paid household workers; (c) financial intermediate services provided by financial institutions; (d) insurance services provided by insurance companies.

Government Consumption Expenditure refers to the expenditure on the consumption of the public services provided by the government to the whole society and the net expenditure on the goods and services provided by the government to the households free of charge or at low prices. The former equals to the output value of the government services minus the value of operating income obtained by the government departments. The latter equals to the market value of the goods and services provided by the government free of charge or at low prices to the households minus the value received by the government from the households.

Total Capital Formation refers to the fixed assets acquired minus those disposed of and the net value of inventory, including the total fixed capital formation and the increase in inventory.

Total Fixed Capital Formation refers to the value of fixed assets acquired minus those disposed of during a given period. Fixed assets are the assets produced through production activities with specified unit value which could be used for over one year, excluding natural assets. Total fixed capital formation can be categorized into total tangible capital formation and total intangible capital formation. The total tangible capital formation include the value of the construction projects, installation projects completed and the equipment,apparatus and instruments purchased as well as the value of land improved, the value of draught animals, breeding stock, animals for milk, wool and for recreational purpose, and the newly increased forest with economic value during a given period. The total intangible capital formation includes the prospecting of minerals, the acquisition of computer software, artisticworks artistic minus the disposal of them.

Increase in Inventory refers to the market value of the change in inventory of resident units during a given period, i.e. the difference of value between the beginning and the end of the period minus the current gains due to the change in prices. The increase in inventory can be positive or negative. A positive value indicates the increase in inventory while a negative value indicates the decrease in stock. The inventory includes the raw materials, fuels and reserve materials purchased by the production units as well as the inventory of finished products, semi-finished products, work-in-progress, etc.

Net Export of Goods and Services refers to the difference of the exports of goods and services minus the imports of goods and services. The imports include the value of various goods and services sold or gratuitously transferred by the resident units to the non-resident units. The imports include the value of various goods and services purchased or gratuitously acquired by the resident units from the non-resident units. Because the provision of services and the use of them happen simultaneously, the acquisition of services by the resident units from abroad is usually treated as import while the acquisition of services by non-resident units in this country is usually treated as export. The export and import of goods are calculated at FOB.

Three Industries: Classification of economic activities into three branches of industries is based on the development of production. Primary industry refers to the production activities that obtain products from nature. Secondary industry refers to the production activities that process primary goods. Tertiary industry refers to the production activities that provide primary and secondary industries with services. Classification of economic activities into three branches of industries is a common practice in the world, although the grouping varies to some extent from country to country.

According to the new Industrial Classification of National Economy（GB/T 4754—2011）, economic activities are categorized into following industries:

Primary industry refers to agriculture, forestry, animal husbandry and fishery (do not contain agriculture, forestry, animal husbandry and fishery service industry).

Secondary Industry refers to mining industry (do not contain mining auxiliary activities),manufacturing industry (do not contain metal products, machinery and equipment repair industry), eectricity, heat, gas and water production and supply industry, construction industry.

Tertiary industry refers to all other economic activities not included in primary or secondary industry.According to the economic condition in China, tertiary industry includes Transport, Storage and Post, Information Transmission, Computer Services and Software, Wholesale and Retail Trades, Hotels and Catering Services, Financial Intermediation, Real Estate, Leasing and Business Services, Scientific Research, Technical Services and Geologic Prospecting,Management of Water Conservancy, Environment and Public Facilities, Services to Households and Other Services,Education, Health, Social Security and Social Welfare, Culture, Sports and Entertainment, Public Management and Social Organizations, and International Organizations.

Tertiary industry is the service industry, refers to all other economic activities not included in primary or secondary industry. Tertiary industry includes wholesale and retail industry, transportation, storage and postal industry, accommodation and catering industry, information transmission, software and information technology service industry, financial industry, real estate, leasing and business services, scientific research and technical services industry, water conservancy, environment and public facilities management industry, residents service, repair and other services, education, health and social work, culture, sports and entertainment, public management, social security and social organizations, international organizations, as well as agriculture, forestry, animal husbandry and fishery, agriculture, forestry, animal husbandry and fishery industry, mining industry in mining, manufacturing of metal products, machinery and equipment repair industry.

Current Price refers to the actual price during the reporting period, such as Ex-factory Price of Industrial Products, purchasing price of agricultural produces and retail price. Some indicators calculatedat current price are volume indicators in the value form, such as total value of output of industrial and agricultural industries and GDP, etc. Data calculated at current price are useful when it comes to evaluating the economic development and analyzing different aspects of economy, such as production, circulation,distribution and consumption.

When the different indicators calculated at current price are compared, it is in evitable that price changes will affect the comparison. Therefore, the change in volume cannot be showed.

In order to eliminate the effect of price and reflect economic development, growth rate is calculated at current price.

Constant Price refers to the price without the effect of price change. By using constant price, total amount indices of different periods can be compared. There are two methods in which total amount indices are obtained, one using current price of some year to multiply the physical volume of certain products and the other using price index.

Fixed Price refers to the average price of similar products in a given period, with which the product value of different period can be calculated. The product value calculated at fixed price can show the growth rate of production in different period. Since 1949, NBS has framed the united industrial and agricultural fixed price 8 times, including the fixed price of 1952 used from 1949 to 1957, the fixed price of 1957 used from 1957 to 1971, the fixed price of 1970 used from 1971 to 1981, the fixed price of 1980 used from 1981 to 1990, the fixed price of 1990 used from 1991 to 2000, the fixed price of 2000 used from 2001 to 2005, the fixed price of 2005 used from 2006, the fixed price of 2010 used from 2011, and the fixed price of 2015 used from 2016.

第3篇

人　口

Population

简 要 说 明

一、本篇资料的主要内容

本篇资料主要反映了我省人口方面的基本情况，包括全省 17 个市的主要人口统计数据、历年人口数、农业和非农业人口数、人口出生率、死亡率、自然增长率。另外，还对建国以来开展的 6 次人口普查主要数据进行了比较。

二、本篇资料的来源

本篇资料分别来源于国家开展的人口普查、人口抽样调查和省公安厅的户籍登记资料，由省统计局人口处整理提供。

Brief Introduction

I. Main Content

Data in this chapter show the basic condition of population, such as the basic condition of 17 cities, population, agricultural and non-agricultural population, birth rate, death rate and natural growth rate. Furthermore, relevant figures obtained from six national population censuses have been compared.

II. Source of Data

Data in this chapter are from national population censuses, national sample survey. Some are derived from household registration provided by Shandong Provincial Department of Public Security. The data above are compiled by the Division of Population and Employment Statistics of Shandong Provincial Bureau of Statistics.

3-1 主要年份总人口
Population in Major Years

单位:万人 (10 000 persons)

年 份 Year	总人口 Total	按性别分 Grouped by Sex		按农业非农业分 Grouped By Agricultural and Non-agricultural		人口密度 Density of Population (人/平方公里) (Person/sq.km)
		男 Male	女 Female	农业人口 Agricultural	非农业人口 Non-agricultural	
1949	(4549)	(2199)	(2350)	(4289)	(260)	290
1952	(4827)	(2392)	(2435)	(4538)	(289)	308
1955	(5174)	(2587)	(2587)	(4796)	(378)	330
1957	(5373)	(2694)	(2679)	(4936)	(437)	343
1962	(5426)	(2718)	(2708)	(5015)	(411)	346
1965	(5711)	(2866)	(2845)	(5258)	(453)	364
1970	(6441)	(3241)	(3200)	(5966)	(475)	411
1975	(6971)	(3524)	(3447)	(6408)	(563)	445
1976	(7038)	(3561)	(3477)	(6455)	(583)	449
1977	(7099)	(3592)	(3507)	(6507)	(592)	453
1978	(7160)	(3624)	(3536)	(6533)	(627)	457
1979	(7232)	(3660)	(3572)	(6570)	(661)	462
1980	(7296)	(3694)	(3602)	(6605)	(691)	466
1981	(7395)	(3750)	(3645)	(6659)	(736)	472
1982	(7494)	(3806)	(3688)	(6720)	(774)	478
1983	(7564)	(3847)	(3717)	(6753)	(811)	483
1984	(7637)	(3887)	(3750)	(6701)	(936)	487
1985	7711(7695)	(3922)	(3773)	(6676)	(1017)	492
1986	7818(7776)	(3967)	(3810)	(6797)	(979)	499
1987	7958(7889)	(4029)	(3860)	(6844)	(1045)	508
1988	8061(8009)	(4092)	(3917)	(6702)	(1307)	514
1989	8160(8181)	(4181)	(4000)	(6698)	(1483)	521
1990	8493(8424)	(4299)	(4125)	(6846)	(1578)	542
1991	8570(8534)	(4352)	(4182)	(6884)	(1650)	547
1992	8610(8580)	(4373)	(4207)	(6819)	(1761)	549
1993	8642(8620)	(4392)	(4228)	(6724)	(1896)	551
1994	8671(8653)	(4407)	(4246)	(6574)	(2079)	553
1995	8705(8701)	(4429)	(4272)	(6531)	(2170)	556
1996	8738(8747)	(4452)	(4295)	(6484)	(2263)	558
1997	8785(8810)	(4483)	(4327)	(6500)	(2310)	561
1998	8838(8872)	(4513)	(4359)	(6575)	(2296)	564
1999	8883(8922)	(4537)	(4385)	(6600)	(2322)	567
2000	8997(8975)	(4562)	(4413)	(6566)	(2409)	574
2001	9041(9024)	(4584)	(4440)	(6507)	(2517)	577
2002	9082(9069)	(4607)	(4463)	(6435)	(2634)	580
2003	9125(9108)	(4624)	(4484)	(6275)	(2833)	582
2004	9180(9163)	(4652)	(4512)	(6212)	(2951)	586
2005	9248(9212)	(4676)	(4537)	(6066)	(3147)	589
2006	9309(9282)	(4707)	(4575)	(6055)	(3228)	592
2007	9367(9346)	(4739)	(4606)	(5909)	(3436)	596
2008	9417(9392)	(4761)	(4632)	(5860)	(3532)	599
2009	9470(9449)	(4792)	(4658)	(5902)	(3548)	603
2010	9579(9536)	(4839)	(4697)	(5698)	(3839)	610
2011	9637(9591)	(4870)	(4721)	(5646)	(3945)	613
2012	9685(9580)	(4868)	(4712)	(5559)	(4021)	616
2013	9733(9612)	(4883)	(4729)	(5482)	(4130)	619
2014	9789(9747)	(4960)	(4787)	(5462)	(4285)	620
2015	9847(9822)	(4999)	(4823)	(5120)	(4702)	624
2016	9947(9921)	(5049)	(4872)	(5056)	(4865)	630
2017	10006(10009)	(5089)	(4919)	(4984)	(5024)	634

注:1990、2000和2010年为人口普查数,其余年份均为人口抽样调查数,括号内为公安户籍人口数。2006年之后的农业、非农业人口数据分别为公安机关统计的户口在农村、城镇的人口。

a) Data of 1990、2000 and 2010 are based on the national population census,and others are based on the sample surveys.Data in the brackets are taken from the annual reports of the Public Security Departments.Since 2006,the Agriculture, non-agricultural population are changed to the rural population and urban population from the the Public Security Departments.

3-2 主要年份人口出生率、死亡率、自然增长率

Birth Rate,Death Rate and Natural Growth Rate of Population in Major Years

年 份 Year	出生率(‰) Birth Rate(‰)	死亡率(‰) Death Rate(‰)	自然增长率(‰) Natural Growth Rate(‰)	出生人口数(万人) Population of Birth(10 000 persons)	死亡人口数(万人) Population of Death(10 000 persons)	自然增长人数(万人) Population of Natural Growth(10 000 persons)
1949	(28.10)	(12.20)	(15.90)			
1952	(31.50)	(12.20)	(19.30)			
1955	(37.30)	(13.70)	(23.60)	(191)	(70)	(121)
1957	(35.80)	(12.10)	(23.70)	(190)	(64)	(126)
1962	(38.10)	(12.40)	(25.70)	(204)	(66)	(138)
1965	(35.50)	(10.20)	(25.30)	(201)	(58)	(143)
1970	(33.89)	(7.34)	(26.55)	(215)	(47)	(168)
1975	(21.56)	(7.53)	(14.03)	(149)	(52)	(97)
1976	(18.46)	(7.63)	(10.83)	(129)	(53)	(76)
1977	(16.96)	(7.24)	(9.72)	(120)	(51)	(69)
1978	(16.80)	(6.50)	(10.30)	(119)	(46)	(73)
1979	(16.94)	(6.15)	(10.79)	(122)	(44)	(78)
1980	(13.91)	(6.40)	(7.51)	(101)	(47)	(54)
1981	(16.48)	(6.41)	(10.07)	(121)	(47)	(74)
1982	(17.05)	(6.10)	(10.95)	(127)	(45)	(82)
1983	15.10(12.76)	6.73(5.87)	8.37(6.89)	114(96)	51(44)	63(52)
1984	13.80(12.99)	5.80(6.03)	8.00(6.96)	104(99)	44(46)	60(53)
1985	15.12(11.75)	6.64(5.90)	8.48(5.85)	116(90)	51(45)	65(45)
1986	19.90(14.71)	7.28(5.86)	12.62(8.85)	156(114)	57(46)	99(68)
1987	23.35(17.43)	7.07(5.64)	16.28(11.79)	184(137)	56(44)	128(93)
1988	17.54(17.95)	6.04(5.95)	11.50(12.00)	140(143)	48(47)	92(96)
1989	16.88(18.87)	5.70(5.51)	11.18(13.36)	137(153)	46(45)	91(108)
1990	18.21(26.10)	6.96(6.02)	11.25(20.08)	152(217)	58(50)	94(167)
1991	15.40(16.39)	6.54(5.73)	8.86(10.66)	131(139)	56(49)	75(90)
1992	11.43(10.95)	6.88(6.02)	4.55(4.93)	98(94)	59(52)	39(42)
1993	10.49(9.47)	6.76(5.84)	3.73(3.63)	90(81)	58(50)	32(31)
1994	9.69(9.31)	6.67(5.99)	3.02(3.32)	84(80)	58(52)	26(28)
1995	9.82(9.66)	6.47(5.83)	3.35(3.83)	85(84)	56(51)	29(33)
1996	10.60(10.33)	6.76(6.04)	3.84(4.29)	92(90)	59(53)	33(37)
1997	11.28(10.84)	6.65(5.90)	4.63(4.94)	99(95)	58(52)	41(43)
1998	11.58(11.52)	6.12(5.95)	5.46(5.57)	102(102)	54(53)	48(49)
1999	11.08(10.23)	6.27(5.72)	4.81(4.51)	98(91)	55(51)	43(40)
2000	10.75(11.38)	6.29(6.70)	4.46(4.68)	97(102)	56(60)	40(42)
2001	11.12(9.93)	6.24(5.46)	4.88(4.47)	100(89)	56(49)	44(40)
2002	11.17(10.20)	6.62(5.86)	4.55(4.34)	101(92)	60(53)	41(39)
2003	11.42(9.31)	6.64(6.07)	4.78(3.24)	104(85)	61(55)	43(30)
2004	12.50(10.59)	6.49(5.60)	6.01(4.99)	114(97)	59(51)	55(46)
2005	12.14(10.17)	6.31(5.85)	5.83(4.32)	112(94)	58(54)	54(40)
2006	11.60(9.59)	6.10(5.62)	5.50(3.97)	108(89)	57(52)	51(37)
2007	11.11(10.05)	6.11(6.47)	5.00(3.58)	104(94)	57(60)	47(33)
2008	11.25(10.13)	6.16(6.81)	5.09(3.32)	106((95)	58(64)	48(31)
2009	11.70(10.96)	6.08(6.11)	5.62(4.86)	110(103)	57(58)	53(46)
2010	11.65(15.82)	6.26(8.58)	5.39(7.24)	111(150)	60(81)	51(69)
2011	11.50(11.97)	6.10(7.07)	5.40(4.90)	110(114)	59(68)	51(47)
2012	11.90(11.74)	6.95(8.33)	4.95(3.40)	115(113)	67(80)	48(33)
2013	11.41(12.19)	6.40(6.23)	5.01(5.95)	111(117)	59(60)	52(57)
2014	14.23(22.74)	6.84(6.39)	7.39(16.35)	139(220)	67(62)	72(158)
2015	12.55(14.59)	6.67(6.16)	5.88(8.43)	124(143)	66(60)	58(83)
2016	17.89(15.56)	7.05(5.41)	10.84(10.15)	177(154)	70(53)	107(101)
2017	17.54(20.59)	7.40(11.88)	10.14(8.71)	175(205)	74(118)	101(87)

注：1990、2000年为人口普查数，2010年为人口普查修正数据，其余年份均为人口抽样调查数，括号内为当年前往公安机关申报登记数。

a)Data of 1990 and 2000 are based on the national population census,2010 data are revised according to the national population census,others are based on the sample surveys. Data in the brackets are registration data of the public security department.

3-3 人口年龄结构、抚养比和性别比
Age Composition and Dependency Ratio of Population

单位：% (%)

年 份 Year	总人口性别比(以女性为100) Sex Ratio of Total Population (female=100)	各年龄段所占比重 The Proportion of Total Population By Age			总抚养比 Gross Dependency Ratio	少儿抚养比 Children Dependency Ratio	老年抚养比 Old Dependency Ratio
		0-14岁 Aged 0-14	15-64岁 Aged 15-64	65岁及以上 Aged 65 and Over			
1982	102.9	31.0	63.4	5.6	57.7	48.9	8.8
1990	103.5	26.6	67.2	6.2	48.8	39.6	9.2
1995	103.7	24.6	68.0	7.4	47.1	36.2	10.9
2000	102.5	20.8	71.1	8.1	40.6	29.3	11.4
2001	102.7	20.4	71.4	8.2	40.1	28.6	11.5
2002	102.4	18.8	72.7	8.5	37.6	25.9	11.7
2003	100.4	18.4	72.6	9.1	37.8	25.3	12.5
2004	100.7	17.1	73.7	9.2	35.8	23.2	12.5
2005	102.0	15.9	74.1	9.9	34.9	21.5	13.4
2006	100.8	15.3	74.7	10.0	33.9	20.5	13.4
2007	101.4	15.0	74.8	10.2	33.7	20.1	13.6
2008	100.2	15.6	74.1	10.3	34.9	21.0	13.8
2009	102.3	15.7	73.9	10.4	35.4	21.2	14.1
2010	102.3	15.7	74.4	9.9	34.4	21.1	13.3
2011	102.0	15.7	74.3	10.0	34.6	21.1	13.5
2012	101.4	16.1	73.5	10.4	36.0	21.8	14.2
2013	101.2	16.1	72.9	11.0	37.1	22.1	15.0
2014	101.1	16.4	72.0	11.6	38.9	22.8	16.1
2015	102.1	16.6	71.2	12.2	40.4	23.3	17.1
2016	102.8	16.4	70.4	13.2	42.0	23.3	18.8
2017	102.7	17.2	68.8	14.0	45.3	25.0	20.3

注:1982、1990、2000和2010年数据为人口普查数据；2001—2004年为抽样调查样本数据；其他年份为抽样调查估算数据。

a)Data of 1982、1990、2000 and 2010 are taken from the national population census.Data of 2001-2004 are taken from Population Sample Survey. Others are estimated on population sample survey.

3-4 各市人口数和总户数(2017年)
Population and Households by Region (2017)

地 区	Region	年末总人口(万人) Total year-end Population (10 000 persons)	按性别分(万人) Grouped by Sex (10 000 persons)		按农村、城镇分(万人) Grouped by Agricultural and Non-agricultural (10 000persons)		年末总户数(万户) Total year-end Households (10 000 households)	平均家庭户规 模(人/户) Average Family Size(person/ household)
			男 Male	女 Femal	农村人口 Agricultural	城镇人口 Non-agricultural		
全省总计	**Total**	**10005.83（10008.68）**	**(5089.42)**	**(4919.26)**	**3944.30**	**6061.53**	**(3259.49)**	**(3.07)**
济 南 市	Jinan	732.12（643.62）	(3192.11)	(324.41)	215.76	516.36	(208.08)	(3.09)
青 岛 市	Qingdao	929.05（803.28）	(398.02)	(405.26)	254.84	674.21	(262.38)	(3.06)
淄 博 市	Zibo	470.84（433.13）	(215.30)	(217.84)	140.03	330.81	(151.79)	(2.85)
枣 庄 市	Zaozhuang	392.03（418.05）	(219.41)	(198.64)	167.32	224.71	(121.25)	(3.45)
东 营 市	Dongying	215.46（195.00）	(97.76)	(97.24)	69.49	145.97	(68.32)	(2.85)
烟 台 市	Yantai	708.94（654.23）	(325.71)	(328.52)	257.63	451.31	(236.51)	(2.77)
潍 坊 市	Weifang	936.30（908.01）	(457.99)	(450.02)	374.99	561.31	(286.81)	(3.17)
济 宁 市	Jining	837.59（883.21）	(455.84)	(427.37)	359.16	478.43	(270.27)	(3.27)
泰 安 市	Tai'an	564.51（571.34）	(288.92)	(282.41)	222.25	342.26	(199.48)	(2.86)
威 海 市	Weihai	282.56（255.72）	(126.91)	(128.81)	94.77	187.79	(92.73)	(2.76)
日 照 市	Rizhao	291.65（303.68）	(154.70)	(148.98)	120.60	171.05	(109.56)	(2.77)
莱 芜 市	Laiwu	137.60（129.47）	(65.37)	(64.10)	51.49	86.11	(47.25)	(2.74)
临 沂 市	Linyi	1056.34（1161.90）	(601.98)	(559.92)	450.00	606.34	(362.35)	(3.21)
德 州 市	Dezhou	579.58（595.35）	(301.87)	(293.48)	257.51	322.07	(190.47)	(3.13)
聊 城 市	Liaocheng	606.43（639.69）	(329.19)	(310.50)	301.15	305.28	(201.03)	(3.18)
滨 州 市	Binzhou	391.23（394.25）	(198.97)	(195.28)	161.85	229.38	(131.33)	(3.00)
菏 泽 市	Heze	873.60（1018.75）	(532.28)	(486.47)	445.10	428.50	(319.88)	(3.18)

注：年末总人口根据人口抽样调查数据推算，括号内为公安户籍统计数字。

a)Data on total year-end population are projected according to the population census data.Data in the brackets are taken from the annual reports of public security departments.

3-5 六次人口普查主要数据
Major Data of All Previous Provincial Population Census

指标	Item	第一次人口普查 The First (1953.7.1)	第二次人口普查 The Second (1964.7.1)	第三次人口普查 The Third (1982.7.1)	第四次人口普查 The Fourth (1990.7.1)	第五次人口普查 The Fifth (2000.11.1)	第六次人口普查 The Sixth (2010.11.1)
一、总人口 （万人）	**Total (10000 person)**	**4887.65**	**5549.62**	**7441.91**	**8439.21**	**8997.18**	**9579.27**
按性别分	By Sex						
男	Male	2431.14	2790.45	3773.74	4291.32	4554.21	4844.69
女	Female	2456.52	2759.17	3668.16	4147.89	4442.97	4734.58
二、总户数 （万户）	**Total Households (10000 unit)**	**1109.77**	**1277.08**	**1739.04**	**2197.56**	**2732.04**	**3079.47**
家庭户 （万户）	Households (10000 unit)			1733.55	2187.44	2670.93	3010.55
平均家庭户规模(人)	Average Household Size (person)			4.20	3.75	3.22	2.98
三、民 族	**Nationalities**						
民族个数 （个）	The number of Nationalities (unit)	17	32	39	54	56	56
汉族人口 （万人）	Total Population of Han Nationality (10000 person)	4862.40	5520.04	7401.14	8388.62	8933.90	9506.68
少数民族人口(万人)	Total Population of Minority Nationalities (10000 person)	25.24	29.55	40.74	50.59	63.27	72.59
四、市镇人口 （万人）	**Population of City and Town (10000 person)**	**357.92**	**717.57**	**1419.05**	**2307.67**	**3432.59**	**4762.07**
五、平均预期寿命（岁）	**Life Expectancy (year old)**			**69.2**	**70.6**	**73.9**	**76.5**
六、各种文化程度人口	**Population by Education**						
大 学 （万人）	University and Above (10000 person)			26.32	82.29	300.08	832.87
高 中 （万人）	Senior Middle Schools (10000 person)			438.72	603.36	994.64	1332.26
初 中 （万人）	Junior Middle Schools (10000 person)			1316.97	2125.47	3297.35	3846.80
小 学 （万人）	Primary Schools (10000 person)			2510.81	3061.20	2946.97	2391.22
文盲半文盲 （万人）	Illiterate or Semiliterate (10000 Person)			2045.72	1425.61	765.43	475.73
七、6岁及以上人口平均受教育年限 （年）	**Years of education of Population Aged 6 and Over (year)**			**4.9**	**6.2**	**7.5**	**8.8**
八、就业人口 （万人）	**Economically Active Population (person)**			**4009.79**	**5077.21**	**5477.41**	**5902.34**

主要统计指标解释

人口数 指一定时点、一定地区范围内有生命的个人总和。

年度统计的年末人口数 指每年 12 月 31 日 24 时的人口数。

城镇人口和乡村人口 普查的城镇人口是指居住在城镇范围内的全部常住人口；乡村人口是除上述人口以外的全部人口。公安机关登记的城镇人口是指户口登记在城镇的人口，其统计口径是以居民常住户口所在地的城乡性质划分的。

出生率(又称粗出生率) 指在一定时期内(通常为一年)一定地区的出生人数与同期内平均人数(或期中人数)之比，用千分率表示。本资料中的出生率指年出生率，其计算公式为：

$$\text{出生率}=\frac{\text{年出生人数}}{\text{年平均人数}}\times 1000‰$$

式中：出生人数指活产婴儿，即胎儿脱离母体时(不管怀孕月数)，有过呼吸或其他生命现象。年平均人数指年初、年底人口数的平均数，也可用年中人口数代替。

死亡率(又称粗死亡率) 指在一定时期内(通常为一年)一定地区的死亡人数与同期内平均人数(或期中人数)之比，用千分率表示。本资料中的死亡率指年死亡率，其计算公式为：

$$\text{死亡率}=\frac{\text{年死亡人数}}{\text{年平均人数}}\times 1000‰$$

人口自然增长率 指在一定时期内(通常为一年)人口自然增加数(出生人数减死亡人数)与该时期内平均人数(或期中人数)之比，用千分率表示。计算公式为：

$$\text{人口自然增长率}=\frac{\text{本年出生人数}-\text{本年死亡人数}}{\text{年平均人数}}\times 1000‰$$

$$=\text{人口出生率}-\text{人口死亡率}$$

总抚养比 也称总负担系数。是指人口总体中非劳动年龄人口数与劳动年龄人口数之比。通常用百分比表示。说明每100 名劳动年龄人口要负担多少名非劳动年龄人口。用于从人口角度反映人口与经济发展的基本关系。

计算公式为：

$$GDR=\frac{P_{0\sim14}+P_{65+}}{P_{15\sim64}}\times 100\%$$

其中：GDR 为总抚养比；

$P_{0\sim14}$ 为0~14岁少年儿童人口数；

P_{65+} 为65 岁及岁以上的老年人口数；

$P_{15\sim64}$ 为15~64 岁劳动年龄人口数。

老年人口抚养比 也称老年人口抚养系数。是指某人口总体中老年人口数与劳动年龄人口数之比。通常用百分比表示。用以表明每100名劳动年龄人口要负担多少名老年人。老年人口抚养比是从经济角度反映人口老化社会后果的指标之一。

计算公式为：

$$ODR=\frac{P_{65+}}{P_{15\sim64}}\times 100\%$$

其中：ODR 为老年人口抚养比；

P_{65+} 为65岁及岁以上的老年人口数；

$P_{15\sim64}$ 为15~64岁的劳动年龄人口数。

少年儿童抚养比 也称少年儿童抚养系数。是指某人口总体中少年儿童人口与劳动年龄人口数之比。通常用百分比表示。用以反映每100 名劳动年龄人口要负担多少名少年儿童。

计算公式为：

$$CDR=\frac{P_{0\sim14}}{P_{15\sim64}}\times 100\%$$

其中：CDR 为少年儿童抚养比；

$P_{0\sim14}$ 为0~14岁少年儿童人口数；

$P_{15\sim64}$ 为15~64岁劳动年龄人口数。

Explanatory Notes on Main Statistical Indicators

Total Population refers to the total number of people alive at a certain point of time within a given area.

The annual statistics on total population is taken at midnight, the 3lst of December.

Urban Population and Rural Population Urban population refer to all people residing in cities and towns, while rural population refer to population other than urban population. Urban population data of public security department only include persons whose household registration in urban.

Birth Rate (or Crude Birth Rate) refers to the ratio of the number of births to the average population (or mid period population) during a certain period of time (usually a year), expressed in ‰. Birth rate in the chapter refers to annual birth rate. The following formula is used:

$$\text{Birth Rate} = \frac{\text{Number of Births}}{\text{Annual Average Population}} \times 1000‰$$

Number of births in the formula refers to live births, i.e. when a baby has breathed or showed any vital phenomena regardless of the length of pregnancy.

Annual average number of population is the average of the number of population at the beginning of the year and that at the end of the year. Sometimes it is substituted by the mid year population.

Death Rate (or Crude Death Rate) refers to the ratio of the number of deaths to the average population (or mid period population) during a certain period of time (usually a year), expressed in ‰. Death rate in the chapter refers to annual death rate. The following formula is used:

$$\text{Death Rate} = \frac{\text{Number of Deaths}}{\text{Annual Average Population}} \times 1000‰$$

Natural Growth Rate of Population refers to the ratio of natural increase in population (number of births minus number of deaths) in a certain period of time (usually a year) to the average population (or mid period population) of the same period, expressed in ‰. The following formula is applied:

$$\text{Natural Growth Rate of Population} = \frac{\text{Number of Births} - \text{Number of Deaths}}{\text{Annual Average Population}} \times 1000‰$$

Natural Growth Rate of Population = Birth Rate－Death

Gross Dependency Ratio also called gross dependency coefficient, refers to the ratio of non-working-age population to the working-age population ,express in %. Describing in general the number of non-working-age population that every 100 people at working ages will take care of, this indicator reflects the basic relation between population and economic development from the demographic perspective. The gross dependency ratio is calculated with the following formula:

$$GDR = \frac{P_{0\sim14} + P_{65+}}{P_{15\sim64}} \times 100\%$$

Where: GDR is the gross dependency ratio,

$P_{0\sim14}$ is the population of children aged 0-14;

P_{65+} is the elderly population aged 65 and over ;

$P_{15\sim64}$ is the working –age population aged 15-64.

Old Dependency Ratio also called old dependency coefficient,refers to the ratio of the elderly population to the working-age population, express in %.It describes the number of the elderly population that every 100 people at working ages will take care of. Old dependency ratio is one of the indicators reflecting the social implication of population aging from the economic perspective. The old dependency ratio is calculated with the following formula:

$$ODR = \frac{P_{65+}}{P_{15\sim64}} \times 100\%$$

Where: ODR is the old dependency ratio,

P_{65+} is the elderly population aged 65 and over;

$P_{15\sim64}$ is the working –age population aged 15-64.

Children Dependency Ratio also called children dependency coefficient, refers to the ratio of the children population to the working-age population ,express in %.It describes the number of children population that every 100 people at working ages will take care of. The children dependency ratio is calculated with the following formula:

$$CDR = \frac{P_{0\sim14}}{P_{15\sim64}} \times 100\%$$

Where:CDR is the children dependency ratio;

$P_{0\sim14}$ is the children population aged 0-14;

$P_{15\sim64}$ is the working-age population aged 15-64.

第
4
篇

就业、工资和社会保障

Employment, Wages and Social Security

简 要 说 明

一、本篇资料的主要内容

本篇资料反映我省劳动经济方面的基本情况，包括经济活动人口数，就业人员及职工人数，城镇登记失业人数，劳动报酬总额，人均劳动报酬及指数变化情况等。

二、本篇资料的来源

1.就业基本情况及分组资料、劳动报酬总额、职工工资总额等资料取自《劳动统计报表制度》、《劳动力调查制度》及《乡村社会经济调查方案》。

2.私营企业及个体工商业人员资料取自省工商行政管理局年报。

3.城镇劳动力供给和配置情况、城镇登记失业人员及失业率、社会保障等资料由人力资源和社会保障厅根据其相关统计制度整理提供。

4.乡镇企业就业人员资料来源于省中小企业办公室。

5.本篇资料由省统计局人口就业处整理提供。

Brief Introduction

I. Main Content

Data in this chapter show the basic conditions of Shandong's labor economy, including the economically active population,number of employed persons in urban areas, earning of employed persons,average earning of employed persons and the changes in index, etc.

II. Source of Data

(1) Data on basic conditions of employment,data by groups, earning of employed persons,total wage bills of staff and workers are collected and compiled through The Reporting Form System on Labour Statistics,The Sample Survey System on Labour Force,The System of Rural Social and Economic Surveys.

(2) Data on employed persons in urban private enterprises and self-employed individuals are derived from the Annual report of Shandong Administration of Industry and Commerce.

(3) Data on urban labor supply and configuration, registered unemployed persons in urban areas and unemployment rate and social securities are provided by Shandong Provincial Department of Human Resource and Social Security.

(4) Data on persons employed in township enterprises are provided by Shandong Provincial Office for Development of Medium and Small Businesses.

(5) Data in this chapter are prepared and compiled by the Division of Population and Employment Statistics of Shandong Provincial Bureau of Statistics.

4-1 就业基本情况
Employment

类 别		Category		2013	2014	2015	2016	2017
经济活动人口	**(万人)**	**Economically Active Population**	**(10 000 persons)**	**6641.5**	**6699.3**	**6737.5**	**6775.6**	**6696.3**
就业人员合计	**(万人)**	**Total Number of Employed Persons**	**(10 000 persons)**	**6580.4**	**6606.5**	**6632.5**	**6649.7**	**6560.6**
第一产业		Primary Industry	(10 000 persons)	2086.0	2023.2	1963.2	1935.1	1856.6
第二产业		Secondary Industry	(10 000 persons)	2270.2	2294.2	2338.0	2354.0	2335.6
第三产业		Tertiary Industry	(10 000 persons)	2224.2	2289.1	2331.3	2360.6	2368.4
就业人员构成	**(合计=100)**	**Composition of Employed Persons**	**(total=100)**					
第一产业		Primary Industry		31.7	30.7	29.6	29.1	28.3
第二产业		Secondary Industry		34.5	34.7	35.2	35.4	35.6
第三产业		Tertiary Industry		33.8	34.6	35.2	35.5	36.1
按城乡分就业人员		**Number of Employed Persons by Urban and Rural Areas**						
城镇就业人员	(万人)	Urban Employed Persons	(10 000 persons)	3153.0	3201.0	3255.9	3278.3	3231.4
#国有单位		State-owned Units		411.8	401.1	390.9	387.2	384.9
城镇集体单位		Urban Collective-owned Units		59.2	51.7	47.4	46.2	41.0
股份合作单位		Cooperative Units		8.5	7.7	7.1	7.0	6.5
联营单位		Joint Ownership Units		3.9	2.6	2.6	0.8	0.7
有限责任公司		Limited Liability Corporations		471.9	472.7	475.3	468.0	471.5
股份有限公司		Share-holding Corporations Ltd.		149.1	146.9	144.6	145.4	144.1
私营企业		Private Enterprises		428.5	477.3	481.9	481.7	494.0
港澳台投资单位		Units with Funds from Hong Kong,Macao & Taiwan		43.6	44.1	41.8	40.9	36.6
外商投资单位		Foreign Funded Units		120.5	119.4	109.8	101.6	91.1
个 体		Self-employed Individuals		333.5	384.0	423.5	433.7	460.8
乡村就业人员	(万人)	Rural Employed Persons	(10 000 persons)	3427.4	3405.5	3376.6	3371.4	3329.2
#私营企业		Private Enterprises		364.1	448.8	601.8	816.5	1005.6
个 体		Self-employed Individuals		376.3	447.3	535.2	640.7	758.8
职工人数	**(万人)**	**Number of Staff and Workers**	**(10 000 persons)**	**1237.6**	**1210.0**	**1178.0**	**1155.5**	**1130.3**
国有单位		State-owned Units		397.6	386.2	374.6	372.1	369.6
城镇集体单位		Urban Collective-owned Units		55.5	48.3	44.5	44.2	38.9
其他单位		Units of Other Types of Ownership		784.5	775.4	758.8	739.2	721.7
城镇单位女性就业人员	**(万人)**	**Urban Employed Female Persons**	**(10 000 persons)**	**437.7**	**443.4**	**441.3**	**435.9**	**430.2**
城镇累计新增就业人数	**(万人)**	**Number of Newly Employed Persons in Urban Areas**	**(10 000 persons)**	**120.0**	**118.5**	**116.8**	**121.0**	**128.3**
就业转失业人员再就业	**(万人)**	**Number of reemployed Persons**	**(10 000 persons)**	**55.5**	**52.3**	**51.2**	**57.6**	**58.1**
#困难群体再就业		Reemployed Persons in Difficult Groups		11.7	11.9	11.4	9.0	8.8
农村劳动力转移就业人数	**(万人)**	**Reemployed Persons in Difficult Groups**	**(10 000 persons)**	**133.3**	**131.2**	**127.5**		
城镇登记失业人数	**(万人)**	**Number of Registered Unemployed Persons in Urban Areas**	**(10 000 persons)**	**42.2**	**43.1**	**43.7**	**45.8**	**45.7**
城镇登记失业率	**(%)**	**Registered Unemployment Rate in Urban Areas**	**(%)**	**3.2**	**3.3**	**3.4**	**3.5**	**3.4**

4-2 按三次产业分的年底就业人员数
Number of Employed Persons at the Year-end by Three Industries

年 份 Year	就业人员 (万人) Total Employed Persons (10 000 Persons)	第一产业 Primary Industry	第二产业 Secondary Industry	第三产业 Tertiary Industry	构成(合计=100) Composition in Percentage(Total=100) 第一产业 Primary Industry	第二产业 Secondary Industry	第三产业 Tertiary Industry
1949	1859.3						
1952	1897.2						
1955	1959.7						
1957	2150.4						
1962	1981.2						
1965	2146.0						
1970	2606.0						
1975	2925.0						
1978	2969.8	2350.9	366.6	252.3	79.2	12.3	8.5
1980	3117.5	2458.1	382.5	276.9	78.9	12.3	8.9
1981	3192.4	2508.2	389.0	295.2	78.6	12.2	9.3
1982	3270.0	2520.8	442.2	307.0	77.1	13.5	9.4
1983	3795.1	2950.8	465.8	378.5	77.8	12.3	10.0
1984	3563.7	2509.1	528.8	525.8	70.4	14.8	14.8
1985	3561.1	2438.6	705.3	417.2	68.5	19.8	11.7
1986	3651.2	2431.1	776.0	444.1	66.6	21.3	12.2
1987	3765.7	2422.6	848.2	494.9	64.3	22.5	13.1
1988	3887.1	2474.5	905.1	507.5	63.7	23.3	13.1
1989	3940.3	2527.6	902.6	510.1	64.2	22.9	13.0
1990	4043.2	2585.7	922.5	535.0	64.0	22.8	13.2
1991	4219.3	2708.0	958.7	552.6	64.2	22.7	13.1
1992	4302.6	2705.1	1000.8	596.7	62.9	23.3	13.9
1993	4379.3	2689.9	1070.4	619.0	61.4	24.4	14.1
1994	4382.1	2541.6	1098.0	742.5	58.0	25.1	16.9
1995	5207.4	2832.3	1305.5	1069.6	54.4	25.1	20.5
1996	5227.4	2788.0	1286.1	1153.3	53.3	24.6	22.1
1997	5256.0	2812.5	1311.9	1131.6	53.5	25.0	21.5
1998	5287.6	2837.3	1245.8	1204.5	53.7	23.6	22.8
1999	5314.7	2811.7	1245.7	1257.3	52.9	23.4	23.7
2000	5441.8	2887.7	1286.0	1268.1	53.1	23.6	23.3
2001	5475.3	2863.6	1308.6	1303.1	52.3	23.9	23.8
2002	5527.0	2769.6	1375.1	1382.3	50.1	24.9	25.0
2003	5620.6	2638.3	1474.3	1508.0	46.9	26.2	26.8
2004	5728.1	2542.1	1581.0	1605.0	44.4	27.6	28.0
2005	5840.7	2350.3	1781.4	1709.0	40.2	30.5	29.3
2006	5960.0	2328.0	1870.3	1761.7	39.1	31.4	29.5
2007	6081.4	2265.2	1989.9	1826.3	37.3	32.7	30.0
2008	6187.6	2313.5	1955.5	1918.6	37.4	31.6	31.0
2009	6294.2	2297.4	2014.1	1982.7	36.5	32.0	31.5
2010	6401.9	2273.1	2086.7	2042.1	35.5	32.6	31.9
2011	6485.6	2211.6	2185.6	2088.4	34.1	33.7	32.2
2012	6554.3	2168.0	2245.2	2141.1	33.1	34.2	32.7
2013	6580.4	2086.0	2270.2	2224.2	31.7	34.5	33.8
2014	6606.5	2023.2	2294.2	2289.1	30.7	34.7	34.6
2015	6632.5	1963.2	2338.0	2331.3	29.6	35.2	35.2
2016	6649.7	1935.1	2354.0	2360.6	29.1	35.4	35.5
2017	6560.6	1856.6	2335.6	2368.4	28.3	35.6	36.1

4-3 按行业分的年底就业人员数

Number of Employed Persons at the Year-end by Sector

单位：万人 (10 000 persons)

行　业	Sector	2014	2015	2016	2017
总　计	**Total**	**6606.5**	**6632.5**	**6649.7**	**6560.6**
农、林、牧、渔业	Agriculture,Forestry,Animal Husbandry and Fishing	2023.2	1963.2	1935.1	1856.6
采矿业	Mining	86.5	85.3	83.8	76.3
制造业	Manufacturing	1420.9	1453.7	1464.3	1455.4
电力、热力、燃气及水的生产和供应业	Production and Supply of Electric, Heat, Gas and Water	27.9	29.5	32.0	33.1
建筑业	Construction	758.9	769.5	773.9	770.8
批发和零售业	Wholesale and Retail Trade	843.5	840.8	841.3	842.5
交通运输、仓储和邮政业	Traffic,Transport,Storage and Post	341.7	351.2	358.3	359.2
住宿和餐饮业	Hotels and Catering Services	249.7	247.7	248.1	248.7
信息传输、软件和信息技术服务业	Information Transfer, Software and Information Technology Services	97.1	99.5	104.5	105.0
金融业	Financial Intermediation	53.8	61.8	63.9	64.1
房地产业	Real Estate	67.4	72.9	75.3	76.3
租赁和商务服务业	Leasing and Business Services	85.5	84.5	84.9	84.8
科学研究和技术服务业	Scientific Research and Technical Service	40.7	45.1	48.2	49.2
水利、环境和公共设施管理业	Management of Water Conservancy,Environment and Public Facilities	28.5	34.0	37.2	38.1
居民服务、修理和其他服务业	Households Services, Repair and Other Services	67.7	70.1	72.6	73.1
教　育	Education	156.5	160.2	160.3	160.5
卫生和社会工作	Health and Social Work	84.6	89.5	91.2	91.1
文化、体育和娱乐业	Culture,Sports and Entertainment	15.9	17.1	18.1	18.9
公共管理、社会保障和社会组织	Public management,Social Security and Social Organization	156.5	156.9	156.7	156.9
国际组织	International Organization				

注:2013年以来的数据按照新行业分类标准进行行业分组调整。
a)Since 2013,data have been adjusted in accordance with the new industry classification standards.

4-4 按登记注册类型和行业分城镇单位就业人员数(2017年底)
Number of Employed Persons in Urban at the Year-end by Status of Registration and Sector(2017)

单位:万人 (10 000 persons)

类别	Category	总计 Total	在岗职工 Staff and Workers	国有单位 State -owned Units	城镇集体单位 Urban Collective -owned Units
总计	**Total**	**1192.9**	**1130.3**	**384.9**	**41.0**
按企、事业和机关分	**Grouped by Enterprises,institutions and Agencies**				
企业	Enterprises	877.3	825.6	84.1	32.5
事业	Institutions	216.4	209.0	206.7	7.6
机关	Agebcies & Organizations	92.7	89.4	92.5	
民间非营利组织	Civil Nonprofit Organization	1.8	1.8		0.1
其他	Others	4.7	4.5	1.6	0.7
按国民经济行业分	**Grouped by Sector**				
农、林、牧、渔业	Agriculture,Forestry,Animal Husbandry and Fishing	1.4	1.4	1.2	0.1
采矿业	Mining	51.3	48.7	4.0	0.4
制造业	Manufacturing	383.2	379.5	6.5	7.4
电力、热力、燃气及水的生产和供应业	Production and Supply of Electric, Heat, Gas and Water	26.1	25.7	13.9	0.1
建筑业	Construction	159.9	137.8	10.1	15.1
批发和零售业	Wholesale and Retail Trade	52.7	51.4	3.5	2.0
交通运输、仓储和邮政业	Traffic,Transport,Storage and Post	47.7	46.1	19.0	0.8
住宿和餐饮业	Hotels and Catering Services	14.1	13.5	3.2	0.3
信息传输、软件和信息技术服务业	Information Transfer, Software and Information Technology Services	18.9	18.6	1.3	
金融业	Financial Intermediation	46.1	31.6	11.2	3.1
房地产业	Real Estate	26.1	25.3	1.5	0.9
租赁和商务服务业	Leasing and Business Services	21.8	21.2	7.6	1.3
科学研究和技术服务业	Scientific Research and Technical Service	18.3	17.7	9.0	0.3
水利、环境和公共设施管理业	Management of Water Conservancy,Environment and Public Facilities	18.1	14.0	11.4	0.5
居民服务、修理和其他服务业	Households Services, Repair and Other Services	3.1	3.1	0.6	0.2
教育	Education	116.6	114.1	106.3	2.9
卫生和社会工作	Health and Social Work	64.2	61.6	54.2	5.4
文化、体育和娱乐业	Culture,Sports and Entertainment	7.1	6.8	4.8	0.1
公共管理、社会保障和社会组织	Public management,Social Security and Social Organization	116.2	112.3	115.6	0.2
国际组织	International Organization				

注：自2013年开始，劳动工资统计范围包含原属于乡镇企业的规模以上法人单位(下表同)。
a)Since 2013,the scope of labor wage statistics include Township Enterprises above Designated Size (the same below).

4-5 各市按城乡分的年底就业人员数(2017年底)

Number of Employed Persons at the Year-end in Urban and Rural Areas by Region(2017)

单位:万人 (10 000 persons)

地 区	Region	总 计 Total	城镇小计 Subtotal of Urban Area	国有单位 State-owned Units	集体单位 Collective-owned Units	股份合作单位 Cooperative Units	联营单位 Joint Ownership Units	有限责任公司 Limited Liability Corporations	股份有限公司 Share-holding Corporations Ltd.
全省合计	**Total**	**6560.6**	**3231.4**	**384.9**	**41.0**	**6.5**	**0.7**	**471.5**	**144.1**
济南市	Jinan	452.6	263.0	38.7	2.4	0.8	0.1	60.2	21.4
青岛市	Qingdao	603.9	324.4	35.1	4.6	0.6	0.1	49.6	17.1
淄博市	Zibo	291.6	171.2	21.1	1.9	0.7		34.3	14.4
枣庄市	Zaozhuang	296.2	113.8	16.0	2.1	0.1		19.2	2.5
东营市	Dongying	142.7	86.2	11.7	0.7	0.1		13.5	12.3
烟台市	Yantai	463.6	229.1	27.4	4.2	0.4	0.1	32.9	6.6
潍坊市	Weifang	578.7	213.9	28.5	2.7	0.4		28.1	16.8
济宁市	Jining	518.9	159.5	26.8	4.0	0.6		41.8	4.6
泰安市	Tai'an	412.1	137.9	18.2	7.8	0.7	0.2	29.2	8.0
威海市	Weihai	204.7	111.7	11.7	1.6	0.3		20.8	7.7
日照市	Rizhao	211.1	73.5	9.6	0.4	0.1		16.1	2.9
莱芜市	Laiwu	90.8	46.2	2.8	0.3			12.1	0.8
临沂市	Linyi	688.5	172.5	31.4	2.8	0.4		32.2	10.9
德州市	Dezhou	395.3	104.8	21.4	2.0	0.4	0.1	22.0	4.6
聊城市	Liaocheng	413.9	98.0	19.5	1.0	0.2		17.5	5.7
滨州市	Binzhou	281.2	101.8	12.8	0.9	0.3		26.8	3.8
菏泽市	Heze	514.8	121.2	28.4	1.6	0.3	0.1	15.0	3.5

4-5 续表 continued

单位:万人 (10 000 persons)

地 区	Region	私营企业 Private Enterprises	港澳台商投资单位 Units with Funds from Hong Kong,Macao	外商投资单位 Foreign Funded Units	个体 Self-employed Individuals	乡村小计 Subtotal of Rural Area	私营企业 Private Enterprises	个体 Self-employed Individuals
全省合计	**Total**	**494.0**	**36.6**	**91.1**	**460.8**	**3329.2**	**1005.6**	**758.8**
济南市	Jinan	65.0	2.7	3.6	38.3	189.6	94.1	47.9
青岛市	Qingdao	115.6	8.0	26.7	75.1	279.5	106.5	68.5
淄博市	Zibo	30.1	2.3	4.9	22.7	120.4	59.7	34.4
枣庄市	Zaozhuang	13.9	0.9	1.5	30.5	182.4	29.6	39.2
东营市	Dongying	12.0	0.6	0.6	10.5	56.5	19.6	15.6
烟台市	Yantai	66.4	7.2	19.5	42.9	234.5	52.3	50.7
潍坊市	Weifang	30.0	3.2	3.8	22.5	364.8	145.9	102.8
济宁市	Jining	20.2	1.8	1.8	32.3	359.4	73.2	61.2
泰安市	Tai'an	20.2	0.9	1.6	24.8	274.2	27.4	34.3
威海市	Weihai	19.0	1.5	13.1	14.1	93.0	27.0	21.4
日照市	Rizhao	12.0	0.6	1.6	7.7	137.6	28.0	20.0
莱芜市	Laiwu	9.0	0.2	0.2	4.3	44.6	12.8	12.4
临沂市	Linyi	24.5	3.1	6.2	43.5	516.0	74.6	51.0
德州市	Dezhou	10.9	0.8	2.2	20.0	290.5	51.2	43.5
聊城市	Liaocheng	5.8	1.0	1.4	21.4	315.9	55.6	46.7
滨州市	Binzhou	24.6	1.0	0.8	12.2	179.4	45.9	29.1
菏泽市	Heze	15.0	0.8	1.4	37.9	393.6	102.0	80.4

4-6 各市按行业分城镇单位就业人员数(2017年底)

Number of Employed Persons at the Year end by Sector(2017)

单位:万人 (10 000 persons)

地 区	Region	总 计 Total	农、林、牧、渔业 Agriculture, Forestry, Animal Husbandry and Fishing	采矿业 Mining	制造业 Manufacturing	电力、热力、燃气及水的生产和供应业 Production and Supply of Electric Heat, Gas and Water	建筑业 Construction	批发和零售业 Wholesale and Retail Trade
全省总计	**Total**	**1192.9**	**1.4**	**51.3**	**383.2**	**26.1**	**159.9**	**52.7**
济 南 市	Jinan	131.2	0.1	0.2	26.0	1.3	26.5	9.7
青 岛 市	Qingdao	145.9	0.1	0.1	58.5	2.0	14.2	8.2
淄 博 市	Zibo	80.9	0.1	0.6	27.3	1.6	22.7	2.4
枣 庄 市	Zaozhuang	42.7		6.9	8.6	0.5	8.1	1.5
东 营 市	Dongying	40.0		10.5	8.0	0.2	4.3	1.2
烟 台 市	Yantai	99.8	0.2	3.8	42.4	1.2	7.1	3.8
潍 坊 市	Weifang	83.9	0.1	0.1	32.3	0.8	9.2	4.0
济 宁 市	Jining	82.4	0.1	17.0	18.0	1.2	11.1	2.4
泰 安 市	Tai'an	67.2	0.2	6.8	17.4	0.9	13.4	3.8
威 海 市	Weihai	57.5	0.1		33.0	0.9	3.3	1.8
日 照 市	Rizhao	31.6	0.1		10.8	0.4	4.5	1.5
莱 芜 市	Laiwu	16.5		1.4	7.4	0.2	1.9	0.6
临 沂 市	Linyi	87.9	0.2	2.1	28.3	0.7	12.7	4.4
德 州 市	Dezhou	54.6	0.1	0.3	18.4	0.7	5.5	2.7
聊 城 市	Liaocheng	47.0			14.6	0.5	3.7	1.6
滨 州 市	Binzhou	46.9		0.1	23.7	0.8	3.6	1.5
菏 泽 市	Heze	52.5	0.1	1.3	7.8	0.5	8.2	1.5

4-6 续表 1 continued

单位:万人 (10 000 persons)

地 区	Region	交通运输、仓储和邮政业 Traffic, Transport, Storage and Post	住宿和餐饮业 Hotels and Catering Services	信息传输、软件和信息技术服务业 Information Transfer, Software and Information Technology Services	金融业 Financial Intermediation	房地产业 Real Estate	租赁和商务服务业 Leasing and Business Services	科学研究和技术服务业 Scientific Research and Technical Service
全省总计	**Total**	**47.7**	**14.1**	**18.9**	**46.1**	**26.1**	**21.8**	**18.3**
济 南 市	Jinan	4.7	2.4	8.4	10.0	4.3	3.4	3.8
青 岛 市	Qingdao	7.2	2.8	1.7	6.1	3.8	3.8	3.2
淄 博 市	Zibo	1.5	0.6	1.5	2.1	1.3	0.9	0.7
枣 庄 市	Zaozhuang	1.0	0.3	0.2	0.8	0.8	0.3	0.3
东 营 市	Dongying	0.6	1.1	0.4	1.2	0.5	3.4	0.8
烟 台 市	Yantai	4.8	1.1	1.1	2.5	3.4	1.2	1.9
潍 坊 市	Weifang	2.1	0.9	1.2	1.7	1.8	0.7	0.9
济 宁 市	Jining	2.1	0.8	0.4	3.2	1.0	0.7	0.6
泰 安 市	Tai'an	1.7	0.7	0.6	3.1	1.3	1.2	0.6
威 海 市	Weihai	1.6	0.7	0.4	1.3	1.9	0.4	1.4
日 照 市	Rizhao	2.7	0.3	0.2	0.6	0.6	1.2	0.2
莱 芜 市	Laiwu	0.8	0.1	0.1	0.3	0.4	0.1	0.1
临 沂 市	Linyi	2.3	0.6	1.0	3.4	1.6	1.3	1.1
德 州 市	Dezhou	1.6	0.6	0.5	2.0	1.3	0.7	0.8
聊 城 市	Liaocheng	2.0	0.4	0.3	4.4	0.7	0.3	0.3
滨 州 市	Binzhou	1.4	0.3	0.4	1.0	0.8	1.3	0.3
菏 泽 市	Heze	1.6	0.3	0.4	2.4	0.8	0.3	0.5

4-6 续表 2 continued

单位:万人 (10 000 persons)

地 区	Region	水利、环境和公共设施管理业 Management of Water Conservancy, Environment and Public Facilities	居民服务、修理和其他服务业 Households Services, Repair and Other Services	教 育 Education	卫生和社会工作 Health and Social Work	文化、体育和娱乐业 Culture,Sports and Entertainment	公共管理、社会保障和社会组织 Public management, Social Security and Social Organization	国际组织 International Organization
全省总计	**Total**	**18.1**	**3.1**	**116.6**	**64.2**	**7.1**	**116.2**	
济 南 市	Jinan	1.5	0.3	10.5	7.0	1.5	9.8	
青 岛 市	Qingdao	1.8	0.8	13.4	6.7	1.2	10.2	
淄 博 市	Zibo	1.0	0.1	6.6	3.8	0.7	5.4	
枣 庄 市	Zaozhuang	0.7	0.1	4.5	2.6	0.2	5.6	
东 营 市	Dongying	0.4		2.5	1.3	0.1	3.3	
烟 台 市	Yantai	1.4	0.2	10.4	5.1	0.7	7.7	
潍 坊 市	Weifang	2.8		10.5	5.6	0.3	8.9	
济 宁 市	Jining	0.9	0.1	8.0	5.0	0.3	9.3	
泰 安 市	Tai'an	0.5	0.3	6.3	3.2	0.2	5.2	
威 海 市	Weihai	1.0	0.2	3.7	2.1	0.3	3.4	
日 照 市	Rizhao	0.9		2.2	1.7	0.2	3.5	
莱 芜 市	Laiwu	0.1	0.4	0.6	0.8		1.2	
临 沂 市	Linyi	2.3	0.1	10.9	5.7	0.4	8.8	
德 州 市	Dezhou	0.7	0.2	6.6	3.0	0.3	8.6	
聊 城 市	Liaocheng	0.7		6.7	3.7	0.3	6.8	
滨 州 市	Binzhou	0.3	0.2	3.7	2.2	0.2	5.1	
菏 泽 市	Heze	1.2	0.1	9.4	4.7	0.3	11.3	

4-7 各市按行业分私营企业和个体就业人数(2017底)

Number of Engaged Persons in Private Enterprises and Self-employed Individuals at Year-end by Sector and Region(2017)

单位:万人 (10 000 persons)

地 区	Region	合 计	制造业 Manufacturing	建筑业 Construction	批发和零售业 Wholesale and Retail Trades	交通运输、仓储和邮政业 Traffic, Transport, Storage and Post	住宿和餐饮业 Hotels and Catering Services	租赁和商务服务业 Leasing and Business Service	居民服务、修 理 和其他服务业 Households Services, Repair and Other Services
全省总计	**Total**	**2719.2**	**502.9**	**124.7**	**1179.6**	**63.1**	**180.3**	**157.9**	**165.2**
济 南 市	Jinan	245.3	21.8	12.6	107.1	4.9	18.3	25.5	12.6
青 岛 市	Qingdao	365.7	63.3	21.6	145.7	8.3	22.5	30.1	21.8
淄 博 市	Zibo	146.9	33.0	6.5	62.0	2.6	9.7	7.7	9.3
枣 庄 市	Zaozhuang	113.1	17.7	3.1	56.9	3.9	8.7	5.6	8.6
东 营 市	Dongying	57.7	4.4	3.0	27.4	0.9	4.6	3.5	5.5
烟 台 市	Yantai	212.3	38.1	10.6	92.8	5.4	13.1	14.7	13.7
潍 坊 市	Weifang	301.3	77.4	15.2	105.0	8.4	16.5	14.9	15.9
济 宁 市	Jining	186.8	28.9	6.5	82.7	5.0	19.5	9.2	11.6
泰 安 市	Tai'an	106.7	16.0	4.5	48.5	3.2	8.4	5.0	7.8
威 海 市	Weihai	81.5	13.7	4.9	32.6	1.7	5.8	5.6	5.7
日 照 市	Rizhao	67.8	10.1	5.6	29.5	2.2	4.1	4.1	4.0
莱 芜 市	Laiwu	38.5	3.6	5.4	18.1	0.7	2.5	2.3	2.1
临 沂 市	Linyi	193.6	46.1	4.9	92.9	4.5	11.5	7.5	10.5
德 州 市	Dezhou	125.6	29.0	5.2	51.9	3.0	9.2	4.8	7.2
聊 城 市	Liaocheng	129.5	29.5	3.5	58.7	2.4	8.8	4.6	9.8
滨 州 市	Binzhou	111.7	21.8	4.9	48.7	2.5	6.7	6.4	6.1
菏 泽 市	Heze	235.2	48.5	6.8	119.2	3.4	10.4	6.4	13.0

4−8 各市按行业分城镇私营企业和个体就业人员数(2017年底)
Number of Engaged Persons in Urban Private Enterprises and Self-employed Individuals at Year-end by Sector and Region(2017)

单位：万人 (10 000 persons)

地 区	Region	合 计 total	制造业 Manufacturing	建筑业 Construction	批发和零售业 Wholesale and Retail Trades	交通运输、仓储和邮政业 Traffic, Transport, Storage and Post	住宿和餐饮业 Hotels and Catering Services	租赁和商务服务业 Leasing and Business Service	居民服务、修理和其他服务业 Households Services, Repair and Other Services
全省总计	**Total**	**954.8**	**123.6**	**43.8**	**458.9**	**20.4**	**73.2**	**65.9**	**71.2**
济南市	Jinan	103.2	8.2	5.2	47.6	1.6	6.9	11.5	5.7
青岛市	Qingdao	190.7	33.4	11.8	77.2	4.6	14.0	13.6	13.3
淄博市	Zibo	52.8	7.4	2.5	25.1	1.0	3.7	3.2	3.7
枣庄市	Zaozhuang	44.3	5.5	0.9	24.0	1.5	3.4	2.1	4.2
东营市	Dongying	22.5	1.6	1.2	11.9	0.4	2.0	1.1	2.0
烟台市	Yantai	109.3	14.0	6.2	50.6	2.3	6.7	10.2	8.1
潍坊市	Weifang	52.5	8.8	2.4	22.8	1.1	3.6	3.8	3.8
济宁市	Jining	52.5	4.0	1.5	27.7	1.0	6.4	3.2	4.4
泰安市	Tai'an	45.0	5.0	1.4	22.3	1.6	4.5	2.7	3.7
威海市	Weihai	33.1	5.3	2.4	13.5	0.7	2.2	2.7	2.6
日照市	Rizhao	19.7	1.8	1.8	9.3	0.7	1.5	1.6	1.2
莱芜市	Laiwu	13.4	1.8	0.7	7.2	0.2	0.7	0.8	0.7
临沂市	Linyi	67.9	9.2	1.0	42.9	1.3	4.5	2.5	3.4
德州市	Dezhou	30.9	4.0	0.9	15.7	0.5	3.3	1.5	2.9
聊城市	Liaocheng	27.2	2.8	0.4	14.4	0.3	3.2	0.8	4.0
滨州市	Binzhou	36.8	5.5	2.0	17.0	0.7	2.1	2.9	2.3
菏泽市	Heze	53.0	5.4	1.6	29.8	0.8	4.4	1.9	5.2

4−9 各市私营企业就业人员数(2017年底)
Number of Employed Persons in Private Enterprises at the Year-end by Region(2017)

单位：万人 (10 000 persons)

地 区	Region	户数(户) Number of Enterprises (household)	就业人数 Number of Employed Persons	#投资者 Investor	城镇就业人数 Number of Employed Persons in Urban Areas	#投资者 Investor	乡村就业人数 Number of Employed Persons in Rural Areas	#投资者 Investor
全省总计	**Total**	**2097480**	**1499.6**	**333.3**	**494.0**	**141.4**	**1005.6**	**191.9**
济南市	Jinan	248007	159.1	43.8	65.0	18.0	94.1	25.8
青岛市	Qingdao	383950	222.1	65.9	115.6	36.2	106.5	29.7
淄博市	Zibo	101566	89.8	17.2	30.1	7.4	59.7	9.8
枣庄市	Zaozhuang	53715	43.5	7.8	13.9	3.5	29.6	4.3
东营市	Dongying	50518	31.6	8.9	12.0	4.0	19.6	4.9
烟台市	Yantai	183238	118.7	29.8	66.4	16.2	52.3	13.6
潍坊市	Weifang	184212	175.9	29.2	30.0	10.0	145.9	19.2
济宁市	Jining	128370	93.4	20.6	20.2	6.7	73.2	13.9
泰安市	Tai'an	66277	47.6	11.7	20.2	5.0	27.4	6.7
威海市	Weihai	73977	46.0	12.0	19.0	5.5	27.0	6.5
日照市	Rizhao	56903	40.0	9.0	12.0	4.5	28.0	4.5
莱芜市	Laiwu	25357	21.8	3.7	9.0	1.8	12.8	1.9
临沂市	Linyi	149261	99.1	20.9	24.5	7.9	74.6	13.0
德州市	Dezhou	66787	62.1	10.5	10.9	3.2	51.2	7.3
聊城市	Liaocheng	80762	61.4	11.7	5.8	2.8	55.6	8.9
滨州市	Binzhou	66949	70.5	9.5	24.6	4.7	45.9	4.8
菏泽市	heze	177631	117.0	21.1	15.0	3.7	102.0	17.4

4-10 各市个体就业人员数(2017年底)
Number of Self-employed Individuals at the Year-end by Region(2017)

地 区	Region	个体户数 (户) Number of Households (household)	个体就业人数 (万人) Number of Engaged Persons (10 000 persons)	城镇 Urban	乡村 Rural
全省总计	**Total**	**5618066**	**1219.6**	**460.8**	**758.8**
济南市	Jinan	385666	86.2	38.3	47.9
青岛市	Qingdao	758134	143.6	75.1	68.5
淄博市	Zibo	283787	57.1	22.7	34.4
枣庄市	Zaozhuang	281969	69.7	30.5	39.2
东营市	Dongying	115366	26.1	10.5	15.6
烟台市	Yantai	503996	93.6	42.9	50.7
潍坊市	Weifang	615913	125.3	22.5	102.8
济宁市	Jining	400360	93.5	32.3	61.2
泰安市	Tai'an	248623	59.1	24.8	34.3
威海市	Weihai	183661	35.5	14.1	21.4
日照市	Rizhao	148597	27.7	7.7	20.0
莱芜市	Laiwu	71722	16.7	4.3	12.4
临沂市	Linyi	384061	94.5	43.5	51.0
德州市	Dezhou	275082	63.5	20.0	43.5
聊城市	Liaocheng	287588	68.1	21.4	46.7
滨州市	Binzhou	177780	41.3	12.2	29.1
菏泽市	Heze	495761	118.3	37.9	80.4

4-11 按登记注册类型和行业分城镇单位就业人员工资总额(2017年)

Total Wages Bill of Employed Persons in Urban by Status of Registration and Sector(2017)

单位:万元 (10 000 yuan)

类别	Category	总计 Total	在岗职工 Staff and Workers	国有单位 State-owned Units	城镇集体单位 Urban Collective-owned Units
总　计	**Total**	**80593190**	**77693396**	**31916967**	**2344087**
按企、事业和机关分	**Grouped by Enterprises,institutions and Agencies**				
企　业	Enterprises	54378987	51856789	6658980	1772402
事　业	Institutions	18348669	18095675	17667773	536869
机　关	Agebcies & Organizations	7478268	7361225	7458325	2458
民间非营利组织	Civil Nonprofit Organization	95921	93654	1090	2519
其　他	Others	291344	286053	130799	29839
按国民经济行业分	**Grouped by Sector**				
农、林、牧、渔业	Agriculture,Forestry,Animal Husbandry and Fishing	82113	81445	72067	3241
采矿业	Mining	3804411	3662656	301400	20956
制造业	Manufacturing	21936347	21693839	442151	497292
电力、热力、燃气及水的生产和供应业	Production and Supply of Electric, Heat, Gas and Water	2303627	2293036	1376645	4412
建筑业	Construction	8890962	7563086	635358	636066
批发和零售业	Wholesale and Retail Trade	2702872	2650642	205524	81254
交通运输、仓储和邮政业	Traffic,Transport,Storage and Post	3632550	3566028	1600413	30920
住宿和餐饮业	Hotels and Catering Services	620402	606932	150004	14241
信息传输、软件和信息技术服务业	Information Transfer, Software and Information Technology Services	1654077	1640645	115032	870
金融业	Financial Intermediation	4243272	3720121	1096383	289419
房地产业	Real Estate	1536173	1501417	86573	51970
租赁和商务服务业	Leasing and Business Services	1356766	1335720	521657	60173
科学研究和技术服务业	Scientific Research and Technical Service	1548445	1513899	830363	18137
水利、环境和公共设施管理业	Management of Water Conservancy,Environment and Public Facilities	857184	787789	633717	33994
居民服务、修理和其他服务业	Households Services, Repair and Other Services	141924	139703	37364	8472
教　育	Education	10092967	10000140	9461904	230076
卫生和社会工作	Health and Social Work	5344633	5234202	4709842	347018
文化、体育和娱乐业	Culture,Sports and Entertainment	579915	571652	423776	3588
公共管理、社会保障和社会组织	Public management,Social Security and Social Organization	9264550	9130444	9216796	11987
国际组织	International Organization				

注：自2013年开始，劳动工资统计包含原属于乡镇企业的规模以上法人单位(下表同)。
a)Since 2013,the scope of labor wage statistics include Township Enterprises above Designated Size (the same as following table).

4-12 各市城镇单位就业人员工资总额和指数(2017年)
Total Wage Bill of Employed Persons in Urban Units and Related Indices by Region(2017)

地区	Region	工资总额(亿元) Earning(100 million yuan)				指数(上年=100) Indices(preceding year=100)			
		合计 Total	在岗职工 Staff and Workers	国有单位 State-owned Units	城镇集体单位 Urban Collective-owned Units	合计 Total	在岗职工 Staff and Workers	国有单位 State-owned Units	城镇集体单位 Urban Collective-owned Units
全省合计	**Total**	**8059.3**	**7769.3**	**3191.7**	**234.4**	**107.0**	**106.7**	**108.6**	**96.7**
济南市	Jinan	1069.4	1011.6	377.6	12.5	106.2	105.8	101.6	76.7
青岛市	Qingdao	1193.6	1141.3	405.6	41.3	109.7	108.2	108.4	109.3
淄博市	Zibo	524.1	509.1	174.8	12.1	103.3	103.0	104.7	82.3
枣庄市	Zaozhuang	245.6	241.9	111.4	9.8	103.4	103.9	106.2	97.0
东营市	Dongying	304.1	297.7	101.0	4.9	97.7	97.5	98.2	106.5
烟台市	Yantai	682.9	671.2	239.1	23.3	103.0	103.2	102.6	92.1
潍坊市	Weifang	548.8	523.7	231.5	14.3	107.2	107.6	103.4	98.6
济宁市	Jining	493.4	468.5	190.0	18.3	105.6	105.5	101.2	103.4
泰安市	Tai'an	388.8	373.7	132.7	39.1	104.4	103.7	102.2	97.0
威海市	Weihai	356.8	352.8	100.7	9.4	105.1	105.2	107.6	97.9
日照市	Rizhao	193.8	186.1	73.8	2.8	106.8	105.9	112.5	77.8
莱芜市	Laiwu	96.7	93.6	21.6	1.5	105.0	103.8	94.3	125.0
临沂市	Linyi	533.6	505.5	248.3	14.5	100.4	100.6	103.8	94.8
德州市	Dezhou	310.9	307.1	130.5	10.0	106.3	106.1	101.2	100.0
聊城市	Liaocheng	274.9	259.4	133.6	6.8	107.0	106.9	104.2	89.5
滨州市	Binzhou	304.0	298.1	103.0	5.8	104.9	104.9	107.9	100.0
菏泽市	Heze	283.0	273.6	169.0	7.3	109.2	107.3	108.5	100.0

4-13 各市按行业分城镇单位就业人员工资总额(2017年)
Total Wages Bill of Employed Persons by Sector and Region (2017)

单位:万元 (10 000 yuan)

地区	Region	总计 Total	农、林、牧、渔业 Agriculture, Forestry, Animal Husbandry and Fishing	采矿业 Mining	制造业 Manufacturing	电力、热力、燃气及水的生产和供应业 Production and Supply of Electric Heat, Gas and Water	建筑业 Construction	批发和零售业 Wholesale and Retail Trade
全省合计	**Total**	**80593190**	**82113**	**3804411**	**21936347**	**2303627**	**8890962**	**2702872**
济南市	Jinan	10694345	3235	19180	1723265	108785	1883063	530307
青岛市	Qingdao	11936410	5499	3322	3845236	154839	1003941	502830
淄博市	Zibo	5241329	5724	41756	1634961	118688	1219114	113912
枣庄市	Zaozhuang	2455660	2493	474462	340045	30131	354458	70371
东营市	Dongying	3040663	2210	982007	455322	16967	218174	53072
烟台市	Yantai	6828870	13962	245949	2541163	93065	367108	185013
潍坊市	Weifang	5488145	4459	6709	1857886	58762	559908	222364
济宁市	Jining	4934402	5681	1214822	892228	86496	452735	99964
泰安市	Tai'an	3887504	9216	414698	873784	47515	626889	187457
威海市	Weihai	3568169	4410	1976	1845498	61734	149498	91679
日照市	Rizhao	1937901	2799	397	559211	27123	228880	63240
莱芜市	Laiwu	967133		86426	415297	12766	88740	27661
临沂市	Linyi	5336498	15041	172310	1442250	46140	663467	197035
德州市	Dezhou	3109420	2799	20516	1010904	40105	283347	128331
聊城市	Liaocheng	2749478	1713		679429	26986	252729	80036
滨州市	Binzhou	3039778	379	8548	1387097	55457	182812	72479
菏泽市	Heze	2830242	2493	111333	331674	26566	330324	70520

4-13 续表 1 continued

单位:万元 (10 000 yuan)

地 区	Region	交通运输、仓储和邮政业 Traffic, Transport, Storage and Post	住宿和餐饮业 Hotels and Catering Services	信息传输、软件和信息技术服务业 Information Transfer,Software and Information Technology Services	金融业 Financial Intermediation	房地产业 Real Estate	租赁和商务服务业 Leasing and Business Services	科学研究和技术服务业 Scientific Research and Technical Service
全省合计	**Total**	**3632550**	**620402**	**1654077**	**4243272**	**1536173**	**1356766**	**1548445**
济南市	Jinan	473675	110658	785275	1089166	262679	221826	397500
青岛市	Qingdao	613128	136304	181725	783304	318495	273681	329809
淄博市	Zibo	96179	29093	103254	224876	67502	49756	49335
枣庄市	Zaozhuang	38157	7561	17619	81589	36912	11567	21647
东营市	Dongying	43961	58868	35360	113405	28259	273256	78875
烟台市	Yantai	344801	47790	87889	240628	216668	64167	136540
潍坊市	Weifang	126488	35838	73707	165552	91252	29241	59229
济宁市	Jining	96789	25842	40927	222513	49102	29940	39833
泰安市	Tai'an	99972	30603	56888	212674	69768	59917	36091
威海市	Weihai	91203	29536	30038	139093	99927	22037	102496
日照市	Rizhao	224690	10503	16245	65400	26990	42007	14307
莱芜市	Laiwu	40990	4105	6520	34653	16296	5111	3162
临沂市	Linyi	135590	24339	95478	182875	83927	47982	73008
德州市	Dezhou	93432	25730	34301	151052	71992	34567	41285
聊城市	Liaocheng	122603	14657	27892	248643	29526	12977	21459
滨州市	Binzhou	86300	9082	29171	107677	33668	113131	22304
菏泽市	Heze	90117	9348	29384	180173	32831	11506	26429

4-13 续表 2 continued

单位:万元 (10 000 yuan)

地 区	Region	水利、环境和公共设施管理业 Management of Water Conservancy, Environment and Public Facilities	居民服务、修理和其他服务业 Households Services, Repair and Other Services	教 育 Education	卫生和社会工作 Health and Social Work	文化、体育和娱乐业 Culture, Sports and Entertainment	公共管理、社会保障和社会组织 Public management, Social Security and Social Organization	国际组织 International Organization
全省合计	**Total**	**857184**	**141924**	**10092967**	**5344633**	**579915**	**9264550**	
济南市	Jinan	96768	12896	1087119	761179	164738	963030	
青岛市	Qingdao	124201	44673	1537754	744197	102829	1230646	
淄博市	Zibo	47501	5017	582303	305837	69872	476649	
枣庄市	Zaozhuang	26177	5330	348146	187451	11425	390118	
东营市	Dongying	23606	759	254056	110788	8605	283113	
烟台市	Yantai	75758	8842	961228	431759	46907	719632	
潍坊市	Weifang	59010	2816	923826	470020	18097	722983	
济宁市	Jining	41741	6907	627240	361072	21996	618575	
泰安市	Tai'an	29005	10512	494554	236232	12051	379678	
威海市	Weihai	64841	8552	342771	160966	17422	304492	
日照市	Rizhao	24596	547	200379	135812	15691	279088	
莱芜市	Laiwu	6276	11505	48458	60304	2315	96548	
临沂市	Linyi	103099	4898	914943	458835	21846	653435	
德州市	Dezhou	40400	8050	402490	188134	18873	513114	
聊城市	Liaocheng	32897	1722	462002	281443	15905	436860	
滨州市	Binzhou	21629	5087	307679	178650	12447	406181	
菏泽市	Heze	39682	3385	595556	269782	17308	651834	

4-14 按登记注册类型和行业分城镇单位就业人员平均工资(2017年)

Average Earning of Employed Persons in Urban Units by Status of Registration and Sector(2017)

单位：元 (yuan)

类　别	Category	总计 Total	在岗职工 Staff and Workers	国有单位 State-owned Units	城镇集体单位 Urban Collective-owned Units
总　计	**Total**	**68081**	**69305**	**83845**	**58002**
按企、事业和机关分	**Grouped by Enterprises,institutions and Agencies**				
企　业	Enterprises	62355	63232	79653	55229
事　业	Institutions	85854	87667	86570	70917
机　关	Agebcies & Organizations	81629	83334	81594	74027
民间非营利组织	Civil Nonprofit Organization	52733	53331	74664	44119
其　他	Others	64238	64729	83937	45142
按国民经济行业分	**Grouped by Sector**				
农、林、牧、渔业	Agriculture,Forestry,Animal Husbandry and Fishing	63564	64414	66685	47528
采矿业	Mining	72651	73748	76211	52221
制造业	Manufacturing	57339	57287	68123	67400
电力、热力、燃气及水的生产和供应业	Production and Supply of Electric, Heat, Gas and Water	88179	88833	98352	50192
建筑业	Construction	56011	55907	62175	43003
批发和零售业	Wholesale and Retail Trade	51944	52217	58731	42289
交通运输、仓储和邮政业	Traffic,Transport,Storage and Post	76723	77851	85020	41773
住宿和餐饮业	Hotels and Catering Services	44824	45327	49324	41253
信息传输、软件和信息技术服务业	Information Transfer, Software and Information Technology Services	89063	89507	88896	56506
金融业	Financial Intermediation	94704	118864	101323	92831
房地产业	Real Estate	59816	60505	58965	57066
租赁和商务服务业	Leasing and Business Services	62958	63740	67167	47010
科学研究和技术服务业	Scientific Research and Technical Service	85976	86741	93738	57413
水利、环境和公共设施管理业	Management of Water Conservancy,Environment and Public Facilities	48135	57783	55845	69788
居民服务、修理和其他服务业	Households Services, Repair and Other Services	46560	46876	66472	52751
教　育	Education	87647	88743	89868	80328
卫生和社会工作	Health and Social Work	84745	86509	88515	65590
文化、体育和娱乐业	Culture,Sports and Entertainment	81074	83100	86722	56502
公共管理、社会保障和社会组织	Public management,Social Security and Social Organization	80835	82382	80807	68774
国际组织	International Organization				

4−15 各市按登记注册类型分城镇单位就业人员平均工资(2017年) Average Earning of Employed Persons in Urban Units by Status of Registration(2017)

单位：元 (yuan)

地区	Region	总计 Total	在岗职工 Staff and Workers	国有单位 State-owned Units	城镇集体单位 Urban Collective-owned Units	股份合作单位 Cooperative Units	联营单位 Joint Ownership Units
全省合计	**Total**	**68081**	**69305**	**83845**	**58002**	**73009**	**48388**
济南市	Jinan	82192	84645	98770	54790	91848	39237
青岛市	Qingdao	82177	83539	116950	92939	65434	52592
淄博市	Zibo	65950	67003	83561	63088	62533	49533
枣庄市	Zaozhuang	57460	58353	69637	47462	64392	36563
东营市	Dongying	75310	76938	85524	64414	43127	73210
烟台市	Yantai	68408	68979	87759	56591	57065	33698
潍坊市	Weifang	65992	68139	81850	55496	112171	39227
济宁市	Jining	60669	61909	71502	46606	55811	52784
泰安市	Tai'an	58916	59653	74413	50639	59655	54218
威海市	Weihai	62296	62344	86991	60803	54241	38919
日照市	Rizhao	62268	63418	78520	68516	79577	50054
莱芜市	Laiwu	59059	59740	78605	55104	26746	
临沂市	Linyi	61428	63440	79587	52265	56317	88167
德州市	Dezhou	58568	58912	63185	52266	74261	48223
聊城市	Liaocheng	57949	60034	69477	67953	101206	90000
滨州市	Binzhou	64032	64749	81490	60633	83154	42350
菏泽市	Heze	54826	55298	60219	45517	105161	42905

4−15 续表 continued

单位：元 (yuan)

地区	Region	有限责任公司 Limited Liability Corporations	股份有限公司 Share-holding Corporations Ltd.	其他内资 Others	港、澳、台商投资单位 Units with Funds from Hong Kong, Macao&Taiwan	外商投资单位 Foreign Funded Units
全省合计	**Total**	**58246**	**70292**	**55228**	**59029**	**59646**
济南市	Jinan	71115	91298	50817	73501	71193
青岛市	Qingdao	71051	85968	59408	67062	62008
淄博市	Zibo	57442	68193	48694	60115	51083
枣庄市	Zaozhuang	52141	47948	48619	46295	34367
东营市	Dongying	61523	82755	74302	67125	55139
烟台市	Yantai	59977	67011	64022	56243	63742
潍坊市	Weifang	53691	63968	75128	55642	56403
济宁市	Jining	57314	47437	39150	47647	67193
泰安市	Tai'an	52186	59697	52898	42413	55911
威海市	Weihai	52844	56245	66900	67186	58518
日照市	Rizhao	51786	66127	43934	54470	66068
莱芜市	Laiwu	54521	57881	91890	56072	49950
临沂市	Linyi	48738	57498	47530	50408	53444
德州市	Dezhou	54771	60101	54117	58940	54901
聊城市	Liaocheng	47750	53082	48807	48718	50447
滨州市	Binzhou	57246	60151	57046	54627	53416
菏泽市	Heze	46580	55940	42720	58583	40422

4-16 各市按行业分城镇单位就业人员平均工资(2017年)
Average Earning of Employed Persons in Urban Units by Sector and Region (2017)

单位:元 (yuan)

地区	Region	总计 Total	农、林、牧、渔业 Agriculture, Forestry, Animal Husbandry and Fishing	采矿业 Mining	制造业 Manufacturing	电力、热力、燃气及水的生产和供应业 Production and Supply of Electric Heat, Gas and Water	建筑业 Construction	批发和零售业 Wholesale and Retail Trade
全省合计	**Total**	**68081**	**63564**	**72651**	**57339**	**88179**	**56011**	**51944**
济南市	Jinan	82192	59580	93975	66852	86847	70713	55158
青岛市	Qingdao	82177	52127	49807	65571	76668	67745	62621
淄博市	Zibo	65950	78089	66532	59488	75024	56968	46261
枣庄市	Zaozhuang	57460	66644	67142	39817	54644	44103	48916
东营市	Dongying	75310	62595	90932	57183	81692	49300	44572
烟台市	Yantai	68408	81651	61779	59317	79829	54078	49160
潍坊市	Weifang	65992	53399	50069	58255	69351	60868	56473
济宁市	Jining	60669	69879	70669	50403	75032	42624	42047
泰安市	Tai'an	58916	63780	60044	50552	55907	48889	49363
威海市	Weihai	62296	68906	40415	55712	66689	45739	50792
日照市	Rizhao	62268	53927	44618	52346	74697	50954	43211
莱芜市	Laiwu	59059		58850	56257	63764	49243	44708
临沂市	Linyi	61428	70417	82205	51868	69300	52405	46341
德州市	Dezhou	58568	37614	73454	56204	62566	52094	49410
聊城市	Liaocheng	57949	42499		46225	51608	54427	50198
滨州市	Binzhou	64032	63217	50044	56838	64402	51189	47712
菏泽市	Heze	54826	44917	84580	43354	50467	42293	46869

4-16 续表 1 continued

单位:元 (yuan)

地区	Region	交通运输、仓储和邮政业 Traffic, Transport, Storage and Post	住宿和餐饮业 Hotels and Catering Services	信息传输、软件和信息技术服务业 Information Transfer, Software and Information Technology Services	金融业 Financial Intermediation	房地产业 Real Estate	租赁和商务服务业 Leasing and Business Services	科学研究和技术服务业 Scientific Research and Technical Service
全省合计	**Total**	**76723**	**44824**	**89063**	**94704**	**59816**	**62958**	**85976**
济南市	Jinan	102295	45916	94483	112856	62394	66684	107502
青岛市	Qingdao	84826	51023	109770	133891	83058	74356	104804
淄博市	Zibo	66353	49284	75583	110358	52303	52474	68246
枣庄市	Zaozhuang	39581	31349	87482	99293	47378	44817	70444
东营市	Dongying	69536	51989	90366	97077	61154	77563	95099
烟台市	Yantai	71598	42781	81681	97149	65415	54615	72888
潍坊市	Weifang	60413	40609	60169	95161	52805	45462	69144
济宁市	Jining	45603	33727	92261	70309	51244	42198	65033
泰安市	Tai'an	58683	47017	99577	73427	52651	52133	59556
威海市	Weihai	59223	42843	86366	104330	55029	50777	73983
日照市	Rizhao	83120	41712	77395	104123	49567	39480	77713
莱芜市	Laiwu	53199	31052	66124	102221	44150	53513	54797
临沂市	Linyi	59313	38173	95051	56432	52918	37539	69143
德州市	Dezhou	58486	44293	63626	78509	57594	50789	55098
聊城市	Liaocheng	62147	35251	85637	61087	43684	39930	68846
滨州市	Binzhou	64707	34272	69987	103377	42100	87057	74446
菏泽市	Heze	58024	34495	79288	74387	44498	41316	52407

4-16 续表 2 continued

单位:元 (yuan)

地 区	Region	水利、环境和公共设施管理业 Management of Water Conservancy, Environment and Public Facilities	居民服务、修理和其他服务业 Households Services, Repair and Other Services	教 育 Education	卫生和社会工作 Health and Social Work	文化、体育和娱乐业 Culture, Sports and Entertainment	公共管理、社会保障和社会组织 Public management, Social Security and Social Organization	国际组织 International Organization
全省合计	**Total**	**48135**	**46560**	**87647**	**84745**	**81074**	**80835**	
济 南 市	Jinan	62967	42830	104576	110279	108210	99409	
青 岛 市	Qingdao	69308	53700	118403	113564	86812	121204	
淄 博 市	Zibo	46510	38860	89093	82049	100957	89366	
枣 庄 市	Zaozhuang	41282	56283	77234	73481	64733	70566	
东 营 市	Dongying	55991	53437	102434	84616	78796	86278	
烟 台 市	Yantai	55684	57831	92129	85314	69451	94863	
潍 坊 市	Weifang	21132	61076	88351	85910	63322	81691	
济 宁 市	Jining	47731	62279	79064	73133	64017	67005	
泰 安 市	Tai'an	64169	47095	80076	77468	60803	73342	
威 海 市	Weihai	68528	53989	93167	76588	62401	91442	
日 照 市	Rizhao	26158	46373	92285	82460	64254	80673	
莱 芜 市	Laiwu	75251	31307	85494	76850	65966	80189	
临 沂 市	Linyi	45290	39688	84137	81108	60480	74261	
德 州 市	Dezhou	63935	42615	62853	64220	57294	62058	
聊 城 市	Liaocheng	48235	48246	70511	78760	63339	64665	
滨 州 市	Binzhou	74401	29747	83552	84003	82160	80240	
菏 泽 市	Heze	37030	41586	64051	57821	57424	58182	

4-17 各市按行业分城镇私营单位就业人员平均工资(2017年)
Average Wage of Staff and Workers by Sector and Region(2017)

单位:元 (yuan)

地 区	Region	总 计 Total	农、林、牧、渔业 Agriculture, Forestry, Animal Husbandry and Fishing	采矿业 Mining	制造业 Manufacturing	电力、热力、燃气及水的生产和供应业 Production and Supply of Electric, heat,gas and water	建筑业 Construction	批发和零售业 Wholesale and Retail Trade
全省合计	**Total**	**51992**	**47445**	**51599**	**52004**	**57024**	**52827**	**50836**
济 南 市	Jinan	44107	31644	47560	44459	49375	41575	39580
青 岛 市	Qingdao	48497	39518	50359	47609	46438	48211	47736
淄 博 市	Zibo	39373	31131	35635	38218	41112	47330	33893
枣 庄 市	Zaozhuang	38024	28172	33455	38825	33426	37124	36687
东 营 市	Dongying	46853	38297	41792	49211	50152	40940	46258
烟 台 市	Yantai	45117	43533	44633	46332	44723	43888	44204
潍 坊 市	Weifang	44408	40868	40800	44712	44525	45512	43465
济 宁 市	Jining	38936	35952	42738	39993	42254	42887	36766
泰 安 市	Tai'an	39046	34585	34515	38645	34740	44142	38644
威 海 市	Weihai	41158	33025	33682	43243	35577	40965	40209
日 照 市	Rizhao	48113	30654	52931	40116	52762	48447	56985
莱 芜 市	Laiwu	35959	28449	40754	35247	58638	41144	35147
临 沂 市	Linyi	44926	40887	48719	45119	47773	43570	44306
德 州 市	Dezhou	47406	42918	58880	48167	46194	49522	45194
聊 城 市	Liaocheng	36533	34810	33167	35178	47708	42162	34902
滨 州 市	Binzhou	41050	37658	54623	43116	42737	39848	37569
菏 泽 市	Heze	36700	32455	41915	36962	38940	37844	34671

注：全省数据为城镇私营单位口径，各市数据为全部私营单位口径。
a)The statistics range of provincial data include urban private units,region data include all private units.

4-17 续表 1 continued

单位:元 (yuan)

地 区	Region	交通运输、仓储和邮政业 Traffic, Transport, Storage and Post	住宿和餐饮业 Hotels and Catering Services	信息传输、软件和信息技术服务业 Information Transfer, Software and Information Technology Services	金融业 Financial Intermediation	房地产业 Real Estate	租赁和商务服务业 Leasing and Business Services	科学研究和技术服务业 Scientific Research and Technical Service
全省合计	**Total**	**55426**	**46203**	**59763**	**56013**	**49881**	**52929**	**56507**
济南市	Jinan	44982	35865	59572	70837	46541	49375	45702
青岛市	Qingdao	55162	40668	79498	57267	47254	50830	55523
淄博市	Zibo	41392	33106	35940	81091	37889	36603	77466
枣庄市	Zaozhuang	46857	31298	31619	30072	35828	37124	36736
东营市	Dongying	55112	36441	47547	51322	36052	43907	55617
烟台市	Yantai	46707	39188	46654	44375	45963	45149	49560
潍坊市	Weifang	48763	40867	45856	50168	39304	45948	44098
济宁市	Jining	40428	34574	39698	55302	37487	37376	38575
泰安市	Tai'an	40579	38662	40068	40331	35658	40483	38347
威海市	Weihai	41337	40117	41328	38509	38447	40529	38680
日照市	Rizhao	52197	39921	41830	47998	39445	44093	74386
莱芜市	Laiwu	40492	29611	31505	30910	33378	30528	34035
临沂市	Linyi	49785	42510	47613	46076	46155	45826	47432
德州市	Dezhou	50132	42837	44730	50702	50195	45600	48239
聊城市	Liaocheng	45170	32083	34579	35469	34304	32596	44802
滨州市	Binzhou	47300	37115	47485	59699	39386	34309	36883
菏泽市	Heze	40281	34504	35945	42756	38999	36830	37753

4-17 续表 2 continued

单位:元 (yuan)

地 区	Region	水利、环境和公共设施管理业 Management of Water Conservancy, Environment and Public Facilities	居民服务、修理和其他服务业 Households Services, Repair and Other Services	教 育 Education	卫生和社会工作 Health and Social Work	文化、体育和娱乐业 Culture, Sports and Entertainment	公共管理、社会保障和社会组织 Public management, Social Security and Social Organization	国际组织 International Organization
全省合计	**Total**	**48984**	**53713**	**51961**	**51953**	**48460**	**48331**	
济南市	Jinan	36466	36413	39481	38926	43654	36633	
青岛市	Qingdao	40369	40773	39315	45736	86237		
淄博市	Zibo	31885	33034	32929	37047	32591	29937	
枣庄市	Zaozhuang	29913	28316	30438	34640	26861	26640	
东营市	Dongying	39979	36247	35151	32538	41164	35467	
烟台市	Yantai	41289	39131	45987	57584	42705	44025	
潍坊市	Weifang	30603	46714	47448	44659	45459	39269	
济宁市	Jining	36375	34539	35032	38096	35982	35197	
泰安市	Tai'an	38624	37251	38379	49371	35658	41036	
威海市	Weihai	36376	39164	41336	36658	40230	40516	
日照市	Rizhao	32682	44196	39678	53852	40553	37750	
莱芜市	Laiwu	30177	21980	29958	30884	25500	28026	
临沂市	Linyi	39974	42695	41813	43353	44695	37354	
德州市	Dezhou	48369	45380	42703	45669	41925	36765	
聊城市	Liaocheng	35525	27857	38198	43743	34781	38552	
滨州市	Binzhou	47029	27586	33836	42503	35828	33885	
菏泽市	Heze	35988	35282	37512	38908	34764	33708	

4-18 各市城镇登记失业人员及失业率
Registered Urban Unemployed Persons and Unemployment Rate by Region

地 区	Region	失业人员(万人) Unemployment(10 000 persons)					登记失业率(%) Unemployment Rate(%)				
		2013	2014	2015	2016	2017	2013	2014	2015	2016	2017
全省总计	**Total**	**42.2**	**43.1**	**43.7**	**45.8**	**45.7**	**3.2**	**3.3**	**3.4**	**3.5**	**3.4**
济南市	Jinan	3.7	3.3	3.2	3.4	3.2	2.4	2.1	2.0	2.2	2.1
青岛市	Qingdao	7.0	7.2	7.5	8.0	7.8	3.0	3.0	3.0	3.2	3.1
淄博市	Zibo	2.9	2.9	3.0	3.2	3.4	2.7	2.5	2.8	2.7	2.9
枣庄市	Zaozhuang	1.9	1.8	1.9	1.9	1.9	2.5	2.2	2.3	2.4	2.4
东营市	Dongying	0.9	1.0	1.0	1.2	1.3	2.0	2.0	2.2	2.4	2.5
烟台市	Yantai	5.1	5.1	5.4	5.7	5.5	3.3	3.2	3.2	3.2	3.3
潍坊市	Weifang	3.8	3.9	3.9	3.9	3.9	3.0	3.0	2.9	2.9	2.9
济宁市	Jining	3.1	3.1	3.1	3.3	3.3	3.0	3.0	3.0	3.1	3.1
泰安市	Tai'an	1.9	2.0	2.1	2.6	2.5	1.9	2.0	2.1	2.5	2.4
威海市	Weihai	0.8	0.8	0.8	0.8	1.0	1.5	1.5	1.5	1.5	1.7
日照市	Rizhao	1.3	1.1	1.1	1.2	1.3	2.3	2.0	2.0	2.2	2.2
莱芜市	Laiwu	0.5	0.6	0.7	0.7	0.7	2.1	2.2	2.5	2.6	2.6
临沂市	Linyi	1.7	1.9	2.6	2.6	2.7	1.6	1.7	2.4	2.3	2.3
德州市	Dezhou	1.8	1.9	1.9	1.8	1.7	2.9	2.9	2.8	2.6	2.5
聊城市	Liaocheng	2.6	2.5	2.6	2.6	2.5	3.1	2.9	3.0	3.1	3.0
滨州市	Binzhou	1.2	1.2	1.2	1.2	1.2	2.2	2.2	2.2	2.1	2.1
菏泽市	Heze	1.8	1.8	1.8	1.7	1.7	3.2	3.1	3.2	3.1	3.1

4-19 主要年份年末离休、退休、退职人员人数
Numbers of Retired and Resigned Persons at Year-end in Major Years

单位:人 (person)

年 份 Year	总 计 Total	离休人员 Retired Veterans	退休人员 Retired Persons	领取定期生活费的退职人员 Resigned Persons
2000	1803820	144063	1592549	67208
2001	1880547	141761	1684005	54781
2002	2005227	130318	1830820	44089
2003	2121128	124002	1948428	48698
2004	2244567	118302	2077937	48328
2005	2487619	114650	2372969	
2006	2617076	104437	2512563	
2007	2821703	99016	2722687	
2008	3050455	93560	2956895	
2009	3260326	88574	3171752	
2010	3450734	79974	3370760	
2011	3730537	71844	3623657	35036
2012	4163329	68132	4058431	36766
2013	4591639	62261	4492295	37083
2014	5115111	56939	5020415	37757
2015	5543745	49531	5454932	39282
2016	6073980	28093	6008374	37513
2017	6387821	20093	6330627	37101

注:本表不包括民政部门支付离休、退休、退职费的人数。
a)Data in this table exclude the number of retired or resigned people whose pensions are paid by civil affair departments.

4-20 离休、退休人员数(2017年底)
Numbers of Retired and Resigned Persons at Year-end(2017)

单位:人 (person)

类　　别	Category	离休、退休退职人员 Retired and Resigned Persons	离休人员 Retired Veterans	退休人员 Retired Persons
总计	**Total**	**6387821**	**20093**	**6330627**
一、执行企业养老保险制度	**According to the Enterprise Pension Insurance System**	**5280595**	**19856**	**5225085**
(一) 企业	Enterprise	3665475	19826	3615691
1. 内资企业	Domestic Funded Enterprises			
国有企业	State-owned Enterprises	1700920	13924	1671292
集体企业	Collective Owned Enterprises	876663	2530	866682
其他企业	Others	1029595	3253	1020153
2. 港、澳、台及外资企业	Enterprises with Investment from Hong Kong, Macao and Taiwan	58297	119	57564
(二) 事业	Institutions	5991	11	5953
(三) 机关	Government Agencies	1711	12	1689
(四) 其他人员	Others	1607418	7	1601752
二、执行机关事业单位养老保险制度	**According to the Government Agencies and Institutions Pension Insurance System**	**1107226**	**237**	**1105542**
(一) 机关	Government Agencies	264529	126	264028
(二) 事业	Institutions	842680	111	841497
(三) 其他单位	Others	17		17

4-21 各市离休、退休人员数(2017年底)
Numbers of Retired and Resigned Persons at Year-end by Region(2017)

单位:人 (person)

地　区	Region	离休、退休退职人员 Retired and Resigned Persons	离休人员 Retired Veterans	退休人员 Retired Persons
全省总计	**Total**	**6387821**	**20093**	**6330627**
济南市	Jinan	491614	2273	486730
青岛市	Qingdao	969773	2364	963059
淄博市	Zibo	390563	1102	386684
枣庄市	Zaozhuang	158869	344	156318
东营市	Dongying	56241	178	55749
烟台市	Yantai	662139	1820	655425
潍坊市	Weifang	506141	1306	499880
济宁市	Jining	336634	886	333434
泰安市	Tai'an	266424	563	264048
威海市	Weihai	388914	506	387056
日照市	Rizhao	205844	220	204260
莱芜市	Laiwu	143333	251	142435
临沂市	Linyi	355370	825	354368
德州市	Dezhou	201349	590	199681
聊城市	Liaocheng	198897	508	197515
滨州市	Binzhou	181397	432	179666
菏泽市	Heze	210770	554	209568

注：各市数据不包括省直管企业参保离退休人数。
a)Municipal data exclude the number of retired and resigned persons in provincial enterprises.

4-22 离休、退休人员保险福利费用(2017年)
Social Insurance and Welfare Funds for Retired Persons(2017)

单位:万元 (10 000 yuan)

类别	Category	总计 Total	离休金 Pensions for Retired Veterans	退休金 Pensions for Retired Persons
总计	**Total**	**22264293**	**184327**	**21990481**
一、执行企业养老保险制度	**According to the Enterprise Pension Insurance System**	**16212517**	**180727**	**15946664**
(一) 企业	Enterprise	12740874	180422	12472080
1. 内资企业	Domestic Funded Enterprises			
国有企业	State-owned Enterprises	6706188	120739	6542875
集体企业	Collective Owned Enterprises	2666490	23394	2625903
其他企业	Others	3100638	33798	3040130
2. 港、澳、台及外资企业	Enterprises with Investment from Hong Kong, Macao and Taiwan	267558	2491	263172
(二) 事业	Institutions	11259	95	11175
(三) 机关	Government Agencies	5320	149	5131
(四) 其他人员	Others	3455064	61	3458278
二、执行机关事业单位养老保险制度	**According to the Government Agencies and Institutions Pension Insurance System**	**6051776**	**3600**	**6043817**
(一) 机关	Government Agencies	1456163	1120	1454498
(二) 事业	Institutions	4595512	2480	4589218
(三) 其他单位	Others	101		101

4-23 各市离休、退休保险福利费用(2017年)
Social Insurance and Welfare Funds for Retired Persons by Region(2017)

单位:万元 (10 000 yuan)

地区	Region	总计 Total	离休金 Pensions for Retired Veterans	退休金 Pensions for Retired Persons
全省总计	**Total**	**22264293**	**184327**	**21990481**
济南市	Jinan	1998331	25036	1965044
青岛市	Qingdao	3303500	31504	3258886
淄博市	Zibo	1324616	7297	1310541
枣庄市	Zaozhuang	568922	3707	560962
东营市	Dongying	215937	984	214261
烟台市	Yantai	2189897	19937	2158010
潍坊市	Weifang	1705525	9957	1683591
济宁市	Jining	1201452	8308	1188013
泰安市	Tai'an	863483	5846	854235
威海市	Weihai	1024634	3745	1018316
日照市	Rizhao	501041	2456	496954
莱芜市	Laiwu	388175	1546	385433
临沂市	Linyi	1095847	9555	1085915
德州市	Dezhou	686922	5032	679706
聊城市	Liaocheng	687581	4556	681067
滨州市	Binzhou	538086	4508	530905
菏泽市	Heze	733878	3643	728917

注：各市数据不包括省直管企业离退休费用。
a)Municipal data exclude the costs of retired and resigned persons in provincial enterprises.

4-24 社会保险基金收支及累计结余
Revenue, Expenses and Balance of Social Insurance Fund

单位：亿元 (100 million yuan)

年份 Year	合计 Total	基本养老保险 Basic Pension Insurance	失业保险 Unemployment Insurance	基本医疗保险 Basic Medical Care Insurance	工伤保险 Work Injury Insurance	生育保险 Maternity Insurance
基金收入 Revenue						
2005	474.9	360.5	23.5	82.1	5.0	3.8
2006	593.0	441.2	31.3	108.2	7.3	5.0
2007	782.9	591.8	36.5	137.9	10.2	6.5
2008	938.3	687.4	45.5	183.0	13.3	9.1
2009	1109.3	825.7	41.8	215.4	16.7	9.7
2010	1283.0	943.5	43.1	264.2	20.5	11.7
2011	1646.0	1191.2	65.5	343.1	28.4	17.8
2012	1883.4	1316.6	83.2	425.8	34.7	23.1
2013	2114.7	1489.0	57.3	500.3	40.0	28.1
2014	2589.5	1672.7	68.6	770.5	45.1	32.6
2015	3206.8	2105.5	71.6	942.7	51.0	36.0
2016	3502.5	2242.5	92.4	1081.5	50.2	35.8
2017	3663.7	2289.3	67.6	1195.2	58.9	52.7
基金支出 Expenses						
2005	379.0	296.2	14.0	63.2	3.3	2.3
2006	450.9	352.2	13.2	77.7	4.8	3.0
2007	570.9	444.0	13.5	101.9	7.3	4.2
2008	690.7	530.5	14.7	131.2	8.7	5.6
2009	840.5	622.7	22.4	177.0	11.7	6.7
2010	1027.1	749.3	31.4	222.2	15.1	9.1
2011	1223.9	886.8	25.9	279.4	20.1	11.7
2012	1475.6	1059.0	35.3	336.0	28.0	17.3
2013	1783.8	1270.5	46.3	413.5	31.3	22.3
2014	2365.8	1557.7	49.3	692.3	35.0	31.5
2015	2791.4	1845.2	57.3	820.4	38.4	30.1
2016	3202.2	2090.3	70.0	956.7	39.4	45.9
2017	3622.9	2358.7	65.2	1094.6	42.2	62.2
累计结余 Balance at Year-end						
2005	409.9	293.7	40.2	63.9	6.4	5.7
2006	551.7	382.7	58.3	94.4	8.6	7.7
2007	756.1	523.5	81.3	130.4	10.9	10.0
2008	1002.5	680.4	112.1	182.2	14.3	13.5
2009	1270.0	883.4	131.5	220.6	18.0	16.5
2010	1525.1	1077.6	143.2	262.6	22.6	19.0
2011	1946.1	1382.0	182.8	326.3	29.8	25.1
2012	2359.8	1639.5	230.7	416.7	41.9	31.0
2013	2693.4	1858.0	241.7	506.3	50.6	36.8
2014	2959.3	1973.0	261.0	626.8	60.6	37.9
2015	3378.0	2233.4	275.3	752.4	73.1	43.8
2016	3678.7	2385.7	297.8	877.6	83.9	33.8
2017	3718.9	2315.7	300.2	979.2	100.6	23.2

注：基本养老保险不包含居民养老保险；自2014年起，基本医疗保险包括职工基本医疗保险和居民基本医疗保险。

a)Basic Pension Insurance doesn't include that for residents. Since 2014, Basic Medical Care Insurance includes employee and residents medical care insurance.

4-25 主要年份年末社会保险参保人数

Number of Persons Participated in Social Insurance in Major Years

单位:万人 (10 000 persons)

年份 Year	职工基本养老保险 Urban Basic Pension Insurance	企业基本养老保险 Enterprise's Pension Insurance	机关事业养老保险 Institution and Government Agency's Pension Insurance	医疗保险 Medcial Care Insurance	失业保险 Unemployment Insurance	工伤保险 Work Injury Insurance	生育保险 Maternity Insurance
2000	972.2	757.6	214.6	255.5	715.0	279.4	325.5
2001	1022.2	793.9	228.3	490.2	700.2	285.5	331.8
2002	1043.0	805.0	238.0	625.6	701.2	278.2	323.2
2003	1135.9	883.5	252.4	691.1	719.1	281.8	336.5
2004	1218.7	958.1	260.6	771.9	747.5	476.7	390.8
2005	1302.5	1027.4	275.1	861.5	771.1	578.7	461.2
2006	1368.0	1086.2	281.8	996.1	789.7	647.3	488.8
2007	1455.7	1165.4	291.6	1115.9	814.9	745.0	563.3
2008	1565.8	1266.1	299.7	1266.2	864.1	865.0	638.0
2009	1661.0	1352.1	308.9	2540.2	899.5	1064.6	703.0
2010	1773.0	1459.5	313.5	2770.6	931.2	1211.2	774.1
2011	1907.1	1589.4	317.6	2947.8	964.9	1276.1	857.8
2012	2063.2	1739.8	323.4	3101.2	1009.8	1339.6	919.0
2013	2259.6	1931.7	327.8	3647.9	1089.6	1371.9	974.4
2014	2370.2	2037.5	332.7	3988.0	1154.3	1421.5	1046.5
2015	2477.5	2138.5	339.0	9235.8	1203.8	1473.5	1111.3
2016	2576.4	2224.2	352.2	9188.8	1222.9	1510.9	1139.1
2017	2660.9	2303.4	357.6	9295.7	1268.3	1569.1	1186.6

注：城镇职工社会基本养老保险参保人数包含离退休人数；2009年起，医疗保险参保人数包含城镇居民医疗保险。2013年起，医疗保险参保人数中含新农合并入人员。

a) Number of persons participated in urban basic pension insurance include retirees.Since 2009,number of persons participated in medical care insurance include urban residents participated in medicalcare insurance. Since 2013,number or persons participated in medical care insurance included the new rural co-operative medical system incorporated into the personnel.

4-26 各市社会保险参保人数(2017年底)

Number of Persons Participated in Social Insurance at Year-end by Region(2017)

单位:万人 (10000 persons)

地区	Region	城镇职工社会基本养老保险 Urban Basic Pension Insurance	企业基本养老保险 Enterprise's Pension Insurance	机关事业养老保险 Institution and Government Agency's Pension Insurance	医疗保险 Medcial Care Insurance	失业保险 Unemployment Insurance	工伤保险 Work Injury Insurance	生育保险 Maternity Insurance
全省总计	**Total**	**2660.9**	**2303.4**	**357.6**	**9295.7**	**1268.3**	**1569.1**	**1186.6**
济南市	Jinan	304.6	279.6	25.0	636.7	147.2	187.5	152.7
青岛市	Qingdao	433.4	399.8	33.6	845.5	210.3	258.7	221.2
淄博市	Zibo	157.9	141.0	16.9	430.4	81.6	100.9	65.5
枣庄市	Zaozhuang	84.4	70.4	14.1	370.6	43.4	48.1	36.5
东营市	Dongying	56.8	48.2	8.7	201.3	29.2	63.8	48.4
烟台市	Yantai	248.1	221.1	27.0	623.3	111.5	119.9	113.4
潍坊市	Weifang	193.2	161.4	31.8	827.1	98.0	131.9	88.0
济宁市	Jining	152.3	123.7	28.6	798.0	82.2	97.5	73.5
泰安市	Tai'an	121.4	104.0	17.4	530.4	62.0	89.4	79.0
威海市	Weihai	120.3	109.2	11.1	252.0	57.7	72.0	63.7
日照市	Rizhao	71.3	61.9	9.3	270.8	27.7	37.5	30.6
莱芜市	Laiwu	44.7	40.4	4.3	120.4	21.7	26.9	19.2
临沂市	Linyi	148.3	117.0	31.3	1009.9	62.4	102.4	60.0
德州市	Dezhou	84.9	64.5	20.4	516.1	37.5	60.3	40.8
聊城市	Liaocheng	79.8	59.7	20.2	558.7	35.9	51.2	25.1
滨州市	Binzhou	76.8	63.3	13.4	376.5	40.4	48.1	30.1
菏泽市	Heze	105.8	73.0	32.8	900.5	38.8	63.0	38.8

注:各市养老、失业保险人数不包括省直管企业人数。

a)Municipal data on pension insurance exclude the staff and workers of provincial enterprise.

4-27 职工养老保险基本情况
Basic Statistics on Pension Insurance in Urban Areas

类　　别		Category		2012	2013	2014	2015	2016	2017
一、年末参保人数	**（万人）**	**Number of People Insured**	**(10 000 persons)**	**2063.2**	**2259.6**	**2370.2**	**2477.5**	**2576.4**	**2660.9**
职　工	（万人）	Employed People	(10 000 persons)	1646.9	1800.4	1858.7	1923.1	1969.0	2022.2
#企　业	（万人）	Enterprises	(10 000 persons)	1407.2	1560.6	1618.7	1681.4	1722.3	1775.3
离休、退休、退职人数	（万人）	Retired and Resigned Persons	(10 000 persons)	416.3	459.2	511.5	554.4	607.4	638.8
二、基金收支情况		**Revenue and Expenses**							
基金收入	（亿元）	Revenue	(100 million yuan)	1316.6	1489.0	1672.7	2105.5	2242.5	2289.3
基金支出	（亿元）	Expenses	(100 million yuan)	1059.0	1270.5	1557.7	1845.2	2090.3	2358.7
三、企业养老金社会化发放人情况		**Payment of Pension Insurance**							
养老金实发人数	（万人）	People Receiving Pension Insurance	(10 000 persons)	332.7	371.2	418.7	457.0	501.9	528.1
#社会化发放人数	（万人）	People Receiving Socialized Pension Insurance	(10 000 persons)	332.7	371.2	418.7	457.0	501.9	528.1
社会化发放率	(%)	Rate of Socialized Pension Insurance	(%)	100.0	100.0	100.0	100.0	100.0	100.0

4-28 各市居民基本养老保险情况(2017年)
Statistics on Residents Old-age Insurance by Region(2017)

地　区	Region	参保人数（人）Contributors at Year-end (person)	达到领取待遇年龄参保人数 Number of Participants Who Have Reached the Prescribed Age of Benefit Entilement	基金收支情况(亿元) Revenue and Expense(100 million yuan)		
				基金收入 Revenue	基金支出 Expenses	累计结余 Balance at Year-end
全省总计	**Total**	**45306395**	**14879370**	**369.8**	**230.9**	**822.5**
济南市	Jinan	2269932	820517	30.7	13.8	45.8
青岛市	Qingdao	2936181	1017100	40.8	30.0	65.0
淄博市	Zibo	1503068	614163	12.8	8.8	40.8
枣庄市	Zaozhuang	1916941	542131	11.7	7.2	25.1
东营市	Dongying	755266	276024	15.1	7.7	27.9
烟台市	Yantai	3172688	1176035	38.0	23.8	135.9
潍坊市	Weifang	4737132	1543040	34.2	21.2	96.6
济宁市	Jining	4468834	1288053	32.4	18.0	72.7
泰安市	Tai'an	2797030	885412	16.9	11.8	29.9
威海市	Weihai	900111	381663	15.2	8.3	33.5
日照市	Rizhao	1389104	443623	8.4	5.8	18.6
莱芜市	Laiwu	502347	166390	2.8	2.3	4.9
临沂市	Linyi	5368445	1745435	34.2	22.2	73.8
德州市	Dezhou	3026890	938065	17.9	11.8	36.0
聊城市	Liaocheng	3018563	920519	18.4	11.5	40.2
滨州市	Binzhou	1910269	665031	12.4	8.6	20.3
菏泽市	Heze	4633594	1456169	27.9	18.1	55.5

主要统计指标解释

经济活动人口 指在16周岁及以上，有劳动能力，参加或要求参加社会经济活动的人口。包括就业人员和失业人员。

就业人员 指在16周岁及以上，从事一定社会劳动并取得劳动报酬或经营收入的人员。这一指标反映了一定时期内全部劳动力资源的实际利用情况，是研究我国基本国情国力的重要指标。

单位就业人员 指在各级国家机关、政党机关、社会团体及企业、事业单位中工作，取得工资或其他形式的劳动报酬的全部人员。包括在岗职工、再就业的离退休人员、民办教师以及在各单位中工作的外方人员和港澳台方人员、兼职人员、借用的外单位人员和第二职业者。不包括离开本单位仍保留劳动关系的职工。单位就业人员反映了各单位实际参加生产或工作的全部劳动力。

城镇私营和个体就业人员 城镇私营就业人员指在工商管理部门注册登记，其经营地址设在县城关镇(含县城关镇)以上的私营企业就业人员，包括私营企业投资者和雇工。城镇个体就业人员指在工商管理部门注册登记，并持有城镇户口或在城镇长期居住，经批准从事个体工商经营的就业人员，包括个体经营者和在个体工商户劳动的家庭帮工和雇工。

城镇登记失业人员 指有非农业户口，在一定的劳动年龄内(16周岁至退休年龄)，有劳动能力，无业而要求就业，并在当地就业服务机构进行求职登记的人员。

城镇登记失业率 城镇登记失业人员与城镇单位就业人员(扣除使用的农村劳动力、聘用的离退休人员、港澳台及外方人员)、城镇单位中的不在岗职工、城镇私营业主、个体户主、城镇私营企业和个体就业人员、城镇登记失业人员之和的比。计算公式为：

$$\text{城镇登记失业率}=\frac{\text{城镇登记失业人数}}{(\text{城镇单位就业人员}-\text{使用的农村劳动力}-\text{聘用的离退休人员}-\text{聘用的港澳台及外方人员})+\text{不在岗职工}+\text{城镇私营业主}+\text{城镇个体户主}+\text{城镇私营企业及个体就业人员}+\text{城镇登记失业人数}}\times 100\%$$

职工 指在国有、城镇集体、联营、股份制、外商和港、澳、台投资、其他单位及其附属机构工作，并由其支付工资的各类人员。不包括下列人员：(1)乡镇企业就业人员；(2)私营企业就业人员；(3)城镇个体劳动者；(4)离休、退休、退职人员；(5)再就业的离、退休人员；(6)民办教师；(7)在城镇单位中工作的外方及港、澳、台人员；(8)其他按有关规定不列入职工统计范围的人员。(1998年及以后的数据均为在岗职工数据，其他相关指标如职工工资总额，职工平均工资等指标也从1998年按此口径进行了相应调整)。

国有单位 指资产归国家所有的经济组织。包括按《中华人民共和国企业法人登记管理条例》规定登记注册的非公司制的经济组织，以及中央、地方各级国家机关、事业单位和社会团体。

集体单位 指生产资料归集体所有，并按《中华人民共和国企业法人登记管理条例》规定登记注册的经济组织。

其他单位 包括股份合作单位、联营单位、有限责任公司、股份有限公司、港澳台商投资单位以及外商投资单位等其他登记注册类型单位。

在岗职工 指在本单位工作并由单位支付工资的人员，以及有工作岗位，但由于学习、病伤产假等原因暂未工作，仍由单位支付工资的人员。

工资总额 指各单位在一定时期内直接支付给本单位全部职工的劳动报酬总额。工资总额的计算原则应以直接支付给职工的全部劳动报酬为根据。各单位支付给职工的劳动报酬以及其他根据有关规定支付的工资，不论是计入成本的还是不计入成本的，不论是按国家规定列入计征奖金税项目的，还是未列入计征奖金税项目的，不论是以货币形式支付的还是以实物形式支付的，均包括在工资总额内。

平均工资 指企业、事业、机关单位的职工在一定时期内平均每人所得的货币工资额。它表明一定时期职工工资收入的高低程度，是反映职工工资水平的主要指标。计算公式为：

$$\text{平均工资}=\frac{\text{报告期实际支付的全部职工工资总额}}{\text{报告期全部职工平均人数}}$$

平均工资指数 指报告期职工平均工资与基期职工平均工资的比率，是反映不同时期职工货币工资水平变动情况的相对数。计算公式为：

$$\text{平均工资指数}=\frac{\text{报告期职工平均工资}}{\text{基期职工平均工资}}\times 100\%$$

平均实际工资指数 职工平均实际工资指扣除物价变动因素后的职工平均工资。职工平均实际工资指数是反映实际工资变动情况的相对数，表明职工实际工资水平提高或降低的程度。计算公式为：

$$\text{平均实际工资指数}=\frac{\text{报告期职工平均工资指数}}{\text{报告期城镇居民消费价格指数}}\times 100\%$$

基本养老保险

1.（参保）职工人数：指报告期末按照国家法律、法规和有关政策规定参加基本养老保险并在社保经办机构已建立缴费记录档案的职工人数，包括中断缴费但未终止养老保险关系的职工人数，不包括只登记未建立缴费记录档案的人数。

2.（参保）离退休人员人数：指报告期末参加基本养老保险的离休、退休和退职人员的人数。

3.基本养老保险基金收入：指根据国家有关规定，由纳入基本养老保险范围的缴费单位和个人按国家规定的缴费基数和缴费比例缴纳的养老保险基金，以及通过其他方式取得的形成基金来源的收入。包括单位和职工个人缴纳的基本养老保险费、基本养老保险基金利息收入、上级补助收入、下级上解收入、转移收入、财政补贴和其他收入。

4.基本养老保险基金支出：指按照国家政策规定的开支范围和开支标准从养老保险基金中支付给参加基本养老保险的离休、退休、退职人员个人的养老金、丧葬抚恤补助，以及由于保险关系转移、上下级之间调剂资金等原因而发生的支出。包括离休金、退休金、退职金、各种补贴、医疗费、死亡丧葬补助费、抚恤救济费、社会保险经办机构管理费、补助下级支出、上解上级支出、转移支出、其他支出等。

5.基本养老保险基金累计结余：指截止报告期末基本养老保险基金收支相抵后的累计余额。

离休、退休、退职人员　指正式办理了离休、退休、退职手续，并享受相应的离休、退休、退职待遇的人员。

基本医疗保险

1.参保人数：指报告期末按国家有关规定参加基本医疗保险的人数。包括参加保险的职工人数和退休人员人数。

2.基金收入：指根据国家有关规定，由纳入基本医疗保险范围的缴费单位和个人，按国家规定的缴费基数和缴费比例缴纳的基金，以及通过其他方式取得的形成基金来源的款项，包括：单位缴纳的社会统筹基金收入、个人缴纳的个人账户基金收入、财政补贴收入、利息收入、其他收入。

3.基金支出：指按照国家政策规定的开支范围和开支标准从社会统筹基金中支付给参加基本医疗保险的职工和退休人员的医疗保险待遇支出，和从个人帐户基金中支付给参加基本医疗保险的职工和退休人员的医疗费用支出，以及其他支出。包括：住院医疗费用支出、门急诊医疗费用支出、个人账户基金支出、其他支出。

4.基金累计结余：指截止报告期末基本医疗保险的社会统筹和个人帐户基金累计结余金额。包括银行存款、财政专户、债券投资和其他。

失业保险

1.参保人数：指报告期末按照国家法律、法规和有关政策规定参加了失业保险的城镇企业事业单位的职工及地方政府规定参加失业保险的其他人员的人数。

2.失业保险基金收入：指按照规定从企业、事业及其他单位筹集的失业保险费及其他并入失业保险基金收入的总额。包括单位和个人缴纳的失业保险费、失业保险基金利息收入、上级补助收入、下级上解收入、转移收入、财政补贴和其他收入。

3.失业保险基金支出：指报告期内为保障失业人员和下岗职工基本生活、促进其再就业等支出的基金总额。包括失业救济金、医疗费、死亡丧葬补助费、抚恤救济费、转业训练费支出、失业保险经办机构管理费、补助下级支出、上解上级支出、转移支出和其他支出。

4.基金累计结余：指截止报告期末失业保险基金收支相抵后的累计余额。

工伤保险

1.参加保险人数:指报告期末依据国家有关规定参加工伤保险的职工人数。

2.享受保险待遇人数:指劳动者因工负伤致残、死亡或因患职业病致残，根据有关规定享受工伤保险待遇职工或供养直系亲属人数。包括伤残人数、职业病人数、因工死亡人数、供养直系亲属人数。

3.基金收入：指根据国家有关规定，由参加工伤保险的单位按国家规定的缴费基数和缴费比例缴纳的工伤保险基金，以及通过其他形式取得的形成基金来源的款项。包括：单位缴纳的社会统筹基金收入、财政补贴收入、利息收入、其他收入。

4.基金支出：指按照国家政策规定的开支范围和开支标准从工伤保险基金中支付给参加工伤保险的人员及供养直系亲属工伤保险待遇支出及其他支出。包括工伤医疗费、伤残补助金、工亡补助金、护理费、丧葬补助费、工伤预防费用、职业康复费用和其他支出。

5.基金累计结余：指截止报告期末工伤保险基金累计结余金额。包括银行存款、财政专户、债券投资和其他。

生育保险

1.参保人数：指报告期末依据有关规定参加生育保险的职工人数。

2.基金收入：指根据国家有关规定，由参加生育保险的单位按照国家规定的缴费基数和缴费比例缴纳的生育保险基金，以及通过其他方式取得的形成基金来源的款项，包括：单位缴纳的基金收入、利息收入和其他收入。

3.基金支出：指按照国家政策规定的开支范围和开支标准，从生育保险基金中支付给参加生育保险的职工，因妊娠、分娩和计划生育手术而享受的待遇及其他支出。包括：生育津贴、医疗费用支出及其他支出。

4.基金累计结余：指截止报告期末生育保险基金累计结余金额。包括银行存款、财政专户、债券投资和其他。

离休、退休、退职人员保险福利费用　指离休、退休、退职人员实际得到的生活费用总额，包括从社会保险经办机构和单位得到的费用。

1.离休金：指按规定支付给离休人员的生活费用。

2.退休金：指按规定支付给退休人员的生活费用。

3.退职生活费：指按规定支付给退职人员的生活费用。

4.医疗卫生费：指单位直接支付给离休、退休、退职人员的医疗费、住院费以及住院伙食补助等费用。

5.其他：指离休金、退休金、退职生活费和医疗卫生费以外的其他保险福利费用，如丧葬抚恤救济费、生活补贴、物价补贴、冬季取暖补贴等。

Explanatory Notes on Main Statistical Indicators

Economically Active Population refers to the population aged 16 and over who are capable to work, are participating in or willing to participate in economic activities, including employed persons and unemployed persons.

Employed Persons refer to the persons aged 16 and over who are engaged in social working and receive remuneration payment or earn business income. This indicator reflects the actual utilization of total labour force during a certain period of time and is often used for the research on China' s economic situation and national power.

Persons Employed in Units refer to all the persons working in government agencies of various levels, political and party organizations, social organizations, enterprises and institutions, and receiving wages or other forms of payment. They include fully employed staff and workers, re employed retirees, teachers in schools run by the local people, foreigners and Chinese compatriots from Hong Kong, Macao, and Taiwan working in various units, part time employees, employees of other units working temporarily at current posts, and employees holding the second job, but exclude staff and workers who have left their working units while keeping their labour contract (employment relation) unchanged. This indicator reflects the total number of laborers actually engaged in production or other operations in various units.

Persons Employed in Private Enterprises and Self Employed Individuals in Urban Areas Persons employed in private enterprises refer to the persons employed in the private enterprises which have been registered at the departments of industrial and commercial administration and are situated at a county town (i.e. a town where the county government is located) for business operation or at urban areas with the level higher than a county town. The self employed individuals in urban areas refer to persons who hold the certificates of residence in urban areas or have resided in the urban areas for a long time and have been registered at the departments of industrial and commercial administration and approved to be engaged in individual industrial or commercial business, including self employed persons as well as helpers and hired labourers who work in the individual households engaged in industrial or commercial business.

Registered Urban Unemployed Persons refer to the persons with non agricultural household registration at certain working ages (16-50 years for male and 16-45 years for females), who are capable of work, unemployed and willing to work, and have been registered at the local employment service agencies to apply for a job.

Registered Urban Unemployment Rate refers to the ratio of the number of the registered unemployed persons to the sum of the number of persons employed in various units (minus the rural labour force, retirees, and Hong Kong, Macao, Taiwan or foreign employees they employ) laid off workers in urban units, owners and employees in urban private enterprises, urban self-employed individuals and the registered urban unemployed persons. The formula is as follows:

Registered urban unemployment rate=number of registered urban unemployed persons÷(number of persons employed in urban units - rural labour force employed retirees employed-Hong Kong, Macao, Taiwan or foreign employees employ+laid off workers+owners and employees in urban private enterprises+self employed individuals in urban areas+registered urban unemployed persons) ×100%.

Staff and Workers refer to persons working in, and receive payment from units of state ownership, collective ownership, joint ownership, share holding ownership, foreign ownership, and ownership by entrepreneurs from Hong Kong, Macao, and Taiwan, and other types of ownership and their affiliated units. They do not include 1) persons employed in township enterprises, 2) persons employed in private enterprises, 3) urban self employed persons, 4) retirees, 5) re employed retirees, 6) teachers in the schools run by the local people, 7) foreigners and persons from Hong Kong, Macao and Taiwan who work in urban units, and 8) other persons not to be included by relevant regulations. (Data of 1998 and afterward refer to fully employed staff and workers. Other related statistics such as total wage bill and average wage are adjusted since 1998 accordingly).

State owned Units refer to economic units whose assets are owned by the state. Included are non corporation units registered according to Regulation of the People Republic of China on the Registration of Enterprises and Corporations,state organs, institutions and social organizations at the central and local levels.

Collective Owned Units refer to economic units registered according to Regulation of the People Republic of China on the Registration of Enterprises and Corporations where the means of production are collectively owned.

Units of Other Types of Ownership refer to units registered with other types of ownership, including cooperative units, joint ownership units, limited companies, share holding corporations, units invested by entrepreneurs from Hong Kong, Macao, and Taiwan, and foreign invested units.

Fully Employed Staff and Workers refer to persons who work in, and receive wages from their working units, as well as persons who have their work posts, but are temporarily absent from work for reasons of study or on sick, injury or maternal leave and still receive wages from their working units.

Total Wages Bill refer to the total remuneration payment to staff and workers in various units during a certain period of time. The calculation of total wages is based on the total remuneration payment to the staff and workers. Therefore, all the wages and salaries and other payments to staff and workers are included in the total wages regardless of their sources, category, and forms (in kind or cash). (Total wages of staff and workers in this yearbook include only total wages of fully employed staff and workers, excluding the living allowances distributed to those who have left their working units while keeping their labour contract/employment relation unchanged).

Average Wage refers to the average wage in money terms per person during a certain period of time for staff and workers in enterprises, institutions, and government agencies, which reflects the general level of wage income during a certain period of time and is calculated as follows:

Average Wage=Total Wages of Staff and Workers at Reference Time/Average Number of Staff and Workers at Reference Time.

Average Wage Indices refers to the ratio of average wage of staff and workers in the report period to that in the base period, which reflects the change of wage of staff and workers at the different period. It is calculated as follows:

Average Wage Indices=Average Wage of Staff and Workers at Reference Time/Average Wage of Staff and Workers at Base Period × 100%

Average Real Wage Indices average real wage of staff and workers refers to the average wage of staff and workers after removing the effects of the price changes and average real wage indices of staff and workers refers to the change of real wage, which reflects the relative increasing or decreasing level of real wage of staff and workers, which is calculated as follows:

Average Real Wage Indices=Average Wage Indices of Staff and Workers at the Reference Time/Urban Consumer Price Indices at Reference Time × 100%

Basic Pension Insurance

1.Number of staff and workers covered refer to staff and workers participating in basic pension insurance programme in line with national laws, regulations and related policies by the end of reference period, who have already had payment records in social security management agencies, including those who interrupt payment without terminating the insurance programme. Those who have registered in the programme with no payment records are not included.

2. Number of retirees participating in basic pension insurancc programme refer to number of retirees participating in basic pension insurance programme by the end of reference period.

3. Revenue of basic pension insurance refer to payments made by employers and individuals participating in pension insurance programs in accordance with the basis and proportion stipulated in state regulations, and income from other sources that become source of pension insurance fund, including the premium paid by employers and staff and works, interest income, subsidies from higher level agencies, income as transfer from subordinate agencies, transferred income, government financial subsidies and other income.

4. Expenses of basic pension insurance refer to payment made to those retired and resigned people covered in pension insurance program in terms of pension or compensation within the scope and standards of expenditure according to related national policies, and expenditure occurred due to shift of the insurance relationship or adjustment of funds among agencies, including pension for resigned people, pension for retired people, pension for people quitting jobs, various subsidies, medical fees, funeral subsidies, compensation pension, management fees for social security agencies, expenses on subsidies to lower subordinates, expenses as transfer to agencies at higher level, transferred expenditure and other expenditure.

5. Balance of basic pension insurance refers to the balance of basic pension insurance at the end of the reference period after deducting expenses from revenue.

Retired or Resigned Personnel refers to people who have formally completed formalities for their retirement or quitting work and enjoy the corresponding retirement treatments.

Basic Medical Care Insurance

1. Number of people participating in the insurance programme refers to people participating in the basic medical care insurance programme according to related regulations by the end of reference period, including number of staff and workers and retirees participating in this insurance programme.

2. Revenue of insurance programme refer to payments made by employers and individuals participating in medical care insurance programs in accordance with the basis and proportion stipulated in state regulations, and income from other sources that become source of medical insurance fund, including income of social comprehensive funds paid by employers, income from individual accounts, government financial subsidies, interest income and other income.

3. Expenses of insurance programme refer to payment made from social comprehensive funds to those retired and resigned people covered in basic medical care insurance within the scope and standards of expenditure according to related national policies, and medical care payment made from individual accounts to staff and workers and retirees, and other expenses, including medical expenses of hospital inpatients, medical expenses for outpatients and emergency patients, payment from individual accounts and other expenditure.

4. Balance of basic medical care insurance refer to the balance of medical care insurance of social comprehensive funds and individual accounts at the end of the reference period, including bank savings, special fiscal accounts, investment in bonds and others.

Unemployment Insurance

1. Number of people covered refers to staff and workers in urban enterprises or institutions who have participated in unemployment insurance programme in line relevant policies and regulations, and other people who have participated according to local government regulations, by the end of reference period.

2. Revenue of unemployment insurance refer to payments made by employers and individuals participating in unemployment insurance programme in accordance with relevant regulations and other income contributed to this programme, including unemployment insurance premium made

by employers and individuals, interest income, subsidies from higher level agencies, income as transfer from subordinate agencies, transferred income, government financial subsidies and other income.

3. Expenses of unemployment insurance refer to total expenses during the reference period to guarantee the basic livelihood of unemployed people and laid off staff and workers and to encourage their re employment. Included are unemployment relief, medical fees, funeral subsidies, compensation pension, training expenses, management fees for unemployment insurance agencies, subsidies to lower level agencies, expenses as transfer to higher level agencies, transferred expenditure and other expenditure.

4. Balance of unemployment insurance refer to the balance of unemployment revenue deducting unemployment expenses at the end of the reference period.

Work Injury Insurance

1. Number of people covered refers to staff and workers who have participated in work injury insurance programme in line with relevant national regulations.

2. Number of beneficiaries refers to staff and workers and their direct dependents who can, in line with relevant regulations, benefit from work injury insurance, as a result of work injury leading to disability or death of the staff/worker, or occupational disease leading to disability. Included in this category are number of injured and disabled people, number of people with occupational diseases, number of deaths at work places, and number of direct dependents.

3. Revenue of work injury insurance refer to payments made by employers participating in work injury insurance programs in accordance with the basis and proportion stipulated in state regulations, and income from other sources that become source of work injury insurance fund, including income of social comprehensive funds paid by employers, government financial subsidies, interest income and other income.

4. Expenses of work injury insurance refer to payments made from work injury insurance funds to those who participated in the work injury insurance programme and their direct dependents within the scope and standards of expenditure according to related national policies, and other expenditure, including medical fees for work injury, injury and disability subsidies, death subsidies, nursing fees, funeral subsidies, injury prevention fees, rehabilitation fees for occupational diseases and other expenditure.

5. Balance of work injury insurance refer to the balance of the work injury funds at the end of the reference period, including bank savings, special fiscal account, investment in bonds and others.

Maternity Insurance

1. Number of people covered refers to staff and workers who have participated in maternity insurance programme according to relevant regulation at the end of the reporting period.

2. Revenue of maternity insurance refers to payments made by employers participating in maternity insurance programs in accordance with the basis and proportion stipulated in state regulations, and income from other sources that become source of maternity insurance fund, including income of funds paid by employers, interest income and other income.

3. Expenses of maternity insurance refer to payments made from maternity insurance funds to staff and workers who participated in maternity insurance programme within the scope and standards of expenditure according to related national policies, expenses paid for pregnancy, child delivery or surgeries related to family planning, and other expenditure, including allowance for child bearing, medical fees and other expenditure.

4. Balance of the maternity insurance refers to the balance of the maternity insurance funds at the end of reference period, including bank savings, special fiscal account, investment in funds and others.

Insurance and Welfare Funds for Retirees refer to the total payment for living expenses actually received by retirees, including payment received from social insurance management agencies and units.

1. Pensions for retired veteran cadres refer to living expenses paid to retired veteran cadres according to related regulations.

2. Pensions for retirement refer to living expenses paid to retired staff and workers according to related regulations.

3. Living allowances for resigned staff and workers refer to living expenses paid to resigned staff and workers according to related regulation.

4. Medical care expenses refer to medical fees, hospitalization cost and per diem subsidies during hospitalizations paid by employers directly to retirees.

5. Others refer to insurance and welfare payments other than the above mentioned payments, including funeral subsidies, living allowances, price subsidies and heating subsidies during winter.

第5篇 固定资产投资

Investment in Fixed Assets

简 要 说 明

一、本篇资料的主要内容

本篇资料主要反映了全省固定资产投资方面的情况，主要包括固定资产投资的规模、结构、资金来源和投资的效果等方面的资料。2011 年，固定资产投资项目统计起点由 50 万元提高到 500 万元，名称统一规范为“固定资产投资”，其中包括城镇、非农户 500 万元及以上项目投资、房地产开发投资；“全社会固定资产投资”包括“固定资产投资加农户固定资产投资”。

二、本篇资料的来源

本篇资料来源于固定资产投资统计年报，由省统计局投资处整理提供。

Brief Introduction

I. Main Content

Data in this chapter show the basic conditions of investment in fixed assets of Shandong Province, mainly including the total investment in fixed assets, the structure of investment, the resources of investment and the results of investment, etc.Since 2011, the statistical criteria of fixed assets investment projects had been increased from 500 thousand to 5 million yuan. Investment in fixed assets include urban area and non-farmers 5 million and above project investments, real estate development investment; the total investment include investment in fixed assets and farmer investment in fixed assets.

II. Source of Data

Data in this chapter are based on the yearly report on investment in fixed assets and provided by the Division of Investment and Construction Statistics of Shandong Provincial Bureau of Statistics.

5-1 1978-2017年全社会固定资产投资总额
Total Investments in Fixed Assets from 1978 to 2017

单位:亿元 (100 million yuan)

年份 Year	全社会固定资产投资额 Total Investment	国有经济 State-owned Units	集体经济 Collective-owned Units	#城镇 Urban	个体经济 Self-employed Units	#农村 Rural	其他经济 Others
1978	41.87	29.27	8.42	1.78	4.18	3.98	
1979	61.35	31.62	18.97	1.55	10.76	10.41	
1980	69.97	35.83	22.24	3.12	11.90	11.47	
1981	79.60	29.63	32.08	3.27	17.89	17.28	
1982	85.00	43.29	23.38	4.38	18.33	17.46	
1983	96.46	49.11	19.19	3.76	28.16	26.48	
1984	140.15	67.09	25.29	5.01	47.77	44.43	
1985	194.33	100.42	30.21	8.64	63.70	58.51	
1986	223.08	121.95	43.09	11.95	58.04	52.32	
1987	297.77	155.65	78.75	17.84	63.37	56.05	
1988	369.82	192.20	100.97	35.46	76.65	64.83	
1989	305.54	162.30	69.68	19.68	73.56	62.00	
1990	335.66	185.44	71.51	18.63	78.71	67.47	
1991	439.82	234.04	104.73	25.06	101.05	85.73	
1992	601.50	343.17	186.43	42.27	71.90	54.19	
1993	892.48	476.26	245.90	49.90	105.44	83.05	64.88
1994	1108.00	537.59	318.42	56.42	118.45	92.30	133.54
1995	1320.97	611.92	383.97	51.62	140.54	113.13	184.55
1996	1558.01	691.76	484.79	79.79	202.65	166.14	178.81
1997	1792.22	773.30	569.70	60.15	241.76	198.68	207.46
1998	2056.97	938.73	610.20	66.70	274.20	227.00	233.84
1999	2222.17	1043.13	635.55	82.72	310.64	228.43	232.85
2000	2542.65	1153.65	679.48	108.63	353.93	254.11	355.59
2001	2807.79	1157.44	688.61	134.92	384.06	263.35	577.68
2002	3509.29	1237.16	812.65	196.78	487.31	285.64	972.17
2003	5328.44	1615.57	1177.00	321.79	733.64	296.03	1802.23
2004	7629.04	1762.29	2455.86	383.83	772.28	116.36	2638.61
2005	10541.87	1853.29	1042.41	620.23	2736.61	1491.55	4909.56
2006	11136.06	1855.41	1063.61	713.49	3096.56	1186.20	5120.48
2007	12537.02	1838.55	1269.64	857.34	3566.49	1141.34	5862.34
2008	15435.93	2431.54	1811.23	1333.23	4360.90	1304.02	6832.27
2009	19030.97	3086.82	2308.54	1717.74	5235.29	1586.71	8400.32
2010	23276.69	3648.45	2627.32	1841.40	6505.00	1822.99	10495.92
2011	26769.73	3783.31	2715.00		8234.50		12036.92
2012	31255.96	3949.65	3129.27		9879.75		14297.30
2013	36789.07	4757.31	3113.17		12827.66		16090.93
2014	42495.55	5455.94	3380.39		16215.47		17443.75
2015	48312.46	6304.58	3125.74		20268.78		18613.36
2016	53322.49	7497.32	1545.38		22191.42		22088.37
2017	55202.73	9568.25	1496.62		22328.55		21809.31

注:1.2011年起，集体经济和个体经济不再细分城镇和农村(下表同)。
2.2011年起，固定资产投资项目统计起点由50万元提高到500万元，名称统一规范为“固定资产投资”，其中包括城镇、非农户500万元及以上项目投资和房地产开发投资；“全社会固定资产投资”包括“固定资产投资加农户固定资产投资”(下表同)。

a)Collective-owned Units and Self-employed Units had no longer divided into urban and rural unit since 2011.The same applies to tables following.

b)Since 2011, the statistical criteria of fixed assets investment projects had been increased from 500 thousand to 5 million yuan. Investment in fixed assets include urban area and non-farmers 5 million and above project investments, real estate development and investment.Total investment include investment in fixed assets and farmer investment in fixed assets.The same applies to tables following.

5-2 1978-2017年全社会固定资产投资构成
Composition of Total Investments in Fixed Assets from 1978 to 2017

单位:% (%)

年 份 Year	全社会固定资产投资额 Total Investment	国有经济 State-owned Units	集体经济 Collective-owned Units	#城 镇 Urban	个体经济 Self-employed Units	#农 村 Rural	其他经济 Others
1978	100.0	69.9	20.1	4.2	10.0	9.5	
1979	100.0	51.5	30.9	2.5	17.6	17.0	
1980	100.0	51.2	31.8	4.5	17.0	16.4	
1981	100.0	37.2	40.3	4.1	22.5	21.7	
1982	100.0	50.9	27.5	5.1	21.6	20.5	
1983	100.0	50.9	19.9	3.9	29.2	27.5	
1984	100.0	47.9	18.0	3.6	34.1	31.7	
1985	100.0	51.7	15.5	4.5	32.8	30.1	
1986	100.0	54.7	19.3	5.4	26.0	23.5	
1987	100.0	52.3	26.4	6.0	21.3	18.8	
1988	100.0	52.0	27.3	9.6	20.7	17.5	
1989	100.0	53.1	22.8	6.4	24.1	20.3	
1990	100.0	55.2	21.3	5.6	23.5	20.1	
1991	100.0	53.2	23.8	5.7	23.0	19.5	
1992	100.0	57.1	31.0	7.0	11.9	9.0	
1993	100.0	53.4	27.6	5.6	11.8	9.3	7.2
1994	100.0	48.5	28.7	5.1	10.7	8.3	12.1
1995	100.0	46.3	29.1	3.9	10.6	8.6	14.0
1996	100.0	44.4	31.1	5.1	13.0	10.7	11.5
1997	100.0	43.1	31.8	3.4	13.5	11.1	11.6
1998	100.0	45.6	29.7	3.3	13.3	11.0	11.4
1999	100.0	46.9	28.6	3.7	14.0	10.3	10.5
2000	100.0	45.4	26.7	4.3	13.9	10.0	14.0
2001	100.0	41.2	24.5	4.8	13.7	9.4	20.6
2002	100.0	35.3	23.1	5.6	13.9	8.1	27.7
2003	100.0	30.3	22.1	6.0	13.8	5.6	33.8
2004	100.0	23.1	32.2	5.0	10.1	1.5	34.6
2005	100.0	17.6	9.9	5.9	25.9	14.1	46.6
2006	100.0	16.7	9.5	6.4	27.8	10.7	46.0
2007	100.0	14.7	10.1	6.8	28.4	9.1	46.8
2008	100.0	15.8	11.7	8.6	28.3	8.4	44.3
2009	100.0	16.2	12.1	9.0	27.5	8.3	44.1
2010	100.0	15.7	11.3	7.9	27.9	7.8	45.1
2011	100.0	14.1	10.1		30.8		45.0
2012	100.0	12.6	10.0		31.6		45.7
2013	100.0	12.9	8.5		34.9		43.7
2014	100.0	12.8	8.0		38.2		41.0
2015	100.0	13.0	6.5		42.0		38.5
2016	100.0	14.1	2.9		41.6		41.4
2017	100.0	17.3	2.7		40.4		39.5

5-3 按产业分固定资产投资总额
Total Investment in Fixed Assets by Three Strata of Industry

单位：亿元 (100 million yuan)

年 份 Year	固定资产投资额 Investment in Fixed Assets	按产业分 Grouped by Three Strata of Industry			构成(%) Grouped by Structure		
		第一产业 Primary Industry	第二产业 Secondary Industry	第三产业 Tertiary Industry	第一产业 Primary Industry	第二产业 Secondary Industry	第三产业 Tertiary Industry
2000	2542.7	77.1	1176.7	1288.8	3.0	46.3	50.7
2001	2807.8	95.0	1289.8	1423.1	3.4	45.9	50.7
2002	3509.3	131.7	1650.6	1727.0	3.8	47.0	49.2
2003	5328.4	167.5	2799.5	2361.5	3.1	52.5	44.3
2004	7629.0	249.7	4577.1	2802.3	3.3	60.0	36.7
2005	10541.9	308.4	6653.5	3579.6	2.9	63.1	34.0
2006	11136.1	291.7	6908.7	3935.6	2.6	62.0	35.3
2007	12537.0	360.4	7508.2	4668.4	2.9	59.9	37.2
2008	15435.9	563.2	8182.1	6690.6	3.6	53.0	43.3
2009	19031.0	614.8	9615.4	8800.8	3.2	50.5	46.2
2010	23276.7	551.8	11332.4	11392.5	2.4	48.7	48.9
2011	25927.1	533.3	12425.3	12968.5	2.1	47.9	50.0
2012	30319.8	679.6	14432.3	15207.9	2.2	47.6	50.2
2013	35875.9	644.8	17204.1	18027.0	1.8	48.0	50.2
2014	41599.1	705.3	21287.7	19606.1	1.7	51.2	47.1
2015	47381.5	898.3	24092.7	22390.4	1.9	50.8	47.3
2016	52364.5	973.6	27425.7	23965.1	1.9	52.4	45.8
2017	54236.0	1029.6	26876.3	26330.1	1.9	49.6	48.5

注：2000—2010年数据为全社会固定资产投资口径，2011年起数据为固定资产投资口径(不含农户固定资产投资)。
a)Caliber of 2000-2010 data is total investment, from 2011 data is investment in fixed assets.

5-4 固定资产投资(2017年)

Total Investments in Fixed Assets (2017)

单位:万元 (10 000 yuan)

类 别	Category	固定资产投资额 Investment in Fixed Assets	#房地产开发投资 Investment in Real Estate Development
总 计	**Total**	**542360344**	**66372455**
按登记注册类型分	**Registration Status**		
内 资	Domestic Fund	519306336	63089609
国 有	State-owned	77971807	1083382
集 体	Collective-owned	14527735	250900
股份合作	Cooperative	397871	97764
联 营	Joint Ownership Units	157299	
有限责任	Limited Liability	149654436	38783525
股份有限	Share-holding Corporations Ltd.	16765933	2269936
私营	Private	222558231	20365761
其 他	Others	37273024	238341
港澳台商投资	Fund from Hong Kong,Macao and Taiwan	8102381	2356320
#合资经营	Joint Venture	4062041	1265769
合作经营	Collaborative Operation	151590	16933
独 资	Solely Foreign-owned	3586801	1056214
股 份	Share-holding	229369	
其 他	Others	72580	17404
外商投资	Fund from Overseas	14224376	926526
#合资经营	Joint Venture	8082142	446466
合作经营	Collaborative Operation	638765	316102
外 资	Foreign Funded	5079108	162358
股 份	Share-holding		
其 他	Others	113716	1600
个体经营	Self-employed	727251	
按隶属关系分	**Investment by Jurisdiction of Management**		
中 央	Central Investment	15087950	1003916
地 方	Local Investment	527272394	65368539
省(自治区、直辖市)	Provincial	12559328	2141618
地区(州、盟、省辖市)	Prefecture	31530779	8848527
县(市、区)	County	62021848	4103022
其 他	Others	421160439	50275372
按建设性质分	**Investment by Type of Construction**		
#新 建	New Construction	228134844	
扩 建	Expansion	94882827	
改建和技术改造	Reconstruction and Technical Transformation	140636426	
单纯建造生活设施	Housing	2941487	
迁 建	Removal and Reconstruction	3753875	
恢 复	Resumption	390830	
单纯购置	Purchase only	5247600	

注：本表固定资产投资不含农户投资，下表同。

a)Data in this table of investment in fixed asset does not include farmers investment.The same applies to tables following.

5-5 固定资产投资项目情况(2017年)
Investment Projects in Fixed Assets(2017)

类 别		Category		总计 Total	地方项目 Local Investment
建设总投资	**(万元)**	**Total Investment in Construction**	**(10 000 yuan)**	**958126004**	**920661643**
自开始建设累计完成投资	(万元)	Completed Investment from Beginning	(10 000 yuan)	675926880	648461542
本年完成投资	(万元)	Investment Completed This Year	(10 000 yuan)	475987889	461903855
#住宅投资	(万元)	Residential Buildings	(10 000 yuan)	4869637	4853759
按构成分		**Investment by Structure**			
建筑工程	(万元)	Construction	(10 000 yuan)	259040199	252915191
安装工程	(万元)	Installation	(10 000 yuan)	54678389	51943351
设备工器具购置	(万元)	Purchase of Equipment and Instruments	(10 000 yuan)	131787316	128276095
#购置旧设备	(万元)	Purchase of Second-hand Equipment	(10 000 yuan)	626215	625128
#用于更新的设备	(万元)	Purchase of Equipment to renwe old ones	(10 000 yuan)		
其他费用	(万元)	Others	(10 000 yuan)	30481985	28769218
#旧建筑物购置费	(万元)	Purchase of Used Buildings	(10 000 yuan)	1181269	1181137
#土地购置费	(万元)	Purchase of Field	(10 000 yuan)	14716087	13557526
本年新增固定资产	**(万元)**	**Newly Increased Real Estate**	**(10 000 yuan)**	**295502279**	**291284940**
本年施工房屋面积	(平方米)	Project under Construction	(sq.m)	249053156	247832167
#住 宅	(平方米)	Residential Building	(sq.m)	27788179	27761307
本年竣工房屋面积	(平方米)	Project Completed and Put into Use	(sq.m)	87272069	87141919
#住 宅	(平方米)	Residential Building	(sq.m)	11108425	11092425
本年竣工房屋价值	(万元)	Value of Project Completed and Put into Use	(10 000 yuan)	29973241	29937296
#住 宅	(万元)	Residential Building	(10 000 yuan)	1854120	1840854
施工项目个数	(个)	Number of Projects Under Construction	(unit)	62118	61738
#本年新开工	(个)	Started This Year	(unit)	48347	48136
本年投产项目个数	(个)	Number of Projects Put into Use	(unit)	49277	49047
本年资金来源合计	**(万元)**	**Total Fund of Different Sources**	**(10 000 yuan)**	**451526406**	**438057231**
上年末结余资金	(万元)	Fund Left Last Year	(10 000 yuan)	6470112	6287269
本年资金来源小计	(万元)	Total Fund of This Year	(10 000 yuan)	445056294	431769962
国家预算内资金	(万元)	State Budgetary Appropriations	(10 000 yuan)	13168896	12722161
国内贷款	(万元)	Domestic Loans	(10 000 yuan)	44689667	42898481
债 券	(万元)	Stock	(10 000 yuan)	189850	188960
利用外资	(万元)	Overseas Funds	(10 000 yuan)	2692872	2688155
#外商直接投资	(万元)	Direct Foreign Investment	(10 000 yuan)		
自筹资金	(万元)	Self-raised Fund	(10 000 yuan)	363017169	355340993
#企事业单位自有资金	(万元)	Fund of Enterprises	(10 000 yuan)		
其他资金来源	(万元)	Others	(10 000 yuan)	21297840	17931212
本年各项应付款合计	**(万元)**	**Total of Account Payable**	**(10 000 yuan)**	**30384013**	**29343823**
#工程款	(万元)	for Projects	(10 000 yuan)	9556462	9222391

注：本表固定资产投资不含房地产开发投资和农户投资。
a)Data in this table of investment in fixed asset does not include investment in real estate development and farmers investment.

5-6 按行业分的固定资产投资(2017年)
Investments in Fixed Assets by Sector(2017)

单位:万元 (10 000 yuan)

类别	Category	固定资产投资额 Investments in Fixed Assets	建设总投资 Total Investment in Construction	施工项目(个) Number of Project under Constructi-on(unit)	新开工项目 Started This Year
总计	**Provincial Total**	**542360344**	**958126004**	**62118**	**48347**
(一)农、林、牧、渔业	**Farming, Forestry, Animal Husbandry and Fishery**	**12942354**	**20667074**	**2719**	**2219**
农业	Farming	5485740	7771390	1243	1034
林业	Forestry	1319292	2269636	251	196
畜牧业	Animal Husbandry	2178315	3916342	394	318
渔业	Fishery	1312760	1961795	239	187
农、林、牧、渔服务业	Services for Farming, Forestry, Animal Husbandry and Fishery	2646247	4747911	592	484
(二)采矿业	**Mining**	**5177019**	**8765742**	**550**	**409**
煤炭开采和洗选业	Mining and Washing of Coal	899112	1565196	114	92
石油和天然气开采业	Extraction of Petroleum and Natural Gas	1579362	1652066	50	50
黑色金属矿采选业	Mining and Dressing of Ferrous Metal Ores	390950	1850555	35	15
有色金属矿采选业	Mining and Dressing of Nonferrous Metals Ores	1287862	2083497	133	87
非金属矿采选业	Mining and Dressing of Nonmetal Ores	835786	1147729	177	130
开采专业及辅助性活动	Mining Specialties and Auxiliary Activities	157462	424399	32	28
其他采矿业	Mining and Dressing of Other Ores	26485	42300	9	7
(三)制造业	**Manufacture**	**226586702**	**408908147**	**31864**	**25322**
农副食品加工业	Processing of Farm and Sideline Food	14345219	21642877	2242	1788
食品制造业	Manufacture of Food	6782869	10840619	1010	806
酒、饮料和精制茶制造业	Manufacture of Wine, Drinks and Refined Tea	2595169	5000180	358	268
烟草制品业	Tobacco Products	36885	197526	8	4
纺织业	Textile Industry	9252871	14008053	1542	1272
纺织服装、服饰业	Manufacture of Textile Wearing Apparel and Finery	5992064	8419101	1091	905
皮革、毛皮、羽毛及其制品和制鞋业	Manufacture of Leather, Fur, Feather & Its Products and Footwear	1920874	3131387	309	240
木材加工及木、竹、藤、棕草制品业	Timber Processing, Bamboo, Cane, Palm Fiber & Straw Products	5922789	9141603	1210	1066
家具制造业	Manufacture of Furniture	3747219	6324404	633	543
造纸及纸制品业	Papermaking and Paper Products	4167508	7522624	590	478
印刷和记录媒介复制业	Printing, Reproduction of Recording Media	2042512	3054616	382	307
文教、工美、体育和娱乐用品制造业	Manufacture of Culture, Education,Arts and crafts, Sport and Entertainment Goods	3943507	6306947	718	590
石油、煤炭及其他核燃料加工业	Processing of Oil, Coal and Other Fuel	5421744	14165629	374	260
化学原料和化学制品制造业	Manufacture of Raw Chemical Materials and Chemica Products	23796692	49925256	2617	1963
医药制造业	Manufacture of Medicines	7639216	16460297	822	574
化学纤维制造业	Manufacture of Chemical Fibers	748609	5843774	63	41
橡胶和塑料制品业	Manufacture of Rubber and Plastic	10102035	16539109	1589	1305
非金属矿物制品业	Nonmetal Mineral Products	20089059	31240569	3146	2558
黑色金属冶炼及压延加工业	Smelting and Pressing of Ferrous Metals	6124930	17738706	486	375
有色金属冶炼及压延加工业	Smelting and Pressing of Nonferrous Metals	5369457	12203410	394	286
金属制品业	Manufacture of Metal Products	13883163	21582882	2100	1711

注：建设总投资、施工及新开工项目个数等指标不含房地产企业开发数据(下表同)。
a)Data of total investment in construction , number of project under construction and new started exclude those developed by real estate companies. The same applies to tables following.

5-6 续表 1 continued

单位:万元 (10 000 yuan)

类别	Category	固定资产投资额 Investments in Fixed Assets	建设总投资 Total Investment in Construction	施工项目(个) Number of Project under Constructi-on(unit)	新开工项目 Started This Year
通用设备制造业	Manufacture of General Purpose Machinery	20512859	30644088	3442	2799
专用设备制造业	Manufacture of Special Purpose Machinery	16208806	26487336	2555	2062
汽车制造业	Manufacture of Automotive	13330483	25627707	1202	857
铁路、船舶、航空航天和其他运输设备制造业	Manufacture of Railroad,Marine,Aerospace and Other Transportation Equipment	2030553	3703267	253	182
电气机械及器材制造业	Manufacture of Electrical Machinery & Equipment	10854377	20062098	1431	1087
计算机、通信和其他电子设备制造业	Manufacture of Computer, Communications and Other Electronic Equipment	4938867	10293351	566	416
仪器仪表制造业	Manufacture of Measuring Instrument	1833188	3435323	290	225
其他制造业	Other Manufacture	1441810	4486888	225	185
废弃资源综合利用业	Comprehensive Utilization of Waste	1246479	2196647	174	133
金属制品、机械和设备修理业	Metal Products, Machinery and Equipment Repair Industry	264889	681873	42	36
(四)电力、热力、燃气及水的生产和供应业	**Production and Supply of Electric, Heat, Gas and Water**	**28862678**	**67007788**	**2548**	**1871**
电力、热力生产和供应业	Production and Supply of Electric Power and Heating Power	24345160	59243522	1827	1305
燃气生产和供应业	Production and Supply of Gas	1579740	3126325	254	196
水的生产和供应业	Production and Supply of Tap Water	2937778	4637941	467	370
(五)建筑业	**Construction**	**8558764**	**14492381**	**1696**	**1387**
房屋建筑业	Building Construction	1621633	2207801	432	355
土木工程建筑业	Civil Engineering Construction	4991276	9065717	905	727
建筑安装业	Construction Installment	847411	1186749	148	123
建筑装饰和其他建筑业	Construction Decoration and Others	1098444	2032114	211	182
(六)批发和零售业	**Wholesale and Retail Trade**	**18046350**	**32461381**	**3353**	**2718**
批发业	Wholesale	10464420	17316420	1903	1568
零售业	Retail Trade	7581930	15144961	1450	1150
(七)交通运输、仓储和邮政业	**Transport, Storage and Postal Services**	**39549958**	**111516695**	**3059**	**2237**
铁路运输业	Railway Transport	4424502	14811542	62	42
道路运输业	Road Transport	20910524	65784616	2006	1520
水上运输业	Waterway Transport	3033794	6975813	132	72
航空运输业	Air Transport	1842491	3830044	14	7
管道运输业	Pipeline Transport	859682	2260163	72	53
装卸搬运和运输代理业	Loading and Unloading and Other Transport Services	1412181	2774028	151	108
仓储业	Storage	6872456	14724569	593	417
邮政业	Postal Services	194328	355920	29	18
(八)住宿和餐饮业	**Accommodations and Catering Services**	**4195045**	**7798560**	**537**	**422**
住宿业	Accommodations	2694878	5676849	277	207
餐饮业	Catering Services	1500167	2121711	260	215
(九)信息传输、软件和信息技术服务业	**Information Transmission, Computer Services and Software**	**3176705**	**8480155**	**393**	**260**
电信、广播电视和卫星传输服务	Telecommunications, Radio and Television and Satellite Transmission Services	323133	584721	52	43
互联网和相关服务	Internet and related Services	590854	1278370	84	50
软件和信息技术服务业	Software and Information Technology Services	2262718	6617064	257	167
(十)金融业	**Finance**	**1368866**	**2736833**	**137**	**104**
货币金融服务	Monetary and Financial Services	485162	683064	63	49
资本市场服务	Capital Market Services	467630	923734	25	14

5-6 续表 2 continued

单位：万元 (10 000 yuan)

类 别	Category	固定资产投资额 Investments in Fixed Assets	建设总投资 Total Investment in Construction	施工项目(个) Number of Project under Constructi-on(unit)	新开工项目 Started This Year
保险业	Insurance	191715	480424	16	14
其他金融业	Others	224359	649611	33	27
(十一)房地产业	**Real Estate**	**95920050**	**65313534**	**2491**	**1647**
房地产业	Real Estate	29547595	65313534	2491	1647
(十二)租赁和商务服务业	**Leasing and Business Services**	**13801675**	**41682958**	**982**	**677**
租赁业	Leasing Services	367037	447247	68	59
商务服务业	Business Services	13434638	41235711	914	618
(十三)科学研究和技术服务	**Scientific Research and Technical Services**	**9530000**	**20740195**	**1203**	**844**
研究与试验发展	Research and Experimental Development	2584160	6614113	217	120
专业技术服务业	Special Technical Services	2696266	6220678	444	306
科技推广和应用服务业	Science and Technology Promotion and Application Services	4249574	7905404	542	418
(十四)水利、环境和公共设施管理业	**Management of Water Conservancy, Environment and Public Facilities**	**37538708**	**75886405**	**5308**	**4157**
水利管理业	Management of Water Conservancy	5667376	11363757	673	508
生态保护和环境治理业	Ecological Protection and Environmental Management	2844089	5497229	408	318
公共设施管理业	Management of Public Facilities	29027243	59025419	4227	3331
(十五)居民服务、修理和其他服务业	**Households services, Repair and Other Services**	**2389878**	**3592387**	**503**	**404**
居民服务业	Services to Households	1461148	2318741	313	244
机动车、电子产品和日用产品修理业	Motor Vehicles, Electronics and Household Products Repair	445001	558442	92	82
其他服务业	Other Services	483729	715204	98	78
(十六)教 育	**Education**	**11671677**	**20743857**	**1778**	**1367**
教 育	Education	11671677	20743857	1778	1367
(十七)卫生和社会工作	**Health and Social Work**	**6514300**	**14115607**	**749**	**529**
卫 生	Health Care	4002949	8539061	447	312
社会工作	Social Work	2511351	5576546	302	217
(十八)文化、体育和娱乐业	**Culture, Sports and Recreation**	**9746337**	**22401133**	**863**	**606**
新闻和出版业	News and Publication	118446	281063	9	4
广播、电视、电影和影视录音制作业	Radio, Television, Film and Video Recording Production	1392141	3402207	36	23
文化艺术业	Culture and Arts	3427481	8131894	384	262
体 育	Sports	1337726	2365966	148	105
娱乐业	Recreation	3470543	8220003	286	212
(十九)公共管理、社会保障和社会组织	**Public Management,Social Security and Social Organizations**	**6783278**	**10815172**	**1385**	**1167**
中国共产党机关	CPC Agencies	74188	65686	16	16
国家机构	Government Agencies	4617890	7813060	949	802
人民政协、民主党派	CPPCC and Democratic Parties	8518	7902	2	2
社会保障	Social Security	18918	21175	5	3
群众团体、社会团体和其他成员组织	Mass Organizations, Social Organizations and Other Organizations	207940	493779	33	18
基层群众自治组织	Self-governing Mass Organizations at the Grass-roots Level	1855824	2413570	380	326
(二十)国际组织	**International Organizations**				
国际组织	International Organizations				

5-7 各市固定资产投资
Total Investments in Fixed Assets by Region

单位:亿元 (100 million yuan)

地 区	Region	2015	2016	2017
全省总计	**Total**	**47381.5**	**52364.5**	**54236.0**
济 南 市	Jinan	3498.4	3974.3	4363.6
青 岛 市	Qingdao	6555.7	7454.7	7777.1
淄 博 市	Zibo	2731.6	3099.8	3135.1
枣 庄 市	Zaozhuang	1625.9	1788.5	1797.5
东 营 市	Dongying	3084.7	2472.5	2557.5
烟 台 市	Yantai	4667.1	5297.2	5594.2
潍 坊 市	Weifang	4516.7	5112.5	4855.5
济 宁 市	Jining	2891.0	3279.0	3473.5
泰 安 市	Tai'an	2618.2	2899.6	2992.5
威 海 市	Weihai	2543.7	2879.4	2941.9
日 照 市	Rizhao	1407.8	1597.8	1691.2
莱 芜 市	Laiwu	619.1	635.7	668.1
临 沂 市	Linyi	3219.2	3603.3	3765.7
德 州 市	Dezhou	2237.9	2537.8	2641.0
聊 城 市	Liaocheng	2100.8	2357.6	2470.1
滨 州 市	Binzhou	1990.2	2156.6	2187.9
菏 泽 市	Heze	1073.3	1218.2	1323.6

5-8 各市民间固定资产投资
Non-government Investments in Fixed Assets by Region

单位:亿元 (100 million yuan)

地　区	Region	2015	2016	2017
全省总计	**Total**	**38613.0**	**41176.0**	**40482.8**
济 南 市	Jinan	2268.3	2439.2	2479.3
青 岛 市	Qingdao	4965.3	5566.0	4881.4
淄 博 市	Zibo	2341.3	2540.4	2305.3
枣 庄 市	Zaozhuang	1332.1	1426.8	1423.4
东 营 市	Dongying	2434.7	1835.4	1845.2
烟 台 市	Yantai	3744.8	4109.4	4257.0
潍 坊 市	Weifang	4052.2	4308.9	3959.7
济 宁 市	Jining	2445.0	2742.9	2847.2
泰 安 市	Tai'an	2213.4	2515.3	2569.2
威 海 市	Weihai	2089.7	2208.1	2122.5
日 照 市	Rizhao	938.7	1093.4	1000.1
莱 芜 市	Laiwu	517.0	475.6	476.3
临 沂 市	Linyi	2967.6	3049.7	3187.0
德 州 市	Dezhou	1839.3	2057.1	2093.3
聊 城 市	Liaocheng	1874.1	2002.8	2066.6
滨 州 市	Binzhou	1624.6	1711.7	1786.7
菏 泽 市	Heze	964.8	1093.3	1182.5

5-9 各市房地产开发投资和销售情况(2017年)

General Scale of Investment Actually Completed by Enterprises for Real Estate Development and Floor Space of Commercialized Buildings Sold(2017)

地　区	Region	本年完成投　资(万元) Investment Completed This Year (10 000 yuan)	#住宅 Residential Buildings	商品房销售面积(平方米) Floor Space of Commercialized Buildings Sold(sq.m)	#住宅 Residential Buildings	商品房销售额(万元) Total Sale of Commercialized Buildings Sold(sq.m)	#住宅 Residential Buildings
全省总计	**Total**	**66372455**	**49295310**	**128131810**	**112010436**	**80969720**	**68916528**
济南市	Jinan	12325712	8227871	12152665	9737162	11725660	9462791
青岛市	Qingdao	13305432	9255095	19007365	16338365	19992012	16422765
淄博市	Zibo	2418498	1786270	5290955	4648395	3255744	2805698
枣庄市	Zaozhuang	1681671	1203132	4449192	4056534	2032712	1814536
东营市	Dongying	1997116	1471719	3190944	2805593	1733192	1502146
烟台市	Yantai	5462077	4101648	10555262	9478305	6713595	5915979
潍坊市	Weifang	5041173	4023511	13020528	11565382	6254781	5558648
济宁市	Jining	4032308	3055443	9425243	8079891	4440293	3761043
泰安市	Tai'an	1630923	1279061	3299967	3070220	1867656	1675492
威海市	Weihai	2754353	2164606	10065063	8906695	5468116	4715103
日照市	Rizhao	1831823	1433970	2545722	2381834	1452388	1303702
莱芜市	Laiwu	534407	412305	966563	899646	503108	458146
临沂市	Linyi	4075624	3255733	11594375	10326135	5527467	4925455
德州市	Dezhou	2385157	1923129	7126549	6151355	3280229	2844071
聊城市	Liaocheng	2819163	2252499	5947457	4996624	2871939	2360507
滨州市	Binzhou	1117374	915250	3265181	3014899	1488773	1363158
菏泽市	Heze	2959644	2534068	6228779	5553401	2362055	2027288

5−10 按登记注册类型分的房地产开发投资情况(2017年)

类 别		Category		总 计 Total	内资企业 Domestic Funded	国有企业 State-owned Enterprises
计划总投资	**(万元)**	**Intended Investment**	**(10 000 yuan)**	**419810442**	**399064242**	**7493280**
自开始建设累计完成投资	**(万元)**	**Cumulative Investment**	**(10 000 yuan)**	**294957698**	**277442667**	**3361129**
本年完成投资	**(万元)**	**Investment Completed in Current Year**	**(10 000 yuan)**	**66372455**	**63089609**	**1083382**
按构成分		**Grouped by Use of Funds**				
建筑工程	(万元)	Construction	(10 000 yuan)	45446610	43074663	702467
安装工程	(万元)	Installation	(10 000 yuan)	8225047	7957830	47613
设备工器具购置	(万元)	Purchase of Equipment and Instruments	(10 000 yuan)	877627	858806	12761
其他费用	(万元)	Others	(10 000 yuan)	11823171	11198310	320541
#旧建筑物购置费	(万元)	Purchase of Used Building	(10 000 yuan)	106872	106872	450
土地购置费	(万元)	Purchase of Land	(10 000 yuan)	9597111	9047301	290895
按工程用途分		**Grouped by Use of Buildings**				
住 宅	(万元)	Residential Buildings	(10 000 yuan)	49295310	46862410	627702
#90平方米以下住宅	(万元)	Residential Buildings below 90sq.m	(10 000 yuan)	10140334	9427043	80211
144平方米以上住宅	(万元)	Residential Buildings above 144sq.m	(10 000 yuan)	10081920	9296998	139716
#别墅、高档公寓	(万元)	Villas and Upper-scale Apartments	(10 000 yuan)	1696043	1505993	6670
办公楼	(万元)	Office Buildings	(10 000 yuan)	3610628	3407087	161579
商业营业用房	(万元)	Buildings for Business	(10 000 yuan)	8412778	8012942	121366
其 他	(万元)	Others	(10 000 yuan)	5053739	4807170	172735
本年新增固定资产	**(万元)**	**Newly Increased Fixed Assets**	**(10 000 yuan)**	**25781859**	**24741311**	**262107**
到位资金情况		**Funds in Place**				
上年末结余资金	(万元)	Fund Left from Last Year	(10 000 yuan)	27421644	24042519	309099
本年资金来源小计	(万元)	Fund of All Sources in Currrent Year	(10 000 yuan)	94724512	89863467	1892425
国内贷款	(万元)	Domestic Loans	(10 000 yuan)	11860881	11423351	829018
#银行贷款	(万元)	from Banks	(10 000 yuan)	10410868	10074688	778691
非银行金融机构贷款	(万元)	from Other Financial Deparments	(10 000 yuan)	1450013	1348663	50327
利用外资	(万元)	Foreign Investment	(10 000 yuan)	50461		
自筹资金	(万元)	Self-Raising Funds	(10 000 yuan)	34317641	33446156	714076
其他资金来源	(万元)	Others	(10 000 yuan)	48495529	44993960	349331
#定金及预付款	(万元)	Earnest Money and Advance Charge	(10 000 yuan)	31416079	28725613	225279
个人按揭贷款	(万元)	Mortgage Loans	(10 000 yuan)	13474871	12849865	76315
本年各项应付款合计	(万元)	Account Payable	(10 000 yuan)	19122574	18364195	547984
#工程款	(万元)	Payment for Construction	(10 000 yuan)	10740308	10282541	144170
待开发土地面积	(平方米)	Space of Land to be Developed	(sq.m)	26685620	24516439	125086
本年购置土地面积	(平方米)	Space of Land Purchased in Current Year	(sq.m)	20903557	20467099	584643
本年土地成交价款	(万元)	Value of Commercial Land	(10 000 yuan)	5031721	4922250	128115

Investment in Real Development by Registration Status(2017)

集体企业 Collective-owned Enterprises	股份合作企业 Cooperative Enterprises	有限责任公司 Limited Liability Corporations	股份有限公司 Share-holding Corporations Limited	私营企业 Private Enterprises	其他企业 Other Enterprises	港澳台商投资企业 Enterprises with Funds from Hong Kong, Macao and Taiwan	外商投资企业 Foreign Funded Enterprises
1668821	**394651**	**239905277**	**18937500**	**129773465**	**891248**	**15204171**	**5542029**
1032668	**236715**	**173766906**	**14035914**	**84749788**	**259547**	**13282207**	**4232824**
250900	**97764**	**38783525**	**2269936**	**20365761**	**238341**	**2356320**	**926526**
150206	44040	26281687	1609867	14101001	185395	1813864	558083
36334	3703	5030352	365625	2468230	5973	226572	40645
19693		497889	36791	291122	550	13127	5694
44667	50021	6973597	257653	3505408	46423	302757	322104
1497		83069		21821	35		
40328	50021	5503941	187794	2928711	45611	251379	298431
190056	67931	28432242	1649549	15698620	196310	1741340	691560
47399	406	5944493	546988	2787492	20054	402881	310410
7413	26984	6032877	233786	2817127	39095	565509	219413
10000		884642	11271	593410		140552	49498
1060	3563	2216096	137044	884058	3687	131048	72493
40346	14153	4940645	288566	2580738	27128	301176	98660
19438	12117	3194542	194777	1202345	11216	182756	63813
77195	**18487**	**15592539**	**1286804**	**7482716**	**21463**	**810053**	**230495**
102657	54022	15304940	1026960	7167051	77790	2544755	834370
303579	86712	55205118	2844601	29204692	326340	3606034	1255011
18134		7986017	141252	2434397	14533	425130	12400
18134		6933105	119652	2210573	14533	323780	12400
		1052912	21600	223824		101350	
						50461	
192094	2997	19356216	1184041	11850469	146263	578764	292721
93351	83715	27862885	1519308	14919826	165544	2551679	949890
30912	82645	17872448	899756	9461921	152652	1911474	778992
60461		7595623	519727	4586847	10892	454790	170216
89099	2320	10940871	790569	5900810	92542	610671	147708
36597	980	6264597	394218	3416647	25332	358697	99070
87000	33509	15110200	982500	8098700	79444	1313442	855739
279578		10630498	390562	8378373	203445	436458	
32829		2938675	59356	1725426	37849	109471	

5-11 按登记注册类型分的房地产开发财务情况(2017年)

单位：万元

类 别	Category	总 计 Total	内资企业 Domestic Funded	国有企业 State-owned Enterprises
一、期初存货	**Initial Inventory**	**176434709**	**167607372**	**2530621**
二、期末资产负债	**Property debt at the End**			
流动资产合计	Total Liquid Liabilities	350153058	330581036	4627695
#应收账款	Accounts receivable	13056939	12310782	136123
存 货	Inventory	187330933	178174243	2458479
固定资产原价	Fixed Asset Value	10964320	10010850	129312
累计折旧	Accumulated Depreciation	2382035	2111383	46569
#本年折旧	in Current Year	425126	381775	2697
资产总计	Assets	417598192	395533183	6365924
负债合计	Liabilities	341961731	326448195	5352627
所有者权益合计	Owners' Equity	75636461	69084989	1013298
#实收资本	Paid-up Capital	46716598	41241377	483812
三、损益及分配	**Net Income or Loss and Distribution**			
营业收入	Revenues from Business	66295163	62638086	401764
#主营业务收入	Revenues from Principal Business	65341142	61694008	388090
土地转让收入	Revenues from Land Transfer	125583	125583	
商品房屋销售收入	Revenues from Commercial Housing Sales	63323322	59749743	377916
自持物业收入	Self Holding Property Income	403306	350438	5916
#房屋出租收入	Housing Rental Income	376744	325497	5026
其他收入	Others	1488931	1468244	4258
营业成本	Business Cost	52180084	49609145	328147
#主营业务成本	Main Business Cost	48504674	46163203	308643
营业税金及附加	Business Tax and Extra Charges	3758354	3433630	19020
#主营业务税金及附加	Main Business Tax and Extra Charges	3386458	3068203	17205
其他业务利润	Other Operating Profits	83821	80251	1067
销售费用	Sales Expenses	1961766	1831412	4817
管理费用	Management Expenses	2401381	2284345	42252
财务费用	Financial Expenses	1557590	1500903	6570
营业利润	Business Profits	4635365	4170219	5887
营业外收入	Non-operating Income	454497	417417	22610
营业外支出	Non-operating Expenses	365459	339585	37133
利润总额	Total Profits	4725834	4249482	-8636
所得税费用	Income Tax Payable	1255576	1126473	7979
应交增值税	Value-added Tax Payable	1762205	1664581	17301
四、人工成本	**Labor costs**			
本年应付工资总额	Wages Payable in Current Year	1766236	1655991	32829

Financial Indicators of Real Estate Development by Registration Status(2017)

(10 000 yuan)

集体企业 Collective-owned Enterprises	股份合作企业 Cooperative Enterprises	有限责任公司 Limited Liability Corporations	股份有限公司 Share-holding Corporations Limited	私营企业 Private Enterprises	其他企业 Other Enterprises	港澳台商投资企业 Enterprises with Funds from Hong Kong, Macao and Taiwan	外商投资企业 Foreign Funded Enterprises
887828	**151113**	**108674505**	**5483728**	**49779364**	**100213**	**6397317**	**2430020**
2173579	301857	217767205	12071403	93355552	283745	14386471	5185552
55859	4199	8771999	550008	2792594		713808	32349
1164221	180571	115263461	5778188	53190842	138482	6625811	2530879
107994	25806	6602608	425459	2719537	135	732195	221275
28411	4874	1074979	146162	810362	26	203654	66998
5077	1696	215266	19703	137320	17	27838	15513
2446324	376173	265576582	14755962	105728119	284100	16425471	5639538
2375350	266443	213658817	11690634	92876869	227457	11517176	3996360
70974	109730	51917766	3065328	12851251	56643	4908295	1643178
87815	26357	29085322	1712567	9836404	9100	4203730	1271491
236118	43065	39932542	2886029	19116134	22433	2671571	985507
235786	43065	39168853	2819556	19016225	22433	2666078	981055
900		115295	69	9320			
226201	43054	37876091	2708105	18495942	22433	2611827	961752
6548	8	207038	14845	116083		42824	10044
6038	4	191924	11461	111045		41658	9590
2137	3	970429	96537	394881		11427	9259
202667	32945	31542380	2200060	15284546	18400	2007094	563846
202651	30073	29584058	1872132	14147247	18400	1867023	474448
8434	1580	2205913	171710	1024234	2738	163443	161281
8007	1454	1981648	161898	895588	2403	160231	158024
331		29348	35136	14370		640	2930
4885	3360	1169966	69638	578424	324	88180	42173
13510	3285	1304648	122146	794566	3938	82918	34119
8047	-1933	819172	80950	588116	-20	61960	-5273
-1388	7550	2838409	225360	1095808	-1407	273481	191665
344	610	302818	15223	75799	14	36016	1063
1173	155	195105	18430	87531	58	14203	11672
-2217	8005	2947552	222153	1084077	-1451	295295	181056
2655	1874	752810	41075	319716	365	68264	60839
6917	1894	980542	66582	590398	948	78233	19391
13723	1124	969706	77073	557683	3853	85305	24940

5-12　房地产开发企业(单位)施工、销售和待售情况(2017年)

类　别		Category		合 计 Total
房屋施工面积	**（平方米）**	**Floor Space Under Construction**	**(sq.m)**	**635632428**
#新开工面积	(平方米)	Recently-started Projects	(sq.m)	144249863
房屋竣工面积	**（平方米）**	**Floor Space Completed**	**(sq.m)**	**84290627**
#不可销售面积	(平方米)	Space of Floor not Ready for Sale	(sq.m)	2540078
商品住宅竣工套数	**（套）**	**Number of Commercial Buildings Completed**	**(unit)**	
竣工房屋价值	**（万元）**	**Value of Buildings Completed**	**(10 000 yuan)**	**19874638**
出租房屋面积	**（平方米）**	**Floor Space of Buildings to Lease**	**(sq.m)**	**952002**
商品房销售面积	**（平方米）**	**Floor Space of Commercial Buildings Sold**	**(sq.m)**	**128131810**
#现房销售面积	(平方米)	Floor Space of Complete Dapartments	(sq.m)	28191961
期房销售面积	(平方米)	Floor Space of Forward Delivery Housin	(sq.m)	99939849
商品房销售额	**（万元）**	**Total Sale of Commercial Building**	**(10 000 yuan)**	**80969720**
#现房销售额	(万元)	Sale of Complete Dapartments	(10 000 yuan)	15252733
期房销售额	(万元)	Sale of Forward Delivery Housing	(10 000 yuan)	65716987
商品住宅销售套数	**（套）**	**Number of Commercial Buildings Sold**	**(unit)**	
#现房销售套数	(套)	Complete Dapartments	(unit)	
期房销售套数	(套)	Forward Delivery Housing	(unit)	
待售面积	**（平方米）**	**Floor Space of Waiting For Sale**	**(sq.m)**	**32573064**
#待售1-3年(含1年)	(平方米)	1 to 3 years	(sq.m)	15810058
待售3年以上(含3年)	(平方米)	more than 3 years	(sq.m)	2623551

Construction and Sale of Buildings Made by Real Estate Enterprises(2017)

住 宅 Residential Buildings	按户型面积分 #90平方米及以下住宅 Below or Equal 90 sq.m	144平方米以上住宅 Above 144 sq.m	#别墅、高档公寓 Villas and Upper-scale Apartments	办公楼 Office Buildings	商业营业用房 Buildings for Business	其 他 Others
467420589	**99922284**	**75055045**	**11909999**	**25746138**	**74921182**	**67544519**
109183875	13496272	17962074	2274035	5026056	13676468	16363464
64064603	**12994229**	**7483402**	**1047089**	**2799089**	**10280980**	**7145955**
811979	265418	61430		163059	754427	810613
563453	**162634**	**41661**	**5716**			
14819762	**2959612**	**1893265**	**291905**	**812765**	**2600283**	**1641828**
30795	**29536**	**1259**		**107888**	**672159**	**141160**
112010436	**18707570**	**17743787**	**2389424**	**2733625**	**8238668**	**5149081**
22370731	4919788	3574438	398289	1096828	2994118	1730284
89639705	13787782	14169349	1991135	1636797	5244550	3418797
68916528	**11429805**	**13883534**	**2598797**	**2675375**	**7247098**	**2130719**
11293009	2537339	2354102	398174	1057399	2208113	694212
57623519	8892466	11529432	2200623	1617976	5038985	1436507
979142	**237401**	**100046**	**17309**			
203026	63467	20283	2100			
776116	173934	79763	15209			
19450268	**5132033**	**3491048**	**928564**	**1983916**	**8432368**	**2706512**
9591956	2362878	1703965	594884	791804	4242892	1183406
1152078	330600	262704	55392	302213	924914	244346

5−13 新增生产能力(2017年)
Newly Increased Production Capacity through Capital Construction(2017)

能力名称		Item		建设规模 Total Construc-tion Size	本年施工规模 Under Construc-tion This Year	新开工能力 Started This Year	累计新增生产能力 Accumulated Newly Increased	本年新增能力 Newly Increased This Year
原煤开采	(万吨/年)	Coal Mining	(10 000 tons/year)	145	141	40	40	40
焦　炭	(万吨/年)	Coke	(10 000 tons/year)	408	201	91	318	91
天然原油开采	(万吨/年)	Petroleum Extraction	(10 000 tons/year)	111	111	111	111	111
石油加工:		Petroleum Processing						
蒸馏设备能力	(处理万吨/年)	Distillation Equipment Capacity	(10 000 tons/year)	1967	1452	1067	1001	836
裂化设备能力	(处理万吨/年)	FCC Equipment Capacity	(10 000 tons/year)	1045	805	425	545	545
铁矿开采(原矿)	(万吨/年)	Iron Ore Mining	(10 000 tons/year)	51	51	1	51	1
生　铁	(万吨/年)	Pig Iron	(10 000 tons/year)	2	2	2	2	2
钢材	(万吨/年)	Steel	(10 000 tons/year)	1123	639	448	421	191
铝加工材	(吨/年)	Aluminum Machining	(ton/year)	2240650	1560994	1335994	1558854	1445994
铜加工材	(吨/年)	Copper Machining	(ton/year)	30000	5000	5000	5000	5000
黄金	(公斤/年)	Gold	(Kilogram/year)	344	344	106	106	106
火力发电	(万千瓦)	Thermal Power	(10 000 kw)	998	357	83	218	152
核能发电	(万千瓦)	Nuclear Power	(10 000 kw)	932	250			
风力发电	(万千瓦)	Wind Power	(10 000 kw)	284	204	154	204	176
太阳能发电	(万千瓦)	Solar Power	(10 000 kw)	372	265	236	257	236
其他发电	(万千瓦)	Others	(10 000 kw)	98	33	26	31	29
输电线路长度(11万伏及以上)	(公里)	Length of Transmission Line	(over 110kv) (km)	1020	947	331	548	548
水　泥	(万吨/年)	Cement	(10 000 tons/year)	436	378	248	294	278
氮　肥	(吨/年)	Nitrogen Fertilizers	(ton/year)	16000	16000	6000	16000	16000
塑料树脂及共聚物	(吨/年)	Plastics,Colophony and Copolymer	(ton/year)	328653	309764	284007	300855	286915
合成橡胶	(吨/年)	Synthetic Rubber	(ton/year)	105000	104500	4500	4100	4100
轮胎外胎	(万条/年)	Tires	(10 000 units/year)	122119	3258	1569	4568	3068
轮胎内胎	(万条/年)	Tire Tubes	(10 000 units/year)	452	352	352	352	352

5-13 续表 continued

能力名称		Item		建设规模 Total Construc-tion Size	本年施工规模 Under Construc-tion This Year	新开工能力 Started This Year	累计新增生产能力 Accumulated Newly Increased	本年新增能力 Newly Increased This Year
化学纤维	（吨/年）	Chemical Fiber	(ton/year)	19129	17276	16960	17301	17259
棉纺锭	（锭）	Cotton Spindles	(unit)	2201023	1614840	1494113	1641862	1444486
啤 酒	（万吨/年）	Beer	(10 000 tons/year)	9	9	8	8	8
白 酒	（万吨/年）	Wine	(10 000 tons/year)	5	2	2	2	2
其他酒	（万吨/年）	Others	(10 000 tons/year)	2	2	2	2	2
机制纸浆	（万吨/年）	Machine-made Pulp	(10 000 tons/year)	105	91	37	42	40
新建铁路里程	（公里）	Length of Newly-built Railway	(km)	118	83	83	19	13
新建公路	（公里）	Length of Newly-built Highway	(km)	1155	732	442	519	509
#高速公路	（公里）	Expressway	(km)	348	210	89	129	129
一级公路	（公里）	Class-A Highway	(km)	223	121	24	60	60
二级公路	（公里）	Class-B Highway	(km)	43	43	43	43	43
改建公路	（公里）	Length of Reconstructed Highway	(km)	1704	1333	1144	936	902
一级公路	（公里）	Class-A Highway	(km)	503	484	402	221	221
二级公路	（公里）	Class-B Highway	(km)	221	209	183	134	123
新建独立公路桥梁	（延长米）	Length of Newly-built Bridges	(m)	2212	2212	2212	2112	2112
-座数	（座）	Number	(unit)	11	11	11	10	10
新(扩)建港口码头	（万吨/年）	Newly-built or Expanded Ports	(10 000 tons/year)	3680	2937	1057	2360	2300
-泊位	（个）	Berths	(unit)	59	48	25	29	29
新(扩)建客、货运站	（个）	Cargo or Passenger Terminals	(unit)	2	2	1	1	1
-面积	（平方米）	Area	(sq.m)	7100	5100	4100	4100	4100
城市自来水供水能力	（万吨/日）	Volume of Water Supply	(10 000 tons/day)	64	53	44	53	47
城市污水处理能力	（万吨/日）	Capacity of Sewage Treatment	(10 000 tons/day)	84	60	46	51	34

主要统计指标解释

全社会固定资产投资 是以货币形式表现的在一定时期内全社会建造和购置固定资产的工作量以及与此有关的费用的总称。该指标是反映固定资产投资规模、结构和发展速度的综合性指标,又是观察工程进度和考核投资效果的重要依据。全社会固定资产投资按登记注册类型可分为国有、集体、个体、联营、股份制、外商、港澳台商、其他等。

房地产开发投资 指各种登记注册类型的房地产开发公司、商品房建设公司及其他房地产开发法人单位和附属于其他法人单位实际从事房地产开发或经营活动的单位统一开发的包括统代建、拆迁还建的住宅、厂房、仓库、饭店、宾馆、度假村、写字楼、办公楼等房屋建筑物和配套的服务设施，土地开发工程（如道路、给水、排水、供电、供热、通讯、平整场地等基础设施工程）的投资；不包括单纯的土地交易活动。

农村投资 指发生在农村区域范围内的非农户固定资产投资项目完成的投资。

建设总规模 是指在报告期内所有施工项目的计划总投资。这个指标和施工项目相对应。

在建总规模 是指在报告期末所有在建项目的计划总投资。

在建净规模 是指报告期末所有在建项目建成投产尚需的投资总量。

在建净规模＝在建总规模－累计完成投资

固定资产投资的资金来源 根据固定资产投资的资金来源不同，分为国家预算内资金、国内贷款、利用外资、自筹资金和其他资金。

(1)国家预算内资金：分为财政拨款和财政安排的贷款两部分。包括中央财政的基本建设基金(分经营性基金和非经营性基金两部分)、专项支出(如煤代油专项等)、收回再贷、贴息资金，财政安排的挖潜改造和新产品试制支出、城建支出、商业部门简易建筑支出、不发达地区发展基金等资金中用于固定资产投资的资金；地方财政中由国家统筹安排的资金等。

(2)国内贷款：指报告期固定资产投资单位向银行及非银行金融机构借入的用于固定资产投资的各种国内借款，包括银行利用自有资金及吸收的存款发放的贷款、上级主管部门拨入的国内贷款、国家专项贷款(包括煤代油贷款、劳改煤矿专项贷款等)、地方财政专项资金安排的贷款、国内储备贷款、周转贷款等。

(3)利用外资：指报告期收到的用于固定资产建造和购置的国外资金(包括设备、材料、技术在内)。包括对外借款(外国政府、国际金融组织贷款、出口信贷、外国银行商业贷款、对外发行债券和股票)、外商直接投资及外商其他投资。不包括我国自有外汇资金(国家外汇、地方外汇、留成外汇、调剂外汇和中国银行自有资金发行的外汇贷款等)。计算利用外资时，需要折算成人民币，折算中所使用的外汇汇率按现汇计算，即按使用外汇时的汇率计算。

(4)自筹资金：指固定资产投资单位报告期收到的，由各地区、各部门及企、事业单位筹集用于固定资产投资的预算外资金，包括中央各部门、各级地方和企、事业单位的自筹资金。

(5)其他资金：指在报告期收到的除以上各种资金之外其他用于固定资产投资的资金，包括企业或金融机构通过发行各种债券筹集到的资金、群众集资、个人资金、无偿捐赠的资金及其他单位拨入的资金等。

固定资产投资按国民经济行业分 根据建设项目建成投产后的主要产品或主要用途及社会经济活动性质来确定国民经济行业。一般情况下，一个建设项目或一个企业、事业单位只能属于一种国民经济行业。

固定资产投资按隶属关系分 是按建设单位或企业、事业、行政单位的主管上级机关确定的。

（1）中央：是指中共中央、人大常委会和国务院各部、委、局、总公司以及直属机构直接领导的建设项目和企业、事业、行政单位。这些单位的固定资产投资计划由国务院各部门直接编制和下达，建设中所需物资、主要设备以及建设中的问题都由中央有关部门安排和解决。

（2）地方：是由省（自治区、直辖市）、地区（州、盟、省辖市）、县（旗、县级市）三级政府及业务主管部门直接领导和管理的建设项目、企业、事业、行政单位。地方项目还包括不隶属以上各级政府及主管部门的建设项目和企业、事业单位，如外商投资企业和无主管部门的企业等。

固定资产投资按建设性质分 根据整个建设项目情况来确定。建设项目的性质一般分为新建、扩建、改建和技术改造、迁建、恢复。房地产开发单位投资不划分建设性质。

(1)新建：一般指从无到有“平地起家”开始建设的企业、事业和行政单位或建设项目。现有企业、事业、行政单位一般不属于新建。但如有的单位原有基础很小，经过建设后新增的固定资产价值超过该企、事业、行政单位原有固定资产价值(原值)三倍以上的也应作为新建。

(2)扩建：指在厂内或其他地点，为扩大原有产品的生产能力(或效益)或增加新的产品生产能力，而增建主要的生产车间(或主要工程)、分厂、独立的生产线。行政、事业单位在原单位增建业务用房(如学校增建教学用房、医院增建门诊部、病房等)也作为扩建。

现有企、事业单位为扩大原有主要产品生产能力或增加新的产品生产能力，增建一个或几个主要生产车间(或主要工程)、分厂，同时进行一些更新改造工程的，也应作为扩建。

(3)改建和技术改造：指现有企业、事业单位，对原有设施进行技术改造或更新(包括相应配套的辅助性生产、生活福利设施)的建设项目。现有企业、事业单位为适应市场变化的

需要，而改变企业的主要产品种类(如军工企业转产民用品等)的建设项目，应作为改建。原有产品生产作业线由于各工序(车间)之间能力不平衡，为填平补齐充分发挥原有生产能力而增建不增加本企业主要产品设计能力的车间，也应作为改建。技术改造是指企业、事业单位在现有基础上，用先进的技术代替落后的技术，用先进的工艺和装备代替落后的工艺和装备，以改变企业落后的技术经济面貌，实现以内涵为主的扩大再生产，达到提高产品质量、促进产品更新换代、节约能源、降低消耗、扩大生产规模、全面提高社会经济效益的目的。技术改造具体包括以下内容：机器设备和工具的更新改造；生产工艺改革、节约能源和原材料的改造；厂房建筑和公共设施的改造；劳动条件和生产环境的改造等。

固定资产投资按构成分　固定资产投资活动按其工作内容和实现方式分为建筑安装工程，设备、工具、器具购置，其他费用三个部分。

(1)建筑安装工程(建筑安装工作量)：指各种房屋、建筑物的建造工程和各种设备、装置的安装工程。包括各种房屋建造工程；各种用途设备基础和各种工业窑炉的砌筑工程及金属结构工程；为施工而进行的各种准备工作和临时工程以及完工后的清理工作等；铁路、道路的铺设，矿井的开凿及石油管道的架设等；水利工程；防空地下建筑等特殊工程；列入房屋工程预算内的暖气、卫生、通风、照明、煤气等设备的价值及装设油饰工程；列入建筑工程预算内的各种管道(蒸汽、压缩空气、石油、给排水等管道)、电力、电讯电缆导线等的敷设工程；以及各种机械设备的安装工程；为测定安装工程质量，对设备进行的试运工作；房地产开发单位进行的商品房屋开发建设工程、土地开发工程。

在安装工程中，不包括被安装设备本身的价值。

(2)设备、工具、器具购置：指建设单位或企、事业单位购置或自制的，达到固定资产标准的设备、工具、器具的价值。新建单位及扩建单位的新建车间，按照设计或计划要求购置或自制的全部设备、工具、器具，不论是否达到固定资产标准均计入“设备、工具、器具购置”中。

(3)其他费用：指在固定资产建造和购置过程中发生的，除上述几项内容以外的各种应分摊计入固定资产的费用。

施工项目　指报告期内进行过建筑或安装施工活动的项目。凡是报告期内施过工的建设项目，不论施工时间长短，均作为施工项目统计。施工项目个数可以反映一定时期固定资产投资的实际规模，与同期全部建成投产项目个数相比，可以从建设速度的角度反映固定资产投资的效果。根据建设项目施工活动的不同性质，施工项目又分为：本年正式施工项目、本年收尾项目和以前年度全部停缓建项目。

全部建成投产项目　工业项目指设计文件规定形成生产能力的主体工程及其相应配套的辅助设施全部建成，经负荷试运转，证明具备生产设计规定合格产品的条件，并经过验收鉴定合格或达到竣工验收标准，与生产性工程配套的生活福利设施可以满足近期正常生产的需要，正式移交生产的建设项目。非工业项目指设计文件规定的主体工程和相应的配套工程全部建成，能够发挥设计规定的全部效益，经验收鉴定合格或达到竣工验收标准，正式移交使用的建设项目。

新增生产能力(或工程效益)　指通过固定资产投资活动而增加的设计能力(或工程效益)，该指标是以实物形态表现的反映固定资产投资成果的指标，也是考核投资经济效果的重要依据之一。

新增生产能力(或工程效益)一般有以下几种表现形式：

(1)用产品数量表示，以工程在单位时间内(一般是一年)所能生产的产品数量(即年产量)表示。如原煤开采用万吨／年表示，化学农药用吨／年表示，拖拉机制造用台／年表示等。某些化工产品由于含量差别较大，按其设计含量计算折合量表示，如硫酸、纯碱、烧碱等。

(2)用单位时间内所能处理的原料数量表示，以工程每天(或小时)所能处理原料的数量表示。如机制糖工程日处理原料吨，食用植物油日处理原料吨，城市污水处理能力用万吨／日表示等。

(3)用新增加的主要设备的数量或容量表示，如新增棉布织机、丝织机等台数，毛纺锭等锭数，发电厂新增发电机组容量用千瓦表示等。

(4)用建筑物容积、容量、面积、长度表示，是非工业项目或工程新增效益的一种表现形式。如铁路投产里程、新建公路、水库容量、粮食仓库、学校学生席位、医院病床、有效灌溉面积等。

根据工程的特点，有时需要用两种或两种以上的复合计量单位表示新增生产能力(或工程效益)，如新增内燃机生产能力同时用年产台数、千瓦数表示等。

为了规范新增生产能力(或工程效益)的名称和计算单位，国家统计局制订了《新增生产能力(或工程效益)目录及代码》。各固定资产投资单位在统计新增生产能力(或工程效益)时，必须按目录中规定的名称、计量单位和代码填报。

房屋建筑面积　指房屋建筑物勒脚以上外墙外围的水平截面面积，包括房屋建筑物的有效面积和结构面积。该指标是从实物形态上反映建设规模和建设成果的重要指标之一，也是检查工程形象进度、计算工程造价、分析投资效果、研究施工任务和建筑材料之间平衡情况的重要依据。

住宅建筑面积　指施工和竣工房屋建筑面积中供居住用的房屋建筑面积。

施工面积　指报告期内施工的全部房屋建筑面积。包括本期新开工的面积和上期开工跨入本期继续施工的房屋面积，以及上期已停建在本期恢复施工的房屋面积。本期竣工和本期施工后又停缓建的房屋，其建筑面积仍计入本期房屋施工面积中。

竣工面积　指在报告期内房屋建筑按照设计要求已经全部完工，达到住人和使用条件，经验收鉴定合格(或达到竣工验收标准)，正式移交使用单位的各栋房屋建筑面积的总和。

房屋建筑面积竣工率　指一定时期内房屋竣工面积占同期房屋施工面积的比率。是从房屋建筑施工速度的角度反映投资效果的指标。

新增固定资产　指报告期内已经完成建造和购置过程，并已交付生产或使用单位的固定资产价值。该指标是表示固定资产投资成果的价值指标，也是反映建设进度，计算固定资产投资效果的重要指标。

项目建设投产率　指一定时期内全部建成投产项目个数与同期施工项目个数的比率。该指标是从建设单位建设速度的角度反映投资效果的指标。

固定资产交付使用率　指一定时期新增固定资产与同期完成投资额的比率。该指标是反映固定资产动用速度，衡量建设过程中宏观投资效果的综合指标。由于新增固定资产是较长时期内形成的结果，而投资额则是当年完成的，因此，该指标一般适宜于反映较长时期内固定资产的动用情况。

商品房销售面积　指报告期内出售商品房屋的合同总面积(即双方签署的正式买卖合同中所确定的建筑面积)。由现房销售建筑面积和期房销售建筑面积两部分组成。

商品房销售额　指报告期内出售商品房屋的合同总价款(即双方签署的正式买卖合同中所确定的合同总价)。该指标与商品房销售面积同口径，由现房销售额和期房销售额两部分组成。

Explanatory Notes on Main Statistical Indicators

Total Investment in Fixed Assets in the Whole Country refers to the volume of activities in construction and purchases of fixed assets and related fees, expressed in monetary terms. It is a comprehensive indicator which shows the size, structure and growth of the investment in fixed assets, providing basis for observing the progress of construction projects and evaluating results of investment. Total investment in fixed assets in the whole country includes, by type of ownership, the investment by the state owned units, collective units, individuals, joint ownership units, share holding units, as well as investment by businessmen from foreign countries and from Hong Kong, Macao and Taiwan, and by other units.

Investment in Real Estate Development refers to the investment by the real estate development companies, commercial buildings construction companies and other real estate development units of various types of ownership in the construction of house buildings, such as residential buildings, factory buildings, warehouses, hotels, guesthouses, holiday villages, office buildings, and the complementary service facilities and land development projects, such as roads, water supply, water drainage, power supply, heating, telecommunications, land leveling and other projects of infrastructure. It excludes the activities in pure land transactions.

Investment in Rural Areas refers to investment in fixed assets by enterprises, institutions and individuals in rural areas.

Total Size of Construction refers to the planned total investment for all construction projects during the reference period.

Total Size of Investment in Projects under Construction refers to the planned total investment of all projects under construction at the end of the reference period.

Net Size of Investment in Projects under Construction refers to the required investment of all projects under construction at the end of the reference period.

Net Size of Investment=Total Size of Investment-accumulated completed investment

Sources of Funds for Investment in Fixed Assets include fund from state budget, domestic loans, foreign investment, self raised funds, and others depending on the source of investment.

(1) Fund from state budget consists of budgetary appropriation and loans from state budget. More specifically, it includes, from the budget of the central government, capital construction fund (operation fund and non-operational fund), special expenses (e.g. expenses on substituting petroleum with coal), loans from repayment, discount fund, expenses on innovation and trial production of new products, expenses on urban construction, expenses on temporary construction by trade departments, development fund for less developed areas, as well as local budgetary fund transferred from the central budget.

(2) Domestic loans refer to loans of various forms borrowed by investing units from banks and non-bank financial institutions during the reference period for the purpose of investment in fixed assets, including loans issued by banks from their self owned funds and deposit, loans appropriated by higher responsible authorities, special loans by government (including loan for substituting petroleum with coal, special loan for reform through labour coal mines), loans arranged by local government from special funds, domestic reserve loan, and working loan, etc.

(3) Foreign Investment refers to foreign funds received during the reference period for the construction and purchase of investment in fixed assets (covering equipment, materials and technology), including foreign borrowings (loans from foreign governments and international financial institutions, export credit, commercial loans from foreign banks, issue of bonds and stocks overseas), foreign direct investment and other foreign investment. Excluded in this category are capitals in foreign exchanges owned by China (foreign exchanges owned by the central and local governments, foreign exchanges retained by enterprises, foreign exchanges by enterprises through regulating mechanism, loans in foreign exchanges issued by the Bank of China with its own fund, etc.). In calculating the utilization of foreign capitals, foreign currencies are converted into Chinese Renminbi applying the current exchange rate when the foreign capitals are actually used.

(4) Self-raised funds refer to extra budgetary funds for investment in fixed assets received by investing units from central government ministries, local governments, enterprises and institutions, including their self raised funds.

(5) Others refer to funds for investment in fixed assets received from the sources other than those listed above, including capitals raised through issuing bonds by enterprises or financial institutions, funds raised from individuals and through donations, and funds transferred from other units.

Investment in Fixed Assets by Sector The classification of construction projects by sector is determined by the major products or the purpose of the projects when they are put into production or use, and by the nature of their social economic activities. In general, one project or one enterprise or institution can only be classified into one sector.

Investment in Fixed Assets by Jurisdiction of Management refers to the classification of investment by the competent authorities under which investment is made by construction units, enterprises, institutions or administrative units.

(1) Central investment refers to the investment in projects or by enterprises, institutions or administrative units which are under the direct leadership and management of the CPC Central Committee, the NPC Standing Committee, the State Council and of the national commissions, ministries, agencies and state owned large corporations. Various ministries and departments of the State Council prepare and implement plans for investment in fixed assets by those departments, and arrange and ensure the supply of materials and key equipment required for the projects.

(2) Local investment refers to the investment in projects or by enterprises, institutions or administrative units which are under the direct leadership and management of departments under the provincial, prefecture and county governments. Also included are projects by foreign invested enterprises and enterprises without competent managing authorities.

Investment in Fixed Assets by Type of Construction The construction projects in general can be classified, by the type of construction, into new construction, expansion, reconstruction and technical transformation, moving and restoration. However, investment by type of construction is not applied to investment by real estate development units.

(1) New construction in general refers to newly constructed enterprises, institutions, administrative agencies or independent projects from scratch. Construction in the existing enterprises, institutions or agencies is not considered as new construction. In case the assets of the existing unit is quite small, and the value of newly added fixed assets exceeds the original value of assets by three times, the expansion will be considered as new construction.

(2) Expansion refers to construction of new major production workshop, branch factory or independent production line within a factory or in other locations, for the purpose of increasing the production capacity (or improving efficiency) of the original products. Newly constructed houses for the operation of institutions and administrative organizations (such as the newly constructed buildings for teaching in schools, buildings for clinics or wards in hospitals, etc.) are also classified as expansion.

Also included in the expansion are investments by existing enterprises or institutions in building major production line(s) or branch factory(ies) along with some work on innovation, for the purpose of expending the production capacity of original products or producing new products.

(3) Reconstruction refers to construction projects by existing enterprises or institutions in innovation or technical transformation of the old facilities (including auxiliary production equipment and welfare facilities).Also considered as reconstruction is the construction of new workshops by the existing enterprises or institutions to change the variety of products to meet the market demand (such as the production of civil products by defence industries), or to bring the designed production capacity into full play through a more balanced production process on production lines. Technical transformation refers to replacement of old technology or equipment by new technology or equipment, in order to expand the reproduction through improvement of technology contents in production, to improve product quality, to promote new products, to save energy and reduce consumption and to improve overall social economic efficiency. Contents of technical transformation include: updating of machinery, equipment and tools; reforming production process by using energy or materials saving technology; construction of factory workshops and transformation of public facilities; improvement of working conditions and environment, etc.

Investment in Fixed Assets by Structure By their contents, investment activities are classified into 3 categories, i.e. construction and installation, purchase of equipment and instrument, and other expenses.

(1) Construction and installation (work volume of construction and installation) refers to the construction of various houses and buildings and installation of various kinds of equipment and instruments. They include construction of various houses; equipment foundations, industrial kilns and stoves, and metal structure work; preparation works for project construction, and clearing up works post project construction; pavement of railways and roads, drilling of mines and putting up of oil pipes; construction of projects of water conservancy; construction of underground air raid shelters and construction of other special projects; value of equipment for heating, sanitation, ventilation, lighting, gas, painting, etc. that are covered by the budget of housing projects; laying out of various pipelines (for steam, compressed air, petroleum, tap water and sewage) and lines for electric power and for communications; installation of various machinery equipment, testing operation for pre testing the quality of installation projects, and land and other development work conducted by real estate developers for commercial housing. The value of equipment installed is not included in the value of installation projects.

(2) Purchase of equipment and instruments refers to the total value of equipment, tools, and instruments purchased or self produced which come up to standards for fixed assets by the construction units or investing enterprises or institutions. Equipment, tools and instruments purchased or self produced for new workshops by newly established or expanded units are categorized as “purchase of equipment and instruments” no matter whether they come up to the standards for fixed assets.

(3)Other expenses refer to expenses occurring during the construction or purchase of fixed assets other than those mentioned above.

Projects under Construction refer to projects with construction and installation activities undertaken in the reference period. All projects that have construction activities undertaken during the reference period are reported as projects under construction irrespective of the length of construction work. The number of projects under construction can reflect the actual size of investment in fixed assets during a given period, and when compared with the number of projects completed and put into use during the same period, it demonstrates the results of investment in fixed assets. Depending on the nature of construction activities, projects under construction can also be classified into projects under construction in current year, winding up projects in current year and stopped or suspended projects in previous years (with preservation work in current year).

Projects Completed and Put into Use Industrial projects refer to the major projects and accessory facilities completed which result in forming production capacity and have been checked and accepted while the living and welfare facilities have been completed and can ensure normal production and formally put into production. Non industrial projects refer to the major projects and accessory facilities completed which possess the designed capacity and have been checked, accepted and formally put into production.

Newly Increased Production Capacity(or Project Efficiency) refers to the increase of designed capacity (or project efficiency) through investment in fixed assets, which reflects the accomplishment of investment in fixed assets in kind and serves as important basis for evaluating the economic efficiency of investment.

The newly increased production capacity (project efficiency) are usually expressed in one of the following forms:

(1) output of products, i.e. the output that the project can produce during a given period (usually a year). For instance, the capacity in coal mining is expressed in 10,000 tons/year, the capacity in producing chemical pesticides expressed in ton/year, the capacity in producing tractors in tractor/year, etc. For some chemical products where the effective contents differ significantly, the production capacity is expressed as the designed effective content equivalent, such as in the case of sulphuric acid, soda ash, caustic soda, etc;

(2) raw materials processing capacity, i.e. the volume of raw materials that could be processed by the project per day (or per hour), such as tons of materials processed per day by a sugar refining project or edible vegetable oil project, or tons of urban sewage processed per day;

(3) number or capacity of major equipment increased, such as number of cotton or silk looms increased, wool spindles increased, or capacity (in kilowatts) of power generators increased;

(4) physical measures (volume, capacity, area, and length) of construction, which is typical for non industrial projects, for instance, the length of railways put into operation, the length of highways, the capacity of reservoirs, the capacity of warehouses, the floor space of housing projects, capacity for new students in schools or beds in hospitals, areas under new irrigation project, etc.

Features of projects sometimes call for combined use of two or more measurement to reflect the increased production capacity (or project efficiency), for instance, the new capacity for the production of internal combustion engines are expressed in sets per year and kilowatts per year simultaneously.

To standardize the nomenclature and unit of measurement for new production capacity (or project efficiency), the National Bureau of Statistics has developed Nomenclature and Codes for New Production Capacity (Project Efficiency). All reporting units with investment activities are required to follow these two nomenclatures in reporting statistics on new production capacity (project efficiency).

Floor Space of Buildings under Construction refers to total floor space of the horizontal section of outer walls above the plinth of the building, including the effective area and the area occupied by the structure. This indicator is one of the important indicators in physical terms to reflect the scale and accomplishment of the construction industry, and important basis for monitoring the progress, calculating the cost, analyzing the efficiency and studying the supply of building materials in relation with the construction projects.

Floor Space of Residential Buildings refers to the floor space of the residential buildings among the total space of buildings under construction or completed.

Floor Space under Construction refers to total floor space of all buildings under construction during the reference period, including floor space of newly started buildings during the reference period, floor space of construction extended from the previous period to the current period, and floor space of construction suspended during the previous period and resumed in the current period. Floor space of construction completed in the current period, and floor space of construction started and then suspended in the current period are also included in the floor space under construction of the current year.

Floor Space of Buildings Completed refers to the floor space of all buildings completed in the reference period, which have been appraised and accepted (or come up to the designed standards) and have been transferred to the owners for use.

Completion Rate of Floor Space of Buildings refers to the ratio of the floor space of buildings completed in certain period of time to the floor space of buildings under construction in the same period. This indicator reflects the investment result from the perspective of the speed of construction.

Newly Increased Fixed Assets refer to the newly increased value of fixed assets, constructed or purchased, that have been transferred to the investors. This is an indicator that demonstrates the results of investment in fixed assets in monetary terms, and an important indicator to reflect the speed of construction and to calculate the efficiency of investment.

Rate of Construction Projects Completed and Put into Use refers to the ratio of the number of construction projects completed and put into use in certain period of time to the number of projects under construction in the same period. This reflects the investment efficiency from the perspective of the speed of projects construction.

Rate of Projects of Fixed Assets Completed and Put into Operation refers to the ratio of the newly increased fixed assets to the total investment made in the same period. This is a comprehensive indicator reflecting the speed of the employment of fixed assets and the investment efficiency at the macro level. As the newly increase fixed assets is the result of a long period while the investment is completed in the current year, this indicator is expected to be used to reflect the employment of fixed assets over a long period of time.

Area of Commercial Housing Sold refers to total contracted area of commercial housing (i.e. area of floor space as designated in the formal contracts signed by both sides) during the reference time. It constitutes floor space of completed housing and floor space of future housing.

Value of Commercial Housing Sold refer to total value of contracts (i.e. value of sales/purchase for selling/purchase of commercial housing as designated in the contracts signed by both sides) during the reference time. It has the same coverage as the area of commercial housing sold, constituting completed housing and floor space of future housing.

第
6
篇

对外经济和旅游

Foreign Trade and Tourism

简 要 说 明

一、本篇资料的主要内容

本篇资料反映了全省外经外贸、旅游和开发区的基本情况，主要包括进出口、利用外资、境外投资、对外承包工程和劳务合作、人民币外汇牌价、旅游业基本情况、经济开发区和高新技术开发区等方面的内容。

二、本篇资料的来源

1.进、出口数据来源于海关统计，进出口商品价值，出口按离岸价（FOB）、进口按到岸价（CIF）统计。

2.利用外资、对外承包工程和劳务合作、境外投资等资料来源于省商务厅。

3.历年人民币对主要外币的年平均汇价资料来源于国家外汇管理局，是根据当年国家外汇管理局提供的每日汇价进行加权平均计算而得出的当年年平均汇价。

4.旅游资料来源于省旅游局。

5.开发区资料来源于省统计局开发区统计年报。

本篇资料由省统计局贸易外经处整理提供。

Brief Introduction

I. Content

Data in this chapter show the basic conditions of foreign trade, tourism and development zones, mainly including imports and exports, utilization of foreign capitals, overseas direct investments, contracted projects, labor services cooperation, exchange rate of RMB to other currencies, tourism and economic development zone, etc.

II. Source of Data

(1)Data on foreign trade are based on the statements made by the Administration of Customs. Exports are calculated at FOB, imports at CIF.

(2)Data on utilization of foreign capitals, contracted projects and labor services cooperation are provided by the Bureau of Commerce of Shandong Province.

(3)Average exchange rates of RMB yuan to other currencies over the years come from the State Administration of Exchange Control. The annual average exchange rate is calculated as the weighted mean of the daily exchange rates provided by the State Administration of Exchange Control.

(4)Data on tourism are provided by Shandong Tourism Administration.

(5)Data on economic development zones are based on the annual reports of economic development zones, which are provided by Shandong Provincial Bureau of Statistics.

Data in this chapter are prepared and compiled by the Division of Trade and External Economic Relations Statistics of Shandong Provincial Bureau of Statistics.

6-1 1978-2017年人民币对主要外币年平均汇价(中间价)

Average Exchange Rate of RMB Yuan Against Main Convertible Currencies from 1978 to 2017(Middle Rate)

单位:人民币元 (RMB yuan)

年 份 Year	100美元 100 US Dollars	100日元 100 Japanese Yen	100港元 100 Hong Kong Dollars	100欧元 100Euros
1978	168.36	0.8058	36.16	
1979	155.49	0.7131	31.35	
1980	149.84	0.6635	30.15	
1981	170.51	0.7735	30.41	
1982	189.26	0.7607	31.15	
1983	197.57	0.8318	27.36	
1984	232.70	0.9780	29.71	
1985	293.67	1.2457	37.57	
1986	345.28	2.0694	44.22	
1987	372.21	2.5799	47.74	
1988	372.21	2.9082	47.70	
1989	376.59	2.7360	48.28	
1990	478.38	3.3233	61.39	
1991	532.27	3.9602	68.45	
1992	551.49	4.3608	71.24	
1993	576.19	5.2020	74.41	
1994	861.87	8.4370	111.53	
1995	835.07	8.9225	107.96	
1996	831.42	7.6352	107.51	
1997	828.98	6.8600	107.09	
1998	827.91	6.3488	106.88	
1999	827.96	8.0720	106.53	
2000	827.72	7.3877	106.08	
2001	827.70	6.8075	106.08	
2002	827.70	6.6237	106.07	800.58
2003	827.70	7.1466	106.24	936.13
2004	827.68	7.6552	106.23	1029.00
2005	819.17	7.4484	105.30	1019.53
2006	797.18	6.8570	102.62	1001.90
2007	760.40	6.4632	97.46	1041.75
2008	694.51	6.7427	89.19	1022.27
2009	683.10	7.2986	88.12	952.70
2010	676.95	7.7279	87.13	897.25
2011	645.88	8.1050	82.97	900.11
2012	631.25	7.9037	81.38	810.67
2013	619.32	6.3323	79.85	822.19
2014	614.28	5.8196	79.22	816.51
2015	622.84	5.1543	80.34	691.41
2016	664.23	6.1243	85.58	734.26
2017	675.18	6.0244	86.64	763.03

6-2 1984-2017年海关进出口情况
Basic Statistics on Imports and Exports from 1984 to 2017

单位:万美元 (10 000 USD)

年 份 Year	进出口总值 Total Value of Imports and Exports	出口总值 Total Value of Exports	一般贸易 General Trade	来料加工装配贸易 Processing and Assembling Trade with Sent Materials	进料加工贸易 Processing Trade with Imported Materials	其他贸易 Other Trades	进口总值 Total Value of Imports
1984	352012	207786					144226
1985	414448	234652					179796
1986	382840	191926					190914
1987	355294	289938	264633	2566	19232	3507	65356
1988	573361	309773	261451	3796	40458	4068	263588
1989	616511	327015	266337	6274	49047	5357	289496
1990	428522	341719	274898	8660	53152	5009	86803
1991	483200	375230	293951	13681	63430	4168	107970
1992	778140	433752	330729	18598	79452	4973	344388
1993	728586	420360	292058	23834	96748	7720	308226
1994	962927	587011	371013	40640	168470	6888	375916
1995	1395007	816101	460278	77503	270177	8143	578906
1996	1616394	918298	449683	130565	331035	6339	698096
1997	1753631	1085888	483895	185156	410664	6173	667743
1998	1661740	1034705	458607	172262	396013	7823	627035
1999	1827094	1157909	541405	218625	394880	2999	669185
2000	2498998	1552905	746563	293008	507050	6284	946093
2001	2896313	1812899	913253	310013	579125	10508	1083414
2002	3394175	2111511	1089063	341530	669958	10960	1282664
2003	4465752	2657285	1400709	392861	845249	18466	1808467
2004	6078136	3587286	1799792	483369	1252126	51999	2490850
2005	7688876	4625113	2310122	594991	1668351	51649	3063763
2006	9528817	5864717	3013461	655916	2083042	112298	3664100
2007	12261798	7524374	3800924	679014	2863332	181104	4737424
2008	15814480	9317486	4739880	722044	3573434	282128	6496994
2009	13860378	7956530	3637582	697915	3296132	324901	5903848
2010	18895085	10424695	4973019	750340	4230872	470464	8470390
2011	23599191	12578809	6466907	842878	4737751	531273	11020382
2012	24554487	12873171	6875045	867657	4566215	564254	11681316
2013	26715854	13450998	7603966	866031	4392892	588109	13264856
2014	27711549	14474545	8373918	802064	4734553	564010	13237004
2015	24174867	14406069	9042024	739933	4183875	440237	9768798
2016	23420733	13715826	8653875	716557	3904404	440990	9704906
2017	26305670	14710207	9428956	651868	4151643	477739	11595464

6-3 进出口主要分类情况
Imports and Exports by Category

单位:亿美元 (100 million USD)

类　别	Category	2000	2005	2010	2014	2015	2016	2017
一、进出口总值	**Total Value of Imports and Exports**	**249.9**	**768.9**	**1889.5**	**2771.2**	**2417.5**	**2342.1**	**2630.6**
出口额	Exports	155.3	462.3	1042.5	1447.5	1440.6	1371.6	1471.0
进口额	Imports	94.6	306.4	847.0	1323.7	976.9	970.5	1159.5
二、出口商品构成　(%)	**Structure of Exported Goods　(%)**							
初级产品	Primary Goods	21.7	16.8	138.5	165.6	159.7	172.9	179.6
工业制品	Manufactured Goods	78.3	83.2	903.6	1281.5	1279.6	1198.0	1290.7
三、进口商品构成　(%)	**Structure of Imported Goods　(%)**							
初级产品	Primary Goods	26.9	38.3	360.6	773.0	508.0	551.7	757.1
工业制品	Manufactured Goods	73.1	61.7	434.9	549.2	458.8	421.4	418.0
四、纺织服装进出口总值	**Total Value of Imports and Exports of Textile Apparel**	**58.4**	**121.3**	**188.5**	**238.0**	**228.8**	**221.4**	**227.0**
出口额	Exports	47.1	106.2	173.3	221.6	212.5	206.5	213.2
进口额	Imports	11.3	15.1	15.2	16.4	16.3	14.9	13.8
五、农(副)产品进出口总值	**Total Value of Imports and Exports of Agricultural Products(By-products)**	**57.3**	**119.2**	**250.6**	**427.0**	**313.7**	**298.0**	**310.9**
出口额	Exports	35.3	69.1	127.0	157.3	153.1	162.9	170.1
进口额	Imports	22.0	50.1	123.6	269.7	160.7	135.1	140.8
六、机电产品进出口总值	**Total Value of Imports and Exports of Mechanical and Electrical Products**	**61.3**	**240.3**	**725.0**	**885.8**	**871.8**	**786.0**	**835.6**
出口额	Exports	31.3	135.7	450.7	561.6	576.3	524.9	572.4
进口额	Imports	30.0	104.6	274.3	324.2	295.6	261.1	263.1
七、高新技术产品进出口总值	**Total Value of Imports and Exports of High and New-tech Products**	**17.2**	**85.0**	**329.1**	**392.5**	**352.8**	**293.7**	**293.0**
出口额	Exports	6.5	42.5	175.8	205.9	177.1	147.8	146.2
进口额	Imports	10.7	42.6	153.3	186.6	175.8	145.9	146.9
八、外商投资企业进出口总值	**Total Value of Imports and Exports of**	**139.3**	**413.9**	**962.8**	**1070.4**	**926.2**	**824.6**	**841.6**
出口额	Exports	79.3	238.1	565.7	622.9	561.3	504.8	508.1
进口额	Imports	60.0	175.8	397.1	447.5	364.9	319.8	333.5
九、一般贸易进出口总值	**Total Value of Imports and Exports under General Trades**	**105.1**	**358.6**	**974.4**	**1712.2**	**1493.7**	**1478.7**	**1717.3**
出口额	Exports	74.7	231.0	497.3	837.4	904.2	865.4	942.9
进口额	Imports	30.4	127.5	477.0	874.8	589.5	613.3	774.4
十、加工贸易进出口总值	**Total Value of Imports and Exports under Processing Trades**	**131.3**	**360.9**	**756.4**	**853.3**	**744.7**	**683.5**	**699.2**
出口额	Exports	80.0	226.3	498.1	553.7	492.4	462.1	480.4
进口额	Imports	51.3	134.6	258.3	299.6	252.3	221.4	218.9
来料加工贸易进出口总值	Total Value of Imports and Exports under Processing Trades with Sent Materials	49.4	99.0	118.3	124.8	113.2	112.9	101.0
出口额	Exports	29.3	59.5	75.0	80.2	74.0	71.7	65.2
进口额	Imports	20.1	39.5	43.3	44.6	39.2	41.2	35.9
进料加工贸易进出口总值	Total Value of Imports and Exports under ProcessingTrades with Imported Materials	81.9	261.9	638.1	728.5	631.5	570.7	598.2
出口额	Exports	50.7	166.8	423.1	473.5	418.4	390.4	415.2
进口额	Imports	31.2	95.1	215.0	255.0	213.1	180.2	183.0

注:农副产品2004年以后为农产品数据，2011年起，纺织服装进口额不含服装进口数据。

a)Since 2004,data of agricultural by-products is agricultural products data.Since 2011,Total value of imports of textile apparel no include the value of apparel.

6-4 按主要国家(地区)分海关进出口商品总值(2017年)
Total Value of Import and Export Commodities by Countries or Regions(2017)

单位:万美元 (10 000 USD)

国别(地区)	Country(Region)	进出口总值 Total Value of Imports and Exports	出口总值 Total Value of Exports	进口总值 Total Value of Imports
合　计	**Total**	**26305670**	**14710207**	**11595464**
亚　洲	**Asia**	**11764536**	**6841738**	**4922798**
东　盟	Asean	3181399	1543839	1637560
香　港	Hong kong	454631	428417	26214
日　本	Japan	2136617	1599467	537149
韩　国	Repulic of Korea	2876937	1536037	1340900
台　湾	Taiwan	500400	174656	325744
马来西亚	Malaysia	821496	233767	587729
印度尼西亚	Indonesia	446003	252671	193333
新加坡	Singapore	265928	169965	95963
印　度	India	452966	352519	100447
泰　国	Thailand	732541	245060	487481
非　州	**Africa**	**2067334**	**822941**	**1244394**
南　非	South Africa	203860	118641	85218
欧　州	**Europe**	**4377975**	**2838719**	**1539256**
欧　盟	EU	3080577	2264564	816013
英　国	United Kingdom	459868	342004	117864
德　国	Germany	625022	387457	237565
法　国	France	225598	170982	54616
意大利	Italy	258925	196745	62180
荷　兰	Netherlands	418462	383502	34960
西班牙	Spain	225924	174758	51167
瑞　典	Sweden	88506	53878	34628
瑞　士	Switzerland	34111	15582	18529
俄罗斯	Russia	1068573	456591	611982
比利时	Belgium	148893	107264	41629
拉丁美州	**Latin America**	**2884212**	**994520**	**1889692**
阿根廷	Argentina	131365	66631	64734
巴　西	Brazil	1082817	187388	895428
智　利	Chile	391944	100901	291043
墨西哥	Mexico	354336	299624	54712
巴拿马	Panama	36104	34954	1150
北美州	**North America**	**3879608**	**2862475**	**1017134**
美　国	United States	3398812	2603248	795564
加拿大	Canada	469834	258261	211573
大洋州	**Oceanic**	**1331779**	**349814**	**981965**
澳大利亚	Australia	1149484	291555	857929
新西兰	New Zealand	143840	43101	100739

注:进口国别指原产国,出口国别指最终消费国。
a)The importing country refers to country of origin and the exporting country refers to country of final consumption.

6-5 海关进出口商品分类金额(2017年)
Imports and Exports Value by Category of Commodities(2017)

单位:万美元 (10 000 USD)

商 品 类 别	Category	出 口 Export	进 口 Import
总 计	**Total**	**14710207**	**11595464**
一、活动物;动物产品	Live Animals & Animal Products	387192	358206
二、植物产品	Plant Products	580974	775696
三、动植物油脂、蜡及分解产品;食用油	Animal and Vegetable Oils; Fats and Wax; Edible Oils and Fats	5780	33920
四、食品饮料酒醋;烟草及代用品	Food; Beverages; Liquor and Vinegar; Tobacco and Tobacco Substitutes	680725	89391
五、矿产品	Minerals	105650	4974848
六、化学工业及其相关工业产品	Chemicals and Related Products	1289358	366869
七、塑料及其制品;橡胶及其制品	Plastics and Related Products; Rubber and Related Products	1344504	905211
八、皮及皮制品;旅行用品;动物肠线	Leather and Leather Products; Travel Articles; Animal Casing	145152	65793
九、木及软木制品、编结材料制品	Wood and Wooden Products; Plaited Products	301729	223507
十、木浆及纤维状纤维素浆;废纸纸板及制品	Paper Pulp and Cellulose Pulp; Paper and Waste Paper; Paperboard and Related Products	153549	370547
十一、纺织原料及纺织制品	Textile Materials and Products	2006183	263532
十二、鞋帽伞杖鞭及零件;羽毛人发制品	Footwear; Headgear; Umbrellas; Canes; Whips;Feather and Wigs and Related Products	261711	18080
十三、石料膏泥棉云母及制品;陶瓷玻璃	Gypsum; Cement; Asbestos; Mica; Ceramic Glass	344575	21315
十四、珍珠宝石贵金属及制品;仿首饰	Pearls and Precious Stones;Precious Metal and Related Products;Artificial Jewelry	36946	9906
十五、贱金属及制品	Base Metals and Related Products	1448641	559664
十六、机械、电气设备、电视机及音响设备	Machinery; Electric Equipment;TV Sets and Audio	3268047	1973902
十七、车辆,航空器,船舶及运输设备	Locomotives; Vehicles; Aircraft; Ship and Related Transportation Equipment	1055765	165314
十八、照相计量医疗精密仪器及设备,零附件	Photographic,Measuring and Mwdical Instruments and Equipment;Related Parts and Accessories	155668	372913
十九、武器弹药及其零件、附件	Weapons and Ammunition; Related Parts and Accessories	1571	0
二十、杂项制品	Miscellaneous Products	1122279	24419
二十一、艺术品,收藏品及古物	Works of Art, Collectibles and Antiques	244	276
二十二、特殊交易品及未分类商品	Special Transactions Goods and Products Not Otherwise Classified	13964	22153

6-6 各市进口总值
Import Value by Region

单位:万美元 (10 000 USD)

地 区	Region	2005	2010	2011	2012	2013	2014	2015	2016	2017
全省总计	**Total**	**3063763**	**8470390**	**11020382**	**11681316**	**13264856**	**13237004**	**9768798**	**9704906**	**11595464**
济南市	Jinan	198370	338077	435313	341237	408513	443894	391559	350402	379949
青岛市	Qingdao	1360157	2316976	3173616	3241127	3595284	3411137	2487228	2311566	2953121
淄博市	Zibo	111835	267156	371128	421339	375846	334093	184217	267096	451785
枣庄市	Zaozhuang	5843	16510	22341	19205	30477	28668	19188	13080	17748
东营市	Dongying	62810	524370	585887	731888	734502	716119	794434	1051990	1443459
烟台市	Yantai	499666	1830134	1865388	1944322	1983808	2334823	2134194	1907065	1974377
潍坊市	Weifang	98977	305563	372440	400365	455585	545743	593745	647520	752393
济宁市	Jining	70406	216172	267509	191947	189611	196240	200202	205097	255957
泰安市	Tai'an	19984	66296	63595	93837	111785	124246	53469	39068	51570
威海市	Weihai	281329	498919	618131	646678	644731	521511	431693	609922	809153
日照市	Rizhao	122377	1116594	1693053	2141712	2916013	2998036	1105077	819816	824426
莱芜市	Laiwu	39251	168635	245070	139196	175308	129828	91300	72516	54134
临沂市	Linyi	52039	194120	320861	398994	477219	509646	268604	270149	257005
德州市	Dezhou	18292	61408	93557	85025	151165	128026	96771	92607	95686
聊城市	Liaocheng	17787	234233	377913	374313	418645	336790	253633	268550	329540
滨州市	Binzhou	100308	253989	384626	344896	474668	341746	450673	494963	592241
菏泽市	Heze	4334	61237	129954	165234	121695	136457	212811	283487	352919

6-7 各市出口总值
Export Value by Region

单位:万美元 (10 000 USD)

地 区	Region	2005	2010	2011	2012	2013	2014	2015	2016	2017
全省总计	**Total**	**4625113**	**10424695**	**12578809**	**12873171**	**13450998**	**14474545**	**14406069**	**13715826**	**14710207**
济南市	Jinan	177843	405065	604702	571423	548093	606119	599604	734449	750622
青岛市	Qingdao	1942323	3388997	4058082	4079090	4195962	4577696	4532685	4246549	4459296
淄博市	Zibo	201683	403077	532422	531938	524998	559843	578724	523697	549162
枣庄市	Zaozhuang	31357	74567	84410	93923	94656	115373	140271	121770	130190
东营市	Dongying	85448	275753	435919	498199	580290	609488	496787	455879	492935
烟台市	Yantai	648308	2547962	2669482	2835914	2947468	2940357	2804476	2484594	2566322
潍坊市	Weifang	295085	869581	1036386	1096820	1160420	1232904	1298380	1234913	1396149
济宁市	Jining	116360	229866	307012	319613	333417	326913	343461	336635	348655
泰安市	Tai'an	54476	92614	118548	122221	136696	173108	174881	161578	173000
威海市	Weihai	473400	891721	1074178	1065926	1070238	1137218	1262087	1167064	1258820
日照市	Rizhao	132341	221080	390635	387622	387918	478865	413386	422266	515035
莱芜市	Laiwu	66029	103202	114131	73382	75095	92056	98413	97606	103086
临沂市	Linyi	127688	282591	362193	389726	463548	569408	605650	592273	727522
德州市	Dezhou	55209	133596	174642	186760	202646	222717	220674	224347	264983
聊城市	Liaocheng	46001	128938	187526	184919	200303	238553	253684	292520	345107
滨州市	Binzhou	124096	254980	284489	282876	354250	378169	363203	376194	398407
菏泽市	Heze	47465	121105	144051	152819	175000	215759	219703	243491	230915

6-8 各市外商投资企业进口总值
Import Value of Foreign- funded Enterprises by Region

单位:万美元 (10 000 USD)

地　区	Region	2005	2010	2011	2012	2013	2014	2015	2016	2017
济南市	Jinan	64166	98172	94825	85119	137608	121857	59933	71494	78449
青岛市	Qingdao	765464	946037	1083821	941800	935831	963393	839443	737077	817862
淄博市	Zibo	55656	73952	101691	88517	72702	73356	54431	50150	52439
枣庄市	Zaozhuang	4407	9145	10917	6859	6137	7045	7476	6962	6447
东营市	Dongying	5119	225175	206647	259554	199707	194742	156487	193733	228643
烟台市	Yantai	426616	1523651	1415388	1408391	1318853	1600465	1481398	1220765	1215986
潍坊市	Weifang	56398	119937	172322	139381	153361	157793	135743	138059	116589
济宁市	Jining	63631	182080	194136	134841	138489	136729	124541	90107	104127
泰安市	Tai'an	2921	3546	5365	4938	4583	3722	8807	5891	5378
威海市	Weihai	213080	356285	367974	353942	332885	310320	270964	245756	255345
日照市	Rizhao	43823	200410	430882	462024	560543	582506	309894	280355	235303
莱芜市	Laiwu	1224	4746	2946	703	4158	4086	5872	6743	6945
临沂市	Linyi	15493	81620	123438	141203	195419	178341	53095	28245	31840
德州市	Dezhou	7078	8884	11925	11957	14373	12673	9985	24016	32370
聊城市	Liaocheng	7034	41743	63460	43793	54378	44011	29577	21758	46088
滨州市	Binzhou	24800	83601	66914	42249	129309	73674	89302	67496	89019
菏泽市	Heze	1497	17199	18666	22938	20673	10837	12258	9354	12206

6-9 各市外商投资企业出口总值
Export Value of Foreign-funded Enterprises by Region

单位:万美元 (10 000 USD)

地　区	Region	2005	2010	2011	2012	2013	2014	2015	2016	2017
济南市	Jinan	41785	131488	168105	152160	160182	169035	175359	159112	202975
青岛市	Qingdao	1072594	1676534	1930536	1764622	1660659	1727138	1623387	1414566	1463348
淄博市	Zibo	105493	212442	266416	261842	248033	245167	218869	199297	209282
枣庄市	Zaozhuang	6885	22546	30939	30954	29827	39001	37026	29547	28975
东营市	Dongying	7118	62815	63541	60123	46084	51501	28559	22994	24500
烟台市	Yantai	461920	2170903	2171242	2077348	1967676	2166016	1938415	1793586	1741082
潍坊市	Weifang	132678	301865	388930	381763	392609	420019	381747	378298	357239
济宁市	Jining	51804	81702	121998	125593	125724	126494	112577	82944	79997
泰安市	Tai'an	14106	22570	25976	23355	22901	23294	20907	23017	20971
威海市	Weihai	313405	566264	623334	607243	570564	571512	523011	454534	475067
日照市	Rizhao	57602	108232	237396	235944	243267	321319	237924	176171	135927
莱芜市	Laiwu	7370	15125	14208	8037	9245	12908	12661	11381	9091
临沂市	Linyi	51720	123593	154818	157795	172855	175650	141064	133516	132507
德州市	Dezhou	14710	38784	46408	49103	54410	49228	41164	46288	56796
聊城市	Liaocheng	17416	27318	31230	21974	18049	18274	20572	21007	28798
滨州市	Binzhou	12927	61757	59168	51299	51793	49035	40845	41792	41611
菏泽市	Heze	11242	32385	38242	39775	49986	63063	58844	60196	73012

6-10 1979-2017年利用外资情况
Statistics on Utilization of Foreign Capitals from 1979 to 2017

单位:万美元 (10 000 USD)

年份 Year	合同项目个数(个) Number of Contracted Projects	#外商直接投资 Foreign Direct Investments	合同外资金额 Total Amount of Contracted Foreign Capital	#外商直接投资 Foreign Direct Investments	实际使用外资金额 Total Amount of Foreign Capital Actually Utilized	#外商直接投资 Foreign Direct Investments
1979	49		1278		1276	
1980	46		1254		1245	
1981	40	1	1296	10	1296	10
1982	60		1348		1327	
1983	51		2010		1831	
1984	100	16	15283	10470	1642	40
1985	232	32	10994	4925	6375	559
1986	109	37	13377	5927	11743	1939
1987	151	53	30520	3890	10219	2381
1988	458	203	59553	26020	14231	3908
1989	485	240	55272	17855	31498	13132
1990	674	366	55164	23283	31123	15084
1991	1187	801	102358	65481	46789	17950
1992	4651	4109	471994	391961	137684	97335
1993	8012	7229	754863	705116	226068	184319
1994	4747	3650	624570	526217	340137	253566
1995	5035	2709	532980	462521	326698	260719
1996	2223	2175	633894	539797	339426	259041
1997	1681	1597	454145	328037	358447	250044
1998	1434	1366	367072	221866	361036	222262
1999	1745	1717	421333	311087	374464	246878
2000	2733	2728	561066	507435	381243	297119
2001	3058	3047	715880	672040	424886	362093
2002	4072	4065	1186072	1130680	652124	558603
2003	5305	5305	1989296	1341413	1125985	709371
2004	5890	5890	2144647	2028958	982105	870064
2005	6415	6415	2884398	2749510	1101441	897072
2006	4030	4030	1645089	1624175	1020966	1000069
2007		2717		1173880		1101159
2008		1527		1014959		820246
2009		1468		871045		801007
2010		1632		1363381		916833
2011		1433		1579081		1116022
2012		1333		1655717		1235267
2013		1405		1770879		1405315
2014		1352		1595327		1519511
2015		1509		2004467		1630090
2016		1477		2115351		1682556
2017		1479		2740567		1785731

注:2003年实际利用外资金额是全口径数据包括对外借款,合同外资个数和合同外资金额不包括对外借款部分。2004年起实行新的外商投资统计制度取消对外借款部分,外商直接投资数据为商务部反馈数。2008年实际使用外资采用全口径统计方式。

a)In 2003,data of total amount of foreign capital actually utilized are including foreign loads.And Data of projects for contracted foreign capital and total amount of contracted foreign capital are excluding foreign loads.Since 2004,foreign loads is canceled according to the new statistical lations on foreign investments.Data of foreign direct investments come from the Ministry of Commerce.In 2008 the foreign capital actually utilized is changed to the actual received foreign capital.

6-11 按主要国家(地区)分外商直接投资
Foreign Direct Investment by Countries or Regions

单位:万美元 (10 000 USD)

国家(地区)	Country(Region)	合同项目个数(个) Number of Contracted Projects (unit)		合同外商投资金额 Total Amount of Contracted Foreign Capital		实际使用外商投资金额 Total Amount of Foreign Capital Actually Utilized	
		2016	2017	2016	2017	2016	2017
总计	**Total**	**1477**	**1479**	**2115351**	**2740567**	**1682556**	**1785731**
韩国	Republic of Korea	559	403	221438	387108	225111	180661
香港	Hong Kong	376	468	1180751	1580318	831531	896323
美国	United States	76	74	68042	43085	35969	71963
日本	Japan	71	47	84821	53164	57226	62494
台湾省	Taiwan	97	88	63306	52220	50460	29724
英属维尔京群岛	Virgin Islands	4	12	47946	9838	65351	29313
新加坡	Singapore	28	22	52339	44818	118113	111026
英国	United Kingkom	15	19	1956	21903	1652	12448
加拿大	Canada	26	27	11806	6018	6553	7824
澳大利亚	Australia	34	24	47024	17821	14027	25159
法国	France	6	10	7163	5934	7176	2544
德国	Germany	20	29	100342	76411	72995	88991
毛里求斯	Mauritius			-5401	300	527	2612
马来西亚	Malaysia	8	11	20576	70386	3704	7226
萨摩亚	Samoa	3	10	3482	4438	612	10241
意大利	Italy	11	8	4945	2705	11097	3375
荷兰	Netherlands	4	4	1891	17353	4754	9316
开曼群岛	Cayman Islands	5		3463	-1041	6045	9538
泰国	Thailand	3	3	3190	989	2002	3137
澳门	Macao	1	7	298	8995	570	201
瑞士	Switzerlan	2	5	5392	25212	4630	2297
巴拿马	Panama			-331		32	
百慕大	Bermuda	1		-25315		28747	
俄罗斯	Russia	8	10	34199	8261	60	14763
菲律宾	Philippines	1	1	3284	10		
丹麦	Denmark		4	1426	318	5234	4495
印度尼西亚	Indonesia	2	3	4116	1174	340	40
奥地利	Austria	2		14	566	18	562
西班牙	Spain	5	5	1015	2875	1617	3713
新西兰	New Zealand	1	2	611	269	2080	197
卢森堡	Luxembourg	2	2	11112	1044	9992	7602
瑞典	Sweden			152	3535	2500	6440
比利时	Belgium	2	3	100	77	89	100
欧洲联盟	The European Union	74	94	140586	142835	124593	145561
东南亚联盟	Southeast Asian Union	43	44	83485	120605	124205	121434

6-12 按行业分外商直接投资(2017年)

单位:万美元

行 业	Sector	项目数(个) Number of Projects(unit)		
		本年新增 Newly Added in the Year	比上年增长(%) Growth Rate (%)	2017年止累计 Accumulative number end to 2017
总 计	**Total**	**1479**	**0.1**	**72086**
第一产业	**Primary Industry**	**27**	**-12.9**	**2370**
农、林、牧、渔业	Agriculture, Forestry, Animal Husbandry and Fishing	27	-12.9	2370
第二产业	**Secondary Industry**	**513**	**-2.3**	**54153**
采矿业	Mining	1		231
制造业	Manufacturing	448	-3.7	52110
电力、热力、燃气及水的生产和供应业	Production and Supply of Electric, Heat, Gas and Water	36	-12.2	539
建筑业	Construction	28	55.6	1273
第三产业	**Tertiary Industry**	**939**	**2.0**	**15563**
交通运输、仓储和邮政业	Transport, Storage and Post	21	5.0	814
信息传输、计算机服务和软件业	Information Transmission, Computer Services and Software	66	73.7	475
批发和零售业	Wholesale and Retail Trade	385	-22.4	5329
住宿和餐饮业	Hotels and Catering Services	36	-32.1	1534
金融业	Financial Intermediation	82	82.2	286
房地产业	Real Estate	66	187.0	2376
租赁和商务服务业	Leasing and Business Services	136	28.3	2618
居民服务和其他服务业	Services to Households and Other Services	17	6.3	247
科学研究、技术服务和地质勘查业	Scientific Research, Technical Service and Geologic Prospecting	85	-11.5	855
水利、环境和公共设施管理业	Management of Water Conservancy, Environment and Public Facilities	10	100.0	137
教 育	Education	17	183.3	116
文化、体育和娱乐业	Culture, Sports and Entertainment	9	-18.2	672
卫生、社会保障和社会福利业	Health, Social Security and Social Welfare	7	16.7	102

Foreign Direct Investment by Sector(2017)

(10 000 USD)

合同外资金额 Total Amount of Contracted Foreign Capital			实际使用外资金额 Total Amount of Foreign Capital Actually Utilized		
本　年 This Year	比上年增　长 (%) Growth Rate (%)	2017年止累计 Accumulative number end to 2017	本　年 This Year	比上年增　长 (%) Growth Rate (%)	2017年止累计 Accumulative number end to 2017
2740567	**29.6**	**31231712**	**1785731**	**6.1**	**20538889**
38100	**-48.5**	**943274**	**29483**	**-20.6**	**599139**
38100	-48.5	943274	29483	-20.6	599139
1273988	**24.4**	**20470080**	**1066630**	**7.5**	**14169707**
1995	129.1	130567	6859	116.2	136917
1108905	20.3	18956989	951084	7.0	13066700
66882	-11.2	947810	81992	-8.1	759914
96206	262.0	434714	26695	143.9	203175
1428479	**40.5**	**9818358**	**689618**	**5.6**	**5770044**
52464	15.2	981134	80235	84.4	633853
273750	340.2	499298	73983	1668.7	163051
199884	20.9	1494386	94512	4.0	859380
9243	187.6	289833	1232	-54.3	161947
187373	45.4	930100	79990	-65.5	614541
213637	250.6	2776545	209097	93.0	2062430
188039	9.4	1121664	44435	5.2	480540
4107	129.6	73807	178	-5.8	51953
102560	-71.1	1039042	94254	-24.8	554781
19811	100.9	158624	9849	764.0	66476
9548	940.1	34071	1413	-9.1	15606
150764	3829.2	342801	7	-98.9	94084
13082	65.0	72836	431	-24.1	10400

6-13 按方式分外商直接投资
Basic Statistics on Foreign Direct Investments by Form

单位:万美元 (10 000 USD)

类 别	Category	合同项目个数(个) Number of Contracted Projects(unit)				实际使用外资金额 Total Amount of Foreign Capital Actually Utilized			
		2014	2015	2016	2017	2014	2015	2016	2017
外商直接投资	**Foreign Direct Investments**	**1352**	**1509**	**1477**	**1479**	**1519511**	**1630090**	**1682556**	**1785731**
合资经营企业	Sino-foreign Joint-ventures enterprises	365	418	401	500	340244	397010	462093	523682
合作经营企业	Sino-foreign Cooperative Operation enterprises	8	7	9	11	5797	27998	3723	22112
外资企业	Foreign Investment Enterprises	975	1077	1061	960	1158128	1172994	1186272	1189814
外商投资股份制企业	Foreign Investment Share Enterprises	4	7	6	8	15343	32089	30468	50123
合作开发	Cooperative Development								
其他	Others								

6-14 各市外商直接投资
Foreign Direct Investment by Region

单位:万美元 (10 000 USD)

地 区	Region	项目数(个) Number of Projects(unit)		合同外资 Amount of Contracted Foreign Capital		实际使用外资 Amount of Foreign Capital Actually Utilized	
		2016	2017	2016	2017	2016	2017
全省总计	**Total**	**1477**	**1479**	**2115351**	**2740567**	**1682556**	**1785731**
济南市	Jinan	104	110	179577	218696	171624	187624
青岛市	Qingdao	680	650	765635	909626	700273	773500
淄博市	Zibo	28	39	25889	67968	63509	71385
枣庄市	Zaozhuang	10	14	14590	305198	10504	9015
东营市	Dongying	7	12	4641	14865	22302	23223
烟台市	Yantai	232	207	325036	300710	206173	214648
潍坊市	Weifang	45	52	137963	397947	106431	115439
济宁市	Jining	21	33	23348	52116	50657	59423
泰安市	Tai'an	61	58	82204	259393	51605	57964
威海市	Weihai	188	191	101891	109334	121145	128582
日照市	Rizhao	30	20	14470	8789	57858	62610
莱芜市	Laiwu	6	6	19656	3834	15291	3334
临沂市	Linyi	26	36	74500	51175	22768	18230
德州市	Dezhou	12	16	19062	9793	12099	13021
聊城市	Liaocheng	11	8	19150	1197	6720	10299
滨州市	Binzhou	5	12	7962	11068	38579	26627
菏泽市	Heze	11	15	299777	18858	25018	10807

6-15 境外投资情况
Overseas Investment

类别	Category	境外投资项目(个) Overseas Investment Projects (unit)		备案核准中方投资总额(万美元) Approved and Registered Total Amount of Chinese Investment (10 000 USD)	
		2017	2017年止累计 Accumulative number end to 2017	2017	2017年止累计 Accumulative number end to 2017
总　计	**Total**	**415**	**5689**	**1097552**	**7581704**
贸易性企业	Trade Enterprises	155	2329	81842	978618
非贸易性企业	Non-trade Enterprises	220	2739	1015710	6603086
资源开发企业	Resource Development	16	449	313545	1539240

6-16 各市境外投资情况
Overseas Investment by Region

单位:万美元　　(10 000 USD)

地区	Region	企业数(个) Number of Enterprises(unit)		备案核准投资额 Approved and Registered Amount of Investment		对外实际投资额 Actual amount of Overseas Investment	
		2016	2017	2016	2017	2016	2017
全省总计	**Total**	**599**	**415**	**2653567**	**1097552**	**1298265**	**559164**
济南市	Jinan	77	44	135417	142050	68414	83760
青岛市	Qingdao	186	144	1394411	324901	520639	102025
淄博市	Zibo	31	24	31244	74902	34854	24595
枣庄市	Zaozhuang	3	5	705	2073	495	302
东营市	Dongying	23	23	30644	10375	16197	9234
烟台市	Yantai	65	44	380379	134339	143975	91452
潍坊市	Weifang	47	30	133225	19935	34776	25767
济宁市	Jining	20	14	166441	158664	341990	119339
泰安市	Tai'an	14	7	20008	19641	2042	7381
威海市	Weihai	49	22	84671	183856	16244	17557
日照市	Rizhao	16	9	201630	3632	22911	20515
莱芜市	Laiwu	8		1921		323	3
临沂市	Linyi	17	21	13854	12703	5696	5748
德州市	Dezhou	11	14	15343	5396	9839	10105
聊城市	Liaocheng	8	9	5293	3568	31226	2054
滨州市	Binzhou	19	3	31989	1485	38960	35733
菏泽市	Heze	5	2	6391	32	9684	3595

6-17 按主要国别(地区)分境外投资情况
Overseas Investment by Countries or Regions

单位:万美元 (10 000 USD)

国别(地区)	Country(Region)	项目数(个) Number of Projects(unit)		备案核准中方投资额 Approved and Registered Amount of Chinese Investment	
		2016	2017	2016	2017
总计	**Total**	**599**	**415**	**2653567**	**1097552**
亚洲小计	**Subtotal of Asia**	**262**	**200**	**619255**	**464499**
阿富汗	Afghanistan	1			
阿联酋	UAE	8		19248	
澳门	Macao	1		26	18
巴基斯坦	Pakistan	14		39335	
巴林	Bahrain	1		6000	
朝鲜	Korea DPR				
东帝汶	East Timor				
菲律宾	Philippine				
哈萨克斯坦	Kazakhstan	5	4	8238	1541
韩国	Republic of Korea	26	22	16325	96464
吉尔吉斯斯坦	Kyrgyzstan	2	1	1110	
柬埔寨	Cambodia	13	9	29073	14948
卡塔尔	Qatar	1		73	
科威特	Kuwait				
老挝	Laos	1	3	10001	950
马来西亚	Malaysia	16	11	48071	68936
蒙古	Mongolia	6	2	5590	924
孟加拉	Bangladesh	2	4	170	605
缅甸	Myanmar	9	5	22673	1073
日本	Japan	29	16	4500	12636
沙特阿拉伯	Saudi Arabia	2	2	3057	27
斯里兰卡	Sri Lanka	1	1	300	150
塔吉克斯坦	Tajikistan				
中国台湾	Taiwan,China	2	2	430	1350
泰国	Thailand	5	5	8833	11628
土库曼斯坦	Turkmenistan	1		20	
乌兹别克斯坦	Uzbekistan	1	1		
香港	Hong Kong	71	51	180188	81567
新加坡	Singapore	9	17	165508	42454
叙利亚	Syria				
也门	Yemen				
伊朗	Iran	3		2053	
以色列	Israel	3	1	190	
印度	India	5	11	4158	5626
印度尼西亚	Indonesia	7	6	14669	84634
约旦	Jordan				
越南	Vietnam	11	17	28854	16826
伊拉克	Iraq	1			
马尔代夫	Maldives				
阿曼	Oman				
格鲁吉亚	Georgia	1			
尼泊尔	Nepal	3		563	
土耳其	Turkey	1	1		
非洲小计	**Subtotal of Africa**	**68**	**34**	**155873**	**29892**
阿尔及利亚	Algeria	1	2	3	40
埃及	Egypt		1		200
埃塞俄比亚	Ethiopia	3	1	1508	100
安哥拉	Angola	3	2	10300	2950
贝宁	Benin				
博茨瓦纳	Botswana				

6-17 续表 1 continued

单位:万美元 (10 000 USD)

国别(地区)	Country(Region)	项目数(个) Number of Projects(unit) 2016	2017	备案核准中方投资额 Approved and Registered Amount of Chinese Investment 2016	2017
赤道几内亚	Eq.Guinea	2		50	
多哥	Togo	1		10	
厄立特里亚	Eritrea				
佛得角	Cape Verde				
冈比亚	Gambia				
刚果(布)	Congo Rep				
刚果(金)	Congo DR	1		200	
几内亚	Guinea		2		1200
几内亚(比绍)	Guinea-Bissau				
加纳	Ghana	5	4	3422	3555
加蓬	Gabon				
津巴布韦	Zimbabwe	3	1	1865	907
喀麦隆	Cameroon				
科特迪瓦	Cote D'Ivoire				
肯尼亚	Kenya	8	7	2700	8170
莱索托	Lesotho				
利比里亚	Liberia	1		180	
利比亚	Libya				
马里	Mali	1			
马达加斯加	Madagascar				
毛里求斯	Mauritius	1		31	
毛里塔尼亚	Mauritania	4	2	68860	4101
摩洛哥	Morocco	2		17	
马拉维	Mavila				
莫桑比克	Mozambique	7	2	31125	5400
纳米比亚	Namibia	2		545	
南非	South Africa	5		16780	300
南苏丹	South Sudan		1		
尼日利亚	Nigeria	1	1	95	1500
塞内加尔	Senegal	4		561	
塞拉利昂	Sierra Leone	3		3520	
塞浦路斯	Cyprus				
塞舌尔	Seychelles	3		11200	
北苏丹	North Sudan		1		150
坦桑尼亚	Tanzania	2	2	300	500
突尼斯	Tunisia				
乌干达	Uganda	2	3	2000	269
赞比亚	Zambia	2		600	
中非	Central Africa				
乍得	Chad	1			
欧洲小计	**Subtotal of Europe**	**50**	**49**	**213287**	**47614**
阿塞拜疆	Azerbaijan				
白俄罗斯	Belorussia		2		2360
保加利亚	Bulgaria				
比利时	Belgium	2		34	
波黑	Bosnia and Heraegovinian				
波兰	Poland	1		50	
德国	Germany	13	16	62641	19911
丹麦	Denmark	1	1		2786
俄罗斯	Russia	8	9	14024	8487
法国	France	2		88964	2126
芬兰	Finland	1	2	1205	236
荷兰	Netherlands	6	2	3024	313
捷克	Czech	2		9000	

6-17 续表 2 continued

单位:万美元 (10 000 USD)

国别(地区)	Country(Region)	项目数(个) Number of Projects(unit) 2016	2017	备案核准中方投资额 Approved and Registered Amount of Chinese Investment 2016	2017
拉托维亚	Latvia				
立陶宛	Lithuania				
卢森堡	Luxembourg	1		125	
罗马尼亚	Romania		2		807
挪威	Norway				
葡萄牙	Portugal				
瑞典	Sweden				
瑞士	Switzerland			175	
斯洛伐克	Slovakia				
塞浦路斯	Cyprus				
乌克兰	Ukraine	2		2011	
西班牙	Spain	1	2	155	683
希腊	Greece	1		5758	
匈牙利	Hungary		1		200
亚美尼亚	Armenia				
意大利	Italy	2	4	3114	2574
英国	United Kingdom	6	6	22207	6731
塞尔维亚	Serbia				
爱尔兰	Ireland	1		800	
拉丁美洲小计	**Subtotal of Latin America**	**19**	**26**	**148071**	**140928**
阿根廷	Argentina	1	2	328	96122
安提瓜和巴布达	Antigua and Barbuda				
巴巴多斯	Barbados				
巴拉圭	Paraguay				
巴拿马	Panama	1	2	28000	7000
巴西	Brazil		2	5	1037
玻利维亚	Bolivia	1	3	184	2383
多米尼加	Dominican Rep.				
厄瓜多尔	Ecuador	1	3		4710
圭亚那	Guyana				
哥伦比亚	Colombia	1	1	300	1000
哥斯达黎加	Costa Rica	1		51	
古巴	Cuba		1		
秘鲁	Peru		1	91417	45
开曼群岛	Cayman Islands	2	1	1869	1200
苏里南	Surinam	1		20	
圣卢西亚	Saint Lucia				
特立尼达和多巴哥	Trinidad and Tobago				
危地马拉	Guatemala		2		46
委内瑞拉	Venezuela				
乌拉圭	Uruguay	3		15532	
英属安圭拉	Anguilla				
英属维尔京群岛	British Virgin Islands	3	4	9835	23233
智利	Chile	3	1	480	4088
牙买加	Jamaica	1		51	
北美小计	**Subtotal of North America**	**159**	**89**	**1145336**	**235223**
百慕大群岛	Bermuda				
加拿大	Canada	17	9	98996	38034
美国	United States	140	79	1043635	197126
墨西哥	Mexico	2	1	2705	63
大洋洲小计	**Subtotal of Oceanic**	**41**	**17**	**371745**	**179395**
澳大利亚	Australia	31	15	327998	175851
巴布亚新几内亚	Papua New Guinea				
斐济	Fiji	2		11250	
新西兰	New Zealand	8	2	32498	3544
所罗门	Solomon				
汤加	Tonga				
萨摩亚	Samoa				

6-18 1982-2017年对外承包工程和劳务合作情况
Statistics on Contracted Projects and Labor Services Cooperation with Foreign Countries 1982 to 2017

年份 Year	合同个数 (个) Number of Contracts (unit)	合同金额 (万美元) Contracted Value (10 000 USD)	营业额 (万美元) Turnover (10 000 USD)	年末在外人数 (人) Number of Persons outside the Country at Year-end (person)	派出人数 (人) Number of Persons Sent out(person)
1982	1	421	421		
1983	1	1286	40	408	
1984	1	451	664	783	
1985	4	645	852	1147	
1986	26	1099	876	1597	
1987	33	802	999	1239	
1988	34	502	987	865	
1989	69	1389	1000	1179	
1990	91	3377	1712	1462	
1991	123	5952	3017	2326	
1992	192	8747	3882	3571	
1993	299	20250	6959	7254	
1994	411	31882	12222	10288	
1995	672	38604	18274	16217	
1996	880	52005	28933	23355	
1997	966	57654	36315	26626	
1998	1296	73703	46508	29121	
1999	1116	67729	63615	30979	
2000	1250	61601	45229	35028	
2001	1580	104622	55913	36489	
2002	1380	134098	83133	43554	
2003	1322	124243	99213	52077	
2004	1879	146590	151568	62705	
2005	2171	164091	174518	71610	37797
2006	2513	392134	232293	83974	41369
2007	2642	540344	301928	93797	45212
2008	2880	754137	358867	90623	45269
2009	2397	932312	509083	96421	46296
2010	3075	1092504	602415	102149	47300
2011		948287	819857	108662	48836
2012		988209	898864	103736	51425
2013		1078349	940828	98988	52591
2014		1237694	1021544	115328	59941
2015		1344383	1120799	116100	60764
2016		1355479	1195427	119655	68673
2017		1393003	1278651	130384	71570

注：2011年起，商务部不再对外公布对外劳务合作合同数(下表同)。
a)The Commerce Department had no longer published data refer to Contracts of Labor Cooperation since 2011.The same applies to tables following.

6−19 对外承包工程和劳务合作情况
Statistics on Contracted Projects and Labour Cooperation with Foreign Countries or Regions

项　　目		Item		2013	2014	2015	2016	2017
一、承包工程合同个数	**（个）**	**Number of Contracted Projects**	**(unit)**	**210**	**348**	**352**	**306**	**417**
二、合同金额	**（万美元）**	**Contracted Value**	**(10 000 USD)**	**1078349**	**1237694**	**1344383**	**1355479**	**1393003**
承包工程	（万美元）	Contracted Projects	(10 000 USD)	986474	1060559	1198283	1266500	1295541
劳务合作	（万美元）	Labor Cooperation	(10 000 USD)	91875	177135	146100	88979	97462
三、营业额	**（万美元）**	**Turnover**	**(10 000 USD)**	**940828**	**1021544**	**1120799**	**1195427**	**1278651**
承包工程	（万美元）	Contracted Projects	(10 000 USD)	847624	925011	1017083	1093045	1175577
劳务合作	（万美元）	Labor Cooperation	(10 000 USD)	93204	96533	103716	102382	103074
四、年末在国外人数	**（人）**	**Number of Persons outside the Country at year end**	**(person)**	**98988**	**115328**	**116100**	**119655**	**130384**
承包工程	（人）	Contracted Projects	(person)	27261	31832	31452	30546	35470
劳务合作	（人）	Labor Cooperation	(person)	71727	83496	84648	89109	94914
五、派出人数	**（人）**	**Number of Persons Sent out**	**(person)**	**52591**	**59941**	**60764**	**68673**	**71570**
承包工程	（人）	Contracted Projects	(person)	17687	19700	16826	24730	25216
劳务合作	（人）	Labor Cooperation	(person)	34904	40241	43938	43943	46354

6−20 旅 游 业 情 况
Tourism

类　　别		Category		2016	2017
旅行社总数	（个）	Total Number of Travel Agencies	(unit)	2116	2216
旅行社职工人数	（人）	Number of Staff and Workers of Travel Agencies	(person)	21069	21105
星级饭店总数	（个）	Total Number of Star-rated Hotels	(unit)	700	663
接待入境游客	（万人次）	Number of International Tourists Arrival to China	(10 000 person-time)	485.47	494.37
外国人	（万人次）	Foreigners	(10 000 person-time)	352.67	353.06
港澳台胞	（万人次）	Hong Kong, Macao and Taiwan Compatriots	(10 000 person-time)	132.80	141.31
港澳同胞	（万人次）	Compatriots from Hong Kong and Macao	(10 000 person-time)	74.43	79.08
台湾同胞	（万人次）	Compatriots from Taiwan	(10 000 person-time)	58.37	62.23
旅行社外联入境游客	（万人）	Number of International Tourists Outreached by Travel Agencies	(10 000 person)	145.94	109.70
旅行社接待入境游客	（万人）	Number of International Tourists Recepted by Travel Agencies	(10 000 person)	154.52	125.40
国内旅游人数	（万人次）	Number of Domestic Tourists	(10 000 person-time)	70716.5	77966.2
旅游消费总额	（亿元）	Total Tourism Consumption	(100 million yuan)	8030.7	9200.3
入境旅游收入	（亿美元）	International Tourism Earnings	(100 millionUSD)	30.6	31.7
国内旅游收入	（亿元）	Domestic Tourism Earnings	(100 million yuan)	7399.6	8491.5

6-21 1995-2017年国内旅游情况
Domestic Tourism 1995 to 2017

年　份 Year	总人次 (万人次) Domestic Tourists (10 000 person-time)	总花费 (亿元) Total Expenditure (100 million yuan)	人均花费 (元) Per Capita Expenditure (yuan)
1995	4655	157.68	338.7
1996	5151	187.43	363.9
1997	5488	213.02	388.2
1998	5844	245.83	420.7
1999	6429	285.17	443.6
2000	7007	386.49	551.6
2001	8086	462.64	572.2
2002	9573	571.53	597.0
2003	8918	542.78	608.6
2004	11749	767.65	653.4
2005	14097	974.59	691.3
2006	16775	1214.82	724.2
2007	20343	1550.76	762.3
2008	24046	1908.53	793.7
2009	28882	2331.70	807.3
2010	34990	2915.80	833.3
2011	41696	3573.70	857.1
2012	48739	4335.03	889.4
2013	54262	5014.74	924.2
2014	59577	5711.20	958.6
2015	65045	6505.11	1000.1
2016	70716	7399.61	1046.4
2017	77966	8491.46	1089.1

6-22 按主要国家分接待外国旅游人数
Number of Foreigner Tourists by Country

单位:人 (person)

国 别	Country	2000	2005	2010	2013	2014	2015	2016	2017
总 计	**Total**	**480090**	**1247842**	**2778699**	**3273678**	**3256968**	**3358553**	**3525019**	**3530595**
亚 洲	**Asia**	**377862**	**1030169**	**2159102**	**2309149**	**2297202**	**2377625**	**2509292**	**2481664**
印 度	India	2762	6759	23932	31113	30742	32543	32988	34063
印度尼西亚	Indonesia	6319	6881	24835	33275	29985	29906	28879	31381
日 本	Japan	132619	278170	566511	381054	353641	357727	375306	391238
马来西亚	Malaysia	10700	22534	40230	63466	59870	62694	65075	68583
蒙 古	Mongolia	851	1155	7064	11211	12060	12356	11725	11697
菲 律 宾	Philippines	14906	16327	42487	41097	34118	34364	36647	37430
新 加 坡	Singapore	16182	25509	70126	94525	94270	95077	99340	102910
韩 国	Republic of Korea	183567	640056	1292880	1496143	1518088	1580582	1683278	1606678
泰 国	Thailand	2545	7281	13387	21601	21625	22422	22939	27869
非 洲	**Africa**	**1501**	**3819**	**15843**	**60911**	**52335**	**43580**	**42524**	**49292**
欧 洲	**Europe**	**47999**	**109671**	**331858**	**483604**	**471825**	**484332**	**488489**	**516169**
英 国	United Kingdom	6812	17295	62730	86088	82902	82032	88529	89610
德 国	Germany	9065	22459	63694	87993	79758	80739	85920	88434
法 国	France	6137	13794	40839	71115	65805	66841	71390	72451
意 大 利	Italy	3805	9004	24532	35071	32505	34034	34587	37851
荷 兰	Netherlands	1750	3008	6376	7074	5997	6190	5483	5778
瑞 典	Sweden	1573	3162	8498	10480	8792	9018	9539	10361
瑞 士	Switzerland	1053	2435	8358	9908	10670	11031	11913	12696
俄 罗 斯	Russia	8926	19484	63036	97171	98948	102785	109069	121093
美 洲	**America**	**40786**	**73303**	**191175**	**281332**	**270534**	**281514**	**296476**	**314376**
加 拿 大	Canada	7008	13513	39869	51458	47632	54636	53104	56149
美 国	United States	31994	54510	133305	199980	193175	196761	211042	221693
大洋洲	**Oceanic**	**8009**	**15393**	**58310**	**91492**	**94719**	**93197**	**100238**	**104235**
澳大利亚	Australia	5956	10643	40738	56120	55602	57523	62747	66456
新 西 兰	New Zealand	1183	2369	12588	16279	16947	17359	19590	21362
其 他	**Others**	**3933**	**15487**	**22411**	**47190**	**70353**	**78305**	**88000**	**64859**

6-23 各市按主要国家分接待外国旅游人数(2017年)
Number of Foreigner Tourists by Country and Region(2017)

单位:人次 (person-time)

地区	Region	合计 Total	#韩国 Republic of Korea	日本 Japan	马来西亚 Malaysia	新加坡 Singapore	菲律宾 Philippines	印尼 Indonesia	泰国 Thailand	印度 India	美国 United States
全省总计	**Total**	**3530595**	**1606678**	**391238**	**68583**	**102910**	**37430**	**31381**	**27869**	**34063**	**221693**
济南市	Jinan	232576	34771	22003	12143	16588	2622	3893	4062	9358	24846
青岛市	Qingdao	1056975	428231	156873	24426	24878	8398	7265	6509	9450	72072
淄博市	Zibo	116998	35910	29538	2143	6714	2227	1605	2167	1943	7365
枣庄市	Zaozhuang	14501	3230	1811	303	791	122	109	416	110	1270
东营市	Dongying	38354	1160	90	1055	7088	814	457	1204	402	3972
烟台市	Yantai	504513	324034	60603	4205	9963	4761	3465	1497	3198	13285
潍坊市	Weifang	280267	122883	20108	4244	6462	2870	1934	1508	1942	15789
济宁市	Jining	178529	21518	26615	4929	7786	4012	4656	3908	3923	19301
泰安市	Tai'an	168979	37682	17707	9303	11619	1394	3524	1784	686	36797
威海市	Weihai	457090	387207	18759	615	930	749	263	328	275	2596
日照市	Rizhao	260257	168036	445	1350	4096	6435	1163	840	850	6039
莱芜市	Laiwu	4426	225	1126	401	368	54	124	218	32	269
临沂市	Linyi	103344	15610	16932	1467	2467	1667	1001	1802	912	5577
德州市	Dezhou	11092	1484	1345	457	446	327	424	226	189	791
聊城市	Liaocheng	49647	19969	12643	425	618	400	520	277	340	7239
滨州市	Binzhou	48658	4371	4386	842	1658	375	766	914	286	4109
菏泽市	Heze	4389	357	254	275	438	203	212	209	167	376

6-23 续表 continued

单位:人次 (person-time)

地区	Region	加拿大 Canada	德国 Germany	俄罗斯 Russia	英国 United Kingdom	法国 France	意大利 Italy	瑞典 Sweden	荷兰 Netherlands	澳大利亚 Australia	新西兰 New Zealand
全省总计	**Total**	**56149**	**88434**	**121093**	**89610**	**72451**	**37851**	**10361**	**5778**	**66456**	**21362**
济南市	Jinan	6457	16546	5727	10940	7542	5190	1414	274	10119	1958
青岛市	Qingdao	12253	25851	32431	27327	23227	10244	2498	1063	19882	4136
淄博市	Zibo	2230	1853	4121	1866	1528	888	649	274	2685	599
枣庄市	Zaozhuang	410	369	381	1006	895	168	85	19	229	94
东营市	Dongying	1847	1245	3612	1590	1337	338	48	76	2091	904
烟台市	Yantai	6355	9625	6455	9033	7984	5542	962	1306	4834	1472
潍坊市	Weifang	3792	5720	6170	5967	4419	2188	267	65	3706	954
济宁市	Jining	8018	6248	6905	9530	7246	4387	1759	873	7830	4067
泰安市	Tai'an	3792	5966	5097	6436	5914	1045	583	362	3748	717
威海市	Weihai	508	1365	31751	1553	743	254	156	150	662	192
日照市	Rizhao	2137	7569	11552	8265	6075	3261	373	364	3099	651
莱芜市	Laiwu	200	206	254	363	272	65	1	2	89	56
临沂市	Linyi	3697	2023	1688	2900	2425	1428	958	674	3472	2465
德州市	Dezhou	329	329	372	308	247	184	79	62	425	201
聊城市	Liaocheng	283	712	701	1028	896	451	210	35	422	337
滨州市	Binzhou	3615	2675	3763	1389	1575	2111	232	143	3002	2471
菏泽市	Heze	226	132	113	109	126	107	87	36	161	88

6-24 接待入境游客构成
Structure of Foreigner Tourists

单位:% (%)

指　　标	Indicator	2010	2011	2012	2013	2014	2015	2016	2017
总　计	**Total**	**100.0**	**100.0**	**100.0**	**100.0**	**100.0**	**100.0**	**100.0**	**100.0**
按性别分	**by Sex**	**100.0**	**100.0**	**100.0**	**100.0**	**100.0**	**100.0**	**100.0**	**100.0**
男	Male	67.8	68.7	69.9	67.7	68.9	70.4	68.2	67.8
女	Female	32.2	31.3	30.1	32.3	31.1	29.6	31.8	32.2
按年龄分	**by Age**	**100.0**	**100.0**	**100.0**	**100.0**	**100.0**	**100.0**	**100.0**	**100.0**
14岁以下	14 and under	1.6	1.5	2.2	1.9	1.8	2.2	2.5	2.6
15~24岁	15-24	9.1	9.6	10.0	9.3	9.2	10.5	10.5	10.1
25~44岁	25-44	51.5	50.3	51.6	46.8	48.3	49.7	49.4	49.5
45~64岁	45-64	31.8	32.1	29.8	36.1	35.2	32.0	31.9	31.7
65岁以上	65 and over	6.0	6.5	6.5	5.9	5.5	5.6	5.7	6.1
按来鲁目的分	**by Purpose of Coming to Shandong**	**100.0**	**100.0**	**100.0**	**100.0**	**100.0**	**100.0**	**100.0**	**100.0**
从事经济商务活动	Business	46.3	47.7	54.4	46.5	47.7	49.8	48.3	48.5
从事文化学术交流	Cultural and Academic Exchanges	7.7	6.3	8.2	7.9	8.1	6.1	6.9	6.7
探亲访友	Visiting relatives and Friends	4.4	4.5	6.2	6.4	5.9	5.2	6.6	6.2
旅游观光	Sightseeing	39.6	39.8	26.5	31.2	35.9	35.7	35.3	35.5
其　它	Others	2.1	1.8	4.6	8.1	2.4	3.2	2.9	3.1

6-25 各市接待入境游客人数
Number of Foreigner Tourists by Region

单位:万人次 (10 000 person-time)

地　区	Region	2012	外国人 Foreigner	2013	外国人 Foreigner	2014	外国人 Foreigner	2015	外国人 Foreigner	2016	外国人 Foreigner	2017	外国人 Foreigner
全省总计	**Total**	**469.9**	**342.2**	**452.7**	**327.4**	**445.7**	**325.7**	**460.8**	**335.9**	**485.5**	**352.7**	**494.4**	**353.1**
济 南 市	Jinan	31.6	20.6	30.7	19.4	31.4	19.4	33.3	20.5	35.2	21.7	37.5	23.3
青 岛 市	Qingdao	127.0	87.8	123.6	87.1	128.1	95.2	133.8	99.6	141.0	104.2	144.4	105.7
淄 博 市	Zibo	23.2	13.9	21.9	12.6	19.5	11.1	19.6	11.3	20.3	11.6	21.0	11.7
枣 庄 市	Zaozhuang	4.1	2.5	5.5	3.4	2.9	1.5	3.1	1.4	3.4	1.4	3.4	1.5
东 营 市	Dongying	5.3	3.9	3.1	1.2	5.6	3.6	5.8	3.7	6.0	3.8	6.2	3.8
烟 台 市	Yantai	53.0	41.7	52.0	41.6	54.6	42.8	57.4	45.2	61.3	48.3	63.8	50.5
潍 坊 市	Weifang	34.8	28.4	33.5	27.4	32.7	26.7	33.4	27.2	34.8	28.3	34.8	28.0
济 宁 市	Jining	37.4	24.2	35.4	21.5	30.6	17.9	32.1	18.2	34.6	19.6	32.8	17.9
泰 安 市	Tai'an	40.6	23.1	38.5	21.1	36.6	19.1	37.0	19.0	38.5	19.7	39.5	16.9
威 海 市	Weihai	45.7	42.8	44.0	41.3	44.8	41.9	46.2	43.2	48.5	45.4	49.2	45.7
日 照 市	Rizhao	29.3	27.7	28.1	26.6	27.0	25.6	27.0	25.6	28.3	26.8	27.6	26.0
莱 芜 市	Laiwu	0.8	0.6	0.7	0.6	0.7	0.5	0.7	0.6	0.8	0.5	0.8	0.4
临 沂 市	Linyi	18.9	10.7	18.2	10.3	17.7	10.0	17.5	9.8	18.2	10.2	18.7	10.3
德 州 市	Dezhou	6.8	4.1	6.3	4.4	2.5	1.3	2.3	1.1	2.1	1.0	2.2	1.1
聊 城 市	Liaocheng	5.5	4.7	5.4	4.5	5.4	4.4	5.5	4.7	5.8	5.0	5.8	5.0
滨 州 市	Binzhou	4.6	4.4	4.4	4.2	4.4	4.2	4.7	4.5	4.9	4.7	5.1	4.9
菏 泽 市	Heze	1.4	1.0	1.4	0.3	1.2	0.3	1.4	0.4	1.5	0.4	1.6	0.4

6-26 各市入境旅游外汇收入
Foreign Exchange Earnings by Region

单位:万美元 (10 000 USD)

地 区	Region	2000	2005	2010	2013	2014	2015	2016	2017
全省总计	**Total**	**31513**	**78023**	**215506**	**273120**	**271424**	**289651**	**306345**	**317405**
济南市	Jinan	3152	4175	11354	15127	17058	18419	19609	20841
青岛市	Qingdao	14213	41493	60104	79363	82284	91798	98055	102074
淄博市	Zibo	407	982	9206	11574	9412	9565	9858	10135
枣庄市	Zaozhuang	39	113	824	770	816	720	810	823
东营市	Dongying	39	77	3128	4772	5055	5188	5277	5489
烟台市	Yantai	6097	13207	37707	46313	47242	51859	55260	58512
潍坊市	Weifang	657	1055	16238	23182	21630	21976	22474	24419
济宁市	Jining	947	2603	17118	15965	13508	14615	15247	15849
泰安市	Tai'an	1118	3740	18380	23223	22508	23559	24328	24174
威海市	Weihai	4203	7086	19151	23851	24221	25134	27207	27293
日照市	Rizhao	202	1908	9795	12416	12786	11808	12363	12018
莱芜市	Laiwu	15	25	314	506	475	482	654	674
临沂市	Linyi	213	648	7717	10232	9755	9807	10111	9944
德州市	Dezhou	15	446	1752	1894	563	517	536	548
聊城市	Liaocheng	153	342	1580	2392	2539	2516	2701	2582
滨州市	Binzhou	14	85	898	1268	1289	1375	1491	1659
菏泽市	Heze	29	38	239	273	284	311	363	370

6-27 入境旅游外汇收入及构成
Foreign Exchange Earnings and Its Composition

单位:万美元 (10 000 USD)

类 别	Category	2014		2015		2016		2017	
		数额 Value	比重(%) Proportion	数额 Value	比重(%) Proportion	数额 Value	比重(%) Proportion	数额 Value	比重(%) Proportion
总 计	**Total**	**271423.5**	**100.0**	**289651.0**	**100.0**	**306345.1**	**100.0**	**317404.4**	**100.0**
长途交通	Long Distance Transportation	77952.8	28.7	83506.4	28.8	88104.9	28.8	91793.4	28.9
#民 航	Civil Aviation	62563.1	23.1	67025.2	23.1	70735.1	23.1	73542.6	23.2
铁 路	Railway	3067.1	1.1	3273.1	1.1	3706.8	1.2	3777.1	1.2
汽 车	Highway	7274.1	2.7	7762.6	2.7	7873.1	2.6	8443.0	2.7
轮 船	Waterway	5021.3	1.9	5445.4	1.9	5789.9	1.9	6030.7	1.9
游 览	Visiting	23803.8	8.8	25518.3	8.8	27142.2	8.9	28058.5	8.8
住 宿	Accommodation	33520.8	12.4	35714.0	12.3	37190.3	12.1	39136.0	12.3
餐 饮	Food and Beverage	23722.4	8.7	25344.5	8.8	27417.9	9.0	27772.9	8.8
购 物	Shopping	58898.9	21.7	62593.6	21.6	67794.2	22.1	71289.0	22.5
娱 乐	Entertainment	17914.0	6.6	19232.8	6.6	20494.5	6.7	21234.4	6.7
邮电通讯	Post and Communication Services	10449.8	3.9	11035.7	3.8	11518.6	3.8	11870.9	3.7
市内交通	Local Transportation	8495.6	3.1	8892.3	3.1	9466.1	3.1	9776.1	3.1
其他服务	Other Services	16611.1	6.1	17813.5	6.2	17216.6	5.6	16473.3	5.2

主要统计指标解释

进出口总额 指实际进出我国国境的货物总金额。包括对外贸易实际进出口货物，来料加工装配进出口货物，国家间、联合国及国际组织无偿援助物资和赠送品，华侨、港澳台同胞和外籍华人捐赠品，租赁期满归承租人所有的租赁货物，进料加工进出口货物，边境地方贸易及边境地区小额贸易进出口货物(边民互市贸易除外)，中外合资企业、中外合作经营企业、外商独资经营企业进出口货物和公用物品，到、离岸价格在规定限额以上的进出口货样和广告品(无商业价值、无使用价值和免费提供出口的除外)，从保税仓库提取在中国境内销售的进口货物，以及其他进出口货物。该指标可以观察一个国家在对外贸易方面的总规模。我国规定出口货物按离岸价格统计，进口货物按到岸价格统计。

商品经营单位所在地进、出口额 指所在地海关注册登记的有进出口经营权的企业实际进、出口额。

商品目的地进口额和商品货源地出口额 目的地进口额指进口货物的消费、使用或最终抵运地的实际进口额；货源地出口额指出口货物的产地或原始发货地的实际出口额。

利用外资 指我国各级政府、部门、企业和其他经济组织通过对外借款、吸收外商直接投资以及用其他方式筹措的境外现汇、设备、技术等。

对外借款 指通过对外正式签订借款协议，从境外筹措的资金，包括外国政府贷款、国际金融组织贷款、外国银行商业贷款、出口信贷以及对外发行债券等。1996年及以前还包括对外发行股票。该指标是我国利用外资的重要部分。

外商直接投资 指外国企业和经济组织或个人(包括华侨、港澳台胞以及我国在境外注册的企业)按我国有关政策、法规，用现汇、实物、技术等在我国境内开办外商独资企业、与我国境内的企业或经济组织共同举办中外合资经营企业、合作经营企业或合作开发资源的投资(包括外商投资收益的再投资)，以及经政府有关部门批准的项目投资总额内企业从境外借入的资金。

外商其他投资 指除对外借款和外商直接投资以外的各种利用外资的形式。包括企业在境内外股票市场公开发行的以外币计价的股票（目前主要是在香港证券市场发行的H股和在境内证券市场发行的B股）发行价总额，国际租赁进口设备的应付款，补偿贸易中外商提供的进口设备、技术、物料的价款，加工装配贸易中外商提供的进口设备、物料的价款。

对外直接投资 指我国国内投资者以现金、实物、无形资产等方式在国外及港澳台地区设立、购买国（境）外企业，并以控制该企业的经营管理权为核心的经济活动。

对外承包工程 指各对外承包公司以招标议标承包方式承揽的下列业务：(1)承包国外工程建设项目；(2)承包我国对外经援项目；(3)承包我国驻外机构的工程建设项目；(4)承包我国境内利用外资进行建设的工程项目；(5)与外国承包公司合营或联合承包工程项目时我国公司分包部分；(6)对外承包兼营的房屋开发业务。对外承包工程的营业额是以货币表现的本期内完成的对外承包工程的工作量，包括以前年度签订的合同和本年度新签订的合同在报告期内完成的工作量。

对外劳务合作 指以收取工资的形式向业主或承包商提供技术和劳动服务的活动。我国对外承包公司在境外开办的合营企业，中国公司同时又提供劳务的，其劳务部分也纳入劳务合作统计。劳务合作营业额按报告期内向雇主提交的结算数(包括工资、加班费和奖金等)统计。

旅游者人数

(1)入境国际旅游者人数：指来中国参观、访问、旅行、探亲、访友、休养、考察、参加会议和从事经济、科技、文化、教育、宗教等活动的外国人、华侨、港澳同胞和台湾同胞的人数。不包括外国在我国的常驻机构，如使领馆、通讯社、企业办事处的工作人员；来我国常住的外国专家、留学生以及在岸逗留不过夜人员。

(2)出境居民人数：指大陆居民因公务活动或私人事务短期出境的人数。公务活动出境居民人数包括在国际交通工具上的中国服务员工，因私出境居民人数不包括在国际交通工具上的中国服务员工。

(3)国内旅游者人数：指我国大陆居民和在我国常住1年以上的外国人、华侨、港澳台同胞离开常住地在境内其他地方的旅游设施内至少停留一夜，最长不超过6个月的人数。

国际旅游(外汇)收入 指入境旅游的外国人、华侨、港澳同胞和台湾同胞在中国大陆旅游过程中发生的一切旅游支出，其对于国家来说就是国际旅游(外汇)收入。

国际旅行社 指经营对外招徕并接待外国人、华侨、港澳同胞和台湾同胞来中国、归国或回内地旅游业务的旅行社。

国内旅行社 指负责经营招徕、组团、接待国内旅客的旅游业务，以及不对外招徕，负责经营接待国际旅行社或其它涉外部门组织的外国人、华侨、港澳同胞和台湾同胞来中国、归国或回内地的旅游业务的旅行社。

Explanatory Notes on Main Statistical Indicators

Total Imports and Exports at Customs refer to the real value of commodities imported into and exported from the boundary of China. They include the actual imports and exports through foreign trade, imported and exported goods under the processing and assembling trades and materials, supplies and gifts as aid given gratis between governments and by the United Nations and other international organizations, and contributions donated by overseas Chinese, compatriots in Hong Kong and Macao and Chinese with foreign citizenship, leasing commodities owned by tenant at the expiration of leasing period, the imported and exported commodities processed with imported materials, commodities trading in border areas (excluding mutual exchange goods), the imported and exported commodities and articles for public use of the Sino foreign joint ventures, cooperative enterprises and ventures exclusively with foreign own investment. Also included are import or export of samples and advertising goods for whose CIF or FOB value are beyond the permitted ceiling (excluding goods of no trading or use value and free commodities for export), imported goods sold in China from bonded warehouses and other imported or exported goods. The indicator of the total imports and exports at customs can be used to observe the total size of external trade in a country. In accordance with the stipulation of the Chinese government, imports are calculated at CIF, while exports are calculated at FOB.

Import and Export Value by Location of Foreign Trade Managing Units refers to actual value of imports and exports carried out by corporations which have been registered by the local customhouse and are vested with right to run import export business.

Import and Export Value of Commodities by Destination and Origin of goods in China: The former indicator refers to the value of import commodities of the places of their consumption, utilization or the places of their final destination. The latter indicator refers to the value of export commodities of the places of their origin or the places of the commodities dispatched.

Utilization of Foreign Capitals refers to remittance, equipment and technology financed from abroad, by loans, foreign direct investment and other forms undertaken by the Chinese governments at all levels, by various departments, enterprises and other economic units.

Foreign Borrowings refer to funds borrowed from abroad through formal signing of borrowing agreements with foreign institutions, including loans of foreign governments, loans of international financial institutions, commercial loans of foreign banks, export credit, and funds raised by Chinese bonds (and shares before 1996) issued abroad. It is an important part of China' s utilization of foreign capitals.

Foreign Direct Investment refers to the investments inside China by foreign enterprises and economic organizations or individuals (including overseas Chinese, compatriots from Hong Kong, Macao and Taiwan, and Chinese enterprises registered abroad), following the relevant policies and laws of China, for the establishment of ventures exclusively with foreign own investment, Sino oreign joint ventures and cooperative enterprises or for co perative exploration of resources with enterprises or economic organizations in China. It includes the re investment of the foreign entrepreneurs with the profits gained from the investment and the funds that enterprises borrow from abroad in the total investment of projects which are approved by the relevant department of the government.

Other Investment by Foreign Entrepreneurs refers to all forms of utilization of foreign capitals other than foreign borrowings and foreign direct investment. It includes the total value of stock shares in foreign currencies issued by enterprises at domestic or foreign stock exchanges (now mainly consisting of H shares issued at Hong Kong Security Market and B shares issued at domestic security markets), rent payable for the imported equipment through international leasing arrangement, cost of imported equipment, technology and materials provided by foreign counterparts in compensation trade and processing and assembly trade.

Overseas Direct Investment refers to enterprises set up or bought by domestic investors in foreign countries and in Hong Kong, Macao and Taiwan, and the economic activities centering on operation and management of those enterprises are under the control of domestic investors. The statistical scope covers various corporation type enterprises and non-corporation type enterprises receiving direct investment from domestic investment entities.

Contracted Projects with Foreign Countries refer to projects undertaken by Chinese contractors (project contracting companies) through bidding process. They include:(1) overseas civil engineering construction projects financed by foreign investors; (2) overseas projects financed by the Chinese government through its foreign aid programs; (3) construction projects of Chinese diplomatic missions, trade offices and other institutions stationed abroad; (4) construction projects in China financed by foreign investment; (5) sub-contracted projects to be taken by Chinese contractors through a joint umbrella project with foreign contractor(s); (6) housing development projects. The business income from international contracted projects is the work volume of contracted projects completed during the reference period, expressed in monetary terms, including completed work on projects signed in previous years.

Service Cooperation with Foreign Countries refers to the activities of providing technology and labour services to employers or contractors in the forms of receiving salaries and wages. Labour services providing by contractual joint ventures of Chinese international contracting corporations should be included in the statistics of service co-operation with foreign countries. The business income of labour service cooperation is the income in the form of wages and salaries, overtime pay, bonuses and other remuneration received from the employers during the reference period.

Number of Tourists

(1) International tourists refer to foreigners, overseas Chinese, Chinese compatriots from Hong Kong, Macao and Taiwan coming to China for sight seeing, visits, tours, family reunions, vacations, study tours, conferences and other activities of a business, scientific and technological, cultural, educational and religious nature. It does not include representatives and employees of resident institutions of foreign countries in China such as embassies, consulates, news agencies and offices of foreign companies and organizations, nor does it include long-term foreign experts or students residing in China, or persons in transition without spending a night in China.

(2) Chinese residents going abroad refer to Chinese residents going abroad for short terms for either public business or private purposes. Chinese employees working on international transport carriers are included in those going abroad for public business purpose, not in those for private purpose.

(3) Domestic tourists refer to residents of the mainland of China who stay for one night at least but no more than 6 months at tourist facilities in other places than their permanent residence within the territory of the mainland China, including foreigners, overseas Chinese and Chinese compatriots from Hong Kong, Macao and Taiwan who have resided in China for over one year.

Foreign Exchange Earnings from International Tourism refer to the total expenditures of foreigners, overseas Chinese, Chinese compatriots from Hong Kong, Macao and Taiwan during their stay in the mainland of China, which are earnings of foreign exchange from international tourism from the point of view from China.

International Travel Agencies refer to travel agencies engaged in the promotion, solicitation, organization and reception of tours to the mainland of China by foreigners, overseas Chinese, Chinese compatriots from Hong Kong, Macao and Taiwan.

Domestic Travel Agencies refer to travel agencies engaged in the promotion, solicitation, organization and reception of domestic tourists, and in the reception of foreigners, overseas Chinese, Chinese compatriots from Hong Kong, Macao and Taiwan organized by international travel agencies or other departments concerned, without their own promotion and solicitation programmes.

第7篇

能　源

Energy

简 要 说 明

一、本篇资料的主要内容

本篇资料反映了全省能源生产和消费状况，主要包括能源生产、消费及品种构成，能源生产和消费弹性系数，生活用能源消费量，全省各市主要发展约束性指标，以及分行业能耗情况。

二、本篇资料的来源

本篇资料主要来源于全省能源平衡表，全省主要能源统计指标公报，由省统计局能源处编制提供。

三、关于数据口径与计算的说明

1.一次能源生产量，采用工业能源产量统计数据。

2.行业分类采用现行统一的国民经济行业分类国家标准。

3.电力、热力折算成标准煤时，分别按照当量、等价两种折标系数计算。电力和热力折算标准煤的当量系数分别为1.229（吨标准煤/万千瓦时）、0.0341（吨标准煤/百万千焦）；电力和热力折算标准煤的等价系数，按平均发电、供热标准煤耗计算。

4.本篇出现的“煤碳”，包括原煤、洗精煤、其它洗煤和煤制品（即型煤），不包括焦炭。煤品包括煤碳、焦碳、焦炉煤气、高炉煤气、转炉煤气和其它焦化产品。

5.煤品占能耗总量的比重，包括入鲁火电所占能耗总量的比重。

6.依据 2013 年第三次全国经济普查资料，对 2011 年至 2013 年部分能源历史数据进行了调整。

Brief Introduction

I. Main Content

Data in this chapter show the energy production and consumption of Shandong Province, including mainly energy production and consumption and their composition, the elasticity ratio of energy production and consumption, the consumption of energy for residential use, main binding indicators on development of Shandong, and the energy consumption grouped by sector.

II. Source of Data

Data in this chapter are mainly based on the energy balance sheet of the whole province, the statistics communiqué of main energy indicators of Shandong. The data are provided by the Division of Energy Statistics of Shandong Provincial Bureau of Statistics.

III. Notes on Coverage and Calculation of Data

(1)Data on the production of primary energy are based on the output of industrial energy made by enterprises.

(2) Data by industries in this chapter are based on the new National Industrial Classification of All Economic Activities.

(3) The coefficient for conversion of electric power into the standard coal equivalent is calculated on the basis of heat value equivalent. One kilowatt is equal to 0.1229 kg SCE. The coefficient for conversion of heating into the standard coal equivalent is calculated on the basis of equal caloric value. One million KJ is equal to 0.0341 ton SCE. The coefficient is calculated according to the average consumption of coal for generating electricity or heating.

(4) In this chapter, Coal includes crude coal, washing coal, other washing coal and coal products and excludes coke. Coal products include coal, coke, coke oven gas, blast furnace gas, converter gas and other coking products.

(5) The proportion of coal consumption in total energy consumption includes the proportion of thermal power transmitted into Shandong Province

(6) Based on the third national economic census data in 2013, some energy historical data from 2013 to 2011 are adjusted.

7-1　主要年份一次能源生产总量
Primary Energy Output in Major Years

单位:万吨标煤　　(10 000 tons of SCE)

年 份 Year	能源生产总量 Total Energy Production	原 煤 Coal	原 油 Crude Oil	天然气 Natural Gas	水电、风电和太阳能光伏发电 Hydro, Wind and Solar PV Power
1949	120.79	120.79			
1952	258.58	258.58			
1955	342.73	342.73			
1956	386.58	386.58			
1957	440.37	440.37			
1962	1041.29	1041.17	0.01		0.11
1965	1362.94	1242.89	119.81		0.24
1970	2383.80	1716.18	667.59		0.03
1975	4555.04	2036.54	2388.62	128.62	1.26
1976	5013.70	2382.91	2500.65	128.88	1.26
1977	5387.37	2727.99	2502.71	155.88	0.79
1978	5901.83	2928.71	2781.49	190.46	1.17
1979	6075.07	3170.21	2697.14	205.49	2.23
1980	5873.37	3064.71	2616.94	189.00	2.72
1981	5392.54	2950.42	2301.75	138.72	1.65
1982	5505.80	3040.71	2335.21	129.41	0.47
1983	5898.00	3132.28	2625.00	139.79	0.93
1984	6696.54	3258.96	3288.36	148.17	1.05
1985	7531.89	3516.00	3861.74	151.89	2.26
1986	8046.80	3642.79	4215.52	185.94	2.55
1987	8511.34	3798.47	4514.38	197.24	1.25
1988	8918.29	3970.94	4757.61	188.73	1.01
1989	9038.69	4067.83	4765.07	205.35	0.44
1990	9262.21	4282.54	4786.70	191.39	1.58
1991	9269.98	4282.53	4793.22	191.25	2.98
1992	9508.88	4535.86	4780.24	191.92	0.86
1993	9875.38	4519.97	5171.83	182.08	1.50
1994	10624.66	5560.85	4887.14	173.78	2.89
1995	10757.67	6305.32	4294.76	156.04	1.55
1996	10697.72	6392.56	4159.57	144.62	0.97
1997	10620.51	6496.14	4002.01	121.67	0.69
1998	10436.05	6412.17	3901.51	122.09	0.28
1999	10322.39	6425.10	3807.55	89.01	0.73
2000	9648.75	5741.96	3822.49	83.54	0.76
2001	11550.26	7634.32	3811.52	103.34	1.08
2002	13241.75	9333.02	3816.52	91.07	1.14
2003	14384.08	10476.85	3808.65	98.36	0.22
2004	14394.61	10461.78	3820.50	111.84	0.49
2005	13995.62	10021.63	3849.36	123.03	1.60
2006	14083.40	10042.24	3935.89	103.46	1.82
2007	14616.67	10526.28	3990.22	99.22	0.95
2008	14615.32	10500.62	3998.91	113.05	2.74
2009	14600.08	10424.07	4040.38	119.97	15.66
2010	16055.71	11913.14	3980.08	129.01	33.48
2011	15997.81	11585.87	3973.65	64.33	53.35
2012	16973.80	12528.16	3963.94	75.71	79.19
2013	15165.08	10722.56	3894.94	65.11	116.19
2014	15220.40	10699.80	3876.09	62.89	133.13
2015	14632.77	10242.27	3725.83	58.61	161.90
2016	13677.95	9489.22	3279.01	56.11	229.07
2017	14000.35	9791.26	3192.78	54.16	305.89

注：1.本表使用当量折标系数折算标准煤。
2.2009年开始，一次能源包含水电、风电和太阳能光伏发电，1949—2008年数据不包括风电和太阳能光伏发电。
a)Data of standard coal equivalent is calculated on the basis of heat value equivalent.
b)Since 2009, Primary Energy has included hydro,wind and solar PV power. 1949-2008 data do not include wind and solar PV power.

7-2 1979-2017年能源生产、能源消费弹性系数
Elasticity Ratio of Energy Production and Energy Consumption from 1979 to 2017

年 份 Year	能源生产弹性系数 Elasticity Ratio of Energy Production				能源消费弹性系数 Elasticity Ratio of Energy Consumption			
	能源生产比上年增长(%) Growth Rate of Energy Production over Preceding Year (%)	电力生产比上年增长(%) Growth Rate of Electricity Production over Preceding Year (%)	能源生产弹性系数 Elasticity Ratio of Energy Production	电力生产弹性系数 Elasticity Ratio of Electricity Production	能源消费比上年增长(%) Growth Rate of Energy Consumption over Preceding Year (%)	电力消费比上年增长(%) Growth Rate of Electricity Consumption over Preceding Year (%)	能源消费弹性系数 Elasticity Ratio of Energy Consumption	电力消费弹性系数 Elasticity Ratio of Electricity Consumption
1979	1.69	9.68	0.15	0.84		11.03		0.95
1980	-3.33	8.78		0.55	0.62	5.96	0.03	0.40
1981	-8.17	4.58		0.25	-12.23	6.13		0.33
1982	2.12	4.62	0.15	0.33	21.98	6.06	1.56	0.43
1983	7.11	7.26	0.44	0.44	-13.50	7.43		0.46
1984	13.53	8.33	0.51	0.31	7.34	12.43	0.27	0.47
1985	12.46	10.83	0.73	0.63	-12.67	8.70		0.51
1986	6.83	14.46	0.75	1.59	7.34	11.02	0.81	1.22
1987	5.79	10.62	0.29	0.52	13.68	9.68	0.68	0.48
1988	4.78	14.41	0.19	0.57	5.73	8.04	0.23	0.32
1989	1.36	10.58	0.09	0.67	4.84	7.17	0.31	0.45
1990	2.46	6.33	0.15	0.38	3.46	9.76	0.21	0.58
1991	0.52	11.20	0.03	0.57	3.05	9.75	0.15	0.49
1992	2.14	14.06	0.16	0.66	1.92	13.92	0.09	0.65
1993	-0.14	7.85		0.30	-1.07	7.77		0.29
1994	8.27	10.95	0.21	0.28	13.09	10.50	0.33	0.29
1995	6.13	9.09	0.21	0.31	10.58	9.48	0.36	0.32
1996	-2.77	7.28		0.38	3.12	7.51	0.16	0.39
1997	1.52	7.68	0.13	0.66	-0.02	7.38		0.64
1998	-1.81	-7.09			12.70	-1.19	1.10	
1999	-1.01	14.84		0.58	0.22	14.57	0.87	0.53
2000	-6.52	9.91		0.55	-9.17	10.12		0.56
2001	1.71	9.86	0.17	0.98	10.41	10.94	1.03	1.09
2002	4.68	13.19	0.40	1.14	18.06	12.42	1.56	1.07
2003	8.49	11.75	0.62	0.86	18.74	13.47	1.36	0.98
2004	0.07	17.50	0.01	1.15	21.30	17.50	1.39	1.14
2005	-2.78	16.58		1.11	20.08	16.58	1.32	1.09
2006	0.64	15.24	0.04	1.04	10.96	15.24	0.74	1.04
2007	3.79	14.23	0.27	1.00	8.66	14.26	0.61	1.00
2008	-0.01	3.89		0.32	4.48	5.04	0.37	0.42
2009	-0.10	3.95		0.33	5.73	7.85	0.48	0.66
2010	9.97	6.29	0.80	0.50	7.54	12.15	0.60	0.97
2011	-0.36	2.64	-0.03	0.24	6.68	10.21	0.62	0.94
2012	6.10	4.20	0.63	0.43	4.73	4.38	0.48	0.45
2013	-10.66	8.82	-1.12	0.92	4.74	7.60	0.50	0.80
2014	0.36	3.90	0.04	0.45	3.29	3.44	0.38	0.40
2015	-3.86	5.48	-0.49	0.69	3.95	5.18	0.50	0.65
2016	-6.53	13.76	-0.86	1.81	3.25	7.31	0.43	0.96
2017	2.36	-3.12	0.32	-0.42	-1.92	3.09	-0.26	0.42

注：本表生产和消费增速采用全省核算数据。
a) Data on growth rate of production and consumption is calculated according to accounting data of the whole province.

7-3 一次能源生产量及构成
Primary Energy Output and Composition

类 别	Category	2010年	2015年	2016年	2017
能源生产总量(折标准煤)	**Total Energy Production**	**15858.75**	**14881.06**	**14020.78**	**14443.8**
(万吨标准煤)	**(10 000 tons of SCE)**				
构 成	Composition				
原 煤 (%)	Coal (%)	72.80	68.83	67.68	67.79
原 油 (%)	Crude Oil (%)	25.10	25.04	23.39	22.10
天然气 (%)	Natural Gas (%)	0.74	0.39	0.40	0.37
电 力 (%)	Electricity (%)	0.57	2.76	4.08	5.19
其 他 (%)	Others (%)	0.79	2.98	4.45	4.54

注：本表使用等价折标系数折算标准煤。
a)Data of standard coal equivalent are calculated on the basis of the consumed heat value equivalent.

7-4 能源消费量及构成
Total Consumption and Composition of Energy

类 别	Category	2010	2015	2016	2017
能源消费量(折标准煤)	**Energy Consumption**	**30235.7**	**37945.4**	**38722.8**	**38683.7**
(万吨标准煤)	**(10 000 tons of SCE)**				
构 成	Composition				
煤 品 (%)	Coal (%)	79.28	75.51	75.43	70.47
油 品 (%)	Crude Oil (%)	15.36	15.37	16.27	17.04
天然气 (%)	Natural Gas (%)	2.38	2.78	3.39	4.42
一次电力 (%)	Primary Electricity (%)	0.30	1.08	1.48	1.94
电力净调入(+) (%)	Net Input of Electricity (+) (%)	2.26	4.08	1.84	4.44
其 他 (%)	Others (%)	0.41	1.17	1.60	1.70

注：本表使用等价折标系数折算标准煤。
a)Data of standard coal equivalent are calculated on the basis of the consumed heat value equivalent.

7-5 综合能源平衡表
Overall Energy Balance Sheet

单位：万吨标准煤 (10 000 tons of SCE)

项　　目	Item	2010年	2015年	2016年	2017
可供消费的能源总量	**Total Energy for Consumption**	**30235.7**	**37945.4**	**38722.8**	**38683.7**
一次能源生产量	Primary Energy Output	15858.8	14881.1	14020.8	14443.8
外省(区、市)调入量	Allocation from Other Provinces	24249.0	26659.2	33131.9	30043.2
进口量	Imports	4078.7	13409.2	8947.6	13986.6
本省(区、市)调出量(－)	Allocation to Other Provinces(-)	-13546.4	-16453.8	-16694.2	-17373.2
出口量(−)	Exports(-)	-154.0	-744.7	-528.1	-2466.3
年初年末库存差额	Stock Changes in the Year	-250.4	194.3	-155.4	49.6
能源消费总量	**Total Energy Consumption**	**30235.7**	**37945.4**	**38722.8**	**38683.7**
在总量中：	Consumption by srctor				
1.农林牧渔业	1.Agriculture,Forestry,Animal Husbandry and Fishery	552.5	657.7	682.3	690.4
2.工　业	2.Industry	22634.0	29253.8	29613.7	28993.1
3.建筑业	3.Construction	529.4	453.3	472.1	486.6
4.交通运输、仓储和邮政业	4.Transport,Storage and Post	1761.1	2078.6	2192.6	2421.1
5.批发、零售业和住宿、餐饮业	5.Wholesale and Retail Trades,Hotels and Catering Services	894.8	922.9	937.0	964.2
6.其他行业	6.Other Sectors	1037.1	1250.5	1264.3	1356.5
7.生活消费	7.Household Consumption	2826.8	3328.5	3560.7	3771.8
在总量中：	Consumption by Usage				
(一) 终端消费	(I)End-use Consumption	29185.8	36635.6	37160.2	36515.8
工业	Industry	21584.1	27944.1	28051.2	26825.2
(二) 加工转换损失量	(II)Losses During the Process of Energy Conversion	1049.9	1309.8	1562.5	1669.8
炼焦	Coking	494.1	570.8	527.9	462.1
炼油	Petroleum Refining	197.1	915.2	1081.2	1373.0
(三) 损失量	(III)Energy Losses				498.1
平衡差额	**Balance**				

注：本表使用等价折标系数折算标准煤。
a)Data of standard coal equivalent are calculated on the basis of the consumed heat value equivalent.

7-6 石油平衡表
Petroleum Balance Sheet

单位：万吨　(10 000 tons)

项　　目	Item	2010	2015	2016	2017
一、可供量	**Total Energy Available for Consumption**	**3259.2**	**4042.3**	**4361.2**	**4436.6**
原油产量	Crude Output	2786.0	2608.0	2295.3	2234.9
外省(区、市)调入量	Allocation from Other Provinces	2628.0	2210.2	6474.0	5631.5
进口量	Imports	2855.0	8311.9	5195.3	8382.5
本省(区、市)调出量(－)	Allocation to Other Provinces(-)	-4892.8	-8480.1	-9359.8	-9855.7
出口量(－)	Exports(-)	-76.0	-399.7	-206.8	-1695.3
年初年末库存差额	Stock Changes in the Year	-41.0	-208.1	-36.8	-261.3
年初库存量	Stock of early Year	320.7	695.0	903.0	939.8
年末库存量(－)	Stock of Year end(-)	-361.7	-903.0	-939.8	-1201.1
二、消费量	**Total Energy Consumption**	**3259.2**	**4042.3**	**4361.2**	**4436.6**
在总量中：	Consumption by srctor				
1.农林牧渔业	1.Agriculture,Forestry,Animal Husbandry and Fishery	145.1	198.4	204.1	216.2
2.工　业	2.Industry	1198.3	1759.7	2025.6	1844.6
3.建筑业	3.Construction	296.3	215.4	221.6	231.9
4.交通运输、仓储和邮政业	4.Transport,Storage and Post	1060.6	1181.5	1227.4	1375.0
5.批发、零售业和住宿、餐饮业	5.Wholesale and Retail Trades, Hotels and Catering Services	80.5	72.4	75.4	84.4
6.其他行业	6.Other Sectors	70.9	92.3	76.2	82.3
7.生活消费	7.Household Consumption	407.5	522.8	530.9	602.2
在总量中：	Consumption by Usage				
1.终端消费	1.End-use Consumption	3025.0	3389.8	3628.6	3559.8
#工业	Industry	964.1	1107.2	1293.0	967.8
2.加工转换损失	2.Losses During the Process of Energy Conversion	234.2	652.5	732.6	876.8
火力发电	Thermal Power	39.3	15.9	16.2	17.2
供　　热	Heating	73.5	62.0	55.3	52.4
炼油损耗	Petroleum Refining	121.4	574.6	661.1	807.2
制　　气	Gas Production				
3.损 失 量	3.Other Losses				
三、平衡差额	**Balance**				

7-7 煤炭平衡表
Coal Balance Sheet

单位：万吨 (10 000 tons)

项目	Item	2010	2015	2016	2017
一、可供量	**Total Energy Available for Consumption**	**34176.1**	**40926.9**	**40939.2**	**38164.7**
原煤生产量	Raw coal output	15653.9	14220.2	12817.6	13159.6
外省(区、市)调入量	Allocation from Other Provinces	26875.1	29561.6	28923.1	25622.7
进口量	Imports		1592.2	2005.8	1412.9
本省(区、市)调出量(-)	Allocation to Other Provinces(-)	-8149.6	-4944.0	-2319.2	-2518.5
出口量(-)	Exports(-)	-47.5	-235.9	-244.5	-114.4
年初年末库存差额	Stock Changes in the Year	-155.8	732.9	-243.6	602.4
年初库存量	Stock of early Year	1862.2	4017.8	3284.9	3528.6
年末库存量(-)	Stock of Year end(-)	-2018.0	-3284.9	-3528.6	-2926.2
二、消费量	**Total Energy Consumption**	**34176.1**	**40926.9**	**40939.2**	**38164.7**
在总量中：	Consumption by srctor				
1.农林牧渔业	1.Agriculture,Forestry,Animal Husbandry and Fishery	86.9	92.6	90.8	60.2
2.工　业	2.Industry	32229.8	39304.3	39364.2	36935.9
3.建筑业	3.Construction	20.0	21.0	20.2	9.8
4.交通运输、仓储和邮政业	4.Transport,Storage and Post	29.4	25.8	26.4	16.1
5.批发、零售业和住宿、餐饮业	5.Wholesale and Retail Trades,Hotels and Catering Services	590.0	460.4	420.1	341.5
6.其他行业	6.Other Sectors	500.0	401.7	360.1	236.1
7.生活消费	7.Household Consumption	720.0	621.2	657.4	565.1
在总量中：	Consumption by Usage				
1.终端消费	1.End-use Consumption	10634.4	10028.2	8091.8	7481.9
#工业	Industry	8688.1	8405.6	6516.7	6253.1
2.用于加工转换	2.Energy Conversion	23541.7	30898.7	32847.4	30682.8
火力发电	Thermal Power	13495.2	18713.5	20179.5	18702.0
供　热	Heating	3875.2	4722.1	5212.1	5328.9
洗煤损耗	Losses in Coal Washing and Dressing	1199.0	1378.2	1291.9	1108.1
炼　焦	Coking	4887.4	6085.0	6147.4	5463.3
制　气	Gas Production	83.1		17.1	81.6
型煤加工损耗	Losses in briquette Processing	1.8		-0.7	-1.0
3. 损失量	3.Other Losses				
三、平衡差额	**Balance**				

7-8 平均每天各种能源消费量
Average Daily Energy Consumption by Type of Energy

类 别	Category	2010	2015	2016	2017
合 计 （吨标准煤）	**Total (tons of SCE)**	**828375**	**1039600**	**1060899**	**1059827**
煤 炭 （吨）	Coal (ton)	936332	1121286	1121622	1045608
焦 炭 （吨）	Coke (ton)	84043	101467	101873	92942
原 油 （吨）	Crude Oil (ton)	153244	235809	279546	314717
燃料油 （吨）	Fuel Oil (ton)	28106	88959	123601	128395
汽 油 （吨）	Gasoline (ton)	17238	19891	20256	22168
煤 油 （吨）	Kerosene (ton)	1656	2699	3157	3385
柴 油 （吨）	Diesel Oil (ton)	30910	36582	37501	42314
液化石油气 （吨）	Liquefied Petroleum (ton)	3608	7106	11942	10046
电 力 （万千瓦时）	Electricity (10 000 kwh)	90368	141978	152358	157059

注：1.本表使用等价折标系数折算标准煤。2.燃料油消费量含炼油再投入量。
a)Data of standard coal equivalent is calculated on the basis of the consumed heat value equivalent.
b)Data on consumption of fuel oil include those for refining oil.

7-9 平均每人年生活用能源
Annual Per Captita Energy Consumption for Non-Production Purpose

类 别	Category	2010	2015	2016	2017
合 计 （千克标准煤）	**Total (Kg of SCE)**	**296.6**	**339.0**	**359.8**	**377.0**
煤 炭 （千克）	Coal (kg)	75.6	63.3	66.4	56.5
汽 油 （千克）	Gasoline (kg)	37.4	46.0	46.6	52.8
液化石油汽 （千克）	Liquefied Petroleum (kg)	3.6	5.0	5.0	5.3
电 力 （千瓦小时）	Electricity (kwh)	386.2	512.6	560.2	604.4

注：本表使用等价折标系数折算标准煤。
a)Data of standard coal equivalent is calculated on the basis of the consumed heat value equivalent.

7-10 分品种生活能源年消费总量
Annual Energy Consumption for Non-Production Purpose by Category

类别		Category		2010	2015	2016	2017
合 计	**（万吨标准煤）**	**Total**	**(10 000 tons of SCE)**	**2826.8**	**3328.5**	**3560.7**	**3771.8**
煤 炭	（万吨）	Coal	(10 000 tons)	720.0	621.2	657.4	565.1
汽 油	（万吨）	Gasoline	(10 000 tons)	356.0	451.2	461.3	528.3
液化石油汽	（万吨）	Liquefied Petroleum	(10 000 tons)	34.0	48.9	49.8	53.3
电 力	（亿千瓦小时）	Electricity	(100 million kwh)	368.0	503.3	554.4	604.8

注：本表使用等价折标系数折算标准煤。
a)Data of standard coal equivalent is calculated on the basis of the consumed heat value equivalent.

7-11 各市万元GDP能耗
Energy Consumption per 10 000-yuan GDP by Region

地 区	Region	2013	2014	2015	2016	2017
		比2012年上升或下降（±%） Increased or Decreased Compared with 2012	比2013年上升或下降（±%） Increased or Decreased Compared with 2013	比2014年上升或下降（±%） Increased or Decreased Compared with 2014	比2015年上升或下降（±%） Increased or Decreased Compared with 2015	比2016年上升或下降（±%） Increased or Decreased Compared with 2016
全省总计	**Total**	**-4.48**	**-5.00**	**-3.72**	**-5.15**	**-6.94**
济南市	Jinan	-5.68	-6.22	-9.92	-3.94	-18.62
青岛市	Qingdao	-3.82	-7.04	-7.69	-5.68	-3.99
淄博市	Zibo	-5.90	-5.81	-5.64	-9.94	-7.88
枣庄市	Zaozhuang	-5.27	-5.67	-10.80	-3.74	-7.64
东营市	Dongying	-3.89	-3.56	-7.74	-0.25	-4.33
烟台市	Yantai	-3.98	-4.66	-10.60	-3.46	-6.20
潍坊市	Weifang	-4.89	-5.13	-7.72	-7.22	-3.78
济宁市	Jining	-4.98	-5.43	-10.13	-5.53	-4.10
泰安市	Tai'an	-5.07	-5.11	-10.69	-6.91	-8.26
威海市	Weihai	-4.54	-5.33	-7.65	-5.43	-5.58
日照市	Rizhao	-4.27	-6.88	-3.63	-4.87	-4.28
莱芜市	Laiwu	-3.86	-3.34	-9.78	-4.50	-7.71
临沂市	Linyi	-4.01	-5.25	-15.17	2.51	-7.86
德州市	Dezhou	-4.92	-5.20	-8.49	-6.54	-8.51
聊城市	Liaocheng	-3.70	0.50	-7.37	-5.42	-4.54
滨州市	Binzhou	-4.21	20.33	47.01	-4.12	-12.45
菏泽市	Heze	-4.32	-4.11	-5.10	-5.45	-5.90

注：本表使用等价折标系数折算标准煤。2016年起，地区生产总值按2015年价格计算。
a)Data of standard coal equivalent is calculated on the basis of the consumed heat value quivalente.Gross regional product is at 2015 constant prices since 2016.

7-12　各市规模以上工业万元增加值能耗
Energy Consumption per 10 000-yuan Value Added of Industrial Enterprises above the Designated Size by Region

地　区	Region	2013 比2012年上升或下降(±%) Increased or Decreased Compared with 2012	2014 比2013年上升或下降(±%) Increased or Decreased Compared with 2013	2015 比2014年上升或下降(±%) Increased or Decreased Compared with 2014	2016 比2015年上升或下降(±%) Increased or Decreased Compared with 2015	2017 比2016年上升或下降(±%) Increased or Decreased Compared with 2016
全省总计	**Total**	**-7.79**	**-7.22**	**-7.88**	**-3.84**	**-9.89**
济南市	Jinan	-8.95	-7.79	-10.22	-4.64	-25.14
青岛市	Qingdao	-6.11	-14.10	-6.70	-6.82	-6.56
淄博市	Zibo	-8.99	-9.25	-3.65	-10.40	-6.55
枣庄市	Zaozhuang	-8.53	-9.52	-14.21	-3.43	-4.90
东营市	Dongying	-6.64	-4.87	-6.10	0.10	-5.43
烟台市	Yantai	-6.18	-9.39	-11.89	-5.91	-7.63
潍坊市	Weifang	-7.51	-6.54	-7.09	-7.00	-0.77
济宁市	Jining	-7.69	-11.11	-10.74	-8.31	-6.38
泰安市	Tai'an	-7.94	-8.41	-10.49	-0.84	-7.74
威海市	Weihai	-6.27	-7.55	-9.70	-12.36	-9.22
日照市	Rizhao	-7.12	-9.79	-1.46	-5.55	-5.90
莱芜市	Laiwu	-5.21	-4.16	-12.18	0.54	-3.14
临沂市	Linyi	-6.23	-7.17	-25.59	5.62	-10.06
德州市	Dezhou	-7.40	-9.15	-7.36	-9.63	-9.34
聊城市	Liaocheng	-6.42	0.14	-11.18	8.74	-17.80
滨州市	Binzhou	-6.40	21.83	52.06	-2.99	-16.21
菏泽市	Heze	-6.68	-8.07	-6.32	-8.29	-6.84

注：本表使用当量折标系数折算标准煤。2016年起，工业增加值按2015年价格计算。
a)Data of standard coal equivalent is calculated on the basis of the consumed heat value equivalent.Industrial value-added is at 2015 constant prices since 2016.

7-13 各市万元GDP电耗
Electricity Consumption per 10 000-yuan GDP by Region

地　区	Region	2013 比2012年上升或下降(±%) Increased or Decreased Compared with 2012	2014 比2013年上升或下降(±%) Increased or Decreased Compared with 2013	2015 比2014年上升或下降(±%) Increased or Decreased Compared with 2014	2016 比2015年上升或下降(±%) Increased or Decreased Compared with 2015	2017 比2016年上升或下降(±%) Increased or Decreased Compared with 2016
全省总计	**Total**	**-1.78**	**-4.84**	**-6.49**	**-2.09**	**-6.17**
济南市	Jinan	-7.07	-6.93	-6.47	-1.68	-8.63
青岛市	Qingdao	-3.12	-7.80	-6.24	-0.53	1.56
淄博市	Zibo	-8.42	-8.43	-5.99	-6.06	-8.11
枣庄市	Zaozhuang	-3.13	-10.66	-8.58	-3.49	0.09
东营市	Dongying	0.95	-3.90	-0.63	2.70	-3.26
烟台市	Yantai	-0.93	-3.28	-2.38	-0.61	-1.02
潍坊市	Weifang	0.35	-1.27	-6.72	-2.99	1.47
济宁市	Jining	-4.34	-8.76	-9.38	-6.24	-4.42
泰安市	Tai'an	-0.33	-5.20	-7.87	-0.51	-7.83
威海市	Weihai	-6.83	-7.07	-5.53	-4.08	-0.38
日照市	Rizhao	-5.50	-4.98	-5.96	-3.63	1.70
莱芜市	Laiwu	-4.90	-4.80	-13.41	0.07	-4.63
临沂市	Linyi	3.05	-4.56	-9.76	3.52	2.63
德州市	Dezhou	-6.79	-4.65	-10.45	-8.50	-10.60
聊城市	Liaocheng	-3.45	-4.35	-7.19	-2.40	-20.25
滨州市	Binzhou	-1.70	0.28	294.14	-3.91	-13.40
菏泽市	Heze	1.42	-2.47	-2.96	-1.57	-1.51

注：2016年起，地区生产总值按2015年价格计算。
a)Gross regional product is at 2015 constant prices since 2016.

7-14 各市电力消费量（2017年）
Electricity Consumption by Region(2017)

单位:亿千瓦时

地 区 Region	全社会用电量 Electricity Consumption	第一产业 Primary Industry Electricity Consumption	第二产业 Secondary Industry Electricity Consumption	第三产业 Tertiary Industry Electricity Consumption	工业用电 Industrial Electricity Consumption	城乡居民生活用电 Household Electricity Consumption
全省总计 Total	**5430.2**	**110.1**	**4195.3**	**520.0**	**4149.6**	**604.8**
济 南 市 Jinan	276.3	5.3	135.7	75.4	132.0	59.9
青 岛 市 Qingdao	401.1	8.2	238.7	79.3	231.8	74.8
淄 博 市 Zibo	324.6	3.7	265.3	25.3	263.9	30.3
枣 庄 市 Zaozhuang	135.2	2.2	93.7	18.4	92.3	20.9
东 营 市 Dongying	277.6	4.5	248.4	12.7	247.1	11.9
烟 台 市 Yantai	488.0	14.4	389.3	41.0	386.3	43.4
潍 坊 市 Weifang	493.9	21.6	372.6	44.1	367.9	55.5
济 宁 市 Jining	281.1	6.5	191.3	37.0	188.3	46.3
泰 安 市 Tai'an	181.3	4.8	126.9	20.9	125.5	28.7
威 海 市 Weihai	117.0	3.0	74.4	21.5	72.0	18.0
日 照 市 Rizhao	196.1	3.6	160.1	16.0	158.5	16.5
莱 芜 市 Laiwu	110.2	0.7	98.4	5.1	97.8	6.0
临 沂 市 Linyi	437.9	6.2	324.9	41.8	319.6	65.0
德 州 市 Dezhou	187.6	6.1	129.9	22.6	127.7	28.9
聊 城 市 Liaocheng	262.3	8.3	204.1	19.2	202.0	30.8
滨 州 市 Binzhou	1035.4	4.3	993.7	15.0	991.6	22.5
菏 泽 市 Heze	204.9	6.7	128.0	24.8	125.4	45.5

注：本表数据采用国网山东省电力公司数据。
a) Data is provided by Shandong Electric Power Corporation.

主要统计指标解释

能源生产总量 指一定时期内，一个地区一次能源生产量的总和。该指标是观察一个地区能源生产水平、规模、构成和发展速度的总量指标。一次能源生产量包括原煤、原油、天然气、水电、核能及其他动力能(如风能、地热能等)发电量，不包括低热值燃料生产量、生物质能、太阳能等的利用和由一次能源加工转换而成的二次能源产量。

能源消费总量 指一定时期内，一个地区物质生产部门、非物质生产部门和生活消费的各种能源的总和。该指标是观察能源消费水平、构成和增长速度的总量指标。能源消费总量包括原煤和原油及其制品、天然气、电力，不包括低热值燃料、生物质能和太阳能等的利用。能源消费总量分为终端能源消费量、能源加工转换损失量和能源损失量三部分。

(1)终端能源消费量：指一定时期内，一个地区生产和生活消费的各种能源在扣除了用于加工转换二次能源消费量和损失量以后的数量。

(2)能源加工转换损失量：指一定时期内，一个地区投入加工转换的各种能源数量之和与产出各种能源产品之和的差额。该指标是观察能源在加工转换过程中损失量变化的指标。

(3)能源损失量：指一定时期内，能源在输送、分配、储存过程中发生的损失和由客观原因造成的各种损失量，不包括各种气体能源放空、放散量。

能源生产弹性系数 是研究能源生产增长速度与国民经济增长速度之间关系的指标。计算公式：

$$\text{能源生产弹性系数}=\frac{\text{能源生产总量年平均增长速度}}{\text{国民经济年平均增长速度}}$$

国民经济年平均增长速度，可根据不同的目的或需要，用国民生产总值、国内生产总值等指标来计算，本年鉴是采用国内生产总值指标计算的。

电力生产弹性系数 是研究电力生产增长速度与国民经济增长速度之间关系的指标。一般来说，电力的发展应当快于国民经济的发展，也就是说电力应超前发展。计算公式为：

$$\text{电力生产弹性系数}=\frac{\text{电力生产量年平均增长速度}}{\text{国民经济年平均增长速度}}$$

能源消费弹性系数 反映能源消费增长速度与国民经济增长速度之间比例关系的指标。计算公式为：

$$\text{能源消费弹性系数}=\frac{\text{能源消费量年平均增长速度}}{\text{国民经济年平均增长速度}}$$

电力消费弹性系数 反映电力消费增长速度与国民经济增长速度之间比例关系的指标。计算公式为：

$$\text{电力消费弹性系数}=\frac{\text{电力消费量年平均增长速度}}{\text{国民经济年平均增长速度}}$$

Explanatory Notes on Main Statistical Indicators

Total Energy Production refers to the total production of primary energy by all energy producing enterprises in the region in a given period of time. It is a comprehensive indicator to show the capacity, scale, composition and development of energy production of the country. The production of primary energy includes that of coal, crude oil, natural gas, hydro power and electricity generated by nuclear energy and other means such as wind power and geothermal power. However, it excludes the production of fuels of low calorific value, bio energy, solar energy and the secondary energy converted from the primary energy.

Total Domestic Energy Consumption refers to the total consumption of energy of various kinds by material production sectors, non material production sectors and households in the country in a given period of time. It is a comprehensive indicator to show the scale, composition and development of energy consumption. The total energy consumption includes that of coal, crude oil and their products, natural gas and electricity, However, it excludes the consumption of fuel of low calorific value, bio energy and solar energy. Total domestic energy consumption can be divided into three parts: final energy consumption, loss during the process of energy conversion, and energy loss.

(1)Final Energy Consumption: It refers to the total energy consumption by material production sectors, non material production sectors and households in the region in a given period of time, but excludes the consumption in conversion of the primary energy into the secondary energy and the loss in the process of energy conversion.

(2)Loss During the Process of Energy Conversion: It refers to the total input of various kinds of energy for conversion, minus the total output of various kinds of energy in the region in a given period of time. It is an indicator to show the loss that occurs during the process of energy conversion.

(3)Energy Loss: It refers to the total of the loss of energy during the course of energy transport, distribution and storage and the loss caused by any objective reason in a given period of time. The loss of various kinds of gas due to gas discharges and stocktaking is excluded.

Elasticity Ratio of Energy Production is an indicator to show the relationship between the growth rate of energy production and the growth rate of the national economy. The formula is:

$$\text{Elasticity Ratio of Energy Production} = \frac{\text{Average Annual Growth Rate of Energy Production}}{\text{Average Annual Growth Rate of National Economy}}$$

The average annual growth rate of the national economy can be shown by the gross national product, gross domestic product and other indicators, depending upon the purposes or needs. The gross domestic product is used in calculation of the ratio in this chapter.

Elasticity Ratio of Electricity Production is an indicator to show the relationship between the growth rate of electricity production and the growth rate of the national economy. Generally speaking, the growth rate of electricity production should be higher than that of the national economy. Its formula is:

$$\text{Elasticity Ratio of Electricity Production} = \frac{\text{Average Annual Growth Rate of Electricity Production}}{\text{Average Annual Growth Rate of National Economy}}$$

Elasticity Ratio of Energy Consumption is an indicator to show the relationship between the growth rate of energy consumption and the growth rate of the national economy. The formula is:

$$\text{Elasticity Ratio of Energy Consumption} = \frac{\text{Average Annual Growth Rate of Energy Consumption}}{\text{Average Annual Growth Rate of National Economy}}$$

Elasticity Ratio of Electricity Consumption is an indicator to show the relationship between the growth rate of electricity consumption and the growth rate of the national economy. The formula is:

$$\text{Elasticity Ratio of Electricity Consumption} = \frac{\text{Average Annual Growth Rate of Electricity Consumption}}{\text{Average Annual Growth Rate of National Economy}}$$

第
8
篇

财政和金融

Government Finance and
Banking

简 要 说 明

一、本篇资料的主要内容

本篇资料反映了全省财政收支、金融和保险、证券方面的情况，主要包括财政收入、财政支出、金融机构存贷款、现金收支、保险机构、保险业务开展和山东省辖区证券市场等方面的资料。

二、本篇资料的来源

1.财政部分的资料来源于省财政厅。根据财政部2007年《财政收支分类科目》，财政支出科目变动较大，与往年不可比。

2.金融方面的资料来源于中国人民银行济南分行。

3.保险方面的资料来源于中国保监会山东监管局。

4.证券方面的资料来源于中国证监会山东监管局。

5.本篇资料由省统计局综合处整理。

Brief Introduction

I. Main Content

Data in this chapter show the conditions of local government budgetary finance, banking and insurance,and securities, including government revenue and expenditure, credit funds, cash income and expenses, statistics on insurance companies and basic stituation of securities markets in Shandong province.

II. Source of Data

(1) Data on local government finance are provided by Shandong Provincial Department of Finance. Because of reform of Government Revenue and Expenditure Classification Items issued by the Ministry of Finance of China in 2007,data on items cannot be compared with those of preceding years.

(2) Data on banking are provided by Jinan Branch of the People's Bank of China.

(3) Data on insurance are provided by China Insurance Regulatory Commission of Shandong Bureau.

(4) Data on securities are provided by China Securities Regulatory Commission of Shandong Bureau.

(5) Data in this chapter are prepared and compiled by the Division of Comprehensive Statistics of Shandong Provincial Bureau of Statistics.

8-1 主要年份一般公共预算收入
General Pubilic Budget Revenue in Major Years

单位:万元 (10 000 yuan)

年 份 Year	一般公共预算收入 General Pubilic Budget Revenue	税收收入 Tax Revenue	增值税 Value Added Tax	营业税 Business Tax	企 业 所得税 Corporate Income Tax	个 人 所得税 Individual Income Tax	城市维护建设税 City Maintenance and Construction Tax	房产税 House Property Tax	印花税 Stamp Tax
1950	44253	35209							
1952	76284	62545							
1955	89333	79914							
1957	107262	92112							
1962	125506	96577							
1965	164766	100184							
1970	309438	167361							
1975	459668	233132							
1976	496749	270119							
1977	559590	313898							
1978	641286	327465							
1979	569948	322814							
1980	481097	335362							
1981	511850	368177	471			3			
1982	492888	416477	3001			5			
1983	504050	428911	12980			8			
1984	536022	484039	21457	13611		15			
1985	675316	638230	45950	101566		216	30811		
1986	621535	567351	86294	131137		498	37058	440	
1987	727901	652813	108184	159799		515	41417	10663	
1988	826814	825681	192216	216442		371	51037	11012	362
1989	1009416	973118	223717	274118		452	59324	14781	7451
1990	1091082	1058745	241241	291283	84831	687	63936	19110	5754
1991	1285184	1145170	264599	315116	89766	744	71381	26116	5994
1992	1393225	1287334	312552	367710	76817	980	77163	27263	6175
1993	1943978	1908554	545599	458562	85753	1566	90282	32420	6515
1994	1346611	1264642	363371	311355	163942	22983	117238	38577	7115
1995	1790025	1635139	416401	405456	256396	55930	140782	49773	9273
1996	2416742	2156333	518976	515829	365781	89493	172075	61064	10053
1997	3044232	2648693	617844	622148	484919	126801	202164	80812	13373
1998	3523912	3019024	701402	752239	468054	46780	131149	226211	107540
1999	4044829	3429430	782176	789669	631666	187585	238123	134879	19983
2000	4636788	3929022	896895	876638	818659	247492	276205	155591	22440
2001	5731793	4883422	1002918	926921	1491110	369925	290458	165321	26963
2002	6102242	4950266	1112319	1176414	783934	310934	307978	209770	37256
2003	7137877	5582820	1260824	1447077	664382	260262	444019	244706	46613
2004	8283306	6274331	1160390	1764502	860624	319637	549266	267768	62914
2005	10731250	8264612	1930040	2177928	1108282	388938	659514	327950	92515
2006	13562526	10357905	2428345	2717252	1482753	458361	784298	387000	123031
2007	16753980	13083516	2907862	3397121	1985020	568145	924642	443522	159005
2008	19570541	15335324	3337763	3960900	2299728	611251	1041367	472576	203026
2009	21986324	17203455	3244846	4706109	2203040	646665	1090776	578637	238728
2010	27493842	21498997	3782348	6315107	2933058	810098	1307440	646535	337443
2011	34559267	26031329	4138174	7657247	3985551	965805	1796032	740189	411070
2012	40594301	30502010	4381207	8966409	4416434	951065	1988839	1008346	465851
2013	45599463	35334906	4895590	10683275	4459540	1045930	2178411	1117476	528630
2014	50268273	39657605	5969647	11359162	4830098	1151842	2313253	1224873	605607
2015	55293253	42031178	5949766	12523983	4987224	1431225	2437121	1338572	594147
2016	58601836	42125903	11297486	6504453	5032373	1431522	2508344	1433639	612587
2017	60986324	44194025	17059602		6202953	1867335	2618202	1578095	747811

注:1.本表中1994年以来的财政收入及分组均系新口径数,与历史资料不可比。

2.2016开始，增值税和营业税均系新口径数，与历史资料不可比。

a)Data from 1994 are based on new grouping method,so they cannot compare with other data.

b)Since 2016,Data of Value-added Tax and business Tax are based on new method,so they cannot compare with other data.

8-2 1950-2006年地方财政支出
Total Local Government Budgetary Expenditure from 1950 to 2006

单位:万元 (10 000 yuan)

年 份 Year	地方财政支出 Expenditure of Local Government	#基本建设 Expenditure for Capital Construction	#城市维护费 Expenditure on City Maintenance	#支援农业支出 Expenditure for Agriculture	#文教科学卫生事业费 Expenditure for Culture, Education, Science and Health	#行政管理费 Expenditure for Government Administration
1950	10281	556	79	266		4704
1951	15965	3221	490	364		7357
1952	31886	8860	245	735		8332
1953	32272	5719	263	433		9548
1954	33657	6505	245	1447		9381
1955	31143	4023	209	1954		9868
1956	47155	13244	107	3484		12695
1957	49164	10522	201	4770		11790
1958	120740	75087	67	4468		12461
1959	158857	78459	22	16116		14162
1960	239314	98855	82	23717		14571
1961	135988	19073	69	27392		13612
1962	63594	6560	334	9526		11753
1963	79714	10271	1018	12029		13054
1964	89615	17557	1535	12620		13212
1965	95407	18711	1807	10048		13144
1966	104100	24115	1690	10425		13691
1967	102007	33442	1669	9728		12064
1968	88752	31016	1719	7476		12264
1969	113952	49590	1756	7683		12669
1970	142528	70447	1805	8389		14245
1971	159105	67943	1743	11247		17779
1972	188907	82551	1621	15603		19336
1973	194872	66635	2419	21980		18541
1974	191061	56996	2005	24284		18435
1975	212560	52389	2194	26906		21241
1976	214205	48383	2579	29119		22899
1977	226136	48648	2610	32399		24449
1978	319044	83503	3750	40221		26553
1979	316239	69982	9535	41812	77298	31908
1980	300736	46680	9484	38422	90951	39017
1981	255341	32150	13144	28754	94093	39200
1982	294482	32395	17044	37525	110039	45512
1983	324119	39875	18184	38058	122536	52391
1984	389763	51801	22063	39512	144038	69508
1985	512953	55562	39340	42453	174126	70091
1986	679384	63375	47595	49892	208135	79655
1987	752168	48880	48156	57550	219751	83423
1988	940725	59630	63024	78301	278458	114421
1989	1136714	55472	75062	102293	324427	98493
1990	1238530	78060	76532	111848	354574	107220
1991	1320610	73926	80209	116383	390775	121071
1992	1456988	85542	89276	141474	457972	158948
1993	1883646	115922	104912	163489	536522	208572
1994	2187683	100904	121656	176277	721820	269520
1995	2758656	179597	163339	224793	832336	315337
1996	3589836	248334	226014	276556	1032168	402325
1997	4233342	239629	281070	367611	1182892	456970
1998	4878175	318452	367382	377198	1325393	501269
1999	5500034	325120	351390	402651	1453237	544497
2000	6130774	295068	388802	411914	1677928	622058
2001	7537781	409608	485770	478933	1936046	743144
2002	8606484	440415	547982	557939	2290732	900217
2003	10106395	636760	685165	618116	2553316	1123337
2004	11893716	600330	885953	731073	3091148	1312928
2005	14662271	704835	1179667	895847	3751654	1629489
2006	18334400	821963	1470287	1083756	4542846	1929519

8-3 1979-2006年财政支出中用于文、教、科、卫的支出
Expense on Culture,Education,Science and Health from 1979 to 2006

单位:万元 (10 000 yuan)

年 份 Year	合 计 Total	文体广播事业费 Operating Expenses for Culture,Sports and Broadcast	教育事业费 Operating Expenses for Education	科学事业费 Operating Expenses for Science	卫生经费 Operating Expenses for Health	科技三项经费 Science and Technology Promotion Funds
1979	80348	9219	43077	4141	20098	3813
1980	93350	9974	53296	4060	23290	2730
1981	95577	9791	54453	4094	24965	2274
1982	111630	11702	62804	4335	29737	3052
1983	125430	14353	67656	5040	33667	4714
1984	145710	18779	77533	6738	37382	5278
1985	175562	22631	97565	6513	44117	4736
1986	209611	29869	114757	8056	50910	6019
1987	225197	30555	125465	7053	56678	5446
1988	284003	39108	161889	10205	67256	5545
1989	333489	43029	187894	10535	82969	9062
1990	363035	48165	202060	11646	92703	8461
1991	401036	54145	225118	12757	98755	10261
1992	470129	61127	271681	14629	110310	12382
1993	568801	70133	337052	16678	129131	15807
1994	738553	84780	464330	22340	150028	17075
1995	856648	112065	523754	22551	173966	24312
1996	1066333	124463	670721	27256	209728	34165
1997	1229252	154418	753374	34974	240126	46360
1998	1388027	150517	886208	35703	252965	62634
1999	1532952	159272	999902	35491	258572	79715
2000	1770387	175745	1181042	38543	282598	92459
2001	2051303	206502	1377529	45428	306587	115257
2002	2427593	274203	1627761	53056	335712	136861
2003	2693986	307350	1791484	58375	396107	140670
2004	3091148	366895	2048284	65970	452199	157800
2005	3751654	449415	2487484	76471	544085	194199
2006	4542846	519674	2922839	90544	733206	276583

8-4 一般公共预算收入
General Pubilic Budget Revenue

单位:万元 (10 000 yuan)

类　　别	Category	2013	2014	2015	2016	2017
一般公共预算收入	**General Pubilic Budget Revenue**	**45599463**	**50268273**	**55293253**	**58601836**	**60986324**
一、税收收入	**Tax Revenue**	**35334906**	**39657605**	**42031178**	**42125903**	**44194025**
增值税	Value Added Tax	4895590	5969647	5949766	11297486	17059602
营业税	Business Tax	10683275	11359162	12523983	6504453	
企业所得税	Corporate Income Tax	4459540	4830098	4987224	5032373	6202953
个人所得税	Individual Income Tax	1045930	1151842	1431225	1431522	1867335
资源税	Resource Tax	926161	1195665	1038139	951845	995617
城市维护建设税	City Maintenance and Construction Tax	2178411	2313253	2437121	2508344	2618202
房产税	House Property Tax	1117476	1224873	1338572	1433639	1578095
印花税	Stamp Tax	528630	605607	594147	612587	747811
城镇土地使用税	Urban land Use Tax	2291596	2646890	3587508	3937399	3981763
土地增值税	Land Appreciation Tax	2059096	2577381	2595051	2931488	3671771
车船税	Tax on vehicles and Boat Operation	402576	466492	533083	609977	693744
耕地占用税	Farm Land Occupation Tax	2050687	2554205	2515193	2173007	1632367
契　税	Deed Tax	2656012	2736676	2477596	2676271	3125176
烟叶税	Tobacco Leaf Tax	39926	25814	22570	25512	19589
二、非税收入	**Non-tax Revenue**	**10264557**	**10610668**	**13262075**	**16475933**	**16792299**
专项收入	Special Program Receipts	1635835	1535181	3368805	3222448	3103868
行政事业性收费收入	Charge of Administrative and Institutional Units	2841150	3022000	2967436	3282508	3202844
罚没收入	Penalty Receipts	1255129	1214541	1238569	1561164	1802335
国有资本经营收入	Operating Income from Government Capital	586813	556949	541826	576102	306582
国有资源(资产)有偿使用收入	Income from Use of State-owned Resources (Assets)	3435161	3819453	4694246	6632910	7556093
其他收入	Other Non-tax Receipts	510469	462544	451193	1200801	820577

注:2016开始，增值税和营业税均系新口径数，与历史资料不可比。
Since 2016,Data of Value-added Tax and business Tax are based on new method,so they cannot compare with other data.

8-5 一般公共预算支出
General Pubilic Budget Expenditure

单位:万元 (10 000 yuan)

类 别	Category	2013	2014	2015	2016	2017
一般公共预算支出	**General Pubilic Budget Expenditure**	**66888000**	**71773136**	**82500113**	**87552136**	**92583984**
一般公共服务支出	Expenditure for General Public Services	7499609	7253340	7381081	7835601	8575099
公共安全支出	Expenditure for Public Security	3418333	3805743	4257478	5215162	5660530
教育支出	Expenditure for Education	13996715	14610483	16906234	18259902	18899972
科学技术支出	Expenditure for Science and Technology	1491372	1470572	1590522	1670001	1957718
文化体育与传媒支出	Expenditure for Culture, Sport and Media	1275325	1277473	1372575	1374737	1418993
社会保障和就业支出	Expenditure for Social Safety Net and Employment Effort	6819826	7635304	9046399	9926608	11319595
医疗卫生与计划生育支出	Expenditure for Medical and Health Care, and Family Planning	4858614	6056673	7014321	7901861	8292714
城乡社区支出	Expenditure for Urban and Rural Community Affairs	6184955	7779249	9205721	10124637	10759203
农林水支出	Expenditure for Agriculture, Forestry and Water Conservancy	7481384	7728411	9644150	9434420	9535911
交通运输支出	Expenditure for Transportation	3711490	3991400	4606928	3728395	3673120

8-6 各市一般公共预算收入(2017年)
General Pubilic Budget Revenue by Region (2017)

单位:万元 (10 000 yuan)

地 区	Region	一般公共预算收入 General Pubilic Budget Revenue	税收收入 Tax Revenue	增值税 Value Added Tax	企 业 所得税 Corporate Income Tax	个 人 所得税 Individual Income Tax	资源税 Resource Tax
全省总计	**Total**	**60986324**	**44194025**	**17059602**	**6202953**	**1867335**	**995617**
济 南 市	Jinan	6772100	5418027	2108443	843101	356648	4823
青 岛 市	Qingdao	11572389	8240676	3102267	1466509	423571	4720
淄 博 市	Zibo	3615831	2504633	1061738	215875	129222	31152
枣 庄 市	Zaozhuang	1452003	1020157	340028	66900	49444	57887
东 营 市	Dongying	2328804	1579842	667502	134965	64899	1850
烟 台 市	Yantai	6003247	4172240	1483358	678710	165893	91422
潍 坊 市	Weifang	5391188	4075727	1450820	400607	123913	113590
济 宁 市	Jining	3857066	2669856	1063043	400897	83934	181646
泰 安 市	Tai'an	2071396	1467950	517325	118982	63731	106685
威 海 市	Weihai	2730775	2166227	617825	204090	65472	39616
日 照 市	Rizhao	1413298	1153518	460100	182803	38925	7947
莱 芜 市	Laiwu	560078	434019	208577	40217	15911	11112
临 沂 市	Linyi	2853399	2275996	1013197	239058	84674	38817
德 州 市	Dezhou	1874677	1332983	511547	151627	47236	3976
聊 城 市	Liaocheng	1865117	1343696	577608	195918	51648	717
滨 州 市	Binzhou	2262838	1705656	666619	263504	58195	5446
菏 泽 市	Heze	1865512	1432830	661721	176791	44019	64502

8-6 续表 1 continued

单位:万元 (10 000 yuan)

地 区	Region	城市维护建设税 City Maintenance and Construction Tax	房产税 House Property Tax	城镇土地使用税 Urban Land Use Tax	土地增值税 Land Appreciation Tax	耕地占用税 Farm Land Occupation Tax	契税 Contract Tax	其他各项税收收入 Other Tax Revenue
全省总计	**Total**	**2618202**	**1578095**	**3981763**	**3671771**	**1632367**	**3125176**	**1461144**
济南市	Jinan	349240	187815	235173	467357	29599	639739	196089
青岛市	Qingdao	527102	315462	411467	924243	146176	676269	242890
淄博市	Zibo	178728	76513	217619	90202	315244	109851	78489
枣庄市	Zaozhuang	78006	86985	176415	61678	16524	59820	26470
东营市	Dongying	122619	57747	333360	36721	25159	61069	73951
烟台市	Yantai	238999	143643	420090	462740	133345	213650	140390
潍坊市	Weifang	243954	113102	517157	575523	138212	271668	127181
济宁市	Jining	146291	79371	212549	115111	182393	127108	77513
泰安市	Tai'an	77441	42516	132565	97252	165223	100422	45808
威海市	Weihai	103219	179629	340703	246290	59935	253271	56177
日照市	Rizhao	63415	32057	117959	78171	56784	68107	47250
莱芜市	Laiwu	32351	21083	59476	10654	4329	13518	16791
临沂市	Linyi	134735	64430	206513	143916	84776	149730	116150
德州市	Dezhou	69853	47433	162747	99081	63752	126383	49348
聊城市	Liaocheng	72937	41865	115389	93470	55455	80886	57803
滨州市	Binzhou	95204	58552	223360	91788	121194	58672	63122
菏泽市	Heze	84108	29892	99221	77574	34267	115013	45722

8-6 续表 2 continued

单位:万元 (10 000 yuan)

地 区	Region	非税收入 Non-tax Revenue	专项收入 Special Program Receipts	行政事业性收费收入 Charge of Administrative and Institutional Units	罚没收入 Penalty Receipts	国有资本经营收入 Operating Income from Government Capital	国有资源(资产)有偿使用收入 Income from Use of State-owned Resources (Assets)	其他收入 Other Non-tax Receipts
全省总计	**Total**	**16792299**	**3103868**	**3202844**	**1802335**	**306582**	**7556093**	**820577**
济南市	Jinan	1354073	443407	295586	129489	-6494	423580	68505
青岛市	Qingdao	3331713	603486	447242	147074	10955	2061087	61869
淄博市	Zibo	1111198	190380	138288	114165	73217	523761	71387
枣庄市	Zaozhuang	431846	55105	43872	79723	94334	119714	39098
东营市	Dongying	748962	142441	92067	61160	4145	428817	20332
烟台市	Yantai	1831007	259874	146575	152237	16720	1216738	38863
潍坊市	Weifang	1315461	272683	237680	158643	-1226	621645	26036
济宁市	Jining	1187210	160431	458169	95069	6189	423071	44281
泰安市	Tai'an	603446	99031	136157	69094	1173	264852	33139
威海市	Weihai	564548	101582	145564	63853	83918	150267	19364
日照市	Rizhao	259780	65507	61219	41213	5387	66513	19941
莱芜市	Laiwu	126059	33263	32576	16231	871	36868	6250
临沂市	Linyi	577403	164147	185176	136793		63216	28071
德州市	Dezhou	541694	84249	118630	120030	746	195068	22971
聊城市	Liaocheng	521421	97418	117092	87898	13369	182431	23213
滨州市	Binzhou	557182	105969	185085	87352		147544	31232
菏泽市	Heze	432682	133334	102672	121277	3278	58966	13155

8-7 各市一般公共预算支出(2017年)
General Pubilic Budget Expenditure by Region (2017)

单位:万元 (10 000 yuan)

地 区	Region	一般公共预算支出 General Pubilic Budget Expenditure	一般公共服务支出 Expenditure for General Public Service	公共安全支出 Expenditure for Public Security	教育支出 Expenditure for Education	科学技术支出 Expenditure for Science and Technology	文化体育与传媒支出 Expenditure for Culture, Sport and Media	社会保障和就业支出 Expenditure for Social Safety Net and Employment Effort	医疗卫生与计划生育支出 Expenditure for Medical and Health Care, and Family Planning
全省总计	**Total**	**92583984**	**8575099**	**5660530**	**18899972**	**1957718**	**1418993**	**11319595**	**8292714**
济南市	Jinan	8340600	933218	560132	1433433	128982	93583	1133956	696644
青岛市	Qingdao	14030252	1521288	793851	2538189	385919	193436	1533879	861562
淄博市	Zibo	4460258	459752	317096	966525	97567	102463	462394	428274
枣庄市	Zaozhuang	2452853	244623	156638	508597	21150	37889	350730	260828
东营市	Dongying	2776720	282754	162201	500650	64341	41460	244610	205747
烟台市	Yantai	7080657	629750	425910	1156583	243319	86673	991249	568817
潍坊市	Weifang	6783951	609568	395609	1724106	197004	102228	785179	630430
济宁市	Jining	5696170	578435	327329	1309429	72089	114080	645686	645150
泰安市	Tai'an	3559560	289472	174259	690065	39567	48482	507146	408930
威海市	Weihai	3595607	317798	189105	805473	150309	75283	405338	271102
日照市	Rizhao	2322639	172339	120892	484538	41375	28261	280699	271056
莱芜市	Laiwu	887679	86492	50010	201748	15081	14041	112730	102557
临沂市	Linyi	5896115	527291	320021	1415646	45710	83237	896142	742678
德州市	Dezhou	3605225	321891	244784	681671	51520	43569	526865	395516
聊城市	Liaocheng	3806735	398031	208167	786688	18100	55879	452514	423979
滨州市	Binzhou	3302785	284209	189977	604237	96054	43039	456162	367380
菏泽市	Heze	5102594	393682	200563	1003390	22065	57382	895387	663462

8-7 续表 continued

单位:万元 (10 000 yuan)

地 区	Region	节能环保支出 Expenditure for Environment Protection	城乡社区支出 Expenditure for Urban and Rural Community Affairs	农林水支出 Expenditure for Agriculture, Forestry and Water Conservancy	交通运输支出 Expenditure for Transportation	资源勘探信息等支出 Expenditure for Affairs of Resource Exploration and Information	商业服务业等支出 Expenditure for Affairs of Commerce and Services	金融支出 Expenditure for Financial Affairs	国土海洋气象等支出 Expenditure for Affairs of Land, Ocean and Weather	住房保障支出 Expenditure for Affairs of Housing Security
全省总计	**Total**	**2368370**	**10759203**	**9535911**	**3673120**	**1986534**	**839616**	**227497**	**1446349**	**3098883**
济南市	Jinan	248290	1839756	491622	116901	158655	55587	24317	162670	176245
青岛市	Qingdao	204246	3225681	759036	608315	328935	188994	68095	129040	317755
淄博市	Zibo	226893	447423	352577	128321	146741	41579	8928	42671	101747
枣庄市	Zaozhuang	47015	209664	205107	71444	155744	15405	528	37000	63330
东营市	Dongying	78461	359907	272016	72288	64750	44450	19409	165566	57228
烟台市	Yantai	179168	1062105	791425	201355	198190	59583	10807	108508	123857
潍坊市	Weifang	245980	665865	656606	185053	95017	60404	24775	81911	143916
济宁市	Jining	137716	570984	606560	204882	113804	43302	10798	53517	139263
泰安市	Tai'an	59465	332146	431729	112003	108241	39928	863	88194	101386
威海市	Weihai	140042	279607	457866	125423	43609	52470	4875	60059	118489
日照市	Rizhao	57031	221222	238813	130993	29510	15241	21669	37614	120196
莱芜市	Laiwu	21206	61814	76781	34673	25589	7367	393	15490	23654
临沂市	Linyi	121753	322960	712807	223635	57886	45187	3120	65084	198072
德州市	Dezhou	115000	289426	456244	91521	30582	29691	6030	43741	153859
聊城市	Liaocheng	198874	281252	527220	118551	55607	40485	6632	62987	93118
滨州市	Binzhou	110160	300351	401926	92093	99565	20156	3969	44737	84633
菏泽市	Heze	89817	273821	687774	165173	92073	21898	815	70991	410880

8-8 主要年份金融机构人民币存款余额
RMB Deposits of Financial Institutions in Major Years

单位:亿元 (100 million yuan)

年 份 Year	存款余额 Deposits	住户存款 Household Deposits	非金融企业存款 Non-financial Corporate Deposits	广义政府存款 General Government Deposits	非银行业金融机构存款 Non-bank Financial Intermediary Deposits
1952	2.8				
1955	6.7				
1957	6.7				
1962	14.8				
1965	17.4				
1970	54.0				
1975	72.2				
1976	76.5				
1977	78.2				
1978	90.0				
1979	65.6				
1980	87.9				
1981	113.6				
1982	123.1				
1983	155.5				
1984	233.3				
1985	278.8				
1986	351.6				
1987	470.2				
1988	591.3				
1989	724.7				
1990	934.1				
1991	1163.6				
1992	1448.3				
1993	1816.6				
1994	2522.5				
1995	3424.4				
1996	4293.8				
1997	4969.8				
1998	5755.5				
1999	6563.0				
2000	7471.2				
2001	8501.7				
2002	10247.8				
2003	12438.2				
2004	14514.3				
2005	17103.5				
2006	19634.0				
2007	22072.2				
2008	26930.2				
2009	34697.8				
2010	41105.0				
2011	46345.4				
2012	54301.5				
2013	62077.9				
2014	67498.3				
2015	74524.2	37320.0	22717.8	11470.9	2870.2
2016	83414.9	41350.9	26654.7	12672.0	2639.7
2017	88531.7	44035.8	27913.9	14356.5	2122.6

8-9 主要年份金融机构人民币贷款余额
RMB Loans of Financial Institutions in Major Years

单位:亿元 (100 million yuan)

年 份 Year	贷款余额 Loans	住户贷款 Househould Loans	中长期贷款 Medium and Long-term Loans	非金融企业及机关团体贷款 Non-financial Corporate and Institution Loans	短期贷款 Short-term Loans	中长期贷款 Medium and Long-term Loans	非银行业金融机构贷款 Non-bank Financial Intermediary Loans
1952	1.6						
1955	14.0						
1957	16.9						
1962	41.5						
1965	39.0						
1970	66.9						
1975	91.8						
1976	102.9						
1977	120.9						
1978	133.7						
1979	124.9						
1980	180.2						
1981	206.4						
1982	235.4						
1983	265.0						
1984	366.7						
1985	446.5						
1986	554.9						
1987	667.8						
1988	803.1						
1989	941.3						
1990	1166.8						
1991	1428.0						
1992	1720.6						
1993	2079.1						
1994	2520.4						
1995	3128.9						
1996	3680.2						
1997	4456.7						
1998	5106.8						
1999	5679.9						
2000	6209.0						
2001	7017.7						
2002	8536.6						
2003	10467.1						
2004	11782.8						
2005	13381.7						
2006	15709.6						
2007	17545.1						
2008	20053.9						
2009	25961.3						
2010	30722.6						
2011	35179.0						
2012	40021.5						
2013	44761.3						
2014	50058.6						
2015	55437.0	13980.4	9798.3	41328.7	22592.3	15814.0	2.1
2016	61726.9	16496.6	12477.7	45096.4	22982.4	18282.5	7.1
2017	67576.0	20070.2	15656.9	47357.9	23349.6	21619.1	26.4

8-10 金融机构本外币信贷收支情况(2017年)
RMB and Foreign Currencies Credit Funds Balance Sheet of Financial Institution (2017)

单位:亿元 (100 million yuan)

类 别	Category	2017年末余额 2017 Year-end	比年初增减额 Increase/ Decrease from Year Beginning
各项存款	**Deposits in Various Forms**	**91018.7**	**5335.2**
境内存款	Domestic Deposits	90425.1	5232.2
住户存款	Household Deposits	44409.1	2652.5
活期存款	Demand Deposits	13493.5	860.4
定期及其他存款	Fixed and Other Deposits	30915.7	1792.1
非金融企业存款	Non-financial Corporate Deposits	29472.2	1444.9
活期存款	Demand Deposits	13311.3	1333.3
定期及其他存款	Fixed and Other Deposits	16160.9	111.6
广义政府存款	General Government Deposits	14379.5	1669.7
财政性存款	Fiscal Deposits	1454.9	417.6
机关团体存款	Non-profit Institution Deposits	12924.6	1252.2
非银行业金融机构存款	Non-bank Financial Intermediary Deposits	2164.3	-534.9
境外存款	Overseas Deposits	593.6	103.0
各项贷款	**Loans in Various Forms**	**70873.9**	**5630.4**
境内贷款	Domestic Loans	68962.9	5800.8
住户贷款	Household Loans	20071.2	3572.7
短期贷款	Short-term Loans	4414.2	393.7
消费贷款	Consumption Loans	1358.4	383.6
经营贷款	Business Loans	3055.9	10.1
中长期贷款	Medium and Long-term Loans	15656.9	3179.0
消费贷款	Consumption Loans	14182.7	2929.2
经营贷款	Business Loans	1474.2	249.8
非金融企业及机关团体贷款	Non-financial Corporate and Institution Loans	48865.4	2219.0
短期贷款	Short-term Loans	24513.6	524.3
中长期贷款	Medium and Long-term Loans	21952.6	3142.8
票据融资	Bill Financing	1966.3	-1610.2
融资租赁	Financial Leases	259.6	146.6
各项垫款	Advances	173.3	15.5
非银行业金融机构贷款	Non-bank Financial Intermediary Loans	26.4	9.1
境外贷款	Overseas Loans	1911.0	-170.4

8-11 金融机构人民币信贷收支情况(2017年)
RMB Credit Funds Balance Sheet of Financial Institution (2017)

单位:亿元 (100 million yuan)

类 别	Category	2017年末余额 2017 Year-end	比年初增减额 Increase/ Decrease from Year Beginning
各项存款	**Deposits in Various Forms**	**88531.7**	**5116.8**
境内存款	Domestic Deposits	88428.8	5111.5
住户存款	Household Deposits	44035.8	2683.2
活期存款	Demand Deposits	13289.7	885.9
定期及其他存款	Fixed and Other Deposits	30746.1	1797.3
非金融企业存款	Non-financial Corporate Deposits	27913.9	1292.3
活期存款	Demand Deposits	12520.0	1194.8
定期及其他存款	Fixed and Other Deposits	15393.9	97.5
广义政府存款	General Government Deposits	14356.5	1654.0
财政性存款	Fiscal Deposits	1454.9	417.6
机关团体存款	Non-profit Institution Deposits	12901.6	1236.5
非银行业金融机构存款	Non-bank Financial Intermediary Deposits	2122.6	-518.1
境外存款	Overseas Deposits	102.9	5.3
各项贷款	**Loans in Various Forms**	**67576.0**	**5849.1**
境内贷款	Domestic Loans	67454.4	5854.3
住户贷款	Household Loans	20070.2	3572.7
短期贷款	Short-term Loans	4413.3	393.7
消费贷款	Consumption Loans	1357.4	383.6
经营贷款	Business Loans	3055.9	10.1
中长期贷款	Medium and Long-term Loans	15656.9	3179.0
消费贷款	Consumption Loans	14182.6	2929.2
经营贷款	Business Loans	1474.2	249.8
非金融企业及机关团体贷款	Non-financial Corporate and Institution Loans	47357.9	2272.4
短期贷款	Short-term Loans	23349.6	386.8
中长期贷款	Medium and Long-term Loans	21619.1	3328.0
票据融资	Bill Financing	1966.2	-1610.2
融资租赁	Financial Leases	259.6	146.6
各项垫款	Advances	163.4	21.2
非银行业金融机构贷款	Non-bank Financial Intermediary Loans	26.4	9.1
境外贷款	Overseas Loans	121.5	-5.2

8-12 金融机构分行业本外币贷款情况(2017年)
Loans of RMB and Foreign Currencies of Financial institutions by sector (2017)

单位:亿元 (100 million yuan)

行业	Sector	2017年末余额 2017 Year-end	比年初增减额 Increase/ Decrease from Year Beginning
贷款总计	**Total**	**68957.2**	**7272.0**
农、林、牧、渔业	Agriculture,Forestry,Animal Husbandry and Fishing	607.9	-16.9
采矿业	Mining	1589.7	-52.0
制造业	Manufacturing	16950.3	-19.6
电力、燃气及水的生产和供应业	Production and Supply of Electric Power and Heat Power	2833.9	529.1
建筑业	Construction	2596.0	340.7
批发和零售业	Wholesale and Retail Trade	5819.7	-73.7
交通运输、仓储和邮政业	Traffic,Transport,Storage and Post	3489.4	511.8
住宿和餐饮业	Hotels and Catering Services	288.9	-4.7
信息传输、软件和信息技术服务业	Information Transfer, Software and Information Technology Services	149.0	39.0
金融业	Financial Intermediation	514.2	88.6
房地产业	Real Estate	2712.6	295.5
租赁和商务服务业	Leasing and Business Services	4197.6	1084.5
科学研究和技术服务业	Scientific Research and Technical Service	93.3	16.5
水利、环境和公共设施管理业	Management of Water Conservancy,Environment and Public Facilities	4281.5	1080.4
居民服务、修理和其他服务业	Households Services, Repair and Other Services	89.5	-10.1
教　育	Education	241.3	18.7
卫生和社会工作	Health and Social Work	298.5	40.6
文化、体育和娱乐业	Culture,Sports and Entertainment	184.8	12.2
公共管理、社会保障和社会组织	Public management,Social Security and Social Organization	36.8	-10.7
国际组织	International Organization		

8-13 各市金融机构本外币存贷款余额(2017年)
RMB and Foreign Currencies Deposits and Loans of Financial Institutions by Region(2017)

单位:亿元 (100 million yuan)

地区	Region	各项存款 Total Deposits		#住户存款 Household Deposits		各项贷款 Total Loans	
		余额 Year-end	比年初增减 Increase/ Decrease from Year Beginning	余额 Year-end	比年初增减 Increase/ Decrease from Year Beginning	余额 Year-end	比年初增减 Increase/ Decrease from Year Beginning
全省总计	**Total**	**91018.7**	**5335.2**	**44409.1**	**2652.5**	**70873.9**	**5630.4**
济南市	Jinan	16560.6	1020.8	4524.1	177.2	14350.3	1250.1
青岛市	Qingdao	15129.0	456.3	5516.6	57.3	14388.4	1436.7
淄博市	Zibo	4435.8	231.3	2613.6	114.7	3022.8	151.1
枣庄市	Zaozhuang	1828.3	155.6	1175.5	71.0	1212.4	112.1
东营市	Dongying	3822.4	-164.3	1537.3	58.6	3668.8	161.3
烟台市	Yantai	7932.6	353.8	4174.9	148.5	5099.4	363.1
潍坊市	Weifang	7613.1	519.0	4279.7	255.1	5388.6	483.8
济宁市	Jining	5021.6	409.4	3065.7	261.8	3158.0	278.8
泰安市	Tai'an	3346.6	270.9	2145.1	186.3	2106.4	167.9
威海市	Weihai	3380.2	267.3	1800.7	109.0	2217.6	315.2
日照市	Rizhao	2305.2	223.9	1260.2	145.2	2235.5	-39.9
莱芜市	Laiwu	954.0	40.0	570.7	28.9	735.3	63.1
临沂市	Linyi	5878.1	544.4	3613.1	290.5	4484.9	524.3
德州市	Dezhou	3118.3	249.6	2075.6	132.2	1804.2	144.4
聊城市	Liaocheng	3272.4	240.0	2120.7	184.6	2328.0	197.6
滨州市	Binzhou	2763.2	65.3	1383.3	95.9	2517.2	122.9
菏泽市	Heze	3494.8	470.1	2552.2	335.5	2010.6	205.6

8-14 1997-2017年保险费收入和赔款给付
Premium and Payment of Insurance Companies 1997 to 2017

年份 Year	保险费收入 (万元) Premium (10 000 yuan)	赔款及给付支出 (万元) Settled Claim and Payment (10 000 yuan)	简单赔付率 (%) Simple Payment Rate (%)
1997	785298	317889	40.5
1998	837500	294648	35.2
1999	956496	365490	38.2
2000	1110622	402204	36.2
2001	1533204	409588	26.7
2002	2238236	456801	20.4
2003	2835306	561804	19.8
2004	3171584	656966	20.7
2005	3408050	766254	22.5
2006	3962203	1209078	30.5
2007	5017177	1717385	34.2
2008	6739812	1983902	29.4
2009	7928870	2283924	28.8
2010	10300687	2286398	22.2
2011	10360352	2712276	26.2
2012	11280360	3245582	28.8
2013	12804211	4416570	34.5
2014	14549297	5189703	35.7
2015	17876030	6221728	34.8
2016	23021888	7868526	34.2
2017	27380627	8312832	30.4

8-15 人身保险公司主要业务指标(2017年)
Major Business Indicators of Life Insurance Companies (2017)

单位:万元 (10 000 yuan)

类别	Category	保费收入 Premium Income	赔款支出 Indemnity Expenditure	年金给付 Total Annuity Payment	满期给付 Total Mature Payment	死伤医疗给付 Payment for Death,Injury and Medical Treatment
总计	**Total**	**19966307**	**665561**	**837441**	**2404969**	**482474**
一、人寿保险	**Life Insurance**	**16335099**		**837441**	**2401764**	**186003**
(一)非分红产品	Non-dividend Insurance	8944593		526317	182201	99833
定期寿险	Time Insurance	62380			27	15508
两全寿险	Endowment Insurance	2362652		80938	134979	28580
终身寿险	WLL	730957			13855	38507
年金	Total Annuity Payment	5788603		445379	33339	17238
(二)分红产品	Dividend Insurance	7305092		311102	2212024	71903
定期寿险	Time Insurance					
两全寿险	Endowment Insurance	3408363		84961	2198196	47434
终身寿险	WLL	964849			5	15445
年金	Total Annuity Payment	2931879		226141	13823	9024
(三)投资连接产品	Investment Link Insurance	1399			1240	150
(四)万能产品	Universal Life Insurance	84016		22	6299	14117
二、意外伤害保险	**Accident Injury Insurance**	**385179**	**89325**			
一年期以内	Within-One-year Period Business	290614	2533			
一年期以上	One-year Period Business	94566	86792			
三、健康保险	**Health Insurance**	**3246027**	**875912**		**3205**	**296471**
一年期(及一年期以内)	Within-One-year Period Business	731903	576236			
一年期以上	One-year Period Business	2514124			3205	296471

8-16 财产保险公司主要业务指标(2017年)
Major Business Indicators of Insurance Companies(2017)

单位:万元 (10 000 yuan)

类 别	Category	保费收入 Premium	赔款支出 Payment
总 计	**Total**	**7414320**	**3922386**
机动车辆及第三者责任险	Motor Vehicle and Third Party Liability	5741752	2871714
企财险	Enterprise Property insurance	223291	118472
家财险	Family Property Insurance	38251	15180
工程险	Project Insurance	30269	18363
责任险	Liability Insurance	253466	131765
信用险	Credit Insurance	78938	64001
保证保险	Guarantee Insurance	230712	58264
船舶险	Ship Insurance	18768	11539
货运险	Freight Transport Insurance	57050	35598
特殊风险保险	Peculiar Risk Insurance	29115	9496
农业保险	Agriculture Insurance	235974	201116
健康险	Health Insurance	340901	335819
意外伤害险	Accident Injury Insurance	129221	46795
其 他	Other Property Insurance	6613	4264

8-17 各市保险业务情况(2017年)
Basic Statistics on Insurance by Region (2017)

单位:亿元 (100 million yuan)

地 区	Region	保费收入 Premium	财产险公司 Property Insurance	人寿险公司 Life Insurance	赔款与给付 Claim and Payment	财产险公司 Property Insurance	人寿险公司 Life Insurance
全省总计	**Total**	**2738.1**	**741.5**	**1996.6**	**831.3**	**392.3**	**439.0**
济 南 市	Jinan	381.1	81.0	300.1	88.7	38.7	50.0
青 岛 市	Qingdao	396.7	110.6	286.1	120.5	58.8	61.7
淄 博 市	Zibo	161.2	37.1	124.2	40.9	17.0	23.9
枣 庄 市	Zaozhuang	71.7	16.4	55.3	22.1	8.9	13.3
东 营 市	Dongying	90.4	28.6	61.7	27.3	14.5	12.8
烟 台 市	Yantai	251.2	65.3	185.9	79.4	37.1	42.3
潍 坊 市	Weifang	219.9	63.4	156.5	66.6	34.9	31.7
济 宁 市	Jining	176.8	52.5	124.3	61.4	29.3	32.1
泰 安 市	Tai'an	116.9	26.8	90.1	35.6	12.8	22.9
威 海 市	Weihai	99.3	25.2	74.1	34.5	15.0	19.6
日 照 市	Rizhao	63.3	22.2	41.1	20.0	11.2	8.8
莱 芜 市	Laiwu	29.1	6.3	22.8	9.3	3.4	5.9
临 沂 市	Linyi	234.7	76.8	157.9	73.9	42.3	31.6
德 州 市	Dezhou	112.0	30.1	81.9	39.6	15.6	23.9
聊 城 市	Liaocheng	105.6	34.2	71.4	34.7	19.7	15.0
滨 州 市	Binzhou	100.3	29.8	70.5	31.5	17.4	14.1
菏 泽 市	Heze	121.5	28.9	92.6	43.8	14.2	29.6

8-18 山东辖区(不含青岛)证券市场基本情况

Basic Stituation of Securities Markets Under Shandong Province(Excluding Qingdao)

项目		Item		2016	2017
上市公司数	(家)	Number of Listed Companies	(unit)	148	167
#发行A股公司数	(家)	A Shares	(unit)	147	166
发行B股公司数	(家)	B Shares	(unit)	4	4
A、B股均发行公司数	(家)	Number of Listed Companies (A Shares and B Shares)	(unit)	3	3
境外发行公司数	(家)	Number of Overseas-listed companies	(unit)	6	6
境内、外均发行公司数	(家)	Companies Listed Overseas and Domestic	(unit)	6	6
ST公司数	(家)	Number of ST Listed Companies	(unit)		
*ST公司数	(家)	*ST Listed Companies	(unit)	5	2
证券公司数	(家)	No.of Securities Companies	(unit)	1	1
证券公司分公司数	(家)	No.of Branches of Securities Companies	(unit)	55	63
证券公司营业部数	(家)	No.of Securities Business Department	(unit)	386	441
期货公司数	(家)	No.of Futures Broker Companies	(unit)	3	3
期货公司分公司数	(家)	No.of Branches of Futures Broker Companies	(unit)	2	8
期货公司营业部数	(家)	No.of Trading Offices of Futures Broker Companies	(unit)	73	74
证券投资咨询机构数	(家)	No.of Securities Investment Consultative Institutions	(unit)	6	6
证券投资者资金开户数	(万户)	No.of Opening Account of Securities Investors	(10 000 households)	844.2	944.1
上市公司当年境内募集资金总额	(亿元)	Total Domestic Capital Volume Collected by Listed Companies	(100 million yuan)	566.4	705.4
首次公开发行	(亿元)	IPO	(100 million yuan)	129.56	137.03
配股	(亿元)	Share Right Issued	(100 million yuan)	4.85	29.98
增发	(亿元)	Adding the Share Issue	(100 million yuan)	357.0	454.4
可转债	(亿元)	Transferable Loans	(100 million yuan)		12
公司债	(亿元)	Corporate Bond	(100 million yuan)	75.0	72.0
市价总值	(亿元)	Total Market Value	(100 million yuan)	16271.9	17505.4
证券营业部代理证券交易额	(亿元)	Trading Volume of Securities Business Department	(100 million yuan)	102326.7	96300.0
期货公司代理交易额	(亿元)	Trading Volume of Agency by Futures Managerial Institutions	(100 million yuan)	55385.3	77480.6
全国中小企业股份转让系统挂牌公司	(家)	Listed Company on National SME Share Transfer System	(unit)	467	522
交易所公司债券发行金额	(亿元)	Issued Volume of Corporate Bonds Listed on the Exchange	(100 million yuan)	1515.9	925.05
私募基金管理人登记数	(家)	Registration No.of Private investment fund managers	(unit)	171	252

注：证券营业部、期货公司营业数为已开业家数。
a)The number of securities business department(trading offices of futures broker companies) refers to those that has been opened.

8-19 山东省证券市场基本情况
Basic Stituation of Securities Markets of Shandong Province

项　　目		Item		2016	2017
上市公司数	(家)	Number of Listed Companies	(unit)	173	196
#发行A股公司数	(家)	A Shares	(unit)	171	194
发行B股公司数	(家)	B Shares	(unit)	5	5
A、B股均发行公司数	(家)	Number of Listed Companies (A Shares and B Shares)	(unit)	3	3
境外发行公司数	(家)	Number of Overseas-listed companies	(unit)	7	7
境内、外均发行公司数	(家)	Companies Listed Overseas and Domestic	(unit)	7	7
ST公司数	(家)	Number of ST Listed Companies	(unit)		
*ST公司数	(家)	*ST Listed Companies	(unit)	5	5
证券公司数	(家)	No.of Securities Companies	(unit)	2	2
证券公司分公司数	(家)	No.of Branches of Securities Companies	(unit)	70	83
证券公司营业部数	(家)	No.of Securities Business Department	(unit)	491	556
期货公司数	(家)	No.of Futures Broker Companies	(unit)	3	3
期货公司分公司数	(家)	No.of Branches of Futures Broker Companies	(unit)	4	13
期货公司营业部数	(家)	No.of Trading Offices of Futures Broker Companies	(unit)	105	104
证券投资咨询机构数	(家)	No.of Securities Investment Consultative Institutions	(unit)	7	15
证券投资者资金开户数	(万户)	No.of Opening Account of Securities Investors	(10 000 households)	1072.3	1202.1
上市公司当年境内募集资金总额	(亿元)	Total Domestic Capital Volume Collected by Listed Companies	(100 million yuan)	728.5	752.4
首次公开发行	(亿元)	IPO	(100 million yuan)	151.13	167.47
配股	(亿元)	Share Right Issued	(100 million yuan)	4.85	29.98
增发	(亿元)	Adding the Share Issue	(100 million yuan)	482.6	470.9
可转债	(亿元)	Transferable Loans	(100 million yuan)		12.0
公司债	(亿元)	Corporate Bond	(100 million yuan)	90.0	72.0
市价总值	(亿元)	Total Market Value	(100 million yuan)	19422.4	20929.2
证券营业部代理证券交易额	(亿元)	Trading Volume of Securities Business Department	(100 million yuan)	136781.9	131563.5
期货公司代理交易额	(亿元)	Trading Volume of Agency by Futures Managerial Institutions	(100 million yuan)	55385.3	77480.6
全国中小企业股份转让系统挂牌公司	(家)	Listed Company on National SME Share Transfer System	(unit)	570	636
交易所公司债券发行金额	(亿元)	Issued Volume of Corporate Bonds Listed on the Exchange	(100 million yuan)	1625.6	1023.1
私募基金管理人登记数	(家)	Registration No.of Private investment fund managers	(unit)	277	443

注：证券营业部、期货公司营业数为已开业家数。
a)The number of securities business department(trading offices of futures broker companies) refers to those that has been opened.

主要统计指标解释

一般公共预算收入 指国家财政参与社会产品分配所取得的收入，是实现国家职能的财力保证。财政收入所包括的内容几经变化，目前主要包括：

（1）税收收入：包括增值税、营业税、企业所得税、个人所得税、资源税、固定资产投资方向调节税、城市维护建设税、房产税、印花税、城镇土地使用税、土地增值税、车船税、耕地占用税、契税、烟叶税、其他税收收入。

（2）非税收入：包括专项收入、行政事业性收费收入、罚没收入、国有资本经营收入、国有资源(资产)有偿使用收入、其他收入。

一般公共预算支出 国家财政将筹集起来的资金进行分配使用，以满足经济建设和各项事业的需要，主要包括：

（1）一般公共服务支出：反映政府提供一般公共服务的支出。

（2）公共安全支出：反映政府维护社会公共安全方面的支出，有关事务包括武装警察、公安、国家安全、检察、法院、司法行政、监狱、劳教、国家保密、缉私警察等。

（3）教育支出：反映政府教育事务支出。有关具体教育事务包括教育行政管理、学前教育、小学教育、初中教育、普通高中教育、普通高等教育、初等职业教育、中专教育、技校教育、职业高中教育、高等职业教育、广播电视教育、留学生教育、特殊教育、干部继续教育、教育机关服务等。

（4）科学技术支出：反映政府用于科学技术方面的支出。

（5）文化体育与传媒支出：反映政府在文化、文物、体育、广播电视、新闻出版等方面的支出。

（6）社会保障和就业支出：反映政府在社会保障与就业方面的支出。有关事项包括社会保障与就业管理事务、民政管理事务、财政对社会保险基金的补助、补充全国社会保障基金、行政事业单位离退休、企业改革补助、就业补助、抚恤、退役安置、社会福利、残疾人事业、城市居民最低生活保障、其他城镇社会救济、农村社会救济、自然灾害生活补助、红十字事务等。

（7）医疗卫生与计划生育支出：反映政府医疗卫生方面的支出。具体包括医疗卫生管理事务支出、医疗服务支出、医疗保障支出、疾病预防控制支出、卫生监督支出、妇幼保健支出、农村卫生支出等。

（8）城乡社区支出：反映政府城乡社区事务支出。具体包括：城乡社区管理事务支出、城乡社区规划与管理支出、城乡社区公共设施支出、城乡社区住宅支出、城乡社区环境卫生支出、建设市场管理与监督支出等

（9）农林水支出：反映政府农林水事务方面的支出。具体包括农业、林业、水利、扶贫支出、农业综合开发支出等。

存　款 指企业、机关、团体或居民根据资金必须收回的原则，把货币资金存入银行或其他信贷机构保管并取得一定利息的一种信用活动形式。根据存款对象或性质的不同可划分为企业存款、财政存款、机关团体存款、基本建设存款、储蓄存款、农村存款、委托存款、其他存款等科目。它是银行信贷资金的主要来源。

贷　款 指银行或其他信贷机构根据资金必须归还的原则，按一定利率，为企业、个人等提供资金的一种信用活动形式。我国银行贷款分为短期贷款、中期流动资金贷款、中长期贷款、信托贷款、融资租赁、委托贷款、票据融资、各项垫款等。

保险公司 在中国境内的、经过保险监督管理部门批准设立，并依法登记注册的各类商业保险公司。

保险金额 指保险人承担赔偿或者给付保险金责任的最高限额。

保　费 指投保人为取得保险人在约定范围内所承担赔偿责任而支付给保险人的费用。

赔　款 指保险人根据保险合同的规定，向被保险人支付的赔偿保险责任损失的金额。

给　付 包括死伤医疗给付和满期给付。死伤医疗给付是指保险人根据人寿保险及长期健康保险合同的规定，因被保险人在保险期内发生保险责任范围内的保险事故支付给被保险人(或受益人)的金额。满期给付是指被保险人生存期满，保险人按人寿保险合同规定支付给被保险人的满期保险金额。

Explanatory Notes on Main Statistical Indicators

General Pubilic Budget Revenue refers to the revenue of the government finance by means of participating in the distribution of the social products, which is the financial resources for ensuring the government to function. The contents of government revenue have been changed several times. Now it includes the following main items:

(1) Various tax revenues including value added tax, business tax, enterprise income tax, personal income tax, resources tax, fixed assets investment direction regulating tax, tax on city maintenance and construction, real estate tax, stamp tax, tax on use of urban land, land value added tax, vehicle and vessel tax, tax on occupancy of cultivated land, property tax, tobacco leaf tax, and other tax revenues.

(2) Non-tax Revenues including special revenues, revenues from Administrative and institutional fees, penalty and confiscatory revenues , revenues from state-owned capital operationg,revenues from paid use of state-owned resources, and other revenues .

General Pubilic Budget Expenditure refers to the distribution and use of the funds the government finance has raised, so as to meet the needs of economic construction and various causes. It includes the following main items:

(1) Expenditure for general public services: It reflects the expenditure from the government for general public services.

(2) Expenditure for public security: It reflects the expenditure from the government towards safeguarding the public security, including the related affairs of armed police, public security, state security, procuratorial administration,law court, judicial administration, jail , reeducation through labor, state confidentiality, anti-smuggling Patrol,etc.

(3) Expenditure for education: It reflects the expenditure from the government on education, including the related affairs of educational administration management, preschool education, primary education, junior secondary educate, regular senior secondary educate, regular higher education, primary vocational education, specialized secondary educate, technical educate, vocational senior secondary educate, vocational higher education, radio and television education, foreign student educate, special education, cadre continuing education, education institution services,etc.

(4) Expenditure for science and technology: It reflects the expenditure from the government on science and technology.

(5) Expenditure for culture, sport and media: It reflects the expenditure from the government on culture, cultural relics, sport, radio and television, publication, etc.

(6)Expenditure for social Safety net and employment effort:It reflects the expenditure from the government on social security and employment, including the related affairs of management of social security and employment, civil administration, subsidies to social insurance funds, supplement to national social security funds, retirees of government agencies and institutions, subsidies to enterprises reform, subsidies to employment, pension, settling down demobilized servicemen,social security, disabled person administration, minimum living allowance in urban area, other social relief in urban area, social relief in rural area, subsidies to natural disaster, Red Cross business,etc.

(7)Expenditure for medical and health care,and family planning: It reflects the expenditure from the government on health care, including expenditure on management of health care, medical services, medical security, disease control and prevention, public health supervision, rural health care,etc.

(8) Expenditure for urban and rural community affairs: It reflects the expenditure from the government on urban and rural community affairs, including expenditure on management of urban and rural community affairs, plan and management of urban and rural community, public utility of urban and rural community, residential buildings of urban and rural community, environmental sanitation of urban and rural community, management and supervision of markets construction, etc.

(9) Expenditure for agriculture, forestry and water conservancy: It reflects the expenditure from the government on agriculture, forest and irrigation, including expenditure on agriculture, forest, irrigation, poverty alleviation, comprehensive development of agriculture, etc.

Deposit is a form of credit by which enterprises, institutions, organizations or households can put money into banks and other credit institutions for safekeeping and interest earning under the principle of free withdrawal. According to different depositors, deposits are divided into enterprise deposits, treasury deposits, deposits of government agencies and organizations, capital construction deposits, savings deposits, rural saving deposits, entrusted deposits and other deposits. Deposits are major sources of the credit funds of banks.

Loan is a form of credit by which banks and other credit institutions provide funds at certain interest rate to enterprises and individuals in the light of the principle of unconditional repayment. Loans from Chinese banks include circulating capital loans, fixed assets loans, loans to urban and rural individuals engaged in industrial and commercial business and agricultural loans.

Insurance Companies refers to commercial insurance companies of various forms registered by law and established in China with the approval of insurance regulatory agencies.

Amount Insured refers to the maximum that the insurant will get for the claim of the case insured.

Premium is the fee paid by the insurant to the insurer to obtain the obligation of compensation from the insurance within the agreed terms.

Settled Claim is the compensation paid by the insurer to the insurant in accordance with the insurance contract.

Payment includes payment for death, injury or medical treatment and mature payment. Payment for death, injury or medical treatment refers to the money paid to the insurant (or the beneficiary) in accordance with the life or health insurance contract when the insurant encounters accidents within the insured period covered in the contract. Mature payment refers to the mature payment to the insurant in accordance with the life insurance contract at the end of the insured period.

第9篇

价格指数

Price Indices

简 要 说 明

一、本篇资料的主要内容

本篇资料反映了全省生产、投资、流通、消费等环节价格变动状况，主要包括居民消费、商品零售、生产资料、工业品出厂、原材料燃料动力购进、固定资产投资、房地产等价格指数。

二、本篇资料的来源

1.居民消费、商品零售和农业生产资料价格指数来源于消费价格统计调查年报，由国家统计局山东调查总队消费价格调查处整理提供。

2.工业生产者出厂、工业生产者购进、固定资产投资、住宅销售等价格指数来源于生产价格统计调查年报，由国家统计局山东调查总队生产投资价格调查处整理提供。

3.农产品生产者价格指数来源于农产品生产者价格调查年报，由国家统计局山东调查总队住户专项调查处整理提供。

Brief Introduction

I. Main Content

Data on the price indices in this chapter show the changing trend in production, investment, circulation and consumption, including mainly consumer price indices of residents, retail price indices, price indices of means of production, production price indices of industrial products, purchasing price indices of raw materials, fuels and power, price indices of investment in fixed assets and real estate price indices.

II. Source of Data

(1) Data on consumer price indices of residents, retail price indices and price indices of agricultural means of production are based on yearly report on consumer price and are provided by the Division of Consumer Price Survey of the National Bureau of Statistics in Shandong.

(2) Data on producer price indices of industrial products, industrial producer purchasing price indices, price indices of investment in fixed assets and real estate price indices are based on yearly report on production price and are provided by the Division of Production and Investment Price Survey of the National Bureau of Statistics in Shandong.

(3)Data on producer price index of agricultural products are based on yearly report on producer price of agricultural products and provided by the Division of Countryside Statistics of Shandong Provincial Bureau of Statistics.

9-1 居民消费价格指数
Consumer Price Indices

(上年=100)

类 别	Category	2016	2017
居民消费价格指数	**Consumer Price Index**	**102.1**	**101.5**
城 市	Urban Areas	102.2	101.6
农 村	Rural Areas	101.8	101.4
服务项目价格指数	**Services Price Index**	**102.0**	**102.9**
消费品价格指数	**Consumer Goods Price Index**	**102.1**	**100.7**
食品烟酒	Food, Tobacco, Liquor	103.6	99.6
粮 食	Grain	99.7	102.8
食用油	Edible Oil	99.8	101.1
畜肉类	Livestock Meat	113.4	93.4
禽肉类	Poultry	101.6	99.2
水产品	Aquatic Products	104.0	103.2
蛋 类	Eggs	96.3	96.1
菜	Vegetables	108.4	91.8
鲜 菜	Fresh Vegetables	109.1	91.0
衣着	Clothing	101.7	101.1
居住	Residence	100.9	102.6
生活用品及服务	Daily Necessities and Services	100.8	100.9
交通和通信	Transportation and Communication	99.6	101.1
教育文化和娱乐	Education Culture and Recreation	101.9	102.8
医疗保健	Health Care	104.9	105.4
其他用品和服务	Other Supplies and Services	102.9	101.8
商品零售价格指数	**Retail Price Index**	**101.3**	**100.8**
城 市	Urban Areas	101.4	100.8
农 村	Rural Areas	101.0	100.8
农业生产资料价格指数	**Price Indices of Means of Agricultural production**	**98.9**	**100.9**

9-2 居民消费和商品零售价格总指数(2017年)
General Consumer and Retail Price Indices(2017)

类 别	Categoty	居民消费价格总指数 General Consumer Price Indices			商品零售价格总指数 General Retail Price Indices			农业生产资料价格总指数 General Price Indices of Means of Agricultural Production
		全 省 Provincial Indices	城 市 Urban Indices	农 村 Rural Indices	全 省 Provincial Indices	城 市 Urban Indices	农 村 Rural Indices	
以1950年价格为100	1950=100	716.1	719.4		543.2	516.7	503.2	460.9
以1952年价格为100	1952=100	631.6	635.7		451.7	452.8	456.2	476.1
以1957年价格为100	1957=100	581.9	591.8		411.6	372.0	418.1	444.4
以1965年价格为100	1965=100	573.3	576.1		392.7	403.3	399.2	494.5
以1970年价格为100	1970=100	588.0	591.4		398.9	414.4	405.8	546.7
以1978年价格为100	1978=100	587.4	591.0	574.2	399.4	412.5	406.6	592.1
以1980年价格为100	1980=100	555.9	566.3	540.1	381.7	400.9	388.8	586.4
以1985年价格为100	1985=100	479.0	480.1	460.2	344.7	358.0	353.1	497.8
以1990年价格为100	1990=100	294.3	306.9	284.5	215.3	216.3	223.6	329.5
以1995年价格为100	1995=100	160.4	158.9	164.8	127.8	123.1	137.0	172.7
以2000年价格为100	2000=100	144.1	138.0	152.2	127.3	122.7	136.5	187.6
以上年价格为100	Preceding Year=100	101.5	101.6	101.4	100.8	100.8	100.8	100.9

9-3 历年居民消费价格总指数
General Consumer Price Indices over the Years

年 份 Year	以1950年为100 1950=100	以1952年为100 1952=100	以1978年为100 1978=100	以1990年为100 1990=100	以1995年为100 1995=100	以上年为100 Preceding Year=100
1952	113.2					102.2
1955	120.8	106.7				99.9
1957	122.9	108.6				101.0
1962	132.2	116.9				100.5
1965	124.8	110.4				97.8
1970	121.7	107.6				98.9
1975	121.5	107.4				100.2
1976	121.7	107.6				100.2
1977	121.5	107.4				99.8
1978	121.9	107.7				100.3
1979	122.8	108.5	100.7			100.7
1980	128.9	113.9	105.7			105.0
1981	131.2	116.0	107.6			101.8
1982	132.4	117.0	108.6			100.9
1983	135.6	119.8	111.2			102.4
1984	137.6	121.6	112.9			101.5
1985	149.6	132.2	122.7			108.7
1986	156.3	138.1	128.2			104.5
1987	169.1	149.5	138.7			108.2
1988	200.7	177.4	164.7			118.7
1989	235.5	208.1	199.1			117.3
1990	243.5	215.2	199.7			103.4
1991	255.4	225.7	209.5	104.9		104.9
1992	272.8	241.1	223.7	112.0		106.8
1993	307.4	271.7	252.2	126.3		112.7
1994	379.4	335.3	311.2	155.8		123.4
1995	446.1	394.3	365.9	183.2		117.6
1996	489.0	432.1	401.1	200.8	109.6	109.6
1997	502.6	443.2	412.3	206.4	112.7	102.8
1998	499.6	440.5	409.8	205.2	112.0	99.4
1999	496.1	437.4	406.9	203.8	111.2	99.3
2000	497.1	438.3	407.7	204.2	111.4	100.2
2001	506.0	446.2	415.0	207.9	113.4	101.8
2002	502.5	443.1	412.1	206.4	112.6	99.3
2003	508.0	448.0	416.6	208.7	113.8	101.1
2004	526.3	464.1	431.6	216.2	117.9	103.6
2005	535.2	472.0	439.0	219.9	119.9	101.7
2006	540.6	476.7	443.4	222.1	121.1	101.0
2007	564.4	497.7	462.9	231.9	126.4	104.4
2008	594.3	524.1	487.4	244.2	133.1	105.3
2009	594.3	524.1	487.4	244.2	133.1	100.0
2010	611.5	539.3	501.6	251.3	137.0	102.9
2011	642.2	566.4	526.7	263.9	143.9	105.0
2012	655.7	578.3	537.8	269.4	146.9	102.1
2013	670.2	591.0	549.6	275.4	150.2	102.2
2014	682.9	602.2	560.1	280.6	153.0	101.9
2015	691.1	609.5	566.8	284.0	154.8	101.2
2016	705.6	622.3	578.7	289.9	158.1	102.1
2017	716.2	631.6	587.4	294.3	160.5	101.5

9-4 历年城市居民消费价格总指数
General Urban Consumer Price Indices over the Years

年 份 Year	以1930-1936年平均价格为100 Average Price (1930-1936)=100	以1952年为100 1952=100	以1978年为100 1978=100	以1980年为100 1980=100	以1990年为100 1990=100	以1995年为100 1995=100	以上年为100 Preceding Year=100
1949	260.9						
1952	302.2						102.2
1955	322.5	106.7					99.9
1957	328.0	108.5					101.0
1962	352.9	116.8					100.5
1965	333.5	110.3					97.8
1970	324.9	107.4					98.9
1975	324.2	107.3					100.2
1976	324.9	107.5					100.2
1977	324.3	107.3					99.8
1978	325.2	107.6					100.3
1979	329.7	109.1	101.4				101.4
1980	339.3	112.3	104.3				102.9
1981	346.4	114.6	106.5	102.1			102.1
1982	347.4	115.0	106.9	102.4			100.3
1983	345.3	114.3	106.2	101.8			99.4
1984	350.5	116.0	107.8	103.3			101.5
1985	381.4	126.2	117.3	112.4			108.8
1986	400.5	132.5	123.2	118.0			105.0
1987	436.9	144.6	134.4	128.8			109.1
1988	526.9	174.4	162.1	155.3			120.6
1989	609.6	201.7	187.5	179.7			115.7
1990	625.5	207.0	192.4	184.4			102.6
1991	664.3	219.8	204.3	195.8	106.2		106.2
1992	721.4	238.7	221.9	212.6	115.3		108.6
1993	826.7	273.6	254.3	243.7	132.1		114.6
1994	1036.7	343.1	318.9	305.6	165.7		125.4
1995	1210.9	400.7	372.5	356.9	193.6		116.8
1996	1338.0	442.8	411.6	394.4	213.9	110.5	110.5
1997	1380.8	457.0	424.8	407.0	220.7	114.0	103.2
1998	1376.7	455.6	423.5	405.8	220.0	113.7	99.7
1999	1376.7	455.6	423.5	405.8	220.0	113.7	100.0
2000	1393.2	461.1	428.6	410.7	222.6	115.1	101.2
2001	1408.5	466.2	433.3	415.2	225.0	116.4	101.1
2002	1390.2	460.1	427.7	409.8	222.1	114.9	98.7
2003	1399.9	463.3	430.7	412.7	223.7	115.7	100.7
2004	1439.1	476.3	442.7	424.2	230.0	118.9	102.8
2005	1454.9	481.5	447.6	428.9	232.5	120.2	101.1
2006	1469.5	486.3	452.1	433.2	234.8	121.4	101.0
2007	1525.3	504.8	469.3	449.7	243.7	126.0	103.8
2008	1597.0	528.5	491.4	470.8	255.2	131.9	104.7
2009	1596.1	528.2	491.1	470.6	255.0	131.8	99.9
2010	1637.6	542.0	503.8	482.8	261.6	135.3	102.6
2011	1714.1	567.3	527.4	505.3	273.9	141.8	104.7
2012	1750.1	579.2	538.5	515.9	279.6	144.8	102.1
2013	1786.9	591.4	549.8	526.7	285.5	147.8	102.1
2014	1824.4	603.8	561.3	537.8	291.5	150.9	102.1
2015	1850.0	612.2	569.2	545.3	295.6	153.0	101.4
2016	1890.7	625.7	581.7	557.3	302.1	156.4	102.2
2017	1920.9	635.7	591.0	566.3	306.9	158.9	101.6

9-5 历年农村居民消费价格总指数
General Rural Consumer Price Indices over the Years

年 份 Year	以1978年为100 1978=100	以1980年为100 1980=100	以1985年为100 1985=100	以1990年为100 1990=100	以1995年为100 1995=100	以上年为100 Preceding Year=100
1979	100.4					100.4
1980	106.2					105.8
1981	107.9	101.6				101.6
1982	109.1	102.7				101.1
1983	113.0	106.4				103.6
1984	114.7	108.0				101.5
1985	124.7	117.4				108.7
1986	129.8	122.2	104.1			104.1
1987	139.4	131.2	111.8			107.4
1988	163.1	153.5	130.8			117.0
1989	194.0	182.5	155.5			118.9
1990	201.7	189.8	161.7			104.0
1991	209.8	197.4	168.2	104.0		104.0
1992	219.5	206.5	175.9	108.8		104.6
1993	242.9	228.6	194.7	120.4		110.7
1994	295.7	278.2	236.9	146.5		121.7
1995	348.6	328.0	279.3	172.7		117.9
1996	379.9	357.5	304.4	188.2	109.0	109.0
1997	389.1	366.1	311.7	192.7	111.6	102.4
1998	385.2	362.4	308.6	190.8	110.5	99.0
1999	379.8	357.3	304.3	188.1	109.0	98.6
2000	377.1	354.8	302.2	186.8	108.2	99.3
2001	386.2	363.3	309.5	191.3	110.8	102.4
2002	385.8	362.9	309.2	191.1	110.7	99.9
2003	391.6	368.3	313.8	194.0	112.4	101.5
2004	409.6	385.2	328.2	202.9	117.5	104.6
2005	419.4	394.5	336.1	207.8	120.3	102.4
2006	423.6	398.4	339.5	209.9	121.6	101.0
2007	446.1	419.5	357.5	221.0	128.0	105.3
2008	473.8	445.5	379.7	234.7	135.9	106.2
2009	474.1	445.8	380.0	234.9	136.0	100.1
2010	490.7	461.4	393.2	243.1	140.8	103.5
2011	519.5	488.7	416.4	257.4	149.1	105.9
2012	529.9	498.5	424.7	262.6	152.1	102.0
2013	543.1	510.9	435.3	269.1	155.9	102.5
2014	551.3	518.6	441.9	273.2	158.2	101.5
2015	556.2	523.3	445.8	275.6	159.6	100.9
2016	566.3	532.7	453.9	280.6	162.5	101.8
2017	574.2	540.1	460.2	284.5	164.8	101.4

9-6 历年商品零售价格总指数
General Retail Price Indices over the Years

年 份 Year	以1930-1936年平均价格为100 Average Price (1930-1936)=100	以1952年为100 1952=100	以1978年为100 1978=100	以1980年为100 1980=100	以1990年为100 1990=100	以1995年为100 1995=100	以上年为100 Preceding Year=100
1949	257.0						
1952	303.6						100.4
1955	325.6	107.2					100.2
1957	333.5	109.8					101.7
1962	359.9	118.5					100.4
1965	349.4	115.1					97.6
1970	343.8	113.3					99.2
1971	343.5	113.2					99.9
1972	342.5	112.8					99.7
1973	342.2	112.7					99.9
1974	341.8	112.6					99.9
1975	342.2	112.7					100.1
1976	342.5	112.8					100.1
1977	342.2	112.7					99.9
1978	343.5	113.2					100.4
1979	349.0	115.0	101.6				101.6
1980	359.5	118.5	104.6				103.0
1981	365.6	120.5	106.4	101.7			101.7
1982	367.8	121.2	107.1	102.3			100.6
1983	363.0	119.7	105.6	101.0			98.7
1984	367.0	121.0	106.8	102.1			101.1
1985	398.2	131.3	115.9	110.8			108.5
1986	416.1	137.2	121.1	115.8			104.5
1987	450.6	148.6	131.2	125.4			108.3
1988	536.3	176.8	156.1	149.2			119.0
1989	626.9	206.7	182.5	174.4			116.9
1990	636.9	210.0	185.4	177.2			101.6
1991	668.1	220.3	194.5	185.9	104.9		104.9
1992	709.5	233.9	206.6	197.4	111.4		106.2
1993	782.6	258.0	227.8	217.7	122.9		110.3
1994	941.5	310.4	274.1	261.9	147.8		120.3
1995	1075.2	354.5	313.0	299.1	168.8		114.2
1996	1150.6	378.9	334.9	320.1	180.6	107.0	107.0
1997	1159.8	381.9	337.6	322.7	182.0	107.9	100.8
1998	1126.2	370.8	327.8	313.3	176.7	104.8	97.1
1999	1093.5	360.0	318.3	304.2	171.6	101.8	97.1
2000	1078.2	355.0	313.8	299.9	169.2	100.4	98.6
2001	1078.2	355.0	313.8	299.9	169.2	100.4	100.0
2002	1065.3	350.7	310.0	296.3	167.2	99.2	98.8
2003	1067.4	351.4	310.7	296.9	167.5	99.4	100.2
2004	1097.3	361.3	319.4	305.2	172.2	102.2	102.8
2005	1103.9	363.4	321.3	307.0	173.2	102.8	100.6
2006	1110.5	365.6	323.2	308.9	174.3	103.4	100.6
2007	1150.5	378.8	334.8	320.0	180.6	107.1	103.6
2008	1206.9	397.4	351.2	335.7	189.4	112.3	104.9
2009	1199.3	394.9	349.0	333.6	188.3	111.6	99.4
2010	1231.6	405.5	358.4	342.6	193.3	114.7	102.7
2011	1288.9	424.3	375.1	358.5	202.3	120.0	104.7
2012	1309.6	431.1	381.1	364.2	205.6	121.9	101.6
2013	1327.9	437.1	386.4	369.3	208.4	123.6	101.4
2014	1341.2	441.5	390.3	373.0	210.5	124.8	101.0
2015	1343.8	442.4	391.1	373.8	211.0	125.1	100.2
2016	1361.3	448.1	396.1	378.6	213.7	126.7	101.3
2017	1372.2	451.7	399.3	381.7	215.4	127.7	100.8

注：本表已根据现行价格调查统计制度予以调整，均不包括农业生产资料部分。
a)The data in this form have been adjusted according to current statistical system of price survey.Means of agricultural production are excluded.

9-7 历年农业生产资料价格总指数
General Price Indices of Means of Agricultural Production over the Years

年 份 Year	以1950年为100 1950=100	以1952年为100 1952=100	以1978年为100 1978=100	以1990年为100 1990=100	以1995年为100 1995=100	以上年为100 Preceding Year=100
1952	97.0					102.2
1955	103.8	107.0				94.1
1957	103.4	106.7				99.7
1962	106.8	110.1				99.3
1965	92.7	95.5				96.8
1970	84.2	86.8				99.9
1975	79.2	81.6				100.0
1976	79.2	81.6				100.0
1977	79.2	81.6				100.0
1978	78.5	80.9				99.1
1979	78.6	81.0	100.1			100.1
1980	78.6	81.0	100.1			100.0
1981	79.9	82.4	101.8			101.7
1982	80.8	83.3	102.9			101.1
1983	82.9	85.5	105.6			102.6
1984	88.9	91.7	113.2			107.2
1985	92.5	95.5	117.8			104.1
1986	94.4	97.5	120.3			102.1
1987	99.9	103.2	127.3			105.8
1988	114.6	118.4	146.0			114.7
1989	135.5	139.9	172.6			118.2
1990	139.8	144.4	178.1			103.2
1991	142.6	147.3	181.7	102.0		102.0
1992	144.6	149.4	184.2	103.4		101.4
1993	161.4	166.7	205.6	115.4		111.6
1994	200.3	206.9	255.1	143.2		124.1
1995	267.0	275.8	340.1	190.9		133.3
1996	281.7	291.0	358.8	201.4	105.5	105.5
1997	272.1	281.1	346.6	194.6	101.9	96.6
1998	261.8	270.4	336.5	187.2	98.0	96.2
1999	249.0	257.2	320.0	178.0	93.2	95.1
2000	245.8	253.9	315.8	175.7	92.0	98.7
2001	250.2	258.5	321.5	178.9	93.7	101.8
2002	251.0	259.3	322.5	179.4	94.0	100.3
2003	257.0	265.5	330.2	183.7	96.2	102.4
2004	283.2	292.6	363.9	202.5	106.0	110.2
2005	300.7	310.7	386.4	215.0	112.6	106.2
2006	309.8	320.0	398.0	221.5	116.0	103.0
2007	331.8	342.7	426.3	237.2	124.2	107.1
2008	395.8	408.8	508.6	283.0	148.2	119.3
2009	381.2	393.7	489.8	272.5	142.7	96.3
2010	392.6	405.5	504.4	280.7	147.0	103.0
2011	436.2	450.6	560.4	311.9	163.4	111.1
2012	461.9	477.2	593.5	330.3	173.0	105.9
2013	467.5	482.9	600.6	334.3	175.1	101.2
2014	465.1	480.5	597.6	332.6	174.2	99.5
2015	461.9	477.1	593.4	330.3	173.0	99.3
2016	456.8	471.9	586.9	326.6	171.1	98.9
2017	460.9	476.1	592.2	329.6	172.7	100.9

9-8 居民消费价格分类指数(2017年)
Consumer Price Indices by Category(2017)

(上年=100) (preceding year=100)

商品类别	Category	全 省 Provincial Indices	城 市 Urban Indices	农 村 Rural Indices
居民消费价格指数	**Consumer Price Index**	**101.5**	**101.6**	**101.4**
非食品价格指数	Non-food Price Index	102.3	102.3	102.2
服务价格指数	Services Price Index	102.9	103.0	102.8
消费品价格指数	Consumer Goods Price Index	100.7	100.7	100.6
扣除鲜菜鲜果价格指数	Deducting Fruit Vegetable Price Index	101.7	101.8	101.5
一、食品烟酒	**Food, Tobacco, Liquor**	**99.6**	**99.7**	**99.3**
1.食品	Food	98.3	98.4	97.8
(1)粮　食	Grain	102.8	102.7	103.0
(2)薯　类	Tuber	94.7	94.3	95.4
(3)豆　类	Beans	100.8	101.4	99.7
(4)食用油	Edible Oil	101.1	101.5	100.2
(5)菜	Vegetables	91.8	91.8	91.9
(6)畜肉类	Livestock Meat	93.4	93.9	92.2
(7)禽肉类	Poultry	99.2	99.4	98.7
(8)水产品	Aquatic Products	103.2	103.2	103.2
(9)蛋　类	Eggs	96.1	96.9	94.3
(10)奶　类	Milk	99.7	99.9	99.0
(11)干鲜瓜果类	Dried and Fresh Melons and Fruits	104.3	104.3	104.1
(12)糖果糕点类	Candy and Cakes	102.0	101.8	102.5
(13)调味品	Condiment	103.1	103.0	103.4
(14)其他食品类	Other Foods	99.8	98.8	101.8
2.茶及饮料	Tea and Beverages	100.5	99.9	101.9
3.烟　酒	Tobacco and Liquor	100.9	100.5	101.5
(1)烟　草	Tobacco	99.9	99.8	100.0
(2)酒　类	Liquor	102.0	101.3	103.2
4.在外餐饮	Outside Catering	103.2	103.0	103.9
二、衣　着	**Clothing**	**101.1**	**101.3**	**100.3**
1.服　装	Garments	100.9	101.2	99.8
(1)男式服装	Men's Clothing	100.5	100.7	99.5
(2)女式服装	Women's Clothing	101.2	101.7	99.5
(3)儿童服装	Children's Clothing	100.8	100.3	102.3
2.服装材料	Clothing Material	101.4	101.5	101.3
3.其他衣着及配件	Other Clothing and Accessories	100.7	100.7	100.7
4.衣着加工服务费	Clothing processing service fee	103.3	102.9	104.9
5.鞋　类	Footwear	101.5	101.7	101.0
(1)鞋	Shoes	101.4	101.7	100.7
(2)鞋类加工服务	Footwear Processing Services	105.8	102.8	111.9
三、居　住	**Residence**	**102.6**	**102.4**	**102.9**
1.租赁房房租	Rental Housing Rent	102.6	102.5	103.4
2.住房保养维修及管理	Housing Maintenance	102.6	102.5	102.9
(1)住房装潢材料	Housing Decoration Materials	102.7	102.3	103.3
(2)物业管理费	Property Management Fee	101.6	101.7	100.0
(3)住房装潢维修	Housing Decoration Maintenance	102.9	103.0	102.6
3.水电燃料	Water, Electricity and Fuels	101.5	100.8	103.2
(1)水	Water	104.2	104.2	104.2
(2)电	Electricity	100.0	100.0	100.0
(3)燃　气	Gas	102.4	102.5	102.2
(4)取暖费	Heating Fee	99.7	99.6	101.5
(5)其他燃料	Other Fuel	106.3	104.2	107.4
4.自有住房	Self-owned House	103.1	103.2	102.7

9-8 续表 continued

(上年=100) (preceding year=100)

商品类别	Category	全省 Provincial Indices	城市 Urban Indices	农村 Rural Indices
四、生活用品及服务	**Daily Necessities and Services**	**100.9**	**100.7**	**101.7**
1.家具及室内装饰品	Furniture and Interior Decorations	102.6	102.8	102.2
(1)家　具	Furniture	103.1	103.2	102.7
(2)室内装饰品	Interior Decorations	100.3	100.8	98.4
2.家用器具	Household Appliances	100.0	99.6	100.8
(1)大型家用器具	Large Household Appliances	100.0	99.6	100.8
(2)小家电	Small Household Appliances	100.1	99.8	101.3
3.家用纺织品	Home Textiles	101.1	100.7	102.2
(1)床上用品	Bedding Article	101.1	100.8	101.9
(2)窗帘门帘	Curtain	103.0	101.9	105.5
(3)其他家用纺织品	Other Household Textiles	97.7	97.5	98.4
4.家庭日用杂品	The Family Daily Sundry Goods	100.1	99.6	101.2
(1)洗涤卫生用品	Washing Sanitary Articles	99.7	99.3	100.8
(2)厨具餐具茶具	Kitchenware, Tableware, Tea Set	101.0	100.4	102.6
(3)家用手工工具	Home Hand Tools	101.6	100.6	104.1
(4)其他家庭日用杂品	Other Household Articles For Daily Use	100.1	99.7	100.9
5.个人护理用品	Personal Care Products	100.3	100.0	102.0
(1)化妆品	Cosmetics	100.4	100.1	102.1
(2)其他护理用品类	Other Nursing Products	100.3	100.0	101.8
6.家庭服务	Family Services	104.2	103.6	107.1
五、交通和通信	**Transport and Communication**	**101.1**	**101.0**	**101.5**
1.交　通	Transport	101.9	101.6	102.5
(1)交通工具	Transport Tools	98.7	98.1	100.2
(2)交通工具用燃料	Transport Fuels	109.0	109.0	109.2
(3)交通工具使用和维修	Vehicle Use and Maintenance	101.7	101.8	101.5
(4)交通费	Travelling Expenses	100.6	100.6	100.6
2.通　信	Signal Communication	99.9	99.9	99.8
(1)通信工具	Communication Tools	98.1	98.5	97.1
(2)通信服务	Communication Services	100.3	100.2	100.5
(3)邮递服务	Mailing Service	101.2	101.2	101.3
六、教育文化和娱乐	**Education Culture and Recreation**	**102.8**	**102.5**	**103.8**
1.教　育	Education	103.7	103.2	104.9
(1)教育用品	Educational Supplies	102.4	102.3	102.6
(2)教育服务	Education Services	103.7	103.2	105.0
2.文化娱乐	Culture and Entertainment	101.5	101.7	100.7
(1)文娱耐用消费品	Recreational Consumer Durables	98.7	99.2	97.6
(2)其他文娱用品	Other Entertainment Products	100.6	100.2	102.1
(3)文化娱乐服务	Cultural and Recreational Services	101.3	101.5	100.8
(4)旅　游	Tourism	103.1	103.1	103.7
七、医疗保健	**Health Care**	**105.4**	**106.7**	**102.3**
1.药品及医疗器具	Drugs and Medical Devices	105.4	106.0	103.9
(1)中　药	Traditional Chinese Medicine	105.0	105.2	104.4
(2)西　药	West Medicine	105.0	105.7	103.8
(3)滋补保健品	Western Medicine	109.8	110.5	107.5
(4)医疗卫生器具	Medical and Health Equipment	100.5	101.0	98.9
(5)保健器具	Healthcare Apparatus	100.9	100.9	101.2
2.医疗服务	Medical Services	105.4	107.3	101.0
(1)综合医疗类	Comprehensive Health Care	115.4	120.8	102.5
(2)诊断类	Diagnostic	99.9	100.0	99.6
(3)治疗类	Therapeutic	105.9	108.0	100.8
(4)康复类	Rehabilitation	105.1	102.5	111.3
(5)中医医疗服务类	Chinese Medicine Services	104.1	105.7	100.0
(6)其他医疗服务	Other Medical Services	100.5	100.6	100.0
八、其他用品和服务	**Other Supplies and Services**	**101.8**	**102.0**	**101.3**
1.其他用品类	Other Products	100.3	100.7	99.0
(1)首饰手表	Jewelry Watches	100.3	100.7	98.6
(2)其他杂项用品	Other Miscellaneous Supplies	100.4	100.8	99.3
2.其他服务类	Other Services	103.2	103.1	103.6
(1)旅馆住宿	Hotel Accommodation	100.2	100.1	101.3
(2)美容美发洗浴	Hairdressing Bath	105.0	104.9	105.1
(3)养老服务	Pension Services	102.5	101.5	106.6
(4)金融保险	Finance and Insurance	103.0	103.2	102.2
(5)其他服务类	Other Service	101.6	102.0	100.0

9-9 商品零售价格分类指数(2017年)
Retail Indices by Category(2017)

(上年=100) (preceding year=100)

商品类别	Category	全省 Provincial Indices	城市 Urban Indices	农村 Rural Indices
商品零售价格总指数	**Retail Index**	**100.8**	**100.8**	**100.8**
一、食　品	**Food**	**99.2**	**99.3**	**98.9**
1.粮　食	Grain	103.2	103.0	103.7
2.薯　类	Tuber	94.6	94.2	96.2
3.豆　类	Beans	100.8	101.2	99.8
4.食用油	Edible Oil	101.0	101.5	99.8
5.菜	Vegetables	92.2	92.0	93.0
6.畜肉类	Livestock Meat	93.3	93.7	91.9
7.禽肉类	Poultry	99.3	99.4	99.1
8.水产品	Aquatic Products	103.5	103.6	103.2
9.蛋　类	Eggs	96.4	97.0	94.7
10.奶　类	Milk	100.1	100.1	99.9
11.干鲜瓜果类	Dried and Fresh Melons and Fruits	104.1	104.1	104.1
12.糖果糕点类	Candy and Cakes	102.2	102.0	102.7
13.调味品	Flavoring	102.8	102.8	102.7
14.其他食品类	Other Foods	100.8	99.7	105.0
15.在外餐饮	Outside Catering	103.1	102.8	104.7
二、饮料、烟酒	**Beverages,Tobacco and Liquor**	**100.6**	**100.4**	**101.4**
1.茶及饮料	Tea and Beverages	100.4	99.8	102.5
2.烟　草	Tobacco	99.8	99.8	99.8
3.酒　类	Liquor	102.1	101.8	103.2
三、服装、鞋帽	**Garments,Footwear and Hats**	**101.1**	**101.3**	**99.9**
1.服　装	Garments	101.0	101.3	99.9
(1)男士服装	Men's Clothing	100.7	100.9	99.9
(2)女士服装	Women's Clothing	101.3	101.8	99.1
(3)儿童服装	Children's Clothing	100.7	100.1	103.1
2.鞋帽袜	Footwear and Hats	101.2	101.5	100.1
(1)鞋	Shoes	101.3	101.6	100.0
(2)袜　子	Socks	99.5	99.2	100.6
(3)帽　子	Hats	102.5	102.4	102.7
3.其他衣着配件	Others	101.5	102.0	99.7
四、纺织品	**Textiles**	**100.7**	**100.7**	**100.6**
1.服装材料	Clothing Material	101.5	101.7	101.1
2.床上用品	Bed Articles	100.5	100.5	100.5

9-9 续表 continued

(上年=100) (preceding year=100)

商品类别	Category	全省 Provincial Indices	城市 Urban Indices	农村 Rural Indices
五、家用电器及音像器材	**Household Appliances, Music and Video Equipment**	**99.2**	**99.3**	**98.5**
1.家庭设备	Household Facilities	99.7	99.6	100.2
2.文娱用耐用消费品	Durable Consumer Goods for Cultural and Recreational Use	98.3	99.0	95.2
3.专业音像器材	Professional Music and Video Equipment	98.7	99.0	95.5
六、文化办公用品	**Cultural and Office Appliances**	**100.6**	**100.9**	**99.3**
七、日用品	**Articles for Daily Use**	**100.4**	**100.1**	**101.5**
1.日用百货	General Merchandise for Daily Use	100.7	100.3	101.7
2.厨具餐具茶具	Kitchenware, Tableware, Tea Set	101.2	100.1	105.8
3.清洗用品	Washing Products	99.4	99.0	100.9
4.其它日用品	Other Articles for Daily Use	100.4	100.7	98.3
八、体育娱乐用品	**Sports and Recreation Articles**	**100.5**	**100.2**	**101.9**
1.体育户外用品	Sports Articles	100.6	100.5	100.9
2.娱乐用品	Recreation Articles	100.5	100.1	102.4
九、交通、通信用品	**Transportation and Communication Articles**	**98.8**	**98.8**	**98.7**
1.交通运输机械	Transport machinery	99.1	99.0	99.6
2.通信器材	Communication Equipment	97.8	98.3	96.1
十、家　具	**Furniture**	**103.1**	**103.3**	**102.6**
十一、化妆品	**Cosmetics**	**100.3**	**99.9**	**102.7**
十二、金银饰品	**Gold, Silver and Jewelry**	**100.2**	**100.7**	**97.7**
十三、中西药品及医疗保健用品	**Traditional Chinese and Western Medicines and Health Care Articles**	**104.9**	**105.2**	**103.8**
1.医疗卫生器具	Medical Apparatus and Articles	100.2	100.7	97.5
2.中　药	Traditional Chinese Medicine	104.4	104.4	104.7
3.西　药	Western Medicines	104.6	104.8	103.8
4.保健器具及用品	Health Care Appliances and Supplies	108.3	108.5	106.4
十四、书报杂志及电子出版物	**Books, Newspapers, Magazines and Electronic Publications**	**101.5**	**101.5**	**101.5**
1.教材及参考书	Teaching Materials and Reference Books	102.5	102.5	102.9
2.书报杂志	Books, Newspapers and Magazines	100.6	100.7	100.0
3.计算机办公软件	Computer Office Software	99.9	99.9	99.7
十五、燃　料	**Fuels**	**106.7**	**106.8**	**106.2**
1.煤炭及制品	Coal and Products	105.7	105.6	106.1
2.石油及制品	Petroleum and Products	107.0	107.1	106.2
十六、建筑材料及五金电料	**Building Materials and Hardware**	**102.4**	**101.6**	**104.7**
1.建筑装潢材料	Building Decoration Materials	102.5	102.0	104.1
2.五金水暖	Plumbing Hardware	102.2	100.5	105.9

9-10 农产品生产者价格指数
Producers' Price Indices for Farm Products

(上年＝100)

指标	Item	2013	2014	2015	2016	2017
农产品生产者价格指数	**Producers' Price Indices for Farm Products**	**105.9**	**100.5**	**100.1**	**102.8**	**98.6**
种植业产品	**Planting Products**	**111.0**	**102.4**	**98.3**	**98.5**	**99.3**
#谷物	Cereal	106.3	101.9	94.6	89.9	100.5
#小麦	Wheat	111.3	103.2	97.6	98.6	104.6
稻谷	Rice	104.2	100.6	99.2	102.7	101.3
玉米	Corn	102.1	101.7	92.2	82.3	97.5
大豆	Beans	105.2	99.3	95.7	91.8	101.6
油料	Oil-bearing Crops	93.1	90.9	109.1	102.7	92.3
棉花	Cotton	106.3	97.6	87.1	92.7	-
蔬菜	Vegetable	123.6	106.8	110.0	111.5	95.1
水果	Fruit	105.4	102.3	98.6	93.2	103.8
林业产品	**Forestry Products**	**103.9**	**99.9**	**100.9**	**98.7**	**101.2**
畜牧业产品	**Animal Husbandry Products**	**98.7**	**99.5**	**103.3**	**109.7**	**90.7**
活猪	Live Pig	98.8	91.2	110.0	126.7	84.2
活牛	Live Cattle and Buffaloes	107.8	104.3	97.1	95.8	101.2
活羊	Live Sheep and Goats	108.2	96.8	84.9	94.5	104.6
肉禽	Live Poultry	96.1	104.1	102.1	97.9	94.5
蛋类	Eggs	102.4	113.9	93.8	90.8	89.7
奶类	Milk	112.0	109.9	93.1	93.1	99.3
渔业产品	**Fishery Products**	**103.1**	**98.0**	**100.3**	**103.3**	**106.8**
海水养殖鱼类	Seawater Fish	83.1	93.5	100.6	87.1	127.4
淡水养殖鱼类	Freshwater Fish	105.5	107.0	101.0	104.0	103.6

9-11 工业、投资价格指数
Price Indices for Industrial, Investment

年 份 Year	以1988年为100 (1988=100)		以1990年为100 (1990=100)	以上年为100 (preceding year=100)		
	工业生产者出厂价格指数 Producer Price Indices for Industrial Products	工业生产者购进价格指数 Industrial Producer Purchasing Price Indices	固定资产投资价格指数 Price Indices for Investment in Fixed Assets	工业生产者出厂价格指数 Producer Price Indices for Industrial Products	工业生产者购进价格指数 Industrial Producer Purchasing Price Indices	固定资产投资价格指数 Price Indices for Investment in Fixed Assets
1988	100.0	100.0				
1989	123.8	136.7		123.8	136.7	
1990	129.6	144.1	100.0	104.7	105.4	
1991	133.5	154.2	112.4	103.0	107.0	112.4
1992	146.5	171.0	134.2	109.7	110.9	119.4
1993	180.1	230.3	163.9	123.0	134.7	122.1
1994	223.7	279.4	189.8	124.2	121.3	115.8
1995	261.8	316.2	202.3	117.0	113.2	106.6
1996	272.5	334.3	208.6	104.1	105.7	103.1
1997	275.8	336.3	209.4	101.2	100.6	100.4
1998	264.7	318.1	207.7	96.0	94.6	99.2
1999	257.3	297.1	206.9	97.2	93.4	99.6
2000	272.5	311.1	211.8	105.9	104.7	102.4
2001	270.1	311.1	214.8	99.1	100.0	101.4
2002	266.8	307.0	217.2	98.8	98.7	101.1
2003	276.2	324.5	223.5	103.5	105.7	102.9
2004	293.8	369.3	240.0	106.4	113.8	107.4
2005	304.7	391.1	247.0	103.7	105.9	102.9
2006	311.7	407.9	251.5	102.3	104.3	101.8
2007	322.0	427.5	261.7	103.3	104.8	104.0
2008	349.7	483.5	281.8	108.6	113.1	107.7
2009	329.1	461.7	273.1	94.1	95.5	96.9
2010	352.6	504.6	282.9	107.2	109.3	103.6
2011	373.7	550.9	302.3	106.0	109.2	106.8
2012	367.7	546.5	304.7	98.4	99.2	100.8
2013	361.8	537.8	305.9	98.4	98.4	100.4
2014	356.0	528.1	306.8	98.4	98.2	100.3
2015	338.9	501.7	299.7	95.2	95.0	97.7
2016	333.8	491.7	297.0	98.5	98.0	99.1
2017	352.2	527.6	314.2	105.5	107.3	105.8

9-12 工业生产者出厂价格指数
Producer Price Indices for Industrial Products

(上年=100) (preceding year=100)

类 别	Category	2013	2014	2015	2016	2017
总指数	**Total Price Indices**	**98.4**	**98.4**	**95.2**	**98.5**	**105.5**
轻工业	Light Industry	100.1	99.5	98.4	99.0	101.4
以农产品为原料	Agricultural Products as Raw Materials	100.5	99.5	98.2	99.1	101.3
以非农产品为原料	Non-agricultural Products as Raw Materials	98.9	99.5	98.8	98.5	101.5
重工业	Heavy Industry	97.7	97.9	93.7	98.3	107.2
采 掘	Mining	92.3	91.3	78.5	100.9	120.5
原 料	Raw Materials	96.8	97.5	90.3	95.9	110.2
加 工	Processing	98.6	98.8	96.9	99.2	104.9
生产资料	Means of Production	97.8	98.0	93.8	98.0	106.9
采 掘	Mining	92.3	91.3	78.5	100.9	120.5
原 料	Raw Materials	96.7	97.4	90.0	95.9	110.5
加 工	Processing	98.7	98.9	96.6	98.8	104.7
生活资料	Consumer Goods	100.4	99.8	99.7	100.0	100.6
食 品	Food	100.7	99.5	100.0	100.9	99.9
衣 着	Clothing	101.4	100.3	100.3	100.1	101.9
一般日用品	Articles for Daily Use	99.5	100.0	99.3	99.9	101.6
耐用消费品	Durable Consumer Goods	99.6	99.7	99.0	96.4	100.5
按工业部门分	**by Industrial Department**					
冶金工业	Metallurgical Industry	95.4	95.3	88.2	102.7	114.8
电力工业	Power Industry	100.6	99.9	98.2	96.2	99.8
煤炭及炼焦工业	Coal Industry	89.0	87.1	81.2	100.3	131.7
石油工业	Petroleum Industry	95.4	97.4	74.9	88.4	115.4
化学工业	Chemical Industry	97.7	98.3	95.7	97.5	105.6
机械工业	Machine Building Industry	99.3	99.7	98.9	98.7	101.1
建筑材料工业	Building Materials Industry	99.3	99.9	97.7	99.2	109.5
森林工业	Timber Industry	101.1	100.6	99.7	99.0	102.2
食品工业	Food Industry	101.1	99.4	98.9	99.9	99.9
纺织工业	Textile Industry	99.9	99.4	95.6	97.2	101.6
缝纫工业	Tailoring Industry	101.7	100.1	100.5	99.5	101.7
皮革工业	Leather Industry	100.8	100.8	99.8	101.4	100.5
造纸工业	Paper Industry	97.5	99.2	97.8	99.6	108.2
文教艺术用品工业	Industry of Cultural, Educational& Handicrafts Articles	99.7	100.5	100.4	100.7	102.5
其它工业	Others	99.7	100.4	100.5	100.6	103.2

9-13 工业生产者出厂价格指数(2017年)
Producer Price Indices for Industrial Products(2017)

(上年=100) (preceding year=100)

类 别	Category	全年平均 Annual Average	一季度 1st Quarter	二季度 2nd Quarter	三季度 3rd Quarter	四季度 4th Quarter
总指数	**Total Price Indices**	**105.5**	**106.6**	**104.9**	**105.2**	**105.4**
(一)核心指数	**Core Indices**	**105.2**	**105.5**	**104.4**	**105.2**	**105.7**
(二)高技术	**High Technology**	**101.1**	**100.2**	**100.8**	**101.6**	**101.9**
(三)能源	**Energy**	**114.6**	**122.3**	**115.6**	**111.5**	**109.8**
(四)按轻重工业分	**By Light and Heavy Industry**					
1.轻工业	Light Industry	101.4	101.6	101.4	101.2	101.2
(1)以农产品为原料	Agricultural Products as Raw Materials	101.3	101.6	101.3	101.2	101.2
(2)以非农产品为原料	Non-agricultural Products as Raw Materials	101.5	101.5	101.7	101.4	101.3
2.重工业	Heavy Industry	107.2	108.7	106.4	106.8	107.1
(1)采掘	Mining	120.5	137.9	120.0	114.0	113.3
(2)原料	Raw Materials	110.2	113.1	109.7	109.1	108.9
(3)加工	Processing	104.9	104.7	103.8	105.2	105.7
(五)按生产生活资料分	**By Means of Production and Consumer Goods**					
1.生产资料	Means of Production	106.9	108.2	106.2	106.5	106.7
(1)采掘	Mining	120.5	137.9	120.0	114.0	113.3
(2)原料	Raw Materials	110.5	113.7	110.1	109.3	108.9
(3)加工	Processing	104.7	104.5	103.9	104.9	105.4
2.生活资料	Consumer Goods	100.6	101.0	100.3	100.6	100.6
(1)食品	Food	99.9	101.0	99.3	99.8	99.5
(2)衣着	Clothing	101.9	101.2	102.0	102.3	102.0
(3)一般日用品	Articles for Daily Use	101.6	101.6	101.3	101.5	102.1
(4)耐用消费品	Durable Consumer Goods	100.5	99.8	100.5	100.9	101.0
(六)按初级中间最终产品分	**By Primary、Intermediate and Final Products**					
1.初级产品	Primary Products	121.3	138.7	120.6	114.5	114.4
(1)矿产品	Minerals	121.2	139.1	120.6	114.4	113.9
(2)废料	Scrap	124.5	121.0	119.3	118.7	138.3
2.中间产品	Intermediate Products	105.8	106.7	105.1	105.5	105.7
3.最终产品	Final Products	102.4	102.1	102.0	102.3	103.2
(1)最终投资品	Investment Goods	103.3	102.7	102.8	103.2	104.5
(2)最终消费品	Consumer Goods	100.6	100.8	100.3	100.6	100.6
(七)按工业部门分	**By Industrial Department**					
1.冶金工业	Metallurgical Industry	114.8	122.7	112.1	113.8	111.5
2.电力工业	Power Industry	99.8	99.1	100.0	100.0	100.0
3.煤炭及炼焦工业	Coal Industry	131.7	146.0	137.6	131.4	116.6
4.石油工业	Petroleum Industry	115.4	126.4	115.5	109.6	111.5
5.化学工业	Chemical Industry	105.6	105.3	104.7	105.6	106.7
6.机械工业	Machine Building Industry	101.1	100.1	100.8	101.5	102.2
7.建筑材料工业	Building Materials Industry	109.5	106.6	107.9	110.4	113.0
8.森林工业	Timber Industry	102.2	101.6	101.8	102.0	103.4
9.食品工业	Food Industry	99.9	101.0	99.4	99.7	99.6
10.纺织工业	Textile Industry	101.6	101.7	102.7	101.3	100.8
11.缝纫工业	Tailoring Industry	101.7	100.9	102.0	102.5	101.6
12.皮革工业	Leather Industry	100.5	101.3	99.9	99.5	101.1
13.造纸工业	Paper Industry	108.2	105.6	107.2	108.7	111.2
14.文教艺术用品工业	Industry of Cultural, Educational & Handicrafts Articles	102.5	103.2	102.6	102.6	101.5
15.其它工业	Others	103.2	102.2	103.3	103.3	104.1

9-13 续表 continued

(上年=100) (preceding year=100)

类别	Category	全年平均 Annual Average	一季度 1st Quarter	二季度 2nd Quarter	三季度 3rd Quarter	四季度 4th Quarter
(八)按工业行业分	**by Industrial Sector**					
煤炭开采和洗选业	Mining and Washing of Coal	128.1	143.0	134.8	127.5	112.1
石油和天然气开采业	Extraction of Petroleum and Natural Gas	139.5	203.1	132.6	115.4	130.9
黑色金属矿采选业	Mining of Ferrous Metal Ores	117.1	144.8	115.1	115.0	99.4
有色金属矿采选业	Mining of Non-ferrous Metal Ores	102.7	109.5	103.1	98.1	100.7
非金属矿采选业	Mining and Processing of Nonmetal Ores	117.1	111.1	114.0	119.8	123.1
开采辅助活动	Mining Support Activities	91.8	93.0	91.8	98.1	84.0
其他采矿业	Mining of Other Ores					
农副食品加工业	Processing of Food from Agricultural Products	99.9	101.5	99.3	99.5	99.3
食品制造业	Manufacture of Foods	101.6	101.5	101.7	101.5	101.8
酒、饮料和精制茶制造业	Manufacture of Wine, Drinks and Refined Tea	98.9	98.0	98.0	99.3	100.4
烟草制品业	Manufacture of Tobacco	100.0	100.0	100.0	100.0	100.0
纺织业	Manufacture of Textile	101.8	101.9	102.8	101.4	101.0
纺织服装、服饰业	Manufacture of Textile Wearing Apparel and Finery	101.1	100.6	101.5	101.8	100.6
皮革、毛皮、羽毛及其制品和制鞋业	Manufacture of Leather, Fur, Feather & Its Products and Footwear	100.7	100.7	100.1	100.4	101.8
木材加工及木 竹、藤、棕、草制品业	Processing of Timbers, Manufacture of Wood, Bamboo, Rattan, Palm, and Straw Products	102.2	101.7	101.8	101.7	103.4
家具制造业	Manufacture of Furniture	102.2	101.3	101.8	102.6	103.3
造纸及纸制品业	Manufacture of Paper and Paper Products	108.2	105.6	107.2	108.7	111.2
印刷和记录媒介复制业	Printing, Reproduction of Recording Media	103.1	104.6	102.1	103.0	102.6
文教、工美、体育和娱乐用品制造业	Manufacture of Culture, Education,Arts and crafts, Sport and Entertainment Goods	100.7	101.4	102.0	100.0	99.5
石油加工、炼焦和核燃料加工业	Processing of Petroleum, Coking and Nucleus Fuel	115.8	122.7	116.9	112.7	111.7
化学原料和化学制品制造业	Manufacture of Chemical Raw Material and Chemical Products	107.6	107.8	106.3	107.4	109.0
医药制造业	Manufacture of Medicines	100.7	100.6	100.2	101.0	101.1
化学纤维制造业	Manufacture of Chemical Fiber	110.3	113.4	110.1	109.6	108.2
橡胶和塑料制品业	Manufacture of Rubber and Plastic	102.8	101.1	102.9	103.4	103.7
非金属矿物制品业	Manufacture of Non-metallic Mineral Products	109.3	106.4	107.9	110.3	112.6
黑色金属冶炼及压延加工业	Manufacture and Processing of Ferrous Metals	125.4	140.3	118.9	125.2	119.8
有色金属冶炼及压延加工业	Manufacture & Processing of Non-ferrous Metals	111.6	116.8	110.7	110.7	108.8
金属制品业	Manufacture of Metal Products	102.7	102.7	102.3	102.5	103.5
通用设备制造业	Manufacture of General Purpose Machinery	100.7	99.8	100.2	100.9	101.9
专用设备制造业	Manufacture of Special Purpose Machinery	101.0	98.5	100.2	101.9	103.5
汽车制造业	Manufacture of Automotive	100.8	100.7	100.6	100.7	101.1
铁路、船舶、航空航天和其他运输设备制造业	Manufacture of Railroad,Marine,Aerospace and Other Transportation Equipment	100.6	100.9	100.7	100.3	100.4
电气机械及器材制造业	Manufacture of Electrical Machinery & Equipment	102.3	101.4	101.8	102.6	103.3
计算机、通信和其他电子设备制造业	Manufacture of Computer, Communications and Other Electronic Equipment	101.6	99.7	101.2	102.6	103.1
仪器仪表制造业	Manufacture of Measuring Instrument	101.4	103.6	101.9	100.3	100.0
其他制造业	Other Manufacture	100.4	100.9	99.9	100.7	100.2
废弃资源综合利用业	Comprehensive Utilization of Waste	124.5	121.0	119.3	118.7	138.3
金属制品、机械和设备修理业	Metal Products, Machinery and Equipment Repair Industry	101.6	104.4	104.4	100.2	97.4
电力、热力生产和供应业	Production and Supply of Electric Power and Heat Power	99.7	99.0	99.9	99.9	99.9
燃气生产和供应业	Production and Supply of Gas	99.9	100.9	100.1	99.1	99.7
水的生产和供应业	Production and Supply of Water	100.8	100.9	101.0	100.7	100.5

9-14 工业生产者购进价格指数(2017年)
Industrial Producer Purchasing Price Indices(2017)

(上年=100) (preceding year=100)

类 别	Category	全年平均 Annual Average	一季度 1st Quarter	二季度 2nd Quarter	三季度 3rd Quarter	四季度 4th Quarter
总指数	**Total Price Indices**	**107.3**	**108.5**	**107.3**	**106.9**	**106.4**
一、按初级中间最终产品分	**By Primary and Intermediate Products**					
1.初级产品	Primary Products	110.0	116.6	111.8	108.4	103.9
(1)农产品	Farm Produce	100.2	103.3	100.5	98.6	98.7
(2)矿产品	Minerals	121.3	133.6	125.6	120.0	108.9
(3)废料	Scrap	119.9	121.4	117.9	120.7	119.7
2.中间产品	Intermediate Products	106.7	106.9	106.4	106.6	107.0
二、九大类原材料购进价格指数	**By Nine Categories of Raw Material**					
1.燃料、动力类	Fuel and Power	112.4	114.4	114.6	112.4	108.6
2.黑色金属材料类	Ferrous Metals	117.7	125.3	117.1	116.6	112.6
(1)钢材	Steel	115.8	117.2	114.4	115.7	115.9
(2)其它	Others	119.8	134.8	120.0	117.7	109.1
3.有色金属材料及电线类	Nonferrous Metals	112.5	112.5	111.9	112.6	112.9
4.化工原料类	Raw Chemical Materials	106.1	108.1	104.9	105.1	106.3
5.木材及纸浆类	Timber and Paper Pulp	106.9	103.9	105.6	107.6	110.6
6.建筑材料及非金属类	Building Materials and Nonmetal Ores	111.1	108.1	111.4	112.0	112.8
7.其它工业原材料及半成品类	Other Industrial Raw Materials and Semi-finished Products	103.0	103.2	102.8	102.8	103.4
8.农副产品类	Agricultural Products	100.2	103.3	100.5	98.6	98.7
9.纺织原料类	Textile Materials	105.5	105.9	106.5	105.3	104.2

9-15 固定资产投资价格指数(2017年)
Price Indices for Investment in Fixed Assets(2017)

(上年=100) (preceding year=100)

类 别	Category	全年平均 Annual Average	一季度 1st Quarter	二季度 2nd Quarter	三季度 3rd Quarter	四季度 4th Quarter
固定资产投资	**Investment in Fixed Assets**	**105.8**	**103.8**	**103.7**	**107.4**	**108.3**
建筑安装、装修装饰工程	Construction and Installation	108.7	106.0	105.6	111.2	112.0
人工费	Labor Costs	103.0	101.9	102.5	103.5	104.3
材料费	Material Costs	111.7	108.1	107.4	115.2	116.1
钢 材	Steel	118.5	117.5	112.9	122.7	121.0
木 材	Wood	102.5	101.2	102.2	102.0	104.6
水 泥	Cement	113.2	104.9	107.9	117.9	121.9
地方建筑材料	Local Building Materials	106.8	102.0	102.6	109.9	112.6
化工材料	Chemical Materials	103.7	101.1	101.9	104.9	106.9
电 料	Electric Materials	101.8	100.5	100.8	101.1	104.8
其他材料	Other Materials	103.7	102.8	102.2	104.3	105.5
机械费	Machinery Costs	101.9	101.1	101.4	102.1	102.8
设备、工器具购置	Purchase for Equipment,Tools and Instruments	100.6	99.7	100.2	100.7	101.8
其他费用	Other Costs	101.4	101.0	101.0	101.6	102.1

9-16 固定资产投资价格指数
Price Indices for Investment in Fixed Assets

(上年=100) (preceding year=100)

年份 Year	全省固定资产投资 Provincial Investment in Fixed Assets	建筑安装工程 Construction and Installation	人工费 Labor Costs	材料费 Material Costs	钢材 Steel	木材 Wood	水泥 Cement
1991	112.4	116.6	122.7	120.9	119.6	121.2	118.5
1992	119.4	123.8	118.7	122.4	117.0	109.4	107.8
1993	122.1	124.6	142.9	126.5	127.7	121.6	110.4
1994	115.7	120.1	159.1	119.4	118.9	132.0	107.0
1995	106.6	105.7	111.4	104.2	99.3	100.1	101.9
1996	103.1	103.2	112.8	101.0	99.6	99.9	102.1
1997	100.4	100.7	106.3	100.6	99.3	100.8	101.7
1998	99.2	100.2	104.7	99.0	97.6	100.9	98.3
1999	99.6	101.3	105.8	100.1	98.4	102.1	99.8
2000	102.4	105.1	105.1	106.2	107.4	109.9	98.2
2001	101.4	103.2	106.6	102.7	101.8	111.4	103.8
2002	101.1	102.3	103.3	100.5	100.9	106.1	99.3
2003	102.9	104.7	103.9	106.7	110.9	110.3	101.8
2004	107.4	110.4	108.0	113.2	120.3	106.4	108.6
2005	102.9	103.7	109.5	102.4	101.0	103.3	100.0
2006	101.8	102.1	109.0	100.1	97.2	102.7	101.4
2007	104.0	105.5	110.3	104.7	105.6	106.2	103.2
2008	107.7	110.7	110.5	112.4	116.3	110.4	110.2
2009	96.9	95.4	106.8	91.3	82.2	101.5	101.2
2010	103.6	105.3	110.3	104.4	105.1	102.7	104.3
2011	106.8	109.7	115.1	109.1	108.8	106.6	115.3
2012	100.8	101.2	111.0	97.8	94.8	101.7	98.1
2013	100.4	100.5	107.4	98.1	95.3	100.6	98.1
2014	100.3	100.2	106.0	98.1	95.1	100.7	99.7
2015	97.7	96.6	104.5	93.5	88.2	99.1	96.2
2016	99.1	99.1	101.9	98.0	98.1	99.5	96.2
2017	105.8	108.7	103.0	111.7	118.5	102.5	113.2

9-16 续表 continued

(上年=100) (preceding year=100)

年份 Year	地方材料 Local Building Materials	化工材料 Chemical Materials	电料 Electric Materials	其它材料 Other Materials	机械使用费 Machinery Costs	设备工器具购置 Purchase of Equipment,Tools and Instruments	其它费用 Other Costs
1991	101.9	115.3	105.7	105.3	107.1	105.3	107.1
1992	99.9	113.6	96.5	115.0	106.2	115.0	106.2
1993	99.7	121.8	92.5	118.8	113.5	118.8	113.5
1994	100.5	122.6	100.4	107.6	106.0	107.6	106.0
1995	100.0	107.1	108.2	106.2	113.8	106.2	113.8
1996	100.1	102.0	104.8	101.6	107.2	101.6	107.2
1997	101.9	101.7	96.5	98.7	103.5	98.7	103.5
1998	99.9	100.0	92.5	96.0	102.0	96.0	102.0
1999	99.7	101.0	100.4	96.2	98.3	96.2	98.3
2000	100.0	101.6	102.2	97.2	100.4	97.2	100.4
2001	98.4	98.7	102.2	97.1	102.1	97.1	102.1
2002	100.6	101.0	107.6	97.3	104.1	97.3	104.1
2003	100.0	101.1	101.7	98.5	104.2	98.5	104.2
2004	108.5	104.7	103.4	101.1	106.7	101.1	106.7
2005	104.8	103.2	102.6	100.8	103.5	100.8	103.5
2006	103.7	103.5	103.9	100.6	103.4	100.6	103.4
2007	105.7	103.3	104.2	100.8	104.6	100.8	104.6
2008	110.0	114.5	102.7	105.8	104.8	102.5	104.4
2009	103.0	97.1	97.3	101.2	101.3	98.0	102.0
2010	103.9	105.3	103.2	100.9	103.3	100.2	103.6
2011	109.1	108.2	103.5	103.9	105.8	101.8	104.9
2012	100.8	100.6	101.3	103.4	103.6	99.2	103.0
2013	101.2	101.1	101.0	101.6	102.1	99.3	102.1
2014	101.1	101.2	100.9	101.2	101.4	99.9	101.4
2015	98.3	92.6	100.6	99.7	100.1	99.2	100.9
2016	98.2	96.3	100.0	99.7	100.0	98.7	100.0
2017	106.8	103.7	101.8	103.7	101.9	100.6	101.4

9-17 各市工业生产者出厂价格指数(2017年)
Ex-factory Price Indices of Industrial Products by Region(2017)

(上年=100) (preceding year=100)

类 别	Category	济南 Ji-nan	青岛 Qing-dao	淄博 Zi-bo	枣庄 Zao-zhuang	东营 Dong-ying	烟台 Yan-tai	潍坊 Wei-fang	济宁 Ji-ning	泰安 Tai 'an
总指数	**Total Price Indices**	**105.7**	**104.4**	**112.8**	**112.4**	**113.8**	**104.2**	**106.7**	**109.6**	**110.4**
(一)核心指数	**Core Indices**	**106.1**	**104.6**	**111.7**	**109.7**	**104.3**	**104.8**	**107.0**	**104.2**	**107.1**
(二)高技术	**High Technology**	**103.1**	**101.6**	**103.3**	**98.7**	**108.5**	**103.6**	**105.9**	**115.0**	**100.2**
(三)能源	**Energy**	**104.7**	**107.9**	**119.7**	**129.9**	**126.2**	**102.4**	**112.3**	**122.8**	**129.4**
(四)按轻重工业分	**By Light and Heavy Industry**									
1.轻工业	Light Industry	101.3	101.1	104.8	100.1	101.3	100.6	102.6	102.8	101.9
(1)以农产品为原料	Agricultural Products as Raw Materials	102.1	101.7	106.0	100.6	101.1	100.1	102.2	102.9	101.7
(2)以非农产品为原料	Non-agricultural Products as Raw Materials	100.3	100.5	103.1	98.1	105.7	102.3	104.2	100.9	102.7
2.重工业	Heavy Industry	106.7	106.5	114.1	116.9	115.2	105.1	108.9	113.3	112.7
(1)采掘	Mining	114.4		133.4	127.2	139.6	103.7	140.0	129.1	124.6
(2)原料	Raw Materials	110.0	112.6	118.6	125.0	108.0	106.4	110.0	116.7	124.3
(3)加工	Processing	105.8	104.9	105.9	109.1	104.0	105.0	107.9	106.2	107.1
(五)按生产生活资料分	**By Means of Production and Consumer Goods**									
1.生产资料	Means of Production	106.6	106.3	114.3	115.8	114.3	105.1	108.4	111.2	111.7
(1)采掘	Mining	114.4		133.4	127.2	139.6	103.7	140.0	129.1	124.6
(2)原料	Raw Materials	110.7	112.9	119.9	124.2	107.8	106.4	110.8	116.5	124.6
(3)加工	Processing	105.7	105.0	106.4	108.9	103.5	105.0	107.1	104.6	106.7
2.生活资料	Consumer Goods	101.3	100.7	102.6	97.1	102.8	99.9	101.4	104.2	103.6
(1)食品	Food	103.0	100.5	100.8	93.7	100.4	100.1	99.9	106.0	101.0
(2)衣着	Clothing	100.0	101.5	101.5	101.2		97.2	99.0	101.7	102.3
(3)一般日用品	Articles for Daily Use	100.2	101.6	103.4	101.8	114.8	100.2	104.2	99.3	109.8
(4)耐用消费品	Durable Consumer Goods	99.4	99.8	101.2	95.7	102.5	99.5	99.9	100.0	
(六)按初级中间最终产品分	**By Primary、Intermediate and Final Products**									
1.初级产品	Primary Products	114.4		133.4	127.2	139.6	103.7	140.0	129.1	124.6
(1)矿产品	Minerals	114.4		133.4	127.2	139.6	103.7	140.0	129.1	124.6
(2)废料	Scrap									
2.中间产品	Intermediate Products	107.7	106.2	112.0	113.1	105.8	104.7	107.7	108.6	111.9
3.最终产品	Final Products	102.5	103.3	105.8	100.9	104.7	102.0	103.4	103.8	103.0
(1)最终投资品	Investment Goods	103.0	105.3	106.7	102.8	105.2	103.0	104.6	103.6	103.1
(2)最终消费品	Consumer Goods	101.1	100.4	102.2	97.9	100.8	99.9	100.9	103.9	102.8
(七)按工业部门分	**by Industrial Department**									
1.冶金工业	Metallurgical Industry	121.3	116.7	121.4	113.9	107.1	105.6	117.3	99.6	130.0
2.电力工业	Power Industry	99.9	97.1	103.0	101.4	99.7	100.0	99.7	102.9	100.2
3.煤炭及炼焦工业	Coal Industry			132.7	137.2	155.3	115.5	150.7	130.5	139.1
4.石油工业	Petroleum Industry	107.6	113.3	114.8	96.5	126.9	99.9	114.8	98.7	100.0
5.化学工业	Chemical Industry	110.2	108.2	116.5	118.8	101.8	108.0	111.7	107.0	109.6
6.机械工业	Machine Building Industry	101.0	101.9	101.8	98.3	104.7	102.5	101.5	102.3	100.5
7.建筑材料工业	Building Materials Industry	118.0	115.3	107.5	123.5	116.9	112.5	146.8	128.1	112.3
8.森林工业	Timber Industry	102.7	98.7	99.6	90.9	102.1		101.2	99.5	108.0
9.食品工业	Food Industry	100.2	100.8	101.7	93.8	100.3	99.8	100.0	102.9	100.1
10.纺织工业	Textile Industry	110.2	104.2	103.5	102.8	101.7	101.4	101.2	104.3	101.2
11.缝纫工业	Tailoring Industry	100.0	102.0	101.5	101.2		97.2	98.7	101.7	103.0
12.皮革工业	Leather Industry		100.3	101.9			99.9	100.1		99.6
13.造纸工业	Paper Industry	103.6	115.8	116.1	115.6	100.5	106.7	117.7	101.8	113.2
14.文教艺术用品工业	Industry of Cultural, Educational & Handicrafts Articles	100.5	103.2	99.9	99.5		100.0	100.0	100.2	105.1
15.其它工业	Others	106.8	104.8	109.0	104.5	124.0	101.0	99.6	119.7	102.0

9-17 续表 continued

(上年=100) (preceding year=100)

类 别	Category	威海 Wei-hai	日照 Ri-zhao	莱芜 Lai-wu	临沂 Lin-yi	德州 De-zhou	聊城 Liao-cheng	滨州 Bin-zhou	菏泽 He-ze
总指数	**General Indices**	**104.1**	**107.5**	**120.8**	**106.0**	**106.0**	**104.9**	**107.9**	**105.4**
(一)核心指数	**Core Indices**	**104.8**	**109.1**	**122.4**	**106.8**	**106.4**	**105.8**	**108.8**	**103.8**
(二)高技术	**High Technology**	**102.3**	**99.3**	**99.2**	**101.7**	**104.2**	**113.5**	**102.2**	**97.2**
(三)能源	**Energy**	**99.7**	**109.0**	**108.7**	**118.9**	**114.6**	**106.5**	**117.6**	**116.8**
(四)按轻重工业分	**By Light and Heavy Industry**								
1.轻工业	Light Industry	102.3	102.6	104.4	101.1	103.4	101.2	100.6	101.5
(1)以农产品为原料	Agricultural Products as Raw Materials	104.1	102.7	104.7	101.2	103.2	101.3	100.2	101.0
(2)以非农产品为原料	Non-agricultural Products as Raw Materials	98.6	101.1	100.3	99.7	103.9	100.3	104.6	103.0
2.重工业	Heavy Industry	105.4	109.8	122.1	108.5	107.7	107.6	112.9	107.4
(1)采掘	Mining	99.7	109.6	127.1	108.4		100.0	143.7	
(2)原料	Raw Materials	113.1	107.7	112.9	111.6	111.3	111.1	115.1	110.2
(3)加工	Processing	104.3	110.2	123.6	106.9	106.3	106.5	109.1	103.3
(五)按生产生活资料分	**By Means of Production and Consumer Goods**								
1.生产资料	Means of Production	105.5	108.4	121.6	108.0	107.8	106.2	110.0	107.9
(1)采掘	Mining	99.7	109.6	127.1	108.4		100.0	143.7	
(2)原料	Raw Materials	112.3	107.0	113.0	110.7	112.2	109.5	116.6	111.5
(3)加工	Processing	104.6	108.7	122.9	106.6	106.6	105.4	105.1	104.3
2.生活资料	Consumer Goods	101.4	103.3	105.0	101.2	102.4	100.5	98.7	98.8
(1)食品	Food	102.1	103.9	105.5	101.2	101.6	100.3	97.1	98.4
(2)衣着	Clothing	108.3	96.3		94.5	104.3	100.0	102.3	97.9
(3)一般日用品	Articles for Daily Use	100.5	100.8	100.3	102.5	101.5	101.2	102.4	99.2
(4)耐用消费品	Durable Consumer Goods	85.0	100.5	101.0	103.5	107.9	91.1	104.1	100.1
(六)按初级中间最终产品分	**By Primary、Intermediate and Final Products**								
1.初级产品	Primary Products	99.7	109.6	127.1	108.4		100.0	143.7	
(1)矿产品	Minerals	99.7	109.6	127.1	108.4		100.0	143.7	
(2)废料	Scrap								
2.中间产品	Intermediate Products	104.9	108.2	121.8	106.7	106.2	105.7	108.0	106.1
3.最终产品	Final Products	103.3	102.2	104.3	101.2	103.2	100.8	102.8	102.2
(1)最终投资品	Investment Goods	104.8	102.0	104.8	101.2	104.0	101.0	105.7	104.3
(2)最终消费品	Consumer Goods	101.2	102.5	103.2	101.1	102.0	100.5	98.8	99.5
(七)按工业部门分	**by Industrial Department**								
1.冶金工业	Metallurgical Industry	118.4	118.6	130.2	121.0	122.0	111.8	117.0	106.8
2.电力工业	Power Industry	100.5	99.5	100.8	99.8	100.1	104.5	100.4	102.1
3.煤炭及炼焦工业	Coal Industry		141.6	150.0	157.3	164.5	126.9	148.8	146.6
4.石油工业	Petroleum Industry	94.2	119.2	100.0	103.8	112.2	104.5	117.6	102.7
5.化学工业	Chemical Industry	106.4	101.7	113.2	104.8	106.7	105.4	104.3	104.0
6.机械工业	Machine Building Industry	104.1	101.5	101.4	100.0	103.0	99.6	100.9	100.8
7.建筑材料工业	Building Materials Industry	109.1	108.1	121.8	108.1	106.3	129.8	127.3	115.7
8.森林工业	Timber Industry	100.0	100.0	101.0	101.5	108.9	101.3	102.6	101.0
9.食品工业	Food Industry	102.2	104.0	107.2	101.6	101.8	98.9	97.1	99.8
10.纺织工业	Textile Industry	100.6	106.6	97.6	100.4	102.4	104.9	102.1	101.4
11.缝纫工业	Tailoring Industry	108.6	96.3		94.5	104.3	100.0	102.3	97.9
12.皮革工业	Leather Industry	105.4			93.3		87.2	96.8	
13.造纸工业	Paper Industry	124.9	105.0		107.1	106.5	100.8	120.0	108.7
14.文教艺术用品工业	Industry of Cultural, Educational & Handicrafts Articles	95.9	104.9	100.3	100.0		97.7		99.8
15.其它工业	Others	94.0	101.6	100.0	99.7	102.6	95.5	100.3	105.4

9-18 各市住宅销售价格指数(2017年)
Price Indices for Real Estate(2017)

(上月=100) (Last Month=100)

类 别	Category	1月 January	2月 February	3月 March	4月 April	5月 May	6月 June	7月 July	8月 August	9月 September	10月 October	11月 November	12月 December
新建商品住宅	**New Commercial Residential Buildings**												
济南	Jinan	99.9	100.0	100.6	100.4	100.5	100.2	100.1	99.7	99.4	99.8	99.9	100.3
青岛	Qingdao	100.1	100.2	100.9	100.3	100.4	100.3	100.4	100.3	100.1	100.3	100.5	100.2
淄博	Zibo	100.0	100.3	100.7	100.5	101.6	100.9	100.7	100.7	100.9	100.8	100.5	100.6
枣庄	Zaozhuang	100.1	100.3	100.4	100.5	100.7	101.2	101.0	101.3	101.2	100.7	101.0	100.8
东营	Dongying	100.1	100.2	100.0	100.6	100.2	100.2	100.4	100.1	100.6	100.4	100.2	100.8
烟台	Yantai	100.3	100.5	100.6	100.7	101.2	101.1	100.9	100.5	100.4	100.6	100.7	100.4
潍坊	Weifang	100.5	100.4	100.6	101.7	101.9	100.8	101.0	101.0	100.7	101.0	100.6	100.5
济宁	Jining	100.2	100.3	100.9	101.0	101.7	101.3	100.8	100.7	100.8	100.4	100.2	100.4
泰安	Tai'an	100.2	100.2	100.6	101.2	101.5	101.0	100.6	100.4	101.4	101.0	100.9	100.9
威海	Weihai	100.2	100.6	101.2	101.1	101.3	101.6	101.6	100.9	100.6	100.9	100.9	100.3
日照	Rizhao	100.0	100.4	100.2	100.5	101.7	101.5	100.7	100.9	100.6	100.8	100.5	100.7
莱芜	Laiwu	99.9	100.5	100.5	101.4	101.0	100.6	100.9	101.3	100.7	100.8	100.8	100.6
临沂	Linyi	100.2	100.3	100.6	100.6	100.7	101.3	100.7	100.8	100.8	100.7	100.6	100.7
德州	Dezhou	100.6	100.7	100.3	100.6	101.3	101.0	100.9	100.8	100.6	100.4	100.1	100.3
聊城	Liaocheng	100.6	101.0	101.7	100.9	102.4	101.1	100.7	100.3	100.6	100.4	100.4	100.2
滨州	Binzhou	100.6	101.1	101.8	101.2	101.3	100.3	100.5	100.9	100.9	100.3	100.2	100.3
菏泽	Heze	100.7	102.1	103.5	102.6	101.8	101.6	102.3	102.1	101.0	100.7	100.7	100.2
二手住宅	**Second-hand House**												
济南	Jinan	99.8	100.5	101.3	101.0	100.6	100.8	99.8	99.4	99.8	99.9	99.8	99.9
青岛	Qingdao	100.6	100.8	101.7	101.3	101.0	100.9	100.8	100.5	100.3	100.4	100.3	100.2
淄博	Zibo	100.5	100.2	100.9	100.6	101.4	101.1	101.0	100.6	100.7	100.6	100.6	100.5
枣庄	Zaozhuang	100.0	100.1	100.2	100.4	100.5	101.3	101.1	101.1	101.2	100.8	100.6	100.5
东营	Dongying	100.1	100.2	100.1	100.4	100.2	100.3	100.5	100.3	100.5	100.5	100.3	100.7
烟台	Yantai	100.4	100.3	100.4	100.9	101.0	100.8	100.8	100.5	100.3	100.4	100.3	100.5
潍坊	Weifang	100.0	100.3	100.5	101.0	101.8	100.7	100.3	100.6	100.3	100.6	100.5	100.5
济宁	Jining	100.5	100.1	100.8	100.7	100.8	101.0	100.9	100.7	100.5	100.3	100.6	100.7
泰安	Tai'an	100.3	100.3	100.4	101.4	101.6	101.1	101.4	101.0	100.5	100.7	101.0	100.9
威海	Weihai	100.0	100.6	101.0	101.0	101.2	101.3	101.5	100.9	100.9	101.0	100.4	100.2
日照	Rizhao	100.0	100.8	100.8	100.7	100.9	100.3	100.3	101.1	100.4	100.5	100.4	100.6
莱芜	Laiwu	99.7	100.2	100.5	100.6	100.9	100.7	100.7	101.2	101.0	100.7	100.5	100.7
临沂	Linyi	100.0	100.6	100.3	100.4	100.5	100.7	100.7	100.6	100.5	100.5	100.3	100.2
德州	Dezhou	100.9	100.8	100.4	100.5	101.1	100.9	100.7	100.7	100.5	100.2	100.4	100.4
聊城	Liaocheng	101.0	102.4	103.8	102.9	102.9	100.7	100.4	100.4	100.8	100.7	100.2	100.2
滨州	Binzhou	101.5	101.6	102.0	103.5	102.5	100.2	101.2	100.7	100.6	100.5	100.4	100.3
菏泽	Heze	101.0	104.2	103.1	100.7	100.9	100.9	100.7	100.3	100.6	100.4	100.3	100.1

主要统计指标解释

居民消费价格指数 是反映一定时期内城乡居民所购买的生活消费品价格和服务项目价格变动趋势和程度的相对数，是对城市居民消费价格指数和农村居民消费价格指数进行综合汇总计算的结果。该指数可以观察和分析消费品的零售价格和服务价格变动对城乡居民实际生活费支出的影响程度。

城市居民消费价格指数 是反映一定时期内城市居民家庭所购买的生活消费品价格和服务项目价格变动趋势和程度的相对数。该指数可以观察和分析消费品的零售价格和服务项目价格变动对城镇职工货币工资的影响，作为研究职工生活和确定工资政策的依据。

农村居民消费价格指数 是反映一定时期内农村居民家庭所购买的生活消费品价格和服务项目价格变动趋势和程度的相对数。该指数可以观察农村消费品的零售价格和服务项目价格变动对农村居民生活消费支出的影响，直接反映农民生活水平的实际变化情况，为分析和研究农村居民生活问题提供依据。

商品零售价格指数 是反映一定时期内城乡商品零售价格变动趋势和程度的相对数。商品零售价格的变动直接影响到城乡居民的生活支出和国家的财政收入，影响居民购买力和市场供需的平衡，影响到消费与积累的比例关系。因此，该指数可以从一个侧面对上述经济活动进行观察和分析。

农业生产资料价格指数 指反映一定时期内农业生产资料价格变动趋势和程度的相对数。农业生产资料价格指数分为农用手工工具、饲料、产品畜、半机械化农具、机械化农具、化学肥料、农药及农药械、农用机油、其他农业生产资料、农业生产服务十大类。其编制目的是了解农业生产中物质资料投入价格的变动状况，服务于国民经济核算。1994年以前，农业生产资料价格指数仅仅是商品零售价格指数的一个类别，此后，从商品零售价格指数中分离出来，单独编制。

农产品生产价格指数 是反映一定时期内，农产品生产者出售农产品价格水平变动趋势及幅度的相对数。该指数可以客观反映全国农产品生产价格水平和结构变动情况，满足农业与国民经济核算需要。其中某代表品生产价格指数是通过对全部有出售该产品行为的调查单位的个体指数进行几何平均求得的，类价格指数是通过对其所属的类（或代表品）的价格指数进行加权平均求得的。季度累计价格指数的计算方法与分季指数的计算方法相同。

工业生产者价格指数 是由工业生产者出厂价格指数和工业生产者购进价格指数两部分组成。

工业生产者出厂价格指数 是反映一定时期内工业企业产品第一次出售时的出厂价格总水平的变动趋势和程度的相对数，包括工业企业售给本企业以外所有单位的各种产品和直接售给居民用于生活消费的产品。该指数可以观察出厂价格变动对工业总产值及增加值的影响。

工业生产者购进价格指数 是反映工业企业作为生产投入，而从物资交易市场和能源、原材料生产企业购买原材料、燃料和动力产品时，所支付的价格水平变动趋势和程度的统计指标，是扣除工业企业物质消耗成本中的价格变动影响的重要依据。

固定资产投资价格指数 是反映一定时期内固定资产投资品及项目的价格变动趋势和程度的相对数。固定资产投资额是由建筑安装工程投资完成额、设备工器具购置投资完成额和其他费用投资完成额三部分组成的。编制固定资产投资价格指数应首先分别编制上述三部分投资的价格指数，然后采用加权算术平均法求出固定资产投资价格总指数。

该指数可以准确地反映固定资产投资中涉及的各类投资品和取费项目价格变动趋势和变动幅度，消除按现价计算的固定资产投资指标中的价格变动因素，真实地反映固定资产投资的规模、速度、结构和效益，为国家科学地制定、检查固定资产投资计划并提高宏观调控水平，为完善国民经济核算体系提供科学的、可靠的依据。

住宅销售价格指数 是综合反映住宅商品价格总体变化趋势和变化幅度的相对数。各市住宅销售价格指数是由新建住宅销售价格指数和二手住宅销售价格指数组成。

Explanatory Notes on Main Statistical Indicators

Consumer Price Indices reflect the trend and degree of changes in prices of consumer goods and services purchased by urban and rural households during a given period. They are obtained by combining Consumer Price Indices of Urban Household and Consumer Price Indices of Rural Household. The Indices enable the observation and analysis of the degree of impact of the changes in the prices of retailed goods and services on the actual living expenses of urban and rural residents.

Urban Consumer Price Indices reflect the trend and degree of changes in prices of consumer goods and services purchased by urban households during a given period. It can be used to observe and analyze the impact of price changes in consumer goods and services on wages (in monetary terms) of urban staff and workers, and provide basis for policy making concerning the living cost and wages of staff and workers.

Rural Consumer Price Indices reflect the trend and degree of changes in prices of consumer goods and services purchased by rural households during a given period. It can be used to observe the impact of change in retail prices of consumer goods and service prices in rural areas on living expenditure of rural households, and to show the changes in the living standard of peasants. It provides basis for analysis and research on condition of life in rural areas.

Retail Price Indices reflect the trend and degree of change in retail prices of commodities during a given period. The change in retail prices of commodities directly affect the living expenditure of urban and rural residents, government revenue, purchasing power of residents and the equilibrium of market supply and demand, and the ratio of consumption to accumulation. Therefore, the retail price indices are useful to analyze the changes of the above economic activities.

Price Indices of Means of Agricultural Production reflect the trend and degree of changes in prices of means of agricultural production during a given period. Price indices of means of agricultural production are composed of 10 categories including Agricultural hand tools, feeds, Product livestock, semi-mechanized farm machinery, mechanized farm machinery, chemical fertilizers, pesticides and spraying machinery, fuels for farm machinery, other means of agricultural production and Agricultural production services. Compilation of these indices helps to understand the changes in prices of input into agricultural production and facilitate the compilation of national account statistics. Before 1994, price indices of means of agricultural production was a sub-category in the in the retail price indices of commodities, and it has been compiled separately since 1994.

Indices of Producers' Prices for Farm Products reflect the trend and degree of changes in producers' prices received by farmers when they sell farm products during a given period. These indices depict the change in the level and structure of producers' prices of farm products of the country and meet the needs of agriculture statistics and national account statistics. The producers' price index of a given product is calculated through geometrical mean of individual indices of all surveyed units who sell such product, and the indices of a product category is obtained through weighted mean of price indices of all products in the category. Method for calculating accumulative quarterly indices is the same as for calculating the distinctive quarterly indices.

Producer Price Indices for Industrial Products reflect the trend and degree of changes in price of all industrial products for the first time to sell during a given period, including sales of industrial products by an industrial enterprise to all units outside the enterprise, as well as sales of consumer goods to residents. It can be used to analyze the impact of ex factory prices on gross output value and value added of the industrial sector.

Industrial Producer Purchasing Price Indices reflect changes in the level and degree of prices paid by industrial enterprises when they purchase production input such as raw materials, fuels and power from the market or from other energy or raw materials producing enterprises. These indices provide important basis for measuring the material consumption of industrial enterprises after removing influence of price changes.

At present, close to 1,800 products in 9 categories, including fuels and power, ferrous metals, non ferrous metals, chemicals, building materials, are covered in China for the survey to produce indices of purchasing prices of raw materials, fuels and power.

Price Indices of Investment in Fixed Assets reflect the trend and degree of changes in prices of investment goods and projects in fixed assets during a given period. The investment in fixed assets consists of three components, namely the investment in construction and installation, the investment in purchases of equipment and instrument, and the investment in other items. Price indices of investment in fixed assets are calculated as the weighted arithmetic mean of the price indices of the three components of investment in fixed assets.

Removing the factor of price change in the aggregates of investment at current prices, this indicator shows the changes in the prices of commodities and fees involved in the investment of fixed assets, and can be used to observe the actual size, growth, structure, and efficiency of investment in fixed assets and provides reliable and scientific data for government planning, management, decision making, and further improving the current national accounting system.

Price Indices for Real Estate reflect the trend and degree of changes in prices of real estate during a given period, including price indices for selling houses and buildings, price indices for leasing houses and buildings and price indices for land transaction. The methods for the compilation of the three sets of indices are similar in that they all use bottom—up approach under which data are reported from lower level to higher level.

第10篇

居民生活

People's Livelihood

简 要 说 明

一、本篇资料的主要内容

本篇资料反映了全省全体居民、城镇、农村居民的家庭收支、就业、居住、耐用消费品拥有、生产和生活等方面的情况。

二、本篇资料的来源

1.本篇资料中历年城乡居民收支相关资料来源于城镇住户调查年报和农村住户调查年报，自2013年起，全省实施城乡住户调查一体化改革，居民收支相关资料来源于住户收支与生活状况调查年报，指标名称和口径范围有所调整，由国家统计局山东调查总队居民收支调查处整理提供。

2.本篇资料中农村住户人口与就业情况，由国家统计局山东调查总队住户专项调查处整理提供。

Brief Introduction

I. Content

Data in this chapter show the basic conditions of the people's livelihood in Shandong Province, including income and expenditure of the households, employment, housing condition, consumption and possession of the major consumer goods, etc.

II. Source of Data

(1) Data in this chapter over the years are collected by the sample survey on urban and rural households. Since 2013, Integrated Household Survey has been launched, so data of 2013 collected by annual survey of household incomes and living conditions may different from those of previous years due to the change of indexes and statistics scopes. All data are prepared and provided by the Division of Household Income and Expenditure Survey of the National Bureau of Statistics in Shandong.

(2) Data on population and employment of rural households are prepared and provided by the Division of Household Special Survey of the National Bureau of Statistics in Shandong.

10-1 主要年份城镇居民家庭基本情况
Basic Conditions of Urban Households of Major Years

年 份 Year	调查户数（户） Number of Households Surveyed (household)	平均每户家庭人口（人） Average Household Size (person)	平均每户就业人口（人） Average Number of Employed Persons per Household (person)	平均每一就业者负担人数（人） Number of Dependents per Employee (person)	人均全年可支配收入（元） Per Capita Annual Disposable Income (yuan)	人均全年消费支出（元） Per Capita Annual Consumption Expenditure (yuan)	人均住房建筑面积（平方米） Per Capita Construction Area of Building (sq.m)
1984	430	3.93	2.35	1.67	639	521	6.90
1985	900	3.57	2.10	1.70	748	670	7.77
1986	1630	3.54	2.05	1.72	854	751	9.15
1987	1730	3.53	2.05	1.72	987	813	9.61
1988	1830	3.51	2.06	1.71	1163	1026	9.96
1989	2080	3.43	2.01	1.71	1349	1161	10.25
1990	2180	3.38	2.00	1.69	1466	1229	10.05
1991	2180	3.31	1.98	1.67	1688	1407	10.49
1992	2180	3.26	1.98	1.65	1974	1599	10.80
1993	2080	3.24	1.96	1.65	2515	1947	11.20
1994	2080	3.21	1.96	1.64	3444	2635	11.88
1995	2050	3.19	1.96	1.63	4264	3285	12.35
1996	2050	3.16	1.99	1.59	4890	3771	12.13
1997	2100	3.17	2.01	1.58	5191	4041	12.70
1998	2300	3.14	1.98	1.59	5380	4144	12.82
1999	2400	3.12	1.93	1.62	5809	4515	13.10
2000	2500	3.10	1.87	1.66	6490	5022	13.75
2001	2450	3.06	1.82	1.68	7101	5252	14.17
2002	2650	3.02	1.78	1.70	7615	5596	24.57
2003	2650	2.98	1.77	1.68	8400	6069	25.67
2004	2650	2.95	1.77	1.67	9438	6674	26.39
2005	2800	2.91	1.69	1.72	10745	7457	28.49
2006	3000	2.91	1.71	1.70	12192	8468	29.29
2007	3050	2.87	1.68	1.71	14265	9667	29.80
2008	3300	2.87	1.64	1.75	16305	11007	31.33
2009	3300	2.86	1.64	1.74	17811	12013	31.80
2010	3300	2.86	1.67	1.71	19946	13118	32.09
2011	3300	2.83	1.69	1.67	22792	14561	33.18
2012	3300	2.83	1.69	1.67	25755	15778	33.44
2013	3661	2.79	1.63	1.71	26882	16646	36.39
2014	3679	2.83	1.69	1.67	29222	18323	37.30
2015	3738	2.86	1.70	1.70	31545	19854	36.36
2016	3776	2.81	1.65	1.74	34012	21495	37.51
2017	3767	2.82	1.63	1.77	36789	23072	37.61

注：1.住房建筑面积指标2001年以前为人均居住面积，2002年以后为人均建筑面积。
2.从2013年起，全省实施城乡住户调查一体化改革，居民收支调查指标与2013年前分别实施的城镇和农村住户调查的调查范围、方法指标口径有所不同(以下相关表同)。

a)Data before 2001 on construction area of builiding means per capita living space, data after 2002 per capita floor space.

b)An integrated household survey institution has been emplemented since 2013,including both urban and rural households.The coverage,methodology and definitions used in the suvey are different from those used for the separate urban and rural household survey prior to 2013.(The same applies to tables following).

10-2 主要年份城镇居民收入

Per Capital Annual Income of Urban Households of Major Years

单位:元/人 (yuan/person)

年份 Year	可支配收入 Disposable Income	总收入 Total Income	工资性收入 Income of Wages and Salaries	经营净收入 Net Business Income	财产性收入 income from Properties	转移性收入 Income from Transfer
1984	638.6	651.8	594.8	0.4		54.8
1985	747.6	754.6	653.8	5.6		92.3
1986	853.5	855.2	717.6	6.9		125.9
1987	987.1	987.2	852.4	4.2		124.9
1988	1163.5	1169.7	976.9	4.5		183.8
1989	1349.2	1349.3	1091.6	6.5	12.1	233.6
1990	1466.2	1516.4	1233.7	5.6	15.6	256.9
1991	1687.6	1687.6	1369.9	5.6	16.3	290.4
1992	1974.5	1976.6	1680.4	5.4	27.1	259.7
1993	2515.1	2517.5	2123.5	13.0	37.4	340.9
1994	3444.4	3445.1	2940.6	1.9	54.5	445.3
1995	4264.1	4265.4	3651.1	10.3	66.6	532.3
1996	4890.2	4893.4	4315.7	4.2	103.0	465.6
1997	5190.8	5217.2	4617.4	7.2	118.9	462.0
1998	5380.1	5414.2	4737.8	16.1	118.5	532.5
1999	5809.0	5840.5	5044.0	26.7	108.1	659.0
2000	6490.0	6521.6	5561.0	74.1	112.5	769.4
2001	7101.1	7141.2	5981.9	93.2	147.8	898.9
2002	7614.5	8158.1	6703.0	155.1	79.1	1221.0
2003	8399.9	9057.6	7418.4	227.9	109.8	1301.5
2004	9437.8	10187.1	8327.1	299.9	116.8	1443.2
2005	10744.8	11607.8	9026.6	492.1	151.9	1937.3
2006	12192.2	13222.9	10442.1	558.2	220.7	2002.0
2007	14264.7	15366.3	11814.2	730.2	304.7	2517.2
2008	16305.4	17549.0	12940.6	1194.4	346.9	3067.1
2009	17811.0	19336.9	13985.8	1379.0	412.8	3559.3
2010	19945.8	21736.9	15731.2	1703.7	490.2	3811.8
2011	22791.8	24889.8	17629.4	2294.9	615.7	4349.9
2012	25755.2	28005.6	19856.1	2621.4	704.9	4823.2
2013	26882.4					
2014	29221.9					
2015	31545.3					
2016	34012.1					
2017	36789.4					

10-3 主要年份城镇居民消费支出
Per Capital Annual Expenditure of Urban Households of Major Years

单位:元/人 (yuan/person)

年份 Year	消费支出 Consumption Expenditure	食品 Food	衣着 Clothing	居住 Residence	家庭设备用品及服务 Household Appliances and Services	交通和通信 Transport and Communicatio-ns	教育文化娱乐服务 Recreation, Education and Cultural Services	医疗保健 Health care and Medical Services	其他商品和服务 Miscellaneous Goods and Services
1984	520.9	312.0	85.0	24.1	41.1	12.0	30.5	3.4	12.6
1985	670.0	338.9	102.9	32.4	72.4	10.9	86.2	4.6	21.4
1986	751.3	378.4	106.4	58.7	84.8	12.8	77.4	4.6	27.6
1987	812.5	433.1	120.8	37.7	96.6	13.9	72.0	7.4	30.3
1988	1025.8	523.6	154.7	38.9	155.7	19.0	85.8	11.5	35.7
1989	1160.5	603.4	158.0	47.6	145.3	18.7	121.2	16.2	50.1
1990	1229.3	636.0	186.1	46.5	141.2	23.0	125.5	22.5	48.4
1991	1407.1	734.2	228.9	59.7	150.7	28.1	123.6	23.0	59.1
1992	1598.9	816.4	266.8	78.8	166.2	38.3	140.9	32.4	59.0
1993	1946.9	898.0	349.2	124.7	186.2	58.8	205.9	48.2	75.6
1994	2635.2	1212.5	473.6	179.5	247.7	94.9	250.2	72.4	104.2
1995	3285.5	1489.1	570.8	223.9	309.2	169.2	294.1	107.2	121.8
1996	3771.0	1651.3	657.6	262.4	323.6	194.2	397.3	147.2	137.2
1997	4040.6	1662.2	674.4	325.0	344.3	236.0	474.9	179.9	143.9
1998	4144.0	1649.5	581.0	371.3	384.6	269.5	552.0	188.1	147.8
1999	4515.1	1682.3	613.3	455.1	467.3	289.9	624.7	219.8	162.7
2000	5022.0	1755.7	665.6	482.2	474.2	375.2	754.3	322.6	192.1
2001	5252.4	1809.9	700.3	512.0	451.8	434.2	827.8	327.5	188.8
2002	5596.4	1927.6	751.8	459.7	397.0	538.5	929.1	407.7	185.0
2003	6069.4	2051.3	790.6	551.8	461.1	638.2	931.5	444.0	200.9
2004	6673.8	2310.7	829.2	601.5	457.3	801.2	983.1	484.4	206.3
2005	7457.3	2512.7	925.9	751.7	503.4	902.3	1040.0	579.0	242.3
2006	8468.4	2711.7	1091.2	838.2	526.3	1175.6	1202.0	624.1	299.5
2007	9666.6	3180.6	1238.3	1027.6	661.0	1333.6	1191.2	708.6	325.6
2008	11006.6	3699.4	1394.1	1247.0	806.4	1410.5	1277.4	799.8	372.0
2009	12012.7	3954.3	1548.8	1280.0	885.0	1719.7	1333.0	885.2	406.8
2010	13118.2	4205.9	1745.2	1408.6	915.0	2140.4	1401.8	885.8	415.6
2011	14560.7	4827.6	2008.8	1510.8	1013.8	2204.0	1538.4	938.9	518.3
2012	15778.2	5201.3	2197.0	1572.4	1126.0	2370.2	1655.9	1005.3	650.2
2013	16646.5								
2014	18322.6								
2015	19853.8								
2016	21495.3								
2017	23072.1								

10-4 主要年份农村居民家庭基本情况
Basic Conditions of Rural Households of Major Years

年 份 Year	调查户数 (户) Number of Households Surveyed (household)	调查户常住人口 (人) Number of Permanent Residents in the Households Surveyed (person)	平均每户常住人口 (人) Average Number of Permanent Residents Per Household (person)	平均每户整半劳力 (人) Average Number of Full/Semi Labour Force Per Household (person)	人均住房建筑面积 (平方米) Per Capita Space of Living House at Year-end (sq.m)	平均每人全年纯收入 (元) Per Capita Annual Net Income (yuan)	平均每人全年消费支出 (元) Expense on Household Consumption (yuan)
1978	715	4126	5.77	2.54	9.81	115	94
1979	732	4138	5.65	2.67	9.91	160	128
1980	825	4649	5.64	2.70	10.98	210	165
1981	827	4538	5.49	2.63	10.03	252	202
1982	1529	7849	5.13	2.54	10.64	300	230
1983	1438	7266	5.05	2.85	12.50	361	264
1984	1558	7730	4.96	2.86	14.54	395	287
1985	4000	18896	4.72	2.84	15.13	408	322
1986	4200	19667	4.68	2.85	15.74	449	365
1987	4200	19339	4.60	2.86	16.48	518	406
1988	4200	19074	4.54	2.86	17.34	584	482
1989	4200	18749	4.46	2.85	17.96	631	513
1990	4200	18486	4.40	2.82	18.48	680	547
1991	4200	18241	4.34	2.77	19.87	764	613
1992	4200	17886	4.26	2.75	19.31	803	656
1993	4200	17494	4.17	2.77	20.64	953	725
1994	4200	17239	4.10	2.76	21.15	1320	996
1995	4200	17089	4.07	2.78	21.56	1715	1339
1996	4200	16847	4.01	2.68	22.32	2086	1653
1997	4200	16574	3.95	2.65	23.16	2292	1626
1998	4200	16379	3.90	2.64	23.91	2453	1595
1999	4200	16116	3.84	2.60	25.07	2550	1680
2000	4200	15918	3.79	2.60	23.61	2659	1771
2001	4200	15671	3.73	2.54	24.60	2805	1905
2002	4200	15569	3.71	2.58	25.59	2954	1998
2003	4200	15405	3.67	2.62	26.53	3151	2133
2004	4200	15386	3.66	2.67	26.92	3507	2389
2005	4200	15382	3.66	2.69	29.64	3931	2736
2006	4200	15298	3.64	2.69	30.69	4368	3144
2007	4200	15204	3.62	2.69	31.69	4985	3622
2008	4200	15121	3.60	2.68	32.98	5641	4077
2009	4200	15012	3.57	2.68	34.24	6119	4417
2010	4200	14878	3.54	2.67	34.71	6990	4807
2011	4200	14722	3.51	2.53	36.31	8342	5901
2012	4200	14338	3.41	2.51	38.43	9446	6776
2013	3398	10702	3.15	2.30	39.56	10620	6877
2014	3404	10647	3.13	2.28	40.25	11809	7962
2015	3441	10810	3.13	2.28	40.91	12849	8748
2016	3470	10916	3.11	2.24	42.10		9519
2017	3469	10892	3.10	2.22	42.54		10342

注:1.1978年至1980年的住房建筑面积中包括生产用房。
a)The space of production house is included in the space of living house from 1978 to 1980.

10-5 主要年份农村居民收入
Per Capita Annual Income of Rural Households of Major Years

单位：元/人 (yuan/person)

年 份 Year	纯收入 Net Income	工资性收入 Income from Wages and Salaries	家庭经营纯收入 Income from Household Operations	财产性收入 Income from Properties	转移性收入 Income from Transfers
1978	114.6	82.4	20.8	6.8	4.6
1979	159.8	109.4	36.7	3.4	10.3
1980	210.2	141.3	44.9	9.6	14.4
1981	251.6	165.0	57.4	10.9	18.3
1982	300.0	219.9	59.9	9.5	10.7
1983	360.6	54.5	285.6	7.7	12.8
1984	395.0	63.1	314.3	4.0	13.6
1985	408.1	80.9	309.2	5.7	12.3
1986	449.3	90.7	338.9	6.9	12.8
1987	517.7	111.6	384.6	6.2	15.3
1988	583.7	143.5	415.7	9.0	15.5
1989	630.6	161.2	443.5	9.2	16.7
1990	680.2	167.8	486.0	9.4	17.0
1991	764.0	180.5	551.0	9.4	23.1
1992	802.9	228.4	536.5	15.3	22.7
1993	952.7	226.2	687.7	8.5	30.3
1994	1319.7	294.8	961.3	16.5	47.1
1995	1715.1	409.0	1230.6	28.8	46.7
1996	2086.3	522.9	1466.6	47.5	49.3
1997	2292.1	686.3	1495.1	29.6	81.1
1998	2452.8	722.7	1603.1	49.0	78.0
1999	2549.6	791.2	1599.7	68.9	89.8
2000	2659.2	850.6	1676.9	57.8	73.9
2001	2804.5	965.7	1705.3	34.7	98.8
2002	2954.0	1056.7	1728.7	53.8	114.8
2003	3150.5	1095.5	1874.5	63.9	116.6
2004	3507.4	1178.3	2147.5	64.9	116.7
2005	3930.5	1437.6	2258.0	102.8	132.1
2006	4368.3	1671.5	2409.8	127.6	159.4
2007	4985.3	1950.8	2700.5	144.3	189.7
2008	5641.4	2263.5	2963.0	163.9	251.1
2009	6118.8	2496.6	3129.3	196.1	296.8
2010	6990.3	2958.1	3456.9	238.3	337.0
2011	8342.1	3715.3	3935.2	246.4	445.2
2012	9446.4	4383.2	4234.4	257.2	571.6
2013	10619.9				
2014	11809.4				
2015	12848.6				

10-6 主要年份农村居民消费支出
Per Capita Consumption Expenditure of Rural Households of Major Years

单位：元/人 (yuan/person)

年份 Year	消费支出 Consumption Expenditure	食品 Food	衣着 Clothing	居住 Residence	家庭设备及用品 Household Facilities and Aticles	交通通信 Transport and Communications	文教娱乐 Education, Culture and Recreation	医疗保健 Health Care and Medical Services	其他 Others
1978	93.7	57.7	13.0	11.0					
1979	128.0	78.4	17.3	15.4					
1980	165.3	99.4	23.8	21.2	10.8	3.1	3.8	2.2	1.0
1981	202.1	112.7	27.0	31.7	18.6	3.8	4.3	2.8	1.2
1982	230.0	115.8	30.8	47.3	22.0	4.0	5.7	3.0	1.4
1983	264.4	134.1	34.6	50.1	25.4	5.7	8.3	4.5	1.7
1984	287.2	149.2	34.5	57.0	24.0	5.0	10.6	5.4	1.5
1985	322.0	168.2	35.7	66.1	24.3	5.4	14.2	6.7	1.4
1986	364.6	182.2	39.2	86.2	25.7	5.8	15.9	8.3	1.3
1987	406.3	202.2	42.3	97.0	27.8	5.9	20.6	9.5	1.0
1988	482.1	238.0	48.9	115.2	36.4	7.7	23.8	11.3	0.8
1989	513.1	259.1	53.5	113.2	37.3	6.0	30.5	12.7	0.8
1990	547.1	297.1	52.8	105.7	34.2	6.3	32.7	17.1	1.2
1991	613.0	333.1	60.6	105.1	39.9	10.0	41.3	20.8	2.2
1992	655.7	357.6	62.4	106.0	39.1	13.8	48.1	25.9	2.8
1993	724.5	415.6	60.2	98.8	40.6	14.8	60.3	24.7	9.5
1994	995.7	576.7	75.4	150.5	53.4	20.4	76.3	30.7	12.3
1995	1338.5	748.7	102.0	208.6	73.7	43.0	106.1	40.3	16.1
1996	1652.5	871.5	131.3	265.3	97.6	58.8	143.5	64.1	20.4
1997	1626.3	871.7	131.3	216.0	98.0	64.4	149.4	71.3	24.2
1998	1595.1	820.4	116.4	225.4	92.1	78.6	156.3	84.6	21.3
1999	1679.7	820.4	113.8	225.4	106.8	90.3	182.1	89.6	51.3
2000	1770.8	781.9	117.5	299.8	114.9	101.6	207.9	118.7	28.5
2001	1905.0	802.6	121.9	361.4	91.4	133.1	224.1	114.9	55.6
2002	1997.8	838.3	130.3	335.7	96.3	155.8	256.3	127.6	57.5
2003	2133.2	891.8	134.3	341.7	92.2	187.0	291.3	138.8	56.1
2004	2389.3	1000.1	139.2	366.0	110.1	221.9	298.2	155.9	97.9
2005	2735.8	1087.6	159.7	445.7	136.5	294.4	377.2	188.5	46.2
2006	3143.8	1191.3	198.1	548.1	158.7	352.2	408.8	221.8	64.8
2007	3621.6	1369.2	224.2	682.1	196.0	422.4	424.9	230.8	72.0
2008	4077.0	1551.8	250.3	804.8	240.9	452.6	417.3	280.5	79.0
2009	4417.2	1618.7	265.6	945.8	273.8	533.6	400.0	301.6	78.3
2010	4807.2	1804.4	305.6	832.9	324.7	649.2	421.9	383.9	84.5
2011	5900.6	2107.1	399.8	1127.0	411.6	753.0	482.7	508.4	111.0
2012	6776.1	2321.5	454.7	1399.9	405.7	937.6	501.0	635.3	120.2
2013	6877.3								
2014	7962.2								
2015	8747.6								
2016	9518.9								
2017	10342.1								

10-7 调查户和调查人口基本情况(2017年)
Condition of Households Surveyed and Residents Surveyed(2017)

指标名称		Indicator		全体居民 All Household	城镇居民 Urban Household	农村居民 Rural Household
一、调查户基本情况		**Basic Statistics on Households Surveyed**				
(一)调查样本住户数	(户)	Number of Households Surveyed	(household)	7235	3767	3469
(二)住户类型		Types of Households Surveyed				
1.家庭居住户	(%)	Family Households	(%)	99.0	98.2	100.0
2.集体居住户	(%)	Collective Households	(%)	1.0	1.8	
(三)户主文化程度		Education of Head of Household				
1.未上过学	(%)	Can not Read	(%)	0.3	0.2	0.6
2.小学	(%)	Primary School	(%)	3.0	1.6	5.4
3.初中	(%)	Junior High School	(%)	13.5	8.5	22.2
4.高中	(%)	Senior High School	(%)	6.6	7.6	4.9
5.大学专科	(%)	Junior College	(%)	3.0	4.4	0.5
6.大学本科	(%)	Bachelor	(%)	1.9	3.0	0.0
7.研究生	(%)	Graduate	(%)	0.1	0.1	
(四)农业经营户比例	(%)	Proportion of Farming Households	(%)	36.7	9.3	72.9
二、期末户均调查人口	**(人)**	**Average Number of Residents Surveyed**	**(person)**	**3.1**	**2.9**	**3.3**
三、期末常住成员情况		**Condition of Permanent Residents**				
(一)户均常住成员	(人)	Average Number of Permanent Residents Per Household	(person)	2.9	2.8	3.1
其中：在校学生人数		Total Enrollment		0.6	0.5	0.6
(二)性别		Sex				
1.男性	(%)	Male	(%)	50.6	50.7	50.5
2.女性	(%)	Female	(%)	49.4	49.3	49.5
(三)户口状况		Condition of Resident Accounts				
1.农业	(%)	Agricultural	(%)	63.8	35.1	98.0
2.非农业	(%)	Non-agricultural	(%)	36.0	64.4	2.0
3.其他	(%)	Others	(%)	0.3	0.5	0.0
四、常住从业人员情况		**Employment of Permanent Residents**				
(一)户均常住从业人数	(人)	Average Number of Employed Permanent Residents Per Household	(person)	1.8	1.6	2.1
(二)就业状况		Employment				
1.雇主	(%)	Employer	(%)	0.6	0.8	0.3
2.公职人员	(%)	Public Officials	(%)	2.9	5.6	0.1
3.事业单位人员	(%)	Institution staff	(%)	6.7	12.5	0.7
4.国有企业雇员	(%)	Employees of State-owned Enterprises	(%)	5.5	10.5	0.3
5.其他雇员	(%)	Other Employees	(%)	49.1	54.6	43.3
6.农业自营	(%)	Agricultural Operations	(%)	25.5	6.4	45.4
7.非农自营	(%)	Non-Agricultural Operations	(%)	9.7	9.6	9.8
(三)主要从事行业		Sector Employment				
1.第一产业	(%)	Primary Industry	(%)	27.7	8.0	48.2
2.第二产业	(%)	Second Industry	(%)	28.8	28.9	28.6
3.第三产业	(%)	Teriary Industry	(%)	43.5	63.0	23.1

10-8 全体居民可支配收入
Disposable Income of All Households

单位：元/人 (yuan/person)

指 标 名 称	Indicator	2016	2017
可支配收入	**Diaposable Income**	**24685.3**	**26929.9**
一、工资性收入	**Income of Wages and Salaries**	**14259.3**	**15532.3**
(一)工资	Wage	13752.7	14960.3
(二)实物福利	Benefits in kind	34.0	42.0
(三)其他	Others	472.6	529.9
二、经营净收入	**Net Business Income**	**5470.4**	**5892.6**
(一)第一产业净收入	Net Income from Primary Industry	2080.7	2106.6
1.农业	Farming	1676.5	1683.7
2.林业	Forestry	86.4	94.9
3.牧业	Animal Husbandry	223.6	229.8
4.渔业	Fishery	94.2	98.3
(二)第二产业净收入	Net Income from Second Industry	532.4	582.6
(三)第三产业净收入	Net Income from Teriary Industry	2857.3	3203.3
三、财产净收入	**Net Income from Properties**	**1632.8**	**1831.3**
(一)利息净收入	Net Income from Interest	121.1	118.8
(二)红利收入	Income from Bonus	149.4	167.5
(三)储蓄性保险净收益	Income from Savings Insurance	5.4	9.1
(四)转让承包土地经营权租金净收入	Net Income from Land Management Rights Transfer	111.6	104.0
(五)出租房屋净收入	Ner Icome from Renting Houses	233.2	276.4
(六)出租其他资产净收入	Ner Icome from Renting Other assets	19.3	15.4
(七)自有住房折算净租金	Income from Net Rent Equivalent to the value of Owned hcusing	965.0	1092.5
(八)其他	Others	27.8	47.6
四、转移净收入	**Net Income from Transfer**	**3322.7**	**3673.8**
(一)转移性收入	Income from Transfer	4657.4	5105.3
1.养老金或离退休金	Old-age Pensions	3615.2	4091.8
2.社会救济和补助	Relief and Pensions	46.4	35.6
3.惠农补贴	Subsidies for Agriculture from The Government	117.2	100.1
4.政策性生活补贴	Policy-living Allowance	67.4	38.2
5.报销医疗费	Allowance of Medical Expense	216.9	205.3
6.家庭外出从业人员寄回带回收入	Sent Back by Non-permanent Resident	372.1	411.7
7.赡养收入	Alimony Income	118.5	123.8
8.其他经常转移收入	Others	103.6	64.8
9.从政府和组织得到的实物产品和服务折价	Equivalent Monetary value of Physical products and services from The Government and other Organizations	22.3	34.0
(二)转移性支出	Expenditure for Transfers	1334.6	1431.5
1.个人所得税	Personal Income Tax	65.4	82.7
2.社会保障支出	Social Security Expenditure	1071.0	1164.4
3.外来从业人员寄给家人的支出	Sent to Familiy by Outland Employees	32.0	33.5
4.赡养支出	Alimony Expense	60.9	66.5
5.其他经常转移支出	Others	105.3	84.4

10-9 城镇居民可支配收入
Disposable Income of Urban Households

单位：元/人 (yuan/person)

指 标 名 称	Indicator	2016	2017
可支配收入	**Diaposable Income**	**34012.1**	**36789.4**
一、工资性收入	**Income of Wages and Salaries**	**21812.3**	**23431.0**
(一)工资	Wage	20903.2	22422.7
(二)实物福利	Benefits in kind	53.0	59.3
(三)其他	Others	856.0	949.0
二、经营净收入	**Net Business Income**	**4778.4**	**5193.9**
(一)第一产业净收入	Net Income from Primary Industry	581.3	531.2
1.农业	Farming	413.6	353.1
2.林业	Forestry	8.6	12.0
3.牧业	Animal Husbandry	28.0	30.7
4.渔业	Fishery	131.1	135.4
(二)第二产业净收入	Net Income from Second Industry	588.2	643.9
(三)第三产业净收入	Net Income from Teriary Industry	3608.9	4018.8
三、财产净收入	**Net Income from Properties**	**2740.2**	**3033.5**
(一)利息净收入	Net Income from Interest	161.7	162.3
(二)红利收入	Income from Bonus	244.9	285.8
(三)储蓄性保险净收益	Income from Savings Insurance	8.1	10.0
(四)转让承包土地经营权租金净收入	Net Income from Land Management Rights Transfer	60.6	54.8
(五)出租房屋净收入	Ner Icome from Renting Houses	404.5	465.1
(六)出租其他资产净收入	Ner Icome from Renting Other assets	21.5	24.1
(七)自有住房折算净租金	Income from Net Rent Equivalent to the value of Owned housing	1803.7	2004.4
(八)其他	Others	35.1	27.0
四、转移净收入	**Net Income from Transfer**	**4681.2**	**5130.9**
(一)转移性收入	Income from Transfer	6777.3	7362.5
1.养老金或离退休金	Old-age Pensions	6145.7	6725.6
2.社会救济和补助	Relief and Pensions	39.5	27.8
3.惠农补贴	Subsidies for Agriculture from The Government	19.7	15.2
4.政策性生活补贴	Policy-living Allowance	96.1	53.9
5.报销医疗费	Allowance of Medical Expense	178.0	194.6
6.家庭外出从业人员寄回带回收入	Sent Back by Non-permanent Resident	139.7	150.2
7.赡养收入	Alimony Income	100.1	87.5
8.其他经常转移收入	Others	58.5	72.9
9.从政府和组织得到的实物产品和服务折价	Equivalent Monetary value of Physical products and services from The Government and other Organizations	24.3	34.7
(二)转移性支出	Expenditure for Transfers	2096.1	2231.6
1.个人所得税	Personal Income Tax	119.4	148.6
2.社会保障支出	Social Security Expenditure	1672.6	1806.0
3.外来从业人员寄给家人的支出	Sent to Familiy by Outland Employees	59.7	61.0
4.赡养支出	Alimony Expense	97.6	100.1
5.其他经常转移支出	Others	146.8	115.9

10-10 农村居民可支配收入
Disposable Income of Rural Households

单位：元/人 (yuan/person)

指 标 名 称	Indicator	2016	2017
可支配收入	**Diaposable Income**	**13954.1**	**15117.5**
一、工资性收入	**Income of Wages and Salaries**	**5569.1**	**6068.9**
(一)工资	Wage	5525.6	6019.8
(二)实物福利	Benefits in kind	12.1	21.3
(三)其他	Others	31.4	27.8
二、经营净收入	**Net Business Income**	**6266.6**	**6729.7**
(一)第一产业净收入	Net Income from Primary Industry	3805.9	3994.1
1.农业	Farming	3129.5	3277.9
2.林业	Forestry	175.9	194.2
3.牧业	Animal Husbandry	448.8	468.3
4.渔业	Fishery	51.7	53.8
(二)第二产业净收入	Net Income from Second Industry	468.2	509.3
(三)第三产业净收入	Net Income from Teriary Industry	1992.5	2226.2
三、财产净收入	**Net Income from Properties**	**358.7**	**390.8**
(一)利息净收入	Net Income from Interest	74.4	66.6
(二)红利收入	Income from Bonus	39.6	25.7
(三)储蓄性保险净收益	Income from Savings Insurance	2.2	8.0
(四)转让承包土地经营权租金净收入	Net Income from Land Management Rights Transfer	170.2	163.0
(五)出租房屋净收入	Net Income from Renting Houses	36.2	50.3
(六)出租其他资产净收入	Net Income from Renting Other assets	16.9	5.0
(七)自有住房折算净租金	Income from Net Rent Equivalent to the value of Owned housing		
(八)其他	Others	19.3	72.3
四、转移净收入	**Net Income from Transfer**	**1759.7**	**1928.2**
(一)转移性收入	Income from Transfer	2218.2	2401.1
1.养老金或离退休金	Old-age Pensions	703.5	936.2
2.社会救济和补助	Relief and Pensions	54.3	45.0
3.惠农补贴	Subsidies for Agriculture from The Government	229.5	201.7
4.政策性生活补贴	Policy-living Allowance	34.4	19.3
5.报销医疗费	Allowance of Medical Expense	261.7	218.2
6.家庭外出从业人员寄回带回收入	Sent Back by Non-permanent Resident	639.5	725.0
7.赡养收入	Alimony Income	139.7	167.3
8.其他经常转移收入	Others	155.6	55.1
9.从政府和组织得到的实物产品和服务折价	Equivalent Monetary value of Physical products and services from The Government and other Organizations	20.0	33.2
(二)转移性支出	Expenditure for Transfers	458.5	472.9
1.个人所得税	Personal Income Tax	3.2	3.8
2.社会保障支出	Social Security Expenditure	378.8	395.6
3.外来从业人员寄给家人的支出	Sent to Familiy by Outland Employees	0.2	0.5
4.赡养支出	Alimony Expense	18.8	26.3
5.其他经常转移支出	Others	57.6	46.7

10-11 全体居民消费支出
Expense on Consumption of All Households

单位：元/人 (yuan/person)

指标名称	Indicator	2016	2017
消费支出	**Expense on Household Consumption**	**15926.4**	**17280.7**
一、食品烟酒	Food,Tobacco and liquor	4489.5	4715.1
二、衣着	Clothing	1326.1	1374.6
三、居住	Residence	3214.7	3565.8
四、生活用品及服务	Supplies and Services	1124.5	1260.5
五、交通和通信	Transport and Communications	2324.8	2568.3
六、教育、文化和娱乐	Recreation,Education and Cultural	1754.6	1948.4
七、医疗保健	Health care	1339.0	1484.3
八、其他用品及服务	Others	353.1	363.6

10-12 城镇居民消费支出
Expense on Consumption of Urban Households

单位：元/人 (yuan/person)

指标名称	Indicator	2016	2017
消费支出	**Expense on Household Consumption**	**21495.3**	**23072.1**
一、食品烟酒	Food,Tobacco and liquor	5929.4	6179.6
二、衣着	Clothing	1977.7	2033.6
三、居住	Residence	4473.1	4894.8
四、生活用品及服务	Supplies and Services	1576.5	1736.5
五、交通和通信	Transport and Communications	3002.5	3284.4
六、教育、文化和娱乐	Recreation,Education and Cultural	2399.3	2622.5
七、医疗保健	Health care	1610.0	1780.6
八、其他用品及服务	Others	526.9	540.2

10−13 农村居民消费支出
Expense on Consumption of Rural Households

单位：元/人 (yuan/person)

指标名称	Indicator	2016	2017
消费支出	**Expense on Household Consumption**	**9518.9**	**10342.1**
一、食品烟酒	Food,Tobacco and liquor	2832.8	2960.4
二、衣着	Clothing	576.4	585.2
三、居住	Residence	1766.8	1973.5
四、生活用品及服务	Supplies and Services	604.4	690.2
五、交通和通信	Transport and Communications	1545.1	1710.4
六、教育、文化和娱乐	Recreation,Education and Cultural	1012.9	1140.9
七、医疗保健	Health care	1027.3	1129.3
八、其他用品及服务	Others	153.3	152.1

10−14 居民家庭能源消费数量和金额(2017年)
Energy consumption of Households(2017)

指标名称		Indicator		全体居民 All Households		城镇居民 Urban Households		农村居民 Rural Households	
				数量 Amount	金额 (元/人) Money (yuan/person)	数量 Amount	金额 (元/人) Money (yuan/person)	数量 Amount	金额 (元/人) Money (yuan/person)
一、生活用电	**(度)**	**Electricity Consumption**	**(kwh)**	**555.2**	**310.1**	**660.4**	**369.3**	**429.1**	**239.0**
二、生活用燃料		**Living With Fuel**							
(一)燃气		Gas							
1.罐装液化石油气	(公斤/人)	Bottled LPG	(kg/person)	9.2	47.5	7.3	34.7	11.5	62.8
2.管道煤气	(立方米/人)	Gas Pipeline	(Cum/person)						
3.管道天然气	(立方米/人)	Natural gas pipeline	(Cum/person)	20.1	50.3	35.8	89.3	1.3	3.5
(二)燃料用油		Fuel Oil							
1.汽油	(升/人)	Gasoline	(Liters/person)	0.1	0.8	0.1	0.8	0.1	0.7
2.柴油	(升/人)	Diesel Oil	(Liters/person)	0.04	0.3	0.01	0.0	0.09	0.6
(三)其他燃料		Other Fuels							
1.煤炭	(公斤/人)	Coke	(kg/person)	130.2	126.0	68.8	69.0	203.9	194.2
2.柴	(公斤/人)	Firewood	(kg/person)	0.02	0.14	0.00	0.02	0.04	0.29
3.草	(公斤/人)	Grass	(kg/person)						
4.沼气	(立方米/人)	Biogas	(Cum/person)						

10-15 居民家庭食品消费数量(2017年)
Food Consumption of Households(2017)

单位：公斤/人 (kg/person)

指标名称	Indicator	全体居民 All Households	城镇居民 Urban Households	农村居民 Rural Households
一、粮食	**Grain**	**122.8**	**111.2**	**136.6**
(一)谷物	Cereal	113.3	101.4	127.6
1.大米	Wheat	13.1	15.8	9.9
2.面粉	Rice	88.3	75.5	103.7
3.玉米	Corn	5.0	2.2	8.4
4.其他谷物及制品	Others	6.8	7.9	5.6
(二)薯类	Tubers	1.7	1.7	1.6
1.红薯	Sweet Potato	0.9	0.8	1.0
2.马铃薯	Potato	0.4	0.5	0.3
3.其他薯类及制品	Others	0.4	0.4	0.4
(三)豆类	Beans	7.8	8.1	7.4
1.大豆	Soybean	0.9	0.7	1.0
2.其他豆类	Others	6.9	7.4	6.4
二、食用油	**Cooking oil**	**8.1**	**8.6**	**7.5**
(一)食用植物油	Edible vegetable oil	8.0	8.6	7.4
(二)食用动物油	Edible animal oil	0.1	0.1	0.1
三、蔬菜及食用菌	**Vegetables and Mushroom**	**93.6**	**102.8**	**82.7**
(一)鲜菜	Fresh Vegetables	90.8	99.2	80.6
(二)干菜及菜制品	Dried Vegetables and Products	1.0	1.2	0.9
(三)鲜菌	Fresh Mushrooms	1.6	2.0	1.1
(四)干菌及制品	Dry Bacteria and Products	0.2	0.3	0.1
四、肉禽及制品	**Products of Meat and Poultry**	**26.7**	**31.0**	**21.6**
(一)肉类	Meat	20.9	24.5	16.4
1.猪肉	Pork	13.0	14.5	11.3
2.牛肉	Beef	1.2	1.9	0.3
3.羊肉	Mutton	1.1	1.5	0.7
4.其他肉类及制品	Other meat and Processed Products	5.5	6.7	4.1
(二)禽类	Poultry	5.9	6.5	5.1
1.鸡	Chickens	3.7	3.9	3.5
2.鸭	Ducks	0.2	0.3	0.1
3.鹅	Gooses	0.0	0.0	0.0
4.其他禽类及制品	Other Poultry and Processed Products	2.0	2.3	1.5
五、水产品	**Aquatic Products**	**11.6**	**15.8**	**6.5**
(一)鱼类	Fish	5.9	7.4	4.2
(二)虾蟹贝类	Shrimp,Shellfish and Crab	4.1	6.1	1.7
(三)藻类	Algae	0.3	0.4	0.1
(四)其他水产品及制品	Others	1.3	1.9	0.6
六、蛋类	**Eggs and Products**	**17.2**	**17.9**	**16.3**
(一)鲜蛋	Fresh Eggs	16.7	17.3	16.1
(二)蛋制品	Egg Products	0.5	0.6	0.2
七、奶类	**Milk and Dairy Products**	**17.3**	**21.9**	**11.7**
(一)鲜奶	Fresh Milk	11.2	14.7	7.0
(二)酸奶	Yoghurt	4.2	5.3	2.9
(三)奶粉	Milk Powder	0.4	0.4	0.3
(四)其他奶制品	Other Milk Products	1.5	1.5	1.5
八、干鲜瓜果类	**Dried and Fresh Melons and Fruits**	**69.8**	**80.5**	**56.9**
(一)鲜瓜果	Fresh Melons and Fruits	64.2	73.7	52.8
(二)瓜果制品	Processed Products of melons and Fruits	1.2	1.6	0.8
(三)坚果类	Nuts and Processed Products	4.4	5.2	3.3
九、糖果糕点类	**Candy and Pastry**	**6.9**	**8.0**	**5.6**
(一)食糖	Sugar	1.0	0.9	1.0
(二)糖果	Candy	0.5	0.6	0.4
(三)糕点	Pastry	4.8	5.6	3.7
(四)其他糖果糕点	Others	0.8	0.9	0.6

10-16 居民家庭住房和耐用消费品拥有情况(2017年)
Household Ownership of Housing and Durables Consumer Goods(2017)

单位：%　　(%)

指标名称	Indicator	全体居民 All Households	城镇居民 Urban Households	农村居民 Rural Households
一、现住房情况	**Housing Condition**			
(一)人均住房建筑面积　(平方米)	Per Capita Construction Area of Building　(sq.m)	39.9	37.6	42.5
(二)按居住空间样式分的户数比重	Proportion of Housing Style			
1.单栋楼房	Single Building Housing	8.0	7.6	8.5
2.单栋平房	Single Bungalow	49.1	20.4	87.0
3.单元房	Units Housing	40.4	69.4	2.2
4.筒子楼或连片平房	Tube-shaped Apartment or Contiguous Bungalow	1.8	2.3	1.2
5.其他	Others	0.6	0.3	1.1
(三)按主要建筑材料分的户数比重	Proportion of Housing Building Materials			
1.钢筋混凝土	Reinforced Concrete	27.9	43.5	7.4
2.砖混材料	Brick and Concrete Materials	45.3	45.6	44.9
3.砖瓦砖木	Brick and Wood Materials	25.8	10.5	45.9
4.竹草土坯	Bamboo,Grass, Adobe Materials	0.8	0.2	1.5
5.其他	Others	0.2	0.2	0.3
(四)按房屋来源分的户数比重	Proportion of Housing Source			
1.租赁住房	Leasehold	1.5	2.2	0.5
2.自建住房	Self-built	56.2	25.5	96.7
3.购买商品房	Commercial Housing	23.7	40.7	1.3
4.购买房改住房	Reform Housing	9.1	16.0	0.1
5.购买保障性住房	Indemnificatory Housing	1.2	1.9	0.2
6.拆迁安置房	Resettlement Housing	5.8	9.8	0.4
7.继承或获赠住房	Inheritance or Gift Housing	0.6	0.6	0.6
8.其他	Others	1.9	3.3	0.2
(五)住房外道路为硬化路面的户比重	Proportion of Hardening Road Near Housing	93.0	97.7	86.8
二、生活设施状况	**Living Condition**			
(一)饮用水状况	Drinking Water Condition			
1.是否有管道设施	Pipeline Facilities Condition			
①管道供水入户	Pipeline into Housing	91.9	96.4	86.1
②管道供水至公共取水点	Pipeline into Public Points	1.7	1.8	1.6
③没有管道设施	No Pipeline Facilities	6.4	1.9	12.3
2.主要饮用水来源	Source of Drinking Water			
①经过净化处理的自来水	Tap Water	78.4	89.9	63.3
②受保护的井水和泉水	Protected Wells and Springs	14.8	4.7	28.2
③不受保护的井水和泉水	Non-Protected Wells and Springs	3.7	1.6	6.4
④江河湖泊水	Rivers and Lakes Water	0.4	0.4	0.5
⑤其他饮用水来源	Others(%)	2.7	3.5	1.6

10-16 续表 continued

单位：% (%)

指 标 名 称	Indicator		全体居民 All Households	城镇居民 Urban Households	农村居民 Rural Households
3.获取饮用水存在的主要困难	Major Difficulty on Obtaining Drinking Water				
①单次取水往返时间超过半小时	Round-trip Time More Than Half Hour		0.4	0.3	0.6
②间断或定时供水	Intermittent or Regular Supply		5.7	2.2	10.4
③当年连续缺水超过15天	Water over More than 15 days		0.0	0.0	0.1
④获取饮用水无困难	No Difficulty		93.8	97.6	88.9
4.饮用前家里采取的主要处理措施	Treatment of Drinking Water				
①煮沸	Boiling		91.8	91.8	91.8
②加漂白剂/氯等	Add bleach / chlorine		0.3	0.5	0.1
③使用水过滤器	Water Filter		2.2	3.0	1.3
④其他处理措施	Others		0.9	0.7	1.3
⑤没有任何水处理措施	No Treatment		4.7	4.1	5.4
(二)住宅内厕所状况	Toilet Condition				
1.水冲式卫生厕所	Flushing Sanitary Toilet		55.0	81.2	20.5
2.水冲式非卫生厕所	Flushing Non-Sanitary Toilet		1.6	1.1	2.2
3.卫生旱厕	Sanitary toilet		11.7	5.5	19.8
4.普通旱厕	Ordinary Toilet		30.9	10.9	57.4
5.无厕所	No Toilet		0.8	1.4	0.1
(三)主要炊用能源	Major Source of Cooking				
1.天然气、煤气、液化石油气	Natural Gas, Coal Gas, Liquefied Petroleum Gas		62.0	81.7	36.0
2.煤炭	Coal		5.2	2.2	9.1
3.电	Electricity		17.9	12.3	25.2
4.沼气	Biogas		0.02	0.00	0.04
5.其他	Others		15.0	3.9	29.7
三、每百户耐用消费品拥有情况	**Number of Durable Consumer Goods Owned by Per 100 Households**				
(一)家用汽车 (辆)	Automobiles	(unit)	47.7	59.2	32.4
(二)摩托车 (辆)	Motorcycles	(unit)	35.0	17.4	58.1
(三)电冰箱(柜) (台)	Refrigerators	(unit)	99.8	101.5	97.6
(四)洗衣机 (台)	Washing Machines	(unit)	96.1	98.0	93.6
(五)热水器 (台)	Water Heaters	(unit)	90.3	96.6	82.1
其中：太阳能热水器 (台)	Solar Water Heaters	(unit)	70.6	65.2	77.6
(六)空调 (台)	Air Conditioner	(unit)	100.3	128.1	63.7
(七)彩色电视机 (台)	Color TV Sets	(unit)	108.3	106.8	110.2
(八)摄像机 (台)	Pickup Cameras	(unit)			
(九)照相机 (台)	Cameras	(unit)	26.3	41.3	6.6
(十)计算机 (台)	Computers	(unit)	63.3	81.1	39.8
其中：接入互联网的计算机 (台)	Computers With Internet Access	(unit)	52.7	69.6	30.5
(十一)中高档乐器 (架)	High-grade Instruments	(unit)	4.1	6.5	0.9
(十二)固定电话 (线)	Fixed-line Phones	(unit)	23.5	27.8	17.8
(十三)移动电话 (部)	Mobile Phones	(unit)	225.7	226.0	225.3
其中：接入互联网的移动电话 (部)	Mobile Phones With Internet Access	(unit)	116.7	139.4	86.7

10-17 社区基础设施和居民享有的基本社会服务情况(2017年)
Community Infrastructure and Basic Social Services(2017)

单位：% (%)

指标名称	Indicator	全体居民 All Households	城镇居民 Urban Households	农村居民 Rural Households
一、社区基础设施情况和基本公共服务	**Community Infrastructure and Basic Social Services**			
(一)社区通公路的户比重	Proportion of Community Access Roads	100.0	100.0	100.0
(二)社区能便利地乘坐公共汽车的户比重	Proportion of Communities Through Bus	89.5	97.6	78.7
(三)社区通电的户比重	Proportion of Community Having Powered	100.0	100.0	100.0
(四)社区通电话的户比重	Proportion of Community Having Phone	100.0	100.0	100.0
(五)社区能接收有线电视信号的户比重	Proportion of Communities Can Receive TV signals	100.0	100.0	100.0
(六)社区饮用水经过了集中净化处理的户比重	Proportion of Community Drinking Purification water	83.6	91.6	73.1
(七)社区主要饮用水水源无化学污染的户比重	Proportion of Community Water Source Free of Chemical Contamination	98.2	98.4	98.0
(八)社区开通了管道燃气的户比重	Proportion of Community Open Gas Pipeline	46.3	77.0	5.9
(九)社区有集中供暖的户比重	Proportion of Community Have Central Heating	44.0	75.0	3.2
(十)按进社区道路状况分的户比重	Proportion of Road Into the Community			
1.水泥或柏油路面	Cement or Asphalt Road	98.2	99.8	96.2
2.沙石或石板等硬质路面	Hardening Road	1.4	0.2	3.0
3.其他	Others	0.4	0.0	0.8
(十一)按社区内主要道路状况分的户比重	Proportion of Community Road Conditions			
1.水泥或柏油路面	Cement or Asphalt Road	96.3	99.1	92.5
2.沙石或石板等硬质路面	Hardening Road	3.2	0.7	6.4
3.其他	Others	0.6	0.2	1.1
(十二)社区主要道路有路灯的户比重	Proportion of Community Main Road Have Streetlights	95.8	98.7	92.0
(十三)社区内垃圾能集中处理的户比重	Proportion of Community Can Focus Process Garbage	96.8	99.8	92.8
(十四)社区有健身器材的户比重	Proportion of Community With Fitness Equipment	87.2	92.6	80.1
(十五)社区有绿化园林景观的户比重	Proportion of Community Have Green Landscape	60.7	79.7	35.7
(十六)社区有卫生站(室)的户比重	Proportion of Community Have Health Stations	91.8	94.4	88.3
(十七)按上幼儿园便利程度分的户比重	Proportion of Classification by Kindergarten			
1.社区内有，且便利	Community kindergarten,Convenience	63.4	71.7	52.3
2.社区内无，但入园较便利	No Community kindergarten,Convenience	33.3	28.3	39.9
3.不便利	No Convenience	3.4		7.8
(十八)按上小学便利程度分的户比重	Proportion of Classification by Primary school and Convenience			
1.社区内有，且便利	Community Primary school,Convenience	45.5	51.3	37.9
2.社区内无，但入学较便利	No Community Primary school,Convenience	50.7	48.0	54.3
3.不便利	No Convenience	3.8	0.7	7.8
(十九)社区本年度未发生盗窃或其他刑事案件的户比重	Proportion of Community Without Theft or Other Criminal Cases	85.2	83.9	86.8
(二十)社区有安全保卫的户比重	Proportion of Community with Security	68.5	81.3	51.7
(二十一)行政村拥有合法行医证的医生的户比重	Proportion of Village have Legitimate Doctor	47.1	15.4	88.9
(二十二)行政村有合格接生员的户比重	Proportion of Village Have Qualified Midwives	6.2	3.4	9.9
二、社会保障	**Social Securities**			
参加医疗保险或享受公费医疗的人数比重	Proportion of Participated Medical Insurance or Public Health Services			
1.新型农村合作医疗	New Rural Cooperative Medical	55.7	25.2	92.1
2.城镇职工基本医疗保险	Urban Basic Medical Insurance	25.1	42.8	3.8
3.(城镇)居民基本医疗保险	Resident Basic Medical Insurance	18.7	27.3	8.3
4.公费医疗	Public Health Services	0.6	0.9	0.1
5.商业医疗保险	Commercial Medical Insurance	1.3	1.7	0.8
6.其他医疗保险	Others	0.8	1.3	0.1
7.没有参加任何医疗保险	No Medical Insurance	2.1	3.3	0.6

10-18 各市城镇居民主要指标(2017年)
Major Indicatous of Urban Households by Region(2017)

单位:元/人 (yuan/person)

地 区	Region	可支配收入 Disposable Income	工资性收入 Income of Wages and Salaries	经营净收入 Net Business Income	财产净收入 Net Income from Properties	转移净收入 Net Income from Transfer	消费支出 Expense on Household Consumption
济南市	Jinan	46642	26290	2590	8748	9014	30729
青岛市	Qingdao	47176	28992	7299	4297	6588	30569
淄博市	Zibo	39410	27309	3977	3547	4577	25260
枣庄市	Zaozhuang	29924	21781	4000	1603	2539	17247
东营市	Dongying	44763	31270	3508	4016	5969	26871
烟台市	Yantai	41837	24825	7434	3778	5800	27894
潍坊市	Weifang	36286	20467	7283	3530	5006	22582
济宁市	Jining	32420	22397	3245	2086	4692	19287
泰安市	Tai'an	32739	22225	3625	2560	4329	19376
威海市	Weihai	42703	25548	7545	3468	6142	27898
日照市	Rizhao	30790	23262	5114	1601	812	19176
莱芜市	Laiwu	34889	26546	1981	1811	4551	19912
临沂市	Linyi	33266	18374	11205	2028	1659	15742
德州市	Dezhou	24640	15790	5500	1724	1626	15131
聊城市	Liaocheng	25231	18586	3912	1619	1115	14651
滨州市	Binzhou	32919	21028	4606	2742	4542	22183
菏泽市	Heze	24116	11356	5590	2419	4751	15262

10-18 续表 continued

单位:元/人 (yuan/person)

地 区	Region	食品烟酒 Food, Tobacco and liquor	衣着 Clothing	居住 Residence	生活用品及服务 Supplies and Services	交通通信 Transport and Communications	教育、文化和娱乐 Recreation, Education and Cultural	医疗保健 Health care	其他用品及服务 Others
济南市	Jinan	7229	1956	9528	2440	4044	3055	1837	638
青岛市	Qingdao	9059	3116	6605	2121	4399	2875	1624	769
淄博市	Zibo	6323	2403	5785	1979	3464	3170	1676	459
枣庄市	Zaozhuang	5067	1577	3866	1497	2123	1837	908	373
东营市	Dongying	6318	2866	5998	1760	4640	2983	1691	614
烟台市	Yantai	8490	2856	6216	1744	3734	2226	1799	830
潍坊市	Weifang	5151	1686	4632	1559	4423	2720	1987	424
济宁市	Jining	5697	1772	3665	1540	2587	2159	1385	482
泰安市	Tai'an	4933	1686	4025	1477	2562	2484	1887	321
威海市	Weihai	7761	3110	4492	2057	4433	2647	2281	1118
日照市	Rizhao	5636	1618	3337	1368	3801	1757	961	699
莱芜市	Laiwu	4999	1774	4837	1564	2923	2228	1299	289
临沂市	Linyi	4162	1452	3325	1135	3096	1564	758	249
德州市	Dezhou	4395	1199	3626	817	2200	1380	1226	289
聊城市	Liaocheng	4408	1399	2995	792	1825	1732	1172	327
滨州市	Binzhou	6126	2007	4772	1667	3081	2543	1441	546
菏泽市	Heze	4444	1057	3584	972	1785	1679	1485	256

10-19 各市农村居民主要指标(2017年)
Major Indicators of Rural Households by Region(2017)

单位:元/人 (yuan/person)

地 区	Region	可支配收入 Disposable Income	工资性收入 Income of Wages and Salaries	经营净收入 Net Business Income	财产净收入 Net Income from Properties	转移净收入 Net Income from Transfer	消费支出 Expense on Household Consumption
济南市	Jinan	16594	9476	5795	454	870	10327
青岛市	Qingdao	19364	10882	7913	280	289	12928
淄博市	Zibo	16953	13129	2231	422	1171	12058
枣庄市	Zaozhuang	14164	7912	4966	97	1189	9345
东营市	Dongying	16252	7455	6776	1519	502	12346
烟台市	Yantai	18051	7923	7555	771	1802	13004
潍坊市	Weifang	17434	9743	5698	601	1392	11125
济宁市	Jining	14845	9724	4262	139	719	9641
泰安市	Tai'an	15674	10925	3231	218	1300	10100
威海市	Weihai	18963	9890	5462	349	3262	11728
日照市	Rizhao	14540	9046	4672	103	719	7836
莱芜市	Laiwu	16144	7318	7299	190	1338	11309
临沂市	Linyi	12613	6747	4820	161	886	8024
德州市	Dezhou	13389	6800	4998	125	1466	10785
聊城市	Liaocheng	12415	5444	5060	221	1690	8996
滨州市	Binzhou	14907	5437	7243	331	1896	10416
菏泽市	Heze	11753	3661	4445	75	3572	9375

10-19 续表 continued

单位:元/人 (yuan/person)

地 区	Region	食品烟酒 Food, Tobacco and liquor	衣着 Clothing	居住 Residence	生活用品及服务 Supplies and Services	交通通信 Transport and Communications	教育、文化和娱乐 Recreation, Education and Cultural	医疗保健 Health care	其他用品及服务 Others
济南市	Jinan	3253	546	2157	741	1639	993	841	157
青岛市	Qingdao	3869	971	2801	885	2262	1129	717	294
淄博市	Zibo	3392	834	2324	788	1768	1511	1284	157
枣庄市	Zaozhuang	2876	699	1841	711	1343	1047	645	184
东营市	Dongying	2870	658	2595	581	3398	1518	594	131
烟台市	Yantai	4687	1002	2428	686	1795	1027	1044	335
潍坊市	Weifang	3179	661	2189	717	1836	1270	1060	212
济宁市	Jining	2939	618	1739	663	1568	1064	882	168
泰安市	Tai'an	3246	538	1929	605	1310	1092	1254	126
威海市	Weihai	3427	1047	1986	774	1796	1088	1403	208
日照市	Rizhao	2558	734	1780	542	1207	659	280	76
莱芜市	Laiwu	3444	619	2445	662	1722	879	1412	126
临沂市	Linyi	2330	474	1945	605	1056	879	640	96
德州市	Dezhou	3269	601	3506	607	1329	576	764	133
聊城市	Liaocheng	2789	504	1858	545	1094	1092	927	189
滨州市	Binzhou	3096	584	1932	639	1779	1207	1002	177
菏泽市	Heze	3195	670	1438	579	1331	1215	833	114

10-20 农村住户人口与就业情况
Population and Employment of Rural Households

单位:人 (person)

类　　别	Category	2013	2014	2015	2016	2017
一、农村住户人口状况	**Population of Rural Households**					
(一)家庭人口	Households Population	15509	15519	15765	15919	15965
(二)家庭人口与户主关系	Relationship with the Head of Household					
1.户　主	the Head of the Household	4802	4802	4844	4881	4882
2.配　偶	Spouses	4424	4444	4588	4685	4672
3.子　女	Children	5165	5144	5237	5296	5315
4.孙子女	Grandchildren	705	755	782	811	847
5.父　母	Parents	376	342	291	237	232
6.祖父母	Grandparents	14	11	5	2	2
7.兄弟姐妹	Brothers and Sisters	17	15	11	2	4
8.其他亲属	Other Relatives	6	6	7	5	11
9.非亲属	Unrelated					
(三)年龄状况	Age Status					
1.6岁及以下	6 Year-old and Under	977	906	895	928	863
2.7-15岁	Between 7 and 15 Year-old	1514	1559	1721	1885	1888
3.16-18岁	Between 16 and 18 Year-old	481	543	554	587	594
4.19-22岁	Between 19 and 22 Year-old	637	591	672	744	803
5.23-25岁	Between 23 and 25 Year-old	955	777	639	465	412
6.26-30岁	Between 26 and 30 Year-old	1105	1197	1144	1076	1065
7.31-40岁	Between 31 and 40 Year-old	1829	1772	1799	1848	1816
8.41-50岁	Between 41 and 50 Year-old	3358	3286	3409	3528	3313
9.51-60岁	Between 51 and 60 Year-old	2463	2572	2738	2781	2936
10.61岁及以上	61 Year-old and Above	2190	2316	2194	2077	2275
二、农村住户劳动力素质状况	**Labor Force Quality of Rural Households**					
(一)整半劳动力数	Number of Full/Semi Labour Force	12295	12358	12178	12194	12229
#男劳动力人数	Number of Male Labour Force	6387	6397	6369	6368	6424
整劳动力人数	Number of Full Labour Force	7052	6874	6824	6776	6544
(二)年龄状况	Age Status					
1.16-18岁	Between 16 and 18 Year-old	481	543	552	586	593
2.19-22岁	Between 19 and 22 Year-old	635	588	670	742	798
3.23-25岁	Between 23 and 25 Year-old	947	773	636	463	410
4.26-30岁	Between 26 and 30 Year-old	1100	1193	1137	1068	1057
5.31-40岁	Between 31 and 40 Year-old	1815	1758	1788	1843	1809
6.41-50岁	Between 41 and50 Year-old	3322	3256	3383	3509	3298
7.51-60岁	Between51 and 60 Year-old	2410	2515	2616	2641	2787
8.61岁及以上	61 Year-old and Above	1585	1732	1396	1342	1477

10-20 续表 1 continued

单位:人 (person)

类　别	Category	2013	2014	2015	2016	2017
(三)文化程度	Education of Labor Force					
1.不识字或识字很少	Can Not Read or Read Very Little	464	444	291	283	269
2.小学	Primary School	2471	2303	1980	1768	1711
3.初中	Junior High School	6661	6782	6815	6906	6880
4.高中(中专)	Senior High School	1907	1965	2150	2221	2241
5.中专	Secondary School					
6.大专及以上	Junior College and over	792	864	942	1016	1128
三、农村住户劳动力就业情况	**Employment of Rural Labor Force**					
(一)就业劳动力人数	Number of Full/Semi Labour Force	10983	10814	10926	10880	10846
#男劳动力人数	Number of Male Labour Force	5800	5745	5805	5790	5799
整劳动力人数	Number of Full Labour Force	6358	6114	5972	5864	5560
(二)年内就业状况	Employment during the year					
1.本地务农	Engaged Agriculture at Local	8040	7428	7275	7007	6762
2.本地非农自营	Operating at Local	1102	1108	1060	1103	1077
3.本地非农务工	Working at local	3560	3686	3697	3568	3536
4.外出从业	Working Outside	2233	2151	2214	2207	2217
(三)主要就业地点	Place of Employment					
1.乡　内	In the Village	8983	8814	8843	8761	8677
2.县内乡外	In the County but outside the Village	801	802	891	838	891
3.省内县外	In the Province but outside the County	879	882	862	928	936
4.国内省外	In China but outside the Province	314	308	320	335	324
5.国　外	Abroad	6	8	10	18	18
(四)行业分布	Sector Employment					
1.第一产业	Primary Industry	5383	4826	4716	4625	4501
2.第二产业	Secondary Industry	3329	3405	3426	3401	3411
3.第三产业	Teriary Industry	2271	2583	2784	2854	2934
(五)年内从业时间(月)	Working time during the year (month)					
1.本地务农	Engaged Agriculture at Local	42421	39367	38991	37029	35057
2.本地非农自营	Operating at Local	8771	9567	9363	9758	9722
3.本地非农务工	Working at local	26059	28996	30685	29571	29990
4.外出从业	Working Outside	19340	19444	19084	19876	19686
(六)年末就业状况	Employment at Year-end					
1.本地务农	Engaged Agriculture at Local	5289	4775	4691	4553	4390
2.本地非农自营	Operating at Local	875	941	929	990	986
3.本地非农务工	Non-agriculture Employment at local	2411	2789	2927	2890	2945
4.外出从业	Non-local Employment	2021	1978	1995	2011	2023
5.其他从业	Other Employment	132	130	121	158	173
6.未从业	No Employment	255	201	263	278	329

10-20 续表 2 continued

单位:人 (person)

类 别	Category	2013	2014	2015	2016	2017
(七)参加医疗保险情况	Conditions of Participated in Medical Insurance					
1.农村新型农村合作医疗	New Cooperative Medical System	10413	9974	9060	8941	8640
2.城镇医疗保险	Urban Medical Insurance	541	782	1793	1867	2158
3.商业医疗保险	Commercial Medical Insurance	60	63	68	58	70
4.其他医疗保险	Other Medical Insurance	7	10	24	16	16
5.没有参加任何医疗保险	Non-participated in Medical Insurance	20	29	33	43	33
(八)参加养老保险情况	Conditions of Participated in Pension Insurance					
1.农村社会养老保险	New Rural Old-age Insurance	10048	9599	8911	8618	8287
2.城镇基本养老保险	Urban Basic Pension Insurance	672	893	1619	1754	2087
3.商业养老保险	Commercial Pension Insurance	114	105	108	90	115
4.其他养老保险	Other Pension Insurance	8	15	31	22	22
5.没有参加任何养老保险	Non-participated in Pension Insurance	226	280	315	445	416
四、外出劳动力情况	**Migrant worker**					
(一)外出劳动力人数	Number of Migrant worker	2233	2151	2214	2207	2217
#男劳动力人数	Number of Male Migrant worker	1659	1589	1661	1631	1652
整劳动力	Number of Full Labour Force	1910	1825	1843	1837	1792
(二)年龄状况	Age Status					
1.16-18岁	Between 16 and 18 Year-old	49	41	33	37	32
2.19-22岁	Between 19 and 22 Year-old	168	129	135	156	162
3.23-25岁	Between 23 and 25 Year-old	396	304	246	197	177
3.26-30岁	Between 26 and 30 Year-old	433	488	483	461	450
5.31-40岁	Between 31 and 40 Year-old	429	405	466	501	499
6.41-50岁	Between 41 and50 Year-old	506	518	556	566	561
7.51-60岁	Between51 and 60 Year-old	198	214	243	233	278
8.61岁及以上	61 Year-old and Above	54	52	52	56	58
(三)文化程度	Education of Labor Force					
1.不识字或识字很少	Can Not Read or Read Very Little	19	23	11	12	11
2.小学	Primary School	193	177	165	145	141
3.初中	Junior High School	1362	1294	1373	1382	1366
4.高中(中专)	Senior High School	448	425	432	415	416
5.中专	Secondary School					
6.大专及以上	Junior College and over	211	232	233	253	283
(四)接受农业技术培训人数	Number of Persons accepted Agricultural Technology Training	268	273	328	307	332
(五)接受非农职业技能培训人数	Number of Persons accepted Non-agricultural Vocational Skills Training	853	955	1030	1048	1077
(六)外出地区	Work Region					
1.乡外县内	In the County but outside the Village	909	853	950	881	904
2.县外省内	In the Province but outside the County	975	956	911	966	965
3.省外	Outside Province	349	342	353	360	348

10-20 续表 3 continued

单位:人 (person)

类　别	Category	2013	2014	2015	2016	2017
(七)地区类型	Type of Region					
1.直辖市	Municipalities	145	129	141	145	128
2.省会城市	Capital cities	270	278	291	293	273
3.地级市	Cities at Prefecture-level	614	635	675	643	632
4.县级市	Cities at County-level	968	915	864	846	933
5.建制镇	Towns	211	173	216	246	222
6.其他地区	Others	25	21	27	34	29
(八)从事行业	Sector Employment					
1.第一产业	Primary Industry	35	22	21	17	26
2.第二产业	Secondary Industry	1429	1349	1377	1333	1307
3.第三产业	Teriary Industry	769	780	816	857	884
(九)从事工作种类	Type of Job					
1.专业技术	Professional Technology	328	340	377	406	391
2.办事人员及有关	Staff Member	95	100	124	130	125
3.商业和服务业	Business	357	370	371	401	411
4.农、林、牧、渔、水利业生产	Production of Agriculture, Forestry, Animal Husbandry, Fishery and Water Conservancy	45	21	24	19	24
5.生产、运输设备操作人员及有关	Production and Transport Equipment Operators	908	887	845	879	910
6.其他	Others	500	433	473	372	356
(十)参加医疗保险情况	Conditions of Participated in Medical Insurance					
1.农村新型农村合作医疗	New Cooperative Medical System	2074	1962	1857	1797	1764
2.城镇医疗保险	Urban Medical Insurance	153	180	338	381	433
3.商业医疗保险	Commercial Medical Insurance	13	13	23	10	13
4.其他医疗保险	Other Medical Insurance	4	7	9	4	3
5.没有参加任何医疗保险	Non-participated in Medical Insurance	4	5	5	22	15
(十一)参加养老保险情况	Conditions of Participated in Pension Insurance					
1.农村社会养老保险	New Rural Old-age Insurance	1926	1808	1726	1655	1603
2.城镇基本养老保险	Urban Basic Pension Insurance	213	232	341	369	433
3.商业养老保险	Commercial Pension Insurance	27	27	27	14	24
4.其他养老保险	Other Pension Insurance	2	7	12	9	9
5.没有参加任何养老保险	Non-participated in Pension Insurance	79	93	120	167	164

主要统计指标解释

可支配收入 指调查户在调查期内获得的、可用于最终消费支出和储蓄的总和，即调查户可以用来自由支配的收入。可支配收入既包括现金，也包括实物收入。按照收入的来源，可支配收入包含四项，分别为：工资性收入、经营净收入、财产净收入、转移净收入。计算公式为：

可支配收入 ＝ 工资性收入 ＋ 经营净收入 ＋ 财产净收入 ＋ 转移净收入

其中：经营净收入 ＝ 经营收入 － 经营费用 － 生产性固定资产折旧－生产税净额（生产税－生产补贴）

财产净收入 ＝ 财产性收入 － 财产性支出

转移净收入 ＝ 转移性收入 － 转移性支出

工资性收入 指就业人员通过各种途径得到的全部劳动报酬和各种福利，包括受雇于单位或个人、从事各种自由职业、兼职和零星劳动得到的全部劳动报酬和福利。

经营净收入 指住户或住户成员从事生产经营活动所获得的净收入，是全部经营收入中扣除经营费用、生产性固定资产折旧和生产税之后得到的净收入。

财产净收入 指住户或住户成员将其所拥有的金融资产、住房等非金融资产和自然资源交由其他机构单位、住户或个人支配而获得的回报并扣除相关的费用之后得到的净收入。财产净收入包括利息净收入、红利收入、储蓄性保险净收益、转让承包土地经营权租金净收入、出租房屋净收入、出租其他资产净收入和自有住房折算净租金等。

转移性收入 指国家、单位、社会团体对住户的各种经常性转移支付和住户之间的经常性收入转移。包括政府、非行政事业单位、社会团体对居民转移的养老金或退休金、社会救济和补助、惠农补贴、政策性生活补贴、救灾款、经常性捐赠和赔偿以及报销医疗费等；住户之间的赡养收入、经常性捐赠和赔偿以及农村地区（村委会）在外（含国外）工作的本住户非常住成员寄回带回的收入等。转移性收入不包括住户之间的实物馈赠。

转移性支出 指调查户对国家、单位、住户或个人的经常性或义务性转移支付。包括缴纳的税款、各项社会保障支出、赡养支出、经常性捐赠和赔偿支出以及其他经常转移支出等。

消费支出 指住户用于满足家庭日常生活消费需要的全部支出，包括用于消费品的支出和用于服务性消费的支出。根据用途不同，消费支出可划分为食品烟酒、衣着、居住、生活用品及服务、交通通信、教育文化娱乐、医疗保健、其他用品及服务八大类。根据来源不同，消费支出可划分为现金消费支出、实物消费支出（含自产自用、来自单位、来自政府和其他社会组织）。

食品烟酒 指用于各种食品和烟草、酒类的支出，包括食品和烟酒两个中类。

衣着 指与居民穿着有关的支出，包括服装、服装材料、鞋类、其他衣类及配件、衣着相关加工服务的支出。

居住 指与居住有关的支出，包括房租、水、电、燃料、物业管理等方面的支出，也包括自有住房折算租金。

生活用品及服务 指家庭及个人的各类生活品及家庭服务。包括家具及室内装饰品、家用器具、家用纺织品、家庭日用杂品、个人用品和家庭服务。

交通通信 指用于交通和通信工具及相关的各种服务费、维修费和车辆保险等支出。

教育文化和娱乐 指用于教育和文化娱乐方面的支出。

医疗保健 指用于医疗和保健的药品、用品和服务的总费用。包括医疗器具及药品，以及医疗服务。

其他用品及服务 指无法直接归入上述各类支出的其他用品与服务支出。

就业者负担人数 指家庭人口与就业人口之比。

城镇家庭可支配收入（老口径） 指家庭成员得到可用于最终消费支出和其它非义务性支出以及储蓄的总和，即居民家庭可以用来自由支配的收入。它是家庭总收入扣除交纳的所得税、个人交纳的社会保障支出以及记账补贴后的收入。计算公式为：

可支配收入＝家庭总收入－交纳所得税
－个人交纳的社会保障支出－记帐补贴

农村居民纯收入 指农村住户当年从各个来源得到的总收入相应地扣除所发生的费用后的收入总和。计算方法：

纯收入＝总收入－家庭经营费用支出－税费支出
－生产性固定资产折旧

纯收入主要用于再生产投入和当年生活消费支出，也可用于储蓄和各种非义务性支出。“农民人均纯收入”按人口平均的纯收入水平，反映的是一个地区或一个农户农村居民的平均收入水平。

农村居民人均可支配收入与改革前的农民纯收入指标的主要区别是：可支配收入扣除了赠送农村以外亲友支出、农村居民用于购买住房、汽车等生活性贷款的利息支出，以及个人交纳的养老、医疗等社会保障支出，纯收入则不扣。同时，计算农村居民人均收入的分母调整为农村常住人口，调整了外出农民工寄带回收入的归类。

农村整、半劳动力 整劳动力指男子 18 周岁到 50 周岁，女子 18 周岁到 45 周岁；半劳动力指男子 16 周岁到 17 周岁，51 周岁到 60 周岁；女子 16 周岁到 17 周岁，46 周岁到 55 周岁，同时具有劳动能力的人。虽然在劳动年龄之内，但已丧失劳动能力的人，不应算为劳动力；超过劳动年龄，但能经常参加劳动，计入半劳动力数内。

Explanatory Notes on Main Statistical Indicators

Disposable Income refer to the households income sum that can be used for final consumption expenditure and savings during the period of investigation. Disposable income includes cash and real income. According to sources of income, disposable income includes the wage income, net operating income, net property income, and net transfer income. The formula for computing:

Disposable income = the wage income+ net operating income+net property income+net transfer income

Net operating income =
income - operating costs - depreciation of productive fixed assets - net taxes on production (production tax - production subsidies)

Net property income = income from property - property expenditure

The transfer of net income = income from transfer - transfer expenditure

Wage Income refers to income and all kinds of welfare obtained by laborers employed by different establishments, working independently or part time.

Net Operating Income refers to the net income from operation run by the members of households, and it equals to total income minus operating costs and depreciation of productive fixed assets and taxes on production.

Net Property Income refers to the net income obtained from the financial assets, non-financial assets such as housing and natural resources provided by its owners to other establishments, households or individuals. It includes net interest income, bonus, net income from saving insurance, net income from the transfer of the right to land contractual management, income from house renting, income from renting of other assets and net rental income of home ownership.

Income from Transfer refers to the current transaction between government, establishments, social organization and households, and to the income transaction between households. It includes annuity, pension, social relief, agricultural subsidy, disaster relief fund, and medical expense, which are provided by governments, institutions, social organizations. It also includes supporting expense, regular donations, and income provided by non-permanent population. It does not include donations between households.

Transfer Expenditure refers to the regular or obligatory expenditure provided by the households to governments, institutions, other households or residents. It includes taxes, social security expenditure, supporting expenditure, regular donation and compensation expenditure, etc.

Expense on Service Consumption refers to the consumption of all expenditure needs to meet the family daily life, including those for the consumer spending and for service consumption expenditure. According to different purposes, consumption can be divided into tobacco and food, clothing, housing, daily necessities and services, transportation and communication, education, culture and entertainment, health care, the other services. According to different sources, consumption can be divided into cash consumption, real consumer spending (including self occupied, from the unit, from the government and other social organizations).

Tobacco and Food refers to all kinds of expenditure on foods, tobaccos and beverages, including food and tobacco.

Clothing refers to the expenditure on clothes, clothing materials, shoes, accessories and charges for making clothes.

Housing refers to the expenditure related to residing, including rent, the expenditure of water, fuel, power and real estate management and net rental income of home ownership.

Daily Necessities and Services refers to the expenditure on daily necessities and home service, including the expenditures on furniture, decoration, appliance, textile, personal items and home service.

Transportation and Communication refers to the expenditure on transportation, communication, related service, maintenance, and vehicle insurance.

Education, Culture and Entertainment refers to the expenditure on education, culture and entertainment.

Health Care refers to the expenditure on health care, medicine, related products and service.

Other Services refers to the expenditure on the service that cannot be included in the services mentioned above.

Number of Dependents per Employee refers to the ratio between number of persons in households and the number of dependents.

Disposable Income of Households (in previous scope) refers to the households' income sum used for final consumption expenditure and savings during the period of investigation, meaning the income that is disposable for households. Disposable income is the general income of households minus income tax, social security expenditure and subsidy for account-keeping. The formula for computing:

Disposable Income of Households = general income-income tax- personal social security expenditure - subsidy for account keeping

Rural Households Net Income refers to the total income of rural households from all sources minus all corresponding expenses. The formula for calculation is as follows:

Net income=total income-household operation expenses-taxes and fees -depreciation of fixed assets for production

Net income is mainly used as input for reproduction and as consumption expenditure of the year, and also used for savings and non-compulsory expenses of various forms. "Per capita net income of farmers" is the level of net income averaged by population which reflects the average income level of rural households in a given area.

The main difference between rural household disposable income and rural household net income is that the disposable income does not include the expenditure of donations to urban relatives, the expenditure on house purchasing, interest expenditure on consumer loans, and expenditure on pension and health care, but the net income includes all the expenditure mentioned above. When calculating the average income of rural household, the denominator is changed to permanent rural residents and the classification of income brought back by migrant workers is also changed.

Rural Full/Semi Labor Force Full labor force refers to persons capable of work, aged 18-50 for males and 18-45 for females. Semi labor force refers to persons capable of work, aged 16-17 and 51-60 for males and 16-17 and 46-55 for females. Persons at their working ages but not capable of work are not to be included as labor force. Persons not at working ages but participating regularly in work are included in semi labor force. For staff and workers as resident population of the household, they are included as full or semi labor force of the household if they are in the labor force.

第11篇

城市建设

City Construction

简 要 说 明

一、本篇资料的主要内容

本篇资料反映了全省各城市基础设施基本情况，包括市政设施、设施水平、供水、公共交通、园林绿化、燃气供热和建设用地等方面的资料。

二、本篇资料的来源

本篇资料来源于省住房和城乡建设厅和省交通运输厅，由山东省统计局综合处和服务业处整理提供。

Brief Introduction

I. Content

Data in this chapter show the basic conditions of public facilities of main cities in Shandong, including urban construction and infrastructure, water supply, public communications, urban greenery, gas and heating and land for construction, etc.

II. Source of Data

Data in this chapter are provided by the Housing and Urban-Rural Development and Transportation Department of Shandong Province. Data in this chapter are prepared and compiled by the Division of Comprehensive Statistics and the Division of Comprehensive Service Statistics of Shandong Provincial Bureau of Statistics.

11－1 城市基础设施
Basic Statistics on Urban Infrastructure

指 标 名 称		Item		2014	2015	2016	2017
一、设施水平		**Urban Facilities**					
城市人口密度	(人/平方公里)	Population Density	(person/sq.km)	1426	1452	1502	1554
人均日生活用水量	(升)	Per Capita Daily Water Consumption	(litre)	138.8	138.5	132.8	126.7
用水普及率	(%)	Coverage Rate of Water Supply	(%)	99.9	100.0	99.8	99.8
燃气普及率	(%)	Coverage Rate of Natural Gas Supply	(%)	99.5	99.4	99.5	99.6
人均城市道路面积	(平方米)	Per Capita Area of Roads	(sq.m)	25.8	25.8	24.7	25.1
建成区排水管道密度	(公里/平方公里)	Built-up Area Density of Sewage Pipelines	(km/sq.km)	10.8	11.3	11.8	11.4
人均公园绿地面积	(平方米)	Per Capita Public Green Areas	(sq.m)	17.1	17.4	17.9	17.8
建成区绿化覆盖率	(%)	Coverage Rate of Urban Green Areas	(%)	42.8	42.3	42.3	42.1
二、供水情况		**Water Supply**					
供水总量	(万立方米)	Volume of Water Supply	(10 000 cu.m)	347781	355903	373322	385519
#生产运营用水	(万立方米)	For Productive Use	(10 000 cu.m)	144396	147925	155395	169031
用水人口	(万人)	Population Using Water	(10 000 persons)	3036	3129	3361	3527
三、公共交通		**Public Transportation**					
客运总量	(万人次)	Volume of Passenger Traffic	(10 000 person-times)	403854	389972	504778	548917
运营车数	(辆)	Number of Operating Vehicles	(unit)	34138	39734	47403	62351
出租汽车数	(辆)	Number of Taxis	(unit)	60119	61231	61397	72120
四、市政设施		**Infrastructure by City**					
道路面积	(万平方米)	Area of Roads	(10 000 sq.m)	78308	80847	83011	88799
#人行道面积	(万平方米)	Area of Sidewalks	(10 000 sq.m)	16359	16862	16794	17161
道路长度	(公里)	Length of Roads	(km)	39404	40426	40685	43580
路灯盏数	(盏)	Number of Streetlights	(unit)	1789706	1864921	1869799	1941822
桥梁数	(座)	Numer of Bridges	(unit)	5109	5212	5481	5440
污水年排放量	(万吨)	Volume of Waste Water Discharged	(10 000 tons)	295185	302129	320099	327755
污水年处理量	(万吨)	Volume of Waste Water Treated	(10 000 tons)	280596	289339	307953	317772
五、园林绿化		**Parks,Gardens and Green Areas**					
园林绿地面积	(公顷)	Garden Green Area	(ha)	205208	213517	225794	235690
公园绿地面积	(公顷)	Park Green Area	(ha)	51952	54345	60336	63042
绿化覆盖面积	(公顷)	Coverage of Green Area	(ha)	232174	240024	253328	267944
#建成区绿化覆盖面积	(公顷)	Coverage of Urban Green Area	(ha)	188277	194763	202635	209230
公园个数	(个)	Number of Parks	(unit)	790	828	920	1090
公园面积	(公顷)	Area of Parks	(ha)	32621	34112	36771	37721

11-2 城市设施水平(2017年)
Basic Statistics on Urban Infrastructure by City (2017)

城市名称	City	城市人口密度(人/平方公里) Population Density (person/sq.km)	人均日生活用水量(升) Per Capita Daily Water Consumption (litre)	用水普及率(%) Coverage Rate of Water Supply (%)	燃气普及率(%) Coverage Rate of Gas Supply (%)	人均城市道路面积(平方米) Per Capita Area of Roads (sq.m)	人均公园绿地面积(平方米) Per Capita Public Green Areas (sq.m)	建成区绿化覆盖率(%) Coverage Rate of Urban Green Areas (%)
全　省	**Total**	**1554**	**126.7**	**99.8**	**99.6**	**25.1**	**17.8**	**42.1**
济南市	Jinan	2425	142.1	100.0	100.0	23.3	11.3	40.7
青岛市	Qingdao	1942	157.8	100.0	100.0	19.1	17.4	39.1
胶州市	Jiaozhou	903	130.1	100.0	100.0	21.8	15.1	44.6
即墨市	Jimo	734	132.7	100.0	100.0	21.1	13.9	43.3
平度市	Pingdu	661	127.3	100.0	99.9	26.8	13.1	42.7
莱西市	Laixi	706	122.2	100.0	100.0	26.7	14.9	44.5
淄博市	Zibo	2475	128.8	100.0	100.0	27.7	19.5	45.3
枣庄市	Zaozhuang	2887	112.0	99.6	99.6	26.3	14.8	42.1
滕州市	Tengzhou	3663	147.6	100.0	99.9	21.4	13.7	33.2
东营市	Dongying	672	159.2	100.0	100.0	29.8	27.9	41.6
烟台市	Yantai	2264	129.9	98.8	99.5	27.7	18.2	42.6
龙口市	Longkou	2828	72.5	100.0	99.8	27.1	15.0	44.9
莱阳市	Laiyang	1133	62.1	96.6	96.5	16.6	16.4	37.0
莱州市	Laizhou	1059	81.3	100.0	99.7	20.1	14.3	39.8
蓬莱市	Penglai	1123	120.6	100.0	100.0	27.5	17.0	45.0
招远市	Zhaoyuan	1480	99.4	100.0	100.0	22.6	17.7	41.7
栖霞市	Qixia	5741	109.9	92.4	96.4	14.7	11.7	36.6
海阳市	Haiyang	985	106.2	99.6	99.6	17.6	15.5	42.5
潍坊市	Weifang	1092	129.4	100.0	100.0	30.4	19.6	41.9
青州市	Qingzhou	1199	112.8	100.0	100.0	29.3	21.5	43.1
诸城市	Zhucheng	970	124.7	100.0	100.0	24.3	23.3	44.4
寿光市	Shouguang	1111	119.1	100.0	100.0	22.5	24.7	45.3
安丘市	Anqiu	1012	108.9	100.0	100.0	40.9	24.8	41.4
高密市	Gaomi	1462	128.3	100.0	100.0	30.6	22.6	33.8
昌邑市	Changyi	1485	156.5	100.0	100.0	20.2	18.3	39.1
济宁市	Jining	1760	119.7	100.0	97.7	32.2	17.4	43.1
曲阜市	Qufu	3242	147.1	100.0	98.1	24.7	15.4	40.4
邹城市	Zoucheng	3556	119.4	100.0	94.6	10.4	11.0	37.2
泰安市	Tai'an	1731	130.9	100.0	100.0	28.5	22.8	45.0
新泰市	Xintai	1088	114.3	100.0	100.0	25.6	19.1	45.0
肥城市	Feicheng	2275	109.3	100.0	100.0	22.6	16.8	40.5
威海市	Weihai	1526	140.3	100.0	100.0	33.8	26.1	45.9
荣成市	Rongcheng	838	91.6	100.0	100.0	31.7	25.9	46.0
乳山市	Rushan	1423	120.8	100.0	100.0	33.4	19.4	45.8
日照市	Rizhao	2006	139.1	100.0	99.8	23.1	21.7	45.5
莱芜市	Laiwu	1116	74.0	100.0	100.0	27.3	21.1	45.4
临沂市	Linyi	1688	118.8	100.0	99.2	20.9	20.2	41.1
德州市	Dezhou	1725	78.9	100.0	99.9	28.1	21.5	43.5
乐陵市	Leling	2584	127.7	99.7	99.9	28.2	13.8	39.0
禹城市	Yucheng	3252	100.7	98.2	99.1	23.1	24.0	38.2
聊城市	Liaocheng	2118	100.4	100.0	100.0	27.2	12.8	43.9
临清市	Linqing	1240	68.7	98.4	92.7	30.3	13.8	41.4
滨州市	Binzhou	1122	120.2	100.0	100.0	24.5	19.4	44.8
菏泽市	Heze	2002	127.0	99.9	98.5	24.3	12.0	39.8

11-3 城市供水(2017年)

Urban Water Supply by City (2017)

城市名称	City	综合生产能力(万立方米/日) Production Capacity of Water Supply (10 000 cu.m/day)	地下水 Groundwater	供水管道长度(公里) Length of Water Supply Pioelines (km)	供水总量(万立方米) Volume of Water Supply (10 000 cu.m)	生产运营用水 For Productive Use	公共服务用水 For Public Service	居民家庭用水 For Households Use	用水人口(万人) Population with Access to Tap Water (10 000 persons)
全　　省	**Total**	**1860.2**	**640.0**	**53964**	**385519.2**	**169031.0**	**41176.6**	**120416.2**	**3526.7**
济 南 市	Jinan	242.2	131.0	4126	46170.8	16539.1	4400.7	16550.2	404.0
青 岛 市	Qingdao	200.5	10.0	6522	47272.6	14339.3	7354.5	17922.2	445.8
胶 州 市	Jiaozhou	18.0	6.0	448	4461.2	1540.9	664.0	1498.5	45.5
即 墨 市	Jimo	30.5		761	7385.0	4072.0	444.0	2379.0	58.3
平 度 市	Pingdu	13.5	8.7	571	3564.0	837.0	353.0	1858.0	47.6
莱 西 市	Laixi	15.5	5.6	543	3264.0	1429.1	472.8	926.8	31.6
淄 博 市	Zibo	146.6	91.7	3128	25130.8	12861.2	1522.6	6442.4	174.5
枣 庄 市	Zaozhuang	43.7	34.2	1609	8200.3	2509.8	461.1	3646.3	100.5
滕 州 市	Tengzhou	23.0	22.0	1052	6570.5	3355.5	445.0	1676.0	39.4
东 营 市	Dongying	97.5		1549	14991.5	7750.4	1933.4	3338.9	93.3
烟 台 市	Yantai	106.7	8.0	3696	19136.6	6692.9	3178.6	6518.6	204.5
龙 口 市	Longkou	11.9	3.9	388	1780.0	693.0	274.0	504.0	29.4
莱 阳 市	Laiyang	12.4	2.4	348	1849.9	976.9	20.1	638.4	29.1
莱 州 市	Laizhou	10.5		733	1947.0	266.0		1157.0	39.0
蓬 莱 市	Penglai	9.1	1.8	362	1419.0	531.0	250.0	534.0	17.8
招 远 市	Zhaoyuan	9.8	3.5	463	1843.7	1014.8	258.3	482.6	20.4
栖 霞 市	Qixia	4.3	1.3	143	803.0	65.7	247.0	425.0	17.0
海 阳 市	Haiyang	11.4		433	1516.0	359.0	135.9	861.1	25.7
潍 坊 市	Weifang	75.9	18.6	2258	15945.7	8327.5	1788.0	4378.1	130.5
青 州 市	Qingzhou	18.7	15.7	769	3819.0	1888.6	349.3	1131.8	36.0
诸 城 市	Zhucheng	23.0	2.7	364	7282.0	4135.0	450.0	1765.0	48.7
寿 光 市	Shouguang	18.6	15.9	377	5736.0	3747.0	206.0	1380.0	36.5
安 丘 市	Anqiu	30.3	6.5	417	4042.0	2106.0	484.0	972.0	36.6
高 密 市	Gaomi	32.1	10.6	300	7050.8	5190.7	223.6	1131.7	29.0
昌 邑 市	Changyi	16.5	10.2	116	3756.0	2543.0	350.0	668.0	17.8
济 宁 市	Jining	71.7	71.7	1551	17720.6	7549.8	776.9	5419.5	155.6
曲 阜 市	Qufu	10.1	9.0	351	3847.0	1950.0	391.0	758.0	21.4
邹 城 市	Zoucheng	15.0	15.0	477	4832.9	2804.9	437.3	1036.7	34.8
泰 安 市	Tai'an	32.9	18.4	2324	7760.4	1818.0	2162.0	2697.9	101.7
新 泰 市	Xintai	17.5	1.0	844	3196.3	573.0	332.0	1913.0	54.0
肥 城 市	Feicheng	7.3	7.3	232	2150.0	635.0	284.0	960.0	31.2
威 海 市	Weihai	48.7	0.8	3546	10594.6	4303.8	2201.1	2730.9	96.3
荣 成 市	Rongcheng	19.7	1.2	963	2689.0	1000.0	589.0	789.0	41.2
乳 山 市	Rushan	13.5	1.6	597	1738.0	580.0	371.0	511.0	20.0
日 照 市	Rizhao	44.5	4.5	1778	7241.0	2064.8	1466.0	2609.2	81.0
莱 芜 市	Laiwu	25.4	7.6	1015	4154.0	1517.0	102.5	1696.0	68.5
临 沂 市	Linyi	101.2	15.7	2500	25444.6	12526.3	1437.3	7913.5	215.7
德 州 市	Dezhou	53.0	1.0	1500	13085.2	9055.8	497.2	2492.6	103.9
乐 陵 市	Leling	9.2	6.1	107	1600.8	232.7	424.9	775.1	25.8
禹 城 市	Yucheng	10.8	9.4	318	2552.9	1674.8	59.4	644.1	19.2
聊 城 市	Liaocheng	41.6	34.1	1882	9953.7	5741.1	335.8	2867.6	87.4
临 清 市	Linqing	15.0	10.0	290	3063.5	2043.6	77.0	724.9	32.0
滨 州 市	Binzhou	71.4	0.7	1637	10754.5	5701.0	991.6	2944.8	89.7
菏 泽 市	Heze	29.7	14.7	574	8302.8	3487.8	1975.0	2147.0	89.0

11-4 城市公共交通(2017年)
Public Transportation by City(2017)

城市名称	City	运营车数(辆) Number of Operating Vehicles (unit)	标准运营车数(标台) Number of Standard Operating Vehicles (unit)	运营线路总长度(公里) Length of Operation Lines (km)	客运总量(万人次) Volume of Passenger Traffic (10 000 person-times)	出租汽车数(辆) Number of Taxis (unit)
合　计	**Total**	**62351**	**68243**	**130942**	**419313**	**72120**
济南市	Jinan	6973	8763	6117	76072	9267
青岛市	Qingdao	7838	10012	11087	111105	10853
胶州市	Jiaozhou	917	1023	1245	3190	443
平度市	Pingdu	894	807	2714	3179	314
莱西市	Laixi	297	332	2223	612	287
淄博市	Zibo	2251	2541	6620	15836	6110
枣庄市	Zaozhuang	1675	1704	3072	7643	834
滕州市	Tengzhou	1118	1216	1993	8212	705
东营市	Dongying	1129	1272	3479	6183	3105
烟台市	Yantai	2090	2638	3228	31225	2169
龙口市	Longkou	335	389	815	1361	442
莱阳市	Laiyang	155	155	122	1146	399
莱州市	Laizhou	161	164	110	830	450
蓬莱市	Penglai	156	161	186	615	616
招远市	Zhaoyuan	313	356	1028	1416	374
栖霞市	Qixia	394	376	2460	1420	366
海阳市	Haiyang	245	230	430	476	394
潍坊市	Weifang	1697	2163	2298	11585	2296
青州市	Qingzhou	445	416	600	2800	497
诸城市	Zhucheng	677	716	1644	4130	372
寿光市	Shouguang	661	612	1810	1960	376
安丘市	Anqiu	465	485	662	695	292
高密市	Gaomi	261	264	608	580	332
昌邑市	Changyi	363	360	553	1050	211
济宁市	Jining	1968	2230	2250	13126	2060
曲阜市	Qufu	295	253	1192	1122	209
邹城市	Zoucheng	1003	1005	1715	2999	797
泰安市	Tai'an	2146	2170	2946	8617	1292
新泰市	Xintai	715	664	1596	2024	258
肥城市	Feicheng	422	407	705	1239	402
威海市	Weihai	1537	1759	4565	16919	1895
荣成市	Rongcheng	465	528	3083	3733	325
乳山市	Rushan	297	295	2642	1248	270
日照市	Rizhao	712	804	1044	6778	1068
莱芜市	Laiwu	1456	1486	3270	5666	1600
临沂市	Linyi	2424	2583	2658	14603	2770
德州市	Dezhou	805	863	1268	3219	2525
乐陵市	Leling	49	40	350	219	197
禹城市	Yucheng	204	233	452	366	259
聊城市	Liaocheng	1389	1439	2386	5219	1416
临清市	Linqing	434	443	599	655	332
滨州市	Binzhou	1446	1437	4904	4579	831
菏泽市	Heze	1365	1371	2914	4475	1668

11-5 城市市政设施(2017年)
Infrastructure by City (2017)

城市名称	City	道路长度(公里) Length of Roads (km)	道路面积(万平方米) Area of Roads (10 000 sq.m)	人行道面积(万平方米) Area of Sidewalks (10 000 sq.m)	路灯盏数(盏) Number of Streetlights (unit)	桥梁数(座) Number of Bridges (unit)
合 计	**Total**	**43580**	**88799.0**	**17161.2**	**1941822**	**5440**
济南市	Jinan	5298	9420.3	1963.3	168392	870
青岛市	Qingdao	4865	8495.8	1880.3	165821	665
胶州市	Jiaozhou	659	993.9	163.6	20649	74
即墨市	Jimo	857	1229.9	328.5	19497	56
平度市	Pingdu	700	1275.1	242.5	18256	49
莱西市	Laixi	518	844.8	153.5	18730	24
淄博市	Zibo	2040	4839.0	996.4	78289	288
枣庄市	Zaozhuang	1271	2657.0	669.1	60156	110
滕州市	Tengzhou	586	842.8	242.8	22951	32
东营市	Dongying	1092	2777.5	383.9	48311	184
烟台市	Yantai	2538	5721.6	907.7	118367	93
龙口市	Longkou	352	796.4	240.5	19361	15
莱阳市	Laiyang	334	498.6	133.6	8933	16
莱州市	Laizhou	322	784.8	116.2	29059	13
蓬莱市	Penglai	290	490.4	105.9	20047	43
招远市	Zhaoyuan	291	461.7	100.6	10497	56
栖霞市	Qixia	142	269.7	51.1	10379	28
海阳市	Haiyang	209	454.8	163.6	9534	34
潍坊市	Weifang	2050	3969.5	802.3	83720	75
青州市	Qingzhou	615	1053.7	247.5	49314	26
诸城市	Zhucheng	616	1180.8	219.6	28008	36
寿光市	Shouguang	479	820.2	103.5	35159	7
安丘市	Anqiu	695	1496.5	126.5	24444	77
高密市	Gaomi	557	885.6	254.9	17593	83
昌邑市	Changyi	170	360.0	92.6	8659	29
济宁市	Jining	1746	5011.5	899.6	71435	206
曲阜市	Qufu	304	529.4	95.9	51580	32
邹城市	Zoucheng	372	360.8	115.1	19405	42
泰安市	Tai'an	1371	2894.2	333.5	39841	196
新泰市	Xintai	563	1383.2	157.6	13850	38
肥城市	Feicheng	227	704.3	72.1	19762	36
威海市	Weihai	1428	3251.9	619.6	75527	439
荣成市	Rongcheng	643	1307.6	195.1	33518	102
乳山市	Rushan	360	668.5	116.3	20249	86
日照市	Rizhao	891	1871.4	355.1	53712	95
莱芜市	Laiwu	999	1868.2	379.9	39988	112
临沂市	Linyi	2346	4512.2	717.0	170293	184
德州市	Dezhou	1062	2917.2	525.6	72046	139
乐陵市	Leling	368	729.5	187.2	5960	25
禹城市	Yucheng	224	449.7	55.6	6717	66
聊城市	Liaocheng	681	2376.1	516.1	51714	138
临清市	Linqing	441	985.8	314.5	9232	30
滨州市	Binzhou	1058	2198.7	402.1	49135	293
菏泽市	Heze	950	2158.7	413.4	43732	198

11-5 续表 continued

城市名称	City	排水管道长度(公里) Length of Sewage Pipelines (km)	污水年排放量(万吨) Volume of Waste Water Discharged (10 000 tons)	污水处理总量(万吨) Volume of Waste Water Treated Yearly (10 000 tons)	生活垃圾清运量(万吨) Volume of Garbage Disposal (10 000 tons)	生活垃圾无害化处理量(万吨) Volume of Garbage Harmless Diposed (10 000 tons)
合 计	**Total**	**60278**	**327755.0**	**317772.0**	**1591.3**	**1591.3**
济南市	Jinan	5759	39245.0	38830.0	178.5	178.5
青岛市	Qingdao	7367	40182.0	39000.0	208.1	208.1
胶州市	Jiaozhou	704	4015.0	3895.0	29.0	29.0
即墨市	Jimo	825	6647.0	6448.0	31.8	31.8
平度市	Pingdu	691	3208.0	3112.0	34.8	34.8
莱西市	Laixi	732	2938.0	2850.0	20.9	20.9
淄博市	Zibo	3384	21362.0	20690.0	90.1	90.1
枣庄市	Zaozhuang	1309	6970.0	6761.0	41.8	41.8
滕州市	Tengzhou	528	5585.0	5373.0	11.5	11.5
东营市	Dongying	1635	12743.0	12361.0	35.8	35.8
烟台市	Yantai	3854	16233.0	15746.0	82.1	82.1
龙口市	Longkou	563	1513.0	1468.0	10.7	10.7
莱阳市	Laiyang	303	1572.0	1525.0	22.3	22.3
莱州市	Laizhou	441	1655.0	1605.0	12.8	12.8
蓬莱市	Penglai	375	1206.0	1170.0	4.2	4.2
招远市	Zhaoyuan	490	1567.0	1521.0	7.3	7.3
栖霞市	Qixia	181	683.0	662.0	6.1	6.1
海阳市	Haiyang	365	1289.0	1243.0	14.2	14.2
潍坊市	Weifang	2345	13343.0	12931.0	62.2	62.2
青州市	Qingzhou	837	3246.0	3149.0	12.8	12.8
诸城市	Zhucheng	685	6190.0	6004.0	21.5	21.5
寿光市	Shouguang	890	4875.0	4729.0	13.5	13.5
安丘市	Anqiu	853	3436.0	3333.0	11.5	11.5
高密市	Gaomi	592	5993.0	5256.0	25.0	25.0
昌邑市	Changyi	219	3193.0	3097.0	6.0	6.0
济宁市	Jining	2121	15063.0	14602.0	56.7	56.7
曲阜市	Qufu	256	3270.0	3141.0	14.6	14.6
邹城市	Zoucheng	343	4108.0	3968.0	27.5	27.5
泰安市	Tai'an	1795	6598.0	6400.0	42.6	42.6
新泰市	Xintai	573	2817.0	2732.0	23.7	23.7
肥城市	Feicheng	287	1828.0	1748.0	16.1	16.1
威海市	Weihai	3966	9006.0	8736.0	41.4	41.4
荣成市	Rongcheng	1144	2285.0	2217.0	16.0	16.0
乳山市	Rushan	767	1477.0	1433.0	7.1	7.1
日照市	Rizhao	1669	6153.0	5970.0	46.4	46.4
莱芜市	Laiwu	1149	3531.0	3423.0	28.1	28.1
临沂市	Linyi	3565	20453.0	19742.0	92.2	92.2
德州市	Dezhou	1319	11122.0	10778.0	32.5	32.5
乐陵市	Leling	240	1361.0	1320.0	10.8	10.8
禹城市	Yucheng	260	2170.0	2105.0	5.9	5.9
聊城市	Liaocheng	1495	8460.0	8134.0	30.6	30.6
临清市	Linqing	385	2966.0	2851.0	14.4	14.4
滨州市	Binzhou	1913	9141.0	8867.0	28.0	28.0
菏泽市	Heze	1104	7057.0	6846.0	62.4	62.4

11-6 城市园林绿化(2017年)
Parks, Gardens and Green Areas by City (2017)

城市名称	City	绿化覆盖面积(公顷) Coverage of Green Area (ha)	建成区 Urban Green Area	园林绿地面积(公顷) Garden Green Area (ha)	公园绿地面积(公顷) Park Green Area (ha)	公园个数(个) Number of Parks (unit)	公园面积(公顷) Area of Parks (ha)
合　计	**Total**	**267944**	**209230**	**235690**	**63042**	**1090**	**37721**
济南市	Jinan	18885	18884	16697	4574	51	2882
青岛市	Qingdao	38631	24933	36209	7763	175	4727
胶州市	Jiaozhou	2818	2618	2588	688	18	542
即墨市	Jimo	2792	2598	2548	810	11	770
平度市	Pingdu	2958	2744	2483	623	24	518
莱西市	Laixi	1740	1556	1452	472	9	332
淄博市	Zibo	20769	12486	18896	3406	42	1084
枣庄市	Zaozhuang	9138	6438	7318	1494	47	879
滕州市	Tengzhou	2082	1986	2032	541	21	347
东营市	Dongying	10173	6352	9571	2603	56	2557
烟台市	Yantai	14247	14120	12867	3770	29	750
龙口市	Longkou	2177	1968	1771	441	10	223
莱阳市	Laiyang	2396	1582	1584	492	1	73
莱州市	Laizhou	2109	2081	1951	558	31	230
蓬莱市	Penglai	1520	1149	1165	303	10	109
招远市	Zhaoyuan	1399	1369	1272	362	9	355
栖霞市	Qixia	700	625	600	215	4	41
海阳市	Haiyang	1575	1462	1457	401	6	383
潍坊市	Weifang	11692	7516	10836	2564	35	1331
青州市	Qingzhou	2605	2243	2420	773	17	156
诸城市	Zhucheng	5265	2277	3140	1134	13	592
寿光市	Shouguang	3599	1836	3103	901	13	664
安丘市	Anqiu	3206	2571	2745	907	11	776
高密市	Gaomi	2323	2022	1886	654	5	175
昌邑市	Changyi	1524	978	1137	327	3	280
济宁市	Jining	10446	9549	9047	2713	33	1599
曲阜市	Qufu	1314	1091	1050	330	25	330
邹城市	Zoucheng	1892	1804	1657	383	14	371
泰安市	Tai'an	7334	7065	6968	2317	17	1518
新泰市	Xintai	3240	3131	3036	1032	17	971
肥城市	Feicheng	2034	1776	1805	525	5	454
威海市	Weihai	10171	8909	9277	2515	34	1068
荣成市	Rongcheng	2789	2601	2521	1068	16	718
乳山市	Rushan	1839	1568	1620	387	9	168
日照市	Rizhao	5258	4874	4780	1760	33	1074
莱芜市	Laiwu	6926	5451	6721	1448	89	1262
临沂市	Linyi	14375	9479	12434	4354	40	4254
德州市	Dezhou	7651	6799	6501	2234	26	429
乐陵市	Leling	1545	1287	1182	357	11	242
禹城市	Yucheng	1862	1432	1574	468	9	168
聊城市	Liaocheng	6581	4598	3978	1115	12	508
临清市	Linqing	2280	1300	2012	448	7	192
滨州市	Binzhou	7209	6280	6215	1742	26	942
菏泽市	Heze	6875	5841	5585	1068	16	679

11-7 城市燃气供热情况(2017年)
Gas Supply and Heating by City (2017)

城市名称	City	天然气供气量(万立方米) Total Natural Gas Supply (10 000 cu.m)	居民家庭用量 Residential Use	液化石油气供气量(吨) Total Liquefied Petroleum Gas Supply (ton)	居民家庭用量 Residential Use	集中供热面积(万平方米) Heating Area (10 000 sq.m)	住宅 Houses
合 计	**Total**	**816264.6**	**200250.7**	**347511**	**223232**	**126587.3**	**102950.4**
济南市	Jinan	78095.4	19678.7	45204	18950	17070.1	13938.5
青岛市	Qingdao	91571.5	22122.6	28309	14585	19150.5	15294.8
胶州市	Jiaozhou	12896.4	2775.1	2140	2140	1952.0	1746.0
即墨市	Jimo	8633.0	3979.0	3676	3676	1571.0	1431.0
平度市	Pingdu	6542.0	1319.5	5032	4880	1296.9	1227.3
莱西市	Laixi	7112.2	703.4	5207	3607	603.9	555.6
淄博市	Zibo	103254.4	20019.0	17797	4810	6428.4	5598.0
枣庄市	Zaozhuang	8240.7	4023.8	7891	6563	2456.0	2239.4
滕州市	Tengzhou	20100.4	1380.4			1460.0	1389.0
东营市	Dongying	37414.7	15047.8	7860	7440	4434.3	3845.8
烟台市	Yantai	31253.2	8565.4	35503	13992	8024.0	5433.0
龙口市	Longkou	40848.0	2147.4	2350	2236	1165.6	1017.6
莱阳市	Laiyang	3044.0	751.8	5300	4700	584.9	512.9
莱州市	Laizhou	1940.0	685.0	3240	1680	740.0	590.0
蓬莱市	Penglai	4441.0	528.0	1450	1450	550.0	440.0
招远市	Zhaoyuan	1804.0	620.0	1370	789	630.0	536.7
栖霞市	Qixia	2101.6	730.7	2530	2180	190.2	177.8
海阳市	Haiyang	1185.0	601.0	2120	1800	423.0	375.9
潍坊市	Weifang	33920.0	7245.0	10200	10200	9910.8	6956.0
青州市	Qingzhou	3382.3	1200.0	900	270	1138.3	665.4
诸城市	Zhucheng	9299.6	1420.5	7331	7106	1301.0	1005.0
寿光市	Shouguang	15621.0	1320.0	3441	3301	954.0	747.0
安丘市	Anqiu	4153.7	840.0	4832	4450	630.0	602.0
高密市	Gaomi	5679.0	3584.0	1672	1668	566.0	495.0
昌邑市	Changyi	2650.0	1380.0	1990	1640	382.0	377.0
济宁市	Jining	27760.0	3994.8	7100	6900	7910.0	6934.2
曲阜市	Qufu	4276.0	622.3			565.0	440.0
邹城市	Zoucheng	4509.0	2742.0	578	187	1340.0	1240.0
泰安市	Tai'an	28095.5	4200.5	1550	1200	2804.8	2268.3
新泰市	Xintai	7474.9	2200.0	3146	2781	844.8	689.0
肥城市	Feicheng	3806.0	3341.0			819.3	731.9
威海市	Weihai	12114.0	4098.0	16013	5535	6026.0	4823.0
荣成市	Rongcheng	2399.8	860.9	7865	2850	972.0	797.0
乳山市	Rushan	1877.1	761.8	197		680.0	652.0
日照市	Rizhao	23540.0	6580.0	15636	11010	1854.0	1298.0
莱芜市	Laiwu	12342.2	3102.7	8780	7699	2442.0	1896.0
临沂市	Linyi	60279.7	20773.9	33774	28660	5479.1	5183.1
德州市	Dezhou	25856.2	9304.0	8630	8570	4133.0	3093.0
乐陵市	Leling	2358.4	2100.4	5404	5400	420.0	398.0
禹城市	Yucheng	5923.0	2660.0	102	100	480.0	260.0
聊城市	Liaocheng	35884.9	4616.6	2020	2000	2155.0	1539.0
临清市	Linqing	4402.0	1921.0	1084	1080	630.0	618.0
滨州市	Binzhou	14385.6	2161.2	7967	7950	2404.4	2013.2
菏泽市	Heze	3797.3	1541.8	20320	7197	1015.0	880.0

11-8 城市建设用地(2017年)
Land for Construction by City (2017)

城市名称	City	市区面积(平方公里) City Area (sq.km)	#建成区面积 Area of Urban Districts	城市现状建设用地面积(平方公里) Space of Land for Construction (sq.km)	#居住用地 Land for Dewelling	公用管理与公共服务用地 Land for Public Facilities	工业用地 Land for Industry	道路与交通设施用地 Land for Transport Facilities
全　　省	**Total**	**90403.9**	**4971.5**	**4660.2**	**1411.8**	**485.4**	**1025.0**	**630.7**
济 南 市	Jinan	5022.0	463.6	463.6	124.9	76.4	88.0	75.6
青 岛 市	Qingdao	3269.4	638.4	520.4	157.7	43.8	150.1	55.0
胶 州 市	Jiaozhou	1324.0	58.7	58.7	14.0	5.3	19.9	6.6
即 墨 市	Jimo	1921.0	60.0	56.1	23.4	2.5	14.1	8.8
平 度 市	Pingdu	3167.0	64.3	64.3	25.7	5.0	19.3	7.3
莱 西 市	Laixi	1568.0	34.9	34.7	12.4	3.6	7.6	3.7
淄 博 市	Zibo	2989.1	275.5	274.9	95.4	19.5	78.3	33.6
枣 庄 市	Zaozhuang	3076.1	153.0	141.6	55.3	13.3	23.8	13.8
滕 州 市	Tengzhou	1496.0	59.8	55.1	26.8	5.7	11.3	1.3
东 营 市	Dongying	5525.4	152.8	150.8	43.6	19.8	31.5	11.9
烟 台 市	Yantai	2724.0	331.6	288.3	69.5	37.4	62.3	33.6
龙 口 市	Longkou	901.0	43.8	43.8	10.9	5.0	2.2	8.0
莱 阳 市	Laiyang	1731.5	42.7	42.7	19.1	7.4	1.7	2.5
莱 州 市	Laizhou	1928.0	52.3	52.3	18.2	3.7	15.1	6.5
蓬 莱 市	Penglai	1128.6	25.5	24.5	7.5	4.0	0.7	3.3
招 远 市	Zhaoyuan	1433.2	32.8	32.8	9.9	1.7	8.4	4.7
栖 霞 市	Qixia	2016.0	17.1	16.6	4.4	1.3	3.7	2.5
海 阳 市	Haiyang	1886.8	34.4	29.8	8.2	2.8	4.9	2.0
潍 坊 市	Weifang	2006.0	179.3	176.7	61.3	12.9	33.1	25.3
青 州 市	Qingzhou	1569.0	52.0	50.9	14.2	4.0	6.5	10.6
诸 城 市	Zhucheng	2151.0	51.3	51.0	16.0	4.6	9.7	5.1
寿 光 市	Shouguang	1990.0	40.5	40.5	9.4	4.0	5.1	8.2
安 丘 市	Anqiu	1712.0	62.2	62.2	15.4	4.8	18.4	9.2
高 密 市	Gaomi	1527.0	59.9	59.3	17.0	6.4	12.8	8.9
昌 邑 市	Changyi	1628.0	25.0	23.6	7.5	3.5	5.4	5.0
济 宁 市	Jining	1647.5	221.8	187.9	61.7	11.8	49.0	28.8
曲 阜 市	Qufu	815.0	27.0	27.0	9.0	3.0	4.9	1.5
邹 城 市	Zoucheng	1616.0	48.5	48.5	14.1	7.6	7.7	6.0
泰 安 市	Tai'an	2087.0	156.9	156.9	50.9	16.2	38.7	22.3
新 泰 市	Xintai	1933.0	69.6	69.6	16.2	4.8	1.6	7.9
肥 城 市	Feicheng	1277.0	43.9	43.9	20.5	2.5	5.2	5.6
威 海 市	Weihai	2606.7	194.2	191.8	49.3	13.4	54.7	29.5
荣 成 市	Rongcheng	1526.2	56.6	56.6	15.0	3.5	9.2	4.5
乳 山 市	Rushan	1664.9	34.2	34.2	7.6	4.7	5.7	5.8
日 照 市	Rizhao	2043.1	107.1	107.1	34.2	7.1	21.0	25.6
莱 芜 市	Laiwu	2246.0	120.0	72.9	23.0	6.2	14.9	13.7
临 沂 市	Linyi	2656.9	230.6	211.5	59.6	24.5	37.9	24.8
德 州 市	Dezhou	1752.4	156.2	154.4	41.0	26.8	41.4	22.7
乐 陵 市	Leling	1168.0	33.0	32.6	5.0	5.5	3.8	7.3
禹 城 市	Yucheng	990.0	37.5	36.0	10.2	4.4	7.1	5.9
聊 城 市	Liaocheng	1710.0	104.7	99.0	30.2	10.3	21.4	20.1
临 清 市	Linqing	950.0	31.4	31.4	10.3	4.1	5.2	4.6
滨 州 市	Binzhou	3763.1	140.1	137.2	36.6	15.6	31.7	20.6
菏 泽 市	Heze	2261.0	146.7	146.8	49.5	15.1	30.1	21.0

主要统计指标解释

供水综合生产能力 指按供水设施取水、净化、送水、出厂输水干管等环节设计能力计算的综合生产能力。包括在原设计能力的基础上，经挖、革、改增加的生产能力。计算时，以四个环节中最薄弱的环节为主确定能力。

年末供水管道长度 指从送水泵至用户水表之间所有管道的长度。不包括新安装尚未使用的管道。

全年供水总量 指报告期供水企业(单位)供出的全部水量。包括有效供水量和漏损水量。

生活用水量 包括公共服务用水和居民家庭用水。公共服务用水指为城市社会公共生活服务的用水。包括行政事业单位、部队营区和公共设施服务、社会服务业、批发零售贸易业、旅馆饮食业以及其他公共服务业等单位的用水。居民家庭用水指城市范围内所有居民家庭的日常生活用水。包括城市居民、农民家庭、公共供水站用水。

用水普及率 指报告期末城区内用水人口与总人口的比率。计算公式：

$$用水普及率=\frac{城区用水人口（含暂住人口）}{城区人口+城区暂住人口}\times 100\%$$

供气管道长度 指报告期末从气源厂压缩机的出口或门站出口至各类用户引入管之间的全部已经通气投入使用的管道长度。不包括煤气生产厂、输配站、液化气储存站、灌瓶站、储配站、气化站、混气站、供应站等厂(站)内的管道。

全年供气总量 指全年燃气企业(单位)向用户供应的燃气数量。包括销售量和损失量。

燃气普及率 指报告期末城区内使用燃气的人口与总人口的比率。计算公式为：

$$燃气普及率=\frac{城区用气人口（含暂住人口）}{城区人口+城区暂住人口}\times 100\%$$

城市供热能力 指供热企业(单位)向城市热用户输送热能的设计能力。

供热面积 指供热企业(单位)向城市各类房屋建筑物、构筑物及其附属设施供热的全部建筑面积。

年末道路长度 指年末道路长度和与道路相通的广场、桥梁、隧道的长度，按车行道中心线计算。在统计时只统计路面宽度在 3.5 米(含 3.5 米)以上的各种铺装道路，包括开放型工业区和住宅区道路在内。

城市桥梁 指为跨越天然或人工障碍物而修建的构筑物。包括跨河桥、立交桥、人行天桥以及人行地下通道等。包括永久性桥和半永久性桥。

城市排水管道长度 指所有排水总管、干管、支管、检查井及连接井进出口等长度之和。城市污水日处理能力 指污水处理厂(或处理装置)每昼夜处理污水量的设计能力。

年末运营车数 指年末公交企业(单位)用于运营业务的全部车辆数。以企业(单位)固定资产台帐中已投入运营的车辆数为准。

园林绿地面积 指报告期末用作园林和绿化的各种绿地面积。包括公园绿地、生产绿地、防护绿地、附属绿地和其他绿地的面积。

公园绿地 指城市中向公众开放的、以游憩为主要功能，有一定的游憩设施和服务设施，同时兼有健全生态、美化景观、防灾减灾等综合作用的绿化用地。它是城市建设用地、城市绿地系统和城市市政公用设施的重要组成部分。

生产绿地 指为城市绿化提供苗木、花草、种子的苗圃、花圃、草圃等圃地。

防护绿地 指城市中具有卫生、隔离和安全防护功能的绿地。包括卫生隔离带、道路防护绿地、城市高压走廊绿带、防风林、城市组团隔离带等。

附属绿地 指城市建设用地中绿地之外各类用地中的附属绿化用地。包括居住用地、公共设施用地、工业用地、仓储用地、对外交通用地、道路 广场用地、市政设施用地和特殊用地中的绿地。

其他绿地 指对城市生态环境质量、居民休闲生活、城市景观和生物多样性保护有直接影响的绿地。包括风景名胜区、水源保护区、郊野公园、 森林公园、自然保护区、风景林地、城市绿化隔离带、野生动植物园、湿地、垃圾填埋场恢复绿地等。

市区（县）面积 指城市（县）行政区域内的全部土地面积(包括水域面积)。地级以上城市行政区不包括市辖县(市)。按国务院批准的行政区划面积为准填报。

建成区面积 城市行政区内实际已成片开发建设、市政公用设施和公共设施基本具备的区域。对核心城市，它包括集中连片的部分以及分散的若干个已经成片建设起来，市政公用设施和公共设施基本具备的地区；对一城多镇来说，它包括由几个连片开发建设起来的，市政公用设施和公共设施基本具备的地区组成。因此建成区范围，一般是指建成区外轮廓线所能包括的地区，也就是这个城市实际建设用地所达到的范围。

城市建设用地面积 指城市内的居住用地、公共管理与公共服务用地、商业服务业设施用地、工业用地、物流仓储用地、道路与交通设施用地、公用设施用地、绿地与广场用地。分别统计规划建设用地和现状建设用地。

Explanatory Notes on Main Statistical Indicators

Production Capacity of Water Supply refers to the designed comprehensive production capacity of water facilities, covering the 4 links of water collection, purification, conveyance, and outflow through trunk pipelines. Increase capacity through transformation and innovation projects are included as well. The capacity is determined mainly on the weakest of the above mentioned 4 links.

Length of Water Supply Pipelines at the Year-end refers to the total length of all the pipelines between the water pumps and the user water meters, excluding pipelines newly installed but not used yet.

Annual Volume of Water Supply refers to the total volume of water supplied by water works (units) during the reference period, including both the effective water supply and loss during the water supply.

Consumption of Water for Residential Use refers to the water consumption of households for daily life and the water consumption of public service facilities. The latter refers to water consumption for urban public services, including the consumption of government agencies and public institutions, military barracks, public facilities, wholesale and retail outlets, restaurants, hotels, and other units providing public services. Household water consumption refers to consumption of water for daily life of all households in the boundary of cities, including households of urban residents and farmers, and public water supply stations.

Percentage of Urban Population with Access to Tap Water refers to the ratio of the urban population with access to tap water to the total urban population. The formula is:

$$\text{Coverage of urban population with access to tap water} = \frac{\text{Urban population with access to tap water}}{\text{Urban population}} \times 100\%$$

Length of Gas Pipelines refers to the total length of pipelines in use between the outlet of the compressor of gas work or outlet of gas stations and the leading pipe of users, excluding pipelines within gasworks, delivery stations, LPG storage stations, refilling stations, gas-mixing stations and supply stations.

Volume of Gas Supply refers to the total volume of gas provided to users by gas-producing enterprises (units) in a year, including the volume sold and the volume lost.

Percentage of Urban Population with Access to Gas refers to the ratio of use of gas in urban area population and the total population. at the end of the reference period. The formula is:

$$\text{Coverage rate of urban population with access to gas} = \frac{\text{Urban population with access to gas}}{\text{Urban population}} \times 100\%$$

Heating Capacity in Urban Area refers to the designed capacity of heating enterprises (units) in supplying heating energy to urban users during the reference period.

Area of Heat-supply Service refers to the total area of buildings, structures and their affiliated facilities with heat supply provided by heating enterprises (units).

Length of Paved Roads at the Year-end refers to the length of roads with paved surface including squares bridges and tunnels connected with roads by the end of the year. Length of the roads is measured by the central lines for vehicles for paved roads with a width of 3.5 meters and over, including roads in open-ended factory compounds and residential quarters.

Urban Bridges refer to bridges built to cross over natural or man-made barriers, including bridges over rivers, overpasses for traffic and for pedestrian, underpasses for pedestrian, etc. Both permanent and semi-permanent bridges are included.

Length of Urban Sewage Pipes refers to the total length of general drainage, trunks. branch and inspection wells, connection wells, inlets and outlets, etc.

Number of Vehicles under Operation at the Year-end refers to the total number of vehicles under operation by public transport enterprises (units) at the end of the year, based on the records of operational vehicles by the enterprises (units).

Garden green area refers to a green area for gardening and greening. Including parks, green spaces, protective green, the accessory Greenbelt and other green areas at the end of referenced period.

Park Green Land refers to the green land which is open to the public for relaxation and has service facilities and is used for ecological protection, landscaping and disaster reduction. It is an important part of construction land, urban green space and municipal public facilities.

Production Green Land refers to the nursery, flower garden, and grass garden, which provide seedling, flowers for city greening.

Protection Green Land refers to the green land used for public health, isolation and security. It includes sanitation zone, road protection green space, urban high voltage corridor green space, wind breaks, and urban group isolation zone.

Green Land Attached to Institution refers to the green land attached to the institution which is used for construction. It includes residential land, public facilities land, industrial land, storage land, traffic land, land for roads and squares, municipal facilities land, and green land for special purposes.

Other Green Land refers to the green land which can influence environment, residential leisure life, urban landscape and biodiversity. It includes scenic spots, water source protection area, rural parks, forest parks, nature reserves, forests, urban green space, wildlife parks, wet lands, green land retrieved from landfills.

Urban (county) area refers to the area of administrative region of a city (county), including water area. The administrative region does not include the area of city counties. The area is based on the area approved by the State Council.

Built Area refers to the area which has been developed, and has municipal public facilities. For a core city, it includes the areas connected or the scattered areas which have municipal public facilities. For a city with many towns, it includes the connected areas which have municipal public facilities. Therefore，built area refers to the area inside the contour lines, including all the construction land.

Area of Urban Construction Land refers to the residential land, public management and public service land, commercial service facilities, industrial land, logistics and storage land, road and traffic facilities, public facilities land, green space and square land. Planning construction land and current construction land are recorded respectively.

第
12
篇

资源和环境

Natural Resources and Environment

简 要 说 明

一、本篇资料的主要内容

本篇资料主要反映了全省资源和环境保护事业发展状况，资源部分主要包括自然资源、湖泊、河流、山脉和气候以及土地利用和水资源状况，环境保护部分主要包括工业废水、废气、固体废物等工业污染物排放及处理情况和工业污染治理项目建设情况。

二、本篇资料的来源

1、自然资源和湖泊、河流、山脉等表，由省统计局综合处根据年鉴积累资料整理。

2、气象资料主要包括各市平均气温、降水量、日照等方面的资料，数据来源于省气象局，由省统计局综合处整理提供。

3、湿地和造林资料来源于省林业厅，由省统计局能源处整理提供。

4、土地利用情况来源于省国土资源厅，由省统计局能源处整理提供。

5、水资源资料来源于省水利厅，由省统计局能源处整理提供。

6、环境保护资料来源于省环境保护厅，由省统计局能源处整理提供。

Brief Introduction

I. Content

Data in this chapter reflect natural resources of Shandong and development in environment protection. Resources mainly include natural resources, lakes, rivers, mountains and climate. Environment protection mainly shows treatment and discharge of industrial waste water, solid waste and waste gas, construction of projects for pollution treatment.

II. Source of Data

(1) Data on natural resources, lakes, rivers, and mountains are prepared by the Division of Comprehensive Statistics of Shandong Provincial Bureau of Statistics.

(2) Data on climate mainly include average temperature, precipitation and sunshine hours. The data are provided by the Meteorological Bureau of Shandong Province and prepared by the Division of Comprehensive Statistics of Shandong Provincial Bureau of Statistics.

(3) Data on wetland and plantation are provided by the Department of Forestry of Shandong Province and prepared by the Division of Energy Statistics of Shandong Provincial Bureau of Statistics.

(4) Data on land use are provided by the Shandong Department of Land and Resources and prepared by the Division of Energy Statistics of Shandong Provincial Bureau of Statistics.

(5) Data on water resource are provided by the Department of Water Resources of Shandong Province and prepared by the Division of Energy Statistics of Shandong Provincial Bureau of Statistics.

(6) Data on environment protection are provided by the Environmental Protection Department of Shandong Province and prepared by the Division of Energy Statistics of Shandong Provincial Bureau of Statistics.

12-1 人口和自然资源(2017年)
Population and Natural Resources (2017)

项　　目		Item		2017
一、人　口		**Population**		
年末总人口	(万人)	Total Population(year-end)	(10 000 persons)	10005.83
人口密度	(人/平方公里)	Density of Population	(person/sq.km)	634
二、土　地（2016年）		**Land(2016)**		
全省土地面积	(万公顷)	Land Area	(10 000 hectares)	1579.11
农用地		Land for Agriculture Use		1151.43
耕地		Cultivated Land		760.70
园地		Garden Land		71.76
牧草地		Grazing and Pasture Land		0.58
建设用地		Land for Construction		284.44
城镇村及工矿用地		Land for Urban Village, Mining and Manufacturing		239.60
交通用地		Land for Transport Facilities		21.60
水利设施用地		Land for Water Conservancy Facilities		23.24
三、矿　产		**Mineral Resources**		
已发现矿产种类	(种)	Mineral Resources Discovered	(kind)	148
已探明储量的矿产种类	(种)	Number of Mineral Resources with Insured Reserves	(kind)	85
能源矿产	(种)	Energy Resources	(kind)	7
金属矿产	(种)	Metal Mineral	(kind)	25
非金属矿产	(种)	Nonmetal Mineral	(kind)	50
水气矿产	(种)	Water and Gas	(kind)	3
四、水文、水利		**Water Resources**		
水资源总量	(亿立方米)	Average Volume of Water Resources	(100 million cu.m)	225.61
地表水资源量	(亿立方米)	Surface Water Volume	(100 million cu.m)	139.14
海岸线长度	(公里)	Length of Coastlines	(km)	3345

12-2 主要湖泊、河流基本情况
Basic Statistics on Major Lakes and Rivers

湖泊名	Names of Lakes	面积（平方公里） Area of Lakes (sq.km)	河流名	Names of Rivers	面积（平方公里） Drainage Area (sq.km)	河长（公里） Length (km)
小计	Total	1494.6	徒骇河	Tuhaihe River	13136.6	446.5
微山湖	Weishan Lake	531.7	沂河	Yihe River	10909.9	287.5
昭阳湖	Zhaoyang Lake	337.1	马颊河	Majiahe River	10638.4	448.0
独山湖	Dushan Lake	144.6	小清河	Xiaoqinghe River	10498.8	233.0
南阳湖	Nanyang Lake	211.0	大汶河	Dawenhe River	9069.0	211.0
东平湖	Dongping Lake	167.0	潍河	Weihe River	6493.2	233.0
麻大湖	Mada Lake	110.0	沭河	Shuhe River	6161.4	263.0
白云湖	Baiyun Lake	16.2	大沽河	Daguhe River	4161.9	179.9
青沙湖	Qingsha Lake	11.1	弥河	Mihe River	3847.5	206.0

12-3 主要山脉高度
Height of Major Mountains

山名	Mountain Range	标高（米） Height of MountainPeak (m)	山名	Mountain Range	标高（米） Height of MountainPeak (m)
泰山	Taishan Mountains	1532	马耳山	Maer Mountains	707
蒙山	Mengshan Mountains	1156	龙须崮	Longxvgu Mountains	707
崂山	Laoshan Mountains	1133	凤凰山	Fenghuang Mountains	648
鲁山	Lushan Mountains	1108	四海山	Sihai Mountains	625
沂山	Yishan Mountains	1032	鳌子崮	Aozigu Mountains	616
徂徕山	Culai Mountains	1028	黑山	Heishan Mountains	612
昆嵛山	Kunyu Mountains	923	珂楼埠山	Keloubu Mountains	577
九顶山	Jiuding Mountains	834	大山	Dashan Mountains	560
艾山	Aishan Mountains	814	伟德山	Weide Mountains	554
牙山	Yashan Mountains	806	招虎山	Zhaohu Mountains	550
大泽山	Daze Mountains	737	孟良崮	Mengliangu Mountains	536
摩天岭	Motianling Mountains	735	布山	Bushan Mountains	447

12-4 各市平均气温(2017年)
Monthly Average Temperature by Region(2017)

单位:摄氏度 (℃)

城市名	City	一 月 Jan.	二 月 Feb.	三 月 Mar.	四 月 Apr.	五 月 May	六 月 June
济 南 市	Jinan	1.1	4.7	9.3	17.5	24.3	25.8
青 岛 市	Qingdao	1.6	2.8	7.0	14.0	18.4	21.6
淄 博 市	Zibo	-0.5	3.1	8.4	16.0	22.8	25.3
枣 庄 市	Zaozhuang	2.3	4.4	9.1	17.4	23.5	25.6
东 营 市	Dongying	-0.2	2.9	8.2	16.3	22.7	24.8
烟 台 市	Yantai	-0.1	1.6	6.2	14.1	19.6	22.7
潍 坊 市	Weifang	-0.2	2.8	8.1	16.4	22.5	24.9
济 宁 市	Jining	2.0	5.3	9.8	17.5	23.8	26.0
泰 安 市	Tai'an	0.4	3.4	8.5	16.0	23.0	24.9
威 海 市	Weihai	0.6	1.9	6.7	14.6	19.7	23.1
日 照 市	Rizhao	1.9	3.4	7.1	15.4	19.7	22.1
莱 芜 市	Laiwu	0.5	3.3	8.1	16.2	23.0	25.0
临 沂 市	Linyi	1.4	3.9	8.1	16.5	22.1	24.3
德 州 市	Dezhou	0.0	3.7	9.3	16.9	23.6	26.1
聊 城 市	Liaocheng	-0.1	3.1	8.3	15.7	22.2	24.7
滨 州 市	Binzhou	-0.6	2.5	8.0	15.5	22.0	24.9
菏 泽 市	Heze	2.0	5.1	9.9	17.3	23.5	26.3

12-4 续表 continued

单位:摄氏度 (℃)

城市名	City	七 月 July	八 月 Aug.	九 月 Sept.	十 月 Oct.	十一月 Nov.	十二月 Dec.	全年平均 Annual Average
济 南 市	Jinan	28.2	26.7	24.1	14.7	8.9	2.5	15.7
青 岛 市	Qingdao	26.5	26.4	23.2	15.9	9.3	3.0	14.1
淄 博 市	Zibo	28.4	26.6	23.3	14.1	6.9	0.4	14.6
枣 庄 市	Zaozhuang	28.9	27.0	22.9	15.5	9.0	2.6	15.7
东 营 市	Dongying	28.2	27.0	23.9	14.8	7.2	1.1	14.7
烟 台 市	Yantai	26.6	25.2	22.2	14.9	7.4	1.2	13.5
潍 坊 市	Weifang	28.5	26.5	23.2	14.9	7.5	1.3	14.7
济 宁 市	Jining	29.1	27.6	23.6	15.2	9.1	3.2	16.0
泰 安 市	Tai'an	28.1	26.6	22.4	14.0	7.6	1.0	14.7
威 海 市	Weihai	27.1	25.4	22.8	15.5	8.2	2.0	14.0
日 照 市	Rizhao	27.3	26.2	22.9	15.8	9.2	3.2	14.5
莱 芜 市	Laiwu	27.9	26.4	22.7	14.1	7.4	1.2	14.7
临 沂 市	Linyi	28.0	26.4	22.3	15.2	8.7	2.6	15.0
德 州 市	Dezhou	28.2	26.6	23.8	14.5	7.2	1.3	15.1
聊 城 市	Liaocheng	27.6	26.4	22.6	13.9	7.5	0.7	14.4
滨 州 市	Binzhou	28.1	26.5	22.7	13.7	5.9	-0.2	14.1
菏 泽 市	Heze	28.6	27.5	23.3	15.0	9.4	3.0	15.9

12-5 各市降水量(2017年)
Monthly Precipitation by Region(2017)

单位:毫米 (millimeter)

城市名	City	一 月 Jan.	二 月 Feb.	三 月 Mar.	四 月 Apr.	五 月 May	六 月 June
济 南 市	Jinan	6.3	5.3	35.3	29.6	63.0	93.6
青 岛 市	Qingdao	44.6	11.1	9.7	12.6	35.6	40.7
淄 博 市	Zibo	13.1	4.0	18.4	30.1	25.2	62.8
枣 庄 市	Zaozhuang	40.4	20.4	9.0	43.2	31.1	76.5
东 营 市	Dongying	13.1	8.6	22.4	27.5	33.7	145.6
烟 台 市	Yantai	20.0	9.2	2.5	22.8	12.3	35.1
潍 坊 市	Weifang	26.7	4.1	11.6	15.4	38.1	65.1
济 宁 市	Jining	20.9	7.0	2.2	48.7	49.7	110.9
泰 安 市	Tai'an	12.7	4.7	15.0	33.3	24.8	62.4
威 海 市	Weihai	21.4	13.7	4.5	22.4	14.3	20.9
日 照 市	Rizhao	39.5	11.5	11.9	17.6	39.6	84.6
莱 芜 市	Laiwu	17.6	4.9	22.1	49.9	38.2	91.6
临 沂 市	Linyi	36.2	15.5	16.5	47.5	32.6	40.8
德 州 市	Dezhou		4.4	9.8	22.7	14.5	77.4
聊 城 市	Liaocheng	5.2	3.7	15.6	27.2	13.0	57.8
滨 州 市	Binzhou	8.0	9.1	25.8	35.1	31.8	68.7
菏 泽 市	Heze	14.9	9.7	4.1	33.9	51.6	63.7

12-5 续表 continued

单位:毫米 (millimeter)

城市名	City	七 月 July	八 月 Aug.	九 月 Sept.	十 月 Oct.	十一月 Nov.	十二月 Dec.	全 年 Annual Total
济 南 市	Jinan	176.8	155.1	5.6	42.7	0.3	1.9	615.5
青 岛 市	Qingdao	228.7	204.4	82.5	58.8	0.4		729.1
淄 博 市	Zibo	72.7	119.7	6.1	39.4	0.6	0.5	392.6
枣 庄 市	Zaozhuang	620.6	286.0	91.3	106.4	0.0	1.1	1326.0
东 营 市	Dongying	207.4	175.3	7.5	52.3	1.7		695.1
烟 台 市	Yantai	200.7	245.7	10.4	35.9	4.5	13.7	612.8
潍 坊 市	Weifang	127.0	258.1	12.8	21.8	1.0	0.9	582.6
济 宁 市	Jining	351.8	126.3	40.0	53.9	1.1	1.5	814.0
泰 安 市	Tai'an	271.3	81.7	11.5	49.4	2.2	0.6	569.6
威 海 市	Weihai	97.4	290.9	6.2	38.5	5.6	14.7	550.5
日 照 市	Rizhao	281.9	98.0	125.4	54.1	0.2	0.7	765.0
莱 芜 市	Laiwu	236.6	106.8	15.3	37.6	1.2	1.1	622.9
临 沂 市	Linyi	385.1	183.5	54.6	48.2	0.2	1.6	862.3
德 州 市	Dezhou	69.4	215.6	12.1	74.0		0.3	500.2
聊 城 市	Liaocheng	89.9	34.3	5.2	23.0		1.0	275.9
滨 州 市	Binzhou	114.8	266.9		51.5	1.5	0.1	613.3
菏 泽 市	Heze	203.7	59.6	35.2	38.4	2.2	1.6	518.6

12−6 各市日照时数(2017年)
Monthly Sunshine Hours by Region(2017)

单位:小时 (hour)

城市名	City	一 月 Jan.	二 月 Feb.	三 月 Mar.	四 月 Apr.	五 月 May	六 月 June
济南市	Jinan	146.0	176.1	209.3	231.4	310.7	221.4
青岛市	Qingdao	140.5	167.1	197.4	256.9	248.1	228.3
淄博市	Zibo	81.9	143.2	186.2	211.9	302.4	201.0
枣庄市	Zaozhuang	159.2	167.9	203.5	227.1	267.5	200.2
东营市	Dongying	157.9	197.1	223.5	247.9	328.8	241.2
烟台市	Yantai	147.1	194.0	223.4	253.2	315.0	287.6
潍坊市	Weifang	148.1	187.9	231.4	239.3	309.4	246.8
济宁市	Jining	132.2	179.8	214.2	230.1	313.2	224.2
泰安市	Tai'an	145.6	167.6	202.4	231.7	307.4	222.7
威海市	Weihai	136.5	178.5	223.2	240.6	310.8	291.4
日照市	Rizhao	152.4	168.5	196.2	231.8	226.4	213.1
莱芜市	Laiwu	147.0	164.0	192.5	243.2	315.9	232.7
临沂市	Linyi	133.5	147.6	182.7	220.7	249.3	177.6
德州市	Dezhou	131.4	187.6	221.7	249.5	337.9	261.4
聊城市	Liaocheng	97.7	141.7	174.0	177.3	275.3	220.6
滨州市	Binzhou	99.8	173.2	192.9	218.5	319.3	240.3
菏泽市	Heze	134.8	183.1	206.1	238.9	310.8	236.6

12−6 续表 continued

单位:小时 (hour)

城市名	City	七 月 July	八 月 Aug.	九 月 Sept.	十 月 Oct.	十一月 Nov.	十二月 Dec.	全 年 Annual Total
济南市	Jinan	157.4	183.6	210.9	140.3	203.7	185.8	2376.6
青岛市	Qingdao	166.2	177.4	214.0	150.7	189.8	177.6	2314.0
淄博市	Zibo	145.2	163.2	200.6	119.5	170.4	141.0	2066.5
枣庄市	Zaozhuang	179.9	152.7	168.9	131.3	186.5	172.2	2216.9
东营市	Dongying	125.4	196.3	257.0	156.2	209.1	197.4	2537.8
烟台市	Yantai	163.2	191.7	244.4	157.2	196.2	165.0	2538.0
潍坊市	Weifang	153.3	185.9	226.7	136.9	193.3	195.1	2454.1
济宁市	Jining	206.6	208.4	185.0	144.5	200.6	183.2	2422.0
泰安市	Tai'an	166.8	180.9	196.5	136.8	198.2	179.7	2336.3
威海市	Weihai	183.6	183.0	243.7	171.0	180.7	123.0	2466.0
日照市	Rizhao	128.6	169.2	184.7	137.2	196.6	186.3	2191.0
莱芜市	Laiwu	166.5	179.8	201.4	131.4	201.3	201.6	2377.3
临沂市	Linyi	159.3	157.4	177.8	140.4	174.9	163.9	2085.1
德州市	Dezhou	165.7	197.4	238.3	154.7	210.9	183.9	2540.4
聊城市	Liaocheng	135.1	147.8	168.6	106.3	181.6	162.6	1988.6
滨州市	Binzhou	155.5	172.9	229.6	120.5	205.3	184.2	2312.0
菏泽市	Heze	229.8	219.4	172.5	118.4	207.8	180.3	2438.5

12-7 各市土地利用情况（2016年）
Land Use by Region(2016)

单位：公顷 (hectare)

地区	土地调查面积 Area under Land Survey	农用地 Land for Agriculture Use	建设用地 Land for Construction	城镇村及工矿用地 Land for Urban Village, Mining and Manufacturing	交通用地 Land for Transport Facilities	水利设施用地 Land for Water Conservancy Facilities	未利用地 unutilized land
全省总计	**15791136**	**11514295**	**2844433**	**2395988**	**216004**	**232441**	**1432408**
济南市	799841	538672	168103	144219	12127	11757	93066
青岛市	1129155	800088	249833	206998	23727	19107	79233
淄博市	596492	416198	121864	104460	10637	6767	58430
枣庄市	456353	329692	87300	73756	7649	5896	39361
东营市	824326	428438	139533	93184	12396	33953	256356
烟台市	1385150	1058330	209747	175226	19850	14671	117072
潍坊市	1614314	1157375	309545	265573	20666	23307	147394
济宁市	1118698	770437	189697	156252	15249	18196	158563
泰安市	776141	583789	130406	112364	9238	8803	61947
威海市	579774	442019	89891	79146	6848	3897	47864
日照市	535857	421718	84491	69997	6512	7982	29648
莱芜市	224603	146017	40439	33827	2933	3680	38148
临沂市	1719121	1317067	289371	244165	20159	25046	112683
德州市	1035767	813613	187771	158851	12340	16580	34384
聊城市	862801	694482	157320	141898	11140	4281	10999
滨州市	917219	634867	168965	140340	11793	16832	113388
菏泽市	1215523	961493	220156	195732	12740	11685	33873

12-8 各市湿地面积(2013年)
Area of Wetlands by Region (2013)

地区	Region	湿地面积（千公顷） Area of Wetlands (1 000 hectares)	天然湿地 Natural Wetlands	近岸及海岸 Coasts and Seashores	河流 Rivers	湖泊 Lakes	沼泽 Marshland	人工湿地 Man-made Wetlands	湿地面积占行政面积比重(%) Proportion of Wetlands in Total Area of Territory (%)
全省总计	**Total**	**1737.50**	**1103.05**	**728.51**	**257.80**	**62.63**	**54.11**	**634.45**	**11.09**
济南市	Jinan	22.01	11.22		10.44	0.25	0.52	10.75	2.68
青岛市	Qingdao	139.97	102.87	84.62	17.94		0.31	37.10	12.84
淄博市	Zibo	13.58	7.56		6.28		1.28	6.02	2.28
枣庄市	Zaozhuang	15.86	8.97		8.97			6.89	3.47
东营市	Dongying	456.77	339.96	277.45	20.59	0.07	41.85	116.81	57.65
烟台市	Yantai	178.75	141.65	127.70	13.25	0.64	0.05	37.11	13.04
潍坊市	Weifang	215.68	106.13	80.92	20.53	0.80	3.88	109.55	13.62
济宁市	Jining	152.36	67.86		20.04	45.74	2.09	84.50	13.48
泰安市	Tai'an	50.72	36.14		19.51	14.69	1.94	14.58	6.53
威海市	Weihai	114.57	85.44	79.03	6.25		0.17	29.13	21.08
日照市	Rizhao	39.21	25.53	19.68	5.85			13.68	7.38
莱芜市	Laiwu	5.70	2.96		2.96			2.74	2.55
临沂市	Linyi	57.90	32.66		32.66			25.24	3.36
德州市	Dezhou	25.94	11.47		11.47			14.47	2.51
聊城市	Liaocheng	15.31	7.11		6.69	0.42		8.20	1.76
滨州市	Binzhou	176.35	72.19	59.11	11.25		1.82	104.12	18.65
菏泽市	Heze	56.82	43.33		43.12	0.01	0.20	13.49	4.57

12-9 造林面积情况
Area of Afforestation

单位：公顷 (hectare)

年份 Year 地区 Region		造林总面积 Total Area of Afforestation	按造林方式分 By Approach	按林种用途分 By Function of Forest				
			人工造林 Manual Planting	用材林 Timber Forests	经济林 By-product Forests	防护林 Protection Forests	薪炭林 Fuel Forests	特种用途林 Forests for Special Purpose
2000		153389	153389	18007	100769	34268	63	282
2001		135259	135259	19019	84039	32155		46
2002		152597	152597	43671	80066	27670	1098	92
2003		344079	344079	192653	92130	57709	1039	548
2004		262711	262711	134193	53536	74441	233	308
2005		141141	141141	47470	42674	49559	633	805
2006		134423	134423	40421	34252	59193	7	550
2007		156738	156738	49409	26971	68046	66	254
2008		185575	184928	69516	25947	89726	20	366
2009		182171	180529	42463	26172	113067		469
2010		205131	198998	36101	37856	129877		1297
2011		219028	219028	34598	51154	130896		2380
2012		197956	195875	25178	49195	122277		1306
2013		220473	219129	32569	63604	122536		1764
2014		224972	223560	43411	66219	113208		2134
2015		221207	206552	41627	60372	102643		1910
2016		146684	115179	19229	35812	59264		874
2017		142195	92306	20805	27941	42713		847
济南市	Jinan	3809	1721	393	917	356		55
青岛市	Qingdao	6905	2329	514	1658	157		
淄博市	Zibo	5189	4531	134	695	3702		
枣庄市	Zaozhuang	5248	2503	40	930	1533		
东营市	Dongying	9712	9172	258	660	8254		
烟台市	Yantai	9863	2618	245	1676	656		41
潍坊市	Weifang	7675	2586	589	1315	651		31
济宁市	Jining	13993	5481	909	1531	2805		236
泰安市	Tai'an	6113	3793	266	2070	1457		
威海市	Weihai	4782	2216	127	1063	1026		
日照市	Rizhao	6058	4043	207	2138	1698		
莱芜市	Laiwu	3693	2354	227	934	1193		
临沂市	Linyi	10973	7600	1287	4281	1958		74
德州市	Dezhou	12504	12504	4539	1984	5856		125
聊城市	Liaocheng	19964	16792	9029	3103	4624		36
滨州市	Binzhou	7099	5886	1099	559	4131		97
菏泽市	Heze	8615	6177	942	2427	2656		152

12−10 供水用水情况
Water Supply and Water Use

年份 Year 地区 Region	供水总量(亿立方米) Water Supply (100 millioncu.m)	地表水 Surface Water	地下水 Ground-water	其他 Others	用水总量(亿立方米) Water Use (100 millioncu.m)	农业 Agricul-ture	工业 Industry	生活 Consump-tion	生态 Ecological Protection
2000	249.46	114.40	131.81	3.25	244.09	179.84	43.65	20.61	
2001	251.61	115.60	133.71	2.30	252.73	187.40	41.92	23.08	0.34
2002	252.39	117.66	132.96	1.77	244.73	192.87	36.59	14.98	0.29
2003	219.34	104.12	113.95	1.27	215.70	162.54	27.96	23.92	1.38
2004	214.88	106.28	107.40	1.20	211.30	160.14	24.81	24.67	1.68
2005	211.02	106.70	102.67	1.65	207.65	161.73	18.38	25.17	2.37
2006	225.53	119.77	103.90	1.86	222.24	175.07	18.93	25.62	2.62
2007	219.55	115.59	101.98	1.98	219.55	164.81	24.12	27.42	3.20
2008	219.89	115.51	101.23	3.15	219.89	162.76	24.69	28.71	3.73
2009	219.99	119.62	97.05	3.33	219.99	161.60	24.70	29.77	3.94
2010	222.47	127.15	91.31	4.01	222.47	159.65	26.84	31.34	4.64
2011	224.05	127.33	89.34	7.38	224.05	154.26	29.72	32.89	7.17
2012	221.79	126.12	89.26	6.41	221.79	154.23	28.10	32.81	6.66
2013	217.94	124.94	86.86	6.15	217.94	149.72	28.86	33.31	6.06
2014	214.52	121.26	85.99	7.28	214.52	146.72	28.64	33.39	5.78
2015	212.77	122.00	83.11	7.65	212.77	143.29	29.59	32.99	6.89
2016	213.99	123.26	82.34	8.39	213.99	141.50	30.64	34.22	7.64
2017	209.47	121.08	79.71	8.68	209.47	134.03	28.85	34.57	12.02
济南市 Jinan	15.43	9.14	5.41	0.87	15.43	7.82	1.99	3.40	2.21
青岛市 Qingdao	9.44	5.69	2.82	0.93	9.44	2.26	2.14	4.23	0.81
淄博市 Zibo	9.61	3.96	5.55	0.10	9.61	4.92	3.06	1.43	0.21
枣庄市 Zaozhuang	5.58	1.25	3.79	0.53	5.58	2.43	1.13	1.53	0.48
东营市 Dongying	10.27	9.39	0.74	0.14	10.27	5.92	1.21	1.15	1.98
烟台市 Yantai	8.73	4.81	3.89	0.04	8.73	5.42	1.33	1.97	0.01
潍坊市 Weifang	12.09	4.32	7.16	0.61	12.09	6.65	2.48	2.55	0.42
济宁市 Jining	21.59	11.38	8.57	1.65	21.59	16.11	2.35	2.60	0.53
泰安市 Tai'an	12.19	4.70	5.96	1.53	12.19	6.89	1.80	2.59	0.91
威海市 Weihai	4.19	2.76	1.42		4.19	2.30	0.80	1.03	0.04
日照市 Rizhao	5.77	3.71	1.60	0.46	5.77	2.77	1.51	1.15	0.34
莱芜市 Laiwu	2.92	1.06	1.43	0.43	2.92	1.01	1.22	0.56	0.14
临沂市 Linyi	16.49	11.80	4.21	0.48	16.49	10.00	1.97	3.49	1.02
德州市 Dezhou	19.93	13.02	6.81	0.10	19.93	16.29	1.34	1.40	0.91
聊城市 Liaocheng	18.30	9.79	8.03	0.48	18.30	14.35	1.94	1.75	0.26
滨州市 Binzhou	15.95	13.86	1.80	0.29	15.95	12.49	1.01	1.30	1.14
菏泽市 Heze	20.99	10.45	10.50	0.04	20.99	16.41	1.56	2.43	0.60

 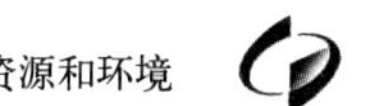

12-11 水资源情况
Water Resources

年份 Year 地区 Region		水资源总量（亿立方米）Total Amount of Water Resources (100 millioncu.m)	地表水资源量 Surface Water Resources	地下水资源与地表水资源不重复量 Unduplicated Measurement Between Surface Water and Groundwater
2003		489.69	349.29	140.40
2004		349.46	234.51	114.55
2005		415.86	295.85	120.01
2006		199.78	109.56	90.22
2007		387.11	280.19	106.93
2008		328.71	228.96	99.75
2009		284.95	173.80	111.16
2010		309.12	199.08	110.04
2011		347.61	237.49	110.12
2012		274.08	182.17	91.90
2013		291.70	191.07	100.64
2014		148.44	76.61	71.83
2015		168.44	84.30	84.14
2016		220.32	121.18	99.14
2017		225.61	139.14	86.47
济南市	Jinan	10.07	3.48	6.59
青岛市	Qingdao	10.19	7.12	3.07
淄博市	Zibo	8.57	4.99	3.58
枣庄市	Zaozhuang	16.67	12.81	3.86
东营市	Dongying	4.08	3.03	1.04
烟台市	Yantai	25.63	22.29	3.34
潍坊市	Weifang	17.62	11.56	6.05
济宁市	Jining	20.46	10.00	10.46
泰安市	Tai'an	9.41	5.87	3.54
威海市	Weihai	7.46	5.36	2.10
日照市	Rizhao	9.24	7.22	2.02
莱芜市	Laiwu	3.00	2.17	0.83
临沂市	Linyi	40.66	34.07	6.59
德州市	Dezhou	9.59	1.80	7.78
聊城市	Liaocheng	6.40	0.25	6.16
滨州市	Binzhou	5.79	2.31	3.48
菏泽市	Heze	20.79	4.81	15.98

12-12 1981-2017年主要污染物排放及处理情况
Discharge and Treatment of Major Pollutants from 1981 to 2017

单位:万吨 (10 000 tons)

年 份 Year	废水排放量 Volume of Waste Water Discharged	#工 业 Industry	二氧化硫排放量 Volume of Sulphur Dioxide Discharged	氮氧化物排放量 Volume of Nitrogen Oxides Discharged	烟(粉)尘排放量 Volume of Soot and Dust Discharged	工业固体废物产生量 Volume of Industrial Solid Waste	工业固体废物综合利用量 Volume of Industrial Solid Waste Utilized
1981	104790	87673	119		77	2522	639
1982	105942	82641	120		97	2615	723
1983	110938	88168	122		85	2559	716
1984	129033	106275	142		117	2743	760
1985	131898	105375	160		120	2748	765
1986	127277	98913	171		129	2860	847
1987	132770	93811	173		116	2848	894
1988	144346	97136	191		128	3325	968
1989	137165	91360	189		130	3610	1117
1990	136573	87631	193		121	3880	1337
1991	137051	88728	204		121	3837	2169
1992	137721	86412	226		125	3941	2410
1993	142322	86350	228		135	4201	2353
1994	147979	87316	225		130	4263	2871
1995	158681	96214	232		130	4484	2899
1996	204200	101018				4652	2824
1997	246100	130918	247		108	5131	3448
1998	234048	117069	226		92	5109	3777
1999	224100	107975	183		71	5166	3877
2000	229000	110324	180		67	5407	4173
2001	235271	115233	172		65	6215	5224
2002	230709	106668	169		62	6559	5704
2003	245782	115933	184		62	6786	6054
2004	264014	128706	182		52	7922	7191
2005	280377	139071	200		62	9175	8683
2006	302637	144365	196		58	11011	10397
2007	334255	166574	182		46	11935	11615
2008	358910	176977	169		44	12988	12173
2009	386731	182673	159		42	14138	13826
2010	436371	208257	154		39	16038	15297
2011	443331	187245	183	179	78	19533	18298
2012	479100	183634	175	174	70	18343	17073
2013	494570	181179	164	165	70	18172	17134
2014	514423	180022	159	159	121	19199	18380
2015	550230	185493	153	142	108	19797	18308
2016	507591	160580	113	123	87	22510	18976
2017	499884	145686	74	116	55	23925	19026

注：1.2011年以前，烟(粉)尘排放量为烟尘排放量。2.从2014年起烟(粉)尘排放量包含无组织排放的烟(粉)尘。

a) Before 2011,the volume of soot and dust discharged only includes the smoke discharged .

b) Since 2014,the volume of soot and dust discharged includes those discharged not through exhaust pipes.

12-13 各市主要污染物排放情况(2017年)

Dicharge of Major Pollutants by Region (2017)

地区	Region	废水排放量(万吨) Volume of Waste Water Discharged (10 000 tons)	工业 Industry	生活 Daily Life	化学需氧量排放量(吨) Volume of COD Discharged (ton)	工业 Industry	生活 Daily Life	氨氮排放量(吨) Volume of Ammonia Nitrogen Discharged (ton)	工业 Industry	生活 Daily Life
全省总计	**Total**	**499884**	**145686**	**353660**	**520802**	**65875**	**424647**	**79900**	**4669**	**74953**
济南市	Jinan	34693	5949	28692	28701	2594	26088	4255	197	4057
青岛市	Qingdao	53421	5613	47687	27615	2184	25399	2797	115	2679
淄博市	Zibo	31934	13060	18864	26514	6486	13308	4270	554	3716
枣庄市	Zaozhuang	18964	6113	12845	20165	2420	17741	3288	131	3156
东营市	Dongying	21696	7654	14032	8534	3184	4442	1101	233	865
烟台市	Yantai	32351	7848	24445	13567	3288	10246	4263	195	4064
潍坊市	Weifang	52293	22007	30240	34745	8558	25674	6656	695	5960
济宁市	Jining	45900	13498	32306	53669	4742	48905	9009	284	8721
泰安市	Tai'an	19466	6367	13098	39191	3198	35941	4757	171	4583
威海市	Weihai	14757	1947	12791	20085	1180	10493	2911	70	2727
日照市	Rizhao	13463	7070	6372	18000	3441	12959	2652	139	2479
莱芜市	Laiwu	4745	1210	3531	9549	401	9147	1603	10	1593
临沂市	Linyi	45870	8769	37063	53919	5335	47548	9963	504	9441
德州市	Dezhou	29440	8263	21161	42606	3733	33921	4903	269	4605
聊城市	Liaocheng	21856	5350	16495	20726	2994	16845	3315	222	3083
滨州市	Binzhou	30167	17923	12219	41826	8330	28416	4830	608	4171
菏泽市	Heze	28867	7046	21817	61388	3808	57576	9327	271	9055

注：1.从2016年起化学需氧量排放量和氨氮排放量统计口径发生变化。
a)Since 2016, the statistical aperture of COD and ammonia nitrogen emissions changed.

12-13 续表 continued

地区	Region	二氧化硫排放量(吨) Volume of Sulphur Dioxide Discharged (ton)	工业 Industry	生活 Daily Life	氮氧化物排放量(吨) Volume of Nitrogen Oxides Discharged (ton)	工业 Industry	生活 Daily Life	烟(粉)尘排放量(吨) Volume of Soot and Dust Discharged (ton)	工业 Industry	生活 Daily Life
全省总计	**Total**	**739121**	**492756**	**246214**	**1158621**	**550049**	**33986**	**549557**	**370836**	**127321**
济南市	Jinan	32502	16545	15934	23316	21254	2021	32794	25060	7715
青岛市	Qingdao	15541	5137	10404	16674	13898	2776	15405	7245	8160
淄博市	Zibo	97736	66453	31280	66502	62354	4126	59199	42218	16979
枣庄市	Zaozhuang	23216	12729	10468	23400	22441	932	12682	8271	4406
东营市	Dongying	27845	25434	2393	23319	22744	537	4615	4128	478
烟台市	Yantai	51969	26127	25840	35669	31505	4128	32348	16068	16275
潍坊市	Weifang	43806	26681	17069	49395	47035	2243	31985	20308	11665
济宁市	Jining	50219	23569	26650	30403	26839	3557	27503	12531	14972
泰安市	Tai'an	25537	11865	13671	23017	21145	1868	15105	7678	7427
威海市	Weihai	23271	8369	14902	14778	12641	2136	8446	3717	4728
日照市	Rizhao	31566	18355	13195	38236	36672	1532	34477	28099	6376
莱芜市	Laiwu	25705	19988	5715	33487	32854	625	60825	58926	1898
临沂市	Linyi	67922	54920	13002	59093	56973	2110	60138	53349	6788
德州市	Dezhou	50987	34889	16092	29719	28004	1709	22032	18145	3885
聊城市	Liaocheng	46727	41559	5168	31909	31108	801	14061	11021	3040
滨州市	Binzhou	82308	72459	9846	64577	63352	1202	40816	36354	4456
菏泽市	Heze	42265	27678	14586	21006	19231	1685	25800	17718	8075

注：1.2017年17市氮氧化物和烟(粉)尘排放量不含机动车排放源。
a)In 2017, vehicle emission source is excluded in the Volume of Nitrogen Oxides Discharged and Volume of Soot and Dust Discharged in 17 regions.

12-14 各市工业固体废物排放及处理利用情况(2017年)
Emission、Treatment and Utilization of Industrial Solid Wastes by Region(2017)

单位：万吨 (10 000 tons)

地 区	Region	一般工业固体废物产生量 Total Volume of Industrial Solid Waste Produced	一般工业固体废物综合利用量 Total Volume of Industrial Solid Waste Utilized	一般工业固体废物处置量 Volume of Industrial Solid Waste Treated	一般工业固体废物贮存量 Volume of Industrial Wastes in Solid Stocks	危险废物产生量 Hazardous Wastes Produced	危险废物综合利用量 Hazardous Wastes Utilized	危险废物处置量 Hazardous Wastes Disposed
全省总计	**Total**	**23925.4**	**19026.2**	**1900.3**	**3164.2**	**2043.4**	**1660.7**	**295.1**
济 南 市	Jinan	793.1	712.5	82.9	0.2	13.6	3.1	10.8
青 岛 市	Qingdao	769.6	707.2	58.5	4.2	11.5	3.7	8.6
淄 博 市	Zibo	1544.7	1350.5	97.5	98.1	93.7	41.4	45.5
枣 庄 市	Zaozhuang	627.8	564.9	71.2	0.8	19.3	14.7	4.7
东 营 市	Dongying	406.2	366.7	43.3	10.6	32.5	11.5	20.0
烟 台 市	Yantai	2191.9	1493.1	351.8	364.5	229.3	102.7	51.5
潍 坊 市	Weifang	1405.0	1184.6	143.5	82.3	73.3	50.2	21.1
济 宁 市	Jining	1852.8	1767.7	40.1	123.5	811.7	800.6	11.7
泰 安 市	Tai'an	982.4	951.5	7.3	33.3	7.0	0.9	5.9
威 海 市	Weihai	319.3	253.9	27.6	41.7	2.6	0.1	2.5
日 照 市	Rizhao	597.8	428.0	103.1	66.7	314.0	306.7	7.5
莱 芜 市	Laiwu	1870.5	1838.9	30.6	1.3	58.1	56.8	1.0
临 沂 市	Linyi	2010.3	1791.7	202.2	17.7	103.0	59.9	42.7
德 州 市	Dezhou	1005.2	919.7	93.7	3.1	124.5	119.1	5.5
聊 城 市	Liaocheng	2050.6	1355.5	379.3	317.7	32.2	23.7	8.3
滨 州 市	Binzhou	5078.2	2935.9	151.4	1998.5	82.2	52.9	25.1
菏 泽 市	Heze	420.3	403.9	16.2	0.1	35.0	12.9	22.5

主要统计指标解释

自然资源 指人类可以直接从自然界获得，并用于生产和生活的物质资源。自然资源一般可以分成可再生资源和非再生资源两大类。可再生资源指在较短时间内可以再生、可以循环利用的资源，包括土地资源、水资源、气候资源、生物资源和海洋资源等。非再生资源指在使用后不能再生的资源，包括矿产资源和地热能源。

土地资源 土地指陆地的表层部分，它主要由岩石、岩石的风化物和土壤构成。土地资源按利用类型可以分为农用地、建筑用地和未利用地。农用地包括耕地、园地、林地、牧草地和水面。建筑用地包括居民点及工矿用地、交通用地和水利设施用地。未利用地指农用地和建筑用地以外的土地，包括滩涂、荒漠、戈壁、冰川和石山等。

耕地面积 指经过开垦用以种植农作物并经常进行耕耘的土地面积。包括种有作物的土地面积、休闲地、新开荒地和抛荒未满三年的土地面积。

森林资源 指森林、林木、林地以及依托森林、林木、林地生存的野生动物、植物和微生物。林木指树木和竹子。森林指以乔木为主体的植物群落，是集生的乔木及与共同作用的植物、动物、微生物和土壤、气候等的总体。

森林面积 指由乔木树种构成，郁闭度0.2以上(含0.2)的林地或冠幅宽度10米以上的林带的面积，即有林地面积。森林面积包括天然起源和人工起源的针叶林面积、阔叶林面积、针阔混交林面积和竹林面积，不包括灌木林地面积和疏林地面积。

水资源 水在自然界中以固体、液体和气态三种聚集状态存在，分布于海洋、陆地(包括土壤)以及大气之中，通过水循环形成水资源。水资源包括经人类控制并直接可供灌溉、发电、给水、航运、养殖等用途的地表水和地下水，以及江河、湖泊、井、泉、潮汐、港湾和养殖水域等。水资源是发展国民经济不可缺少的重要自然资源。

地表水和地下水 陆地上的水因空间分布不同，分为地表水和地下水。地表水指分别存在于河流、湖泊、沼泽、冰川和冰盖等水体中水分的总称，又称陆地水。地下水指储存在地面以下饱和岩土孔隙、裂隙及溶洞中的水。

水资源总量 指评价区内降水形成的地表和地下产水总量，即地表产流量与降水入渗补给地下水量之和，不包括过境水量。

地表水资源量 指评价区内河流、湖泊、冰川等地表水体中可以逐年更新的动态水量，即当地天然河川径流量。

地下水资源量 指评价区内降水和地表水对饱水岩土层的补给量，包括降水入渗补给量和河道、湖库、渠系、渠灌田间等地表水体的入渗补给量。

内陆水域总面积 指江、河、湖泊、池塘、塘堰、水库等各种流水或蓄水的水面占地面积。

海　洋 是海和洋的统称。洋为地球表面上相连接的广大咸水水体的主体部分。海为地球表面相连接的广大咸水水体被陆地、岛礁、半岛包围或分隔的边缘部分。

海水可养殖面积 指利用滩涂、浅海、港湾进行鱼、虾、蟹、贝、藻等海水经济动植物的人工养殖的水面面积。

径　流 指陆地上接受降水后扣除损耗外，从地表和地下向流域出口断面汇集的水流。径流可分为地表径流、地下径流和壤中流。地表径流指沿地表向河流、湖泊、沼泽、海洋等汇集的水流；地下径流指沿潜水层或隔水层间的含水层，向河流、湖泊、沼泽、海洋等汇集的地下水水流。

径流量 指在一定时段内通过河流某一过水断面的水量，用以反映一个国家或地区水资源的丰歉程度。计算公式为：

径流量=降水量−蒸发量

矿产资源 矿产指由地质作用形成，富集于地壳中或出露于地表达到工农业利用要求的有用矿物。矿产是一种重要的自然资源，是社会发展的重要物质基础。

矿产基础储量 基础储量是查明矿产资源的一部分。它能满足现行采矿和生产所需的指标要求，是控制的、探明的并通过可行性或预可行性研究认为属于经济的、边界经济的部分，用未扣除设计、采矿损失的数量表示。

气　温 指空气的温度，我国一般以摄氏度(℃)为单位表示。气象观测的温度表是放在离地面约1.5米处通风良好的百叶箱里测量的，因此，通常说的气温指的是离地面1.5米处百叶箱中的温度。其统计计算方法为：

月平均气温是将全月各日的平均气温相加，除以该月的天数而得。

年平均气温是将12个月的月平均气温累加后除以12而得。

相对湿度 指空气中实际所含水蒸气密度和同温度下饱和水蒸气密度的百分比值。其统计方法与气温相同。

降水量 指从天空降落到地面的液态或固态(经融化后)水，未经蒸发、渗透、流失而在地面上积聚的深度。其统计计算方法为：

月降水量是将全月各日的降水量累加而得。

年降水量是将12个月的月降水量累加而得。

日照时数 指太阳实际照射地面的时间。其统计方法与降水量相同。

工业废水排放量 指报告期内经过企业厂区所有排放口排到企业外部的工业废水量。包括生产废水、外排的直接冷却水、废气治理设施废水、超标排放的矿井地下水和与工业废水混排的厂区生活污水，不包括独立外排的间接冷却水（清浊不分流的间接冷却水应计算在内）。

城镇生活污水排放量 指城镇居民每年排放的生活污水。用人均系数法测算。测算公式为：

$$\frac{\text{生活污水}}{\text{排放量}}=\frac{\text{城镇生活污水}}{\text{排放系数}}\times\frac{\text{市镇非}}{\text{农业人口}}\times365$$

城镇生活污水中化学需氧量(COD)产生量 指城镇居民每年排放的生活污水中的 COD 的产生量。用人均系数法测算。测算公式为：

$$\frac{\text{城镇生活污水}}{\text{中}COD\text{排放量}}=\frac{\text{城镇生活污水中}}{COD\text{产生系数}}\times\frac{\text{市镇非}}{\text{农业人口}}\times365$$

化学需氧量（COD） 测量有机和无机物质化学分解所消耗氧的质量浓度的水污染指数。

工业废气排放量 指报告期内企业厂区内燃料燃烧和生产工艺过程中产生的各种排入大气的含有污染物的气体的总量，以标准状态(273K，101325Pa)计算。测算公式为：

$$\frac{\text{工业废气}}{\text{排放量}}=\frac{\text{燃料燃烧过程}}{\text{中废气排放量}}+\frac{\text{生产工艺过程}}{\text{中废气排放量}}$$

二氧化硫排放量 指报告期内企业在燃料燃烧和生产工艺过程中排入大气的二氧化硫总质量。工业中二氧化硫主要来源于化石燃料（煤、石油等）的燃烧，还包括含硫矿石的冶炼或含硫酸、磷肥等生产的工业废气排放。

氮氧化物排放量 指报告期内企业在燃料燃烧和生产工艺过程中排入大气的氮氧化物总质量。

烟（粉）尘排放量 指报告期内企业在燃料燃烧和生产工艺过程中排入大气的烟尘及工业粉尘的总质量之和。烟尘或工业粉尘排放量可以通过除尘系统的排风量和除尘设备出口烟尘浓度相乘求得。

一般工业固体废物产生量 指未被列入《国家危险废物名录》或者根据国家规定的危险废物鉴别标准（GB5085）、固体废物浸出毒性浸出方法（GB5086）及固体废物浸出毒性测定方法（GB／T 15555）鉴别方法判定不具有危险特性的工业固体废物。

一般工业固体废物综合利用量 指报告期内企业通过回收、加工、循环、交换等方式，从固体废物中提取或者使其转化为可以利用的资源、能源和其他原材料的固体废物量（包括当年利用的往年工业固体废物累计贮存量）。如用作农业肥料、生产建筑材料、筑路等。综合利用量由原产生固体废物的单位统计。

一般工业固体废物处置量 指报告期内企业将工业固体废物焚烧和用其他改变工业固体废物的物理、化学、生物特性的方法，达到减少或者消除其危险成分的活动，或者将工业固体废物最终置于符合环境保护规定要求的填埋场的活动中，所消纳固体废物的量。

一般工业固体废物贮存量 指报告期内企业以综合利用或处置为目的，将固体废物暂时贮存或堆存在专设的贮存设施或专设的集中堆存场所内的量。

危险废物 指列入国家危险废物名录或根据国家规定的危险废物鉴别标准和鉴别方法认定的，具有爆炸性、易燃性、易氧化性、毒性、腐蚀性、易传染疾病等危险特性之一的废物。

危险废物产生量 指报告期内调查对象实际产生的危险废物的量。危险废物指列入国家危险废物名录或者根据国家规定的危险废物鉴别标准和鉴别方法认定的，具有爆炸性、易燃性、易氧化性、毒性、腐蚀性、易传染性疾病等危险特性之一的废物。

危险废物综合利用量 指报告期内调查对象从危险废物中提取物质作为原材料或者燃料的活动中消纳危险废物的量。包括本单位利用或委托、提供给外单位利用的量。

危险废物处置量 指报告期内企业将危险废物焚烧和用其他改变工业固体废物的物理、化学、生物特性的方法，达到减少或者消除其危险成分的活动，或者将危险废物最终置于符合环境保护规定要求的填埋场的活动中，所消纳危险废物的量。处置量包括处置本单位或委托给外单位处置的量。

Explanatory Notes on Main Statistical Indicators

Natural Resources refers to material resources that could be obtained from the nature by human being and used for production and living. Natural resources in general can be classified as renewable resources and non-renewable resources. Renewable resources refer to resources that could be renewed and recycled during a relatively short period of time, including land resource, water resource, climate resource, biology resource and marine resource. Non-renewable resources include resources that could not be renewed, such as minerals and geothermal resource.

Land Resources refers to the surface of the earth, consisting of mainly rocks and its weathering and earth. Land resource can be classified, by its utilization, as land for agriculture, land for construction and unused land. Land for agriculture includes cultivated land, plantation land, forestland, grassland and waters. Land for construction includes land for residential purpose, for manufacturing and mining, for transportation and for water-conservancy projects. Unused land refers to land other than land for agriculture and construction, including beaches, deserts, Gobi, glaciers and rock mountains.

Area of Cultivated Land refers to area of land reclaimed for the regular cultivation of various farm crops, including crop-cover land, fallow, newly reclaimed land and land laid idle for less than 3 years.

Forest Resource refers to forests, trees, forestland and wild animals, plants and microorganism that live on forest and trees. Trees include trees and bamboo. Forest refers to the population of clusters of trees and other plants, animals and microorganism as well as the earth and climate that have interactions with the trees.

Forest Area refers to the area of forest where trees and bamboo grow with canopy density above 0.2, including land of natural woods and planted woods, but excluding bush land and thin forest land. It reflects the total areas of afforestation.

Water Resource refers to water that exists in the nature in solid, liquid and gaseous states, is distributed in the ocean, land (including earth) and air, and constitutes the water resource through the circulation of water. Water resource includes the surface water and underground water that is controlled by the human being for irrigation, power-generation, water supply, navigation and cultivation. It also includes rivers, lakes, wells, springs, tides, gulf and water area for cultivation. Water resource as an important natural resource is indispensable for the development of the national economy.

Surface Water and Underground Water Water on earth can be divided into surface water and underground water according to its distribution. Surface water refers to moisture exists in rivers, lakes, swamps, glaciers, icecaps and so on. It is also called land water. The underground water refers to water deposited underground in the cranny and the hole of saturated rock soil and in the water-eroded cave.

Total Water Resources refers to total volume of water resources measured as run-off for surface water from rainfall and recharge for groundwater in a given area, excluding transit water.

Surface Water Resources refers to total renewable resources which exist in rivers, lakes, glaciers and other collectors from rainfall and are measured as run-off of rivers.

Groundwater Resources refers to replenishment of aquifers with rainfall and surface water.

Inland Water Area refers to water area of rivers, lakes, ponds, reservoir, etc.

Ocean is the general name for sea and ocean. Ocean refers to the main body of large salt water connected with the earth. Sea refers to the edge areas of the salt water on the earth that are comparted or surrounded by land, island, reef or peninsula.

Marine Cultivatable Areas refer to water areas in beach, shallow sea and lough that are used to breed marine cash propagation, such as fish, shrimp, crab, shellfish, alga and so on.

Runoff refers to the water gathered at the way out of the cross section of drainage area either from the surface or underground after deducting the wastage of the precipitation on the land. Runoff can be divided into surface runoff, underground runoff and within soil runoff. Surface runoff refers to water flow to the rivers, lakes, swamps, and seas on the surface of the earth. Underground runoff refers to water flow to rivers, lakes, swamps, and seas through the water-bearing stratum of confined layer or unconfined layer.

Volume of Runoff refers to the total volume of water running through a certain cross section of a river during a certain period of time, reflecting the water resource condition in a country or a region. The formula for calculating volume or runoff is as follows:

Runoff =Precipitation-Evaporation

Mineral Resources refer to useful minerals that can be used for industrial or agricultural purposes enriched in lithosphere or on earth due to the geological process. Minerals are important natural resources, and important material base for social development.

Ensured Mineral Reserves refer to the actual mineral reserves, which equal to the proven mineral reserves (including industrial reserves and prospective reserves) minus extracted parts and underground losses.

Temperature refers to the air temperature. China uses centigrade as the unit. The thermometry used for weather observation is put in a breezy shutter, which is 1.5 meters high from the ground. Therefore, the commonly used temperature refers to the temperature in the breezy shutter 1.5 meters away from the ground. The calculation method is as follows:

Monthly Average Temperature is the summation of average daily temperature of one month divided by the actual days of that particular month.

Annual Average Temperature is the summation of monthly

average of a year divided by 12 months.

Relative Humidity refers to the ratio of actual water vapor pressure to the saturation water vapor density under the current temperature. The statistical method is the same as that of temperature.

Volume of Precipitation refers to the deepness of liquid state or solid state (thawed) water falling from the sky to the ground that has not been evaporated, infiltrated or run off. The calculation method is as follows:

Monthly precipitation is the summation of daily precipitation of a month.

Annual precipitation is the summation of 12 months precipitation of a year.

Sunshine Hours refer to the actual hours of sun irradiating the earth. The calculation method is the same as that of the precipitation.

Industrial Waste Water Discharged Refers to the volume of industrial waste water discharged through all of the drainage system to the outside of factory complex by enterprises during the report period. It includes discharged waste water from production, direct cooling water, waste gas treatment facilities, mine groundwater beyond the standard and domestic sewage mixed with industrial waste water, does not include independently discharged indirect cooling water (voicing split-less indirect cooling water should be taken into account).

Urban Non industrial Waste Water Discharge refers to annual discharge of non–industrial waste water by urban households. It is estimated by per ca pita coefficient using the formula:

$$\begin{matrix}\text{Urban non - industrial}\\ \text{waste water discharge}\end{matrix} = \begin{matrix}\text{urban non - industrial waste}\\ \text{water discharge coefficient}\end{matrix} \times \begin{matrix}\text{urban non - agricultural}\\ \text{population}\end{matrix} \times 365$$

Volume of Chemical Oxygen Demand (COD) Generated by Urban Non–industrial Waster Water refers to chemical oxygen demand generated through the annual discharge of non–industrial waste water by urban households. It is estimated as:

$$\begin{matrix}\text{Volume of chemical oxygen}\\ \text{demand (cod) generated}\\ \text{by urban non - industrial}\\ \text{waster water}\end{matrix} = \begin{matrix}\text{Coefficient of COD}\\ \text{generated through urban}\\ \text{non - industrial waste water}\end{matrix} \times \begin{matrix}\text{urban}\\ \text{non - agricultural}\\ \text{population}\end{matrix} \times 365$$

Chemical Oxygen Demand (COD) refers to index of water pollution measuring the mass concentration of oxygen consumed by the chemical breakdown of organic and inorganic matter.

Industrial Waste Air Emission refers to discharge into atmosphere of waste air containing pollutants generated from fuel burning and production process in enterprises within a given period of time. It is calculated at standard status (273K, 101325Pa) as:

$$\begin{matrix}\text{Industrial waste}\\ \text{air emission}\end{matrix} = \begin{matrix}\text{emission through}\\ \text{fuel burning}\end{matrix} + \begin{matrix}\text{emission through}\\ \text{production process}\end{matrix}$$

SO2 Emission refers to the total volume of SO2 discharged into air during the process of fuel combustion and industrial production in enterprises in a given time, and is mainly caused by the combustion of fossil fuel, ore smelting and the production of sulphuric acid and phosphate fertilizers.

Nitrogen Oxides Emission refers to the total volume of nitrogen oxides discharged into air during the process of fuel combustion and industrial production.

Industrial Soot and Dust Emission refers to volume of soot and dust in smoke emitted in process of fuel burning and industrial production in premises of enterprises in the report period. It is calculated by multiplying exhaust volume of dust removal system by dust concentration.

Common Industrial Solid Wastes Produced refers to the industrial solid wastes not listed in the 《National Catalogue of Hazardous Wastes》, or not regarded as hazardous according to the national hazardous waste identification standards (GB5085),solid waste-extraction procedure for leaching toxicity (GB5086), or solid waste-extraction procedure for leaching toxicity (GB/T 15555).

Common Industrial Solid Wastes Comprehensively Utilized refers to volume of solid wastes from which useful materials can be extracted or which can be converted into usable resources, energy or other materials by means of reclamation, processing, recycling and exchange (including utilizing in the year the stocks of industrial solid wastes of the previous year) during the report period, e.g. Examples of such utilization include fertilizers, building materials and road materials. The information shall be collected by the producing units of the wastes.

Common industrial Solid Wastes Disposed refers to the quantity of solid wastes which are burnt or specially disposed using other methods to alter the physical, chemical and biological properties and thus to reduce or eliminate hazards, or placed ultimately in the sites meeting the requirements for environmental protection during the report period.

Stock of Common Industrial Solid Wastes refers to the volume of sold wastes placed in special facilities or special sites by enterprises for purposes of utilization or disposal during the report period.

Hazardous Wastes refers to those included in the national hazardous wastes catalog or specified as any one of the following properties in the national hazardous wastes identification standards: explosive, ignitable, oxidizable, toxic, corrosive or liable to cause infectious diseases or lead to other dangers.

Hazardous Wastes Produced refers to the volume of actual hazardous wastes produced by surveyed samples throughout the year of the survey. Hazardous wastes refers to those included in the national hazardous wastes catalog or specified as any one of the following properties in light of the national hazardous wastes identification standards and methods: explosive, ignitable, oxidizable, toxic, corrosive, or liable to cause infectious diseases or lead to other dangers.

Hazardous Wastes Comprehensive Utilized refers to the volume of hazardous wastes that are used to extract materials for raw materials or fuel throughout the year of survey, including those utilized by the producing enterprises and those provided to other enterprises for utilization.

Hazardous Wastes Disposed refers to the quantity of hazardous wastes that are burnt or specially disposed using other methods to alter the physical, chemical and biological properties and thus to reduce or eliminate the hazard, or placed in the site meeting the requirement for environmental protection during the report period. The quantity includes all the hazardous wastes produced by the surveyed samples.

第13篇

农　业

Agriculture

简 要 说 明

一、本篇资料的主要内容

本篇资料反映了全省农业生产和农村经济的基本情况，主要包括农林牧渔业总产值、增加值、耕地、主要农产品产量、农业机械年末拥有量、农村电气化和农业化学化情况以及农田水利建设等方面的统计资料。

二、本篇资料的来源

1、地类面积资料来源于省国土资源厅，由省统计局农村处整理提供。

2、灌溉面积资料来源于省水利厅，由省统计局农村处整理提供。

3、渔业生产资料来源于省海洋与渔业厅，由省统计局农村处整理提供。

4、林业生产资料来源于省林业厅，由省统计局农村处整理提供。

5、粮食生产情况由山东调查总队农业调查处整理提供。

6、农业机械资料来源于省农机局，由省统计局农村处整理提供。

7、其余资料来源于农村综合统计年报，由省统计局农村处整理提供。

三、本篇资料的统计范围和统计口径

本篇资料的统计范围包括省内所属的各种经济类型、各个系统的全部农林牧渔业生产单位以及各非农行业附属的农林牧渔业生产活动单位。军委系统的农业生产（除军马外）也包括在内，但不包括农业科学试验机构进行的农业生产。

Brief Introduction

I. Content

Data in this chapter show the basic conditions of agricultural production and rural economy, mainly including agricultural output, value added, cultivated land, output of main agricultural produces, agricultural machinery, electrification and chemistry in rural areas and basic construction on irrigation and drainage.

II. Source of Data

1. Data on land are provided by the Department of Land and Resources of Shandong Province.

2. Data on irrigated area are provided by the Water Resources Department of Shandong Province.

3. Data on fishery production means are provided by the Department of Ocean and Fisheries of Shandong Province.

4. Data on forestry production means are provided by the Department of Forestry of Shandong Province.

5. Data on grain output are provided by the Division of Agriculture Survey of the National Bureau of Statistics in Shandong.

6. Data on agricultural machinery are provided by the Department of Agricultural Machinery Supervision of Shandong Province.

7. Other data in this chapter are based on the statistical reporting summary tables of countryside statistics.

III. Scope and Coverage of Statistics

The coverage of the comprehensive statistical reporting includes all productive units of farming, forestry, animal husbandry and fishery and those related non-agricultural affiliated units with various ownership and the activities of horse raising for military purpose and those undertaken by agricultural research institutions are excluded.

13-1 主要年份农林牧渔业总产值
Gross Output Value of Farming, Forestry, Animal Husbandry and Fishery in Major Years

单位：亿元 (100 million yuan)

年 份 Year	农林牧渔业总产值 Gross Output Value of Farming, Forestry, Animal Husbandry and Fishery	农 业 Farming	种植业 Planting	林 业 Forestry	牧 业 Animal Husbandry	渔 业 Fishery	农林牧渔服务业 Farming, Forestry, Animal Husbandry and Fishery Service
1949	20.07	18.01	16.01	0.12	1.66	0.28	
1952	40.00	35.05	31.16	0.25	3.98	0.72	
1955	44.97	40.05	35.40	0.66	3.37	0.89	
1957	36.44	31.21	30.36	0.87	3.54	0.82	
1962	38.32	32.77	32.71	0.26	4.09	1.20	
1965	50.49	42.88	42.79	0.55	5.76	1.30	
1970	66.78	55.75	55.62	0.90	8.14	1.99	
1975	93.43	75.85	75.64	2.65	12.33	2.60	
1976	100.36	80.37	80.12	2.60	14.24	3.15	
1977	99.27	78.83	78.40	2.10	14.72	3.62	
1978	102.22	84.77	83.71	1.81	12.19	3.45	
1979	135.92	113.34	111.33	2.04	16.61	3.93	
1980	160.91	128.81	126.22	4.52	23.43	4.15	
1981	198.50	155.62	151.83	4.91	33.04	4.94	
1982	218.51	171.58	167.98	7.22	34.12	5.59	
1983	259.50	208.75	202.87	8.48	36.21	6.06	
1984	310.11	245.19	236.64	8.60	48.20	8.12	
1985	335.42	248.17	236.62	11.07	62.82	13.36	
1986	361.19	269.51	255.92	12.67	62.84	16.17	
1987	413.18	313.76	299.05	12.11	64.15	23.16	
1988	494.53	331.59	313.98	14.80	108.07	40.07	
1989	547.66	366.24	347.61	14.28	124.71	42.43	
1990	645.75	419.50	397.85	20.45	150.19	55.61	
1991	779.18	491.76	471.53	22.19	186.52	78.71	
1992	815.62	462.58	437.03	23.73	215.73	113.58	
1993	944.99	526.66	511.48	28.24	239.90	150.19	
1994	1282.25	660.13	649.84	36.78	348.78	236.56	
1995	1678.16	931.89	922.96	41.81	433.62	270.84	
1996	1962.12	1090.64	1078.05	49.97	512.60	308.91	
1997	2058.32	1137.19	1107.33	49.86	550.58	320.69	
1998	2174.54	1219.85	1184.65	45.91	583.40	325.38	
1999	2202.95	1254.87	1232.44	44.93	572.95	330.20	
2000	2294.35	1300.44	1280.12	47.62	599.17	347.12	
2001	2453.96	1401.34	1385.22	47.22	654.71	350.69	
2002	2526.05	1420.88	1402.81	48.25	698.44	358.48	
2003	2902.45	1599.32		53.70	831.34	370.04	48.05
2004	3453.91	1891.73		59.49	1022.84	426.09	53.76
2005	3741.81	2033.95		57.57	1125.04	465.52	59.73
2006	4058.62	2283.29		65.48	1025.37	522.94	161.54
2007	4752.65	2589.46		81.98	1317.06	577.31	186.83
2008	5583.98	2863.29		102.24	1715.47	679.12	223.87
2009	5953.15	3170.05		101.27	1699.51	735.75	246.58
2010	6573.77	3588.42		86.53	1796.52	829.77	272.52
2011	7311.11	3737.04		99.96	2205.73	973.24	295.14
2012	7817.84	3829.19		107.01	2328.69	1227.81	325.14
2013	8577.06	4335.77		120.30	2410.56	1347.03	363.40
2014	8988.18	4556.10		131.53	2478.81	1420.85	400.90
2015	9283.92	4662.61		139.92	2602.08	1447.28	432.03
2016	9075.60	4387.51		147.48	2620.29	1409.65	510.66
2017	9140.36	4403.23		165.09	2501.37	1475.96	594.70

注：本表绝对数按当年价格计算，2007至2017年数据系与第三次农业普查衔接数据。

a)Data are caculated at current prices.Data from 2007 to 2017 are consistent with those obtained from the Third Agricultural Census.

13-2 主要年份农林牧渔业总产值指数(以1952年为100)
Indices of Farming,Forestry,Animal Husbandry and Fishery in Major Years(1952=100)

年 份 Year	农林牧渔业总产值 Indices of Farming,Forestry, Animal Husbandry and Fishery	农 业 Farming	种植业 Planting	林 业 Forestry	牧 业 Animal Husbandry	渔 业 Fishery	农林牧渔服务业 Farming,Forestry, Animal Husbandry and Fishery Service
1949	57.7	59.1	59.1	56.9	48.0	44.2	
1952	100.0	100.0	100.0	100.0	100.0	100.0	
1955	108.1	109.9	109.3	256.9	81.3	118.4	
1957	94.2	92.1	100.8	360.8	91.9	118.4	
1962	65.5	63.9	71.8	70.6	70.0	114.3	
1965	99.8	96.7	108.6	174.5	114.3	142.9	
1970	123.5	117.7	132.1	264.7	151.2	204.8	
1975	163.2	151.2	169.6	745.1	216.5	252.4	
1976	166.9	152.6	171.1	692.2	237.8	291.8	
1977	164.8	149.4	167.1	556.9	245.5	334.7	
1978	177.1	160.6	178.2	680.4	253.4	383.7	
1979	193.9	177.1	195.7	637.3	287.2	338.8	
1980	212.1	190.0	209.7	680.4	347.4	375.5	
1981	218.8	198.2	218.1	627.5	352.9	336.1	
1982	239.2	215.3	236.9	1043.1	373.1	383.0	
1983	273.7	253.2	275.9	988.2	386.1	399.3	
1984	326.0	302.4	326.8	1109.8	462.2	449.7	
1985	338.2	306.5	326.8	1427.5	520.9	491.8	
1986	339.2	304.4	321.2	1380.4	539.2	566.0	
1987	366.3	331.7	350.4	1364.7	551.7	681.6	
1988	378.6	324.4	337.3	1325.5	703.9	887.8	
1989	383.5	321.8	333.9	1259.2	768.7	959.7	
1990	404.2	335.6	345.3	1235.3	823.3	1150.7	
1991	452.3	370.2	384.0	1315.6	922.9	1393.5	
1992	455.9	345.4	352.9	1380.1	985.7	1721.0	
1993	510.6	381.0	399.8	1526.4	1080.3	2103.1	
1994	578.0	411.1	436.2	1770.6	1295.3	2523.7	
1995	629.4	441.9	471.1	1839.7	1463.7	2720.5	
1996	675.3	478.1	507.4	2141.6	1551.5	2902.8	
1997	707.0	490.1	506.4	2154.4	1716.0	2975.4	
1998	777.0	589.3	562.1	2068.2	1915.1	3121.2	
1999	819.7	615.2	599.2	2072.3	2045.3	3345.9	
2000	851.7	639.8	625.6	2200.8	2155.7	3362.6	
2001	885.8	666.0	655.6	2064.4	2315.2	3315.5	
2002	895.5	649.4	637.2	1971.5	2472.6	3391.8	
2003	944.8	691.6		2121.3	2613.5	3449.5	111.5
2004	998.7	732.4		2138.3	2772.9	3601.3	108.0
2005	1050.6	761.0		2059.2	2975.3	3842.6	109.2
2006	1105.2	802.1		2279.5	3106.2	3992.5	118.8
2007	1141.7	829.4		2457.3	3131.0	4180.1	110.8
2008	1199.9	859.3		2798.9	3315.7	4426.7	113.3
2009	1251.5	882.5		3076.0	3488.1	4701.2	110.1
2010	1296.6	904.6		3380.5	3624.1	4931.6	109.9
2011	1345.9	939.9		3694.9	3714.7	5148.6	107.2
2012	1409.2	963.4		3820.5	4000.7	5359.7	107.7
2013	1462.7	1005.8		4164.3	4084.7	5536.6	109.5
2014	1521.2	1052.1		4568.3	4182.7	5686.1	109.3
2015	1586.6	1101.5		4938.3	4312.4	5868.1	108.5
2016	1656.4	1156.6		5407.4	4424.5	5985.5	115.8
2017	1722.7	1207.5		5942.7	4588.2	5955.6	112.5

注：本表按可比价格计算；农林牧渔服务业指数以上年为100。
a)Data are caculated at constant prices.Indices of Farming,Forestry,Animal Husbandry and Fishery service in preceding year is considered as 100%.

13−3 农林牧渔业总产值

Gross Output Value of Farming,Forestry,Animal Husbandry and Fishery

单位:亿元　　(100 million yuan)

类　别	Category	2016	2017	2017为2016% 2016=100
农林牧渔业总产值	**Gross Output Value of Farming,Forestry, Animal Husbandry and Fishery**	**9075.60**	**9140.36**	**104.0**
一、农业产值	**Output Value of Farming**	**4387.51**	**4403.23**	**104.4**
1.谷物及其他作物	Cereal and Other Corps	1757.33	1774.92	101.0
#粮食	Grain	1116.01	1122.64	100.4
油料	Oil	169.01	169.89	100.3
棉花	Cotton	93.87	94.17	94.7
2.蔬菜园艺作物	Vegetable Gardening Crops	1575.78	1482.24	105.3
#蔬菜(含菜用瓜)	Vegetables	1480.70	1384.54	103.3
3.水果坚果饮料	Fruit and Nut Beverages	996.81	1081.83	108.6
#水果坚果(含果用瓜)	Fruit and Nut	967.60	1050.61	107.2
4.中药材	Chinese Herbal Medicines	57.59	64.25	110.2
二、林业产值	**Output Value of Forestry**	**147.48**	**165.09**	**109.9**
1.林木的培育和种植	Trees Cultivation and Planting	60.72	66.98	108.4
2.竹木采运	Bamboo Logging and Transport	29.53	33.56	111.5
3.林产品	Forestry Products	57.22	64.56	110.8
三、牧业产值	**Output Value of Animal Husbandry**	**2620.29**	**2501.37**	**103.7**
1.牲畜饲养	Livestock Feeding	417.88	413.53	104.4
2.猪的饲养	Pig Feeding	1186.69	1015.34	103.4
3.家禽的饲养	Poultry Feeding	849.62	847.03	103.8
#肉禽	Poultry for Eating	414.71	420.37	106.7
禽蛋	Egg of Poultry	434.91	426.66	102.1
4.狩猎和捕捉动物	Animal Hunting and Trapping	1.86	1.79	104.6
5.其他畜牧业	Other Animal Husbandry	232.24	223.67	103.3
四、渔业产值	**Output Value of Fishery**	**1409.65**	**1475.96**	**99.5**
1.海水产品	Seawater Aquatic Products	1160.97	1222.46	99.7
2.内陆水域水产品	Inland waterways Aquatic Products	248.68	253.50	98.9
五、农林牧渔服务业产值	**Output Value of Farming,Forestry,Animal Husbandry and Fishery Service**	**510.66**	**594.70**	**112.5**

注:本表绝对数按当年价格计算,速度按可比口径及价格计算;2016、2017年数据系与第三次农业普查衔接数据。
a)Absolute data in the table are calculated at current prices, the speed are caculated at constant price and caliber.
Data of 2016,2017 are consistent with those obtained from the Third Agricultural Census.

13-4 各市农林牧渔业总产值(2017年)
Gross Output Value of Farming,Forestry,Animal Husbandry and Fishery by Region(2017)

单位:万元 (10 000 yuan)

地区	Region	农林牧渔业总产值 Output Value of Farming,Forestry, Animal Husbandry and Fishery	农业产值 Output Value of Farming	林业产值 Output Value of Forestry	牧业产值 Output Value of Animal Husbandry	渔业产值 Output Value of Fishery	农林牧渔服务业产值 Output Value of Services to Farming, Forestry,Animal Husbandry and Fishery
全省总计	**Total**	**91403597**	**44032325**	**1650945**	**25013665**	**14759635**	**5947027**
济南市	Jinan	5050817	2967495	152478	1592289	77953	260602
青岛市	Qingdao	6978980	3003367	30891	1663278	1830324	451120
淄博市	Zibo	2586093	1674316	144553	601769	50313	115142
枣庄市	Zaozhuang	2870542	1727117	26152	696500	156590	264183
东营市	Dongying	2741654	954890	25211	665819	833594	262140
烟台市	Yantai	9125205	3740475	173824	1558577	3076283	576046
潍坊市	Weifang	9532028	4759939	69282	3159883	891463	651461
济宁市	Jining	8978194	4735890	138522	2629965	872282	601535
泰安市	Tai'an	5232963	2773882	82035	1827648	179289	370109
威海市	Weihai	4992134	860238	11505	729798	3179888	210705
日照市	Rizhao	2961249	1069374	46288	738158	916605	190824
莱芜市	Laiwu	1005197	658974	36162	265575	15940	28546
临沂市	Linyi	6498240	3764397	286920	1814595	297658	334670
德州市	Dezhou	6708245	3043795	176074	2520461	248007	719908
聊城市	Liaocheng	5678325	3341102	42282	1791385	177829	325727
滨州市	Binzhou	4580169	1913450	98591	1254357	918555	395215
菏泽市	Heze	5004934	3043624	110175	1503607	158434	189094

13-5 各市农林牧渔业增加值(2017年)
Added Value of Farming,Forestry, Animal Husbandry and Fishery by Region(2017)

单位:万元 (10 000 yuan)

地区	Region	增加值 Added Value	农业 Farming	林业 Forestry	牧业 Animal Husbandry	渔业 Fishery	农林牧渔服务业 Services to Farming, Forestry,Animal Husbandry and Fishery
全省总计	**Total**	**51147033**	**27556582**	**1160261**	**10409521**	**9200756**	**2819913**
济南市	Jinan	2799105	1857058	107162	662711	48596	123577
青岛市	Qingdao	3901922	1854823	21339	693534	1118846	213380
淄博市	Zibo	1454563	1019624	100012	249859	30283	54785
枣庄市	Zaozhuang	1630932	1093956	18373	293714	98292	126597
东营市	Dongying	1500522	578854	17358	265662	519663	118985
烟台市	Yantai	5133727	2224756	119696	682345	1831004	275926
潍坊市	Weifang	5222255	3041601	47281	1269009	552733	311631
济宁市	Jining	5045316	2991655	96965	1104585	566983	285128
泰安市	Tai'an	2923073	1786475	59311	775435	124570	177282
威海市	Weihai	2787298	525032	7898	296231	1860450	97687
日照市	Rizhao	1673934	667610	32743	311133	571136	91312
莱芜市	Laiwu	568718	408564	25313	111542	9883	13417
临沂市	Linyi	3637291	2344466	201684	751608	184699	154835
德州市	Dezhou	3487039	1859752	123644	1004100	154867	344675
聊城市	Liaocheng	3141588	2090862	30704	754549	110854	154619
滨州市	Binzhou	2471855	1178353	68302	537855	499934	187411
菏泽市	Heze	2954196	2033141	82475	645649	104265	88666

13-6 主要年份粮、棉、油产量
Output of Grain,Cotton and Oil-bearing Crops in Major Years

年 份 Year	粮食 Grain		棉花 Cotton		油料 Oil-bearing Crops	
	总产量 (万吨) Gross Output (10 000 tons)	单产 (千克/公顷) Output Per Hectare (kg/hectare)	总产量 (万吨) Gross Output (10 000 tons)	单产 (千克/公顷) Output Per Hectare (kg/hectare)	总产量 (万吨) Gross Output (10 000 tons)	单产 (千克/公顷) Output Per Hectare (kg/hectare)
1949	870.0	795	8.1	180	55.6	1170
1952	1199.0	1035	16.9	240	84.5	1470
1955	1276.0	1110	20.9	285	106.1	1485
1957	1126.0	990	17.4	225	70.0	945
1962	910.0	915	3.9	105	42.4	1875
1965	1332.0	1350	19.9	300	67.1	1395
1970	1465.0	1575	27.3	390	78.5	1575
1975	2170.5	2355	24.1	390	84.2	1515
1976	2241.5	2460	15.8	255	58.5	1065
1977	2099.0	2370	14.9	240	67.7	2025
1978	2288.0	2595	15.4	255	95.9	1785
1979	2472.0	2835	16.7	315	109.1	1800
1980	2384.0	2820	53.7	735	143.0	2160
1981	2312.5	2835	67.5	720	142.1	2010
1982	2375.0	3090	96.0	720	142.5	2190
1983	2700.0	3465	122.5	825	152.0	2460
1984	3040.0	3885	172.5	1005	182.0	2790
1985	3137.7	3930	106.2	915	267.9	2745
1986	3250.0	3840	94.1	930	207.6	2355
1987	3393.7	4125	124.4	1020	234.3	2940
1988	3225.0	3990	113.7	825	197.8	2505
1989	3250.0	4035	102.5	780	150.0	1995
1990	3570.0	4380	102.8	690	212.1	2910
1991	3916.9	4845	135.1	870	233.1	3285
1992	3589.3	4533	67.7	455	166.3	2380
1993	4100.0	4992	41.0	539	268.4	3434
1994	4091.1	5015	55.9	705	338.3	3781
1995	4245.0	5220	47.1	707	315.0	3580
1996	4332.7	5260	37.2	773	309.3	3767
1997	3852.2	4766	35.4	894	240.9	2977
1998	4264.8	5244	41.3	996	335.6	3908
1999	4269.0	5271	39.2	1072	320.5	3614
2000	3837.7	4938	59.0	1085	356.9	3730
2001	3720.6	5201	78.1	1062	377.3	3743
2002	3292.7	4763	72.2	1086	340.4	3458
2003	3435.5	5355	87.7	994	361.8	3572
2004	3516.7	5570	109.8	1036	369.7	3913
2005	3917.4	5837	84.6	1000	363.9	4044
2006	4093.0	5848	102.3	1149	328.2	4136
2007	4107.8	5896	95.1	1112	368.8	4190
2008	4353.9	6086	94.0	1172	374.7	4283
2009	4442.7	6088	79.0	1151	349.2	4349
2010	4502.8	6043	59.0	945	347.7	4317
2011	4701.3	6172	60.8	1043	343.7	4367
2012	4815.8	6214	51.4	1012	341.8	4404
2013	4883.4	6099	43.4	923	341.6	4386
2014	5038.3	6087	44.2	1122	329.6	4355
2015	5147.4	6123	33.9	1042	318.7	4302
2016	5332.3	6261	32.9	1179	317.1	4310
2017	5374.3	6356	20.7	1185	318.3	4389

注：本表2007至2017年数据系与第三次农业普查衔接数据。
a)Data from 2006 to 2017 are consistent with those obtained from the Third Agricultural Census.

13-7　1978-2017年畜牧业生产情况
Production of Animal Husbandry1978 to 2017

年 份 Year	肉类总产量 (万吨) Output of Meat (10 000 tons)	猪存栏 (万头) Stocked Pigs (10 000 heads)	牛存栏 (万头) Stocked Cattle (10 000 heads)	羊存栏 (万只) Stocked Sheep (10 000 heads)	家禽存栏 (万只) Stocked Poultry (10 000 heads)
1978	60.80	1992.00	227.60	756.40	6766.00
1979	65.18	2117.60	221.50	925.80	7204.00
1980	90.10	2112.50	217.80	1041.30	7997.00
1981	96.26	1901.10	213.70	1025.60	8075.00
1982	94.98	1726.20	213.60	989.50	9115.00
1983	94.54	1562.70	222.10	901.80	10216.80
1984	104.38	1681.50	232.60	753.90	14688.90
1985	128.62	1812.80	258.00	783.30	16548.20
1986	141.78	1668.90	292.50	985.30	15120.70
1987	141.02	1547.00	344.60	1404.10	16916.30
1988	171.47	1688.60	416.00	1436.40	21582.10
1989	195.63	1604.10	472.40	1491.30	20471.30
1990	221.61	1576.70	511.80	1528.10	23974.60
1991	241.49	1599.40	501.40	1591.20	24136.80
1992	250.67	1602.60	531.90	1655.20	25810.80
1993	286.61	1603.70	603.00	1703.50	27188.70
1994	338.77	1701.50	681.30	1799.80	35118.60
1995	394.42	1718.10	714.10	1866.10	34613.80
1996	405.52	1723.60	740.10	1877.20	37485.00
1997	460.64	2209.70	811.90	2038.60	41833.00
1998	497.90	2485.90	911.80	2322.00	48484.00
1999	524.49	2560.48	977.25	2536.22	53332.00
2000	499.99	2401.81	779.90	2260.06	47789.90
2001	531.49	2500.29	778.54	2357.24	50263.73
2002	559.66	2602.80	787.88	2466.79	53236.24
2003	591.00	2686.09	804.31	2543.26	55031.28
2004	621.72	2761.01	771.51	2667.51	56875.64
2005	657.78	2771.96	750.45	2645.96	54641.26
2006	698.32	2508.52	632.71	2368.26	52100.31
2007	660.00	2686.01	557.46	2281.96	49627.42
2008	704.52	2786.69	498.53	2033.94	55864.43
2009	730.91	2845.80	452.59	1939.09	54789.42
2010	754.03	2871.65	440.32	1926.95	58214.00
2011	763.07	2998.20	438.27	1887.90	63790.18
2012	822.56	3101.21	433.66	1850.33	70959.78
2013	838.18	3167.00	424.28	1797.90	70261.33
2014	836.81	3179.54	410.53	1765.01	69911.92
2015	845.50	3147.33	407.65	1767.89	71816.01
2016	837.11	3086.81	391.93	1693.10	78056.12
2017	866.01	3040.33	401.48	1754.05	76604.46

注：本表2006至2017年数据系与第三次农业普查衔接数据。
a)Data from 2006 to 2017 are consistent with those obtained from the Third Agricultural Census.

13-7 续表 continued

年 份 Year	猪出栏 (万头) Slaughtered Pigs (10 000 heads)	牛出栏 (万头) Slaughtered Cattle (10 000 heads)	羊出栏 (万只) Slaughtered Sheeps (10 000 heads)	家禽出栏 (万只) Slaughtered Poultry (10 000 heads)	禽蛋产量 (万吨) Output of Poultry Eggs (10 000 tons)	奶类产量 (万吨) Output of Milk (10 000 tons)
1978	901.20	4.60	142.40		22.50	6.83
1979	1047.50	6.70	228.60		23.67	6.95
1980	1241.60	8.80	377.50		25.62	6.80
1981	1296.80	11.50	460.70		29.47	5.24
1982	1213.20	10.60	521.60		34.30	8.77
1983	1159.20	18.90	616.30		41.07	11.43
1984	1284.00	18.40	519.10		62.28	13.34
1985	1482.60	27.60	558.30	8283.10	72.50	13.26
1986	1681.20	32.30	617.60	9234.50	69.66	15.81
1987	1514.00	49.80	842.10	11397.30	79.14	17.28
1988	1619.60	69.00	1219.00	15904.00	102.97	19.53
1989	1845.40	82.80	1348.40	16701.20	109.43	21.24
1990	1936.20	110.10	1416.40	22769.00	124.25	22.53
1991	1983.50	119.50	1348.70	30792.70	149.14	23.65
1992	2046.00	140.90	1366.10	33467.90	154.30	25.17
1993	2092.90	177.10	1411.00	42837.30	184.07	28.05
1994	2185.70	213.10	1668.20	64716.70	240.75	32.45
1995	2453.00	248.40	2034.10	71286.50	247.15	36.98
1996	2500.90	272.40	2051.80	73508.00	267.30	41.14
1997	2801.10	334.50	2269.30	82549.00	294.30	45.82
1998	3123.20	354.90	2518.90	91299.00	322.00	53.98
1999	3248.13	391.10	2838.80	100246.00	349.06	61.29
2000	3213.24	322.25	2375.73	91195.00	301.04	62.72
2001	3370.69	359.63	2530.15	99493.75	311.58	80.48
2002	3566.19	380.13	2646.54	105550.38	328.33	103.92
2003	3765.90	396.47	2731.23	113458.25	349.11	132.05
2004	4060.41	413.21	2869.43	122660.64	355.83	167.92
2005	4263.54	425.73	3002.98	145089.38	363.20	196.66
2006	4389.90	436.57	3026.24	151090.90	353.89	219.67
2007	3680.17	440.30	3001.42	140913.62	359.90	207.06
2008	3972.95	439.30	2941.33	155662.06	364.98	217.95
2009	4245.45	426.49	2827.01	161151.11	377.12	220.25
2010	4425.46	413.01	2707.40	169549.81	384.84	230.97
2011	4387.82	390.04	2546.51	181519.01	401.64	235.83
2012	4800.79	385.34	2493.35	199140.72	402.44	248.55
2013	5043.03	382.59	2472.15	195931.87	396.59	237.69
2014	5245.73	372.37	2530.64	182274.92	388.38	244.74
2015	5156.44	370.19	2527.12	192051.95	424.28	240.73
2016	5093.23	360.84	2540.84	214260.99	441.12	233.75
2017	5180.69	361.57	2629.76	220423.34	445.15	231.32

13-8 1978-2017年渔业生产情况
Output of Fishery from 1978 to 2017

单位：吨 (tons)

年 份 Year	水产品总产量 Total Aquatic Products	海水产品 Seawater Aquatic Products	海洋捕捞 Ocean Fishing	海水养殖 Mariculture
1978	740283	691451	501504	189947
1979	627531	581165	432700	148465
1980	619591	570854	416814	154040
1981	589905	540408	407194	133214
1982	657698	611824	477729	134095
1983	674813	623122	465382	157740
1984	754572	693277	525027	168250
1985	814047	729568	531977	197591
1986	914411	806086	599376	206710
1987	1106641	983119	717588	265531
1988	1355865	1220408	809820	410588
1989	1539905	1403323	899265	504058
1990	1677973	1522059	1032683	489376
1991	1981169	1779214	1138436	640778
1992	2481648	2251437	1384628	866809
1993	3192828	2896171	1555657	1340514
1994	3506539	3053106	1608172	1444934
1995	3440763	2956402	1461525	1494876
1996	5299159	4683795	2337772	2346023
1997	5512326	4840507	2686824	2153683
1998	5875574	5116993	3003764	2113228
1999	6277843	5440155	3003387	2436767
2000	6306551	5375169	2780483	2594685
2001	6196988	5266599	2511170	2755430
2002	6277536	5403654	2457272	2946382
2003	6378795	5456872	2421393	3035479
2004	6486528	5528613	2440631	3087982
2005	6648983	5655207	2421396	3233811
2006	6837469	5783299	2359570	3423729
2007	7133795	5986873	2451596	3535277
2008	7303048	6094766	2481256	3613510
2009	7535939	6263895	2449591	3814304
2010	7838259	6463345	2350888	3962643
2011	8138280	6647212	2512437	4134775
2012	7885248	6524046	2161603	4362443
2013	8084522	6654179	2087829	4566350
2014	8464587	7085761	2286654	4799107
2015	8722448	7352063	2356409	4995654
2016	8899622	7541952	2414112	5127840
2017	8680030	7371727	2180891	5190836

注：本表2012至2017年数据系与第三次农业普查衔接数据。
a)Data from 2012 to 2017 are consistent with those obtained from the Third Agricultural Census.

13-8 续表 continued

年 份 Year	淡水产品产量(吨) Freshwater Aquatic Products (ton)	捕捞量 Fishing Output	养殖量 Breeding Output	水产品养殖面积(万亩) Water Area for Breeding Aquatics (10 000 mu)	海 水 Seawater	淡 水 Freshwater
1978	48832	32507	16325	202.30	26.80	175.50
1979	46366	30968	15398	193.29	26.54	166.75
1980	48737	32436	16301	203.21	28.50	174.71
1981	49497	31489	18008	182.24	28.66	153.58
1982	45874	29696	16178	176.15	35.18	140.97
1983	51691	31713	19978	160.05	32.31	127.74
1984	61295	34438	26857	165.10	37.70	127.40
1985	84479	37370	47109	215.14	49.58	165.56
1986	108325	38641	69684	243.14	56.70	186.44
1987	123522	34103	89419	257.65	70.87	186.78
1988	135457	29354	106103	234.90	104.27	180.63
1989	136582	26847	109735	246.73	103.72	143.01
1990	155914	31545	124369	273.52	105.01	168.51
1991	201955	41772	160183	304.04	112.54	191.50
1992	230211	41074	189137	312.30	115.89	196.41
1993	296657	50088	246569	400.16	223.76	176.40
1994	453433	58373	395060	466.56	197.36	269.21
1995	484362	55428	428933	497.39	197.81	299.58
1996	615364	67222	548142	564.54	242.45	322.09
1997	671819	73221	598598	618.91	274.04	344.87
1998	758582	80336	678246	649.80	283.22	366.58
1999	837689	80002	757687	722.78	336.14	386.65
2000	931382	81214	850168	788.35	420.71	367.64
2001	930389	79991	850397	829.39	434.99	394.40
2002	873882	71142	802740	802.51	439.15	363.36
2003	921923	91019	830904	930.91	537.52	393.38
2004	957915	93484	864431	1014.34	598.02	416.32
2005	993776	110887	882889	1033.11	611.09	422.02
2006	1054170	117390	936780	840.03	564.62	275.42
2007	1146922	114368	1032554	884.99	609.26	275.73
2008	1208282	129643	1078639	993.45	639.33	354.12
2009	1272044	128342	1143702	1029.30	662.10	367.20
2010	1374914	130896	1244018	1136.51	751.42	385.09
2011	1491068	135378	1355690	1174.40	768.19	406.21
2012	1361202	112783	1248419	1205.16	785.56	419.60
2013	1430344	115167	1315177	1240.35	820.23	420.12
2014	1378826	90661	1288165	1252.66	822.73	429.93
2015	1370385	83086	1287299	1269.23	844.80	424.43
2016	1357670	93900	1263770	1259.25	907.20	352.05
2017	1308303	83730	1224573	1250.38	915.57	334.81

13-9 农作物播种面积和产量
Sown Area and Output of Farm Crops

类别	Category	2016			2017		
		播种面积(公顷) Sown Area (hectare)	总产量(吨) Total Output (ton)	单产(千克/公顷) Output per Hectare (kg/hectare)	播种面积(公顷) Sown Area (hectare)	总产量(吨) Total Output (ton)	单产(千克/公顷) Output per Hectare (kg/hectare)
农作物总播种面积	**Total Sown Area of Crops**	**11278610**			**11107794**		
一、粮食作物合计	**Grain**	**8517333**	**53322834**	**6261**	**8455601**	**53743105**	**6356**
(一)夏收粮食	Summer Harvest Grain	4070000	24909732	6120	4086109	24959639	6108
1.谷物	Cereals	4068667	24904704	6121	4084564	24954831	6110
#小麦	Wheat	4068000	24901096	6121	4083870	24951119	6110
2.夏杂豆	Beans	1333	5027	3770	1544	4809	3114
(二)秋收粮食	Autumn Harvest Grain	4447333	28413102	6389	4369492	28783465	6587
1.谷物	Cereals	4196667	27124149	6463	4143457	27637415	6670
(1)稻谷	Rice	106667	888351	8328	108859	901414	8281
(2)玉米	Corn	4059333	26138146	6439	4000123	26621547	6655
(3)谷子	Millet	27333	86949	3181	30607	101583	3319
(4)高粱	Chinese Sorghum	2667	8377	3141	3325	10871	3269
(5)其他	Others	667	2326	3488	543	2000	3686
2.豆类合计	Beans	130000	347406	2672	123435	331361	2685
#大豆	Soybean	124667	335627	2692	119549	321281	2687
3.薯类(按折粮计算)	Tubers	120667	941548	7803	102601	814690	7940
二、油料作物合计	**Oil-bearing Crops**	**735774**	**3171371**	**4310**	**725196**	**3183002**	**4389**
#花生果	Peanuts	718964	3121341	4341	709232	3135284	4421
油菜籽	Rapeseeds	8482	22696	2676	8048	21235	2638
芝　麻	Sesame	494	1027	2078	391	662	1693
三、棉花	**Cotton**	**279132**	**328956**	**1179**	**174667**	**207000**	**1185**
四、生麻	**Fiber Crops**	**152**	**420**	**2758**	**40**	**81**	**2028**
#生 大 麻	Hemp	152	420	2758	40	81	2028
五、甜菜	**Beetroots**	**3**	**120**	**45000**	**3**	**119**	**44715**
六、烟叶	**Tobacco**	**23692**	**64816**	**2736**	**21388**	**56953**	**2663**
#烤烟	Flue-cured Tobacco	23686	64816	2737	21384	56953	2663
七、中草药材	**Medical Materials**	**27343**			**30451**		
八、蔬菜及食用菌	**Vegetable and Mushroom**	**1454327**	**80347206**	**55247**	**1462041**	**81337705**	**55633**
九、瓜果类	**Melon**	**218477**	**11634772**	**53254**	**214952**	**11567237**	**53813**
#西瓜	Watermelon	163607	9103896	55645	158624	8867900	55905
十、其它农作物	**Other Farm Crops**	**22377**			**23455**		
#青饲料	Fresh Feed	2161			3678		

注：本表2016、2017年数据系与第三次农业普查衔接数据。
a) Data of 2016,2017 are consistent with those obtained from the Third Agricultural Census.

13−10 各市农作物播种面积和产量(2017年)
Sown Area and Output of Farm Crops by Region(2017)

地 区	Region	农作物总播种面积(公顷) Total Sown Area of Farm Crops (hectare)	一、粮食作物合计 Grain Crops 播种面积(公顷) Sown Area (hectare)	总产量(吨) Total Output (ton)	单 产(千克/公顷) Output per Hectare (kg/hectare)	(一)夏收粮食 Summer Harvest Grain 播种面积(公顷) Sown Area (hectare)	总产量(吨) Total Output (ton)	单 产(千克/公顷) Output per Hectare (kg/hectare)
全省总计	**Total**	**11107794**	**8455601**	**53743105**	**6356**	**4086109**	**24959639**	**6108**
济南市	Jinan	565525	451520	2555682	5660	215820	1237871	5736
青岛市	Qingdao	673237	477858	2968896	6213	227580	1264073	5554
淄博市	Zibo	253301	221020	1467916	6642	100233	671502	6699
枣庄市	Zaozhuang	403085	285212	1791180	6280	143027	872000	6097
东营市	Dongying	259948	217320	1295186	5960	93375	551203	5903
烟台市	Yantai	461313	318078	1774927	5580	136732	661277	4836
潍坊市	Weifang	1023890	719263	4387611	6100	346763	2044586	5896
济宁市	Jining	963687	711739	4627844	6502	354341	2207370	6230
泰安市	Tai'an	529693	364823	2533919	6946	169317	1180044	6969
威海市	Weihai	203010	124180	644378	5189	49620	180505	3638
日照市	Rizhao	227349	140807	894961	6356	59427	335744	5650
莱芜市	Laiwu	76428	39507	254672	6446	6720	35123	5227
临沂市	Linyi	1015604	661940	4153904	6275	301253	1773935	5889
德州市	Dezhou	1197090	1077319	7431759	6898	547517	3682355	6726
聊城市	Liaocheng	1016402	841866	5532745	6572	437873	2787580	6366
滨州市	Binzhou	685406	596870	3784659	6341	273290	1681550	6153
菏泽市	Heze	1552827	1206280	7642866	6336	623220	3792921	6086

13−10 续表 1 continued

地 区	Region	1.谷 物 Cereals 播种面积(公顷) Sown Area (hectare)	总产量(吨) Total Output (ton)	单 产(千克/公顷) Output per Hectare (kg/hectare)	#小 麦 Wheat 播种面积(公顷) Sown Area (hectare)	总产量(吨) Total Output (ton)	单 产(千克/公顷) Output per Hectare (kg/hectare)	2.夏杂豆 Beans 播种面积(公顷) Sown Area (hectare)	总产量(吨) Total Output (ton)	单 产(千克/公顷) Output per Hectare (kg/hectare)
全省总计	**Total**	**4084564**	**24954831**	**6110**	**4083870**	**24951119**	**6110**	**1544**	**4809**	**3114**
济南市	Jinan	215820	1237871	5736	215820	1237871	5736			
青岛市	Qingdao	227580	1264073	5554	227580	1264073	5554			
淄博市	Zibo	100233	671502	6699	100233	671502	6699			
枣庄市	Zaozhuang	143027	872000	6097	143027	872000	6097			
东营市	Dongying	93375	551203	5903	93375	551203	5903			
烟台市	Yantai	136732	661277	4836	136732	661277	4836			
潍坊市	Weifang	345252	2039884	5908	345252	2039884	5908	1511	4702	3112
济宁市	Jining	354341	2207370	6230	354341	2207370	6230			
泰安市	Tai'an	169317	1180044	6969	169317	1180044	6969			
威海市	Weihai	49620	180505	3638	49620	180505	3638			
日照市	Rizhao	59393	335638	5651	59392	335631	5651	33	107	3191
莱芜市	Laiwu	6720	35123	5227	6720	35123	5227			
临沂市	Linyi	301253	1773935	5889	300561	1770230	5890			
德州市	Dezhou	547517	3682355	6726	547517	3682355	6726			
聊城市	Liaocheng	437873	2787580	6366	437873	2787580	6366			
滨州市	Binzhou	273290	1681550	6153	273290	1681550	6153			
菏泽市	Heze	623220	3792921	6086	623220	3792921	6086			

13-10 续表 2 continued

地区 Region	(二)秋收粮食 Autumn Harvest Grain			1.谷物 Cereals			(1)稻谷 Rice		
	播种面积(公顷) Sown Area (hectare)	总产量(吨) Total Output (ton)	单产(千克/公顷) Output per Hectare (kg/hectare)	播种面积(公顷) Sown Area (hectare)	总产量(吨) Total Output (ton)	单产(千克/公顷) Output per Hectare (kg/hectare)	播种面积(公顷) Sown Area (hectare)	总产量(吨) Total Output (ton)	单产(千克/公顷) Output per Hectare (kg/hectare)
全省总计 Total	**4369492**	**28783465**	**6587**	**4143457**	**27637415**	**6670**	**108859**	**901414**	**8281**
济南市 Jinan	235700	1317812	5591	222114	1256819	5658	1774	13561	7645
青岛市 Qingdao	250278	1704823	6812	243254	1672811	6877	118	692	5873
淄博市 Zibo	120787	796414	6594	118222	782407	6618	397	3112	7838
枣庄市 Zaozhuang	142185	919180	6465	130525	852049	6528	2175	15652	7197
东营市 Dongying	123945	743983	6003	120050	735141	6124	17283	116293	6729
烟台市 Yantai	181346	1113650	6141	163909	1030055	6284	369	3139	8512
潍坊市 Weifang	372500	2343025	6290	363792	2294766	6308	0	2	4666
济宁市 Jining	357397	2420473	6773	324565	2250731	6935	40612	340822	8392
泰安市 Tai'an	195507	1353875	6925	178153	1284714	7211	238	2129	8939
威海市 Weihai	74560	463873	6221	65462	417008	6370			
日照市 Rizhao	81380	559217	6872	70579	484357	6863	2797	21492	7683
莱芜市 Laiwu	32787	219549	6696	30166	198497	6580			
临沂市 Linyi	360687	2379969	6598	304637	2051207	6733	38465	340988	8865
德州市 Dezhou	529801	3749404	7077	527511	3737647	7085			
聊城市 Liaocheng	403993	2745165	6795	398748	2724324	6832	95	696	7336
滨州市 Binzhou	323580	2103108	6500	320587	2093118	6529	346	2766	7997
菏泽市 Heze	583060	3849945	6603	561183	3771763	6721	4190	40072	9564

13-10 续表 3 continued

地区 Region	(2)玉米 Corn			(3)谷子 Millet			(4)高粱 Chinese Sorghum		
	播种面积(公顷) Sown Area (hectare)	总产量(吨) Total Output (ton)	单产(千克/公顷) Output per Hectare (kg/hectare)	播种面积(公顷) Sown Area (hectare)	总产量(吨) Total Output (ton)	单产(千克/公顷) Output per Hectare (kg/hectare)	播种面积(公顷) Sown Area (hectare)	总产量(吨) Total Output (ton)	单产(千克/公顷) Output per Hectare (kg/hectare)
全省总计 Total	**4000123**	**26621547**	**6655**	**30607**	**101583**	**3319**	**3325**	**10871**	**3269**
济南市 Jinan	210724	1212472	5754	9139	29723	3252	477	1062	2228
青岛市 Qingdao	242637	1670338	6884	359	1194	3324	23	56	2431
淄博市 Zibo	115568	772907	6688	2192	6209	2833	65	178	2726
枣庄市 Zaozhuang	127708	834255	6533	590	1935	3280	48	184	3816
东营市 Dongying	101940	616148	6044	110	301	2723	717	2400	3348
烟台市 Yantai	162145	1022223	6304	1116	3622	3245	88	284	3234
潍坊市 Weifang	356449	2270392	6369	6772	22813	3369	537	1471	2740
济宁市 Jining	282881	1905881	6737	936	3494	3733	107	421	3922
泰安市 Tai'an	176442	1277868	7242	1348	4289	3182	125	428	3412
威海市 Weihai	65460	417002	6370				2	6	2598
日照市 Rizhao	65814	455286	6918	1847	7175	3885	40	171	4297
莱芜市 Laiwu	29655	196775	6636	446	1547	3466	65	175	2694
临沂市 Linyi	262092	1697106	6475	3675	11973	3258	328	957	2922
德州市 Dezhou	527239	3736016	7086	272	1631	6003			
聊城市 Liaocheng	397766	2721078	6841	873	2512	2876	14	39	2784
滨州市 Binzhou	319517	2087313	6533	90	193	2147	635	2848	4484
菏泽市 Heze	556087	3728485	6705	842	2973	3530	54	192	3539

13-10 续表 4 continued

地 区	Region	(5)其它谷物 Other Cereals			2.豆 类 Beans			#大 豆 Soybean		
		播种面积(公顷) Sown Area (hectare)	总产量(吨) Total Output (ton)	单 产(千克/公顷) Output per Hectare (kg/hectare)	播种面积(公顷) Sown Area (hectare)	总产量(吨) Total Output (ton)	单 产(千克/公顷) Output per Hectare (kg/hectare)	播种面积(公顷) Sown Area (hectare)	总产量(吨) Total Output (ton)	单 产(千克/公顷) Output per Hectare (kg/hectare)
全省总计	**Total**	**543**	**2000**	**3686**	**123435**	**331361**	**2685**	**119549**	**321281**	**2687**
济 南 市	Jinan				6966	18211	2614	6489	17070	2631
青 岛 市	Qingdao	117	532	4531	4077	9559	2345	4070	9540	2344
淄 博 市	Zibo				843	2352	2789	800	2308	2883
枣 庄 市	Zaozhuang	4	23	5836	6436	19342	3005	6261	18858	3012
东 营 市	Dongying				3726	7399	1986	3456	6967	2016
烟 台 市	Yantai	191	788	4127	9535	24174	2535	8584	21249	2475
潍 坊 市	Weifang	35	89	2574	4069	11771	2893	4021	11657	2899
济 宁 市	Jining	28	112	3966	20523	59851	2916	20305	59276	2919
泰 安 市	Tai'an				11193	31886	2849	11085	31601	2851
威 海 市	Weihai				5012	12524	2499	4998	12497	2501
日 照 市	Rizhao	81	233	2878	3494	9992	2859	3173	9089	2864
莱 芜 市	Laiwu				224	548	2443	224	548	2443
临 沂 市	Linyi	77	183	2372	20807	48632	2337	20398	47683	2338
德 州 市	Dezhou				1410	3876	2749	1341	3582	2671
聊 城 市	Liaocheng				3992	10639	2665	3813	10194	2673
滨 州 市	Binzhou				2615	6113	2338	2533	5972	2357
菏 泽 市	Heze	9	40	4309	18512	54493	2944	17997	53192	2956

13-10 续表 5 continued

地 区	Region	3.薯类(按折粮薯类计算) Tubers			二、油 料 Oil-bearing Crops			#花 生 果 Peanuts		
		播种面积(公顷) Sown Area (hectare)	总产量(吨) Total Output (ton)	单 产(千克/公顷) Output per Hectare (kg/hectare)	播种面积(公顷) Sown Area (hectare)	总产量(吨) Total Output (ton)	单 产(千克/公顷) Output per Hectare (kg/hectare)	播种面积(公顷) Sown Area (hectare)	总产量(吨) Total Output (ton)	单 产(千克/公顷) Output per Hectare (kg/hectare)
全省总计	**Total**	**102601**	**814690**	**7940**	**725196**	**3183002**	**4389**	**709232**	**3135284**	**4421**
济 南 市	Jinan	6621	42782	6462	9954	35927	3609	8710	33055	3795
青 岛 市	Qingdao	2947	22453	7620	80138	383668	4788	80138	383668	4788
淄 博 市	Zibo	1721	11655	6773	4455	15474	3473	4423	15430	3488
枣 庄 市	Zaozhuang	5224	47789	9148	21129	88202	4174	19117	80048	4187
东 营 市	Dongying	169	1443	8536	1272	3928	3089	1245	3883	3118
烟 台 市	Yantai	7901	59421	7520	99987	422021	4221	99953	421834	4220
潍 坊 市	Weifang	4639	36488	7865	44923	204949	4562	44846	204800	4567
济 宁 市	Jining	12309	109892	8927	37237	161861	4347	37037	161261	4354
泰 安 市	Tai'an	6161	37276	6050	49460	222396	4496	49122	221382	4507
威 海 市	Weihai	4086	34341	8405	54462	211954	3892	54462	211954	3892
日 照 市	Rizhao	7307	64868	8878	59161	253514	4285	59155	253496	4285
莱 芜 市	Laiwu	2396	20503	8557	10897	24079	2210	10880	24058	2211
临 沂 市	Linyi	35243	280130	7949	180811	860169	4757	180016	857334	4763
德 州 市	Dezhou	881	7881	8950	3761	16831	4475	2406	11504	4781
聊 城 市	Liaocheng	1253	10202	8142	10620	44642	4204	9956	43215	4341
滨 州 市	Binzhou	378	3877	10255	3492	11875	3401	3103	11025	3553
菏 泽 市	Heze	3365	23690	7040	53437	221511	4145	44662	197338	4419

13-10 续表 6 continued

地 区	Region	#油菜籽 Rapeseeds 播种面积(公顷) Sown Area (hectare)	总产量(吨) Total Output (ton)	单 产(千克/公顷) Output per Hectare (kg/hectare)	#芝 麻 Sesame 播种面积(公顷) Sown Area (hectare)	总产量(吨) Total Output (ton)	单 产(千克/公顷) Output per Hectare (kg/hectare)	三、棉 花 Cotton 播种面积(公顷) Sown Area (hectare)	总产量(吨) Total Output (ton)	单 产(千克/公顷) Output per Hectare (kg/hectare)
全省总计	**Total**	**8048**	**21235**	**2638**	**391**	**662**	**1693**	**174667**	**207000**	**1185**
济南市	Jinan	953	2096	2199	119	220	1843	1953	2023	1036
青岛市	Qingdao							328	420	1278
淄博市	Zibo				5	4	929	960	1192	1242
枣庄市	Zaozhuang	1637	4056	2477	48	43	896	1319	1679	1273
东营市	Dongying	14	27	1965	10	15	1439	23558	26629	1130
烟台市	Yantai		1	7050				70	82	1176
潍坊市	Weifang	30	65	2157	46	85	1848	9384	10192	1086
济宁市	Jining	133	440	3300	7	15	2181	29576	36413	1231
泰安市	Tai'an	291	789	2712	14	22	1538	2997	3723	1242
威海市	Weihai									
日照市	Rizhao	6	18	3018				323	364	1128
莱芜市	Laiwu				6	9	1613	837	965	1153
临沂市	Linyi	738	1455	1970	2	3	1475	2680	3431	1280
德州市	Dezhou							11819	15819	1338
聊城市	Liaocheng	367	1161	3166	2	2	1248	5057	5818	1151
滨州市	Binzhou	53	116	2204	31	37	1200	30319	30299	999
菏泽市	Heze	3825	11009	2878	101	207	2038	53489	67951	1270

13-10 续表 7 continued

地 区	Region	四、烟 叶 Tobacco 播种面积(公顷) Sown Area (hectare)	总产量(吨) Total Output (ton)	单 产(千克/公顷) Output per Hectare (kg/hectare)	#烤 烟 Cigarettes 播种面积(公顷) Sown Area (hectare)	总产量(吨) Total Output (ton)	单 产(千克/公顷) Output per Hectare (kg/hectare)	五、药材播种面积(公顷) Sown Area of Medical Materials (hectare)
全省总计	**Total**	**21388**	**56953**	**2663**	**21384**	**56953**	**2663**	**30451**
济南市	Jinan							915
青岛市	Qingdao	298	783	2624	298	783	2624	103
淄博市	Zibo	132	288	2189	132	288	2189	1509
枣庄市	Zaozhuang							376
东营市	Dongying							253
烟台市	Yantai							162
潍坊市	Weifang	8381	23102	2757	8381	23102	2757	1412
济宁市	Jining							1046
泰安市	Tai'an	3	7	2745	3	7	2745	1230
威海市	Weihai							2866
日照市	Rizhao	3119	8350	2677	3119	8350	2677	2771
莱芜市	Laiwu	1322	2749	2080	1322	2749	2080	781
临沂市	Linyi	8134	21674	2665	8131	21674	2666	10014
德州市	Dezhou							490
聊城市	Liaocheng							649
滨州市	Binzhou							1050
菏泽市	Heze							4821

13-10 续表 8 continued

地 区	Region	六、蔬菜及食用菌 Vegetable and Edible Fungi		#马铃薯 Potato		七、瓜果类 Melon	
		播种面积 (公顷) Sown Area (hectare)	总产量 (吨) Total Output (ton)	播种面积 (公顷) Sown Area (hectare)	总产量 (吨) Total Output (ton)	播种面积 (公顷) Sown Area (hectare)	总产量 (吨) Total Output (ton)
全省总计	**Total**	**1462041**	**81337705**	**140609**	**6337323**	**214952**	**11567237**
济南市	Jinan	88569	5916255	4298	167689	10918	641146
青岛市	Qingdao	106473	6277779	24790	1141882	8039	436517
淄博市	Zibo	23649	1589355	989	33926	1576	85799
枣庄市	Zaozhuang	91087	4995215	38753	1821206	3921	200822
东营市	Dongying	11697	690788	2	88	4530	209252
烟台市	Yantai	37186	2051414	2394	99843	5444	280422
潍坊市	Weifang	194152	12386474	19405	918054	40143	2257792
济宁市	Jining	163672	6876377	9366	375287	19900	1049009
泰安市	Tai'an	106116	6173286	17422	860510	1463	76831
威海市	Weihai	18866	926767	2200	81288	2583	142592
日照市	Rizhao	17951	1045059	1289	62507	1931	109336
莱芜市	Laiwu	22937	1288800	2000	55945	147	9253
临沂市	Linyi	133105	7268324	11951	423440	15951	891226
德州市	Dezhou	98756	6039746	1059	53276	4945	289050
聊城市	Liaocheng	141289	7912314	1010	57446	16657	944218
滨州市	Binzhou	34438	1867053	2406	126704	17738	911392
菏泽市	Heze	172097	8032698	1275	58231	59066	3032579

13-10 续表 9 continued

地 区	Region	#西 瓜 Watermelon		#香瓜(甜瓜) Muskmelon		八、其它农作物播种面积 (公顷) Sown Area of Other Farm Crops (hectare)	#青饲料播种面积 Fresh Feed Succulence
		播种面积 (公顷) Sown Area (hectare)	总产量 (吨) Total Output (ton)	播种面积 (公顷) Sown Area (hectare)	总产量 (吨) Total Output (ton)		
全省总计	**Total**	**158624**	**8867900**	**36950**	**1790916**	**23455**	**3678**
济南市	Jinan	8148	509095	1845	91651	1696	960
青岛市	Qingdao	4223	268769	2622	121572		
淄博市	Zibo	1373	77477	84	3726		
枣庄市	Zaozhuang	2809	159016	450	22161	41	
东营市	Dongying	3983	186701	389	17397	1318	1318
烟台市	Yantai	2961	165160	792	33948	386	4
潍坊市	Weifang	27274	1577072	6504	359560	6232	
济宁市	Jining	12684	747359	6245	261687	514	181
泰安市	Tai'an	976	52681	327	16431	3561	
威海市	Weihai	1323	79747	313	13872	53	
日照市	Rizhao	943	53860	122	6313	1286	
莱芜市	Laiwu	69	5119	15	551		
临沂市	Linyi	9388	560581	1983	106333	2969	21
德州市	Dezhou	4691	276175	182	9551		
聊城市	Liaocheng	10870	623113	5726	318664	264	11
滨州市	Binzhou	17017	892976	277	11339	1499	1027
菏泽市	Heze	49892	2632998	9075	396159	3637	157

13-11 各市茶叶、水果生产情况(2017年)
Production of Tea and Fruits by Region(2017)

单位:吨 (ton)

地区	Region	茶叶产量 Output of Tea	水果产量 Output of Fruits	苹果 Apple	梨 Pear	葡萄 Grape	桃 Peach	杏 Apricot	红枣 Jujube
全省总计	**Total**	**19501**	**16475779**	**9395202**	**1037279**	**1098698**	**2946480**	**131899**	**831929**
济南市	Jinan	12	431460	185873	39826	30016	131005	7510	10206
青岛市	Qingdao	4399	750523	360116	79243	168758	89518	9410	929
淄博市	Zibo	40	865910	454297	10639	101282	225159	2365	2724
枣庄市	Zaozhuang	5	248326	39081	12909	9631	94593	1918	12249
东营市	Dongying		77076	44704	6863	11821	4125	231	9272
烟台市	Yantai	642	6235853	5343973	234634	309100	77651	8769	929
潍坊市	Weifang	461	843194	227964	50750	98523	272411	4584	14034
济宁市	Jining	11	290598	71270	18433	102513	61986	6369	13543
泰安市	Tai'an	610	533748	200983	25507	15659	134395	37173	25493
威海市	Weihai	480	1107951	996498	34067	34076	23304	244	147
日照市	Rizhao	10557	259846	126458	9475	5910	91719	1110	658
莱芜市	Laiwu	342	201817	40485	6052	1852	101257	3421	1605
临沂市	Linyi	1943	2365410	566127	33893	98928	1479816	27364	11964
德州市	Dezhou		333401	61026	32936	21347	31582	2456	177202
聊城市	Liaocheng		475911	280948	106614	34204	28668	6222	2446
滨州市	Binzhou		960316	110372	252503	10428	29543	9860	545877
菏泽市	Heze		494440	285027	82934	44650	69748	2892	2650

注:本表数据系与第三次农业普查衔接数据。
a)Data in this table are consistent with those obtained from the Third Agricultural Census.

13-11 续表 continued

单位:公顷 (hectare)

地区	Region	柿子(吨) Persimmon (ton)	山楂(吨) Hawthorn (ton)	其它(吨) Others (ton)	年末实有果园面积 Orchard Area at the Year-end	#苹果园 Apple	梨园 Pear	葡萄园 Grape	桃园 Peach
全省总计	**Total**	**115296**	**277474**	**641522**	**579406**	**265364**	**34346**	**37771**	**111093**
济南市	Jinan	2283	5454	19286	31559	11756	1434	970	4916
青岛市	Qingdao	2166	2938	37446	27916	10499	2561	5235	4351
淄博市	Zibo	7225	8746	53473	26290	12367	446	2668	7380
枣庄市	Zaozhuang	9009	3597	65338	15916	1277	465	612	4350
东营市	Dongying			60	4354	2244	293	399	465
烟台市	Yantai	9051	1679	250068	167915	131243	7412	11172	3041
潍坊市	Weifang	27578	102516	44835	32534	6865	1548	3028	12206
济宁市	Jining	3025	4325	9134	19075	3260	741	3310	4056
泰安市	Tai'an	5976	15251	73310	27832	7966	964	603	6102
威海市	Weihai	986	149	18479	33065	26999	1492	1615	996
日照市	Rizhao	7023	2672	14821	19632	6717	398	447	6220
莱芜市	Laiwu	21702	20487	4957	9431	1781	257	93	3437
临沂市	Linyi	13753	105100	28466	82042	18931	1287	2969	47014
德州市	Dezhou	356	1312	5183	11851	1923	1036	677	1049
聊城市	Liaocheng	622	2545	13641	19196	9471	4298	2042	2295
滨州市	Binzhou	1133	431	170	34702	3024	7294	362	990
菏泽市	Heze	3410	272	2857	16095	9041	2420	1569	2225

13−12 各市林业生产情况(2017年)
Production of Forestry by Region(2017)

地 区	Region	按主要林种用途分(公顷) by Purpose of Major Forest Types(hectare)			主要林产品产量(吨) Output of Major Forestry Products(ton)		农村集体、农民采伐木材消耗蓄积量(立方米) Volume of Timber Consumption Cut by Rural Collective and Households (cu.m)
		用材林 Forest for Timber	经济林 Economic Forest	防护林 Protection Forest	核 桃 Walnut	板 栗 Chestnut	
全省总计	**Total**	**20805**	**27941**	**42713**	**168048**	**271215**	**3869268**
济南市	Jinan	393	917	356	32271	14100	153496
青岛市	Qingdao	514	1658	157	677	2430	150407
淄博市	Zibo	134	695	3702	7624	5536	36785
枣庄市	Zaozhuang	40	930	1533	6439	7566	36599
东营市	Dongying	258	660	8254	50		41888
烟台市	Yantai	245	1676	656	2689	16998	27270
潍坊市	Weifang	589	1315	651	10858	27410	447999
济宁市	Jining	909	1531	2805	16309	7760	377739
泰安市	Tai'an	266	2070	1457	56882	43657	251869
威海市	Weihai	127	1063	1026	48	10651	11277
日照市	Rizhao	207	2138	1698	4907	37136	42569
莱芜市	Laiwu	227	934	1193	2187	14534	32704
临沂市	Linyi	1287	4281	1958	24964	83433	444180
德州市	Dezhou	4539	1984	5856	1029		240955
聊城市	Liaocheng	9029	3103	4624	146		400361
滨州市	Binzhou	1099	559	4131	371	4	310272
菏泽市	Heze	942	2427	2656	597		862898

13−12 续表 continued

单位:公顷 (hectare)

地 区	Region	营林情况 Forestation			
		当年人工造林面积 Forested Area in the Year	零星植树(万株) Surrounding Tree Planting (10000 trees)	育苗面积 Area of Nursery Garden	森林抚育面积 Laid out Area of Forest Tending
全省总计	**Total**	**92306**	**15073**	**192221**	**230031**
济南市	Jinan	1721	1301	10645	1960
青岛市	Qingdao	2329	595	14302	15000
淄博市	Zibo	4531	545	6205	6377
枣庄市	Zaozhuang	2503	734	3510	14674
东营市	Dongying	9172	192	11078	6568
烟台市	Yantai	2618	358	6615	14298
潍坊市	Weifang	2586	1715	20060	3077
济宁市	Jining	5481	1555	32352	19444
泰安市	Tai'an	3793	1046	26086	24035
威海市	Weihai	2216	26	2736	11213
日照市	Rizhao	4043	319	1223	3401
莱芜市	Laiwu	2354	200	530	4415
临沂市	Linyi	7600	1313	11644	14020
德州市	Dezhou	12504	1188	10417	46672
聊城市	Liaocheng	16792	2550	7488	19318
滨州市	Binzhou	5886	459	19106	8936
菏泽市	Heze	6177	976	8224	16623

13-13 各市畜牧业生产情况(2017年)
Production of Animal Husbandry by Region(2017)

地 区	Region	大牲畜年末存栏(万头) Stocked Large Livestock at Year-end (10000 heads)	#牛 Cattle	猪年末存栏(万头) Stocked Pigs at Year-end (10000 heads)	羊年末存栏(万只) Stocked Sheep and Goats at Year-end (10000 heads)	家 禽年末存栏(万只) Stocked Poultry at Year-end (10000 heads)	兔年末存栏(万只) Stocked Hare at Year-end (10000 heads)
全省总计	**Total**	**413.78**	**401.48**	**3040.33**	**1754.05**	**76604.46**	**1531.15**
济 南 市	Jinan	31.63	31.36	120.13	96.60	2468.54	18.35
青 岛 市	Qingdao	17.40	17.40	166.62	27.31	4930.03	93.89
淄 博 市	Zibo	12.97	12.96	43.09	37.59	1583.65	42.07
枣 庄 市	Zaozhuang	5.77	5.64	77.86	74.54	1584.74	94.86
东 营 市	Dongying	14.22	14.12	51.10	96.17	1954.57	3.51
烟 台 市	Yantai	12.87	12.78	240.42	40.75	6401.88	17.62
潍 坊 市	Weifang	18.31	18.15	389.01	82.83	10165.63	43.13
济 宁 市	Jining	24.72	24.65	221.36	186.57	3963.29	218.61
泰 安 市	Tai'an	16.00	15.87	116.09	93.29	2622.33	48.64
威 海 市	Weihai	5.36	5.36	84.45	13.26	2339.52	11.24
日 照 市	Rizhao	8.01	7.98	112.21	38.66	2648.06	64.50
莱 芜 市	Laiwu	1.75	1.75	34.63	22.38	934.89	56.00
临 沂 市	Linyi	27.24	27.21	465.19	185.52	7300.64	447.54
德 州 市	Dezhou	111.30	108.40	336.97	153.71	5926.92	30.74
聊 城 市	Liaocheng	17.92	11.21	150.61	83.52	9562.10	18.93
滨 州 市	Binzhou	56.81	56.30	99.94	70.97	4847.51	37.21
菏 泽 市	Heze	31.50	30.34	330.66	450.36	7370.16	284.30

13-13 续表 1 continued

地 区	Region	牛当年出栏(万头) Slaughtered Cattle in the Year (10000 heads)	猪当年出栏(万头) Slaughtered Pigs in the Year (10000 heads)	羊当年出栏(万只) Slaughtered Sheep and Goats in the Year (10000 heads)	家禽当年出栏(万只) Slaughtered Poultry in the Year (10000 heads)	兔当年出栏(万只) Slaughtered Hare in the Year (10000 heads)
全省总计	**Total**	**361.57**	**5180.69**	**2629.76**	**220423.34**	**3402.03**
济 南 市	Jinan	26.52	198.43	153.23	5386.04	44.27
青 岛 市	Qingdao	11.58	267.81	32.35	15220.98	394.42
淄 博 市	Zibo	10.27	75.94	48.07	4834.72	140.88
枣 庄 市	Zaozhuang	6.24	133.42	131.18	4519.91	188.10
东 营 市	Dongying	10.70	81.08	200.60	6294.23	8.01
烟 台 市	Yantai	9.83	403.95	47.68	18257.71	15.05
潍 坊 市	Weifang	17.68	708.18	125.72	37218.52	194.88
济 宁 市	Jining	25.00	416.54	286.41	11042.12	947.27
泰 安 市	Tai'an	18.58	258.30	171.98	9080.68	138.28
威 海 市	Weihai	4.09	127.00	15.75	5857.67	11.95
日 照 市	Rizhao	6.74	187.82	54.10	8910.00	167.75
莱 芜 市	Laiwu	1.32	48.66	28.84	2260.49	90.22
临 沂 市	Linyi	27.53	774.59	251.54	19740.51	684.25
德 州 市	Dezhou	88.58	560.60	196.09	13935.88	59.52
聊 城 市	Liaocheng	11.08	270.24	130.58	26722.16	59.12
滨 州 市	Binzhou	53.56	153.82	116.84	13984.10	89.71
菏 泽 市	Heze	32.28	514.30	638.82	17157.62	168.36

13-13 续表 2 continued

单位:吨 (ton)

地 区	Region	肉类总产量 Output of Meat	#牛肉 Beef	#猪肉 Pork	#羊肉 Mutton	#禽肉 Poultry Meat	奶类产量 Output of Milk	#牛奶 Cow Milk
全省总计	**Total**	**8660061**	**759289**	**4274411**	**360278**	**3205520**	**2313161**	**2235439**
济南市	Jinan	325036	57207	168054	21300	77809	263642	263638
青岛市	Qingdao	506903	24836	226033	4539	245578	269913	239658
淄博市	Zibo	156487	21916	63686	6569	62533	82777	82440
枣庄市	Zaozhuang	207408	12994	110781	16388	64177	39260	39195
东营市	Dongying	202925	21665	64056	27777	89098	332621	332621
烟台市	Yantai	665012	21571	341361	7901	293974	150494	126155
潍坊市	Weifang	1219013	38115	591915	18072	567523	172224	165487
济宁市	Jining	602065	53458	347474	37469	149972	90828	90449
泰安市	Tai'an	405177	40202	213930	24773	121378	279152	279152
威海市	Weihai	199043	8856	104275	2207	83077	102043	89694
日照市	Rizhao	277604	13257	138275	7441	117021	23686	23665
莱芜市	Laiwu	77148	2739	38852	3962	30422	1647	1647
临沂市	Linyi	996855	54501	609701	34276	288942	94810	91740
德州市	Dezhou	848513	180629	453294	25620	187437	190654	190650
聊城市	Liaocheng	676451	23291	238321	20078	388385	93005	92845
滨州市	Binzhou	476178	114106	130122	15801	214513	53197	53197
菏泽市	Heze	818244	69946	434280	86104	223680	73207	73207

13-13 续表 3 continued

单位:吨 (ton)

地 区	Region	羊毛产量 Output of Wool	山羊毛 Goat Wool	绵羊毛 Sheep Wool	禽蛋产量 Poultry Eggs	蚕茧产量 Output of Cocoon	#桑蚕茧 Cocoon	#柞蚕茧 Oak Cocoon
全省总计	**Total**	**10332**	**3358**	**6974**	**4451486**	**15407**	**15362**	**44**
济南市	Jinan	637	300	337	394001			
青岛市	Qingdao	2	2	0	211187	4	4	
淄博市	Zibo	92	52	40	72641	1425	1425	
枣庄市	Zaozhuang	266	162	103	133707			
东营市	Dongying	128	17	112	68729	4	4	
烟台市	Yantai	160	3	157	286393	357	335	21
潍坊市	Weifang	830	94	736	255702	1188	1188	
济宁市	Jining	1390	508	881	419794	13	13	
泰安市	Tai'an	769	98	671	242826	2987	2987	
威海市	Weihai				175889	124	123	0
日照市	Rizhao	21	10	11	93043	2920	2897	23
莱芜市	Laiwu	150	79	71	39182	149	149	
临沂市	Linyi	659	476	184	325473	1521	1521	
德州市	Dezhou	161	67	94	435865			
聊城市	Liaocheng	930	131	799	470233			
滨州市	Binzhou	363	53	309	234149	20	20	
菏泽市	Heze	3773	1304	2469	592671	4695	4695	

13-14 各市水产品产量和养殖面积(2017年)
Output and Breeding Area of Aquatic Products by Region (2017)

地　区	Region	水产品总产量(吨) Total Aquatic Products (ton)	海水产品 Seawater Aquatic products	海洋捕捞 Ocean Fishing	海水养殖 Seawater Cultured	淡水产品产量 Freshwater Aquatic Products
全省总计	**Total**	**8680030**	**7371727**	**2180891**	**5190836**	**1308303**
济南市	Jinan	41279				41279
青岛市	Qingdao	1138087	1130153	315225	814928	7934
淄博市	Zibo	20112				20112
枣庄市	Zaozhuang	82357				82357
东营市	Dongying	542194	449015	68949	380066	93179
烟台市	Yantai	1872313	1853287	547821	1305466	19026
潍坊市	Weifang	512658	462914	137511	325403	49744
济宁市	Jining	329718				329718
泰安市	Tai'an	82390				82390
威海市	Weihai	2657053	2630611	867784	1762827	26442
日照市	Rizhao	550293	519253	181867	337386	31040
莱芜市	Laiwu	3539				3539
临沂市	Linyi	129975				129975
德州市	Dezhou	75983				75983
聊城市	Liaocheng	68986				68986
滨州市	Binzhou	470866	321194	56434	264760	149672
菏泽市	Heze	96927				96927
省属远洋捕捞企业	Provincial Ocean Fishing Enterprises	5300	5300	5300		

13-14 续表 continued

地　区	Region	内陆捕捞 Landlocked Fishing	内陆养殖 Landlocked Cultured	水产品养殖面积(公顷) Breeding Area of Aquatic Products (hectare)	海水养殖 Seawater Cultured	内陆养殖 Landlocked Cultured
全省总计	**Total**	**83730**	**1224573**	**833586**	**610377**	**223209**
济南市	Jinan	301	40978	6673		6673
青岛市	Qingdao		7934	34941	32403	2538
淄博市	Zibo	438	19674	3677		3677
枣庄市	Zaozhuang	3010	79347	10794		10794
东营市	Dongying	3383	89796	141209	122069	19140
烟台市	Yantai	2855	16171	199159	192314	6845
潍坊市	Weifang	1078	48666	80864	65526	15338
济宁市	Jining	31077	298641	59154		59154
泰安市	Tai'an	16992	65398	8912		8912
威海市	Weihai		26442	82352	79122	3230
日照市	Rizhao	130	30910	56806	44663	12143
莱芜市	Laiwu	318	3221	1937		1937
临沂市	Linyi	8112	121863	24933		24933
德州市	Dezhou	1104	74879	8509		8509
聊城市	Liaocheng	3232	65754	7259		7259
滨州市	Binzhou	2296	147376	89222	74280	14942
菏泽市	Heze	9404	87523	17185		17185
省属远洋捕捞企业	Provincial Ocean Fishing Enterprises					

13-15 主要农业机械年末拥有量
Major Agricultural Machinery at the Year-end

类 别	单位	Category	Unit	2016	2017
农业机械总动力	**（万千瓦）**	**total power of agricultural machinery**	**(10000 kw)**	**9786.49**	**10144.05**
一、拖拉机及配套机械		**Tractors and related machinery**			
拖拉机	（万台）	Tractor	(10000 units)	246.41	247.97
	（万千瓦）		(10000 kw)	3806.35	3992.18
#大中型(14.7千瓦及以上)	（万台）	Large and Medium-sized(14.7 kw and above)	(10000 units)	57.18	60.40
	（万千瓦）		(10000 kw)	2218.20	2416.62
拖拉机配套农具	（万部）	Tractor Supporting Tools	(10000 units)	432.44	430.86
#大中型	（万部）	Large and Medium-sized	(10000 units)	107.94	110.26
二、种植业机械		**Farming Machinery**			
机引犁	（万台）	Mechanical Power Plow	(10000 units)	143.23	141.37
旋耕机	（万台）	Rotary Tiller	(10000 units)	33.11	33.98
播种机	（万台）	Seeder	(10000 units)	73.66	74.86
农用水泵	（万台）	Agricultural Water-pump	(10000 units)	294.93	294.85
节水灌溉类机械	（万套）	Water-saving Irrigation Machinery	(10000 units)	52.35	52.68
机动喷雾(粉)机	（万台）	Mobile Spray (Powder) Machinery	(10000 units)	51.02	51.57
	（万千瓦）		(10000 kw)	111.91	117.38
联合收获机	（万台）	Combine Harvester	(10000 units)	29.11	30.54
	（万千瓦）		(10000 kw)	1309.41	1443.17
#玉米联合收获机	（万台）	Corn Combine Harvester	(10000 units)	11.62	12.45
秸秆粉碎还田机	（万台）	Straw crushing Machinery	(10000 units)	11.48	12.46
机动脱粒机	（万台）	Thresher	(10000 units)	39.29	39.45
三、畜牧养殖机械	**（万台）**	**Animal Husbandry Machinery**	**(10000 units)**	**22.78**	**23.06**
	（万千瓦）		(10000 kw)	133.10	135.82
四、渔业机械	**（万台）**	**Fishery Machinery**	**(10000 units)**	**14.71**	**14.85**
	（万千瓦）		(10000 kw)	235.85	236.82
五、林果业机械	**（万台）**	**Fruit Industry Machinery**	**(10000 units)**	**1.41**	**1.44**
	（万千瓦）		(10000 kw)	8.33	8.54
六、农产品初加工机械		**Agricultural Products Primary Processing Machinery**			
农产品初加工动力机械	（万台）	Agricultural Products Primary Processing Power Machinery	(10000 units)	101.08	101.00
	（万千瓦）		(10000 kw)	921.67	921.99
农产品初加工作业机械	（万台）	Agricultural Products Primary Processing Operating Machinery	(10000 units)	51.17	51.31
七、农田基本建设机械	**（万台）**	**Farmland Capital Construction Machinery**	**(10000 units)**	**4.29**	**4.32**
	（万千瓦）		(10000 kw)	286.60	288.14
八、其他机械		**Other Machinery**			
#农用飞机	（架）	Agricultural Aircraft	(unit)	357	1247
农业机械原值	**（亿元）**	**Total Value of Agricultural Machinery**	**(100 million Yuan)**	**738.67**	**796.90**

13-16 各市主要农业机械年末拥有量(2017年)
Number of Major Agricultural Machinery at the Year-end by Region(2017)

地 区	Region	农业机械总动力(千瓦) total power of agricultural machinery (kw)	#拖拉机及配套机械 Tractors and related machinery			#联合收获机 Combine Harvester		农业机械原 值(万元) Total Value of Agricultural Machinery (10000 yuan)
			拖拉机 Tractor		拖拉机配套农具 Tractor Supporting Tools			
			(台) (unit)	(千瓦) (kw)	(部) (unit)	(台) (unit)	(千瓦) (kw)	
全省总计	**Total**	**101440478**	**2479695**	**39921706**	**4308587**	**305418**	**14431728**	**7968966**
济南市	Jinan	4428957	51508	1275232	93256	13948	688971	341168
青岛市	Qingdao	7279594	214799	3550005	411893	18143	992302	524391
淄博市	Zibo	2548286	25364	850835	51940	8997	407973	275919
枣庄市	Zaozhuang	2901084	37499	1103358	118175	12609	787672	301659
东营市	Dongying	2456922	56314	1182198	123146	8565	405052	275041
烟台市	Yantai	7543588	279688	3011272	364941	10289	501776	628650
潍坊市	Weifang	9789566	179049	3267626	281815	25719	1550716	930697
济宁市	Jining	8766807	106248	2749397	216952	35017	1129224	595237
泰安市	Taian	5054160	88473	1739714	160516	20590	611382	392218
威海市	Weihai	5151362	288770	2613629	511311	5461	194835	342876
日照市	Rizhao	2784676	156052	1277173	506999	2375	116258	292798
莱芜市	Laiwu	874245	24840	336770	31526	977	18116	73054
临沂市	Linyi	7438172	484091	5112710	628983	16518	815422	675565
德州市	Dezhou	11610754	248440	4704693	314279	39301	1948855	784926
聊城市	Liaocheng	9445320	75730	2265167	144769	31847	1510307	557803
滨州市	Binzhou	4380931	79357	1791950	146081	18956	769702	313837
菏泽市	Heze	8986055	83473	3089979	202005	36106	1983166	663127

13-17 各市地类面积(2016年)
Land Category Area by Region(2016)

单位:公顷 (hectare)

地 区	Region	农用地 Agricultural Land	#耕地 Cultivated Land	#水浇地 Irrigated Land	#园 地 Garden Land	#牧草地 Grazing and Pasture Land
全省总计	**Total**	**11514295**	**7606952**	**5151903**	**717643**	**5754**
济 南 市	Jinan	538672	357601	263310	25957	
青 岛 市	Qingdao	800088	519196	245379	37616	
淄 博 市	Zibo	416198	208681	137845	58513	
枣 庄 市	Zaozhuang	329692	236316	126437	14637	
东 营 市	Dongying	428438	228219	167060	4279	5595
烟 台 市	Yantai	1058330	445567	142537	230907	81
潍 坊 市	Weifang	1157375	794811	482765	58059	
济 宁 市	Jining	770437	605254	455729	9329	
泰 安 市	Tai'an	583789	364031	223657	39685	
威 海 市	Weihai	442019	194649	26597	35448	63
日 照 市	Rizhao	421718	238600	53585	25808	
莱 芜 市	Laiwu	146017	72803	35563	15780	
临 沂 市	Linyi	1317067	838251	327165	102205	
德 州 市	Dezhou	813613	643245	642872	13767	
聊 城 市	Liaocheng	694482	564753	564313	9876	
滨 州 市	Binzhou	634867	465638	434184	29161	9
菏 泽 市	Heze	961493	829335	822905	6616	6

13-18 各市灌溉面积(2017年)
Irrigated Area by Region(2017)

单位:千公顷 (1000 hectares)

地 区	Region	有效灌溉面 积 Effective Irrigated Area	#当 年 实 灌 Irrigated in the Year	林 地 灌溉面积 Irrigated Area of Forest Lands	果 园 灌溉面积 Irrigated Area of Orchard
全省总计	**Total**	**5191.06**	**4789.05**	**209.39**	**362.28**
济 南 市	Jinan	256.58	247.02	9.74	7.31
青 岛 市	Qingdao	329.62	280.14	16.75	28.93
淄 博 市	Zibo	127.13	126.89	5.28	40.43
枣 庄 市	Zaozhuang	163.97	126.59	3.23	9.87
东 营 市	Dongying	189.91	179.28	8.82	5.36
烟 台 市	Yantai	247.08	214.58	5.16	73.39
潍 坊 市	Weifang	530.53	488.09	32.24	44.06
济 宁 市	Jining	473.93	457.18	14.24	8.38
泰 安 市	Tai'an	245.93	234.21	5.78	15.49
威 海 市	Weihai	126.20	100.03	1.05	19.32
日 照 市	Rizhao	112.50	77.15	6.16	10.80
莱 芜 市	Laiwu	37.40	34.59	0.40	3.56
临 沂 市	Linyi	355.43	293.26	19.78	35.24
德 州 市	Dezhou	503.80	501.03	29.51	16.29
聊 城 市	Liaocheng	480.94	480.94	9.42	9.44
滨 州 市	Binzhou	378.89	351.43	8.89	11.95
菏 泽 市	Heze	631.22	596.64	32.94	22.46

13-19 各市农村电气化和农业化学化情况(2017年)
Rural Electrification and Agriculture Chemicals by Region(2017)

单位:吨 (ton)

地区	Region	农用化肥施用量(实物量) Consumption of Chemical Fertilizer (physical volume)	氮肥 Nitrogenous Fertilizer	磷肥 Phosphate Fertilizer	钾肥 Potash Fertilizer	复合肥 Compound Fertilizer	农用化肥施用量(折纯量) Consumption of Chemical Fertilizer (convert to pure volume)	氮肥 Nitrogenous Fertilizer	磷肥 Phosphate Fertilizer
全省总计	**Total**	**13322798**	**4666407**	**2032826**	**1114504**	**5509061**	**4399594**	**1391591**	**452457**
济南市	Jinan	767459	327709	169226	47374	223151	209450	77110	31945
青岛市	Qingdao	749157	150983	55400	51356	491418	278251	43634	11292
淄博市	Zibo	295224	93006	36408	20405	145405	89353	25560	7021
枣庄市	Zaozhuang	613156	227846	49545	39464	296302	202377	68699	11191
东营市	Dongying	315371	127688	72525	18345	96813	101814	35793	16716
烟台市	Yantai	1085100	314109	129791	117812	523387	386233	104955	28528
潍坊市	Weifang	1335333	307581	120038	101955	805759	495900	95695	31420
济宁市	Jining	1125697	372396	177900	102757	472643	395477	124015	41875
泰安市	Tai'an	624049	230585	91037	68215	234213	194024	48945	18992
威海市	Weihai	364182	118847	43194	41467	160675	104933	29722	9144
日照市	Rizhao	323405	84749	30985	26747	180924	104419	25839	9084
莱芜市	Laiwu	121382	45630	14601	12131	49020	39629	11032	3097
临沂市	Linyi	1260846	456866	123717	129596	550668	354287	99623	26791
德州市	Dezhou	1025886	477749	189296	69830	289012	327840	150493	39133
聊城市	Liaocheng	1103102	431449	222836	92657	356160	405590	154560	63533
滨州市	Binzhou	635664	285318	97713	35833	216800	217562	83423	27831
菏泽市	Heze	1577785	613897	408616	138560	416712	492455	212493	74865

13-19 续表 continued

单位:吨 (ton)

地区	Region	钾肥 Potash Fertilizer	复合肥 Compound Fertilizer	农用塑料薄膜使用量 Plastic Film Consumption	地膜使用量 Film Consumption	农用柴油量 Diesel Consumption	农药施用量 Pesticides Consumption	地膜覆盖面积(公顷) Film Coverage (hectare)	农村用电量(万千瓦时) Electricity Consumption in Rural Area (10000 kwh)
全省总计	**Total**	**383260**	**2172287**	**287098**	**114244**	**1577460**	**140670**	**1989055**	**4884532**
济南市	Jinan	16186	84209	12612	3645	46326	2896	45382	244018
青岛市	Qingdao	15441	207885	18002	7833	183497	5962	144834	382437
淄博市	Zibo	6415	50358	7306	1502	18841	4682	22684	402158
枣庄市	Zaozhuang	13298	109189	8019	3294	15377	4183	33539	330198
东营市	Dongying	7330	41975	5150	3880	32493	4302	80794	45904
烟台市	Yantai	42397	210354	10376	7094	175475	19294	122420	1050856
潍坊市	Weifang	39724	329060	76822	14245	138179	13162	213536	662875
济宁市	Jining	38456	191131	11579	8239	100173	14392	142190	163039
泰安市	Tai'an	23697	102390	10094	4653	50820	6556	76646	110983
威海市	Weihai	14995	51072	3445	2213	254828	8056	31107	152197
日照市	Rizhao	9749	59746	6576	4234	214333	3812	84426	105075
莱芜市	Laiwu	5004	20496	2444	1572	9757	1124	25195	76070
临沂市	Linyi	37879	189994	45166	18794	90464	14511	309814	312731
德州市	Dezhou	23218	114996	16437	8665	58621	10399	226909	129413
聊城市	Liaocheng	34696	152802	23828	6422	72803	8371	124814	146814
滨州市	Binzhou	13163	93145	5414	4018	31247	7671	84884	105783
菏泽市	Heze	41613	163484	23829	13941	84227	11299	219882	463983

主要统计指标解释

农林牧渔业总产值 指以货币表现的农、林、牧、渔业全部产品和对农林牧渔业生产活动进行的各种支持性服务活动的价值总量，它反映一定时期内农林牧渔业生产总规模和总成果。1957年以前的农林牧渔业总产值中包括了厩肥和农民自给性手工业(如农民自制衣服、鞋、袜，自己从事粮食初步加工等)。1958 年及以后，林业中增加了村及村以下竹木采伐产值；牧业中取消了厩肥产值；副业中取消了农民自给性手工业产值，增加了村及村以下办的工业产值；渔业中增加了海洋捕捞水产品产值。1980年及以后，在副业中增加了农民家庭兼营工业商品部分的产值。从 1984 年起村及村以下工业产值划归工业。从 1993 年起取消副业，将野生动物的捕猎划入牧业，野生植物采集和农民家庭兼营商品性工业划归农业。从 2003 年起，执行新的国民经济行业分类标准，农林牧渔业总产值中包括了农林牧渔服务业产值。林业中增加了森林采运业产值。农业中取消了家庭兼营商品性工业产值，将野生林产品的采集划归林业。

农林牧渔业总产值的计算方法通常是按农、林、牧、渔业产品及其副产品的产量分别乘以各自单位产品价格求得；少数生产周期较长，当年没有产品或产品产量不易统计的，则采用间接方法匡算其产值；然后将四业产品产值相加即为农林牧渔业总产值。

粮食产量 指全社会的产量。包括国有经济经营的、集体统一经营的和农民家庭经营的粮食产量，还包括工矿企业办的农场和其他生产单位的产量。粮食除包括稻谷、小麦、玉米、高粱、谷子及其他杂粮外，还包括薯类和豆类。其产量计算方法，豆类按去豆荚后的干豆计算；薯类(包括甘薯，不包括芋头和木薯)1963 年以前按每 4 公斤鲜薯折 1 公斤粮食计算，从 1964 年开始改为按 5 公斤鲜薯折 1 公斤粮食计算。作为蔬菜的薯类(如马铃薯等)按鲜品计算，并且不作粮食统计。其他粮食一律按脱粒后的原粮计算。1989 年以前全国粮食产量数据主要靠全面报表取得，1989 年开始使用抽样调查数据。

棉花产量 指全社会的产量。包括春播棉和夏播棉。产量按皮棉计算。不包括木棉。

油料产量 指全部油料作物的生产量。包括花生、油菜籽、芝麻、向日葵籽、胡麻籽（亚麻籽）和其他油料。不包括大豆、木本油料和野生油料。花生以带壳干花生计算。

水产品产量 指人工养殖的水产品和天然生长的水产品的捕捞量。包括海水的鱼类、虾蟹类、贝类和藻类以及内陆水域的鱼类、虾蟹类和贝类，不包括淡水生植物。水产品产量是通过各级水产和统计部门逐级上报取得数据。1995 年及以前，贝类中牡蛎按鲜肉计算；蚶、蛤、蛏按 5 斤鲜品折 1 斤计算。1996 年以后则统一按鲜品计算。

猪、牛、羊肉产量 指当年出栏并已屠宰、除去头蹄下水后带骨肉(即胴体重)的重量。包括全社会范围内的产量。由于畜牧业产品年报数据与普查数据之间存在一定的差距，

根据国家统计局有关文件精神，从 2000 年起，对畜牧业年报数据与普查数据进行衔接。

期初(末)畜禽存栏头(只)数 指报告期初(末)农村各种合作经济组织和国营农场、农民个人、机关、团体、学校、工矿企业、部队等单位以及城镇居民饲养的大牲畜、猪、羊、家禽等畜禽的存栏数。数据上报方式及数据调整情况同猪、牛、羊肉产量。

农作物播种面积 指实际播种或移植有农作物的面积。凡是实际种植有农作物的面积，不论种植在耕地上还是种植在非耕地上，均包括在农作物播种面积中。在播种季节基本结束后，因遭灾而重新改种和补种的农作物面积，也包括在内。它是反映我国耕地面积利用情况的一个重要指标。目前，农作物播种面积主要包括粮食、棉花、油料、糖料、麻类、烟叶、蔬菜和瓜类、药材和其他农作物九大类。

有效灌溉面积 指具有一定的水源，地块比较平整，灌溉工程或设备已经配套，在一般年景下，当年能够进行正常灌溉的耕地面积。在一般情况下，有效灌溉面积应等于灌溉工程或设备已经配备，能够进行正常灌溉的水田和水浇地面积之和。它是反映我国耕地抗旱能力的一个重要指标。

农用化肥施用量 指本年内实际用于农业生产的化肥数量，包括氮肥、磷肥、钾肥和复合肥。化肥施用量要求按折纯量计算数量。折纯量是指把氮肥、磷肥、钾肥分别按含氮、含五氧化二磷、含氧化钾的百分之百成份进行折算后的数量。复合肥按其所含主要成分折算。公式为：

折纯量=实物量×某种化肥有效成份含量的百分比

农业机械总动力 指主要用于农、林、牧、渔业的各种动力机械的动力总和。包括耕作机械、排灌机械、收获机械、农用运输机械、植物保护机械、牧业机械、林业机械、渔业机械和其他农业机械〔内燃机按引擎马力折成瓦(特)计算、电动机按功率折成瓦(特)计算〕。不包括专门用于乡、镇、村、组办工业、基本建设、非农业运输、科学试验和教学等非农业生产方面用的动力机械与作业机械。这个指标的统计数据主要来源于农机部门。

Explanatory Notes on Main Statistical Indicators

Gross Output Value of Farming, Forestry, Animal Husbandry and Fishery refers to the total value of products of farming, forestry, animal husbandry and fishery, and total value of services rendered to support farming, forestry, animal husbandry and fishery activities. It reflects the total scale and results of agricultural production during a given period. Prior to 1957, China's gross agricultural output value included barnyard manure and handicraft products for self consumption (clothes, shoes, stockings, and initial grain processing undertaken by peasants). Since 1958, cutting and felling of bamboo and trees by villages and other cooperative organizations under villages have been included in forestry; value of barnyard manure has been excluded from animal husbandry; self consumed handicrafts has been excluded from sideline occupations, while the output value of industries run by villages and cooperative organizations under village had been included in sideline occupations and the output value of fish catches by motor fishing boats has been added to fishery. Since 1980, the value of handicraft products made for sale by individuals in households had been added to sideline occupations. Since 1984, industries run by villages and under villages have been included in the sector of industry. Since 1993, the subdivision of sideline occupations has been canceled, and the hunting of wild animals has been classified into animal husbandry, and the gathering of wild plants and commodity industry run by rural household have been included in farming. A new industrial classification of economic activities was introduced in 2003. Under the new classification, value of services to farming, forestry, animal husbandry and fishery is included in the gross output value of agriculture, value of wood felling and transport is included in forestry, value of industrial output by rural households is not included in agriculture, and the collection of wild forest products is taken from agriculture and included in the forestry. The first agriculture census of China revealed some discrepancy between the production of animal products from the annual reports and that from the census. Efforts were made by the Rural Socio economic Survey Organization of NBS to adjust the output value of animal husbandry to make the figures from the annual reports consistent with the census data.

Gross output value of agriculture is obtained by first multiplying the output of each product or by product by its price, resulting in the output value of each single item. For a small number of products, annual output of which is not available or difficult to get due to the long production (growing) process involved, the output value is estimated through an indirect approach. The sum of output value of all products of farming, forestry, animal husbandry and fishery is then equal to the gross output value of agriculture.

Grain Output refers to the total output in the whole country including grains produced by state farms, collective units, rural households, as well as by farms affiliated to industrial and mining enterprises and other production units. Grain includes rice, wheat, corn, sorghum, millet and other miscellaneous grains as well as tubers and bean. Output of beans refers to dry beans without pods. The output of tubers (sweet potatoes, not including taros and cassava) was converted into that of grain at the ratio 4: 1, i.e. 4 kilograms of fresh tubers was equivalent to 1 kilogram of grain up to 1963. Since 1964 the ratio for conversion has been 5:1. Tubers supplied as vegetables (such as potatoes) are calculated as fresh vegetables and their output is not included in the output of grain. Output of all other grains refers to husked grain. Data on grain production before 1989 were obtained through Comprehensive Statistical Reporting System. Since 1989, data from sample surveys are used.

Cotton Output refers to the cotton production in the whole country including cotton sown in spring and in autumn. Output is measured as the weight of ginned cotton. Ceiba is not included.

Output of Oil-bearing Crops refers to the total production of oil bearing crops of various kinds, including peanuts, (dry, in shell) rapeseeds, sesame, sunflower seeds, flax seeds, and other oil bearing crops. Soybeans, oil bearing woody plants, and wild oil bearing crops are not included.

Output of Aquatic Products refers to catches of both artificially cultured and naturally grown aquatic products, including fish, shrimps, crabs and shellfish in sea and inland water as well as seaweed. Freshwater plants are not included. Data on output of aquatic products are reported by aquatic product and statistical agencies level by level. Before 1995, among the shellfish, the oyster was counted as fresh meat; 5 kilograms of ark shell, clams and frogs are equivalent to 1 kilogram of fresh aquatic products; they are all counted as fresh aquatic products since 1996.

Output of Pork, Beef, and Mutton refers to the meat of slaughtered hogs, cattle, sheep and goats with head, feet, and offal taken away. Data refers to the production of the whole country. The first agriculture census of China in 1996 revealed some discrepancy between the production of animal products from the annual reports and that from the census. Efforts were made by the Rural Socio economic Survey Organization of NBS to adjust the output value of animal husbandry to make the figures from the annual reports consistent with the census data. Since 1999, NBS conducted sample survey for the major animal husbandry products, such as hogs, cattle, sheep and goats and fowls, and the data from sample surveys are used as national finalized data. Those products, which are not covered by the sample survey, are still reported by statistical agencies level by level.

Number of Livestock or Poultry in Stock at Beginning (or End) refers to the total number of large animals, pigs, sheep, fowls, etc. raised by rural cooperative organizations, state farms, rural individuals, government agencies, schools, industrial and mining enterprises, army, and urban residents at the beginning (or end) of the reference period. Data reporting system and data adjustment are the same as that in the output of pork, beef and mutton.

Sown Area of Crops refers to area of land sown or transplanted with crops regardless of being in cultivated area or non cultivated area. Area of land re sown due to natural disasters is also included. This is an important indicator that can reflect the utilization condition of the cultivated land in China. At present, the sown area of crops mainly include the following 9 categories of crops: grain, cotton, oil bearing crops, sugar crops, fiber crops, Tobacco, Vegetables and melons, medicinal materials and other farm crops.

Irrigated Area refers to areas that are effectively irrigated, i.e. level land, which has water source and complete sets of irrigation facilities to lift and move adequate water for irrigation purpose under normal conditions. Under normal conditions, irrigated area is the sum of watered fields and irrigated fields where irrigation systems or equipment have been installed for regular irrigation purpose. This important indicator reflects drought resistance capacity of the cultivated land in China.

Consumption of Chemical Fertilizers in Agriculture refers to the quantity of chemical fertilizers applied in agriculture in the year, including nitrogenous fertilizer, phosphate fertilizer, potash fertilizer, and compound fertilizer. The consumption of chemical fertilizers is required in calculation to convert the gross weight into weight containing 100% effective component (e.g. 100% nitrogen content in nitrogenous fertilizer, 100% phosphorous pent oxide contents in phosphate fertilizer, 100% potassium oxide contents in potash fertilizer). Compound fertilizer is converted with its major component. The formula is:

Volume of effective component=physical quantity×effective component of certain chemical fertilizer (%)

Total Power of Farm Machinery refers to total mechanical power of machinery used in farming, forestry, animal husbandry, and fishery, including ploughing, irrigation and drainage, harvesting, transport, plant protection, stock breeding, forestry and fishery. The power of internal combustion engines is required to convert horsepower into watts and the power of electric motors is required to be converted into watts. Machinery employed for non agricultural purposes, such as the machines used in township run and village run industry, construction, non agricultural transport, scientific experiments and teaching, is excluded. Data are mainly from agricultural machinery agencies.

第14篇

工　业

Industry

简 要 说 明

一、本篇资料的主要内容

本篇资料反映了全省工业生产和基本效益情况，主要包括历年工业总产值及指数、规模以上工业、国有控股工业、国有工业、集体工业、外商投资和港澳台投资工业、大中型工业企业、非公有工业、高新技术产业的主要经济指标、相关的财务分析指标和主要工业产品产量等方面的内容。自 2011 年开始，规模以上工业企业划分标准由年主营业务收入 500 万元及以上提高到 2000 万元及以上。

二、本篇资料的来源

本篇资料来源于工业统计年报，由省统计局工业统计处整理提供。

Brief Introduction

I. Content

Data in this chapter show the basic condition of industry in Shandong, mainly including the gross industrial output value and indices, the output of major industrial products and major economic and relevant financial indicators of industrial enterprises. Industrial enterprises include enterprises above designated size, state share holding enterprises, state owned enterprises, collective owned enterprises, foreign funded enterprises, enterprises with funds from Hong Kong, Macao and Taiwan, large and medium sized enterprises, private enterprises and high tech enterprises.Since 2011, criteria of revenue from principal business for the industrial enterprises above designated size has been increased from 5 million yuan and above to 20 million yuan and above.

II. Source of Data

Data in this chapter are based on the annual report of industrial statistics and are prepared and provide by the Division of Industry Statistics of Shandong Provincial Bureau of Statistics.

14-1 主要年份工业总产值
Gross Industrial Output Value in Major Years

年 份 Year	工业总产值(亿元) Gross Industrial Output Value (100 millioon yuan)	国有经济 State-owned	集体经济 Collective -owned	轻工业 Light Industry	重工业 Heavy Industry	占全部工业总产值的比重(%) As Percentage of Gross Industrial Output Value(%) 国有经济 State-owned	集体经济 Collective-owned	轻工业 Light Industry	重工业 Heavy Industry
1949	9.15	3.42	0.01	8.25	0.90	37.38	0.11	90.16	9.84
1952	20.08	9.07	0.88	17.84	2.24	45.17	4.38	88.84	11.16
1955	30.10	14.81	2.31	25.36	4.74	49.20	7.67	84.25	15.75
1957	43.31	15.83	2.36	35.34	7.97	36.55	5.45	81.60	18.40
1962	45.70	33.99	6.27	31.22	14.48	74.38	13.72	68.32	31.68
1965	71.38	55.79	8.95	48.21	23.17	78.16	12.54	67.54	32.46
1970	141.22	109.22	21.37	81.88	59.34	77.34	15.13	57.98	42.02
1975	189.78	138.41	38.39	96.65	93.13	72.93	20.23	50.93	49.07
1976	220.00	157.01	52.12	107.03	112.97	71.37	23.69	48.65	51.35
1977	262.24	178.85	70.70	127.92	134.32	68.20	26.96	48.78	51.22
1978	296.82	200.74	78.60	144.28	152.54	67.63	26.48	48.61	51.39
1979	314.34	217.62	78.52	157.52	156.82	69.23	24.98	50.11	49.89
1980	340.32	229.89	90.46	183.81	156.51	67.55	26.58	54.01	45.99
1981	358.37	238.57	96.69	212.33	146.04	66.57	26.98	59.25	40.75
1982	393.21	261.91	100.28	233.57	159.64	66.61	25.50	59.40	40.60
1983	441.85	292.55	110.46	261.04	180.81	66.21	25.00	59.08	40.92
1984	534.91	318.30	164.80	317.58	217.33	59.51	30.81	59.37	40.63
1985	682.78	397.07	205.53	370.41	312.37	58.15	30.10	54.25	45.75
1986	784.33	415.12	234.86	419.38	364.95	52.93	29.94	53.47	46.53
1987	1032.88	521.66	302.57	533.38	499.50	50.51	29.29	51.64	48.36
1988	1455.24	662.48	441.05	751.70	703.54	45.52	30.31	51.65	48.35
1989	1920.94	833.86	575.95	982.99	937.95	43.41	29.98	51.17	48.83
1990	2200.85	911.88	650.38	1118.76	1082.09	41.43	29.55	50.83	49.17
1991	2599.17	1038.69	764.67	1326.78	1272.39	39.96	29.42	51.05	48.95
1992	3115.45	1301.39	993.81	1536.64	1578.81	41.77	31.90	49.32	50.68
1993	4713.48	1678.89	1285.42	2125.93	2587.55	35.62	27.27	45.10	54.90
1994	7023.23	2012.72	1812.72	3367.58	3655.65	28.66	25.81	47.95	52.05
1995	8906.60	2600.54	1840.75	4403.84	4502.76	29.20	20.67	49.44	50.56
1996	9126.63	2423.77	2380.09	4540.14	4586.49	26.56	26.08	49.75	50.25
1997	9984.12	2513.03	2512.01	4926.50	5057.61	25.17	25.16	49.34	50.66
1998	10579.17	2177.73	2206.64	5110.02	5469.15	20.59	20.86	48.30	51.70
1999	11195.46	2058.49	2218.99	5373.71	5821.75	18.39	19.82	48.00	52.00
2000	12509.53	2474.49	2393.99	5964.70	6544.83	19.78	19.14	47.68	52.32
2001	13277.37	1223.49	2078.33	6437.42	6839.96	9.21	15.65	48.48	51.52
2002	15588.53	1377.03	2348.82	7630.45	7958.08	8.83	15.07	48.95	51.05
2003	19891.54	1484.04	2526.39	9049.49	10842.05	7.46	12.70	45.49	54.51
2004	26295.24	2087.28	2819.30	11382.95	14912.29	7.94	10.72	43.29	56.71
2005	35387.43	1982.94	2264.87	13124.13	22263.30	5.60	6.40	37.09	62.91
2006	43900.21	2307.84	2469.67	15638.85	28261.36	5.26	5.63	35.62	64.38
2007	54428.27	2988.11	2922.80	19011.79	35416.48	5.49	5.37	34.93	65.07
2008	62958.53	4577.21	2464.08	21315.28	41643.25	7.27	3.91	33.86	66.14
2009	71209.42	4074.70	2775.66	24195.79	47013.62	5.72	3.90	33.98	66.02
2010	83851.40	5486.12	2632.65	27161.78	56689.62	6.54	3.14	32.39	67.61
2011	99504.98	6200.76	2983.41	31019.15	68485.83	6.23	3.00	31.17	68.83
2012	114707.29	5022.12	3129.06	36682.83	78024.46	4.38	2.73	31.98	68.02
2013	129906.01	4250.08	1750.38	40763.79	89142.21	3.27	1.35	31.38	68.62
2014	141415.02	4262.15	1672.30	43837.12	97577.90	3.01	1.18	31.00	69.00
2015	145964.20	4547.07	1686.34	46775.90	99188.30	3.12	1.16	32.05	67.95
2016	150705.13	3895.70	1715.98	48228.01	102477.12	2.58	1.14	32.00	68.00
2017	137440.74	2275.98	1417.31	45219.11	92221.63	1.66	1.03	32.90	67.10

注:1.本表按当年价格计算，1998年及以后集体工业为规模以上集体工业；

2.自2011年开始，规模以上工业企业划分标准由年主营业务收入500万元及以上提高到2000万元及以上(下表同)。

a)Data in this table are caculated at current prices,collective-owned industry refers to collective-owned industry above designated size since 1998.

b)The criteria of revenue from principal business for the industrial enterprises above designated size has been increased from 5 million yuan and above to 20 million yuan and above since 2011.The same applies to the fllowing tables.

14-2 主要年份工业总产值指数(以1952年为100)
Indice of Gross Industrial Output Value in Major Years(1952=100)

年 份 Year	工业总产值指数 Indice of Gross Industrial Output Value	国有单位 State-owned	集体单位 Collective-owned	按轻重工业分 Grouped by Light & Heavy Industries	
				轻工业 Light Industry	重工业 Heavy Industry
1949	45.2	37.4	1.3	46.2	39.9
1952	100.0	100.0	100.0	100.0	100.0
1955	151.6	165.0	264.9	141.0	210.4
1957	236.0	224.7	344.2	206.0	370.0
1962	214.9	353.9	671.4	154.4	570.4
1965	366.7	633.5	1045.4	260.2	995.8
1970	723.4	1238.6	2494.8	435.6	2514.1
1975	1122.4	1812.0	5168.8	590.4	4529.6
1976	1304.7	2061.0	7037.7	655.5	5508.5
1977	1560.1	2352.4	9564.9	785.1	6563.4
1978	1766.4	2644.2	10646.8	886.7	7464.3
1979	1850.0	2834.6	10522.1	957.5	7589.3
1980	2001.2	2992.2	12111.7	1116.6	7571.8
1981	2091.4	3081.7	12845.4	1280.8	7014.1
1982	2269.7	3309.1	13571.4	1393.6	7583.1
1983	2524.2	3652.8	14849.3	1541.5	8500.0
1984	2887.8	3651.0	21459.7	1772.2	9655.9
1985	3530.6	4267.7	26046.7	1979.7	13293.4
1986	4110.2	4592.0	29223.4	2271.5	15740.8
1987	5089.9	5247.0	36481.8	2716.5	20260.6
1988	6803.9	6289.4	49739.0	3718.2	26390.7
1989	8029.9	6845.8	59622.0	4368.6	31314.3
1990	9081.8	7221.1	67151.9	4910.3	35635.7
1991	10630.2	7880.3	79849.3	5814.8	41232.5
1992	13203.8	9169.6	104332.3	6983.6	52983.8
1993	17410.5	10252.6	152395.2	8422.2	75660.9
1994	22325.5	10611.4	201009.3	11471.0	90112.1
1995	27482.7	12230.2	219100.8	14563.6	110026.9
1996	31954.1	12946.9	272154.0	17820.0	121491.7
1997	35820.6	13736.4	294951.4	19946.0	136423.0
1998	39954.3	12309.5	267429.8	21672.0	156345.4
1999	44702.4	12274.7	267143.4	23594.6	173193.0
2000	52713.1	13031.4	314292.3	28303.2	200740.0
2001	58288.7	7085.8	269624.9	31681.3	218566.7
2002	66406.7	8105.5	289070.9	36715.1	267094.8
2003	80723.9	8209.3	305837.0	41983.7	346635.6
2004	105142.9	9409.0	366085.2	54702.7	451415.2
2005	143609.4	10969.1	274178.2	60887.4	711789.0
2006	174082.5	12474.5	292134.7	71800.2	871484.8
2007	213754.5	15993.0	340762.7	88991.2	1081129.3
2008	243985.2	19063.9	371280.7	103190.2	1205057.4
2009	293138.0	18027.4	444262.5	124426.5	1445148.9
2010	328691.6	15909.7	496117.7	140021.7	1617429.3
2011	367977.8	16964.2	530394.5	150855.5	1843387.5
2012	431094.8	13963.1	565333.7	181300.5	2134280.9
2013	496153.3	12008.7	321387.7	204746.1	2478044.6
2014	548892.2	12238.6	312043.4	223762.9	2756652.8
2015	595115.1	13715.1	330528.6	250802.1	2943432.7
2016	623801.5	11929.3	341460.0	262525.9	3087339.2
2017	539239.1	6606.1	267325.3	233314.9	2633526.9

注：本表按可比价格计算，1998年及以后集体工业指数为规模以上集体工业指数。

a)Data in this table are caculated at current prices,the index of collective-owned industry refers to index of collective-owned industry above designated size since 1998.

14-3 2007-2017年规模以上工业增加值

Value Added of Industry Enterprises above Designated Size From 2007 to 2017

单位:万元 (10 000 yuan)

类别	Category	2007 工业增加值比上年增长(%) Growth Rate(%)	2008 工业增加值比上年增长(%) Growth Rate(%)	2009 工业增加值比上年增长(%) Growth Rate(%)	2010 工业增加值比上年增长(%) Growth Rate(%)	2011 工业增加值比上年增长(%) Growth Rate(%)
全省总计	**Total**	**20.77**	**13.80**	**14.93**	**15.00**	**14.03**
在总计中:轻工业	of which:Light Industry	18.96	13.21	12.13	12.91	11.88
重工业	Heavy Industry	21.70	14.10	16.24	16.08	15.06
在总计中:国有企业	of which:State-owned Enterprises	10.08	4.60	4.57	13.24	15.71
集体企业	Collective-owned Enterprises	14.46	8.27	17.82	9.93	11.50
股份制企业	Cooperative Enterprises	21.08	15.11	15.96	15.64	14.59
外商及港澳台商投资企业	Enterprises with Funds from Foreign Countries,Hong Kong, Macao and Taiwan	23.24	14.06	11.01	14.12	11.13
在总计中:国有控股企业	of which:State-holding Enterprises	11.69	8.17	4.67	12.54	6.08
在总计中:大中型工业企业	of which:Large and Medium-sized Enterprises	14.94	8.73	9.14	13.31	11.04

注:本表绝对数按当年价格计算,增幅按可比价计算。
a)Data in this table are calculated at current prices, growth rate at constant prices.

14-3 续表 continued

单位:万元 (10 000 yuan)

类别	Category	2012 工业增加值比上年增长(%) Growth Rate(%)	2013 工业增加值比上年增长(%) Growth Rate(%)	2014 工业增加值比上年增长(%) Growth Rate(%)	2015 工业增加值比上年增长(%) Growth Rate(%)	2016 工业增加值比上年增长(%) Growth Rate(%)	2017 工业增加值比上年增长(%) Growth Rate(%)
全省总计	**Total**	**11.43**	**11.34**	**9.62**	**7.50**	**6.82**	**6.94**
在总计中:轻工业	of which:Light Industry	11.21	10.25	8.48	7.41	5.49	6.95
重工业	Heavy Industry	11.54	11.85	10.15	7.54	7.48	6.94
在总计中:国有企业	of which:State-owned Enterprises	6.07	5.28	-0.17	-0.53	-2.60	8.52
集体企业	Collective-owned Enterprises	10.54	10.65	5.66	4.19	4.40	6.59
股份制企业	Cooperative Enterprises	12.32	12.29	10.25	7.82	7.37	7.06
外商及港澳台商投资企业	Enterprises with Funds from Foreign Countries,Hong Kong, Macao and Taiwan	7.85	10.32	9.04	7.54	5.58	7.00
在总计中:国有控股企业	of which:State-holding Enterprises	3.68	4.84	2.76	-1.91	4.47	9.32
在总计中:大中型工业企业	of which:Large and Medium-sized Enterprises	7.97	9.45	8.10	5.83	7.20	7.81

14-4 按行业分规模以上工业增加值构成
Its Composition of Industry Enterprises above Designated Size by Sector

类　　别	Category	2016 增加值占规模以上工业比重(%) Composition(%)	2016 工业增加值比上年增长(%) Growth Rate (%)
全省总计	**Total**	**100.0**	**6.8**
采矿业	**Mining**	**3.5**	**-12.1**
煤炭开采和洗选业	Mining and Washing of Coal	1.6	-11.1
石油和天然气开采业	Extraction of Petroleum and Natural Gas	0.8	-17.6
黑色金属矿采选业	Mining of Ferrous Metal Ores	0.3	-10.9
有色金属矿采选业	Mining of Non-ferrous Metal Ores	0.3	-6.4
非金属矿采选业	Mining and Processing of Nonmetal Ores	0.4	-0.9
开采专业及辅助性活动	Mining Specialties and Auxiliary Activities	0.1	-32.6
其他采矿业	Mining of Other Ores	0.0	4.6
制造业	**Manufacturing**	**92.5**	**7.8**
农副食品加工业	Processing of Food from Agricultural Products	7.8	5.8
食品制造业	Manufacture of Foods	2.1	8.4
酒、饮料和精制茶制造业	Manufacture of Wine, Drinks and Refined Tea	1.3	5.1
烟草制品业	Manufacture of Tobacco	0.8	-13.1
纺织业	Manufacture of Textile	5.7	5.2
纺织服装、服饰业	Manufacture of Textile Wearing Apparel and Finery	2.2	5.6
皮革、毛皮、羽毛及其制品和制鞋业	Manufacture of Leather, Fur, Feather & Its Products and Footwear	0.8	-3.8
木材加工及木 竹、藤、棕、草制品业	Processing of Timbers, Manufacture of Wood, Bamboo, Rattan, Palm, and Straw Products	2.0	6.7
家具制造业	Manufacture of Furniture	0.8	6.7
造纸及纸制品业	Manufacture of Paper and Paper Products	1.9	4.1
印刷和记录媒介复制业	Printing, Reproduction of Recording Media	0.6	4.3
文教、工美、体育和娱乐用品制造业	Manufacture of Culture, Education,Arts and crafts, Sport and Entertainment Goods	1.6	6.1
石油、煤炭及其他燃料加工业	Processing of Oil, Coal and Other Fuel	4.8	26.0
化学原料和化学制品制造业	Manufacture of Chemical Raw Material and Chemical Products	10.2	8.2
医药制造业	Manufacture of Medicines	3.5	8.2
化学纤维制造业	Manufacture of Chemical Fiber	0.2	1.7
橡胶和塑料制品业	Manufacture of Rubber and Plastic	3.9	6.7
非金属矿物制品业	Manufacture of Non-metallic Mineral Products	5.9	5.1
黑色金属冶炼及压延加工业	Manufacture and Processing of Ferrous Metals	2.4	3.9
有色金属冶炼及压延加工业	Manufacture & Processing of Non-ferrous Metals	4.4	9.6
金属制品业	Manufacture of Metal Products	4.0	7.5
通用设备制造业	Manufacture of General Purpose Machinery	6.4	8.2
专用设备制造业	Manufacture of Special Purpose Machinery	4.6	6.6
汽车制造业	Manufacture of Automotive	4.7	11.7
铁路、船舶、航空航天和其他运输设备制造业	Manufacture of Railroad,Marine,Aerospace and Other Transportation Equipment	1.5	4.7
电气机械及器材制造业	Manufacture of Electrical Machinery & Equipment	3.7	3.9
计算机、通信和其他电子设备制造业	Manufacture of Computer, Communications and Other Electronic Equipment	3.9	8.1
仪器仪表制造业	Manufacture of Measuring Instrument	0.5	4.6
其他制造业	Other Manufacture	0.2	0.7
废弃资源综合利用业	Comprehensive Utilization of Waste	0.1	-4.2
金属制品、机械和设备修理业	Metal Products, Machinery and Equipment Repair Industry	0.0	5.6
电力、热力、燃气及水的生产和供应业	**Production and Supply of Electric,Heat,Gas and Water**	**4.0**	**8.5**
电力、热力生产和供应业	Production and Supply of Electric Power and Heat Power	3.6	8.2
燃气生产和供应业	Production and Supply of Gas	0.2	10.8
水的生产和供应业	Production and Supply of Water	0.2	17.0

14-4 续表 continued

类 别	Category	2017 增加值占规模以上工业比重(%) Composition(%)	2017 工业增加值比上年增长(%) Growth Rate (%)
全省总计	**Total**	**100.0**	**6.9**
采矿业	**Mining**	**3.5**	**4.6**
煤炭开采和洗选业	Mining and Washing of Coal	2.2	11.2
石油和天然气开采业	Extraction of Petroleum and Natural Gas	0.2	-8.5
黑色金属矿采选业	Mining of Ferrous Metal Ores	0.2	-16.2
有色金属矿采选业	Mining of Non-ferrous Metal Ores	0.3	-0.1
非金属矿采选业	Mining and Processing of Nonmetal Ores	0.3	-16.9
开采专业及辅助性活动	Mining Specialties and Auxiliary Activities	0.2	27.5
其他采矿业	Mining of Other Ores	0.0	61.3
制造业	**Manufacturing**	**91.7**	**6.8**
农副食品加工业	Processing of Food from Agricultural Products	7.4	8.8
食品制造业	Manufacture of Foods	2.3	11.9
酒、饮料和精制茶制造业	Manufacture of Wine, Drinks and Refined Tea	1.2	7.4
烟草制品业	Manufacture of Tobacco	0.8	4.5
纺织业	Manufacture of Textile	5.4	1.3
纺织服装、服饰业	Manufacture of Textile Wearing Apparel and Finery	2.1	6.5
皮革、毛皮、羽毛及其制品和制鞋业	Manufacture of Leather, Fur, Feather & Its Products and Footwear	0.6	-4.8
木材加工及木 竹、藤、棕、草制品业	Processing of Timbers, Manufacture of Wood, Bamboo, Rattan, Palm, and Straw Products	2.0	3.7
家具制造业	Manufacture of Furniture	0.8	6.5
造纸及纸制品业	Manufacture of Paper and Paper Products	1.9	2.3
印刷和记录媒介复制业	Printing, Reproduction of Recording Media	0.6	11.0
文教、工美、体育和娱乐用品制造业	Manufacture of Culture, Education,Arts and crafts, Sport and Entertainment Goods	1.6	11.0
石油、煤炭及其他燃料加工业	Processing of Oil, Coal and Other Fuel	6.7	8.1
化学原料和化学制品制造业	Manufacture of Chemical Raw Material and Chemical Products	9.7	2.2
医药制造业	Manufacture of Medicines	3.6	11.3
化学纤维制造业	Manufacture of Chemical Fiber	0.3	0.6
橡胶和塑料制品业	Manufacture of Rubber and Plastic	3.5	9.7
非金属矿物制品业	Manufacture of Non-metallic Mineral Products	5.7	1.1
黑色金属冶炼及压延加工业	Manufacture and Processing of Ferrous Metals	2.7	-3.3
有色金属冶炼及压延加工业	Manufacture & Processing of Non-ferrous Metals	3.7	-0.7
金属制品业	Manufacture of Metal Products	3.8	8.2
通用设备制造业	Manufacture of General Purpose Machinery	6.3	12.6
专用设备制造业	Manufacture of Special Purpose Machinery	4.2	11.4
汽车制造业	Manufacture of Automotive	4.6	13.9
铁路、船舶、航空航天和其他运输设备制造业	Manufacture of Railroad,Marine,Aerospace and Other Transportation Equipment	1.3	3.4
电气机械及器材制造业	Manufacture of Electrical Machinery & Equipment	3.7	10.5
计算机、通信和其他电子设备制造业	Manufacture of Computer, Communications and Other Electronic Equipment	4.2	8.0
仪器仪表制造业	Manufacture of Measuring Instrument	0.5	33.6
其他制造业	Other Manufacture	0.3	11.4
废弃资源综合利用业	Comprehensive Utilization of Waste	0.1	-1.8
金属制品、机械和设备修理业	Metal Products, Machinery and Equipment Repair Industry	0.0	39.0
电力、热力、燃气及水的生产和供应业	**Production and Supply of Electric,Heat,Gas and Water**	**4.8**	**11.2**
电力、热力生产和供应业	Production and Supply of Electric Power and Heat Power	4.4	11.1
燃气生产和供应业	Production and Supply of Gas	0.3	16.2
水的生产和供应业	Production and Supply of Water	0.2	6.1

14-5 规模以上工业企业主要经济指标

单位:万元

类 别	Category	企业单位数(个) Number of Industial Enterprises (unit)	#亏损企业 Loss Enterprises
	2000	11679	1444
	2001	12268	1672
	2002	13468	1759
	2003	16177	1885
	2004	23915	3407
	2005	27540	2390
	2006	31936	2529
	2007	36145	2445
	2008	42629	3134
	2009	45518	2723
	2010	44037	2114
	2011	35813	1715
	2012	37625	2301
	2013	40467	2403
	2014	40756	2646
	2015	41485	3106
	2016	39567	2781
	2017	38147	3362
一、按登记注册类型分	**by Status of Registration**		
内资企业	Domestic Funded Enterprises	34798	2818
国有企业	State-owned Enterprises	118	48
中央企业	Central Enterprises	5	1
地方企业	Local Enterprises	113	47
集体企业	Collective-owned Enterprises	162	22
股份合作企业	Cooperative Enterprises	34	5
联营企业	Joint Ownership Enterprises	7	
国有联营企业	State Joint Ownership Enterprises		
集体联营企业	Collective Joint Ownership Enterprises	5	
国有与集体联营企业	Joint State-collective Enterprises		
其他联营企业	Other Joint Ownership Enterprises	2	
有限责任公司	Limited Liability Corporations	7941	942
国有独资公司	State Sole funded Corporations	228	62
其他有限责任公司	Other Limited Liability Corporations	7713	880
股份有限公司	Share-holding Corporations Limited	1122	157
私营企业	Private Enterprises	25328	1639
私营独资企业	Private-funded Enterprises	1153	43
私营合作企业	Private Partnership Enterprises	41	
私营有限责任公司	Private Limited Liability Corporations	23249	1515
私营股份有限公司	Private Share-holding Corporations Ltd.	885	81
其他企业	Other Enterprises	86	5
港、澳、台商投资企业	Enterprises with Funds from Hong Kong, Macao and Taiwan	954	148
合资经营企业(港或澳、台资)	Joint-ventures Enterprises	473	61
合作经营企业(港或澳、台资)	Cooperative Enterprises	18	4
港澳台商独资经营企业	Enterprises with Sole Investment	414	77
港澳台商投资股份有限公司	Share-holding Corporations Ltd. With Funds from Hong Kong, Macao and Taiwan	22	
其他企业	Others	27	6
外商投资企业	Foreign Funded Enterprises	2395	396
中外合资经营企业	Joint-venture Enterprises	960	153
中外合作经营企业	Cooperation Enterprises	49	5
外资企业	Enterprises with Sole Foreign Funds	1281	222
外商投资股份有限公司	Share-holding Corporations Ltd. With Foreign Investment	44	3
其他企业	Others	61	13
二、在总计中:亏损企业	**of which:Loss Enterprises**	**3362**	**3362**
在总计中:国有控股企业	of which:State-holding Enterprises	1125	263
按轻重工业分	**by Light & Heavy Industry**		
轻工业	Light Industry	16042	1292
重工业	Heavy Industry	22105	2070
按企业规模分	**by Enterprise Size**		
大型企业	Large-sized Enterprises	815	76
中型企业	Medium-sized Enterprises	3782	567
小型企业	Small-sized Enterprises	33550	2719

Main Economic Indicators of Industrial Enterprises above Designated Size

(10 000 yuan)

工业总产值 Gross Industrial Output Value	工业销售产值 Industrial Output Value of Products Sold	#出口交货值 Export Delivery Value	资产合计 Total Assets	产成品 Finished Products	流动资产合计 Total Working Capitals	固定资产合计 Total Fixed Assets
83115250	81333731		97019617	5828823	38953991	39837025
93773726	91686051		105219953	6362129	42865444	42135407
114975327	112416603		119048719	6598734	48110953	46802238
153795446	150617682	20455625	144616035	7407029	58577265	55559493
225218944	220390333	29112157	185873748	9317070	76760058	70552540
305228616	299821716	34900993	221312416	11733123	94374934	83096180
387800991	381725527	45088074	264753536	13044729	112015984	101857165
498730040	490205752	55241949	319449143	15902408	133694410	123329283
629585284	607312375	62670428	392245052	19647783	165790969	149254050
712094180	701481473	55916115	460526941	20467726	192869139	202208903
838513994	826521387	66380488	537612783	22484979	238304625	227881083
995049762	980059403	71054688	608187652	22576063	286009369	243357519
1147072920	1131142455	73454167	711076642	27387746	334398297	273129323
1299060058	1284887277	82831071	815347755	27803173	390102784	305127670
1414150238	1396266198	86710238	933308733	30785366	430636310	364198451
1459642012	1442335459	83895491	1013434956	34042764	455037682	399137920
1507051303	1488722608	86126735	1050463187	35366887	475114974	411452149
1374407407	1354814497	72716297	1079328552	38910542	514856424	384495916
1199020660	1181401559	44504602	951156212	34416168	442752557	344313258
22759825	22703890	362455	34835841	262946	4881300	25834452
19262146	19261704		23730910	9486	602312	22979673
3497679	3442186	362455	11104930	253461	4278989	2854779
14173081	13196125	932123	29909009	1765395	17272605	2781835
669728	649352	19427	455575	17858	182694	155080
184474	182745	12413	59071	1059	26203	4893
173236	171423	12413	49634	1058	19979	2210
11238	11323		9437	1	6224	2683
440723002	437401244	17631277	428773264	14114844	207535222	144928671
62824701	62044163	3776529	115340982	3181720	53651600	35891200
377898301	375357080	13854747	313432282	10933125	153883622	109037471
125992779	124574215	7719573	150004581	4805134	69597603	49391908
592954747	581171125	17824784	306485082	13425391	142931504	121028333
22993836	22561903	103743	6249455	162800	1809602	3402008
697373	688947	45830	160144	6618	46569	93522
524681245	514008085	15747221	269122434	12066454	124522536	107531224
44582293	43912190	1927991	30953049	1189519	16552797	10001579
1563024	1522863	2551	633788	23540	325426	188087
43425135	42457852	5422631	42043321	1560115	22310282	13620381
28358784	27577238	2881377	22423582	887567	11571274	7279199
770950	807027	34542	260459	11261	121414	118783
11488182	11318813	2344500	12865810	525062	7545429	3608824
1254178	1241034	101880	1384972	98243	560658	457932
1553041.3	1513740	60332.5	5108498.7	37981.5	2511507.1	2155643
131961612	130955085	22789064	86129020	2934259	49793585	26562277
55416261	54375090	6339748	42790868	1400233	24531426	13547748
5456329	5447614	2217981	2927123	126665	2013403	721549
66903108	66098264	13179134	35499790	1220956	21433982	10803124
2881919	3748253	639654	3980152	150727	1373067	1067378
1303994	1285864	412547	931087	35679	441707	422479
58940960	**57938771**	**6140096**	**116500561**	**4183659**	**54397807**	**41175707**
208059980	205888020	7962127	311296028	7366770	128132454	121019551
452191080	447903322	29993508	297147916	12967873	141845144	103684897
922216326	906911174	42722789	782180636	25942669	373011281	280811019
527208670	525010530	37639342	555136533	18090222	270636513	190509708
257002698	251932272	15381043	209709026	9889028	109948933	68168481
590196039	577871695	19695912	314482993	10931293	134270978	125817727

14-5 续表 1

单位:万元

类　别	Category	企业单位数(个) Number of Industial Enterprises (unit)	#亏损企业 Loss Enterprises
三、按行业大类分	**by Sector**		
采矿业	**Mining**		
煤炭开采和洗选业	Mining and Washing of Coal	113	19
石油和天然气开采业	Extraction of Petroleum and Natural Gas	12	6
黑色金属矿采选业	Mining of Ferrous Metal Ores	83	9
有色金属矿采选业	Mining of Non-ferrous Metal Ores	75	10
非金属矿采选业	Mining and Processing of Nonmetal Ores	189	7
开采专业及辅助性活动	Mining Specialties and Auxiliary Activities	2	2
其他采矿业	Mining of Other Ores	3	
制造业	**Manufacturing**		
农副食品加工业	Processing of Food from Agricultural Products	3702	307
食品制造业	Manufacture of Foods	1130	89
酒、饮料和精制茶制造业	Manufacture of Wine, Drinks and Refined Tea	440	26
烟草制品业	Manufacture of Tobacco	6	1
纺织业	Manufacture of Textile	2313	223
纺织服装、服饰业	Manufacture of Textile Wearing Apparel and Finery	1221	108
皮革、毛皮、羽毛及其制品和制鞋业	Manufacture of Leather, Fur, Feather & Its Products and Footwear	381	49
木材加工及木 竹、藤、棕、草制品业	Processing of Timbers, Manufacture of Wood, Bamboo, Rattan, Palm, and Straw Products	1744	69
家具制造业	Manufacture of Furniture	541	34
造纸及纸制品业	Manufacture of Paper and Paper Products	621	55
印刷和记录媒介复制业	Printing, Reproduction of Recording Media	590	40
文教、工美、体育和娱乐用品制造业	Manufacture of Culture, Education,Arts and crafts, Sport and Entertainment Goods	1284	70
石油、煤炭及其他燃料加工业	Processing of Oil, Coal and Other Fuel	333	38
化学原料和化学制品制造业	Manufacture of Chemical Raw Material and Chemical Products	3260	342
医药制造业	Manufacture of Medicines	761	58
化学纤维制造业	Manufacture of Chemical Fiber	80	10
橡胶和塑料制品业	Manufacture of Rubber and Plastic	1762	155
非金属矿物制品业	Manufacture of Non-metallic Mineral Products	3624	232
黑色金属冶炼及压延加工业	Manufacture and Processing of Ferrous Metals	382	49
有色金属冶炼及压延加工业	Manufacture & Processing of Non-ferrous Metals	426	63
金属制品业	Manufacture of Metal Products	2255	189
通用设备制造业	Manufacture of General Purpose Machinery	3172	234
专用设备制造业	Manufacture of Special Purpose Machinery	2233	164
汽车制造业	Manufacture of Automotive	1388	157
铁路、船舶、航空航天和其他运输设备制造业	Manufacture of Railroad,Marine,Aerospace and Other Transportation Equipment	402	45
电气机械及器材制造业	Manufacture of Electrical Machinery & Equipment	1557	140
计算机、通信和其他电子设备制造业	Manufacture of Computer, Communications and Other Electronic Equipment	695	103
仪器仪表制造业	Manufacture of Measuring Instrument	365	34
其他制造业	Other Manufacture	73	2
废弃资源综合利用业	Comprehensive Utilization of Waste	68	13
金属制品、机械和设备修理业	Metal Products, Machinery and Equipment Repair Industry	19	3
电力、热力、燃气及水的生产和供应业	**Production and Supply of Electric, Heat, Gas and Water**		
电力、热力的生产和供应业	Production and Supply of Electric Power and Heat Power	542	152
燃气生产和供应业	Production and Supply of Gas	135	17
水的生产和供应业	Production and Supply of Water	165	38

continued

(10 000 yuan)

工 业 总产值 Gross Industrial Output Value	工 业 销售产值 Industrial Output Value of Products Sold	#出 口 交货值 Export Delivery Value	资产合计 Total Assets	产成品 Finished Products	流动资产 合 计 Total Working Capitals	固定资产 合 计 Total Fixed Assets
20745878	20304772	229811	60192410	908484	23217029	21363687
6541194	6549828		13628816	100540	2032731	11480747
2627813	2551018	2660	4438654	64976	1455563	1968805
10263113	10219564		9105629	301364	2622399	3321597
3372062	3362815	1232	2481029	81706	893123	786475
904605	896155		1155307	2886	378924	772995
77424	77424		30354	2089	6053	19540
116233437	114492242	7588719	55455594	3024762	25419494	22134340
27872375	27275520	1438357	16162878	604198	7043838	7306273
12289650	12976057	213400	12021756	437334	4995762	4216374
3002655	2984752	14305	3398501	19862	2401601	993652
78915196	80826129	4232454	40332330	1450430	18756447	17009462
25762383	25403097	3959417	15996277	731531	7389015	5095233
7040054	6894839	605352	4200545	265499	2342257	1288711
25053215	24468201	549106	8717400	484095	3360258	4267784
8688329	8506102	645198	4275533	189553	1657556	2211077
24045112	23820886	509468	27430263	623464	12360445	8871283
10366139	10126013	207232	4909307	213826	1997037	2172665
24879596	24519896	3781097	11075108	596772	4692787	5034463
101070833	99849877	243416	56635261	2901807	33824688	16624699
147207776	143685712	4075340	113351041	3896882	52662133	41127846
44255577	43234933	2701803	39595819	1597649	21062848	12739085
3089544	2809654	234431	2675621	98276	1300586	899082
56025849	54731281	7061299	39724234	1982655	20340441	14216729
69138203	67893396	1287318	49059610	1604227	23024111	18882278
51975985	51151956	2295532	52991961	1328884	23001635	17378435
66592819	66318104	1074421	47881231	1279286	22245548	18315757
51077871	50348670	1900015	31979808	1686832	17072521	10374937
74285858	72822566	2858051	51393519	2256981	26614155	16115127
52994527	51445030	1914237	37962884	2272658	21045192	11310491
67963147	67125355	4821940	57264107	2146046	38129443	11914298
17497265	17252184	1312924	19196953	686091	12224674	4147792
55013826	53460141	2878026	61267482	2962169	34367699	11056971
55212091	54991798	13522714	30637868	1416897	21717480	5260885
8973299	8810075	412708	7960788	533612	5420411	1675768
1069745	1060479	123637	554345	16307	297667	180179
1136820	1111959	661	1190243	23713	743862	369164
447788	431448	20019	228400	19952	95934	116672
35753826	35341839		71230804	57938	12609286	46892438
3404906	3184035		5138183	20643	1794476	2187592
1539623	1498696		6400703	17670	2239317	2394532

14-5 续表 2

单位:万元

类 别	Category	负债合计 Total Liabilities	主营业务收 入 Revenue from Principal Business
2000		60677134	80613925
2001		63422782	90888177
2002		71042729	110385253
2003		85861030	149322101
2004		110649305	218097900
2005		129169987	300238710
2006		152945606	381160618
2007		178855860	491862417
2008		215766273	620341916
2009		246764808	708261319
2010		289698944	836629973
2011		338476209	997662407
2012		392415791	1180869228
2013		461421063	1321303408
2014		508428422	1431402690
2015		549794689	1456288678
2016		568378689	1506412093
2017		598907991	1408567784
一、按登记注册类型分	**by Status of Registration**		
内资企业	Domestic Funded Enterprises	533474839	1234932738
国有企业	State-owned Enterprises	23453107	24230828
中央企业	Central Enterprises	16499708	19831004
地方企业	Local Enterprises	6953399	4399825
集体企业	Collective-owned Enterprises	21539297	16443020
股份合作企业	Cooperative Enterprises	123227	667281
联营企业	Joint Ownership Enterprises	19666	177991
国有联营企业	State Joint Ownership Enterprises		
集体联营企业	Collective Joint Ownership Enterprises	13708	166668
国有与集体联营企业	Joint State-collective Enterprises		
其他联营企业	Other Joint Ownership Enterprises	5959	11323
有限责任公司	Limited Liability Corporations	264594703	464509006
国有独资公司	State Sole funded Corporations	78901174	73812621
其他有限责任公司	Other Limited Liability Corporations	185693528	390696385
股份有限公司	Share-holding Corporations Limited	80591055	134273512
私营企业	Private Enterprises	142874180	593085078
私营独资企业	Private-funded Enterprises	1822551	22766637
私营合作企业	Private Partnership Enterprises	56651	685993
私营有限责任公司	Private Limited Liability Corporations	127936747	525141330
私营股份有限公司	Private Share-holding Corporations Ltd.	13058231	44491117
其他企业	Other Enterprises	279604	1546023
港、澳、台商投资企业	Enterprises with Funds from Hong Kong, Macao and Taiwan	21911452	43699227
合资经营企业(港或澳、台资)	Joint-ventures Enterprises	11938827	28477178
合作经营企业(港或澳、台资)	Cooperative Enterprises	107001	828867
港澳台商独资经营企业	Enterprises with Sole Investment	6582553	11597197
港澳台商投资股份有限公司	Share-holding Corporations Ltd. With Funds from Hong Kong, Macao and Taiwan	524620	1240386
其他企业	Others	2758451	1555599
外商投资企业	Foreign Funded Enterprises	43521701	129935819
中外合资经营企业	Joint-venture Enterprises	22160052	53691484
中外合作经营企业	Cooperation Enterprises	1498298	5586887
外资企业	Enterprises with Sole Foreign Funds	18337458	65749173
外商投资股份有限公司	Share-holding Corporations Ltd. With Foreign Investment	1204939	3595604
其他企业	Others	320953	1312671
二、在总计中:亏损企业	**of which:Loss Enterprises**	**89718760**	**59953052**
在总计中:国有控股企业	of which:State-holding Enterprises	200185680	229024711
在总计中:农村工业	of which:Industry in Rural Area		
按轻重工业分	**by Light & Heavy Industry**		
轻工业	Light Industry	144458622	463132825
重工业	Heavy Industry	454449369	945434959
按企业规模分	**by Enterprise Size**		
大型企业	Large-sized Enterprises	333464303	560924085
中型企业	Medium-sized Enterprises	120750342	261613521
小型企业	Small-sized Enterprises	144693346	586030178

continued

(10 000 yuan)

#主营业务税金及附加 Taxes and Other Charges on Principal Business	营业费用 Cost of Business	管理费用 Cost of Management	利润总额 Total Profits	亏损企业亏损总额 Losses of Loss Enterprises	利税总额 Total Profits and Taxes	本年应交增值税 Value-added Tax Payable	全部从业人员年平均人数（人） Annual Average of Empolyed Persons (person)
979126	2655084	4361840	5440003	413877	10025880	3606752	5223652
1065092	3057361	4674791	5609071	460741	10510808	3837726	5230823
1238379	3520233	5545515	6218859	458789	11619227	4161988	5563693
1537247	4375115	6625794	9202699	480295	16057373	5317427	5954189
2084286	5799204	9356350	14078571	1059788	23533842	7370985	6901536
2806248	7274800	10179479	21646981	711535	34529239	10076010	7382292
3904132	8525325	11812749	26325786	975994	42707592	12477674	7881051
4975418	10669050	14853591	33911532	835577	54603330	15716380	8305254
7391871	13010112	21464407	39235594	3426307	66056176	19428711	9126970
8845353	14718012	21594578	45126582	1450096	74490030	20518095	9266002
10836997	17692625	31919733	61079916	1207839	97376175	25459263	9315033
12191685	18943364	29271577	70977118	2307650	112335263	28636010	8597697
14105167	22107655	34155618	80163518	3461849	128710297	34261957	9184645
14958253	24315410	36422550	87153560	2793481	141241730	38897305	9482280
15592837	26636170	37057931	88439068	3570429	144501439	40226121	9296936
15223443	29093310	38256349	86604804	5251360	135740126	33733538	9151196
15205506	30882647	39208186	88200178	5793691	135218139	31618037	8693735
15863098	31337554	38810959	81281656	6131038	127655506	29538800	8111793
14671371	26229416	33684822	69881110	5501313	111392659	25896410	7005671
136472	228553	407411	754803	150471	1624072	728222	180729
89192	9313	15302	701045	20753	1395591	602809	117130
47280	219240	392109	53759	129718	228481	125413	63599
147765	1780900	1509506	1459798	19439	1913443	289983	53407
5962	9658	20185	56587	1585	90869	28303	5386
758	595	2653	13847		18090	3485	895
640	584	1867	12311		16050	3099	527
118	11	786	1536		2040	386	368
6949757	9856034	13865210	25421429	1933545	43620390	10467274	2642716
2146662	1868320	3650799	3777569	387048	9005118	2690581	506048
4803095	7987714	10214411	21643861	1546497	26357998	7776693	2136668
3537782	3409691	5466583	7258776	2464943	31382017	3730792	741478
3881851	10900473	12378182	34818734	928684	36406035	10626726	3371350
151484	448608	414853	1430641	2763	41430054	449321	119128
6616	17006	15201	35791		57962	15527	4385
3472890	9328335	10786929	30526162	845131	43397589	9327116	3026136
250861	1106525	1161198	2826140	80790	3914957	834762	221701
11024	43513	35092	97136	2645	129793	21625	9710
325292	1570361	1465888	3699801	186914	5107040	1071707	301327
213281	1048286	824570	2662545	52261	3660496	776510	143281
13074	36893	26081	48116	2178	75976	14737	4819
79418	427515	542866	703683	122952	1022529	237407	132494
12797	39936	40948	178688		203811	12326	11396
6723	17731	31422	106769	9524	144228	30726	9337
866434	3537778	3660250	7700745	442811	11155807	2570683	804795
464908	1669170	1545735	3473271	196931	5391244	1438826	294401
26669	85082	98987	354748	2264	462159	80622	19106
294680	1369452	1810924	3533115	220074	4778046	946932	440960
72452	387019	148353	265050	18053	420965	83293	36669
7725	27055	56252	74562	5489	103393	21010	13659
1170025	**1368784**	**3936244**	**-6131038**	**6131038**	**-3406641**	**1244220**	**1321432**
7459260	4874038	9707224	12009370	3658649	27507730	7533700	3296361
4662524	15417924	12701088	28035918	741925	42113294	9358102	4815432
11200574	15919631	26109871	53245738	5389113	85542212	20180698	2868435
8725918	14066262	16982558	33240465	3213025	56342256	13669411	2868435
2974847	6024031	7607531	14101140	1361484	22041697	4875892	2012499
4162333	11247261	14220870	33940052	1556530	49271553	10993497	3230859

14-5 续表 3

单位:万元

类　　别	Category	负债合计 Total Liabilities	主营业务收入 Revenue from Principal Business
三、按行业大类分	**by Sector**		
采矿业	**Mining**		
煤炭开采和洗选业	Mining and Washing of Coal	41846162	31352930
石油和天然气开采业	Extraction of Petroleum and Natural Gas	6871045	6819809
黑色金属矿采选业	Mining of Ferrous Metal Ores	2300157	2831984
有色金属矿采选业	Mining of Non-ferrous Metal Ores	5727505	10478847
非金属矿采选业	Mining and Processing of Nonmetal Ores	938569	3422976
开采专业及辅助性活动	Mining Specialties and Auxiliary Activities	1300363	1015126
其他采矿业	Mining of Other Ores	7820	75528
制造业	**Manufacturing**		
农副食品加工业	Processing of Food from Agricultural Products	25608567	118305220
食品制造业	Manufacture of Foods	6752157	27617451
酒、饮料和精制茶制造业	Manufacture of Wine, Drinks and Refined Tea	5204949	13194229
烟草制品业	Manufacture of Tobacco	1233946	2984789
纺织业	Manufacture of Textile	20216364	84202885
纺织服装、服饰业	Manufacture of Textile Wearing Apparel and Finery	8244090	26363127
皮革、毛皮、羽毛及其制品和制鞋业	Manufacture of Leather, Fur, Feather & Its Products and Footwear	2053164	8099043
木材加工及木 竹、藤、棕、草制品业	Processing of Timbers, Manufacture of Wood, Bamboo, Rattan, Palm, and Straw Products	2757777	24674964
家具制造业	Manufacture of Furniture	1782565	8720443
造纸及纸制品业	Manufacture of Paper and Paper Products	16763688	23815884
印刷和记录媒介复制业	Printing, Reproduction of Recording Media	2033674	10197526
文教、工美、体育和娱乐用品制造业	Manufacture of Culture, Education,Arts and crafts, Sport and Entertainment Goods	4560085	24842094
石油、煤炭及其他燃料加工业	Processing of Oil, Coal and Other Fuel	39729566	103374482
化学原料和化学制品制造业	Manufacture of Chemical Raw Material and Chemical Products	61855496	151699154
医药制造业	Manufacture of Medicines	14302465	43503630
化学纤维制造业	Manufacture of Chemical Fiber	1580527	3054671
橡胶和塑料制品业	Manufacture of Rubber and Plastic	20724441	54507111
非金属矿物制品业	Manufacture of Non-metallic Mineral Products	23902044	68675965
黑色金属冶炼及压延加工业	Manufacture and Processing of Ferrous Metals	34490302	55546173
有色金属冶炼及压延加工业	Manufacture & Processing of Non-ferrous Metals	26047549	67084207
金属制品业	Manufacture of Metal Products	15214900	50915899
通用设备制造业	Manufacture of General Purpose Machinery	23418405	74025502
专用设备制造业	Manufacture of Special Purpose Machinery	18346259	52482971
汽车制造业	Manufacture of Automotive	36916952	66631388
铁路、船舶、航空航天和其他运输设备制造业	Manufacture of Railroad,Marine,Aerospace and Other Transportation Equipment	12372701	17610686
电气机械及器材制造业	Manufacture of Electrical Machinery & Equipment	37492242	57026223
计算机、通信和其他电子设备制造业	Manufacture of Computer, Communications and Other Electronic Equipment	16930188	55255961
仪器仪表制造业	Manufacture of Measuring Instrument	4367545	13494278
其他制造业	Other Manufacture	245693	1085395
废弃资源综合利用业	Comprehensive Utilization of Waste	744909	1119924
金属制品、机械和设备修理业	Metal Products, Machinery and Equipment Repair Industry	68857	452749
电力、热力、燃气及水的生产和供应业	**Production and Supply of Electric, Heat, Gas and Water**		
电力、热力的生产和供应业	Production and Supply of Electric Power and Heat Power	47324425	36837705
燃气生产和供应业	Production and Supply of Gas	2731048	3521848
水的生产和供应业	Production and Supply of Water	3898831	1647009

continued

(10 000 yuan)

#主营业务税金及附加 Taxes and Other Charges on Principal Business	营业费用 Cost of Business	管理费用 Cost of Management	利润总额 Total Profits	亏损企业亏损总额 Losses of Loss Enterprises	利税总额 Total Profits and Taxes	本年应交增值税 Value-added Tax Payable	全部从业人员年平均人数(人) Annual Average of Empolyed Persons (person)
656398	383270	1957548	3004848	39271	5741661	1789761	351067
821439	30998	763551	-2258951	2276753	-853023	584489	86142
58640	23790	116099	170369	5649	358062	127858	25634
52723	56750	408174	600372	3602	777463	35393	45411
47704	91980	124346	263770	2151	431111	116029	22634
2962	219	82468	-260634	260634	-239273	11862	22859
715	4788	3113	3311		5581	1519	358
556692	2142421	2101254	5724673	221851	7800333	1495206	730179
215201	1043233	840077	1931770	44902	2755158	604407	186179
463304	1006639	404193	957813	50880	1826516	400084	97473
1334021	83095	207888	169685	1168	1827212	323433	6766
434087	752829	1209188	3671182	112375	5456364	1348980	596888
173513	584693	658258	1417894	42585	2098083	505335	345676
51687	151731	193134	346939	34092	545792	147124	89436
175506	509572	444952	1407796	26141	2076573	492425	188549
66056	228438	219023	562688	10661	808871	178606	72692
127972	562916	690423	1502651	23451	2221434	585836	147383
65411	206210	331143	620896	19075	888865	202256	74046
201373	654856	746069	1407143	17931	2150467	540543	218339
4488314	695688	1315589	4448005	109065	11166598	2179819	122248
1250089	2827884	3749239	10894862	411484	15185884	3017365	571539
440812	4859964	2110732	5057408	45651	7161295	1661382	267090
23446	45910	98508	117647	23759	203713	62362	18947
308626	1136721	1325392	2953659	199578	4106292	833696	332797
521360	1616584	1973798	4911099	130494	7121118	1679937	483201
185341	470237	1129140	3137570	115630	4312194	982541	192589
170017	427108	771170	3216163	163256	4877386	1228800	176674
357266	926294	1340897	2899824	99778	4289113	1020425	320290
564245	1743868	2475648	5102485	202859	7448676	1768116	497708
367697	1415613	1899168	3260484	132473	4624336	974960	358441
566260	1332002	1834230	3546939	225690	5183071	1066155	364080
151725	396581	949036	1138753	148889	1637280	342631	113923
392821	2793629	2893265	3595159	163395	4988591	986929	306602
211953	1428879	1936724	2984937	92838	4032274	829814	323489
72517	432412	499811	695416	26076	977919	209684	61931
11451	30866	33125	79296	1789	115935	25163	11156
10876	13793	24533	62546	3605	125353	51832	5861
4872	3743	35560	28180	1296	47695	14577	3856
220058	67498	592295	1451493	564495	2691644	990009	223246
17344	108085	159112	393711	19450	541096	64578	19537
20608	45767	163086	61806	56319	140794	56881	28877

14-6 规模以上国有控股工业企业主要经济指标

单位:万元

类　别	Category	企业单位数(个) Number of Industial Enterprises (unit)	#亏损企业 Loss Enterprises
	2000	2774	596
	2001	2403	569
	2002	2082	498
	2003	1961	471
	2004	1496	492
	2005	1394	370
	2006	1360	357
	2007	1306	316
	2008	1238	347
	2009	1287	301
	2010	1215	265
	2011	1115	266
	2012	1165	308
	2013	1199	287
	2014	1212	303
	2015	1258	334
	2016	1124	277
	2017	1125	263
在总计中：	**of which:**		
亏损企业	Loss Enterprises	263	263
一、按隶属关系分	**by Type of Ownership**		
中央企业	Central Enterprises	235	47
地方企业	Local Enterprises	890	216
二、按轻重工业分	**by Light & Heavy Industry**		
轻工业	Light Industry	193	42
重工业	Heavy Industry	932	221
三、按企业规模分	**by Enterprise Size**		
大型企业	Large-sized Enterprises	164	24
中型企业	Medium-sized Enterprises	337	105
小型企业	Small-sized Enterprises	624	134

Main Economic Indicators of State-holding Industrial Enterprises above Designated Size

(10 000 yuan)

工业总产值 Gross Industrial Output Value	工业销售产值 Industrial Output Value of Products Sold	#出口交货值 Export Delivery Value	资产合计 Total Assets	产成品 Finished Products	流动资产合计 Total Working Capitals	固定资产合计 Total Fixed Assets
34865374	34582037		61171986	2648035	21559936	26865483
36451434	36075026		63133220	2596606	22619070	27560219
42011174	41427624		66635177	2450859	23463473	28577367
51487207	50844736	3517105	74887872	2695640	26726934	31848291
61113296	60064712	3613516	77434607	2467721	27344202	32361321
74010339	73313626	4044683	83290508	2852847	30467518	34492399
92291515	91593439	5307039	100154308	3002772	35011142	43339200
106319329	105639312	5825394	110202051	3354872	37987413	48369892
124176021	112293098	5970544	121311503	3880315	44288814	51646274
128851751	128318585	3727250	148415245	3846745	53040758	71533991
167269747	166962124	6385364	171793672	5044322	66485777	78535944
194537092	193514621	6527608	196679001	5825084	77628679	84039276
187946816	186360682	6560195	219524744	6782764	85148983	83129393
201736606	200248055	6269932	236681052	5854804	89367748	90348004
207189012	205745821	6404517	256447812	7059096	96542897	107791234
198351954	196231519	6357086	283445022	7334965	107167702	114352941
199740261	195682514	7325709	291564248	7413906	114330586	116000408
208059980	205888020	7962127	311296028	7366770	128132454	121019551
16932781	16824429	537111	42998353	546118	12064305	22708804
73438765	73016853	807428	96681864	1359425	27139129	57777762
134621216	132871167	7154699	214614164	6007346	100993326	63241789
15163138	15059165	1491873	22972363	821032	12947042	5446302
192896842	190828855	6470255	288323665	6545739	115185412	115573249
161571244	159835813	7112411	240331778	5786832	101154977	94272273
31102950	31008863	646816	41990335	1125709	17001797	16056482
15385786	15043344	202900	28973915	454230	9975680	10690796

14-6 续表 1

单位:万元

类别	Category	企业单位数(个) Number of Industial Enterprises (unit)	#亏损企业 Loss Enterprises
采矿业	**Mining**		
煤炭开采和洗选业	Mining and Washing of Coal	57	10
石油和天然气开采业	Extraction of Petroleum and Natural Gas	10	6
黑色金属矿采选业	Mining of Ferrous Metal Ores	11	
有色金属矿采选业	Mining of Non-ferrous Metal Ores	18	3
非金属矿采选业	Mining and Processing of Nonmetal Ores	7	1
开采专业及辅助性活动	Mining Specialties and Auxiliary Activities	1	1
其他采矿业	Mining of Other Ores		
制造业	**Manufacturing**		
农副食品加工业	Processing of Food from Agricultural Products	30	9
食品制造业	Manufacture of Foods	18	2
酒、饮料和精制茶制造业	Manufacture of Wine, Drinks and Refined Tea	30	4
烟草制品业	Manufacture of Tobacco	5	1
纺织业	Manufacture of Textile	15	6
纺织服装、服饰业	Manufacture of Textile Wearing Apparel and Finery	4	3
皮革、毛皮、羽毛及其制品和制鞋业	Manufacture of Leather, Fur, Feather & Its Products and Footwear	3	2
木材加工及木 竹、藤、棕、草制品业	Processing of Timbers, Manufacture of Wood, Bamboo, Rattan, Palm, and Straw Products	3	1
家具制造业	Manufacture of Furniture		
造纸及纸制品业	Manufacture of Paper and Paper Products	12	1
印刷和记录媒介复制业	Printing, Reproduction of Recording Media	19	5
文教、工美、体育和娱乐用品制造业	Manufacture of Culture, Education,Arts and crafts, Sport and Entertainment Goods	4	
石油、煤炭及其他燃料加工业	Processing of Oil, Coal and Other Fuel	21	3
化学原料和化学制品制造业	Manufacture of Chemical Raw Material and Chemical Products	82	11
医药制造业	Manufacture of Medicines	27	3
化学纤维制造业	Manufacture of Chemical Fiber	1	
橡胶和塑料制品业	Manufacture of Rubber and Plastic	17	6
非金属矿物制品业	Manufacture of Non-metallic Mineral Products	101	11
黑色金属冶炼及压延加工业	Manufacture and Processing of Ferrous Metals	18	6
有色金属冶炼及压延加工业	Manufacture & Processing of Non-ferrous Metals	16	1
金属制品业	Manufacture of Metal Products	30	4
通用设备制造业	Manufacture of General Purpose Machinery	64	10
专用设备制造业	Manufacture of Special Purpose Machinery	48	6
汽车制造业	Manufacture of Automotive	40	11
铁路、船舶、航空航天和其他运输设备制造业	Manufacture of Railroad,Marine,Aerospace and Other Transportation Equipment	37	12
电气机械及器材制造业	Manufacture of Electrical Machinery & Equipment	40	6
计算机、通信和其他电子设备制造业	Manufacture of Computer, Communications and Other Electronic Equipment	15	2
仪器仪表制造业	Manufacture of Measuring Instrument	10	2
其他制造业	Other Manufacture	1	
废弃资源综合利用业	Comprehensive Utilization of Waste	2	2
金属制品、机械和设备修理业	Metal Products, Machinery and Equipment Repair Industry	2	
电力、热力、燃气及水的生产和供应业	**Production and Supply of Electric,Heat,Gas and Water**		
电力、热力的生产和供应业	Production and Supply of Electric Power and Heat Power	210	77
燃气生产和供应业	Production and Supply of Gas	31	5
水的生产和供应业	Production and Supply of Water	65	30

continued

(10 000 yuan)

工 业 总产值 Gross Industrial Output Value	工 业 销售产值 Industrial Output Value of Products Sold	#出 口 交货值 Export Delivery Value	资产合计 Total Assets	产成品 Finished Products	流动资产合计 Total Working Capitals	固定资产合计 Total Fixed Assets
19268705	18857163	207602	58555236	886803	22072274	21130917
6523332	6532653		13624476	100317	2028850	11480288
613700	598486		2103454	20820	572850	1040604
7934374	7902190		8077852	269330	2281017	2812854
89440	105025	1232	141769	5184	68617	28362
896155	896155		1118016	586	359148	758868
1339256	1358915	332607	876334	96825	532021	265347
1347545	1377523	10515	484850	19921	221569	212398
1697609	1694916	6528	2390027	89984	1085644	1078366
2968997	2951767	14305	3390711	19862	2400684	986779
950028	953207	395527	1398878	121844	906159	325686
32486	31342	13378	89661	5388	66417	10463
25352	26569	689	36409	11604	29802	4228
56176	54893		104432	2390	23420	44449
1934895	1911293	215314	7606174	50669	3974616	998522
238125	239732	100	301923	13544	165761	113120
171753	171171	150	30402	2166	15672	12516
30602729	30498844	43849	13295322	706046	6494353	5606466
16549110	16339204	626175	24953933	650964	8095170	11812340
2983330	2816852	388679	3697169	219592	1884778	992696
162022	170028	24212	277466	15360	175609	88373
914280	928273	264377	1818805	79989	795065	399777
3464440	3463567	197702	8217583	192217	4030212	2793555
11334624	11213645	194889	20306706	251841	6427277	5174119
7737498	7722565	29244	3352583	32472	1554421	772644
1045493	1083687	21022	835080	40555	460980	259626
6701614	6751574	220756	11211938	451770	6940292	1772075
3742506	3379792	158460	5301069	537741	3624171	1081464
23681866	23187885	1953129	28292113	974926	22337466	2816404
6968999	6852733	460384	11517132	403887	8126030	1612474
2927835	2991785	254046	3936064	240186	2403723	874411
10581764	10607099	1909190	9736186	743693	7592899	895975
588507	554130	18069	1226900	59369	999041	138488
8765	8765		33003		28620	1380
8948	9418		4753	154	3267	970
14691	14661		13845		10160	3206
30164375	30060029		56091895	40125	7087063	39889330
1132162	936820		2243100	5930	655142	1052219
656493	633667		4602779	2715	1602196	1677791

14-6 续表 2

单位:万元

类　别	Category	负债合计 Total Liabilities	主营业务收入 Revenue from Principal Business
2000		38067876	37970654
2001		37483411	40271259
2002		39713021	44943840
2003		44344094	56629328
2004		46536736	63587181
2005		50122726	77742855
2006		60927702	95306527
2007		65045428	111558833
2008		70344746	128756909
2009		86788971	133129344
2010		102957123	174910226
2011		124052763	200407014
2012		137390693	218890641
2013		152451724	221409116
2014		163868657	222548933
2015		182863357	198076752
2016		188306436	200443415
2017		200185680	229024711
在总计中:	**of which:**		
亏损企业	Loss Enterprises	30839368	17459663
一、按隶属关系分	**by Type of Ownership**		
中央企业	Central Enterprises	62343220	74377186
地方企业	Local Enterprises	137842460	154647525
二、按轻重工业分	**by Light & Heavy Industry**		
轻工业	Light Industry	12374308	16405062
重工业	Heavy Industry	187811372	212619649
三、按企业规模分	**by Enterprise Size**		
大型企业	Large-sized Enterprises	153322750	181845184
中型企业	Medium-sized Enterprises	27998625	31481126
小型企业	Small-sized Enterprises	18864305	15698400

continued

(10 000 yuan)

#主营业务税金及附加 Taxes and Other Charges on Principal Business	营业费用 Cost of Business	管理费用 Cost of Management	利润总额 Total Profits	亏损企业亏损总额 Losses of Loss Enterprises	利税总额 Total Profits and Taxes	本年应交增值税 Value-added Tax Payable	全部从业人员年平均人数(人) Annual Average of Empolyed Persons (person)
701911	1100187	2583426	3038705	255271	5946153	2205537	2447147
759947	1296629	2641532	2826951	278147	5747731	2160883	2210739
831106	1371031	3099209	2667128	262877	5675976	2177741	2046430
993791	1580906	3586621	3976276	252046	7618829	2648762	2012836
1098150	1559258	4272468	5083589	573420	9232606	3050867	1664496
1266031	1744348	4268502	7470903	299658	12199176	3462241	1490223
2063986	1904728	4562370	8889270	380727	15419255	4465998	1485997
2475585	2218373	5576619	9768777	377289	17304550	5060188	1440311
4184459	2432221	7836139	8704701	2448306	18378706	5489546	1383296
4581942	2701601	7254743	8737389	652659	18732617	5413285	1456558
6227344	3271169	9854555	12893837	610626	25924570	6803389	1548876
7682939	3746306	9602337	14886026	1413532	30473305	7584804	1477406
7941539	3914845	10143328	13440302	1919374	29675020	8246128	1583298
7633023	3553926	10079952	12730436	1276615	28984829	8530141	1616494
7585395	3724196	9656049	12093821	1599522	28092258	8346571	1519607
6657737	3949298	9344726	9489135	2652453	23095058	6854175	1492699
6409412	4434376	9301687	9277613	3834977	22386135	6607852	1367493
7459260	4874038	9707224	12009370	3658649	27507730	7533700	1321432
905515	195661	1674672	-3658649	3658649	-1965572	750331	245904
5364447	762361	2911672	594716	2942463	8993950	2985492	388415
2094813	4111678	6795553	11414653	716187	18513780	4548209	933017
1536778	1102008	863832	1348471	67297	3701043	815154	134860
5922481	3772030	8843393	10660899	3591352	23806687	6718546	1186572
6042517	4006268	7775397	9891994	2872576	22656788	6299605	1018168
1294238	535972	1255826	1131189	518882	3292411	857669	227895
122505	331798	676002	986187	267192	1558531	376426	75369

14-6 续表 3

单位:万元

类　　别	Category	负债合计 Total Liabilities	主营业务收入 Revenue from Principal Business
采矿业	**Mining**		
煤炭开采和洗选业	Mining and Washing of Coal	40759586	29912599
石油和天然气开采业	Extraction of Petroleum and Natural Gas	6869275	6802480
黑色金属矿采选业	Mining of Ferrous Metal Ores	914380	670496
有色金属矿采选业	Mining of Non-ferrous Metal Ores	5353938	8161932
非金属矿采选业	Mining and Processing of Nonmetal Ores	79223	109460
开采专业及辅助性活动	Mining Specialties and Auxiliary Activities	1287280	1006676
其他采矿业	Mining of Other Ores		
制造业	**Manufacturing**		
农副食品加工业	Processing of Food from Agricultural Products	699032	1346583
食品制造业	Manufacture of Foods	284343	1355786
酒、饮料和精制茶制造业	Manufacture of Wine, Drinks and Refined Tea	869166	2069062
烟草制品业	Manufacture of Tobacco	1233296	2951804
纺织业	Manufacture of Textile	989687	976972
纺织服装、服饰业	Manufacture of Textile Wearing Apparel and Finery	33251	32435
皮革、毛皮、羽毛及其制品和制鞋业	Manufacture of Leather, Fur, Feather & Its Products and Footwear	25840	26902
木材加工及木 竹、藤、棕、草制品业	Processing of Timbers, Manufacture of Wood, Bamboo, Rattan, Palm, and Straw Products	97189	55317
家具制造业	Manufacture of Furniture		
造纸及纸制品业	Manufacture of Paper and Paper Products	5036060	1948060
印刷和记录媒介复制业	Printing, Reproduction of Recording Media	158158	243251
文教、工美、体育和娱乐用品制造业	Manufacture of Culture, Education,Arts and crafts, Sport and Entertainment Goods	10305	165684
石油、煤炭及其他燃料加工业	Processing of Oil, Coal and Other Fuel	8955922	31231251
化学原料和化学制品制造业	Manufacture of Chemical Raw Material and Chemical Products	15398162	21102790
医药制造业	Manufacture of Medicines	1449724	2856693
化学纤维制造业	Manufacture of Chemical Fiber	40507	173884
橡胶和塑料制品业	Manufacture of Rubber and Plastic	1391073	886059
非金属矿物制品业	Manufacture of Non-metallic Mineral Products	5231301	3556335
黑色金属冶炼及压延加工业	Manufacture and Processing of Ferrous Metals	13121789	12652016
有色金属冶炼及压延加工业	Manufacture & Processing of Non-ferrous Metals	2109583	7881731
金属制品业	Manufacture of Metal Products	545979	1179568
通用设备制造业	Manufacture of General Purpose Machinery	5160452	7174765
专用设备制造业	Manufacture of Special Purpose Machinery	3782523	4263933
汽车制造业	Manufacture of Automotive	20450918	22744836
铁路、船舶、航空航天和其他运输设备制造业	Manufacture of Railroad,Marine,Aerospace and Other Transportation Equipment	7961598	7317792
电气机械及器材制造业	Manufacture of Electrical Machinery & Equipment	2286492	3196994
计算机、通信和其他电子设备制造业	Manufacture of Computer, Communications and Other Electronic Equipment	5274279	11357299
仪器仪表制造业	Manufacture of Measuring Instrument	437645	639154
其他制造业	Other Manufacture	23225	27106
废弃资源综合利用业	Comprehensive Utilization of Waste	1705	9418
金属制品、机械和设备修理业	Metal Products, Machinery and Equipment Repair Industry	6068	14690
电力、热力、燃气及水的生产和供应业	**Production and Supply of Electric,Heat,Gas and Water**		
电力、热力的生产和供应业	Production and Supply of Electric Power and Heat Power	37838268	31037346
燃气生产和供应业	Production and Supply of Gas	1049465	1149263
水的生产和供应业	Production and Supply of Water	2968997	736290

continued

(10 000 yuan)

#主营业务税金及附加 Taxes and Other Charges on Principal Business	营业费用 Cost of Business	管理费用 Cost of Management	利润总额 Total Profits	亏损企业亏损总额 Losses of Loss Enterprises	利税总额 Total Profits and Taxes	本年应交增值税 Value-added Tax Payable	全部从业人员年平均人数(人) Annual Average of Empolyed Persons (person)
624918	348143	1855262	2891482	25049	5522590	1716407	323417
821231	29779	761975	-2260506	2276753	-855676	583599	85939
20937	9293	74492	57385		125438	45924	11877
39224	28512	342013	364701	1843	510889	24650	32940
2377	11544	7979	7108	1043	14942	5458	1019
2929	219	80647	-258911	258911	-238934	10511	22474
4792	21937	30928	10619	25302	27128	11717	10390
6846	52081	37599	137740	547	177294	32428	7333
109986	246979	73108	256307	15588	485663	119169	17240
1333792	79404	205746	166360	1168	1823130	322904	6538
5228	17166	29573	10079	10576	63989	48678	19317
520	1307	7849	1519	976	4726	2687	2363
201	1165	2227	-2430	2686	-1561	668	1111
201	1899	2154	706	481	2315	1408	454
14786	57154	118423	125068	311	195303	55444	12878
2280	6161	26026	13931	3222	25738	9519	6502
5255	2459	12216	9184		16648	2209	1191
3333246	146041	673804	1315648	69282	5598895	938723	34575
210181	439156	730081	2611816	77411	3272591	447874	81018
37663	454977	202307	550843	1951	751768	163262	30239
1833	5514	9749	13635		20492	5024	1510
3331	33084	48974	-20402	35678	-7228	7769	12218
45220	150059	256568	401222	15128	603648	156795	38878
54553	90348	430191	633085	87145	963621	269589	58277
14669	52205	113457	110933	971	229068	102694	12228
9903	16864	35809	35375	4204	90261	44963	7787
59101	333435	508951	851744	88395	1247614	332812	53995
27216	162495	231597	117636	4160	219032	73960	33869
304427	549231	538726	1288079	40495	2001435	408926	62059
77459	237240	634416	613138	88435	850280	155810	39951
22070	147900	191298	102024	20600	195456	68884	20072
65298	998865	817778	653947	3547	1098728	376756	53619
5805	60240	80433	42960	2999	80478	31672	8936
99		1237	241		1038	698	120
64	266	896	-50	50	153	139	53
93	123	1755	1501		2187	530	205
177766	16289	349668	968349	431618	2071129	902930	180453
4406	34534	59771	209509	10158	298173	19672	7261
9357	29974	121543	-22206	51968	19290	30841	21126

14-7 规模以上外商投资和港澳台商投资工业企业主要经济指标

单位:万元

类别	Category	企业单位数(个) Number of Industial Enterprises (unit)	#亏损企业 Loss Enterprises
2000		1740	373
2001		2020	484
2002		2385	541
2003		2925	665
2004		4315	1059
2005		4684	773
2006		5227	819
2007		5747	847
2008		5900	1068
2009		6052	986
2010		5536	756
2011		4481	590
2012		4457	701
2013		4365	679
2014		4155	606
2015		4013	678
2016		3727	542
2017		3349	544
在总计中:	**of which:**		
亏损企业	Loss Enterprises	544	544
在总计中:	**of which:**		
港、澳、台商投资企业	Enterprises with Funds from Hong Kong,Macao and Taiwan	954	148
合资经营企业(港或澳、台资)	Joint-ventures Enterprises	473	61
合作经营企业(港或澳、台资)	Cooperative Enterprises	18	4
港澳台商独资经营企业	Enterprises with Sole Investment	414	77
港澳台商投资股份有限公司	Share-holding Corporations Ltd. with Funds from Hong Kong, Macao and Taiwan	22	
其他企业	Others	27	6
外商投资企业	Foreign Funded Enterprises	2395	396
中外合资经营企业	Joint-venture Enterprises	960	153
中外合作经营企业	Cooperation Enterprises	49	5
外资企业	Enterprises with Sole Foreign Funds	1281	222
外商投资股份有限公司	Share-holding Corporations Ltd. with Foreign Investment	44	3
其他企业	Others	61	13
在总计中:	**of which:**		
国有控股企业	State-holding Enterprises	81	11
在总计中:	**of which:**		
一、按轻重工业分	**by Light & Heavy Industry**		
轻工业	Light Industry	1693	264
重工业	Heavy Industry	1656	280
二、按企业规模分	**by Enterprise Size**		
大型企业	Large-sized Enterprises	148	13
中型企业	Medium-sized Enterprises	704	108
小型企业	Small-sized Enterprises	2497	423

Main Economic Indicators of Industrial Enterprises above Designated Size with Funds from Foreign Countries (Territories),Hong Kong,Macao and Taiwan

(10 000 yuan)

工业总产值 Gross Industrial Output Value	工业销售产值 Industrial Output Value of Products Sold	#出口交货值 Export Delivery Value	资产合计 Total Assets	产成品 Finished Products	流动资产合计 Total Working Capitals	固定资产合计 Total Fixed Assets
11733444	11407902		11450417	766490	5149741	4763392
14570101	14184782		13978219	885669	6218800	5561049
17707902	17224508		16056232	965904	7330202	6278224
24832436	24336050	9283568	22387343	1189967	9810521	9084614
37836423	36920480	13536351	30386016	1636652	13195818	12040507
54014093	53031835	16756713	38447493	2063357	16996280	15011741
72090688	71138467	22454787	49903969	2635215	22336522	18732001
96955087	95104911	28979286	63158104	3186410	28783090	23543356
115354778	112502839	33732027	71304227	4060074	33656735	24364312
129775048	127998832	32424654	86379610	3878036	39585096	33430492
143659376	140914565	34755802	94554908	4123696	47889846	34450993
157964343	155929217	36071412	97369768	4071581	52534687	36493277
173259205	170199834	35718741	109629355	4644505	58337502	40856902
185437624	183273885	39580069	112633779	4184245	61163937	39474108
192400578	190527209	40803834	127893738	4401214	68667759	46030297
192518009	191052315	37879015	121214373	4967901	64524560	44416448
200252261	198661159	36110343	130290439	4777907	69629502	46268184
175386747	173412938	28211695	128172341	4494374	72103867	40182658
8276568	8263406	2184219	13464925	672681	7896828	3816852
43425135	42457852	5422631	42043321	1560115	22310282	13620381
28358784	27577238	2881377	22423582	887567	11571274	7279199
770950	807027	34542	260459	11261	121414	118783
11488182	11318813	2344500	12865810	525062	7545429	3608824
1254178	1241034	101880	1384972	98243	560658	457932
1553041	1513740	60333	5108499	37982	2511507	2155643
131961612	130955085	22789064	86129020	2934259	49793585	26562277
55416261	54375090	6339748	42790868	1400233	24531426	13547748
5456329	5447614	2217981	2927123	126665	2013403	721549
66903108	66098264	13179134	35499790	1220956	21433982	10803124
2881919	3748253	639654	3980152	150727	1373067	1067378
1303994	1285864	412547	931087	35679	441707	422479
14066225	14217440	916351	14465799	97026	9422544	3813761
62262757	61732490	10277294	45618992	2222629	23008119	16012802
113123990	111680448	17934401	82553348	2271745	49095748	24169856
75575776	75743100	12409057	56725970	1321353	33926224	15774173
48835716	47691448	7312847	34773282	1792831	20353648	11079626
50975254	49978389	8489791	36673088	1380190	17823995	13328859

14-7 续表 1

单位:万元

类 别	Category	企业单位数(个) Number of Industial Enterprises (unit)	#亏损企业 Loss Enterprises
三、按行业大类分	**by Sector**		
采矿业	**Mining**		
煤炭开采和洗选业	Mining and Washing of Coal	2	
石油和天然气开采业	Extraction of Petroleum and Natural Gas		
黑色金属矿采选业	Mining of Ferrous Metal Ores	1	1
有色金属矿采选业	Mining of Non-ferrous Metal Ores	3	1
非金属矿采选业	Mining and Processing of Nonmetal Ores	2	1
开采专业及辅助性活动	Mining Specialties and Auxiliary Activities		
其他采矿业	Mining of Other Ores		
制造业	**Manufacturing**		
农副食品加工业	Processing of Food from Agricultural Products	435	67
食品制造业	Manufacture of Foods	133	21
酒、饮料和精制茶制造业	Manufacture of Wine, Drinks and Refined Tea	44	7
烟草制品业	Manufacture of Tobacco		
纺织业	Manufacture of Textile	131	21
纺织服装、服饰业	Manufacture of Textile Wearing Apparel and Finery	199	37
皮革、毛皮、羽毛及其制品和制鞋业	Manufacture of Leather, Fur, Feather & Its Products and Footwear	74	17
木材加工及木 竹、藤、棕、草制品业	Processing of Timbers, Manufacture of Wood, Bamboo, Rattan, Palm, and Straw Products	31	3
家具制造业	Manufacture of Furniture	47	5
造纸及纸制品业	Manufacture of Paper and Paper Products	43	9
印刷和记录媒介复制业	Printing, Reproduction of Recording Media	47	7
文教、工美、体育和娱乐用品制造业	Manufacture of Culture, Education,Arts and crafts, Sport and Entertainment Goods	228	28
石油、煤炭及其他燃料加工业	Processing of Oil, Coal and Other Fuel	16	2
化学原料和化学制品制造业	Manufacture of Chemical Raw Material and Chemical Products	204	39
医药制造业	Manufacture of Medicines	65	7
化学纤维制造业	Manufacture of Chemical Fiber	9	3
橡胶和塑料制品业	Manufacture of Rubber and Plastic	144	25
非金属矿物制品业	Manufacture of Non-metallic Mineral Products	158	20
黑色金属冶炼及压延加工业	Manufacture and Processing of Ferrous Metals	20	2
有色金属冶炼及压延加工业	Manufacture & Processing of Non-ferrous Metals	17	5
金属制品业	Manufacture of Metal Products	162	30
通用设备制造业	Manufacture of General Purpose Machinery	184	24
专用设备制造业	Manufacture of Special Purpose Machinery	134	18
汽车制造业	Manufacture of Automotive	190	35
铁路、船舶、航空航天和其他运输设备制造业	Manufacture of Railroad,Marine,Aerospace and Other Transportation Equipment	55	11
电气机械及器材制造业	Manufacture of Electrical Machinery & Equipment	158	25
计算机、通信和其他电子设备制造业	Manufacture of Computer, Communications and Other Electronic Equipment	227	55
仪器仪表制造业	Manufacture of Measuring Instrument	37	2
其他制造业	Other Manufacture	14	2
废弃资源综合利用业	Comprehensive Utilization of Waste	7	4
金属制品、机械和设备修理业	Metal Products, Machinery and Equipment Repair Industry	3	1
电力、热力、燃气及水的生产和供应业	**Production and Supply of Electric, Heat, Gas and Water**		
电力、热力的生产和供应业	Production and Supply of Electric Power and Heat Power	63	8
燃气生产和供应业	Production and Supply of Gas	41	
水的生产和供应业	Production and Supply of Water	21	1

continued

(10 000 yuan)

工 业 总产值 Gross Industrial Output Value	工 业 销售产值 Industrial Output Value of Products Sold	#出 口 交货值 Export Delivery Value	资产合计 Total Assets	产成品 Finished Products	流动资产合计 Total Working Capitals	固定资产合计 Total Fixed Assets
770339	769582		1268262	1333	843071	300811
21156	19530		71144	751	50235	10998
35215	34897		26375	1428	5205	14305
5810	5742		9758	230	5943	2028
18848830	18646759	2782414	10873997	825545	5877863	3878178
6351635	6086180	679981	4535903	163811	2557779	1471376
2394500	3244582	131612	3277964	109937	1273307	668273
3748102	3630525	1192662	3287539	215705	1568537	1210797
3735331	3666396	893347	2661390	87811	1382485	902083
1335169	1315414	341589	1043494	82469	661997	266019
782848	769789	273918	461923	63218	270673	134702
963775	948052	131687	528585	28435	218992	264761
2794245	2712811	81720	4070137	78670	1684021	1954913
1222255	1168180	50950	983142	40194	487616	340729
5371363	5317856	1532867	2167505	102121	870752	1033037
584282	570213	14725	625994	7729	305132	224570
16207363	15641784	1368964	11391807	359075	6377083	3250479
8997527	8588239	1024916	8313005	279528	4569738	2725193
209231	202568	98367	236776	13807	144920	40270
3266601	3225852	658118	2087209	95121	988084	867995
4388926	4369760	428769	3746227	147814	1960774	1348158
2808793	2607241	159297	1629738	116178	873090	698688
9312895	9261839	40100	10128556	81933	4689167	3845528
5252410	5277547	928412	3600649	189072	1894331	1276479
5986461	5958578	1576745	4928246	220774	3241966	1253563
6311065	6245874	636187	5079955	383752	3498228	888369
16046041	16003979	2207447	13683093	285745	10068679	2986017
1947162	1923888	367466	3063138	48084	1697008	1010648
5891635	5817489	1240511	3531628	191827	1949489	955949
33234238	33117973	8963086	11071463	209828	8443282	1816447
1672943	1656542	282361	962457	22532	719807	173978
170252	171607	103461	199859	9271	149644	39837
205382	199200		634535	10222	543434	80631
63097	62823	20019	66966	3877	31880	30538
2347805	2096091		4938598	5255	1076995	3069573
1905471	1882453		2334477	11002	872179	932857
196595	195104		650849	292	250484	213882

14-7 续表 2

单位:万元

类　　别	Category	负债合计 Total Liabilities	主营业务收　入 Revenue from Principal Business
2000		6974187	10608335
2001		7975312	12695597
2002		9002705	15655508
2003		12602882	23176116
2004		16498501	35828528
2005		21083916	52377071
2006		26832468	70456341
2007		34261658	94561330
2008		38145531	110043170
2009		45394957	127005719
2010		49181433	138639700
2011		51712845	152985089
2012		57272370	169409527
2013		59266450	180782207
2014		64226799	190219193
2015		60612888	188726801
2016		64807638	196235784
2017		65433153	173635046
在总计中:	**of which:**		
亏损企业	Loss Enterprises	9461108	8353543
在总计中:	**of which:**		
港、澳、台商投资企业	Enterprises with Funds from Hong Kong,Macao and Taiwan	21911452	43699227
合资经营企业(港或澳、台资)	Joint-ventures Enterprises	11938827	28477178
合作经营企业(港或澳、台资)	Cooperative Enterprises	107001	828867
港澳台商独资经营企业	Enterprises with Sole Investment	6582553	11597197
港澳台商投资股份有限公司	Share-holding Corporations Ltd. with Funds from Hong Kong, Macao and Taiwan	524620	1240386
其他企业	Others	2758451	1555599
外商投资企业	Foreign Funded Enterprises	43521701	129935819
中外合资经营企业	Joint-venture Enterprises	22160052	53691484
中外合作经营企业	Cooperation Enterprises	1498298	5586887
外资企业	Enterprises with Sole Foreign Funds	18337458	65749173
外商投资股份有限公司	Share-holding Corporations Ltd. with Foreign Investment	1204939	3595604
其他企业	Others	320953	1312671
在总计中:	**of which:**		
国有控股企业	State-holding Enterprises	8116308	14131649
在总计中:	**of which:**		
一、按轻重工业分	**by Light & Heavy Industry**		
轻工业	Light Industry	19990386	61819990
重工业	Heavy Industry	45442767	111815056
二、按企业规模分	**by Enterprise Size**		
大型企业	Large-sized Enterprises	30774374	74733589
中型企业	Medium-sized Enterprises	17048326	48680744
小型企业	Small-sized Enterprises	17610453	50220713

continued

(10 000 yuan)

#主营业务税金及附加 Taxes and Other Charges on Principal Business	营业费用 Cost of Business	管理费用 Cost of Management	利润总额 Total Profits	亏损企业亏损总额 Losses of Loss Enterprises	利税总额 Total Profits and Taxes	本年应交增值税 Value-added Tax Payable	全部从业人员年平均人数(人) Annual Average of Empolyed Persons (person)
45189	397752	511820	607409	123586	1068901	416302	570940
42749	500409	587803	747735	133568	1381549	591069	677208
52771	656697	715305	946420	121496	1585217	586026	782462
77214	844733	893503	1437357	173975	2218336	703765	942482
142675	1155656	1409829	2388875	238522	3616446	1084896	1268481
256875	1404591	1578402	3498964	215791	5220808	1464969	1485932
305226	1989506	2156705	4373503	235135	6473118	1794389	1607730
410640	2621917	2640990	5535820	252042	8226755	2280295	1716875
433346	2871686	3300860	5972969	595461	8957825	2551510	1689902
561210	3061011	3482913	7213796	558728	10879283	3104278	1740004
770021	3668294	5700645	10010172	351316	14429266	3649074	1657493
732375	3427756	4713939	10851122	527423	15764843	4109348	1512465
1063958	4017676	5592666	11374074	793262	16933454	4484316	1546846
1162327	4330618	5655046	12070359	674920	18259068	5001382	1492867
1284581	4671789	5478605	12074458	692043	18542925	5122759	1437787
1331072	4744351	5303718	11893038	896262	17644697	4411683	1329731
1214566	4968745	5341099	12650074	649722	18295000	4414709	1260313
1191727	5108139	5126138	11400546	629725	16262847	3642389	1106122
55533	329940	537617	-629725	629725	-469190	102887	150891
325292	1570361	1465888	3699801	186914	5107040	1071707	301327
213281	1048286	824570	2662545	52261	3660496	776510	143281
13074	36893	26081	48116	2178	75976	14737	4819
79418	427515	542866	703683	122952	1022529	237407	132494
12797	39936	40948	178688		203811	12326	11396
6723	17731	31422	106769	9524	144228	30726	9337
866434	3537778	3660250	7700745	442811	11155807	2570683	804795
464908	1669170	1545735	3473271	196931	5391244	1438826	294401
26669	85082	98987	354748	2264	462159	80622	19106
294680	1369452	1810924	3533115	220074	4778046	946932	440960
72452	387019	148353	265050	18053	420965	83293	36669
7725	27055	56252	74562	5489	103393	21010	13659
305689	233572	301578	1534830	29060	2293576	451520	34134
478795	3316222	2083703	4209413	228087	6274403	1571385	559105
712932	1791917	3042435	7191134	401638	9988444	2071005	547017
555158	2222504	1694678	5181825	106834	7438364	1698775	387342
290161	1755729	1555570	3424912	203622	4693125	963907	403186
346408	1129905	1875889	2793810	319269	4131359	979707	315594

14-7 续表 3

单位：万元

类　　别	Category	负债合计 Total Liabilities	主营业务收入 Revenue from Principal Business
三、按行业大类分	**by Sector**		
采矿业	**Mining**		
煤炭开采和洗选业	Mining and Washing of Coal	797870	770707
石油和天然气开采业	Extraction of Petroleum and Natural Gas		
黑色金属矿采选业	Mining of Ferrous Metal Ores	36532	17501
有色金属矿采选业	Mining of Non-ferrous Metal Ores	12679	32496
非金属矿采选业	Mining and Processing of Nonmetal Ores	3012	5759
开采专业及辅助性活动	Mining Specialties and Auxiliary Activities		
其他采矿业	Mining of Other Ores		
制造业	**Manufacturing**		
农副食品加工业	Processing of Food from Agricultural Products	5350373	18963549
食品制造业	Manufacture of Foods	2060932	6106980
酒、饮料和精制茶制造业	Manufacture of Wine, Drinks and Refined Tea	1230520	3082679
烟草制品业	Manufacture of Tobacco		
纺织业	Manufacture of Textile	1359918	3739702
纺织服装、服饰业	Manufacture of Textile Wearing Apparel and Finery	1008997	3705849
皮革、毛皮、羽毛及其制品和制鞋业	Manufacture of Leather, Fur, Feather & Its Products and Footwear	593727	1347108
木材加工及木 竹、藤、棕、草制品业	Processing of Timbers, Manufacture of Wood, Bamboo, Rattan, Palm, and Straw Products	156981	667025
家具制造业	Manufacture of Furniture	219288	943618
造纸及纸制品业	Manufacture of Paper and Paper Products	2707260	2688167
印刷和记录媒介复制业	Printing, Reproduction of Recording Media	430912	1235829
文教、工美、体育和娱乐用品制造业	Manufacture of Culture, Education,Arts and crafts, Sport and Entertainment Goods	797654	5381753
石油、煤炭及其他燃料加工业	Processing of Oil, Coal and Other Fuel	354763	570372
化学原料和化学制品制造业	Manufacture of Chemical Raw Material and Chemical Products	6370075	15858012
医药制造业	Manufacture of Medicines	2542484	8606122
化学纤维制造业	Manufacture of Chemical Fiber	119154	195464
橡胶和塑料制品业	Manufacture of Rubber and Plastic	867829	2996310
非金属矿物制品业	Manufacture of Non-metallic Mineral Products	1437469	4384642
黑色金属冶炼及压延加工业	Manufacture and Processing of Ferrous Metals	964716	2746391
有色金属冶炼及压延加工业	Manufacture & Processing of Non-ferrous Metals	5765039	9234850
金属制品业	Manufacture of Metal Products	1808058	5442479
通用设备制造业	Manufacture of General Purpose Machinery	2177479	5941026
专用设备制造业	Manufacture of Special Purpose Machinery	2700695	6228385
汽车制造业	Manufacture of Automotive	7799377	15797092
铁路、船舶、航空航天和其他运输设备制造业	Manufacture of Railroad,Marine,Aerospace and Other Transportation Equipment	2067910	1912517
电气机械及器材制造业	Manufacture of Electrical Machinery & Equipment	1528250	5659946
计算机、通信和其他电子设备制造业	Manufacture of Computer, Communications and Other Electronic Equipment	7316668	32742080
仪器仪表制造业	Manufacture of Measuring Instrument	465590	1633790
其他制造业	Other Manufacture	101226	170822
废弃资源综合利用业	Comprehensive Utilization of Waste	555395	190214
金属制品、机械和设备修理业	Metal Products, Machinery and Equipment Repair Industry	12550	62823
电力、热力、燃气及水的生产和供应业	**Production and Supply of Electric,Heat,Gas and Water**		
电力、热力的生产和供应业	Production and Supply of Electric Power and Heat Power	2124078	2454131
燃气生产和供应业	Production and Supply of Gas	1262923	1920797
水的生产和供应业	Production and Supply of Water	324770	198061

continued

(10 000 yuan)

#主营业务税金及附加 Taxes and Other Charges on Principal Business	营业费用 Cost of Business	管理费用 Cost of Management	利润总额 Total Profits	亏损企业亏损总额 Losses of Loss Enterprises	利税总额 Total Profits and Taxes	本年应交增值税 Value-added Tax Payable	全部从业人员年平均人数(人) Annual Average of Empolyed Persons (person)
38608	24774	52453	388887		534915	107341	1420
75	1625	1530	-1381	1381	-1303		180
197	2261	3278	3245	152	3670	229	530
63	42	1264	238	37	817	517	246
66089	321456	363892	882547	98283	1217043	262268	140977
46289	352142	214289	547323	25275	776418	182780	37495
103900	462875	93290	196558	14861	412562	111822	21103
27228	75477	172168	203324	18797	279744	47647	57182
26747	140335	143669	173346	14284	271912	71473	74012
8543	25819	57792	49917	6405	79066	20606	33463
3637	13996	15309	40798	363	50902	6467	6825
7141	24146	23027	53189	1034	80532	20085	11130
16059	87925	139259	174997	3799	289023	97926	13852
8637	32435	66853	70157	6635	105800	27005	10098
45137	126687	188378	275797	5667	428898	107866	53555
1909	11570	13553	41069	3744	57359	14381	2274
97829	409000	442810	1030026	70732	1404496	275753	50511
74611	1500247	407859	1270617	7887	1855108	509808	45110
1183	6558	15742	10885	3357	12269	201	2003
33079	75609	112493	134158	24522	227908	57723	27924
33147	119864	167423	312703	17563	484731	138632	38911
6117	32486	36922	141029	1886	170836	23691	5648
13169	21428	72710	567507	5245	925050	343508	10294
52276	131929	258981	274145	31255	433487	103596	44600
42901	227301	326247	417823	26698	572904	111632	48071
32512	211173	290715	492370	48142	672119	143217	34404
244832	237711	374445	1194032	50281	1719074	278581	75255
12760	38308	107877	75649	42031	128942	39737	21250
26765	109157	193076	271473	20217	381671	80222	49243
62966	147433	484764	1440794	49598	1783676	279736	152876
10244	56975	74074	132551	805	182644	39799	8311
2889	3414	10066	23557	1789	32705	6259	3679
842	715	4080	8912	2261	15002	5248	1072
1357	1135	15136	6518	26	12272	4397	1828
30731	11081	77817	292733	23542	407547	84057	7874
7378	62680	83904	175072		211522	28955	10669
3882	372	18994	27982	1172	41526	9225	2247

14-8 规模以上国有工业企业主要经济指标

单位:万元

类别	Category	企业单位数(个) Number of Industial Enterprises (unit)	#亏损企业 Loss Enterprises
2000		2114	486
2001		1592	400
2002		1387	349
2003		1151	309
2004		972	332
2005		842	243
2006		746	212
2007		661	184
2008		609	186
2009		649	162
2010		597	148
2011		517	135
2012		506	152
2013		340	95
2014		304	97
2015		303	90
2016		158	58
2017		118	48
在总计中:	**of which:**		
亏损企业	Loss Enterprises	48	48
在总计中:	**of which:**		
中央企业	Central Enterprises	5	1
地方企业	Local Enterprises	113	47
一、按轻重工业分	**by Light & Heavy Industry**		
轻工业	Light Industry	32	10
重工业	Heavy Industry	86	38
二、按企业规模分	**by Enterprise Size**		
大型企业	Large-sized Enterprises	10	2
中型企业	Medium-sized Enterprises	40	18
小型企业	Small-sized Enterprises	68	28

Main Economic Indicators of State-owned Industrial Enterprises above Designated Size

(10 000 yuan)

工 业 总产值 Gross Industrial Output Value	工 业 销售产值 Industrial Output Value of Products Sold	#出 口 交货值 Export Delivery Value	资产合计 Total Assets	产 成 品 Finished Products	流动资产合计 Total Working Capitals	固定资产合计 Total Fixed Assets
24744936	24607993		42208919	1617992	14019235	19245575
12234932	12037423		27531520	921428	9429088	11637665
13770330	13600891		27580401	813504	9294926	11563565
14840375	14566769	749626	28068618	732614	9725574	11768793
19715003	19142465	817147	27013217	607810	8782685	12164842
19829441	19639882	687504	24493249	561662	8482461	10266814
23078362	22921402	582201	27104824	521067	9139735	11828055
27367017	27151997	571583	30119677	569429	9963162	13476671
45772078	35078287	1117299	44055195	1007282	12046865	22574394
40747007	40355963	1164851	42604000	986200	14396493	20675274
54861225	54639308	1408178	49684216	1107398	18421339	24524408
62007599	61464686	1616105	53398134	1206047	18802859	24894871
50221213	49609803	1609776	56610910	1253476	19648070	26465685
42500774	42456523	437807	39075447	649917	11631804	11749543
42621533	42464420	414799	37197478	748227	10569511	32854593
45470693	45311020	361084	38905792	598464	10132320	20191056
38957035	37016917	278183	33740578	308776	7121155	20423607
22759825	22703890	362455	34835841	262946	4881300	25834452
766335	775748	188	2289920	27929	977380	1038479
19262146	19261704		23730910	9486	602312	22979673
3497679	3442186	362455	11104930	253461	4278989	2854779
1763717	1750669	362267	2929570	206481	1736841	600628
20996108	20953221	188	31906271	56466	3144460	25233823
20954257	20901906	359395	28065691	187917	2530086	24347790
980169	974991	2871	5745982	38721	1892062	1122523
825400	826993	188	1024167	36309	459152	364139

14-8 续表 1

单位:万元

类　别	Category	企业单位数(个) Number of Industial Enterprises (unit)	#亏损企业 Loss Enterprises
三、按行业大类分	**by Sector**		
采矿业	**Mining**		
煤炭开采和洗选业	Mining and Washing of Coal	8	2
石油和天然气开采业	Extraction of Petroleum and Natural Gas		
黑色金属矿采选业	Mining of Ferrous Metal Ores	1	
有色金属矿采选业	Mining of Non-ferrous Metal Ores	1	
非金属矿采选业	Mining and Processing of Nonmetal Ores	1	1
开采专业及辅助性活动	Mining Specialties and Auxiliary Activities		
其他采矿业	Mining of Other Ores		
制造业	**Manufacturing**		
农副食品加工业	Processing of Food from Agricultural Products	13	6
食品制造业	Manufacture of Foods	5	1
酒、饮料和精制茶制造业	Manufacture of Wine, Drinks and Refined Tea	1	
烟草制品业	Manufacture of Tobacco		
纺织业	Manufacture of Textile	1	
纺织服装、服饰业	Manufacture of Textile Wearing Apparel and Finery		
皮革、毛皮、羽毛及其制品和制鞋业	Manufacture of Leather, Fur, Feather & Its Products and Footwear		
木材加工及木 竹、藤、棕、草制品业	Processing of Timbers, Manufacture of Wood, Bamboo, Rattan, Palm, and Straw Products	1	1
家具制造业	Manufacture of Furniture		
造纸及纸制品业	Manufacture of Paper and Paper Products	1	
印刷和记录媒介复制业	Printing, Reproduction of Recording Media	6	2
文教、工美、体育和娱乐用品制造业	Manufacture of Culture, Education,Arts and crafts, Sport and Entertainment Goods		
石油、煤炭及其他燃料加工业	Processing of Oil, Coal and Other Fuel		
化学原料和化学制品制造业	Manufacture of Chemical Raw Material and Chemical Products	8	2
医药制造业	Manufacture of Medicines	1	
化学纤维制造业	Manufacture of Chemical Fiber		
橡胶和塑料制品业	Manufacture of Rubber and Plastic		
非金属矿物制品业	Manufacture of Non-metallic Mineral Products	4	1
黑色金属冶炼及压延加工业	Manufacture and Processing of Ferrous Metals	2	
有色金属冶炼及压延加工业	Manufacture & Processing of Non-ferrous Metals		
金属制品业	Manufacture of Metal Products	1	
通用设备制造业	Manufacture of General Purpose Machinery	8	1
专用设备制造业	Manufacture of Special Purpose Machinery	7	2
汽车制造业	Manufacture of Automotive	1	1
铁路、船舶、航空航天和其他运输设备制造业	Manufacture of Railroad,Marine,Aerospace and Other Transportation Equipment	1	
电气机械及器材制造业	Manufacture of Electrical Machinery & Equipment	2	
计算机、通信和其他电子设备制造业	Manufacture of Computer, Communications and Other Electronic Equipment		
仪器仪表制造业	Manufacture of Measuring Instrument		
其他制造业	Other Manufacture		
废弃资源综合利用业	Comprehensive Utilization of Waste		
金属制品、机械和设备修理业	Metal Products, Machinery and Equipment Repair Industry		
电力、热力、燃气及水的生产和供应业	**Production and Supply of Electric, Heat, Gas and Water**		
电力、热力的生产和供应业	Production and Supply of Electric Power and Heat Power	17	12
燃气生产和供应业	Production and Supply of Gas	2	1
水的生产和供应业	Production and Supply of Water	25	15

continued

(10 000 yuan)

工 业 总产值 Gross Industrial Output Value	工 业 销售产值 Industrial Output Value of Products Sold	#出 口 交货值 Export Delivery Value	资产合计 Total Assets	产成品 Finished Products	流动资产合计 Total Working Capitals	固定资产合计 Total Fixed Assets
379465	379117		1803551	800	423882	727873
90450	77839		775128	189	296781	317582
160244	160244		122048	184	12041	100435
13088	29572		34720	1808	23246	11474
613368	579377	273128	626224	64199	382359	191473
88373	84771	2871	122424	7472	40154	71625
10160	10120		12720	1512	4687	2818
6036	5836		4464		1189	
13415	13814		18761	1145	12982	4153
32773	32533		45359	5257	15469	25524
53670	57190		32070	1160	15170	13381
512614	507164		647630	11723	242526	242834
28646	28646		77382		29944	19528
156302	148604	188	180354	21829	163995	16049
27680	27396		3102771	1684	800613	23304
2394	2394		3790	20	3480	110
87733	89349		191582	7366	118367	65576
391096	375829	13058	1324758	95531	769672	255430
9181	9181		14838	699	4099	10147
25125	25791		62307	1034	27610	32426
606771	627412	73210	783708	38363	530788	45822
19267257	19263889		24065067	305	702168	23319420
28731	28731		63475		12645	19045
155254	139088		720710	669	247434	318424

14-8 续表 2

单位:万元

类　　别	Category	负债合计 Total Liabilities	主营业务收入 Revenue from Principal Business	#主营业务税金及附加 Taxes and Other Charges on Principal Business
2000		26686324	27821717	492552
2001		17653620	16006815	294059
2002		17777286	17815410	343306
2003		18009322	19793599	385228
2004		17664902	20631866	234423
2005		16133478	20149674	215660
2006		17375838	23656937	673855
2007		18561850	27623229	777269
2008		21171736	47675137	3251935
2009		26103211	42480695	1094712
2010		32202345	56271894	1501435
2011		34552035	64126688	1617389
2012		36998582	66890135	1856220
2013		25807785	45690608	1661471
2014		23805945	41971889	1672153
2015		25301303	39953785	1603582
2016		21630863	28443372	1352866
2017		23453107	24230828	136472
在总计中：	**of which:**			
亏损企业	Loss Enterprises	2202705	708575	8471
在总计中：	**of which:**			
中央企业	Central Enterprises	16499708	19831004	89192
地方企业	Local Enterprises	6953399	4399825	47280
一、按轻重工业分	**by Light & Heavy Industry**			
轻工业	Light Industry	2082447	2636151	17248
重工业	Heavy Industry	21370660	21594677	119224
二、按企业规模分	**by Enterprise Size**			
大型企业	Large-sized Enterprises	19141904	22410816	116080
中型企业	Medium-sized Enterprises	3609117	981226	15570
小型企业	Small-sized Enterprises	702085	838787	4822

continued

(10 000 yuan)

营业费用 Cost of Business	管理费用 Cost of Management	利润总额 Total Profits	亏损企业亏损总额 Losses of Loss Enterprises	利税总额 Total Profits and Taxes	本年应交增值税 Value-added Tax Payable	全部从业人员年平均人数（人） Annual Average of Empolyed Persons (person)
547576	1754897	2554426	194180	4711091	1664113	1652934
351126	1044379	520439	149112	1542737	728243	984032
329434	1073754	610973	131676	1748879	794695	883357
339400	1135605	724762	126296	1944990	835000	769190
259600	1345339	508887	358415	1679671	936360	668702
233128	1153373	767749	130004	1827104	843695	536010
276963	1308489	1098603	116777	2868286	1095828	480364
324251	1493013	1304975	162156	3361138	1278894	453495
729708	2645622	6139923	630451	12337647	2945789	568582
961122	2234651	1523331	314887	4140177	1522134	491752
1122616	2993266	2338185	267808	5787735	1948115	489028
1133742	3118712	2776635	511041	6514906	2108989	433337
1072948	3122828	3467936	367401	7621470	2287898	424081
383406	1676921	2392883	187827	5617626	1545434	244979
362483	1603845	1463191	254505	4627511	1486583	217628
341641	1344328	1951815	254116	4944936	1383390	189195
349293	618935	1794027	166049	4350776	1201772	161342
228553	407411	754803	150471	1624072	728222	180729
18661	102075	-150471	150471	-119332	22073	18208
9313	15302	701045	20753	1395591	602809	117130
219240	392109	53759	129718	228481	125413	63599
185781	109479	47438	26965	112479	47794	24880
42771	297933	707366	123507	1511593	680428	155849
164819	190277	725582	63808	1517702	671719	141166
31971	150876	-944	55552	53013	38369	29410
31763	66259	30166	31111	53357	18133	10153

14-8 续表 3

单位:万元

类别	Category	负债合计 Total Liabilities	主营业务收入 Revenue from Principal Business
三、按行业大类分	**by Sector**		
采矿业	**Mining**		
煤炭开采和洗选业	Mining and Washing of Coal	1059319	380607
石油和天然气开采业	Extraction of Petroleum and Natural Gas		
黑色金属矿采选业	Mining of Ferrous Metal Ores	42700	92715
有色金属矿采选业	Mining of Non-ferrous Metal Ores	94967	144925
非金属矿采选业	Mining and Processing of Nonmetal Ores	32637	24967
开采专业及辅助性活动	Mining Specialties and Auxiliary Activities		
其他采矿业	Mining of Other Ores		
制造业	**Manufacturing**		
农副食品加工业	Processing of Food from Agricultural Products	559526	565831
食品制造业	Manufacture of Foods	80919	89946
酒、饮料和精制茶制造业	Manufacture of Wine, Drinks and Refined Tea	8569	9988
烟草制品业	Manufacture of Tobacco		
纺织业	Manufacture of Textile	965	6452
纺织服装、服饰业	Manufacture of Textile Wearing Apparel and Finery		
皮革、毛皮、羽毛及其制品和制鞋业	Manufacture of Leather, Fur, Feather & Its Products and Footwear		
木材加工及木 竹、藤、棕、草制品业	Processing of Timbers, Manufacture of Wood, Bamboo, Rattan, Palm, and Straw Products	49345	14508
家具制造业	Manufacture of Furniture		
造纸及纸制品业	Manufacture of Paper and Paper Products	34019	33012
印刷和记录媒介复制业	Printing, Reproduction of Recording Media	17896	55520
文教、工美、体育和娱乐用品制造业	Manufacture of Culture, Education,Arts and crafts, Sport and Entertainment Goods		
石油、煤炭及其他燃料加工业	Processing of Oil, Coal and Other Fuel		
化学原料和化学制品制造业	Manufacture of Chemical Raw Material and Chemical Products	684766	557581
医药制造业	Manufacture of Medicines	63515	28646
化学纤维制造业	Manufacture of Chemical Fiber		
橡胶和塑料制品业	Manufacture of Rubber and Plastic		
非金属矿物制品业	Manufacture of Non-metallic Mineral Products	148513	143833
黑色金属冶炼及压延加工业	Manufacture and Processing of Ferrous Metals	1554069	38220
有色金属冶炼及压延加工业	Manufacture & Processing of Non-ferrous Metals		
金属制品业	Manufacture of Metal Products	1871	2394
通用设备制造业	Manufacture of General Purpose Machinery	71091	89769
专用设备制造业	Manufacture of Special Purpose Machinery	881794	1013037
汽车制造业	Manufacture of Automotive	18578	10417
铁路、船舶、航空航天和其他运输设备制造业	Manufacture of Railroad,Marine,Aerospace and Other Transportation Equipment	23533	25168
电气机械及器材制造业	Manufacture of Electrical Machinery & Equipment	507497	891693
计算机、通信和其他电子设备制造业	Manufacture of Computer, Communications and Other Electronic Equipment		
仪器仪表制造业	Manufacture of Measuring Instrument		
其他制造业	Other Manufacture		
废弃资源综合利用业	Comprehensive Utilization of Waste		
金属制品、机械和设备修理业	Metal Products, Machinery and Equipment Repair Industry		
电力、热力、燃气及水的生产和供应业	**Production and Supply of Electric,Heat,Gas and Water**		
电力、热力的生产和供应业	Production and Supply of Electric Power and Heat Power	16941631	19825433
燃气生产和供应业	Production and Supply of Gas	21201	27841
水的生产和供应业	Production and Supply of Water	554189	158324

continued

(10 000 yuan)

#主营业务税金及附加 Taxes and Other Charges on Principal Business	营业费用 Cost of Business	管理费用 Cost of Management	利润总额 Total Profits	亏损企业亏损总额 Losses of Loss Enterprises	利税总额 Total Profits and Taxes	本年应交增值税 Value-added Tax Payable	全部从业人员年平均人数（人） Annual Average of Empolyed Persons (person)
17839	5229	69321	39808	2169	96721	39075	8370
4129	3128	30078	14410		24206	4475	2897
190	859	17909	12643		12837		489
427	3140	3097	-1043	1043	1284	1901	388
3536	12191	16839	968	24601	14226	9723	6391
1218	13640	7128	3340	438	7510	2953	2106
824	820	836	210		1349	315	326
248	113	61	607		1784	929	
70	864	1413	-481	481	109	520	279
160	310	271	7		697	530	1420
307	711	4645	761	883	2106	1038	1163
6327	13719	27596	-8548	43058	10857	12496	6552
618	18372	3537	12803		16092	2671	232
1726	3766	38577	1342	89	16048	12768	2058
206	360	4559	2580		4499	1714	3165
25	186	235	260		485	199	86
771	1189	13354	4064	358	6009	1170	2275
6832	78120	59387	26827	2762	54375	20717	9202
275		1984	-1435	1435	-613	548	511
194	542	4282	161		1240	885	762
4137	60948	21500	6462		21246	10647	5623
85355	712	21056	663821	45829	1348464	596742	117765
93	562	8065	-296	1191	457	659	782
968	9070	51684	-24465	26133	-17917	5547	7887

14-9 规模以上非公有工业主要经济指标

单位:万元

类　　别	Category	企业单位数(个) Number of Industial Enterprises (unit)	#亏损企业 Loss Enterprises
2002		8377	1047
2003		11584	1247
2004		20324	2726
2005		24092	1871
2006		28015	1920
2007		32395	1884
2008		39486	2569
2009		43942	2508
2010		41210	1712
2011		34758	1558
2012		36626	2126
2013		39783	2290
2014		40165	2531
2015		39306	2623
2016		35633	2138
2017		36289	2971
在总计中:	**of which:**		
亏损企业	Loss Enterprises	2971	2971
一、按轻重工业分	**by Light & Heavy Industry**		
轻工业	Light Industry	15610	1212
重工业	Heavy Industry	20679	1759
二、按企业规模分	**by Enterprise Size**		
大型企业	Large-sized Enterprises	597	46
中型企业	Medium-sized Enterprises	3258	425
小型企业	Small-sized Enterprises	32434	2500

Main Economic Indicators of Non-public Industry above Designated Size

(10 000 yuan)

工 业 总产值 Gross Industrial Output Value	工 业 销售产值 Industrial Output Value of Products Sold	#出 口 交货值 Export Delivery Value	资产合计 Total Assets	产成品 Finished Products	流动资产合计 Total Working Capitals	固定资产合计 Total Fixed Assets
45461718	44155651		35949602	2814383	16729064	12760819
73393784	71515263	14474997	52877008	3521911	23879407	18379772
138152594	135022277	22988004	95685397	5954466	42876737	34492541
200549717	196288717	28331918	122189852	7796259	55761512	44012262
243089184	238524116	33703704	132257499	8023085	61749264	47266989
330029176	323122998	42754269	171807847	10132134	77982898	62484427
449737185	440291558	51970618	237467651	13989404	105926599	86484833
643590615	633853190	53674627	404207876	18823010	172041728	175656063
606536704	595826013	54743512	322702466	15339365	150171419	132698502
903208063	888938143	68315148	536092157	20645959	256825142	212133365
1065561126	1050554293	70879204	634695966	25257558	303657882	239722487
1239055445	1225080191	81652556	763058811	26361078	369156076	291034464
1354805684	1337244043	85426080	878065953	29117339	406624227	343428731
1198836441	1184485795	74318973	672322738	24012712	314502700	269521207
1129367213	1117094235	69430830	602421483	21990942	284434106	241879160
1102572749	1086860461	61868916	696595170	28134122	349740441	244992695
37732238	36949842	5171129	66562934	3235767	38420867	16520719
414806042	411719601	26860799	234778868	9950583	107343209	91660106
687766707	675140860	35008117	461816302	18183539	242397232	153332590
327889821	328573183	28666997	263729382	9962400	143414190	83551941
211701602	207059471	14065278	156219188	8192330	86686250	48863463
562981326	551227807	19136641	276646600	9979393	119640001	112577291

14-9 续表 1

单位:万元

类　别	Category	企业单位数(个) Number of Industial Enterprises (unit)	#亏损企业 Loss Enterprises
三、按行业大类分	**by Sector**		
采矿业	**Mining**		
煤炭开采和洗选业	Mining and Washing of Coal	52	8
石油和天然气开采业	Extraction of Petroleum and Natural Gas	2	
黑色金属矿采选业	Mining of Ferrous Metal Ores	70	9
有色金属矿采选业	Mining of Non-ferrous Metal Ores	27	3
非金属矿采选业	Mining and Processing of Nonmetal Ores	164	5
开采专业及辅助性活动	Mining Specialties and Auxiliary Activities	1	1
其他采矿业	Mining of Other Ores	3	
制造业	**Manufacturing**		
农副食品加工业	Processing of Food from Agricultural Products	3605	292
食品制造业	Manufacture of Foods	1101	85
酒、饮料和精制茶制造业	Manufacture of Wine, Drinks and Refined Tea	403	22
烟草制品业	Manufacture of Tobacco	1	
纺织业	Manufacture of Textile	2272	211
纺织服装、服饰业	Manufacture of Textile Wearing Apparel and Finery	1207	104
皮革、毛皮、羽毛及其制品和制鞋业	Manufacture of Leather, Fur, Feather & Its Products and Footwear	375	45
木材加工及木 竹、藤、棕、草制品业	Processing of Timbers, Manufacture of Wood, Bamboo, Rattan, Palm, and Straw Products	1738	68
家具制造业	Manufacture of Furniture	538	34
造纸及纸制品业	Manufacture of Paper and Paper Products	588	52
印刷和记录媒介复制业	Printing, Reproduction of Recording Media	566	34
文教、工美、体育和娱乐用品制造业	Manufacture of Culture, Education,Arts and crafts, Sport and Entertainment Goods	1270	67
石油、煤炭及其他燃料加工业	Processing of Oil, Coal and Other Fuel	302	33
化学原料和化学制品制造业	Manufacture of Chemical Raw Material and Chemical Products	3085	313
医药制造业	Manufacture of Medicines	718	52
化学纤维制造业	Manufacture of Chemical Fiber	78	10
橡胶和塑料制品业	Manufacture of Rubber and Plastic	1723	143
非金属矿物制品业	Manufacture of Non-metallic Mineral Products	3431	204
黑色金属冶炼及压延加工业	Manufacture and Processing of Ferrous Metals	355	42
有色金属冶炼及压延加工业	Manufacture & Processing of Non-ferrous Metals	396	58
金属制品业	Manufacture of Metal Products	2186	181
通用设备制造业	Manufacture of General Purpose Machinery	3060	218
专用设备制造业	Manufacture of Special Purpose Machinery	2147	147
汽车制造业	Manufacture of Automotive	1326	142
铁路、船舶、航空航天和其他运输设备制造业	Manufacture of Railroad,Marine,Aerospace and Other Transportation Equipment	353	29
电气机械及器材制造业	Manufacture of Electrical Machinery & Equipment	1478	129
计算机、通信和其他电子设备制造业	Manufacture of Computer, Communications and Other Electronic Equipment	666	100
仪器仪表制造业	Manufacture of Measuring Instrument	346	31
其他制造业	Other Manufacture	72	2
废弃资源综合利用业	Comprehensive Utilization of Waste	65	10
金属制品、机械和设备修理业	Metal Products, Machinery and Equipment Repair Industry	16	3
电力、热力、燃气及水的生产和供应业	**Production and Supply of Electric, Heat, Gas and Water**		
电力、热力的生产和供应业	Production and Supply of Electric Power and Heat Power	307	64
燃气生产和供应业	Production and Supply of Gas	101	12
水的生产和供应业	Production and Supply of Water	95	8

continued

(10 000 yuan)

工 业 总产值 Gross Industrial Output Value	工 业 销售产值 Industrial Output Value of Products Sold	#出 口 交货值 Export Delivery Value	资产合计 Total Assets	产成品 Finished Products	流动资产合计 Total Working Capitals	固定资产合计 Total Fixed Assets
1439843	1410787	22209	1507499	21233	1029731	219577
17861	17175		4339	223	3880	459
1941908	1881914	2660	2296035	43860	878005	908499
794442	782799		347795	4725	104805	162920
2788353	2765518		2138121	69530	734265	680316
8450			37291	2300	19777	14127
77424	77424		30354	2089	6053	19540
110030090	108365715	6967702	50194873	2676189	22920343	20150492
25974104	25381190	1320317	14822477	517809	6486166	6617187
10354525	11047775	186926	9340046	328592	3779044	3069405
33658	32985		7790		917	6873
76557502	78460913	3700125	37911305	1301800	17274124	16413568
25379857	25030342	3870088	15623434	722773	7118018	5019414
6966803	6820071	604663	4148966	253617	2300862	1280907
24894595	24312726	544599	8459326	453614	3233995	4190901
8659631	8478905	645198	4203102	184413	1607450	2190396
20080334	19917991	256955	17087528	525008	7336191	6645450
10078228	9839372	207132	4582004	198970	1821524	2047826
24529562	24171547	3761887	10889521	571326	4584487	4992935
66234686	65148279	199567	41693202	2133473	26210177	10539303
123068400	120125884	3105524	83456450	3068211	41898258	27994807
40023922	39197066	2288808	34937971	1335576	18727793	11323823
2906337	2618441	210219	2392470	82668	1124372	810709
54353402	53075629	6632612	37305723	1851941	19302560	13528139
62729220	61502909	986823	38791534	1312885	17927017	15388135
36564256	35841751	2014392	28725039	925370	14622290	10689478
47456338	47220310	1014006	35603649	983711	17302228	13409903
48354217	47610336	1698389	30046595	1599464	15991981	9741963
66163734	64660539	2445734	38771630	1685997	18876702	13898408
48137707	47002350	1747364	31268758	1639279	16519107	10016979
42773702	42461356	2827840	27464417	1126427	15005406	8425151
10020385	9892284	711176	7071373	268547	3733114	2401292
40918521	40197750	1809993	28651822	1031664	15363587	7918897
43960188	43738264	11567995	20224086	646285	13716852	4214599
8109259	7983426	393717	6635838	466024	4346905	1523901
1060980	1051713	123637	521342	16307	269047	178798
1117810	1092480	661	1182944	23559	739322	367609
380329	364293		157902	16075	58062	88579
4559254	4250190		13548604	13549	5076513	6094455
2216488	2190959		2750944	14100	1072309	1100846
856447	839104		1761073	14941	617205	706132

14-9 续表 2

单位:万元

类　别	Category	负债合计 Total Liabilities	主营业务收　入 Revenue from Principal Business	#主营业务税金及附加 Taxes and Other Charges on Principal Business
2002		21313899	41315596	265544
2003		31712472	67129307	391312
2004		56824804	130437492	827335
2005		70425050	192709468	1329910
2006		73382178	235060091	1511572
2007		93063256	319128552	2110216
2008		126815011	436168759	2871983
2009		214058654	637480523	7568442
2010		162927222	595223019	4197912
2011		294259825	902292626	10363286
2012		345482335	1081250402	12049937
2013		426809768	1256258770	13167882
2014		471341513	1370487079	13792058
2015		332031477	1195046243	8235437
2016		290507806	1128790579	7391200
2017		357544624	1114246881	7995353
在总计中:	**of which:**			
亏损企业	Loss Enterprises	53858363	38357580	214133
一、按轻重工业分	**by Light & Heavy Industry**			
轻工业	Light Industry	105619699	422615951	2936570
重工业	Heavy Industry	251924926	691630930	5058783
二、按企业规模分	**by Enterprise Size**			
大型企业	Large-sized Enterprises	149925458	338983681	2460796
中型企业	Medium-sized Enterprises	86665813	216157352	1567032
小型企业	Small-sized Enterprises	120953354	559105848	3967525

continued

(10 000 yuan)

营业费用 Cost of Business	管理费用 Cost of Management	利润总额 Total Profits	亏损企业亏损总额 Losses of Loss Enterprises	利税总额 Total Profits and Taxes	本年应交增值税 Value-added Tax Payable	全部从业人员年平均人数(人) Annual Average of Empolyed Persons (person)
1406356	1694016	2220200	171370	3776911	1291168	2478177
1989872	2256070	3746152	208135	6123624	1986160	3020689
3514626	4298966	7637171	461794	12172233	3707727	4610483
4679003	5123287	12365312	389101	19492812	5797590	5269529
5209981	5788106	13992516	453323	22082783	6578696	5444440
6920189	7575783	19972972	404202	30976672	8893484	5893386
9042107	11320595	26931151	875847	42263661	12460527	7025463
12595614	18188751	41734576	1126436	67554841	18251824	8479293
11855499	19120365	42864781	539966	63939221	16876527	7036804
16533052	25029180	65803258	1783797	102402332	25718545	7957302
19697931	29862331	73977449	3076861	117287023	31089690	8568781
22797555	33958776	83320655	2593761	133596914	36893825	9130655
24879161	34482623	85547391	3309397	137860353	38283182	9003303
23011869	26815613	73099504	2370565	106970310	25552072	7228883
21117213	24307946	67702222	1544309	96338658	21150574	6301921
23914076	26294024	64506307	2319919	93609592	20718691	6411732
1091264	2019045	-2319919	2319919	-1391855	441919	592634
12287239	10113497	24796797	639620	35811333	8036583	3005099
11626837	16180527	39709509	1680299	57798259	12682108	3406633
7958742	7223519	20125755	332494	29445778	6581584	1637004
5233146	5898163	12206242	758755	17555140	3754729	1683371
10722188	13172342	32174310	1228671	46608675	10382379	3091357

14-9 续表 3

单位:万元

类　　别	Category	负债合计 Total Liabilities	主营业务收入 Revenue from Principal Business
三、按行业大类分	by Sector		
采矿业	Mining		
煤炭开采和洗选业	Mining and Washing of Coal	933785	1400192
石油和天然气开采业	Extraction of Petroleum and Natural Gas	1770	17329
黑色金属矿采选业	Mining of Ferrous Metal Ores	1371582	2091136
有色金属矿采选业	Mining of Non-ferrous Metal Ores	138722	773205
非金属矿采选业	Mining and Processing of Nonmetal Ores	776777	2816855
开采专业及辅助性活动	Mining Specialties and Auxiliary Activities	13083	8450
其他采矿业	Mining of Other Ores	7820	75528
制造业	Manufacturing		
农副食品加工业	Processing of Food from Agricultural Products	22987694	112226486
食品制造业	Manufacture of Foods	6051285	25746018
酒、饮料和精制茶制造业	Manufacture of Wine, Drinks and Refined Tea	4189197	10891774
烟草制品业	Manufacture of Tobacco	650	32985
纺织业	Manufacture of Textile	18616857	81988518
纺织服装、服饰业	Manufacture of Textile Wearing Apparel and Finery	8006488	25984522
皮革、毛皮、羽毛及其制品和制鞋业	Manufacture of Leather, Fur, Feather & Its Products and Footwear	1997238	8042786
木材加工及木 竹、藤、棕、草制品业	Processing of Timbers, Manufacture of Wood, Bamboo, Rattan, Palm, and Straw Products	2591507	24520385
家具制造业	Manufacture of Furniture	1735731	8695894
造纸及纸制品业	Manufacture of Paper and Paper Products	10212536	19899743
印刷和记录媒介复制业	Printing, Reproduction of Recording Media	1856604	9908013
文教、工美、体育和娱乐用品制造业	Manufacture of Culture, Education,Arts and crafts, Sport and Entertainment Goods	4454652	24499413
石油、煤炭及其他燃料加工业	Processing of Oil, Coal and Other Fuel	29567849	68071499
化学原料和化学制品制造业	Manufacture of Chemical Raw Material and Chemical Products	44055601	123244532
医药制造业	Manufacture of Medicines	12428587	39448582
化学纤维制造业	Manufacture of Chemical Fiber	1539800	2862519
橡胶和塑料制品业	Manufacture of Rubber and Plastic	19032631	52881287
非金属矿物制品业	Manufacture of Non-metallic Mineral Products	17616537	62197518
黑色金属冶炼及压延加工业	Manufacture and Processing of Ferrous Metals	19207532	38488359
有色金属冶炼及压延加工业	Manufacture & Processing of Non-ferrous Metals	21139957	47858687
金属制品业	Manufacture of Metal Products	14229580	48082292
通用设备制造业	Manufacture of General Purpose Machinery	17459326	65533888
专用设备制造业	Manufacture of Special Purpose Machinery	13787168	47165786
汽车制造业	Manufacture of Automotive	15989635	42373491
铁路、船舶、航空航天和其他运输设备制造业	Manufacture of Railroad,Marine,Aerospace and Other Transportation Equipment	4032568	9783107
电气机械及器材制造业	Manufacture of Electrical Machinery & Equipment	14315614	40322352
计算机、通信和其他电子设备制造业	Manufacture of Computer, Communications and Other Electronic Equipment	11244007	43208616
仪器仪表制造业	Manufacture of Measuring Instrument	3882592	12622698
其他制造业	Other Manufacture	222467	1058289
废弃资源综合利用业	Comprehensive Utilization of Waste	740090	1100199
金属制品、机械和设备修理业	Metal Products, Machinery and Equipment Repair Industry	52440	385565
电力、热力、燃气及水的生产和供应业	Production and Supply of Electric,Heat,Gas and Water		
电力、热力的生产和供应业	Production and Supply of Electric Power and Heat Power	8526119	4757642
燃气生产和供应业	Production and Supply of Gas	1624437	2296770
水的生产和供应业	Production and Supply of Water	906110	883970

continued

(10 000 yuan)

#主营业务税金及附加 Taxes and Other Charges on Principal Business	营业费用 Cost of Business	管理费用 Cost of Management	利润总额 Total Profits	亏损企业亏损总额 Losses of Loss Enterprises	利税总额 Total Profits and Taxes	本年应交增值税 Value-added Tax Payable	全部从业人员年平均人数(人) Annual Average of Empolyed Persons (person)
30347	34459	96084	112027	12525	213262	70096	25086
208	1219	1576	1555		2653	890	203
36507	14402	41489	109428	5649	226648	80711	13628
1107	7196	17245	58886	830	66914	6921	4821
42031	69853	106316	207766	1092	346573	96670	18638
32		1822	-1723	1723	-339	1351	385
715	4788	3113	3311		5581	1519	358
532789	2028862	1967360	5445849	183123	7395542	1404252	669053
204596	977314	793400	1760828	44049	2534937	566014	176573
337079	724853	317571	683859	35293	1294867	268816	78054
229	3691	2142	3325		4082	529	228
419149	718834	1133766	3623064	90519	5302139	1257817	550925
171778	570171	638991	1400643	36242	2066470	492708	337540
50882	150482	190632	348879	31255	545039	145236	88027
174873	506248	440772	1389543	25660	2056266	491004	187652
65839	227396	217874	553698	10661	798511	177454	72069
106482	469942	525439	1219710	22098	1783530	452380	121109
62897	199029	304106	605494	15163	860100	191416	67113
194856	648726	724231	1390966	17205	2117410	530180	213527
1124705	536020	578931	2954908	37777	5301018	1220709	84743
1009853	2255557	2822252	7847133	298500	11323829	2449812	461238
390363	4347927	1838800	4388549	43240	6230717	1450617	226764
21299	39656	87808	103377	23759	181567	56633	17261
300088	1089340	1259564	2945125	159323	4064722	812693	314098
450805	1401201	1614179	4293042	111081	6164047	1412978	416087
108782	360351	582837	2046432	27217	2737712	582185	114029
115970	262440	476914	2239907	152207	3575979	959247	124137
336219	882021	1263771	2747215	90992	4031342	936658	298235
495908	1386023	1908944	4185879	107704	6094404	1402845	429652
333207	1220909	1616380	3104488	112316	4320475	862712	312950
251607	749545	1245197	2176192	184229	3066519	635006	278208
72359	156891	294279	513716	50298	760015	173690	68934
255441	919110	1290271	2296381	136050	3269381	708216	251649
143801	411760	1070728	2296890	89200	2883733	440273	263347
64883	356228	400589	643426	21903	875050	166482	51331
11352	30866	31888	79055	1789	114897	24465	11036
10751	13470	21740	63015	3136	125363	51499	5755
3530	3115	20521	21080	1296	35000	10388	2010
38322	45508	207869	393735	121174	491515	57950	36115
12622	73472	96744	166912	9292	222897	42486	11792
11091	15203	39894	82746	4351	119223	25187	7372

14-10 规模以上工业企业主要财务分析指标

类别	Category	总资产贡献率 (%) Ratio of Total Assets to Industrial Output Value (%)
2000		
2001		
2002		
2003		
2004		
2005		
2006		19.07
2007		18.74
2008		18.48
2009		17.56
2010		19.45
2011		19.88
2012		19.66
2013		18.80
2014		16.85
2015		14.70
2016		14.09
2017		12.96
一、按登记注册类型分	**by Status of Registration**	
内资企业	Domestic Funded Enterprises	12.87
国有企业	State-owned Enterprises	5.55
中央企业	Central Enterprises	6.65
地方企业	Local Enterprises	3.21
集体企业	Collective-owned Enterprises	7.04
股份合作企业	Cooperative Enterprises	20.34
联营企业	Joint Ownership Enterprises	31.04
国有联营企业	State Joint Ownership Enterprises	
集体联营企业	Collective Joint Ownership Enterprises	32.61
国有与集体联营企业	Joint State-collective Enterprises	
其他联营企业	Other Joint Ownership Enterprises	22.77
有限责任公司	Limited Liability Corporations	11.50
国有独资公司	State Sole funded Corporations	8.94
其他有限责任公司	Other Limited Liability Corporations	12.44
股份有限公司	Share-holding Corporations Limited	10.62
私营企业	Private Enterprises	17.25
私营独资企业	Private-funded Enterprises	33.65
私营合作企业	Private Partnership Enterprises	37.50
私营有限责任公司	Private Limited Liability Corporations	17.25
私营股份有限公司	Private Share-holding Corporations Ltd.	13.82
其他企业	Other Enterprises	20.82
港、澳、台商投资企业	Enterprises with Funds from Hong Kong, Macao and Taiwan	13.40
合资经营企业(港或澳、台资)	Joint-ventures Enterprises	17.95
合作经营企业(港或澳、台资)	Cooperative Enterprises	29.73
港澳台商独资经营企业	Enterprises with Sole Investment	8.52
港澳台商投资股份有限公司	Share-holding Corporations Ltd. With Funds from Hong Kong, Macao and Taiwan	15.14
其他企业	Others	4.38
外商投资企业	Foreign Funded Enterprises	13.75
中外合资经营企业	Joint-venture Enterprises	13.55
中外合作经营企业	Cooperation Enterprises	16.38
外资企业	Enterprises with Sole Foreign Funds	14.14
外商投资股份有限公司	Share-holding Corporations Ltd. with Foreign Investment	11.05
其他企业	Others	11.54
二、在总计中:亏损企业	**of which:Loss Enterprises**	**-1.66**
在总计中:国有控股企业	of which:State-holding Enterprises	9.91
在总计中:轻工业	of which:Light Industry	15.37
重工业	Heavy Industry	12.04
在总计中:大型企业	of which:Large-sized Enterprises	11.38
中型企业	Medium-sized Enterprises	11.58
小型企业	Small-sized Enterprises	16.66

Main Financial Indicators of Industrial Enterprises above Designated Size

产值利税率 (%) Ratio of Profits and Taxes to Output Value (%)	销售产值利税率 (%) Ratio of Profits and Taxes to Output Value of Sales (%)	资产负债率 (%) Assets-Liability Ratio (%)	流动资产周转率 (次) Ratio of Turnover Working Capitals (time)	成本费用利润率 (%) Ratio of Profits to Cost (%)	产品销售率 (%) Proportion of Products Sold (%)
12.06	12.33	62.54	2.07	7.31	97.86
11.21	11.46	60.28	2.12	6.61	97.77
10.11	10.34	59.68	2.43	6.02	97.77
10.44	10.66	59.37	2.55	6.62	97.93
10.45	10.68	59.53	3.22	6.96	97.86
11.31	11.52	58.37	3.53	7.91	98.23
11.01	11.19	57.77	3.40	7.58	98.43
10.95	11.14	55.99	3.68	7.57	98.29
10.49	10.88	55.01	3.74	6.87	96.46
10.46	10.46	53.58	3.67	6.96	98.51
11.61	11.78	53.89	3.51	7.93	98.57
11.29	11.46	55.65	3.54	7.70	98.49
11.22	11.38	55.19	3.58	7.34	98.61
10.87	10.99	56.59	3.43	7.07	98.91
10.22	10.35	54.48	3.37	6.54	98.74
9.30	9.41	54.25	3.25	6.27	98.81
8.97	9.08	54.11	3.23	6.16	98.78
9.29	9.42	55.49	2.80	6.03	98.57
9.29	9.43	56.09	2.86	5.90	98.53
7.14	7.15	67.32	5.05	3.17	99.75
7.25	7.25	69.53	33.18	3.65	100.00
6.53	6.64	62.62	1.09	1.17	98.41
13.50	14.50	72.02	0.95	9.63	93.11
13.57	13.99	27.05	3.65	9.34	96.96
9.81	9.90	33.29	6.84	8.41	99.06
9.26	9.36	27.62	8.40	7.95	98.95
18.16	18.02	63.14	1.82	15.83	100.75
9.90	9.97	61.71	2.36	5.55	99.25
14.33	14.51	68.41	1.64	4.65	98.76
9.16	9.22	59.25	2.61	5.75	99.33
11.58	11.71	53.73	1.98	5.66	98.87
8.33	8.50	46.62	4.17	6.24	98.01
8.85	9.02	29.16	12.59	6.75	98.12
8.31	8.41	35.38	14.73	5.57	98.79
8.27	8.44	47.54	4.24	6.17	97.97
8.78	8.92	42.19	2.70	6.78	98.50
8.30	8.52	44.12	4.75	6.75	97.43
11.76	12.03	52.12	1.99	9.15	97.77
12.91	13.27	53.24	2.49	10.24	97.24
9.85	9.41	41.08	6.83	6.26	104.68
8.90	9.03	51.16	1.57	6.36	98.53
16.25	16.42	37.88	2.23	16.63	98.95
9.29	9.53	54.00	0.65	7.07	97.47
8.45	8.52	50.53	2.63	6.30	99.24
9.73	9.91	51.79	2.21	6.93	98.12
8.47	8.48	51.19	2.78	6.81	99.84
7.14	7.23	51.66	3.08	5.69	98.80
14.61	11.23	30.27	2.73	7.52	130.06
7.93	8.04	34.47	3.01	6.00	98.61
-5.78	**-5.88**	**77.01**	**1.15**	**-9.20**	**98.30**
13.22	13.36	64.31	1.93	5.26	98.96
9.31	9.40	48.62	3.30	6.43	99.05
9.28	9.43	58.10	2.61	5.84	98.34
10.69	10.73	60.07	2.17	6.08	99.58
8.58	8.75	57.58	2.42	5.66	98.03
8.35	8.53	46.01	4.39	6.14	97.91

14-10 续表

类　别	Category	总资产贡献率 (%) Ratio of Total Assets to Industrial Output Value (%)
三、按行业大类分	by Sector	
采矿业	Mining	
煤炭开采和洗选业	Mining and Washing of Coal	11.03
石油和天然气开采业	Extraction of Petroleum and Natural Gas	-5.21
黑色金属矿采选业	Mining of Ferrous Metal Ores	8.81
有色金属矿采选业	Mining of Non-ferrous Metal Ores	9.97
非金属矿采选业	Mining and Processing of Nonmetal Ores	18.16
开采专业及辅助性活动	Mining Specialties and Auxiliary Activities	-18.81
其他采矿业	Mining of Other Ores	18.51
制造业	Manufacturing	
农副食品加工业	Processing of Food from Agricultural Products	15.40
食品制造业	Manufacture of Foods	17.89
酒、饮料和精制茶制造业	Manufacture of Wine, Drinks and Refined Tea	16.00
烟草制品业	Manufacture of Tobacco	54.01
纺织业	Manufacture of Textile	16.10
纺织服装、服饰业	Manufacture of Textile Wearing Apparel and Finery	13.95
皮革、毛皮、羽毛及其制品和制鞋业	Manufacture of Leather, Fur, Feather & Its Products and Footwear	13.98
木材加工及木 竹、藤、棕、草制品业	Processing of Timbers, Manufacture of Wood, Bamboo, Rattan, Palm, and Straw Products	24.70
家具制造业	Manufacture of Furniture	19.78
造纸及纸制品业	Manufacture of Paper and Paper Products	9.67
印刷和记录媒介复制业	Printing, Reproduction of Recording Media	18.83
文教、工美、体育和娱乐用品制造业	Manufacture of Culture, Education,Arts and crafts, Sport and Entertainment Goods	20.43
石油、煤炭及其他燃料加工业	Processing of Oil, Coal and Other Fuel	21.06
化学原料和化学制品制造业	Manufacture of Chemical Raw Material and Chemical Products	14.55
医药制造业	Manufacture of Medicines	18.86
化学纤维制造业	Manufacture of Chemical Fiber	8.61
橡胶和塑料制品业	Manufacture of Rubber and Plastic	11.66
非金属矿物制品业	Manufacture of Non-metallic Mineral Products	15.64
黑色金属冶炼及压延加工业	Manufacture and Processing of Ferrous Metals	9.56
有色金属冶炼及压延加工业	Manufacture & Processing of Non-ferrous Metals	11.85
金属制品业	Manufacture of Metal Products	14.50
通用设备制造业	Manufacture of General Purpose Machinery	15.24
专用设备制造业	Manufacture of Special Purpose Machinery	13.04
汽车制造业	Manufacture of Automotive	9.64
铁路、船舶、航空航天和其他运输设备制造业	Manufacture of Railroad,Marine,Aerospace and Other Transportation Equipment	8.94
电气机械及器材制造业	Manufacture of Electrical Machinery & Equipment	8.88
计算机、通信和其他电子设备制造业	Manufacture of Computer, Communications and Other Electronic Equipment	13.66
仪器仪表制造业	Manufacture of Measuring Instrument	12.81
其他制造业	Other Manufacture	21.51
废弃资源综合利用业	Comprehensive Utilization of Waste	11.53
金属制品、机械和设备修理业	Metal Products, Machinery and Equipment Repair Industry	21.44
电力、热力、燃气及水的生产和供应业	Production and Supply of Electric, Heat, Gas and Water	
电力、热力的生产和供应业	Production and Supply of Electric Power and Heat Power	4.99
燃气生产和供应业	Production and Supply of Gas	11.04
水的生产和供应业	Production and Supply of Water	2.69

continued

产值利税率 (%) Ratio of Profits and Taxes to Output Value (%)	销售产值利税率 (%) Ratio of Profits and Taxes to Output Value of Sales (%)	资产负债率 (%) Assets-Liability Ratio (%)	流动资产周转率 (次) Ratio of Turnover Working Capitals (time)	成本费用利润率 (%) Ratio of Profits to Cost (%)	产品销售率 (%) Proportion of Products Sold (%)
27.68	28.28	69.52	1.90	7.62	97.87
-13.04	-13.02	50.42	3.35	-28.99	100.13
13.63	14.04	51.82	1.97	6.45	97.08
7.58	7.61	62.90	4.00	6.13	99.58
12.78	12.82	37.83	3.84	8.35	99.73
-26.45	-26.70	112.56	2.73	-22.13	99.07
7.21	7.21	25.76	12.48	4.63	100.00
6.71	6.81	46.18	4.67	5.09	98.50
9.88	10.10	41.78	3.95	7.54	97.86
14.86	14.08	43.30	2.69	7.91	105.59
60.85	61.22	36.31	1.24	11.39	99.40
6.91	6.75	50.12	4.60	4.46	102.42
8.14	8.26	51.54	3.60	5.66	98.61
7.75	7.92	48.88	3.47	4.49	97.94
8.29	8.49	31.64	7.35	6.09	97.66
9.31	9.51	41.69	5.27	6.93	97.90
9.24	9.33	61.11	1.96	6.65	99.07
8.57	8.78	41.42	5.13	6.47	97.68
8.64	8.77	41.17	5.31	6.04	98.55
11.05	11.18	70.15	3.16	4.55	98.79
10.32	10.57	54.57	2.94	7.61	97.61
16.18	16.56	36.12	2.08	13.15	97.69
6.59	7.25	59.07	2.42	3.91	90.94
7.33	7.50	52.17	2.71	5.70	97.69
10.30	10.49	48.72	3.00	7.69	98.20
8.30	8.43	65.09	2.52	5.75	98.41
7.32	7.35	54.40	3.15	4.83	99.59
8.40	8.52	47.58	3.01	6.03	98.57
10.03	10.23	45.57	2.80	7.38	98.03
8.73	8.99	48.33	2.52	6.60	97.08
7.63	7.72	64.47	1.77	5.59	98.77
9.36	9.49	64.45	1.45	6.67	98.60
9.07	9.33	61.19	1.67	6.67	97.18
7.30	7.33	55.26	2.59	5.59	99.60
10.90	11.10	54.86	2.50	5.43	98.18
10.84	10.93	44.32	3.65	7.79	99.13
11.03	11.27	62.58	1.51	5.84	97.81
10.65	11.05	30.15	4.72	6.64	96.35
7.53	7.62	66.44	2.97	4.01	98.85
15.89	16.99	53.15	2.06	11.86	93.51
9.14	9.39	60.91	0.77	3.55	97.34

14-11 规模以上国有控股工业企业主要财务分析指标

类　别	Category	总资产贡献率 (%) Ratio of Total Assets to Industrial Output Value (%)
2000		
2001		
2002		
2003		
2004		
2005		
2006		18.25
2007		17.64
2008		16.65
2009		13.95
2010		16.35
2011		16.81
2012		14.96
2013		13.59
2014		12.29
2015		9.46
2016		8.89
2017		9.91
在总计中：	**of which:**	
亏损企业	Loss Enterprises	-3.37
在总计中：	**of which:**	
中央企业	Central Enterprises	10.39
地方企业	Local Enterprises	9.69
一、按轻重工业分	**by Light & Heavy Industry**	
轻工业	Light Industry	16.98
重工业	Heavy Industry	9.34
二、按企业规模分	**by Enterprise Size**	
大型企业	Large-sized Enterprises	10.50
中型企业	Medium-sized Enterprises	8.85
小型企业	Small-sized Enterprises	6.50

Main Financial Indicators of State-holding Industrial Enterprises above Designated Size

产值利税率 (%) Ratio of Profits and Taxes to Output Value (%)	销售产值利税率 (%) Ratio of Profits and Taxes to Output Value of Sales (%)	资产负债率 (%) Assets-Liability Ratio (%)	流动资产周转率 (次) Ratio of Turnover Working Capitals (time)	成本费用利润率 (%) Ratio of Profits to Cost (%)	产品销售率 (%) Proportion of Products Sold (%)
17.05	17.19	62.23	1.76	8.85	99.19
15.77	15.93	59.37	1.78	7.65	98.97
13.51	13.70	59.60	1.95	6.39	98.61
14.80	14.98	59.21	2.12	7.71	98.75
15.11	15.37	60.10	2.35	8.82	98.28
16.48	16.64	60.18	2.52	10.83	99.06
16.71	16.83	60.83	2.72	10.51	99.24
16.28	16.38	59.02	2.94	9.91	99.36
14.80	16.37	57.99	2.91	7.36	90.43
14.54	14.54	58.48	2.51	7.19	99.59
15.50	15.53	59.93	2.63	8.07	99.82
15.66	15.75	63.07	2.72	7.80	99.47
15.79	15.92	62.59	2.67	6.49	99.16
14.37	14.47	64.41	2.56	6.04	99.26
13.56	13.65	63.90	2.40	5.68	99.30
11.64	11.77	64.51	1.96	4.86	98.93
11.21	11.44	64.58	1.87	4.66	97.97
13.22	13.36	64.31	1.93	5.26	98.96
-11.61	-11.68	71.72	1.52	-17.91	99.36
12.25	12.32	64.48	2.78	0.85	99.43
13.75	13.93	64.23	1.70	7.20	98.70
24.41	24.58	53.87	1.28	9.77	99.31
12.34	12.48	65.14	2.00	4.97	98.93
14.02	14.18	63.80	1.96	5.41	98.93
10.59	10.62	66.68	1.92	3.73	99.70
10.13	10.36	65.11	1.62	6.47	97.77

14-11 续表

类　　别	Category	总资产贡献率 (%) Ratio of Total Assets to Industrial Output Value (%)
三、按行业大类分	**by Sector**	
采矿业	**Mining**	
煤炭开采和洗选业	Mining and Washing of Coal	10.95
石油和天然气开采业	Extraction of Petroleum and Natural Gas	-5.24
黑色金属矿采选业	Mining of Ferrous Metal Ores	6.66
有色金属矿采选业	Mining of Non-ferrous Metal Ores	7.57
非金属矿采选业	Mining and Processing of Nonmetal Ores	11.66
开采专业及辅助性活动	Mining Specialties and Auxiliary Activities	-19.47
其他采矿业	Mining of Other Ores	
制造业	**Manufacturing**	
农副食品加工业	Processing of Food from Agricultural Products	6.00
食品制造业	Manufacture of Foods	36.79
酒、饮料和精制茶制造业	Manufacture of Wine, Drinks and Refined Tea	20.51
烟草制品业	Manufacture of Tobacco	54.02
纺织业	Manufacture of Textile	5.74
纺织服装、服饰业	Manufacture of Textile Wearing Apparel and Finery	5.22
皮革、毛皮、羽毛及其制品和制鞋业	Manufacture of Leather, Fur, Feather & Its Products and Footwear	-3.50
木材加工及木 竹、藤、棕、草制品业	Processing of Timbers, Manufacture of Wood, Bamboo, Rattan, Palm, and Straw Products	2.32
家具制造业	Manufacture of Furniture	
造纸及纸制品业	Manufacture of Paper and Paper Products	3.98
印刷和记录媒介复制业	Printing, Reproduction of Recording Media	9.39
文教、工美、体育和娱乐用品制造业	Manufacture of Culture, Education,Arts and crafts, Sport and Entertainment Goods	54.85
石油、煤炭及其他燃料加工业	Processing of Oil, Coal and Other Fuel	43.55
化学原料和化学制品制造业	Manufacture of Chemical Raw Material and Chemical Products	14.40
医药制造业	Manufacture of Medicines	20.74
化学纤维制造业	Manufacture of Chemical Fiber	7.07
橡胶和塑料制品业	Manufacture of Rubber and Plastic	0.36
非金属矿物制品业	Manufacture of Non-metallic Mineral Products	9.33
黑色金属冶炼及压延加工业	Manufacture and Processing of Ferrous Metals	5.81
有色金属冶炼及压延加工业	Manufacture & Processing of Non-ferrous Metals	8.95
金属制品业	Manufacture of Metal Products	11.35
通用设备制造业	Manufacture of General Purpose Machinery	11.35
专用设备制造业	Manufacture of Special Purpose Machinery	5.33
汽车制造业	Manufacture of Automotive	7.42
铁路、船舶、航空航天和其他运输设备制造业	Manufacture of Railroad,Marine,Aerospace and Other Transportation Equipment	7.45
电气机械及器材制造业	Manufacture of Electrical Machinery & Equipment	5.80
计算机、通信和其他电子设备制造业	Manufacture of Computer, Communications and Other Electronic Equipment	11.85
仪器仪表制造业	Manufacture of Measuring Instrument	6.47
其他制造业	Other Manufacture	4.56
废弃资源综合利用业	Comprehensive Utilization of Waste	3.20
金属制品、机械和设备修理业	Metal Products, Machinery and Equipment Repair Industry	16.21
电力、热力、燃气及水的生产和供应业	**Production and Supply of Electric, Heat, Gas and Water**	
电力、热力的生产和供应业	Production and Supply of Electric Power and Heat Power	4.94
燃气生产和供应业	Production and Supply of Gas	13.61
水的生产和供应业	Production and Supply of Water	0.77

continued

产值利税率 (%) Ratio of Profits and Taxes to Output Value (%)	销售产值利税率 (%) Ratio of Profits and Taxes to Output Value of Sales (%)	资产负债率 (%) Assets-Liability Ratio (%)	流动资产周转率 (次) Ratio of Turnover Working Capitals (time)	成本费用利润率 (%) Ratio of Profits to Cost (%)	产品销售率 (%) Proportion of Products Sold (%)
28.66	29.29	69.61	1.93	7.58	97.86
-13.12	-13.10	50.42	3.35	-29.06	100.14
20.44	20.96	43.47	1.20	9.43	97.52
6.44	6.47	66.28	3.58	4.73	99.59
16.71	14.23	55.88	1.64	6.70	117.42
-26.66	-26.66	115.14	2.86	-22.18	100.00
2.03	2.00	79.77	2.57	0.78	101.47
13.16	12.87	58.65	6.29	11.02	102.22
28.61	28.65	36.37	1.91	14.93	99.84
61.41	61.76	36.37	1.23	11.39	99.42
6.74	6.71	70.75	1.09	1.03	100.33
14.55	15.08	37.09	0.50	4.72	96.48
-6.16	-5.88	70.97	0.91	-8.27	104.80
4.12	4.22	93.06	2.37	1.29	97.71
10.09	10.22	66.21	0.49	6.81	98.78
10.81	10.74	52.38	1.53	5.77	100.67
9.69	9.73	33.89	10.57	6.07	99.66
18.30	18.36	67.36	4.90	4.86	99.66
19.78	20.03	61.71	2.68	13.43	98.73
25.20	26.69	39.21	1.54	23.32	94.42
12.65	12.05	14.60	1.00	8.27	104.94
-0.79	-0.78	76.48	1.18	-2.12	101.53
17.42	17.43	63.66	0.91	12.28	99.97
8.50	8.59	64.62	2.18	4.78	98.93
2.96	2.97	62.92	5.15	1.41	99.81
8.63	8.33	65.38	2.62	3.05	103.65
18.62	18.48	46.03	1.08	12.78	100.75
5.85	6.48	71.35	1.25	2.69	90.31
8.45	8.63	72.28	1.04	5.93	97.91
12.20	12.41	69.13	0.90	8.38	98.33
6.68	6.53	58.09	1.36	3.23	102.18
10.38	10.36	54.17	1.60	5.64	100.24
13.68	14.52	35.67	0.65	6.99	94.16
11.84	11.84	70.37	0.95	0.89	100.00
1.71	1.63	35.87	2.88	-0.51	105.25
14.89	14.92	43.83	1.45	11.44	99.80
6.87	6.89	67.46	4.45	3.15	99.65
26.34	31.83	46.79	1.89	20.23	82.75
2.94	3.04	64.50	0.51	-2.45	96.52

14-12 规模以上国有工业企业主要财务分析指标

类 别	Category	总资产贡献率 (%) Ratio of Total Assets to Industrial Output Value (%)
2000		
2001		
2002		
2003		
2004		
2005		
2006		12.35
2007		18.92
2008		16.65
2009		11.01
2010		12.91
2011		13.39
2012		14.74
2013		15.48
2014		13.50
2015		13.77
2016		13.67
2017		5.55
在总计中：	**of which:**	
亏损企业	Loss Enterprises	-2.99
在总计中：	**of which:**	
中央企业	Central Enterprises	6.65
地方企业	Local Enterprises	3.21
一、按轻重工业分	**by Light & Heavy Industry**	
轻工业	Light Industry	5.25
重工业	Heavy Industry	5.58
二、按企业规模分	**by Enterprise Size**	
大型企业	Large-sized Enterprises	6.34
中型企业	Medium-sized Enterprises	1.74
小型企业	Small-sized Enterprises	5.41

Main Financial Indicators of State-owned Industrial Enterprises above Designated Size

产值利税率 (%) Ratio of Profits and Taxes to Output Value (%)	销售产值利税率 (%) Ratio of Profits and Taxes to Output Value of Sales (%)	资产负债率 (%) Assets-Liability Ratio (%)	流动资产周转率 (次) Ratio of Turnover Working Capitals (time)	成本费用利润率 (%) Ratio of Profits to Cost (%)	产品销售率 (%) Proportion of Products Sold (%)
19.04	19.14	63.22	1.98	10.21	99.45
12.61	12.82	64.12	1.70	3.37	98.39
12.70	12.86	64.46	1.90	3.57	98.77
13.11	13.35	64.16	2.04	3.83	98.16
8.52	8.77	65.39	2.23	2.55	97.10
9.21	9.30	65.87	2.05	4.01	99.04
12.43	12.51	64.11	2.59	4.99	99.32
12.28	12.38	61.63	2.77	5.11	99.21
26.95	35.17	48.06	3.96	15.97	76.64
10.16	10.16	61.27	2.95	3.77	99.04
10.55	10.59	64.81	3.05	4.36	99.60
10.51	10.60	64.71	3.48	4.42	99.12
15.18	15.36	65.36	3.48	5.40	98.78
13.22	13.23	66.05	3.97	5.56	99.90
10.86	10.90	64.00	3.96	3.76	99.63
10.87	10.91	65.03	4.00	5.26	99.65
11.17	11.75	64.11	4.04	6.90	95.02
7.14	7.15	67.32	5.05	3.17	99.75
-15.57	-15.38	96.19	0.90	-14.46	101.23
7.25	7.25	69.53	33.18	3.65	100.00
6.53	6.64	62.62	1.09	1.17	98.41
6.38	6.42	71.08	1.54	1.81	99.26
7.20	7.21	66.98	6.99	3.34	99.80
7.24	7.26	68.20	8.99	3.32	99.75
5.41	5.44	62.81	0.55	-0.09	99.47
6.46	6.45	68.55	1.86	3.57	100.19

14-12 续表

类　别	Category	总资产贡献率(%) Ratio of Total Assets to Industrial Output Value (%)
三、按行业大类分	**by Sector**	
采矿业	**Mining**	
煤炭开采和洗选业	Mining and Washing of Coal	6.22
石油和天然气开采业	Extraction of Petroleum and Natural Gas	
黑色金属矿采选业	Mining of Ferrous Metal Ores	3.21
有色金属矿采选业	Mining of Non-ferrous Metal Ores	27.45
非金属矿采选业	Mining and Processing of Nonmetal Ores	6.76
开采专业及辅助性活动	Mining Specialties and Auxiliary Activities	
其他采矿业	Mining of Other Ores	
制造业	**Manufacturing**	
农副食品加工业	Processing of Food from Agricultural Products	5.88
食品制造业	Manufacture of Foods	7.53
酒、饮料和精制茶制造业	Manufacture of Wine, Drinks and Refined Tea	10.61
烟草制品业	Manufacture of Tobacco	
纺织业	Manufacture of Textile	40.27
纺织服装、服饰业	Manufacture of Textile Wearing Apparel and Finery	
皮革、毛皮、羽毛及其制品和制鞋业	Manufacture of Leather, Fur, Feather & Its Products and Footwear	
木材加工及木 竹、藤、棕、草制品业	Processing of Timbers, Manufacture of Wood, Bamboo, Rattan, Palm, and Straw Products	0.58
家具制造业	Manufacture of Furniture	
造纸及纸制品业	Manufacture of Paper and Paper Products	2.22
印刷和记录媒介复制业	Printing, Reproduction of Recording Media	7.40
文教、工美、体育和娱乐用品制造业	Manufacture of Culture, Education,Arts and crafts, Sport and Entertainment Goods	
石油、煤炭及其他燃料加工业	Processing of Oil, Coal and Other Fuel	
化学原料和化学制品制造业	Manufacture of Chemical Raw Material and Chemical Products	4.88
医药制造业	Manufacture of Medicines	20.80
化学纤维制造业	Manufacture of Chemical Fiber	
橡胶和塑料制品业	Manufacture of Rubber and Plastic	
非金属矿物制品业	Manufacture of Non-metallic Mineral Products	22.78
黑色金属冶炼及压延加工业	Manufacture and Processing of Ferrous Metals	-0.01
有色金属冶炼及压延加工业	Manufacture & Processing of Non-ferrous Metals	
金属制品业	Manufacture of Metal Products	12.80
通用设备制造业	Manufacture of General Purpose Machinery	2.95
专用设备制造业	Manufacture of Special Purpose Machinery	4.85
汽车制造业	Manufacture of Automotive	-3.56
铁路、船舶、航空航天和其他运输设备制造业	Manufacture of Railroad,Marine,Aerospace and Other Transportation Equipment	2.08
电气机械及器材制造业	Manufacture of Electrical Machinery & Equipment	3.48
计算机、通信和其他电子设备制造业	Manufacture of Computer, Communications and Other Electronic Equipment	
仪器仪表制造业	Manufacture of Measuring Instrument	
其他制造业	Other Manufacture	
废弃资源综合利用业	Comprehensive Utilization of Waste	
金属制品、机械和设备修理业	Metal Products, Machinery and Equipment Repair Industry	
电力、热力、燃气及水的生产和供应业	**Production and Supply of Electric, Heat, Gas and Water**	
电力、热力的生产和供应业	Production and Supply of Electric Power and Heat Power	6.38
燃气生产和供应业	Production and Supply of Gas	1.19
水的生产和供应业	Production and Supply of Water	-2.00

continued

产值利税率 (%) Ratio of Profits and Taxes to Output Value (%)	销售产值利税率 (%) Ratio of Profits and Taxes to Output Value of Sales (%)	资产负债率 (%) Assets-Liability Ratio (%)	流动资产周转率 (次) Ratio of Turnover Working Capitals (time)	成本费用利润率 (%) Ratio of Profits to Cost (%)	产品销售率 (%) Proportion of Products Sold (%)
25.49	25.51	58.74	0.91	12.23	99.91
26.76	31.10	5.51	0.33	17.42	86.06
8.01	8.01	77.81	12.04	9.57	100.00
9.81	4.34	94.00	1.08	-3.73	225.95
2.32	2.46	89.35	1.49	0.17	94.46
8.50	8.86	66.10	2.27	3.83	95.92
13.28	13.33	67.37	2.13	2.35	99.61
29.55	30.56	21.62	5.43	10.84	96.70
0.81	0.79	263.01	1.13	-3.10	102.97
2.13	2.14	75.00	2.13	0.02	99.27
3.92	3.68	55.80	3.71	1.37	106.56
2.12	2.14	105.73	3.09	-1.13	98.94
56.18	56.18	82.08	0.96	38.29	100.00
10.27	10.80	82.35	0.97	0.93	95.07
16.25	16.42	50.09	0.08	4.20	98.97
20.25	20.25	49.37	0.69	12.59	100.00
6.85	6.72	37.11	0.76	4.43	101.84
13.90	14.47	66.56	1.34	2.73	96.10
-6.67	-6.67	125.21	2.65	-12.18	100.00
4.94	4.81	37.77	0.93	0.65	102.65
3.50	3.39	64.76	1.71	0.72	103.40
7.00	7.00	70.40	28.39	3.46	99.98
1.59	1.59	33.40	2.27	-0.94	100.00
-11.54	-12.88	76.89	0.75	-11.23	89.59

14-13 各市规模以上工业企业主要经济指标(2017年)
Main Economic Indicators of Industrial Enterprises above Designated Size by Region(2017)

地区	Region	企业单位数(个) Number of Industial Enterprises (unit)	大型企业 Large-sized Enterprises	中型企业 Medium-sized Enterprises	小型企业 Small-sized Enterprises	亏损企业数(个) Number of Loss Enterprises (unit)	工业总产值(万元) Gross Industrial Output Value (10 000 yuan)	内资企业 Domestic Funded Enterprises
全省总计	**Total**	**38147**	**815**	**3782**	**33550**	**3362**	**1374407407**	**1199020660**
济南市	Jinan	2054	47	164	1843	188	79433633	74665373
青岛市	Qingdao	3569	78	459	3032	553	118933652	88651107
淄博市	Zibo	2624	50	238	2336	310	100489494	88360778
枣庄市	Zaozhuang	1264	19	187	1058	40	30397200	28587634
东营市	Dongying	987	54	124	809	148	126432288	118546165
烟台市	Yantai	2377	87	357	1933	336	139655844	89128955
潍坊市	Weifang	3496	80	379	3037	371	115475189	106331724
济宁市	Jining	2741	50	189	2502	132	61709510	58562989
泰安市	Tai'an	1402	39	163	1200	133	46400173	44423652
威海市	Weihai	1847	80	286	1481	157	69362118	50918208
日照市	Rizhao	735	15	86	634	117	26451459	20317297
莱芜市	Laiwu	578	8	47	523	89	18912933	18612928
临沂市	Linyi	4386	59	382	3945	214	108332203	98236324
德州市	Dezhou	3047	47	262	2738	95	103426186	98347824
聊城市	Liaocheng	2325	34	150	2141	130	73270485	66873252
滨州市	Binzhou	1260	45	135	1080	268	74681917	73223085
菏泽市	Heze	3455	23	174	3258	81	81043122	75233367

14-13 续表 1 continued

单位:万元 (10 000 yuan)

地区	Region	国有工业 State-owned Enterprises	集体工业 Collective-owned Enterprises	股份合作企业 Cooperative Enterprises	联营企业 Joint Ownership Enterprises	有限责任公司 Limited Liability Corporations	股份有限公司 Share-holding Corporations Limited
全省总计	**Total**	**22759825**	**14173081**	**669728**	**184474**	**440723002**	**125992779**
济南市	Jinan	18944242	268916	16315		35550968	5459396
青岛市	Qingdao	730224	9318929	53388		35515448	10952406
淄博市	Zibo	718059	916799	308773	112226	28893604	19356692
枣庄市	Zaozhuang	235603	31842			11915914	606499
东营市	Dongying	32235	533436			28081670	20015227
烟台市	Yantai	264746	1521688	120847		32721965	12466019
潍坊市	Weifang	238222	429078	26758		27966170	17200418
济宁市	Jining	179698	40872	21736		29320888	2957632
泰安市	Tai'an	104972	255234			21367869	2023606
威海市	Weihai	181344	482660	42831	19078	16294695	4942346
日照市	Rizhao	347882	2635	12558		13719175	1465055
莱芜市	Laiwu	2593	1894		4229	15383870	847262
临沂市	Linyi	62410	159970		7009	29959662	7999122
德州市	Dezhou	45492	140769	28023		27809437	6416086
聊城市	Liaocheng	108643	6987		41932	17656796	3557450
滨州市	Binzhou	4927	33870			51296779	6223690
菏泽市	Heze	558533	27502	38498		17268094	3503873

14-13 续表 2 continued

单位:万元 (10 000 yuan)

地 区	Region	私营企业 Private Enterprises	其他企业 Other Enterprises	港澳台商投资企业 Enterprises with Funds from Hong Kong, Macao and Taiwan	外商投资企业 Foreign Funded Enterprises	高新技术产业 High and New-tech Industry 总产值 Gross Output Value	占规模以上工业比重(%) Portion in Industries Above Designated Size	工业销售产值(当年价) Industrial Output Value of Products Sold (current prices)	#出口交货值 Export Delivery Value
全省总计	**Total**	**592954747**	**1563024**	**43425135**	**131961612**	**521327400**	**17.08**	**1354814497**	**72716297**
济 南 市	Jinan	14352609	72927	1531395	3236865	26611900	20.12	78135020	2567567
青 岛 市	Qingdao	32075252	5459	6612110	23670436	75313700	11.49	117387397	15625128
淄 博 市	Zibo	37891630	162996	2433445	9695272	39538100	19.18	97910943	2638762
枣 庄 市	Zaozhuang	15797776		868841	940725	9093700	17.85	30178371	747177
东 营 市	Dongying	69883597		2912690	4973433	47050200	15.32	124384829	3783131
烟 台 市	Yantai	42033690		6835570	43691319	63146900	11.23	138288400	14648628
潍 坊 市	Weifang	60412419	58660	4006906	5136560	41650500	12.61	113812361	9577315
济 宁 市	Jining	26007149	35015	1053019	2093503	18992200	10.66	60806142	2818297
泰 安 市	Tai'an	20499081	172890	513944	1462577	16333200	18.77	45098184	880936
威 海 市	Weihai	28833324	121931	1759239	16684672	30151500	12.76	68436173	7327835
日 照 市	Rizhao	4741465	28527	339214	5794949	6927700	17.53	25826545	3192594
莱 芜 市	Laiwu	2359916	13165	197903	102102	4836300	16.92	18443237	623728
临 沂 市	Linyi	59646105	402045	2925706	7170173	34127800	11.76	105513403	2847276
德 州 市	Dezhou	63639163	268853	1191671	3886691	34019000	19.22	101949307	1676708
聊 城 市	Liaocheng	45288148	213295	5662827	734406	24930800	20.07	71701378	1266400
滨 州 市	Binzhou	15660548	3271	648915	809917	20154700	10.88	77440846	2113952
菏 泽 市	Heze	53832877	3990	3931741	1878015	28449200	18.55	79501964	380864

14-13 续表 3 continued

单位:万元 (10 000 yuan)

地 区	Region	资产合计 Total Assets	产成品 Finished Products	流动资产合计 Total Working Capitals	固定资产合计 Total Fixed Assets	负债合计 Total Liabilities	主营业务收入 Revenue from Principal Business	#主营业务税金及附加 Taxes and Other Charges on Principal Business
全省总计	**Total**	**1079328552**	**38910542**	**514856424**	**384495916**	**598907991**	**1408567784**	**15863098**
济 南 市	Jinan	103520196	2679700	44531613	39633090	63449448	84351096	2433594
青 岛 市	Qingdao	125919183	5820891	73892737	26401639	75771155	122246812	2315793
淄 博 市	Zibo	65392745	2693869	29405766	23169191	33261321	103052583	1825611
枣 庄 市	Zaozhuang	23632216	653485	9493943	9212437	13143817	37775705	276073
东 营 市	Dongying	98513233	4256289	51064609	38501820	52072685	125570845	1692616
烟 台 市	Yantai	95878389	3290928	47910651	32746152	49065075	138702451	741231
潍 坊 市	Weifang	87493221	3565218	43619314	28994971	50525926	116156485	837265
济 宁 市	Jining	80536224	2501158	35565287	31046039	48009749	63706966	619758
泰 安 市	Tai'an	39371493	1279337	17086830	12072603	23430707	48606290	472244
威 海 市	Weihai	50635662	1940853	23431060	19622620	22143698	69841706	482310
日 照 市	Rizhao	36212270	909690	19865158	9938647	24991130	27723932	113926
莱 芜 市	Laiwu	13325175	482321	5832544	6019425	9644159	16289367	75515
临 沂 市	Linyi	59139789	2444544	26983340	21202651	29060705	112085120	742973
德 州 市	Dezhou	45614408	923059	15114731	25812202	16602806	104380679	1208295
聊 城 市	Liaocheng	49271809	1529089	23154920	17655830	26132659	72688648	405543
滨 州 市	Binzhou	66584695	2256228	32707793	23836219	43838811	84937418	696555
菏 泽 市	Heze	38287846	1683885	15196129	18630381	17764141	80451682	923796

14–13 续表 4 continued

单位:万元 (10 000 yuan)

地 区	Region	营业费用 Cost of Business	管理费用 Cost of Management	利润总额 Total Profits	亏损企业亏损总额 Losses of Loss Enterprises	利税总额 Total Profits and Taxes	本年应交增值税 Value-added Tax Payable	全部从业人员年平均人数(人) Annual Average Empolyed Persons (person)
全省总计	**Total**	**31337554**	**38810959**	**81281656**	**6131038**	**127655506**	**29538800**	**8111793**
济南市	Jinan	2577202	3447872	4796595	277812	10004866	2756756	518104
青岛市	Qingdao	5774235	6281775	7050049	625756	12169113	2714568	813329
淄博市	Zibo	1600342	2849841	6396321	211561	11154964	2907230	487931
枣庄市	Zaozhuang	717756	1111085	1935854	110114	2899091	680767	331599
东营市	Dongying	1095513	2200831	4578351	2784451	8714850	2393032	354555
烟台市	Yantai	2488836	3453361	10381247	378739	13432959	2134966	740458
潍坊市	Weifang	2562435	3435354	6880048	311325	10178293	2448103	735919
济宁市	Jining	1373307	2280863	4542182	156590	7541820	2086779	580633
泰安市	Tai'an	915594	1623918	3036764	130620	4597507	1083121	357938
威海市	Weihai	2117459	2365454	4206012	203325	6141428	1448548	541656
日照市	Rizhao	399330	713715	1637138	115286	2296716	543692	151784
莱芜市	Laiwu	212582	416958	470370	53153	788108	241072	119873
临沂市	Linyi	4015675	2928351	5657649	170624	8479470	2069321	698803
德州市	Dezhou	2215435	2012224	6018413	81009	8305413	1076451	472044
聊城市	Liaocheng	1039203	1141967	4737973	130597	6657261	1509469	383003
滨州市	Binzhou	766155	1288249	2750182	319126	4743523	1029036	364746
菏泽市	Heze	1466494	1259140	6206510	70951	9550122	2415889	459418

14–14 各市规模以上国有控股工业企业主要经济指标(2017年)

Main Economic Indicators of State-holding Industrial Enterprises above Designated Size by Region(2017)

单位:万元 (10 000 yuan)

地 区	Region	企业单位数(个) Number of Industial Enterprises (unit)	#亏损企业 Number of Loss Enterprises	工业总产值 Gross Industrial Output Value	工业销售产值 Industrial Output Value of Products Sold	#出口交货值 Export Delivery Value	资产合计 Total Assets
全省总计	**Total**	**1125**	**263**	**208059980**	**205888020**	**7962127**	**311296028**
济南市	Jinan	148	37	45587963	45283936	1302292	77042546
青岛市	Qingdao	131	38	29189975	28795964	2475788	36590508
淄博市	Zibo	90	28	15851751	15720709	361736	17336676
枣庄市	Zaozhuang	67	15	5818244	5785500	316443	12742459
东营市	Dongying	30	8	14319087	14360552	103	18843164
烟台市	Yantai	126	29	29655063	29475285	1374918	28604248
潍坊市	Weifang	72	9	16492169	16511024	349049	22550987
济宁市	Jining	107	21	13049218	12732800	286023	41092275
泰安市	Tai'an	70	19	7479243	7055052	222080	15979880
威海市	Weihai	45	12	1900501	1892592	282180	4089336
日照市	Rizhao	20	5	1329599	1335435	273128	5041735
莱芜市	Laiwu	18	4	6692678	6623672	137895	4431321
临沂市	Linyi	57	11	2927319	2850411		4232059
德州市	Dezhou	38	7	5850800	5772002	61926	6070411
聊城市	Liaocheng	49	9	5660589	5477699	111710	7536686
滨州市	Binzhou	30	6	3676661	3674786	406653	3863692
菏泽市	Heze	27	5	2579119	2540601	204	5248047

14-14 续表 1 continued

单位:万元 (10 000 yuan)

地 区	Region	产成品 Finished Products	流动资产合计 Total Working Capitals	固定资产合计 Total Fixed Assets	负债合计 Total Liabilities	主营业务收入 Revenue from Principal Business	#主营业务税金及附加 Taxes and Other Charges on Principal Business
全省总计	**Total**	**7366770**	**128132454**	**121019551**	**200185680**	**229024711**	**7459260**
济南市	Jinan	1556928	28650345	33104012	50827567	50891498	2110577
青岛市	Qingdao	1342280	23734200	7731617	23681320	30050089	1445089
淄博市	Zibo	692680	6508433	6583122	9087971	19392010	1302662
枣庄市	Zaozhuang	338070	5945020	3640150	8430719	13487283	125003
东营市	Dongying	322837	3235295	14998651	10576765	14731338	918546
烟台市	Yantai	800666	10684093	10760329	17087830	31726803	340330
潍坊市	Weifang	426118	11953220	5738378	13092907	16900954	191607
济宁市	Jining	822269	16630547	16475027	29047543	13447263	309980
泰安市	Tai'an	371501	5899442	5015768	11941748	10366840	165729
威海市	Weihai	66857	1569909	1497739	2230888	1885757	21488
日照市	Rizhao	78220	1797714	775063	2957966	1703594	13423
莱芜市	Laiwu	74038	889006	3305176	3600776	3201035	34781
临沂市	Linyi	75849	1283332	1899314	2741282	2931983	38622
德州市	Dezhou	132556	2471540	2901241	3547814	6565298	205830
聊城市	Liaocheng	130976	3476091	2776674	5429485	5589949	41269
滨州市	Binzhou	104749	1371828	1705537	2517505	3735597	101340
菏泽市	Heze	30177	2032440	2111754	3385595	2417420	92986

14-14 续表 2 continued

单位:万元 (10 000 yuan)

地 区	Region	营业费用 Cost of Business	管理费用 Cost of Management	利润总额 Total Profits	亏损企业亏损总额 Losses of Loss Enterprises	利税总额 Total Profits and Taxes	本年应交增值税 Value-added Tax Payable	全部从业人员年平均人数(人) Annual Average Empolyed Persons (person)
全省总计	**Total**	**4874038**	**9707224**	**12009370**	**3658649**	**27507730**	**7533700**	**1321432**
济南市	Jinan	1045581	1775919	1964227	194362	5711378	1622988	248756
青岛市	Qingdao	1178920	1316926	1909384	252628	4284468	850226	109849
淄博市	Zibo	459633	1121742	1116107	76028	3255564	814521	103021
枣庄市	Zaozhuang	167235	509449	680151	91670	1045670	234934	101642
东营市	Dongying	74408	882799	-2295571	2535533	-740254	629164	113432
烟台市	Yantai	481850	946473	2813727	145903	3711226	473730	99712
潍坊市	Weifang	393637	559458	1365032	61150	2034992	477664	56450
济宁市	Jining	292985	1024618	1431845	53381	3134219	1104103	202448
泰安市	Tai'an	138772	560520	580782	45402	1117707	369839	91804
威海市	Weihai	95581	167356	165204	48182	241805	55003	20260
日照市	Rizhao	15772	47088	50659	21262	103870	38531	10537
莱芜市	Laiwu	27227	138457	109896	13155	252684	108006	40903
临沂市	Linyi	80391	131336	159566	24725	279429	80818	21224
德州市	Dezhou	70521	138575	618942	7118	999322	174489	27445
聊城市	Liaocheng	267373	187273	561566	49961	772788	169845	32815
滨州市	Binzhou	43441	72840	158150	11804	349492	89161	21743
菏泽市	Heze	40710	126397	619705	26386	953369	240678	19391

14-15 各市规模以上外商和港澳台投资工业主要经济指标(2017年)
Main Economic Indicators of Industry with Funds from Foreign Countries (Territories), Hong Kong,Macao and Taiwan by Region(2017)

单位:万元 (10 000 yuan)

地区	Region	企业单位数(个) Number of Industial Enterprises (unit)	#亏损企业 Number of Loss Enterprises	工业总产值 Gross Industrial Output Value	工业销售产值 Industrial Output Value of Products Sold	#出口交货值 Export Delivery Value	资产合计 Total Assets
全省总计	**Total**	**3349**	**544**	**175386747**	**173412938**	**28211695**	**128172341**
济南市	Jinan	147	22	4768260	4748239	449394	5904087
青岛市	Qingdao	1037	199	30282545	30626859	7398079	27190449
淄博市	Zibo	145	27	12128716	11682661	1125120	7294582
枣庄市	Zaozhuang	54	3	1809566	1757906	122517	1745634
东营市	Dongying	51	8	7886123	7857248	74613	5564402
烟台市	Yantai	559	107	50526889	50326947	9887384	24437040
潍坊市	Weifang	272	40	9143465	8950070	1951446	8140996
济宁市	Jining	106	11	3146522	3229816	492847	2955698
泰安市	Tai'an	56	7	1976521	1883363	92256	1221653
威海市	Weihai	429	52	18443910	18089631	3832236	9934813
日照市	Rizhao	74	23	6134163	5985950	654283	6508023
莱芜市	Laiwu	24	3	300005	283461	36686	370643
临沂市	Linyi	171	18	10095879	9896721	1040540	8598586
德州市	Dezhou	84	5	5078362	5045946	671215	2685886
聊城市	Liaocheng	39	7	6397233	6133292	102206	9210611
滨州市	Binzhou	41	9	1458832	1449097	115855	2612827
菏泽市	Heze	60	3	5809755	5465730	165019	3796412

14-15 续表 1 continued

单位:万元 (10 000 yuan)

地区	Region	产成品 Finished Products	流动资产合计 Total Working Capitals	固定资产合计 Total Fixed Assets	负债合计 Total Liabilities	主营业务收入 Revenue from Principal Business	#主营业务税金及附加 Taxes and Other Charges on Principal Business
全省总计	**Total**	**4494374**	**72103867**	**40182658**	**65433153**	**173635046**	**1191727**
济南市	Jinan	185554	2816938	2183624	2766707	4810294	42741
青岛市	Qingdao	1039460	17338148	6487889	13676799	31321827	321602
淄博市	Zibo	332693	3217445	2687418	2831394	11866251	52799
枣庄市	Zaozhuang	52825	841478	689038	1038754	1756573	8703
东营市	Dongying	228175	4247440	849752	3380020	7821269	37960
烟台市	Yantai	672272	16044770	5885678	14251037	49154694	290987
潍坊市	Weifang	393820	4489507	2551306	4477365	9059315	53220
济宁市	Jining	144658	1516269	1119587	1401615	3235531	32727
泰安市	Tai'an	36206	560637	428444	579449	1822161	16288
威海市	Weihai	279781	3939520	4909202	3769458	17901116	105248
日照市	Rizhao	150636	3500845	2624109	4012827	6247002	16313
莱芜市	Laiwu	11175	155166	184352	225307	242899	3103
临沂市	Linyi	444305	4972568	2266971	3421632	9723910	81230
德州市	Dezhou	73629	1091786	1400859	1056257	5095493	33947
聊城市	Liaocheng	135552	3657569	3933536	5295329	6352625	20007
滨州市	Binzhou	126692	1611232	617882	1729898	1474029	11810
菏泽市	Heze	186943	2102552	1363014	1519306	5750058	63043

14-15 续表 2 continued

单位:万元 (10 000 yuan)

地 区	Region	营业费用 Cost of Business	管理费用 Cost of Management	利润总额 Total Profits	亏损企业亏损总额 Losses of Loss Enterprises	利税总额 Total Profits and Taxes	本年应交增值税 Value-added Tax Payable	全部从业人员年平均人数(人) Annual Average Empolyed Perss (person)
全省总计	**Total**	**5108139**	**5126138**	**11400546**	**629725**	**16262847**	**3642389**	**1099992**
济南市	Jinan	206834	283536	463163	15544	672542	165315	46474
青岛市	Qingdao	1425581	1407433	1669758	189061	2581558	587188	268037
淄博市	Zibo	267475	315554	820023	25690	1137749	264857	66038
枣庄市	Zaozhuang	49022	58530	95296	8611	133938	29632	25122
东营市	Dongying	56549	80205	262712	14900	633131	331283	11582
烟台市	Yantai	576100	895224	3115347	127287	4118789	693875	220675
潍坊市	Weifang	283915	350576	563806	50398	828168	210862	62497
济宁市	Jining	88626	133144	223423	27595	325801	67627	33078
泰安市	Tai'an	84696	64354	104932	4848	156175	34925	17248
威海市	Weihai	304767	570825	990687	45763	1407783	311758	145444
日照市	Rizhao	99685	179631	292439	41988	377370	68440	21004
莱芜市	Laiwu	8709	13626	17464	2329	23310	2636	2701
临沂市	Linyi	983717	385434	700484	26503	1135022	353134	92048
德州市	Dezhou	92915	93402	293450	5825	402502	74989	30565
聊城市	Liaocheng	52302	93456	517699	16768	640975	103260	18304
滨州市	Binzhou	40189	65358	32282	24445	65797	20996	18118
菏泽市	Heze	487057	135850	1237582	2170	1622239	321614	21057

14-16 各市规模以上非公有工业主要经济指标(2017年)

Main Economic Indicators of Non-public Industry Enterprises above Designated Size by Region(2017)

单位:万元 (10 000 yuan)

地 区	Region	企业单位数(个) Number of Industial Enterprises (unit)	#亏损企业 Number of Loss Enterprises	工业总产值 Gross Industrial Output Value	工业销售产值 Industrial Output Value of Products Sold	#出口交货值 Export Delivery Value	资产合计 Total Assets
全省总计	**Total**	**36289**	**2971**	**1102572749**	**1086860461**	**61868916**	**696595170**
济南市	Jinan	1857	145	32169073	31187866	1219061	25325270
青岛市	Qingdao	3387	504	79272670	79006715	12090834	60636442
淄博市	Zibo	2404	259	77062517	74923130	2040622	43126009
枣庄市	Zaozhuang	1178	23	24121946	23938777	430733	10368226
东营市	Dongying	904	125	103476835	101622912	3528873	73276462
烟台市	Yantai	2119	292	93404226	92253782	13072381	55875423
潍坊市	Weifang	3375	352	96391022	94770953	9080363	62741552
济宁市	Jining	2611	106	47494252	46931995	2477509	37987450
泰安市	Tai'an	1299	107	36441709	35559808	621014	20885160
威海市	Weihai	1733	140	62480210	61619148	6726960	42226642
日照市	Rizhao	701	105	24855589	24238324	2793991	30759807
莱芜市	Laiwu	552	83	12133271	11732734	485834	8525920
临沂市	Linyi	4288	200	102685669	99989928	2791419	52261265
德州市	Dezhou	2990	83	97190091	95793948	1608248	39180080
聊城市	Liaocheng	2260	118	65744912	64388806	960525	39772637
滨州市	Binzhou	1210	255	69486668	72254993	1560368	60889747
菏泽市	Heze	3421	74	78162089	76646643	380182	32757079

14-16 续表 1 continued

单位:万元 (10 000 yuan)

地 区	Region	产成品 Finished Products	流动资产合计 Total Working Capitals	固定资产合计 Total Fixed Assets	负债合计 Total Liabilities	主营业务收入 Revenue from Principal Business	#主营业务税金及附加 Taxes and Other Charges on Principal Business
全省总计	**Total**	**28134122**	**349740441**	**244992695**	**357544624**	**1114246881**	**7995353**
济南市	Jinan	1067107	15228701	6201949	12095424	31942927	299287
青岛市	Qingdao	2785848	33255321	16491417	30817669	79312374	759001
淄博市	Zibo	1762001	20223339	15188647	21366110	76409586	487869
枣庄市	Zaozhuang	292309	3282670	5403370	4448254	23824560	147834
东营市	Dongying	3684574	44623883	21357701	38098296	102525980	724867
烟台市	Yantai	2100536	32425704	16513557	27909018	90585342	316293
潍坊市	Weifang	3010119	30429223	22540391	36053261	96682618	632932
济宁市	Jining	1589503	18153071	14056528	18148059	49157895	307162
泰安市	Tai'an	814494	9786798	6065928	10263196	35433879	289888
威海市	Weihai	1787441	20357764	15800451	18394798	63074008	433270
日照市	Rizhao	813502	17795535	9099003	21674512	25746834	99681
莱芜市	Laiwu	403930	4767248	2609333	5877612	12978491	39543
临沂市	Linyi	2245327	24361806	18636143	24670677	106430711	688325
德州市	Dezhou	776723	12496895	22738267	12923847	97435238	998018
聊城市	Liaocheng	1355895	18853021	14049726	19988195	65284783	354343
滨州市	Binzhou	2102766	30761778	21760444	40490767	79702988	587151
菏泽市	Heze	1542047	12937686	16479843	14324931	77718669	829890

14-16 续表 2 continued

单位:万元 (10 000 yuan)

地 区	Region	营业费用 Cost of Business	管理费用 Cost of Management	利润总额 Total Profits	亏损企业亏损总额 Losses of Loss Enterprises	利税总额 Total Profits and Taxes	本年应交增值税 Value-added Tax Payable	全部从业人员年平均人数(人) Annual Average Empolyed Persons (person)
全省总计	**Total**	**23914076**	**26294024**	**64506307**	**2319919**	**93609592**	**20718691**	**6574467**
济南市	Jinan	1496051	1576890	2740559	78898	4110628	1066458	263347
青岛市	Qingdao	2854891	3549468	3998384	354424	6436573	1670357	661377
淄博市	Zibo	1024079	1540958	4806986	117097	7211632	1914885	363426
枣庄市	Zaozhuang	539341	587091	1236989	16887	1818319	432706	241308
东营市	Dongying	917157	1135714	6457122	220826	8799706	1614362	225364
烟台市	Yantai	1747009	2132103	6198177	206249	7989322	1414024	571945
潍坊市	Weifang	2128764	2819629	5366895	246064	7917306	1905298	651131
济宁市	Jining	1062313	1238059	3101606	95947	4387556	973980	368952
泰安市	Tai'an	743406	943403	2054731	74246	2969363	620896	241793
威海市	Weihai	1964975	2081195	3673023	153850	5349642	1242972	475458
日照市	Rizhao	377578	647021	1585913	90327	2184761	498464	139710
莱芜市	Laiwu	181592	269272	343662	39891	512066	127816	72792
临沂市	Linyi	3905685	2730453	5351347	140819	7982094	1933324	687903
德州市	Dezhou	2138564	1858492	5381060	71733	7276859	895590	495179
聊城市	Liaocheng	718230	885017	4105474	79361	5775548	1311597	315183
滨州市	Binzhou	691282	1170359	2567591	289215	4346547	924895	324336
菏泽市	Heze	1423160	1128901	5536786	44088	8541673	2171070	475263

14－17 各市规模以上工业主要财务分析指标(2017年)
Main Financial Indicators of Industry above Designated Size by Region(2017)

单位：%　(%)

地 区	Region	总资产贡献率 Ratio of Total Assets to Industrial Output Value	产 值 利税率 Ratio of Profits and Taxes to Output Value	销售产值 利 税 率 Ratio of Profits and Taxes to Output Value of Sales	资 产 负债率 Assets-Liability Ratio	流动资产 周 转 率 (次) Ratio of Turnover Working Capitals (time)	成本费用 利 润 率 Ratio of Profits to Cost	产 品 销售率 Proportion of Products Sold
全省总计	**Total**	**12.96**	**9.29**	**9.42**	**55.49**	**2.80**	**6.03**	**98.57**
济 南 市	Jinan	10.19	6.89	7.01	52.86	2.50	3.79	98.38
青 岛 市	Qingdao	10.18	10.23	10.37	60.17	1.68	6.05	98.70
淄 博 市	Zibo	18.09	11.10	11.39	50.86	3.54	6.66	97.43
枣 庄 市	Zaozhuang	13.53	9.54	9.61	55.62	4.03	5.36	99.28
东 营 市	Dongying	10.19	6.89	7.01	52.86	2.50	3.79	98.38
烟 台 市	Yantai	14.90	9.62	9.71	51.17	2.91	8.05	99.02
潍 坊 市	Weifang	12.84	8.81	8.94	57.75	2.70	6.24	98.56
济 宁 市	Jining	10.67	12.22	12.40	59.61	2.18	6.32	98.54
泰 安 市	Tai'an	12.73	9.91	10.19	59.51	2.91	6.57	97.19
威 海 市	Weihai	13.27	8.85	8.97	43.73	2.99	6.41	98.67
日 照 市	Rizhao	7.61	8.68	8.89	69.01	1.41	6.23	97.64
莱 芜 市	Laiwu	8.18	4.17	4.27	72.38	2.86	2.92	97.52
临 沂 市	Linyi	15.20	7.83	8.04	49.14	4.18	5.31	97.40
德 州 市	Dezhou	19.52	8.03	8.15	36.40	6.93	6.17	98.57
聊 城 市	Liaocheng	15.16	9.09	9.28	53.04	3.27	6.72	97.86
滨 州 市	Binzhou	9.23	6.35	6.13	65.84	2.69	3.24	103.69
菏 泽 市	Heze	26.04	11.78	12.01	46.40	5.35	8.37	98.10

14－18 各市规模以上国有控股工业主要财务分析指标(2017年)
Main Financial Indicators of State holding Industry Enterprises above Designated Size by Region(2017)

单位：%　(%)

地 区	Region	总资产贡献率 Ratio of Total Assets to Industrial Output Value	产 值 利税率 Ratio of Profits and Taxes to Output Value	销售产值 利 税 率 Ratio of Profits and Taxes to Output Value of Sales	资 产 负债率 Assets-Liability Ratio	流动资产 周 转 率 (次) Ratio of Turnover Working Capitals (time)	成本费用 利 润 率 Ratio of Profits to Cost	产 品 销售率 Proportion of Products Sold
全省总计	**Total**	**9.91**	**13.22**	**13.36**	**64.31**	**1.93**	**5.26**	**98.96**
济 南 市	Jinan	6.29	8.75	8.86	70.03	1.02	3.40	98.72
青 岛 市	Qingdao	12.04	14.68	14.88	64.72	1.32	6.59	98.65
淄 博 市	Zibo	19.83	20.54	20.71	52.42	3.07	6.39	99.17
枣 庄 市	Zaozhuang	9.39	17.97	18.07	66.16	2.34	5.18	99.44
东 营 市	Dongying	-2.70	-5.17	-5.15	56.13	4.61	-14.61	100.29
烟 台 市	Yantai	13.89	12.51	12.59	59.74	3.00	9.56	99.39
潍 坊 市	Weifang	10.19	12.34	12.33	58.06	1.44	8.68	100.11
济 宁 市	Jining	9.27	24.02	24.62	70.69	1.55	6.11	97.58
泰 安 市	Tai'an	8.37	14.94	15.84	74.73	1.82	5.87	94.33
威 海 市	Weihai	6.97	12.72	12.78	54.55	1.23	9.23	99.58
日 照 市	Rizhao	2.37	7.81	7.78	58.67	1.02	2.86	100.44
莱 芜 市	Laiwu	8.28	3.78	3.81	81.26	3.80	3.40	98.97
临 沂 市	Linyi	8.18	9.55	9.80	64.77	2.31	5.77	97.37
德 州 市	Dezhou	17.36	17.08	17.31	58.44	2.75	10.41	98.65
聊 城 市	Liaocheng	12.25	13.65	14.11	72.04	1.66	10.81	96.77
滨 州 市	Binzhou	10.83	9.51	9.51	65.16	2.75	4.47	99.95
菏 泽 市	Heze	19.65	36.96	37.53	64.51	1.24	34.35	98.51

14-19 规模以上工业主要产品产量(2017年)
Output of Major Industrial Products above Designated Size(2017)

名 称		Item		生产量 Output
铁矿石原矿量	(万吨)	Ironstone in Original Iron Ores	(10 000 tons)	1896.6
原 盐	(万吨)	Salt	(10 000 tons)	1407.3
大 米	(万吨)	Rice	(10 000 tons)	45.3
小麦粉	(万吨)	Wheat Flour	(10 000 tons)	2409.9
精制食用植物油	(万吨)	Refined Edible Vegetable Oil	(10 000 tons)	697.0
鲜、冷藏肉	(万吨)	Frozen,Fresh Meat	(10 000 tons)	962.6
配合饲料+混合饲料	(万吨)	Formula Feed & Mixed Feed	(10 000 tons)	2393.8
速冻米面食品	(万吨)	Quick-frozen Food	(10 000 tons)	6.2
方便面	(万吨)	Instant Noodles	(10 000 tons)	26.5
乳制品	(万吨)	Milk Products	(10 000 tons)	251.1
液体乳	(万吨)	Liquid Milk	(10 000 tons)	243.3
罐 头	(万吨)	Canned Food	(10 000 tons)	113.4
酱 油	(万吨)	Soy Sauce	(10 000 tons)	63.9
发酵酒精(折96度,商品量)	(万千升)	Fermenting Alcohol	(10 000 kiloliter)	66.9
饮料酒	(万千升)	Liquor	(10 000 kiloliter)	767.7
白酒(折65度,商品量)	(万千升)	White Spirit	(10 000 kiloliter)	106.3
啤 酒	(万千升)	Beer	(10 000 kiloliter)	608.8
葡萄酒	(万千升)	Wine	(10 000 kiloliter)	38.4
饮料	(万吨)	Drinks	(10 000 tons)	634.3
碳酸饮料	(万吨)	Carbonated Drinks	(10 000 tons)	76.5
果汁蔬菜汁类饮料	(万吨)	Juice and Vegetable Juice Beverage	(10 000 tons)	90.0
包装饮用水	(万吨)	Bottled Drinking Water	(10 000 tons)	389.0
冷冻饮品	(万吨)	Frozen Drinks	(10 000 tons)	6.9
精制茶	(万吨)	Refined Tea	(10 000 tons)	0.3
卷 烟	(亿支)	Cigarettes	(100 million pieces)	1274.4
化学纤维用浆粕	(万吨)	Chemical Fiber Pulp	(10 000 tons)	17.3
化学纤维	(万吨)	Chemical Fiber	(10 000 tons)	82.1
粘胶短纤维	(万吨)	Viscose Staple Fiber	(10 000 tons)	23.3
合成纤维	(万吨)	Synthetic Fiber	(10 000 tons)	56.8
锦纶纤维	(万吨)	Nylon Fiber	(10 000 tons)	11.9
涤纶纤维	(万吨)	Polyester Fiber	(10 000 tons)	34.8
腈纶纤维	(万吨)	Acrylic Fiber	(10 000 tons)	3.6
丙纶纤维	(万吨)	Polypropylene Fiber	(10 000 tons)	0.9
纱	(万吨)	Yarn	(10 000 tons)	876.8
布	(亿米)	Cloth	(100 million m)	121.1
棉 布	(亿米)	Cotton Cloth	(100 million m)	105.7
棉混纺布(混纺交织布)	(亿米)	Cotton Blended Cloth	(100 million m)	13.3
化学纤维短纤布	(亿米)	Chemical Fiber Cloth	(100 million m)	2.2
印染布	(亿米)	Printed Fabric	(100 million m)	28.7
帘子布	(万吨)	Cord Fabric	(10 000 tons)	24.7
绒线(毛线)	(万吨)	Knitting Wool	(10 000 tons)	7.5
毛机织物(呢绒)	(万米)	Wool Fabric	(10 000 m)	8798.4
亚麻布	(万米)	Ramie and Flax Cloth	(10 000 m)	1542.3

14-19 续表 1 continued

名 称		Item		生产量 Output
服 装	(万件)	Garments	(10 000 pieces)	279320.7
梭织服装	(万件)	Woven Garments	(10 000 pieces)	102822.3
西服套装	(万件)	Suits	(10 000 pieces)	4543.4
衬 衫	(万件)	Shirts	(10 000 pieces)	3871.4
羽绒服	(万件)	Down Wear	(10 000 pieces)	2053.3
针织服装	(万件)	Knitted Clothing	(10 000 pieces)	176498.4
轻 革	(万平方米)	Leather	(10 000 sq.m)	2974.3
皮革鞋靴	(万双)	Shoes	(10 000 pairs)	17735.2
皮革服装	(万件)	Leather Apparel	(10 000 pieces)	80.2
天然毛皮服装	(万件)	Natural Fur Apparel	(10 000 units)	6.3
人造板	(万立方米)	Manmade Plates	(10 000 cu.m)	6613.4
胶合板	(万立方米)	Plywood	(10 000 cu.m)	5434.5
纤维板	(万立方米)	Fiberboard	(10 000 cu.m)	561.3
刨花板	(万立方米)	Flakeboard	(10 000 cu.m)	232.3
人造板表面装饰板(人造板	(万立方米)	Secondary Processing Decorative Plates	(10 000 cu.m)	109.8
实木地板(木地板)	(万平方米)	Solid Wood Floor	(10 000 sq.m)	26.4
复合木地板	(万平方米)	Engineered Wooden Floor	(10 000 sq.m)	5399.8
家 具	(万件)	Furniture	(10 000 units)	3310.2
木质家具	(万件)	Wood Furniture	(10 000 units)	2877.3
软体家具(包括床垫、沙发)	(万件)	Soft Furniture	(10 000 units)	87.8
金属家具	(万件)	Metal Furniture	(10 000 units)	145.8
纸 浆	(万吨)	Paper Pulp	(10 000 tons)	511.5
机制纸及纸板	(万吨)	Machine-made Paper and Paperboards	(10 000 tons)	2177.5
新闻纸	(万吨)	Newsprint	(10 000 tons)	131.9
未涂布印刷书写用纸	(万吨)	Uncoated Writing Printing Paper	(10 000 tons)	263.3
纸制品	(万吨)	Paper Products	(10000 tons)	346.0
瓦楞纸箱(纸箱)	(万吨)	Corrugated Box	(10000 tons)	226.1
硫酸(折100%)	(万吨)	Sulfuric	(10 000 tons)	495.6
盐酸(含量31%以上)	(万吨)	Hydrochloric Acid(content of more than 31%)	(10 000 tons)	79.0
氢氧化钠(烧碱)(折100%)	(万吨)	Caustic	(10 000 tons)	897.2
离子膜法烧碱	(万吨)	Ionic Membrane Caustic	(10 000 tons)	681.3
碳酸钠(纯碱)	(万吨)	Soda Ash	(10 000 tons)	412.0
合成氨	(万吨)	Synthetic Ammonia	(10 000 tons)	584.3
农用氮、磷、钾化学肥料总计(折纯)	(万吨)	Chemical Fertilizer	(10 000 tons)	425.3
氮 肥(折含N 100%)	(万吨)	Nitrogen Fertilizer	(10 000 tons)	363.2
尿 素	(万吨)	Urea	(10 000 tons)	327.2
磷肥(折合P2O5 100%)	(万吨)	Phosphate Fertilizer	(10 000 tons)	48.8

14-19 续表 2 continued

名 称		Item		生产量 Output
化学农药原药(折有效成分100%)	(万吨)	Chemical Pesticide	(10 000 tons)	33.1
杀虫剂原药	(万吨)	Insecticides Pesticide	(10 000 tons)	7.2
杀菌剂原药	(万吨)	Fungicides Pesticide	(10 000 tons)	1.4
除草剂原药	(万吨)	Herbicide Pesticide	(10 000 tons)	14.5
乙 烯	(万吨)	Ethylene	(10 000 tons)	102.6
纯 苯	(万吨)	Benzene	(10 000 tons)	77.0
精甲醇	(万吨)	Extracted Methanol	(10 000 tons)	639.1
冰醋酸	(万吨)	Acetic Acid	(10 000 tons)	140.9
涂料(油漆)	(万吨)	Paint	(10 000 tons)	86.1
初级形态的塑料(塑料树脂及共聚物)	(万吨)	Primary Plastic	(10 000 tons)	708.1
聚氯乙烯树脂	(万吨)	PVC Colophony	(10 000 tons)	185.2
聚丙烯树酯	(万吨)	Polypropylene Colophony	(10 000 tons)	139.8
合成橡胶	(万吨)	Synthetic Rubber	(10 000 tons)	75.4
合成纤维单体	(万吨)	Synthetic Fiber Monomer	(10 000 tons)	22.4
合成纤维聚合物	(万吨)	Synthetic Fiber Polymers	(10 000 tons)	57.6
合成洗涤剂	(万吨)	Synthetic Detergents	(10 000 tons)	104.9
中成药	(万吨)	Traditional Chemical Medicine	(10 000 tons)	22.1
橡胶轮胎外胎(轮胎外胎)	(万条)	Tires	(10 000 tires)	43493.1
子午线轮胎外胎	(万条)	Radial Tires	(10 000 tires)	35808.1
塑料制品	(万吨)	Plastic Articles	(10 000 tons)	447.2
塑料薄膜	(万吨)	Plastic Film	(10 000 tons)	95.0
农用薄膜	(万吨)	Agricultural Film	(10 000 tons)	38.4
塑料人造革、合成革	(万吨)	Plastic leather and synthetic leather	(10 000 tons)	2.3
泡沫塑料	(万吨)	Foam	(10 000 tons)	7.1
日用塑料制品	(万吨)	Plastic Products for Daily Use	(10 000 tons)	28.3
硅酸盐水泥熟料	(万吨)	Portland Cement Clinker	(10 000 tons)	7891.0
窑外分解窑熟料(预分解窑熟料)	(万吨)	Precalciner Kiln Clinker	(10 000 tons)	7540.7
水 泥	(万吨)	Cement	(10 000 tons)	15300.0
水泥混凝土排水管	(千米)	Cement and Concrete Drain Pipes	(1 000 m)	21192.7
水泥混凝土压力管	(千米)	Cement and Concrete Pressure Pipes	(1 000 m)	793.7
水泥混凝土电杆	(万根)	Cement Concrete Poles	(10 000 units)	113.1
商品混凝土	(万立方米)	Concrete	(10 000 cu.m)	9431.3
预应力混凝土桩	(万米)	Prestressed concrete piles	(10 000 m)	860.8
砖(折标准砖)	(亿块)	Brick	(100 million units)	297.8
瓦	(亿片)	Tile	(100 million units)	12.9
天然大理石建筑板材(大理石板材)	(万平方米)	Natural Marble Building Block	(10 000 sq.m)	1000.1
天然花岗石建筑板材(花岗石板材)	(万平方米)	Natural Granite Building Block	(10 000 sq.m)	2946.6

14-19 续表 3 continued

名 称		Item		生产量 Output
工业锅炉	(蒸发量吨)	Industrial Boilers	(evaporation ton)	38872.6
电站汽轮机	(万千瓦)	Turbine Power Plant	(10 000 kw)	261.8
金属切削机床	(万台)	Metal-cutting Machine Tools	(10 000 units)	10.0
金属成形机床(锻压设备)	(万台)	Metal Forming Machine	(10 000 units)	2.0
数控金属成形机床(数控锻压设备)	(台)	CNC Metal Forming Machine	(units)	1483.0
铸造机械	(万台)	Casting Machinery	(10 00 0 units)	121.3
起重机	(万吨)	Lifting Equipment	(10 000 tons)	164.8
输送机械	(万吨)	Conveyer	(10 000 tons)	8.3
泵(液体泵)	(万台)	Pumps	(10 000 units)	68.9
风 机	(万台)	Fans	(10 000 units)	35.1
气体压缩机	(台)	Gas Compressor	(unit)	1104.1
减速机	(万台)	Reducer	(10 000 units)	27.7
滚动轴承(轴承)	(亿套)	Rolling Bearings	(100 million units)	26.4
阀 门	(万吨)	Valves	(10 000 tons)	31.7
液压元件	(万件)	Hydraulic Components	(10 000 units)	1097.8
气动元件	(万件)	Pneumatic Components	(10 000 units)	523.1
粉末冶金零件	(万吨)	Sintered Metal Products	(10 000 tons)	22.4
矿山专用设备	(万吨)	Special Equipment for MIne	(10 000 tons)	110.7
饲料生产专用设备	(台)	Specialized Feed Processing Machinery	(unit)	25015.0
棉花加工机械	(台)	Cotton Processing Equipment	(unit)	7270.0
印刷专用设备	(吨)	Printing Special Equipment	(ton)	86236.5
水泥专用设备(水泥设备)	(吨)	Cement Special Equipment	(ton)	54492.6
金属冶炼设备(冶炼设备)	(吨)	Metal Smelting Equipment	(ton)	47520.8
金属轧制设备	(吨)	Metal Rolling Equipment	(ton)	350.0
包装专用设备(包装机械)	(台)	Packaging Special Equipment	(unit)	7632.0
大型拖拉机	(台)	Large Tractors	(unit)	25438.0
中型拖拉机	(台)	Medium Tractors	(unit)	91920.0
小型拖拉机	(万台)	Small Tractors	(10 000 units)	29.1
收获机械	(台)	Harvesting Machinery	(unit)	50558.0
挖掘、铲土运输机械	(台)	Mining and Shoveling Transport Machinery	(unit)	117097.0
压实机械	(台)	Compacting Machinery	(unit)	6327.0
混凝土机械	(台)	Concrete Machinery	(unit)	14570.0
环境污染防治专用设备	(台(套))	Special Equipment for Environmental Protection	(unit)	124852.0
水质污染防治设备	(台(套))	Water Pollution Control Equipment	(unit)	29928.0
大气污染防治设备	(台(套))	Air Pollution Control Equipment	(unit)	94372.0
铁路货车	(辆)	Railway Freight Wagons	(unit)	4728.0

14-19 续表 4 continued

名 称		Item		生产量 Output
汽 车	(万辆)	Motor Vehicles	(10 000 units)	140.3
载货汽车	(万辆)	Trucks	(10 000 units)	79.6
客车	(万辆)	Buses	(10 000 units)	2.0
轿 车	(万辆)	Cars	(10 000 units)	12.8
改装汽车	(万辆)	Modified Cars	(10 000 units)	24.7
电动自行车	(万辆)	Electric Bicycle	(10000 units)	573.1
民用钢质船舶	(万载重吨)	Civil Steel Vessels	(10 000 dwts)	274.6
发电设备	(万千瓦)	Power Generating Equipment	(10 000 kw)	530.0
汽轮发电机	(万千瓦)	Steam Turbogenerator	(10 000 kw)	530.0
交流电动机	(万千瓦)	AC Motors	(10 000 kw)	2660.9
变压器	(万千伏安)	Transformers	(10 000 KVA pm)	27056.1
高压开关板	(万面)	High Voltage Switch Plate	(10 000 units)	119157.0
低压开关板	(万面)	Low Voltage Switch Plate	(10 000 units)	4.7
电力电缆	(万千米)	Power Cable	(10 000 km)	241.4
通信及电子网络用电缆	(万对千米)	Cable for Communications and Electronic Network	(10 000 couples·km)	78.3
光缆(光纤通讯电缆)	(万芯千米)	Fire Optic Cable	(10 000 cores·km)	2455.4
绝缘制品	(吨)	Insulation Products	(ton)	29471.7
原电池及原电池组(非扣式)	(亿只)	Primary Cells and Batteries	(100 million units)	23.9
灯具及照明装置	(万套(台、个)	Lamps and Lighting Fixtures	(10 000 units)	439.9
电光源(灯泡)	(万只)	Light Bulbs	(10 000 units)	31411.0
家用洗衣机	(万台)	Household Washing Machines	(10 000 units)	627.2
家用电冰箱	(万台)	Household Refrigerators	(10000 units)	821.4
家用冷柜(家用冷冻箱)	(万台)	Household Freezers	(10000 units)	535.1
房间空气调节器	(万台)	Air Conditioners	(10000 units)	1004.6
吸排油烟机	(万台)	Vacuum Cleaners	(10000 units)	139.6
电热水器	(万台)	Electric Water Heater	(10000 units)	477.2
微波炉	(万台)	Microwave Ovens	(10000 units)	32.2
电饭锅	(万个)	Electric Cookers	(10000 units)	106.1
电焊机	(万台)	Welders	(10000 units)	16.0
电话单机	(万台)	Telephone Sets	(10000 units)	254.7
移动通信手持机(手机)	(万台)	Mobile Telephones	(10000 units)	5041.5
电子计算机	(万台)	Computers	(10000 units)	79.4
显示器	(万台)	Display	(10000 units)	168.2
打印机	(万台)	Printers	(10000 units)	360.9
半导体分立器件	(亿只)	Discrete Semiconductor Devices	(100 million units)	264.9
彩色电视机	(万台)	Color Television Sets	(10000 units)	1704.4

主要统计指标解释

工　业　指从事自然资源的开采，对采掘品和农产品进行加工和再加工的物质生产部门。具体包括：(1)对自然资源的开采，如采矿、晒盐等(但不包括禽兽捕猎和水产捕捞)；(2)对农副产品的加工、再加工，如粮油加工、食品加工、缫丝、纺织、制革等；(3)对采掘品的加工、再加工，如炼铁、炼钢、化工生产、石油加工、机器制造、木材加工等，以及电力、自来水、煤气的生产和供应等；(4)对工业品的修理、翻新，如机器设备的修理、交通运输工具(如汽车)的修理等。

工业统计调查单位为独立核算法人工业企业。

独立核算法人工业企业指从事工业生产经营活动的单位。独立核算法人工业企业应同时具备以下条件：①依法成立，有自己的名称、组织机构和场所，能够承担民事责任；②独立拥有和使用资产，承担负债，有权与其他单位签订合同；③独立核算盈亏，并能够编制资产负债表。

本年鉴中涉及的企业登记注册类型：

国有及国有控股企业　指国有企业加上国有控股企业。国有企业(即原全民所有制工业或国营工业)指企业全部资产归国家所有，并按《中华人民共和国企业法人登记管理条例》规定登记注册的非公司制的经济组织。包括国有企业、国有独资公司和国有联营企业。1957 年以前的公私合营和私营工业，后均改造为国营工业，1992 年改为国有工业，这部分工业的资料不单独分列时，均包括在国有企业内。国有控股企业是对混合所有制经济的企业进行的“国有控股”分类。它是指这些企业的全部资产中国有资产(股份)相对其他所有者中的任何一个所有者占资(股)最多的企业。该分组反映了国有经济控股情况。

集体企业　指企业资产归集体所有，并按《中华人民共和国企业法人登记管理条例》规定登记注册的经济组织。是社会主义公有制经济的组成部分。包括城乡所有使用集体投资举办的企业，以及部分个人通过集资自愿放弃所有权并依法经工商行政管理机关认定为集体所有制的企业。

股份合作企业　指以合作制为基础，由企业职工共同出资入股，吸收一定比例的社会资产投资组建，实行自主经营，自负盈亏，共同劳动，民主管理，按劳分配与按股分红相结合的一种集体经济组织。

联营企业　指两个及两个以上相同或不同所有制性质的企业法人或事业单位法人，按自愿、平等、互利的原则，共同投资组成的经济组织。联营企业包括：

国有联营企业指国有企业与国有企业间的联营；

集体联营企业指集体企业与集体企业间的联营；

国有与集体联营企业指国有企业与集体企业间的联营。

有限责任公司　指根据《中华人民共和国公司登记管理条例》规定登记注册，由两个以上，五十个以下的股东共同出资，每个股东以其所认缴的出资额对公司承担有限责任，公司以其全部资产对其债务承担责任的经济组织。

有限责任公司包括国有独资公司以及其他有限责任公司。

股份有限公司　指根据《中华人民共和国企业法人登记管理条例》规定登记注册，其全部注册资本由等额股份构成并通过发行股票筹集资本，股东以其认购的股份对公司承担有限责任，公司以其全部资产对其债务承担责任的经济组织。

私营企业　指由自然人投资设立或由自然人控股，以雇佣劳动为基础的营利性经济组织。包括按照《公司法》、《合伙企业法》、《私营企业暂行条例》规定登记注册的私营有限责任公司、私营股份有限公司、私营合伙企业和私营独资企业。

港、澳、台商投资企业　指企业注册登记类型中的港、澳、台资合资、合作、独资经营企业和股份有限公司之和。

外商投资企业　指企业注册登记类型中的中外合资、合作经营企业、外资企业和外商投资股份有限公司之和。

“三资”企业系指港、澳、台商投资企业和外资企业的简称。

轻工业　指主要提供生活消费品和制作手工工具的工业。按其所使用的原料不同，可分为两大类：(1)以农产品为原料的轻工业，是指直接或间接以农产品为基本原料的轻工业。主要包括食品制造、饮料制造、烟草加工、纺织、缝纫、皮革和毛皮制作、造纸以及印刷等工业；(2)以非农产品为原料的轻工业，是指以工业品为原料的轻工业。主要包括文教体育用品、化学药品制造、合成纤维制造、日用化学制品、日用玻璃制品、日用金属制品、手工工具制造、医疗器械制造、文化和办公用机械制造等工业。

重工业　指为国民经济各部门提供物质技术基础的主要生产资料的工业。按其生产性质和产品用途，可以分为下列三类：(1)采掘(伐)工业，是指对自然资源的开采，包括石油开采、煤炭开采、金属矿开采、非金属矿开采等工业；(2)原材料工业，指向国民经济各部门提供基本材料、动力和燃料的工业。包括金属冶炼及加工、炼焦及焦炭、化学、化工原料、水泥、人造板以及电力、石油和煤炭加工等工业；(3)加工工业，是指对工业原材料进行再加工制造的工业。包括装备国民经济各部门的机械设备制造工业、金属结构、水泥制品等工业，以及为农业提供的生产资料如化肥、农药等工业。

根据上述划分原则，修理业中以重工业产品为修理作业对象的划为重工业，反之划为轻工业。

工业总产值

(1)定义：

工业总产值是以货币形式表现的，工业企业在一定时期内生产的工业最终产品或提供工业性劳务活动的总价值量。

它反映一定时间内工业生产的总规模和总水平。

(2)计算原则：

工业生产的原则，即凡是企业在报告期生产的经检验合格的产品，不管是否在报告期销售，均包括在内。

最终产品的原则，即凡是计入工业总产值的产品，必须是本企业生产的经检验合格的，不需要再进行任何加工的最终产品。如果企业有中间产品(半成品)对外销售，则对外销售的中间产品应视为企业的最终产品。

工厂法原则，即工业总产值是以工业企业作为基本计算(核算)单位，即按企业的最终产品计算工业总产值。按这种方法计算的工业总产值，不允许同一产品价值在企业内部重复计算，不能把企业内部各个车间(分厂)生产的成果相加，但允许企业间的重复计算。

(3)内容及计算方法：

1995 年全国工业普查对工业总产值(原规定)的内容及计算原则和方法做了某些修订，修订后的工业总产值(新规定)包括三项内容：即本期生产成品价值、对外加工费收入、在制品半成品期末期初差额价值三部分。

本期生产成品价值：指企业本期生产，并在报告期内不再进行加工，经检验、包装入库的全部工业成品(半成品)价值合计，包括企业生产的自制设备及提供给本企业在建工程、其他非工业部门和福利部门等单位使用的成品价值。本期生产成品价值为按自备原材料生产的产品的数量乘以本期不含增值税(销项税额)的产品实际销售平均单价计算；会计核算中按成本价格转帐的自制设备和自产自用的成品，按成本价格计算生产成品价值。生产成品价值中不包括用定货者来料加工的成品(半成品)价值。

对外加工费收入：指企业在报告期内完成的对外承接的工业品加工(包括用定货者来料加工产品)的加工费收入和对外工业修理作业所取得的加工费收入。对外加工费收入按不含增值税(销项税额)的价格计算，可根据会计“产品销售收入”科目的有关资料取得。

对于本企业对内非工业部门提供的加工修理、设备安装的劳务收入，如果企业会计核算基础较好，能取得这部分资料，而且这部分价值所占比重较大，应包括在对外加工费收入中。自制半成品在制品期末期初差额价值：指企业报告期在制品期末减期初的差额价值，本指标一般可以从会计核算资料中取得。如果会计产品成本核算中不计算半成品、在制品的成本，则总产值中也不包括这部分价值，反之则包括。

(4)工业总产值统计范围变化和计算方法修订情况：

1984 年以前工业总产值不包括村办工业，村办工业总产值划归农业。1984 年以后工业总产值包括村办工业。

1995 年工业普查对工业总产值计算方法做了修订，即从 1995 年始按新修订(新规定)方法计算工业总产值。新规定与原规定的区别如下：

全价与加工费的计算原则不同：新规定为凡自备原材料，不论其生产繁简程度如何，一律按全价计算工业总产值；凡来料加工，允许按加工费计算工业总产值。原规定则视生产加工的繁简程度不同，规定哪些行业按全价，哪些行业按加工费计算工业总产值。

自制半成品、在产品期末期初差额价值的计算原则不同：新规定要求，凡会计产品成本核算时计算了成本的差额价值，总产值中就应包括，否则可不包括；原规定则按生产周期六个月的界限区分，凡生产周期六个月以上的企业，总产值计算中应包括这部分差额价值，否则可不包括。

计算价格不同：新规定按不含增值税(销项税额)的价格计算；原规定则按含增值税(销项税额)的价格计算。

工业增加值 指工业企业在报告期内以货币表现的工业生产活动的最终成果。

工业增加值有两种计算方法：一是生产法，即工业总产出减去工业中间投入加上应交增值税；二是收入法，即从收入的角度出发，根据生产要素在生产过程中应得到的收入份额计算，具体构成项目有固定资产折旧、劳动者报酬、生产税净额、营业盈余，这种方法也称要素分配法。本年鉴中的工业增加值是以生产法计算的。

生产法工业增加值的计算方法为：

工业增加值=工业总产出−工业中间投入+应交增值税

(1)工业总产出：指工业企业在一定时期内工业生产活动的总成果。工业总产出包括：成品生产价值，对外加工费收入，自制半成品、在产品期末期初差额价值。1995 年后用新规定计算的工业总产值代替。

(2)工业中间投入：指工业企业在工业生产活动中消耗的外购物质产品和对外支付的服务费用。服务费用包括支付给物质生产部门(工业、农业、批发零售贸易业、建筑业、运输邮电业)的服务费用和支付给非物质生产部门(如保险、金融、文化教育、科学研究、医疗卫生、行政管理等)的服务费用。工业中间投入的确定须遵循以下原则：必须从外部购入的，并已计入工业总产出的产品和服务价值；必须是本期投入生产，并一次性消耗掉(包括本期摊销的低值易耗品等)的产品和服务价值。

工业中间投入包括直接材料费用、制造费用中的工业中间投入、管理费用中的工业中间投入、销售费用中的工业中间投入和利息支出五部分。

资产总计 指企业拥有或控制的能以货币计量的经济资源，包括各种财产、债权和其他权利。资产按流动性分为流动资产、长期投资、固定资产、无形资产、递延资产和其他资产。该指标根据企业会计“资产负债表”中“资产总计”项目的期末数增列。

流动资产 指企业可以在一年内或者超过一年的一个生产周期内变现或者耗用的资产，包括现金及各种存款、短期投资，应收及预付款项、存货等。

流动资产平均余额 指企业在报告期内全部流动资产的平均余额。

固定资产原价 指企业在建造、购置、安装、改建、扩建、技术改造某项固定资产时所支出的全部货币总额。它一般包括买价、包装费、运杂费和安装费等。

固定资产净值年平均余额 指固定资产净值在报告期内余额的平均数。计算公式为：

$$\text{固定资产净值年平均余额}=\frac{\text{1至12月各月月初、月末固定资产净值之和}}{24}$$

该指标根据“资产负债表”中“固定资产原价”、“累计折旧”指标的期初、期末数计算填列。

固定资产净值指固定资产原价减去历年已提折旧额后的净额。计算公式为：

固定资产净值=固定资产原价−累计折旧

负债合计　指企业所承担的能以货币计量，将以资产或劳务偿付的债务，偿还形式包括货币、资产或提供劳务。负债一般按偿还期长短分为流动负债和长期负债。根据会计“资产负债表”中“负债合计”的年末数填列。

所有者权益　指企业投资人对企业净资产的所有权。企业净资产等于企业全部资产减去全部负债后的余额，包括企业投资人对企业的最初投入的实际到位的资产及资本公积金、盈余公积金和未分配利润。所有者权益合计数小于零，表示企业资不抵债。

主营业务收入　指会计“利润表”中对应指标的本年累计数。未执行2001年《企业会计制度》的企业，用“产品销售收入”的本期累计数代替。

主营业务成本　指会计“利润表”中对应指标的本年累计数。未执行2001年《企业会计制度》的企业，用“产品销售成本”的本期累计数代替。

主营业务税金及附加　指会计“利润表”中对应指标的本年累计数。未执行2001年《企业会计制度》的企业，用“产品销售税金及附加”的本期累计数代替。

利润总额　指企业生产经营活动的最终成果，是企业在一定时期内实现的盈亏相抵后的利润总额(亏损以“−”号表示)，它等于营业利润加上补贴收入加上投资收益加上营业外净收入再加上以前年度损益调整。

本年应交增值税　指企业在报告期内应交纳的增值税额。它等于本年销项税额加上出口退税加上进项税额转出数减去本年进项税额。小规模纳税企业直接按全年计税销售额乘以征收率计算取得。

从业人员平均人数　是指报告期内每天拥有的从业人员人数。其计算公式为：

$$\text{季平均人数}=\frac{\text{季内各月平均人数之和}}{3}$$

$$\text{月平均人数}=\frac{\text{报告月内每天实有人数之和}}{\text{报告月日历日数}}$$

$$\text{年平均人数}=\frac{\text{年内各月平均人数之和}}{12}$$

总资产贡献率　反映企业全部资产的获利能力，是企业经营业绩和管理水平的集中体现，是评价和考核企业盈利能力的核心指标。计算公式为：

$$\text{总资产贡献率(\%)}=\frac{\text{利润总额}+\text{税金总额}+\text{利息支出}}{\text{平均资金总额}}\times100\%$$

公式中：税金总额为产品销售税金及附加与应交增值税之和；平均资产总额为期初期末资产之和的算术平均值。

资产负债率　该指标既反映企业经营风险的大小，也反映企业利用债权人提供的资金从事经营活动的能力。计算公式为：

$$\text{资产负债率(\%)}=\frac{\text{负债总额}}{\text{资产总额}}\times100\%$$

资产与负债均为报告期期末数。

流动资产周转次数　指一定时期内流动资产完成的周转次数，反映投入工业企业流动资金的周转速度。计算公式为：

$$\text{流动资产周转次数}=\frac{\text{产品销售收入}}{\text{全部流动资产平均余额}}$$

公式中：全部流动资产平均余额为期初和期末的流动资产之和的算术平均值。

成本费用利润率　反映企业投入的生产成本及费用的经济效益，同时也反映企业降低成本所取得的经济效益。计算公式为：

$$\text{成本费用利润率(\%)}=\frac{\text{利润总额}}{\text{成本费用总额}}\times100\%$$

公式中：成本费用总额为产品销售成本、销售费用、管理费用、财务费用之和。

全员劳动生产率　该指标反映企业的生产效率和劳动投入的经济效益。计算公式为：

$$\text{全员劳动生产率}(\text{元/人})=\frac{\text{工业增加值}}{\text{全部从业人员平均人数}}$$

产品销售率　该指标反映工业产品已实现销售的程度，是分析工业产销衔接情况，研究工业产品满足社会需求的指标。计算公式为：

$$\text{产品销售率(\%)}=\frac{\text{工业销售产值}}{\text{工业总产值(现价)}}\times100\%$$

Explanatory Notes on Main Statistical Indicators

Industry refers to the material production sector which is engaged in extraction of natural resources and processing and reprocessing of minerals and agricultural products, including (1) extraction of natural resources, such as mining, salt production (but not including hunting and fishing); (2) processing and reprocessing of farm and sideline produces, such as rice husking, flour milling, wine making, oil pressing, silk reeling, spinning and weaving, and leather making; (3) manufacture of industrial products, such as steel making, iron smelting, chemicals manufacturing, petroleum processing, machine building, timber processing; water and gas production and electricity generation and supply; (4)repairing of industrial products such as the repairing of machinery and means of transport (including cars).

Units of industrial statistics survey corporate industrial enterprises with independent accounting system.

Corporate industrial enterprises with independent accounting system refer to enterprises engaging in industrial production activities, which meet the following requirements: (1)They are established legally, having their own names, organizations, location, able to take civil liability; (2)They possess and use their assets independently, assume liabilities, and are entitled to sign contracts with other units; (3)They are financially independent and compile their own balance sheets.

Enterprises covered in the industrial statistics in the Yearbook include following categories by their registration:

State-owned and State-holding Enterprises refer to state owned enterprises plus state holding enterprises. State owned enterprises (originally known as state run enterprises with ownership by the whole society) are non corporate economic entities registered in accordance with the Regulation of the People's Republic of China on the Management of Registration of Legal Enterprises, where all assets are owned by the state. Included in this category are state owned enterprises, state funded corporations and state owned joint operation enterprises. Joint state private industries and private industries, which existed before 1957, were transformed into state run industries since 1957, and into state owned industries after 1992. Statistics on those enterprises are included in the state owned industries instead of grouping them separately. State holding enterprises is a sub classification of enterprises with mixed ownership, referring to enterprises where the percentage of state assets (or shares by the state) is larger than any other single share holder of the same enterprise. This sub classification illustrates the control of the state over a particular industry.

Collective-owned Enterprises refer to economic entities registered in accordance with the Regulation of the People's Republic of China on the Management of Registration of Legal Enterprises, where assets are owned by collectively. Collective enterprises constitute an integral part of the socialist economy with public ownership. They include urban and rural enterprises invested by collectives, and some enterprises registered in industrial and commercial administration agency as collective units where funds are pulled together by individuals who voluntarily give up their right of ownership.

Share-holding Cooperative Enterprises refer to economic units set up on cooperative basis, with funding partly from members of the enterprise and partly from outside investment, where the operation and management is decided by the members who also participate in the production, and the distribution of income is based both on work (labour input) and on shares (capital input).

Joint Operation Enterprises refer to economic units that are established by joint investment by two or more corporate enterprises or institutions of the same or different types of ownership on voluntary, equal and mutual beneficial basis. They include:

a)state owned joint operation enterprises (joint operation between state owned enterprises);

b)collective joint operation enterprises (joint operation between collective enterprises; and

c)state collective joint operation enterprises (joint operation between state and collective enterprises).

Limited Liability Corporations refer to economic units registered in accordance with the Regulation of the People's Republic of China on the Management of Registration of Corporations, with capitals from 2 to 49 investors, each investor bears limited liability to the corporation depending on his/her holding of shares, and the corporation bears liability to its debt to the maximum of its total assets.

Share-holding Corporations Ltd. refer to economic units registered in accordance with the Regulation of the People's Republic of China on the Management of Registration of Corporate Enterprises, with total registered capitals divided into equal shares and raised through issuing stocks. Each investor bears limited liability to the corporation depending on the holding of shares, and the corporation bears liability to its debt to the maximum of its total assets.

Private Enterprises refer to economic units invested or controlled (by holding the majority of the shares) by natural persons who hire labours for profit making activities. Included in this category are private limited liability corporations, private share holding corporations Ltd., private partnership enterprises and private sole investment enterprises registered in accordance with the Corporation Law, Partnership Enterprise Law and Tentative Regulation on Private Enterprises.

Enterprises with Funds from Hong Kong, Macao and Taiwan refers to all industrial enterprises registered as the joint venture, cooperative, sole (exclusive) investment industrial enterprises and limited liability corporations with funds from Hong Kong, Macao and Taiwan.

Foreign Funded Enterprises refers to all industrial enterprises registered as the joint venture, cooperative, sole (exclusive) investment industrial enterprises and limited liability corporations with foreign funds.

Enterpries with Hong Kong, Macao, Taiwan and foreign fund refer to all the enterpries with funds from Hong Kong Macao and Taiwan and foreign funded enterprises.

Light Industry refers to the industry that produces

consumer goods and hand tools. It consists of two categories, depending on the materials used:

(1) Industries using farm products as raw materials. These are branches of light industry which directly or indirectly use farm products as basic raw materials, including the manufacture of food and beverages, tobacco processing, textile, clothing, fur and leather manufacturing, paper making, printing, etc.

(2) Industries using non farm products as raw materials. These are branches of light industry which use manufactured goods as raw materials, including the manufacture of cultural, educational articles and sports goods, chemicals, synthetic fiber, chemical products for daily use, glass products for daily use, metal products for daily use, hand tools, medical apparatus and instruments, and the manufacture of cultural and clerical machinery.

Heavy Industry refers to the industry which produces capital goods, and provides various sectors of the national economy with necessary material and technical basis. It consists of the following three branches according to the purpose of production or the use of products:

(1) Mining, quarrying and logging industry refers to the industry that extracts natural resources, including extraction of petroleum, coal, metal and non metal ores.

(2) Raw materials industry refers to the industry that provides various sectors of the national economy with raw materials, fuels and power. It includes smelting and processing of metals, coking and coke chemistry, chemical materials and building materials such as cement, plywood, and power, petroleum refining and coal dressing.

(3) Manufacturing industry refers to the industry that processes raw materials. It includes machine building industry which equips sectors of the national economy, industries of metal structure and cement products, industries producing means of agricultural production, such as chemical fertilizers and pesticides.

According to the above principle of classification, the repairing trades, which are engaged primarily in repairing products of heavy industry are classified into heavy industry while these engaged in repairing products of light industry are classified into light industry.

Gross Industrial Output Value

(1) Definition: Gross industrial output value is the total volume of final industrial products produced and industrial services provided during a given period. It reflects the total achievements and overall scale of industrial production during a given period.

(2) Principles for calculation:

Statistics on industrial production follow the principle that all products produced by the enterprises and accepted during the reference period are to be included no matter whether they are sold or not during the reference period.

Determination of final products follow the principle that all products that are included in the calculation of grow industrial output value are the final products of the enterprise which have been accepted through quality check and require no further processing. If an enterprise has intermediate (semi finished) products to sell, these intermediate products are considered as the final products of the enterprise.

Gross industrial output value is calculated following the principle of factory approach, i.e. industrial enterprise is used as the basic accounting unit in calculating the gross industrial output value. By this approach, value of the same product is not to be double counted, and the output value of different workshops (branch factories) should not be added. However, this approach does not exclude the possibility of double counting between enterprises.

(3) Content and calculation method: The old definition of gross industrial output value was modified during the national industrial census in 1995. The revised (new) definition of gross industrial output value consists of 3 components: value of the finished products during the reference period, income from external processing, and value of change in semi finished products at the end and at the beginning of the reference period.

Value of the finished products during the reference period: refers to the value of all finished (semi finished) industrial products that are produced during the reference period without the need for further processing, checked for acceptance, packed and put into the warehouse of the enterprise, including the value of own produced equipment and the value of products provided to the projects under construction of the enterprise, and to other non industrial or welfare units. Value of finished products during the reference period is calculated by the quantity of products produced using own materials multiplied by the average unit prices at which products are sold (excluding value added tax). Own produced equipment and products produced for own use are value at cost prices as in the case of enterprise accounting. Value of finished products does not include the value of finished products (semi finished products) that are produced using the materials from the clients who make the orders.

Income from external processing: refers to income from contracted external processing of industrial products (including processing of industrial products using materials from the clients), and the income from industrial repairing work provided to other units. Income from external processing is calculated using information from the item "products sales income" in the enterprise accounting at the prices excluding value added tax.

For income from services such as processing, repairing and installation of equipment provided to non industrial units within the enterprise, if the accounting work of the enterprise is good enough to separate it from other records, and the share of such services is significant, it should also be included in the income from external processing.

Value of change in semi finished products at the end and at the beginning of the reference period: refers to the value of change in semi finished products at the end and at the beginning of the reference period, which generally can be obtained from accounting records of enterprises. If the enterprise accounting excludes the cost of semi finished products, then it should not be included in the gross industrial output value, and vice versa.

(4) Changes in the coverage and method of calculation of gross industrial output value

Prior to 1984, the value of rural industry run by villages was classified into agriculture instead of industry. Since 1984, it has been included in the gross industrial output value. Method of calculation for the gross industrial output value was modified in the industrial census in 1995. The difference in the new method as compared with the old one is outlined below:

Principle in using full value vs. processing fee: The new method stipulates that all products produced using own materials are to be calculated with full value in reporting the gross industrial output value irrespective of sophistication of production, and for external processing, it allows calculation using processing fee. In the old method, however, the use of full value or processing fee was determined by the degree of sophistication of production in different branches of industries.

Principle in determining the value of change in semi finished products: The new method requires that value of the change in semi finished products should be included in the gross industrial output value if it is included in the accounting record of the enterprise, otherwise it should not be included. By the old method, it is determined by the type of enterprises in terms of production cycle. If the production cycle is over 6 months, the value of change in semi finished products is included in the gross industrial output value, otherwise it is excluded.

Difference in prices: The new method uses prices excluding value added tax in the calculation of gross industrial output value, while the old method used prices including value added tax.

Value-added of Industry refers to the final results of industrial production of industrial enterprises in money terms during the reference period.

Industrial value added can be calculated by two approaches: the production approach, i.e. gross industrial output value minus intermediate input plus value added tax, and the income approach, i.e. income for various factors used in the course of production, including depreciation of fixed assets, remuneration of labourers, net of production tax, and operating surplus. Value added of industry in the Yearbook is calculated by production approach as following:

Value added of industry=gross industrial outputindustrial intermediate input+value added tax

(1)Gross industrial output: refers to the total achievements of industrial production during a given period. Gross industrial output includes value of finished products, income from external processing, and value of change in semi finished products at the end and at the beginning of the reference period. Since 1995, it was substituted by the gross industrial output value by new method.

(2) Industrial intermediate input: refers to purchased goods and paid services consumed during the industrial production of enterprises. Fees paid for services include fees paid for the services provided by material production sectors (industry, agriculture, wholesale and retail trade, construction, transport, post and telecommunications) and by non material production sectors (insurance, banking, culture, education, scientific research, health and medical care, public administration, etc.). The determination of industrial intermediate input follows the principle that the goods and services must be purchased from outside and included in the gross industrial output, and that the goods and services are inputted into production and consumed (include low value consumables) during the reference period.

Industrial intermediate input includes 5 components, namely direct consumption of materials, industrial intermediate input in manufacturing cost, industrial intermediate input in management cost, industrial intermediate input in marketing cost and expenditure on interest.

Total Assets refer to all economic resources, in monetary terms, that is owned or controlled by enterprises, including properties, creditors equity and other economic rights of all forms. Classified by the degree of equitability, total assets include circulating assets, long term investment, fixed assets, intangible assets and deferred assets, and other assets. Data on this indicator can be obtained by the year end figures of total assets in the Assets and Liability Table of accounting records of enterprises.

Working Capitals refer to capitals that an enterprise can cash or use during one year or one production cycle that may exceeds one year, including cash and savings deposits of various forms, short term investment,money receivable and prepaid money, inventories, etc.

Annual Average Value of Working Capitals refers to the average value of all working capitals of the enterprise during the reference period.

Original Value of Fixed Assets refers to the total value, in monetary terms, that an enterprise spent on fixed assets, through construction, purchase, installation, transformation, expansion or technical upgrading. Generally, it covers cost ofpurchase, packing, transportation and installation, etc.

Annual Average of Net Value of Fixed Assets refer to average of the net value of fixed assets during the reference period, calculated with the following formula:

$$\text{Annual Average of Net Value of Fixed Assets} = \frac{\text{sum of net value of fixed assets at the beginning and at the end of each month from January to December}}{24}$$

Information on this indicator can be obtained from the beginning and ending figures of the original value of fixed assets and cumulative depreciation from the Assets and Liability Table of enterprises.

Net value of fixed assets refers to the original value of fixed assets minus depreciation over the years, i.e.:

Net value of fixed assets=original value of fixed assets cumulative depreciation

Total Liabilities refer to payable liabilities of enterprises that have to repay in terms of money, assets or labour services. In terms of payment, it can be divided into liquid liabilities and long term liabilities. Data on this item is obtained from the ending figures on total liabilities from the Assets and Liability Table from the enterprises.

Owner's Equity refers to the ownership of net assets of enterprise by its investors. The net assets equal the total assets minus total liabilities of the enterprise, including the actual assets invested into the enterprise by investors, accumulation of capitals and operating surplus and non distributed profits. The enterprise's assets is less than its liabilities if the sum of owner's equity is smaller than zero.

Revenue from Principal Business refers to the annual accumulation of corresponding item in the "profit table"of the accountant. For enterprises that do not follow the 2001 Enterprise Accounting Standards, the year end accumulation of revenue from the sales of products is used as a substitute.

Cost of Principal Business refers to the annual accumulation of corresponding item in the "profit table" of the accountant. For enterprises that do not follow the 2001

Enterprise Accounting Standards, the year end accumulation of cost for the sales of products is used as a substitute.

Tax and Extra Charges from Principal Business refer to the annual accumulation of corresponding item in the"profit table" of the accountant. For enterprises that do not follow the 2001 Enterprise Accounting Standards, the year end accumulation of tax and extra charges from the sales of products is used as a substitute.

Total Profits refer to the final achievements of production and operation of the enterprises, represented by the total profits after deducting losses (loss is expressed by the negative figure). It is the sum of profits from operation, income from subsidies, investment earnings, net income from activities other than operation, and adjustment of profits and losses of previous years.

Value added Tax Payable refers to the amount of the value added tax which should be paid by the enterprises during the reference period. It is the sum of tax on sales, export rebate, and transferred tax on purchases of the current year, minus the tax on purchases of the current year. Value added tax payable of small size enterprises is determined by the taxable sales of the year multiplied by the tax rate.

Average Annual Number of Employed Persons Employed persons refer to all those who are employed in enterprises and receive remunerations therefrom, including currently working employees, retirees who are re employed, teachers of local run schools, as well as foreigners, staff from Hong Kong, Macao and Taiwan, part time employees and persons with second job who are employed by the enterprise, and employees of other units temporarily working in the enterprises, but excluding former employees who left the enterprise with their employment records still kept by the enterprises.

Average number of employed persons refers to the number of employees everyday during the reference period, calculated with the following formula:

$$\text{Monthly average number} = \frac{\text{sum of actual employees everyday in reference month}}{\text{number of calendar dates in reference month}}$$

$$\text{Quarterly average number} = \frac{\text{sum of monthly average number in reference quarter}}{3}$$

$$\text{Annual average number} = \frac{\text{sum of monthly average number in reference year}}{12}$$

Ratio of Profits, Taxes and Interests to Average Assets reflects the profit making capability of all assets of the enterprise and is a key indicator manifesting the performance and management and evaluating the profit making potential of the enterprise. It is calculated as follows:

$$\text{Ratio of Profits, Taxes and Interests to Average Assets (\%)} = \frac{\text{total profits + total taxes + interest payment}}{\text{average assets}} \times 100\%$$

In the above formula, total taxes is the sum of tax and extra charges on the sales of products and value added tax payable; and average assets is the arithmetic mean of the sum of beginning assets and ending assets.

Ratio of Debts to Assets reflect both the operation risk and the capability of the enterprise in making use of the capital from the creditors. It is calculated as follows:

$$\text{Ratio of Debts to Assets (\%)} = \frac{\text{total debts}}{\text{total assets}} \times 100\%$$

Both assets and debts are figures at the end of the reference period.

Turnover of Working Capitals refers to the number of times of turnover of working capital in a given period of time, which reflects the speed of the turnover of working capital of industrial enterprises, and is calculated as follows:

$$\text{Turnover of Working Capital} = \frac{\text{sales revenue of products}}{\text{average balance of total working capital}}$$

In the above formula, average balance of total working capital refers to the arithmetic mean of the sum of working capital at the beginning and at the end of the reference period.

Ratio of Profits to Total Industrial Costs refers to the ratio of profits realized in a given period to the total costs in the same period, which reflects the economic efficiency of input cost and is calculated as follows:

$$\text{Ratio of Profits to Total Industrial Cost (\%)} = \frac{\text{total profits}}{\text{total costs}} \times 100\%$$

Total costs in the above formula is the sum of cost of products sold, marketing cost, management cost and financial cost.

Overall Labour Productivity is an indicator reflecting the production efficiency of an enterprise and the economic efficiency of its labour input, calculated by the formula:

$$\text{Overall Labour Productivity (yuan/person)} = \frac{\text{industrial value-added}}{\text{average of all persons engaged}}$$

Sales Ratio of Products is an indicator reflecting the actual sale of industrial products, analyzing the production selling and supply demand relations. It is calculated as:

$$\text{Sales Ratio of Products (\%)} = \frac{\text{value of industrial sales}}{\text{gross industrial output value (current prices)}} \times 100\%$$

第15篇

建筑业

Construction

简 要 说 明

一、本篇资料的主要内容

本篇资料反映了全省建筑业基本情况，主要包括建筑业总产值、从业人员、建筑企业生产指标、财务指标等方面的内容。

二、本篇资料的来源

本篇资料来源于建筑业统计年报，由省统计局投资处整理提供。

Brief Introduction

I. Content

Data in this chapter show the basic conditions of the construction industry in Shandong Province, mainly including the gross output value of construction, number of employed persons, major production indices and financial indicators.

II. Source of Data

Data in this chapter are based on the annual report of construction industry, and are prepared and provided by the Division of Investment and Construction Statistics of Shandong Provincial Bureau of Statistics.

15-1 主要年份建筑业总产值
Gross Output Value of Construction Enterprises in Major Years

单位:亿元 (100 million yuan)

年份 Year	总计 Total	#国有经济 State-owned Construction Enterprises	中央 Central	地方 Local	#集体经济 Collective Owned Construction Enterprises	#城镇 Township
1957	1.32	1.32	0.67	0.65		
1962	1.20	0.99	0.44	0.55	0.21	0.21
1965	2.51	1.66	0.53	1.13	0.85	0.85
1970	3.02	1.76	0.76	1.00	1.26	1.26
1975	7.24	4.66	2.27	2.39	2.58	2.58
1978	11.34	7.62	2.54	5.08	3.72	3.72
1979	11.96	8.14	2.62	5.52	3.82	3.82
1980	14.26	9.76	4.01	5.75	4.50	4.50
1981	13.42	9.41	4.98	4.43	4.01	4.01
1982	14.50	9.46	4.41	5.05	5.04	5.04
1983	15.89	10.45	4.56	5.89	5.44	5.44
1984	23.07	16.25	8.62	7.63	6.82	6.82
1985	31.21	22.05	12.21	9.84	9.16	9.16
1986	34.71	24.44	14.87	9.57	10.27	10.27
1987	40.91	28.67	17.51	11.16	12.24	12.24
1988	49.38	33.34	20.04	13.30	16.04	16.04
1989	55.24	37.94	22.36	15.71	17.30	17.30
1990	58.89	40.60	24.27	16.33	18.29	18.29
1991	71.40	47.77	27.40	20.38	32.63	32.63
1992	98.66	61.86	32.81	29.05	36.81	36.81
1993	141.14	93.32	46.57	46.75	46.71	46.71
1994	206.42	133.92	78.70	55.22	65.13	65.13
1995	257.95	163.73	92.25	71.48	82.08	82.08
1996	593.90	198.27	101.45	96.82	363.92	100.44
1997	652.59	228.26	112.47	115.79	387.09	120.19
1998	702.64	279.97	104.79	135.25	328.63	102.06
1999	770.80	248.19	113.14	135.05	326.12	113.55
2000	820.52	249.48	120.37	129.11	310.30	110.27
2001	986.49	246.45	94.37	152.08	286.76	189.22
2002	1153.24	254.86	86.30	168.56	274.99	186.23
2003	1485.89	331.17	126.80	204.37	294.14	201.40
2004	1969.01	657.70	302.85	354.85	263.02	
2005	2509.17	782.56	365.49	417.07	320.29	
2006	2791.81	799.34	370.15	429.19	309.72	
2007	3289.05	977.26	459.81	517.45	329.43	
2008	3842.52	963.53	478.23	485.30	338.76	
2009	4579.15	1136.65	599.49	537.16	337.03	
2010	5496.59	1368.34	704.30	664.04	377.57	
2011	6482.90	1680.49	920.80	759.69	401.61	
2012	7281.33	1811.97	968.40	843.57	426.27	
2013	8467.67	1984.39	1068.93	915.46	383.52	
2014	9313.45	2197.68	1242.32	955.36	418.33	
2015	9378.54	2322.58	1323.14	999.45	385.92	
2016	10087.43	2564.51	1463.21	1101.30	381.76	
2017	11477.80	2936.38	1698.82	1237.56	353.97	

注:1.1995年前不含县以下集体施工企业。2.从2004年开始国有经济含国有控股。
a)Data in this table don't include the data of enterprises of collective owned ones under county level.
b)Since 2004,state-owned enterprises include state-controlled ones.

15-2 主要年份计算建筑业劳动生产率的平均人数
Average Number of Employed Persons in Construction Enterprises for calculating the Labor Productivity in Major Years

单位:万人 (10 000 persons)

年 份 Year	总 计 Total	#国有经济 State-owned Construction Enterprises	中 央 Central	地 方 Local	#集体经济 Collective Owned Construction Enterprises	#城 镇 Township
1957	4.21	4.21	2.14	2.07		
1962	6.48	4.91	2.13	2.78	1.56	1.56
1965	7.35	4.77	1.52	3.25	2.59	2.59
1970	10.31	5.76	2.66	3.10	4.52	4.52
1975	18.81	11.33	5.36	5.97	7.47	7.47
1978	25.20	16.21	5.40	10.81	9.07	9.07
1979	26.00	16.96	6.24	10.72	8.88	8.88
1980	26.91	18.07	8.91	9.16	9.00	9.00
1981	28.55	19.20	11.07	8.20	9.11	9.11
1982	27.36	17.52	9.00	8.71	9.51	9.51
1983	27.88	18.02	6.42	11.55	9.71	9.71
1984	33.93	22.26	9.37	12.93	11.56	11.56
1985	40.53	26.89	13.13	13.67	13.47	13.47
1986	38.57	24.69	15.17	9.67	13.88	13.88
1987	39.34	24.50	14.97	9.62	14.93	14.93
1988	40.48	24.88	14.74	10.08	15.73	15.73
1989	38.90	22.86	13.63	10.83	14.54	14.54
1990	38.15	21.83	11.65	10.18	14.87	14.87
1991	39.72	23.83	12.51	11.32	15.89	15.89
1992	45.10	23.44	11.66	11.78	19.85	19.85
1993	52.78	29.57	11.87	17.70	22.94	22.94
1994	66.22	37.17	20.10	17.07	27.36	27.36
1995	66.84	35.32	14.91	20.40	29.13	29.13
1996	188.02	40.96	14.82	26.14	138.19	38.19
1997	175.78	40.49	14.39	26.10	126.15	40.15
1998	169.11	38.59	11.28	27.30	100.52	31.99
1999	164.95	33.56	10.86	22.70	92.07	26.96
2000	171.94	31.80	10.27	21.53	85.33	25.60
2001	181.07	29.15	8.15	21.00	71.17	50.65
2002	183.56	23.08	4.57	18.50	61.28	39.98
2003	210.11	29.43	8.50	20.93	54.59	34.83
2004	238.91	53.85	16.50	37.35	43.98	
2005	249.81	48.93	16.21	32.72	45.07	
2006	282.30	59.04	27.76	31.28	42.53	
2007	288.40	51.78	17.36	34.42	41.09	
2008	300.24	44.74	18.32	26.42	41.15	
2009	305.99	42.81	17.99	24.82	33.15	
2010	344.88	54.00	25.20	28.80	34.19	
2011	307.56	45.07	21.18	23.89	27.74	
2012	270.26	38.87	18.57	20.30	22.76	
2013	305.01	44.17	23.15	21.02	20.57	
2014	332.49	48.78	25.04	23.74	22.58	
2015	310.73	43.10	21.65	21.45	19.29	
2016	322.58	40.56	19.74	20.82	18.17	
2017	349.15	50.42	27.55	22.87	15.70	

注:1.1995年前不含县以下集体施工企业。2.从2004年开始国有经济含国有控股。

a)Data in this table don't include the data of enterprises of collective owned ones under county level.

b)Since 2004,state-owned enterprises include State-controlled ones.

15-3 建筑业企业生产指标(2017年)

Main Production Indicators of Construction Enterprises(2017)

类别	Category	企业个数(个) Number of Enterprises (unit)	建筑业总产值(万元) Gross Output Value (10 000 yuan)	竣工产值(万元) Value of Projects Completed (10 000 yuan)	签定合同额(万元) Value of Contracts (10 000 yuan)	#上年结转 Carryover of Last Year
总计	**Total**	**6944**	**114777540**	**56213020**	**204728927**	**79648007**
#国有及国有控股企业	State-owned and State-controlled Enterprises	523	29363793	9985714	77400430	39297774
一、按登记注册类型分	**Grouped by Registration Status**					
内资企业	Domestic Funded	6915	114293657	56024952	203319806	78859622
国有企业	State-owned	238	5312511	2506226	10006228	3517290
集体企业	Collective-owned	329	3539678	2395213	4664860	1281742
股份合作企业	Stock-holding Cooperation	36	186997	89590	205298	59441
联营企业	Joint-owned	6	44457	28485	37428	2335
国有联营企业	State-owned	1	4100	520	4170	70
集体联营企业	Collective-owned	3	15357	7316	20611	400
国有与集体联营企业	State-and-collective owned					
其他联营企业	Others	2	25000	20648	12647	1865
有限责任公司	Company with Limited Liabilition	2449	60942529	27762503	119004052	49969114
国有独资公司	State-owned	75	8499984	3215332	23592690	12823055
其他有限责任公司	Others	2374	52442545	24547170	95411362	37146059
股份有限公司	Stock-holding Company limited	285	13790692	5743918	26537396	11761985
私营企业	Private-owned	3557	30250639	17386950	42619299	12171858
私营独资企业	Solely Owned	12	57839	45426	64775	5076
私营合伙企业	Joint Owned	5	159948	31689	171155	95676
私营有限责任公司	Company with Limited Liabilition	3346	28002454	16162430	39339087	11211922
私营股份有限公司	Stock-holding Company limited	194	2030398	1147405	3044282	859184
其他企业	Others	15	226155	112068	245245	95858
港、澳、台商投资企业	Funded from Hong Kong,Macao and Taiwan	14	417569	136920	1331172	777320
合资经营企业(港或澳、台资)	Joint Ventures	14	417569	136920	1331172	777320
合作经营企业(港或澳、台资)	Cooperative Joint Venture					
港、澳、台商独资经营企业	Solely Owned					
港、澳、台商投资股份有限公司	Share-holding Company Limited					
外商投资企业	Foreign Funded	15	66313	51148	77949	11065
中外合资经营企业	Chinese-foreign Joint Venture	11	60832	47566	74255	9356
中外合作经营企业	Chinese-foreign Cooperative Joint Venture	2	2738	2610	1203	190
外资企业	Solely Owned	1	972	972	972	
外商投资股份有限公司	Share-holding Company Limited	1	1772		1519	1519

15-3 续表 1 continued

类 别	Category	企业个数(个) Number of Enterprises (unit)	建筑业总产值(万元) Gross Output Value (10 000 yuan)	竣工产值(万元) Value of Projects Completed (10 000 yuan)	签定合同额(万元) Value of Contracts (10 000 yuan)	#上年结转 Carryover of Last Year
二、按国民经济行业分	**by Sector**					
房屋和土木工程建筑业	Building and Civil Engineering Construction	4990	103046501	49929675	188210907	76180861
房屋工程建筑	Building	3478	73592309	38701683	126695197	49200966
土木工程建筑	Civil Engineering	1512	29454192	11227992	61515710	26979896
建筑安装业	Construction Installation	831	6005628	3503860	9553223	2058603
建筑装饰业	Construction Decoration	819	4325010	1999729	5273193	997147
其它建筑业	Others	304	1398001	777357	1689603	411396
工程准备	Preparation	85	397807	223287	451354	108707
提供工程设备服务	Service	34	205181	142446	213338	61078
其它未列明的建筑活动	Others	185	795013	411624	1024911	241610
三、按隶属关系分	**by Ownership**					
中 央	Central	63	16988253	5141311	55713382	32398008
地 方	Local	6334	97787996	51069850	149012345	47249999
省(自治区、直辖市)	Provincial	75	5344562	1914833	8936889	2827902
地(区、市、州、盟)	Region	474	23723917	11342518	43532051	16804085
县(区、市、旗)及县以下	County	5785	68719517	37812499	96543405	27618011
四、按企业资质等级分	**by Qualification Criteria**					
施工总承包	Construction Contract	4661	103995185	50263353	191382305	77075950
特 级	Special Grade	27	30640818	12939079	71669696	34683491
一 级	First Grade	401	39852462	17569043	72818675	28945926
二 级	Second Grade	1763	21533665	12730467	30552886	9597259
三级及以下	Third Grade and below	2470	11968241	7024764	16341050	3849274
专业承包	Professional Contract	2283	10782355	5949667	13346621	2572057
一 级	First Grade	230	4445783	2093089	5595034	1080148
二 级	Second Grade	808	3081691	1911832	3763110	879950
三级及以下	Third Grade and below	1244	3254881	1944746	3988478	611960
五、按营业状态分	**by Business Status**					
营 业	Open	6900	114020534	55998519	203753604	79279094
停业(歇业)	Close	25	108528	54279	88953	35063
筹 建	Prepared to Start					
当年关闭	Closed in Current Year	6	549129	95532	790681	321787
当年破产	Bankruptcy		771	650	1744	1488
其 它	Others	12	38075	21680	33241	7204
六、按控股情况分	**by Share Holding**					
#国有控股	State-controlled	507	29363793	9985714	77400430	39297774
#集体控股	Collective-controlled	651	9187409	5483968	13969012	4236165
#私人控股	Private-controlled	5210	65619669	35682885	94023351	28023405
#港澳台商控股	Controlled by Investors from Hong Kong,Macao and Taiwan	5	136349	103402	290537	147109
#外商控股	Foreign-controlled	9	48384	41266	60163	7865

15-3 续表 2 continued

类 别	Category	房屋建筑施工面积(平方米) Floor Space of Buildings under Construction (sq.m)	房屋建筑竣工面积(平方米) Floor Space of Buildings Completed (sq.m)	#住 宅 Residential	年 末 从业人员(人) Staff Employed (person)
总 计	**Total**	**773327255**	**233444088**	**158203541**	**3287084**
#国有及国有控股企业	State-owned and State-controlled Enterprises	116689242	20023450	10146915	449859
一、按登记注册类型分	**Grouped by Registration Status**				
内资企业	DomesticFunded	772967388	233324018	158115204	3279255
国有企业	State-owned	11499662	3827976	2693059	104681
集体企业	Collective-owned	31445075	14297627	11017160	149101
股份合作企业	Stock-holding Cooperation	1085574	649303	515468	10445
联营企业	Joint-owned	286112	125339	56238	2060
国有联营企业	State-owned				
集体联营企业	Collective-owned	155633	114145	51700	1210
国有与集体联营企业	State-and-collective owned				
其他联营企业	Others	130479	11194	4538	590
有限责任公司	Company with Limited Liabilition	433230982	111004881	69399846	1591729
国有独资公司	State-owned	49199777	7235219	2176753	127376
其他有限责任公司	Others	384031205	103769662	67223093	1464353
股份有限公司	Stock-holding Company limited	94813206	25409783	17825299	325931
私营企业	Private-owned	200177061	77832926	56438052	1086779
私营独资企业	Solely Owned	395854	325152	172235	2402
私营合伙企业	Joint Owned	277121	150294	57096	3231
私营有限责任公司	Company with Limited Liabilition	187520572	72897906	53611458	1013949
私营股份有限公司	Stock-holding Company limited	11983514	4459574	2597263	67197
其他企业	Others	429716	176183	170082	8529
港、澳、台商投资企业	Funded from Hong Kong,Macao and Taiwan	193243	101570	88337	6815
合资经营企业(港或澳、台资)	Joint Ventures	193243	62920	88337	6815
合作经营企业(港或澳、台资)	Cooperative Joint Venture				
港、澳、台商独资经营企业	Solely Owned				
港、澳、台商投资股份有限公司	Share-holding Company Limited				
外商投资企业	Foreign Funded	166624	18500		1014
中外合资经营企业	Chinese-foreign Joint Venture	18536	18500		720
中外合作经营企业	Chinese-foreign Cooperative Joint Venture				114
外资企业	Solely Owned				60
外商投资股份有限公司	Share-holding Company Limited	148088			120

15-3 续表 3 continued

类 别	Category	房屋建筑施工面积(平方米) Floor Space of Buildings under Construction (sq.m)	房屋建筑竣工面积(平方米) Floor Space of Buildings Completed (sq.m)	#住 宅 Residential	年末从业人员(人) Staff Employed (person)
二、按国民经济行业分	**by Sector**				
房屋和土木工程建筑业	Building and Civil Engineering Construction	759688666	228986834	155371844	2866028
房屋工程建筑	Building	740185866	224076857	152456553	2344284
土木工程建筑	Civil Engineering	19502800	4909977	2915291	521744
建筑安装业	Construction Installation	11458249	3652894	2244108	192035
建筑装饰业	Construction Decoration	653452	131944	91380	193868
其它建筑业	Others	1526888	672416	496209	35097
工程准备	Preparation	169650	96628	55577	8566
提供工程设备服务	Service	156375	78619	77328	5040
其它未列明的建筑活动	Others	1200863	497169	363304	21491
三、按隶属关系分	**by Ownership**				
中 央	Central	70788989	10795312	3620541	232921
地 方	Local	702518266	222648776	154583000	3053843
省(自治区、直辖市)	Provincial	30943345	6216672	4661334	101459
地(区、市、州、盟)	Region	175161583	39076209	24933530	542947
县(区、市、旗)及县以下	County	496413338	177355895	124988136	2409437
四、按企业资质等级分	**by Qualification Criteria**				
施工总承包	Construction Contract	757728279	225408679	155195772	2905116
特 级	Special Grade	270215349	56327713	30120360	635243
一 级	First Grade	231895576	68310271	47107264	952598
二 级	Second Grade	164666398	63949015	49584811	810798
三级及以下	Third Grade and below	90950956	36821680	28383337	506477
专业承包	Professional Contract	15598976	8035409	3007769	381968
一 级	First Grade	2834469	1869012	94700	165051
二 级	Second Grade	5641278	2975272	1278629	100204
三级及以下	Third Grade and below	7123229	3191125	1634440	116713
五、按营业状态分	**by Business Status**				
营 业	Open	767136392	232413361	157611121	3265538
停业(歇业)	Close	445347	211470	211470	3157
筹 建	Prepared to Start				
当年关闭	Closed in Current Year	5350803	510903	278659	14756
当年破产	Bankruptcy	13413	5012		96
其 它	Others	145087	101935	101935	2384
六、按控股情况分	**by Share Holding**				
#国有控股	State-controlled	116689242	20212506	10146915	449859
#集体控股	Collective-controlled	70985755	26495635	19881186	313309
#私人控股	Private-controlled	501041113	167108119	114425725	2203523
#港澳台商控股	Controlled by Investors from Hong Kong,Macao and Taiwan				655
#外商控股	Foreign-controlled	148088			690

15-4 建筑业主要财务指标(2017年)
Major Financial Indicators of Construction Enterprises(2017)

单位:万元 (10 000 yuan)

类别	Category	年初存货 Inventory at Beginning of year	流动资产 Liquid Assets	固定资产 Fixed Assets	在建工程 Project under Constr-uction	资产合计 Total Assets	流动负债 Liquid Liabilities
总计	**Total**	**19296412**	**106074483**	**11490037**	**916902**	**128463071**	**82588739**
#国有及国有控股企业	State-owned and State-controlled Enterprises	7052503	35991060	3136944	171210	42093135	30686382
一、按登记注册类型分	**Grouped by Registration Status**						
内资企业	Domestic Funded	19243951	105410103	11419326	911890	127587911	81989343
国有企业	State owned	1558184	7955041	618982	24866	9119516	6178171
集体企业	Collective-owned	430373	2190037	393446	19594	2795989	1657822
股份合作企业	Stock-holding Cooperation	96826	298573	20548	2055	338018	255725
联营企业	Joint-owned	5162	18599	2072		21044	13728
国有联营企业	State-owned	80	1002	229		1555	915
集体联营企业	Collective-owned	2782	5640	1687		7376	4330
其他联营企业	Others	2300	11956	157		12113	8483
有限责任公司	Company with Limited Liabilition	10649599	57290056	5005477	409253	67846582	45921035
国有独资公司	State owned	2338735	9532995	922307	82703	11143108	8339433
其他有限责任公司	Others	8310864	47757060	4083171	326550	56703474	37581602
股份有限公司	Stock holding Company limited	1799883	13997046	1700336	155540	17282978	12122270
私营企业	Private owned	4675258	23511653	3667402	300399	30003608	15714361
私营独资企业	Solely Owned	8267	30563	11233	963	61015	31422
私营合伙企业	Joint Owned	24798	124096	49156	593	199828	60764
私营有限责任公司	Company with Limited Liabilition	4144751	21482603	3303797	274348	27324944	14345119
私营股份有限公司	Stock holding Company limited	497442	1874391	303216	24496	2417821	1277055
其他企业	Others	28666	149101	11064	183	180176	126232
港、澳、台商投资企业	Funded from Hong Kong,Macao and Taiwan	47319	586880	32043	2471	755074	532426
合资经营企业(港或澳、台资)	Joint Ventures	47319	586880	32043	2471	755074	532426
合作经营企业(港或澳、台资)	Cooperative Joint Venture						
港、澳、台商独资经营企业	Solely Owned						
港、澳、台商投资股份有限公司	Share holding Company Limited						
外商投资企业	Foreign Funded	5142	77500	38668	2541	120087	66970
中外合资经营企业	Chinese foreign Joint Venture	3674	50876	33472	2541	85984	52790
中外合作经营企业	Chinese foreign Cooperative Joint Venture	740	24636	2380		27075	13300
外资企业	Solely Owned	729	904	308		1211	342
外商投资股份有限公司	Share holding Company Limited		1084	2508		5817	539

15-4 续表 1 continued

单位:万元 (10 000 yuan)

类 别	Category	年初存货 Inventory at Beginning of year	流动资产 Liquid Assets	固定资产 Fixed Assets	在建工程 Project under Construction	资产合计 Total Assets	流动负债 Liquid Liabilities
二、按国民经济行业分	**by Sector**						
房屋和土木工程建筑业	Building and Civil Engineering Construction	17739886	96158699	10096052	819824	115984767	75860616
房屋工程建筑	Building	11099567	56868602	5871987	524620	68542985	43188988
土木工程建筑	Civil Engineering	6640318	39290097	4224066	295204	47441782	32671629
建筑安装业	Construction Installation	806320	4860817	720805	45553	6015391	3524053
建筑装饰业	Construction Decoration	543372	3252117	374065	40304	4092223	1869530
其它建筑业	Others	206835	1802850	299115	11221	2370690	1334540
工程准备	Preparation	47646	420249	66905	1166	526847	315543
提供工程设备服务	Service	13809	170633	26420	793	200300	48790
其它未列明的建筑活动	Others	145380	1211969	205790	9262	1643544	970207
三、按隶属关系分	**by Ownership**						
中 央	Central	3412202	17884572	1665861	42592	20697207	16215684
地 方	Local	15884210	88189911	9824176	874310	107765865	66373055
省(自治区、直辖市)	Provincial	1880002	6357542	435657	19604	7597759	4967642
地(区、市、州、盟)	Region	3718983	27272681	2025819	302211	31877348	22884968
县(区、市、旗)及县以下	County	10285225	54559687	7362700	552496	68290758	38520446
四、按企业资质等级分	**by Qualification Criteria**						
施工总承包	Construction Contract	17829486	96742082	10079861	818563	116472428	76451744
特 级	Special Grade	4290740	28214354	1810023	70032	32700177	23695621
一 级	First Grade	7550199	37186063	3311951	337537	43546446	30450531
二 级	Second Grade	4096559	21051542	2957864	208337	26832396	15218960
三级及以下	Third Grade and below	1891988	10290123	2000023	202657	13393409	7086633
专业承包	Professional Contract	1466926	9332401	1410176	98339	11990643	6136995
一 级	First Grade	546739	3116836	328655	23465	3748243	1923127
二 级	Second Grade	467698	3303049	453693	47079	4283859	2145154
三级及以下	Third Grade and below	452490	2912516	627829	27795	3958541	2068714
五、按营业状态分	**by Business Status**						
营 业	Open	19147179	105486354	11423168	898816	127798047	82151972
停业(歇业)	Close	22462	51724	10474	10	66548	45450
筹 建	Prepared to Start						
当年关闭	Closed in Current Year	71800	431045	29413	8087	460652	300471
当年破产	Bankruptcy						
其 它	Others	54182	83484	13086	9988	97557	75425
六、按控股情况分	**by Share Holding**						
#国有控股	State-controlled	7052503	35991060	3136944	171210	42093135	30686382
#集体控股	Collective-controlled	1291930	7952381	1104597	187420	9924055	6033550
#私人控股	Private-controlled	9235513	49590608	6392082	512640	61441559	34974921
#港澳台商控股	Controlled by Investors from Hong Kong,Macao and Taiwan	1124	113188	9477		126566	79397
#外商控股	Foreign-controlled	3396	41240	36481	2541	80688	45630

15-4 续表 2 continued

单位:万元 (10 000 yuan)

类别	Category	非流动负债 Non-current liabilities	负债合计 Total Liabilities	所有者权益 Creditors' Equity	主营业务收入 Revenue from Principal Business	主营业务成本 Cost of Principal Business
总 计	**Total**	**4807288**	**90325464**	**38137607**	**106734122**	**95045316**
#国有及国有控股企业	State owned and State controlled Enterprises	2717453	33631818	8461317	31566740	28900992
一、按登记注册类型分	**Grouped by Registration Status**					
内资企业	Domestic Funded	4750951	89669631	37918280	106223668	94582027
国有企业	State-owned	900897	7195305	1924212	6340235	5756200
集体企业	Collective-owned	53155	1827239	968750	2877332	2439393
股份合作企业	Stock-holding Cooperation	503	266976	71041	190981	166177
联营企业	Joint-owned	15	13743	7301	31830	27522
国有联营企业	State-owned		915	640	4100	3877
集体联营企业	Collective-owned	15	4345	3031	15048	12599
其他联营企业	Others		8483	3630	12682	11047
有限责任公司	Company with Limited Liabilition	2608105	49777822	18068760	55185260	49373756
国有独资公司	State-owned	543725	8903173	2239935	8547114	7731186
其他有限责任公司	Others	2064380	40874649	15828825	46638147	41642571
股份有限公司	Stock-holding Company limited	636095	13408631	3874347	13967236	12737394
私营企业	Private-owned	552155	17052733	12950875	27520854	23994505
私营独资企业	Solely Owned	-1	32220	28795	48495	40108
私营合伙企业	Joint Owned	12	60845	138983	152045	126948
私营有限责任公司	Company with Limited Liabilition	509430	15505864	11819080	25368468	22115938
私营股份有限公司	Stock-holding Company limited	42714	1453804	964017	1951846	1711511
其他企业	Others	27	127182	52993	109939	87079
港、澳、台商投资企业	Funded from Hong Kong,Macao and Taiwan	47802	580328	174746	433673	405292
合资经营企业(港或澳、台资)	Joint Ventures	47802	580328	174746	433673	405292
合作经营企业(港或澳、台资)	Cooperative Joint Venture					
港、澳、台商独资经营企业	Solely Owned					
港、澳、台商投资股份有限公司	Share-holding Company Limited					
外商投资企业	Foreign Funded	8535	75506	44581	76781	57996
中外合资经营企业	Chinese-foreign Joint Venture		52791	33193	67553	51899
中外合作经营企业	Chinese-foreign Cooperative Joint Venture	8535	21835	5240	3244	2426
外资企业	Solely Owned		342	870	1170	1224
外商投资股份有限公司	Share-holding Company Limited		539	5278	4815	2448

15-4 续表 3 continued

单位:万元 (10 000 yuan)

类别	Category	非流动负债 Non-current liabilities	负债合计 Total Liabilities	所有者权益 Creditors' Equity	主营业务收入 Revenue from Principal Business	主营业务成本 Cost of Principal Business
二、按国民经济行业分	**by Sector**					
房屋和土木工程建筑业	Building and Civil Engineering Construction	4341515	82414575	33570192	95637109	85463538
房屋工程建筑	Building	1922274	46869472	21673513	64105624	57247063
土木工程建筑	Civil Engineering	2419242	35545103	11896679	31531485	28216476
建筑安装业	Construction Installation	137813	3769807	2245584	5958581	5121792
建筑装饰业	Construction Decoration	96742	2476598	1615625	3919546	3451420
其它建筑业	Others	231218	1664484	706207	1218885	1008565
工程准备	Preparation	-6165	316648	210199	391671	340124
提供工程设备服务	Service	10543	145424	54876	131110	107483
其它未列明的建筑活动	Others	226839	1202412	441132	696105	560958
三、按隶属关系分	**by Ownership**					
中　央	Central	1201971	17443332	3253875	19846054	18710509
地　方	Local	3605317	72882133	34883732	86888068	76334807
省(自治区、直辖市)	Provincial	520934	5489218	2108541	5340133	4784007
地(区、市、州、盟)	Region	1017686	24786537	7090812	20630914	18387552
县(区、市、旗)及县以下	County	2066697	42606378	25684380	60917021	53163248
四、按企业资质等级分	**by Qualification Criteria**					
施工总承包	Construction Contract	4368325	82990107	33482321	96885664	86625200
特　级	Special Grade	1964001	25790038	6910139	30344122	28040174
一　级	First Grade	1198262	32310005	11236441	36190237	32607015
二　级	Second Grade	754004	16837356	9995040	19825149	17121118
三级及以下	Third Grade and below	452058	8052708	5340701	10526157	8856893
专业承包	Professional Contract	438963	7335357	4655286	9848458	8420116
一　级	First Grade	60925	2452332	1295912	4120947	3691395
二　级	Second Grade	311478	2654200	1629659	2891313	2434362
三级及以下	Third Grade and below	66561	2228825	1729716	2836198	2294358
五、按营业状态分	**by Business Status**					
营　业	Open	4793401	89824952	37973095	106035568	94399996
停业(歇业)	Close	188	46573	19975	72037	57351
筹　建	Prepared to Start					
当年关闭	Closed in Current Year	12965	361768	98884	513153	487137
当年破产	Bankruptcy					
其　它	Others	734	76750	20807	62805	57369
六、按控股情况分	**by Share Holding**					
#国有控股	State-controlled	2717453	33631818	8461317	31566740	28900992
#集体控股	Collective-controlled	344216	7060953	2863102	7748496	6785474
#私人控股	Private-controlled	1584717	38163758	23277801	57725109	50634613
#港澳台商控股	Controlled by Investors from Hong Kong,Macao and Taiwan	25000	104525	22042	160615	153262
#外商控股	Foreign-controlled		45630	35059	60073	43116

15-4 续表 4 continued

单位:万元 (10 000 yuan)

类 别	Category	主营业务税金及附加 Taxes and Other Charges on Principal Business	销售费用 Sales Expenses	管理费用 Management Expenses	财务费用 Financial Expenses	利润总额 Total Profits
总 计	**Total**	**1223630**	**377753**	**3464501**	**827461**	**4654021**
#国有及国有控股企业	State-owned and State-controlled Enterprises	154344	64394	1026592	227154	1106248
一、按登记注册类型分	**Grouped by Registration Status**					
内资企业	Domestic Funded	1221484	375915	3449769	823257	4623138
国有企业	State-owned	52562	17360	282911	52537	182466
集体企业	Collective-owned	78360	15434	94128	18363	169602
股份合作企业	Stock-holding Cooperation	4037	2024	9099	4025	7044
联营企业	Joint-owned	1410	32	1000	15	1710
国有联营企业	State-owned	6	32	74	-3	18
集体联营企业	Collective-owned	1026		356	16	1007
其他联营企业	Others	378		569	2	686
有限责任公司	Company with Limited Liabilition	526935	127140	1805107	417863	2344911
国有独资公司	State-owned	38819	9743	270592	49855	412391
其他有限责任公司	Others	488117	117397	1534515	368008	1932520
股份有限公司	Stock-holding Company limited	138401	58545	357229	89050	420676
私营企业	Private-owned	417173	154925	891980	241204	1480440
私营独资企业	Solely Owned	200	904	1907	476	4682
私营合伙企业	Joint Owned	626	744	2661	1610	18605
私营有限责任公司	Company with Limited Liabilition	385266	144992	832260	210626	1347731
私营股份有限公司	Stock-holding Company limited	31082	8286	55153	28492	109421
其他企业	Others	2606	456	8316	200	16291
港、澳、台商投资企业	Funded from Hong Kong,Macao and Taiwan	1765	1074	8537	3473	19793
合资经营企业(港或澳、台资)	Joint Ventures	1765	1074	8537	3473	19793
合作经营企业(港或澳、台资)	Cooperative Joint Venture					
港、澳、台商独资经营企业	Solely Owned					
港、澳、台商投资股份有限公司	Share-holding Company Limited					
外商投资企业	Foreign Funded	382	763	6195	730	11090
中外合资经营企业	Chinese-foreign Joint Venture	281	658	4777	513	9712
中外合作经营企业	Chinese-foreign Cooperative Joint Venture	25	84	471	152	88
外资企业	Solely Owned	13	22	119	43	-229
外商投资股份有限公司	Share-holding Company Limited	64		828	23	1518

15-4 续表 5 continued

单位:万元 (10 000 yuan)

类 别	Category	主营业务税金及附加 Taxes and Other Charges on Principal Business	销售费用 Sales Expenses	管理费用 Management Expenses	财务费用 Financial Expenses	利润总额 Total Profits
二、按国民经济行业分	**by Sector**					
房屋和土木工程建筑业	Building and Civil Engineering Construction	1108839	268440	2842489	742129	4166993
房屋工程建筑	Building	898620	186439	1562536	463336	2934582
土木工程建筑	Civil Engineering	210219	82001	1279953	278793	1232411
建筑安装业	Construction Installation	61549	61000	348741	27429	256835
建筑装饰业	Construction Decoration	38670	27139	185360	27246	173679
其它建筑业	Others	14573	21173	87912	30657	56514
工程准备	Preparation	4907	4633	23454	5754	3238
提供工程设备服务	Service	1701	2242	10409	771	8790
其它未列明的建筑活动	Others	7966	14299	54049	24131	44486
三、按隶属关系分	**by Ownership**					
中 央	Central	60457	38064	541993	106803	440713
地 方	Local	1163174	339689	2922508	720658	4213308
省(自治区、直辖市)	Provincial	40551	7944	199613	74020	188286
地(区、市、州、盟)	Region	174923	39199	709443	185644	907909
县(区、市、旗)及县以下	County	947701	292545	2013452	460994	3117113
四、按企业资质等级分	**by Qualification Criteria**					
施工总承包	Construction Contract	1111957	272006	2888013	734271	4175568
特 级	Special Grade	149732	51625	653136	202715	1320752
一 级	First Grade	386181	73980	1056428	312759	1166067
二 级	Second Grade	367477	66255	698772	151772	1022073
三级及以下	Third Grade and below	208567	80147	479678	67025	666676
专业承包	Professional Contract	111674	105746	576488	93189	478453
一 级	First Grade	35725	23223	167218	28841	144084
二 级	Second Grade	37262	29833	190076	41805	141457
三级及以下	Third Grade and below	38686	52691	219194	22544	192912
五、按营业状态分	**by Business Status**					
营 业	Open	1218449	376531	3445964	821361	4635554
停业(歇业)	Close	521	85	1715	1475	7062
筹 建	Prepared to Start					
当年关闭	Closed in Current Year	1117	139	13056	4365	7339
当年破产	Bankruptcy	10	0	325	44	-246
其 它	Others	1671	140	1517	27	2066
六、按控股情况分	**by Share Holding**					
#国有控股	State-controlled	154344	64394	1026592	227154	1106248
#集体控股	Collective-controlled	133703	32444	334651	61421	386517
#私人控股	Private-controlled	843526	257591	1715573	471470	2861695
#港澳台商控股	Controlled by Investors from Hong Kong,Macao and Taiwan	562	13	2140	2831	1575
#外商控股	Foreign-controlled	303	425	5226	607	10776

15-5 各市建筑业主要生产指标(2017年)
Main Production Indicators of Construction Enterprises by Region(2017)

地 区 Region	企业个数(个) Number of Enterprises (unit)	建筑业合同(万元) Value of Construction Contracts (10 000 yuan)	#上年结转合同额 Carryover of Last Year	建筑业总产值(万元) Gross Output Value of Construction (10 000 yuan)	竣工产值(万元) Value of Construction Completed (10 000 yuan)	房屋建筑施工面积(平方米) Floor Space under Construction (sq.m)	房屋建筑竣工面积(平方米) Floor Space Completed (sq.m)	#住宅 Residential	年末从业人员(人) Employees at year-end (person)
全省总计 Total	**6944**	**204728927**	**79648007**	**114777540**	**56213020**	**773327255**	**233444088**	**158203541**	**3287084**
济南市 Jinan	504	57990640	31376701	22189343	7987351	113626146	22804779	12582775	424533
青岛市 Qingdao	679	40502955	17753673	18793842	7880503	138919782	25388653	14897226	487014
淄博市 Zibo	434	14007436	3926868	9698696	4988405	73930658	22376626	15108082	299112
枣庄市 Zaozhuang	238	4609849	1302049	3125664	1696796	26689262	11220578	8719953	158662
东营市 Dongying	293	3899513	821256	2777616	2060058	6431798	4043092	2569710	81931
烟台市 Yantai	810	9584843	2689768	7312103	4204995	39985158	16649785	12336565	237012
潍坊市 Weifang	549	12616037	3978567	8991263	5132182	73491038	23776061	15204499	219957
济宁市 Jining	498	10205957	3565249	7346996	3622287	46601133	16392267	10893478	209095
泰安市 Tai'an	361	10366964	2275750	7663267	3752779	27949561	13305262	10971879	279320
威海市 Weihai	463	4510667	1601806	3189704	1814286	25011920	8259502	5457312	96799
日照市 Rizhao	293	4881873	1439722	3551100	1758102	18853285	7452937	5823396	130119
莱芜市 Laiwu	145	1018457	297064	824778	512876	4262488	2907018	1673079	41018
临沂市 Linyi	448	12651203	3580567	8724056	5033910	88414991	27859007	18680455	264055
德州市 Dezhou	239	6114989	1325907	3534813	1561582	23615064	8532855	6558165	91012
聊城市 Liaocheng	266	4993558	1869569	2516512	1522076	29317811	6859678	5236215	72793
滨州市 Binzhou	309	2503842	626786	1783638	988329	13116142	4988660	2941750	57605
菏泽市 Heze	415	4270146	1216706	2754148	1696503	23111018	10627328	8549002	137047

15-6 各市建筑业主要财务指标(2017年)
Financial Indicators of Construction Enterprises by Region(2017)

单位:万元 (10 000 yuan)

地 区	Region	流动资产 Liquid Assets	固定资产 Fixed Assets	在建工程 Projects under Construction	资产合计 Total Assets	流动负债 Liquid Liabilities	非流动负债 Non-current liabilities	负债合计 Total Liabilities
全省总计	**Total**	**106074483**	**11490037**	**916902**	**128463071**	**82588739**	**4807288**	**90325464**
济南市	Jinan	23022256	1794861	82698	26915735	19428433	1264125	21020093
青岛市	Qingdao	19320578	1383228	237975	22898262	15682910	1195649	17429482
淄博市	Zibo	5423635	779952	36684	6554662	3437846	63983	3701364
枣庄市	Zaozhuang	2600025	437401	17459	3244630	1987440	21942	2123412
东营市	Dongying	3804454	599021	24189	4625043	2792734	108674	2955428
烟台市	Yantai	7400373	858378	69906	9030367	5737392	170975	6062213
潍坊市	Weifang	7152154	982779	75210	8890378	5080615	271481	5599035
济宁市	Jining	7845557	695370	50187	9075512	5819659	306688	6251586
泰安市	Tai'an	3806452	553565	41941	4758925	2945648	147744	3226587
威海市	Weihai	3009409	599482	58168	3880868	2243714	86013	2375524
日照市	Rizhao	3506633	402328	42768	4485193	2664548	224363	3005969
莱芜市	Laiwu	770845	155152	4610	996525	460644	7085	484936
临沂市	Linyi	8792917	691929	65634	10826167	7024621	484561	7992445
德州市	Dezhou	2450858	343105	32108	2997527	1781855	44599	1859990
聊城市	Liaocheng	2893981	273593	20576	3521227	2276263	242924	2562359
滨州市	Binzhou	2064411	392759	38131	2615747	1623111	80007	1746313
菏泽市	Heze	2209946	547133	18660	3146305	1601308	86478	1928730

15-6 续表 continued

单位:万元 (10 000 yuan)

地 区	Region	所有者权益 Owner's Equity	实收资本 Paid-in Capitals	主营业务收入 Revenue from Principal Business	主营业务成本 Cost of Principal Business	主营业务税金及附加 Taxes and Other Charges on Principal Business	管理费用 Management Expenses	财务费用 Financial Expenses	利润总额 Total Profits
全省总计	**Total**	**38137607**	**20166441**	**106734122**	**95045316**	**1223630**	**3464501**	**827461**	**4654021**
济南市	Jinan	5895643	3525778	23637409	21754145	123756	680986	113020	836599
青岛市	Qingdao	5468780	3140720	18777144	16985457	114223	594721	161555	545821
淄博市	Zibo	2853298	1242498	9217626	8275723	144440	288725	62908	341032
枣庄市	Zaozhuang	1121217	515503	2955251	2324690	88124	114099	16944	190101
东营市	Dongying	1669615	733302	2777455	2387378	49560	121294	34733	150667
烟台市	Yantai	2968154	1618140	6519345	5547136	112844	267796	73837	389672
潍坊市	Weifang	3291343	1368031	7569502	6632704	121824	209827	59238	541984
济宁市	Jining	2823926	1585184	5799673	5070806	85032	219282	52152	241633
泰安市	Tai'an	1532338	923065	6329979	5631458	107159	200645	25692	235898
威海市	Weihai	1505345	785654	2624717	2250850	30051	129861	21921	175953
日照市	Rizhao	1479225	800197	2886180	2595764	22925	89257	34451	117598
莱芜市	Laiwu	511589	233071	739623	621905	16120	31555	6110	48743
临沂市	Linyi	2833722	1175363	7208146	6362289	103945	211629	65670	376279
德州市	Dezhou	1137537	580379	2931101	2524700	43455	84029	23764	208529
聊城市	Liaocheng	958868	645175	2501861	2284568	20938	98708	33908	61840
滨州市	Binzhou	869434	587811	1719043	1504838	25729	67192	17632	61805
菏泽市	Heze	1217575	706569	2540069	2290906	13507	54895	23926	129867

主要统计指标解释

建筑业统计单位 指从事房屋、构筑物建造和设备安装活动的法人企业。建筑业法人企业应具有建筑业资质并能够独立核算，同时其应具备以下条件：①依法成立，有自己的名称、组织机构和场所，能够承担民事责任；②独立拥有和使用资产，承担负债，有权与其他单位签订合同；③独立核算盈亏，能够编制资产负债表。

建筑业总产值 是以货币形式表现的建筑业企业在一定时期内生产的建筑业产品和提供的服务的总和。建筑业总产值包括：

⑴建筑工程产值：指列入建筑工程预算内的各种工程价值。

⑵安装工程产值：指设备安装工程价值，不包括被安装设备本身的价值。

⑶其他产值：建筑业总产值中除建筑工程、安装工程以外的产值。包括房屋构筑物修理产值、非标准设备制造产值、总包企业向分包企业收取的管理费以及不能明确划分的施工活动所完成的产值。

a.房屋构筑物修理产值：指房屋和构筑物修理所完成的产值，但不包括被修理房屋、构筑物本身价值和生产设备的修理产值。

b.非标准设备制造产值：指加工制造没有定型的非标准生产设备的加工费和原材料价值(如化工厂、炼油厂用的各种罐、槽，矿井生产统一使用的各种漏斗、三角槽、阀门等)以及附属加工厂为本企业承建工程制作的非标准设备的价值。

建筑业增加值 指建筑业企业在报告期内以货币形式表现的建筑业生产经营活动的最终成果。

从 2004 年第一次全国经济普查开始，建筑业现价增加值按生产法和分配法(收入法)两种方法计算，以收入法的计算结果为准，即从收入的角度出发，根据生产要素在生产过程中应得的收入份额计算。具体计算方法：经济普查年度建筑业增加值按照《经济普查年度 GDP 核算方案》计算，非经济普查年度建筑业增加值按照《非经济普查年度 GDP 核算方案》计算。

房屋建筑施工面积 指在报告期内施过工的全部房屋建筑面积，包括本期新开工的房屋面积、上期施工跨入本期继续施工的房屋面积、上期停缓建在本期恢复施工的房屋面积、本期竣工的房屋面积及本期施工后又停缓建的房屋面积。

房屋建筑竣工面积 指在报告期内房屋建筑按照设计要求全部完工，达到了使用条件，经验收鉴定合格，正式移交使用单位的房屋建筑面积。

Explanatory Notes on Main Statistical Indicators

Statistical Unit in Construction refers to corporate enterprise engaged in the construction of buildings and structures and in the installation of equipment. A corporate construction enterprise should have qualification certificates with independent accounting system, and should meet the following 3 requirements: a) being set up in line with relevant legal basis, having its full name, organization and location, and capable of taking civil liabilities; b) independently possessing and using its assets and assuming its liabilities, and entitled to sign contracts with other institutions; and c) making independent accounts of its profits and losses, and capable of compiling its own balance sheet.

Gross Output Value of Construction refers to total of construction products and services, expressed in money terms, produced or rendered by construction and installation enterprises during a given period of time. It includes:

(1)Output value of construction projects, that is the value of projects covered by the project budgets;

(2)Output value of installation projects, that is the value of the installation of equipment, (excluding the value of the equipment to be installed);

(3)Output value of others, that is the output value of construction industry excluding that of construction projects and installation projects. It includes: output value of repair of buildings and structures; output value of non standard equipment manufacturing; overhead expenses received by contracted enterprises to the sub contracted enterprises and the completed output value of construction activities that have no clear definition.

a. Output value of repair of buildings and structures, that is the value created through the repairs of buildings or structures, but does not include the value of buildings or structures being repaired and the value of the repair of production equipment;

b. Output value of manufactured non standard equipment, that is the value of non standard production equipment including raw materials and manufacturing cost made for the construction project (i.e., chemical plant; kettles or tanks used by refineries; various fillers, triangle tanks, valves used by mines), and the output value of equipment manufactured by subsidiary workshops.

Value added of Construction refers to the final result of the activities of production and management of construction industry in monetary terms in the reference period.

Starting from the 2004 economic census, value added of construction is calculated by both production approach and income approach, with the income approach as the final approach, where the calculation is based on the share of production factor in the production process. Specifically, value added of construction for census years is calculated in accordance with the Programme of Compilation of GDP and National Accounts for the Year of Economic Census, and value added of construction for other years is calculated in accordance with the Programme of Compilation of GDP and National Accounts for the Non Economic Census Years.

Floor Space of Buildings under Construction refers to floor space of buildings under construction during the reference period, including newly started buildings, buildings started earlier and continued during the reference period, and buildings suspended earlier but restarted during the reference period, buildings completed during the reference period, and buildings under construction and then suspended during the reference period.

Floor Space of Buildings Completed refers to the floor space of buildings that are completed in the reference period in accordance with the requirements of the design, up to the standard for putting them into use, and have been checked and accepted by concerned departments as qualified ones.

第16篇

规模以上服务业

Service Enterprises Above Designated Size

简 要 说 明

一、本篇资料的主要内容

本篇资料主要反映规模以上服务业的基本情况、财务状况、劳动报酬情况等。据国家统计报表制度，2012年规模以上服务业年报首次纳入“一套表”联网直报系统。

二、本篇资料的来源

本篇资料来源于规模以上服务业统计年报，由省统计局服务业处整理提供。

Brief Introduction

I. Content

Data in this chapter reflect the basic information, financial condition, employed persons, labor remuneration and E-commerce transactions of some service enterprises above designated size. According to the National Statistical Reporting System, some service enterprises above designated size have been integrated into the "network reporting" system since 2012.

II. Source of Data

Data in this chapter are based on the annual statistics report of some service enterprises above designated size and are prepared and compiled by the Division of comprehensive Service Statistics of Shandong Provincial Bureau of Statistics.

16-1 规模以上服务业企业主要财务状况
Main Financial Indicators of Service Enterprises above the Designated

单位:亿元 (100 million yuan)

项 目	Item	2016	2017	2017年比2016年增长（%）Growth Rate in 2017 Over 2016（%）
资产总计	Total Assets	19356.55	21392.61	10.5
本年折旧	Depreciation Drawn in Current Year	532.80	559.55	5.0
营业收入	Business Revenue	7021.80	8022.72	14.3
营业成本	Business Costs	5151.78	5946.50	15.4
营业税金及附加	Tax and Extra Charges on Business	74.99	84.43	12.6
销售费用	Sales Expenses	347.40	381.15	9.7
管理费用	Management Expenses	620.42	672.57	8.4
财务费用	Financial Expenses	148.89	169.64	13.9
营业利润	Business Profits	770.26	887.08	15.2
利润总额	Total Profits	886.85	991.56	11.8
应交所得税	Income Taxes Payable	156.67	166.57	6.3
应付职工薪酬	Total Wages Payable	1068.04	1184.50	10.9
应交增值税	Value-added Tax Payable	177.81	192.25	8.1

注:增速按可比口径计算。
a)The growth rates are calculated on comparable coverage.

16-2 规模以上其他营利性服务业企业主要财务状况
Main Financial Indicators of Other for-profit Service Enterprises above the Designated

单位:亿元 (100 million yuan)

项 目	Item	2016	2017	2017年比2016年增长（%）Growth Rate in 2017 Over 2016（%）
资产总计	Total Assets	7999.64	9147.92	14.4
本年折旧	Depreciation Drawn in Current Year	64.41	72.22	12.1
营业收入	Business Revenue	1404.22	1757.19	25.1
营业成本	Business Costs	967.82	1243.16	28.4
营业税金及附加	Tax and Extra Charges on Business	21.25	27.26	28.3
销售费用	Sales Expenses	78.17	92.77	18.7
管理费用	Management Expenses	198.03	217.13	9.6
财务费用	Financial Expenses	66.20	85.07	28.5
营业利润	Business Profits	131.12	178.97	36.5
利润总额	Total Profits	151.23	205.96	36.2
应交所得税	Income Taxes Payable	22.04	27.91	26.6
应付职工薪酬	Total Wages Payable	263.82	307.74	16.6
应交增值税	Value-added Tax Payable	40.46	53.02	31.0

注:增速按可比口径计算。
a)The growth rates are calculated on comparable coverage.

16-3 规模以上服务业企业分登记注册类型财务状况
Financial Indicators of Service Enterprises above Designated Size by Registration Type

单位:万元 (10 000 yuan)

类别	Category	企业单位数(个) Number of Industial Enterprises (unit)	资产合计 Total Assets	本年折旧 Depreciation Drawn in Current Year	营业收入 Business Revenue	营业成本 Business Costs
全省总计	**Provincial Total**	**12368**	**213926135**	**5595494**	**80227180**	**59464974**
按登记注册类型分	**by Status of Registration**					
内资企业	**Domestic Funded Enterprises**	**12130**	**201993924**	**5092516**	**75126122**	**55888222**
国有企业	State-owned Enterprises	338	14979217	429890	4974344	4232597
集体企业	Collective-owned Enterprises	125	1492955	33764	449141	270098
股份合作企业	Cooperative Enterprises	13	82258	1554	42762	21388
联营企业	Joint Ownership Enterprises	3	1339	122	4800	2515
有限责任公司	Limited Liability Corporations	3673	136742944	2764108	34736828	25285229
股份有限公司	Share-holding Corporations Limited	450	24631150	1094663	10775719	7913962
私营企业	Private Enterprises	6816	21692900	691707	22128485	16787655
其他企业	Other Enterprises	712	2371162	76709	2014042	1374780
港、澳、台商投资企业	**Enterprises with Funds from Hong Kong, Macao and Taiwan**	**112**	**5591698**	**321080**	**2605811**	**1917935**
合资经营企业(港或澳、台资)	Joint-ventures Enterprises	49	2341757	60127	871110	635537
合作经营企业(港或澳、台资)	Cooperative Enterprises	3	46167	301	9452	7903
港澳台商独资经营企业	Enterprises with Sole Investment	48	2266001	226178	1360448	996869
港澳台商投资股份有限公司	Share-holding Corporations Ltd. With Funds from Hong Kong, Macao and Taiwan	6	690434	32915	337038	261370
其他企业	Other Enterprises	6	247339	1560	27764	16257
外商投资企业	**Foreign Funded Enterprises**	**126**	**6340514**	**181898**	**2495248**	**1658817**
中外合资经营企业	Joint-venture Enterprises	61	5060995	64171	1547926	1107399
中外合作经营企业	Cooperation Enterprises	3	17948	1231	7485	5014
外资企业	Enterprises with Sole Foreign Funds	54	734730	28935	391671	231360
外商投资股份有限公司	Share-holding Corporations Ltd. With Foreign Investment	4	496088	86394	528140	303068
其他企业	Other Enterprises	4	30752	1167	20026	11976

16−3 续表 1 continued

单位:万元 (10 000 yuan)

类　　别	Category	营业税金及附加 Tax and Extra Charges on Business	销售费用 Selling Expreses	管理费用 Mangement Expenses	财务费用 Financial Expenses	营业利润 Business Profits
全省总计	**Provincial Total**	**844322**	**3811457**	**6725718**	**1696361**	**8870801**
按登记注册类型分	**by Status of Registration**					
内资企业	**Domestic Funded Enterprises**	**810403**	**3539425**	**6339781**	**1600627**	**7865129**
国有企业	State-owned Enterprises	55622	169607	693143	72860	-330584
集体企业	Collective-owned Enterprises	12145	17079	83906	13937	53951
股份合作企业	Cooperative Enterprises	448	3427	11844	153	5549
联营企业	Joint Ownership Enterprises	124	7	1018	111	1027
有限责任公司	Limited Liability Corporations	346610	1795965	2856812	1117191	4113165
股份有限公司	Share-holding Corporations Limited	84982	671229	761296	86025	1423122
私营企业	Private Enterprises	277751	833811	1692908	284775	2303893
其他企业	Other Enterprises	32721	48300	238855	25574	295006
港、澳、台商投资企业	**Enterprises with Funds from Hong Kong, Macao and Taiwan**	**16655**	**169729**	**177814**	**22711**	**302053**
合资经营企业(港或澳、台资)	Joint-ventures Enterprises	4402	30127	76207	14060	114005
合作经营企业(港或澳、台资)	Cooperative Enterprises	118	78	977	-11	388
港澳台商独资经营企业	Enterprises with Sole Investment	8355	110499	78681	3022	160277
港澳台商投资股份有限公司	Share-holding Corporations Ltd. With Funds from Hong Kong, Macao and Taiwan	1843	25253	16326	1224	31531
其他企业	Other Enterprises	1936	3774	5623	4416	-4148
外商投资企业	**Foreign Funded Enterprises**	**17265**	**102302**	**208123**	**73024**	**703620**
中外合资经营企业	Joint-venture Enterprises	9592	10151	118538	65764	504323
中外合作经营企业	Cooperation Enterprises	88	3268	434	31	-1349
外资企业	Enterprises with Sole Foreign Funds	6446	20639	70091	7099	56227
外商投资股份有限公司	Share-holding Corporations Ltd. With Foreign Investment	1016	65916	16083	181	141743
其他企业	Other Enterprises	124	2329	2977	-52	2676

16-3 续表 2 continued

单位:万元 (10 000 yuan)

类　　别	Category	利润总额 Total Profits	应交所得税 Income Taxes Payable	应付职工薪酬 Total Wages Payable	应交增值税 Value-added Tax Payable
全省总计	**Provincial Total**	**9915584**	**1665669**	**11844969**	**1922537**
按登记注册类型分	**by Status of Registration**				
内资企业	**Domestic Funded Enterprises**	**8888813**	**1572655**	**11247620**	**1789108**
国有企业	State-owned Enterprises	-135599	59893	1582259	122650
集体企业	Collective-owned Enterprises	57626	8003	83338	10755
股份合作企业	Cooperative Enterprises	5349	1496	8150	1209
联营企业	Joint Ownership Enterprises	1027	52	878	190
有限责任公司	Limited Liability Corporations	4790973	960128	5019569	712668
股份有限公司	Share-holding Corporations Limited	1483754	256840	1543411	415695
私营企业	Private Enterprises	2389516	262159	2618790	497690
其他企业	Other Enterprises	296166	24085	391226	28252
港、澳、台商投资企业	**Enterprises with Funds from Hong Kong, Macao and Taiwan**	**314001**	**37803**	**318484**	**78141**
合资经营企业(港或澳、台资)	Joint-ventures Enterprises	119477	26201	89728	20674
合作经营企业(港或澳、台资)	Cooperative Enterprises	411	226	410	155
港澳台商独资经营企业	Enterprises with Sole Investment	166299	8332	159840	46552
港澳台商投资股份有限公司	Share-holding Corporations Ltd. With Funds from Hong Kong, Macao and Taiwan	30024	2949	62451	10018
其他企业	Other Enterprises	-2210	94	6055	742
外商投资企业	**Foreign Funded Enterprises**	**712770**	**55211**	**278865**	**55288**
中外合资经营企业	Joint-venture Enterprises	509892	39406	136744	20431
中外合作经营企业	Cooperation Enterprises	-1347	19	1549	156
外资企业	Enterprises with Sole Foreign Funds	59136	13420	107381	8890
外商投资股份有限公司	Share-holding Corporations Ltd. With Foreign Investment	142359	1668	30081	25318
其他企业	Other Enterprises	2730	699	3111	492

16-4 规模以上服务业企业分行业财务状况(2017年)
Financial Indicators of Service Enterprises above Designated Size by Sector(2017)

单位:万元 (10 000 yuan)

行业	Category	企业单位数(个) Number of Industial Enterprises (unit)	资产合计 Total Assets	本年折旧 Depreciation Drawn in Current Year	营业收入 Business Revenue
全省总计	**Provincial Total**	**12368**	**213926135**	**5595494**	**80227180**
按行业分	**Grouped by Sector**				
交通运输、仓储和邮政业	Transport, Storage and Postal Services	4553	66186115	1765903	35323312
信息传输、软件和信息技术服务业	Information Transmission, Software and Information Technology Services	827	28158267	2609196	17960734
房地产业	Real Estate	1010	5212721	67999	1730528
租赁和商务服务业	Leasing and Business Services	1858	78102152	552245	9685434
科学研究和技术服务业	Scientific Research and Technical Services	1776	16908029	198476	8251870
水利、环境和公共设施管理业	Management of Water Conservancy, Environment and Public Facilities	550	8864144	155773	1873122
居民服务、修理和其他服务业	Households' service, Repair and Other Services	480	1077676	30462	1168010
教育	Education	443	1333060	61901	829210
卫生和社会工作	Health and Social Work	386	2467725	77417	1665723
文化、体育和娱乐业	Culture, Sports and Entertainment	485	5616248	76123	1739238

16-4 续表 1 continued

单位:万元 (10 000 yuan)

行业	Category	营业成本 Business Costs	营业税金及附加 Tax and Extra Charges on Business	销售费用 Selling Expreses	管理费用 Mangement Expenses
全省总计	**Provincial Total**	**59464974**	**844322**	**3811457**	**6725718**
按行业分	**Grouped by Sector**				
交通运输、仓储和邮政业	Transport, Storage and Postal Services	28990392	308431	742866	2037675
信息传输、软件和信息技术服务业	Information Transmission, Software and Information Technology Services	11672987	87814	1885759	1318497
房地产业	Real Estate	1173305	38832	71886	288811
租赁和商务服务业	Leasing and Business Services	7129229	188238	353546	1135249
科学研究和技术服务业	Scientific Research and Technical Services	5658330	111143	246736	959042
水利、环境和公共设施管理业	Management of Water Conservancy, Environment and Public Facilities	1216637	40345	127522	198879
居民服务、修理和其他服务业	Households' service, Repair and Other Services	842319	18209	62918	94332
教育	Education	473836	13076	47535	193538
卫生和社会工作	Health and Social Work	1212192	7388	89040	254276
文化、体育和娱乐业	Culture, Sports and Entertainment	1095745	30847	183648	245421

16-4 续表 2 continued

单位:万元 (10 000 yuan)

行　　业	Category	财务费用 Financial Expenses	营业利润 Business Profits	利润总额 Total Profits
全省总计	**Provincial Total**	**1696361**	**8870801**	**9915584**
按行业分	**Grouped by Sector**			
交通运输、仓储和邮政业	Transport, Storage and Postal Services	761507	2889316	3520568
信息传输、软件和信息技术服务业	Information Transmission, Software and Information Technology Services	-80861	3066563	3153964
房地产业	Real Estate	66140	110906	136538
租赁和商务服务业	Leasing and Business Services	775080	821194	1001348
科学研究和技术服务业	Scientific Research and Technical Services	69102	1143676	1178530
水利、环境和公共设施管理业	Management of Water Conservancy, Environment and Public Facilities	16738	277627	304169
居民服务、修理和其他服务业	Households' service, Repair and Other Services	11452	144703	149591
教育	Education	19447	83266	86935
卫生和社会工作	Health and Social Work	17397	76630	96057
文化、体育和娱乐业	Culture, Sports and Entertainment	40359	256920	287884

16-4 续表 3 continued

单位:万元 (10 000 yuan)

行　　业	Category	应交所得税 Income Taxes Payable	应付职工薪酬 Total Wages Payable	应交增值税 Value-added Tax Payable
全省总计	**Provincial Total**	**1665669**	**11844969**	**1922537**
按行业分	**Grouped by Sector**			
交通运输、仓储和邮政业	Transport, Storage and Postal Services	640919	4398458	603925
信息传输、软件和信息技术服务业	Information Transmission, Software and Information Technology Services	511410	2436532	604963
房地产业	Real Estate	26165	568292	58667
租赁和商务服务业	Leasing and Business Services	176354	1730349	296265
科学研究和技术服务业	Scientific Research and Technical Services	200203	1282154	202717
水利、环境和公共设施管理业	Management of Water Conservancy, Environment and Public Facilities	46241	289223	60644
居民服务、修理和其他服务业	Households' service, Repair and Other Services	20993	221393	27067
教育	Education	11204	225504	16586
卫生和社会工作	Health and Social Work	13243	406178	4569
文化、体育和娱乐业	Culture, Sports and Entertainment	18938	286886	47134

16-5 各市规模以上服务业企业财务状况(2017年)
Financial Indicators of Service Enterprises above Designated Size by Region(2017)

单位:万元　　(10 000 yuan)

地　区　Region	企业单位数(个) Number of Industial Enterprises (unit)	资产合计 Total Assets	本年折旧 Depreciation Drawn in Current Year	营业收入 Business Revenue	营业成本 Business Costs	营业税金及附加 Tax and Extra Charges on Business	销售费用 Selling Expreses
全省总计 Total	**12368**	**213926135**	**5595494**	**80227180**	**59464974**	**844322**	**3811457**
济南市 Jinan	1121	65400291	1964799	17386260	12135823	102566	1340875
青岛市 Qingdao	1802	43505023	689715	18028440	13782175	130705	669913
淄博市 Zibo	644	5369467	167674	3139834	2549425	18906	148812
枣庄市 Zaozhuang	420	1672811	97679	1255326	924105	19573	79990
东营市 Dongying	395	6616381	317859	3545990	2908884	53268	87994
烟台市 Yantai	777	23558132	564917	5800920	4401578	76196	236332
潍坊市 Weifang	679	9476571	243316	3250559	2478398	21919	152713
济宁市 Jining	1401	8632646	176128	4173749	3203610	61581	183284
泰安市 Tai'an	642	3780950	144745	2871283	1884954	63000	130062
威海市 Weihai	660	7492583	166177	2183629	1596067	24583	113833
日照市 Rizhao	195	16516054	253467	2439406	1955448	48271	50427
莱芜市 Laiwu	169	1939433	35355	663919	544147	4746	19486
临沂市 Linyi	868	6951696	247707	4424674	3068185	50034	211239
德州市 Dezhou	803	3548305	131049	4460087	3047756	105895	92710
聊城市 Liaocheng	489	3872011	134953	2109678	1651832	17106	108468
滨州市 Binzhou	339	2835534	110040	1583057	1290610	11322	68879
菏泽市 Heze	964	2758245	149914	2910372	2041979	34651	116440

16-5 续表 continued

单位:万元 (10 000 yuan)

地 区 Region	管理费用 Mangement Expenses	财务费用 Financial Expenses	营业利润 Business Profits	利润总额 Total Profits	应交所得税 Income Taxes Payable	应付职工薪酬 Total Wages Payable	应交增值税 Value-added Tax Payable
全省总计 Total	**6725718**	**1696361**	**8870801**	**9915584**	**1665669**	**11844969**	**1922537**
济 南 市 Jinan	1553523	339140	2657551	2750596	584267	2795680	533828
青 岛 市 Qingdao	1672445	296185	1596980	2019593	406052	2561948	366073
淄 博 市 Zibo	249976	39217	112876	152257	22507	484867	58246
枣 庄 市 Zaozhuang	109182	16096	111375	130274	21102	203163	34768
东 营 市 Dongying	363988	68304	-67846	-59013	37232	869121	99748
烟 台 市 Yantai	524581	292118	553241	666336	92182	1044212	104375
潍 坊 市 Weifang	315676	61272	275211	343889	50621	547959	63652
济 宁 市 Jining	260095	79775	384582	413103	43937	436260	94114
泰 安 市 Tai'an	235680	104067	433492	457358	51827	347125	87685
威 海 市 Weihai	234925	51014	175134	209183	43724	306656	46925
日 照 市 Rizhao	154484	165544	127027	277774	62225	335467	36147
莱 芜 市 Laiwu	65479	-22767	43260	50205	9428	113714	11977
临 沂 市 Linyi	353697	63400	702982	713907	69564	535571	131195
德 州 市 Dezhou	186928	42305	1027348	1031615	80754	366631	108639
聊 城 市 Liaocheng	157826	35570	155175	162780	19813	313571	51283
滨 州 市 Binzhou	130957	32958	52090	62828	18652	246641	38306
菏 泽 市 Heze	156275	32162	530323	532900	51780	336383	55577

16-6 规模以上其他营利性服务业企业分行业财务状况(2017年) Financial Indicators of other for-profit service Enterprises above Designated Size by Sector(2017)

单位:万元 (10 000 yuan)

行业	Category	企业单位数(个) Number of Industial Enterprises (unit)	资产合计 Total Assets	本年折旧 Depreciation Drawn in Current Year	营业收入 Business Revenue
全省总计	**Provincial Total**	**3572**	**91479185**	**722184**	**17571866**
按行业分	**Grouped by Sector**				
互联网和相关服务	Internet and Related Services	117	329968	6071	542961
软件和信息技术服务业	Software and Information Technology Services	632	6353142	57284	4436222
租赁业	Leasing	165	1040283	33098	557158
商务服务业	Business Services	1693	77061869	519147	9128276
居民服务业	Services to Households	151	524853	16845	338408
机动车、电子产品和日用产品修理业	Motor Vehicle, Electronic Products and Consumer Products Repair	207	365030	7063	528134
其他服务业	Other Services	122	187794	6554	301468
新闻和出版业	News and Publication	57	2532415	14267	779461
广播、电视、电影和影视录音制作业	Production of Radio, Television, Film and Video Recording	114	401599	10155	213908
文化艺术业	Culture and Arts	117	460977	8153	271585
体育	Sports	67	452167.8	7996.5	227598.1
娱乐业	Entertainment	130	1769089	35552	246686

16-6 续表 1 continued

单位:万元 (10 000 yuan)

行业	Category	营业成本 Business Costs	营业税金及附加 Tax and Extra Charges on Business	销售费用 Selling Expreses	管理费用 Mangement Expenses
全省总计	**Provincial Total**	**12431635**	**272614**	**927680**	**2171313**
按行业分	**Grouped by Sector**				
互联网和相关服务	Internet and Related Services	415335	4862	28904	38279
软件和信息技术服务业	Software and Information Technology Services	2949007	30458	298663	658033
租赁业	Leasing	413064	7659	20970	41219
商务服务业	Business Services	6716166	180579	332576	1094029
居民服务业	Services to Households	243515	5913	18693	42501
机动车、电子产品和日用产品修理业	Motor Vehicle, Electronic Products and Consumer Products Repair	383890	6788	36570	29273
其他服务业	Other Services	214915	5508	7655	22558
新闻和出版业	News and Publication	492826	9021	71361	117156
广播、电视、电影和影视录音制作业	Production of Radio, Television, Film and Video Recording	143440	3550	31676	31461
文化艺术业	Culture and Arts	158539	5945	18931	27283
体育	Sports	184746.9	3579.5	18823.1	23564.6
娱乐业	Entertainment	116193	8752	42857	45955

16-6 续表 2 continued

单位:万元 (10 000 yuan)

行　业	Category	财务费用 Financial Expenses	营业利润 Business Profits	利润总额 Total Profits
全省总计	**Provincial Total**	**850668**	**1789651**	**2059583**
按行业分	**Grouped by Sector**			
互联网和相关服务	Internet and Related Services	2369	52781	57736
软件和信息技术服务业	Software and Information Technology Services	21409	514052	563023
租赁业	Leasing	9754	74488	77650
商务服务业	Business Services	765325	746707	923698
居民服务业	Services to Households	5751	25608	29892
机动车、电子产品和日用产品修理业	Motor Vehicle, Electronic Products and Consumer Products Repair	2635	70826	71860
其他服务业	Other Services	3066	48269	47840
新闻和出版业	News and Publication	3752	145632	161668
广播、电视、电影和影视录音制作业	Production of Radio, Television, Film and Video Recording	2572	6862	12436
文化艺术业	Culture and Arts	6211	60154	63473
体育	Sports	3285.4	-6388.1	-3175.8
娱乐业	Entertainment	24537	50661	53484

16-6 续表 3 continued

单位:万元 (10 000 yuan)

行　业	Category	应交所得税 Income Taxes Payable	应付职工薪酬 Total Wages Payable	应交增值税 Value-added Tax Payable
全省总计	**Provincial Total**	**279058**	**3077352**	**530172**
按行业分	**Grouped by Sector**			
互联网和相关服务	Internet and Related Services	4424	130293	8503
软件和信息技术服务业	Software and Information Technology Services	58351	708432	151202
租赁业	Leasing	9085	38568	10346
商务服务业	Business Services	167269	1691781	285920
居民服务业	Services to Households	5821	81687	6469
机动车、电子产品和日用产品修理业	Motor Vehicle, Electronic Products and Consumer Products Repair	9850	53404	15129
其他服务业	Other Services	5322	86301	5469
新闻和出版业	News and Publication	1168	132963	18110
广播、电视、电影和影视录音制作业	Production of Radio, Television, Film and Video Recording	1830	39791	5493
文化艺术业	Culture and Arts	10303	41011	6032
体育	Sports	666	29017	10280
娱乐业	Entertainment	4970	44103	7220

16-7 各市规模以上其他营利性服务业企业财务状况(2017年)
Financial Indicators of other for-profit service Enterprises above Designated Size by Region(2017)

单位:万元 (10 000 yuan)

地　区 Region	企业单位数(个) Number of Industial Enterprises (unit)	资产合计 Total Assets	本年折旧 Depreciation Drawn in Current Year	营业收入 Business Revenue	营业成本 Business Costs	营业税金及附加 Tax and Extra Charges on Business	销售费用 Selling Expreses
全省总计 Total	**3572**	**91479185**	**722184**	**17571866**	**12431635**	**272614**	**927680**
济南市 Jinan	426	32487861	192618	3186316	2080126	34882	232189
青岛市 Qingdao	740	20548355	105880	5384079	3913982	49752	326788
淄博市 Zibo	156	2124355	24742	646451	502172	5988	32030
枣庄市 Zaozhuang	119	274210	14168	189355	134317	4344	6036
东营市 Dongying	107	3004212	136037	1264930	1052679	32971	28491
烟台市 Yantai	227	8559467	66744	912608	653874	7828	53873
潍坊市 Weifang	130	2518112	12169	508469	358979	4309	23955
济宁市 Jining	418	5381309	14879	1080444	798320	22793	45836
泰安市 Tai'an	184	1732375	24924	717935	428694	13047	46930
威海市 Weihai	189	2176037	45549	332635	222095	5423	28351
日照市 Rizhao	48	6943654	11687	612993	534009	31691	11211
莱芜市 Laiwu	40	400262	3539	111563	92408	1014	2813
临沂市 Linyi	253	2505341	34785	1248293	822955	20123	48286
德州市 Dezhou	191	990779	15007	781411	437416	31836	22371
聊城市 Liaocheng	61	918895	6004	101659	46874	1129	7031
滨州市 Binzhou	60	669259	2060	86028	53908	1105	3785
菏泽市 Heze	223	244704	11392	406698	298830	4378	7703

16-7 续表 continued

单位:万元 (10 000 yuan)

地 区	Region	管理费用 Mangement Expenses	财务费用 Financial Expenses	营业利润 Business Profits	利润总额 Total Profits	应交所得税 Income Taxes Payable	应付职工薪酬 Total Wages Payable	应交增值税 Value-added Tax Payable
全省总计	**Total**	**2171313**	**850668**	**1789651**	**2059583**	**279058**	**3077352**	**530172**
济南市	Jinan	558689	368012	512175	547489	70783	658303	111088
青岛市	Qingdao	678450	114795	363464	485308	75789	749176	169749
淄博市	Zibo	59185	13490	45282	54723	8345	156314	11485
枣庄市	Zaozhuang	16889	2554	25674	26071	3345	30101	4938
东营市	Dongying	193695	15691	-195132	-207283	7204	558609	62130
烟台市	Yantai	109561	110991	240039	259528	10910	187075	19990
潍坊市	Weifang	72502	7435	55497	62170	12032	141667	11183
济宁市	Jining	68624	51348	94927	97971	11892	103111	17029
泰安市	Tai'an	96940	62089	76129	87302	9564	103615	24255
威海市	Weihai	42827	9752	26644	37526	3666	39626	10624
日照市	Rizhao	43222	15369	-22868	31734	9956	55966	10393
莱芜市	Laiwu	11092	666	5546	6391	1646	24301	1643
临沂市	Linyi	120147	37911	209344	215931	20231	103439	46099
德州市	Dezhou	45705	9968	275459	275245	18963	81099	15460
聊城市	Liaocheng	21205	14859	7363	9069	4384	19120	3261
滨州市	Binzhou	13278	11681	-2384	-2096	3245	24263	4137
菏泽市	Heze	19302	4059	72490	72504	7103	41568	6711

主要统计指标解释

规模以上服务业 包括交通运输、仓储和邮电业，信息传输、软件和信息技术服务业，租赁和商务服务业，科学研究和技术服务业，水利、环境和公共设施管理业，教育，卫生和社会工作，以及物业管理、房地产中介服务、自有房地产经营活动和其他房地产业等行业中年营业收入 1000 万元以上或年末就业人数 50 人以上的服务业法人企业；居民服务、修理和其他服务业，文化、体育和娱乐业等行业中年营业收入 500 万元以上或年末就业人数 50 人以上的服务业法人企业。调查方法为符合上述条件企业的全面调查。

其他营利性服务业 包括互联网和相关服务、软件和信息技术服务业、租赁业、商务服务业、居民服务业、机动车、电子产品和日用产品修理业、其他服务业、新闻和出版业、广播电视电影和影视录音制作业、文化艺术业、体育、娱乐业。

Explanatory Notes on Main Statistical Indicators

The statistical coverage of some service enterprises above designated size all the corporative enterprises of services sector with over 50 employees by the end of the year or with annual business revenue of over 10 million yuan, including transport, storage and postal services, information transmission, software and information technology services, leasing and business services, scientific research and technical services, management of Water Conservancy, Environment and Public Facilities, education, health and social work, real estate agent services, real estate intermediary services, own real estate business activities and other real estate,etc. Also, it covers some service enterprises above designated size all the corporative enterprises of services sector with over 50 employees by the end of the year or with annual business revenue of over 5 million yuan, including households' service, repair and other services, culture, sports and entertainment services. Survey method is a comprehensive survey.

Other for-profit services including Internet and related services, software and information technology services, leasing, business services, services to household, motor vehicles, electronics and consumer products repair and other services, news and publication, production of radio, television, film and video culture and arts, sports and entertainment.

第
17
篇

运输和邮电

Transport, Post and
Telecommunication Services

简 要 说 明

一、本篇资料的主要内容

本篇资料反映了全省交通运输业和邮电通讯业发展的基本状况，主要包括交通设施基本情况、客货运量及周转量、交通运输企业主要技术经济指标、沿海主要港口货物吞吐量、邮政和电信基本情况、地方交通和营业性运输车辆、民用汽车拥有量等方面的内容。

二、本篇资料的来源

本篇资料中，交通运输资料分别来源于济南铁路局、山东省地方铁路局、邯济铁路有限公司、省交通厅、省民航安监办、省公安厅交警总队，邮电通信业资料来源于省通信管理局和省邮政局。

本篇资料由省统计局服务业处整理提供。

Brief Introduction

I. Content

Data in this chapter cover mainly the basic conditions of the development of transport, post and telecommunications in Shandong Province, including the basic conditions of transport, the freight traffic and passenger traffic accomplished by various means, major financial indices of related enterprises, cargo handled at principal sea ports, the possession of the transport equipment and the basic conditions of post and telecommunication services.

II. Source of Data

Data in this chapter are provided by Jinan Railway Board, Shandong Local Railway Board, Hanji Railway Co., Ltd, Shandong Communications Department, Shandong Aviation Administration of Work Security, and Traffic Police General Brigade of Shandong Public Security Department. Data on post and telecommunication services are provided by Shandong Communication Administration and Shandong Post Bureau.

Data in this chapter are prepared and compiled by the Division of Comprehensive Service Statistics of Shandong Provincial Bureau of Statistics.

17-1 主要年份运输线路长度
Length of Transport Routes in Major Years

单位:公里 (km)

年 份 Year	铁 路 通车里程 Length of Railways in operation	公 路 通车里程 Length of Highways in Operation	#晴雨通车 In Operation Regardless of Weather	内 河 通航里程 Length of Navigabe Inland Waterways	#通机动船 In Operation for Motor Vessels
1949	887	3152	65	1082	
1952	954	7669	170	1459	409
1955	956	9070	667	1459	409
1957	1154	13425	2115	1642	1063
1962	1168	15766	4189	2179	1353
1965	1208	22176	5669	1827	1310
1970	1276	29159	12666	1821	1629
1975	1275	31712	20212	1876	1764
1976	1386	32978	21645	2118	1802
1977	1386	33629	23636	2343	1811
1978	1385	34244	25289	2403	1880
1979	1388	35139	26106	1972	1953
1980	1411	35311	26544	1970	1736
1981	1582	35292	27284	1849	1712
1982	1565	35504	27875	1859	1722
1983	1565	35722	28480	1859	1722
1984	1569	35935	29427	1859	1725
1985	1572	36327	30250	1840	1706
1986	2041	37005	31286	1840	1706
1987	2042	37530	32468	1840	1706
1988	2042	38759	34057	1840	1706
1989	2042	39783	35557	1840	1706
1990	2041	40772	37015	1840	1706
1991	2042	41937	39081	1891	1780
1992	2048	43134	40612	1891	1780
1993	2048	46033	43992	1891	1780
1994	2048	50225	48385	1891	1780
1995	2048	54243	52702	1891	1780
1996	2620	57271	55882	1891	1780
1997	2721	59260	58028	1414	1302
1998	2658	64145	63142	1414	1302
1999	2672	67847	67055	1476	
2000	2672	70686	70038	1476	
2001	2709	71128	70701	1476	
2002	2709	74029	73665	1476	
2003	3236	76266	75948	1012	
2004	3348	77768	77483	1012	
2005	3402	80132	79854	1012	
2006	3405	204911	203363	1012	
2007	3379	212236	211279	1012	
2008	3329	220687	219525	1012	
2009	3620	226693	225235	1012	
2010	3833	229858	228906	1150	
2011	4177	233189	232264	1150	
2012	4306	244586	243779	1150	
2013	4397	252785	252066	1150	
2014	4546	259514	259031	1150	
2015	4863	263447	262986	1150	
2016	4882	265720	265265	1150	
2017	5115	270590	270150	1150	

注:2006年起，村道纳入公路通车里程。
a)Length of highways includes that of village-level highways since 2006.

17-2 主要年份旅客运量及周转量
Passenger Traffic and Turnover Volume in Major Years

年 份 Year	客运量（万人） Passenger Traffic (10 000 Persons)	铁路 Railways	公路 Highways	水路 Waterways	周转量（百万人公里） Passenger Turnover (million Passenger-km)	铁路 Railways	公路 Highways	水路 Waterways
1949	928	846	82		1368	1287	81	
1952	1196	938	251	7	1553	1365	180	8
1955	1775	1086	678	11	2229	1786	438	5
1957	3019	1872	1128	19	3002	2427	565	10
1962	7590	5923	1599	68	7664	6690	933	41
1965	4566	2457	2077	32	3664	2699	953	12
1970	5725	2454	3240	31			1445	14
1975	7084	3202	3844	38	6676	4708	1953	15
1976	7614	3233	4239	52	6996	4791	2189	16
1977	8679	3522	5103	54	7702	5127	2560	15
1978	9431	3467	5897	67	8448	5535	2895	18
1979	10857	3431	7338	88	9373	5950	3403	19
1980	12208	3586	8532	90	10624	6769	3839	16
1981	12682	3600	8994	88	11365	7272	4077	16
1982	13109	3695	9322	92	12283	7788	4477	18
1983	14839	3792	10942	102	14237	8954	5264	19
1984	17309	4071	13125	113	17058	10615	6423	20
1985	19772	4073	15565	134	20357	12433	7901	23
1986	26459	4005	22311	143	24671	13895	10752	24
1987	25209	4212	20811	186	27316	15608	11680	28
1988	29035	4447	24297	291	32412	17974	14402	36
1989	30718	3905	26419	344	32286	16552	15693	41
1990	29798	3303	26136	359	30138	14830	15255	53
1991	31940	3286	28240	405	32620	15873	16598	96
1992	33920	3244	30145	486	35164	17043	18002	119
1993	33634	3346	29693	595	34068	17785	16114	169
1994	34592	3587	30253	627	35627	18273	17126	222
1995	36425	3414	32317	694	35097	17418	17449	230
1996	39199	2854	35611	734	35344	15317	19696	331
1997	43218	3071	39234	913	40060	17277	22347	436
1998	50904	3223	46467	868	45229	18327	24599	483
1999	59350	3670	54817	863	51828	20568	28846	414
2000	66128	3840	61466	822	54873	22180	32358	335
2001	70497	3723	65787	987	59432	23373	35573	486
2002	74626	3566	69948	1112	64294	24644	39173	477
2003	75492	3324	71053	1115	61769	22024	39223	522
2004	89388	3857	84290	1241	74799	26696	47545	558
2005	98485	3952	93178	1355	82778	28268	53910	600
2006	109472	4757	103298	1417	93014	32223	60128	663
2007	123963	5127	117309	1527	106879	34039	72022	818
2008	213387	5470	205917	2000	141867	36694	104569	604
2009	234234	5806	226134	2294	158713	37993	119723	997
2010	248720	6041	240044	2635	164471	42135	121151	1185
2011	250469	6609	241457	2403	172751	45872	125691	1188
2012	264935	7650	254711	2574	183196	50951	130995	1250
2013	269391	8484	258327	2580	189285	54995	133137	1153
2014	73582	9508	62052	2022	114056	61734	51141	1181
2015	59625	10666	46960	1999	112745	64444	47137	1164
2016	62727	11904	48823	2000	116882	68442	47240	1200
2017	64536	13388	49111	2037	122676	73365	48104	1207

注：1.2008年起，公路、水路数据改用全国公路水路运输量专项调查数据(下同)。

2.交通运输部2014年修订了公路、水运运输量统计试行方案，统计口径发生了变化。

a)Since 2008, data on highways and waterways are based on the National Special Highway and Waterways Survey.The same as the following tables.

b)The pilot statistical investigation program on passenger traffic and turnover was revised in 2014,and the statistical scope was adjusted.

17-3 主要年份货物运量及周转量
Freight Traffic and Turnover Volume in Major Years

年份 Year	货运量（万吨）Freight Traffic (10 000 tons)	铁路 Railways	公路 Highways	水路 Waterways	周转量（百万吨公里）Freight Turnover (million ton-km)	铁路 Railways	公路 Highways	水路 Waterways
1949	547	381	166	0.2	1245	1178	66	1
1952	1802	640	1029	133	3711	3346	154	211
1955	3305	895	2013	397	4919	4359	246	344
1957	4558	1238	2973	347	6923	6190	327	406
1962	4500	1801	2419	280	8106	7309	421	376
1965	7544	2821	4339	385	11929	10721	750	458
1970	10081	3911	5693	477	19167	17346	1186	635
1975	14598	4214	9781	603	22198	18947	2374	877
1976	17320	4904	11732	684	24062	20096	2942	1024
1977	21484	5365	15255	864	27326	22293	3865	1168
1978	22964	5940	16128	896	31005	25746	4060	1199
1979	22536	5951	15748	837	31586	26540	3634	1113
1980	22086	5687	15629	770	31329	26087	4005	1237
1981	20496	5306	14427	763	31941	26332	4093	1516
1982	21641	5415	15413	813	35160	28400	4937	1823
1983	23726	5655	17216	855	38996	30966	5787	2243
1984	25310	6035	18389	886	41974	33250	6505	2219
1985	27371	6403	20105	863	48431	37342	8139	2468
1986	32299	6789	24619	893	57599	44618	10287	2694
1987	36012	7072	28008	932	64533	49069	12231	3234
1988	39866	7322	31670	874	72723	53851	15325	3547
1989	43098	7934	34331	833	78996	58657	16612	3727
1990	41443	8012	32654	777	77845	58546	15705	3594
1991	44145	8372	34587	1186	81402	59694	16660	5047
1992	47676	8609	37684	1381	87617	62750	18931	5936
1993	51250	9023	40820	1407	92257	63127	20444	8687
1994	57187	9259	46485	1443	101437	66744	23069	11625
1995	66546	9256	55669	1621	112655	69857	26397	16401
1996	70664	10226	58270	2168	122849	71385	30559	20895
1997	72780	10368	60340	2072	126093	73323	31915	20855
1998	76813	10224	64716	1867	118753	65877	34322	18513
1999	80212	10553	67696	1956	127304	73588	35350	18330
2000	92483	11253	76778	4452	403315	79964	40575	282776
2001	99464	12426	81574	5464	467545	84815	41143	341587
2002	107454	13624	89714	4116	304075	92525	46009	165541
2003	117712	17167	95900	4645	342906	107157	50987	184762
2004	132036	17862	106887	7287	478309	111109	59606	307594
2005	147999	18338	120455	9206	558286	121908	71182	365196
2006	167511	19126	136750	11635	665521	151159	84510	429852
2007	198507	19923	163959	14625	642854	131151	106926	404777
2008	247489	20872	216604	10013	1010234	134133	511792	364309
2009	284463	19596	251587	13280	1095569	134139	604502	356928
2010	298055	18056	264366	15633	1174705	144775	621680	408250
2011	314962	19711	279380	15871	1258364	152606	662435	443323
2012	330270	19814	296752	13704	1099119	149384	705922	243813
2013	344401	19043	311812	13546	1026088	138910	749888	137290
2014	260983	16792	230018	14172	817690	123808	571138	122744
2015	258444	15786	227934	14724	833415	107728	587699	137988
2016	281557	16745	249752	15060	879552	113668	607143	158741
2017	322564	17853	288052	16659	962225	121363	665022	175840

注：交通运输部2014年修订了公路、水运运输量统计试行方案，统计口径发生了变化。
a)The pilot statistical investigation program on passenger traffic and turnover was revised in 2014,and the statistical scope was adjusted.

17-4 沿海主要港口货物吞吐量
Volume of Freight Handled in Major Coastal Ports

单位:万吨 (10000 tons)

港口名称	Seaport	1990	1995	2000	2005	2010	2013	2014	2015	2016	2017
总 计	**Total**	**5445**	**10594**	**16025**	**38401**	**86421**	**118137**	**128593**	**134218**	**142856**	**151571**
青岛港	Qingdao	3034	5103	8661	18679	35012	45783	47701	49749	51463	51149
烟台港	Yantai	668	1361	1964	4506	15033	28680	31971	33027	35407	40058
日照港	Rizhao	925	1452	2674	8421	22597	31809	35324	36082	38286	40189
威海港	Weihai	100	379	658	1532	2407	7001	7110	7324	7554	7806

17-5 交通运输企业主要技术经济指标
Major Technical and Economic Indicators of Transportation Enterprises

类 别	Category	2012	2013	2014	2015	2016	2017
铁路运输	**Railway Transport**						
货车周转时间 (天)	Turning Around Time of Freight Locomotives (day)	2.0	2.0	1.9	2.0	2.0	1.8
货车全周转距离 (公里)	Turning Around Length of Freight Locomotives (km)	428	426	427	432	434	435
货车中转距离 (公里)	Transfer Length of Freight Locomotives (km)	196	198	194	190	199	220
平均一日装车数 (车)	Daily Loading Coach (coach)	8578	8251	7351	7081	7778	8316
平均一日卸车数 (车)	Daily Unloading Coach (coach)	9285	9099	8857	8461	9111	9592
货车静载重 (吨)	Static Load of Freight Locomotives (ton)	63.1	63.2	62.6	61.1	58.8	58.9
货运机车日产量 (万总重吨公里)	Average Daily Ton-kilometers of Freight Locomotives (10 000 tonkm)	142.7	133.9	132.3	131.7	138.2	146.7
内燃机车每万吨公里耗油 (公斤)	Oil Consumption of Diesel Locomotives per 10000 Ton-km (kg)	27.8	27.9	28.4	33.4	34.9	35.8
沿海水运船舶	**Coastal Waterways Transport**						
全部船舶净载重量 (万吨)	Static Load of Vessels (10 000 tons)	1430	1489	1598	1755	1909	1810
码头舶位 (个)	Berths in Ports (unit)	501	519	540	556	567	581
最大靠舶能力 (万吨)	Maximum Capacity on Berths (10 000 tons)	30	30	30	30	30	30
年综合通过能力 (万吨)	Integrated Capacity (10 000 tons)	53099	57309	63236	67089	72097	78820
旅客吞吐量 (万人)	Passenger Handled (10 000 persons)	1313	1298	1321	1378	1404	1446

17-6 1978-2017年邮政基本情况
Basic Conditions of Post Services from 1978 to 2017

年 份 Year	邮政局总计 (处) Post &Telecommunication offices (unit)	#设在农村 in Rural Area	邮路总长度 (万公里) Length of Postal Routes (10 000 km)	函 件 (万件) Letters (10 000 pcs)	报刊期发数 (万份) Issue of Newspapers and Magazines (10 000 copies)
1978	2349	2048		15532	542
1979	2348	2042	22.6	16336	613
1980	2363	2057	22.5	17324	775
1981	2363	2052	22.8	17540	859
1982	2371	2050	4.2	17340	946
1983	2384	2048	4.2	17434	1131
1984	2415	2060	4.4	18958	1572
1985	2516	2153	4.7	21930	2017
1986	2531	2174	5.0	23745	1743
1987	2540	2176	5.2	26940	1888
1988	2576	2196	5.3	28884	1777
1989	2608	2210	5.3	30043	1176
1990	2647	2233	5.8	29486	1047
1991	2672	2247	5.7	28001	1174
1992	2699	2267	6.7	28266	1326
1993	3259	2492	8.5	32966	1247
1994	4180		9.7	35920	982
1995	4080	3400	10.5	38789	1180
1996	3727	3013	13.4	35112	1020
1997	5397		15.1	32859	996
1998	5382		15.1	33114	1147
1999	4414	3497	18.5	35138	1568
2000	3011	2255	17.0	32878	1701
2001	3040	2225	15.9	31400	1324
2002	3012	2193	16.5	51496	972
2003	3007	2166	15.7	58220	1152
2004	3009	2118	16.2	50087	716
2005	3025	2118	17.3	24075	823
2006	3043	2105	17.0	44356	703
2007	3046	2086	17.4	47157	763
2008	2934	2080	17.7	46362	823
2009	2862	2030	18.1	52074	868
2010	2840	1991	6.8	53963	1618
2011	2851	2012	6.6	46014	796
2012	2856	2022	7.3	45663	976
2013	2861	2022	7.3	42389	914
2014	2870	2044	7.6	29233	976
2015	2870	2049	8.0	18787	943
2016	2878	2041	10.0	10328	837
2017	2880	2054	45.2	6978	1151

17-7 1978-2017年电信业务总量

Business Volume of Telecommunication Services from 1978 to 2017

年 份 Year	电信业务总量(万元) Business Volume of Telecommunication Services (10 000 Yuan)	电报(万份) Telegraph (10 000 copies)	长话电路(路) Lines of Long-distance Calls (line)	长途电话(万次) Long-distance Calls (10 000 times)	市内电话(万户) Local Telephones (10 000 subscribers)	农村电话(万户) Rural Telephones (10 000 subscribers)
1978	10058	588	1082	1308	6.3	3.8
1979	10515	632	1177	1428	7.1	4.3
1980	11030	711	1282	1525	7.5	4.4
1981	11291	789	1415	1532	8.0	4.5
1982	11629	805	1532	1649	8.5	4.6
1983	12529	917	1653	1789	9.4	4.8
1984	13751	908	1929	1963	10.7	5.1
1985	16186	1132	2190	2325	12.1	5.2
1986	17735	1203	2638	2569	13.4	5.5
1987	20719	1519	3341	2984	15.2	5.9
1988	27124	1918	4392	3987	18.5	6.4
1989	32153	1812	5694	4693	22.3	6.9
1990	39401	1634	7436	5800	26.5	7.3
1991	103322	1651	12675	8724	32.9	8.1
1992	156134	1673	18422	16978	45.8	9.5
1993	274917	1412	32615	32273	69.6	12.8
1994	404027	987	47589	52719	84.8	19.2
1995	537135	667	40634	55755	165.8	46.1
1996	697719	458	54179	61409	227.0	80.0
1997	957400	324	67834	79719	283.5	128.6
1998	1338886	226	98760	97077	346.7	179.6
1999	1411800	202	163381	96553	413.8	283.8
2000	1865000	178	222500	96010	547.0	559.0
2001	2300200	138	108000	101682	661.0	827.0
2002	2759820		135000	99470	790.0	950.0
2003	3325632		268530	149245	1008.0	1085.0
2004	4846250		510000	121275	1314.0	1198.0
2005	6754670		290996	152883	1410.9	1275.7
2006	9286877		462662	148631	1380.5	1256.7
2007	11799357		350028	157152	1377.6	1211.5
2008	14262026		413082	124858	1398.4	1053.7
2009	15867854		1238400	123510	1291.3	965.0
2010	19209000				1193.5	829.6
2011	7236000				1087.6	809.0
2012	7976000				1101.3	786.8
2013	8637000				1032.2	712.2
2014	10678489				879.3	538.9
2015	12531166				773.2	343.9
2016	8633818				678.2	292.2
2017	14947602				639.0	245.0

注：2016年起，电信业务总量按2015年价格计算。
a)The business volume of telecommunication services was calculated at 2015 constant prices since 2016.

17−8 邮电业务基本情况

Basic Conditions of Post and Telecommunication Services

类　　别		Category		2013	2014	2015	2016	2017
邮电业务总量	(亿元)	Business Volume of Telecommunication Services	(100 million yuan)	919.7	1213.6	1458.6	1165.0	1887.7
函　件	(万件)	Letters	(10 000 pcs)	42389	29233	18787	10328	6978
特快专递	(万件)	Express Mail Services	(10000 pcs)					
报刊期发数	(万份)	Issue of Newspapers and Magazines	(10 000 copies)	914	976	943	837	1151
年末移动电话用户	(万户)	Number of Mobile Telephone Subscribers at Year-end	(10 000 subscribers)	8333.4	8664.1	9413.8	9594.5	9943.9
#3G移动电话用户	(万户)	3G Mobile Phone Subscribers	(10 000 subscribers)	2592	3402	3075	1250	926
固定电话年末用户	(万户)	Number of Fixed Telephone Subscribers at Year-end	(10 000 subscribers)	1744.4	1418.3	1117.1	970.4	884.0
#城市电话用户	(万户)	Urban Fixed Telephone Subscribers	(10 000 subscribers)	1032.2	879.4	773.2	678.2	639.0
农村电话用户	(万户)	Rural Telephone Subscribers	(10 000 subscribers)	712.2	538.9	343.9	292.2	245.0
邮政所	(处)	Post Offices	(unit)	2861	2870	2870	2878	2880
邮路总长度	(公里)	Length of Postal Routes	(km)	72703	75699	79605	104002	452268
国际互联网总网民数	(万人)	Number of Internet Subscribers	(10 000 persons)	4329	4634	4789	5207	
互联网宽带接入用户	(万户)	Number of Internet Broad Band Subscribers	(10 000 subscribers)	1465.1	1523.9	1625.7	2366.5	2588.7
移动互联网用户	(万户)	Number of Mobile Internet Subscribers	(10 000 persons)	5556.1	5569.2	6109.6	7391.2	8508.0

注：2016年起，邮电业务总量按2015年价格计算。

a)The business volume of post and telecommunication services was calculated at 2015 constant prices since 2016.

17−9 各市邮电业务基本情况(2017年)

Basic Conditions of Post and Telecommunication Services by Region (2017)

地　区	Region	邮电业务总　量(亿元) Business Volume of Post and Telecommunication Services (100 million yuan)	邮政业务总　量(亿元) Business Volume of Post Services (100 million yuan)	电信业务总　量(亿元) Business Volume of Telecommunication Services (100 million yuan)	移动电话用户数(万户) Number of Mobile Telephone Subscribers (10 000 subscribers)	固定电话用户数(万户) Number of Fixed Telephone Subscribers (10 000 subscribers)	互联网宽带接入用户(万户) Number of Internet Broad Band Subscribers (10 000 subscribers)
全省总计	**Total**	**1887.7**	**392.9**	**1494.8**	**9943.9**	**884.0**	**2588.7**
济 南 市	Jinan	267.5	64.7	202.8	964.4	147.5	283.9
青 岛 市	Qingdao	319.0	72.5	246.5	1222.6	148.8	306.4
淄 博 市	Zibo	86.9	15.6	71.3	505.7	62.1	127.7
枣 庄 市	Zaozhuang	53.3	11.4	41.9	339.0	26.7	95.0
东 营 市	Dongying	45.1	4.5	40.6	263.6	33.1	78.1
烟 台 市	Yantai	146.7	28.3	118.5	798.4	61.3	196.3
潍 坊 市	Weifang	168.6	34.5	134.1	923.3	83.9	223.0
济 宁 市	Jining	111.4	19.6	91.9	729.9	32.6	183.1
泰 安 市	Tai'an	76.9	13.5	63.4	490.5	49.3	130.2
威 海 市	Weihai	64.9	14.9	50.0	356.3	43.7	95.3
日 照 市	Rizhao	48.5	8.3	40.2	277.9	21.9	75.1
莱 芜 市	Laiwu	17.4	2.8	14.6	120.4	15.5	39.9
临 沂 市	Linyi	172.1	43.2	128.9	931.1	51.1	227.1
德 州 市	Dezhou	71.8	15.0	56.9	466.2	31.9	125.5
聊 城 市	Liaocheng	75.9	17.9	58.0	489.8	31.6	124.3
滨 州 市	Binzhou	57.6	9.9	47.8	377.8	26.2	120.6
菏 泽 市	Heze	102.1	16.4	85.8	686.9	16.5	157.3

17－10 各市公路情况(2017年)
Basic Conditions of Highways by Region (2017)

单位:公里 (km)

地 区	Region	公路里程 Length of Highways	等级公路里程 Expressway and Class I to IV Highways	二级及二级以上公路合计 Second Class and Above	高速公路里程 Length of Expressway	晴雨通车里程 Length of Highways Regardless of Weather	公路密度(公里/百平方公里) Road Density (km/100 sq.km)
全省总计	**Total**	**270590**	**269698**	**35166**	**5821**	**270150**	**173**
济南市	Jinan	12857	12857	1397	488	12857	157
青岛市	Qingdao	16140	16140	3278	808	16140	146
淄博市	Zibo	11385	10967	1559	206	11186	191
枣庄市	Zaozhuang	8574	8513	1190	164	8533	188
东营市	Dongying	9207	9207	996	218	9207	107
烟台市	Yantai	19473	19473	3606	558	19473	143
潍坊市	Weifang	27382	27382	4122	462	27382	170
济宁市	Jining	19599	19457	2298	328	19491	175
泰安市	Tai'an	15473	15394	1914	239	15409	199
威海市	Weihai	7064	7064	1522	165	7065	122
日照市	Rizhao	8676	8676	1419	165	8676	162
莱芜市	Laiwu	4597	4583	624	140	4592	205
临沂市	Linyi	27686	27686	3673	515	27686	161
德州市	Dezhou	22148	22148	1759	476	22148	214
聊城市	Liaocheng	19334	19334	1664	291	19333	222
滨州市	Binzhou	16716	16539	2084	281	16692	183
菏泽市	Heze	24279	24279	2061	317	24279	198

17－11 各市地方交通旅客运输量(2017年)
Passenger Transport Volume of Local Traffic by Region (2017)

地 区	Region	客运量(万人) Passenger Traffic (10 000persons)	公路 Highways	水运 Waterways	周转量(百万人公里) Passenger-Kilometers (million passenger-km)	公路 Highways	水运 Waterways
全省总计	**Total**	**51148**	**49111**	**2037**	**49312**	**48105**	**1207**
济南市	Jinan	3229	3192	37	5267	5266	1.0
青岛市	Qingdao	4749	4534	215	7464	7442	21.9
淄博市	Zibo	599	599		1701	1701	
枣庄市	Zaozhuang	2601	2497	104	1776	1772	3.7
东营市	Dongying	639	610	29	975	973	1.8
烟台市	Yantai	5797	5076	721	5370	4654	715.8
潍坊市	Weifang	5968	5968		4573	4573	
济宁市	Jining	3875	3606	269	2337	2326	10.9
泰安市	Tai'an	2986	2955	31	1966	1965	1.3
威海市	Weihai	3322	2834	488	3315	2931	383.7
日照市	Rizhao	2508	2452	56	2034	1972	61.8
莱芜市	Laiwu	186	149	37	193	190	2.8
临沂市	Linyi	4985	4961	24	4532	4530	2.0
德州市	Dezhou	1886	1875	11	1582	1582	0.4
聊城市	Liaocheng	1878	1863	15	1497	1497	0.4
滨州市	Binzhou	1067	1067		1070	1070	
菏泽市	Heze	4873	4873		3661	3661	

17-12 各市地方交通货物运输量(2017年)
Freight Transport Volume of Local Traffic by Region (2017)

地 区	Region	货运量(万吨) Volume of Freight Traffic (10 000tons)	公路 Highways	水运 Waterways	周转量(百万吨公里) Freight Turnover (million ton-km)	公路 Highways	水运 Waterways
全省总计	**Total**	**304711**	**288052**	**16659**	**840862**	**665022**	**175840**
济南市	Jinan	24181	24058	123	46719	45952	766
青岛市	Qingdao	26516	24716	1800	132400	51591	80809
淄博市	Zibo	19030	19030		40385	40385	
枣庄市	Zaozhuang	7155	6288	867	18503	15007	3496
东营市	Dongying	6300	6042	258	16585	13976	2609
烟台市	Yantai	24496	19915	4581	59897	39893	20004
潍坊市	Weifang	29579	27156	2423	74389	56752	17637
济宁市	Jining	32654	29257	3397	75995	61436	14560
泰安市	Tai'an	7769	7742	27	15875	15768	107
威海市	Weihai	9812	7896	1916	41055	16583	24472
日照市	Rizhao	9460	8581	879	28533	17989	10544
莱芜市	Laiwu	7526	7526		9819	9819	
临沂市	Linyi	35083	35083		137351	137351	
德州市	Dezhou	15305	15305		27006	27006	
聊城市	Liaocheng	20054	20054		47632	47632	
滨州市	Binzhou	13663	13387	276	36793	36417	376
菏泽市	Heze	16130	16016	114	31925	31464	460

17-13 各市民用汽车拥有量(2017年)
Possession of Private Vehicles by Region(2017)

单位:辆 (Unit)

地 区	Region	民用汽车总计 Total	载客汽车 Passenger Vehicles	大型 Large	中型 Medium	小型 Small	微型 Minicar
全省总计	**Total**	**19528703**	**17116631**	**124091**	**42244**	**16614607**	**335689**
济南市	Jinan	1949708	1783849	13539	3826	1741764	24720
青岛市	Qingdao	2464514	2228986	20126	7129	2155585	46146
淄博市	Zibo	980962	881907	6671	1967	862685	10584
枣庄市	Zaozhuang	639900	573776	4120	1188	551302	17166
东营市	Dongying	652362	577237	3953	1812	565026	6446
烟台市	Yantai	1524415	1372596	10592	4853	1334651	22500
潍坊市	Weifang	2119201	1813512	10863	3459	1762848	36342
济宁市	Jining	1260659	1037970	9010	2059	1010340	16561
泰安市	Tai'an	711150	618165	6055	1565	601889	8656
威海市	Weihai	696437	608681	5295	2633	593732	7021
日照市	Rizhao	584048	508252	3227	845	494141	10039
莱芜市	Laiwu	221672	200816	2000	358	195019	3439
临沂市	Linyi	2149491	1833189	8255	3152	1754205	67577
德州市	Dezhou	933461	807596	3514	1339	784914	17829
聊城市	Liaocheng	890850	773214	6175	1054	749233	16752
滨州市	Binzhou	824020	711815	4707	1019	696300	9789
菏泽市	Heze	891406	751552	5297	2085	730174	13996

17-13 续表 continued

单位:辆 (Unit)

地区	Region	载货汽车 Trucks	大型 Large	中型 Medium	小型 Small	微型 Minicar	其它汽车 Others
全省总计	**Total**	**2107173**	**668742**	**83875**	**1351601**	**2955**	**304899**
济南市	Jinan	151141	31632	4355	115007	147	14718
青岛市	Qingdao	219533	54283	15691	148494	1065	15995
淄博市	Zibo	86774	30537	3805	52270	162	12281
枣庄市	Zaozhuang	62429	24541	1768	36096	24	3695
东营市	Dongying	65240	22759	1641	40792	48	9885
烟台市	Yantai	129712	37965	7363	84344	40	22107
潍坊市	Weifang	266539	61507	13741	191018	273	39150
济宁市	Jining	198973	101882	3639	93353	99	23716
泰安市	Tai'an	69605	15670	3244	50663	28	23380
威海市	Weihai	78205	14456	2874	60722	153	9551
日照市	Rizhao	68782	17309	1627	49784	62	7014
莱芜市	Laiwu	18194	4189	669	13321	15	2662
临沂市	Linyi	293762	108677	12961	171477	647	22540
德州市	Dezhou	97662	29786	2587	65215	74	28203
聊城市	Liaocheng	106258	52516	1939	51756	47	11378
滨州市	Binzhou	92920	29464	2602	60841	13	19285
菏泽市	Heze	101044	31558	3311	66117	58	38810

17-14 各市私人汽车拥有量(2017年)
Possession of Private Vehicles by Region (2017)

单位:辆 (Unit)

地区	Region	汽车总计 Total	载客汽车 Passenger Vehicles	大型 Large	中型 Medium	小型 Small	微型 Minicar
全省总计	**Total**	**17576542**	**16030180**	**5683**	**15720**	**15693982**	**314795**
济南市	Jinan	1764575	1661254	1138	1626	1634392	24098
青岛市	Qingdao	2122629	1994003	239	2108	1956966	34690
淄博市	Zibo	888623	829175	681	938	817160	10396
枣庄市	Zaozhuang	513485	475204	104	516	458336	16248
东营市	Dongying	583469	542451	454	533	535307	6157
烟台市	Yantai	1387324	1283953	44	1653	1260283	21973
潍坊市	Weifang	1984178	1737158	1114	1794	1698372	35878
济宁市	Jining	1103185	984373	463	1022	966741	16147
泰安市	Tai'an	656853	587724	120	782	578236	8586
威海市	Weihai	634739	571932	161	938	563984	6849
日照市	Rizhao	536767	483201	327	340	472645	9889
莱芜市	Laiwu	205539	189621	24	117	186073	3407
临沂市	Linyi	1967584	1772114	302	1634	1707316	62862
德州市	Dezhou	855541	775070	205	453	756842	17570
聊城市	Liaocheng	792739	738656	90	409	721616	16541
滨州市	Binzhou	758149	680982	65	317	670937	9663
菏泽市	Heze	817893	720039	152	540	705551	13796

17-14 续表 continued

单位:辆 (Unit)

地 区	Region	载货汽车 Trucks	大 型 Large	中 型 Medium	小 型 Small	微 型 Minicar	其它汽车 Others
全省总计	**Total**	**1301168**	**127966**	**45597**	**1125719**	**1886**	**245194**
济南市	Jinan	93639	9184	1792	82521	142	9682
青岛市	Qingdao	118259	2711	3529	111890	129	10367
淄博市	Zibo	49184	4812	2390	41872	110	10264
枣庄市	Zaozhuang	35379	3684	856	30816	23	2902
东营市	Dongying	35453	2863	708	31840	42	5565
烟台市	Yantai	84753	12625	4335	67759	34	18618
潍坊市	Weifang	212853	31624	10258	170707	264	34167
济宁市	Jining	106304	27032	1689	77492	91	12508
泰安市	Tai'an	50593	4234	2035	44297	27	18536
威海市	Weihai	55481	6310	1507	47532	132	7326
日照市	Rizhao	47844	3100	822	43860	62	5722
莱芜市	Laiwu	13684	1801	480	11389	14	2234
临沂市	Linyi	175575	7836	9515	157587	637	19895
德州市	Dezhou	54646	859	1049	52669	69	25825
聊城市	Liaocheng	44325	2331	720	41233	41	9758
滨州市	Binzhou	60460	4811	1961	53676	12	16707
菏泽市	Heze	62736	2149	1951	58579	57	35118

17-15 各市营业性运输车辆(2017年)
Transport Vehicles in Operation by Region (2017)

单位:辆 (Unit)

地 区	Region	汽 车 Vehicles	客 车 Passenger Vehicles	货 车 Trucks
全省总计	**Total**	**1090930**	**24029**	**1066901**
济南市	Jinan	92154	3072	89082
青岛市	Qingdao	86496	2966	83530
淄博市	Zibo	50473	884	49589
枣庄市	Zaozhuang	41312	467	40845
东营市	Dongying	34466	501	33965
烟台市	Yantai	54233	2686	51547
潍坊市	Weifang	99495	2468	97027
济宁市	Jining	117273	1020	116253
泰安市	Tai'an	24802	1106	23696
威海市	Weihai	27180	1081	26099
日照市	Rizhao	22181	1000	21181
莱芜市	Laiwu	10278	150	10128
临沂市	Linyi	173373	1775	171598
德州市	Dezhou	57934	953	56981
聊城市	Liaocheng	89525	1366	88159
滨州市	Binzhou	52822	654	52168
菏泽市	Heze	56933	1880	55053

注:公路营运载客汽车不包括在公路运输管理部门管理并注册登记为公共汽车和出租汽车的车辆。
a)Passenger vehicles do not include those managed by department of highway transportation and registered as buses and taxis.

17-16　按行业分企业信息化及电子商务情况(2017年)

行　业	Industry	企业数(个) Number of Enterprises (unit)	期末使用计算机数(台) Computers Used at the End of Period (unit)
全　省	**Total**	**82791**	**2721641**
采矿业	Mining	451	106683
制造业	Manufacturing	36042	1198388
电力、热力、燃气及水生产和供应业	Production and Supply of Electricity, Heat, Gas and Water	835	84617
建筑业	Construction	7060	262562
批发和零售业	Wholesale and Retail Trades	16013	320515
交通运输、仓储和邮政业	Transport, Storage and Post	4600	134394
住宿和餐饮业	Hotels and Catering Services	2888	49422
信息传输、软件和信息技术服务业	Information Transmission, Software and Information Technology Services	829	193222
房地产业	Real Estate	7860	133457
租赁和商务服务业	Leasing and Business Services	1993	61516
科学研究和技术服务业	Scientific Research and Technical Services	1781	83811
水利、环境和公共设施管理业	Management of Water Conservancy, Environment and Public Facilities	552	9440
居民服务、修理和其他服务业	Service to Households, Repair and Other Services	507	6676
教育	Education	482	31368
卫生和社会工作	Health and Social Service	383	25272
文化、体育和娱乐业	Culture, Sports and Entertainment	515	20298

注：有电子商务交易活动的企业是指通过计算机网络开展电子商务销售或电子商务采购的企业。
a) Enterprises with E-Commerce Transactions refers to those enterprises which performed sales or purchases through internet.

Informatization and E-Commerce of Enterprises by Industrial Sector (2017)

每百人使用计算机数(台) Computers Used Per 100 Persons (unit)	企业拥有网站数(个) Websites of Enterprises (unit)	每百家企业拥有网站数(个) Websites Per 100 Enterprises (unit)	有电子商务交易活动 With E-Commerce Transactions		电子商务销售额(万元) Sales of E-Commerce (10 000 yuan)	电子商务采购额(万元) Purchases of E-Commerce (10 000 yuan)
			企业数(个) Enterprises (unit)	比重(%) Proportion (%)		
20	**44253**	**53**	**7445**	**9.0**	**138930154**	**82921306**
19	230	51	21	4.7	6386305	6077029
16	22847	63	3501	9.7	97029536	52554156
31	452	54	40	4.8	470632	5286593
11	3274	46	248	3.5	627565	965136
36	6716	42	1559	9.7	25799221	16375820
23	1762	38	248	5.4	2214870	509691
22	1325	46	902	31.2	241178	9097
93	835	101	224	27.0	5633017	1090068
37	3511	45	184	2.3	13106	20489
24	1058	53	156	7.8	356702	17696
55	878	49	114	6.4	61825	9868
12	251	45	55	10.0	11537	855
10	205	40	39	7.7	2595	2109
73	301	62	24	5.0	7569	425
46	280	73	18	4.7	200	632
52	328	64	112	21.7	74298	1645

17-17 各市企业信息化及电子商务情况(2017年)

地　区	Region	企业数(个) Number of Enterprises (unit)	期末使用计算机数(台) Computers Used at the End of Period (unit)	每百人使用计算机数(台) Computers Used Per 100 Persons (unit)	企业拥有网站数(个) Websites of Enterprises (unit)
全省总计	**Total**	**82791**	**2721641**	**20**	**44253**
济南市	Jinan	6311	461714	36	4320
青岛市	Qingdao	9249	470503	31	5565
淄博市	Zibo	4976	167207	19	2920
枣庄市	Zaozhuang	2885	52236	10	1398
东营市	Dongying	2405	153770	27	1675
烟台市	Yantai	6253	242553	21	3081
潍坊市	Weifang	6606	245196	22	3860
济宁市	Jining	6936	163078	17	3377
泰安市	Tai'an	3709	99446	14	1548
威海市	Weihai	4289	118766	16	1913
日照市	Rizhao	1583	68904	23	1111
莱芜市	Laiwu	1298	36124	18	846
临沂市	Linyi	7481	142285	13	3785
德州市	Dezhou	5624	81942	12	2880
聊城市	Liaocheng	4074	72450	13	1882
滨州市	Binzhou	2579	76794	16	1418
菏泽市	Heze	6533	68673	10	2674

注：有电子商务交易活动的企业是指通过计算机网络开展电子商务销售或电子商务采购的企业。
a) Enterprises with E-Commerce Transactions refers to those enterprises which performed sales or purchases through internet.

Informatization and E-Commerce of Enterprises by Region (2017)

每百家企业拥有网站数(个) Websites Per 100 Enterprises (unit)	有电子商务交易活动 With E-Commerce Transactions		电子商务销售额(万元) Sales of E-Commerce (10 000 yuan)	电子商务采购额(万元) Purchases of E-Commerce (10 000 yuan)
	企业数(个) Enterprises (unit)	比重(%) Proportion (%)		
53	**7445**	**9.0**	**138930154**	**82921306**
68	620	9.8	14110587	10103610
60	1133	12.2	56621637	32062248
59	1444	29.0	10277273	7276917
48	217	7.5	675562	344013
70	182	7.6	4932242	2283339
49	293	4.7	11771200	8228459
58	410	6.2	5674999	7102696
49	419	6.0	8861587	6136503
42	208	5.6	1134735	584141
45	313	7.3	2809724	1815668
70	148	9.3	2591471	1270782
65	109	8.4	344496	150248
51	527	7.0	4004688	806829
51	312	5.5	3583320	583443
46	179	4.4	3076282	1138042
55	164	6.4	4263262	2032197
41	767	11.7	4197090	1002168

主要统计指标解释

铁路营业里程　又称营业长度(包括正式营业和临时营业里程)，指办理客货运输业务的铁路正线总长度。凡是全线或部分建成双线及以上的线路，以第一线的实际长度计算；复线、站线、段管线、岔线和特殊用途线以及不计算运费的联络线都不计算营业里程。该指标可以反映铁路运输业基础设施的发展水平，也是计算客货周转量、运输密度和机车车辆运用效率等指标的基础资料。

公路里程　指在一定时期内实际达到《公路工程\[WTBZ\]技术标准 JTJ01-88》规定的等级公路，并经公路主管部门正式验收交付使用的公路里程数。包括大中城市的郊区公路以及通过小城镇街道部分的公路里程和桥梁、渡口的长度，不包括大中城市的街道、厂矿、林区生产用道和农业生产用道的里程。两条或多条公路共同经由同一路段，只计算一次，不得重复计算里程长度。该指标可以反映公路建设的发展规模，也是计算运输网密度等指标的基础资料。

内河航道里程　也称内河通航里程，指在一定时期内，能通航运输船舶及排筏的天然河流、湖泊水库、运河及通航渠道的长度。包括全年季节性通航累计三个月以上的航道，不包括仅供零散流放竹、木排的河道。该指标可以反映内河水运网的规模、水平和发展情况。

货(客)运量　指在一定时期内，各种运输工具实际运送的货物(旅客)数量。该指标是反映运输业为国民经济和人民生活服务的数量指标，也是制定和检查运输生产计划、研究运输发展规模和速度的重要指标。货运按吨计算，客运按人计算。货物不论运输距离长短、货物类别，均按实际重量统计。旅客不论行程远近或票价多少，均按一人一次客运量统计；半价票、小孩票也按一人统计。

货物(旅客)周转量　指在一定时期内，由各种运输工具运送的货物(旅客)数量与其相应运输距离的乘积之总和。该指标可以反映运输业生产的总成果，也是编制和检查运输生产计划，计算运输效率、劳动生产率以及核算运输单位成本的主要基础资料。计算货物周转量通常按发出站与到达站之间的最短距离，也就是计费距离计算。计算公式为：

货物（旅客）周转量=Σ（货物（旅客）运输量×运输距离）

铁路货车平均静载重　指铁路货车在始发站静止状态下平均每车装载的货物重量，用以分析货车完成装车时车辆载重力的利用情况。计算公式为：

$$货车平均静载重=\frac{货物发送吨数}{装车数}$$

铁路货运机车日产量　指在一定时期内，平均每台货运机车在一昼夜内所完成的总重吨公里数，包括载运货物的重量和车辆本身的自重。该指标从时间和牵引能力两方面反映了机车运用效率。计算公式为：

$$货运机车平均日产量=\frac{货运总重吨公里数}{货运机车台日数}$$

沿海主要港口货物吞吐量　指经水运进出沿海主要港区范围，并经过装卸的货物数量，包括邮件及办理托运手续的行李、包裹以及补给运输船舶的燃、物料和淡水。货物吞吐量按货物流向分为进口、出口吞吐量，按货物交流性质分为外贸货物吞吐量和国内贸易货物吞吐量。货物吞吐量的货类构成及其流向，是衡量港口生产能力大小的重要指标。

民用汽车拥有量　指报告期末，在公安交通管理部门按照《机动车注册登记工作规范》，已注册登记领有民用车辆牌照的全部汽车数量。汽车拥有量统计的主要分类：根据汽车结构分为载客汽车、载货汽车及其他汽车；根据汽车所有者不同分为个人(私人)汽车、单位汽车；根据汽车的使用性质分为营运汽车、非营运汽车；根据汽车大小规格不同载客汽车分为大型、中型、小型和微型，载货汽车分为重型、中型、轻型和微型。

邮电业务总量　指以价值量形式表现的邮电通信企业为社会提供各类邮电通信服务的总数量。邮电业务量按专业分类包括函件、包件、汇票、报刊发行、邮政快件、特快专递、邮政储蓄、集邮、公众电报、用户电报、传真、长途电话、出租电路、无线寻呼、移动电话、分组交换数据通信、出租代维等。计算方法为各类产品乘以相应的平均单价(不变价)之和，再加上出租电路和设备、代用户维护电话交换机和线路等的服务收入。该指标综合反映了一定时期邮电业务发展的总成果，是研究邮电业务量构成和发展趋势的重要指标。计算公式为：

邮电业务总量=Σ（各类邮电业务量×不变单价）
+出租代维及其他业务收入
=邮政业务总量+电信业务总量

移动电话用户　指通过移动电话交换机进入移动电话网、占用移动电话号码的各类电话用户。包括签约用户和智能网预付费用户。一个移动电话号码统计为一户。

互联网上网人数　指平均每周使用互联网至少 1 小时的中国公民人数。

本地电话用户　指接入本地电信运营商固定电话网上的电话用户。包括：住宅用户、单位用户、公用电话用户等。按电话用户位置又分为市内电话用户和农村电话用户。1997 年以前，“市内电话用户”是指接入县城及县以上城市的电话网上的电话用户；“农村电话用户”是指接入县邮电局农话台及县以下农村电话交换点，以县城为中心(除市话用户外)联通县、乡(镇)、行政村、村民小组的用户。从 1997 年起，电话用户数分组调整为以用户所在区域划分为“城市电话用户”和“乡村电话用户”，与过去的按市内电话和农村电话划分方法不同。而电话用户总数、电话机总部数统计范围不变。

城市电话用户　指直辖市、省辖市、地级市、县级市的市区、市郊区及县城(包括县人民政府所在地的县城关区或行政建制相当于县人民政府所在地的镇)范围内接入局用交换机的电话用户数，包括分布在农村地区的独立工矿区、林区、驻军等电话用户数。

农村电话用户　指按行政区划属于城市范围以外的乡(镇)、村的电话用户数。

Explanatory Notes on Main Statistical Indicators

Length of Railways in Operation refers to the total length of the trunk line under passenger and freight transportation (including both full operation and temporary operation). The calculation is based on the actual length of the first line even if this line has a full or partial double track or more tracks, excluding double tracks, station sidings, tracks under the charge of stations, branch lines, special purpose lines and the non payable connecting lines. The length of railways in operation is an important indicator to show the development of the infrastructure for the railway transport, and also the essential data to calculate volume of passenger freight transport, traffic density and utilization efficiency of the locomotives and carriages.

Length of Highways refers to the length of highways which are built in conformity with the grades specified by the highway engineering standard formulated by the Ministry of Communications,and have been formally checked and accepted by the departments of highways and put into use. The length of highways includes that of the suburb highways at large and medium sized cities, highways passing through streets at small cities and towns, and also the length of bridges and ferries. It does not include the length of streets in big and medium sized cities and highways built for the production purpose at factories, mines, forest areas and agricultural areas. If two or more highways go the same section of the way, the length of the section is only calculated for once and no duplication is allowed. The length of highways is an important indicator to show the development of the highway construction and to provide essential information to calculate the transport network density.

Length of Navigable Inland Waterways it is an indicator reflecting the size and development of inland water network, it refers to the length of the natural rivers, lakes, reservoirs, canals, and ditches open to navigation during a given period, which enables the transport by ships and rafts. It includes the channels open to navigation for over an accumulative 3 months in a year, yet this does not include the river courses, which are only used to float odd logs and bamboo rafts. This indicator can reflect the scale, level and development situation of the inland waterway network.

Freight (Passenger) Traffic refers to the volume of freight (passenger) transported with various means. Freight transport is calculated in tons and passenger traffic is calculated in the number of persons. Despite the type of freight and traveling distance, the freight transport is calculated in the actual weight of the goods: and despite the traveling distance and ticket price, the passenger traffic is calculated by the principle that one person can be counted only once in one travel. The passengers who travel with a half price ticket or a child ticket is also calculated as one person. The freight (passenger) traffic provides a quantitative measure to show how the transport industry serves the national economy and people, and is also an important indicator for planning the transport industry and for studying the development scale and speed of the transport industry.

Freight Ton kilometers (Passenger kilometers) refer to the sum of the products of the volume of transported cargo (passengers) multiplying by the transport distance. It is an important indicator to reflect the achievement of transportation industry. Normally, the shortest distance between the departure station and the destination station (i.e., the payable distance) is the basis to calculate the freight ton kilometers. This is an important indicator to show the total results of the transport industry, to prepare and examine the transport plan and to measure the efficiency, the labour productivity and the unit cost of transport.The formula is as follows:

$$\begin{matrix}\text{Freight ton - kilometres} \\ \text{(passenger - kilometres)}\end{matrix} = \sum \begin{matrix}\text{freight} \\ \text{(passenger)traffic}\end{matrix} \times \begin{matrix}\text{distance of} \\ \text{transportation}\end{matrix}$$

Static Load of Freight Cars refers to the average cargo weight as loaded by each freight car under the static condition at the departure station. It is used to show the utilization extent of the loading capacity of the freight cars. The formula is:

$$\begin{matrix}\text{Static load (ton)} \\ \text{of freight car}\end{matrix} = \frac{\text{tonnage of goods dispatched}}{\text{number of freight cars loaded}}$$

Average Daily Haul of Freight Locomotives refers to the average total ton kilometers accomplished by each freight transport locomotive over day and night during a given period of time. It includes both the weight of the goods carried and the dead weight of the train itself. It is a comprehensive indicator reflecting the locomotive efficiency in terms of both time and the pulling force.

$$\begin{matrix}\text{Average daily haul of} \\ \text{freight transport locomotive} \\ \text{(ton - kilometre)}\end{matrix} = \frac{\text{Total ton - kilometres of freight}}{\text{Daily number of freight transport locomotive}}$$

Volume of Freight Handled in Major Coastal Ports refers to the volume of cargo passing in and out the harbor area of the major coastal ports and having been loaded and unloaded. The volume includes that of the postal matters, registered luggage and fuels, materials and fresh water as supplies of the ships. The volume of freight handled may be classified by direction of flow as freight for import and freight for export, or by nature of cargo as freight for domestic trade and freight for foreign trade. As an important indicator, the volume of freight handled by type of cargo and by main flow direction reflects the production capacity of ports.

Possession of Civil Motor Vehicles refer to the total numbers of vehicles that are registered and received vehicles license tags according to the Work Standard for Motor Vehicles Registration formulated by transport management office under department of public security at the end of reference period. They are divided into following categories according to the structure of motor vehicles: passenger vehicles, trucks and others; and private vehicles and vehicles for units use according to ownerships; working vehicles and non working vehicles according to kind of usage; large passenger vehicles, medium passenger vehicles, small passenger vehicles and mini passenger vehicle, heavy trucks, light heavy trucks, light trucks and mini trucks according to sizes of vehicles.

Business Volume of Post and Telecommunications refers to the total amount of post and telecommunication services, expressed in value terms, provided by the post and telecommunications departments for the society. Post and telecommunication services can be classified as letters, parcels, remittance, issue of newspapers and magazines, fast mail service, express mail service, savings deposits, stamps for collection, public and individual telegraph service, facsimiles, long distance telephone service, leasing of telephone lines, urban paging service, mobile telephone service, data transfer and transmission, etc. The accounting approach is to multiply the service products of all types with their average unit price (constant price) to get sum of business value, plus income from other services such as leasing of telephone lines and equipment, maintenance of telephone switchboards and lines on behalf of customers. This indicator reflects the overall results of post and telecommunications service during a given period, and is important to study the composition of business service and the development of post and telecommunications service.

The formula is as follows:

Business volume of post and telecommunications

=∑(Transaction of post and telecommunication services

×price[constant price])

+Income from leasing, maintenance and other services

= business volume of postal service

+ business volume of telecommunications service

Mobile Telephone Subscribers refer to the persons who own mobile telephone numbers and are connected with the mobile telephone communication network through the mobile telephone switchboards, including contracted subscribers and pre paid subscribers for intelligent network. One mobile telephone is taken as a subscriber.

Internet Users refer to the number of Chinese citizens who use Internet at least for one hour each week.

Local Telephone Subscribers refer to subscribers that are connected to the local telecommunication service provider through fix line network, including household subscribers, institutional subscribers and public telephones. They are also classified as city subscribers and rural subscribers according to locations. Before 1997, city subscribers referred to those connected to city telephone networks in county towns and cities, while village subscribers referred to those connected to village telephone stations at and below counties. Since 1997, the classification of telephone subscribers was modified on the basis of physical location of the subscribers as urban telephone subscribers and rural telephone subscribers, which is different from the previous classification of categorizing local telephones and rural telephones, while the definition of total subscribers and total number of telephones remain unchanged.

Urban Telephone Subscribers refer to number of telephone subscribers, located at municipalities, cities under the jurisdiction of province, cities at prefecture level, downtown and suburb of city at county level town and county towns (including country towns where county government located, and towns of county level according to the administrative organizational system), that are connected to the public line telephone network, including rural mineral area, forest area, military area.

Rural Telephone Subscribers refer to telephone subscribers, located at counties (towns) and villages outside the range of cities according to administrative jurisdiction.

第
18
篇

批发和零售、住宿和餐饮业

Wholesale, Retail, Hotels and Catering Services

简 要 说 明

一、本篇资料的主要内容

本篇资料反映全省市场发展情况、批发和零售业、住宿和餐饮业经营情况和效益情况等，主要包括批发和零售业商品流转情况及财务状况、住宿和餐饮业经营情况及财务状况、社会消费品零售总额等内容。

二、本篇资料的来源

本篇资料中除特别注明外，其余均来自限额以上批发和零售业、住宿和餐饮业年报资料和定期报表统计资料。

本篇资料由省统计局贸易外经处整理提供。

Brief Introduction

I. Content

Data in this chapter are supposed to show the development of Shandong's domestic market, wholesale and retail trade, hotels and catering services, mainly including the circulation of commodities in the wholesale and retail trade, the financial indices of related businesses and the total retail sales of consumer goods.

II. Source of Data

Except the data specifically noted, all data in this chapter are based on the annual report of wholesale, retail, hotels and catering services and periodic statistical statements.

Data in this chapter are prepared and compiled by the Division of Trade and External Economic Relations Statistics of Shandong Provincial Bureau of Statistics.

18-1 批发和零售业情况
Basic Conditions of Wholesale and Retail Trades

指 标	Item	2013	2014	2015	2016	2017
批发和零售业	**Wholesale and Retail Trades**					
法人企业 (个)	Number of Corporation Enterprises (unit)	17134	17474	17157	16894	16865
年末从业人数 (万人)	Engaged Persons at Year-end (10 000 persons)	102	102	98	96	90.1
商品购进额 (亿元)	Total Purchases (100 million yuan)	27460.6	29233.1	27089.1	29289.7	29812.8
#进口额 (亿元)	Imports (100 million yuan)	1337.5	1290.7	817.7	765.7	872.6
商品销售额 (亿元)	Total Sale (100 million yuan)	31193.4	32112	29650.1	32129.2	32944.0
#出口额 (亿元)	Exports (100 million yuan)	998.5	955.5	1002.2	895.5	1042.4
期末商品库存额 (亿元)	Total Stock at Year-end (100 million yuan)	1901.5	1693.2	1701.3	1686.3	1903.5
批发业	**Wholesalel Trade**					
法人企业 (个)	Number of Corporation Enterprises (unit)	8431	8681	8452	8217	8310
年末从业人数 (万人)	Engaged Persons at Year-end (10 000 persons)	41	42	39	38	35.1
商品购进额 (亿元)	Total Purchases (100 million yuan)	19379.9	20350.7	18067.2	19803.3	21821.3
#进口额 (亿元)	Imports (100 million yuan)	1255.5	1173.2	729.7	680.2	796.0
商品销售额 (亿元)	Total Sales (100 million yuan)	22074.2	22154.2	19692.5	21625.3	24016.9
#出口额 (亿元)	Exports (100 million yuan)	994.4	938	996.5	892.2	1039.5
期末商品库存额 (亿元)	Total Stock at Year-end (100 million yuan)	982.4	975	1015.5	1001.3	1156.7
零售业	**Retail Trade**					
法人企业 (个)	Number of Corporation Enterprises (unit)	8703	8793	8705	8677	8555
年末从业人数 (万人)	Engaged Persons at Year-end (10 000 persons)	61	60	59	59	55.1
商品购进额 (亿元)	Total Purchases (100 million yuan)	8080.7	8882.4	9021.8	9486.4	7991.5
#进口额 (亿元)	Imports (100 million yuan)	82.0	117.5	88.0	85.5	76.6
商品销售额 (亿元)	Total Sales (100 million yuan)	9119.2	9957.8	9957.6	10503.9	8927.2
#出口额 (亿元)	Exports (100 million yuan)	4.1	17.5	5.7	3.3	2.9
期末商品库存额 (亿元)	Total Stock at Year-end (100 million yuan)	919.1	718.2	685.8	684.9	746.8
年末零售营业面积 (万平方米)	Business Area of Retail at Year-end (10 000 sq.m)	2894	3074	3111	3097	2908

18-2 限额以上批发和零售业商品购进、销售、库存总额(2017年)

单位:万元

指标名称	Indicator	法人单位(个) Corporate Unit (unit)
总　计	**Total**	**16069**
一、批发业	**Wholesale Trade**	**7933**
1.按登记注册类型分	by Status of Registration	
内　资	Domestic Funded Enterprises	7823
国　有	State-owned	85
集　体	Collective-owned	51
股份合作	Cooperative	6
联营企业	Joint Ownership	1
有限责任公司	Limited Liability Corporations	1781
股份有限公司	Share-holding Corporations Ltd.	126
私营企业	Private Enterprises	5633
其　他	Others	140
港澳台商投资企业	Enterprises with Funds from Hong Kong,Macao and Taiwan	37
与港澳台商合资经营	Joint-venture	7
与港澳台商合作经营	Cooperative	
港澳台商独资	Sole Investment	25
港澳台商独资股份有限公司	Share-holding Corporations Ltd. with Sole Investment	2
其他港澳台投资企业	Others	3
外商投资企业	Foreign Funded Enterprises	73
中外合资经营	Joint-venture	20
中外合作经营	Cooperative	3
外资企业	Sole Foreign Investment	48
外商投资股份有限公司	Share-holding Corporations Ltd. with Foreign Investment	1
其他外商投资企业	Others	1
2.按国民经济行业分(GB/T 4754-2017)	by Sector	
农、林、牧产品批发业	Wholesale of Farm Produce and Livestock Products	576
食品、饮料及烟草制品批发	Wholesale of Food, Beverages and Tobaccos	947
纺织、服装及家庭用品批发	Wholesale of Textiles, Garments and Daily Consumer Articles	520
文化、体育用品及器材批发	Wholesale of Culture, Sports Appliances and Equipments	185
医药及医疗器材批发	Wholesale of Medicines and Medical Appliances	421
矿产品、建材及化工产品批发	Wholesale of Mineral Products, Building Materials and Chemical Products	3834
机械设备、五金产品及电子产品批发	Wholesale of Machinery, Hardware and Electronic Equipment	1202
贸易经纪与代理	Trade Broker and Agency	48
其他批发业	Other Wholesale not Classified Elsewhere	200

Total Purchases,Sales and Inventory of Enterprises above Designated Size of Wholesale and Retail Trades(2017)

(10 000 yuan)

购进总额		销售总额 Total Sale Value				年末库存总额
Total Purchases Value	#进口 Import	合计 Total	批发 Wholesale	#出口 Export	零售 Retail	Inventory (year-end)
298127859	**8725724**	**329440344**	**236652543**	**10423658**	**92787801**	**19034868**
218212686	**7959875**	**240168747**	**228328420**	**10395113**	**11840327**	**11566707**
212300202	7653216	232885683	221081268	9128610	11804415	11026796
2018135	43437	2227464	2169906	6377	57558	194945
1030441		1100152	801335		298817	25773
40270	3100	40542	40201		341	2644
8633		9686	9686			12208
101285234	3862056	113589092	110014814	4597087	3574278	4849899
10937863	1042083	11791154	9277786	182850	2513368	681057
96085166	2702475	103161622	97909576	4342246	5252046	5229088
894459	65	965971	857964	50	108007	31182
3664416	61183	4837083	4818428	907959	18655	414679
223154	20362	258336	248720		9617	9752
3220664	38957	4354909	4346785	907959	8124	401557
18473	1864	19060	18146		914	1584
202125		204777	204777			1786
2248068	245475	2445981	2428724	358544	17257	125232
459637	3881	485664	482921	49032	2743	53809
212958	5634	237925	235702	193	2224	4865
1567032	235960	1713262	1702248	306663	11014	66372
5281		5135	3858		1277	186
3161		3995	3995	2656		
5612881	243392	5896148	5755389	175976	140759	561446
19640792	498054	24792807	22714782	687214	2078025	1471876
12535661	703829	17311547	16652575	4286450	658972	835030
5590367	89953	5794017	5059506	152889	734510	441418
13482251	43606	15319071	14979190	22376	339882	1197242
141535219	4874791	148251115	141537599	2154333	6713516	5426829
14689610	1315313	17554562	16590835	2646976	963728	957140
734414	65390	952567	937400	253799	15167	81293
4391493	125549	4296914	4101145	15099	195769	594432

18-2 续表

单位:万元

指标名称	Indicator	法人单位(个) Corporate Unit (unit)
二、零售业	**Retail Trade**	**8136**
1.按登记注册类型分	by Status of Registration	
内　资	Domestic Funded Enterprises	8023
国　有	State-owned	45
集　体	Collective-owned	118
股份合作	Cooperative	19
联营企业	Joint Ownership	9
有限责任公司	Limited Liability Corporations	2074
股份有限公司	Share-holding Corporations Ltd.	194
私营企业	Private Enterprises	5457
其　他	Others	107
港澳台商投资企业	Enterprises with Funds from Hong Kong,Macao and Taiwan	69
与港澳台商合资经营	Joint-venture	12
与港澳台商合作经营	Cooperative	
港澳台商独资	Sole Investment	50
港澳台商独资股份有限公司	Share-holding Corporations Ltd. with Sole Investment	4
其他港澳台投资企业	Others	3
外商投资企业	Foreign Funded Enterprises	44
中外合资经营	Joint-venture	11
中外合作经营	Cooperative	3
外资企业	Sole Foreign Investment	25
外商投资股份有限公司	Share-holding Corporations Ltd. With Foreign Investment	4
其他外商投资企业	Others	1
2.按国民经济行业分(GB/T 4754-2017)	by Sector	
综合零售	Integrated Retail	1005
食品、饮料及烟草制品专门零售	Retail of Food, Beverages and Tobaccos	769
纺织、服装及日用品专门零售	Special Retail of Textiles, Garments and Daily Consumer Articles	431
文化、体育用品及器材专门零售	Retail of Culture, Sports Appliances and Equipments	328
医药及医疗器材专门零售业	Retail of Medicines and Medical Appliances	434
汽车、摩托车、零配件和燃料及其他动力销售	Retail of Motor Vehicles, Motorcycles,Parts,Fuel and Other Power	3254
家用电器及电子产品专门零售业	Special Retail of Household Electric Appliances and Electronic Products	871
五金、家具及室内装修材料专门零售	Special Retail of Hardware, Furniture and Decoration Materials	659
货摊、无店铺及其他零售业	Non-shop and Other Retails	385

continued

(10 000 yuan)

购进总额 Total Purchases Value		销售总额 Total Sale Value				年末库存总额 Inventory (year-end)
	#进口 Import	合计 Total	批发 Wholesale	#出口 Export	零售 Retail	
79915173	**765849**	**89271597**	**8324124**	**28545**	**80947473**	**7468161**
76190273	644734	84839915	8092004	17990	76747911	6982256
701556		735254	226291		508963	36303
895698		944351	78285		866066	34595
128508		136269	9989		126280	13490
135734		158348	9224		149124	2717
31752365	341873	34745332	3767353	3998	30977979	3448368
11076895	22408	13271341	1217978	1858	12053362	588382
31248854	279813	34555103	2756030	12134	31799073	2839685
250664	641	293918	26855		267063	18717
2577685	8756	2973044	169923	550	2803121	367234
405348		483352	77307		406045	51603
2067461	8711	2375782	88961	550	2286822	309526
57713		66100	3620		62479	2967
47163	45	47809	34		47775	3138
1147215	112360	1458638	62197	10005	1396441	118672
429318	36363	533499			533499	35152
121676		152055			152055	24456
288964	75997	339819	14443	10005	325375	37891
307256		433266	47753		385513	21173
17429170	24882	20531326	1131582	2193	19399744	1517671
2726169	8523	3107715	571838	5402	2535878	188602
2342756	19071	2817507	337209	5197	2480298	449096
1766171	1390	2008700	291912	2352	1716788	299485
6407579	11960	6914968	1858166	29	5056802	656430
35694249	693000	38711978	2516140	1461	36195838	3494989
7132061	5761	7804217	474991	10122	7329226	574283
2765732	924	3051352	518404	1790	2532948	179924
3651286	338	4323835	623882		3699953	107682

18-3 限额以上批发和零售业企业财务状况(2017年)

单位:万元

指标名称	Indicator	企业数(个) Number of Enterprises (unit)
总　计	**Total**	**16071**
一、批发业	**Wholesale Trade**	**7935**
1.按登记注册类型分	by Status of Registration	
内　资	Domestic Funded Enterprises	7825
国　有	State-owned	85
集　体	Collective-owned	51
股份合作	Cooperative	6
联营企业	Joint Ownership	1
有限责任公司	Limited Liability Corporations	1781
股份有限公司	Share-holding Corporations Ltd.	126
私营企业	Private Enterprises	5635
其　他	Others	140
港澳台商投资企业	Enterprises with Funds from Hong Kong,Macao and Taiwan	37
与港澳台商合资经营	Joint-venture	7
与港澳台商合作经营	Cooperative	
港澳台商独资	Sole Investment	25
港澳台商独资股份有限公司	Share-holding Corporations Ltd. with Sole Investment	2
其他港澳台投资企业	Others	3
外商投资企业	Foreign Funded Enterprises	73
中外合资经营	Joint-venture	20
中外合作经营	Cooperative	3
外资企业	Sole Foreign Investment	48
外商投资股份有限公司	Share-holding Corporations Ltd. with Foreign Investment	1
其他外商投资企业	Others	1
2.按国民经济行业分(GB/T 4754-2017)	by Sector	
农、林、牧产品批发业	Wholesale of Farm Produce and Livestock Products	576
食品、饮料及烟草制品批发	Wholesale of Food, Beverages and Tobaccos	948
纺织、服装及家庭用品批发	Wholesale of Textiles, Garments and Daily Consumer Articles	520
文化、体育用品及器材批发	Wholesale of Culture, Sports Appliances and Equipments	185
医药及医疗器材批发	Wholesale of Medicines and Medical Appliances	421
矿产品、建材及化工产品批发	Wholesale of Mineral Products, Building Materials and Chemical Products	3835
机械设备、五金产品及电子产品批发	Wholesale of Machinery, Hardware and Electronic Equipment	1202
贸易经纪与代理	Trade Broker and Agency	48
其他批发业	Other Wholesale not Classified Elsewhere	200

Financial Indicators of Enterprises above Designated Size of Wholesale and Retail Trades(2017)

(10 000 yuan)

年末资产负债 Assets and Liabilities at Year-end						损益及分配 Losses,Profits and Distribution	
流动资产合计 Total Working Capitals	固定资产原价 Original Value of Fixed Assets	本年折旧 Depreciation in the Year	资产合计 Total Assests	负债合计 Total Liabilities	所有者权益合计 Total Owner's Equities	营业收入合计 Business Revenue	主营业务收入 Revenue from Principal Business
102242037	**20339087**	**1101769**	**134718408**	**100786021**	**34300909**	**302605531**	**297064217**
73629455	**10512960**	**485812**	**93298180**	**70243329**	**23054851**	**221646329**	**217173248**
70412245	10290707	478255	89572924	67531259	22041665	215116234	210686861
636681	246961	8122	902442	618179	284263	2078068	2071706
295318	57380	2453	366027	303288	62738	1045730	1042519
7241	1359	43	8777	5696	3081	37202	37202
29311	7825		53269	47899	5370	9528	9528
33854609	3543534	146492	39875864	31707525	8168340	102158805	98296664
6694385	1785338	88743	10151632	6368999	3782633	16609915	16162842
28792518	4536992	228212	38006076	28411432	9594644	92255643	92145148
102183	111316	4190	208837	68241	140596	921344	921253
2364197	138581	3367	2789613	2196143	593470	4363196	4327675
71588	19055	319	121465	27558	93907	228336	219028
2170844	117222	2997	2542480	2053156	489324	3942640	3916427
3452	1805	15	5017	2141	2876	17197	17197
118312	500	35	120651	113288	7364	175023	175023
853013	83672	4191	935643	515927	419716	2166900	2158711
346446	38798	2328	388008	149307	238702	448073	446767
72064	25646	688	81575	76862	4713	206836	206836
432633	18343	1128	463427	288354	175073	1503546	1496664
110	764	41	800	373	426	4997	4997
1761	122	6	1834	1032	802	3448	3448
2241962	862016	34573	3279032	1904515	1374516	5602097	5590861
7267709	2069238	98322	9823526	5707969	4115558	22405280	22325383
7112981	313417	23278	7920762	6794544	1126218	15951963	15684997
2613726	328875	16290	3023429	2389675	633754	5608439	5586485
9032212	635563	39054	10500147	8211979	2288168	13669895	13649941
36817191	4977352	212302	48056822	37478340	10578482	137456437	133438046
6679268	1008254	53532	8351883	6038692	2313191	16000791	15951670
510815	33690	1439	573621	473110	100511	862397	861527
1353591	284556	7024	1768959	1244506	524453	4089030	4084338

18-3 续表 1

单位:万元

指标名称	Indicator	企业数(个) Number of Enterprises (unit)
二、零售业	**Retail Trade**	**8136**
1.按登记注册类型分	by Status of Registration	
内 资	Domestic Funded Enterprises	8023
国 有	State-owned	45
集 体	Collective-owned	117
股份合作	Cooperative	19
联营企业	Joint Ownership	9
有限责任公司	Limited Liability Corporations	2075
股份有限公司	Share-holding Corporations Ltd.	194
私营企业	Private Enterprises	5457
其 他	Others	107
港澳台商投资企业	Enterprises with Funds from Hong Kong,Macao and Taiwan	69
与港澳台商合资经营	Joint-venture	12
与港澳台商合作经营	Cooperative	
港澳台商独资	Sole Investment	50
港澳台商独资股份有限公司	Share-holding Corporations Ltd. with Sole Investment	4
其他港澳台投资企业	Others	3
外商投资企业	Foreign Funded Enterprises	44
中外合资经营	Joint-venture	11
中外合作经营	Cooperative	3
外资企业	Sole Foreign Investment	25
外商投资股份有限公司	Share-holding Corporations Ltd. With Foreign Investment	4
其他外商投资企业	Others	1
2.按国民经济行业分(GB/T 4754-2017)	by Sector	
综合零售	Integrated Retail	1004
食品、饮料及烟草制品专门零售	Retail of Food, Beverages and Tobaccos	770
纺织、服装及日用品专门零售	Special Retail of Textiles, Garments and Daily Consumer Articles	431
文化、体育用品及器材专门零售	Retail of Culture, Sports Appliances and Equipments	328
医药及医疗器材专门零售业	Retail of Medicines and Medical Appliances	434
汽车、摩托车、零配件和燃料及其他动力销售	Retail of Motor Vehicles, Motorcycles,Parts,Fuel and Other Power	3254
家用电器及电子产品专门零售业	Special Retail of Household Electric Appliances and Electronic Products	872
五金、家具及室内装修材料专门零售	Special Retail of Hardware, Furniture and Decoration Materials	658
货摊、无店铺及其他零售业	Non-shop and Other Retails	385

continued

(10 000 yuan)

年末资产负债 Assets and Liabilities at Year-end						损益及分配 Losses,Profits and Distribution	
流动资产合计 Total Working Capitals	固定资产原价 Original Value of Fixed Assets	本年折旧 Depreciation in the Year	资产合计 Total Assests	负债合计 Total Liabilities	所有者权益合计 Total Owner's Equities	营业收入合计 Business Revenue	#主营业务收入 Revenue from Principal Business
28612582	**9826127**	**615957**	**41420228**	**30542693**	**11246058**	**80959202**	**79890970**
27373441	9109896	562239	39456865	29219724	10605663	76855672	75909105
192938	83904	5631	297235	282834	14400	670693	653188
125799	117440	8028	242646	130705	111941	853515	852470
32751	25492	963	52867	48955	3912	126564	118459
7933	39612	1525	56910	12633	44276	145394	144063
12077007	3492176	212277	16824335	12983922	3840412	31608236	31212236
5692316	1958653	141257	8571057	6392258	2546306	11506455	11230775
9192042	3329514	189838	13297372	9321281	3977105	31665695	31419736
52657	63105	2721	114443	47134	67310	279123	278178
825138	395240	28049	1202172	807569	394602	2770008	2702290
128467	31454	2481	166493	133629	32864	425249	421035
662385	338563	24415	985881	640284	345597	2238104	2176983
14383	17921	431	25508	16984	8524	62226	60657
19904	7301	721	24290	16673	7618	44430	43615
414003	320991	25669	761191	515399	245792	1333522	1279575
160089	142117	16672	255515	199771	55743	493781	464212
91597	55026	1620	113018	64682	48336	147644	135620
80661	69298	4958	188194	159906	28288	308906	302558
81657	54551	2420	204465	91040	113425	383191	377187
9096512	4070448	237462	13925634	10415154	3510480	18452295	17907465
672488	538573	21458	1244454	692468	551987	2862300	2832406
920886	255031	18231	1343751	939967	403784	2496822	2491928
727113	233306	11866	1012511	675830	336681	1817320	1798953
3270124	352853	23800	3864357	3021151	844221	6298896	6284483
10354299	3165213	240328	14907335	11382704	3892138	35487668	35103252
1703231	447955	22878	2314462	1750343	564120	7043027	7004895
814456	367242	16556	1293921	627640	666281	2794970	2793229
1053475	395507	23380	1513803	1037436	476366	3705904	3674359

18-3 续表 2

单位:万元

指 标 名 称	Indicator	主营业务成本 Cost of Principal Business
总　计	**Total**	**273965336**
一、批发业	**Wholesale Trade**	**203145160**
1.按登记注册类型分	by Status of Registration	
内　资	Domestic Funded Enterprises	196993193
国　有	State-owned	1906742
集　体	Collective-owned	956360
股份合作	Cooperative	35181
联营企业	Joint Ownership	8345
有限责任公司	Limited Liability Corporations	91982981
股份有限公司	Share-holding Corporations Ltd.	14965891
私营企业	Private Enterprises	86362512
其　他	Others	775182
港澳台商投资企业	Enterprises with Funds from Hong Kong,Macao and Taiwan	4138244
与港澳台商合资经营	Joint-venture	190528
与港澳台商合作经营	Cooperative	
港澳台商独资	Sole Investment	3762531
港澳台商独资股份有限公司	Share-holding Corporations Ltd. with Sole Investment	15296
其他港澳台投资企业	Others	169890
外商投资企业	Foreign Funded Enterprises	2013722
中外合资经营	Joint-venture	411656
中外合作经营	Cooperative	195882
外资企业	Sole Foreign Investment	1399195
外商投资股份有限公司	Share-holding Corporations Ltd. with Foreign Investment	4246
其他外商投资企业	Others	2743
2.按国民经济行业分(GB/T 4754-2017)	by Sector	
农、林、牧产品批发业	Wholesale of Farm Produce and Livestock Products	5115595
食品、饮料及烟草制品批发	Wholesale of Food, Beverages and Tobaccos	18539545
纺织、服装及家庭用品批发	Wholesale of Textiles, Garments and Daily Consumer Articles	14745504
文化、体育用品及器材批发	Wholesale of Culture, Sports Appliances and Equipments	5183281
医药及医疗器材批发	Wholesale of Medicines and Medical Appliances	11967150
矿产品、建材及化工产品批发	Wholesale of Mineral Products, Building Materials and Chemical Products	128401738
机械设备、五金产品及电子产品批发	Wholesale of Machinery, Hardware and Electronic Equipment	14504371
贸易经纪与代理	Trade Broker and Agency	786712
其他批发业	Other Wholesale not Classified Elsewhere	3901264

continued

(10 000 yuan)

损益及分配 Losses,Profits and Distribution							工资、福利、增值税 Wages,Welfare and Value Added Tax	
主营业务税金及附加 Taxes and Other Charges on Principal Business	营业费用 Expenses on Business	管理费用 Expenses on Management	财务费用 Expenses on Finance	营业利润 Profits from Business	利润总额 Total Profits	应交所得税 Income Tax Payable	本年应付工资总额 Total Wages Payable	本年应交增值税 Value Added Tax Payable
1927388	**8741278**	**4778885**	**1719433**	**6936005**	**7094711**	**1273266**	**4769377**	**3814280**
1488248	**4763375**	**2702148**	**1142594**	**4473369**	**4609062**	**846448**	**2422880**	**2448994**
1481064	4623910	2591754	1107555	4403252	4542898	827879	2363981	2425324
41623	48896	57531	7748	16289	38297	8043	53180	21772
7370	16313	25567	7783	30494	30839	4605	17062	16487
100	505	378	99	1231	1258	207	275	301
3	223	201	721	36	36		143	1961
1119589	1898967	1167983	380936	1987213	2069379	433068	1048527	981681
40101	787613	228032	59408	112860	115126	47740	350812	663760
263697	1848241	1093220	644273	2166389	2202295	329381	878278	713118
8580	23152	18843	6588	88739	85667	4836	15704	26244
3860	82313	69326	28515	20471	17254	4482	32542	8404
1170	8675	4984	-605	15679	16251	4330	7666	4013
2223	74079	63379	29434	-1567	-5361	-1252	24264	3710
196	288	162	120	1134	1135	140	230	152
271	-729	801	-435	5226	5228	1265	382	529
3324	57152	41069	6524	49646	48910	14087	26357	15266
659	18659	10002	2769	7988	8349	1845	9311	3230
221	5845	2362	1637	3157	445	1782	3175	1820
2344	32280	28429	2118	37790	39405	10385	13179	10111
88	44	23	6	590	590	45	131	49
12	324	252	-5	122	122	30	561	56
23166	135659	99950	46463	221172	229989	20602	82792	59936
1067683	930355	718282	54036	1164521	1178951	232568	648124	497786
33862	465758	209652	76442	214416	242257	44509	204584	171803
9595	152570	123466	3771	112592	122351	9445	127752	15411
44518	836364	346856	99211	401416	451191	85244	266134	735660
236486	1653419	851880	728790	1796868	1807523	354826	772739	688777
56024	511904	302986	115127	468144	476511	85018	280146	189908
2499	34210	6576	10469	20212	20262	5542	8028	13329
14415	43136	42501	8285	74028	80027	8692	32581	76384

18-3 续表 3

单位:万元

指标名称	Indicator	主营业务成本 Cost of Principal Business
二、零售业	**Retail Trade**	**70820176**
1.按登记注册类型分	by Status of Registration	
内资	Domestic Funded Enterprises	67514506
国有	State-owned	553294
集体	Collective-owned	703038
股份合作	Cooperative	109615
联营企业	Joint Ownership	132413
有限责任公司	Limited Liability Corporations	27952618
股份有限公司	Share-holding Corporations Ltd.	9883187
私营企业	Private Enterprises	27948769
其他	Others	231572
港澳台商投资企业	Enterprises with Funds from Hong Kong,Macao and Taiwan	2259042
与港澳台商合资经营	Joint-venture	365772
与港澳台商合作经营	Cooperative	
港澳台商独资	Sole Investment	1804490
港澳台商独资股份有限公司	Share-holding Corporations Ltd. with Sole Investment	52711
其他港澳台投资企业	Others	36068
外商投资企业	Foreign Funded Enterprises	1046628
中外合资经营	Joint-venture	383927
中外合作经营	Cooperative	118911
外资企业	Sole Foreign Investment	261080
外商投资股份有限公司	Share-holding Corporations Ltd. with Foreign Investment	282710
其他外商投资企业	Others	
2.按国民经济行业分(GB/T 4754-2017)	by Sector	
综合零售	Integrated Retail	15594082
食品、饮料及烟草制品专门零售	Retail of Food, Beverages and Tobaccos	2407464
纺织、服装及日用品专门零售	Special Retail of Textiles, Garments and Daily Consumer Articles	1979156
文化、体育用品及器材专门零售	Retail of Culture, Sports Appliances and Equipments	1497998
医药及医疗器材专门零售业	Retail of Medicines and Medical Appliances	5435063
汽车、摩托车、零配件和燃料及其他动力销售	Retail of Motor Vehicles, Motorcycles,Parts,Fuel and Other Power	32095627
家用电器及电子产品专门零售业	Special Retail of Household Electric Appliances and Electronic Products	6177096
五金、家具及室内装修材料专门零售	Special Retail of Hardware, Furniture and Decoration Materials	2393077
货摊、无店铺及其他零售业	Non-shop and Other Retails	3240612

continued

(10 000 yuan)

损益及分配 Losses,Profits and Distribution							工资、福利、增值税 Wages,Welfare and Value Added Tax	
主营业务税金及附加 Taxes and Other Charges on Principal Business	营业费用 Expenses on Business	管理费用 Expenses on Management	财务费用 Expenses on Finance	营业利润 Profits from Business	利润总额 Total Profits	应交所得税 Income Tax Payable	本年应付工资总额 Total Wages Payable	本年应交增值税 Value Added Tax Payable
439140	**3977904**	**2076737**	**576839**	**2462636**	**2485649**	**426819**	**2346497**	**1365286**
418534	3552689	1927705	564202	2296771	2306446	375136	2169725	1274892
2767	33347	17741	4947	47396	50160	3759	20537	13761
10621	16174	22513	4764	95715	91976	12331	21086	11754
1392	5692	3383	1838	4645	4338	147	3854	941
1103	6446	5352	327	-341	116	1105	3599	1353
116608	1665232	784421	235787	765046	832060	157626	882746	608445
43057	730375	254931	58570	164603	156346	28943	296261	187254
240828	1083660	828595	255948	1199347	1151191	169789	927805	447142
2158	11765	10769	2020	20360	20260	1437	13837	4243
11868	275969	57000	8638	141884	146370	43705	115270	67652
1914	30872	8845	3474	13183	13499	8401	12733	27666
9577	230382	45662	4433	128938	133101	35074	96609	37295
239	7772	1742	65	-100	-84	183	3058	526
138	6943	751	666	-137	-145	48	2870	2165
8738	149247	92032	4000	23981	32832	7977	61502	22742
3145	39968	59340	-1291	6684	3927	2894	24258	10843
918	17139	1843	-145	4735	5055	969	5381	738
1577	30464	15853	3307	-4918	6600	832	12518	2099
3098	61675	14997	2128	17480	17250	3282	19345	9062
121643	1441692	700801	141202	453427	457845	99951	769709	267695
24531	113932	93988	20445	193951	192314	22216	102695	56551
19974	195096	94972	15960	189706	191686	29903	132468	53292
23020	112388	63875	20700	91214	75355	11474	86315	27223
24991	427444	202413	50643	131995	158158	29463	215188	228178
123230	1093830	636485	261318	737474	739992	130647	755039	521335
34180	303345	152297	32538	338174	321119	38873	131367	87851
49050	66899	67260	23184	194076	214765	37408	72718	51313
18522	223279	64648	10850	132618	134415	26885	80997	71849

18-4 各市限额以上批发和零售业商品购进、销售、库存总额(2017年)
Total Purchases,Sales and Inventory of Enterprises above Designated Size of Wholesale and Retail Trades by Region(2017)

单位：亿元 (100 million yuan)

地区 Region	法人单位(个) Corporate Unit (unit)	年末从业人数(万人) Persons Employed at Year-end (10 000 person)	购进总额 Total Purchases Value	#进口 Import	销售总额 Total Sale Value				年末库存总额 Inventory (year-end)
					合计 Total	批发 Wholesale	#出口 Export	零售 Retail	
全省总计 Total	**16069**	**88.6**	**29812.8**	**872.6**	**32944.0**	**23665.3**	**1042.4**	**9278.8**	**1903.5**
济南市 Jinan	1722	13.2	4263.7	54.8	4903.3	3567.3	116.3	1336.1	297.9
青岛市 Qingdao	1861	12.0	5883.5	349.6	6774.2	5353.2	535.8	1421.0	342.6
淄博市 Zibo	929	4.2	1715.0	10.7	1826.8	1477.0	16.1	349.9	61.9
枣庄市 Zaozhuang	610	2.9	454.2	0.0	542.2	359.5	5.8	182.7	24.3
东营市 Dongying	493	3.2	1365.2	88.5	1471.1	1251.7	52.0	219.4	67.3
烟台市 Yantai	1283	7.6	2670.3	36.9	2966.0	2152.3	88.9	813.7	149.6
潍坊市 Weifang	998	6.3	2249.0	29.6	2445.6	1731.6	61.5	714.0	158.1
济宁市 Jining	1540	7.4	1394.6	3.8	1532.0	900.2	29.0	631.8	77.6
泰安市 Tai'an	885	4.8	1132.5	5.5	1222.5	762.0	3.5	460.5	58.7
威海市 Weihai	564	3.2	672.7	92.4	831.4	379.1	46.7	452.2	32.3
日照市 Rizhao	166	1.7	1152.9	55.9	1237.3	1118.3	9.8	119.1	50.3
莱芜市 Laiwu	335	1.1	637.6	82.4	684.3	608.6	0.8	75.8	29.3
临沂市 Linyi	1367	6.4	2166.2	28.1	2153.1	976.0	13.4	1177.0	382.6
德州市 Dezhou	1138	4.9	895.6	0.4	977.2	493.0	0.8	484.1	51.4
聊城市 Liaocheng	643	2.6	1177.5	25.2	1274.2	1056.5	24.8	217.7	36.2
滨州市 Binzhou	400	2.4	913.0	7.9	987.1	820.9	18.9	166.2	50.7
菏泽市 Heze	1135	4.4	1069.4	0.9	1115.7	658.1	18.4	457.6	32.7

18-5 各市限额以上批发和零售业财务状况(2017年)
Financial Indicators of Enterprises above Designated Size of Wholesale and Retail Trades by Region(2017)

单位:亿元 (100 million yuan)

地区	Region	企业数(个) Number of Enterprises (unit)	流动资产合计 Total Working Capitals	固定资产原价 Original Value of Fixed Assets	本年折旧 Depreciati-on in the Year	资产合计 Total Assests	负债合计 Total Liabilities	所有者权益合计 Total Owners' Equities	营业收入合计 Business Revenue	主营业务收入 Revenue from Principal Business
全省总计	**Total**	**16071**	**10224.2**	**2033.9**	**110.2**	**13471.8**	**10078.6**	**3430.1**	**30260.6**	**29706.4**
济南市	Jinan	1722	1793.7	301.7	16.1	2383.8	1803.2	580.7	4921.2	4519.0
青岛市	Qingdao	1861	2363.7	240.6	17.9	2781.7	2288.0	527.0	5942.6	5890.4
淄博市	Zibo	929	559.4	95.9	4.4	864.8	684.9	180.0	1650.1	1640.1
枣庄市	Zaozhuang	612	139.0	61.0	3.3	210.1	120.4	89.7	514.8	512.2
东营市	Dongying	493	500.0	103.0	6.2	642.7	469.8	172.9	1358.3	1355.3
烟台市	Yantai	1283	1092.0	191.6	9.7	1414.1	992.4	421.7	2700.6	2686.8
潍坊市	Weifang	997	854.6	184.4	8.6	1101.7	913.3	188.4	2210.5	2193.1
济宁市	Jining	1540	389.6	127.9	7.0	567.8	326.3	241.5	1373.4	1361.0
泰安市	Tai'an	885	218.3	97.1	3.3	346.2	203.3	142.9	1151.9	1148.7
威海市	Weihai	564	273.1	76.9	4.1	363.6	256.6	107.0	690.1	686.1
日照市	Rizhao	166	385.4	41.7	1.7	463.2	442.3	21.0	1097.7	1090.3
莱芜市	Laiwu	335	169.5	19.6	1.0	193.4	138.3	55.1	633.8	632.9
临沂市	Linyi	1368	538.6	139.6	8.3	765.7	518.9	246.7	2032.1	2022.5
德州市	Dezhou	1138	165.3	156.9	9.2	343.8	203.3	144.0	926.3	922.1
聊城市	Liaocheng	643	253.0	54.2	2.8	321.7	222.6	99.1	1125.1	1119.0
滨州市	Binzhou	400	395.0	57.9	3.1	478.5	371.6	106.9	856.4	853.9
菏泽市	Heze	1135	134.1	83.8	3.5	229.1	123.6	105.5	1075.6	1073.0

18-5 续表 continued

单位:亿元 (100 million yuan)

地区	Region	主营业务成本 Cost of Principal Business	主营业务税金及附加 Taxes and Other Charges on Principal Business	营业费用 Expenses on Business	管理费用 Expenses on Managem-ent	财务费用 Expenses on Finance	营业利润 Profits from Business	利润总额 Total Profits	应交所得税 Income Tax Payable	本年应付工资总额 Total Wages Payable	本年应交增值税 Value Added Tax Payable
全省总计	**Total**	**27396.5**	**192.7**	**874.1**	**477.9**	**171.9**	**693.6**	**709.5**	**127.3**	**476.9**	**381.4**
济南市	Jinan	4210.3	17.9	169.4	80.9	19.3	51.6	55.7	10.1	88.4	48.4
青岛市	Qingdao	5551.0	22.8	172.7	85.0	24.3	70.8	77.2	17.5	81.4	52.4
淄博市	Zibo	1556.8	7.6	38.8	20.1	14.9	17.7	18.1	6.5	21.1	11.4
枣庄市	Zaozhuang	450.8	8.9	13.1	10.0	2.8	24.9	25.0	2.3	14.2	10.3
东营市	Dongying	1243.9	4.9	27.6	14.3	12.2	27.4	27.4	6.7	18.2	5.9
烟台市	Yantai	2395.3	19.1	114.1	56.9	17.1	94.9	95.7	19.4	47.5	88.2
潍坊市	Weifang	2034.6	16.2	62.3	36.2	11.0	43.0	46.0	7.1	30.2	20.5
济宁市	Jining	1219.2	16.2	43.5	29.3	7.8	46.1	49.7	6.5	32.1	14.2
泰安市	Tai'an	1023.4	13.0	22.4	19.4	6.6	66.3	59.3	7.4	19.2	14.4
威海市	Weihai	596.4	9.9	39.0	19.1	1.6	21.9	22.7	3.3	14.0	12.8
日照市	Rizhao	1055.6	5.1	11.5	9.8	9.4	2.7	3.3	1.1	11.3	4.6
莱芜市	Laiwu	613.9	1.8	7.7	4.2	5.6	0.0	-0.3	0.4	8.1	2.3
临沂市	Linyi	1843.6	14.0	72.1	33.3	10.0	54.9	55.9	7.5	26.8	30.7
德州市	Dezhou	783.7	13.4	24.4	19.9	7.3	74.7	75.9	11.9	23.1	31.0
聊城市	Liaocheng	1058.2	6.2	16.1	12.0	11.9	19.2	19.7	3.8	13.4	11.5
滨州市	Binzhou	814.7	5.2	16.1	8.1	4.2	7.6	8.0	1.8	10.6	5.2
菏泽市	Heze	945.2	10.4	23.3	19.4	5.8	69.7	70.2	14.1	17.1	17.6

18-6 限额以上住宿和餐饮业情况
Basic Conditions of Hotels and Catering Services

指　标	Item	2013	2014	2015	2016	2017
住宿和餐饮业	**Hotels and Catering Services**					
法人企业 (个)	Number of Corporation Enterprises (unit)	3538	3354	3211	3138	3010
年末从业人数 (万人)	Engaged Persons at Year-end (10 000 persons)	27.4	24.8	23.0	23.1	22.6
营业额 (亿元)	Business Revenue (100 million yuan)	553.6	538.4	547.3	561.5	494.6
#餐费收入 (亿元)	From Meals (100 million yuan)	377.3	369.6	374.7	381.2	320.3
年末餐饮营业面积(万平方米)	Business Area of Catering Services at Year-end(10 000 sq.m)	738.56	714.56	598.70	485.16	486.9
住宿业	**Hotels**					
法人企业 (个)	Number of Corporation Enterprises (unit)	1108	1086	1089	1081	1144
年末从业人数 (万人)	Engaged Persons at Year-end (10 000 persons)	11.7	10.5	10.3	10.1	10.3
营业额 (亿元)	Business Revenue (100 million yuan)	217.7	211.4	219.1	227.8	213.1
#客房收入 (亿元)	From Hotel Rooms (100 million yuan)	91.7	91.7	96.8	101.7	102.8
餐费收入 (亿元)	From Meals (100 million yuan)	105.0	100.4	102.9	105.9	91.8
客房数 (万间)	Number of Room (10 000 rooms)	15.3	20.8	14.7	21.5	17.4
床位数 (万位)	Number of Beds (10 000 beds)	26.4	32.3	24.5	31.1	28.2
年末餐饮营业面积 (万平方米)	Business Area of Catering Services at Year-end (10 000 sq.m)	234.0	233.7	219.8	173.2	182.4
餐饮业	**Catering Services**					
法人企业 (个)	Number of Corporation Enterprises (unit)	2430	2268	2122	2057	1866
年末从业人数 (万人)	Engaged Persons at Year-end (10 000 persons)	15.7	14.3	12.7	13.0	12.3
营业额 (亿元)	Business Revenue (100 million yuan)	335.9	327.0	328.2	333.7	281.5
#餐费收入 (亿元)	From Meals (100 million yuan)	272.3	269.2	271.7	275.3	228.5
年末餐饮营业面积 (万平方米)	Business Area of Catering Services at Year-end (10 000 sq.m)	504.6	480.8	378.9	312.0	304.5

18-7 限额以上住宿和餐饮业经营情况(2017年)

Business of Hotels and Catering Services above Designated Size(2017)

指标名称	Indicator	法人单位(个) Corporate Unit (unit)	从业人数(人) Employed Persons (person)
总　计	**Total**	**2939**	**224245**
一、住宿业	**Hotels**	**1127**	**102006**
1.按登记注册类型分	by Status of Registration		
内　资	Domestic Funded Enterprises	1100	96772
国　有	State-owned	107	20215
集　体	Collective-owned	17	1190
股份合作	Cooperative	2	255
联营企业	Joint Ownership		
有限责任公司	Limited Liability Corporations	350	37554
股份有限公司	Share-holding Corporations Ltd.	46	4402
私营企业	Private Enterprises	567	32565
其　他	Others	11	591
港澳台商投资企业	Enterprises with Funds from Hong Kong,Macao and Taiwan	16	3662
与港澳台商合资经营	Joint-venture	8	2305
与港澳台商合作经营	Cooperative		
港澳台商独资	Sole Investment	8	1357
港澳台商独资股份有限公司	Share-holding Corporations Ltd. with Sole Investment		
其他港澳台投资企业	Others		
外商投资企业	Foreign Funded Enterprises	11	1572
中外合资经营	Joint-venture	7	1199
中外合作经营	Cooperative		
外资企业	Sole Foreign Investment	3	373
外商投资股份有限公司	Share-holding Corporations Ltd. With Foreign Investment	1	
其他外商投资企业	Others		
2.按国民经济行业分(GB/T 4754-2017)	by Sector		
旅游饭店	Tourist Hotels	658	80984
一般旅馆	General Hotels	436	19709
民宿服务	Homestay Service	6	169
露营地服务	Campground Service	1	50
其他住宿业	Other Accommodation Services	26	1094

18-7 续表 1 continued

指标名称	Indicator	法人单位(个) Corporate Unit (unit)	从业人数(人) Employed Persons (person)
二、餐饮业	**Catering Services**	**1812**	**122239**
1.按登记注册类型分	by Status of Registration		
内　资	Domestic Funded Enterprises	1780	113969
国　有	State-owned	47	6109
集　体	Collective-owned	13	883
股份合作	Cooperative	1	90
联营企业	Joint Ownership	1	31
有限责任公司	Limited Liability Corporations	500	37153
股份有限公司	Share-holding Corporations Ltd.	33	11082
私营企业	Private Enterprises	1166	57440
其　他	Others	19	1181
港澳台商投资企业	Enterprises with Funds from Hong Kong,Macao and Taiwan	14	2834
与港澳台商合资经营	Joint-venture	6	1305
与港澳台商合作经营	Cooperative		
港澳台商独资	Sole Investment	8	1529
港澳台商独资股份有限公司	Share-holding Corporations Ltd. with Sole Investment		
其他港澳台投资企业	Others		
外商投资企业	Foreign Funded Enterprises	18	5436
中外合资经营	Joint-venture	7	247
中外合作经营	Cooperative		
外资企业	Sole Foreign Investment	11	5189
外商投资股份有限公司	Share-holding Corporations Ltd. with Foreign Investment		
其他外商投资企业	Others		
2.按国民经济行业分(GB/T 4754-2017)	by Sector		
正餐服务	Dinner service	1705	106403
快餐服务	Fast Food Service	71	10741
饮料及冷饮服务	Beverages and cold drinks service	3	381
餐饮配送及外卖送餐服务	Catering Delivery and Takeout Service	26	4015
其他餐饮业	Other Catering Services	7	699

18-7 续表 2 continued

单位:万元 (10 000 yuan)

指标名称	Indicator	营业额 Business Revenue	客房收入 Revenue from Hotel Rooms	餐费收入 Revenue from Meals	商品销售收入 Revenue from Commodities	其他收入 Other Revenue
总计	**Total**	**4946495**	**1373948**	**3202826**	**184301**	**185419**
一、住宿业	**Hotels**	**2131261**	**1028228**	**917840**	**61573**	**123621**
1.按登记注册类型分	by Status of Registration					
内资	Domestic Funded Enterprises	1994435	964338	863697	57149	109251
国有	State-owned	346360	128126	178715	5194	34325
集体	Collective-owned	32628	14307	15043	2033	1245
股份合作	Cooperative	5217	2015	3081	121	
联营企业	Joint Ownership					
有限责任公司	Limited Liability Corporations	697197	333705	295460	20707	47326
股份有限公司	Share-holding Corporations Ltd.	96437	45819	42569	4424	3624
私营企业	Private Enterprises	802642	432387	323520	24620	22115
其他	Others	13955	7978	5309	51	616
港澳台商投资企业	Enterprises with Funds from Hong Kong, Macao and Taiwan	95243	41218	36426	4211	13388
与港澳台商合资经营	Joint-venture	46058	20708	14515	3609	7225
与港澳台商合作经营	Cooperative					
港澳台商独资	Sole Investment	49185	20510	21911	602	6162
港澳台商独资股份有限公司	Share-holding Corporations Ltd. with Sole Investment					
其他港澳台投资企业	Others					
外商投资企业	Foreign Funded Enterprises	41584	22673	17716	213	983
中外合资经营	Joint-venture	34180	17327	15969	32	852
中外合作经营	Cooperative					
外资企业	Sole Foreign Investment	7044	5256	1528	181	79
外商投资股份有限公司	Share-holding Corporations Ltd. With Foreign Investment	360	90	219		51
其他外商投资企业	Others					
2.按国民经济行业分(GB/T 4754-2017)	by Sector					
旅游饭店	Tourist Hotels	1582538	684205	748197	45333	104802
一般旅馆	General Hotels	520564	325421	161838	15290	18014
民宿服务	Homestay Service	2889	1567	1317	5	
露营地服务	Campground Service	399	375	7	12	6
其他住宿业	Other Accommodation Services	24872	16661	6480	932	799

18-7 续表 3 continued

单位:万元 (10 000 yuan)

指标名称	Indicator	营业额 Business Revenue	客房收入 Revenue from Hotel Rooms	餐费收入 Revenue from Meals	商品销售收入 Revenue from Commodities	其他收入 Other Revenue
二、餐饮业	**Catering Services**	**2815233**	**345720**	**2284986**	**122729**	**61798**
1.按登记注册类型分	by Status of Registration					
内　资	Domestic Funded Enterprises	2525256	336293	2013344	119785	55834
国　有	State-owned	91463	33361	53267	2623	2213
集　体	Collective-owned	26814	1697	22936	1687	494
股份合作	Cooperative	1228	592	613	23	
联营企业	Joint Ownership	70	30	39	1	
有限责任公司	Limited Liability Corporations	715113	130001	525277	29289	30546
股份有限公司	Share-holding Corporations Ltd.	87634	14360	66960	4037	2278
私营企业	Private Enterprises	1570834	148944	1320254	81407	20229
其　他	Others	32100	7308	23999	720	74
港澳台商投资企业	Enterprises with Funds from Hong Kong,Macao and Taiwan	76399	7647	61208	1785	5759
与港澳台商合资经营	Joint-venture	20728	7418	9528	205	3576
与港澳台商合作经营	Cooperative					
港澳台商独资	Sole Investment	55671	229	51679	1580	2183
港澳台商独资股份有限公司	Share-holding Corporations Ltd.					
其他港澳台投资企业	with Sole Investment					
外商投资企业	Foreign Funded Enterprises	213579	1781	210435	1158	206
中外合资经营	Joint-venture	4451	377	2711	1158	206
中外合作经营	Cooperative					
外资企业	Sole Foreign Investment	209128	1404	207724		
外商投资股份有限公司	Share-holding Corporations Ltd.					
其他外商投资企业	with Foreign Investment					
2.按国民经济行业分(GB/T 4754-2017)	by Sector					
正餐服务	Dinner service	2345928	345346	1828084	113832	58666
快餐服务	Fast Food Service	372990	155	365629	4090	3116
饮料及冷饮服务	Beverages and cold drinks service	15883		14009	1874	
餐饮配送及外卖送餐服务	Catering Delivery and Takeout Service	66379	122	64200	2041	16
其他餐饮业	Other Catering Services	14054	98	13065	891	

18-8 各市限额以上住宿和餐饮业经营情况(2017年)
Business of Hotels and Catering Services above Designated Size by Region (2017)

地 区	Region	法人单位(个) Corporation Unit (unit)	从业人数(人) Persons Employed (person)	营业额(万元) Business Revenue (10000 yuan)	客房收入 Revenue from Hotel Rooms	餐费收入 Revenue from Meals	商品销售收入 Revenue from Commodi-ties	其他收入 Other Revenue
全省总计	**Total**	**2939**	**224245**	**4946495**	**1373948**	**3202826**	**184301**	**185419**
济南市	Jinan	333	32504	615349	199240	357264	7520	51325
青岛市	Qingdao	357	44408	978803	262549	653596	22065	40593
淄博市	Zibo	144	8711	144907	43681	91436	5742	4048
枣庄市	Zaozhuang	142	5646	125080	33634	79908	9437	2102
东营市	Dongying	47	13214	94351	24504	61916	2433	5498
烟台市	Yantai	344	21151	759563	206269	531174	13766	8354
潍坊市	Weifang	208	15458	239422	65843	152038	9265	12277
济宁市	Jining	288	14406	243762	81987	150076	8158	3542
泰安市	Tai'an	184	11860	456818	115885	321142	11299	8492
威海市	Weihai	192	12724	373712	93778	244962	18769	16204
日照市	Rizhao	46	4503	60493	21834	35669	816	2174
莱芜市	Laiwu	34	1724	22803	7322	12501	2592	387
临沂市	Linyi	152	9883	197945	59640	107177	15201	15927
德州市	Dezhou	102	8187	185896	36033	126554	18269	5040
聊城市	Liaocheng	96	7099	88483	26729	53511	3265	4979
滨州市	Binzhou	69	4324	52121	15748	34505	1145	723
菏泽市	Heze	201	8443	306988	79274	189399	34560	3755

18-9 限额以上住宿和餐饮业财务状况(2017年)

单位:万元

指 标 名 称	Indicator	企业数(个) Number of Enterprises (unit)
总 计	**Total**	**2938**
一、住宿业	**Hotels**	**1127**
1.按登记注册类型分	by Status of Registration	
内 资	Domestic Funded Enterprises	1100
国 有	State-owned	107
集 体	Collective-owned	17
股份合作	Cooperative	2
联营企业	Joint Ownership	
有限责任公司	Limited Liability Corporations	350
股份有限公司	Share-holding Corporations Ltd.	46
私营企业	Private Enterprises	567
其 他	Others	11
港澳台商投资企业	Enterprises with Funds from Hong Kong,Macao and Taiwan	16
与港澳台商合资经营	Joint-venture	8
与港澳台商合作经营	Cooperative	
港澳台商独资	Sole Investment	8
港澳台商独资股份有限公司	Share-holding Corporations Ltd. With Sole Investment	
其他港澳台投资企业	Others	
外商投资企业	Foreign Funded Enterprises	11
中外合资经营	Joint-venture	7
中外合作经营	Cooperative	
外资企业	Sole Foreign Investment	3
外商投资股份有限公司	Share-holding Corporations Ltd. with Foreign Investment	1
其他外商投资企业	Others	
2.按国民经济行业分(GB/T 4754-2017)	by Sector	
旅游饭店	Tourist Hotels	658
一般旅馆	General Hotels	436
民宿服务	Homestay Service	6
露营地服务	Campground Service	1
其他住宿业	Other Accommodation Services	26

Financial Indicators of Enterprises above Designated Size of Hotels and Catering Services(2017)

(10 000 yuan)

年末资产负债 Assets and Liabilities at Year-end						损益及分配 Losses,Profits and Distribution	
流动资产合计 Total Working Capitals	固定资产原价 Original Value of Fixed Assets	本年折旧 Depre-ciation in the Year	资产合计 Total Assests	负债合计 Total Liabilities	所有者权益合计 Total Owner's Equities	营业收入合计 Business Revenue	主营业务收入 Revenue from Principal Business
3182040	**5677915**	**297405**	**8677498**	**6209710**	**2467788**	**4737449**	**4700201**
1888635	**3448756**	**176481**	**4913013**	**3648101**	**1264912**	**2055422**	**2032641**
1782912	2868823	151328	4419051	3265005	1154046	1923713	1910666
251176	787811	24047	821073	364723	456351	321144	316632
10411	32486	749	33433	15440	17992	31295	31291
8086	5124	177	14357	12375	1982	4923	4923
921512	1266356	77816	2091953	1771624	320329	677400	672872
80797	184529	12788	231018	150748	80271	94375	93296
505453	579540	34948	1212546	939968	272578	781453	778528
5477	12976	805	14671	10128	4544	13125	13125
94512	532587	17407	457591	349132	108460	92116	83734
79920	275235	7015	254444	257003	-2559	45684	44590
14592	257353	10392	203147	92129	111018	46432	39144
11211	47346	7746	36371	33965	2406	39593	38242
8424	42797	7674	30216	27624	2592	32259	30907
2708	4546	70	6074	6076	-2	6995	6995
79	3	1	81	265	-184	340	340
1574542	3132588	158874	4163442	3097249	1066193	1531640	1509929
255751	285648	14366	649455	460958	188496	497949	496894
1992	2973	1247	4177	3015	1162	2856	2856
687	61	12	716	622	94	335	335
55662	27485	1983	95224	86256	8968	22643	22629

18-9 续表 1

单位:万元

指 标 名 称	Indicator	企业数(个) Number of Enterprises (unit)
二、餐饮业	**Catering Services**	**1811**
1.按登记注册类型分	by Status of Registration	
内 资	Domestic Funded Enterprises	1779
国 有	State-owned	47
集 体	Collective-owned	13
股份合作	Cooperative	1
联营企业	Joint Ownership	1
有限责任公司	Limited Liability Corporations	500
股份有限公司	Share-holding Corporations Ltd.	33
私营企业	Private Enterprises	1165
其 他	Others	19
港澳台商投资企业	Enterprises with Funds from Hong Kong,Macao and Taiwan	14
与港澳台商合资经营	Joint-venture	6
与港澳台商合作经营	Cooperative	
港澳台商独资	Sole Investment	8
港澳台商独资股份有限公司	Share-holding Corporations Ltd. With Sole Investment	
其他港澳台投资企业	Others	
外商投资企业	Foreign Funded Enterprises	18
中外合资经营	Joint-venture	7
中外合作经营	Cooperative	
外资企业	Sole Foreign Investment	11
外商投资股份有限公司	Share-holding Corporations Ltd. with Foreign Investment	
其他外商投资企业	Others	
2.按国民经济行业分(GB/T 4754-2017)	by Sector	
正餐服务	Dinner service	1704
快餐服务	Fast Food Service	71
饮料及冷饮服务	Beverages and cold drinks service	3
餐饮配送及外卖送餐服务	Catering Delivery and Takeout Service	26
其他餐饮业	Other Catering Services	7

continued

(10 000 yuan)

年末资产负债 Assets and Liabilities at Year-end						损益及分配 Losses,Profits and Distribution	
流动资产合计 Total Working Capitals	固定资产原价 Original Value of Fixed Assets	本年折旧 Depre-ciation in the Year	资产合计 Total Assests	负债合计 Total Liabilities	所有者权益合计 Total Owner's Equities	营业收入合计 Business Revenue	#主营业务收入 Revenue from Principal Business
1293406	**2229159**	**120924**	**3764485**	**2561609**	**1202875**	**2682027**	**2667559**
1229360	2047425	106172	3403359	2294247	1109111	2395055	2380900
45364	155506	6840	142926	106995	35930	88283	88075
6565	16187	653	20944	14004	6940	25478	25478
367	1847	111	1127	255	872	1157	1157
803	219	24	954	241	713	70	70
385016	1112531	52586	1638935	984942	653994	678563	669490
35837	73681	1598	142164	110555	31609	83390	83263
744707	682596	44180	1441914	1070518	371397	1487223	1482481
10701	4858	182	14395	6738	7657	30892	30885
41457	128076	13208	280436	219353	61083	73280	72967
28607	108834	5230	245391	178082	67309	20106	19890
12850	19241	7978	35044	41271	-6227	53174	53077
22588	53659	1544	80690	48009	32681	213692	213692
5650	3276	122	8217	6196	2021	4180	4180
16939	50384	1422	72473	41813	30660	209512	209512
1215054	2123602	108649	3567192	2438307	1128885	2226721	2213307
46007	90447	11212	147123	97924	49199	365833	364824
7477	2114	128	12297	3299	8999	14846	14846
22399	11536	846	33644	20945	12699	61339	61325
2469	1461	89	4229	1135	3095	13288	13257

18-9 续表 2

单位:万元

指 标 名 称	Indicator	主营业务成本 Cost of Principal Business
总 计	**Total**	**2533708**
一、住宿业	**Hotels**	**951082**
1.按登记注册类型分	by Status of Registration	
内 资	Domestic Funded Enterprises	923406
国 有	State-owned	134639
集 体	Collective-owned	17258
股份合作	Cooperative	2161
联营企业	Joint Ownership	
有限责任公司	Limited Liability Corporations	279706
股份有限公司	Share-holding Corporations Ltd.	44465
私营企业	Private Enterprises	436593
其 他	Others	8584
港澳台商投资企业	Enterprises with Funds from Hong Kong,Macao and Taiwan	15870
与港澳台商合资经营	Joint-venture	9433
与港澳台商合作经营	Cooperative	
港澳台商独资	Sole Investment	6438
港澳台商独资股份有限公司	Share-holding Corporations Ltd. with Sole Investment	
其他港澳台投资企业	Others	
外商投资企业	Foreign Funded Enterprises	11806
中外合资经营	Joint-venture	7941
中外合作经营	Cooperative	
外资企业	Sole Foreign Investment	3657
外商投资股份有限公司	Share-holding Corporations Ltd. With Foreign Investment	208
其他外商投资企业	Others	
2.按国民经济行业分(GB/T 4754-2017)	by Sector	
旅游饭店	Tourist Hotels	660926
一般旅馆	General Hotels	272372
民宿服务	Homestay Service	1678
露营地服务	Campground Service	234
其他住宿业	Other Accommodation Services	15872

continued

(10 000 yuan)

损 益 及 分 配 Losses,Profits and Distribution							工资、福利、增值税 Wages,Welfare and Value Added Tax	
主营业务税金及附加 Taxes and Other Charges on Principal Business	营业费用 Expenses on Business	管理费用 Expenses on Management	财务费用 Expenses on Finance	营业利润 Profits from Business	利润总额 Total Profits	应交所得税 Income Tax Payable	本年应付工资总额 Total Wages Payable	本年应交增值税 Value Added Tax Payable
67420	**1086845**	**790310**	**126881**	**117697**	**144869**	**57032**	**942311**	**97476**
31242	**547427**	**455225**	**69275**	**-4846**	**16262**	**21108**	**449950**	**42003**
29027	515003	395892	55408	-440	22204	19149	421164	38042
3943	105906	90502	140	-15022	-560	2167	104116	6290
710	5429	4548	473	2879	3021	733	3711	804
19	1385	1127	195	36	41		1082	22
10731	211998	156573	28106	-12370	-3920	4182	174973	14469
1199	26095	18262	2210	1914	2307	641	15837	2160
12115	162868	123632	24077	20671	20082	11119	119204	14058
311	1324	1249	208	1451	1233	308	2242	239
1873	19216	49831	13272	-8632	-9406	1760	20029	3286
1827	13092	23198	4372	-6481	-7134	114	12474	2254
46	6124	26633	8901	-2150	-2272	1647	7554	1033
342	13208	9501	594	4227	3464	198	8757	675
298	8720	8433	572	6379	6355	191	7555	622
44	4295	993	21	-2016	-2754	7	991	60
	193	75	1	-137	-137		211	-7
21688	440921	386287	59860	-43424	-29434	11332	358752	29219
8958	102889	64666	7514	40884	46707	9279	86068	12005
52	437	292	221	176	176	24	461	58
1	2	2	2	94	94	14	84	12
543	3179	3978	1677	-2575	-1280	459	4586	710

18-9 续表 3

单位:万元

指标名称	Indicator	主营业务成本 Cost of Principal Business
二、餐饮业	**Catering Services**	**1582626**
1.按登记注册类型分	by Status of Registration	
内 资	Domestic Funded Enterprises	1451630
国 有	State-owned	44083
集 体	Collective-owned	17519
股份合作	Cooperative	399
联营企业	Joint Ownership	15
有限责任公司	Limited Liability Corporations	361688
股份有限公司	Share-holding Corporations Ltd.	41111
私营企业	Private Enterprises	964112
其 他	Others	22703
港澳台商投资企业	Enterprises with Funds from Hong Kong,Macao and Taiwan	24942
与港澳台商合资经营	Joint-venture	6941
与港澳台商合作经营	Cooperative	
港澳台商独资	Sole Investment	18001
港澳台商独资股份有限公司	Share-holding Corporations Ltd. with Sole Investment	
其他港澳台投资企业	Others	
外商投资企业	Foreign Funded Enterprises	106054
中外合资经营	Joint-venture	2519
中外合作经营	Cooperative	
外资企业	Sole Foreign Investment	103535
外商投资股份有限公司	Share-holding Corporations Ltd. With Foreign Investment	
其他外商投资企业	Others	
2.按国民经济行业分(GB/T 4754-2017)	by Sector	
正餐服务	Dinner service	1339827
快餐服务	Fast Food Service	183063
饮料及冷饮服务	Beverages and cold drinks service	3555
餐饮配送及外卖送餐服务	Catering Delivery and Takeout Service	47547
其他餐饮业	Other Catering Services	8635

continued

(10 000 yuan)

损益及分配 Losses,Profits and Distribution							工资、福利、增值税 Wages,Welfare and Value Added Tax	
主营业务税金及附加 Taxes and Other Charges on Principal Business	营业费用 Expenses on Business	管理费用 Expenses on Management	财务费用 Expenses on Finance	营业利润 Profits from Business	利润总额 Total Profits	应交所得税 Income Tax Payable	本年应付工资总额 Total Wages Payable	本年应交增值税 Value Added Tax Payable
36178	**539418**	**335086**	**57606**	**122543**	**128607**	**35924**	**492361**	**55473**
35765	443389	300472	52814	103798	109245	29269	453495	54792
1901	30833	20696	386	-9186	-2675	652	25534	1111
552	3072	3119	155	1085	771	312	4577	767
4	342	396	-1	17	20		367	30
2	17	21		16			57	
9780	169480	120226	18808	-5087	-2698	5492	151509	15110
1247	21664	14134	6940	-1760	-3584	538	55561	1442
21929	215738	139133	26142	116235	114945	21657	211935	35846
351	2243	2750	385	2478	2468	617	3955	486
150	36602	10078	4955	-3601	-3267	960	14979	385
114	8817	7571	3760	-7243	-6745	1	5706	245
36	27784	2507	1194	3642	3478	959	9273	140
264	59428	24535	-162	22345	22629	5695	23887	296
85	1120	787	243	-575	-219	11	1135	110
179	58308	23748	-406	22920	22848	5684	22753	186
34435	414385	294579	55475	81147	88173	26634	421894	52342
1037	113424	30965	1516	34467	33671	7638	52914	1730
6	7461	416	-20	3429	3296	847	1734	35
425	2744	7042	342	2905	2873	722	13442	1112
276	1404	2084	294	595	595	83	2377	254

18−10 各市限额以上住宿和餐饮业财务状况(2017年)

Financial Indicators of Enterprises above Designated Size of Hotels and Catering Services by Region(2017)

单位:万元 (10 000 yuan)

地区	Region	企业数(个) Number of Enterprises (unit)	流动资产合计 Total Working Capitals	固定资产原价 Original Value of Fixed Assets	本年折旧 Deprecia-tion in the Year	资产合计 Total Assests	负债合计 Total Liabilities	所有者权益合计 Total Owners' Equities	营业收入合计 Business Revenue	主营业务收入 Revenue from Principal Business
全省总计	**Total**	**2938**	**3182040**	**5677915**	**297405**	**8677498**	**6209710**	**2467788**	**4737449**	**4700201**
济南市	Jinan	332	729753	693774	38122	1270347	1100109	170238	598296	590106
青岛市	Qingdao	357	780906	1277739	84129	1771994	1391305	380689	958663	943284
淄博市	Zibo	144	122108	152072	9891	256216	279232	-23016	127278	125680
枣庄市	Zaozhuang	142	72551	103576	3975	190157	132653	57505	119908	119777
东营市	Dongying	47	52437	155344	6014	267508	234041	33468	89493	89190
烟台市	Yantai	344	263140	644668	29039	815546	429181	386366	699982	698613
潍坊市	Weifang	208	178139	316093	15944	470497	392025	78472	232280	228528
济宁市	Jining	288	116138	333856	16777	503822	260713	243110	231047	230037
泰安市	Tai'an	184	118405	311562	11492	441565	348002	93563	430354	430171
威海市	Weihai	192	239554	395866	27356	707072	491600	215473	368112	366590
日照市	Rizhao	46	57029	111840	2588	157146	148145	9002	56822	56634
莱芜市	Laiwu	34	23216	48302	1877	94119	75229	18891	23648	23647
临沂市	Linyi	152	127582	545810	23173	822006	273924	548081	188559	187452
德州市	Dezhou	102	73340	194545	7838	267134	178383	88751	177406	177329
聊城市	Liaocheng	96	82978	104604	3142	198720	130671	68050	89074	86913
滨州市	Binzhou	69	83448	188318	10308	296407	281570	14837	50076	49998
菏泽市	Heze	201	61319	99948	5740	147241	62931	84311	296454	296253

18−10 续表 continued

单位:万元 (10 000 yuan)

地区	Region	主营业务成本 Cost of Principal Business	主营业务税金及附加 Taxes and Other Charges on Principal Business	营业费用 Expenses on Business	管理费用 Expenses on Managemen t	财务费用 Expenses on Finance	营业利润 Profits from Business	利润总额 Total Profits	应交所得税 Income Tax Payable	本年应付工资总额 Total Wages Payable	本年应交增值税 Value Added Tax Payable
全省总计	**Total**	**2533708**	**67420**	**1086845**	**790310**	**126881**	**117697**	**144869**	**57032**	**942311**	**97476**
济南市	Jinan	215144	6035	253891	123155	13926	-17266	-8699	1986	155817	13039
青岛市	Qingdao	374684	7384	296648	227839	27330	18704	20091	13038	215676	13040
淄博市	Zibo	65631	2465	38762	25376	8291	-13844	-8588	632	31286	2296
枣庄市	Zaozhuang	75771	3527	13874	12341	1594	12592	10151	1023	17286	1497
东营市	Dongying	35900	458	34084	22765	8048	-11975	-10723	445	66766	1877
烟台市	Yantai	482369	10398	91371	87469	7244	20776	20647	5780	94228	14288
潍坊市	Weifang	103699	3680	76342	43570	8515	-5641	-4789	538	62945	7908
济宁市	Jining	150635	4590	34099	44063	4629	-7280	-3662	1105	47189	3827
泰安市	Tai'an	293486	10495	44645	32929	9621	38987	40557	8971	45136	9517
威海市	Weihai	240502	7796	56367	51879	11889	-83	2942	2738	55047	6865
日照市	Rizhao	24588	620	19714	16301	1475	-6057	-1414	226	16647	1040
莱芜市	Laiwu	10104	270	8681	5795	1200	-2359	-1581	8	4490	240
临沂市	Linyi	105447	2206	44200	37638	7196	-8593	-8092	932	37669	2322
德州市	Dezhou	113313	3729	18199	13460	3427	25141	21876	2629	30550	4343
聊城市	Liaocheng	49916	934	20315	13949	3061	496	2817	978	20547	1494
滨州市	Binzhou	27341	702	14480	12662	3641	-8809	-8230	69	15294	644
菏泽市	Heze	165180	2134	21174	19119	5794	82908	81564	15935	25738	13239

18-11 亿元以上商品交易市场情况(2017年)
Basic Statistics on Commodity Exchange Markets of Turnover above 100 Million Yuan (2017)

类别	Category	市场数量(个) Number of Markets (unit)	摊位数(个) Number of Booths (unit)	年末出租摊位数(个) Number of Booths Rented at Year End (unit)	年末营业面积(平方米) Operating Area at Year End (sq.m)	成交额(亿元) Turnover (100 million yuan)
总计	**Total**	**498**	**390103**	**355642**	**36457552**	**9362.8**
一、按市场类别分组	**Grouped by Market Category**					
综合市场	Comprehensive Markets	94	128700	117685	6675192	1461.7
生产资料综合市场	Means of production Comprehensive Markets	5	2159	2031	221433	42.9
工业消费品综合市场	Industrial consumer products Comprehensive Markets	29	52172	45703	2787604	758.1
农产品综合市场	Farmer Produces Comprehensive Markets	25	22863	20803	1191379	218.1
其他综合市场	Other Comprehensive Markets	35	51506	49148	2474776	442.7
专业市场	Special Markets	404	261403	237957	29782360	7901.0
生产资料市场	Means of Production Markets	78	33497	29373	10278198	2886.3
农业生产用具市场	Agricultural Tools Markets	3	434	395	102000	10.8
农用生产资料市场	Agricultural Production Markets	2	385	367	18250	6.0
煤炭市场	Coal and Charcoal Markets					
木材市场	Wood Markets	9	3063	2688	2113616	312.6
建材市场	Building Materials Markets	23	13134	11490	1528855	256.4
化工材料及制品市场	Chemical Materials and Products Markets	4	2926	2745	194316	786.6
金属材料市场	Metal Materials Markets	28	8311	6782	5268502	1349.5
机械设备市场	Mechanical Device Markets	6	3780	3653	374859	140.5
其他生产资料市场	Other Means of Production Markets	3	1464	1253	677800	24.0
农产品市场	Agricultural Products Markets	119	98625	91085	8451163	2577.3
粮油市场	Grain and Oil Markets	14	9583	9006	573607	266.8
肉禽蛋市场	Meat, Poultry and Eggs Markets	5	3084	2728	87660	14.0
水产品市场	Aquatic Products Markets	21	17415	14742	924939	581.2
蔬菜市场	Vegetables Markets	47	49386	46483	5019034	1034.0
干鲜果品市场	Dried and Fresh Melons and Fruits Markets	20	11150	10504	1272707	489.9
棉麻土畜、烟叶市场	Cotton ,Hemp,Local Livestock and Tobacco Markets	2	112	112	35520	7.0
其他农产品市场	Other Agricultural Products Markets	10	7895	7510	537696	184.4
食品、饮料及烟酒市场	Food, Beverages, Tobacco, and Liquor Markets	19	16974	15681	977500	226.3
食品饮料市场	Food and Beverage Markets	7	9240	8866	365120	122.5
茶叶市场	Tea Markets	3	1160	975	220000	21.4
烟酒市场	Tobacco and Liquor Markets	4	1026	900	77720	31.3
其他食品饮料及烟酒市场	Other Food, Beverages, Tobacco, and Liquor Markets	5	5548	4940	314660	51.3
纺织、服装、鞋帽市场	Textile, Garments, Footgear, and Hats Markets	51	43480	40142	1785973	629.5
布料及纺织品市场	Fabrics and Textile Markets	8	3553	2822	250680	100.3
服装市场	Clothing Markets	28	29441	27684	990103	401.6
鞋帽市场	Shoes and Hats Markets	7	3554	3381	156237	69.9
其他纺织服装鞋帽市场	Others	8	6932	6255	388953	57.7
日用品及文化用品市场	Daily Use and Cultural Goods Markets	16	9995	9369	641003	296.9
小商品市场	Merchandise Markets	7	6074	5549	316479	234.3
箱包市场	Case and Bag Markets	1	150	150	8400	1.5

18-11 续表 continued

类别	Category	市场数量(个) Number of Markets (unit)	摊位数(个) Number of Booths (unit)	年末出租摊位数 Number of Booths Rented at Year End	年末营业面积(平方米) Operating Area at Year End (sq.m)	成交额(亿元) Turnover (100 million yuan)
玩具市场	Toy Markets	2	1023	957	107124	15.7
文具市场	Stationery Markets	1	578	578	60000	3.6
图书、报刊杂志市场	Books, Newspapers and Magazines Markets	2	190	176	29000	9.1
音像制品及电子出版物市场	Video products and E-journal Markets					
体育用品市场	Sports Goods Markets					
其他日用品及文化用品市场	Other Daily Use and Cultural Goods Markets	3	1980	1959	120000	32.7
黄金、珠宝、玉器等首饰市场	Gold,Jewelry,Jade Markets	2	2013	1375	598579	112.0
电器、通讯器材、电子设备市场	Electrical Appliances, Communication Appliances, Electronic Equipment Markets	8	3256	3038	288800	84.2
家电市场	Household Appliances Markets	4	1284	1223	188800	57.3
通讯器材市场	Communication Appliances					
照相、摄像器材市场	Camera Equipment Markets					
计算机及辅助设备市场	Computers and Auxiliary Equipment Markets	4	1972	1815	100000	26.9
其他电器、通讯器材、电子设备市场	Others					
医药、医疗用品及器材市场	Medicine,Medical Supplies and Equipment Markets	1	968	872	60000	3.7
中药材市场	Chinese Medicine Markets	1	968	872	60000	3.7
其他医药、医疗用品及器材市场	Others					
家具、五金及装饰材料市场	Furniture,Hardware,and Decorative Materials Markets	66	37929	33278	4551324	689.1
家具市场	Furniture Markets	16	7099	6302	1043115	160.9
装饰材料市场	Decoration Materials Markets	27	11526	10255	1611558	203.3
灯具市场	Lamps Markets	3	1352	1352	268000	48.7
厨具、盥洗设备市场	Kitchen Utensils and Washing Equipment Markets	1	366	364	21608	2.2
五金材料市场	Hardware Materials Markets	12	9104	7860	744985	163.8
其他装修市场	Others	7	8482	7145	862058	110.2
汽车、摩托车及零配件市场	Automobile, Motorcycle and Spare Parts Markets	32	7339	6914	1516910	337.5
汽车市场	Automobile Markets	21	3421	3328	1209671	227.3
摩托车市场	Motorcycle Markets					
机动车零配件市场	Motor Vehicle Spare Parts Markets	11	3918	3586	307239	110.3
花、鸟、鱼、虫市场	Flowers,Birds,Fish,Insects Markets	2	1950	1640	189960	13.8
花卉市场	Flower Markets	2	1950	1640	189960	13.8
鸟市场	Bird Markets					
观赏鱼市场	Ornamental Fish Markets					
其他花鸟鱼虫市场	Others					
旧货市场	Second Hand Markets	1	216	135	25000	1.8
古玩、古董、字画市场	Antique,Antiques,Calligraphy and Painting Markets					
邮票、硬币市场	Stamps,Coins Markets					
其他旧货市场	Other Second Hand Markets	1	216	135	25000	1.8
其他专业市场	Others	9	5161	5055	417950	42.7
二、按营业状态分组	**Grouped by Operating Status**					
1.常年营业	Perennial operating	485	379972	346118	35435658	9061.1
2.季节性营业	Seasonal operating	13	10131	9524	1021894	301.7
3.其他	Others					
三、按经营方式分组	**Grouped by Operating Mode**					
1.以批发为主	Wholesale	365	294872	267038	30677650	8495.9
2.以零售为主	Retail	133	95231	88604	5779902	866.9
四、按经营环境分组	**Grouped by Operating Environment**					
1.露天式	Open Air	128	75297	69249	12687692	2274.4
2.封闭式	Closed	320	270396	247655	20263992	6368.3
3.其他	Others	50	44410	38738	3505868	720.0

18-12 亿元以上商品交易市场成交情况(2017年)

Basic Statistics on Commodity Exchange Markets of Turnover above 100 Million Yuan(2017)

类　别	Category	年末出租摊位数(个) Number of Booths Rented at Year end (unit)	全年成交额(亿元) Turnover (100 million yuan)
合　计	**Total**	**355642**	**9362.8**
1.粮油、食品类	Grain、Oil and Food	136895	3158.0
#粮油类	Grain and Oil	10610	348.2
肉禽蛋类	Meal,Doultr and Eggs	10610	166.1
水产品类	Aquatil Prodults	24463	831.1
蔬菜类	Vegetables	57599	1068.1
干鲜果品类	Dried and Fresh Molons and Fruits	21066	608.0
2.饮料类	Beverages	5951	105.7
3.烟酒类	Tobacco and Liquor	8610	104.1
4.服装、鞋帽、针、纺织品类	Clothing, Shoes, Hats and Textiles	70749	926.8
(1)服装类	Clothing	43854	493.1
(2)鞋帽类	Shoes and Hats	13676	195.7
(3)针、纺织品类	Knitwear and Textiles	13219	238.0
5.化妆品类	Cosmetics	2729	38.6
6.金银珠宝类	Gold,Silver and Jewelry	1682	128.0
7.日用品类	Articles for Daily Use	22545	465.9
#儿童玩具类	Children Toys	1614	16.9
8.五金电料类	Hardware & Electrical Materials	13679	229.4
9.体育、娱乐用品类	Sports & Recreational Articles	1616	15.6
#照相器材类	Cameras and Related Equipments	21	0.0
10.书报杂志类	Newspapers and Magazines	856	17.5
11.电子出版物及音像制品类	E-journals and Video Products	438	15.0
12.家用电器和音像器材类	Household Appliances and Video Appliance	3458	86.6
13.中西药材类	Traditional Chinese and Western Medicines	1131	5.5
#西药类	Western Medicines	67	0.3
中草药及中成药品类	Traditional Chinese Medicines	898	3.8
14.文化办公用品类	Cultural and Offices Appliances	4927	62.7
#计算机及其配套产品	Computers and Auxiliary Equipments	1904	27.2
15.家具类	Furniture	9949	223.3
16.通讯器材类	Communication Appliances	1469	24.7
17.煤炭及制品类	Coal and Related Products	60	1.2
18.木材及制品类	Wood and Wooden Products	4287	341.4
19.石油及制品类	Petroleum and Related Products	263	168.6
20.化工材料及制品类	Chemical Materials and Related Products	3155	633.2
#化肥类	Fertilizers	84	0.6
21.金属材料类	Metal Materials	7629	1325.2
22.建筑及装潢材料类	Building and Decoration Materials	26497	610.2
23.机电产品及设备类	Mechanical & Electrical Products	5661	165.9
#农机类	Agricultural Machineries	619	25.7
24.汽车类	Automobiles	6756	350.6
25.种子饲料类	Seeds and Feedstuff	691	7.5
26.棉麻类	Cotton and Hemp	195	7.0
27.其他类	Others	13764	144.7

18-13 各市亿元以上商品交易市场情况(2017年)

Basic Statistics on Commodity Exchange Markets of Turnover above 100 Million Yuan by Region(2017)

地 区	Region	市场数量(个) Number of Markets	摊位数(个) Number of Booths	年末出租摊位数 Number of Booths Rented at Year End	年末营业面积(平方米) Operating Area at Year End (sq.m)	成交额(万元) Turnover (10 000 yuan)
全省总计	**Total**	**498**	**390103**	**355642**	**36457552**	**93627852**
济南市	Jinan	32	20070	19473	1840320	4797045
青岛市	Qingdao	60	60249	58392	5008882	13054535
淄博市	Zibo	17	13500	12319	1025880	9734543
枣庄市	Zaozhuang	23	21633	17829	1250953	3528133
东营市	Dongying	13	8102	6550	637241	462892
烟台市	Yantai	23	26481	25377	2077876	4720813
潍坊市	Weifang	28	27355	24251	3495006	5670644
济宁市	Jining	29	28158	25029	2153151	5174377
泰安市	Tai'an	7	15043	13842	3047599	4952826
威海市	Weihai	9	3957	3891	289642	489775
日照市	Rizhao	11	14549	11805	1977670	4485879
莱芜市	Laiwu					
临沂市	Linyi	85	53572	51439	5547308	15300041
德州市	Dezhou	79	48407	43322	3699665	9351054
聊城市	Liaocheng	13	13554	11528	1760118	3966187
滨州市	Binzhou	14	4966	4432	879039	5924058
菏泽市	Heze	55	30507	26163	1767202	2015050

18-14 连锁门店及配送中心分布情况(2017年)

Distribution of Stores and Distribution Centers of chain stores of Wholesale and Retail Trades and Hotel and Catering Services(2017)

单位：个 (unit)

地区	Region	门店总数 Number of Stores	直营店数 Under Direct Management	加盟店数 Through License Arrangement	配送中心数 Distribution Centers	自有 Under Direct Management
合计	**Total**	**14698**	**12596**	**2102**	**153**	**144**
批发和零售业	**Wholesale and etail Trades**	**13948**	**11923**	**2025**	**141**	**133**
北京	Beijing	7	7			
天津	Tianjin	2	2			
河北	Hebei	14	14			
山西	Shanxi	2	2			
内蒙古	Inner Mongolia	3	3			
辽宁	Liaoning	5	5			
吉林	Jilin	2	2			
黑龙江	Heilongjiang	1	1			
上海	Shanghai	5	5			
江苏	Jiangsu	7	7			
浙江	Zhejiang	9	9			
安徽	Anhui	3	3			
福建	Fujian	3	3			
江西	Jiangxi	3	3			
山东	Shandong	13826	11801	2025	141	133
济南	Jinan	686	662	24	7	6
青岛	Qingdao	3857	2937	920	40	35
河南	Henan	15	15			
湖北	Hubei	20	20			
湖南	Hunan	3	3			
广东	Guangdong	4	4			
海南	Hainan	3	3			
重庆	Chongqing	1	1			
四川	Sichuan	3	3			
云南	Yunnan	1	1			
陕西	Shanxi	3	3			
甘肃	Ganshu	1	1			
宁夏	Ningxia	1	1			
新疆	Xinjiang	1	1			
住宿和餐饮业	**Hotel and Catering Services**	**750**	**673**	**77**	**12**	**11**
北京	Beijing	4	4			
天津	Tianjin	2	2			
河北	Hebei	2	2			
山西	Shanxi	1	1			
辽宁	Liaoning	5	5			
吉林	Jilin	1	1			
上海	Shanghai	2	2			
江苏	Jiangsu	4	4			
浙江	Zhejiang	1	1			
安徽	Anhui	1	1			
山东	Shandong	715	638	77	12	11
济南	Jinan	216	216		2	1
青岛	Qingdao	190	152	38	5	5
河南	Henan	2	2			
湖北	Hubei	2	2			
湖南	Hunan	2	2			
广东	Guangdong	2	2			
重庆	Chongqing	1	1			
四川	Sichuan	1	1			
陕西	Shanxi	2	2			

注：本表数据是指总部设在山东的连锁企业的门店及配送中心的分布情况。

a)Data in this table refers to the distribution of stores and distribution centers of chain stores that headquarters in Shandong.

18-15 批发和零售业连锁经营情况(2017年)

指标	Item	连锁总店(总部)数(个) Number of chain head stores (unit)	合计 Total
总计	**Total**	**167**	**13948**
一、按行业分组	**by Sector**		
批发业	Wholesale Trade	10	3683
零售业	Retail Trade	157	10265
二、按登记注册类型分组	**by Status of Registration**		
内资企业	Domestic Funded Enterprises	162	13471
国有企业	State-owned Enterprises	6	293
集体企业	Collective-owned Enterprises	2	53
股份合作企业	Cooperative Enterprises	2	96
联营企业	Joint Ownership Enterprises		
有限责任公司	Limited Liability Corporations	67	4385
股份有限公司	Share-holding Corporations Limited	19	5152
私营企业	Private Enterprises	63	3335
其他企业	Other Enterprises	3	157
港、澳、台商投资企业	Enterprises with Funds from Hong Kong, Macao and Taiwan	2	405
合资经营企业(港或澳、台资)	Joint-ventures Enterprises	1	191
合作经营企业(港或澳、台资)	Cooperative Enterprises		
港、澳、台商独资经营企业	Enterprises with Sole Investment	1	214
港、澳、台商投资股份有限公司	Share-holding Corporations Ltd. With Funds from Hong Kong,Macao and Taiwan		
其他港澳台投资企业	Others		
外商投资企业	Foreign Funded Enterprises	3	72
中外合资经营企业	Joint-venture Enterprises	1	6
中外合作经营企业	Cooperation Enterprises	1	2
外资企业	Enterprises with Sole Foreign Funds	1	64
外商投资股份有限公司	Share-holding Corporations Ltd. With Foreign Investment		
其他外商投资企业	Others		
三、按连锁零售业态分组	**by Business Categories**		
便利店	Convenience Store	3	150
折扣店	Discount store		
超　市	Supermarket	27	2438
大型超市	Large supermarket	8	239
仓储会员店	Warehouse club stores		
百货商店	Department store	13	917
专业店	Professional store	105	8785
其中：加油站	In:Gas Station	21	3652
专卖店	Specialty store	5	633
家居建材商店	Home-furnishings store		
厂家直销中心	Factory Outlet Center		
其　他	Others	6	786

Business of chain operation of Wholesale and Retail Trade(2017)

门店总数(个) Number of Stores(unit)		年末零售营业面积(平方米) Operational Area(sq.m)			年末从业人员数(人) Engaged Persons(person)		
直营店 Under Direct Management	加盟店 Through License Arrangement	合　计 Total	直营店 Under Direct Management	加盟店 Through License Arrangement	合　计 Total	直营店 Under Direct Management	加盟店 Through License Arrangement
11923	**2025**	**19157691**	**18932597**	**225094**	**179417**	**172475**	**6942**
3090	593	2134857	2036912	97945	21353	18749	2604
8833	1432	17022834	16895685	127149	158064	153726	4338
11488	1983	18746352	18524618	221734	172780	166126	6654
293		99130	99130		5432	5432	
31	22	192000	180500	11500	707	643	64
79	17	438221	431736	6485	2024	1879	145
3910	475	5011429	4958382	53047	55606	53836	1770
4094	1058	12205125	12072144	132981	90136	86035	4101
3026	309	775349	763328	12021	18626	18065	561
55	102	25098	19398	5700	249	236	13
405		120367	120367		3731	3731	
191		58838	58838		1682	1682	
214		61529	61529		2049	2049	
30	42	290972	287612	3360	2906	2618	288
6		273732	273732		1862	1862	
2		12120	12120		607	607	
22	42	5120	1760	3360	437	149	288
105	45	11430	7830	3600	813	519	294
1988	450	2982496	2928113	54383	44381	42565	1816
239		2686325	2686325		23265	23265	
388	529	5676534	5628069	48465	58545	56916	1629
8628	157	6124067	6112320	11747	37906	37529	377
3652		5291190	5291190		11298	11298	
382	251	31764	22810	8954	1579	1357	222
193	593	1645075	1547130	97945	12928	10324	2604

18-15 续表 1 continued

指 标	Item	连锁门店商品购进额(万元) Total Purchases of chain store(10000 yuan) 合 计 Total	直营店 Under Direct Management	加盟店 Through License Arrangement
总 计	**Total**	**17739243**	**17468982**	**270261**
一、按行业分组	**by Sector**			
批发业	Wholesale Trade	3894062	3838001	56061
零售业	Retail Trade	13845181	13630981	214200
二、按登记注册类型分组	**by Status of Registration**			
内资企业	Domestic Funded Enterprises	17329062	17068360	260702
国有企业	State-owned Enterprises	541123	541123	
集体企业	Collective-owned Enterprises	326905	284975	41930
股份合作企业	Cooperative Enterprises	85483	83666	1817
联营企业	Joint Ownership Enterprises			
有限责任公司	Limited Liability Corporations	5796131	5737736	58394
股份有限公司	Share-holding Corporations Limited	9420792	9323411	97380
私营企业	Private Enterprises	1138204	1077822	60382
其他企业	Other Enterprises	20425	19626	799
港、澳、台商投资企业	Enterprises with Funds from Hong Kong, Macao and Taiwan	163007	163007	
合资经营企业(港或澳、台资)	Joint-ventures Enterprises	72998	72998	
合作经营企业(港或澳、台资)	Cooperative Enterprises			
港、澳、台商独资经营企业	Enterprises with Sole Investment	90009	90009	
港、澳、台商投资股份有限公司	Share-holding Corporations Ltd. With Funds from Hong Kong,Macao and Taiwan			
其他港澳台投资企业	Others			
外商投资企业	Foreign Funded Enterprises	247174	237615	9559
中外合资经营企业	Joint-venture Enterprises	167844	167844	
中外合作经营企业	Cooperation Enterprises	64881	64881	
外资企业	Enterprises with Sole Foreign Funds	14450	4891	9559
外商投资股份有限公司	Share-holding Corporations Ltd. With Foreign Investment			
其他外商投资企业	Others			
三、按连锁零售业态分组	**by Business Categories**			
便利店	Convenience Store	24408	14293	10115
折扣店	Discount store			
超 市	Supermarket	2789360	2730458	58902
大型超市	Large supermarket	2108444	2108444	
仓储会员店	Warehouse club stores			
百货商店	Department store	4783140	4699560	83581
专业店	Professional store	6184804	6176822	7982
其中：加油站	In:Gas Station	3384906	3384906	
专卖店	Specialty store	435888	382267	53621
家居建材商店	Home-furnishings store			
厂家直销中心	Factory Outlet Center			
其 他	Others	1413200	1357139	56061

18-15 续表 2 continued

指　　标	Item	连锁门店商品销售额(万元) Sale Value of chain store(10000 yuan)		
		合 计 Total	直营店 Under Direct Management	加盟店 Through License Arrangement
总　　计	**Total**	**20709388**	**20412456**	**296932**
一、按行业分组	**by Sector**			
批发业	Wholesale Trade	5051885	4978636	73249
零售业	Retail Trade	15657503	15433820	223683
二、按登记注册类型分组	**by Status of Registration**			
内资企业	Domestic Funded Enterprises	20149590	19862983	286607
国有企业	State-owned Enterprises	534568	534568	
集体企业	Collective-owned Enterprises	246907	225000	21907
股份合作企业	Cooperative Enterprises	92059	90056	2003
联营企业	Joint Ownership Enterprises			
有限责任公司	Limited Liability Corporations	6571186	6501104	70081
股份有限公司	Share-holding Corporations Limited	11377649	11264679	112971
私营企业	Private Enterprises	1306266	1227673	78593
其他企业	Other Enterprises	20955	19902	1053
港、澳、台商投资企业	Enterprises with Funds from Hong Kong, Macao and Taiwan	226539	226539	
合资经营企业(港或澳、台资)	Joint-ventures Enterprises	99458	99458	
合作经营企业(港或澳、台资)	Cooperative Enterprises			
港、澳、台商独资经营企业	Enterprises with Sole Investment	127082	127082	
港、澳、台商投资股份有限公司	Share-holding Corporations Ltd. With Funds from Hong Kong,Macao and Taiwan			
其他港澳台投资企业	Others			
外商投资企业	Foreign Funded Enterprises	333259	322934	10325
中外合资经营企业	Joint-venture Enterprises	239533	239533	
中外合作经营企业	Cooperation Enterprises	78118	78118	
外资企业	Enterprises with Sole Foreign Funds	15607	5283	10325
外商投资股份有限公司	Share-holding Corporations Ltd. With Foreign Investment			
其他外商投资企业	Others			
三、按连锁零售业态分组	**by Business Categories**			
便利店	Convenience Store	27036	16306	10730
折扣店	Discount store			
超　市	Supermarket	3179762	3109383	70379
大型超市	Large supermarket	2641069	2641069	
仓储会员店	Warehouse club stores			
百货商店	Department store	5227101	5165442	61660
专业店	Professional store	6476306	6467193	9113
其中：加油站	In:Gas Station	3538762	3538762	
专卖店	Specialty store	595183	523381	71802
家居建材商店	Home-furnishings store			
厂家直销中心	Factory Outlet Center			
其　他	Others	2562933	2489684	73249

18-16 住宿和餐饮业连锁经营情况(2017年)

指 标 名 称	Indicator	连锁总店或总部数(个) Number of chain head stores (unit)	门店总数(个) Number of Stores (unit)
总 计	**Total**	**20**	**750**
一、按行业分组	**by Sector**		
住宿业	Hotel Services	3	104
餐饮业	Catering Services	17	646
二、按登记注册类型分组	**by Status of Registration**		
内资企业	Domestic Funded Enterprises	17	393
国有企业	State-owned Enterprises	1	39
集体企业	Collective-owned Enterprises		
股份合作企业	Cooperative Enterprises		
联营企业	Joint Ownership Enterprises		
有限责任公司	Limited Liability Corporations	8	216
股份有限公司	Share-holding Corporations Limited	1	29
私营企业	Private Enterprises	7	109
其他企业	Other Enterprises		
港、澳、台商投资企业	Enterprises with Funds from Hong Kong, Macao and Taiwan	2	89
合资经营企业(港或澳、台资)	Joint-ventures Enterprises		
合作经营企业(港或澳、台资)	Cooperative Enterprises		
港、澳、台商独资经营企业	Enterprises with Sole Investment	2	89
港、澳、台商投资股份有限公司	Share-holding Corporations Ltd. With Funds from Hong Kong, Macao and Taiwan		
其他港澳台投资企业	Others		
外商投资企业	Foreign Funded Enterprises	1	268
中外合资经营企业	Joint-venture Enterprises		
中外合作经营企业	Cooperation Enterprises		
外资企业	Enterprises with Sole Foreign Funds	1	268
外商投资股份有限公司	Share-holding Corporations Ltd. With Foreign Investment		
其他外商投资企业	Others		

Business of chain operation of Hotels and Catering Services(2017)

直营店 Under Direct Management	年末从业人员(人) Engaged Persons (person)	直营店 Under Direct Management	年末餐饮营业面积(平方米) Operational Area (sq.m)	直营店 Under Direct Management	客房数(间) Number of rooms (room)	直营店 Under Direct Management	床位数(个) Number of Beds (unit)	直营店 Under Direct Management
673	**22128**	**19693**	**389639**	**369309**	**16311**	**16311**	**24249**	**24249**
104	2591	2591	9100	9100	10482	10482	15520	15520
569	19537	17102	380539	360209	5829	5829	8729	8729
316	16403	13968	300821	280491	16311	16311	24249	24249
39	765	765	11025	11025				
216	3770	3770	36747	36747	9942	9942	14670	14670
29	8916	8916	217087	217087	5829	5829	8729	8729
32	2952	517	35962	15632	540	540	850	850
89	943	943	24990	24990				
89	943	943	24990	24990				
268	4782	4782	63828	63828				
268	4782	4782	63828	63828				

18-16 续表

指标名称	Indicator	餐位数（位）Number of Diningseats (unit)	直营店 Under Direct Management
总　计	**Total**	**95447**	**89181**
一、按行业分组	**by Sector**		
住宿业	Hotel Services	5332	5332
餐饮业	Catering Services	90115	83849
二、按登记注册类型分组	**by Status of Registration**		
内资企业	Domestic Funded Enterprises	53447	47181
国有企业	State-owned Enterprises	3576	3576
集体企业	Collective-owned Enterprises		
股份合作企业	Cooperative Enterprises		
联营企业	Joint Ownership Enterprises		
有限责任公司	Limited Liability Corporations	16306	16306
股份有限公司	Share-holding Corporations Limited	25163	25163
私营企业	Private Enterprises	8402	2136
其他企业	Other Enterprises		
港、澳、台商投资企业	Enterprises with Funds from Hong Kong,Macao and Taiwan	6344	6344
合资经营企业(港或澳、台资)	Joint-ventures Enterprises		
合作经营企业(港或澳、台资)	Cooperative Enterprises		
港、澳、台商独资经营企业	Enterprises with Sole Investment	6344	6344
港、澳、台商投资股份有限公司	Share-holding Corporations Ltd. With Funds from Hong Kong, Macao and Taiwan		
其他港澳台投资企业	Others		
外商投资企业	Foreign Funded Enterprises	35656	35656
中外合资经营企业	Joint-venture Enterprises		
中外合作经营企业	Cooperation Enterprises		
外资企业	Enterprises with Sole Foreign Funds	35656	35656
外商投资股份有限公司	Share-holding Corporations Ltd. With Foreign Investment		
其他外商投资企业	Others		

continued

连锁门店商品购进额(万元) Total Purchases of chain store (10000 yuan)	直营店 Under Direct Management	统一配送商品购进额 Centralized Purchases and Delivery	连锁门店营业额(万元) Bussiness Revenue of chain store (10000 yuan)	直营店 Under Direct Management	餐费收入 From Meals	直营 Under Direct Management
167701	**153989**	**142972**	**583483**	**546946**	**441333**	**404826**
142	142	24	46539	46539	1893	1893
167559	153847	142948	536944	500407	439439	402933
58793	45081	42171	342442	305905	201683	165176
3782	3782	3593	9955	9955	9335	9335
12657	12657	10169	71296	71296	29429	29429
26592	26592	15168	216147	216147	121279	121279
15762	2050	13241	45044	8508	41640	5134
11954	11954	3847	41884	41884	40493	40493
11954	11954	3847	41884	41884	40493	40493
96955	96955	96955	199157	199157	199157	199157
96955	96955	96955	199157	199157	199157	199157

18-17 主要年份社会消费品零售总额
Retail Sale of Consumer Goods in Major Years

单位:亿元 (100 million yuan)

年份 Year	社会消费品零售总额 Retail Sale of Consumer Goods	按所在地分 by Location			按行业分 by Sector				
		市 City	县 County	县以下 Under County Level	批发和零售业 Wholesale and Retail Trades	住宿和餐饮业 Hotels and Catering Services	制造业 Manufacturing	农业生产者 Agricultural Producers	其他行业 Other Sectors
1949	6.23				3.92	0.63	1.68		
1952	19.01				13.23	1.92	3.21	0.53	0.12
1957	26.00				21.86	1.08	2.19	0.51	0.45
1962	30.49				25.39	1.37	1.98	1.60	0.15
1965	33.85				29.92	1.83	1.35	0.60	0.15
1970	40.94				36.53	1.37	1.87	0.95	0.22
1975	60.32				51.98	2.72	2.85	1.54	1.22
1978	79.73	23.39	21.14	35.19	68.40	3.65	4.57	2.34	0.77
1979	92.22	27.46	23.10	41.66	78.38	4.25	6.09	2.64	0.86
1980	114.01	32.36	27.78	53.86	94.61	5.03	10.00	3.38	0.99
1981	131.47	35.84	34.40	61.23	107.10	5.82	13.42	3.53	1.60
1982	141.48	41.63	34.22	65.64	112.90	7.64	14.12	4.82	2.00
1983	162.14	47.85	37.49	76.80	127.67	9.83	16.93	5.16	2.55
1984	189.08	66.58	37.98	84.52	147.25	11.23	20.57	6.16	3.87
1985	227.03	84.16	46.50	96.38	173.62	13.86	25.27	8.94	5.34
1986	261.64	96.22	54.18	111.25	194.85	15.48	31.38	12.32	7.61
1987	300.69	119.11	58.69	122.89	217.34	18.16	41.14	14.91	9.14
1988	392.37	164.12	73.40	154.85	287.09	22.88	49.85	20.50	12.05
1989	430.74	199.91	72.75	158.09	315.80	23.93	49.86	26.34	14.81
1990	460.13	218.97	79.19	161.96	338.02	25.07	50.24	30.41	16.38
1991	536.03	263.90	86.76	185.36	392.19	30.67	59.41	35.48	18.28
1992	653.23	336.37	99.77	217.08	471.87	37.56	77.87	44.17	21.76
1993	884.71	481.28	124.74	278.69	617.53	53.08	125.63	68.12	20.35
1994	1210.08	670.38	171.83	367.87	813.17	87.13	142.79	113.75	53.24
1995	1583.96	921.86	177.40	484.70	1024.82	129.88	194.83	158.40	76.03
1996	1916.51	1134.57	195.48	586.46	1226.57	168.65	243.40	176.32	101.57
1997	2237.83	1378.50	219.31	640.02	1425.50	194.69	279.73	232.73	105.18
1998	2564.54	1572.06	246.20	746.28	1600.27	238.50	328.26	271.84	125.67
1999	2872.82	1763.91	275.79	833.12	1807.00	281.54	344.74	304.52	135.02
2000	3264.05	2017.18	313.35	933.52	2075.94	339.46	359.05	332.93	156.67
2001	3634.60	2253.45	352.56	1028.59	2340.68	399.81	363.46	356.19	174.46
2002	4078.02	2577.31	379.26	1121.45	2691.49	477.13	358.87	362.94	187.59
2003	4644.86	2977.36	469.13	1198.37	3836.66	585.25			222.95
2004	5290.50	3320.64	588.76	1381.10	4444.04	661.06			185.40
2005	6166.94	3890.93	687.50	1588.51	5173.89	776.51			216.54
2006	7217.13	4593.55	804.90	1818.68	6044.60	925.47			247.06
2007	8607.45	5488.52	971.12	2147.81	7205.96	1123.47			278.02
2008	10658.76	6766.32	1240.07	2652.37	9314.97	1063.78			280.00
2009	12362.97	8038.46	1437.80	2886.71	10348.40	1673.61			340.96
2010	14620.30								
2011	17155.49								
2012	19651.94								
2013	22294.84								
2014	25111.53								
2015	27761.41								
2016	30645.76								
2017	33649.04								

注：2005－2008年社会消费品零售总额及分组数据，根据国家统一办法，依据第二次经济普查数据进行了调整。自2010年，社会消费品零售总额分组重新调整。

a)According to national regulation,data in this table from 2005 to 2008 are modified on the second national economic census.Since 2010,the group of Retail Sale of Consumer Goods has been adjusted.

18-18 各市社会消费品零售总额(2017年)

Retail Sale of Consumer Goods by Region(2017)

地 区	Region	绝对额（亿元）Amount (100 million yuan)					比上年增长（%）Growth Rate (%)				
		社会消费品零售总额 Total Retail Sales of Consumer Goods	按经营地分 by Operation Place		按消费形态分 by Consumption Pattern		社会消费品零售总额 Total Retail Sales of Consumer Goods	按经营地分 by Operation Place		按消费形态分 by Consumption pattern	
			城镇 Urban	乡村 Rural	商品零售 Retail Sales	餐饮收入 Catering Income		城镇 Urban	乡村 Rural	商品零售 Retail Sales	餐饮收入 Catering Income
全省总计	**Total**	**33649.04**	**26814.48**	**6834.56**	**30046.42**	**3602.62**	**9.8**	**9.7**	**10.3**	**9.7**	**10.5**
济南市	Jinan	4146.15	3766.33	379.82	3498.69	647.46	10.1	10.2	9.8	10.2	10.0
青岛市	Qingdao	4541.01	3786.11	754.90	3994.33	546.68	10.6	10.2	12.9	10.7	10.2
淄博市	Zibo	2373.98	1992.81	381.17	2029.58	344.40	10.2	10.1	10.4	9.7	13.1
枣庄市	Zaozhuang	982.14	734.36	247.78	862.00	120.14	10.1	9.6	11.3	9.9	11.1
东营市	Dongying	862.29	720.99	141.30	774.92	87.37	9.2	8.5	13.0	9.2	9.1
烟台市	Yantai	3273.08	2586.97	686.11	2998.78	274.30	10.0	9.6	11.5	9.7	13.5
潍坊市	Weifang	2737.92	1776.49	961.43	2463.50	274.42	8.9	7.2	12.1	8.4	13.0
济宁市	Jining	2259.19	1790.90	468.29	1998.97	260.22	9.0	8.2	11.6	8.6	12.5
泰安市	Tai'an	1608.31	1417.34	190.97	1412.77	195.54	10.0	10.0	9.9	9.0	17.6
威海市	Weihai	1607.94	1323.41	284.53	1434.74	173.20	10.4	10.4	10.1	10.4	10.2
日照市	Rizhao	720.29	580.09	140.20	661.34	58.95	9.1	8.9	10.2	8.9	11.7
莱芜市	Laiwu	380.00	306.50	73.50	345.70	34.30	9.3	8.9	10.8	9.3	9.2
临沂市	Linyi	2721.64	2274.49	447.15	2594.16	127.48	9.4	7.6	19.5	9.3	11.0
德州市	Dezhou	1537.12	1418.62	118.50	1367.40	169.72	10.2	9.9	13.5	10.0	11.4
聊城市	Liaocheng	1278.83	977.31	301.52	1113.08	165.75	9.0	8.7	10.0	8.8	10.3
滨州市	Binzhou	968.71	661.54	307.17	851.62	117.09	8.9	8.8	9.0	8.8	9.7
菏泽市	Heze	1650.45	1357.62	292.83	1485.01	165.44	9.8	9.8	10.0	9.6	12.1

主要统计指标解释

社会消费品零售总额 指企业（单位、个体户）通过交易直接售给个人、社会集团非生产、非经营用的实物商品金额，以及提供餐饮服务所取得的收入金额。个人包括城乡居民和入境人员，社会集团包括机关、社会团体、部队、学校、企事业单位、居委会或村委会等。

商品购进额 指从本企业以外的单位和个人购进（包括从国外直接进口）作为转卖或加工后转卖的商品金额（含增值税）。本指标反映批发和零售业从国内外市场上购进商品的总价。

商品购进包括：(1) 从工农业生产者、批发和零售业企业、住宿和餐饮业企业、出版社或报社的出版发行部门和其他服务业企业购进的商品；(2) 从机关团体、事业单位购进的商品；(3) 从海关、市场管理部门购进的缉私和没收的商品；(4) 从居民收购的废旧商品等。

不包括：(1) 企业为本单位自身经营用，不是作为转卖而购进的商品，如材料物资、包装物、低值易耗品、办公用品等；(2) 未通过买卖行为而收入的商品，如接受其他部门移交的商品、借入的商品、收入代其他单位保管的商品、其他单位赠送的样品、加工回收的成品等；(3) 经本单位介绍，由买卖双方直接结算，本单位只收取手续费的业务；(4) 销售退回和买方拒付货款的商品；(5) 商品溢余。

商品销售额 指对本单位以外的单位和个人出售的商品金额（包括售给本单位消费用的商品，含增值税），在批发和零售业中，本指标反映在国内市场上销售商品以及出口商品的总价。

商品销售包括：(1) 售给城乡居民和社会集团消费用的商品；(2) 售给农业、工业、建筑业、服务业等国民经济各行业用于生产、经营用的商品，包括售予批发和零售业作为转卖或加工后转卖的商品；(3) 对国（境）外直接出口的商品。

商品销售不包括：(1) 未通过买卖行为付出的商品，如随机构变动移交给其他企业单位的商品、借出的商品、归还受其他单位委托代保管的商品、付出的加工原料和赠送给其他单位的样品等；(2) 经本单位介绍，由买卖双方直接结算，本单位只收取手续费的业务；(3) 购货退回的商品；(4) 商品损耗和损失；(5) 出售本单位自用的废旧物资。

商品库存额 对于批发和零售业法人单位和个体经营户，是指报告期末取得所有权的全部商品金额（含增值税）；对于批发和零售业产业活动单位，是指报告期末实际在库且归属法人具有所有权的全部商品金额（含增值税）。这个指标反映批发和零售业的商品库存情况，以及对市场商品供应的保证程度。

库存商品包括：(1) 存放在本单位（如门市部、批发站、采购站、经营处）的仓库、货场、货柜和货架中的商品；(2) 挑选、整理、包装中的商品；(3) 已记入购进而尚未运到本单位的商品，即发货单或银行承兑凭证已到而货未到的商品；(4) 寄放他处的商品，如因购货方拒绝付款而暂时存在购货方的商品；(5) 委托其他单位代销（未作销售或调出）尚未售出的商品；(6) 代其他单位购进尚未交付的商品。

库存商品不包括：(1) 所有权不属于本单位的商品，如商品已作销售但买方尚未取走的商品，代替他人保管、运输、加工的商品，代其他单位销售（未做购进或调入）而未售出的商品；(2) 委托外单位加工的商品（包括本单位所属加工厂和其他生产单位加工生产尚未收回成品的商品）；(3) 外贸企业代理其他单位从国外进口，尚未付给订货单位的商品；(4) 代国家储备部门保管的商品。

库存商品金额可以采用进价或售价进行核算。采用进价核算的商品，应按商品进货原则（或实际采购成本）计算期末库存；采用售价核算的商品，应按商品的售价计算期末库存。购入的商品，在商品到达验收入库后计算期末库存（对已记入购进尚未运到的商品，也可计算期末库存）；对于月终尚未开出承兑商业汇票的入库商品，按应付给供货单位的价款暂估计算期末库存；年度终了，凡已转入库存和已作销售的进口商品，属于国外以离岸价格成交、有应付未付国外运保费的，应先估计期末库存，委托其他单位代销的商品包括在期末库存中；委托外单位加工的商品，在发出商品时作减少期末库存，当加工商品收回时增加期末库存（包括商品进货原价、加工费用、加工税金等）。

营业额 指住宿和餐饮业单位在经营活动中因提供服务或销售商品等取得的全部收入，包括：客房收入、餐费收入、商品销售额（含增值税）和其他收入。不包括法人企业附营的其他行业产业活动单位的餐费收入、商品销售收入等各项收入。

客房收入 指住宿和餐饮业单位在经营活动中因提供住宿服务取得的收入。不包括法人企业附营的其他行业产业活动单位的客房收入。

餐费收入 指本单位为顾客提供就餐服务取得的收入。包括：经烹饪、调制加工后出售的各种食品，如主食、炒菜、凉拌菜等的收入。不包括法人企业附营的其他行业产业活动单位的餐费收入。

亿元商品交易市场成交额 指年成交额达到亿元以上，经工商部门批准、专门从事商品批发、零售业务活动的市场。其市场所有摊位成交总额称为商品交易市场成交额。

连锁企业（或称连锁店、连锁公司） 指在核心企业或总店的领导下，由分散的、经营同类商品或服务的企业或活动单位，采取共同方针，实行集中采购和分散销售的有机结合，通过规范化经营，实现规模效益的经济联合组织形式。一般连锁店应由若干个分店组成。其经营特征：(1)经营同类商品；(2)使用统一商号；(3)统一采购配送，采购与销售相分离（部分商品可根据物流合理和保质保鲜原则，由供应商直接送货到门店，其余均由总部统一配送）。

连锁门店包括下列三种形式：

直营连锁：也叫正规连锁。连锁门店均由总部独资或控股开设，在总部的直接领导下统一经营。总部采取纵深似的管理方式，直接下令掌管所有的零售门店，零售门店也必须完全接受总部指挥。他是大型垄断商业资本通过吞并、兼并或独资、控股等途径，发展壮大自身实力和规模的一种形式。

特许连锁：各连锁门店（被特许人）通过合同形式，取得使用总部（特许人）商标、商号、经营技术和销售总部开发的商品的特许权，各加盟连锁门店为独立法人，在总部指导下统一经营。

自由连锁：也称自愿连锁。连锁公司的门店均为独立法人，各自的资产所有权关系不变，在公司总部的指导下共同经营。各成员店使用共同的店名，与总部订阅有关购、销、宣传等方面的合同，并按合同开展经营活动。在合同规定的范围之外，各成员店可以自由活动。根据自愿原则，各成员店可自由加入连锁体系，也可自由退出。

特许连锁加上自由连锁等于加盟连锁。

Explanatory Notes on Main Statistical Indicators

Total Retail Sales of Consumer Goods refers to the amount obtained by enterprises (units, self-employed individuals) through direct sales of non-production and non-business physical commodity to individuals, social institutions, and revenue from providing catering services. Individuals include rural and urban households, population from abroad, social institutions include government agencies, social organizations, military units, schools, institutions, neighbourhood (village) committees.

Total Purchases of Commodities refers to the total value of purchases of commodities by the enterprises (establishments) from other establishments or individuals (including direct import from abroad) for the purpose of re-selling, either with or without further processing of the commodities purchased (including VAT). This indicator is used to show the total value of purchases of commodities by wholesale and retail establishments from domestic and overseas markets. The commodities include: (1) commodities purchased from agricultural and industrial producer, wholesaler, retailer, publishing house and other service business; (2) commodities purchased from institutions and government departments; (3) confiscated goods purchased from customs authorities or market management agencies; (4) second-hand goods and wastes purchased from residents. The commodities exclude: (1)commodities purchased by enterprises (establishments) for use in their own business operation, commodities obtained without buying or selling procedures, such as material supplies, packing materials, low-value consumption goods, office supplies, etc.; (2)received goods without trading, such as goods handed over from others, borrowed goods, preserved goods for others, donated goods from others, processed and retrieved goods, etc.; (3)goods of direct settlement between buyer and seller with handling fees introduced by others; (4)goods returned or refused to pay by the buyer; (5)excessive goods.

Total Sales of Commodities refers to value of commodities sold by the establishments to other establishments and individuals (including commodities sold to the establishments for consumption, including VAT). This indicator is used to show the total value of sales of commodities at domestic markets and export.

The commodities includes: (1) commodities sold to urban and rural residents and social groups for their consumption; (2) commodities sold to establishments in agriculture, industry, construction, service and various sectors of national economy for their production and operation, including commodities sold to wholesale and retail establishments for re-selling with or without further processing; (3) commodities for directing export to other countries.

The commodities excludes: (1) extended commodities without trading, such as goods handed over to other enterprises and institutions because of the change of organizations, lent goods, return goods preserved for others, extended processing materials and samples donated to others; (2) goods of direct settlement between buyer and seller with handling fees introduced by others; (3) goods returned after purchase; (4) damaged and spoiled goods; (5) waste and used goods of self use.

Total Stock of Commodities refers to total (including VAT) of commodities possessed at the end of the reference period, for the legal entities and self-employed individuals engaged in wholesale and retail trade; and for the wholesale and retail establishments, it refers to the value (including VAT) of all commodities actually in stock and owned by their legal persons at the end of the reference period.

The commodity in stock includes: (1) commodities located in storages, garages, counters, and shelves of operating places of wholesale and retailed trades (such as sale stores, wholesale centers, procurement stations and operating offices); (2) commodities in the process of being selected, sorted, and packed; (3) commodities not arrived but recorded as purchase in the account, i.e., commodities not arrived but payment receipts for the commodities from the sellers or the banks arrived; (4) commodities deposited in other places rather than places mentioned above, for instance: commodities in the hold of purchasers temporarily due to the refusal of payment; (5) commodities entrusted to other units to sell but not sold yet; (6) commodities purchased for other units but not delivered yet.

The commodity in stock excludes: (1) commodities not owned by the enterprises (units), as a commodity for sale but the buyer has not removed the goods, instead of others for safekeeping and transportation and processing of goods, and other units sales (not purchased or transferred) and unsold goods; (2) commissioned by the processing of goods (including the production of goods that have not been recovered by the processing plant and other production units of the unit); (3) foreign trade enterprises and other units from foreign imports, has not been paid to the order of the unit of goods; (4) goods for the preservation of National Reserve。

The amount of inventory goods can be calculated using the purchase price or the selling price. In order to calculate the ending stocks at purchase price, the principle of accounting on the basis of actual purchase cost should be adopted; and to calculated the ending stocks at selling price, the principle of accounting on the basis of selling price adopted. Goods purchased should be calculated when they are delivered, checked and put in storage (for the goods purchase but not delivered, they are also included in the ending stocks). For the goods in storage and without commercial acceptance, the ending stocks are calculated at the price provided by the suppliers; at the end of the year, all the imported goods in storage or sold, which are transacted at F.O.B. prices and have not been paid the premiums payable, should be calculated as ending stocks, including the goods entrusted other units to sell. When the goods entrusted other units to manufacture are delivered, the ending stocks should be reduced; when it delivered back, the ending stocks increased (including purchase price, processing cost, processing taxes, etc.).

Business Revenue refers to the total income that the hotels and catering services enterprise received from providing services or selling commodities through business activities, including income from hotels, catering services, selling of commodities (including VAT) and other services. It excludes the income provided by the industrial units in other industries of this corporate enterprise.

Income from hotel rooms refers to the income of hotel and catering services provided by the enterprise in the hotel and catering service industry. It excludes the room income provided by the industrial units in other industries of this corporate enterprise.

Income from catering services refers to the income that the enterprise received by providing catering services, including selling of cooked or prepared foods, such as stable food, cooked dishes or cold dishes. It excludes the income provided by the industrial units in other industries of this corporate enterprise.

Volume of Transaction at Large Commodity Markets (with transaction value over 100 million yuan) refers to markets approved by the industrial and commercial administration departments, which specialize in wholesale and retail of commodities with an annual transaction of over 100 million yuan. The sum of sales of all sellers in the markets makes up the transaction value of the markets.

Chain Enterprise (also called chain stores or chain corporations) refers to a form of joint economic entities under which scattered enterprises or establishments engaged in providing homogeneous commodities or services, with the central leadership of core enterprise or headquarters and guided by common policies, conduct centralized purchase and distributed selling of commodities, in order to gain better efficiency through standardized operation. Consisting of a number of branch stores, the chain stores have in general the following features: 1) homogeneous commodities, 2) unique name of stores, 3) centralized purchase and delivery which is separated from distributed selling operation (most commodities are delivered from the headquarters except some items which, from logistics, quality or freshness considerations, might be delivered by the suppliers directly).

Chain stores have 3 categories:

a) Chain stores under direct management: These are formal chain stores invested or controlled by the headquarters. They operate under the direct and unified management from the headquarters. Adopting a direct management approach, the headquarters give orders and control all retail stores, which follow completely the directives from the headquarters. Large monopolized commercial companies develop and expand their business through purchasing, merging, direct investment and controlling of shares.

b) Chain stores through special permit: Through contracts, chain stores (or their owners) obtain licenses from the headquarters to use designated trade marks, names, operation know how, and to sell the commodity developed by the headquarters. Under this arrangement, each store in the chain is an independent legal entity and operates under the guidance from the headquarters.

c) Chain stores through voluntary arrangement: Under this arrangement, all stores operate together under the guidance of the headquarters, while maintaining their status of independent legal entities with full ownership of their assets. They use the same store name, sign contracts with the headquarters concerning purchase, sale, publicity, etc. and operate under the contract. They are free to engage in other activities which are not bounded in the contract. They could join or leave the chain on voluntary basis.

Chain stores through special permit and those through voluntary arrangement make up chain stores through license arrangement.

第
19
篇

教育和科技

Education, Science and Technology

简 要 说 明

一、本篇资料的主要内容

本篇资料反映了全省教育和科技事业基本情况。教育部分主要包括高等教育、中等教育、初等教育、成人高等教育、职业教育、幼儿园等方面基本情况；科技部分主要包括科技成果、专利、规模以上工业科技活动和全社会科技活动情况；

二、本篇资料的来源

1.教育部分中，技工学校的资料来源于省人力资源和社会保障

厅规划财务处，其他资料来源于省教育厅发展规划处。

2.科技部分中，科技成果资料来源于省科学技术厅，专利资料来源于省知识产权局，规模以上工业企业科技活动和全社会科技活动资料来源于省统计局统计年报。

本篇资料由省统计局社科处整理提供。

Brief Introduction

I. Content

Data in this chapter show the basic conditions of education and technology. Data on education show the development of higher education, secondary education, primary education, vocational education and kindergartens. Data on technology show the basic conditions of scientific and technological achievements and prizes, number of patent applications examined and granted, scientific and technological activities of industrial enterprises above designate size and basic conditions of R&D institutions.

II. Source of Data

(1)Data on the basic conditions of technical schools are provided by the Planning and Finance Division of Shandong Human Resources and Social Security Department and other data on education are provided by the Planning and Finance Division of Shandong Provincial Education Department.

(2)Data on scientific and technological are provided by Department of Science and Technology of Shandong Province. Data on patents are provided by Shandong Provincial Intellectual Property Office. Data on scientific and technological activities come from the annual report of scientific and technological activities, which is provided by Shandong Provincial Bureau of Statistics.

Data in this chapter are provided and compiled by the Division of Social, Science and Technology Statistics of Shandong Provincial Bureau of Statistics.

19-1 各级各类学校基本情况(2017年)
Basic Statistics on Education Institutions(2017)

项目	Item	学校数(所) Number of Schools (unit)	招生数(人) New Enrollment (person)	在校学生数(人) Total Enrol-lment (person)	毕业生数(人) Graduates (person)	教职工数(人) Teachers and Staff (person)	#专任教师 Full-time Teachers
高等教育	**Higher Education**						
研究生培养机构	Institutions Providing Postgraduate Programs	33	35564	91908	24755		
普通高校	Regular Institutions of Higher Education	30	35510	91754	24704		
科研机构	Research Institutions	3	54	154	51		
普通高等学校	Regular Institutions of Higher Education	145	612660	2015345	571220	154311	110807
本科院校	Universities with Full Undergraduate Courses	67	354200	1266824	333048	104339	73489
#独立学院	Non-university Tertiary	11	29603	93690	25078	6445	4714
专科(高职)院校	Colleges with Specialized Courses	78	258460	747806	237868	49972	37318
#高等职业学校	Vocational and Technical Colleges	72	237730	687088	217780	46155	34493
成人高等教育	Institutions of Higher Education for Adult	11	157559	375102	279185	1580	1048
民办的其他高等教育机构	Other Private Institutions of Higher Education	65				2256	1308
中等教育	**Secondary Education**						
高中阶段教育	Senior Secondary Education						
普通高中	Regular Senior Secondary Schools	592	550056	1654861	553774	169272	134446
中等职业学校	Vocational Secondary Education	401	261190	793357	248347	60408	48659
技工学校	Technical Schools	194	129109	332634	103815	29294	22565
初中阶段教育	Junior Secondary Education						
普通初中	Regular Junior Secondary Schools	2968	1093836	3293601	960401	332732	275893
初等教育	**Primary Education**						
普通小学	Regular Primary Schools	9738	1269806	7084730	1109648	391838	421877
特殊教育学校	**Special Education**	**147**	**5375**	**28501**	**4044**	**5980**	**5183**
学前教育	**Pre-school Education**	**19020**	**1051902**	**2772719**	**1005427**	**257367**	**173948**

注：1、研究生机构的学生数据为硕士研究生和博士研究生数据；2、普通高等学校的学生数据为普通本专科学生数据，按学校类型归类；3、成人高等教育学生数含普通高校开展的成人高等教育学生数。

a)Data on students of Institutions Providing Postgraduate Programs refers to graduate students and doctoral students.

b)Data on students of Regular Institutions of Higher Education refers to undergraduats.

c)Data on students of Higher Adult Education including those in both Institutions of Higher Education for Adult and Regular Institutions of Higher Education.

19-2 主要年份普通高等教育基本情况
Basic Statistics on Higher Education in Major Years

年 份 Year	学校数 (所) Number of Schools (unit)	招生数 (人) New Enrollment (person)	在校学生数 (人) Total Enrollment (person)	毕业生数 (人) Graduates (person)	教职工数 (人) Teachers and Staff (person)	#专任教师 Full-time Teachers
1949	7	1405	3969	70	1908	484
1952	7	2777	6753	1703	3684	1024
1955	7	3280	8915	1825	3397	1471
1957	7	3122	12532	1686	4518	2114
1962	26	3496	26001	7148	10144	4318
1965	16	5621	22164	6102	9156	3898
1970	16			9162	10185	4526
1975	21	7366	17582	6033	13858	5601
1976	22	8896	21340	6072	15035	5941
1977	27	13192	25735	7203	17712	7028
1978	34	19712	38390	7015	20202	7855
1979	35	12856	44771	5364	23544	9478
1980	35	14402	51427	7684	26130	10347
1981	37	14160	59645	6311	27512	10379
1982	37	15765	51794	23993	30381	12065
1983	41	19827	55276	16806	31535	12943
1984	47	24862	66429	13563	33591	13919
1985	49	32745	83567	16159	36383	14974
1986	49	30211	92422	21183	39009	15951
1987	50	32972	95891	29428	41620	16716
1988	50	35714	101281	30869	43990	17585
1989	51	34308	103928	31766	46037	18162
1990	49	35023	105822	33104	46704	18377
1991	49	36067	107093	34500	46839	17825
1992	51	57878	130188	34994	47483	18059
1993	51	57918	151758	33935	48156	18405
1994	49	55036	156639	50457	49537	19460
1995	49	55611	160398	52083	50829	19932
1996	49	56544	169184	47835	51490	20079
1997	48	56950	175920	50141	50374	20414
1998	49	62994	187473	51477	50261	20581
1999	52	82410	213679	49612	49624	21252
2000	58	124817	303826	49687	54910	24764
2001	65	183553	449360	69583	64362	30902
2002	75	218719	583601	94697	72408	37412
2003	85	273894	761417	117253	84391	45457
2004	97	327452	946124	166959	93653	53847
2005	104	400573	1171284	224611	109920	64636
2006	109	445034	1338122	268384	121167	74676
2007	111	453479	1440378	355735	128761	81889
2008	114	514176	1534009	411143	134072	87432
2009	128	501082	1592974	431598	136753	89734
2010	133	495722	1631373	444003	139100	91413
2011	139	497292	1645589	472882	142698	94621
2012	137	498621	1658490	474266	142370	96058
2013	140	527539	1698545	475858	142240	98685
2014	142	580763	1796665	464076	143939	101380
2015	143	595646	1900612	474195	147035	104724
2016	144	624408	1995880	509142	150345	107748
2017	145	612660	2015345	571220	154311	110807

注:普通高等教育学生数据为普通本专科数据，含部分成人高校举办的高职班。

a)Data on higher education student is about normal university and technological university, with some held in adult colleges of higher vocational education.

19-3 主要年份中等专业教育基本情况
Basic Statistics on Vocational Secondary Education in Major Years

年 份 Year	学校数 (所) Number of Schools (unit)	招生数 (人) New Enrollment (person)	毕业生数 (人) Graduates (person)	在校学生数 (人) Total Enrollment (person)	教职工数 (人) Teachers and Staff (person)	#专任教师 Full-time Teachers
1949	34	4784	1778	13738	1207	441
1950	48	7734	4292	14206	1663	709
1951	80	11179	4855	21918	3372	1307
1952	171	33756	5223	50175	6845	2744
1953	76	8478	23488	33516	4916	1812
1954	69	9478	9812	32458	4509	1807
1955	58	7738	11553	25336	3707	1477
1956	90	30047	9403	45706	6522	2573
1957	86	7972	12089	40738	6112	2742
1958	394	106779	15584	129494	8704	4537
1959	487	58777	21286	110617	11394	4955
1960	474	79722	32699	143184	15798	7893
1961	198	10395	22687	65735	12433	6008
1962	85	585	16909	23599	6072	2797
1963	79	9685	13814	18942	5883	3312
1964	94	15282	6751	27420	6086	2769
1965	275	35768	2242	72974	9197	4850
1966	158	2831	3403	50097	9128	4310
1967	160	2810	11544	41288	9159	4388
1968	155	11861	28731	24411	9461	4328
1969	128	2107	10537	15956	8410	3942
1970	126	2648	12356	6238	8121	3997
1971	135	18497	11758	12823	7776	5403
1972	140	9746	1313	11581	8756	3773
1973	122	16377	1980	25717	8366	3771
1974	129	18963	9440	34035	10175	4434
1975	144	21442	15786	40798	11378	5038
1976	178	23328	19908	44345	13296	5522
1977	176	23195	29665	33142	14004	5649
1978	189	25961	9006	49466	14814	6158
1979	195	26574	2882	75484	16080	6792
1980	203	28137	35212	68593	17617	7898
1981	165	27797	32661	63864	18563	8115
1982	174	29235	26782	66640	20482	9204
1983	179	31570	21413	77601	21503	9775
1984	188	33597	27166	84125	22539	10184
1985	208	45163	30024	100176	24511	11333
1986	227	44130	31422	114039	27320	12807
1987	214	40120	36247	103128	26820	12846
1988	225	44606	33551	114168	28985	14522
1989	230	48407	28370	134515	29314	14719
1990	236	48634	35423	148504	31634	16000
1991	240	52092	45259	155092	31842	15617
1992	234	55353	52088	158309	32857	15972
1993	241	77875	51360	185062	34354	16769
1994	243	89643	50801	222551	35066	17526
1995	244	95442	58680	258801	36084	18211
1996	255	105468	78496	289827	38030	19898
1997	252	112348	90545	311161	38458	20291
1998	254	114956	99483	327031	39160	20949
1999	251	122331	106740	344062	39274	21311
2000	243	93493	103629	333184	37241	20409
2001	200	92215	110827	310508	28002	15607
2002	165	115941	111333	314135	27005	15369
2003	154	94625	64046	256655	23630	13761
2004	145	87889	65953	260276	21621	12771
2005	134	86044	75076	257161	20406	12193
2006	130	90432	79902	264456	20563	12634
2007	135	98634	92275	283231	20985	13223
2008	130	93217	83077	271905	20308	13224
2009	124	99212	88355	271993	19981	13093

19-4 主要年份普通中学基本情况
Basic Statistics on Senior and Junior Secondary Education in Major Years

年 份 Year	学校数 (所) Number of Schools (unit)	招生数 (万人) New Enrollment (10 000 persons)	毕业生数 (万人) Graduates (10 000 persons)	在校学生数 (万人) Total Enrollment (10 000 persons)	教职工数 (人) Teachers and Staff (person)	#专任教师 Full-time Teachers
1949	66	1.08	0.34	3.89	3431	1585
1952	189	6.12	0.99	10.44	10170	4507
1955	218	6.74	5.08	17.51	14778	6756
1957	1004	17.64	6.20	33.99	24369	14054
1962	1247	15.04	12.77	43.21	37062	21542
1965	6166	34.06	11.67	80.74	53914	37339
1970	13938	103.39	58.50	188.13	122751	100261
1975	14621	172.20	113.98	305.11	200906	161092
1976	19822	263.31	127.48	437.85	275864	228657
1977	20171	260.62	161.35	522.33	330445	277784
1978	17361	210.68	218.75	478.22	318128	264663
1979	16322	176.14	192.39	418.22	304551	246035
1980	14646	144.10	107.90	407.91	309538	247920
1981	12974	125.17	117.55	361.45	296240	233102
1982	11160	119.41	106.37	328.57	271664	212707
1983	9971	112.21	86.35	315.39	256926	200957
1984	9175	115.88	85.31	334.42	257968	201521
1985	9038	123.80	96.87	356.32	268321	209202
1986	8259	125.02	105.22	376.19	283726	220304
1987	7877	125.52	116.95	379.54	297083	232958
1988	7474	125.17	120.41	373.53	307364	241845
1989	6997	123.30	118.61	363.74	315494	245260
1990	6699	125.60	115.14	367.30	324027	249459
1991	6310	129.17	115.30	372.98	329927	253428
1992	5897	132.87	115.58	382.49	335020	258308
1993	5640	139.14	115.88	395.28	337259	260896
1994	5429	154.67	116.82	427.15	345640	268514
1995	5073	167.06	118.14	470.46	358301	279301
1996	4820	169.69	122.97	512.22	375463	294849
1997	4693	178.19	141.95	541.38	392365	310926
1998	4635	201.28	159.91	571.54	404824	322785
1999	4586	222.20	164.88	620.43	414538	333884
2000	4575	234.18	167.96	678.60	430754	350353
2001	4684	220.94	188.59	702.18	451014	359665
2002	4648	201.65	205.62	689.17	461898	369664
2003	4606	192.94	222.82	654.34	468627	374811
2004	4569	192.32	213.80	628.34	473687	379100
2005	4404	179.71	207.29	592.49	470584	377133
2006	4175	164.60	196.70	554.04	462298	372370
2007	4039	162.49	191.02	520.31	454920	370255
2008	3893	160.54	172.88	502.14	445545	367658
2009	3750	160.24	158.65	499.34	442447	372550
2010	3645	164.12	156.89	501.07	438787	372082
2011	3569	161.83	157.80	501.58	462765	376760
2012	3522	159.88	153.20	492.64	464942	376819
2013	3464	158.53	156.04	488.48	466088	382340
2014	3461	153.58	153.73	486.06	471653	386923
2015	3446	151.12	156.01	479.93	475798	390059
2016	3504	160.35	157.62	482.41	484579	397471
2017	3560	164.39	151.42	494.85	502004	410339

注：专任教师按照教师教授学生层次归类。
a)Full-time teachers classified according to the academic level of their students.

19-5 主要年份技工学校基本情况
Basic Statistics on Technical Schools in Major Years

年 份 Year	学校数 (所) Number of Schools (unit)	招生数 (人) New Enrollment (person)	毕业生数 (人) Graduates (person)	在校学生数 (人) Total Enrollment (person)	教职工数 (人) Teachers and Staff (person)	#专任教师 Full-time Teachers
1953	1	150		150	25	15
1955	2	452	150	802	206	72
1957	6	1525	452	2300	614	213
1962	19	1274	906	5188	2078	688
1965	18	2336	1381	6662	1214	503
1970	6		452		639	106
1975	26	3407	1700	5652	1751	345
1976	26	3144	1704	5841	2204	435
1977	29	6083	5421	6414	3189	735
1978	64	13669	301	19651	7042	1563
1979	72	11673	4950	26632	7055	1951
1980	94	15698	9854	32208	8974	2978
1981	100	9323	11190	29605	9749	3474
1982	103	9379	12857	25953	10154	3474
1983	106	10698	11562	24343	10560	3508
1984	119	12851	8624	28302	11215	3732
1985	134	16748	9219	35163	14142	3423
1986	163	22069	10035	47114	19968	3928
1987	206	28114	11281	63839	22647	5390
1988	236	40381	16036	87832	26382	5996
1989	256	40821	22402	105330	27843	7088
1990	266	42429	28654	118605	19084	10084
1991	279	44081	39679	122591	33739	11210
1992	290	46436	39628	128557	37579	12233
1993	302	55920	42320	142660	37222	12853
1994	306	67812	45358	165989	39351	13424
1995	312	70251	65457	169023	38891	13948
1996	312	77595	62981	185253	37747	13778
1997	305	74054	65310	192675	35160	14059
1998	305	55668	59292	188493	33806	14035
1999	302	50896	71460	161531	28871	14531
2000	279	48008	66546	137718	24484	14066
2001	278	53283	55769	132122	23152	16060
2002	249	83186	49634	165386	22190	13072
2003	244	105896	46247	212811	20684	13371
2004	249	121444	58834	274432	21370	14607
2005	229	138505	78091	325924	22049	15058
2006	197	148625	98239	357648	22309	16211
2007	200	159954	110278	385325	26744	23586
2008	197	161000	121000	415000	24700	18847
2009	196	147000	140300	396200	24963	19378
2010	209	136995	133615	397719	18183	14962
2011	208	149407	123404	381503	24379	21050
2012	213	154546	113066	401207	29909	21451
2013	207	144165	121782	369922	30860	23977
2014	203	128007	108046	329473	29404	23000
2015	194	131550	98154	318182	29228	22613
2016	194	133600	89629	335348	29133	22908
2017	194	129109	103815	332634	29294	22565

19-6 主要年份小学基本情况
Basic Statistics on Primary Schools in Major Years

年份 Year	学校数(所) Number of Schools (unit)	招生数(万人) New Enrollment (10 000 persons)	毕业生数(万人) Graduates (10 000 persons)	在校学生数(万人) Total Enrollment (10 000 persons)	教职工数(人) Teachers and Staff (person)	#专任教师 Full-time Teachers
1949	27476	64.85	5.92	193.00	47640	45710
1952	55096	138.44	15.52	453.75	130791	122107
1955	52171	91.05	19.65	432.74	135050	126975
1957	52337	90.99	43.32	490.88	153512	146366
1962	58670	125.37	40.61	487.56	185043	180870
1965	143202	289.83	44.92	966.72	322560	316441
1970	79041	206.71	138.66	813.58	331613	296931
1975	82327	240.58	143.75	1091.22	401530	390571
1976	78698	215.88	208.06	1059.68	403562	391905
1977	78137	220.55	198.87	1035.87	399653	388337
1978	79375	234.57	181.42	1041.84	395247	384540
1979	78828	219.38	164.83	1040.06	407704	393271
1980	78796	211.68	155.64	1041.70	418828	402739
1981	78829	197.06	154.84	1017.62	417223	400449
1982	77893	190.23	159.74	978.73	414849	395455
1983	76610	184.50	160.87	946.26	414753	393013
1984	74314	176.38	160.80	927.50	410443	387448
1985	71062	167.67	164.07	894.06	405550	379751
1986	65447	161.76	158.81	870.41	412879	384564
1987	64095	152.42	158.86	844.87	421864	394296
1988	63006	156.57	154.47	830.01	432249	404509
1989	62321	162.45	149.77	823.19	439419	408468
1990	61845	158.09	144.84	818.21	446395	414653
1991	59976	156.99	143.85	815.15	447368	414924
1992	56885	163.94	141.97	826.21	450396	416662
1993	54009	185.75	145.75	853.57	448575	415928
1994	50824	206.15	153.03	895.54	448601	414912
1995	47068	205.33	154.07	940.36	456568	422989
1996	40458	194.37	152.29	971.86	463651	429345
1997	37377	183.70	155.59	990.19	468548	434671
1998	34480	146.34	173.92	951.34	467987	435156
1999	29453	116.04	191.40	870.72	451063	418828
2000	26017	104.48	195.12	774.88	440161	408200
2001	21342	101.36	176.17	699.19	422905	390374
2002	19590	107.26	144.10	662.59	414600	383816
2003	18303	107.86	128.24	642.78	410968	380066
2004	16943	110.17	124.69	627.80	410264	378793
2005	15871	104.27	113.31	615.37	410394	377729
2006	14611	107.18	101.69	623.02	415117	381673
2007	14064	111.46	103.87	634.01	420353	386641
2008	13503	104.61	107.48	632.98	420552	387957
2009	12858	101.78	109.47	626.81	421057	389962
2010	12405	111.30	110.26	629.25	417504	387453
2011	12047	119.40	106.82	644.07	393612	386280
2012	11573	109.55	106.16	627.67	387203	382562
2013	11151	115.69	103.30	625.98	383692	387312
2014	10770	124.70	101.02	648.47	378886	389080
2015	10404	124.43	98.92	674.63	379239	396368
2016	10027	123.91	107.15	691.31	386405	408856
2017	9738	126.98	110.96	708.47	391838	421877

注：专任教师按照教师教授学生层次归类，包含九年一贯制和十二年一贯制学校中从事小学教育的专任教师。

a)Full-time teachers classified according to the academic level of their students,including the primary education section of the nine-year and twelve-year primary-secondary schools.

19-7 1985-2017年成人高等教育基本情况
Basic Statistics on Adult Education from 1985 to 2017

年 份 Year	学校数 (所) Number of Schools (unit)	招生数 (人) New Enrollment (person)	毕业生数 (人) Graduates (person)	在校学生数 (人) Total Enrollment (person)	教职工数 (人) Teachers and Staff (person)	#专任教师 Full-time Teachers
1985	53	41358	14543	85909	7918	3677
1986	55	38305	18626	119123	9514	4417
1987	58	30789	30352	110258	8900	3847
1988	53	43784	35680	101606	10179	4137
1989	53	43386	30687	115753	11552	4754
1990	53	32580	29317	114764	12745	5164
1991	54	26409	40382	104560	12669	4926
1992	51	49078	41748	105427	12883	5017
1993	53	71210	31104	149282	12648	5257
1994	53	81379	30786	196381	13048	5872
1995	53	61032	55764	198934	13159	6037
1996	53	59850	65204	194454	13308	6495
1997	53	65775	74017	185029	14096	6925
1998	46	73618	61603	198780	13023	6557
1999	40	87117	61611	221161	14335	7131
2000	40	82423	70810	219977	14090	7084
2001	34	103165	57373	255775	13911	6841
2002	29	111023	69723	316605	11797	6182
2003	27	128242	79518	373086	9877	5300
2004	24	132313	107645	268112	11056	6247
2005	24	108707	118379	258521	11481	6683
2006	24	95858	34999	295189	12775	7516
2007	23	106857	97584	297085	12627	7537
2008	22	152713	93079	355307	7390	4840
2009	21	136048	105081	377343	6240	4142
2010	18	133191	110347	388741	4225	2946
2011	17	147677	144703	386481	3951	2731
2012	17	166515	120404	428180	4286	2917
2013	11	165522	128297	459803	2843	1982
2014	11	178737	147592	485274	2259	1544
2015	11	163012	161377	484493	2200	1493
2016	11	179199	167440	502274	1604	1082
2017	11	157559	279185	375102	1580	1048

注：自2001年起成人高等学历教育统计口径调整为不含电大普通专科班及高职。
a)After 2001,adult higher education exclude regular specialized courses and vocational education.

19-8 研究生教育基本情况
Basic Statistics on Postgraduate Education

项目		Item		2012	2013	2014	2015	2016	2017
一、培养单位数	**(个)**	**Institutions Providing Postgraduate Programs**	**(unit)**	**33**	**33**	**33**	**33**	**33**	**33**
高等学校	(个)	Regular Institutions of Higher Education	(unit)	29	29	30	30	30	30
科研单位	(个)	Research Institutions	(unit)	4	4	3	3	3	3
二、招生数	**(人)**	**Enrollment**	**(person)**	**25483**	**26404**	**26545**	**27548**	**28543**	**35564**
攻读博士学位	(人)	Appliants for Doctor's Degree	(person)	1980	2033	1967	2025	2109	2312
高等学校	(人)	Regular Institutions of Higher Education	(person)	1905	1954	1967	2025	2109	2312
科研单位	(人)	Research Institutions	(person)	75	79				
攻读硕士学位	(人)	Appliants for Master's Degree	(person)	23503	24371	24578	25523	26434	33252
高等学校	(人)	Regular Institutions of Higher Education	(person)	23372	24235	24528	25473	26384	33198
科研单位	(人)	Research Institutions	(person)	131	136	50	50	50	54
三、在校生数	**(人)**	**Total Enrollment**	**(person)**	**70455**	**72962**	**74313**	**77630**	**82055**	**91908**
攻读博士学位	(人)	Appliants for Doctor's Degree	(person)	8062	8495	8467	8913	9322	10060
高等学校	(人)	Regular Institutions of Higher Education	(person)	7850	8274	8467	8913	9322	10060
科研单位	(人)	Research Institutions	(person)	212	221				
攻读硕士学位	(人)	Appliants for Master's Degree	(person)	62393	64467	65846	68717	72733	81848
高等学校	(人)	Regular Institutions of Higher Education	(person)	61960	64059	65701	68569	72582	81694
科研单位	(人)	Research Institutions	(person)	433	408	145	148	151	154
四、毕业生数	**(人)**	**Graduates**	**(person)**	**22882**	**22623**	**23379**	**23192**	**24137**	**24755**
攻读博士学位	(人)	Appliants for Doctor's Degree	(person)	1657	1557	1532	1494	1591	1529
高等学校	(人)	Regular Institutions of Higher Education	(person)	1590	1488	1532	1494	1591	1529
科研单位	(人)	Research Institutions	(person)	67	69				
攻读硕士学位	(人)	Appliants for Master's Degree	(person)	21225	21066	21847	21698	22546	23226
高等学校	(人)	Regular Institutions of Higher Education	(person)	21117	20939	21800	21652	22500	23175
科研单位	(人)	Research Institutions	(person)	108	127	47	46	46	51

19-9 各市中等职业学校基本情况(2017年)
Basic Statistics on Secondary Vocational Schools by Region (2017)

地 区	Region	学校数 (所) Schools (unit)	招生数 (人) New Enrollment (person)	毕业生数 (人) Graduates (person)	在校学生数 (人) Total Enrollment (person)	专任教师数 (人) Full-time Teachers (person)
全省总计	**Total**	**401**	**261190**	**248347**	**793357**	**48659**
济南市	Jinan	35	16858	16801	55210	3978
青岛市	Qingdao	50	28612	25307	87916	6535
淄博市	Zibo	17	10425	11301	28943	2099
枣庄市	Zaozhuang	18	14603	14026	48736	1792
东营市	Dongying	7	6809	7216	20946	936
烟台市	Yantai	32	18964	20831	55352	4455
潍坊市	Weifang	34	25643	29358	81718	4665
济宁市	Jining	20	15000	12998	47900	3113
泰安市	Tai'an	16	14927	15448	44904	2231
威海市	Weihai	18	7877	7469	21092	1969
日照市	Rizhao	14	8724	9313	29338	1766
莱芜市	Laiwu	8	2542	1925	7106	521
临沂市	Linyi	33	26354	23893	77304	3855
德州市	Dezhou	27	14872	15291	50480	2976
聊城市	Liaocheng	19	14234	9902	38153	2992
滨州市	Binzhou	17	10791	12793	36133	1992
菏泽市	Heze	36	23955	14475	62126	2711

注：不含技工学校数据。
a)Data in the table excludes that on Technical Schools.

19-10 各市普通中学情况(2017年)
Basic Statistics on Secondary Schools by Region (2017)

地 区	Region	普通高中 Senior Secondary Schools					普通初中 Junior Secondary Schools				
		学校数 (所) Schools (unit)	招生数 (人) New Enrollment (person)	毕业生数 (人) Graduates (person)	在校学生数 (人) Total Enrollment (person)	专任教师数 (人) Full-time Teachers (person)	学校数 (所) Schools (unit)	招生数 (人) New Enrollment (person)	毕业生数 (人) Graduates (person)	在校学生数 (人) Total Enrollment (person)	专任教师数 (人) Full-time Teachers (person)
全省总计	**Total**	**592**	**550056**	**553774**	**1654861**	**134446**	**2968**	**1093836**	**960401**	**3293601**	**275893**
济南市	Jinan	39	37628	37664	111974	8307	199	70750	62678	193598	17369
青岛市	Qingdao	70	39649	37190	117180	11490	241	92750	78685	255016	23177
淄博市	Zibo	33	29725	31466	91058	7071	150	41205	42632	172722	15006
枣庄市	Zaozhuang	25	24156	24024	73661	5324	102	46378	39396	125267	9306
东营市	Dongying	16	14375	14045	42200	3609	72	22848	22441	89991	8069
烟台市	Yantai	48	28901	32935	88573	9021	213	50017	51647	201296	20696
潍坊市	Weifang	58	54492	57959	169211	16725	281	102832	82078	271391	25325
济宁市	Jining	38	44200	44966	131521	9550	255	99408	79296	286878	22958
泰安市	Tai'an	31	36145	35421	106383	8291	152	50430	63391	221690	16515
威海市	Weihai	18	10438	10867	30967	3816	86	21606	20377	80003	8645
日照市	Rizhao	16	17058	16576	50718	4166	79	35119	28915	97691	8174
莱芜市	Laiwu	9	9808	10526	29738	2082	40	10991	12630	49148	4165
临沂市	Linyi	51	57542	57024	172760	13409	287	141847	105768	383895	29066
德州市	Dezhou	22	34058	31138	97299	7331	163	68091	62515	198611	15114
聊城市	Liaocheng	38	38345	34461	111346	8166	179	68428	61354	189593	15515
滨州市	Binzhou	29	22240	23248	68738	5944	140	46828	38704	125715	11234
菏泽市	Heze	51	51296	54264	161534	10144	329	124308	107894	351096	25559

注：专任教师按照教师教授学生层次归类。
a)Full-time teachers classified according to the academic level of their students.

19-11 各市小学基本情况(2017年)
Basic Statistics on Primary Schools by Region (2017)

地 区	Region	学校数 (所) Schools (unit)	招生数 (人) New Enrollment (Person)	毕业生数 (人) Graduates (person)	在校学生数 (人) Total Enrollment (person)	专任教师数 (人) Full-time Teachers (person)
全省总计	**Total**	**9738**	**1269806**	**1109648**	**7084730**	**421877**
济南市	Jinan	580	84613	71289	446580	29109
青岛市	Qingdao	722	94414	93107	550540	36563
淄博市	Zibo	303	40890	41476	204656	15942
枣庄市	Zaozhuang	503	61476	47608	358126	19522
东营市	Dongying	112	22691	23167	109773	8321
烟台市	Yantai	291	51894	50381	264070	18795
潍坊市	Weifang	804	94916	102119	587677	39182
济宁市	Jining	1051	109828	102247	653698	37139
泰安市	Tai'an	516	63584	51217	281502	19062
威海市	Weihai	90	22809	21322	115805	7837
日照市	Rizhao	293	32764	35518	193490	11682
莱芜市	Laiwu	121	11389	11047	53793	4153
临沂市	Linyi	1304	180762	145371	1006274	50101
德州市	Dezhou	707	73474	68158	417079	27457
聊城市	Liaocheng	674	105427	70899	588294	30656
滨州市	Binzhou	309	46943	47323	247365	16431
菏泽市	Heze	1358	171932	127399	1006008	49925

注：专任教师按照教师教授学生层次归类。
a)Full-time teachers classified according to the academic level of their students.

19-12 各市幼儿园基本情况(2017年)
Basic Statistics on Kindergartens by Region (2017)

地 区	Region	幼儿园数 (所) Number of Kindergartens (unit)	入园(班)幼儿数 (人) Entrants (person)	在园(班)幼儿数 (人) Enrolment (person)	离园(班)幼儿数 (人) Graduates (person)	专任教师数 (人) Full-timeTeachers (person)
全省总计	**Total**	**19020**	**1051902**	**2772719**	**1005427**	**173948**
济南市	Jinan	1474	77647	217473	68482	15393
青岛市	Qingdao	2097	95331	252765	79170	19640
淄博市	Zibo	774	40736	117439	39270	9200
枣庄市	Zaozhuang	711	44495	92537	45596	3901
东营市	Dongying	374	22802	63103	18825	5718
烟台市	Yantai	943	51076	161488	51789	10891
潍坊市	Weifang	1778	83305	242041	87109	19475
济宁市	Jining	1973	114023	264915	100719	13148
泰安市	Tai'an	1136	52133	158726	56217	11718
威海市	Weihai	318	24734	73173	21399	4349
日照市	Rizhao	652	31504	96351	32752	6582
莱芜市	Laiwu	367	13655	38758	11315	2812
临沂市	Linyi	2461	108849	336228	140256	19255
德州市	Dezhou	978	64027	142263	51194	8065
聊城市	Liaocheng	538	57278	160642	64199	5322
滨州市	Binzhou	558	39037	100837	37366	6002
菏泽市	Heze	1888	131270	253980	99769	12477

19-13 各市特殊教育基本情况(2017年)
Baisc Statistics on Special Education by Region(2017)

地区	Region	学校数(所) Schools (unit)	招生数(人) New Enrollment (person)	毕业生数(人) Graduates (person)	在校学生数(人) Total Enrollment (person)	专任教师数(人) Full-time Teachers (person)
全省总计	**Total**	**147**	**5375**	**4044**	**28501**	**5183**
济南市	Jinan	11	307	373	2086	421
青岛市	Qingdao	13	423	483	2737	541
淄博市	Zibo	9	171	185	1184	361
枣庄市	Zaozhuang	5	240	152	1410	135
东营市	Dongying	1	98	77	466	68
烟台市	Yantai	9	328	163	1317	283
潍坊市	Weifang	12	529	479	3021	503
济宁市	Jining	13	582	420	3121	399
泰安市	Tai'an	7	249	182	1476	305
威海市	Weihai	4	152	91	711	140
日照市	Rizhao	6	341	163	1243	191
莱芜市	Laiwu	1	10	37	121	50
临沂市	Linyi	15	892	524	3715	612
德州市	Dezhou	13	321	248	2183	325
聊城市	Liaocheng	9	231	210	1420	299
滨州市	Binzhou	8	162	81	720	175
菏泽市	Heze	11	339	176	1570	375

注：专任教师按照教师教授学生层次归类。
a) Full-time teachers classified according to the academic level of their students.

19-14 各市中小学教职工情况(2017年)
Basic Statistics on Teachers and Staff of Primary and Secondary Schools by Region (2017)

单位:人 (person)

地区	Region	普通中学教职工 Teachers and Staff of Secondary Schools	#专任教师 Full-time Teachers	小学教职工 Teachers and Staff of Primary Schools	#专任教师 Full-time Teachers
全省总计	**Total**	**502004**	**410339**	**391838**	**421877**
济南市	Jinan	33828	25676	25454	29109
青岛市	Qingdao	40196	34667	36151	36563
淄博市	Zibo	26842	22077	14267	15942
枣庄市	Zaozhuang	19149	14630	19217	19522
东营市	Dongying	14799	11678	6568	8321
烟台市	Yantai	37032	29717	15756	18795
潍坊市	Weifang	51206	42050	35068	39182
济宁市	Jining	39325	32508	35759	37139
泰安市	Tai'an	28336	24806	17995	19062
威海市	Weihai	15895	12461	6279	7837
日照市	Rizhao	14277	12340	10966	11682
莱芜市	Laiwu	7623	6247	3570	4153
临沂市	Linyi	50197	42475	47079	50101
德州市	Dezhou	27762	22445	26927	27457
聊城市	Liaocheng	28202	23681	29989	30656
滨州市	Binzhou	23082	17178	13308	16431
菏泽市	Heze	44253	35703	47485	49925

注：专任教师按照教师教授学生层次归类，小学专任教师含有一贯制学校中从事小学教育的专任教师。
a) Full-time teachers are classified according to the academic level of their students, primary full-time teachers including the ones engaged in primary education in general secondary school.

19-15 各市普通中小学专任教师学历情况(2017年)
Basic Statistics on Education of Teachers and Staff of Primary and Secondary Schools by Region (2017)

单位:人 (person)

地 区	Region	普通高中专任教师 Full-time Teachers of Senior Secondary Schools	#本科及以上 With Undergraduate Education or Higher	普通初中专任教师 Full-time Teachers of Junior Secondary Schools	#本科及以上 With Undergraduate Education or Higher	普通小学专任教师 Full-time Teachers of Regular Primary Schools	#本科及以上 With Undergraduate Education or Higher
全省总计	**Total**	**134446**	**133203**	**275893**	**133203**	**421877**	**267075**
济南市	Jinan	8307	8280	17369	8280	29109	21590
青岛市	Qingdao	11490	11484	23177	11484	36563	28697
淄博市	Zibo	7071	7042	15006	7042	15942	13251
枣庄市	Zaozhuang	5324	5274	9306	5274	19522	14903
东营市	Dongying	3609	3603	8069	3603	8321	5743
烟台市	Yantai	9021	9015	20696	9015	18795	14532
潍坊市	Weifang	16725	16618	25325	16618	39182	27777
济宁市	Jining	9550	9491	22958	9491	37139	19262
泰安市	Tai'an	8291	8217	16515	8217	19062	11255
威海市	Weihai	3816	3781	8645	3781	7837	6785
日照市	Rizhao	4166	4142	8174	4142	11682	7826
莱芜市	Laiwu	2082	2074	4165	2074	4153	2839
临沂市	Linyi	13409	13132	29066	13132	50101	32574
德州市	Dezhou	7331	7223	15114	7223	27457	11995
聊城市	Liaocheng	8166	8030	15515	8030	30656	16705
滨州市	Binzhou	5944	5827	11234	5827	16431	9845
菏泽市	Heze	10144	9970	25559	9970	49925	21496

注：专任教师按照教师教授学生层次归类。
a)Full-time teachers classified according to the academic level of their students.

19－16 各市幼儿园、特殊教育专任教师学历情况(2017年)
Basic Statistics on Education of Teachers and Staff of Kindergartens and Special Education(2017)

单位:人 (person)

地 区	Region	幼儿园专任教师 Full-time Teachers of Kindergartens	#本科及以上 With Undergraduate Education or Higher	特殊教育专任教师 Full-time Teachers of Special Education	#本科及以上 With Undergraduate Education or Higher
全省总计	**Total**	**173948**	**33399**	**5183**	**3824**
济南市	Jinan	15393	3664	421	343
青岛市	Qingdao	19640	4800	541	452
淄博市	Zibo	9200	2147	361	341
枣庄市	Zaozhuang	3901	1391	135	115
东营市	Dongying	5718	2563	68	59
烟台市	Yantai	10891	1846	283	233
潍坊市	Weifang	19475	3997	503	404
济宁市	Jining	13148	1646	399	301
泰安市	Tai'an	11718	1726	305	239
威海市	Weihai	4349	1017	140	124
日照市	Rizhao	6582	919	191	111
莱芜市	Laiwu	2812	499	50	45
临沂市	Linyi	19255	2175	612	402
德州市	Dezhou	8065	1093	325	132
聊城市	Liaocheng	5322	1239	299	163
滨州市	Binzhou	6002	1461	175	131
菏泽市	Heze	12477	1216	375	229

注：专任教师按照教师教授学生层次归类。
a)Full-time teachers classified according to the academic level of their students.

19-17 1978-2017年重要科技成果数量
Major Achievements in Science and Technology from 1978 to 2017

单位:项 (unit)

年 份 Year	成果数量 Number of Achievements	#农业 Agriculture	#工业 Industry	国际领先先进水平 Advanced Internationally	国内领先先进水平 Advanced nationally
1978	652	116	443	19	283
1979	456	90	261	21	149
1980	657	195	396	25	210
1981	704	169	485	29	201
1982	732	153	516	35	298
1983	977	209	660	26	378
1984	997	196	730	21	420
1985	1196	277	758	41	566
1986	1337	183	933	75	634
1987	1525	264	964	92	838
1988	1786	300	1104	118	1045
1989	1957	325	1220	135	1081
1990	2112	375	1246	150	1148
1991	2488	541	1405	175	1503
1992	2668	57	1265	327	1538
1993	2858	605	1418	372	1745
1994	3113	696	1487	416	2131
1995	3251	702	1524	466	2272
1996	3388	709	1599	471	2353
1997	3507	737	1517	456	2678
1998	3558	614	1515	724	2516
1999	3688	557	1270	744	2737
2000	3728	575	1289	599	2861
2001	3112	494	1138	506	2439
2002	3018	452	1117	486	2371
2003	2896	433	1071	466	2276
2004	3028	454	1120	485	2392
2005	2408	320	539	534	1741
2006	2313	338	630	448	1742
2007	2346	330	704	543	1662
2008	2330	301	677	592	1618
2009	2364	306	849	751	1412
2010	2367	391	751	676	1316
2011	2379	305	723	647	1296
2012	2393	338	853	609	1349
2013	2332	297	866	681	1067
2014	2955	440	1095	817	1146
2015	3011	385	1019	967	1212
2016	3016	421	1010	762	1095
2017	2537	363	876	610	973

19-18 科技成果情况
Basic Statistics on Science and Technology

单位:项 (unit)

类 别	Category	2011	2012	2013	2014	2015	2016	2017
一、国家级科技成果奖励成果	**National Scientific and Techinical Award**	**39**	**26**	**21**	**28**	**33**	**31**	**19**
国家发明奖	National Invention Award	6	9	7	5	5	7	3
国家自然科学奖	State Natural Science Award			1	3	2		
国家科技进步奖	The State Scientific and Technological Progress Award	33	17	13	20	26	23	16
国际合作奖	International Cooperation Award						1	
二、省级重要科技成果	**Important Scientific and Technical Award**	**2379**	**2393**	**2332**	**2955**	**3011**	**3016**	**2537**
三、省科学技术奖	**Provincial Science and Technology Award**							
自然科学奖	Natural Science Award	17	14	17	20	13	11	17
技术发明奖	Technological Invention Award	16	13	16	20	13	12	7
科技进步奖	Scientific and Technological Progress Award	461	472	413	195	112	112	122
四、专利情况	**Patent Applications**							
申请量	Number of Patent Applications	109599	128614	155170	158619	193220	212911	204861
其中发明专利	Inventions	25623	40381	67642	77298	93475	88359	67773
授权量	Number of Patent Applications Granted	58843	75522	76976	72818	98101	98093	100522
其中发明专利	Inventions	5856	7454	8913	10538	16881	19404	19090

注：2017年以前，专利申请量是指国家知识产权局受理的专利申请数量；从2017年开始，是指国家知识产权局受理的按规定缴足申请费、符合进入初步审查阶段条件的专利申请数量。

a)Before 2017, the amount of patent application refers to the number of patent applications accepted by the State Intellectual Property Office; from 2017, it refers to the amount of application fees paid by the State Intellectual Property Office and the number of patent applications that have entered the preliminary examination stage.

19-19 各市国内三种专利申请受理数和授权数（2017年）
Patents Application Accepted and Granted by Region(2017)

单位：件 (unit)

地 区	Region	申请受理数合计 Number of Patents Application Accepted	发 明 Inventions	实用新型 Utility Models	外观设计 Designs	申请授权数合计 Number of Patents Application Granted	发 明 Inventions	实用新型 Utility Models	外观设计 Designs
总 计	**Total**	**204861**	**67773**	**118252**	**18836**	**100522**	**19090**	**67005**	**14427**
济南市	Jinan	30736	11720	16671	2345	17330	5043	10435	1852
青岛市	Qingdao	54331	22492	28350	3489	23870	5939	15073	2858
淄博市	Zibo	12284	5660	5790	834	5163	1063	3305	795
枣庄市	Zaozhuang	5120	1239	3232	649	2257	277	1584	396
东营市	Dongying	5058	1131	3777	150	2906	419	2398	89
烟台市	Yantai	11986	4375	6447	1164	6152	1238	3664	1250
潍坊市	Weifang	19086	5593	11810	1683	9914	1278	7092	1544
济宁市	Jining	12726	2676	9076	974	6764	563	5129	1072
泰安市	Tai'an	6579	1837	4299	443	3251	425	2496	330
威海市	Weihai	8326	3074	4178	1074	3870	552	2648	670
日照市	Rizhao	2764	608	1934	222	1549	213	1153	183
莱芜市	Laiwu	2970	465	2468	37	1863	295	1539	29
临沂市	Linyi	9410	1896	5302	2212	4746	569	2696	1481
德州市	Dezhou	5460	1034	3631	795	2893	308	2053	532
聊城市	Liaocheng	5957	1322	4019	616	2959	375	2135	449
滨州市	Binzhou	5541	1295	3900	346	2736	310	2153	273
菏泽市	Heze	6527	1356	3368	1803	2299	223	1452	624

19−20 R&D人员折合全时当量情况

Basic Statistics On Full-time Equivalent of R&D Personnel

单位：人年 (man year)

年 份 类 别	Year Category	R&D人员折合全时当量 Full-time Equivalent of R&D Personnel	基础研究人员 Basic Research Personnel	应用研究人员 Applied Research Personnel	试验发展人员 Experimental Development Personnel
2010		190329	9481	20070	160777
2011		228623	11249	19772	197604
2012		254013	12104	21908	220002
2013		279331	13597	22883	242851
2014		286352	14119	25449	246785
2015		297845	14627	25228	257991
2016		301480	16260	27592	257629
2017		304820	17742	30211	256867
一、按行业分	**by Sector**				
农、林、牧、渔业	Agriculture,Forestry,Animal Husbandry and Fishing	780	22	93	666
采矿业	Mining	14596	15	2643	11938
制造业	Manufacturing	222862	233	5635	216995
电力、燃气及水的生产和供应业	Production and Supply of Electric Power and Heat Power	1712		107	1605
建筑业	Construction	7241	40	843	6358
批发和零售业	Wholesale and Retail Trade				
交通运输、仓储和邮政业	Traffic,Transport,Storage and Post	348		1	347
住宿和餐饮业	Hotels and Catering Services				
信息传输、软件和信息技术服务业	Information Transfer, Software and Information Technology Services	5641		272	5369
金融业	Financial Intermediation	52		35	16
房地产业	Real Estate				
租赁和商务服务业	Leasing and Business Services	168		18	150
科学研究和技术服务业	Scientific Research and Technical Service	19072	3964	5911	9197
水利、环境和公共设施管理业	Management of Water Conservancy,Environment and Public Facilities	50		9	41
居民服务、修理和其他服务业	Households Services, Repair and Other Services				
教 育	Education	22453	11218	9533	1702
卫生和社会工作	Health and Social Work	9836	2250	5104	2482
文化、体育和娱乐业	Culture,Sports and Entertainment	9	1	6	2
公共管理、社会保障和社会组织	Public management and Social Organization				
国际组织	International Organization				
二、按地区分	**by Region**				
济南市	Jinan	50170	7050	7497	35624
青岛市	Qingdao	49956	3731	5681	40544
淄博市	Zibo	23605	469	1955	21181
枣庄市	Zaozhuang	7595	134	725	6737
东营市	Dongying	10608	284	1805	8518
烟台市	Yantai	30344	806	1337	28201
潍坊市	Weifang	22415	462	1926	20027
济宁市	Jining	20374	1309	1772	17293
泰安市	Tai'an	14929	1492	2384	11053
威海市	Weihai	14835	47	958	13829
日照市	Rizhao	5337	129	332	4876
莱芜市	Laiwu	4164	69	276	3819
临沂市	Linyi	15592	413	1262	13917
德州市	Dezhou	9397	266	931	8200
聊城市	Liaocheng	7453	290	451	6712
滨州市	Binzhou	11031	483	636	9912
菏泽市	Heze	7016	307	284	6426

19-21　R&D经费支出情况

单位：万元

年份 类别	Year Category	R&D经费内部支出合计 Internal Expenditure on R&D	基础研究支出 Basic Research	应用研究支出 Applied Research
2010		6720045	132841	366053
2011		8443766	188276	541682
2012		10203266	224023	644022
2013		11758027	264467	686417
2014		13040695	243948	794643
2015		14271890	297454	774193
2016		15660904	364437	897809
2017		17530070	405322	1001973
一、按行业分	**by Sector**			
农、林、牧、渔业	Agriculture,Forestry,Animal Husbandry and Fishing	138316	21221	36945
采矿业	Mining	789678	260	96700
制造业	Manufacturing	14746599	9603	361537
电力、燃气及水的生产和供应业	Production and Supply of Electric Power and Heat Power	120911		1785
建筑业	Construction	398953	2305	70264
批发和零售业	Wholesale and Retail Trade			
交通运输、仓储和邮政业	Traffic,Transport,Storage and Post	18368	19	317
住宿和餐饮业	Hotels and Catering Services			
信息传输、软件和信息技术服务业	Information Transfer, Software and Information Technology Services	148210	978	8287
金融业	Financial Intermediation	1916		102
房地产业	Real Estate			
租赁和商务服务业	Leasing and Business Services	3990		313
科学研究和技术服务业	Scientific Research and Technical Service	466821	88644	109248
水利、环境和公共设施管理业	Management of Water Conservancy,Environment and Public Facilities	5790	1376	703
居民服务、修理和其他服务业	Households Services, Repair and Other Services			
教　育	Education	545972	232232	230646
卫生和社会工作	Health and Social Work	143500	48075	85080
文化、体育和娱乐业	Culture,Sports and Entertainment	1048	610	48
公共管理、社会保障和社会组织	Public management and Social Organization			
国际组织	International Organization			
二、按地区分	**by Region**			
济南市	Jinan	1851539	152909	208526
青岛市	Qingdao	3070935	148047	201864
淄博市	Zibo	1174947	15282	70706
枣庄市	Zaozhuang	396472	1248	10537
东营市	Dongying	1008440	9550	50545
烟台市	Yantai	1895956	13988	40334
潍坊市	Weifang	1532500	8585	36366
济宁市	Jining	990395	13859	44246
泰安市	Tai'an	899876	16859	116042
威海市	Weihai	889397	282	40038
日照市	Rizhao	336569	1302	17241
莱芜市	Laiwu	229974	555	9060
临沂市	Linyi	1004505	9975	47155
德州市	Dezhou	513970	3490	48337
聊城市	Liaocheng	661197	2938	26307
滨州市	Binzhou	683562	5556	23675
菏泽市	Heze	389837	899	10995

Basic Statistics On Expenditure on R&D

(10 000 yuan)

试验发展支出 Experimental Development	政府资金 Government Appropriation Funds	企业资金 Self-raised Funds by Enterprises	境外资金 Foreign funds	其他资金 Other Funds	R&D经费外部支出合计 External expenditure on R&D	对境内研究机构的支出 Expenditure On Domestic Research Institutions	对境内高等学校支出 Expenditure On Domestic colleges and universities	对境内企业支出 Expenditure On Domestic Enterprises	对境外支出 Expenditure On Overseas
6221155	588821	6001743	28443	101041	483222	196572	139603	103457	42753
7713809	720630	7562821	36808	123506	481700	194548	157518	81576	48050
9335221	921855	9070407	56712	154293	551699	209214	196407	103954	42033
10807143	985532	10559249	51981	161265	573486	256027	183895	78068	53062
12002104	1013777	11793738	52891	180289	644153	272664	195456	98698	76823
13200242	1110158	12872231	56731	232771	594239	225253	150703	153473	64368
14398658	1075905	14252538	48174	284287	673059	214876	151062	196940	99137
16122775	1219536	15961677	54440	294417	722035	211780	145261	236195	124657
80151	95902	26633		15781	4477	861	245	45	
692718	33329	756230		118	36742	10222	17692	8828	
14375459	270317	14269072	25945	181265	586210	175670	102715	186977	120848
119126	4807	114264	177	1663	9258	2490	1048	5685	35
326384	1140	391331		6482	12567	3152	5708	3259	449
18032	1613	15794		960	3869	98	342	2538	891
138945	10900	128516	7487	1307	16884	902	199	15386	396
1813		1916							
3678	20	3970			39		36	3	
268929	325091	99384	19641	22705	18949	8188	4766	5138	286
3711	1691	2026		2074	62	62			
83094	364036	124319	878	56739	32979	10135	12510	8338	1752
10345	110042	28047	302	5109					
390	649	173	9	217					
1490103	326505	1412626	24332	88075	70569	25497	13930	28249	2892
2721024	445271	2571335	18442	35886	234411	33039	31714	98447	67106
1088960	59073	1085775	1380	28718	33981	15361	6454	9150	3016
384687	13767	375487		7217	9753	3016	3573	3121	44
948345	58558	938367	249	11265	50089	12720	15099	10300	11971
1841635	54711	1827218	1492	12536	28371	8602	7453	9153	3163
1487549	33746	1469649	665	28439	93129	22961	8809	34268	27092
932290	42259	940551	100	7486	32697	11076	9308	10867	1431
766976	44832	842494	302	12248	21506	10854	5226	3905	1521
849076	25509	858460	1693	3735	30391	14683	8478	5566	1664
318027	9310	321721	70	5468	5139	1473	1576	1754	334
220359	4468	224433	819	254	3559	1383	2174	1	
947376	22314	961195	1692	19304	33377	12846	8381	10336	1814
462143	16935	489827	1243	5965	11900	5424	4875	1527	74
631952	35392	623305		2500	25909	14611	6506	4736	44
654332	19022	644135		20406	15269	7278	5582	2268	141
377944	7864	375100	1959	4914	21985	10956	6124	2550	2349

19-22 R&D人员情况

年 份 类 别	Year Category	有研究与试验发展活动单位数(个) Number of Units with Research and Development Activities (unit)
2010		2988
2011		3023
2012		3742
2013		4306
2014		5238
2015		6432
2016		7848
2017		9781
一、按行业分	**by Sector**	
农、林、牧、渔业	Agriculture,Forestry,Animal Husbandry and Fishing	34
采矿业	Mining	95
制造业	Manufacturing	8725
电力、燃气及水的生产和供应业	Production and Supply of Electric Power and Heat Power	100
建筑业	Construction	121
批发和零售业	Wholesale and Retail Trade	
交通运输、仓储和邮政业	Traffic,Transport,Storage and Post	13
住宿和餐饮业	Hotels and Catering Services	
信息传输、软件和信息技术服务业	Information Transfer, Software and Information Technology Services	66
金融业	Financial Intermediation	2
房地产业	Real Estate	
租赁和商务服务业	Leasing and Business Services	7
科学研究和技术服务业	Scientific Research and Technical Service	275
水利、环境和公共设施管理业	Management of Water Conservancy,Environment and Public Facilities	9
居民服务、修理和其他服务业	Households Services, Repair and Other Services	
教 育	Education	211
卫生和社会工作	Health and Social Work	118
文化、体育和娱乐业	Culture,Sports and Entertainment	5
公共管理、社会保障和社会组织	Public management and Social Organization	
国际组织	International Organization	
二、按地区分	**by Region**	
济南市	Jinan	964
青岛市	Qingdao	1276
淄博市	Zibo	1208
枣庄市	Zaozhuang	410
东营市	Dongying	183
烟台市	Yantai	681
潍坊市	Weifang	832
济宁市	Jining	725
泰安市	Tai'an	359
威海市	Weihai	538
日照市	Rizhao	319
莱芜市	Laiwu	126
临沂市	Linyi	973
德州市	Dezhou	369
聊城市	Liaocheng	241
滨州市	Binzhou	284
菏泽市	Heze	293

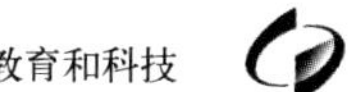

Basic Statistics On R&D Personnel

研究与试验发展人员（人） Research and Development Personnel (person)	全时人员 Full-time Personnel	非全时人员 Part-time Personnel	博士毕业 Doctor	硕士毕业 Master
275360	176314	99046	9900	28961
327256	218662	108594	11822	34966
382057	253493	128564	13342	41509
409441	274390	135051	14478	43445
432430	285916	146514	16353	49835
447191	297758	149433	17489	52632
476407	321038	155369	19861	57442
500357	341322	159035	22737	63242
954	651	303	42	78
23572	13233	10339	344	1974
359180	265243	93937	4520	29171
3000	1924	1076	8	99
14037	7651	6386	75	774
565	269	296	5	49
10049	8721	1328	41	838
328	46	282		3
343	312	31		
22076	17773	4303	3348	6793
126	85	41		1
47996	20550	27446	13786	20295
18081	4846	13235	567	3165
50	18	32	1	2
84762	57506	27256	7936	16072
79895	58540	21355	5291	14504
34909	23967	10942	831	2750
11601	7669	3932	164	779
17914	12212	5702	928	2590
43934	31283	12651	1406	5109
38837	27848	10989	711	3312
31214	19755	11459	1150	3562
26519	15952	10567	1223	2538
24088	16775	7313	530	1913
10428	5895	4533	183	1150
7409	4368	3041	77	380
26060	16910	9150	746	2925
15108	10727	4381	462	1394
16160	10195	5965	435	1679
19992	13911	6081	286	1046
11527	7809	3718	378	1539

19-23 规模以上工业企业R&D经费支出情况

单位：万元

年份 类别	Year Category	R&D经费内部支出合计 Internal Expenditure on R&D	基础研究支出 Basic Research
2010		5892400	5142
2011		7431352	7444
2012		9056007	5102
2013		10528097	3246
2014		11755482	5733
2015		12917718	6010
2016		14150035	14301
2017		15636785	7928
一、按企业规模分	**by Enterprise Size**		
大型企业	Large-sized Enterprises	8544003	2874
中型企业	Medium-sized Enterprises	3048064	1599
小型企业	Small-sized Enterprises	3946761	3455
微型企业	Micro-enterprises	97957	
二、按登记注册类型分	**by Status of Registration**		
内资企业	Domestic Funded Enterprises	13880794	6076
国有企业	State-owned Enterprises	67180	1524
集体企业	Collective-owned Enterprises	530831	
股份合作企业	Cooperative Enterprises	6805	
联营企业	Joint Ownership Enterprises	2382	
有限责任公司	Limited Liability Corporations	6458212	1030
股份有限公司	Share-holding Corporations Limited	2210012	960
私营企业	Private Enterprises	4598457	2561
其他企业	Other Enterprises	6915	
港、澳、台商投资企业	Enterprises with Funds from Hong Kong, Macao and Taiwan	550906	760
合资经营企业(港或澳、台资)	Joint-ventures Enterprises	343900	760
合作经营企业(港或澳、台资)	Cooperative Enterprises	11596	
港、澳、台商独资经营企业	Enterprises with Sole Investment	132524	
港、澳、台商投资股份有限公司	Share-holding Corporations Ltd. With Funds from Hong Kong, Macao and Taiwan	19242	
其他港澳台投资企业	Other Enterprises with Funds from Hong Kong,Mcao and Taiwan	43645	
外商投资企业	Foreign Funded Enterprises	1205086	1092
中外合资经营企业	Joint-venture Enterprises	636551	99
中外合作经营企业	Cooperation Enterprises	64654	
外资企业	Enterprises with Sole Foreign Funds	418640	
外商投资股份有限公司	Share-holding Corporations Ltd. With Foreign Investment	74713	993
其他外商投资企业	Other Foreign Funded Enterprises	10528	
三、按工业行业大类分	**by Sector**		
采掘业	**Mining**	**789678**	**260**
煤炭开采和洗选业	Mining and Washing of Coal	448205	
石油和天然气开采业	Extraction of Petroleum and Natural Gas	56503	260
黑色金属矿采选业	Mining of Ferrous Metal Ores	16633	
有色金属矿采选业	Mining of Non-ferrous Metal Ores	193846	
非金属矿采选业	Mining and Processing of Nonmetal Ores	14013	
开采辅助活动	Mining Support Activities	60477	
其他采矿业	Mining of Other Ores		
制造业	**Manufacturing**	**14726196**	**7668**
农副食品加工业	Processing of Food from Agricultural Products	835526	728
食品制造业	Manufacture of Foods	272173	
酒、饮料和精制茶制造业	Manufacture of Wine, Drinks and Refined Tea	149516	1200
烟草制品业	Manufacture of Tobacco	8649	
纺织业	Manufacture of Textile	479514	
纺织服装、服饰业	Manufacture of Textile Wearing Apparel and Finery	252777	
皮革、毛皮、羽毛及其制品和制鞋业	Manufacture of Leather, Fur, Feather & Its Products and Footwear	65700	646
木材加工及木 竹、藤、棕、草制品业	Processing of Timbers, Manufacture of Wood, Bamboo, Rattan, Palm, and Straw Products	96001	285
家具制造业	Manufacture of Furniture	33179	

Expenditures of Industrial Enterprises above Designated Size on R&D

(10 000 yuan)

应用研究支出 Applied Research	试验发展支出 Experimental Development	政府资金 Government Appropriation Funds	企业资金 Self-raised Funds by Enterprises	境外资金 Foreign funds	其他资金 Other Funds	R&D经费外部支出合计 External expenditure on R&D	对境内研究机构的支出 Expenditure On Domestic Research Institutions	对境内高等学校支出 Expenditure On Domestic colleges and universities	对境外支出 Expenditure On Overseas
93552	5793707	168876	5657574	23030	42921	443343	178233	128849	34653
244720	7179188	207510	7135731	25637	62474	445682	182129	144338	41712
274444	8776461	295552	8620680	43986	95789	504971	189870	178230	40970
288217	10236634	316005	10075481	36468	100143	526462	231774	169999	51803
402398	11347351	299897	11313042	38726	103817	599185	252289	179613	76129
349999	12561709	323595	12412516	42268	139338	541242	200701	135123	63541
497944	13637790	309718	13637977	37129	165212	592650	189687	130690	96990
453413	15175444	297291	15136828	26122	176544	632169	188361	121436	120884
245313	8295816	165579	8278493	13035	86896	439294	110046	74583	108645
80003	2966462	53726	2951104	1921	41314	92860	42339	18115	8133
124123	3819183	77163	3810098	11166	48334	98762	35720	27897	4105
3974	93983	823	97134			1253	257	841	
423426	13451293	257789	13432393	20767	169846	592210	170490	115152	116101
5629	60027	4470	62665		45	3326	1096	1328	1
3469	527362	9844	518415		2571	63524	2857	3029	15217
	6805	81	6174		550	151	54	97	
	2382	420	1962						
200154	6257028	107486	6252041	13692	84993	199764	101267	41994	10611
68029	2141023	71118	2114182	1879	22833	210737	26942	27535	80460
144440	4451455	64349	4470058	5196	58854	114254	38266	40769	9813
1704	5211	20	6895			454	8	400	
12180	537966	20736	526224	1085	2861	23147	8761	2849	3263
9715	333426	9118	331553	668	2562	19281	7962	2697	2859
	11596	40	11556			42	5	3	5
2465	130059	1670	130137	417	299	3692	780	101	400
	19242		19242			40		40	
	43645	9908	33737			92	13	9	
17808	1186185	18767	1178212	4271	3836	16812	9111	3435	1519
7055	629397	14716	618353	2076	1406	12160	7452	2087	526
640	64014	227	64427			963	478	135	
7087	411553	2115	414923	32	1570	3501	1162	1093	986
2180	71540	1526	72326		860	50	10	32	8
846	9683	183	8182	2163		139	8	89	
96700	**692718**	**33329**	**756230**		**118**	**36742**	**10222**	**17692**	
66780	381425	1742	446463			17497	5802	7310	
17286	38958	25957	30503		44	12627	1892	7216	
600	16033	802	15769		61	515	323	192	
3294	190552	1537	192309			3322	1960	1064	
6363	7650	12	13988		13	555		553	
2377	58100	3280	57198			2227	245	1358	
354929	**14363600**	**259155**	**14266334**	**25945**	**174763**	**586170**	**175650**	**102695**	**120848**
29593	805205	12377	817585		5564	24415	9197	12731	55
6478	265695	3179	259506	1144	8345	8403	3267	1523	93
8557	139760	2497	143276		3744	3704	1677	1290	231
232	8417		8610		39	799	186	18	
17085	462428	4430	463976	348	10760	8040	4032	2627	1
3410	249367	4824	241356	1200	5397	2829	754	750	649
2126	62928	635	63857		1208	135	115		
2786	92930	825	92601	163	2412	892	254	487	
2906	30273	10	33126		42	518		204	

19-23 续表

单位：万元

类 别	Category	R&D经费内部支出合计 Internal Expenditure on R&D	基础研究支出 Basic Research
造纸及纸制品业	Manufacture of Paper and Paper Products	375074	
印刷和记录媒介复制业	Printing, Reproduction of Recording Media	61195	
文教、工美、体育和娱乐用品制造业	Manufacture of Culture, Education,Arts and crafts, Sport and Entertainment Goods	211134	427
石油加工、炼焦和核燃料加工业	Processing of Petroleum, Coking and Nucleus Fuel	617409	
化学原料和化学制品制造业	Manufacture of Chemical Raw Material and Chemical Products	1713516	430
医药制造业	Manufacture of Medicines	1022601	1340
化学纤维制造业	Manufacture of Chemical Fiber	60662	
橡胶和塑料制品业	Manufacture of Rubber and Plastic	548953	
非金属矿物制品业	Manufacture of Non-metallic Mineral Products	624960	
黑色金属冶炼及压延加工业	Manufacture and Processing of Ferrous Metals	558748	289
有色金属冶炼及压延加工业	Manufacture & Processing of Non-ferrous Metals	958432	
金属制品业	Manufacture of Metal Products	405419	
通用设备制造业	Manufacture of General Purpose Machinery	1010077	990
专用设备制造业	Manufacture of Special Purpose Machinery	780025	635
汽车制造业	Manufacture of Automotive	832685	460
铁路、船舶、航空航天和其他运输设备制造业	Manufacture of Railroad,Marine,Aerospace and Other Transportation Equipment	307317	
电气机械及器材制造业	Manufacture of Electrical Machinery & Equipment	1156422	238
计算机、通信和其他电子设备制造业	Manufacture of Computer, Communications and Other Electronic Equipment	1123876	
仪器仪表制造业	Manufacture of Measuring Instrument	136277	
其他制造业	Other Manufacture	17254	
废弃资源综合利用业	Comprehensive Utilization of Waste	6716	
金属制品、机械和设备修理业	Metal Products, Machinery and Equipment Repair Industry	4410	
电力、热力、燃气及水的生产和供应业	**Production and Supply of Electric, Heat,Has and Water**	**120911**	
电力、热力的生产和供应业	Production and Supply of Electric Power and Heat Power	93615	
燃气生产和供应业	Production and Supply of Gas	14708	
水的生产和供应业	Production and Supply of Water	12588	
四、按地区分	**by Region**		
济南市	Jinan	1165629	1157
青岛市	Qingdao	2439783	1092
淄博市	Zibo	1072538	1266
枣庄市	Zaozhuang	376613	
东营市	Dongying	951020	260
烟台市	Yantai	1834843	215
潍坊市	Weifang	1484775	272
济宁市	Jining	933462	214
泰安市	Tai'an	796455	
威海市	Weihai	880501	76
日照市	Rizhao	320219	
莱芜市	Laiwu	227512	129
临沂市	Linyi	957633	2325
德州市	Dezhou	500256	587
聊城市	Liaocheng	645371	
滨州市	Binzhou	661850	182
菏泽市	Heze	388326	152

continued

(10 000 yuan)

应用研究支　出 Applied Research	试验发展支　出 Experimental Development	政府资金 Government Appropriation Funds	企业资金 Self-raised Funds by Enterprises	境外资金 Foreign funds	其他资金 Other Funds	R&D经费外部支出合计 External expenditure on R&D	对境内研究机构的支出 Expenditure On Domestic Research Institutions	对境内高等学校支出 Expenditure On Domestic colleges and universities	对境外支　出 Expenditure On Overseas
3625	371449	2576	368670		3827	6235	3065	3039	
1628	59567	445	59571	293	886	681	376	210	
13048	197660	3742	205524	544	1324	2888	628	1100	509
22987	594422	3294	604838		9277	31412	12731	5396	8319
54863	1658223	18236	1672503	2023	20754	39393	17696	11358	393
27752	993510	30963	987889	1181	2568	64568	35867	8372	6150
3943	56719	1486	59176			2111	690	1421	
14514	534439	3456	541849	142	3506	16397	8100	4067	545
18331	606629	11514	601113	512	11821	11898	5560	2771	1105
19029	539430	3210	553007		2531	8574	2690	3044	0
23122	935310	19410	935529	1553	1940	3854	1351	2314	71
5455	399964	4382	396483	995	3559	16758	3970	4416	4348
23974	985113	17265	984742	504	7566	39213	7083	4717	13326
16390	763000	18375	756194	421	5036	27143	4851	5101	13251
6303	825923	12309	815914	2094	2368	40515	23014	2564	4145
5597	301720	8836	296028		2453	108175	12600	11942	49962
15990	1140194	33482	1119147	142	3652	78685	8369	6954	15623
2671	1121205	31601	1027607	12685	51983	33368	5941	2914	2073
1395	134882	5370	130907	1		3148	1300	600	
83	17171	327	14762		2166	863	284	569	
928	5788	82	6634			412	2	110	
130	4281	20	4355		36	145		85	
1785	**119126**	**4807**	**114264**	**177**	**1663**	**9258**	**2490**	**1048**	**35**
1723	91891	4237	89020		358	8746	2342	1044	
62	14646	324	14113	177	94	283			35
	12588	246	11132		1211	228	147	4	
15931	1148540	35674	1071966	11482	46507	38759	18962	5785	2372
31024	2407667	45124	2382501	3512	8646	195158	21519	20446	66444
44791	1026482	21658	1032415	1380	17085	28604	15182	6340	1317
1659	374954	6338	363616		6660	8796	2263	3368	44
43531	907230	32860	907821	110	10230	49102	12043	14892	11971
24045	1810583	25103	1803147	1396	5197	26162	7945	6561	3163
14073	1470431	14729	1446162	665	23219	91832	22626	7879	27092
33871	899377	14830	914193	100	4339	32156	10937	9116	1425
62188	734267	7118	787214		2123	17247	9082	4256	1521
36202	844224	21398	853849	1693	3563	30391	14683	8478	1664
11433	308786	5723	310149	70	4277	4407	1417	1414	334
8501	218882	3470	223000	819	223	3559	1383	2174	0
40518	914790	14600	927993	1692	13348	31556	12272	8021	927
44854	454815	12579	481885	1243	4549	11814	5422	4792	74
17972	627399	24796	618178		2397	25382	14393	6209	44
11948	649719	4597	637830		19422	15269	7278	5582	141
10874	377299	6696	374911	1959	4761	21977	10955	6124	2349

19-24 规模以上工业企业R&D人员情况

单位：人

年 份 类 别	Year Category	研究与试验发展人员 Research and Development Personnel
2010		204906
2011		252024
2012		303862
2013		326793
2014		342259
2015		354575
2016		374531
2017		385752
一、按企业规模分	**by Enterprise Size**	
大型企业	Large-sized Enterprises	185129
中型企业	Medium-sized Enterprises	86338
小型企业	Small-sized Enterprises	112749
微型企业	Micro-enterprises	1536
二、按登记注册类型分	**by Status of Registration**	
内资企业	Domestic Funded Enterprises	340096
国有企业	State-owned Enterprises	3413
集体企业	Collective-owned Enterprises	6426
股份合作企业	Cooperative Enterprises	284
联营企业	Joint Ownership Enterprises	30
有限责任公司	Limited Liability Corporations	158136
股份有限公司	Share-holding Corporations Limited	58903
私营企业	Private Enterprises	112750
其他企业	Other Enterprises	154
港、澳、台商投资企业	Enterprises with Funds from Hong Kong, Macao and Taiwan	13440
合资经营企业(港或澳、台资)	Joint-ventures Enterprises	7366
合作经营企业(港或澳、台资)	Cooperative Enterprises	284
港、澳、台商独资经营企业	Enterprises with Sole Investment	4629
港、澳、台商投资股份有限公司	Share-holding Corporations Ltd. With Funds from Hong Kong, Macao and Taiwan	428
其他港澳台投资企业	Other Enterprises with Funds from Hong Kong,Mcao and Taiwan	733
外商投资企业	Foreign Funded Enterprises	32216
中外合资经营企业	Joint-venture Enterprises	13974
中外合作经营企业	Cooperation Enterprises	883
外资企业	Enterprises with Sole Foreign Funds	15134
外商投资股份有限公司	Share-holding Corporations Ltd. With Foreign Investment	1891
其他外商投资企业	Other Foreign Funded Enterprises	334
三、按工业行业大类分	**by Sector**	
采掘业	**Mining**	**23572**
煤炭开采和洗选业	Mining and Washing of Coal	12979
石油和天然气开采业	Extraction of Petroleum and Natural Gas	4529
黑色金属矿采选业	Mining of Ferrous Metal Ores	987
有色金属矿采选业	Mining of Non-ferrous Metal Ores	2503
非金属矿采选业	Mining and Processing of Nonmetal Ores	291
开采辅助活动	Mining Support Activities	2283
其他采矿业	Mining of Other Ores	
制造业	**Manufacturing**	**359180**
农副食品加工业	Processing of Food from Agricultural Products	16370
食品制造业	Manufacture of Foods	7181
酒、饮料和精制茶制造业	Manufacture of Wine, Drinks and Refined Tea	4271
烟草制品业	Manufacture of Tobacco	183
纺织业	Manufacture of Textile	17897
纺织服装、服饰业	Manufacture of Textile Wearing Apparel and Finery	6562
皮革、毛皮、羽毛及其制品和制鞋业	Manufacture of Leather, Fur, Feather & Its Products and Footwear	1145
木材加工及木 竹、藤、棕、草制品业	Processing of Timbers, Manufacture of Wood, Bamboo, Rattan, Palm, and Straw Products	2860
家具制造业	Manufacture of Furniture	1083

Basic Statistics On R&D Personnel of Industrial Enterprises above Designated Size

(person)

本年度参加项目人员 Personnel involved in the project current year	科技管理和服务人员 Technology management and service personnel	全时人员 Full-time Personnel	非全时人员 Part-time Personnel
184206	20700	140123	64783
225292	26732	176275	75749
276593	27269	211149	92713
299528	27265	229530	97263
313571	28688	238037	104222
322849	31726	249415	105160
346127	28404	268611	105920
360528	25224	280400	105352
172435	12694	136898	48231
79539	6799	61426	24912
107158	5591	81023	31726
1396	140	1053	483
317304	22792	245441	94655
3014	399	2307	1106
6200	226	5380	1046
261	23	212	72
29	1	3	27
146938	11198	111727	46409
54683	4220	45103	13800
106073	6677	80592	32158
106	48	117	37
12667	773	9412	4028
6894	472	4983	2383
254	30	210	74
4409	220	3493	1136
378	50	321	107
732	1	405	328
30557	1659	25547	6669
13081	893	10517	3457
776	107	744	139
14666	468	12352	2782
1719	172	1674	217
315	19	260	74
22453	**1119**	**13233**	**10339**
12354	625	7022	5957
4483	46	3162	1367
770	217	483	504
2277	226	1484	1019
286	5	195	96
2283		887	1396
335237	**23943**	**265243**	**93937**
15231	1139	11347	5023
6841	340	5106	2075
3793	478	3109	1162
152	31	129	54
17044	853	13433	4464
6032	530	3802	2760
1065	80	881	264
2670	190	1845	1015
1017	66	674	409

19-24　续表

单位：人

类　别	Category	研究与试验发展人员 Research and Development Personnel
造纸及纸制品业	Manufacture of Paper and Paper Products	5410
印刷和记录媒介复制业	Printing, Reproduction of Recording Media	2100
文教、工美、体育和娱乐用品制造业	Manufacture of Culture, Education,Arts and crafts, Sport and Entertainment Goods	5922
石油加工、炼焦和核燃料加工业	Processing of Petroleum, Coking and Nucleus Fuel	5936
化学原料和化学制品制造业	Manufacture of Chemical Raw Material and Chemical Products	37638
医药制造业	Manufacture of Medicines	24810
化学纤维制造业	Manufacture of Chemical Fiber	1592
橡胶和塑料制品业	Manufacture of Rubber and Plastic	13671
非金属矿物制品业	Manufacture of Non-metallic Mineral Products	17289
黑色金属冶炼及压延加工业	Manufacture and Processing of Ferrous Metals	10074
有色金属冶炼及压延加工业	Manufacture & Processing of Non-ferrous Metals	9093
金属制品业	Manufacture of Metal Products	11885
通用设备制造业	Manufacture of General Purpose Machinery	32579
专用设备制造业	Manufacture of Special Purpose Machinery	26013
汽车制造业	Manufacture of Automotive	21333
铁路、船舶、航空航天和其他运输设备制造业	Manufacture of Railroad,Marine,Aerospace and Other Transportation Equipment	8846
电气机械及器材制造业	Manufacture of Electrical Machinery & Equipment	24776
计算机、通信和其他电子设备制造业	Manufacture of Computer, Communications and Other Electronic Equipment	35661
仪器仪表制造业	Manufacture of Measuring Instrument	5882
其他制造业	Other Manufacture	576
废弃资源综合利用业	Comprehensive Utilization of Waste	178
金属制品、机械和设备修理业	Metal Products, Machinery and Equipment Repair Industry	364
电力、热力、燃气及水的生产和供应业	**Production and Supply of Electric, Heat,Has and Water**	**3000**
电力、热力的生产和供应业	Production and Supply of Electric Power and Heat Power	2212
燃气生产和供应业	Production and Supply of Gas	359
水的生产和供应业	Production and Supply of Water	429
四、按地区分	**by Region**	
济南市	Jinan	41189
青岛市	Qingdao	56437
淄博市	Zibo	29902
枣庄市	Zaozhuang	10196
东营市	Dongying	15221
烟台市	Yantai	38956
潍坊市	Weifang	34181
济宁市	Jining	23476
泰安市	Tai'an	18868
威海市	Weihai	22871
日照市	Rizhao	8916
莱芜市	Laiwu	7052
临沂市	Linyi	23149
德州市	Dezhou	13370
聊城市	Liaocheng	13403
滨州市	Binzhou	18091
菏泽市	Heze	10474

continued

(person)

本年度参加项目人员 Personnel involved in the project current year	科技管理和服务人员 Technology management and service personnel	全时人员 Full-time Personnel	非全时人员 Part-time Personnel
5180	230	3191	2219
1979	121	1455	645
5596	326	3963	1959
5421	515	3936	2000
34921	2717	25651	11987
23654	1156	19674	5136
1410	182	1211	381
12822	849	10233	3438
16245	1044	12000	5289
8548	1526	6125	3949
8447	646	6055	3038
10742	1143	8148	3737
29847	2732	23975	8604
23971	2042	20506	5507
20125	1208	16050	5283
8475	371	7354	1492
23479	1297	18952	5824
33937	1724	30782	4879
5485	397	4726	1156
574	2	473	103
178		130	48
356	8	327	37
2838	**162**	**1924**	**1076**
2065	147	1417	795
356	3	252	107
417	12	255	174
37866	3323	32990	8199
54102	2335	43983	12454
28615	1287	21143	8759
9329	867	7346	2850
14056	1165	10204	5017
36999	1957	29164	9792
30644	3537	25782	8399
22115	1361	15976	7500
17009	1859	12071	6797
21515	1356	16543	6328
7981	935	5432	3484
6168	884	4185	2867
21204	1945	15729	7420
12428	942	10094	3276
12943	460	9305	4098
17574	517	13108	4983
9980	494	7345	3129

19-25 规模以上工业企业R&D人员折合全时当量情况
Full-time Equivalent of R&D Personnel of Industrial Enterprises above Designated Size

单位：人年 (man year)

年份 类别	Year Category	R&D人员折合全时当量 Full-time Equivalent of R&D Personnel	基础研究人员 Basic Research Personnel	应用研究人员 Applied Research Personnel	试验发展人员 Experimental Development Personnel
2010		144561	88	1671	142802
2011		180846	162	4237	176447
2012		204398	121	4610	199667
2013		227403	91	4683	222629
2014		230800	117	5834	224849
2015		241395	127	5492	235776
2016		241761	192	7359	234209
2017		239170	247	8386	230537
一、按企业规模分	**by Enterprise Size**				
大型企业	Large-sized Enterprises	117431	108	5027	112296
中型企业	Medium-sized Enterprises	53152	57	1397	51697
小型企业	Small-sized Enterprises	67516	82	1913	65521
微型企业	Micro-sized Enterprises	1071		49	1023
二、按登记注册类型分	**by Status of Registration**				
内资企业	Domestic Funded Enterprises	207918	202	7949	199768
国有企业	State-owned Enterprises	2228	69	224	1935
集体企业	Collective-owned Enterprises	2355		35	2319
股份合作企业	Cooperative Enterprises	169			169
联营企业	Joint Ownership Enterprises	23			23
有限责任公司	Limited Liability Corporations	96590	34	3376	93180
股份有限公司	Share-holding Corporations Limited	37908	48	2167	35694
私营企业	Private Enterprises	68547	51	2134	66361
其他企业	Other Enterprises	100		12	88
港、澳、台商投资企业	Enterprises with Funds from Hong Kong, Macao and Taiwan	8845	28	140	8676
合资经营企业(港或澳、台资)	Joint-ventures Enterprises	4798	28	103	4667
合作经营企业(港或澳、台资)	Cooperative Enterprises	137			137
港、澳、台商独资经营企业	Enterprises with Sole Investment	3069		38	3031
港、澳、台商投资股份有限公司	Share-holding Corporations Ltd. With Funds from Hong Kong, Macao and Taiwan	372			372
其他港澳台投资企业	Other Enterprises with Funds from Hong Kong,Mcao and Taiwan	469			469
外商投资企业	Foreign Funded Enterprises	22407	17	296	22093
中外合资经营企业	Joint-venture Enterprises	9223	4	108	9110
中外合作经营企业	Cooperation Enterprises	602		6	595
外资企业	Enterprises with Sole Foreign Funds	10723		136	10587
外商投资股份有限公司	Share-holding Corporations Ltd. With Foreign Investment	1585	13	30	1542
其他外商投资企业	Other Foreign Funded Enterprises	274		15	259
三、按工业行业大类分	**by Sector**				
采掘业	**Mining**	**14596**	**15**	**2643**	**11938**
煤炭开采和洗选业	Mining and Washing of Coal	8705		1235	7471
石油和天然气开采业	Extraction of Petroleum and Natural Gas	2841	15	1245	1581
黑色金属矿采选业	Mining of Ferrous Metal Ores	630		27	603
有色金属矿采选业	Mining of Non-ferrous Metal Ores	1274		35	1239
非金属矿采选业	Mining and Processing of Nonmetal Ores	212		57	154
开采辅助活动	Mining Support Activities	934		44	890
其他采矿业	Mining of Other Ores				
制造业	**Manufacturing**	**222862**	**233**	**5635**	**216994**
农副食品加工业	Processing of Food from Agricultural Products	9970	23	359	9588
食品制造业	Manufacture of Foods	4380		136	4244
酒、饮料和精制茶制造业	Manufacture of Wine, Drinks and Refined Tea	2685	23	200	2462
烟草制品业	Manufacture of Tobacco	158		23	135
纺织业	Manufacture of Textile	10178		379	9799
纺织服装、服饰业	Manufacture of Textile Wearing Apparel and Finery	4346		57	4289
皮革、毛皮、羽毛及其制品和制鞋业	Manufacture of Leather, Fur, Feather & Its Products and Footwear	628	22	35	571
木材加工及木 竹、藤、棕、草制品业	Processing of Timbers, Manufacture of Wood, Bamboo, Rattan, Palm, and Straw Products	1571	1	66	1504
家具制造业	Manufacture of Furniture	607		23	584

19-25 续表 continued

单位：人年 (man year)

类 别	Category	R&D人员折合全时当量 Full-time Equivalent of R&D Personnel	基础研究人员 Basic Research Personnel	应用研究人员 Applied Research Personnel	试验发展人员 Experimental Development Personnel
造纸及纸制品业	Manufacture of Paper and Paper Products	3290		57	3232
印刷和记录媒介复制业	Printing, Reproduction of Recording Media	1343		20	1323
文教、工美、体育和娱乐用品制造业	Manufacture of Culture, Education,Arts and crafts, Sport and Entertainment Goods	3933	7	169	3757
石油加工、炼焦和核燃料加工业	Processing of Petroleum, Coking and Nucleus Fuel	3337		209	3128
化学原料和化学制品制造业	Manufacture of Chemical Raw Material and Chemical Products	23289	15	692	22582
医药制造业	Manufacture of Medicines	17082	51	538	16493
化学纤维制造业	Manufacture of Chemical Fiber	1019		118	901
橡胶和塑料制品业	Manufacture of Rubber and Plastic	7860		205	7655
非金属矿物制品业	Manufacture of Non-metallic Mineral Products	10476		203	10272
黑色金属冶炼及压延加工业	Manufacture and Processing of Ferrous Metals	6001	12	173	5816
有色金属冶炼及压延加工业	Manufacture & Processing of Non-ferrous Metals	6192		167	6025
金属制品业	Manufacture of Metal Products	7183		77	7106
通用设备制造业	Manufacture of General Purpose Machinery	19962	15	580	19367
专用设备制造业	Manufacture of Special Purpose Machinery	16225	46	469	15710
汽车制造业	Manufacture of Automotive	12897	7	137	12753
铁路、船舶、航空航天和其他运输设备制造业	Manufacture of Railroad,Marine,Aerospace and Other Transportation Equipment	5410		78	5332
电气机械及器材制造业	Manufacture of Electrical Machinery & Equipment	13760	11	282	13467
计算机、通信和其他电子设备制造业	Manufacture of Computer, Communications and Other Electronic Equipment	24110		117	23992
仪器仪表制造业	Manufacture of Measuring Instrument	4155		40	4115
其他制造业	Other Manufacture	349		4	345
废弃资源综合利用业	Comprehensive Utilization of Waste	147		14	133
金属制品、机械和设备修理业	Metal Products, Machinery and Equipment Repair Industry	319		6	312
电力、热力、燃气及水的生产和供应业	**Production and Supply of Electric, Heat, Has and Water**	**1712**		**107**	**1605**
电力、热力的生产和供应业	Production and Supply of Electric Power and Heat Power	1295		102	1193
燃气生产和供应业	Production and Supply of Gas	202		5	197
水的生产和供应业	Production and Supply of Water	215			215
四、按地区分	**by Region**				
济南市	Jinan	27349	36	448	26864
青岛市	Qingdao	34022	17	444	33561
淄博市	Zibo	20474	67	825	19581
枣庄市	Zaozhuang	6565		76	6489
东营市	Dongying	8828	15	1420	7393
烟台市	Yantai	27799	6	601	27191
潍坊市	Weifang	19792	15	259	19518
济宁市	Jining	15612	12	851	14749
泰安市	Tai'an	10474		673	9801
威海市	Weihai	14160	1	495	13664
日照市	Rizhao	4679		107	4572
莱芜市	Laiwu	3916	8	173	3735
临沂市	Linyi	13915	34	725	13157
德州市	Dezhou	8401	10	670	7721
聊城市	Liaocheng	6628		114	6514
滨州市	Binzhou	10013	18	301	9694
菏泽市	Heze	6544	8	204	6333

19－26 按行业分规模以上工业企业新产品开发及生产情况(2017年)
New Products Development and Production of Industrial Enterprises above Designated Size by Industrial Sector(2017)

行业	Sector	新产品项目数(项) New Products (unit)	开发新产品经费(万元) Expenditure on new products Development (10 000 yuan)	新产品产值(万元) Output Value of New Products (10 000 yuan)	新产品销售收入(万元) Sales Revenue of New Products (10 000 yuan)
总　计	**Total**	**38273**	**13834842**	**184418177**	**181263978**
煤炭开采和洗选业	Mining and Washing of Coal	389	310596	945265	945847
石油和天然气开采业	Extraction of Petroleum and Natural Gas	149	26279	91181	81540
黑色金属矿采选业	Mining of Ferrous Metal Ores	45	14935	2610	518
有色金属矿采选业	Mining of Non-ferrous Metal Ores	80	78039	1597851	1313880
非金属矿采选业	Mining and Processing of Nonmetal Ores	14	7565	6137	6507
开采辅助活动	Mining Support Activities	83	36374	24	87
其他采矿业	Mining of Other Ores				
农副食品加工业	Processing of Food from Agricultural Products	1961	767230	7107434	6711607
食品制造业	Manufacture of Foods	1015	244201	1598771	1669024
酒、饮料和精制茶制造业	Manufacture of Wine, Drinks and Refined Tea	420	119279	1104956	1060522
烟草制品业	Manufacture of Tobacco	32	15669	360536	360536
纺织业	Manufacture of Textile	927	374861	19652623	19580654
纺织服装、服饰业	Manufacture of Textile Wearing Apparel and Finery	457	257043	2788702	2860596
皮革、毛皮、羽毛及其制品和制鞋业	Manufacture of Leather, Fur, Feather & Its Products and Footwear	120	60832	607311	714380
木材加工及木 竹、藤、棕、草制品业	Processing of Timbers, Manufacture of Wood, Bamboo, Rattan, Palm, and Straw Products	275	71877	567938	671364
家具制造业	Manufacture of Furniture	106	18658	104158	99645
造纸及纸制品业	Manufacture of Paper and Paper Products	397	281020	4035432	3980548
印刷和记录媒介复制业	Printing, Reproduction of Recording Media	255	57353	325645	321390
文教、工美、体育和娱乐用品制造业	Manufacture of Culture, Education,Arts and crafts, Sport and Entertainment Goods	653	185217	1231608	1262119
石油加工、炼焦和核燃料加工业	Processing of Petroleum, Coking and Nucleus Fuel	436	364978	11134073	10872465
化学原料和化学制品制造业	Manufacture of Chemical Raw Material and Chemical Products	3921	1386575	18197859	17950997
医药制造业	Manufacture of Medicines	3529	1015076	10409333	10533862
化学纤维制造业	Manufacture of Chemical Fiber	162	52981	699691	678858
橡胶和塑料制品业	Manufacture of Rubber and Plastic	1423	575985	5473659	5145195
非金属矿物制品业	Manufacture of Non-metallic Mineral Products	1889	498182	3624430	3533248
黑色金属冶炼及压延加工业	Manufacture and Processing of Ferrous Metals	591	363708	4646129	4777214
有色金属冶炼及压延加工业	Manufacture & Processing of Non-ferrous Metals	827	621587	11978596	11916861
金属制品业	Manufacture of Metal Products	1282	403504	3951052	3797089
通用设备制造业	Manufacture of General Purpose Machinery	3884	1002101	9021979	8823129
专用设备制造业	Manufacture of Special Purpose Machinery	3258	818465	6751857	6322067
汽车制造业	Manufacture of Automotive	2210	854101	16059377	15865862
铁路、船舶、航空航天和其他运输设备制造业	Manufacture of Railroad,Marine,Aerospace and Other Transportation Equipment	836	297691	5702251	4750998
电气机械及器材制造业	Manufacture of Electrical Machinery & Equipment	3052	1187197	13261355	13338276
计算机、通信和其他电子设备制造业	Manufacture of Computer, Communications and Other Electronic Equipment	2364	1226739	19991115	19925219
仪器仪表制造业	Manufacture of Measuring Instrument	1019	147632	1104619	1079154
其他制造业	Other Manufacture	40	9602	48211	50812
废弃资源综合利用业	Comprehensive Utilization of Waste	11	3193	7364	13008
金属制品、机械和设备修理业	Metal Products, Machinery and Equipment Repair Industry	46	4727	45059	39044
电力、热力生产和供应业	Production and Supply of Electric Power and Heat Power	70	53079	99064	128429
燃气生产和供应业	Production and Supply of Gas	19	11685	67620	65600
水的生产和供应业	Production and Supply of Water	26	9029	15308	15831

19-27 高技术制造业R&D活动及新产品开发情况(2016年)
Statistics on R&D Activities and New Products Development in High-tech Manufacturing Industry(2016)

行业	Industry	有R&D活动的企业数(个) Number of Enterprises with R&D Activities (unit)	R&D人员折合全时当量(人年) Full-time Equivalent of R&D Personnel (man year)	R&D经费内部支出(万元) Internal Expenditure on R&D (10 000 yuan)
合　计	**Total**	**904**	**51955**	**2224899**
医药制造业	Medical and Pharmaceutical Products	348	18305	910163
航空、航天器及设备制造业	Aviation and Aircrafts Manufacturing	8	538	11762
电子及通信设备制造业	Electronic and Communication Equipment	303	15587	757042
计算机及办公设备制造业	Electronic Computers and Office Equipments	21	10535	312002
医疗仪器设备及仪器仪表制造业	Medical Treatment Instruments and Meters	205	6221	201305
信息化学品制造业	Manufacture of Electronic Chemicals	19	770	32624

19-27 续表 continued

行业	Industry	专利申请数(件) Patent Applications (piece)	拥有发明专利(件) Patents in Force (piece)	新产品开发项目数(项) New Products (units)	新产品开发经费支出(万元) Expenditure on New Products Development (10 000 yuan)
合　计	**Total**	**13983**	**12298**	**7121**	**2220983**
医药制造业	Medical and Pharmaceutical Products	2128	4766	3259	842059
航空、航天器及设备制造业	Aviation and Aircrafts Manufacturing	70	50	65	11844
电子及通信设备制造业	Eiectronic and Communication Equipment	5731	4449	1882	733153
计算机及办公设备制造业	Electronic Computers and Office Equipments	4410	989	543	409918
医疗仪器设备及仪器仪表制造业	Medical Treatment Instruments and Meters	1346	1869	1242	192633
信息化学品制造业	Manufacture of Electronic Chemicals	298	175	130	31377

注：本表的数据口径为规模以上工业企业。

a)Data in this table cover industrial enterprises above designated size.

19−28 高技术制造业R&D活动及新产品开发情况(2017年)
Statistics on R&D Activities and New Products Development in High-tech Manufacturing Industry(2017)

行　业	Industry	有R&D活动的企业数(个) Number of Enterprises with R&D Activities (unit)	R&D人员折合全时当量(人年) Full-time Equivalent of R&D Personnel (man year)	R&D经费内部支出(万元) Internal Expenditure on R&D (10 000 yuan)
合　计	**Total**	**1001**	**51057**	**2506226**
医药制造业	Medical and Pharmaceutical Products	390	17083	1022601
航空、航天器及设备制造业	Aviation and Aircrafts Manufacturing	9	402	11363
电子及通信设备制造业	Electronic and Communication Equipment	332	16696	861955
计算机及办公设备制造业	Electronic Computers and Office Equipments	23	10261	381988
医疗仪器设备及仪器仪表制造业	Medical Treatment Instruments and Meters	231	5778	193650
信息化学品制造业	Manufacture of Electronic Chemicals	16	837	34668

19−28 续表 continued

行　业	Industry	专利申请数(件) Patent Applications (piece)	拥有发明专利(件) Patents in Force (piece)	新产品开发项目数(项) New Products (units)	新产品开发经费支出(万元) Expenditure on New Products Development (10 000 yuan)
合　计	**Total**	**17187**	**17553**	**7859**	**2626373**
医药制造业	Medical and Pharmaceutical Products	1994	5647	3529	1015076
航空、航天器及设备制造业	Aviation and Aircrafts Manufacturing	49	42	66	13533
电子及通信设备制造业	Electronic and Communication Equipment	6107	7945	2238	948373
计算机及办公设备制造业	Electronic Computers and Office Equipments	7398	1745	578	409147
医疗仪器设备及仪器仪表制造业	Medical Treatment Instruments and Meters	1403	1988	1342	212148
信息化学品制造业	Manufacture of Electronic Chemicals	236	186	106	28096

注：本表的数据口径为规模以上工业企业。

a)Data in this table cover industrial enterprises above designated size.

19−29 高技术制造业基本情况
Statistics on Production and Management in High-tech Manufacturing Industry

项 目		Item		2013	2014	2015	2016	2017
生产经营情况		**Production Operation**						
企业数	(个)	Number of Enterprises	(unit)	2015	2114	2268	2207	
从业人员年平均人数	(万人)	Annual Average Number of Persons Engaged	(10 000 persons)	69.1	72.6	73.2	75.0	
主营业务收入	(亿元)	Revenue from Principal Business	(100 million yuan)	8946.5	10212.1	11535.3	12263.5	
利润	(亿元)	Profits	(100 million yuan)	700.3	781.3	874.2	952.7	
R&D及相关活动情况		**R&D and related Activities**						
有R&D活动的企业数	(个)	Number of Enterprises with R&D Activities	(unit)	535	627	779	904	1001
R&D人员全时当量	(人年)	Full-time Equivalent of R&D Personnel	(man year)	46887	49122	50774	51955	51057
R&D经费内部支出	(亿元)	Internal Expenditure on R&D	(100 million yuan)	156.2	176.0	207.7	222.5	250.6
新产品开发经费	(亿元)	Expenditure on New Products Development	(100 million yuan)	163.7	172.2	195.1	222.1	262.6
专利申请数	(件)	Number of Patent Applications Examined	(unit)	8106	9775	11527	13983	17187
拥有发明专利数	(件)	Number of Invention Patents	(unit)	4667	6883	9569	12298	17553
固定资产投资情况		**Investment in Fixed Assets**						
施工项目数	(个)	Number of Projects Under Construction	(unit)	1233	1254	1576	1828	
#新开工项目数	(个)	Number of New Projects	(unit)	874	863	1176	1287	
全部建成或投产项目数	(个)	Number of Projects Completed or Put into Use	(unit)	746	811	1124	1249	
投资额	(亿元)	Investment	(100 million yuan)	1277.7	1412.9	1643.9	1866.6	
新增固定资产	(亿元)	New Added Fixed Assets	(100 million yuan)	842.3	911.8	1071.2	1041.5	

注：1.生产经营情况的数据口径为规模以上工业企业。2.从2015年起高技术制造业汇总范围包括信息化学品制造业。
a)Data on production operation cover industrial enterprises above designated size.
b)Data on high-tech manufacturing Industry include manufacture of electronic chemical since 2015.

主要统计指标解释

普通高等学校 指按照国家规定的设置标准和审批程序批准举办的，通过全国普通高等学校统一招生考试，招收高中毕业生为主要培养对象，实施高等教育的全日制大学、独立设置的学院和高等专科学校、高等职业学校和其他机构。

大学、独立设置的学院主要实施本科层次以上教育，高等专科学校、高等职业学校实施专科层次教育，其他机构是承担国家普通招生计划任务不计校数的机构。包括普通高等学校分校和批准筹建的普通高等学校等。

成人高等学校 指按照国家规定的设置标准和审批程序批准举办的，通过全国成人高等学校统一招生考试，招收具有高中毕业或同等学历的在职从业人员为主要培养对象，利用函授、业余、脱产等多种形式对其实施高等学历教育的学校。包括职工高等学校、农民高等学校、管理干部学院、教育学院、独立函授学院、广播电视大学、其他机构等。其他机构是承担国家成人招生计划任务不计校数的机构。

小学学龄儿童净入学率 指调查范围内已入小学学习的学龄儿童占校内外学龄儿童总数(包括弱智儿童,不包括盲聋哑儿童)的比重。计算公式为：

$$\text{小学学龄儿童净入学率}=\frac{\text{已入学的小学学龄儿童数}}{\text{校内外小学学龄儿童总数}}\times100\%$$

国家财政性教育经费 包括国家财政预算内教育经费，各级政府征收用于教育的税费，企业办学校教育经费，校办产业、勤工俭学和社会服务收入用于教育的经费。

财政预算内教育经费 指中央、地方各级财政或上级主管部门在年度内安排，并计划拨到教育部门和其他部门主办的各级各类学校、教育事业单位，列入国家预算支出科目的教育经费，包括教育事业拨款、科研经费拨款、基建拨款和其他经费拨款。

研究与试验发展(R&D) 指在科学技术领域，为增加知识总量，以及运用这些知识去创造新的应用进行的系统的创造性的活动，包括基础研究、应用研究、试验发展三类活动。国际上通常采用 R&D 活动的规模和强度指标反映一国的科技实力和核心竞争力。

基础研究 指为了获得关于现象和可观察事实的基本原理的新知识(揭示客观事物的本质、运动规律,获得新发现、新学说)而进行的实验性或理论性研究,它不以任何专门或特定的应用或使用为目的。其成果以科学论文和科学著作为主要形式。用来反映知识的原始创新能力。

应用研究 指为获得新知识而进行的创造性研究，主要针对某一特定的目的或目标。应用研究是为了确定基础研究成果可能的用途，或是为达到预定的目标探索应采取的新方法(原理性)或新途径。其成果形式以科学论文、专著、原理性模型或发明专利为主。用来反映对基础研究成果应用途径的探索。

试验发展 指利用从基础研究、应用研究和实际经验所获得的现有知识，为产生新的产品、材料和装置，建立新的工艺、系统和服务，以及对已产生和建立的上述各项作实质性的改进而进行的系统性工作。其成果形式主要是专利、专有技术、具有新产品基本特征的产品原型或具有新装置基本特征的原始样机等。在社会科学领域，试验发展是指把通过基础研究、应用研究获得的知识转变成可以实施的计划(包括为进行检验和评估实施示范项目)的过程。人文科学领域没有对应的试验发展活动。主要反映将科研成果转化为技术和产品的能力，是科技推动经济社会发展的物化成果。

研究与试验发展人员 指参与研究与试验发展项目研究、管理和辅助工作的人员，包括项目(课题)组人员，企业科技行政管理人员和直接为项目(课题)活动提供服务的辅助人员。反映投入从事拥有自主知识产权的研究开发活动的人力规模。

研究与试验发展人员全时当量 指全时人员数加非全时人员按工作量折算为全时人员数的总和。例如：有两个全时人员和三个非全时人员(工作时间分别为 20%、30%和 70%)，则全时当量为 2+0.2+0.3+0.7=3.2 人年。为国际上比较科技人力投入而制定的可比指标。

R&D 经费内部支出合计 指调查单位用于内部开展 R&D 活动（基础研究、应用研究和试验发展）的实际支出。包括用于 R&D 项目（课题）活动的直接支出，以及间接用于 R&D 活动的管理费、服务费、与 R&D 有关的基本建设支出以及外协加工费等。不包括生产性活动支出、归还贷款支出以及与外单位合作或委托外单位进行 R&D 活动而转拨给对方的经费支出。

专　利 是专利权的简称，是对发明人的发明创造经审查合格后，由专利局依据专利法授予发明人和设计人对该项发明创造享有的专有权。包括发明、实用新型和外观设计。反映拥有自主知识产权的科技和设计成果情况。

发　明 指对产品、方法或者其改进所提出的新的技术方案。是国际通行的反映拥有自主知识产权技术的核心指标。

Explanatory Notes on Main Statistical Indicators

Regular Institutions of Higher Learning refer to educational establishments set up according to the government evaluation and approval procedures, enrolling graduates from senior secondary schools and providing higher education courses and training for senior professionals. They include full time universities, colleges, high professional schools, high professional vocational schools and others.

Universities and colleges are mainly providing undergraduate courses; those high professional schools and high professional vocational schools are mainly providing professional trainings; and others refer to educational establishments, which are responsible for enrolling students but not covered in the total number of schools, including: branch schools of universities and colleges, and universities and colleges that have been proved and prepared to construct.

Institutions of Higher Learning for Adults refer to educational establishments, set up in line with relevant rules approved by the government, enrolling staff and workers with senior secondary school or equivalent education, and providing higher education courses in many forms of correspondence, spare time, or full time for adults. Professionals thus trained receive a qualification equivalent to graduates studying regular courses at regular universities, colleges and professional colleges. Institutions of higher learning for adults include schools of high education for staff and workers, schools of high education for peasants, colleges for management cadres, pedagogical colleges, independent correspondence colleges, Radio and TV universities and other educational establishments. Other educational establishments are responsible for enrolling adult students but not covered in the number of schools.

Enrollment Rate of Primary School Age Children refers to the proportion of school age children enrolled at schools to the total number of school age children both in and outside schools (including retarded children, but excluding blind, deaf and mute children). The formula is:

$$\begin{matrix}\text{Enrolment Rate}\\ \text{of Primary}\\ \text{School-age Children}\end{matrix} = \frac{\begin{matrix}\text{Total Primary School-age}\\ \text{Children at Schools}\end{matrix}}{\begin{matrix}\text{Total Primary School-age}\\ \text{Children Whether or}\\ \text{Not Attending School}\end{matrix}} \times 100\%$$

Government Appropriation for Education refers to state budgetary fund for education, taxes and fees collected by governments at all levels that are used for education purpose, education fund for enterprise run schools, income from school run enterprises, work study programme and social services that are used for education purpose.

Budgetary Fund for Education refers to education fund that is planned to allocate to various schools and education institutions by central and local financial departments at various levels within the reference year, which is within the state budgetary expenditure, including: appropriate funds for education, science and research, capital construction and others.

Research and Development (R&D) refers to systematic and creative activities in the field of science and technology aiming at increasing the knowledge and using the knowledge for new application. R&D includes 3 categories of activities: basic research, applied research and experiments and development. The scale and intensity of R&D are widely used internationally to reflect the strength of S&T and the core competitiveness of a country in the world.

Basic Research refers to empirical or theoretical research aiming at obtaining new knowledge on the fundamental principles of phenomena of observable facts to reveal the nature and law of movement of objects and to acquire new discoveries or new theories. Basic research takes no specific or designated application as the aim of the research. Results of basic research are mainly released or disseminated in the form of scientific papers or monographs. This indicator reflects the original innovation capacity of knowledge.

Applied Research refers to creative research aiming at obtaining new knowledge on a specific objective or target. Purpose of the applied research is to identify the possible use of results from basic research, or to explore new (fundamental) methods or new approaches. Results of applied research are expressed in the form of scientific papers, monographs, fundamental models or invention patents. This indicator reflects the exploration of ways to apply the results of basic research.

Experiments and Development refer to systematic activities aiming at using the knowledge from basic and applied researches or from practical experience to develop new products, materials and equipment, to establish new production process, systems and services, or to make substantial improvement on the existing products, process or services. Results of experiment and development activities are embodied in patents, exclusive technology, and monotype of new products or equipment. In social sciences, experiment and development activities refer to the process of converting the knowledge from basic or applied researches into feasible programmes (including conduct of demonstration projects for assessment and evaluation). There are no experiment and development activities in the science of humanities. This indicator reflects the capability of transferring the results of S&T into technique and products, which is the materialized measurement of S&T pushing forward the economic and social development.

R&D Personnel refer to persons engaged in research, management and supporting activities of R&D, including persons in the project teams, persons engaged in the management of S&T activities of enterprises and supporting staff providing direct service to the research projects. This indicator reflects the size of personnel engaged in R&D activities with independent intellectual property.

Full time Equivalent of R&D Personnel refers to the sum of the full time persons and the full time equivalent of part time persons converted by workload. For instance, if there are 2 full time persons and 3 part time workers (20%, 30% and 70% of working hours respectively on R&D activities), the full time equivalent is 2+0.2+0.3+0.7=3.2 person years. This is an internationally comparable indicator of input of personnel in S&T activities.

Total Internal Expenditure of Funds on R&D refers to the real expenditure of surveyed units on their own R&D activities(basic research, application study, test and development)including direct expenditure on R&D activities,expenditure on capital construction and material processing by others.Excluding the expenditure on production activities,return of loan,and fee transferred to coopertated and entrusted agencies on R&D activities.

Patent is an abbreviation for the patent right and refers to the exclusive right of ownership by the inventors or designers for the creation or inventions, given from the patent offices after due process of assessment and approval in accordance with the Patent Law. Patents are granted for inventions, utility models and designs. This indicator reflects the achievements of S&T and design with independent intellectual property.

Inventions refer to the new technical proposals to the products or methods or their modifications. This is universal core indicator reflecting the technologies with independent intellectual property.

第20篇

文化、体育和卫生

Culture, Sports and Health

简 要 说 明

一、本篇资料的主要内容

本篇资料反映了全省文化、体育和卫生基本情况。文化部分主要包括文化、文物、广播、电视、档案、报纸杂志出版、图书出版等方面的发展状况。体育部分主要包括运动员、教练员、裁判员发展人数等情况。卫生部分主要包括卫生机构及其人员、床位数、县及县以上医院诊疗人次数、入院人数等基本情况。

二、本篇资料的来源

1.文化部分中，艺术事业、图书馆事业、群众文化事业的资料来源于省文化厅计划财务处，广播电视资料来源于省广播电视局计划财务处，新闻出版有关资料来源于省新闻出版局办公室，档案馆有关资料来源于省档案局法规经济科技处。

2.体育部分的资料来源于省体育局财务经济处。

3.卫生部分的资料来源于省卫生厅信息中心。

本篇资料由省统计局社科处整理提供。

Brief Introduction

I. Content

Data in this chapter show the basic conditions of culture,sports and health. Data on culture show the basic conditions on arts, cultural relics, broadcasting, television, archives and publication. Data on sports mainly include the number of athletes, coaches and referees. Data on health include the number of institutions, personnel, hospital beds.

II. Source of Data

(1)Data on the causes of arts, libraries, mass culture are provided by the Planning and Finance of Shandong Provincial Culture Department. Data on broadcasting and television are provided by the Planning and Finance of Shandong Provincial Administration of Radio and Television. Data on news and publication are provided by the Administrative Office of Shandong Provincial Administration of Press and Publication. Data on archives and publication are provided by the Division of Technology and Economy of Shandong Provincial Archives Administration.

(2)Data on sports are provided by the Division of Planning and Finance of Shandong Provincial Physical Culture Administration.

(3)Data on public health are provided by the Information Center of Shandong Provincial Department of Health.

In this chapter, data are prepared by the Division of Social,Science and Technology Statistics of Shandong Provincial Bureau of Statistics.

20-1 主要年份文化、文物事业基本情况
Number of Institutions for Culture and Cultural Relics of Major Years

年 份 Year	文化(艺术)馆 Cultural Centre		文化站 Cultural Station		艺术表演团体 Art Performance Troups	
	机构数 (个) Number (unit)	人 数 (人) Personnel (person)	机构数 (个) Number (unit)	人 数 (人) Personnel (person)	机构数 (个) Number (unit)	人 数 (人) Personnel (person)
1949	39				46	
1952	166		139		113	
1957	134		283		175	
1962	130		500		180	
1965	141	1261	6	10	176	9923
1970	137	1601			154	9599
1975	151	1891	887	944	157	12709
1976	150	1979	1644	1803	157	13396
1977	155	2110	1988	2185	156	13557
1978	155	2151	2103	2196	155	13219
1979	155	2138	2104	2163	155	12896
1980	155	2251	2117	2197	156	12562
1981	156	2420	2099	2218	157	11930
1982	155	2490	2107	2268	157	11280
1983	155	2609	2102	2172	157	10584
1984	154	2590	2132	2204	159	9922
1985	157	2818	2198	2230	158	9317
1986	159	2940	2276	2292	149	9177
1987	157	2849	2345	2410	139	7751
1988	159	3043	2423	2787	127	7344
1989	159	3140	2452	2643	123	6992
1990	159	3127	2482	2666	119	6703
1991	156	3100	2504	2783	120	6640
1992	156	3129	2481	2798	120	6657
1993	157	3145	2454	2862	119	6430
1994	157	3197	2387	2882	118	6448
1995	158	3265	2363	3117	118	6170
1996	159	3237	2466	3286	118	6090
1997	158	3264	2482	3177	118	6148
1998	158	3252	2494	3339	118	6170
1999	158	3194	2493	3293	117	6077
2000	159	3055	2422	3304	118	5943
2001	159	2975	1912	2943	121	5990
2002	156	2935	1866	3019	121	6030
2003	157	2968	1792	3022	120	5988
2004	159	3136	1783	3190	118	5995
2005	158	2982	1768	3166	117	6066
2006	158	3058	1857	3330	118	6250
2007	157	3012	1826	3715	119	6163
2008	156	3025	1826	3754	119	6254
2009	158	3115	1867	4593	118	6279
2010	158	3055	1855	4543	119	6268
2011	160	3086	1828	4643	116	6163
2012	158	3033	1821	4987	104	5722
2013	159	3062	1807	4915	103	5557
2014	158	3047	1811	5181	104	5728
2015	157	3034	1814	5534	104	5368
2016	157	3006	1816	5262	103	5651
2017	157	2978	1815	5334	105	5689

20-1 续表 continued

年份 Year	剧场(院) Theaters 机构数(个) Number (unit)	剧场(院) Theaters 人数(人) Personnel (person)	图书馆 Libraries 机构数(个) Number (unit)	图书馆 Libraries 人数(人) Personnel (person)	博物馆 Museums 机构数(个) Number (unit)	博物馆 Museums 人数(人) Personnel (person)
1949	5		3			
1952	15		3			
1957	44		40			
1962	129		84			
1965	128	755	27	257	7	183
1970	83	600	12	193	5	155
1975	81	592	43	436	8	211
1976	71	577	62	564	9	237
1977	76	658	66	621	9	246
1978	75	661	80	737	10	298
1979	77	705	88	876	10	310
1980	71	627	88	924	10	317
1981	72	649	89	1004	9	268
1982	71	667	89	1075	15	338
1983	61	660	89	1131	17	364
1984	65	678	92	1240	19	380
1985	62	705	99	1338	23	488
1986	123	2193	101	1486	30	527
1987	119	2310	105	1613	36	763
1988	116	2388	111	1780	40	876
1989	118	2413	113	1796	40	979
1990	117	2516	115	1876	41	1021
1991	121	2736	118	1956	45	1141
1992	120	2772	122	2055	45	1215
1993	119	2837	126	2178	52	1329
1994	118	2878	126	2256	54	1418
1995	115	2783	130	2318	56	1462
1996	111	2727	131	2359	54	1522
1997	107	2652	131	2471	54	1562
1998	107	2577	131	2536	56	1422
1999	107	2544	133	2555	57	1663
2000	105	2473	133	2506	59	1633
2001	105	2444	136	2503	66	1611
2002	104	2434	140	2559	70	1566
2003	104	2353	140	2573	73	1634
2004	95	2088	142	2633	72	1684
2005	94	1881	145	2690	75	1723
2006	95	2098	143	2624	76	1770
2007	92	1937	145	2640	87	1915
2008	90	1827	147	2606	96	2064
2009	82	1640	150	2669	111	2307
2010	91	1904	149	2680	114	2456
2011	93	2134	150	2697	120	2787
2012	93	2083	150	2647	178	4353
2013	93	1719	153	2760	194	4748
2014	93	1734	153	2730	243	5369
2015	92	1632	154	2750	312	6310
2016	93	1602	154	2828	393	7152
2017	100	1821	154	2877	485	7976

20−2 文化、文物机构人员情况(2017年)
Number of Institution and Personnel in Culture and Culture Relics(2017)

项目	Item	机构数(个) Number of Institutions (unit)	人员数(人) Number of Employed Persons (person)
总计	**Total**	**14575**	**89129**
文化	Culture	2681	24818
公有制艺术表演团体	Public Arts Performance Troupes	105	5689
公有制艺术表演场馆	Public Arts Centers	94	1659
艺术展览创作机构	Art exhibition and Creation Institutions	85	591
公共图书馆业	Public Libraries	154	2877
群众文化服务业	Mass Culture	1972	8312
艺术馆、文化馆	Cultural and Art Centers	157	2978
文化站	Cultural Stations	1815	5334
艺术教育业	Culture Education	3	294
文艺科研机构	Art Research	7	154
文化行政主管部门	Administrative department of culture	160	3525
其他文化机构	Other cultural institutions	101	1717
文物	Cultural Relics	678	12762
文物保护管理机构	Agency of Relics Preservation	110	2615
文物科研机构	Scientific and Research Historical Relics Agency	12	147
博物馆	Museums	485	7976
文物商店	Cultural Relics Agencies	6	64
其他文物机构	Other cultural relics institutions	65	1960
文化市场经营机构	Business Units Dealing in Culture Market	11216	51549
娱乐场所	Place of entertainment	2033	16922
互联网上网服务营业场所（网吧）	Internet service establishments (Internet bar)	7496	18964

注：文化市场经营机构含互联网上网服务营业场所和娱乐场所。
a) Business units dealing in culture market include internet service and entertainment venues.

20−3 各市文化、文物事业基本情况(2017年)
Basic Statistics on Culture and Cultural Relics by Region (2017)

地区	Region	公共图书馆数(个) Public Libraries (unit)	公共图书馆藏书量(万册) Total Collections (10 000 volumes)	艺术表演团体(个) Performance Troupes (unit)	艺术表演场所(个) Art Performance Places (unit)	文化馆（群众艺术馆）(个) Cultural (Mass Art) Centers (unit)	文化站(个) Cultural Stations (unit)	文化事业费(万元) Total Cultural Expenditures (10 000 yuan)	文物事业费(万元) Total Cultural Relics Expenditures (10 000 yuan)	博物馆(个) Museums (unit)
全省总计	**Total**	**154**	**5539**	**105**	**94**	**157**	**1815**	**388222**	**313524**	**485**
济南市	Jinan	11	501	8	9	11	141	33097	8255	26
青岛市	Qingdao	12	700	9	10	12	136	55208	12486	79
淄博市	Zibo	9	270	3	8	9	88	21206	14934	53
枣庄市	Zaozhuang	7	150	2	4	7	62	6856	10120	19
东营市	Dongying	6	229	2	1	6	40	13243	931	14
烟台市	Yantai	14	611	10	7	14	155	28717	37596	33
潍坊市	Weifang	12	442	6	2	13	118	25902	110648	37
济宁市	Jining	12	240	12	8	12	154	31979	28284	41
泰安市	Tai'an	7	166	4	5	7	88	14584	36909	40
威海市	Weihai	5	246	4	2	6	74	11514	6356	9
日照市	Rizhao	5	106	1	2	5	54	9017	3975	14
莱芜市	Laiwu	2	55	1		2	20	2923	6374	16
临沂市	Linyi	13	337	5	7	13	160	18603	6456	38
德州市	Dezhou	12	177	6	8	12	134	13364	1594	15
聊城市	Liaocheng	8	138	5	7	9	132	14646	5694	14
滨州市	Binzhou	8	166	9	1	8	91	13991	1752	17
菏泽市	Heze	10	141	12	9	10	168	15236	4572	18

注：全省数据含省本级数据。
a)Provincial data include provincial level data.

20-4 广播电视基本情况
Basic Statistics on Radio and Television Stations

项 目	Item	2014	2015	2016	2017
广播	**Radio**				
广播节目综合人口覆盖率 (%)	Radio Coverage Rate of the Population (%)	98.7	98.8	99.0	99.1
广播节目套数 (套)	Number of Radio Programs (set)	158	162	161	162
广播节目制作时间 (万小时)	Length of Radio Programs Produced (10 000 hours)	60.8	53.4	56.0	56.0
公共广播节目播出时间 (万小时)	Length of Public Radio Programs Broadcasted (10 000 hours)	90.4	93.9	95.7	94.5
对外广播节目播出套数 (套)	Number of International Radio Programs Broadcasted (set)	1	1	1	1
对外广播节目播出时间 (万小时)	Length of International Radio Programs Broadcasted (10 000 hours)	0.1	0.1	0.1	0.1
广播节目播出语言种类 (种)	Kinds of Languages of Radio Programs Broadcasted (kind)	1	1	1	1
电视	**Television**				
电视节目综合人口覆盖率 (%)	TV Coverage Rate of Population (%)	98.5	98.6	98.6	98.9
有线广播电视用户数 (万户)	Number of Users of Cable Radio and TV (10 000 households)	1889.8	1806.8	1848.1	1765.7
有线广播电视入户率 (%)	Popularization Rate of Cable Radio and TV (%)	61.9	58.5	61.5	55.9
电视节目套数 (套)	Number of TV Programs (set)	194	224	224	251
电视节目制作时间 (万小时)	Length of TV Programs Produced (10 000 hours)	21.9	22.2	23.3	25.8
公共电视节目播出时间 (万小时)	Length of Public TV Programs Broadcasted (10 000 hours)	107.6	115.5	115.5	133.8
电视节目播出语言种类 (种)	Kinds of Languages of TV Programs Broadcasted (kind)	3	3	3	3
对外电视节目播出套数 (套)	Number of International TV Programs Broadcasted (set)	1	1	1	1
对外电视节目播出时间 (万小时)	Length of International TV Programs Broadcasted (10 000 hours)	0.9	0.9	0.9	0.9
电影	**Movies**				
国有电影制片厂 (个)	State-owned Movie Studios (unit)	1	1	1	1
#电影故事片厂	Feature Film Movie Studios	1	1	1	1
电影院线 (条)	Movie Circuit (line)	26	26	28	29
#银幕 (块)	Screen (unit)	1560	1918	2305	2712
电影综合收入 (亿元)	Revenue of Movies (100 million yuan)	12.6	18.5		
#国内电影票房收入	Domestic Movie Box Office Revenue	11.0	17.3	17.5	22.9
广播电视技术及其他	**TV Technology and Others**				
广播电视总收入 (亿元)	Revenue of Radio and TV (100 million yuan)	158.7	172.3	159.8	172.9
广播电视从业人员数 (万人)	Staff and Workers of Radio and TV (10 000 persons)	5.7	5.8	5.9	5.9
中、短波转播发射台 (座)	Transmission and Relaying Stations of Medium and Short Wave Broadcast (unit)	30	30	33	31
调频转播发射台 (座)	Relaying Stations of Frequency Modulation Broadcasting (unit)	131			
电视转播发射台 (座)	TV Transmission and Relaying Stations (unit)	150			
调频、电视转播发射台 (座)	Relaying Stations and TV Transmission of Frequency Modulation Broadcasting (unit)		206	206	204
微波实有站 (座)	Microwave Stations (unit)	38	38	28	27

20-5 图书、期刊和报纸出版情况(2017年)
Number of Books,Magazines and Newspapers Published (2017)

类　别	Item	种 数 (种) Number of Publications (kind)	总印数 (万册、万份) Total Printed Copies (10 000 Copies)
图书总计	**Books**	**17109**	**55543**
马列主义、毛泽东思想	Marxism-Leninism, Mao Zedong Thought	17	5
哲学	Philosophy	135	62
社会科学总论	General Social Sciences	122	30
政治、法律	Politics and Law	111	1061
军事	Military Affairs	21	9
经济	Economics	170	62
文化、科学、教育、体育	Culture, Science, Education and Sports	12063	48107
语言、文字	Languages	164	205
文学	Literature	2315	4697
艺术	Arts	442	194
历史、地理	History and Geography	494	513
自然科学总论	General Natural Sciences	36	20
数理科学、化学	Mathematics and Chemistry	80	48
天文学、地球科学	Astronomy and Geology	65	51
生物科学	Biology	30	8
医学、卫生	Medicine and Health Care	214	131
农业科学	Agricultural Science	70	23
工业技术	Industrial Technology	412	243
交通运输	Transportation	37	20
航空、航天	Aeronautics and Aerospace	1	
环境科学	Environmental Science	13	1
综合性图书	General Books	96	51
图片(不使用《中国标准书号》)	Picture (not subject to CSBN)	1	
期刊总计	**Magazine**	**264**	**9761**
综　合	Synthesis	18	257
哲学社会科学	Philosophy and Social Science	73	3514
自然科学技术	Natural Science and Technology	129	1090
文化教育	Culture and Education	30	4200
文学艺术	Literature and Arts	14	699
画　刊	Pictorial		
少　儿	Children's Books	6	3501
报纸总计	**Newspaper**	**87**	**233654**
综合报	Synthetical Newspaper	40	187186
专业报	Special Newspaper	26	27301
生活服务报	Life Service Newspaper	17	11895
读者对象报	Reader Object Newspaper	4	7271

20−6　档案馆基本情况(2017年)
Statistics on Archive Institution(2017)

项　目		Item		总 计 Total	国家综合档案馆 National Comprehen-sive Archive	省 级 Provincial Level	市地级 City Level	县 级 County Level
档案馆	(个)	Number of Institutions	(unit)	222	161	1	17	143
现有专职人数	(人)	Number of Personnel	(person)	1939	1335		181	1154
档案馆面积	(平方米)	Floor Space of Archives Institution	(sq.m)	565789	447919	49230	137411	261277
馆藏档案		Number of Archives						
全　宗	(个)	Whole Volume	(unit)	22332	21934	345	4422	17167
案　卷	(卷)	Files	(volume)	20204045	12670933	976700	3465319	8228914
建国前档案案卷	(卷)	Before 1949 Files	(volume)	812654	800560	460612	329211	10737
建国后档案案卷	(卷)	After 1949 Files	(volume)	19391391	11870373	516088	3136108	8218177
馆藏资料	(册)	Number of Material Stored	(volume)	4935552	2639203	100325	575563	1963315
档案资料利用情况		Use of Archiver						
利用档案	(卷次)	Number of Archives Used	(volume-times)	1088827	462721	9790	72867	380064
利用资料	(册次)	Number of Material Used	(vomume-times)	27881	23835	114	3808	19913
利用档案人次	(人次)	Number of Persons Using Material	(person-times)	719181	209420	3476	27992	177952
开放案卷	(卷)	Opening Archives	(volume)	5389402	1533147	53961	466580	1012606
开放档案目录(案卷级)	(万条)	Catalog of Opening Archives (Files)	(10 000 units)	376.69	106.81		34.80	72.01

注：现有专职人数：省级无馆人员编制 ；开放档案目录：省级仅有“文件级”的数据，故该两项为空。

a)The current number of full-time staff: no staff in provincial archives; Catalog of opening archives: only "file level" data is available at the provincial level, so the two items are empty.

20−6　续表 continued

项　目		Item		国家专门档案馆 National Special Archives	部　门档案馆 Departm-ent Archives	大型企业档 案 馆 Enterprise Archive Institution	省、部属事业单位档案馆 Province and Ministry Archive Institution
档案馆	(个)	Number of Institutions	(unit)	20	10	12	19
现有专职人数	(人)	Number of Personnel	(person)	318	34	101	151
档案馆面积	(平方米)	Floor Space of Archives Institution	(sq.m)	43207	6731	29897	38034
馆藏档案		Number of Archives					
全　宗	(个)	Whole Volume	(unit)	47	8	275	68
案　卷	(卷)	Files	(volume)	4861048	423208	1293207	955649
建国前档案案卷	(卷)	Before 1949 Files	(volume)	6325		5720	49
建国后档案案卷	(卷)	After 1949 Files	(volume)	4854723	423208	1287487	955600
馆藏资料	(册)	Number of Material Stored	(volume)	2077983	39721	45479	133166
档案资料利用情况		Use of Archiver					
利用档案	(卷次)	Number of Archives Used	(volume-times)	462115	23523	22289	118179
利用资料	(册次)	Number of Material Used	(vomume-times)	788	135	1514	1609
利用档案人次	(人次)	Number of Persons Using Material	(person-times)	422107	43982	7658	36014
开放案卷	(卷)	Opening Archives	(volume)	3048827	332001	235196	240231
开放档案目录(案卷级)	(万条)	Catalog of Opening Archives (Files)	(10 000 units)	255.18		4.90	9.80

20-7 等级运动员、教练员、裁判员发展人数

Basic Statistics on Athletes, Coaches and Referees

单位:人 (person)

项 目	Item	2011	2012	2013	2014	2015	2016	2017
等级运动员	**Number of Athletes and Referees in Grades**	**2512**	**3360**	**4650**	**4045**	**4006**	**4304**	**2908**
国际运动健将	International Master of Sportsmen	16	7	23	13	21	14	9
运动健将	Master of Sportsmen	14	121	110	83	134	178	137
一 级	First Grade Sportsmen	691	1067	572	1109	907	771	742
二 级	Second Grade Sportsmen	1791	2165	3945	2840	2944	3341	2020
聘任教练员	**Employed Coaches**	**177**	**157**	**163**	**129**	**134**	**97**	**105**
国家级	National Coaches	5	3	1	6			1
高 级	Senior Coaches	32	17	25	17	18	6	10
一 级	First Grade Coaches	65	54	53	38	39	32	27
二 级	Second Grade Coaches	72	75	75	55	59	52	55
三 级	Third Grade Trainers	3	8	9	13	18	7	12
等级裁判员	**Number of Referees in Grades**	**1076**	**1784**	**3213**	**3481**	**3630**	**2038**	**2524**
国际级	International Referees							
国家级	National Referees	20	55	1	30	2		
一 级	First Grade Referees	473	450	544	928	745	75	196
二 级	Second Grade Referees	583	1279	2668	2523	2883	1963	2328

20−8 分项目分技术等级运动员发展人数（2017年）
Certified Athletes by Type of Sports and Technical Grade(2017)

单位：人 (person)

项　目	Item	合　计 Total	国际级运动健将 International Master of Sportsmen	运动健将 Master of Sportsmen	一级运动员 First Grade Sportsmen	二级运动员 Second Grade Sportsmen
合计	**Total**	**2908**	**9**	**137**	**742**	**2020**
田径	Track and Field Events	662		13	26	623
游泳	Swimming	192	1	9	49	133
跳水	Diving	4		3		1
体操	Artistic Gymnastics	9		7	2	
艺术体操	Eurhythmics	3			3	
蹦床	Trampoline	3		3		
举重	Weightlifting	35		1	4	30
拳击	Boxing	32		2	7	23
摔跤	Wrestling	80		7	21	52
中国式摔跤	Chinese Wrestling	50		6	5	39
柔道	Judo	69		3	31	35
跆拳道	Taekwondo	41		2	19	20
自行车	cycling	38	1	1	21	15
击剑	Fencing	27		1	10	16
现代五项	Modern Pentathlon	9			9	
射击	Shooting	27	1	1	6	19
射箭	Archery	19		1	7	11
赛艇	Rowing	89		7	41	41
皮划艇	Canoe Kayak	83		2	37	44
帆船	Sailing	39		6	26	7
帆板	Windsurfing	9			8	1
足球	Football	73	2	5	32	34
篮球	Basketball	299	2	11	57	229
排球	Volleyball	137		3	38	96
沙滩排球	Beach Volleyball	14		3		11
乒乓球	Table Tennis	154	1	4	35	114
羽毛球	Badminton	95		5	71	19
网球	Tennis	45			1	44
手球	Handball	198		2	3	193
棒球	Baseball	70			20	50
垒球	Softball	28			11	17
速度滑冰	Speed Skating	2		2		
短道速滑	Short-track Speed Skating	3			3	
花样滑冰	Figure Skating	1				1
技巧	Acrobatic Gymnastics	3			1	2
软式网球	Lawn Tennis	4			4	
武术	Wushu	72		4	28	40
滑水	Waterskiing	2				2
围棋	Weiqi	7	1		3	3
国际象棋	Chess	33		6	21	6
象棋	Chinese Chess	3		1	2	
登山	Mountain Climbing	2			1	1
攀岩	Rock Climbing	6			3	3
高尔夫球	Golf ball	19		2	11	6
橄榄球	Rugby	89		4	48	37
航海模型	Marine Modeling Sports	4			3	1
航空模型	Aero-modeling Sports	1				1
健美	Body Building	4			4	
健美操	Aerobics	20		10	10	

20−9 体育系统机构人员情况（2017年）
Number of Institutions and Engaged Persons of Physical Education System(2017)

单位：个、人 (unit,person)

指 标	Item	省级 Provincial Level 机构 Institutions	省级 Provincial Level 人员 Persons	地级 Prefectural Level 机构 Institutions	地级 Prefectural Level 人员 Persons	县级 County Level 机构 Institutions	县级 County Level 人员 Persons
总 计	**Total**	**33**	**3386**	**100**	**3715**	**219**	**5161**
独立行政机关	Independent Administrative Agencies of Government	1	53	19	962	51	813
合并行政机关	Combined Administrative Agencies of Government					46	744
竞技体校	Competitive Sports Schools			1	45	10	280
其他事业单位	Other Institutions	12	301	35	308	71	2422
本科院校	Colleges	1	651				
企业	Companies			2	37		
少儿体育运动学校(业余体校)	Spare-time Sports Schools			4	275	20	364
体育场馆	Stadiums and Gymnasiums	1	125	20	678	4	32
体育科研机构	Sport Scientific Research Institutions	1	48	3	20		
体育类民办非企业	People-run Non-enterprise Sport Units					1	40
体育运动学校	Physical Education and Sport Schools			13	1248	3	188
体育中学	Sport Middle Schools					13	278
训练基地	Training Bases	1	34	2	53		
运动项目管理部门(优秀运动队)	Sports Events Managing Agencies	16	2174	1	89		

20−10 卫生总费用
Total Health Expenditure

年份 Year	卫生总费用（亿元） Total Health Expenditure (100 million yuan)	政府卫生支出 Government Health Expenditure 绝对数（亿元） Level (100 million yuan)	政府卫生支出 Government Health Expenditure 占卫生总费用比重(%) As Percentage of Health Expenditure (%)	社会卫生支出 Social Health Expenditure 绝对数（亿元） Level (100 million yuan)	社会卫生支出 Social Health Expenditure 占卫生总费用比重(%) As Percentage of Health Expenditure (%)	个人现金卫生支出 Out-of-pocket Health Expenditure 绝对数（亿元） Level (100 million yuan)	个人现金卫生支出 Out-of-pocket Health Expenditure 占卫生总费用比重(%) As Percentage of Health Expenditure (%)	人均卫生总费用（元） Per Capita Health Expenditure (yuan)	卫生总费用占GDP比重(%) Health Expenditure as Percentage of GDP (%)
1998	195.71	30.66	15.67	56.62	28.93	108.43	55.40	221	2.79
1999	227.96	31.96	14.02	58.05	25.46	137.96	60.52	257	3.04
2000	271.98	34.96	12.85	67.16	24.69	169.85	62.45	302	3.26
2001	301.92	39.60	13.12	90.42	29.95	171.89	56.93	334	3.28
2002	353.46	48.42	13.70	96.92	27.42	208.13	58.88	389	3.44
2003	399.68	59.13	14.79	117.92	29.50	222.64	55.70	438	3.31
2004	448.60	69.68	15.53	136.31	30.39	242.61	54.08	489	2.99
2005	542.13	83.83	15.46	168.77	31.13	289.53	53.41	586	2.93
2006	650.10	108.89	16.75	219.95	33.83	321.26	49.42	698	2.94
2007	801.02	148.01	18.48	272.91	34.07	380.10	47.45	855	3.08
2008	987.17	193.19	19.57	359.72	36.44	434.26	43.99	1048	3.18
2009	1163.20	254.02	21.84	428.68	36.85	480.51	41.31	1228	3.43
2010	1345.30	327.40	24.34	497.02	36.95	520.88	38.72	1403	3.43
2011	1648.65	425.10	25.78	616.02	37.37	607.53	36.85	1711	3.63
2012	1928.88	498.38	25.84	726.42	37.66	704.09	36.50	1992	3.86
2013	2245.97	571.45	25.44	874.71	38.95	799.80	35.61	2307	4.11
2014	2484.16	619.70	24.95	1039.50	41.84	824.97	33.21	2538	4.18
2015	2844.96	722.22	25.39	1213.99	42.67	908.75	31.94	2889	4.52
2016	3354.70	813.19	24.24	1536.92	45.81	1004.59	29.95	3373	4.93

20−11 卫生事业基本情况
Basic Statistics of Health Institutions

年 份 Year	卫生机构数（个） Number of Health Institutions (unit)	#医 院、卫生院 Hospitals and Township Hospitals	卫生机构床位数（万张） Number of Beds (10 000 sets)	#医 院、卫生院 Hospitals and Township Hospitals	卫生技术人员数（万人） Medical Technical Personnel (10 000 persons)	#执业(助理)医师 Licensed (Assistant) Doctors
1949	288	112	0.3	0.3	2.6	1.8
1952	1879	223	1.8	0.9	3.9	2.0
1955	4620	221	2.1	1.1	6.0	2.9
1957	10235	232	2.4	1.5	7.3	3.3
1962	19460	349	4.9	3.4	9.0	4.3
1965	16336	502	5.4	3.8	8.9	4.4
1970	6173	2155	6.2	5.7	7.9	3.7
1975	7092	2336	9.3	8.6	12.4	5.0
1976	7438	2402	10.2	9.4	13.6	5.2
1977	8003	2420	11.1	10.3	14.4	5.5
1978	8389	2453	12.0	11.1	15.0	5.7
1979	8731	2541	12.5	11.6	16.1	6.2
1980	8908	2552	12.7	11.7	16.9	6.2
1981	9448	2565	12.9	11.8	17.9	6.9
1982	9830	2583	13.2	12.0	18.7	7.3
1983	9965	2597	13.5	12.2	19.3	7.6
1984	9972	2626	14.1	12.8	19.8	7.7
1985	10304	2623	14.7	13.4	20.5	8.0
1986	10399	2659	15.3	13.9	21.3	8.3
1987	10634	2690	16.2	14.7	22.1	8.7
1988	10475	2767	16.8	15.2	22.8	9.2
1989	10707	2975	17.2	15.5	23.4	10.4
1990	11040	3037	17.7	16.0	24.1	10.7
1991	11141	3066	18.2	16.5	24.1	10.5
1992	10865	3097	18.7	17.1	24.7	10.6
1993	10881	3096	19.5	17.7	25.8	11.1
1994	10654	3134	19.9	18.1	26.4	11.5
1995	10463	3104	20.0	18.2	27.1	11.9
1996	11968	3139	20.0	18.7	28.7	12.8
1997	10993	3151	20.7	19.4	29.4	13.0
1998	11008	3170	20.8	19.6	30.1	13.3
1999	14611	3151	21.3	20.1	30.8	13.9
2000	17118	3150	21.5	20.3	31.5	14.5
2001	17348	3000	21.8	20.7	31.8	14.9
2002	17500	2980	22.1	21.0	32.2	15.4
2003	16025	2929	21.8	20.8	31.1	13.4
2004	16574	2891	23.2	21.6	32.3	13.9
2005	16788	2922	25.1	23.5	32.5	14.1
2006	17016	2942	25.9	24.3	33.7	14.6
2007	15337	3075	28.3	26.5	34.6	15.0
2008	14973	3008	32.0	29.7	37.6	16.0
2009	15094	3024	34.7	32.1	40.6	16.9
2010	16496	3099	38.2	35.1	44.1	17.8
2011	68275	3135	41.6	37.8	48.2	18.6
2012	68840	3188	47.3	43.0	53.0	20.1
2013	75475	3426	49.0	44.6	59.8	23.2
2014	77066	3491	50.0	45.9	60.4	23.1
2015	77435	3556	51.9	47.7	61.9	23.7
2016	77050	3643	54.3	49.8	64.3	24.5
2017	79099	4108	58.5	53.8	68.9	26.5

注：1.自2011年，医疗卫生机构数含村卫生室。2.自2013年，医疗卫生机构数含部分计划生育技术服务机构。
a)Since 2011, the number of health institutions include village health room.
b)Since 2013 ,the data of health institutions include technical service centers for birth control.

20-12 医院工作状况
Basic Statistics of Hospitals above County Level

项　　目		Item		2013	2014	2015	2016	2017
机构数	(个)	Number of Medical Units	(unit)	1783	1854	1926	2019	2450
诊疗人次数	(万人次)	Number of Patients Treated	(10 000 person-times)	16580	17921	18711	20363	22518
#门诊急诊人次数	(万人次)	Out-Patients and Emergency Patients	(10 000 person-times)	16116	17455	18257	19799	21831
#死亡人数	(人)	Casualties	(person)	22955	23031	24180	25060	29188
观察室收容病人数	(万人次)	Number of Inpatients	(10 000 person-times)	238	228	216	229	262
#死亡人数	(人)	Casualties In-Patient	(person)	4185	3884	4223	4312	4108
健康检查人数	(万人)	Number of People Having Physical Checkup	(10 000 persons)	1006	1103	1145	1172	1287
本年入院人数	(万人)	Hospital Admissions	(10 000 persons)	1029.8	1129.3	1167.3	1298.4	1411.6
本年出院人数	(万人)	Number of People Discharged from Hospitals	(10 000 persons)	1023.7	1124.4	1162.0	1293.2	1407.9
本年住院病人手术人次数	(万人次)	Number of Operations on Inpatients	(10 000 person-times)	245	279	283	330	381
年底实有病床数	(张)	Beds Owned by Hospitals at the Year-end	(set)	342078	358855	378320	400077	441012
实际开放总床日数	(万床日)	Total Number of Beds Used at Midnight	(10 000 bed-days)	11905	12482	13208	13925	15065
平均每日开放病床数	(张)	Average Number of Beds Used Every Day	(set)	325286	341961	361851	381505	412728
实际占用总床日数	(万床日)	Total Number of Beds Occupied	(10 000 bed-days)	10139	10825	11135	11812	12575
出院者占用总床日数	(万床日)	Total Number of Beds for Patients Discharged	(10 000 bed-days)	9828	10617	10882	11565	12158
病床周转次数	(次)	Turnover of Beds	(time)	31.5	32.9	32.1	33.9	34.1
病床工作日	(日)	Days of Beds in Use	(day)	311.7	316.6	307.7	309.6	304.7
病床使用率	(%)	Utilization Rate of Beds	(%)	85.2	86.7	84.3	84.8	83.5
出院者平均在院日数	(日)	Average Hospitalization Period	(day)	9.6	9.4	9.4	8.9	8.6

20-13 各类医疗卫生机构基本情况(2017年)
Basic Statistics on Medical Institutions(2017)

医疗机构分类	Institutions	机构数(个) Number of Institutions (unit)	床位数(张) Number of Beds	卫生技术人员(人) Number of Medical Personnel (person)	执业(助理)医师 Licensed (Assistant) Doctors	注册护士 Registered Nurse	诊疗人次数(万人次) Visit (10 000 times)
总计	**Total**	**79099**	**584842**	**689391**	**264732**	**293663**	**64447.3**
医院	**Hospital**	**2450**	**441012**	**444436**	**154562**	**215610**	**22517.9**
综合医院	Genaral Hospital	1501	309612	326143	112915	161150	17229.5
中医医院	Traditional Chinese Medicine Hospital	263	60883	62465	23464	27247	3055.9
专科医院	Specialized Hospital	611	64207	50833	16478	24869	2023.0
基层医疗卫生机构	**Basic Medical Institutions**	**75105**	**116679**	**193677**	**92395**	**60937**	**39307.6**
社区卫生服务中心(站)	Health Service Center for Community	2372	18557	32513	13336	11491	3634.4
卫生院	Health Centers	1658	97174	93519	38435	26881	7421.3
村卫生室	Village clinic	53024		9924	7801	2123	22357.4
门诊部	Outpatient Department	1231	876	12620	6174	4677	729.1
诊所、卫生所、医务室	Infirmaries and Clinics	16820	72	45101	26649	15765	5165.4
专业公共卫生机构	**Specialized Public Health Institutions**	**1352**	**24091**	**47713**	**16662**	**15983**	**2580.3**
疾病预防控制中心	Center for Disease Control and Prevention	173		8459	4100	646	
专科疾病防治院(所、站)	Specialized Disease Prevention &Treatment Institution	133	3935	3466	1353	1093	210.5
健康教育所(站、中心)	Health Education Institute	3		20	14	4	
妇幼保健院(所、站)	Women and Children Care Agencies	161	20092	29004	10022	13176	2315.8
急救中心(站)	First-Aid Center	13	64	263	83	114	53.9
采供血机构	Pick and Supply Blood Institution	20		1342	292	570	
卫生监督所(中心)	Medical Supervision Institution	155		3174			
计划生育技术服务机构	Institutions of Technical Service for Family Planning	694		1985	798	380	
其他机构	**Other Institutions**	**192**	**3060**	**3565**	**1113**	**1133**	**41.6**
疗养院	Sanatorium	16		1596	534	747	41.6
临床检验中心	Clinical Laboratory Center	33		627	87	6	

20-14 各市卫生事业基本情况(2017年)
Statistics on Health Service by Region(2017)

地区	Region	卫生机构数(个) Number of Health Institutions (unit)	医院 Hospitals	疾病预防控制机构数 Sanitation Stations	妇幼保健机构 Maternity and Child Care Center	床位数(张) Beds (set)	医院 Hospitals	卫生机构人员(人) Health Care Institutions personnel (person)	卫生技术人员(人) Medical Technical Personnel (person)	执业(助理)医师 Licensed (Assistant) Doctors	注册护士 Nurses
全省总计	**Total**	**79099**	**2450**	**173**	**161**	**584842**	**441012**	**918985**	**689391**	**264732**	**293663**
济南市	Jinan	5770	238	12	12	54855	47575	97663	76273	29035	33817
青岛市	Qingdao	7927	306	25	12	55798	46282	95591	76146	30867	33985
淄博市	Zibo	4849	157	9	9	31648	24022	47815	37350	14452	15061
枣庄市	Zaozhuang	2525	78	6	7	22622	16813	32627	25319	9536	11638
东营市	Dongying	1640	76	6	5	12643	11213	21380	17454	6482	7630
烟台市	Yantai	5271	196	15	14	42883	31801	61825	48282	18097	18453
潍坊市	Weifang	7229	188	18	14	56227	40685	84601	64506	25432	28244
济宁市	Jining	6918	192	12	13	48701	36430	78725	57215	21557	25132
泰安市	Tai'an	4260	103	9	8	31834	24953	50552	36727	13535	16023
威海市	Weihai	2251	50	4	5	18383	14068	27311	21874	8097	9901
日照市	Rizhao	2441	53	5	5	14237	9637	22874	16930	6200	7072
莱芜市	Laiwu	1288	30	3	3	7219	5462	11069	8104	3293	3320
临沂市	Linyi	7512	188	13	13	60356	39595	83457	58523	21287	24601
德州市	Dezhou	5006	104	11	12	26467	17932	43860	31102	13010	12360
聊城市	Liaocheng	5937	148	8	10	32183	24156	47149	34069	12797	13863
滨州市	Binzhou	2882	110	8	7	20315	15718	33700	25637	9695	11238
菏泽市	Heze	5393	233	9	12	48471	34670	78786	53880	21360	21325

注:1.医院中不包括卫生院。2.本表内数字包括诊所、卫生保健所、医务室的机构、人员数。3.妇幼保健机构包括妇幼保健院、所、站。
a)Number of hospitals exclude the township hospitals.b)Data in this table include the number of clinics,health care centers,medical staff.
c)Maternity and child care centers include centers on different level.

主要统计指标解释

医疗卫生机构 指从卫生计生行政部门取得《医疗机构执业许可证》，或从民政、工商行政、机构编制管理部门取得法人单位登记证书，为社会提供医疗保健、疾病控制、卫生监督服务或从事医学科研和医学在职培训等工作的单位。医疗卫生机构包括医院、基层医疗卫生机构、专业公共卫生机构、其他医疗卫生机构。

医院 包括综合医院、中医医院、中西医结合医院、民族医院、各类专科医院和护理院，不包括专科疾病防治院、妇幼保健院和疗养院。

卫生人员 指在医院、基层医疗卫生机构、专业公共卫生机构及其他医疗卫生机构工作的职工，包括卫生技术人员、乡村医生和卫生员、其他技术人员、管理人员和工勤人员。一律按支付年底工资的在岗职工统计，包括各类聘任人员(含合同工)及返聘本单位半年以上人员，不包括临时工、离退休人员、退职人员、离开本单位仍保留劳动关系人员、本单位返聘和临聘不足半年人员。

卫生技术人员 包括执业医师、执业助理医师、注册护士、药师(士)、检验技师(士)、影像技师(士)、卫生监督员和见习医(药、护、技)师(士)等卫生专业人员。不包括从事管理工作的卫生技术人员(如院长、副院长、党委书记等)。

床位数 指年底固定实有床位(非编制床位)，包括正规床、简易床、监护床、正在消毒和修理床位、因扩建或大修而停用的床位，不包括产科新生儿床、接产室待产床、库存床、观察床、临时加床和病人家属陪侍床。

总诊疗人次数 指所有诊疗工作的总人次数，统计界定原则为：①按挂号数统计，包括门诊、急诊、出诊、预约诊疗、单项健康检查、健康咨询指导（不含健康讲座）人次。患者一次就诊多次挂号，按实际诊疗次数统计，不包括根据医嘱进行的各项检查、治疗、处置工作量以及免疫接种、健康管理服务人次数；②未挂号就诊、本单位职工就诊及外出诊（不含外出会诊）不收取挂号费的，按实际诊疗人次统计。

Explanatory Notes on Main Statistical Indicators

Health Care Institutions refer to the units which have been qualified the Certification of Health Care Institution issued by the administration of public health, or qualified the Certification of Corporate Unit issued by the administration of civil affairs, the administration for industry and commerce, or the commission office for public sector reform, and which engage in medical care, disease prevention and control, health supervision and inspection, medicine research and health education, etc, including: hospitals, primary-level medical and health care institutions, public health centers, and so on.

Hospitals include polyclinics, traditional Chinese therapeutics and western therapeutics, ethical hospitals, various specialty hospitals and nursing hospitals, exclusive of women and children care agencies, special disease prevention and curing agencies.

Health Care Employees refer to the employees engaged in hospitals, primary-level medical and health care institutions, and other medical and health institutions, including medical technical personnel, rural doctors and hygienists, other technical personnel, administrative staff and handymen. The data is based on the year end payroll, including all kinds employees (contract workers) and rehired retired staff, and excluding temporary workers, retired personnel, resigned personnel, personnel who have left the institution but kept labor relations, and rehired personnel on duty less than six months.

Medical Technical Personnel refers to the professional staff engaged in health care, including licensed doctors, licensed assistant doctors, registered nurses, pharmacists, and laboratory technicians, imaging technicians, health care supervisors, and intern doctors ,pharmacists, nurses, and technicians and so on, excluding the personnel engaged in managerial jobs, such as presidents, vice presidents or party secretaries.

The Number of Beds refer to the number of fixed existing beds which include regular beds, simple beds, care beds, beds being disinfected or fixed and beds not in use because of expansion and housing repairs, excluding neonatal beds, beds for expectant mothers, stored beds, observation beds, temporarily added beds and accompanying beds.

Total Visits refer to all the people visiting health institutions. The data is based on the registration number, including outpatients, emergency treatments, home visits, appointment clinics, health examinations and health counseling, and also on the number of people on medical treatment unregistered in and out of their units, with excluded the number of people on medical device for physical checkup, treatment, disposal workload, immunization and health management.

第21篇

公共管理和社会服务

Public Management and Social Services

简 要 说 明

一、本篇资料的主要内容

本篇资料反映了全省民政、司法、测绘、标准计量和残疾人事业发展情况。

二、本篇资料的来源

1.民政部分的资料来源于省民政厅规划财务处。

2.司法部分的资料来源于省司法厅办公室。

3.测绘部分的资料来源于省国土资源厅测绘管理处。

4.标准计量部分的资料来源于省质量技术监督局计划财务处。

5.残联资料由山东残疾人联合会整理提供。

本篇资料中，测绘和标准计量部分由省统计局综合处加工整理，其他各部分资料由省统计局社科处整理提供。

Brief Introduction

I. Content

Data in this chapter show the basic conditions of civil affairs, legal and judicial affairs, surveying and mapping, standard measuring and work for persons with disabilities .

II. Source of Data

(1)Data on civil affairs are provided by the Division of Planning and Finance of Shandong Provincial Department of Civil Affairs.

(2)Data on legal and judicial affairs are provided by the Administrative Office of Shandong Provincial Department of Justice.

(3)Data on surveying and mapping are provided by the Division of Survey and Mapping of Shandong Provincial Department of Land and Resources.

(4)Data on standard measuring are provided by the Division of Planning and Finance of Shandong Provincial Administration of Quality and Technical Supervision.

(5)Data on Disabled persons are from the Shandong Disabled Persons Federation.

In this chapter, data on surveying are prepared by the Division of Comprehensive Statistics of Shandong Provincial Bureau of Statistics. Other data are prepared by the Division of Social,Science and Technology Statistics of Shandong Provincial Bureau of Statistics.

21-1 民政事业基本情况
Basic Statistics on Civil Affairs

项　　目		Item		2013	2014	2015	2016	2017
一、民政事业支出情况		**Civil Affairs Expenditures**						
民政事业费总支出	(万元)	Total Operating Expenses For Civil Affairs	(10 000 yuan)	2502271	2706752	2871389	3048813	3394553
基本建设支出	(万元)	Capital expenditures	(10 000 yuan)	336182	307322	180588	131334	66800
二、优抚安置情况		**Veteran Benefit and Placement**						
国家抚恤、补助	(人)	State Pensions, Subsidies of	(person)	1008304	959504	898504	841128	790715
各类优抚对象		Various Kinds of Allowances		96523	94016	91332	91664	84885
优待军属户数	(户)	Benefits Military Families	(household)	96523	94016	91332	91664	84885
三、社会救助情况		**Social Relief**						
城镇居民最低生活保障人数	(人)	Number of Urban Residents for Minimum Livelihood Guarantee	(person)	487176	446119	372321	308575	237786
城镇最低生活保障支出	(万元)	Expenditures by Urban Residents for Minimum Livelihood Guarantee	(10 000 yuan)	197649	183590	163876	146030	126638
农村最低生活保障人数	(人)	Number of Rural residents for Minimum Livelihood Guarantee	(person)	2598685	2582089	2374164	2176628	1815546
农村最低生活保障支出	(万元)	Expenditures by Rural residents for Minimum Livelihood Guarantee	(10 000 yuan)	472997	505161	515061	548395	520892
农村特困供养人数	(人)	Rural Poor of Dependents	(person)	228059	226014	212224	210594	210461
资助参加基本医疗保险人数	(人)	Funding of the Number of Basic Medical Insurance	(person)	2024185	2548991	2411578	2200170	1847770
优抚对象享受医疗保障人数	(人)	Number of Allowances To Enjoy Medical Insurance	(person)	575599	553563	483604	459962	431537
四、社会组织情况		**Social Organization**						
社会组织个数	(个)	Total	(unti)	38976	41165	43411	45963	48727
社会团体	(个)	Social Groups	(unti)	17807	17738	17378	17380	17657
民办非企业	(个)	Private Non-Enterprise	(unti)	21083	23335	25915	28448	30903
基金会	(个)	Foundation	(unti)	86	92	118	135	167
五、社会事务情况		**Social Affairs**						
孤儿数	(人)	Number of Orphans	(person)	19077	18023	17534	17360	16072
家庭儿童收养登记数	(件)	Number of Adoption Registration of Chidren Adopted by Families	(case)	2092	2416	2414	1982	1662
六、基层自治组织情况		**Primary-Level Self-Governing Bodies**						
村民委员会	(个)	Villagers ' Committee	(unti)	74798	73388	74250	74217	74167
居民委员会	(个)	Residents ' Committee	(unti)	6487	6627	6651	6731	6828
七、福利彩票情况		**Welfare Lottery**						
销售额	(亿元)	Sales	(100 millon yuan)	134.4	147.8	144.9	146.9	151.5
全省各级留用公益金	(亿元)	At All Levels In the Province Retained the Community Chest	(100 millom yuan)	19.2	21.0	20.3	21.1	21.8

21-2 婚姻登记情况
Basic Statistics on Marriages and Divorces

项目	Item	2012	2013	2014	2015	2016	2017
一、国内登记结婚	**Domestic Marriage Registration**						
准予登记结婚 (对)	Registered Marriage (couple)	933262	891370	831823	701034	670678	625812
#恢复结婚 (对)	Resuming of Marriage (couple)	4521	4212	3566	1955	1610	13368
初婚人数 (人)	First Marriage (person)	1640652	1516968	1358269	1104987	995075	901747
再婚人数 (人)	Number of Remarriage (person)	225872	265772	305377	297081	346281	349877
男性 (人)	Male (person)	108825	124808	146149	139453	162761	162598
女性 (人)	Female (person)	117047	140964	159228	157628	183520	187279
二、涉外登记结婚	**Marriage Registration Concerning Foreigners**						
准予登记结婚 (对)	Registered Marriage (couple)	1166	1231	1365	1085	1091	1122
准予登记结婚人数 (人)	Number of Persons Registered (person)	2332	2462	2730	2170	2182	2244
国内公民 (人)	Domestic Citizens (person)	1144	1200	1339	1069	1024	1111
男性 (人)	Male (person)	235	335	502	329	361	499
女性 (人)	Female (person)	909	865	837	740	663	612
港澳居民 (人)	Compatriots in Hong Kong and Macao (person)	36	37	46	51	91	27
台湾居民 (人)	Compatriots in Taiwan (person)	182	198	203	180	138	145
华侨 (人)	Overseas Chinese (person)	32	32	39	22	24	24
外国人 (人)	Foreigners (person)	938	995	1103	848	905	937
三、离婚登记	**Divorce Registration**						
法院受理离婚案件 (件)	Divorce Case Handled (unit)	107686	110594	115323	121126	117863	114869
准予登记离婚总数 (对)	Number of Registered Divorce (couple)	196685	225060	234143	240933	254506	272501
民政部门办理离婚 (对)	Divorces Handled through Civil Administration Departments (couple)	142951	172125	181336	185305	201101	220424
#涉外婚姻 (对)	Divorces Concerning Foreigners (couple)	133	132	151	152	143	172
法院调解离婚 (对)	Divorces through Law Court Mediation (couple)	40660	37655	36307	36222	33327	35425
法院判决离婚 (对)	Divorces through Law Court Judgment (couple)	13074	15280	16500	19406	20078	16652

21-3 殡葬服务情况
Statistics on Funeral and Interment Services

年 份 Year 地 区 Region	殡葬类单位数(个) Number of Funeral and Interment Enterprises (unit)	年末职工总数(人) Employeesat Year-end (person)	火化炉数(台) Number of Cremators (set)	全年处理遗体数(具) Cremated Remains During the Year (bodies)
2005	162	3403	390	540020
2006	164	3338	397	512846
2007	165	3450	422	540641
2008	167	3457	430	565845
2009	168	3353	440	585799
2010	166	3372	456	616092
2011	168	3366	466	610564
2012	167	3342	474	629825
2013	168	3372	477	599057
2014	173	3509	494	581500
2015	171	3511	504	586755
2016	172	3485	518	611920
2017	178	3745	542	627723
济 南 市 Jinan	8	308	47	44142
青 岛 市 Qingdao	10	206	51	63140
淄 博 市 Zibo	10	115	32	27601
枣 庄 市 Zaozhuang	6	96	18	16291
东 营 市 Dongying	4	125	18	11121
烟 台 市 Yantai	19	373	57	55083
潍 坊 市 Weifang	16	341	55	67859
济 宁 市 Jining	22	527	41	51632
泰 安 市 Tai'an	9	171	24	40215
威 海 市 Weihai	8	139	20	24511
日 照 市 Rizhao	6	114	17	18273
莱 芜 市 Laiwu	2	46	6	8705
临 沂 市 Linyi	13	276	46	71180
德 州 市 Dezhou	14	266	35	32801
聊 城 市 Liaocheng	9	201	27	26769
滨 州 市 Binzhou	12	235	24	29622
菏 泽 市 Heze	10	206	24	38778

21-4 律师、公证工作基本情况
Basic Statistics on Lawyers and Notarization

项目		Item		2011	2012	2013	2014	2015	2016	2017
律师工作		**Lawyers**								
律师事务所	(个)	Number of Law Offices	(unit)	1199	1283	1372	1512	1629	1796	1931
国资所	(个)	State-owned	(unit)	43	43	42	41	37	35	33
合作所	(个)	Cooperative	(unit)							
合伙所	(个)	Partnership	(unit)	866	893	936	1021	1079	1173	1276
个人发起所	(个)	Initiated by Individual	(unit)	290	347	394	450	513	588	622
执业律师	(人)	Number of Lawyers	(person)	14137	15633	16941	18405	20043	22043	24437
专职律师	(人)	Full-time Lawyers	(person)	13102	14497	15724	17147	18726	20601	22715
兼职律师	(人)	Part-time Lawyers	(person)	506	532	556	568	615	624	656
公证工作		**Notarization**								
公证处	(个)	Number of Notary Offices	(unit)	158	158	158	158	157	157	157
公证员	(人)	Notaries	(person)	903	908	903	1040	1054	1017	2292
公证员助理	(人)	Assistant Notaries	(person)	386	369	513	518	528	569	714
办理各类公证事项	(万件)	Number of Notarized Affair	(10 000 units)	53	58.9	64	67.8	70.9	77.1	84.4

21-5 各市交通事故情况（2017年）
Basic Statistics on Traffic Accidents by Region (2017)

地区	Region	发生数（起） Number of Traffic Accidents (case)	死亡人数（人） Number of Deaths (person)	受伤人数（人） Number of Injuries (person)	直接财产损失（万元） Direct Property Losses (10 000 yuan)
全省总计	**Total**	**12590**	**3295**	**11846**	**5425.07**
济南市	Jinan	2919	342	3085	961.13
青岛市	Qingdao	1724	302	1695	492.75
淄博市	Zibo	1070	301	978	534.84
枣庄市	Zaozhuang	287	114	199	85.43
东营市	Dongying	459	130	434	133.22
烟台市	Yantai	560	194	518	104.61
潍坊市	Weifang	954	229	882	354.79
济宁市	Jining	761	202	684	249.72
泰安市	Tai'an	423	174	376	237.38
威海市	Weihai	170	140	69	40.27
日照市	Rizhao	425	114	349	221.4
莱芜市	Laiwu	279	57	281	132.14
临沂市	Linyi	498	273	357	564.96
德州市	Dezhou	637	200	484	254.35
聊城市	Liaocheng	940	231	1037	527.37
滨州市	Binzhou	262	107	203	99.26
菏泽市	Heze	153	139	112	110.96

注：全省总计含高速交警总队和直属公安局数据。
a)The total including data of high-speed traffic police corps and directly under the provincial public security bureau.

21-6 火灾事故情况（2017年）
Basic Statistics on Fire Accidents(2017)

项目	Item	合计 Total	特大 Extraordinarily Serious	重大 Serious	较大 Comparatively Serious	一般 Ordinary
发生（起）	Fire Accidents (case)	21512				21512
死亡（人）	Deaths (person)	39				39
受伤（人）	Injuries (person)	14				14
直接经济损失（万元）	Direct Economic Losses (10 000 yuan)	23936				23936
平均每起事故损失（元）	Average Loss of Fire (yuan)	11127				11127

21-7 各市火灾事故情况（2017年）
Basic Statistic on Fires by Region(2017)

地区	Region	发生数（起） Number of Fire Accidents (case)	死亡人数（人） Number of Deaths (person)	受伤人数（人） Number of Injuries (person)	直接经济损失（万元） Direct Economic Losses (10 000 yuan)
全省总计	**Total**	**21512**	**39**	**14**	**23936**
济南市	Jinan	1753	10	1	599
青岛市	Qingdao	1460	13	9	3800
淄博市	Zibo	1020			368
枣庄市	Zaozhuang	1029	1		1069
东营市	Dongying	1484			643
烟台市	Yantai	2076			2084
潍坊市	Weifang	1347			1506
济宁市	Jining	2000			1212
泰安市	Tai'an	1436			408
威海市	Weihai	1118	1	1	710
日照市	Rizhao	320	8		2547
莱芜市	Laiwu	154			212
临沂市	Linyi	2479	1	2	2200
德州市	Dezhou	879	1		2103
聊城市	Liaocheng	1532	1	1	3133
滨州市	Binzhou	506			299
菏泽市	Heze	919	3		1045

21－8 人民检察院审查批准、决定逮捕犯罪嫌疑人和提起公诉被告人情况（2017年）

Arrests of Criminal Suspects and Defendants under Public Prosecution Approved by People's Procuratorate (2017)

案件分类	Category of Cases	批捕、决定逮捕合计 Total of Arrests		决定起诉合计 Total of Public Prosecutions	
		件 (case)	人 (person)	件 (case)	人 (case)
合　计	**Total**	**30121**	**38035**	**63020**	**80235**
公安、安全、监狱机关提请小计	Sub-total of Requests by Departments of State and Public Security and Prisons	29549	37422	60970	77688
危害国家安全案	Offences Against State Security	5	5	7	8
危害公共安全案	Offences Against Public Security	4390	4626	24130	24356
破坏社会主义市场经济秩序案	Offences Against Socialist Economic Order	2448	3480	3287	5998
侵犯公民人身、民主权利案	Offences Against Citizens' Personal and Democratic Rights	6451	7543	11404	14208
侵犯财产案	Offences Against Properties	9451	11912	12785	16658
妨害社会管理秩序案	Offences Against Social Management of Order	6790	9841	9351	16451
危害国防利益案	Offences Against National Defense	14	15	6	9
军人违反职责案	Offences on Dereliction of Duty by Servicemen				
检察机关直接立案侦查案件小计	Sub-total of Cases Handled Directly by Procuratorate's Offices	572	613	2050	2547
贪污贿赂案	Offences on Corruption and Bribery	538	574	1695	2062
渎职侵权案	Offences on Abuse and Dereliction of Duty	34	39	355	485

21－9 人民法院审理一审案件情况

First Trial Cases by Courts

单位：件 (case)

年份 Year	收案 Cases Accepted	刑事 Criminal	民事 Civil	行政 Administrative
2005	537098	41768	714331	18925
2006	530542	42175	704073	19910
2007	535832	43501	706492	19963
2008	603565	44935	808477	24580
2009	625334	45711	820556	26992
2010	652618	44885	852755	29362
2011	681311	48777	882294	28697
2012	711631	56597	930467	25735
2013	699878	54966	925129	18403
2014	730167	58763	965627	16208
2015	848676	63910	1131767	16792
2016	848117	60802	1133809	17413
2017	803382	63629	724970	14783

注：一审案件指人民法院按照诉讼级别管辖按第一审程序审理的案件。

a) First trial cases refer to cases accepted by people's courts according to the first trial proceedings.

21-10 分系统测绘持证部门情况(2017年)
Basic Statistics on Surveying and Mapping Departments(2017)

系统名称	Sector	持证单位数(个) Departments with Certificate (unit)	#甲级 First-class	乙级 Second-class	测绘专业技术人员(人) Employed Staff (person)	#高级职称 Senior Title	中级职称 Intermediate Title	测绘服务总值(万元) Output Value (10 000 yuan)
测绘	Surveying and Mapping	3	2	1	428	68	196	30477
国土资源	Land and Resources	109	5	22	1336	178	533	51206
城乡建设与规划	Urban-Rural Construction and Planning	195	8	20	2376	299	933	115365
铁道	Railway	2	1	1	56	5	42	1453
交通运输	Transportation	19		5	284	98	105	3710
水利水电	Water and Hydro	28	2	8	295	84	115	14318
石油	Oil	5	1	4	127	40	52	4513
煤炭	Coal	19	2	5	362	51	107	8076
有色金属	Non-Ferrous Metal	1			4	2	2	34
农业	Agriculture	2			13	1	6	52
地震	Earthquake	1		1	25	6	12	8
海洋	Ocean	12	1	3	147	61	59	1753
科教文卫	Science and Technology, Education,Culture,Health	4	1		106	80	24	807
冶金	Metallurgy	13	5	3	717	61	204	75952
其他	Others	616	15	84	5772	591	2268	180035

21-11 各市测绘持证单位个数和人员情况(2017年)
Basic Statistics on Surveying and Mapping Departments by Region(2017)

地区	Region	持证单位数(个) Departments with Certificate (unit)	#甲级 First-class	乙级 Second-class	测绘专业技术人员(人) Surveying and Mapping Technical Personnel (person)	#高级职称 Senior Title	中级职称 Intermediate Title	测绘服务总值(万元) Output Value (10 000 yuan)
全省总计	**Total**	**1029**	**43**	**157**	**12048**	**1625**	**4658**	**487760**
济南市	Jinan	151	23	37	3482	483	1283	210028
青岛市	Qingdao	121	4	25	1469	334	580	72294
淄博市	Zibo	52	2	8	577	53	237	23189
枣庄市	Zaozhuang	31		4	258	30	107	4358
东营市	Dongying	62	3	10	746	98	279	29161
烟台市	Yantai	85	2	14	1099	142	410	45115
潍坊市	Weifang	81	2	8	619	53	267	17329
济宁市	Jining	65	2	5	643	79	235	13326
泰安市	Tai'an	46	1	6	428	51	158	9717
威海市	Weihai	35	1	5	299	36	129	10440
日照市	Rizhao	33	2	7	311	34	121	9152
莱芜市	Laiwu	30		1	180	21	69	2986
临沂市	Linyi	63	1	10	578	54	237	11375
德州市	Dezhou	60		7	546	79	200	12246
聊城市	Liaocheng	40		6	316	35	135	6423
滨州市	Binzhou	30		2	186	21	86	3163
菏泽市	Heze	44		2	311	22	125	7458

21-12 残疾人事业基本情况
Basic Statistics on the Work for Persons with Disabilities

项　目		Item		2017
康复		**Rehabilitation**		
视力残疾人接受基本康复服务	(人)	Basic Vision Rehabilitation Services for Persons with Disabilities	(person)	31408
盲人	(人)	the Blind	(person)	19409
低视力者	(人)	Low Vision	(person)	11999
听力残疾人接受基本康复服务	(人)	Basic Rehabilitation Services for Persons with Hearing Disabilities	(person)	18126
0-6岁儿童	(人)	0-6 Years old Children	(person)	1608
7-14岁儿童	(人)	7-14 Years old Children	(person)	1556
成人	(人)	Adult	(person)	14962
肢体残疾人接受基本康复服务	(人)	Basic Rehabilitation Services for Persons with Physically Disabled	(person)	258495
0-6岁儿童	(人)	0-6 Years old Children	(person)	4415
7-14岁儿童及成人	(人)	7-14 Years old Children and Adult	(person)	254080
智力残疾人接受基本康复服务	(人)	Basic Rehabilitation Services for People with Mental Retardation	(person)	19821
0-6岁儿童	(人)	0-6 Years old Children	(person)	3747
7-14岁儿童及成人	(人)	7-14 Years old Children and Adult	(person)	16074
精神残疾人接受基本康复服务	(人)	Basic Rehabilitation Services for persons with Mental Disabilities	(person)	47829
0-6岁孤独症儿童	(人)	0-6 Years old Autism Children	(person)	1590
7-14岁孤独症儿童	(人)	7-14 Years old Autism Children	(person)	934
成年精神残疾人	(人)	Adults with Mental Disabilities	(person)	45305
残疾人康复机构	(个)	Rehabilitation of Persons with Disabilities	(unit)	429
康复机构在岗人员	(万人)	Rehabilitation institutions Employed Personnel	(10 000 persons)	1
社区康复协调员	(万人)	Community Rehabilitation Coordinator	(10 000 persons)	4.9
本年度接受社区康复服务	(万人)	Community Rehabilitation Services this Year	(10 000 persons)	35
教育		**Education**		
高等院校录取残疾考生	(人)	Admissions for Candidates with Disabilities in Colleges and Universities	(people)	587
就业		**Employment**		
残疾人就业状况	(万人)	the Employment Situation of Persons with Disabilities	(10 000 persons)	57.7
按比例就业	(万人)	Proportional Employment	(10 000 persons)	6.6
集中就业	(万人)	Focus on Employment	(10 000 persons)	2.1
个体就业	(万人)	individual Employment	(10 000 persons)	3.1
公益性岗位就业	(万人)	Public Welfare Jobs Employment	(10 000 persons)	0.3
辅助性就业	(万人)	Accessible Employment	(10 000 persons)	0.5
农村种养殖	(万人)	Species Breeding in Rural Areas	(10 000 persons)	35.1
灵活就业	(万人)	Flexible Employment	(10 000 persons)	10
社会保障		**Social Security**		
残疾居民参加城乡社会养老保险	(万人)	Disabled Residents in Urban and Rural Social Endowment insurance	(10 000 persons)	153.9
其中重度残疾人	(万人)	Severe Disabilities	(10 000 persons)	61.7
托养服务机构	(个)	Fostering Services	(unit)	519
托养残疾人数	(万人)	Farmed Out the Number of Persons with Disabilities	(10 000 persons)	2.6
扶贫		**Poverty Alleviation**		
残疾人扶贫基地建设		the Disabled Poor Base Construction		
残疾人扶贫基地	(个)	Bases for Poverty Alleviation of Persons with Disabilities	(unit)	566
安置残疾人就业	(万人)	Disabled Employment	(10 000 persons)	1
扶持带动残疾人户数	(万户)	Support-Led Families of Persons with Disabilities	(10 000 persons)	1.5
实用技术培训	(万人次)	Practical Techniques Training	(10 000 person-times)	2.6
农村残疾人危房改造	(户)	Renovate Dangerous Rural Persons with Disabilities	(household)	645
维权		**Activist**		
处理残疾人来信	(件次)	Letter From Dealing with Persons with Disabilities	(times)	539
接待残疾人来访	(人次)	Receiving Visiting Persons with Disabilities	(people-times)	3902
电话接听和处理残疾人反映问题	(件次)	Handled Phones Reflect the Problems of Persons with Disabilities	(piece-times)	6409

21-13 制造业各大类行业产品质量合格率(2017年)
Product Quality Qualified Rate of Manufacturing Industry(2017)

类别	Category	产品质量合格率(%) Product Quality Qualified Rate (%)
农副食品加工业	Processing of Food from Agricultural Products	94.81
食品制造业	Manufacture of Foods	96.60
酒、饮料和精制茶制造业	Manufacture of Wine, Drinks and Refined Tea	97.61
烟草制品业	Manufacture of Tobacco	100.00
纺织业	Manufacture of Textile	99.54
纺织服装、服饰业	Manufacture of Textile Wearing Apparel and Finery	95.73
皮革、毛皮、羽毛及其制品和制鞋业	Manufacture of Leather, Fur, Feather & Its Products and Footwear	97.80
木材加工和木、竹、藤、棕、草制品业	Processing of Timbers, Manufacture of Wood, Bamboo, Rattan, Palm and Straw Products	99.02
家具制造业	Manufacture of Furniture	96.50
造纸和纸制品业	Manufacture of Paper and Paper Products	99.21
印刷和记录媒介复制业	Printing, Reproduction of Recording Media	100.00
文教、工美、体育和娱乐用品制造业	Manufacture of Culture, Education,Arts and crafts, Sport and Entertainment Goods	97.11
石油、煤炭及其他核燃料加工业	Processing of Oil,Coal and Other Fuel	99.56
化学原料和化学制品制造业	Manufacture of Chemical Raw Material and Chemical Products	98.12
医药制造业	Manufacture of Medicines	100.00
橡胶和塑料制品业	Manufacture of Rubber and Plastic	95.76
非金属矿物制品业	Manufacture of Non-metallic Mineral Products	96.55
黑色金属冶炼和压延加工业	Manufacture and Processing of Ferrous Metals	100.00
有色金属冶炼和压延加工业	Manufacture & Processing of Non-ferrous Metals	94.71
金属制品业	Manufacture of Metal Products	89.34
通用设备制造业	Manufacture of General Purpose Machinery	97.80
专用设备制造业	Manufacture of Special Purpose Machinery	98.45
汽车制造业	Manufacture of Automotive	98.62
铁路、船舶、航空航天和其他运输设备制造业	Manufacture of Railroad,Marine,Aerospace and Other Transportation Equipment	77.78
电气机械和器材制造业	Manufacture of Electrical Machinery & Equipment	96.75
计算机、通信和其他电子设备制造业	Manufacture of Computer, Communications and Other Electronic Equipment	99.59
仪器仪表制造业	Manufacture of Measuring Instrument	97.05
其他制造业	Other Manufacture	100.00

21-14 产品质量监督抽查情况(2017年)
Results of Sampling Checks on Product Quality(2017)

类别	Category	监督检验企业数(个) Number of Enterprises Supervised and Checked (unit)	检验批次(批次) Number of Batch-time Checked (unit)	合格批次(批次) Number of Batch-time Qualified (unit)	批次合格率(%) Rate of Batch-time Qualified (%)
手提式灭火器	Portable Fire Extinguisher	8	16	16	100.00
建筑密封胶	Building Sealant	40	40	38	95.00
安全网	Safety Net	39	39	37	94.87
工业甲醇	Industrial Methanol	16	16	16	100.00
工业甲醛	Industrial Formaldehyde	40	40	39	97.50
西服、西裤	Western-style Clothes and Trousers	11	11	11	100.00
大衣	Overcoat	14	18	18	100.00
中小学生校服	School Uniform for Primary and Middle School Students	40	40	38	95.00
车用汽油	Gasoline for Motor Vehicles	34	34	34	100.00
内衣	Underwear	23	23	23	100.00
低压成套开关设备	Low Voltage Switchgear	29	29	28	96.55
植物保护机械	Plant Protection Machinery	27	27	27	100.00
电动自行车	Electric Bicycle	10	10	7	70.00
家用吸排油烟机	Household Smoke Exhauster	9	9	9	100.00
家用和类似用途插头插座	Plug and Socket for Household and Similar Purposes	11	11	10	90.91
儿童服装	Children's Wear	12	12	12	100.00
防火门	Fire-proof Door	27	27	24	88.89
钢筋混凝土用热轧带肋钢筋	Hot Rolled Ribbed Steel Reinforced Concrete	16	16	16	100.00
建筑保温材料	Building Insulation Materials	23	23	23	100.00
建筑防水卷材	Building Waterproofing Membrane	49	49	46	93.88
建筑排水用硬聚氯乙烯管材	PVC Pipe for Building Drainage	30	30	22	73.33
皮鞋	Leather Shoes	18	23	22	95.65
铝合金建筑型材	Aluminium Alloy Building Section	38	38	34	89.47
轿车轮胎	Car Tires	20	20	20	100.00
人造板(普通胶合板)	Artificial Board (Ordinary Plywood)	10	10	10	100.00
农用薄膜	Agricultural Film	20	20	20	100.00
车用汽油	Car Gasoline	3	34	34	100.00
汽车制动软管	Automobile Brake Hose	10	20	20	100.00
陶瓷地砖	Ceramic Tile	9	9	9	100.00
钢化玻璃	Tempered Glass	48	48	44	91.67
食品用塑料包装袋	Plastic Packaging, Containers, Tools for Food	30	30	30	100.00
家用电热食品加工设备	Household Electric Heating Food Processing Equipment	22	22	22	100.00
水泥	Cement	94	94	89	94.68
纸杯	Paper Cup	26	26	23	88.46

21−15 各市质量强省和名牌战略实施情况(2017年)
Statistics on Quality Province and Famous Brand Strategy by Region(2017)

单位：个 (unit)

地 区 Region	年度山东名牌产品 Famous-brand Products of Shandong Province of This Year	年末累计山东名牌产品 Famous-brand Products of Shandong end to This Year	年度山东省服务名牌 Famous-brand Services of Shandong of This Year	年末累计山东省服务名牌 Famous-brand Services of Shandong end to This Year	年度省长质量奖 Shandong provincial governor Quality Award of This Year	年末累计省长质量奖 Shandong provincial governor Quality Award end to This Year	年度地理标志保护产品 Products Protected by Geographical Indications of This Year	年末累计地理标志保护产品 Products Protected by Geographical Indications end to This Year
全省总计 Total	**343**	**1536**	**191**	**543**		**68**	**1**	**64**
济南市 Jinan	14	97	25	51		11		1
青岛市 Qingdao	60	234	35	114		9		6
淄博市 Zibo	14	75	11	23		4		3
枣庄市 Zaozhuang	11	39	4	10				5
东营市 Dongying	9	54	7	15		5		1
烟台市 Yantai	20	132	12	53		6		9
潍坊市 Weifang	23	173	14	47		7		12
济宁市 Jining	27	106	13	35		3	1	6
泰安市 Tai'an	24	108	11	27				1
威海市 Weihai	27	111	18	52		5		3
日照市 Rizhao	16	52	4	8		2		2
莱芜市 Laiwu	10	32	1	4		1		
临沂市 Linyi	34	93	13	41		4		2
德州市 Dezhou	11	54	4	24		1		1
聊城市 Liaocheng	14	63	4	10		6		4
滨州市 Binzhou	21	77	8	15		2		3
菏泽市 Heze	8	36	7	14		2		5

注：原山东名牌管理办法规定，山东名牌产品和山东服务名牌有效期为三年，2015年办法修订后无有效期，故2017年年末累计数不等于2016年年末累计数加上2017年年度数据。

a)Accroding to the original Shandong famous brand management measures, Shandong famous brand products and shandong famous brand services is valid for three years, the validity of method revised in 2015, so accumulative frequency at the end of 2017is not equal to accumulative at the end of 2016 plus annual data in 2017.

21-16 各市标准化工作情况(2017年)
Statistics on Standardization by Region(2017)

地 区 Region	制定国际标准数量 Number of Formulation International Standards		主导制定国家标准数量 Number of Leading Formulation National Standards		制修订地方标准数量 Number of Formulation or Revision Local Standards		标准化实施项目数量 Number of Standardization Project			
							国家级 National		省级 Provincial	
	本年度 This Year	累计 Accumul -ative	本年度 This Year	累计 Accumul -ative	本年度 This Year	累计 Accumul -ative	本年度 This Year	累计 Accumul -ative	本年度 This Year	累计 Accumul -ative
全省总计 Total	**37**	**108**	**162**	**1336**	**362**	**2709**	**54**	**420**	**252**	**631**
省 直 Shengzhi			19	210	248	1388	1	1	1	2
济南市 Jinan		8	38	231	52	341	3	41	22	77
青岛市 Qingdao	16	76	42	431	13	165	4	35	20	43
淄博市 Zibo	1	4	11	121	3	44	2	26	22	43
枣庄市 Zaozhuang	1	1	1	5		24	1	11	7	24
东营市 Dongying			3	18		26	2	18	8	27
烟台市 Yantai	2	2	16	95	10	205	5	36	13	28
潍坊市 Weifang	1	1	2	55	8	73	7	54	20	51
济宁市 Jining			5	27	1	72	4	17	16	33
泰安市 Tai'an			5	43	12	222	3	27	6	35
威海市 Weihai	1	1	6	23	8	36	3	22	14	40
日照市 Rizhao	1	1		6		19	3	16	18	37
莱芜市 Laiwu	9	9	3	13	3	14	2	9	12	22
临沂市 Linyi	5	5	4	18	1	28	3	31	11	39
德州市 Dezhou			3	16	1	11	1	19	16	35
聊城市 Liaocheng				7		18	1	15	5	27
滨州市 Binzhou			1	10	2	14	7	24	22	44
菏泽市 Heze			3	7		9	2	18	19	24

主要统计指标解释

粗离婚率 指当年离婚对数占年平均人口的比重，计算公式为：

$$粗离婚率=\frac{当年离婚对数}{年平均人口数}\times 1000‰$$

律　师 指依法取得律师执业证书，担任法律顾问，民事(刑事、行政)案件代理人、刑事案件辩护人、办理非诉讼业务，解答法律询问，代写法律事务文书等，为社会提供法律服务的人员。

公证人员 指在公证处工作的人员总称，包括公证处主任、副主任、公证员、公证员助理(助理公证员)和其他从事辅助性工作的人员。

公证文书 指公证处根据当事人申请，依照事实和法律，按照法定程序制作的，具有法律效力的司法证明文书。根据公证书用途和使用地，公证书分为国内公证书、国内经济公证书、涉外民事公证书、涉外经济公证书四类。

调解民间纠纷 指调解委员会按照法律规定，根据自愿原则，用说服教育的方法调解民间发生的有关民事权利和义务争执的件数，包括调解成功数和调解未成功数。该指标主要反映人民调解委员会的工作量。

受理劳动争议案件数 指劳动争议仲裁委员会根据国家有关规定，对劳动争议当事人的申请予以审查，符合受理条件而正式立案、准备处理的劳动争议案件数。

Explanatory Notes on Main Statistical Indicators

Crude Divorce Rate refers to proportion of divorced people to the annual average population for the reference year, the formula is:

$$\text{Crude Divorce rate} = \frac{\text{number of couples divorced for the reference year}}{\text{annual average population}} \times 1000‰$$

Lawyers are certified legal workers according to law, and who are employed by legal counseling firms to act as legal advisers, agents in criminal or civil lawsuits, or defenders in criminal lawsuits, or to handle non litigious legal affairs, to advise on matters of law or to write legal papers for others, and provide service to the public.

Notary Personnel refer to people working for notary offices including:directors,deputy directors,notaries,assistant notaries and other people providing assistance.

Notary Documents refer to the judicial notary documents drawn up at the request of the interested party and are in accordance with facts and the law and following certain legal proceedings.

Mediation of Civil Disputes refers to number of cases made by mediation committees in mediating in civil disputes concerning civil rights and duties through persuasion and education in accordance with the provisions of law on a voluntary basis, so as to solve disputes by helping the parties involved come to an agreement and understanding, including those unsuccessful ones. This indicator reflects the workload of the mediation committees.

Number of Labour Dispute Cases Accepted refers to the number of cases of labour dispute submitted that, after being reviewed by the labour dispute arbitration committees in line with the relevant national regulations, are accepted and registered for treatment.

第22篇

各县(市、区)主要经济指标

Main Indicators of Counties

(Cities and Districts at County Level)

简 要 说 明

一、本篇资料的主要内容

本篇资料反映了全省各县（市、区）经济社会事业发展基本情况，主要包括人口、土地面积、从业人员、农业、工业、投资、财政、金融、出口、农民收入和教育等方面的内容。

二、本篇资料的来源

本篇资料粮食数据、农村居民人均可支配收入分别由山东调查总队农业调查处、居民收支调查处整理提供，其余资料由省统计局综合处整理提供。

Brief Introduction

I. Content

Data in this chapter show the development in society and economy of counties or cities on the county level, mainly including population, area, employed persons, agriculture, industry, investment, finance, banking, post services and telecommunication, foreign trade, income of rural households and education.

II. Source of Data

Grain data and disposable income of rural households in this chapter are provided respectively by the Division of Rural Surveys and the Division of Residents' Income and Expenditure Surveys of NBS Survey office in Shandong. The rest of data are are provided by the Division of Comprehensive Statistics of Shandong Provincial Bureau of Statistics.

22-1 各县(市、区)主要经济指标(2017年)
Major Economic Indicators of Counties(Cities and Districts at County Level,2017)

地 区	Region	年末总人口(万人) Total Population at Year-end (10 000 persons)	行政区域土地面积(平方公里) Area of Local land (sq.km)	一般公共预算收入(万元) General Pubilic Budget Revenue (10 000 yuan)	一般公共预算支出(万元) General Pubilic Budget Expenditure (10 000 yuan)	年末金融机构各项存款余额(万元) Deposit Balance of Financial Institution at Year-end (10 000 yuan)	城乡居民储蓄存款余额(万元) Urban and Rural Household Savings Deposits (10 000 yuan)
济南市	**Jinan**						
历下区	Lixia	60.0	101	1312265	626020		
市中区	Shizhong	63.3	282	854260	537003		
槐荫区	Huaiyin	42.1	152	455764	400791		
天桥区	Tianqiao	52.0	259	410295	370453		
历城区	Licheng	89.4	1299	1010210	646954		
长清区	Changqing	56.3	1209	203567	346091		
章丘区	Zhangqiu	104.1	1719	520832	643533	7019067	4363880
平阴县	Pingyin	37.4	715	200661	319401	1934474	1282500
济阳县	Jiyang	58.4	1099	206818	390777	2184503	1435400
商河县	Shanghe	64.1	1162	100116	356358	1836876	1259340
青岛市	**Qingdao**						
市南区	Shinan	54.5	32	1000817	542964		
市北区	Shibei	94.0	66	1069126	743571		
黄岛区	Huangdao	124.8	2127	2436811	1985411	16392737	7441216
崂山区	Laoshan	29.5	396	1418065	911537		
李沧区	Licang	35.4	99	801617	724601	6838102	3713942
城阳区	Chengyang	51.6	584	1296932	981054	10291393	4803560
即墨区	Jimo	116.9	1921	1043467	1282600	9429300	5317400
胶州市	Jiaozhou	85.0	1324	965177	1089059	7612990	3973566
平度市	Pingdu	139.4	3176	542112	969667	6325071	4524974
莱西市	Laixi	73.2	1568	511215	756970	4080202	2705970
淄博市	**Zibo**						
淄川区	Zichuan	64.1	960	315583	408046	5329836	3822109
张店区	Zhangdian	83.4	360	864483	841585	17398024	8072241
博山区	Boshan	44.6	698	237229	320276	3176401	2405218
临淄区	Linzi	61.7	664	744600	481930	7266527	4559375
周村区	Zhoucun	34.3	306	201213	262426	3196962	2463607
桓台县	Huantai	50.4	509	352891	397731	3752179	2038258
高青县	Gaoqing	37.0	831	145775	279836	1601003	1137943
沂源县	Yiyuan	57.5	1636	200034	351653	2500413	1638697
枣庄市	**Zaozhuang**						
市中区	Shizhong	58.3	374	222117	307042	4122135	2693686
薛城区	Xuecheng	56.3	507	215917	284618	3962911	2229252
峄城区	Yicheng	42.8	637	87915	240224	1221763	746600
台儿庄区	Taierzhuang	33.9	532	78500	174536	1061230	728605

22-1 续表 1 continued

地 区	Region	年末总人口(万人) Total Population at Year-end (10 000 person)	行政区域土地面积(平方公里) Area of Local land (sq.km)	一般公共预算收入(万元) General Pubilic Budget Revenue (10 000 yuan)	一般公共预算支出(万元) General Pubilic Budget Expenditure (10 000 yuan)	年末金融机构各项存款余额(万元) Deposit Balance of Financial Institution at Year-end (10 000 yuan)	城乡居民储蓄存款余额(万元) Urban and Rural Household Savings Deposits (10 000 yuan)
山亭区	Shanting	53.5	1019	49706	219276	1130635	737418
滕州市	Tengzhou	173.2	1495	703568	840680	6691854	4624909
东营市	**Dongying**						
东营区	Dongying	64.4	1178	285581	318199	23810300	8183613
河口区	Hekou	22.0	2267	200798	210178	2545923	1457093
垦利区	Kenli	23.5	2331	227177	288000	3880827	1697778
利津县	Lijin	30.8	1666	137800	276113	1618724	941062
广饶县	Guangrao	52.7	1166	410311	499185	5859552	2753830
烟台市	**Yantai**						
芝罘区	Zhifu	68.4	179	677523	480305	18606050	3706524
福山区	Fushan	53.0	838	1336000	1116862	15071450	5014791
牟平区	Mouping	46.3	1513	251528	332396	3893292	2508444
莱山区	Laishan	25.3	334	450941	410504	4599780	2161616
长岛县	Changdao	4.2	59	12802	82363	480979	309405
龙口市	Longkou	63.7	901	980017	946538	8124000	4996486
莱阳市	Laiyang	87.2	1731	181187	358880	4057654	3012740
莱州市	Laizhou	84.8	1928	580007	618487	6954824	5133316
蓬莱市	Penglai	40.4	1009	327418	391333	4321158	2752866
招远市	Zhaoyuan	56.5	1432	575000	571086	5228812	3333101
栖霞市	Qixia	60.1	2016	127401	320940	2471457	2017257
海阳市	Haiyang	64.5	1910	303766	396169	3830531	2756825
潍坊市	**Weifang**						
潍城区	Weicheng	35.7	270	204520	179738		
寒亭区	Hanting	39.7	1301	535960	484539		
坊子区	Fangzi	54.9	895	161870	279010		
奎文区	Kuiwen	52.3	168	751557	432508		
临朐县	Linqu	91.9	1831	163388	355353	4383876	3013590
昌乐县	Changle	63.5	1101	240168	317835	3479560	2309465
青州市	Qingzhou	94.7	1569	465247	512101	6994739	5266457
诸城市	Zhucheng	111.4	2151	712168	746890	6771324	4379534
寿光市	Shouguan	109.6	1990	903102	954598	9249972	5566620
安丘市	Anqiu	97.0	1712	225004	418486	4406000	3057000
高密市	Gaomi	89.4	1527	491360	520933	5302141	3488200
昌邑市	Changyi	58.8	1628	307943	406138	4332550	3005954
济宁市	**Jining**						
任城区	Rencheng	119.9	891	720550	599450	22113700	11000900
兖州区	Yanzhou	62.1	650	579720	535305	4215800	2836700
微山县	Weishan	72.8	1738	327336	401296	2414552	1571011
鱼台县	Yutai	48.1	653	100136	243369	1602338	1253160

22-1 续表 2 continued

地　区	Region	年　末 总人口 （万人） Total Population at Year-end (10 000 person)	行政区域 土地面积 （平方公里） Area of Local land (sq.km)	一般公共 预算收入 （万元） General Pubilic Budget Revenue (10 000 yuan)	一般公共 预算支出 （万元） General Pubilic Budget Expenditure (10 000 yuan)	年末金融 机构各项 存款余额 （万元） Deposit Balance of Financial Institution at Year-end (10 000 yuan)	城乡居民储 蓄存款余额 （万元） Urban and Rural Household Savings Deposits (10 000 yuan)
金乡县	Jinxiang	67.3	888	139676	364838	2615500	2121500
嘉祥县	Jiaxiang	92.5	975	167805	390836	3235500	2610400
汶上县	Wenshang	81.7	889	136006	318631	2699634	2007914
泗水县	Sishui	64.0	1118	82158	318729	1866200	1482400
梁山县	Liangshan	83.9	961	146023	378670	3243204	2664697
曲阜市	Qufu	65.3	815	253888	417864	3215882	2203093
邹城市	Zoucheng	120.5	1617	751256	755547	7206587	3740979
泰安市	**Taian**						
泰山区	Taishan	62.7	337	310802	237248	2851032	2061982
岱岳区	Daiyue	100.2	1750	201520	352729	5805693	3767859
宁阳县	Ningyang	83.8	1124	114918	364129	2651331	1996784
东平县	Dongping	81.3	1339	114816	379962	2724964	2081600
新泰市	Xintai	144.3	1934	406537	649240	6356883	4548183
肥城市	Feicheng	99.2	1277	403767	567195	5003312	3732184
威海市	**Weihai**						
环翠区	Huancui	76.7	991	1079554	777047	16867752	7302216
文登区	Wendeng	57.7	1616	516866	634930	5796291	3542287
荣成市	Rongcheng	66.2	1526	719298	1023568	7646910	4513384
乳山市	Rushan	55.1	1665	317559	438782	3490672	2648953
日照市	**Rizhao**						
东港区	Donggang	93.6	1262	615124	548619	13350000	5212280
岚山区	Lanshan	43.2	784	308083	264026	2157064	1507459
五莲县	Wulian	51.4	1497	126182	296859	2495008	1855993
莒　县	Juxian	115.0	1821	181226	550569	4596266	3341745
莱芜市	**Laiwu**						
莱城区	Laicheng	99.0	1740	397316	748710	7375954	5328007
钢城区	Gangcheng	30.5	506	162762	138969	2105700	1260600
临沂市	**Linyi**						
兰山区	Lanshan	126.2	818	730677	500086	22348295	9462328
罗庄区	Luozhuang	65.7	642	267482	304897	3560459	2349163
河东区	Hedong	82.4	834	277503	395287	4219600	2680246
沂南县	Yinan	96.3	1719	136958	434930	3217835	2593426
郯城县	Tancheng	101.4	1195	120318	352200	2605352	2210372
沂水县	Yishui	117.8	2414	201216	485939	4489340	3501477
兰陵县	Lanling	142.9	1724	142369	452259	3369561	2622300
费　县	Feixian	89.6	1660	204581	465155	3033842	2287929
平邑县	Pingyi	109.5	1823	103544	366686	2809551	2099429
莒南县	Junan	105.8	1751	175206	469717	3980356	2896355
蒙阴县	Mengyin	57.6	1602	105028	373683	2041777	1549617
临沭县	Linshu	66.8	1010	140002	353615	2773697	1783011

22-1 续表 3 continued

地 区	Region	年 末 总人口 (万人) Total Population at Year-end (10 000 persons)	行政区域 土地面积 (平方公里) Area of Local land (sq.km)	一般公共 预算收入 (万元) General Public Budget Revenue (10 000 yuan)	一般公共 预算支出 (万元) General Public Budget Expenditure (10 000 yuan)	年末金融 机构各项 存款余额 (万元) Deposit Balance of Financial Institution at Year-end (10 000 yuan)	城乡居民储 蓄存款余额 (万元) Urban and Rural Household Savings Deposits (10 000 yuan)
德州市	**Dezhou**						
德城区	Decheng	64.8	538	477161	425697	10276290	5369917
陵城区	Lingcheng	59.5	1213	118923	239196	1984994	1572758
宁津县	Ningjin	50.8	833	68800	206380	2314933	1924850
庆云县	Qingyun	34.1	501	62006	180161	1310673	867012
临邑县	Linyi	55.2	1016	154927	237604	2228073	1616302
齐河县	Qihe	63.9	1411	292446	356325	2849485	1791142
平原县	Pingyuan	47.6	1047	89197	230020	1943511	1526919
夏津县	Xiajin	54.9	882	80107	237853	1814279	1391760
武城县	Wucheng	40.1	751	85322	190976	1709377	1396266
乐陵市	Leling	72.1	1173	105977	293323	2198895	1666662
禹城市	Yucheng	53.9	992	196320	314606	2349696	1566205
聊城市	**Liaocheng**						
东昌府区	Dongchangfu	126.6	1443	704296	1441477	12934402	6266598
阳谷县	Yanggu	83.0	1008	139202	348263	3593069	2480301
莘 县	Shenxian	110.1	1388	106428	422102	2963871	2457830
茌平县	Chiping	57.0	1003	316363	378628	2987600	2143100
东阿县	Donge	41.0	727	137644	241856	1984077	1384556
冠 县	Guanxian	87.3	1161	118489	347944	2888748	2089394
高唐县	Gaotang	51.4	947	155596	287617	2036024	1592399
临清市	Linqing	83.4	951	187099	338392	3335559	2791812
滨州市	**Binzhou**						
滨城区	Bincheng	69.5	1040	529057	465304	13664140	4869578
沾化区	Zhanhua	39.8	2218	108950	227904	1399975	835181
惠民县	Huimin	64.9	1362	111017	303901	2231413	1451506
阳信县	Yangxin	46.9	798	102966	258980	1581408	975223
无棣县	Wudi	48.6	2090	297926	419097	2379166	1312315
博兴县	Boxing	50.3	900	546716	351977	4428566	2355611
邹平县	Zouping	74.2	1250	678387	674468	5766745	3059721
菏泽市	**Heze**						
牡丹区	Mudan	167.8	1415	680109	1349290	9653813	5433548
定陶区	Dingtao	70.7	846	87200	321718	2123005	1561226
曹 县	Caoxian	169.4	1974	171601	632098	3749104	3129171
单 县	Shanxian	127.1	1670	128312	588199	3276188	2641344
成武县	Chengwu	72.7	998	77639	302726	2235406	1873365
巨野县	Juye	109.1	1308	237216	424655	3649206	2810635
郓城县	Yuncheng	127.9	1643	238827	577484	4447037	3467351
鄄城县	Juancheng	92.5	1032	83825	391452	2614400	2200800
东明县	Dongming	86.7	1370	190626	511210	2667794	1870962

22-1 续表 4 continued

地区	Region	年末金融机构各项贷款余额（万元）Loan Balance of Financial Institution at Year-end (10 000 yuan)	粮食面积（公顷）Area of Grain (hectares)	粮食产量（吨）Output of Grain (ton)	油料产量（吨）Output of Oil-bearing Crops (ton)	蔬菜产量（吨）Output of Vegetables (ton)	水果产量（吨）Output of Fruits (ton)	肉类总产量（吨）Output of Meat (ton)	奶类产量（吨）Output of Milk (ton)
济南市	**Jinan**								
历下区	Lixia								
市中区	Shizhong		5240	20916	38	8208	2905	3748	3136
槐荫区	Huaiyin		2660	14155	77	7589		2523	683
天桥区	Tianqiao		13926	73748	443	19738	1486	4562	205
历城区	Licheng		24436	124938	2187	557980	165923	17854	12223
长清区	Changqing		45932	260042	13747	627670	27391	37291	30176
章丘区	Zhangqiu	3900338	107301	565644	6475	1773763	71413	99490	64299
平阴县	Pingyin	1169072	34499	181090	9251	641853	100189	34475	23501
济阳县	Jiyang	1169251	100489	590121	3482	1351957	40356	35471	26031
商河县	Shanghe	1115363	117037	725028	226	927499	21797	89622	103389
青岛市	**Qingdao**								
市南区	Shinan								
市北区	Shibei								
黄岛区	Huangdao	18222973	47244	244014	97226	623821	87507	69928	11089
崂山区	Laoshan		126	909	268	11146	5880	17	103
李沧区	Licang	6503668							
城阳区	Chengyang	7616187	1571	7754	150	43260	13623	3964	5641
即墨区	Jimo	8493000	77759	425619	61545	558262	15307	64815	33756
胶州市	Jiaozhou	6393939	64609	375233	28782	1086728	55989	52270	15582
平度市	Pingdu	3813543	198522	1401845	122054	2685843	293440	157520	23335
莱西市	Laixi	3516190	88026	513521	73643	1268719	278777	158389	180407
淄博市	**Zibo**								
淄川区	Zichuan	2734444	14213	52680	841	23980	7277	8897	96
张店区	Zhangdian	12238006	4622	22250	209	20487	3756	4658	803
博山区	Boshan	1382684	5690	20692	451	73720	52803	6058	185
临淄区	Linzi	5156567	47694	338152	148	785505	10421	52958	11603
周村区	Zhoucun	1502450	12885	61139	181	33154	6177	8410	2779
桓台县	Huantai	4230086	45915	357143	13	54145	1180	10122	7135
高青县	Gaoqing	1198780	80568	583230	254	347688	16661	41837	58397
沂源县	Yiyuan	1752576	9433	32629	13378	250675	767636	23547	1779
枣庄市	**Zaozhuang**								
市中区	Shizhong	2768539	13782	72672	10547	165391	10169	20985	2348
薛城区	Xuecheng	2901728	38164	224921	4820	215011	13389	16979	338
峄城区	Yicheng	896769	48034	262979	14513	538071	49017	25815	850
台儿庄区	Taierzhuang	671746	49957	275526	1389	600571	13979	27707	29989

22-1 续表 5 continued

地 区	Region	年末金融机构各项贷款余额(万元) Loan Balance of Financial Institution at Year-end (10 000 yuan)	粮食面积(公顷) Area of Grain (hectares)	粮食产量(吨) Output of Grain (ton)	油料产量(吨) Output of Oil-bearing Crops (ton)	蔬菜产量(吨) Output of Vegetables (ton)	水果产量(吨) Output of Fruits (ton)	肉类总产量(吨) Output of Meat (ton)	奶类产量(吨) Output of Milk (ton)
山亭区	Shanting	573044	22947	123083	23834	211822	108218	29644	5088
滕州市	Tengzhou	4384705	112327	831999	33098	3264350	53554	86277	648
东营市	**Dongying**								
东营区	Dongying	19649200	21169	120247	215	73344	7249	15686	11317
河口区	Hekou	1881526	19904	109946	1318	22358	30377	32829	220244
垦利区	Kenli	4367569	42140	244557	726	42649	11047	30766	5634
利津县	Lijin	1316078	55711	319590	1665	178938	24983	59375	31
广饶县	Guangrao	9393707	78395	500847	5	373498	3421	64270	95394
烟台市	**Yantai**								
芝罘区	Zhifu	14678285	43	220	246	16534	3372	3184	215
福山区	Fushan	10664591	2329	11677	9154	39161	151013	17553	2749
牟平区	Mouping	2220613	20451	107211	34923	113357	613912	116872	25176
莱山区	Laishan	3585524	1870	8687	3733	28325	38047	15456	1735
长岛县	Changdao	120362	87	346	6	587	390	30	17
龙口市	Longkou	6061984	14694	95468	6699	222219	416481	38258	29429
莱阳市	Laiyang	1830891	74110	401717	90128	516423	431987	123740	50168
莱州市	Laizhou	2843757	88754	542907	49438	274337	293755	105173	7617
蓬莱市	Penglai	3273031	9227	49759	21084	133681	1292245	73622	6089
招远市	Zhaoyuan	2995025	39526	201029	65304	94954	601729	62974	9412
栖霞市	Qixia	1307998	16159	93910	56015	181776	1942602	36736	2241
海阳市	Haiyang	3076830	50828	261996	85291	430061	450319	71413	15646
潍坊市	**Weifang**								
潍城区	Weicheng		13186	77928	74	42176	20152	14723	4053
寒亭区	Hanting		44788	269523	1891	234234	46466	21191	25304
坊子区	Fangzi		49754	297005	8993	569604	20445	50537	1549
奎文区	Kuiwen		4849	26335	240	206		3077	1734
临朐县	Linqu	2638089	48122	254234	15866	226357	290525	104734	46516
昌乐县	Changle	2632112	32432	193502	38035	1099509	52382	121569	33155
青州市	Qingzhou	4750665	33460	188137	68	1796724	75500	97346	15715
诸城市	Zhucheng	5409240	140370	851316	54358	1127972	73895	227107	4369
寿光市	Shouguan	7335928	82942	565871	258	3981794	43844	162003	23295
安丘市	Anqiu	3535000	57422	344577	50070	1733169	104267	141816	3830
高密市	Gaomi	4043340	129417	810338	27075	1038795	41600	170170	6822
昌邑市	Changyi	2523140	82521	508844	8021	535935	74117	104740	5881
济宁市	**Jining**								
任城区	Rencheng	16662800	75674	511003	310	294976	37816	20640	8386
兖州区	Yanzhou	3265500	47704	327890	2989	441979	4495	30918	1124
微山县	Weishan	986760	50878	312549	1798	363132	2175	25017	3
鱼台县	Yutai	569428	40556	273581		674133	1638	26353	393

22-1 续表 6 continued

地 区	Region	年末金融机构各项贷款余额（万元） Loan Balance of Financial Institution at Year-end (10 000 yuan)	粮食面积（公顷） Area of Grain (hectares)	粮食产量（吨） Output of Grain (ton)	油料产量（吨） Output of Oil-bearing Crops (ton)	蔬菜产量（吨） Output of Vegetables (ton)	水果产量（吨） Output of Fruits (ton)	肉类总产量（吨） Output of Meat (ton)	奶类产量（吨） Output of Milk (ton)
金乡县	Jinxiang	1357800	20412	140771	1790	2216775	36552	55912	9839
嘉祥县	Jiaxiang	1373857	101031	675333	2737	389219	14543	54625	4458
汶上县	Wenshang	1305650	96724	645803	8106	226324	6595	92041	39291
泗水县	Sishui	919000	41767	228312	59007	630445	52665	92151	4030
梁山县	Liangshan	1205835	99405	625931	12503	709043	44778	79582	13348
曲阜市	Qufu	1574184	67491	445709	10733	214052	39197	55241	4262
邹城市	Zoucheng	5625032	70099	440961	61888	716300	50143	69585	5695
泰安市	**Taian**								
泰山区	Taishan	1817295	3990	27916	15	32621	6441	5114	9086
岱岳区	Daiyue	3946622	61909	435160	28500	1964641	176745	73391	96135
宁阳县	Ningyang	1123154	82796	575872	66630	991113	95533	103447	65962
东平县	Dongping	1790574	90701	621950	20834	626832	12079	37212	9928
新泰市	Xintai	3950538	51790	359493	96788	1232860	154620	126596	40394
肥城市	Feicheng	3095866	73638	513528	9628	1325219	88329	59419	57646
威海市	**Weihai**								
环翠区	Huancui	11932575	11970	54219	16672	73501	135939	3393	9034
文登区	Wendeng	3333747	37790	201277	73338	273519	271459	65684	70851
荣成市	Rongcheng	5229155	37438	190593	53318	208273	245995	39502	16582
乳山市	Rushan	1680962	36981	198289	68626	371474	454557	90464	5576
日照市	**Rizhao**								
东港区	Donggang	14646900	23950	152737	53000	91199	92858	37177	1650
岚山区	Lanshan	1984718	20354	132753	37568	116891	36764	40660	6487
五莲县	Wulian	1606533	35462	203723	65494	247284	46549	67704	
莒 县	Juxian	3491751	61039	405747	97452	589686	83675	132063	15550
莱芜市	**Laiwu**								
莱城区	Laicheng	5062190	34546	224071	13597	1040468	109964	63139	865
钢城区	Gangcheng	2194800	4960	30600	10482	248332	91853	14009	782
临沂市	**Linyi**								
兰山区	Lanshan	20903632	31866	178482	21282	112958	46662	36612	10718
罗庄区	Luozhuang	3836734	28136	159104	10422	110009	7682	22067	23442
河东区	Hedong	2541300	47850	289034	21356	232695	24078	20759	2237
沂南县	Yinan	1609852	63691	359306	99243	1000434	75334	116380	13711
郯城县	Tancheng	1488369	97418	745306	14425	549186	16562	91289	2083
沂水县	Yishui	3111759	51387	308190	100601	750661	738096	176849	13378
兰陵县	Lanling	2199171	100017	656722	63764	3108250	36451	89085	16310
费 县	Feixian	1658180	50047	284365	87171	454090	236781	92405	2730
平邑县	Pingyi	1584317	47762	286928	81807	406156	247501	51347	865
莒南县	Junan	2420296	75218	474113	134302	229460	63178	183753	1252
蒙阴县	Mengyin	1197059	18501	127119	37868	145151	849136	38183	15
临沭县	Linshu	2170403	50046	285235	187927	169273	23949	78126	8070

22-1 续表 7 continued

地 区	Region	年末金融机构各项贷款余额(万元) Loan Balance of Financial Institution at Year-end (10 000 yuan)	粮食面积(公顷) Area of Grain (hectares)	粮食产量(吨) Output of Grain (ton)	油料产量(吨) Output of Oil-bearing Crops (ton)	蔬菜产量(吨) Output of Vegetables (ton)	水果产量(吨) Output of Fruits (ton)	肉类总产量(吨) Output of Meat (ton)	奶类产量(吨) Output of Milk (ton)
德州市	**Dezhou**								
德城区	Decheng	7090938	34027	216282	91	74168	12749	7730	907
陵城区	Lingcheng	898940	129719	925624	61	272382	5861	104130	23635
宁津县	Ningjin	844050	90770	625982	2299	366529	16099	44673	6088
庆云县	Qingyun	688682	42957	268501	77	93810	42075	15135	189
临邑县	Linyi	1038545	110761	765180	28	420395	3946	96618	13194
齐河县	Qihe	1631264	152282	1080568	1968	1211812	12764	144586	31329
平原县	Pingyuan	737229	114718	808268	368	1235842	18646	120768	8548
夏津县	Xiajin	917781	91697	579325	2713	203256	27147	73232	947
武城县	Wucheng	926551	88144	610912	6770	179836	8833	16514	2801
乐陵市	Leling	1432635	124020	860719	19	378578	175339	124546	34773
禹城市	Yucheng	1771142	98225	690398	2437	1603137	9941	100582	68242
聊城市	**Liaocheng**								
东昌府区	Dongchangfu	10169319	132898	905201	2791	1152108	20686	81067	18785
阳谷县	Yanggu	1948255	107987	733635	3872	1754071	32239	128108	21392
莘 县	Shenxian	1428737	117391	745734	15425	2116994	41187	151094	118
茌平县	Chiping	2308300	103503	684797	7859	683693	10944	65446	2137
东阿县	Donge	1235973	71546	474956	358	260405	22017	34021	3132
冠 县	Guanxian	1854739	108470	694718	5661	1042804	300406	97218	14524
高唐县	Gaotang	2062550	95757	626056	7838	253509	11533	65285	3514
临清市	Linqing	2272255	104314	667649	838	648730	36901	54211	29403
滨州市	**Binzhou**								
滨城区	Bincheng	11378449	77960	479583	583	164012	17310	35591	17807
沾化区	Zhanhua	949340	74861	450328	982	57652	326564	33404	4438
惠民县	Huimin	1676270	116904	749984	8032	1233190	120893	78226	3097
阳信县	Yangxin	1161052	64315	406656		161832	248837	134895	173
无棣县	Wudi	1629253	83422	488854	1671	19632	220661	106983	2539
博兴县	Boxing	3981979	73938	497721	12	131183	2709	33452	884
邹平县	Zouping	7235645	105470	711533	595	99553	23343	53627	24259
菏泽市	**Heze**								
牡丹区	Mudan	6927607	140901	891258	21190	865540	58015	110326	6054
定陶区	Dingtao	1138577	89387	564853	5228	701769	21195	63259	1441
曹 县	Caoxian	1785658	206862	1300671	27689	476787	20763	127832	49376
单 县	Shanxian	1829328	146134	918565	44406	1645640	182987	103508	4238
成武县	Chengwu	976490	83569	533137	1726	1021279	29286	52652	21
巨野县	Juye	1944039	103505	652435	8031	1340594	70851	65433	1475
郓城县	Yuncheng	1900011	165718	1054324	27466	1170748	42855	139585	2185
鄄城县	Juancheng	1137600	118461	761671	30409	333045	38752	83941	2012
东明县	Dongming	1874540	151742	965951	55365	477294	29737	71707	6406

22-1 续表 8 continued

地区	Region	规模以上工业企业(万元) Industrial Enterprises above Designated Size (10 000 yuan)			社会消费品零售额(万元) Total Retail Sales of Consumer Goods (10 000 yuan)	出口总额(万美元) Total Exports (10 000 USD)	固定资产投资完成额(万元) Investment in Fixed Asset (10 000 yuan)
		工业总产值 Gross Industrial Output Value	主营业务收入 Revenue from Principal Business	利税总额 Total Profits and Taxes			
济南市	**Jinan**						
历下区	Lixia	2473320	2522560	689223	10079889	52148	2914244
市中区	Shizhong	5752527	5549261	402826	5332500	40058	2551710
槐荫区	Huaiyin	1739222	1755665	228251	5253592	31688	3150517
天桥区	Tianqiao	715028	732313	-43631	4504768	46057	2038096
历城区	Licheng	5342532	6372972	385071	5741466	93579	7137842
长清区	Changqing	1861549	1831000	99590	1514500	9234	1528830
章丘区	Zhangqiu	19464264	19836126	2295479	4326524	63256	8020811
平阴县	Pingyin	3274468	3083995	485965	1065050	74697	2853422
济阳县	Jiyang	4428921	4284220	671690	1393923	21690	3548700
商河县	Shanghe	2254259	2320389	158221	981612	9672	1544125
青岛市	**Qingdao**						
市南区	Shinan	2286477	233862	-4465	5963162	604460	1062700
市北区	Shibei	2915900	3981400	164400	7605908	106593	1520384
黄岛区	Huangdao	52709000	46328195	2862072	5964427	1215757	22620100
崂山区	Laoshan	4833612	5755110	719795	2394210	473570	1833427
李沧区	Licang	2236528	2160309	437128	4252272	94608	5389113
城阳区	Chengyang	14724007	15438473	1548502	2795191	661607	9452640
即墨区	Jimo	17877490	17530331	1499979	4623807	391739	10902093
胶州市	Jiaozhou	16527050	18446825	2061106	4357173	481309	10053178
平度市	Pingdu	8167660	10398538	848927	4214878	207379	7701000
莱西市	Laixi	6745003	6461748	337188	3238058	211306	5271036
淄博市	**Zibo**						
淄川区	Zichuan	22781922	24629550	2533000	3152889	110610	4479760
张店区	Zhangdian	18859421	19345185	2155626	7592722	180642	7535653
博山区	Boshan	3953277	3829189	432129	2751053	43306	3636237
临淄区	Linzi	21812813	21437400	2960894	2947859	60671	4704531
周村区	Zhoucun	11665903	10288818	935992	2570048	47230	3404879
桓台县	Huantai	19127163	18863703	1305872	2366011	79194	3867164
高青县	Gaoqing	3197932	3000859	334606	718692	12662	1591662
沂源县	Yiyuan	5085078	4638007	819645	1640545	38520	2130961
枣庄市	**Zaozhuang**						
市中区	Shizhong	5169201	3791179	311144	1433974	31802	2194728
薛城区	Xuecheng	7772100	15022253	1018281	1436167	13829	4351021
峄城区	Yicheng	3739500	3251877	257432	792000	22221	2033435
台儿庄区	Taierzhuang	2860611	2768850	236783	812904	7793	1515083

22-1 续表 9 continued

地区	Region	规模以上工业企业(万元) Industrial Enterprises above Designated Size (10 000 yuan)			社会消费品零售额(万元) Total Retail Sales of Consumer Goods (10 000 yuan)	出口总额(万美元) Total Exports (10 000USD)	固定资产投资完成额(万元) Investment in Fixed Asset (10 000 yuan)
		工业总产值 Gross Industrial Output Value	主营业务收入 Revenue from Principal Business	利税总额 Total Profits and Taxes			
山亭区	Shanting	2127196	1766713	158650	883908	11323	1210981
滕州市	Tengzhou	11175120	10964404	916349	4461964	45003	6669967
东营市	**Dongying**						
东营区	Dongying	10031498	9591933	242922	3937969	57935	5450641
河口区	Hekou	9065560	8122839	620296	627645	12687	3441427
垦利区	Kenli	22642034	22340908	2754825	743651	70347	3069964
利津县	Lijin	16030416	15589715	1421508	359654	13588	1408540
广饶县	Guangrao	38148277	37871976	3067060	2114912	320347	6599940
烟台市	**Yantai**						
芝罘区	Zhifu	6205102	1261216	60100	7022071	113143	4282201
福山区	Fushan	45073727	42999914	3482855	2785568	1481732	10967818
牟平区	Muping	6972691	5684491	284403	1906881	74249	3740916
莱山区	Laishan	3178303	3055900	469659	1292075	97078	5043757
长岛县	Changdao	24455	25447	1003	229696	3228	85539
龙口市	Longkou	24896271	24117123	2521256	4332505	220214	7336136
莱阳市	Laiyang	9363743	8905054		2708065	84747	1946142
莱州市	Laizhou	9044503	9206916	566596	3741387	92320	5155673
蓬莱市	Penglai	13493246	12468857	1158519	1801163	80673	4367680
招远市	Zhaoyuan	17325978	17190361	1418901	2104708	128823	4915282
栖霞市	Qixia	3190911	3242029	190497	1677099	51485	1745832
海阳市	Haiyang	2981187	2491621		2044007	86235	4776008
潍坊市	**Weifang**						
潍城区	Weicheng	1060351	1104946	68328	2097272	40233	1605954
寒亭区	Hanting	11317702	11001180	978040	1211706	207571	6433803
坊子区	Fangzi	2627647	2468133	159823	1150785	41357	1979931
奎文区	Kuiwen	9490165	9882854	1595771	3957430	165315	2621963
临朐县	Linqu	4026177	3996827	235906	1731515	42433	3170343
昌乐县	Changle	9507056	9559594	658957	1575744	86858	3494632
青州市	Qingzhou	16370033	16274847	1535771	2684947	77366	5620540
诸城市	Zhucheng	16050391	16266675	1493631	3078080	145342	5600003
寿光市	Shouguan	14086007	14247880	1219538	3383748	230410	5466771
安丘市	Anqiu	5027272	4931366	275714	2020215	85210	3181406
高密市	Gaomi	15399227	15480267	1409904	2231861	165100	5292968
昌邑市	Changyi	10103438	10341659	883510	1997508	71371	3895971
济宁市	**Jining**						
任城区	Rencheng	11662551	14556050	484800	4575650	68050	5851615
兖州区	Yanzhou	17079814	14649693	1195100	2748633	58749	4687877
微山县	Weishan	2175552	2194990	613212	1348451	5754	2306939
鱼台县	Yutai	579583	669606	46902	1060303	9352	1618010

22-1 续表 10 continued

地 区	Region	规模以上工业企业(万元) Industrial Enterprises above Designated Size (10 000 yuan)			社会消费品零售额(万元) Total Retail Sales of Consumer Goods (10 000 yuan)	出口总额(万美元) Total Exports (10 000 USD)	固定资产投资完成额(万元) Investment in Fixed Asset (10 000 yuan)
		工业总产值 Gross Industrial Output Value	主营业务收入 Revenue from Principal Business	利税总额 Total Profits and Taxes			
金乡县	Jinxiang	3583107	3566500	393800	1238930	76701	1870200
嘉祥县	Jiaxiang	3259840	3052596	311263	1352320	14180	2503500
汶上县	Wenshang	2317420	2625951	325800	1291233	9201	2533517
泗水县	Sishui	1293794	1187862	167700	1045200	7849	1596200
梁山县	Liangshan	3480859	3420816	350683	1142856	8195	2466310
曲阜市	Qufu	3146003	3121951	421275	2177717	26408	3018289
邹城市	Zoucheng	10972353	11843611	1731734	3296089	8279	5076036
泰安市	**Taian**						
泰山区	Taishan	4229673	3509992	457576	3886459	64906	3561949
岱岳区	Daiyue	6811607	5978629	515254	2041354	31353	5642763
宁阳县	Ningyang	11837592	10092395	968157	1803308	12144	4141535
东平县	Dongping	11831915	9488453	672869	1711348	5144	3532331
新泰市	Xintai	11024101	10112988	1012175	3441212	21669	6566623
肥城市	Feicheng	9148330	8445410	909421	3199456	29853	6479712
威海市	**Weihai**						
环翠区	Huancui	17148798	18287946	2064203	5652870	798439	8327876
文登区	Wendeng	15380554	15142528	1203895	3797353	150277	6422819
荣成市	Rongcheng	29154586	28781378	2311751	4008342	242604	8903699
乳山市	Rushan	7678180	7629855	561579	2620813	67500	5764549
日照市	**Rizhao**						
东港区	Donggang	6696350	6092777	340916	3292660	250948	6077856
岚山区	Lanshan	10061019	10848067	1204135	1091483	211270	6323563
五莲县	Wulian	6264000	5318100	267400	954400	37708	1688619
莒 县	Juxian	5042525	4977643	258266	1864395	41500	2821795
莱芜市	**Laiwu**						
莱城区	Laicheng	14764662	14505985	681890	3100461	92085	4950677
钢城区	Gangcheng	6810574	7022052	521443	699580	16157	1730700
临沂市	**Linyi**						
兰山区	Lanshan	20418517	18300926	1516069	6197072	159468	6693390
罗庄区	Luozhuang	11787374	11976560	909933	3270032	72468	3969585
河东区	Hedong	20408384	20227093	1097242	2945449	150201	4791462
沂南县	Yinan	5507325	5315877	398000	1451764	31259	2278614
郯城县	Tancheng	7056418	6868578	824932	1628025	18548	2628604
沂水县	Yishui	11119471	10808679	815702	2092314	97118	3475326
兰陵县	Lanling	5839536	6012580	453246	2400060	10794	2293934
费 县	Feixian	7717752	7760981	843659	1310406	46410	2049728
平邑县	Pingyi	5419312	5292882	453888	2009253	15507	2321112
莒南县	Junan	7403385	7296970	472957	1669254	69090	3689729
蒙阴县	Mengyin	1741342	1832381	130747	1137077	22585	1513433
临沭县	Linshu	5127296	5695785	390294	1106000	51302	1952261

22-1 续表 11 continued

地区	Region	规模以上工业企业(万元) Industrial Enterprises above Designated Size (10 000 yuan)			社会消费品零售额(万元) Total Retail Sales of Consumer Goods (10 000 yuan)	出口总额(万美元) Total Exports (10 000 USD)	固定资产投资完成额(万元) Investment in Fixed Asset (10 000 yuan)
		工业总产值 Gross Industrial Output Value	主营业务收入 Revenue from Principal Business	利税总额 Total Profits and Taxes			
德州市	**Dezhou**						
德城区	Decheng	14581416	15150569	1316500	3537916	86238	5439982
陵城区	Lingcheng	10338179	10070369	729912	1101300	15373	1593108
宁津县	Ningjin	8297525	7750200	398400	1198791	16228	2100498
庆云县	Qingyun	5302600	5253500	508400	854789	5435	1472994
临邑县	Linyi	10392535	10285300	886100	1395700	37989	2552802
齐河县	Qihe	12482827	12228200	1061300	1447100	31563	2843336
平原县	Pingyuan	7627914	7407203	650200	1098900	10960	1536562
夏津县	Xiajin	9606438	9517000	720600	1015476	4460	1444494
武城县	Wucheng	10134200	9937800	672600	965800	7346	2179530
乐陵市	Leling	10003226	9858600	660900	1383215	23464	2442686
禹城市	Yucheng	11128300	10868900	759800	1372100	39261	2804071
聊城市	**Liaocheng**						
东昌府区	Dongchangfu	11161900	10723520	1015841	4125900	89268	5873700
阳谷县	Yanggu	10307548	9346731	868900	1828600	93978	3422687
莘　县	Shenxian	9410700	8823900	766024	1363514	6690	2878506
茌平县	Chiping	13267830	13119267	1230912	1092800	29365	3094100
东阿县	Donge	3826900	3258460	705700	481576	15395	1159239
冠　县	Guanxian	11007198	10137566	826936	946800	53655	2640045
高唐县	Gaotang	12469661	10998329	819900	1150287	26927	2547279
临清市	Linqing	11146096	10311477	954285	1797874	50444	3085867
滨州市	**Binzhou**						
滨城区	Bincheng	9483572	9706534	741625	2618264	340523	6329710
沾化区	Zhanhua	2286425	2444806	66257	868201	7500	1815830
惠民县	Huimin	4062319	4023038	331954	1217527	11194	2315402
阳信县	Yangxin	3531078	3578654	534750	750291	17920	1610141
无棣县	Wudi	6449343	6639566	217730	1011915	11252	4079537
博兴县	Boxing	12001770	12606391	650860	1213800	127831	2858202
邹平县	Zouping	36063311	44868868	1424079	1945487	76305	2870290
菏泽市	**Heze**						
牡丹区	Mudan	19078275	17548664	316148	3352430	29850	3448120
定陶区	Dingtao	4524185	4476473	421696	1055170	5685	961003
曹　县	Caoxian	13751271	12672324	1148877	2578928	97376	1732319
单　县	Shanxian	7695800	7766545	764041	2052690	19445	1194101
成武县	Chengwu	5623437	5565813	793872	1153496	12650	889328
巨野县	Juye	5779356	6853766	914473	1650864	43663	1274533
郓城县	Yuncheng	8849495	9964677	1158614	1997936	5519	1596500
鄄城县	Juancheng	6062500	6041200	572781	1345375	13875	863000
东明县	Dongming	12715418	11544740	1127760	1336886	8824	1756595

22-1 续表 12 continued

地 区	Region	普通中学专任教师数（人）Full-time Teachers in Secondary Schools (person)	小 学专任教师数（人）Full-time Teachers in Primary Schools (person)	普通中学在校学生数（人）Total Enrollment in Secondary Schools (person)	小 学在校学生数（人）Total Enrollment in Primary Schools (person)	城镇居民人均可支配收入（元）Per Captita Disposable Income of Urban Households (yuan)	农村居民人均可支配收入（元）Per Captita Disposable Income of Rural Households (yuan)
济南市	**Jinan**						
历下区	Lixia	2240	3347	27490	54001	52283	
市中区	Shizhong	3529	2739	37411	51433	50992	18847
槐荫区	Huaiyin	1184	2401	13732	42424	46108	
天桥区	Tianqiao	1265	2237	16206	40378	45609	15427
历城区	Licheng	4551	4073	58528	73719	42870	18316
长清区	Changqing	2267	2007	23380	27126	36242	16394
章丘区	Zhangqiu	4516	4236	50204	53534	35977	19438
平阴县	Pingyin	1659	1395	16331	18504	26534	13743
济阳县	Jiyang	1143	2613	17910	36524	29524	15499
商河县	Shanghe	2083	2639	27311	41276	25870	13738
青岛市	**Qingdao**						
市南区	Shinan	839	2085	7829	31138	54105	
市北区	Shibei	1895	3564	19834	56049	49818	
黄岛区	Huangdao	5836	6225	61803	96993	46686	19407
崂山区	Laoshan	789	1571	6764	22659	51771	22176
李沧区	Licang	1356	1962	14356	34103	49239	
城阳区	Chengyang	2976	3048	29829	61274	51423	21175
即墨区	Jimo	4855	5807	56955	83248	42983	19571
胶州市	Jiaozhou	3780	3941	44977	61179	42029	19948
平度市	Pingdu	5551	5362	58526	69780	39355	18583
莱西市	Laixi	3718	2085	38201	24036	39555	19026
淄博市	**Zibo**						
淄川区	Zichuan	3396	2235	37113	27887	36732	16768
张店区	Zhangdian	4290	3648	59481	59305	40856	19635
博山区	Boshan	2252	1421	23467	15885	35800	15876
临淄区	Linzi	3294	2195	38910	27585	40817	19499
周村区	Zhoucun	1830	1308	21598	17088	35331	16520
桓台县	Huantai	2667	1150	30479	20199	38051	18221
高青县	Gaoqing	1561	1423	20742	15194	29804	14174
沂源县	Yiyuan	2733	2095	32033	21538	35943	16222
枣庄市	**Zaozhuang**						
市中区	Shizhong	2493	2537	34325	65076	30366	14785
薛城区	Xuecheng	2812	2995	37149	52476	27784	13640
峄城区	Yicheng	1339	2584	20559	49638	27121	14317
台儿庄区	Taierzhuang	949	1818	15617	35151	25090	12436

22-1 续表 13 continued

地 区	Region	普通中学专任教师数（人）Full-time Teachers in Secondary Schools (person)	小 学专任教师数（人）Full-time Teachers in Primary Schools (person)	普通中学在校学生数（人）Total Enrollment in Secondary Schools (person)	小 学在校学生数（人）Total Enrollment in Primary Schools (person)	城镇居民人均可支配收入（元）Per Captita Disposable Income of Urban Households (yuan)	农村居民人均可支配收入（元）Per Captita Disposable Income of Rural Households (yuan)
山亭区	Shanting	1301	2764	15566	38543	20606	12061
滕州市	Tengzhou	5736	6824	75712	117242	33116	15229
东营市	**Dongying**						
东营区	Dongying	1486	759	11265	17612	45394	18634
河口区	Hekou	918	1008	11518	10962	42231	16959
垦利区	Kenli	875	1004	10948	11717	41365	16937
利津县	Lijin	1157	1016	10547	9645	35362	15987
广饶县	Guangrao	3133	1920	30994	26158	40077	18681
烟台市	**Yantai**						
芝罘区	Zhifu	4180	2498	47922	42680	43504	
福山区	Fushan	2376	1937	25938	34544	43031	20292
牟平区	Mouping	1913	1220	16402	13670	40739	18657
莱山区	Laishan	1159	862	11081	14529	48711	20625
长岛县	Changdao	269	148	1411	984	32972	20455
龙口市	Longkou	3193	1828	30835	29131	45013	20554
莱阳市	Laiyang	3624	1983	35414	31482	32242	15471
莱州市	Laizhou	3854	2330	37773	28733	42027	19557
蓬莱市	Penglai	1277	1175	12342	15167	42645	19756
招远市	Zhaoyuan	3410	1351	26128	19894	42181	19755
栖霞市	Qixia	2051	1933	13273	16022	30707	14590
海阳市	Haiyang	3238	1355	27410	19353	40413	17529
潍坊市	**Weifang**						
潍城区	Weicheng	1698	1561	14694	29837	37610	18223
寒亭区	Hanting	1800	2072	21072	23247	34557	17312
坊子区	Fangzi	2613	2549	32449	34993	34180	17178
奎文区	Kuiwen	1391	2547	13478	46805	40687	
临朐县	Linqu	3511	3426	33279	58013	31711	16015
昌乐县	Changle	3544	3094	40719	38831	32895	16710
青州市	Qingzhou	4262	3675	41378	51326	35151	17598
诸城市	Zhucheng	5146	4821	58826	69808	36998	18670
寿光市	Shouguan	3240	4534	33078	67499	37606	19249
安丘市	Anqiu	3861	3823	40942	63256	31778	16445
高密市	Gaomi	4325	3574	45778	63858	35943	16885
昌邑市	Changyi	2710	1936	25843	31702	33693	17662
济宁市	**Jining**						
任城区	Rencheng	3559	3773	47875	80950	36935	15289
兖州区	Yanzhou	3211	2702	30978	36617	35808	16434
微山县	Weishan	2683	2783	26326	44620	28708	14372
鱼台县	Yutai	1821	1740	19785	31910	27012	13833

22-1 续表 14 continued

地 区	Region	普通中学专任教师数（人） Full-time Teachers in Secondary Schools (person)	小 学专任教师数（人） Full-time Teachers in Primary Schools (person)	普通中学在校学生数（人） Total Enrollment in Secondary Schools (person)	小 学在校学生数（人） Total Enrollment in Primary Schools (person)	城镇居民人均可支配收入（元） Per Captita Disposable Income of Urban Households (yuan)	农村居民人均可支配收入（元） Per Captita Disposable Income of Rural Households (yuan)
金乡县	Jinxiang	1576	3080	19329	52384	28980	15073
嘉祥县	Jiaxiang	3142	4490	53694	93889	27349	13996
汶上县	Wenshang	1941	3080	21229	54680	27868	14272
泗水县	Sishui	1989	2764	26924	44158	22717	11315
梁山县	Liangshan	2321	3092	35761	82637	26735	13619
曲阜市	Qufu	2860	2407	27264	39953	27930	14324
邹城市	Zoucheng	4592	4814	49800	71685	34268	15691
泰安市	**Taian**						
泰山区	Taishan	4045	2099	55642	41841	37962	16701
岱岳区	Daiyue	4110	2672	53126	37194	32332	15006
宁阳县	Ningyang	3553	2990	42971	36591	32256	14853
东平县	Dongping	3166	2408	43136	34655	28284	14315
新泰市	Xintai	6139	5090	81427	77542	33723	15686
肥城市	Feicheng	4044	3648	51575	50927	34354	16446
威海市	**Weihai**						
环翠区	Huancui	4101	3129	47669	58413	43744	18401
文登区	Wendeng	2945	1619	19873	18853	40457	20217
荣成市	Rongcheng	3094	1761	28322	25151	41313	20731
乳山市	Rushan	2327	1321	15150	13388	35804	16016
日照市	**Rizhao**						
东港区	Donggang	2778	3471	35146	68852	31779	13416
岚山区	Lanshan	1689	1305	16443	21851	30867	14724
五莲县	Wulian	2324	1804	22520	24970	25355	14165
莒 县	Juxian	4064	4219	54336	77880	25012	13892
莱芜市	**Laiwu**						
莱城区	Laicheng	5089	3208	64846	41983	32690	15711
钢城区	Gangcheng	1158	945	14040	11810	38194	16701
临沂市	**Linyi**						
兰山区	Lanshan	7434	5905	92324	200806	34696	13335
罗庄区	Luozhuang	3160	2339	38301	77687	34646	13235
河东区	Hedong	2925	3827	34405	79643	33893	13105
沂南县	Yinan	3569	3833	39221	67830	32625	12105
郯城县	Tancheng	3472	4700	40601	82534	33212	12635
沂水县	Yishui	4775	3818	46020	69592	33580	12990
兰陵县	Lanling	5477	5786	86931	139940	30561	13066
费 县	Feixian	3412	2998	36130	72446	33520	12300
平邑县	Pingyi	3344	4207	43880	66905	32571	12493
莒南县	Junan	3924	3973	42280	57575	30515	12020
蒙阴县	Mengyin	2117	2239	22363	39955	31540	11840
临沭县	Linshu	2595	2747	34199	51361	33889	12030

22-1 续表 15 continued

地 区	Region	普通中学专任教师数（人）Full-time Teachers in Secondary Schools (person)	小 学专任教师数（人）Full-time Teachers in Primary Schools (person)	普通中学在校学生数（人）Total Enrollment in Secondary Schools (person)	小 学在校学生数（人）Total Enrollment in Primary Schools (person)	城镇居民人均可支配收入（元）Per Captita Disposable Income of Urban Households (yuan)	农村居民人均可支配收入（元）Per Captita Disposable Income of Rural Households (yuan)
德州市	**Dezhou**						
德城区	Decheng	1940	3333	27018	64293	25382	13776
陵城区	Lingcheng	1300	2726	18815	34041	24420	13227
宁津县	Ningjin	1509	2095	17111	36486	24427	13300
庆云县	Qingyun	1335	1634	17065	30580	24255	12940
临邑县	Linyi	1590	2415	18653	34025	24790	13506
齐河县	Qihe	2093	2247	28320	31280	25010	13634
平原县	Pingyuan	1633	2377	21881	27621	24646	13360
夏津县	Xiajin	1937	2317	32064	44924	24114	12862
武城县	Wucheng	953	1797	13266	28526	24632	13351
乐陵市	Leling	2813	3157	29893	47971	24731	13516
禹城市	Yucheng	2161	2098	25756	32601	24827	13555
聊城市	**Liaocheng**						
东昌府区	Dongchangfu	6288	7833	83100	142300	26116	12506
阳谷县	Yanggu	3186	3444	32802	57277	23753	12239
莘 县	Shenxian	3705	4450	46921	108462	23041	12511
茌平县	Chiping	2308	2327	26841	41971	26441	12817
东阿县	Donge	1407	1458	16858	9890	21183	12304
冠 县	Guanxian	1589	4315	21907	83024	24537	12292
高唐县	Gaotang	1321	1930	23165	38782	25003	12554
临清市	Linqing	2557	3452	36475	89904	24200	12196
滨州市	**Binzhou**						
滨城区	Bincheng	2441	2250	20319	36307	33958	15921
沾化区	Zhanhua	1469	1517	14753	18987	32072	14986
惠民县	Huimin	1973	1775	25765	35233	32102	14232
阳信县	Yangxin	2602	1330	25302	31008	31842	13684
无棣县	Wudi	2229	2352	21617	34090	31825	15373
博兴县	Boxing	2393	2219	25846	28555	33168	15630
邹平县	Zouping	3357	2961	41316	47665	33557	17168
菏泽市	**Heze**						
牡丹区	Mudan	6323	7886	84620	168360	26280	11929
定陶区	Dingtao	2282	3590	33135	66763	22221	11669
曹 县	Caoxian	5290	7925	82112	166718	23907	11608
单 县	Shanxian	5884	5634	59763	103031	23087	11718
成武县	Chengwu	2828	4626	32159	79710	23064	11836
巨野县	Juye	3596	4831	45361	120637	24891	11926
郓城县	Yuncheng	4846	6075	71619	125517	24513	12030
鄄城县	Juancheng	2990	4050	48050	84300	21945	11399
东明县	Dongming	3673	4070	51859	90759	23379	11640

附录1

全国各省（市、自治区）主要经济指标

Main Economic Indicators of the Whole Country by Region

简 要 说 明

一、本篇资料的主要内容

本篇资料反映了全国各省、自治区、直辖市经济社会发展基本情况，主要包括行政区划、人口、国内生产总值及其构成、劳动工资、财政、农业、工业、投资、建筑业、交通运输、国内贸易、进出口、价格指数、居民生活和国际旅游等方面的资料。

二、本篇资料的来源

本篇资料来源于中国统计出版社出版的《中国统计摘要 2018》，由省统计局综合处整理。

Brief Introduction

I. Content

Data in this chapter reflect the basic Socio-economic development of some provinces, mainly including divisions of administrative areas, population, GDP and its components, wages, finance, agriculture, industry, investment, construction industry, communications, domestic trade, exports and imports, price indices, livelihood and tourism, etc.

II. Source of Data

Data in this chapter come from China Statistics Abstract 2018 published by China Statistics Press and are prepared and compiled by the Division of Comprehensive Statistics of Shandong Provincial Bureau of Statistics.

附录 1-1　各地区行政区划(2017年底)

Divisions of Administrative Areas by Region(Year-end of 2017)

单位：个　　(unit)

省级区划名称	Provinces, Autonomous Regions and Municipalities	地级区划数 Number of Regions at Prefecture Level	#地级市 Cities at Prefecture Level	县级区划数 Number of Regions at County Level	#市辖区 Districts under the Jurisdiction of Cities	#县级市 Cities at County Level	#县 Counties	#自治县 Autonomous Counties
全国总计	**National Total**	**334**	**294**	**2851**	**962**	**363**	**1355**	**117**
北京市	Beijing			16	16			
天津市	Tianjin			16	16			
河北省	Hebei	11	11	168	47	20	95	6
山西省	Shanxi	11	11	119	23	11	85	
内蒙古自治区	Inner Mongolia	12	9	103	23	11	17	
辽宁省	Liaoning	14	14	100	59	16	17	8
吉林省	Jilin	9	8	60	21	20	16	3
黑龙江省	Heilongjiang	13	12	128	65	19	43	1
上海市	Shanghai			16	16			
江苏省	Jiangsu	13	13	96	55	21	20	
浙江省	Zhejiang	11	11	89	37	19	32	1
安徽省	Anhui	16	16	105	44	6	55	
福建省	Fujian	9	9	85	29	12	44	
江西省	Jiangxi	11	11	100	25	11	64	
山东省	**Shandong**	**17**	**17**	**137**	**55**	**26**	**56**	
河南省	Henan	17	17	158	52	21	85	
湖北省	Hubei	13	12	103	39	24	37	2
湖南省	Hunan	14	13	122	35	17	63	7
广东省	Guangdong	21	21	121	64	20	34	3
广西壮族自治区	Guangxi	14	14	111	40	7	52	12
海南省	Hainan	4	4	23	8	5	4	6
重庆市	Chongqing			38	26		8	4
四川省	Sichuan	21	18	183	53	17	109	4
贵州省	Guizhou	9	6	88	15	8	53	11
云南省	Yunnan	16	8	129	16	15	69	29
西藏自治区	Tibet	7	6	74	8		66	
陕西省	Shaanxi	10	10	107	30	4	73	
甘肃省	Gansu	14	12	86	17	4	58	7
青海省	Qinghai	8	2	43	6	3	27	7
宁夏回族自治区	Ningxia	5	5	22	9	2	11	
新疆维吾尔自治区	Xinjiang	14	4	105	13	24	62	6
香港特别行政区	Hong Kong Special Administrative Region							
澳门特别行政区	Macao Special Administrative Region							
台湾省	Taiwan							

注：本表资料由民政部提供。
a)Data in this table are provided by the Ministry of Civil Affairs.

附录 1-1　续表 continued

单位:个 (unit)

省级区划名称	Provinces, Autonomous Regions and Municipalities	乡镇级区划数 Number of Regions at Township Level	镇数 Number of Towns	乡数 Number of Townships	#民族乡 Minority Autonomous Township	街道办事处 Street Communities
全国总计	**National Total**	**39890**	**21116**	**10529**	**982**	**8243**
北京市	Beijing	331	143	38	5	150
天津市	Tianjin	248	124	3	1	121
河北省	Hebei	2255	1128	818	47	308
山西省	Shanxi	1398	564	632		202
内蒙古自治区	Inner Mongolia	1020	505	272	17	243
辽宁省	Liaoning	1531	641	202	54	688
吉林省	Jilin	919	426	182	28	311
黑龙江省	Heilongjiang	1192	532	353	52	307
上海市	Shanghai	214	107	2		105
江苏省	Jiangsu	1284	758	68	1	458
浙江省	Zhejiang	1378	641	274	14	463
安徽省	Anhui	1486	965	275	9	246
福建省	Fujian	1105	642	284	19	179
江西省	Jiangxi	1561	825	579	8	157
山东省	**Shandong**	**1824**	**1094**	**70**		**660**
河南省	Henan	2441	1151	640	12	650
湖北省	Hubei	1234	761	165	10	308
湖南省	Hunan	1927	1134	398	83	395
广东省	Guangdong	1601	1124	11	7	466
广西壮族自治区	Guangxi	1251	799	319	59	133
海南省	Hainan	218	175	21		22
重庆市	Chongqing	1030	626	182	14	222
四川省	Sichuan	4610	2196	2064	98	350
贵州省	Guizhou	1379	839	317	193	223
云南省	Yunnan	1398	682	543	140	173
西藏自治区	Tibet	697	140	545	9	12
陕西省	Shaanxi	1295	983	23		289
甘肃省	Gansu	1355	816	413	32	126
青海省	Qinghai	400	143	223	28	34
宁夏回族自治区	Ningxia	240	103	90		47
新疆维吾尔自治区	Xinjiang	1068	349	523	42	195
香港特别行政区	Hong Kong Special Administrative Region					
澳门特别行政区	Macao Special AdministrativeRegion					
台湾省	Taiwan					

注：乡镇级总数包含河北省、新疆维吾尔自治区的各一个区公所。
a)Number of regions at townships level include one district office of Hebei and Xinjiang separately.

附录 1-2 地区生产总值
Gross Domestic Product

单位:亿元 (100 million yuan)

地区	Region	2011	2012	2013	2014	2015	2016	2017
北京	Beijing	16251.9	17879.4	19800.8	21330.8	23014.6	24899.3	28000.4
天津	Tianjin	11307.3	12893.9	14442.0	15726.9	16538.2	17885.4	18595.4
河北	Hebei	24515.8	26575.0	28443.0	29421.2	29806.1	31827.9	35964.0
山西	Shanxi	11237.6	12112.8	12665.3	12761.5	12766.5	12928.3	14973.5
内蒙古	Inner Mongolia	14359.9	15880.6	16916.5	17770.2	17831.5	18632.6	16103.2
辽宁	Liaoning	22226.7	24846.4	27213.2	28626.6	28669.0	22037.9	23942.0
吉林	Jilin	10568.8	11939.2	13046.4	13803.1	14063.1	14886.2	15288.9
黑龙江	Heilongjiang	12582.0	13691.6	14454.9	15039.4	15083.7	15386.1	16199.9
上海	Shanghai	19195.7	20181.7	21818.2	23567.7	25123.5	27466.2	30133.9
江苏	Jiangsu	49110.3	54058.2	59753.4	65088.3	70116.4	76086.2	85900.9
浙江	Zhejiang	32318.9	34665.3	37756.6	40173.0	42886.5	46485.0	51768.3
安徽	Anhui	15300.7	17212.1	19229.3	20848.7	22005.6	24117.9	27518.7
福建	Fujian	17560.2	19701.8	21868.5	24055.8	25979.8	28519.2	32298.3
江西	Jiangxi	11702.8	12948.9	14410.2	15714.6	16723.8	18364.4	20818.5
山东	**Shandong**	**45361.9**	**50013.2**	**55230.3**	**59426.6**	**63002.3**	**67008.2**	**72678.2**
河南	Henan	26931.0	29599.3	32191.3	34938.2	37002.2	40160.0	44988.2
湖北	Hubei	19632.3	22250.5	24791.8	27379.2	29550.2	32297.9	36523.0
湖南	Hunan	19669.6	22154.2	24621.7	27037.3	28902.2	31244.7	34590.6
广东	Guangdong	53210.3	57067.9	62474.8	67809.9	72812.6	79512.1	89879.2
广西	Guangxi	11720.9	13035.1	14449.9	15672.9	16803.1	18245.1	20396.3
海南	Hainan	2522.7	2855.5	3177.6	3500.7	3702.8	4044.5	4462.5
重庆	Chongqing	10011.4	11409.6	12783.3	14262.6	15717.3	17558.8	19500.3
四川	Sichuan	21026.7	23872.8	26392.1	28536.7	30053.1	32680.5	36980.2
贵州	Guizhou	5701.8	6852.2	8086.9	9266.4	10502.6	11734.4	13540.8
云南	Yunnan	8893.1	10309.5	11832.3	12814.6	13619.2	14870.0	16531.3
西藏	Tibet	605.8	701.0	815.7	920.8	1026.4	1150.1	1310.6
陕西	Shaanxi	12512.3	14453.7	16205.5	17689.9	18021.9	19165.4	21898.8
甘肃	Gansu	5020.4	5650.2	6330.7	6836.8	6790.3	7152.0	7677.0
青海	Qinghai	1670.4	1893.5	2122.1	2303.3	2417.1	2572.5	2642.8
宁夏	Ningxia	2102.2	2341.3	2577.6	2752.1	2911.8	3150.1	3453.9
新疆	Xinjiang	6610.1	7505.3	8443.8	9273.5	9324.8	9617.2	10920.1

注:本表按当年价格计算。
a)Data in this table are calculated at current prices.

附录 1-3 地区生产总值、增长速度及构成(2017年)
Gross Domestic Product ,Growth Rate and composition(2017)

地 区 Region	地区生产总值(亿元) Gross Domestic Product (100 million yuan)	第一产业 Primary Industry	第二产业 Secondary Industry	第三产业 Tertiary Industry	地区生产总值比上年增长(%) Growth Rate (%)	构成(%) composition 第一产业 Primary Industry	第二产业 Secondary Industry	第三产业 Tertiary Industry
北 京 Beijing	28000.4	120.5	5310.6	22569.3	106.7	0.4	19.0	80.6
天 津 Tianjin	18595.4	218.3	7590.4	10786.7	103.6	1.2	40.8	58.0
河 北 Hebei	35964.0	3507.9	17416.5	15039.7	106.7	9.8	48.4	41.8
山 西 Shanxi	14973.5	777.9	6181.8	8013.9	107.0	5.2	41.3	53.5
内蒙古 Inner Mongolia	16103.2	1647.2	6408.6	8047.4	104.0	10.2	39.8	50.0
辽 宁 Liaoning	23942.0	2182.1	9397.8	12362.1	104.2	9.1	39.3	51.6
吉 林 Jilin	15288.9	1429.2	7012.9	6846.9	105.3	9.3	45.9	44.8
黑龙江 Heilongjiang	16199.9	2968.8	4289.7	8941.4	106.4	18.3	26.5	55.2
上 海 Shanghai	30133.9	99.0	9251.4	20783.5	106.9	0.3	30.7	69.0
江 苏 Jiangsu	85900.9	4076.7	38654.9	43169.4	107.2	4.7	45.0	50.3
浙 江 Zhejiang	51768.3	2017.4	22471.5	27279.3	107.8	3.9	43.4	52.7
安 徽 Anhui	27518.7	2611.7	13486.6	11420.4	108.5	9.5	49.0	41.5
福 建 Fujian	32298.3	2442.4	15770.3	14085.5	108.1	7.6	48.8	43.6
江 西 Jiangxi	20818.5	1953.9	9972.1	8892.6	108.9	9.4	47.9	42.7
山 东 Shandong	**72678.2**	**4876.7**	**32925.1**	**34876.3**	**107.4**	**6.7**	**45.3**	**48.0**
河 南 Henan	44988.2	4339.49	21450.0	19198.7	107.8	9.6	47.7	42.7
湖 北 Hubei	36523.0	3759.7	16259.9	16503.4	107.8	10.3	44.5	45.2
湖 南 Hunan	34590.6	3690.0	14145.5	16755.1	108.0	10.7	40.9	48.4
广 东 Guangdong	89879.2	3792.4	38598.6	47488.3	107.5	4.2	43.0	52.8
广 西 Guangxi	20396.3	2906.9	9297.8	8191.5	107.3	14.2	45.6	40.2
海 南 Hainan	4462.5	979.3	997.1	2486.1	107.0	22.0	22.3	55.7
重 庆 Chongqing	19500.3	1339.6	8596.6	9564.0	109.3	6.9	44.1	49.0
四 川 Sichuan	36980.2	4282.8	14294.0	18403.4	108.1	11.6	38.7	49.7
贵 州 Guizhou	13540.8	2020.8	5439.6	6080.4	110.2	14.9	40.2	44.9
云 南 Yunnan	16531.3	2310.7	6387.5	7833.1	109.5	14.0	38.6	47.4
西 藏 Tibet	1310.6	122.8	514.5	673.3	110.0	9.4	39.2	51.4
陕 西 Shaanxi	21898.8	1739.5	10895.4	9264.0	108.0	7.9	49.8	42.3
甘 肃 Gansu	7677.0	1063.6	2562.7	4050.8	103.6	13.9	33.4	52.8
青 海 Qinghai	2642.8	238.4	1180.4	1224.0	107.3	9.0	44.7	46.3
宁 夏 Ningxia	3453.9	261.1	1580.5	1612.3	107.8	7.6	45.8	46.6
新 疆 Xinjiang	10920.1	1691.6	4292.0	4936.5	107.6	15.5	39.3	45.2

注:本表绝对数按当年价格计算,增长速度按不变价格计算。
a)Absolute figure are calculated at current prices,growth rate at constant prices.

附录 1-4　年末总人口
Basic Statistics on National Population

单位:万人　　(10 000 persons)

地　区	Region	2009	2010	2011	2012	2013	2014	2015	2016	2017
全　国	**Total**	**133450**	**134091**	**134735**	**135404**	**136072**	**136782**	**137462**	**138271**	**139008**
北　京	Beijing	1860	1962	2019	2069	2115	2152	2171	2173	2171
天　津	Tianjin	1228	1299	1355	1413	1472	1517	1547	1562	1557
河　北	Hebei	7034	7194	7241	7288	7333	7384	7425	7470	7520
山　西	Shanxi	3427	3574	3593	3611	3630	3648	3664	3682	3702
内蒙古	Inner Mongolia	2458	2472	2482	2490	2498	2505	2511	2520	2529
辽　宁	Liaoning	4341	4375	4383	4389	4390	4391	4382	4378	4369
吉　林	Jilin	2740	2747	2749	2750	2751	2752	2753	2733	2717
黑龙江	Heilongjiang	3826	3833	3834	3834	3835	3833	3812	3799	3789
上　海	Shanghai	2210	2303	2347	2380	2415	2426	2415	2420	2418
江　苏	Jiangsu	7810	7869	7899	7920	7939	7960	7976	7999	8029
浙　江	Zhejiang	5276	5447	5463	5477	5498	5508	5539	5590	5657
安　徽	Anhui	6131	5957	5968	5988	6030	6083	6144	6196	6255
福　建	Fujian	3666	3693	3720	3748	3774	3806	3839	3874	3911
江　西	Jiangxi	4432	4462	4488	4504	4522	4542	4566	4592	4622
山　东	**Shandong**	**9470**	**9588**	**9637**	**9685**	**9733**	**9789**	**9847**	**9947**	**10006**
河　南	Henan	9487	9405	9388	9406	9413	9436	9480	9532	9559
湖　北	Hubei	5720	5728	5758	5779	5799	5816	5852	5885	5902
湖　南	Hunan	6406	6570	6596	6639	6691	6737	6783	6822	6860
广　东	Guangdong	10130	10441	10505	10594	10644	10724	10849	10999	11169
广　西	Guangxi	4856	4610	4645	4682	4719	4754	4796	4838	4885
海　南	Hainan	864	869	877	887	895	903	911	917	926
重　庆	Chongqing	2859	2885	2919	2945	2970	2991	3017	3048	3075
四　川	Sichuan	8185	8045	8050	8076	8107	8140	8204	8262	8302
贵　州	Guizhou	3537	3479	3469	3484	3502	3508	3530	3555	3580
云　南	Yunnan	4571	4602	4631	4659	4687	4714	4742	4771	4801
西　藏	Tibet	296	300	303	308	312	318	324	331	337
陕　西	Shaanxi	3727	3735	3743	3753	3764	3775	3793	3813	3835
甘　肃	Gansu	2555	2560	2564	2578	2582	2591	2600	2610	2626
青　海	Qinghai	557	563	568	573	578	583	588	593	598
宁　夏	Ningxia	625	633	639	647	654	662	668	675	682
新　疆	Xinjiang	2159	2185	2209	2233	2264	2298	2360	2398	2445

注:1.全国总计含中国人民解放军现役军人数,不包括香港、澳门特别行政区和台湾地区数据;分省数据不含中国人民解放军现役军人数。
a)The military personnel were included in the national total population,but excluded in the regional total population.The national total population excluded the population of Hong Kong,Macao and Taiwan.

附录 1−5 全社会固定资产投资
Total Investment in Fixed Assets in the Whole Country

单位:亿元 (100 million yuan)

地 区	Region	2011	2012	2013	2014	2015	2016	2017
全国总计	**Total**	**311485.1**	**374694.7**	**446294.1**	**512020.7**	**561999.8**	**606465.7**	**641238.4**
北 京	Beijing	5578.9	6112.4	6847.1	6924.2	7496.0	7943.9	8370.4
天 津	Tianjin	7067.7	7934.8	9130.2	10518.2	11832.0	12779.4	11288.9
河 北	Hebei	16389.3	19661.3	23194.2	26671.9	29448.3	31750.0	33406.8
山 西	Shanxi	7073.1	8863.3	11031.9	12354.5	14074.2	14198.0	6040.5
内蒙古	Inner Mongolia	10365.2	11875.7	14217.4	17591.8	13702.2	15080.0	14013.2
辽 宁	Liaoning	17726.3	21836.3	25107.7	24730.8	17917.9	6692.2	6676.7
吉 林	Jilin	7441.7	9511.5	9979.3	11339.6	12705.3	13923.2	13283.9
黑龙江	Heilongjiang	7475.4	9694.7	11453.1	9829.0	10182.9	10648.3	11292.0
上 海	Shanghai	4962.1	5117.6	5647.8	6016.4	6352.7	6755.9	7246.6
江 苏	Jiangsu	26692.6	30854.2	36373.3	41938.6	46246.9	49663.2	53277.0
浙 江	Zhejiang	14185.3	17649.4	20782.1	24262.8	27323.3	30276.1	31696.0
安 徽	Anhui	12455.7	15425.8	18621.9	21875.6	24386.0	27033.4	29275.1
福 建	Fujian	9910.9	12439.9	15327.4	18177.9	21301.4	23237.4	26416.3
江 西	Jiangxi	9087.6	10774.2	12850.3	15079.3	17388.1	19694.2	22085.3
山 东	**Shandong**	**26749.7**	**31256.0**	**36789.1**	**42495.5**	**48312.4**	**53322.9**	**55202.7**
河 南	Henan	17769.0	21450.0	26087.5	30782.2	35660.3	40415.1	44496.9
湖 北	Hubei	12557.3	15578.3	19307.3	22915.3	26563.9	30011.7	32282.4
湖 南	Hunan	11880.9	14523.2	17841.4	21242.9	25045.1	28353.3	31959.2
广 东	Guangdong	17069.2	18751.5	22308.4	26293.9	30343.0	33303.6	37761.7
广 西	Guangxi	7990.7	9808.6	11907.7	13843.2	16227.8	18236.8	20499.1
海 南	Hainan	1657.2	2145.4	2697.9	3112.2	3451.2	3890.4	4244.4
重 庆	Chongqing	7473.4	8736.2	10435.2	12285.4	14353.2	16048.1	17537.0
四 川	Sichuan	14222.2	17040.0	20326.1	23318.6	25525.9	28812.0	31902.1
贵 州	Guizhou	4235.9	5717.8	7373.6	9025.8	10945.5	13204.0	15503.9
云 南	Yunnan	6191.0	7831.1	9968.3	11498.5	13500.6	16119.4	18936.0
西 藏	Tibet	516.3	670.5	876.0	1069.2	1295.7	1596.0	1975.6
陕 西	Shaanxi	9431.1	12044.5	14884.1	17191.9	18582.2	20825.3	23819.4
甘 肃	Gansu	3965.8	5145.0	6527.9	7884.1	8754.2	9664.0	5827.8
青 海	Qinghai	1435.6	1883.4	2361.1	2861.2	3210.6	3528.1	3883.6
宁 夏	Ningxia	1644.7	2096.9	2651.1	3173.8	3505.4	3794.2	3728.4
新 疆	Xinjiang	4632.1	6158.8	7732.3	9447.7	10813.0	10287.5	12089.1
不分地区	Not Classified by Region	5651.3	6106.4	5655.4	6268.4	5552.4	5378.0	5220.3

附录 1-6　固定资产投资
Investment in Fixed Assets

单位:亿元　　(100 million yuan)

地　区	Region	2011	2012	2013	2014	2015	2016	2017
全国总计	**Total**	**302396.06**	**364854.15**	**435747.43**	**501264.87**	**551590.04**	**596500.75**	**631683.96**
北　京	Beijing	5519.84	6064.86	6797.54	6873.44	7446.02	7888.69	8307.33
天　津	Tianjin	7040.68	7913.26	9103.01	10490.37	11814.57	12756.36	11274.69
河　北	Hebei	15780.26	19104.63	22629.77	26147.20	28905.74	31340.07	33012.23
山　西	Shanxi	6837.69	8584.85	10745.35	12035.46	13744.59	13859.35	5722.16
内蒙古	Inner Mongolia	10252.97	11749.77	14072.39	17437.85	13529.15	14893.96	13827.85
辽　宁	Liaoning	17431.46	21535.37	24791.40	24426.83	17640.37	6436.33	6444.75
吉　林	Jilin	7226.65	9262.23	9725.76	11107.94	12508.59	13773.17	13130.90
黑龙江	Heilongjiang	7157.92	9375.44	11121.28	9537.88	9884.28	10432.55	11079.65
上　海	Shanghai	4959.93	5114.64	5644.13	6012.97	6349.39	6751.68	7240.95
江　苏	Jiangsu	26313.46	30473.74	35982.52	41552.75	45905.17	49370.85	53000.21
浙　江	Zhejiang	13651.65	17095.96	20194.07	23554.76	26664.72	29571.00	31125.99
安　徽	Anhui	12007.87	14943.81	18091.21	21256.29	23803.93	26577.37	28816.37
福　建	Fujian	9677.09	12182.52	15045.81	17869.76	20973.98	22927.99	26110.34
江　西	Jiangxi	8753.93	10378.37	12434.95	14646.31	16993.90	19378.69	21770.43
山　东	**Shandong**	**25907.38**	**30319.76**	**35875.86**	**41599.13**	**47381.46**	**52364.49**	**54236.03**
河　南	Henan	16934.32	20558.61	25188.06	30012.28	34951.28	39753.93	43890.36
湖　北	Hubei	12195.39	15148.71	18796.85	22441.67	26086.42	29503.88	31872.57
湖　南	Hunan	11407.74	13966.26	17225.19	20548.55	24324.17	27688.45	31328.08
广　东	Guangdong	16599.16	18250.13	21795.52	25843.06	29950.48	32947.30	37403.91
广　西	Guangxi	7580.90	9345.18	11383.93	13287.61	15654.95	17652.95	19908.27
海　南	Hainan	1599.14	2064.44	2625.59	3039.46	3355.40	3747.03	4125.40
重　庆	Chongqing	7366.95	8610.37	10290.95	12140.83	14208.15	15931.78	17440.57
四　川	Sichuan	13687.75	16530.31	19755.29	22662.13	24965.56	28229.79	31235.89
贵　州	Guizhou	4026.47	5504.95	7102.78	8778.40	10676.70	12929.17	15288.01
云　南	Yunnan	5932.75	7553.51	9621.83	11073.81	13069.39	15662.49	18474.89
西　藏	Tibet	516.31	670.52	876.00	1069.23	1295.68	1596.05	1975.60
陕　西	Shaanxi	9108.98	11705.83	14533.51	16840.27	18231.03	20474.85	23468.21
甘　肃	Gansu	3870.08	5040.03	6407.20	7759.63	8626.60	9534.10	5696.35
青　海	Qinghai	1365.91	1808.67	2285.30	2788.91	3144.17	3455.51	3819.86
宁　夏	Ningxia	1589.14	2033.03	2577.79	3093.92	3426.42	3709.04	3640.12
新　疆	Xinjiang	4444.99	5857.98	7371.24	9067.79	10525.42	9983.86	11795.64
不分地区	Not Classified by Region	5651.29	6106.38	5655.37	6268.38	5552.35	5378.02	5220.32

注：2010年以前为城镇固定资产投资口径，2011年以后为固定资产投资(不含农户)口径。
a)Caliber of data is Investment in Urban Area before 2010 and investment in fixed assets (excluding farmers) after 2011.

附录 1-7 房地产开发企业房屋施工、竣工面积和商品房销售面积
Floor Space of Buildings for Real Estate Development

单位:万平方米 (10 000 sq.m)

地区	Region	房屋施工面积 Floor Space of Builings under Construction		房屋竣工面积 Floor Space of Builings Completed		商品房销售面积 Floor Space of Builings Sold	
		2016	2017	2016	2017	2016	2017
全国总计	**Total**	**758975**	**781484**	**106128**	**101486**	**157349**	**169408**
北京	Beijing	12976	12413	2370	1467	1659	870
天津	Tianjin	9350	8796	2914	2023	2711	1482
河北	Hebei	30477	30318	4288	3416	6682	6426
山西	Shanxi	17069	16473	2684	1970	2061	2416
内蒙古	Inner Mongolia	16906	15815	1664	1714	2528	2068
辽宁	Liaoning	26364	25907	2709	2788	3712	4148
吉林	Jilin	11797	11887	1352	1479	1919	1885
黑龙江	Heilongjiang	10866	10328	2376	1651	2117	2256
上海	Shanghai	15111	15362	2551	3388	2706	1692
江苏	Jiangsu	58762	59464	10074	9582	13962	14211
浙江	Zhejiang	41610	41236	7925	6884	8637	9600
安徽	Anhui	35645	39169	5383	4748	8500	9201
福建	Fujian	31064	31940	3665	4267	4915	5854
江西	Jiangxi	16427	18807	1636	1854	4692	5842
山东	**Shandong**	**59957**	**63563**	**8253**	**8429**	**11790**	**12813**
河南	Henan	47360	49942	6299	6202	11306	13314
湖北	Hubei	29880	30510	3127	3220	7427	8155
湖南	Hunan	30139	31691	4534	4084	8085	8532
广东	Guangdong	64234	72492	6594	8196	14612	15959
广西	Guangxi	21135	22690	1735	1856	4215	5171
海南	Hainan	8937	9567	1675	1267	1509	2293
重庆	Chongqing	27363	25961	4421	5056	6257	6711
四川	Sichuan	41532	41295	7050	5621	9300	10869
贵州	Guizhou	20352	20385	1901	1172	4157	4697
云南	Yunnan	20593	21085	2115	2420	3640	4327
西藏	Tibet	349	230	32	44	75	53
陕西	Shaanxi	22298	23630	2432	2392	3263	3890
甘肃	Gansu	8933	9153	992	848	1679	1560
青海	Qinghai	2848	2937	387	441	438	494
宁夏	Ningxia	7110	6837	1295	1329	966	1021
新疆	Xinjiang	11531	11597	1696	1680	1828	1598

附录 1-8 房地产开发企业(单位)投资和商品房销售额
Investment and Total Sale of Commercial Buildings of Enterprises for Real Estate Development

单位:亿元 (100 million yuan)

地区	Region	房地产开发投资额 Investment for Real Estate		商品房销售额 Total Sale of Commercial Buildings		#住宅 Residential	
		2016	2017	2016	2017	2016	2017
全国总计	**Total**	**102580.6**	**109798.5**	**117627.0**	**133701.3**	**99064.2**	**110239.5**
北京	Beijing	4000.6	3692.5	4561.6	2796.0	2795.8	2077.0
天津	Tianjin	2300.0	2233.4	3478.2	2272.3	3245.6	2032.9
河北	Hebei	4695.6	4823.9	4301.8	4628.4	3710.9	3925.4
山西	Shanxi	1597.4	1166.3	1027.1	1357.5	900.8	1225.9
内蒙古	Inner Mongolia	1133.5	889.7	1149.1	956.8	838.1	731.7
辽宁	Liaoning	2094.8	2289.7	2256.9	2771.7	1988.0	2452.2
吉林	Jilin	1016.8	910.1	1029.6	1135.2	806.5	920.8
黑龙江	Heilongjiang	864.8	815.6	1121.0	1459.7	903.7	1134.5
上海	Shanghai	3709.0	3856.5	6695.8	4026.7	5233.3	3336.1
江苏	Jiangsu	8956.4	9629.1	12293.0	13066.9	11055.4	11325.8
浙江	Zhejiang	7469.4	8226.8	9605.1	12340.0	8280.8	10300.3
安徽	Anhui	4603.6	5612.5	5035.5	5865.8	4231.6	4878.6
福建	Fujian	4588.8	4794.2	4530.8	5705.2	3793.4	4202.0
江西	Jiangxi	1770.9	2014.0	2678.4	3592.5	2207.2	2879.7
山东	**Shandong**	**6323.4**	**6637.2**	**6902.9**	**8097.0**	**6070.5**	**6891.7**
河南	Henan	6179.1	7090.2	5612.9	7129.4	4839.0	5897.7
湖北	Hubei	4296.4	4574.9	4994.1	6258.9	4383.8	5380.3
湖南	Hunan	2957.0	3426.1	3751.9	4460.7	3113.6	3570.8
广东	Guangdong	10307.8	12075.7	16214.6	18792.8	14240.3	15437.9
广西	Guangxi	2398.0	2683.5	2207.5	3016.6	1948.2	2635.7
海南	Hainan	1787.6	2053.1	1490.2	2713.7	1385.3	2473.2
重庆	Chongqing	3725.9	3980.1	3432.0	4557.9	2635.6	3601.6
四川	Sichuan	5282.6	5149.9	5358.9	6757.1	4296.3	5173.6
贵州	Guizhou	2149.0	2201.0	1790.5	2240.8	1269.4	1623.4
云南	Yunnan	2688.3	2786.3	1917.8	2561.2	1411.4	1973.7
西藏	Tibet	48.5	40.4	38.1	35.3	34.7	25.2
陕西	Shaanxi	2736.8	3102.0	1785.2	2661.1	1585.7	2215.2
甘肃	Gansu	850.0	944.5	873.5	890.3	712.3	738.2
青海	Qinghai	396.9	408.6	236.4	296.5	172.1	211.7
宁夏	Ningxia	728.2	652.8	409.7	464.1	325.9	369.3
新疆	Xinjiang	923.4	1037.9	846.8	793.4	648.9	597.5

附录 1-9 一般公共预算收入
General Public Budget Revenue

单位:亿元 (100 million yuan)

地 区	Region	2007	2008	2009	2010	2011	2012	2013	2014	2015	2016	2017
地方总计	**Total**	**23572.6**	**28644.9**	**32580.7**	**40610.0**	**52547.1**	**61078.3**	**69011.2**	**75876.6**	**83002.0**	**87239.4**	**91447.5**
北 京	Beijing	1492.6	1837.3	2026.8	2353.9	3006.3	3314.9	3661.1	4027.2	4723.9	5081.3	5430.8
天 津	Tianjin	540.4	675.5	821.4	1068.8	1455.1	1760.0	2079.1	2390.4	2667.1	2723.5	2310.1
河 北	Hebei	789.1	944.6	1066.2	1330.8	1737.8	2084.3	2295.6	2446.6	2649.2	2849.9	3233.3
山 西	Shanxi	597.9	747.9	805.8	969.7	1213.4	1516.4	1701.6	1820.6	1642.4	1557.0	1866.8
内蒙古	Inner Mongolia	492.4	649.6	850.8	1070.0	1356.7	1552.7	1721.0	1843.7	1964.5	2016.4	1703.4
辽 宁	Liaoning	1082.7	1356.1	1591.0	2004.8	2643.2	3105.4	3343.8	3192.8	2127.4	2200.5	2390.2
吉 林	Jilin	320.7	422.8	487.1	602.4	850.1	1041.3	1157.0	1203.4	1229.4	1263.8	1210.8
黑龙江	Heilongjiang	440.5	578.4	641.6	755.6	997.6	1163.2	1277.4	1301.3	1165.9	1148.4	1243.2
上 海	Shanghai	2074.5	2358.7	2540.3	2873.6	3429.8	3743.7	4109.5	4585.6	5519.5	6406.1	6642.3
江 苏	Jiangsu	2237.7	2731.1	3228.6	4079.9	5148.9	5860.7	6568.5	7233.1	8028.6	8121.2	8171.5
浙 江	Zhejiang	1649.5	1933.1	2142.4	2608.5	3150.8	3441.2	3796.9	4122.0	4809.9	5302.0	5803.4
安 徽	Anhui	543.7	724.6	863.9	1149.4	1463.6	1792.7	2075.1	2218.4	2454.3	2672.8	2812.3
福 建	Fujian	699.5	833.3	932.3	1151.5	1501.5	1776.2	2119.4	2362.2	2544.2	2654.8	2808.7
江 西	Jiangxi	389.9	488.6	581.2	777.8	1053.4	1372.0	1621.2	1881.8	2165.7	2151.5	2246.9
山 东	**Shandong**	**1675.4**	**1957.1**	**2198.6**	**2749.4**	**3455.9**	**4059.4**	**4559.9**	**5026.8**	**5529.3**	**5860.2**	**6098.5**
河 南	Henan	862.1	1009.1	1126.1	1381.0	1721.8	2040.3	2415.4	2739.3	3016.1	3153.5	3397.0
湖 北	Hubei	590.4	710.2	800.4	1011.2	1526.9	1823.1	2191.2	2566.9	3005.5	3102.1	3248.4
湖 南	Hunan	606.6	722.7	845.0	1066.0	1517.1	1782.2	2030.9	2262.8	2515.4	2697.9	2756.8
广 东	Guangdong	2785.8	3310.0	3649.2	4515.7	5514.8	6229.2	7081.5	8065.1	9366.8	10390.4	11315.2
广 西	Guangxi	418.8	518.7	620.8	772.3	947.7	1166.1	1317.6	1422.3	1515.2	1556.3	1615.0
海 南	Hainan	108.3	145.0	178.2	271.1	340.1	409.4	481.0	555.3	627.7	637.5	674.1
重 庆	Chongqing	442.7	577.2	655.6	1018.4	1488.3	1703.5	1693.2	1922.0	2154.8	2227.9	2252.3
四 川	Sichuan	850.9	1041.7	1174.2	1561.0	2044.8	2421.3	2784.1	3061.1	3355.4	3388.9	3579.8
贵 州	Guizhou	285.1	349.5	416.5	533.9	773.1	1014.1	1206.4	1366.7	1503.4	1561.3	1613.6
云 南	Yunnan	486.7	613.6	698.2	871.2	1111.2	1338.2	1611.3	1698.1	1808.1	1812.3	1886.2
西 藏	Tibet	20.1	24.9	30.1	36.7	54.8	86.6	95.0	124.3	137.1	156.0	185.8
陕 西	Shaanxi	475.2	591.3	733.9	957.9	1500.2	1600.7	1748.3	1890.4	2060.0	1834.0	2006.4
甘 肃	Gansu	190.9	264.9	286.7	353.6	450.1	520.4	607.3	672.7	743.9	787.0	815.6
青 海	Qinghai	56.7	71.6	87.7	110.2	151.8	186.4	223.9	251.7	267.1	238.5	246.1
宁 夏	Ningxia	80.0	95.0	111.5	153.6	220.0	264.0	308.3	339.9	373.4	387.7	417.5
新 疆	Xinjiang	285.9	361.1	388.8	500.6	720.4	909.0	1128.5	1282.3	1330.9	1299.0	1465.5

注:本表数据为地方财政本级收入。
a)Data in this table are the revenue of local governments.

附录 1-10　一般公共预算支出
General Public Budget Expenditure

单位:亿元　　　　(100 million yuan)

地　区	Region	2007	2008	2009	2010	2011	2012	2013	2014	2015	2016	2017
地方总计	**Total**	**38339.3**	**49052.7**	**60593.8**	**73602.0**	**92733.7**	**107188.3**	**119740.3**	**129215.5**	**150335.6**	**160351.4**	**173471.1**
北　京	Beijing	1649.5	1956.0	2301.7	2716.0	3245.2	3685.3	4173.7	4524.7	5737.7	6406.8	6819.5
天　津	Tianjin	674.3	869.0	1099.2	1351.3	1796.3	2143.2	2549.2	2884.7	3232.4	3699.4	3280.9
河　北	Hebei	1506.6	1851.7	2311.8	2778.9	3537.4	4079.4	4409.6	4677.3	5632.2	6049.5	6615.2
山　西	Shanxi	1049.9	1313.1	1556.7	1928.4	2363.9	2759.5	3030.1	3085.3	3423.0	3428.9	3756.7
内蒙古	Inner Mongolia	1082.3	1465.2	1925.1	2280.5	2989.2	3426.0	3686.5	3880.0	4253.0	4512.7	4523.1
辽　宁	Liaoning	1764.3	2151.9	2651.4	3194.4	3905.9	4558.6	5197.4	5080.5	4481.6	4577.5	4842.9
吉　林	Jilin	883.8	1180.1	1479.2	1787.3	2201.7	2471.2	2744.8	2913.2	3217.1	3586.1	3725.7
黑龙江	Heilongjiang	1187.3	1542.3	1877.7	2253.3	2794.1	3171.5	3369.2	3434.2	4020.7	4227.3	4640.7
上　海	Shanghai	2181.7	2593.9	2989.6	3302.9	3914.9	4184.0	4528.6	4923.4	6191.6	6918.9	7547.6
江　苏	Jiangsu	2553.7	3201.6	3885.0	4835.2	6221.7	7027.7	7798.5	8472.4	9687.6	9982.0	10621.4
浙　江	Zhejiang	1806.8	2208.3	2653.8	3208.4	3842.6	4161.9	4730.5	5159.6	6646.0	6974.3	7530.3
安　徽	Anhui	1243.8	1621.6	2101.0	2566.9	3303.0	3961.0	4349.7	4664.1	5239.0	5523.0	6202.3
福　建	Fujian	910.6	1125.3	1403.8	1678.7	2198.2	2607.5	3068.8	3306.7	4001.6	4275.4	4719.3
江　西	Jiangxi	905.1	1208.4	1548.6	1911.0	2534.6	3019.2	3470.3	3882.7	4412.5	4617.4	5123.7
山　东	**Shandong**	**2261.8**	**2704.7**	**3267.7**	**4145.0**	**5002.1**	**5904.5**	**6688.8**	**7177.3**	**8250.0**	**8755.2**	**9257.7**
河　南	Henan	1870.6	2283.9	2902.6	3413.2	4248.8	5006.4	5582.3	6028.7	6799.4	7453.7	8224.7
湖　北	Hubei	1277.3	1638.0	2107.3	2465.2	3214.7	3759.8	4371.6	4934.1	6132.8	6423.0	6831.7
湖　南	Hunan	1357.0	1717.7	2118.6	2702.5	3520.8	4119.0	4690.9	5017.4	5728.7	6339.2	7096.7
广　东	Guangdong	3159.6	3756.7	4305.4	5414.8	6712.4	7387.9	8411.0	9152.6	12827.8	13446.1	15043.1
广　西	Guangxi	985.9	1287.1	1606.3	1994.4	2545.3	2985.2	3208.7	3479.8	4065.5	4441.7	4912.9
海　南	Hainan	245.2	356.0	485.0	578.5	778.8	911.7	1011.2	1099.7	1239.4	1376.5	1444.5
重　庆	Chongqing	768.4	1010.7	1298.4	1771.0	2570.2	3046.4	3062.3	3304.4	3792.0	4001.8	4336.7
四　川	Sichuan	1759.1	2965.4	3591.0	4242.5	4674.9	5451.0	6220.9	6796.6	7497.5	8008.9	8686.6
贵　州	Guizhou	795.4	1048.6	1358.8	1640.2	2249.4	2755.7	3082.7	3542.8	3939.5	4262.4	4604.6
云　南	Yunnan	1135.2	1470.7	1949.8	2285.7	2929.6	3572.7	4096.5	4438.0	4712.8	5018.9	5713.0
西　藏	Tibet	275.4	380.7	470.1	551.0	758.1	905.3	1014.3	1185.5	1381.5	1588.0	1681.9
陕　西	Shaanxi	1054.0	1435.6	1839.9	2217.6	2930.8	3323.8	3665.1	3962.5	4376.1	4389.4	4833.1
甘　肃	Gansu	675.3	965.4	1245.6	1466.7	1791.2	2059.6	2309.6	2541.5	2958.3	3150.0	3307.3
青　海	Qinghai	282.2	363.8	486.7	743.4	967.5	1159.0	1228.0	1347.4	1515.2	1524.8	1530.3
宁　夏	Ningxia	241.9	323.1	427.8	555.9	705.9	864.4	922.5	1000.5	1138.5	1254.5	1375.9
新　疆	Xinjiang	795.2	1056.1	1349.2	1698.9	2284.5	2720.1	3067.1	3317.8	3804.9	4138.3	4641.2

注:本表数据为地方财政本级支出。
a)Data in this table are the expenditure of local governments.

附录 1-11 居民消费价格分类指数(2017年)
Consumer Price Indices by Category (2017)

(上年=100) (preceding year=100)

地 区 Region	居民消费价格指数 General Index	食品烟酒 Food, Tobacco, Liquor	衣着 Clothing	居住 Residence	生活用品及服务 Daily Necessities and Services	交通和通信 Transportation and Communication	教育文化和娱乐 Recreation, Education and Culture	医疗保健 Medical Care	其他用品和服务 Other Supplies and Services
全 国 Total	**101.6**	**99.6**	**101.3**	**102.6**	**101.1**	**101.1**	**102.4**	**106.0**	**102.4**
北 京 Beijing	101.9	100.5	97.8	103.8	100.6	100.3	102.3	107.4	102.7
天 津 Tianjin	102.1	100.3	100.2	101.4	100.8	100.1	103.2	115.4	101.5
河 北 Hebei	101.7	99.3	101.4	103.0	100.8	100.4	101.6	106.9	110.1
山 西 Shanxi	101.1	98.9	100.9	101.4	100.2	101.0	101.8	107.5	102.3
内蒙古 Inner Mongolia	101.7	99.8	101.3	101.7	100.7	101.4	101.0	110.0	101.2
辽 宁 Liaoning	101.4	99.4	101.2	101.3	100.8	100.1	103.5	107.5	101.8
吉 林 Jilin	101.6	98.9	101.3	100.9	101.2	101.5	102.0	110.9	101.6
黑龙江 Heilongjiang	101.3	98.6	100.7	101.7	100.3	99.5	103.6	110.4	101.5
上 海 Shanghai	101.7	101.2	100.5	101.7	101.5	100.7	100.9	106.6	102.6
江 苏 Jiangsu	101.7	100.4	102.3	102.8	103.1	101.8	102.0	101.5	102.4
浙 江 Zhejiang	102.1	100.3	101.9	105.1	100.7	101.3	102.7	102.3	101.1
安 徽 Anhui	101.2	98.9	101.8	102.7	101.4	100.4	103.3	103.9	101.5
福 建 Fujian	101.2	99.0	100.6	102.4	101.2	100.9	102.3	103.0	107.4
江 西 Jiangxi	102.0	99.3	102.1	103.4	101.2	101.9	102.5	109.0	102.6
山 东 Shandong	**101.5**	**99.6**	**101.1**	**102.6**	**100.9**	**101.1**	**102.8**	**105.4**	**101.8**
河 南 Henan	101.4	98.4	101.3	103.6	101.5	100.2	102.7	106.3	102.7
湖 北 Hubei	101.5	99.4	100.8	102.0	100.6	101.0	101.7	110.6	101.6
湖 南 Hunan	101.4	99.3	101.0	103.5	100.7	101.9	101.5	105.0	101.1
广 东 Guangdong	101.5	100.0	101.5	102.2	100.9	101.3	102.6	106.2	101.7
广 西 Guangxi	101.6	99.7	101.9	102.4	100.9	102.0	102.1	106.1	101.6
海 南 Hainan	102.8	100.1	98.8	106.0	100.3	102.0	104.4	111.1	103.1
重 庆 Chongqing	101.0	98.2	102.8	101.9	100.7	101.5	103.3	104.2	100.8
四 川 Sichuan	101.4	98.6	102.5	102.4	101.2	101.6	104.1	104.2	103.7
贵 州 Guizhou	100.9	100.0	100.1	101.5	101.0	101.9	101.3	101.8	101.0
云 南 Yunnan	100.9	100.4	100.2	100.8	100.1	101.3	101.1	104.3	101.6
西 藏 Tibet	101.6	102.0	102.3	101.6	100.6	100.8	101.1	102.7	100.4
陕 西 Shaanxi	101.6	99.4	101.4	102.2	101.1	101.4	102.0	108.6	101.4
甘 肃 Gansu	101.4	100.1	100.8	102.5	100.6	101.1	101.7	105.2	100.9
青 海 Qinghai	101.5	99.9	100.9	102.9	100.7	101.0	100.8	105.9	101.7
宁 夏 Ningxia	101.6	99.5	101.2	102.3	101.9	102.7	102.3	104.8	102.4
新 疆 Xinjiang	102.2	102.1	101.3	100.4	101.5	100.8	102.7	109.6	101.0

附录 1-12　城镇居民人均可支配收入
Per Capita Disposable Income of Urban Households

单位:元 (yuan)

地　区	Region	2008	2009	2010	2011	2012	2013	2014	2015	2016	2017
全国总计	**Total**	**15781**	**17175**	**19109**	**21810**	**24565**	**26467**	**28844**	**31195**	**33616**	**36396**
北　京	Beijing	24725	26738	29073	32903	36469	44564	48532	52859	57275	62406
天　津	Tianjin	19423	21402	24293	26921	29626	28980	31506	34101	37110	40278
河　北	Hebei	13441	14718	16263	18292	20543	22227	24141	26152	28249	30548
山　西	Shanxi	13119	13997	15648	18124	20412	22258	24069	25828	27352	29132
内蒙古	Inner Mongolia	14433	15849	17698	20408	23150	26004	28350	30594	32975	35670
辽　宁	Liaoning	14393	15761	17713	20467	23223	26697	29082	31126	32876	34993
吉　林	Jilin	12829	14006	15411	17797	20208	21331	23218	24901	26530	28319
黑龙江	Heilongjiang	11581	12566	13857	15696	17760	20848	22609	24203	25736	27446
上　海	Shanghai	26675	28838	31838	36230	40188	44878	48841	52962	57692	62596
江　苏	Jiangsu	18680	20552	22944	26341	29677	31585	34346	37173	40152	43622
浙　江	Zhejiang	22727	24611	27359	30971	34550	37080	40393	43714	47237	51261
安　徽	Anhui	12990	14086	15788	18606	21024	22789	24839	26936	29156	31640
福　建	Fujian	17961	19577	21781	24907	28055	28174	30722	33275	36014	39001
江　西	Jiangxi	12866	14022	15481	17495	19860	22120	24309	26500	28673	31198
山　东	**Shandong**	**16305**	**17811**	**19946**	**22792**	**25755**	**26882**	**29222**	**31545**	**34012**	**36789**
河　南	Henan	13231	14372	15930	18195	20443	21741	23672	25576	27233	29558
湖　北	Hubei	13153	14367	16058	18374	20840	22668	24852	27051	29386	31889
湖　南	Hunan	13821	15084	16566	18844	21319	24352	26570	28838	31284	33948
广　东	Guangdong	19733	21575	23898	26897	30227	29537	32148	34757	37684	40975
广　西	Guangxi	14146	15451	17064	18854	21243	22689	24669	26416	28324	30502
海　南	Hainan	12608	13751	15581	18369	20918	22411	24487	26356	28453	30817
重　庆	Chongqing	14368	15749	17532	20250	22968	23058	25147	27239	29610	32193
四　川	Sichuan	12633	13839	15461	17899	20307	22228	24234	26205	28335	30727
贵　州	Guizhou	11759	12863	14143	16495	18701	20565	22548	24580	26743	29080
云　南	Yunnan	13250	14424	16065	18576	21075	22460	24299	26373	28611	30996
西　藏	Tibet	12482	13544	14980	16196	18028	20394	22016	25457	27802	30671
陕　西	Shaanxi	12858	14129	15695	18245	20734	22346	24366	26420	28440	30810
甘　肃	Gansu	10969	11930	13189	14989	17157	19873	21804	23767	25693	27763
青　海	Qinghai	11640	12692	13855	15603	17566	20352	22307	24542	26757	29169
宁　夏	Ningxia	12932	14025	15344	17579	19831	21476	23285	25186	27153	29472
新　疆	Xinjiang	11432	12258	13644	15514	17921	21091	23214	26275	28463	30775

注:1.本表绝对数按当年价格计算。从2013年起，国家统计局开展了城乡一体化住户收支与生活状况调查，本表数据来源于此调查，与2013年前的分城镇和农村住户调查的调查范围、调查方法、指标口径有所不同(下表同)。

a)Absolute figures in this table are calculated at current prices.The NBS started an integrated household income and expenditure survey in 2013, including both urban and rural households. The data are compiled on the basis of the survey. The coverage, methodology and definitions used in the survey are different from those used for the separate urban and rural household surveys prior to 2013. (The same applies to tables following).

附录 1-13 城镇、农村居民人均收支情况
Per Capita Income and Expenditure of Urban And Rural Households

单位:元 (yuan)

地区	Region	城镇居民 Urban Households				农村居民 Rural Households			
		#人均可支配收入 Per Capita Disposable Income		#人均消费支出 Per Capita Consumption Expenditure		#人均可支配收入 Per Capita Disposable Income		#人均消费支出 Per Capita Consumption Expenditure	
		2016年	2017年	2016年	2017年	2016年	2017年	2016年	2017年
全国总计	**Total**	**33616**	**36396**	**23079**	**24445**	**12363**	**13432**	**10130**	**10955**
北京	Beijing	57275	62406	38256	40346	22310	24240	17329	18810
天津	Tianjin	37110	40278	28345	30284	20076	21754	15912	16386
河北	Hebei	28249	30548	19106	20600	11919	12881	9798	10536
山西	Shanxi	27352	29132	16993	18404	10082	10788	8029	8424
内蒙古	Inner Mongolia	32975	35670	22744	23638	11609	12584	11463	12184
辽宁	Liaoning	32876	34993	24996	25379	12881	13747	9953	10787
吉林	Jilin	26530	28319	19166	20051	12123	12950	9521	10279
黑龙江	Heilongjiang	25736	27446	18145	19270	11832	12665	9424	10524
上海	Shanghai	57692	62596	39857	42304	25520	27825	17071	18090
江苏	Jiangsu	40152	43622	26433	27726	17606	19158	14428	15612
浙江	Zhejiang	47237	51261	30068	31924	22866	24956	17359	18093
安徽	Anhui	29156	31640	19606	20740	11720	12758	10287	11106
福建	Fujian	36014	39001	25006	25980	14999	16335	12911	14003
江西	Jiangxi	28673	31198	17696	19244	12138	13242	9128	9870
山东	**Shandong**	**34012**	**36789**	**21495**	**23072**	**13954**	**15118**	**9519**	**10342**
河南	Henan	27233	29558	18088	19422	11697	12719	8587	9212
湖北	Hubei	29386	31889	20040	21276	12725	13812	10938	11633
湖南	Hunan	31284	33948	21420	23163	11930	12936	10630	11534
广东	Guangdong	37684	40975	28613	30198	14512	15780	12415	13200
广西	Guangxi	28324	30502	17268	18349	10359	11325	8351	9437
海南	Hainan	28453	30817	19015	20372	11843	12902	8921	9599
重庆	Chongqing	29610	32193	21031	22759	11549	12638	9954	10936
四川	Sichuan	28335	30727	20660	21991	11203	12227	10192	11397
贵州	Guizhou	26743	29080	19202	20348	8090	8869	7533	8299
云南	Yunnan	28611	30996	18622	19560	9020	9862	7331	8027
西藏	Tibet	27802	30671	19440	21088	9094	10330	6070	6691
陕西	Shaanxi	28440	30810	19369	20388	9396	10265	8568	9306
甘肃	Gansu	25693	27763	19539	20659	7457	8076	7487	8030
青海	Qinghai	26757	29169	20853	21473	8664	9462	9222	9903
宁夏	Ningxia	27153	29472	20364	20219	9852	10738	9138	9982
新疆	Xinjiang	28463	30775	21229	22797	10183	11045	8277	8713

附录 1-14 农村居民人均纯收入
Per Capita Net Income of Rural Households

单位:元 (yuan)

地区	Region	2006	2007	2008	2009	2010	2011	2012	2013
全国总计	**Total**	**3587**	**4140**	**4761**	**5153**	**5919**	**6977**	**7917**	**8896**
北京	Beijing	8275	9440	10662	11669	13262	14736	16476	18337
天津	Tianjin	6228	7010	7911	8688	10075	12321	14026	15841
河北	Hebei	3802	4293	4795	5150	5958	7120	8081	9102
山西	Shanxi	3181	3666	4097	4244	4736	5601	6357	7154
内蒙古	Inner Mongolia	3342	3953	4656	4938	5530	6642	7611	8596
辽宁	Liaoning	4090	4773	5576	5958	6908	8297	9384	10523
吉林	Jilin	3641	4191	4933	5266	6237	7510	8598	9621
黑龙江	Heilongjiang	3552	4132	4856	5207	6211	7591	8604	9634
上海	Shanghai	9139	10145	11440	12483	13978	16054	17804	19595
江苏	Jiangsu	5813	6561	7356	8004	9118	10805	12202	13598
浙江	Zhejiang	7335	8265	9258	10007	11303	13071	14552	16106
安徽	Anhui	2969	3556	4202	4504	5285	6232	7160	8098
福建	Fujian	4835	5467	6196	6680	7427	8779	9967	11184
江西	Jiangxi	3460	4045	4697	5075	5789	6892	7829	8781
山东	**Shandong**	**4368**	**4985**	**5641**	**6119**	**6990**	**8342**	**9446**	**10620**
河南	Henan	3261	3852	4454	4807	5524	6604	7525	8475
湖北	Hubei	3419	3997	4656	5035	5832	6898	7852	8867
湖南	Hunan	3390	3904	4512	4909	5622	6567	7440	8372
广东	Guangdong	5080	5624	6400	6907	7890	9372	10543	11669
广西	Guangxi	2770	3224	3690	3980	4543	5231	6008	6791
海南	Hainan	3256	3791	4390	4744	5275	6446	7408	8343
重庆	Chongqing	2874	3509	4126	4478	5277	6480	7383	8332
四川	Sichuan	3002	3547	4121	4462	5087	6129	7001	7895
贵州	Guizhou	1985	2374	2797	3005	3472	4145	4753	5434
云南	Yunnan	2250	2634	3103	3369	3952	4722	5417	6141
西藏	Tibet	2435	2788	3176	3532	4139	4904	5719	6578
陕西	Shaanxi	2260	2645	3136	3438	4105	5028	5763	6503
甘肃	Gansu	2134	2329	2724	2980	3425	3909	4507	5108
青海	Qinghai	2358	2684	3061	3346	3863	4608	5364	6196
宁夏	Ningxia	2760	3181	3681	4048	4675	5410	6180	6931
新疆	Xinjiang	2737	3183	3503	3883	4643	5442	6394	7296

注:本表按当年价格计算。
a)Figures in this table are calculated at current prices.

附录 1-15 农林牧渔业总产值及增长速度(2017年)

Gross Output Value and Growth Rate of Farming,Forestry, Animal Husbandry and Fishery(2017)

地 区	Region	农林牧渔业总产值(亿元) Gross Output Value (100 million yuan)	#农 业 Farming	#林 业 Forestry	#牧 业 Animal Husbandry	#渔 业 Fishery	农林牧渔业总产值比上年增长(%) Growth Rate (%)
全国总计	**Total**	**114653.1**	**61720.2**	**4987.1**	**30242.8**	**12320.1**	**3.9**
北 京	Beijing	308.3	129.8	58.8	101.4	9.6	-6.9
天 津	Tianjin	471.9	247.8	9.0	119.9	83.1	0.5
河 北	Hebei	6142.5	3491.7	160.9	1899.4	215.0	4.1
山 西	Shanxi	1519.7	983.4	108.2	325.9	9.6	3.0
内蒙古	Inner Mongolia	2822.4	1383.2	99.9	1261.0	31.3	3.4
辽 宁	Liaoning	4398.5	1861.1	140.3	1505.8	705.2	3.0
吉 林	Jilin	2618.9	1174.7	101.6	1205.2	44.9	3.1
黑龙江	Heilongjiang	5680.3	3324.8	236.3	1852.0	135.2	5.4
上 海	Shanghai	261.6	141.2	14.9	40.9	53.3	-7.4
江 苏	Jiangsu	7210.4	3805.0	136.7	1167.0	1623.4	2.3
浙 江	Zhejiang	3212.5	1559.4	170.2	351.8	1052.9	2.3
安 徽	Anhui	4727.5	2333.6	319.1	1285.7	524.3	4.1
福 建	Fujian	4302.5	1810.1	326.4	669.5	1347.9	3.7
江 西	Jiangxi	3187.6	1501.4	338.7	720.1	506.9	4.4
山 东	**Shandong**	**9298.2**	**4602.8**	**165.1**	**2399.7**	**1536.0**	**4.0**
河 南	Henan	7913.4	4812.5	128.9	2425.8	141.9	4.6
湖 北	Hubei	6560.2	3094.0	213.1	1652.4	1088.7	5.0
湖 南	Hunan	6269.5	3408.6	325.0	1713.5	439.6	4.0
广 东	Guangdong	6215.3	3232.4	338.2	1116.8	1298.2	3.3
广 西	Guangxi	4742.8	2545.5	346.5	1136.3	500.5	4.3
海 南	Hainan	1528.2	727.0	110.3	244.7	385.2	3.8
重 庆	Chongqing	2009.4	1193.7	85.2	601.4	94.8	3.7
四 川	Sichuan	6963.8	4016.0	239.1	2326.7	239.1	3.7
贵 州	Guizhou	3389.8	2043.0	228.8	885.8	70.0	6.6
云 南	Yunnan	3808.8	2034.0	381.5	1153.4	108.2	6.0
西 藏	Tibet	178.2	78.4	2.9	92.2	0.3	4.4
陕 西	Shaanxi	3070.5	2119.4	96.9	664.0	27.5	4.6
甘 肃	Gansu	1907.7	1377.2	31.6	315.3	2.1	5.2
青 海	Qinghai	364.1	162.4	9.0	183.0	3.4	4.8
宁 夏	Ningxia	513.9	320.0	9.7	141.1	18.6	4.5
新 疆	Xinjiang	3054.9	2206.1	54.3	685.3	23.2	1.6

注:本表绝对数按当年价格计算,增长速度按可比价格计算。
a)Absolute figures in this table are calculated at current prices while growth rate at constant prices.

附录 1-16 主要农产品产量(2017年)
Output of Major Agriculture Products(2017)

单位:万吨 (10 000 tons)

地区	Region	粮食 Grain	油料 Oil Crops	棉花 Cotton	蔬菜 Vegetables	水果 Fruits	肉类 Meat	#猪肉 Pork	#牛肉 Beef	#羊肉 Mutton	奶类 Milk
全国总计	**Total**	**61793.0**		**548.6**			**8588.1**	**5340.1**	**726.1**	**467.5**	**3655.2**
北京	Beijing	41.1					26.4	19.2	1.5	1.1	37.4
天津	Tianjin	212.0		2.8			37.4	23.8	3.4	1.4	56.5
河北	Hebei	3508.0		30.1			463.7	275.0	55.9	31.1	465.4
山西	Shanxi	1299.9		0.8			82.5	54.7	5.9	7.6	94.3
内蒙古	Inner Mongolia	2768.4					267.7	73.5	59.5	104.1	699.8
辽宁	Liaoning	2136.7					440.5	220.9	42.8	9.5	141.1
吉林	Jilin	3720.0					265.5	136.1	45.6	4.9	50.3
黑龙江	Heilongjiang	6018.8					242.4	145.0	43.9	12.9	542.7
上海	Shanghai	89.2					11.6	8.7	0.1	0.3	21.3
江苏	Jiangsu	3539.8		5.1			343.2	214.3	2.9	8.0	59.9
浙江	Zhejiang	768.6		1.4			104.4	78.4	1.3	1.9	14.8
安徽	Anhui	3476.0		14.3			404.3	242.7	16.0	16.5	31.9
福建	Fujian	665.4					232.7	131.2	3.5	2.6	16.1
江西	Jiangxi	2127.1		7.7			335.2	249.5	14.6	1.4	12.8
山东	**Shandong**	**4723.2**		**34.5**			**795.6**	**396.6**	**67.8**	**39.8**	**274.0**
河南	Henan	5973.4		8.7			705.3	466.9	72.6	26.1	320.5
湖北	Hubei	2599.7		18.2			429.4	328.0	23.3	8.9	16.0
湖南	Hunan	2984.0		10.6			543.9	449.6	20.0	12.4	9.6
广东	Guangdong	1365.1					412.8	262.2	7.1	0.9	13.2
广西	Guangxi	1467.7		0.3			415.4	255.0	14.7	3.3	10.0
海南	Hainan	168.9					79.5	44.4	2.7	1.1	0.3
重庆	Chongqing	1167.2					208.1	149.2	9.1	4.5	5.3
四川	Sichuan	3498.4		0.8			666.0	472.2	36.8	27.2	63.8
贵州	Guizhou	1178.6		0.1			207.6	160.1	19.1	4.8	6.6
云南	Yunnan	1929.5					388.1	290.8	37.3	15.7	67.6
西藏	Tibet	105.1					32.8	1.6	22.5	6.8	42.0
陕西	Shaanxi	1216.2		2.3			111.8	85.8	8.3	8.0	184.5
甘肃	Gansu	1128.3		2.7			100.6	49.9	21.0	22.8	40.7
青海	Qinghai	100.7					38.5	11.4	13.0	12.7	34.6
宁夏	Ningxia	368.2					32.2	7.8	10.9	11.0	153.3
新疆	Xinjiang	1447.6		408.2			163.2	35.8	43.0	58.2	168.8

注:1、水果产量含果用瓜。2、因与农业普查数据衔接工作尚未完成，除粮食和棉花以外，其他种植业数据暂时无法提供。

a)Data of output of fruits include yield of melon and fruit.

b)Due to the unfinished work with the agricultural census data, other cropping data are temporarily unavailable except for Grain and cotton.

附录 1-17 主要工业产品产量(2017年)
Output of Major Industrial Products(2017)

地 区	Region	原 油 (万吨) Crude Petroleum Oil (10 000 tons)	发电量 (亿千瓦小时) Electricity (100 million kwh)	生 铁 (万吨) Pig Iron (10 000 tons)	粗 钢 (万吨) Crude Steel (10 000 tons)	钢 材 (万吨) Steel (10 000 tons)	水 泥 (万吨) Cement (10 000 tons)
全国总计	**Total**	**19150.6**	**64951.4**	**71075.9**	**83172.8**	**104958.8**	**233679.1**
北 京	Beijing		388.4			179.0	374.4
天 津	Tianjin	3102.4	611.0	1637.8	1812.6	4374.0	418.6
河 北	Hebei	539.1	2817.1	17997.3	19121.5	24551.1	9125.5
山 西	Shanxi		2823.9	3951.9	4429.7	4335.4	3760.3
内蒙古	Inner Mongolia	12.2	4435.9	1550.4	1983.5	2002.7	3073.9
辽 宁	Liaoning	1044.2	1829.3	6121.9	6422.8	6393.0	3795.2
吉 林	Jilin	420.9	800.3	906.5	910.7	1028.0	2715.2
黑龙江	Heilongjiang	3420.3	917.3	438.8	503.0	410.6	2452.7
上 海	Shanghai	6.8	859.3	1447.7	1607.7	2056.0	417.7
江 苏	Jiangsu	156.1	4914.7	7132.0	10427.7	12295.4	17357.3
浙 江	Zhejiang		3312.3	855.5	1090.7	3148.2	11285.0
安 徽	Anhui		2456.3	2265.4	2793.4	3143.9	13435.9
福 建	Fujian		2200.7	937.9	1882.9	2725.7	8479.4
江 西	Jiangxi		1128.8	2143.2	2412.7	2524.4	8984.6
山 东	**Shandong**	**2234.9**	**5162.7**	**6561.7**	**7147.9**	**9209.8**	**15318.2**
河 南	Henan	282.9	2739.6	2702.6	2954.0	4036.0	15042.0
湖 北	Hubei	55.5	2615.5	2401.3	2875.2	3609.9	11118.6
湖 南	Hunan		1434.7	1789.9	2041.4	2210.2	11985.0
广 东	Guangdong	1435.2	4503.4	2024.5	2890.7	4213.7	15858.3
广 西	Guangxi	44.1	1401.1	1310.6	2265.3	3270.7	12540.6
海 南	Hainan	30.0	299.3		0.5	1.1	2213.3
重 庆	Chongqing		728.1	384.1	411.4	917.3	6376.8
四 川	Sichuan	8.7	3480.4	1899.7	2026.3	2491.2	13823.8
贵 州	Guizhou		1899.1	343.7	439.9	495.7	11363.3
云 南	Yunnan		2955.1	1322.1	1517.5	1607.4	11528.2
西 藏	Tibet		55.7			0.1	642.1
陕 西	Shaanxi	3489.8	1814.0	1137.1	1184.3	1377.6	7940.3
甘 肃	Gansu	47.0	1349.1	456.2	560.5	702.3	4021.4
青 海	Qinghai	228.0	626.6	102.4	119.6	127.1	1462.6
宁 夏	Ningxia	0.7	1380.9	192.0	229.5	221.8	2188.2
新 疆	Xinjiang	2591.8	3010.8	1061.9	1110.1	1299.6	4581.0

附录 1-17　续表 continued

地　区　Region	布（亿米） Cloth (100 million m)	家　用 电冰箱（万台） Home Refrigerators (10 000 units)	农　用 化　肥（万吨） Chemical Fertilizes (10 000 tons)	汽　车（万辆） Motor Vehicles (10 000 sets)	程　控 交换机（万线） Program Controlled Switchboards (10 000 lines)	移动通信 手持机（万台） Mobile Communication Handsets (10 000 units)	微型计算机 设备（万台） Microcomputer Equipments (10 000 units)
全国总计　Total	**868.1**	**8548.4**	**6184.3**	**2901.8**	**1240.8**	**188982.4**	**30678.4**
北　京　Beijing				197.0		7483.1	742.4
天　津　Tianjin	0.8	53.5	13.6	83.3		4474.1	
河　北　Hebei	65.3		223.8	100.9	16.1		
山　西　Shanxi	0.4		373.9	9.3		2047.7	
内蒙古　Inner Mongolia			438.3	3.1			
辽　宁　Liaoning	1.1	146.0	46.0	94.8		259.5	0.8
吉　林　Jilin	0.3		68.8	276.9			
黑龙江　Heilongjiang	0.1		52.8	12.2			0.6
上　海　Shanghai	0.9	54.7	1.9	291.3	23.3	4710.2	2487.3
江　苏　Jiangsu	136.4	895.0	163.9	119.9	0.7	6442.9	5617.1
浙　江　Zhejiang	237.6	647.3	19.7	74.0	353.5	5495.7	186.4
安　徽　Anhui	15.4	3256.8	233.6	115.8		117.0	1876.8
福　建　Fujian	96.3		24.1	27.9		578.3	998.4
江　西　Jiangxi	13.0	112.1	23.3	56.6		3837.7	
山　东　Shandong	**121.1**	**821.4**	**427.9**	**91.6**		**5041.5**	**22.9**
河　南　Henan	28.1	196.8	470.5	46.5		29658.4	9.3
湖　北　Hubei	77.6	473.7	851.0	266.6		4784.7	1279.8
湖　南　Hunan	3.7		90.3	51.9	3.0	571.7	32.5
广　东　Guangdong	32.0	1549.9	77.3	318.2	843.3	80076.3	3778.9
广　西　Guangxi	2.1		89.2	245.2		326.7	2.6
海　南　Hainan			60.5	4.0			
重　庆　Chongqing	3.6	132.2	150.4	251.6		23181.2	6619.8
四　川　Sichuan	16.7	83.2	425.7	83.2	0.9	3178.0	6981.7
贵　州　Guizhou	0.3	125.9	567.3	0.3		3051.4	23.4
云　南　Yunnan	0.01		299.2	14.3		643.4	17.9
西　藏　Tibet							
陕　西　Shaanxi	11.3		150.0	61.6		3023.1	
甘　肃　Gansu			25.1	1.9			
青　海　Qinghai			463.4				
宁　夏　Ningxia	0.4		46.2				
新　疆　Xinjiang	3.5		306.4	2.1			

附录 1-18 规模以上工业主要经济指标(2017年)

Main Indicators on Economic Efficiency of Industrial Enterprises above Designated Size(2017)

单位:亿元 (100 million yuan)

地 区	Region	主营业务收入 Revenue from Principal Business	主营业务成本 Cost of Principal Business	销售费用 Cost of Business	管理费用 Cost of Management	财务费用 Cost of Financing	利润总额 Total Profits
全国总计	**Total**	**1164623.8**	**988959.2**	**31801.2**	**45771.4**	**12970.9**	**75187.1**
北 京	Beijing	20354.9	16885.4	1109.8	1033.4	179.7	1992.5
天 津	Tianjin	17019.6	14452.8	480.1	750.3	154.8	1096.0
河 北	Hebei	51900.5	45323.7	991.2	1428.0	583.1	3118.7
山 西	Shanxi	17725.3	14278.8	568.9	940.7	663.4	1024.5
内蒙古	Inner Mongolia	13638.2	10560.8	402.8	540.8	445.5	1409.1
辽 宁	Liaoning	22480.2	18749.3	668.4	1069.6	440.9	1001.4
吉 林	Jilin	23162.3	19651.5	853.8	1032.8	243.8	1129.2
黑龙江	Heilongjiang	10158.7	8409.9	288.0	537.7	136.2	474.7
上 海	Shanghai	37426.8	29997.9	1405.9	2442.0	111.9	3210.9
江 苏	Jiangsu	154899.9	132624.2	4001.9	5898.7	1282.3	10359.7
浙 江	Zhejiang	67081.0	56126.7	1975.8	3500.8	867.9	4569.8
安 徽	Anhui	43408.1	37691.3	1119.8	1529.7	460.3	2285.3
福 建	Fujian	48004.3	41444.8	1167.8	1631.0	412.0	3208.6
江 西	Jiangxi	35585.1	30947.2	688.9	961.2	231.7	2475.7
山 东	**Shandong**	**142660.2**	**124816.3**	**3156.2**	**3835.7**	**1565.8**	**8327.6**
河 南	Henan	80605.7	70581.7	1511.4	1822.9	831.4	5272.4
湖 北	Hubei	43531.2	37066.9	1259.5	1713.2	422.9	2470.6
湖 南	Hunan	39463.9	33019.3	1251.7	1790.0	433.1	1930.9
广 东	Guangdong	135598.7	114028.2	4524.6	7061.9	825.3	8986.0
广 西	Guangxi	24170.3	20653.8	525.5	813.1	211.0	1559.3
海 南	Hainan	1831.5	1428.7	93.3	74.4	41.2	110.4
重 庆	Chongqing	21333.2	18068.5	634.6	873.4	184.9	1498.4
四 川	Sichuan	42423.4	35723.5	1349.4	1659.9	592.7	2610.6
贵 州	Guizhou	11085.7	8826.3	356.7	456.0	224.2	873.1
云 南	Yunnan	12058.0	9537.2	332.2	464.2	315.8	772.0
西 藏	Tibet	207.3	154.9	8.1	15.3	5.7	25.2
陕 西	Shaanxi	22375.0	17757.9	574.0	950.7	344.8	2185.7
甘 肃	Gansu	8487.6	7314.1	133.7	267.2	200.6	246.9
青 海	Qinghai	2094.8	1710.9	54.0	102.1	114.4	73.2
宁 夏	Ningxia	4083.6	3422.8	80.9	159.4	153.6	152.1
新 疆	Xinjiang	9768.8	7703.6	232.2	415.2	289.9	736.8

附录 1-18 续表 continued

单位:亿元 (100 million yuan)

地区	Region	亏损企业亏损总额 Lossed Value of Loss-suffering Enterprises	应收账款 Account Receivables	存货 Stock	产成品 Finished Product	资产合计 Total Assets	负债合计 Total Liabilities
全国总计	**Total**	**6843.8**	**134778.0**	**112551.8**	**41886.1**	**1122881.5**	**622963.4**
北京	Beijing	233.9	4327.7	2449.8	908.1	45496.4	20276.0
天津	Tianjin	202.3	2961.3	2466.7	958.4	21936.3	13121.5
河北	Hebei	208.6	3673.6	4337.5	1565.9	46882.9	25883.8
山西	Shanxi	343.7	2641.5	2078.1	772.2	35766.7	26694.2
内蒙古	Inner Mongolia	318.4	1841.7	1545.8	571.5	30101.4	19310.6
辽宁	Liaoning	445.4	3809.8	4125.8	1332.6	35348.3	23098.8
吉林	Jilin	329.2	1551.8	1859.1	812.1	19657.0	10899.9
黑龙江	Heilongjiang	122.9	1308.9	1374.1	420.3	14816.8	8702.8
上海	Shanghai	297.3	7270.4	4973.7	1592.1	41414.1	19842.4
江苏	Jiangsu	557.0	20767.4	13660.8	5144.3	119408.8	61772.3
浙江	Zhejiang	343.3	11976.2	8586.6	3439.4	72966.0	40021.8
安徽	Anhui	142.7	4921.4	3731.9	1455.4	35510.3	20174.6
福建	Fujian	125.5	4465.3	3997.8	1568.8	33952.1	17568.3
江西	Jiangxi	57.6	2518.0	2361.5	937.0	22909.3	11472.1
山东	**Shandong**	**592.8**	**9334.4**	**11636.9**	**4846.0**	**108692.9**	**59356.9**
河南	Henan	330.4	6050.2	4657.2	1663.7	61143.2	29029.4
湖北	Hubei	189.9	4525.2	4012.4	1557.5	38363.5	20292.7
湖南	Hunan	81.4	3413.3	3043.2	968.7	27071.0	13469.0
广东	Guangdong	479.0	20726.2	14472.2	5273.8	114418.3	63668.7
广西	Guangxi	105.6	1599.2	1931.3	832.2	17158.7	10515.9
海南	Hainan	32.2	208.5	189.1	62.3	2890.2	1588.7
重庆	Chongqing	98.3	2719.4	1744.3	724.0	19135.6	11207.9
四川	Sichuan	209.8	4538.5	3783.0	1368.5	42378.5	24310.4
贵州	Guizhou	136.0	1041.4	1292.9	361.0	14936.2	9318.2
云南	Yunnan	176.9	1201.3	2448.2	592.7	20399.8	12696.7
西藏	Tibet	17.5	29.5	30.6	10.0	1360.6	757.7
陕西	Shaanxi	192.7	2336.0	2084.8	871.0	30269.8	16460.8
甘肃	Gansu	111.6	763.5	1401.7	432.6	12240.3	7888.9
青海	Qinghai	67.3	341.0	361.4	111.4	6458.8	4340.2
宁夏	Ningxia	124.1	682.2	701.4	275.1	9425.7	6439.7
新疆	Xinjiang	170.6	1233.3	1211.8	457.7	20372.1	12782.1

附录 1-19 建筑业总产值和房屋建筑面积
Output Value of Construction and Floor Space of Buildings

地区	Region	总产值(亿元) Total Output Value (100 million yuan)		施工面积(万平方米) Floor Space of Buildings Under Construction (10 000 sq.m)		竣工面积(万平方米) Floor Space of Buildings Completed (10 000 sq.m)	
		2016	2017	2016	2017	2016	2017
全国总计	**Total**	**193566.8**	**213954.0**	**1264219.9**	**1317195.4**	**422375.7**	**419074.1**
北京	Beijing	8841.2	9736.7	61097.5	65290.1	10703.5	9844.4
天津	Tianjin	4891.8	4262.4	17036.2	15231.2	3428.7	3218.4
河北	Hebei	5517.7	5656.0	34616.1	34565.9	11145.1	9835.9
山西	Shanxi	3318.5	3566.6	14620.6	15861.8	3353.3	3552.6
内蒙古	Inner Mongolia	1220.8	1122.2	6296.0	5453.9	2538.6	2031.5
辽宁	Liaoning	3926.7	3687.9	20390.7	16509.0	6852.5	5320.6
吉林	Jilin	2283.6	2219.0	10634.4	9336.2	5211.4	3834.3
黑龙江	Heilongjiang	1716.6	1560.1	5404.1	4768.7	2747.0	2127.0
上海	Shanghai	6046.2	6426.4	36019.7	41197.5	7481.2	8066.5
江苏	Jiangsu	25791.8	27956.0	221493.6	232034.2	74990.3	75454.3
浙江	Zhejiang	24989.4	27235.8	198401.2	205855.0	68818.5	66565.3
安徽	Anhui	6047.3	6829.4	40130.0	42711.3	14588.4	14980.0
福建	Fujian	8531.5	9993.7	62920.7	65711.8	18121.2	16895.0
江西	Jiangxi	5179.0	6166.8	28446.2	30726.8	14835.8	15042.2
山东	**Shandong**	**10087.4**	**11477.8**	**72090.6**	**77332.7**	**23721.3**	**23344.4**
河南	Henan	8808.0	10085.5	55784.0	55688.8	19425.8	20226.0
湖北	Hubei	11862.4	13391.2	72835.1	79247.7	28613.5	30836.9
湖南	Hunan	7304.2	8422.9	50329.0	54603.9	18629.2	19840.3
广东	Guangdong	9652.3	11372.5	54358.3	60112.8	15661.7	16687.4
广西	Guangxi	3449.2	4210.1	26531.9	25598.0	7998.0	8438.6
海南	Hainan	307.8	322.8	2085.4	2060.5	652.4	562.5
重庆	Chongqing	7035.8	7608.0	32077.1	33210.8	13751.6	13448.2
四川	Sichuan	9959.7	11400.3	54048.3	58278.7	21084.9	21648.3
贵州	Guizhou	2363.0	2933.0	19354.6	18041.2	4112.1	4714.1
云南	Yunnan	3867.2	4726.4	17052.9	17318.1	7102.0	7451.8
西藏	Tibet	111.3	147.9	244.2	352.7	144.0	153.8
陕西	Shaanxi	5329.2	6227.5	24528.3	26977.3	6758.9	6981.6
甘肃	Gansu	1947.2	1825.4	10422.4	9777.6	3915.2	3031.5
青海	Qinghai	410.6	406.8	886.8	861.2	301.9	338.7
宁夏	Ningxia	511.3	549.2	2771.3	2569.4	1017.8	791.8
新疆	Xinjiang	2258.2	2428.1	11312.6	9910.6	4669.9	3810.2

附录 1-20　建筑业主要效益指标(2017年)

Main Economic Indicators on Construction Enterprises(2017)

地　区	Region	企业个数(个) Number of Enterprises (unit)	从事建筑业活动的从业人员平均人数(万人) Average Number of Employed Persons (10 000 persons)	按建筑业总产值计算的劳动生产率(元/人) Labor Productivity in Terms of Total Output Value (yuan/person)	人均竣工产值(元/人) Per Capita Output Value of Buildings Completed (yuan/person)	人均施工面积(平方米/人) Per Capita Floor Space of Buildings Under Construction (sq.m/person)	人均竣工面积(平方米/人) Per Capita Floor Space of Buildings Completed (sq.m/person)
全国总计	**Total**	**88059**	**6157.6**	**347462**	**189671**	**213.9**	**68.1**
北　京	Beijing	2683	172.6	564242	236999	378.4	57.0
天　津	Tianjin	1563	95.2	447862	181574	160.0	33.8
河　北	Hebei	2522	150.8	374964	188196	229.2	65.2
山　西	Shanxi	2538	104.0	342956	135139	152.5	34.2
内蒙古	Inner Mongolia	886	35.9	312871	145968	152.1	56.6
辽　宁	Liaoning	5186	111.4	331181	153310	148.3	47.8
吉　林	Jilin	2323	62.3	356333	212507	149.9	61.6
黑龙江	Heilongjiang	1614	59.9	260553	133642	79.6	35.5
上　海	Shanghai	2554	120.7	532485	287610	341.4	66.8
江　苏	Jiangsu	8640	894.9	312391	240728	259.3	84.3
浙　江	Zhejiang	6230	787.3	345959	204819	261.5	84.6
安　徽	Anhui	3111	175.7	388727	181513	243.1	85.3
福　建	Fujian	4029	382.8	261053	142008	171.7	44.1
江　西	Jiangxi	2372	228.8	269589	149906	134.3	65.8
山　东	**Shandong**	**6717**	**349.2**	**328732**	**160999**	**221.5**	**66.9**
河　南	Henan	5757	284.1	355054	175772	196.0	71.2
湖　北	Hubei	3690	264.5	506235	259927	299.6	116.6
湖　南	Hunan	2280	267.6	314788	186293	204.1	74.2
广　东	Guangdong	4902	263.3	431924	230946	228.3	63.4
广　西	Guangxi	1235	139.4	302120	158575	183.7	60.6
海　南	Hainan	152	8.1	398207	253377	254.2	69.4
重　庆	Chongqing	2707	239.3	317907	156939	138.8	56.2
四　川	Sichuan	4501	395.1	288517	143778	147.5	54.8
贵　州	Guizhou	1029	80.1	366276	149500	225.3	58.9
云　南	Yunnan	2656	150.5	313996	157196	115.1	49.5
西　藏	Tibet	231	4.7	312188	169048	74.4	32.5
陕　西	Shaanxi	2388	152.6	408219	150725	176.8	45.8
甘　肃	Gansu	1363	62.3	292893	139907	156.9	48.6
青　海	Qinghai	363	14.3	284554	175112	60.2	23.7
宁　夏	Ningxia	681	22.6	243009	149851	113.7	35.0
新　疆	Xinjiang	1156	78.0	311477	175971	127.1	48.9

附录 1-21 客运量和旅客周转量(2017年)
Passenger Traffic and Passenger-Kilometers(2017)

地区	Region	客运量(万人) Passenger Traffic (10 000 persons)	#铁路 Railways	#公路 Highways	#水运 Waterways	旅客周转量(亿人公里) Passenger Kilometers (100 million passenger km)	#铁路 Railways	#公路 Highways	#水运 Waterways
全国总计	**Total**	**1848620**	**308379**	**1456784**	**28300**	**32812.8**	**13456.9**	**9765.2**	**77.7**
北京	Beijing	58871	13931	44940		253.2	153.8	99.4	
天津	Tianjin	17440	4792	12538	110	266.9	193.9	72.8	0.2
河北	Hebei	50023	11527	38494	2	1282.8	1042.7	239.9	0.1
山西	Shanxi	25155	7664	17333	158	373.8	223.3	150.4	0.1
内蒙古	Inner Mongolia	14867	5446	9421		362.7	220.0	142.7	
辽宁	Liaoning	72483	14266	57665	552	939.8	634.9	298.9	6.1
吉林	Jilin	32989	7663	25203	123	425.4	262.2	163.0	0.2
黑龙江	Heilongjiang	34670	10412	23917	341	452.0	274.6	177.1	0.4
上海	Shanghai	15485	11617	3420	448	224.8	107.3	116.7	0.8
江苏	Jiangsu	126783	19786	104566	2431	1515.3	765.2	746.9	3.2
浙江	Zhejiang	104497	20114	80099	4284	1096.0	658.2	431.6	6.3
安徽	Anhui	69105	11487	57365	253	1153.7	746.2	407.1	0.4
福建	Fujian	51134	11624	37585	1925	604.2	373.6	227.8	2.8
江西	Jiangxi	62997	10224	52506	268	1000.3	722.7	277.3	0.3
山东	**Shandong**	**65299**	**14151**	**49111**	**2037**	**1247.3**	**754.1**	**481.0**	**12.1**
河南	Henan	114351	15252	98753	345	1761.7	1024.5	736.6	0.6
湖北	Hubei	103144	15747	86772	625	1278.1	791.8	482.3	4.1
湖南	Hunan	114936	12872	100390	1674	1500.5	970.5	526.6	3.5
广东	Guangdong	137418	28766	105919	2733	2012.5	872.1	1129.5	10.9
广西	Guangxi	48578	9838	38083	657	778.3	404.6	370.4	3.3
海南	Hainan	14660	2674	10107	1879	129.3	47.9	77.5	3.8
重庆	Chongqing	60522	6349	53307	866	496.3	201.1	289.5	5.7
四川	Sichuan	109093	12631	94098	2364	881.5	358.0	521.3	2.2
贵州	Guizhou	91803	5796	83809	2198	720.1	249.5	463.9	6.7
云南	Yunnan	44622	4754	38569	1299	453.4	142.2	308.3	2.9
西藏	Tibet	1319	320	999		44.8	18.1	26.7	
陕西	Shaanxi	67880	8908	58580	393	760.9	471.0	289.2	0.7
甘肃	Gansu	42638	4467	38080	90	619.6	371.7	247.8	0.2
青海	Qinghai	6274	1134	5070	70	136.8	87.0	49.8	0.1
宁夏	Ningxia	7345	650	6518	177	99.2	43.3	55.8	0.1
新疆	Xinjiang	27083	3515	23568		428.5	271.0	157.6	
不分地区	Not Classified by Region	55156				9513.0			

注：不分地区合计为民航完成数。
a)The total passenger traffic not classified by region refers to that completed by civil aviation.

附录 1-22 货运量和货物周转量(2017年)
Freight Traffic and Freight Ton-kilometers(2017)

地 区	Region	货运量(万吨) Total Freight Traffic (10 000 tons)	#铁 路 Railways	#公 路 Highways	#水 运 Waterways	货 物 周转量 (亿吨公里) Total Freight Ton-kilometers (100 million ton-km)	#铁 路 Railways	#公 路 Highways	#水 运 Waterways
全国总计	**Total**	**4804850**	**368865**	**3686858**	**667846**	**197372.4**	**26962.2**	**66771.5**	**98611.2**
北 京	Beijing	20110	736	19374		958.4	799.2	159.2	
天 津	Tianjin	51800	8736	34720	8345	2169.5	480.5	398.0	1291.1
河 北	Hebei	228854	17100	207340	4413	13381.6	4278.4	7899.3	1203.9
山 西	Shanxi	189516	74616	114880	20	4185.0	2426.3	1758.7	0.1
内蒙古	Inner Mongolia	213318	65835	147483		5146.8	2382.3	2764.5	
辽 宁	Liaoning	216135	17740	184273	14122	12757.2	1089.7	3058.6	8608.9
吉 林	Jilin	49903	5097	44728	78	1634.7	482.9	1151.6	0.2
黑龙江	Heilongjiang	56398	11161	44127	1110	1657.7	737.2	913.5	7.1
上 海	Shanghai	96850	488	39743	56619	24998.7	10.1	297.9	24690.7
江 苏	Jiangsu	220532	5949	128915	85668	9057.6	297.5	2377.9	6382.2
浙 江	Zhejiang	242504	4071	151920	86513	10106.2	215.8	1821.2	8069.2
安 徽	Anhui	403426	8940	280471	114015	11429.8	747.0	5179.7	5503.1
福 建	Fujian	132227	3175	95599	33453	6779.8	135.9	1214.0	5429.8
江 西	Jiangxi	154437	4871	138074	11492	4217.3	532.5	3433.0	251.9
山 东	**Shandong**	**327006**	**22295**	**288052**	**16659**	**9719.5**	**1310.8**	**6650.2**	**1758.4**
河 南	Henan	230114	10087	207066	12961	8228.7	1966.6	5341.7	920.5
湖 北	Hubei	188107	4253	147711	36143	6344.8	814.1	2741.9	2788.8
湖 南	Hunan	225551	4185	198806	22560	4300.7	813.1	2990.5	497.1
广 东	Guangdong	392381	8606	288904	94871	27919.8	271.0	3636.9	24011.9
广 西	Guangxi	174642	6634	139602	28405	4613.3	709.7	2456.7	1447.0
海 南	Hainan	21351	963	11223	9165	864.3	15.1	78.6	770.6
重 庆	Chongqing	115536	2012	95019	18506	3374.3	179.7	1069.0	2125.7
四 川	Sichuan	172922	6982	158190	7750	2696.2	763.8	1676.8	255.6
贵 州	Guizhou	96242	5279	89298	1665	1656.5	602.8	1008.6	45.1
云 南	Yunnan	129298	4568	124064	667	1825.0	448.4	1360.4	16.2
西 藏	Tibet	2203	56	2148		136.3	30.5	105.8	
陕 西	Shaanxi	163079	39162	123721	196	3760.6	1641.8	2118.2	0.7
甘 肃	Gansu	66204	6052	60117	35	2439.7	1390.7	1048.9	0.0580524
青 海	Qinghai	17923	3052	14871		519.5	266.0	253.4	
宁 夏	Ningxia	38187	6528	31659		753.7	253.6	500.2	
新 疆	Xinjiang	84395	9635	74760		2176.4	869.7	1306.7	
不分地区	Not Classified by Region	83696			2414	7563.0			2535.6

注：1.不分地区合计中包括铁路行包运输、管道运输企业、民航运输企业、中远集团海外公司及中海集团香港有限公司完成数。货运量和货物周转量的全国总计，等于分省数与不分地区中民航、管道运输数据之和。

a)The data not classified by region refers to railway baggage freight，pipelines，civil aviation and that completed by companies abroad under China Ocean Shipping (group) Company and that of China Shipping Container Lines(HongKong)Co.,Ltd.The total freight traffic and freight ton-kilometers of China refers to the sum of the data classified by region and the data completed by civil aviation and pipelines.

附录 1-23 社会消费品零售总额
Total Retail Sale of Consumer Goods

单位:亿元 (100 million yuan)

地　区	Region	2012	2013	2014	2015	2016	2017
全国总计	**Total**	**214432.7**	**242842.8**	**271896.1**	**300930.8**	**332316.3**	**366261.6**
北　京	Beijing	8123.5	8872.1	9638.0	10338.0	11005.1	11575.4
天　津	Tianjin	3921.4	4470.4	4738.7	5257.3	5635.8	5729.7
河　北	Hebei	9254.0	10516.7	11820.5	12990.7	14364.7	15907.6
山　西	Shanxi	4506.8	5139.3	5717.9	6033.7	6480.5	6918.1
内蒙古	Inner Mongolia	4572.5	5114.2	5657.6	6107.7	6700.8	7160.2
辽　宁	Liaoning	9304.2	10581.4	11857.0	12787.2	13414.1	13807.2
吉　林	Jilin	4772.9	5426.4	6080.9	6651.9	7310.4	7855.8
黑龙江	Heilongjiang	5491.0	6251.2	7015.3	7640.2	8402.5	9099.2
上　海	Shanghai	7840.4	8557.0	9303.5	10131.5	10946.6	11830.3
江　苏	Jiangsu	18411.1	20878.2	23458.1	25876.8	28707.1	31737.4
浙　江	Zhejiang	14199.6	15970.8	17835.3	19784.7	21970.8	24308.5
安　徽	Anhui	6142.8	7044.7	7957.0	8908.0	10000.2	11192.6
福　建	Fujian	7256.5	8275.3	9346.7	10505.9	11674.5	13013.0
江　西	Jiangxi	4123.3	4696.1	5292.6	5925.5	6634.6	7448.1
山　东	**Shandong**	**19651.9**	**22294.8**	**25111.5**	**27761.4**	**30645.8**	**33649.0**
河　南	Henan	10915.6	12426.6	14005.0	15740.4	17618.4	19666.8
湖　北	Hubei	9682.4	11035.9	12449.3	14003.2	15649.2	17394.1
湖　南	Hunan	8318.7	9509.5	10723.5	12024.0	13436.5	14854.9
广　东	Guangdong	22677.1	25453.9	28471.1	31517.6	34739.1	38200.1
广　西	Guangxi	4516.6	5133.1	5772.8	6348.1	7027.3	7813.0
海　南	Hainan	950.2	1090.9	1224.5	1325.1	1453.7	1618.8
重　庆	Chongqing	4403.0	5055.8	5710.7	6424.0	7271.4	8067.7
四　川	Sichuan	9622.0	11001.0	12393.0	13877.7	15601.9	17480.5
贵　州	Guizhou	2266.3	2601.2	2936.9	3283.0	3709.0	4154.0
云　南	Yunnan	3597.9	4112.6	4632.9	5103.2	5722.9	6423.1
西　藏	Tibet	277.9	322.2	364.5	408.5	459.4	523.3
陕　西	Shaanxi	4581.6	5245.0	5918.7	6578.1	7367.6	8236.4
甘　肃	Gansu	2064.4	2368.8	2668.3	2907.2	3184.4	3426.6
青　海	Qinghai	480.3	549.6	620.8	691.0	767.3	839.0
宁　夏	Ningxia	590.5	668.5	737.2	789.6	850.1	930.4
新　疆	Xinjiang	1916.1	2179.5	2436.5	2606.0	2825.9	3044.6

附录 1-24 货物进出口总额(按收发货人所在地分)

Total Volume of Imports and Exports (by Location of Importers/Exporters)

单位:亿美元 (100 million USD)

地 区	Region	2011	2012	2013	2014	2015	2016	2017
全国总计	**Total**	**36418.6**	**38671.2**	**41589.9**	**43015.3**	**39530.3**	**36855.7**	**41045.0**
北 京	Beijing	3895.6	4081.1	4290.0	4155.2	3194.4	2820.3	3237.2
天 津	Tianjin	1033.8	1156.3	1285.0	1338.9	1142.8	1026.5	1129.4
河 北	Hebei	536.0	505.6	549.1	598.8	515.1	466.2	498.1
山 西	Shanxi	147.4	150.4	157.9	162.3	146.8	166.4	171.7
内蒙古	Inner Mongolia	119.3	112.6	119.9	145.6	127.3	116.2	139.0
辽 宁	Liaoning	960.4	1040.9	1144.8	1140.0	959.5	865.2	994.5
吉 林	Jilin	220.6	245.6	258.3	263.8	188.8	184.4	185.4
黑龙江	Heilongjiang	385.2	375.9	388.8	389.0	210.1	165.4	188.1
上 海	Shanghai	4375.5	4365.9	4412.7	4664.0	4492.4	4338.4	4761.2
江 苏	Jiangsu	5395.8	5479.6	5508.0	5635.5	5455.6	5095.3	5911.2
浙 江	Zhejiang	3093.8	3124.0	3357.9	3550.4	3467.8	3365.0	3779.0
安 徽	Anhui	313.1	392.8	455.2	491.8	478.4	443.3	536.4
福 建	Fujian	1435.2	1559.4	1693.2	1774.1	1688.5	1568.5	1710.3
江 西	Jiangxi	314.7	334.1	367.5	427.3	424.0	400.8	444.7
山 东	**Shandong**	**2358.9**	**2455.4**	**2665.3**	**2769.3**	**2406.1**	**2342.1**	**2630.6**
河 南	Henan	326.2	517.4	599.6	649.7	737.8	711.9	776.1
湖 北	Hubei	335.9	319.6	363.8	430.4	455.5	393.5	463.1
湖 南	Hunan	189.4	219.5	251.8	308.3	293.0	262.5	360.4
广 东	Guangdong	9134.7	9840.2	10915.8	10765.8	10225.0	9555.1	10064.8
广 西	Guangxi	233.6	294.8	328.3	405.5	510.9	478.3	572.1
海 南	Hainan	127.6	143.2	149.9	158.6	139.7	113.3	103.7
重 庆	Chongqing	292.1	532.0	686.9	954.3	744.7	627.7	666.0
四 川	Sichuan	477.2	591.4	645.7	702.0	511.9	493.2	681.2
贵 州	Guizhou	48.9	66.3	82.9	107.7	122.2	56.9	81.6
云 南	Yunnan	160.3	210.1	253.0	296.1	244.9	198.9	235.1
西 藏	Tibet	13.6	34.2	33.2	22.5	9.1	7.8	8.7
陕 西	Shaanxi	146.5	148.0	201.3	273.6	305.0	299.2	401.4
甘 肃	Gansu	87.3	89.0	102.4	86.4	79.5	68.8	50.6
青 海	Qinghai	9.2	11.6	14.0	17.2	19.3	15.2	6.6
宁 夏	Ningxia	22.9	22.2	32.2	54.4	37.4	32.7	50.4
新 疆	Xinjiang	228.2	251.7	275.6	276.7	196.7	176.6	206.6

附录 1-25 货物进出口总额(按境内目的地、货源地分)

Total Volume of Imports and Exports (by Destination and Origin of Goods in China)

单位:亿美元 (100 million USD)

地区	Region	2011	2012	2013	2014	2015	2016	2017
全国总计	**Total**	**36418.6**	**38671.2**	**41589.9**	**43015.3**	**39530.3**	**36855.6**	**41045.0**
北京	Beijing	1293.0	1286.7	1315.6	1431.1	1307.8	1223.2	1215.9
天津	Tianjin	1116.8	1228.5	1346.0	1444.2	1189.6	1069.7	1217.1
河北	Hebei	841.5	822.9	902.2	942.7	802.5	749.9	814.6
山西	Shanxi	162.2	165.9	171.6	185.1	174.5	188.4	207.5
内蒙古	Inner Mongolia	148.2	139.7	143.9	152.9	139.1	132.2	158.6
辽宁	Liaoning	1129.5	1183.4	1213.6	1253.9	1070.7	961.3	1122.4
吉林	Jilin	230.5	244.8	251.9	270.4	199.8	192.4	198.0
黑龙江	Heilongjiang	261.6	282.1	274.0	294.2	163.2	139.4	167.1
上海	Shanghai	4331.5	4341.6	4342.8	4526.0	4230.4	4046.1	4472.9
江苏	Jiangsu	5812.4	5886.7	5933.0	6091.3	5809.7	5471.4	6367.8
浙江	Zhejiang	3514.1	3481.9	3655.1	3782.7	3590.6	3434.5	3840.6
安徽	Anhui	303.3	329.6	389.3	432.0	424.9	409.7	506.1
福建	Fujian	1345.7	1461.9	1544.8	1645.0	1475.7	1368.0	1531.0
江西	Jiangxi	279.9	302.4	336.5	391.1	406.5	353.6	368.9
山东	**Shandong**	**2845.6**	**2966.5**	**3149.4**	**3284.1**	**2783.7**	**2734.0**	**3147.4**
河南	Henan	355.9	543.3	627.7	684.8	769.6	741.1	813.5
湖北	Hubei	337.5	324.4	356.4	408.5	445.6	390.2	462.0
湖南	Hunan	201.0	214.5	243.2	283.0	293.0	231.5	300.1
广东	Guangdong	10067.9	11153.3	12811.9	12419.4	11651.9	10601.2	11128.2
广西	Guangxi	323.2	408.7	387.0	448.9	462.1	439.1	526.1
海南	Hainan	134.5	145.6	147.6	169.3	155.2	121.7	136.5
重庆	Chongqing	244.8	452.4	587.9	825.6	587.1	518.5	565.7
四川	Sichuan	401.1	517.0	550.9	612.4	469.4	480.6	666.4
贵州	Guizhou	49.2	50.5	47.6	51.4	78.3	52.0	81.2
云南	Yunnan	122.6	121.2	158.2	199.1	189.9	174.1	213.9
西藏	Tibet	11.0	21.2	21.0	21.4	6.6	5.9	6.1
陕西	Shaanxi	140.8	151.9	202.2	276.9	298.8	294.7	404.4
甘肃	Gansu	78.3	71.6	68.4	52.7	43.6	44.7	52.5
青海	Qinghai	7.6	8.1	8.6	6.2	5.9	5.2	4.5
宁夏	Ningxia	28.1	26.7	26.1	40.1	33.9	31.0	43.3
新疆	Xinjiang	299.2	336.3	375.7	388.9	270.7	250.0	304.6

附录 1-26　货物进出口总额(2017年)

Total Volume of Imports and Exports (2017)

单位:亿美元 (100 million USD)

地　区	Region	按收发货人所在地分 by Location of Importers/Exporters		按境内目的地、货源地分 by Destination and Origin of Goods	
		出口额 Exports	进口额 Imports	出口额 Exports	进口额 Imports
全国总计	**Total**	**22635.2**	**18409.8**	**22635.2**	**18409.8**
北　京	Beijing	585.0	2652.2	264.9	951.0
天　津	Tianjin	435.6	693.8	426.5	790.6
河　北	Hebei	313.6	184.5	437.4	377.2
山　西	Shanxi	102.0	69.8	138.4	69.2
内蒙古	Inner Mongolia	49.4	89.6	58.2	100.4
辽　宁	Liaoning	449.0	545.5	494.5	628.0
吉　林	Jilin	44.3	141.1	52.9	145.1
黑龙江	Heilongjiang	51.4	136.7	52.9	114.2
上　海	Shanghai	1936.8	2824.4	1741.7	2731.2
江　苏	Jiangsu	3633.0	2278.2	3752.2	2615.6
浙　江	Zhejiang	2868.9	910.0	2925.2	915.4
安　徽	Anhui	304.8	231.5	299.0	207.2
福　建	Fujian	1049.3	661.0	922.6	608.3
江　西	Jiangxi	326.9	117.8	248.5	120.5
山　东	**Shandong**	**1471.0**	**1159.5**	**1573.6**	**1573.9**
河　南	Henan	470.3	305.8	501.3	312.3
湖　北	Hubei	305.0	158.1	290.6	171.4
湖　南	Hunan	231.8	128.7	176.7	123.4
广　东	Guangdong	6227.8	3836.9	6756.3	4371.9
广　西	Guangxi	274.6	297.5	144.4	381.8
海　南	Hainan	43.7	60.0	43.0	93.4
重　庆	Chongqing	426.0	240.0	378.3	187.5
四　川	Sichuan	375.5	305.7	351.8	314.6
贵　州	Guizhou	57.9	23.7	55.0	26.2
云　南	Yunnan	115.4	119.7	96.7	117.2
西　藏	Tibet	4.4	4.3	3.7	2.4
陕　西	Shaanxi	245.6	155.9	238.1	166.3
甘　肃	Gansu	18.3	32.2	18.2	34.3
青　海	Qinghai	4.2	2.3	2.8	1.7
宁　夏	Ningxia	36.5	13.9	26.7	16.6
新　疆	Xinjiang	177.3	29.3	163.3	141.3

附录 1-27 外商投资企业进出口总额
Volume of Import and Export of Foreign-funded Enterprises

单位:万美元 (10 000 USD)

地 区	Region	2016 进出口总额 Total	2016 出口额 Exports	2016 进口额 Imports	2017 进出口总额 Total	2017 出口额 Exports	2017 进口额 Imports
全国总计	**Total**	**168741314**	**91694811**	**77046503**	**183913510**	**97755948**	**86157562**
北 京	Beijing	6435466	1230723	5204742	6587978	1237412	5350566
天 津	Tianjin	5649164	2655933	2993230	5990933	2715856	3275077
河 北	Hebei	1117806	605499	512307	1056983	565248	491735
山 西	Shanxi	1024377	650935	373442	1017284	615977	401306
内蒙古	Inner Mongolia	100527	49077	51450	104594	50898	53696
辽 宁	Liaoning	3874865	1792181	2082684	4250781	1847860	2402921
吉 林	Jilin	933783	134248	799535	1001300	129169	872132
黑龙江	Heilongjiang	108894	53190	55704	251694	144999	106696
上 海	Shanghai	28633077	12364151	16268925	31735806	12929457	18806348
江 苏	Jiangsu	32594474	18655819	13938656	37680127	21144246	16535881
浙 江	Zhejiang	7527073	5039288	2487785	8085488	5067406	3018082
安 徽	Anhui	1313371	771156	542215	1697763	919664	778099
福 建	Fujian	5907746	3639911	2267835	6452157	3833620	2618537
江 西	Jiangxi	1174458	610064	564393	1291142	652159	638983
山 东	**Shandong**	**8248462**	**5050119**	**3198343**	**8415128**	**5081870**	**3333257**
河 南	Henan	4950930	2944140	2006790	5337395	3108816	2228579
湖 北	Hubei	1064348	601574	462774	1218221	657865	560356
湖 南	Hunan	631594	327002	304592	823794	403218	420576
广 东	Guangdong	46993433	28873073	18120360	47133265	28741496	18391769
广 西	Guangxi	973325	429357	543967	1414062	558177	855885
海 南	Hainan	721401	111261	610141	680295	331625	348670
重 庆	Chongqing	3334101	2324799	1009302	3883963	2774228	1109735
四 川	Sichuan	3122778	1589850	1532928	4638688	2423400	2215288
贵 州	Guizhou	30405	18211	12194	258048	136016	122032
云 南	Yunnan	48744	34959	13785	43903	31053	12850
西 藏	Tibet	9	9		55		55
陕 西	Shaanxi	2159461	1100117	1059344	2779959	1608397	1171562
甘 肃	Gansu	2566	1404	1161	3137	1195	1942
青 海	Qinghai	415	267	148	1425	1341	85
宁 夏	Ningxia	44706	29765	14941	63659	36328	27330
新 疆	Xinjiang	19556	6726	12830	14482	6951	7532

附录2

国际统计资料

International Statistical Data

简 要 说 明

一、本篇资料的主要内容

本篇资料反映了近年来世界主要国家经济社会事业发展基本情况，主要包括人口、土地面积、国内生产总值及其增长、农业、工业、国际贸易、直接投资、国际旅游、国际储备、外债、医疗卫生、互联网用户、人文发展指数和世界500强等方面的内容。

二、本篇资料的来源

本篇资料来源于中国统计出版社出版的《国际统计年鉴2017》，由省统计局综合处整理。

Brief Introduction

I. Content

Data in this chapter show the social and economic indicators of other countries, mainly including population, territory, GDP, agriculture, industry, international trade, direct investment, international tourism, international reserve, international debts, public health, internet users, indicators on development of population and culture, and TOP500 of international companies, etc.

II. Source of Data

Data in this chapter come from International Statistical Yearbook 2017 published by China Statistics Press and are prepared and compiled by the Division of Comprehensive Statistics of Shandong Provincial Bureau of Statistics.

附录2−1 中国主要指标居世界的位次
Ranking of China in the World in Terms of Main Indicators

资料来源：联合国贸发会议数据库、世界贸易组织数据库、世界银行WDI数据库、国际货币基金组织数据库。
Source: UNCTAD Database;WTO Database;World Bank WDI Database;IMF Database.

指　　标	Indicator	1978	1980	1990	2000	2010	2015	2016
国土面积	Country Area	4	4	4	4	4	4	4
人　口	Population	1	1	1	1	1	1	1
国内生产总值	Gross Domestic Product	11	12	11	6	2	2	2
人均国民总收入①	GNI per capita ①	175(188)	177(188)	178(200)	141(207)	120(215)	97(217)	93(217)
货物进出口贸易总额	Foreign Trade Total	29	26	16	8	2	1	2
出口额	Exports	31	30	15	7	1	1	1
进口额	Imports	29	22	18	8	2	2	2
外商直接投资	Foreign Direct Investment Inflow	128	55	13	9	2	4	3
对外直接投资	Foreign Direct Investment Outflo	45	63	23	35	5	5	2
外汇储备	Foreign Exchange Reserves	38	36	9	2	1	1	1

注：①括号中所列为参加排序的国家或地区数。
Note: ① The number in the parentheses indicates the number of countries or territories the order based on.

附录2−2 中国主要指标占世界的比重
Major Chinese Indicators as Percentage of the World

资料来源：联合国贸发会议数据库、世界贸易组织数据库、世界银行WDI数据库、国际货币基金组织数据库、联合国FAO数据库。
Source: UNCTAD Database,WTO Database,World Bank WDI Database,IMF Database,FAO Database.

单位：%　　　(%)

指　　标	Indicator	1978	1980	1990	2000	2010	2015	2016
国土面积	Country Area	7.1	7.1	7.1	7.1	7.1	7.1	7.1
人　口	Mid-year Population	22.3	22.1	21.5	20.6	19.3	18.6	18.5
国内生产总值	Gross Domestic Product	1.8	1.7	1.6	3.6	9.3	14.8	14.8
货物进出口贸易总额	Foreign Trade Total	0.8	0.9	1.6	3.6	9.7	11.9	11.5
出口额	Exports	0.8	0.9	1.8	3.9	10.3	13.8	13.2
进口额	Imports	0.8	1.0	1.5	3.3	9.0	10.0	9.8
外商直接投资	Foreign Direct Investment Inflows		0.1	1.7	3.0	8.3	7.6	7.7
对外直接投资	Foreign Direct Investment Outflows			0.3	0.1	5.0	8.0	12.6
外汇储备	Foreign Exchange Reserves				8.6	30.7	30.5	28.1
稻谷产量	Rice Production	36.7	36.2	37.1	31.7	28.0	28.1	28.3
小麦产量	Wheat Production	12.1	12.5	16.6	17.0	17.7	17.7	17.6
玉米产量	Maize Production	14.2	15.8	20.1	17.9	20.9	22.2	21.9
大豆产量	Soybeans Production	10.1	9.8	10.1	9.6	5.7	3.6	3.6

附录2-3 中国农业主要产品产量居世界的位次
Ranking of China in the World in Terms of Major Agricultural Products

资料来源：联合国FAO数据库。
Source: United Nations FAO Database.

项　目	Item	1978	1980	1990	2000	2005	2010	2015	2016
谷物	Cereals	2	1	1	1	1	1	1	1
肉类①	Meat①	3	3	2	1	1	1	1	1
籽棉	Seed Cotton	2	2	1	1	1	1	1	1
大豆	Soybeans	3	3	3	4	4	4	4	5
花生	Groundnuts in Shell	2	2	2	1	1	1	1	1
油菜籽	Rapeseed	2	2	1	1	1	1	2	2
甘蔗	Sugar Cane	7	5	4	3	3	3	3	3
茶叶	Tea	2	2	2	2	1	1	1	1
水果②	Fruit②	11	12	4	1	1	1	1	1

注：①1990年以前为猪、牛、羊肉产量的位次。②不包括瓜类。
Note: ①Data refer to pork,beef and mutton prior to 1990.②Excluding melons.

附录2-4 中国工业主要产品产量居世界的位次
Ranking of China in the World in Terms of Major Industrial Products

资料来源：联合国统计月报数据库、联合国FAO数据库。
Source: United Nations MBS Database; FAO Database.

项　目	Item	1978	1980	1990	2000	2005	2010	2015	2016
粗　钢	Crude Steel	5	5	4	1	1	1	1	1
煤	Coal	3	3	1	1	1	1	1	1
原　油	Crude Petroleum	8	6	5	5	5	4	4	5
发电量	Electricity	7	6	3	2	2	2	1	1
水　泥	Cement	4	4	1	1	1	1	1	1
化　肥	Fertilizer	3	3	3	1	1	1	1	1
棉　布	Woven Cotton Fabrics	1	1	1	2	2	1	1	1

附录2-5 国土面积与人口密度
Surface Area and Population Density

资料来源：世界银行WDI数据库。
Source: World Bank WDI Database.

国家或地区	Country or Area	国土面积（万平方公里）Surface Area (10 000 sq.km)	人口密度（人/平方公里）Population Density (persons/sq.km)		
		2016	2005	2010	2016
世　界	**World**	**13432.5**	**50.2**	**53.4**	**57.4**
中　国	China	960.0	138.9	142.5	146.9
中国澳门	Macao, China	…	17234.3	18079.8	20203.5
孟加拉国	Bangladesh	14.8	1101.9	1168.9	1251.8
文　莱	Brunei Darussalam	0.6	69.3	73.8	80.3
柬埔寨	Cambodia	18.1	75.2	81.1	89.3
印　度	India	298.0	384.8	414.0	445.4
印度尼西亚	Indonesia	191.1	125.2	133.9	144.1
伊　朗	Iran	174.5	43.2	45.8	49.3
以色列	Israel	2.2	320.3	352.3	395.0
日　本	Japan	37.8	350.5	351.3	348.4
哈萨克斯坦	Kazakhstan	272.5	5.6	6.1	6.6
韩　国	Korea, Rep.	10.0	497.5	509.7	525.7
老　挝	Laos	23.7	24.9	27.1	29.3
马来西亚	Malaysia	33.1	78.1	85.6	94.9
蒙　古	Mongolia	156.4	1.6	1.8	2.0
缅　甸	Myanmar	67.7	74.2	76.8	81.0
巴基斯坦	Pakistan	79.6	199.7	221.3	250.6
菲律宾	Philippines	30.0	289.4	314.3	346.5
中国香港	Hong Kong, China	0.1	6488.8	6689.7	6996.9
新加坡	Singapore	0.1	6191.2	7231.8	7908.7
斯里兰卡	Sri Lanka	6.6	308.9	320.8	338.1
泰　国	Thailand	51.3	128.1	131.6	134.8
越　南	Viet Nam	33.1	265.7	280.4	299.0
埃　及	Egypt	100.2	77.1	84.5	96.1
尼日利亚	Nigeria	92.4	152.6	174.1	204.2
南　非	South Africa	121.9	39.2	42.0	46.1
加拿大	Canada	998.5	3.6	3.7	4.0
墨西哥	Mexico	196.4	55.8	60.4	65.6
美　国	United States	983.2	32.3	33.8	35.3
阿根廷	Argentina	278.0	14.3	15.1	16.0
巴　西	Brazil	851.6	22.4	23.6	24.8
委内瑞拉	Venezuela	91.2	30.4	32.9	35.8
捷　克	Czech Rep.	7.9	132.2	135.6	136.8
法　国	France	54.9	115.4	118.8	122.2
德　国	Germany	35.7	236.5	234.6	236.9
意大利	Italy	30.1	197.1	201.5	206.0
荷　兰	Netherlands	4.2	483.4	492.6	505.2
波　兰	Poland	31.3	124.6	124.2	123.9
俄罗斯	Russia	1709.8	8.8	8.7	8.8
西班牙	Spain	50.6	87.5	93.2	92.9
土耳其	Turkey	78.5	88.2	94.0	103.3
乌克兰	Ukraine	60.4	81.3	79.2	77.7
英　国	United Kingdom	24.4	249.7	259.4	271.3
澳大利亚	Australia	774.1	2.7	2.9	3.1
新西兰	New Zealand	26.8	15.7	16.5	17.8

附录2-6　国内生产总值(现价美元)
Gross Domestic Product(USD)

资料来源：世界银行WDI数据库。
Source: World Bank WDI Database.

单位：亿美元　(100 million USD)

国家或地区	Country or Area	1990	2000	2005	2010	2015	2016
世　界	**World**	**225798**	**335432**	**473856**	**659062**	**746064**	**756416**
高收入国家	**High Income**	**188965**	**275715**	**375586**	**451878**	**474095**	**484076**
中等收入国家	**Middle Income**	**35840**	**58515**	**96589**	**204315**	**268145**	**268358**
中等偏下收入国家	**Lower Middle Income**	**9140**	**13348**	**21851**	**46599**	**60347**	**62522**
中等偏上收入国家	**Upper Middle Income**	**26680**	**45167**	**74737**	**157722**	**207738**	**205708**
中低收入国家	**Low and Middle Income**	**36585**	**59397**	**97713**	**206621**	**271674**	**271907**
东亚和太平洋	**East Asia and Pacific**	**6630**	**17377**	**31059**	**78750**	**132676**	**135112**
欧洲和中亚	**Europe and Central Asia**	**9604**	**7200**	**17265**	**31563**	**31201**	**29791**
拉丁美洲和加勒比	**Latin America and Caribbean**	**10814**	**20708**	**25797**	**49235**	**50120**	**48513**
中东和北非国家	**Middle East and North Africa**	**5381**	**4517**	**6914**	**13629**	**14455**	
南　亚	**South Asia**	**4021**	**6148**	**10286**	**20419**	**27050**	**28964**
撒哈拉以南非洲	**Sub-Saharan Africa**	**3065**	**3671**	**6850**	**13601**	**15997**	**14966**
低收入国家	**Low Income**	**963**	**1133**	**1599**	**2900**	**4016**	**4055**
最不发达地区	**Least Developed Countries**	**1572**	**2061**	**3222**	**6598**	**9290**	**9403**
重债穷国	**Heavily Indebted Poor Countries**	**1296**	**1551**	**2421**	**4632**	**6354**	**6415**
中　国	China	3609	12113	22860	61006	110647	111991
中国香港	Hong Kong, China	769	1717	1816	2286	3094	3209
中国澳门	Macao, China	32	67	121	281	454	448
阿富汗	Afghanistan			63	159	197	195
阿尔巴尼亚	Albania	21	36	82	119	114	119
阿尔及利亚	Algeria	620	548	1032	1612	1648	1561
安道尔	Andorra	10	14	32	33		
安哥拉	Angola	100	91	282	825	1030	896
安提瓜和巴布达	Antigua and Barbuda	5	8	10	11	14	14
阿根廷	Argentina	1414	2842	1987	4236	5847	5459
亚美尼亚	Armenia	23	19	49	93	105	105
阿鲁巴岛	Aruba		19	23	25		
澳大利亚	Australia	3114	4154	6938	11429	13454	12046
奥地利	Austria	1661	1964	3146	3902	3770	3864
阿塞拜疆	Azerbaijan	89	53	132	529	531	378
巴哈马	Bahamas	32	63	77	79	89	90
巴　林	Bahrain	42	91	160	257	311	319
孟加拉国	Bangladesh	316	534	694	1153	1951	2214
巴巴多斯	Barbados	20	31	39	44	44	46
白俄罗斯	Belarus	217	127	302	572	565	474
比利时	Belgium	2064	2379	3874	4835	4550	4664
伯利兹	Belize	4	8	11	14	17	18
贝　宁	Benin	20	26	48	70	83	86
百慕大	Bermuda	16	35	49	57		
不　丹	Bhutan	3	4	8	16	21	22
玻利维亚	Bolivia	49	84	95	196	330	338
波　黑	Bosnia and Herzegovinian		55	112	172	162	166
博茨瓦纳	Botswana	38	58	99	128	144	153
巴　西	Brazil	4620	6554	8916	22089	18037	17962
文　莱	Brunei Darussalam	35	60	95	137	129	114
保加利亚	Bulgaria	206	131	298	506	502	524
布基纳法索	Burkina Faso	31	26	55	90	111	121
布隆迪	Burundi	11	9	11	20	31	30
柬埔寨	Cambodia		37	63	112	180	200
喀麦隆	Cameroon	112	93	166	236	284	242
加拿大	Canada	5939	7423	11694	16135	15528	15298
佛得角	Cape Verde	3	5	10	17		
中　非	Central African Rep.	14	9	14	20	16	18

附录2-6 续表 1 continued

单位：亿美元 (100 million USD)

国家或地区	Country or Area	1990	2000	2005	2010	2015	2016
乍 得	Chad	17	14	66	107	109	96
海峡群岛	Channel Islands		64	88			
智 利	Chile	331	779	1230	2185	2425	2470
哥伦比亚	Colombia	403	999	1466	2870	2915	2825
科 摩 罗	Comoros	3	2	4	5	6	6
刚果(金)	Congo, Dem. Rep.	93	191	120	205	362	350
刚果(布)	Congo, Rep.	28	32	61	120	86	78
哥斯达黎加	Costa Rica	74	149	200	373	548	574
科特迪瓦	Cote D'Ivoire	108	107	171	249	328	362
克罗地亚	Croatia	248	218	454	597	487	504
古 巴	Cuba	286	306	426	643	871	
塞浦路斯	Cyprus	56	102	187	256	196	198
捷 克	Czech Rep.	403	615	1360	2070	1852	1929
丹 麦	Denmark	1382	1642	2645	3220	3013	3061
吉 布 提	Djibouti	5	6	7	11	17	
多米尼克	Dominica	2	3	4	5	5	5
多米尼加	Dominican Rep.	71	240	340	540	681	716
厄瓜多尔	Ecuador	152	183	415	696	1002	978
埃 及	Egypt	431	998	897	2189	3327	3363
萨尔瓦多	El Salvador	48	131	171	214	261	268
赤道几内亚	Equatorial Guinea	1	10	82	163	122	102
厄立特里亚	Eritrea		7	11	21		
爱沙尼亚	Estonia	50	57	140	195	225	231
埃塞俄比亚	Ethiopia	122	82	124	299	645	724
法罗群岛	Faeroe Islands		11	17	23		
斐 济	Fiji	13	17	30	31	44	46
芬 兰	Finland	1415	1255	2044	2478	2324	2368
法 国	France	12753	13684	22037	26468	24336	24655
法属波立尼西亚	French Polynesia	32	34				
加 蓬	Gabon	60	51	95	144	143	142
冈 比 亚	Gambia	3	8	6	10	9	10
格鲁吉亚	Georgia	78	31	64	116	140	143
德 国	Germany	17650	19500	28614	34171	33636	34668
加 纳	Ghana	59	50	107	322	375	427
希 腊	Greece	979	1301	2478	2994	1949	1946
格 陵 兰	Greenland	10	11	17	23	22	
关 岛	Guam			42	49	57	
危地马拉	Guatemala	77	193	272	413	638	688
几 内 亚	Guinea	27	30	29	47	67	63
几内亚比绍	Guinea-Bissau	2	4	6	8	11	11
圭 亚 那	Guyana	4	7	8	23	32	34
海 地	Haiti	29	40	43	66	87	80
洪都拉斯	Honduras	30	71	97	158	208	215
匈 牙 利	Hungary	331	472	1126	1303	1217	1243
冰 岛	Iceland	65	89	167	133	168	200
印 度	India	3167	4621	8089	16566	21118	22635
印度尼西亚	Indonesia	1061	1650	2859	7551	8613	9323
伊 朗	Iran	1248	1096	2198	4678	3934	
伊 拉 克	Iraq	1799	259	500	1385	1796	1715
爱 尔 兰	Ireland	494	999	2117	2213	2837	2941
马 恩 岛	Isle of Man		16	30	54		
以 色 列	Israel	525	1324	1428	2338	2994	3187
意 大 利	Italy	11773	11418	18527	21251	18249	18500
牙 买 加	Jamaica	46	89	112	132	143	140
日 本	Japan	31400	48875	47554	57001	43831	49394

附录2-6 续表 2 continued

单位：亿美元 (100 million USD)

国家或地区	Country or Area	1990	2000	2005	2010	2015	2016
约　　旦	Jordan	42	85	126	264	375	387
哈萨克斯坦	Kazakhstan	269	183	571	1480	1844	1337
肯 尼 亚	Kenya	86	127	187	400	638	705
基里巴斯	Kiribati		1	1	2	2	2
韩　　国	Korea, Rep.	2793	5616	8981	10945	13828	14112
科 威 特	Kuwait	184	377	808	1154	1140	
吉尔吉斯斯坦	Kyrgyzstan	27	14	25	48	67	66
老　　挝	Laos	9	17	27	71	144	159
拉脱维亚	Latvia	74	79	169	238	270	277
黎 巴 嫩	Lebanon	28	173	213	380	471	475
莱 索 托	Lesotho	6	9	17	24	23	22
利比里亚	Liberia	4	5	6	13	20	21
利 比 亚	Libya	289	383	473	748	292	
列支敦士登	Liechtenstein	14	25	37	51		
立 陶 宛	Lithuania	105	115	261	371	414	427
卢 森 堡	Luxemburg	132	213	373	532	580	599
马 其 顿	Macedonia	45	38	63	94	101	109
马达加斯加	Madagascar	31	39	50	87	97	100
马 拉 维	Malawi	19	17	37	70	64	54
马来西亚	Malaysia	440	938	1435	2550	2963	2964
马尔代夫	Maldives	2	6	11	23	34	36
马　　里	Mali	27	30	62	107	127	140
马 耳 他	Malta	25	43	64	87	103	109
马绍尔群岛	Marshall Islands	1	1	1	2	2	2
毛里塔尼亚	Mauritania	10	13	22	43	48	46
毛里求斯	Mauritius	27	46	63	100	117	122
墨 西 哥	Mexico	2627	6836	8663	10511	11510	10460
密克罗尼西亚	Micronesia, Fed.	1	2	2	3	3	3
摩尔多瓦	Moldova	36	13	30	58	65	67
摩 纳 哥	Monaco	25	26	43	54		
蒙　　古	Mongolia	26	11	25	72	117	112
黑　　山	Montenegro		10	23	41	40	42
摩 洛 哥	Morocco	302	389	623	932	1006	1014
莫桑比克	Mozambique	25	50	77	102	148	110
缅　　甸	Myanmar		89	120	495	626	674
纳米比亚	Namibia	28	39	73	113	115	103
瑙　　鲁	Nauru					1	1
尼 泊 尔	Nepal	36	55	81	160	213	211
荷　　兰	Netherlands	3143	4128	6785	8364	7503	7708
新喀里多尼亚	New Caledonia	25	27				
新 西 兰	New Zealand	455	526	1147	1466	1756	1850
尼加拉瓜	Nicaragua	10	51	63	88	127	132
尼 日 尔	Niger	25	18	34	57	71	75
尼日利亚	Nigeria	308	464	1122	3691	4811	4051
挪　　威	Norway	1198	1713	3087	4285	3866	3706
阿　　曼	Oman	117	195	311	586	698	663
巴基斯坦	Pakistan	400	740	1095	1774	2710	2837
帕　　劳	Palau	1	1	2	2	3	3
巴 拿 马	Panama	64	123	164	289	521	552
巴布亚新几内亚	Papua New Guinea	32	35	49	97		
巴 拉 圭	Paraguay	57	82	87	200	273	274
秘　　鲁	Peru	264	517	761	1475	1892	1921
菲 律 宾	Philippines	443	810	1031	1996	2928	3049
波　　兰	Poland	660	1719	3061	4793	4773	4695
葡 萄 牙	Portugal	787	1184	1973	2383	1991	2046

附录2-6 续表 3 continued

单位：亿美元 (100 million USD)

国家或地区	Country or Area	1990	2000	2005	2010	2015	2016
波多黎各	Puerto Rico	306	617	839	984		
卡塔尔	Qatar	74	178	445	1251	1646	1525
罗马尼亚	Romania	390	374	997	1680	1775	1867
俄罗斯	Russia	5168	2597	7640	15249	13659	12832
卢旺达	Rwanda	26	17	26	58	83	84
圣基茨和尼维斯	Saint Kitts and Nevis	2	4	5	7	9	9
圣卢西亚	Saint Lucia	5	8	10	12	14	14
圣文森特和格林纳丁斯	Saint Vincent and the Grenadines	2	4	6	7	7	8
萨摩亚	Samoa	1	3	5	6	8	8
圣马力诺	San Marino		8	14			
圣多美和普林西比	Sao Tome and Principe		1	1	2	3	4
沙特阿拉伯	Saudi Arabia	1176	1895	3285	5282	6543	6464
塞内加尔	Senegal	57	47	87	129	136	148
塞尔维亚	Serbia		65	263	395	372	377
塞舌尔	Seychelles	4	6	9	10	14	14
塞拉利昂	Sierra Leone	6	6	16	26	43	37
新加坡	Singapore	362	958	1274	2364	2968	2970
斯洛伐克	Slovakia	127	291	627	895	873	896
斯洛文尼亚	Slovenia	174	203	363	480	428	440
所罗门群岛	Solomon Islands	3	4	4	7	11	12
南非	South Africa	1156	1364	2578	3753	3174	2948
西班牙	Spain	5351	5954	11573	14316	11930	12321
斯里兰卡	Sri Lanka	80	163	244	567	806	813
苏丹	Sudan	124	123	265	656	972	956
苏里南	Suriname	4	9	18	44	49	36
斯威士兰	Swaziland	11	17	32	44	41	37
瑞典	Sweden	2582	2598	3890	4884	4957	5110
瑞士	Switzerland	2574	2717	4075	5812	6708	6598
叙利亚	Syrian Arab Republic	123	193	289	591		
塔吉克斯坦	Tajikistan	26	9	23	56	79	70
坦桑尼亚	Tanzania	43	102	169	314	456	474
泰国	Thailand	853	1264	1893	3411	3992	4068
东帝汶	Timor-Leste		4	5	9	14	
多哥	Togo	16	13	21	32	41	44
汤加	Tonga	1	2	3	4	4	4
特立尼达和多巴哥	Trinidad And Tobago	51	82	160	222	236	210
突尼斯	Tunisia	123	215	323	441	432	421
土耳其	Turkey	1507	2730	5014	7719	8594	8577
土库曼斯坦	Turkmenistan	32	29	81	226	358	362
乌干达	Uganda	43	62	90	202	279	255
乌克兰	Ukraine	815	313	861	1360	910	933
阿联酋	United Arab Emirates	507	1043	1806	2899	3579	3487
英国	United Kingdom	10932	16354	25081	24297	28611	26189
美国	United States	59796	102848	130937	149644	180366	185691
乌拉圭	Uruguay	93	228	174	403	533	524
乌兹别克斯坦	Uzbekistan	134	138	143	393	669	672
瓦努阿图	Vanuatu	2	3	4	7	7	8
委内瑞拉	Venezuela	470	1171	1455	3932		
越南	Viet Nam	65	336	576	1159	1932	2026
约旦河西岸和加沙	West Bank and Gaza		43	48	89	127	134
也门	Yemen	56	96	168	309	377	273
赞比亚	Zambia	33	36	83	203	212	196
津巴布韦	Zimbabwe	88	67	58	101	161	163

附录2-7 人均国内生产总值
GDP per Capita

资料来源：世界银行WDI数据库。
Source: World Bank WDI Database.

单位：美元 (USD)

国家或地区	Country or Area	1990	2000	2005	2010	2015	2016
世　界	**World**	**4273**	**5483**	**7271**	**9509**	**10143**	**10164**
高收入国家	**High Income**	**18947**	**25756**	**33921**	**39310**	**40078**	**40678**
中等收入国家	**Middle Income**	**904**	**1266**	**1963**	**3913**	**4849**	**4798**
中等偏下收入国家	**Lower Middle Income**	**475**	**571**	**859**	**1690**	**2032**	**2075**
中等偏上收入国家	**Upper Middle Income**	**1308**	**1977**	**3146**	**6400**	**8114**	**7974**
中低收入国家	**Low and Middle Income**	**854**	**1178**	**1808**	**3577**	**4405**	**4352**
东亚和太平洋	**East Asia and Pacific**	**414**	**958**	**1640**	**4008**	**6515**	**6586**
欧洲和中亚	**Europe and Central Asia**	**2461**	**1813**	**4344**	**7823**	**7519**	**7137**
拉丁美洲和加勒比	**Latin America and Caribbean**	**2557**	**4142**	**4823**	**8642**	**8303**	**7951**
中东和北非国家	**Middle East and North Africa**	**2118**	**1608**	**2255**	**4061**	**3934**	
南　亚	**South Asia**	**355**	**443**	**680**	**1252**	**1551**	**1640**
撒哈拉以南非洲	**Sub-Saharan Africa**	**603**	**550**	**896**	**1551**	**1591**	**1449**
低收入国家	**Low Income**	**298**	**267**	**327**	**518**	**626**	**615**
最不发达地区	**Least Developed Countries**	**307**	**310**	**427**	**777**	**970**	**959**
重债穷国	**Heavily Indebted Poor Countries**	**364**	**327**	**442**	**735**	**877**	**862**
中　国	China	318	959	1753	4561	8069	8123
中国香港	Hong Kong, China	13486	25757	26650	32550	42351	43681
中国澳门	Macao, China	9365	15703	25059	52375	75574	73187
阿富汗	Afghanistan			250	553	584	562
阿尔巴尼亚	Albania	640	1176	2709	4094	3954	4147
阿尔及利亚	Algeria	2394	1757	3100	4463	4133	3844
安道尔	Andorra	18879	21436	41186	39628		
安哥拉	Angola	824	555	1444	3529	3696	3111
安提瓜和巴布达	Antigua and Barbuda	6889	9875	11372	12127	13567	14353
阿根廷	Argentina	4319	7669	5077	10276	13467	12449
亚美尼亚	Armenia	638	623	1644	3218	3610	3606
澳大利亚	Australia	18249	21691	34017	51874	56554	49928
奥地利	Austria	21629	24517	38242	46657	43665	44177
阿塞拜疆	Azerbaijan	1237	655	1578	5843	5500	3877
巴哈马	Bahamas	12351	21241	23406	21922	22888	23124
巴　林	Bahrain	8529	13636	17959	20722	22689	22354
孟加拉国	Bangladesh	298	406	484	758	1210	1359
巴巴多斯	Barbados	7729	11568	14224	15906	15558	16097
白俄罗斯	Belarus	2125	1276	3126	6030	5949	4989
比利时	Belgium	20711	23207	36967	44380	40357	41096
伯利兹	Belize	2202	3364	3933	4344	4850	4811
贝　宁	Benin	394	374	602	758	784	789
百慕大	Bermuda	26842	56284	75882	88207		
不　丹	Bhutan	558	766	1247	2179	2614	2804
玻利维亚	Bolivia	710	1007	1046	1981	3077	3105
波　黑	Bosnia and Herzegovinian		1462	2968	4612	4574	4709
博茨瓦纳	Botswana	2751	3349	5351	6346	6532	6788
巴　西	Brazil	3093	3739	4770	11224	8757	8650
文　莱	Brunei Darussalam	13604	18008	26102	35268	30968	26939
保加利亚	Bulgaria	2367	1609	3894	6843	6994	7351
布基纳法索	Burkina Faso	352	227	407	575	616	650
布隆迪	Burundi	209	136	151	231	304	286
柬埔寨	Cambodia		301	474	786	1163	1270
喀麦隆	Cameroon	952	608	952	1183	1244	1033
加拿大	Canada	21371	24124	36190	47448	43316	42158
佛得角	Cape Verde	872	1219	2031	3403		
中　非	Central African Rep.	490	244	327	446	348	382
乍　得	Chad	292	166	660	897	777	664
海峡群岛	Channel Islands		43299	57211			

附录2-7　续表 1　continued

单位：美元 (USD)

国家或地区	Country or Area	1990	2000	2005	2010	2015	2016
智　　利	Chile	2501	5101	7615	12860	13653	13793
哥伦比亚	Colombia	1175	2472	3386	6251	6045	5806
科 摩 罗	Comoros	608	376	622	769	728	775
刚果(金)	Congo, Dem. Rep.	270	406	219	318	475	445
刚果(布)	Congo, Rep.	1147	998	1637	2737	1712	1528
哥斯达黎加	Costa Rica	2391	3808	4697	8199	11406	11825
科特迪瓦	Cote D'Ivoire	880	642	932	1220	1421	1526
克罗地亚	Croatia	5185	4920	10224	13506	11580	12091
古　　巴	Cuba	2707	2741	3779	5676	7602	
塞浦路斯	Cyprus	9642	14673	25325	30819	23075	23324
捷　　克	Czech Rep.	3902	5995	13318	19764	17557	18267
丹　　麦	Denmark	26891	30744	48800	58041	53015	53418
吉 布 提	Djibouti	766	768	905	1326	1862	
多米尼克	Dominica	2345	4820	5244	6912	7070	7145
多米尼加	Dominican Rep.	985	2802	3681	5451	6469	6722
厄瓜多尔	Ecuador	1491	1451	3022	4657	6205	5969
埃　　及	Egypt	751	1428	1168	2603	3548	3515
萨尔瓦多	El Salvador	914	2238	2835	3474	4127	4224
赤道几内亚	Equatorial Guinea	263	1703	10851	17136	10347	8333
厄立特里亚	Eritrea		208	277	482		
爱沙尼亚	Estonia	3193	4070	10338	14639	17075	17575
埃塞俄比亚	Ethiopia	253	124	162	341	646	707
斐　　济	Fiji	1835	2076	3659	3652	4922	5153
芬　　兰	Finland	28381	24253	38969	46202	42405	43090
法　　国	France	21795	22466	34880	40703	36527	36855
法属波立尼西亚	French Polynesia	16036	14531				
加　　蓬	Gabon	6251	4117	6741	8754	7389	7179
冈 比 亚	Gambia	346	636	432	563	475	473
格鲁吉亚	Georgia	1615	692	1530	2965	3765	3854
德　　国	Germany	22220	23719	34697	41786	41177	41936
加　　纳	Ghana	403	263	498	1313	1361	1514
希　　腊	Greece	9600	12043	22552	26918	18008	18104
格 陵 兰	Greenland	18327	19004	29089	40533	39569	
格林纳达	Grenada	2888	5118	6755	7366	9212	9469
危地马拉	Guatemala	826	1656	2078	2826	3924	4147
几 内 亚	Guinea	441	340	303	439	554	508
几内亚比绍	Guinea-Bissau	241	298	425	544	597	620
圭 亚 那	Guyana	534	946	1099	3026	4137	4457
洪都拉斯	Honduras	615	1089	1312	1933	2326	2361
匈 牙 利	Hungary	3186	4623	11162	13026	12366	12665
冰　　岛	Iceland	25592	31813	56250	41676	50734	59977
印　　度	India	364	439	707	1346	1613	1709
印度尼西亚	Indonesia	585	780	1261	3114	3336	3570
伊　　朗	Iran	2220	1657	3122	6273	4958	
伊 拉 克	Iraq	10297	1086	1850	4503	4974	4610
爱 尔 兰	Ireland	14045	26242	50887	48539	60664	61607
马 恩 岛	Isle of Man		21552	39034	67691		
以 色 列	Israel	11264	21052	20611	30662	35729	37293
意 大 利	Italy	20757	20051	31959	35849	30049	30527
牙 买 加	Jamaica	1894	3361	4082	4683	4966	4868
日　　本	Japan	25417	38532	37218	44508	34474	38895
约　　旦	Jordan	1168	1658	2203	3679	4096	4088
哈萨克斯坦	Kazakhstan	1648	1229	3771	9071	10510	7510
肯 尼 亚	Kenya	366	404	520	967	1350	1455
基里巴斯	Kiribati	550	797	1215	1493	1425	1449

附录2-7 续表 2 continued

单位：美元 (USD)

国家或地区	Country or Area	1990	2000	2005	2010	2015	2016
韩 国	Korea, Rep.	6516	11948	18640	22087	27105	27539
科 威 特	Kuwait	8777	18389	35490	38498	28975	
吉尔吉斯斯坦	Kyrgyzstan	609	280	477	880	1121	1077
老 挝	Laos	203	325	475	1141	2159	2353
拉脱维亚	Latvia	2796	3353	7559	11326	13667	14118
黎 巴 嫩	Lebanon	1050	5335	5339	8764	8047	7914
莱 索 托	Lesotho	372	475	863	1173	1074	998
利比里亚	Liberia	183	183	169	327	452	455
利 比 亚	Libya	6514	7146	8171	12121	4643	
列支敦士登	Liechtenstein	49448	74625	104994	141165		
立 陶 宛	Lithuania	2841	3297	7863	11985	14252	14880
卢 森 堡	Luxemburg	34645	48736	80290	104965	101910	102831
马 其 顿	Macedonia, FYR	2240	1854	3038	4543	4834	5237
马达加斯加	Madagascar	266	246	275	413	402	401
马 拉 维	Malawi	199	153	280	459	363	301
马来西亚	Malaysia	2441	4045	5594	9071	9644	9503
马尔代夫	Maldives	987	2183	3489	6331	8396	8602
马 里	Mali	317	269	488	708	730	781
马 耳 他	Malta	7192	11039	15835	21088	23820	25058
马绍尔群岛	Marshall Islands	1659	2127	2646	3143	3386	3449
毛里塔尼亚	Mauritania	502	478	698	1203	1158	1078
毛里求斯	Mauritius	2506	3861	5116	8000	9252	9628
墨 西 哥	Mexico	3078	6721	7987	8960	9143	8201
密克罗尼西亚	Micronesia, Fed.	1528	2171	2353	2839	3016	3069
摩尔多瓦	Moldova	972	354	831	1632	1833	1900
摩 纳 哥	Monaco	84287	82535	126656	144246		
蒙 古	Mongolia	1172	474	999	2650	3944	3687
黑 山	Montenegro		1627	3675	6682	6461	6701
摩 洛 哥	Morocco	1203	1332	2014	2834	2847	2832
莫桑比克	Mozambique	190	278	369	419	528	382
缅 甸	Myanmar		193	247	988	1195	1275
纳米比亚	Namibia	1982	2058	3573	5192	4738	4141
尼 泊 尔	Nepal	194	231	317	592	744	730
荷 兰	Netherlands	21019	25921	41577	50338	44293	45295
新喀里多尼亚	New Caledonia	14800	12580				
新 西 兰	New Zealand	13663	13641	27751	33691	38202	39427
尼加拉瓜	Nicaragua	244	1016	1175	1527	2096	2151
尼 日 尔	Niger	310	158	250	348	359	363
尼日利亚	Nigeria	323	379	808	2327	2655	2178
挪 威	Norway	28243	38147	66775	87647	74505	70813
阿 曼	Oman	6448	8601	12377	19281	16627	14982
巴基斯坦	Pakistan	372	534	712	1040	1431	1468
帕 劳	Palau	5096	7786	9711	8979	13501	13626
巴 拿 马	Panama	2604	4060	4917	7937	13134	13680
巴布亚新几内亚	Papua New Guinea	747	632	771	1367		
巴 拉 圭	Paraguay	1352	1546	1507	3226	4109	4080
秘 鲁	Peru	1210	1997	2755	5023	6030	6046
菲 律 宾	Philippines	715	1039	1195	2130	2878	2951
波 兰	Poland	1731	4493	8021	12600	12566	12372
葡 萄 牙	Portugal	7885	11502	18785	22539	19220	19813
波多黎各	Puerto Rico	8653	16192	21959	26436		
卡 塔 尔	Qatar	15449	29986	51489	70306	66347	59331
罗马尼亚	Romania	1681	1668	4676	8298	8959	9474
俄 罗 斯	Russia	3485	1772	5324	10675	9329	8748
卢 旺 达	Rwanda	352	216	287	564	710	703
圣基茨和尼维斯	Saint Kitts and Nevis	5112	9268	11174	13704	16145	16725

附录2-7 续表 3 continued

单位：美元 (USD)

国家或地区	Country or Area	1990	2000	2005	2010	2015	2016
圣卢西亚	Saint Lucia	3502	4996	5810	7196	8076	7744
圣文森特和格林纳丁斯	Saint Vincent and the Grenadines	2236	3673	5065	6232	6740	7030
萨摩亚	Samoa	772	1541	2571	3454	4149	4028
圣马力诺	San Marino		28226	47039			
圣多美和普林西比	Sao Tome and Principe		550	811	1130	1625	1756
沙特阿拉伯	Saudi Arabia	7205	9127	13740	19260	20733	20029
塞内加尔	Senegal	757	474	774	1002	909	958
塞尔维亚	Serbia		870	3528	5412	5237	5348
塞舌尔	Seychelles	5303	7579	11093	10805	15390	15076
塞拉利昂	Sierra Leone	151	139	288	405	588	496
新加坡	Singapore	11864	23793	29870	46570	53630	52961
斯洛伐克	Slovakia	2396	5403	11669	16601	16090	16496
斯洛文尼亚	Slovenia	8699	10228	18169	23438	20730	21305
所罗门群岛	Solomon Islands	970	1055	881	1272	1922	2006
索马里	Somalia	145				426	434
南非	South Africa	3141	3037	5415	7363	5770	5274
西班牙	Spain	13767	14677	26511	30736	25684	26529
斯里兰卡	Sri Lanka	470	875	1260	2820	3845	3835
苏丹	Sudan	479	361	680	1477	2514	2415
苏里南	Suriname	953	1889	3595	8303	8819	6484
斯威士兰	Swaziland	1294	1638	2874	3690	3137	2775
瑞典	Sweden	30162	29283	43085	52076	50585	51600
瑞士	Switzerland	38332	37813	54798	74277	80990	78813
叙利亚	Syrian Arab Republic	989	1178	1578	2747		
塔吉克斯坦	Tajikistan	498	138	337	738	919	796
坦桑尼亚	Tanzania	172	307	442	702	872	879
泰国	Thailand	1508	2008	2894	5075	5815	5908
东帝汶	Timor-Leste		422	478	850	1162	
多哥	Togo	430	260	372	488	551	579
汤加	Tonga	1194	2063	2595	3548	4094	3689
特立尼达和多巴哥	Trinidad And Tobago	4148	6431	12323	16684	17322	15377
突尼斯	Tunisia	1493	2214	3195	4140	3828	3689
土耳其	Turkey	2794	4317	7384	10672	10980	10788
土库曼斯坦	Turkmenistan	866	643	1705	4439	6433	6389
图瓦卢	Tuvalu	980	1459	2178	3022	2970	3084
乌干达	Uganda	247	258	316	595	694	615
乌克兰	Ukraine	1570	636	1829	2965	2125	2186
阿联酋	United Arab Emirates	27256	33071	39440	35049	39102	37622
英国	United Kingdom	19096	27770	41524	38710	43930	39899
美国	United States	23955	36450	44308	48374	56207	57467
乌拉圭	Uruguay	2990	6872	5221	11938	15525	15221
乌兹别克斯坦	Uzbekistan	651	558	547	1377	2138	2111
瓦努阿图	Vanuatu	1080	1470	1886	2966	2806	2861
委内瑞拉	Venezuela	2368	4784	5433	13545		
越南	Viet Nam	98	433	700	1334	2107	2186
约旦河西岸和加沙	West Bank and Gaza		1476	1455	2339	2866	2943
也门	Yemen	468	539	814	1309	1402	990
赞比亚	Zambia	409	342	691	1463	1314	1178
津巴布韦	Zimbabwe	863	547	445	714	1019	1009

附录2-8 三次产业对国内生产总值的贡献率

Share of the Contributions of the Three Strata of Industry to the Increase of GDP

资料来源：世界银行WDI数据库。
Source: World Bank WDI Database.

单位：% (%)

国家或地区	Country or Area	第一产业 Primary Industry		第二产业 Secondary Industry		第三产业 Tertiary Industry	
		2000	2016	2000	2016	2000	2016
中　　国	**China**	**4.3**	**3.9**	**50.3**	**42.7**	**45.5**	**53.4**
中国香港	Hong Kong, China		-0.1		4.8		95.2
孟加拉国	Bangladesh	26.2	6.2	24.0	47.1	49.8	46.7
文　　莱	Brunei Darussalam	2.3	1.3	66.5	75.6	31.2	23.1
柬 埔 寨	Cambodia	-1.7	4.3	64.2	54.2	37.4	41.5
印　　度	India	-0.1	11.4	47.0	26.6	53.1	62.1
印度尼西亚	Indonesia	6.6	9.6	57.2	36.0	36.3	54.4
伊　　朗	Iran	5.5	8.4①	50.5	59.3①	44.0	32.3①
日　　本	Japan	3.1	-10.9②	57.6	21.6②	39.3	89.3②
哈萨克斯坦	Kazakhstan	-3.1	28.9	56.7	23.0	46.5	48.1
韩　　国	Korea, Rep.	0.6	-2.4	49.9	48.0	49.5	54.4
老　　挝	Laos	38.5	7.3	26.1	61.9	35.5	30.8
马来西亚	Malaysia	20.3	-10.7	50.1	37.1	29.5	73.5
蒙　　古	Mongolia	224.0	68.7	-29.2	-49.2	-94.8	80.5
巴基斯坦	Pakistan	38.5	-0.9	6.0	29.8	55.5	71.1
菲 律 宾	Philippines	10.8	-1.8	50.1	40.5	39.1	61.3
新 加 坡	Singapore	-0.1		36.1	43.8	63.9	56.2
斯里兰卡	Sri Lanka	9.0	-8.6	31.4	46.3	59.6	62.3
泰　　国	Thailand	8.3	1.3	27.7	23.4	64.0	75.4
越　　南	Viet Nam	17.4	4.0	50.6	47.2	32.0	48.8
埃　　及	Egypt	11.0	15.2	42.5	2.9	46.5	81.9
尼日利亚	Nigeria	11.9	-63.0	68.6	134.2	19.5	28.8
南　　非	South Africa	3.7	-53.1	34.9	-96.6	61.4	249.7
加 拿 大	Canada	-0.7	3.4	47.8	-24.8	52.9	121.4
墨 西 哥	Mexico	1.1	5.8	34.7	-0.4	64.2	94.6
美　　国	United States	1.6	1.3②	21.0	17.1②	77.4	81.6②
阿 根 廷	Argentina	4.1	20.5	43.9	75.3	52.0	4.2
巴　　西	Brazil	4.1	13.6	37.6	28.5	58.3	57.9
委内瑞拉	Venezuela	9.6	-4.9③	50.2	-9.8③	40.2	114.7③
捷　　克	Czech Rep.	2.5	7.9	9.3	36.6	88.2	55.5
法　　国	France		-17.6	21.9	6.1	78.1	111.5
德　　国	Germany	-0.5	0.1	49.8	29.5	50.7	70.4
意 大 利	Italy	-1.3	-2.1	27.3	36.1	74.0	65.9
荷　　兰	Netherlands	0.6	-0.7	23.4	26.8	75.9	73.8
波　　兰	Poland	0.2	1.9	31.5	-5.5	68.3	103.6
俄 罗 斯	Russia	5.0	-54.7	37.2	17.6	57.8	137.1
西 班 牙	Spain	-0.3	2.9	30.7	17.8	69.5	79.3
土 耳 其	Turkey	13.5	-11.4	31.4	57.0	55.1	54.3
乌 克 兰	Ukraine	22.7	29.7	49.0	32.0	28.3	38.3
英　　国	United Kingdom	1.7	-1.5	21.0	6.8	77.3	94.7
澳大利亚	Australia	4.1	-4.7	26.9	20.9	69.0	83.9
新 西 兰	New Zealand	30.0	12.2②	18.7	15.3②	51.4	72.6②

注：①2014年数据。②2015年数据。③2013年数据。
Note:①Data refer to 2014.②Data refer to 2015.③Data refer to 2013.

附录2-9 资本形成总额、消费支出及净出口对国内生产总值增长的贡献率
Share of the Contributions of Gross Capital Formation,Final Consumption Expenditure and External Balance on Goods and Services to the Increase of GDP

资料来源：世界银行数据库。
Source: World Bank Database.

单位：% (%)

国家或地区	Country or Area	资本形成总额 Gross Capital Formation		最终消费支出 Final Consumption Expenditure		净出口 External Balance on Goods and Services	
		2000	2016	2000	2016	2000	2016
中　国	**China**	**21.7**	**54.6①**	**75.6**	**46.4①**	**2.7**	**-1.0①**
中国香港①	Hong Kong, China①		38.6		86.3		-25.0
中国澳门	Macao, China	-809.8	8.0①	-316.1	28.8①	1226.0	63.2①
孟加拉国①	Bangladesh①		28.6		66.1		5.3
文　莱	Brunei Darussalam	6300.7	175.0②	12.3	27.0②	-6213.0	-102.0②
印度尼西亚	Indonesia	67.9	18.7①	20.5	68.2①	11.6	13.1①
伊　朗	Iran	23.9		79.7		-3.6	
日　本①	Japan①		-438.7		-1025.8		1564.5
哈萨克斯坦	Kazakhstan	41.4	45.9②	46.4	80.6②	12.1	-26.5②
韩　国①	Korea, Rep.①		-1.2		47.5		53.7
马来西亚	Malaysia	66.5	26.3①	49.2	92.0①	-15.6	-18.3①
菲 律 宾①	Philippines①		79.1		68.9		-48.0
新 加 坡	Singapore	72.5	26.1①	77.0	41.2①	-49.4	32.7①
泰　国	Thailand	32.1	31.4①	79.3	31.3①	-11.4	37.3①
越　南①	Viet Nam①		29.9		68.6		1.5
埃　及②	Egypt②		15.8		115.1		-30.9
尼日利亚①	Nigeria①		-88.7		-867.5		1056.1
南　非	South Africa	10.6	9.4①	58.7	69.3①	30.7	21.3①
加 拿 大	Canada	31.3	21.7①	53.4	65.9①	15.3	12.3①
墨 西 哥	Mexico	42.7	-39.5①	96.8	134.4①	-39.5	5.0①
委内瑞拉	Venezuela	49.8		84.1		-33.9	
捷　克	Czech Rep.	77.1	230.9①	18.8	-127.6①	4.2	-3.4①
法　国	France	48.4	7.2①	61.3	79.5①	-9.7	13.3①
德　国①	Germany①		57.7		153.2		-110.9
意 大 利	Italy	33.6	56.4①	55.8	87.9①	10.6	-44.2①
荷　兰	Netherlands	5.3	258.7①	62.2	157.6①	32.5	-316.3①
波　兰①	Poland①		-228.6		116.7		211.9
俄 罗 斯	Russia	73.3	-6.9①	31.0	1.8①	-4.3	105.1①
西 班 牙①	Spain①		50.3		115.5		-65.8
澳大利亚	Australia	25.3	76.2②	61.6	55.9②	13.1	-32.1②
新 西 兰	New Zealand	-44.4	85.5①	54.2	116.1①	90.2	-101.6①

注：①2013年数据。②2012年数据。
Note:①Data refer to 2013.②Data refer to 2012.

附录2-10 年中人口
Mid-year Population

资料来源：世界银行WDI数据库。
Source: World Bank WDI Database.

国家或地区	Country or Area	年中人口（万人） Mid-year Population (10 000 persons)				增长率(%) Growth Rate (%)
		2000	2005	2010	2016	2016
世　界	**World**	**611807.5**	**651702.1**	**693065.7**	**744213.6**	**1.2**
高收入国家	**High Income**	**107049.6**	**110724.0**	**114951.2**	**119002.9**	**0.6**
中等收入国家	**Middle Income**	**462244.9**	**492134.0**	**522113.8**	**559283.3**	**1.1**
中低收入国家	**Low and Middle Income**	**504314.3**	**540532.9**	**577671.7**	**624792.3**	**1.3**
低收入国家	**Low Income**	**42513.0**	**48844.1**	**56000.7**	**65927.3**	**2.7**
中　国	China	126264.5	130372.0	133770.5	137866.5	0.5
中国香港	Hong Kong, China	666.5	681.3	702.4	734.7	0.6
中国澳门	Macao, China	42.8	48.3	53.7	61.2	1.9
阿富汗	Afghanistan	2009.4	2507.1	2880.3	3465.6	2.7
阿尔巴尼亚	Albania	308.9	301.1	291.3	287.6	-0.2
阿尔及利亚	Algeria	3118.4	3328.8	3611.8	4060.6	1.8
美属萨摩亚	American Samoa	5.8	5.9	5.6	5.6	0.1
安道尔	Andorra	6.5	7.9	8.4	7.7	-0.9
安哥拉	Angola	1644.1	1955.3	2336.9	2881.3	3.4
安提瓜和巴布达	Antigua and Barbuda	8.4	8.9	9.5	10.1	1.0
阿根廷	Argentina	3705.7	3914.5	4122.4	4384.7	1.0
亚美尼亚	Armenia	307.0	298.1	287.7	292.5	0.3
阿鲁巴岛	Aruba	9.1	10.0	10.2	10.5	0.5
澳大利亚	Australia	1915.3	2039.5	2203.2	2412.7	1.4
奥地利	Austria	801.2	822.8	836.3	874.7	1.3
阿塞拜疆	Azerbaijan	804.9	839.2	905.4	976.2	1.2
巴哈马	Bahamas	29.8	32.9	36.1	39.1	1.1
巴　林	Bahrain	66.5	88.9	124.1	142.5	3.8
孟加拉国	Bangladesh	13158.1	14343.1	15214.9	16295.2	1.1
巴巴多斯	Barbados	27.0	27.4	28.0	28.5	0.3
白俄罗斯	Belarus	998.0	966.4	949.1	950.7	0.2
比利时	Belgium	1025.1	1047.9	1089.6	1134.8	0.7
伯利兹	Belize	24.7	28.3	32.2	36.7	2.1
贝　宁	Benin	686.6	798.2	919.9	1087.2	2.8
百慕大	Bermuda	6.2	6.4	6.5	6.5	0.1
不　丹	Bhutan	57.3	65.7	72.8	79.8	1.3
玻利维亚	Bolivia	834.0	912.5	991.8	1088.8	1.5
波　黑	Bosnia and Herzegovinian	376.7	378.2	372.2	351.7	-0.5
博茨瓦纳	Botswana	172.8	185.6	201.5	225.0	1.8
巴　西	Brazil	17528.8	18691.7	19679.6	20765.3	0.8
文　莱	Brunei Darussalam	33.3	36.5	38.9	42.3	1.3
保加利亚	Bulgaria	817.0	765.9	739.6	712.8	-0.7
布基纳法索	Burkina Faso	1160.8	1342.2	1560.5	1864.6	2.9
布隆迪	Burundi	640.1	742.3	876.7	1052.4	3.1
柬埔寨	Cambodia	1215.2	1327.0	1430.9	1576.2	1.6
喀麦隆	Cameroon	1527.4	1742.1	1997.0	2343.9	2.6
加拿大	Canada	3077.0	3231.2	3400.5	3628.6	1.2
佛得角	Cape Verde	44.2	47.9	48.8		
开曼群岛	Cayman Islands	4.2	4.9	5.6	6.1	1.3
中　非	Central African Rep.	375.5	412.8	444.9	459.5	1.1
乍　得	Chad	834.3	1006.7	1188.7	1445.3	3.1
海峡群岛	Channel Islands	14.9	15.4	16.0	16.5	0.5
智　利	Chile	1526.3	1614.7	1699.3	1791.0	0.8
哥伦比亚	Colombia	4040.4	4328.6	4591.8	4865.3	0.9
科摩罗	Comoros	54.2	61.2	69.0	79.6	2.3
刚果(金)	Congo, Dem. Rep.	4707.6	5475.1	6452.3	7873.6	3.3
刚果(布)	Congo, Rep.	322.6	371.8	438.7	512.6	2.6
哥斯达黎加	Costa Rica	392.5	424.8	454.5	485.7	1.0
科特迪瓦	Cote D'Ivoire	1668.7	1833.6	2040.1	2369.6	2.5
克罗地亚	Croatia	442.6	444.2	441.8	417.1	-0.8

附录2-10 续表 1 continued

国家或地区	Country or Area	年中人口（万人） Mid-year Population (10 000 persons)				增长率(%) Growth Rate (%)
		2000	2005	2010	2016	2016
古　巴	Cuba	1115.1	1128.4	1133.3	1147.6	0.1
塞浦路斯	Cyprus	94.3	102.8	111.3	117.0	0.8
捷　克	Czech Rep.	1025.5	1021.1	1047.4	1056.2	0.1
丹　麦	Denmark	534.0	541.9	554.8	573.1	0.8
吉布提	Djibouti	71.8	78.3	85.1	94.2	1.6
多米尼克	Dominica	7.0	7.1	7.1	7.4	0.5
多米尼加	Dominican Rep.	856.3	923.8	989.8	1064.9	1.1
厄瓜多尔	Ecuador	1262.9	1373.5	1493.5	1638.5	1.5
埃　及	Egypt	6990.6	7677.8	8410.8	9568.9	2.0
萨尔瓦多	El Salvador	586.8	602.9	616.5	634.5	0.5
赤道几内亚	Equatorial Guinea	61.4	75.7	95.1	122.1	3.8
厄立特里亚	Eritrea	339.3	396.9	439.1		
爱沙尼亚	Estonia	139.7	135.5	133.1	131.6	0.1
埃塞俄比亚	Ethiopia	6653.7	7672.7	8770.3	10240.3	2.5
法罗群岛	Faeroe Islands	4.7	4.8	4.9	4.9	0.3
斐　济	Fiji	81.1	82.2	86.0	89.9	0.7
芬　兰	Finland	517.6	524.6	536.3	549.5	0.3
法　国	France	6091.2	6317.9	6502.8	6689.6	0.4
法属波立尼西亚	French Polynesia	23.7	25.5	26.8	28.0	0.9
加　蓬	Gabon	123.1	140.3	164.0	198.0	2.5
冈比亚	Gambia	123.2	144.4	169.2	203.9	3.0
格鲁吉亚	Georgia	441.8	419.0	392.6	371.9	0.1
德　国	Germany	8221.2	8246.9	8177.7	8266.8	1.2
加　纳	Ghana	1893.9	2154.2	2451.2	2820.7	2.2
直布罗陀	Gibraltar	3.1	3.2	3.3	3.4	0.5
希　腊	Greece	1080.6	1098.7	1112.1	1074.7	-0.7
格陵兰	Greenland	5.6	5.7	5.7	5.6	0.1
格林纳达	Grenada	10.2	10.3	10.5	10.7	0.5
关　岛	Guam	15.5	15.8	15.9	16.3	0.7
危地马拉	Guatemala	1165.1	1309.6	1463.0	1658.2	2.0
几内亚	Guinea	880.9	968.0	1079.4	1239.6	2.5
几内亚比绍	Guinea-Bissau	124.3	138.1	155.6	181.6	2.5
圭亚那	Guyana	75.3	75.1	74.7	77.3	0.6
海　地	Haiti	854.9	926.3	1000.0	1084.7	1.3
洪都拉斯	Honduras	652.4	737.3	819.5	911.3	1.7
匈牙利	Hungary	1021.1	1008.7	1000.0	981.8	-0.3
冰　岛	Iceland	28.1	29.7	31.8	33.4	1.0
印　度	India	105305.1	114411.9	123098.1	132417.1	1.1
印度尼西亚	Indonesia	21154.0	22671.3	24252.4	26111.5	1.1
伊　朗	Iran	6613.2	7042.2	7456.8	8027.7	1.1
伊拉克	Iraq	2356.5	2700.8	3076.3	3720.3	3.0
爱尔兰	Ireland	380.5	416.0	456.0	477.3	2.0
马恩岛	Isle of Man	7.3	7.6	8.0	8.4	0.7
以色列	Israel	628.9	693.0	762.4	854.7	2.0
意大利	Italy	5694.2	5796.9	5927.7	6060.1	-0.2
牙买加	Jamaica	265.7	274.5	281.7	288.1	0.3
日　本	Japan	12684.3	12777.3	12807.0	12699.5	-0.1
约　旦	Jordan	510.3	571.4	718.2	945.6	3.2
哈萨克斯坦	Kazakhstan	1488.4	1514.7	1632.2	1779.7	1.4
肯尼亚	Kenya	3145.0	3604.8	4135.0	4846.2	2.6
基里巴斯	Kiribati	8.4	9.2	10.3	11.4	1.8
朝　鲜	Korea, Dem.	2284.0	2381.3	2450.1		
韩　国	Korea, Rep.	4700.8	4818.5	4955.4	5124.6	0.5
科威特	Kuwait	205.1	227.7	299.8	405.3	2.9
吉尔吉斯斯坦	Kyrgyzstan	489.8	516.3	544.8	608.3	2.1

附录2−10 续表 2 continued

国家或地区	Country or Area	年中人口（万人） Mid-year Population (10 000 persons)				增长率(%) Growth Rate (%)
		2000	2005	2010	2016	2016
老　　挝	Laos	532.9	575.4	624.6	675.8	1.4
拉脱维亚	Latvia	236.8	223.9	209.8	196.0	-0.9
黎 巴 嫩	Lebanon	323.5	398.7	433.7	600.7	2.6
莱 索 托	Lesotho	186.9	195.0	204.1	220.4	1.3
利比里亚	Liberia	288.5	326.1	394.8	461.4	2.5
利 比 亚	Libya	535.6	579.3	616.9	629.3	0.9
列支敦士登	Liechtenstein	3.3	3.5	3.6	3.8	0.7
立 陶 宛	Lithuania	350.0	332.3	309.7	287.2	-1.1
卢 森 堡	Luxemburg	43.6	46.5	50.7	58.3	2.3
前南马其顿	Macedonia, FYR	203.5	206.0	207.1	208.1	0.1
马达加斯加	Madagascar	1576.7	1833.7	2115.2	2489.5	2.7
马 拉 维	Malawi	1137.6	1304.0	1516.7	1809.2	2.9
马来西亚	Malaysia	2318.6	2565.9	2811.2	3118.7	1.5
马尔代夫	Maldives	28.6	32.1	36.7	41.7	2.0
马　　里	Mali	1096.8	1279.9	1507.5	1799.5	3.0
马 耳 他	Malta	39.0	40.4	41.5	43.7	1.2
马绍尔群岛	Marshall Islands	5.2	5.2	5.2	5.3	0.1
毛里塔尼亚	Mauritania	270.9	313.1	361.0	430.1	2.8
毛里求斯	Mauritius	118.7	122.8	125.0	126.3	0.1
马约特岛	Mayotte	14.9	17.5	20.4		
墨 西 哥	Mexico	10172.0	10847.2	11731.9	12754.0	1.3
密克罗尼西亚	Micronesia, Fed.	10.7	10.6	10.4	10.5	0.5
摩尔多瓦	Moldova	364.0	359.5	356.2	355.2	-0.1
摩 纳 哥	Monaco	3.2	3.4	3.7	3.8	0.5
蒙　　古	Mongolia	239.7	252.6	271.3	302.7	1.7
黑　　山	Montenegro	60.5	61.4	61.9	62.3	0.1
摩 洛 哥	Morocco	2885.0	3052.1	3241.0	3527.7	1.4
莫桑比克	Mozambique	1806.8	2092.3	2422.1	2882.9	2.9
缅　　甸	Myanmar	4609.5	4848.3	5015.6	5288.5	0.9
纳米比亚	Namibia	189.9	203.2	217.3	248.0	2.2
尼 泊 尔	Nepal	2374.1	2564.0	2702.3	2898.3	1.1
荷　　兰	Netherlands	1592.6	1632.0	1661.5	1701.8	0.5
荷属安的列斯	Netherlands Antilles	18.1	18.6			
新喀里多尼亚	New Caledonia	21.3	23.1	25.0	27.8	1.8
新 西 兰	New Zealand	385.8	413.4	435.1	469.3	2.1
尼加拉瓜	Nicaragua	502.7	537.9	573.8	615.0	1.1
尼 日 尔	Niger	1135.3	1361.8	1642.6	2067.3	3.8
尼日利亚	Nigeria	12235.2	13893.9	15857.8	18599.0	2.6
北马里亚纳群岛	Northern Mariana Islands	6.9	6.4	5.4	5.5	0.4
挪　　威	Norway	449.1	462.3	488.9	523.3	0.9
阿　　曼	Oman	226.8	251.1	304.1	442.5	5.2
巴基斯坦	Pakistan	13852.3	15391.0	17056.0	19320.3	2.0
帕　　劳	Palau	1.9	2.0	2.0	2.2	1.0
巴 拿 马	Panama	303.0	333.0	364.3	403.4	1.6
巴布亚新几内亚	Papua New Guinea	557.2	631.5	710.8	808.5	2.1
巴 拉 圭	Paraguay	530.3	579.5	621.0	672.5	1.3
秘　　鲁	Peru	2591.5	2761.0	2937.4	3177.4	1.3
菲 律 宾	Philippines	7799.2	8627.4	9372.7	10332.0	1.6
波　　兰	Poland	3825.9	3816.5	3804.3	3794.8	-0.1
葡 萄 牙	Portugal	1029.0	1050.3	1057.3	1032.5	-0.3
波多黎各	Puerto Rico	381.1	382.1	372.2	341.1	-1.8
卡 塔 尔	Qatar	59.2	86.5	178.0	257.0	3.5
罗马尼亚	Romania	2244.3	2132.0	2024.7	1970.5	-0.6
俄 罗 斯	Russia	14659.7	14351.9	14284.9	14434.2	0.2
卢 旺 达	Rwanda	802.6	899.2	1024.7	1191.8	2.4

附录2-10 续表 3 continued

国家或地区	Country or Area	年中人口（万人） Mid-year Population (10 000 persons)				增长率(%) Growth Rate (%)
		2000	2005	2010	2016	2016
圣基茨和尼维斯	Saint Kitts and Nevis	4.5	4.9	5.1	5.5	1.0
圣卢西亚	Saint Lucia	15.7	16.4	17.3	17.8	0.5
圣文森特和格林纳丁斯	Saint Vincent and the Grenadines	10.8	10.9	10.9	11.0	0.2
萨摩亚	Samoa	17.5	18.0	18.6	19.5	0.7
圣马力诺	San Marino	2.7	2.9	3.1	3.3	0.7
圣多美和普林西比	Sao Tome and Principe	13.9	15.6	17.5	20.0	2.2
沙特阿拉伯	Saudi Arabia	2076.4	2390.6	2742.6	3227.6	2.3
塞内加尔	Senegal	988.4	1125.1	1291.6	1541.2	2.9
塞尔维亚	Serbia	751.6	744.1	729.1	705.7	-0.5
塞舌尔	Seychelles	8.1	8.3	9.0	9.5	1.3
塞拉利昂	Sierra Leone	456.4	565.8	645.9	739.6	2.2
新加坡	Singapore	402.8	426.6	507.7	560.7	1.3
斯洛伐克	Slovakia	538.9	537.3	539.1	542.9	0.1
斯洛文尼亚	Slovenia	198.9	200.0	204.9	206.5	0.1
所罗门群岛	Solomon Islands	41.3	47.0	52.8	59.9	2.0
索马里	Somalia	901.1	1041.0	1205.3	1431.8	2.9
南非	South Africa	4489.7	4760.7	5097.9	5590.9	1.6
西班牙	Spain	4056.8	4365.3	4657.7	4644.4	
斯里兰卡	Sri Lanka	1865.5	1937.3	2011.9	2120.3	1.1
苏丹	Sudan	2725.1	3091.2	3438.6	3957.9	2.4
苏里南	Suriname	47.2	49.9	52.6	55.8	0.9
斯威士兰	Swaziland	106.1	110.6	120.3	134.3	1.8
瑞典	Sweden	887.2	903.0	937.8	990.3	1.1
瑞士	Switzerland	718.4	743.7	782.5	837.2	1.1
叙利亚	Syrian Arab Republic	1641.1	1829.5	2101.9	1843.0	-1.6
塔吉克斯坦	Tajikistan	621.6	685.4	764.2	873.5	2.2
坦桑尼亚	Tanzania	3417.8	3941.1	4609.9	5557.2	3.1
泰国	Thailand	6295.8	6542.5	6720.9	6886.4	0.3
东帝汶	Timor-Leste	87.2	102.6	111.0	126.9	2.2
多哥	Togo	497.0	568.3	650.3	760.6	2.5
汤加	Tonga	9.8	10.1	10.4	10.7	0.7
特立尼达和多巴哥	Trinidad And Tobago	126.8	129.7	132.8	136.5	0.4
突尼斯	Tunisia	969.9	1010.2	1064.0	1140.3	1.1
土耳其	Turkey	6324.0	6790.3	7232.7	7951.2	1.6
土库曼斯坦	Turkmenistan	451.6	475.5	508.7	566.3	1.7
特克斯和凯科斯群岛	Turks and Caicos Islands	1.9	2.6	3.1	3.5	1.6
图瓦卢	Tuvalu	0.9	1.0	1.1	1.1	0.9
乌干达	Uganda	2403.9	2854.4	3391.5	4148.8	3.3
乌克兰	Ukraine	4917.6	4710.5	4587.1	4500.5	-0.3
阿联酋	United Arab Emirates	315.5	458.0	827.1	927.0	1.3
英国	United Kingdom	5889.3	6040.1	6276.6	6563.7	0.8
美国	United States	28216.2	29551.7	30934.8	32312.8	0.7
美属维尔京群岛	Virgin Islands(US)	10.9	10.8	10.6	10.3	-0.6
乌拉圭	Uruguay	332.1	332.6	337.4	344.4	0.4
乌兹别克斯坦	Uzbekistan	2465.0	2616.7	2856.2	3184.8	1.7
瓦努阿图	Vanuatu	18.5	20.9	23.6	27.0	2.2
委内瑞拉	Venezuela	2448.8	2678.4	2902.8	3156.8	1.3
越南	Viet Nam	7763.1	8239.2	8693.3	9270.1	1.1
约旦河西岸和加沙	West Bank and Gaza	292.2	332.0	381.1	455.2	2.9
也门	Yemen	1787.5	2058.3	2360.7	2758.4	2.5
赞比亚	Zambia	1053.1	1205.2	1385.0	1659.1	3.0
津巴布韦	Zimbabwe	1222.2	1294.0	1408.6	1615.0	2.3

附录2-11 万美元国内生产总值能耗(2011年不变价,PPP)
Energy Use per Ten Thousand USD of GDP (Constant 2011 PPP)

资料来源：世界银行WDI数据库。
Source:World Bank WDI Database.

单位：吨标准油/万美元 (ton of oil equivalent per 10 000 USD)

国家或地区	Country or Area	2000	2005	2010	2012	2013	2014
世　界	**World**	**1.55**	**1.47**	**1.38**	**1.33**	**1.30**	**1.27**
高收入国家	**High Income**	**1.41**	**1.31**	**1.24**	**1.17**	**1.16**	**1.13**
中等收入国家	**Middle Income**	**1.73**	**1.66**	**1.51**	**1.47**	**1.42**	**1.38**
中　国	China	2.43	2.44	2.05	1.93	1.85	1.75
中国香港	Hong Kong, China	0.60	0.45	0.40	0.40	0.38	0.37
孟加拉国	Bangladesh	0.85	0.82	0.82	0.79	0.76	0.75
文　莱	Brunei Darussalam	0.87	0.73	1.03	1.17	0.95	1.13
柬埔寨	Cambodia	2.04	1.31	1.47	1.39	1.34	1.33
印　度	India	1.66	1.42	1.28	1.24	1.20	1.18
印度尼西亚	Indonesia	1.27	1.16	1.04	0.92	0.89	0.88
伊　朗	Iran	1.57	1.69	1.57	1.72	1.79	1.84
以色列	Israel	1.11	1.01	1.03	1.00	0.91	0.87
日　本	Japan	1.21	1.14	1.09	0.97	0.96	0.93
哈萨克斯坦	Kazakhstan	2.41	2.10	2.11	2.00	2.08	1.88
韩　国	Korea, Rep.	1.93	1.71	1.66	1.65	1.61	1.58
马来西亚	Malaysia	1.29	1.38	1.24	1.18	1.27	1.23
蒙　古	Mongolia	2.15	1.96	1.89	1.73	1.71	1.62
巴基斯坦	Pakistan	1.32	1.24	1.16	1.12	1.09	1.06
菲律宾	Philippines	1.21	0.94	0.77	0.75	0.72	0.72
新加坡	Singapore	0.90	0.82	0.69	0.64	0.62	0.64
斯里兰卡	Sri Lanka	0.80	0.71	0.57	0.55	0.48	0.48
泰　国	Thailand	1.25	1.31	1.30	1.29	1.35	1.33
越　南	Viet Nam	1.40	1.44	1.51	1.37	1.30	
埃　及	Egypt	0.79	1.00	0.87	0.91	0.85	0.82
尼日利亚	Nigeria	2.47	1.83	1.47	1.50	1.42	1.35
南　非	South Africa	2.50	2.44	2.31	2.15	2.11	2.18
加拿大	Canada	2.20	2.08	1.91	1.85	1.83	1.83
墨西哥	Mexico	0.98	1.08	0.96	0.97	0.96	0.92
美　国	United States	1.75	1.58	1.45	1.36	1.35	1.34
巴　西	Brazil	0.94	0.94	0.93	0.93	0.94	0.97
委内瑞拉	Venezuela	1.45	1.41	1.51	1.38	1.28	
捷　克	Czech Rep.	1.89	1.71	1.50	1.42	1.41	1.34
法　国	France	1.19	1.17	1.09	1.03	1.03	0.97
德　国	Germany	1.11	1.08	0.99	0.91	0.92	0.87
意大利	Italy	0.82	0.85	0.81	0.77	0.75	0.71
荷　兰	Netherlands	1.14	1.15	1.10	1.02	1.02	0.95
波　兰	Poland	1.58	1.40	1.21	1.11	1.09	1.02
俄罗斯	Russia	3.01	2.35	2.09	2.08	2.02	1.96
西班牙	Spain	1.00	0.99	0.84	0.86	0.82	0.79
土耳其	Turkey	0.90	0.76	0.82	0.78	0.71	0.70
乌克兰	Ukraine	5.67	4.19	3.69	3.23	3.06	2.98
英　国	United Kingdom	1.15	1.00	0.89	0.83	0.80	0.73
澳大利亚	Australia	1.60	1.43	1.40	1.31	1.27	1.23
新西兰	New Zealand	1.57	1.28	1.31	1.31	1.29	1.32

附录2-12 广义货币占国内生产总值比重
Broad Money (M2) as Percentage of GDP

资料来源：世界银行WDI数据库。
Source: World Bank WDI Database.

单位：% (%)

国家或地区	Country or Area	2000	2005	2010	2013	2014	2015	2016
中　国	**China**	**136.3**	**151.1**	**175.7**	**185.9**	**190.7**	**202.1**	**208.3**
中国香港	Hong Kong, China	224.4	251.7		350.6	361.3	362.9	
中国澳门	Macao, China	173.4	140.0		107.2	110.3	130.4	148.6
孟加拉国	Bangladesh	30.6	47.4	58.7	61.4	63.3	64.5	65.9
文　莱	Brunei Darussalam	85.7	57.8	67.3	62.6	67.4	80.8	92.6
柬埔寨	Cambodia	13.0	19.3	41.6	52.9	63.0	66.9	72.2
印　度	India	53.7	66.5		78.2	78.0	78.5	
印度尼西亚	Indonesia	53.9	43.4		39.1	39.5	39.4	40.3
伊　朗	Iran	37.2	42.8		58.7	67.7	81.4	
以色列	Israel	81.3	97.4		158.2	84.9	84.0	84.5
日　本	Japan	240.6	198.7		235.3	237.4	236.7	
哈萨克斯坦	Kazakhstan	15.3	27.2	38.9	32.2	32.3	42.1	43.5
韩　国	Korea, Rep.	65.0	111.1	131.2	134.4	139.8	143.7	147.0
老　挝	Laos	16.5	19.1	36.2				
马来西亚	Malaysia	122.7	125.0		140.1	137.1	135.1	130.6
蒙　古	Mongolia	21.1	37.5	48.0	49.3	47.9	43.4	50.6
缅　甸	Myanmar	31.5	21.6	23.6	36.8	39.5	46.3	46.7
巴基斯坦	Pakistan	38.6	49.0		52.2	51.8	53.2	56.2
菲律宾	Philippines	57.7	50.4		69.8	71.7	74.2	77.4
新加坡	Singapore	103.4	103.6	125.0	131.0	131.2	127.5	137.0
斯里兰卡	Sri Lanka	38.4	41.7	32.6	44.7	47.4	52.5	56.4
泰　国	Thailand	111.2	104.1	109.0	124.3	127.3	128.4	127.4
越　南	Viet Nam	41.3	71.0	114.9	117.0	127.5	137.6	
埃　及	Egypt	76.7	97.1	80.7	74.6	75.4	78.0	98.2
尼日利亚	Nigeria	22.0	17.7		21.4	20.2	19.5	20.1
南　非	South Africa	52.7	67.0	75.8	71.0	70.8	73.5	72.8
加拿大	Canada	71.3	149.0					
墨西哥	Mexico	23.2	35.8		49.0	51.6	52.9	55.1
美　国	United States	68.3	72.2	85.3	89.3	90.1	89.8	90.6
阿根廷	Argentina	31.8	28.7	25.3	27.1	25.8	28.1	28.9
巴　西	Brazil	46.5	60.4	79.2	83.5	87.7	93.6	100.2
委内瑞拉	Venezuela	19.8	23.7	32.2	52.9			
捷　克	Czech Rep.	60.9	55.7	69.8	76.7	77.2	78.9	81.2
法　国	France	101.0	76.1	89.9	87.7	89.8		
德　国	Germany	169.6	73.8	84.0	89.2	90.0		
意大利	Italy	81.5	64.6	84.2	87.6	89.6		
荷　兰	Netherlands	138.2	100.6	108.4	107.3	117.4		
波　兰	Poland	40.5	43.1		59.1	61.6	64.2	68.4
俄罗斯	Russia	21.5	33.4		52.6	54.2	61.7	59.2
西班牙	Spain	97.8	94.0	107.2	104.6	108.4		
土耳其	Turkey	34.5	39.1	53.2	52.6	51.8	52.7	56.0
乌克兰	Ukraine	18.6	44.0	55.4	62.0	60.3	50.0	46.3
英　国	United Kingdom	100.8	117.8	167.2	148.6	138.3	137.2	144.0
澳大利亚	Australia	67.7	78.5	101.0	106.1	109.1	113.7	118.8
新西兰	New Zealand	78.9	78.7	92.7				

附录2-13 生产者价格指数
Producer Price Indices

资料来源：联合国统计月报数据库。
Source: UN Monthly Bulletin of Statistics Database.

2010年=100 (2010=100)

国家或地区	Country or Area	2010	2013	2014	2015	2016
中国香港	**Hong Kong, China**					
工业产品	Industrial Products	100.0	105.0	103.3	100.4	101.6
孟加拉国①	**Bangladesh①**					
按生产阶段分	by Stage of Processing					
中间产品	Intermediate Products		291.1	328.1		
按最终用途分	by End-Use					
消费品	Consumers' Goods		350.5	351.4		
投资用品	Capital Goods		293.2	292.6		
印　度	**India**					
按供给组成分	by Components of Supply					
国内供应	Domestic Supply	100.0	125.2	130.0	126.4	128.8
农业产品	Agricultural Products	100.0	134.1	142.7		
工业产品	Industrial Products	100.0	117.2	121.0	119.9	121.8
按生产阶段分	by Stage of Processing					
原材料	Raw Materials	100.0	135.2	141.2	140.9	147.2
印度尼西亚	**Indonesia**					
按供给组成分	by Components of Supply					
农业产品	Agricultural Products	100.0	120.0	128.8		
工业产品	Industrial Products	100.0	115.7	123.3	134.6	137.7
伊　朗②	**Iran②**					
按供给组成分	by Components of Supply					
国内供应	Domestic Supply		132.4	178.1		
农业产品	Agricultural Products		139.3	199.9		
工业产品	Industrial Products		137.4	185.4	203.8	
以色列	**Israel**					
按供给组成分	by Components of Supply					
工业产品	Industrial Products		112.9	111.4	104.8	101.0
日　本③	**Japan③**					
按供给组成分	by Components of Supply					
国内供应	Domestic Supply	97.4	103.4	105.3	100.0	93.2
国内生产	Domestic Production	100.2	102.1	103.1	100.0	96.5
农业产品	Agricultural Products		107.1	107.1		
工业产品	Industrial Products	99.1	99.4	102.3	100.0	97.0
进口产品	Import Products	88.1	108.1	112.7	100.0	83.6
按生产阶段分	by Stage of Processing					
原材料	Raw Materials	97.2	132.1	134.5	100.0	78.7
中间产品	Intermediate Products	96.3	101.3	103.9	100.0	93.4
按最终用途分	by End-Use					
消费品	Consumers' Goods	98.7	99.3	100.0	100.0	96.4
投资用品	Capital Goods	99.5	97.9	98.8	100.0	97.9
韩　国	**Korea, Rep.**					
按供给组成分	by Components of Supply					
国内生产	Domestic Production	100.0	106.2	104.8	98.0	
农业产品	Agricultural Products	100.0	101.9	102.5		
工业产品	Industrial Products	100.0	105.3	103.1	96.2	
按生产阶段分	by Stage of Processing					
原材料	Raw Materials	100.0	119.8	111.7	79.1	
中间产品	Intermediate Products	100.0	103.7	101.0	94.5	
按最终用途分	by End-Use					
消费品	Consumers' Goods	100.0	103.7	104.3	102.1	
投资用品	Capital Goods	100.0	100.6	99.0	99.8	

附录2-13 续表 1 continued

2010年=100 (2010=100)

国家或地区	Country or Area	2010	2013	2014	2015	2016
马来西亚	**Malaysia**					
按供给组成分	by Components of Supply					
国内供应	Domestic Supply	100.0	107.8	109.3	104.0	
国内生产	Domestic Production	100.0	108.8	110.4	102.2	101.1
进口产品	Import Products	100.0	105.8	106.9	107.7	
巴基斯坦	**Pakistan**					
按供给组成分	by Components of Supply					
国内供应	Domestic Supply	100.0	137.2	143.7	140.1	142.5
农业产品	Agricultural Products	100.0	131.1	138.4		
菲 律 宾	**Philippines**					
按供给组成分	by Components of Supply					
国内供应	Domestic Supply	100.0	111.6	114.7	110.3	111.5
工业产品	Industrial Products	100.0	92.8	91.8	85.8	
新 加 坡	**Singapore**					
按供给组成分	by Components of Supply					
国内供应	Domestic Supply	100.0	106.0	102.5	86.8	80.7
国内生产	Domestic Production	100.0	102.5	99.0	89.9	85.0
进口产品	Import Products	100.0	101.6	98.7	86.3	81.7
泰 国	**Thailand**					
按供给组成分	by Components of Supply					
国内供应	Domestic Supply	100.0	106.9	107.0	102.6	101.4
按生产阶段分	by Stage of Processing					
原材料	Raw Materials	100.0	102.9	99.5	97.5	94.4
按最终用途分	by End-Use					
消费品	Consumers' Goods	100.0	107.1	109.9	109.5	109.7
投资用品	Capital Goods	100.0	103.2	103.3	101.1	100.5
埃 及④	**Egypt④**					
按供给组成分	by Components of Supply					
国内生产	Domestic Production		201.8	208.1	207.6	220.5
农业产品	Agricultural Products		274.6	292.0		
按生产阶段分	by Stage of Processing					
原材料	Raw Materials		235.8	237.4	180.4	140.6
中间产品	Intermediate Products		155.3	157.9	161.5	178.4
按最终用途分	by End-Use					
消费品	Consumers' Goods		122.9	123.7	124.7	142.8
投资用品	Capital Goods		169.0	170.1	171.9	178.5
南 非⑤	**South Africa⑤**					
按供给组成分	by Components of Supply					
农业产品	Agricultural Products		102.6	108.0		
工业产品	Industrial Products		106.0	113.9	118.0	126.3
按生产阶段分	by Stage of Processing					
中间产品	Intermediate Products		107.9	116.7	117.6	125.6
加 拿 大	**Canada**					
按供给组成分	by Components of Supply					
农业产品	Agricultural Products	100.0	122.7	124.1		
工业产品	Industrial Products	100.0	108.6	111.3	110.3	110.1
按生产阶段分	by Stage of Processing					
原材料	Raw Materials	100.0	115.7	117.6	94.2	89.8

附录2-13 续表 2 continued

2010年=100 (2010=100)

国家或地区	Country or Area	2010	2013	2014	2015	2016
墨 西 哥	**Mexico**					
按供给组成分	by Components of Supply					
国内供应	Domestic Supply	100.0	111.9	114.9	119.2	125.9
国内生产	Domestic Production	100.0	111.6	114.6	117.9	124.6
农业产品	Agricultural Products	100.0	114.8	115.2		
工业产品	Industrial Products	100.0	109.4	111.9	118.6	128.1
进口产品	Import Products	100.0	108.2	108.9	105.3	104.2
按生产阶段分	by Stage of Processing					
中间产品	Intermediate Products	100.0	114.7	118.2	118.1	123.9
按最终用途分	by End-Use					
消费品	Consumers' Goods	100.0	113.4	116.5	120.2	126.4
投资用品	Capital Goods	100.0	110.0	113.0	118.0	125.4
美 国	**United States**					
按供给组成分	by Components of Supply					
国内生产	Domestic Production	100.0	110.1	111.2	103.1	100.4
农业产品	Agricultural Products	100.0	129.3	130.8		
工业产品	Industrial Products	100.0	108.6	109.3	101.0	98.7
按生产阶段分	by Stage of Processing					
原材料	Raw Materials	100.0	116.2	117.5	89.1	81.7
中间产品	Intermediate Products	100.0	109.5	110.2	102.6	99.4
按最终用途分	by End-Use					
消费品	Consumers' Goods	100.0	111.2	113.5	108.1	106.5
投资用品	Capital Goods	100.0	104.4	105.8	107.1	107.6
阿 根 廷	**Argentina**					
按供给组成分	by Components of Supply					
国内供应	Domestic Supply	100.0	146.8	186.3		
国内生产	Domestic Production	100.0	147.6	186.6		
农业产品	Agricultural Products	100.0	150.1	200.6		
工业产品	Industrial Products	100.0	144.0	180.3		
进口产品	Import Products	100.0	135.9	181.1		
白俄罗斯	**Belarus**					
按供给组成分	by Components of Supply					
工业产品	Industrial Products	100.0	337.2	379.1	444.4	498.0
按生产阶段分	by Stage of Processing					
中间产品	Intermediate Products	100.0	353.1	395.3	478.1	533.8
按最终用途分	by End-Use					
消费品	Consumers' Goods	100.0	314.7	362.5	399.5	445.3
投资用品	Capital Goods	100.0	334.0	356.9	420.6	487.0
捷 克	**Czech Rep.**					
按供给组成分	by Components of Supply					
农业产品	Agricultural Products	100.0	131.9	127.0		
工业产品	Industrial Products	100.0	108.7	107.8	104.4	101.0
进口产品	Import Products	100.0	108.5	110.5	108.4	104.0
按生产阶段分	by Stage of Processing					
中间产品	Intermediate Products	100.0	108.1	109.6	106.8	103.9
按最终用途分	by End-Use					
消费品	Consumers' Goods	100.0	109.6	110.4	108.3	106.6
投资用品	Capital Goods	100.0	101.4	103.4	103.7	102.8
法 国	**France**					
按供给组成分	by Components of Supply					
国内供应	Domestic Supply	100.0		105.6	102.1	99.2
农业产品	Agricultural Products	100.0	121.6	115.6		
工业产品	Industrial Products	100.0	108.6	107.1	104.8	102.4
进口产品	Import Products	100.0	106.5	103.4	98.4	94.7
按生产阶段分	by Stage of Processing					
原材料	Raw Materials	100.0		115.0	98.6	88.2
中间产品	Intermediate Products	100.0		102.8	101.1	98.3
按最终用途分	by End-Use					
消费品	Consumers' Goods	100.0		105.9	105.6	104.9
投资用品	Capital Goods	100.0		101.0	101.4	100.8

附录2-13 续表 3 continued

2010年=100 (2010=100)

国家或地区	Country or Area	2010	2013	2014	2015	2016
德　国	**Germany**					
按供给组成分	by Components of Supply					
农业产品	Agricultural Products	100.0	120.7	111.8		
工业产品	Industrial Products	100.0	106.9	105.9	103.9	102.1
进口产品	Import Products	100.0	106.9	103.6	100.7	97.5
按生产阶段分	by Stage of Processing					
中间产品	Intermediate Products	100.0	104.7	103.6	102.3	100.8
按最终用途分	by End-Use					
消费品	Consumers' Goods	100.0	108.4	109.0	108.1	108.8
投资用品	Capital Goods	100.0	103.0	103.5	104.2	104.8
意大利	**Italy**					
按供给组成分	by Components of Supply					
工业产品	Industrial Products	100.0	108.1	106.2	102.6	100.3
按生产阶段分	by Stage of Processing					
中间产品	Intermediate Products	100.0	104.9	104.3	103.8	102.5
按最终用途分	by End-Use					
消费品	Consumers' Goods	100.0	106.6	107.1	107.2	106.9
投资用品	Capital Goods	100.0	102.8	103.3	104.0	104.4
荷　兰	**Netherlands**					
按供给组成分	by Components of Supply					
工业产品	Industrial Products	100.0	112.4	108.9	100.9	95.9
按生产阶段分	by Stage of Processing					
中间产品	Intermediate Products	100.0	115.1	112.1	103.4	99.1
按最终用途分	by End-Use					
消费品	Consumers' Goods	100.0	111.8	111.5	109.1	109.7
投资用品	Capital Goods	100.0	103.5	103.9	105.1	106.3
波　兰	**Poland**					
按供给组成分	by Components of Supply					
工业产品	Industrial Products	100.0	110.2	108.7	106.1	105.9
按生产阶段分	by Stage of Processing					
原材料	Raw Materials	100.0	116.9	114.4	106.4	103.4
中间产品	Intermediate Products	100.0	110.0	108.7	108.6	108.9
按最终用途分	by End-Use					
消费品	Consumers' Goods	100.0	110.2	109.2	107.0	108.3
投资用品	Capital Goods	100.0	100.3	99.8	101.0	104.3
俄罗斯	**Russia**					
按供给组成分	by Components of Supply					
农业产品	Agricultural Products	100.0	120.8	131.5		
工业产品	Industrial Products	100.0	127.2	135.1	153.6	160.2

附录2-13 续表 4 continued

2010年=100 (2010=100)

国家或地区	Country or Area	2010	2013	2014	2015	2016
西 班 牙	**Spain**					
按供给组成分	by Components of Supply					
工业产品	Industrial Products	100.0	111.7	110.2	107.9	104.5
按生产阶段分	by Stage of Processing					
中间产品	Intermediate Products	100.0	108.2	106.6	105.8	104.3
按最终用途分	by End-Use					
消费品	Consumers' Goods	100.0	107.5	107.0	108.2	108.4
投资用品	Capital Goods	100.0	101.4	101.7	102.5	103.4
土 耳 其	**Turkey**					
按供给组成分	by Components of Supply					
农业产品	Agricultural Products	100.0	106.1	117.7		
工业产品	Industrial Products	100.0	123.1	135.8	142.9	149.1
乌 克 兰⑥	**Ukraine⑥**					
按供给组成分	by Components of Supply					
农业产品	Agricultural Products		269.3	317.0		
工业产品	Industrial Products		281.3	329.3	196.4	237.0
英 国	**United Kingdom**					
按供给组成分	by Components of Supply					
农业产品	Agricultural Products	100.0	126.8	114.6		
工业产品	Industrial Products	100.0	108.4	108.4	106.6	107.0
进口产品	Import Products	100.0	109.5	105.0	98.6	103.4
按生产阶段分	by Stage of Processing					
原材料	Raw Materials	100.0	117.4	109.8	95.7	97.6
中间产品	Intermediate Products	100.0	108.3	107.8	106.3	106.5
按最终用途分	by End-Use					
消费品	Consumers' Goods	100.0	109.5	109.9	108.8	108.6
投资用品	Capital Goods	100.0	106.1	107.4	108.7	111.5
澳大利亚	**Australia**					
按供给组成分	by Components of Supply					
国内供应	Domestic Supply	100.0	105.9	107.8	109.2	110.2
国内生产	Domestic Production	100.0	106.9	108.5	109.3	110.4
农业产品	Agricultural Products	100.0	106.3	114.3		
工业产品	Industrial Products	100.0	103.9	107.2	107.4	106.8
进口产品	Import Products	100.0	98.5	103.1	110.5	110.7
按生产阶段分	by Stage of Processing					
原材料	Raw Materials	100.0	109.7	111.5	110.6	111.0
中间产品	Intermediate Products	100.0	108.6	110.5	110.7	111.3
按最终用途分	by End-Use					
消费品	Consumers' Goods	100.0	108.4	110.1	110.9	111.9
投资用品	Capital Goods	100.0	103.9	106.0	109.2	110.0
新 西 兰	**New Zealand**					
按供给组成分	by Components of Supply					
农业产品	Agricultural Products	100.0	112.7	114.5		
工业产品	Industrial Products	100.0	106.7	107.4	103.1	100.5
按生产阶段分	by Stage of Processing					
中间产品	Intermediate Products	100.0	107.4	107.5	105.1	105.6

注：①1988年7月1日至1989年6月30日为基期。②以2011财政年度(2011年3月21日—2012年3月19日)为基期。③以2015年为基期。④2004年7月1日至2005年6月30日为基期。⑤以2012年为基期。⑥以2005年为基期。

Note: ①The base year is from 1 July 1988 to 30 June 1989.②The base year is fiscal year 2011 (21 March 2011 - 19 March 2012).③The base year is 2015.④The base year is from 1 July 2004 to 30 June 2005.⑤The base year is 2012. ⑥The base year is 2005.

附录2-14 消费者价格指数
Consumer Price Indices

资料来源：联合国统计月报数据库。
Source: UN Monthly Bulletin of Statistics Database.

2010年=100 (2010=100)

国家或地区	Country or Area	消费者价格指数 Consumer Price Indices			食品消费价格指数 Food Consumer Price Indices		
		2014	2015	2016	2014	2015	2016
中　　国	**China**	**113.2**	**114.9**	**102.0**	**126.5**	**129.4**	**104.6**
中国香港	Hong Kong, China	119.4	123.0	125.9	123.1	127.9	132.2
中国澳门	Macao, China	125.6	131.3	134.4			
孟加拉国	Bangladesh	135.3	143.7	151.6	271.8①		
文　　莱	Brunei Darussalam	102.7	102.2	101.5			
柬 埔 寨	Cambodia	116.1	117.5	121.0			
印　　度	India	140.8	147.7	155.0	276.8①		
印度尼西亚	Indonesia	124.4	132.3	137.0	119.5	128.0	
伊　　朗②	Iran②	188.6	195.0		225.1	230.2	
以 色 列	Israel	107.3	106.7	106.1	108.7	108.8	107.8
日　　本③	Japan③	99.2	100.0	99.9	97.0	100.0	101.7
韩　　国	Korea, Rep.	109.0	109.8		113.7	115.6	
老　　挝	Laos	124.2	125.8	127.7			
马来西亚	Malaysia	110.5	112.8	115.2	115.2	119.4	124.0
蒙　　古	Mongolia	154.5	163.5	164.4			
缅　　甸	Myanmar	118.6	129.9	138.9	114.9		
巴基斯坦	Pakistan	141.7	145.3	150.8			
菲 律 宾	Philippines	115.8	117.4	119.5	118.5	121.5	124.5
新 加 坡	Singapore	113.8	113.2	112.6	111.8	113.9	116.3
斯里兰卡	Sri Lanka	126.7	127.9	132.7	127.5	133.8	139.6
泰　　国	Thailand	111.3	110.3	110.6	121.6	123.0	124.9
越　　南	Viet Nam	143.6	144.9	149.6			
埃　　及	Egypt	142.1	156.8	178.5	341.7④		
尼日利亚	Nigeria	145.8	158.9	183.9	524.5①	161.3	185.2
南　　非	South Africa	124.4	130.3	138.9	130.6	137.5	153.5
加 拿 大	Canada	107.5	108.7	110.2	110.1	114.2	115.9
墨 西 哥	Mexico	116.2	119.4	122.8	125.0	129.9	135.2
美　　国	United States	108.6	108.7	110.1	110.9	112.2	110.8
阿 根 廷	Argentina	105.5			105.0		
巴　　西	Brazil	126.9	138.4	150.4	140.7	154.4	173.6
委内瑞拉	Venezuela	348.2	772.0		466.7	1487.2	
捷　　克	Czech Rep.	107.2	107.5		119.7	118.4	
法　　国	France	105.5	105.6	105.8	105.3	105.7	106.3
德　　国	Germany	106.6	106.9	107.4	111.5	112.3	113.2
意 大 利	Italy	107.4	107.5	99.9	107.6	108.8	100.2
荷　　兰	Netherlands	108.5	109.3	109.5	106.7	107.4	108.4
波　　兰	Poland	109.0	108.1	107.6	110.6	109.1	110.3
俄 罗 斯	Russia	131.2	151.5	162.2	133.6	161.7	171.0
西 班 牙	Spain	117.9	106.5	106.3	118.5	108.2	109.7
土 耳 其	Turkey	135.7	146.1	157.4	141.5	157.3	166.4
乌 克 兰	Ukraine	121.5	180.6	205.7	114.3	166.6	
英　　国	United Kingdom	111.8	111.9	112.6	112.7	109.8	107.2
澳大利亚	Australia	110.4	112.0	113.5	106.6	107.6	108.4
新 西 兰	New Zealand	107.6	107.9	108.6	105.9	106.0	105.3

注：①2000年=100。②2011年=100。③2015年=100。④2005年=100。
Note：①2000=100.②2011=100.③2015=100.④2005=100。

附录2-15 主要农产品产量
Production of Major Farm Crops

资料来源：联合国FAO数据库。
Source:FAO Database.

单位：万吨 (10 000 tons)

国家或地区	Country or Area	谷物 Cereals,Total 2000	谷物 Cereals,Total 2016	国家或地区	Country or Area	稻谷 Rice, Paddy 2000	稻谷 Rice, Paddy 2016
世　　界	**World**	**205863.2**	**284866.2**	**世　　界**	**World**	**59866.9**	**74096.1**
中　　国	China	40522.4	58089.8	中　　国	China	18790.8	20950.3
美　　国	United States	34263.2	47598.4	印　　度	India	12746.5	15875.7
印　　度	India	23493.1	29471.2	印度尼西亚	Indonesia	5189.8	7729.8
俄 罗 斯	Russia	6424.3	11775.0	孟加拉国	Bangladesh	3762.8	5259.0
印度尼西亚	Indonesia	6157.5	9766.7	越　　南	Viet Nam	3253.0	4343.7
巴　　西	Brazil	4652.7	8412.9	缅　　甸	Myanmar	2098.7	2567.3
阿 根 廷	Argentina	3808.7	6702.4	泰　　国	Thailand	2584.4	2526.8
乌 克 兰	Ukraine	2380.7	6521.2	菲 律 宾	Philippines	1238.9	1762.7
孟加拉国	Bangladesh	3950.3	5638.9	巴　　西	Brazil	1113.5	1062.2
加 拿 大	Canada	5109.0	5525.1	巴基斯坦	Pakistan	720.4	1041.2
法　　国	France	6573.2	5465.5	美　　国	United States	865.8	1016.7
越　　南	Viet Nam	3453.7	4868.5	柬 埔 寨	Cambodia	402.6	982.7
德　　国	Germany	4527.1	4536.4	日　　本	Japan	1186.3	804.4
巴基斯坦	Pakistan	3046.1	4307.6	埃　　及	Egypt	600.1	630.0
墨 西 哥	Mexico	2799.5	3846.6	尼日利亚	Nigeria	329.8	607.1
土 耳 其	Turkey	3224.0	3527.7	韩　　国	Korea, Rep.	719.7	562.5
澳大利亚	Australia	3444.7	3523.0	尼 泊 尔	Nepal	421.7	429.9
泰　　国	Thailand	3052.9	3042.1	老　　挝	Laos	220.2	414.9
波　　兰	Poland	2234.1	2984.9	斯里兰卡	Sri Lanka	286.0	411.7
缅　　甸	Myanmar	2178.5	2810.9	马达加斯加	Madagascar	248.1	381.6
埃塞俄比亚	Ethiopia	802.0	2538.5	秘　　鲁	Peru	189.2	316.6
尼日利亚	Nigeria	2137.0	2503.6	坦桑尼亚	Tanzania	78.2	298.6
菲 律 宾	Philippines	1690.1	2484.7	马　　里	Mali	74.3	278.1
埃　　及	Egypt	2010.6	2421.4	朝　　鲜	Korea, Dem.	169.0	253.6
英　　国	United Kingdom	2398.8	2196.4	哥伦比亚	Colombia	223.7	245.3
罗马尼亚	Romania	1047.8	2176.6	伊　　朗	Iran	197.3	238.7
西 班 牙	Spain	2458.0	2149.1	马来西亚	Malaysia	214.1	225.2
哈萨克斯坦	Kazakhstan	1153.9	2041.1	几 内 亚	Guinea	114.1	198.3
意 大 利	Italy	2066.1	1821.9	科特迪瓦	Cote D'Ivoire	62.2	176.8
伊　　朗	Iran	1287.8	1730.8	中国台湾	Taiwan, China	190.6	158.8
匈 牙 利	Hungary	1003.6	1411.7	意 大 利	Italy	123.0	158.7
塞尔维亚	Serbia		1088.3	塞拉利昂	Sierra Leone	19.9	156.0
柬 埔 寨	Cambodia	418.3	1017.8	厄瓜多尔	Ecuador	124.7	153.5
南　　非	South Africa	1454.9	1016.7	乌 拉 圭	Uruguay	120.9	141.0
坦桑尼亚	Tanzania	362.3	1009.2	阿 根 廷	Argentina	90.4	140.5
丹　　麦	Denmark	941.3	915.4	俄 罗 斯	Russia	58.4	108.1
日　　本	Japan	1279.6	903.5	土 耳 其	Turkey	35.0	92.0
马　　里	Mali	231.0	885.0	塞内加尔	Senegal	20.2	88.5
保加利亚	Bulgaria	438.8	875.2	西 班 牙	Spain	82.7	86.6
尼 泊 尔	Nepal	711.6	861.4	多米尼加	Dominican Rep.	58.1	86.3
捷　　克	Czech Rep.	646.8	860.1	巴 拉 圭	Paraguay	10.1	85.8
苏　　丹	Sudan	325.9	850.9	加　　纳	Ghana	24.9	68.8
乌兹别克斯坦	Uzbekistan	410.8	790.2	圭 亚 那	Guyana	44.9	53.5
巴 拉 圭	Paraguay	101.4	726.2	古　　巴	Cuba	55.3	51.4
白俄罗斯	Belarus	458.1	707.5	哈萨克斯坦	Kazakhstan	21.4	44.8
韩　　国	Korea, Rep.	743.5	582.9	玻利维亚	Bolivia	29.9	40.7
尼 日 尔	Niger	212.6	577.8	喀 麦 隆	Cameroon	6.1	35.9
奥 地 利	Austria	449.4	570.2	阿 富 汗	Afghanistan	26.0	35.7
老　　挝	Laos	231.9	570.1	布基纳法索	Burkina Faso	10.3	34.0
阿 富 汗	Afghanistan	194.0	553.5	尼加拉瓜	Nicaragua	29.0	33.5

附录2-15 续表 1 continued

单位：万吨 (10 000 tons)

国家或地区	Country or Area	小麦 Wheat 2000	小麦 Wheat 2016	国家或地区	Country or Area	玉米 Maize 2000	玉米 Maize 2016
世　界	**World**	**58499.9**	**74946.0**	**世　界**	**World**	**59203.1**	**106010.8**
中　国	China	9963.6	13168.9	美　国	United States	25185.4	38477.8
印　度	India	7636.9	9350.0	中　国	China	10600.0	23167.4
俄罗斯	Russia	3446.0	7329.5	巴　西	Brazil	3232.1	6414.3
美　国	United States	6063.9	6285.9	阿根廷	Argentina	1678.1	3979.3
加拿大	Canada	2653.6	3048.7	墨西哥	Mexico	1755.7	2825.1
法　国	France	3735.6	2950.5	乌克兰	Ukraine	384.8	2807.5
乌克兰	Ukraine	1019.7	2609.9	印　度	India	1204.3	2626.0
巴基斯坦	Pakistan	2107.9	2600.5	印度尼西亚	Indonesia	967.7	2037.0
德　国	Germany	2162.2	2446.4	俄罗斯	Russia	148.9	1531.0
澳大利亚	Australia	2210.8	2227.5	加拿大	Canada	695.4	1234.9
土耳其	Turkey	2100.0	2060.0	法　国	France	1601.8	1213.1
阿根廷	Argentina	1547.9	1855.8	罗马尼亚	Romania	489.8	1074.6
哈萨克斯坦	Kazakhstan	907.4	1498.5	尼日利亚	Nigeria	410.7	1041.4
英　国	United Kingdom	1670.4	1438.3	埃　及	Egypt	647.5	800.1
伊　朗	Iran	808.8	1109.8	埃塞俄比亚	Ethiopia	268.3	784.7
波　兰	Poland	850.3	1082.8	南　非	South Africa	1143.1	777.9
埃　及	Egypt	656.4	900.0	匈牙利	Hungary	498.4	740.7
罗马尼亚	Romania	443.4	843.1	塞尔维亚	Serbia		737.7
意大利	Italy	746.4	803.8	菲律宾	Philippines	451.1	721.9
乌兹别克斯坦	Uzbekistan	368.4	694.1	意大利	Italy	1013.8	684.0
巴　西	Brazil	172.6	683.4	土耳其	Turkey	230.0	640.0
西班牙	Spain	729.4	643.4	巴基斯坦	Pakistan	164.3	613.0
保加利亚	Bulgaria	278.1	566.3	坦桑尼亚	Tanzania	196.5	587.6
捷　克	Czech Rep.	408.4	545.5	越　南	Viet Nam	200.6	524.4
匈牙利	Hungary	369.3	478.8	巴拉圭	Paraguay	64.7	515.2
阿富汗	Afghanistan	146.9	455.5	泰　国	Thailand	447.3	481.3
埃塞俄比亚	Ethiopia	123.5	453.8	西班牙	Spain	399.2	444.6
丹　麦	Denmark	469.3	420.2	波　兰	Poland	92.3	434.3
墨西哥	Mexico	349.3	386.3	德　国	Germany	332.4	401.8
立陶宛	Lithuania	123.8	379.8	肯尼亚	Kenya	216.0	333.9
伊拉克	Iraq	38.4	305.3	赞比亚	Zambia	104.0	287.3
叙利亚	Syrian Arab Republic	310.6	293.7	马　里	Mali	21.5	281.1
塞尔维亚	Serbia		288.5	乌干达	Uganda	109.6	266.3
瑞　典	Sweden	237.2	283.5	孟加拉国	Bangladesh	1.0	244.6
摩洛哥	Morocco	138.1	273.1	马拉维	Malawi	250.1	237.0
阿尔及利亚	Algeria	76.0	244.0	尼泊尔	Nepal	141.5	223.2
斯洛伐克	Slovakia	125.4	243.4	保加利亚	Bulgaria	80.4	222.6
白俄罗斯	Belarus	96.6	234.0	朝　鲜	Korea, Dem.	104.1	219.5
拉脱维亚	Latvia	42.7	206.2	奥地利	Austria	185.2	218.0
奥地利	Austria	131.3	197.0	喀麦隆	Cameroon	74.1	216.4
南　非	South Africa	242.8	191.0	克罗地亚	Croatia	119.0	215.5
阿塞拜疆	Azerbaijan	115.0	180.0	危地马拉	Guatemala	105.4	189.9
尼泊尔	Nepal	118.4	173.7	希　腊	Greece	209.4	187.0
智　利	Chile	149.3	173.2	缅　甸	Myanmar	35.9	183.1
希　腊	Greece	228.7	169.8	加　纳	Ghana	101.3	172.2
土库曼斯坦	Turkmenistan	169.0	160.0	斯洛伐克	Slovakia	44.0	171.0
比利时	Belgium	168.8	140.0	布基纳法索	Burkina Faso	42.4	158.3
孟加拉国	Bangladesh	184.0	134.8	老　挝	Laos	11.7	155.2
摩尔多瓦	Moldova	72.8	129.3	秘　鲁	Peru	124.1	151.0
巴拉圭	Paraguay	23.1	114.4	安哥拉	Angola	39.5	150.0

附录2-15 续表 2 continued

单位：万吨 (10 000 tons)

国家或地区	Country or Area	大豆 Soybeans 2000	大豆 Soybeans 2016	国家或地区	Country or Area	根茎类作物 Roots and Tubers 2000	根茎类作物 Roots and Tubers 2016
世　界	**World**	**16130.9**	**33489.4**	**世　界**	**World**	**69542.4**	**84612.1**
美　国	United States	7505.5	11720.8	中　国	China	18957.5	17629.9
巴　西	Brazil	3282.1	9629.7	尼日利亚	Nigeria	6516.4	10958.3
阿 根 廷	Argentina	2013.6	5879.9	印　度	India	3212.5	4979.6
印　度	India	527.6	1400.8	泰　国	Thailand	1936.4	3169.0
中　国	China	1540.9	1196.3	俄 罗 斯	Russia	2946.5	3110.8
巴 拉 圭	Paraguay	298.0	916.3	加　纳	Ghana	1318.5	2668.3
加 拿 大	Canada	270.3	582.7	巴　西	Brazil	2636.7	2585.4
乌 克 兰	Ukraine	6.4	427.7	印度尼西亚	Indonesia	1926.1	2464.0
玻利维亚	Bolivia	119.7	320.5	乌 克 兰	Ukraine	1983.8	2175.0
俄 罗 斯	Russia	34.2	313.5	美　国	United States	2392.2	2142.3
乌 拉 圭	Uruguay	0.7	220.8	刚果(金)	Congo, Dem. Rep	1687.4	1618.6
意 大 利	Italy	90.4	108.1	越　南	Viet Nam	391.4	1261.7
印度尼西亚	Indonesia	101.8	96.8	安 哥 拉	Angola	468.4	1253.4
南　非	South Africa	15.4	74.2	坦桑尼亚	Tanzania	672.9	1091.1
尼日利亚	Nigeria	42.9	58.8	德　国	Germany	1319.3	1077.2
塞尔维亚	Serbia		57.6	柬 埔 寨	Cambodia	20.2	1029.0
墨 西 哥	Mexico	10.2	50.9	莫桑比克	Mozambique	587.8	1008.6
朝　鲜	Korea, Dem.	35.0	34.9	孟加拉国	Bangladesh	331.1	973.4
法　国	France	20.1	33.9	科特迪瓦	Cote D'Ivoire	667.9	930.6
罗马尼亚	Romania	7.0	26.3	波　兰	Poland	2423.2	887.2
克罗地亚	Croatia	6.5	24.4	喀 麦 隆	Cameroon	355.2	879.2
日　本	Japan	23.5	23.8	埃塞俄比亚	Ethiopia	477.5	847.7
哈萨克斯坦	Kazakhstan	0.4	23.1	贝　宁	Benin	416.1	742.0
土 耳 其	Turkey	4.5	16.5	法　国	France	647.7	687.0
柬 埔 寨	Cambodia	2.8	16.2	荷　兰	Netherlands	822.7	653.4
越　南	Viet Nam	14.9	16.1	马 拉 维	Malawi	483.2	613.2
贝　宁	Benin	0.4	15.7	秘　鲁	Peru	470.3	612.5
奥 地 利	Austria	3.3	15.3	白俄罗斯	Belarus	871.8	598.6
乌 干 达	Uganda	12.8	15.2	埃　及	Egypt	206.6	551.0
缅　甸	Myanmar	10.9	14.9	卢 旺 达	Rwanda	290.8	543.9
匈 牙 利	Hungary	3.1	14.6	英　国	United Kingdom	663.6	537.3
伊　朗	Iran	7.7	14.4	乌 干 达	Uganda	784.2	518.2
马 拉 维	Malawi		13.2	伊　朗	Iran	365.8	516.5
斯洛伐克	Slovakia	0.5	9.3	塞拉利昂	Sierra Leone	34.5	509.2
孟加拉国	Bangladesh		9.2	哥伦比亚	Colombia	351.5	492.8
哥伦比亚	Colombia	3.9	8.4	阿尔及利亚	Algeria	120.8	478.3
埃塞俄比亚	Ethiopia	0.5	8.1	土 耳 其	Turkey	537.0	475.1
韩　国	Korea, Rep.	11.3	7.5	巴基斯坦	Pakistan	230.1	453.2
津巴布韦	Zimbabwe	13.5	7.0	加 拿 大	Canada	457.7	432.4
澳大利亚	Australia	10.5	6.3	马达加斯加	Madagascar	345.3	422.3
摩尔多瓦	Moldova	1.2	4.2	菲 律 宾	Philippines	252.1	359.8
厄瓜多尔	Ecuador	9.4	4.2	哈萨克斯坦	Kazakhstan	169.3	354.6
德　国	Germany	0.1	4.1	比 利 时	Belgium	292.2	340.3
泰　国	Thailand	31.2	4.0	日　本	Japan	447.9	339.7
危地马拉	Guatemala	3.0	3.8	布 隆 迪	Burundi	145.8	331.5
埃　及	Egypt	1.1	3.5	老　挝	Laos	22.2	328.3
尼 泊 尔	Nepal	1.7	2.9	巴 拉 圭	Paraguay	279.0	322.0
捷　克	Czech Rep.	0.2	2.8	尼 泊 尔	Nepal	128.5	297.3
赞 比 亚	Zambia	2.8	2.7	乌兹别克斯坦	Uzbekistan	73.1	292.5
喀 麦 隆	Cameroon	0.6	2.5	罗马尼亚	Romania	347.0	269.0

附录2-15　续表 3　continued

单位：万吨　　(10 000 tons)

国家或地区	Country or Area	花　生 Groundnuts, with Shell 2000	2016	国家或地区	Country or Area	油菜籽 Rapeseed 2000	2016
世　界	**World**	**3478.9**	**4398.2**	**世　界**	**World**	**3955.2**	**6885.5**
中　国	China	1443.7	1662.4	加拿大	Canada	720.5	1842.4
印　度	India	648.0	685.7	中　国	China	1138.1	1528.2
尼日利亚	Nigeria	290.1	302.9	印　度	India	578.8	679.7
美　国	United States	148.1	257.9	法　国	France	347.7	472.8
苏　丹	Sudan	94.7	182.6	德　国	Germany	358.6	458.0
缅　甸	Myanmar	72.0	157.2	澳大利亚	Australia	177.5	294.4
乍　得	Chad	35.9	104.0	波　兰	Poland	95.8	221.9
阿根廷	Argentina	42.0	100.1	英　国	United Kingdom	115.7	177.5
喀麦隆	Cameroon	19.7	74.8	美　国	United States	90.9	140.4
塞内加尔	Senegal	106.2	71.9	捷　克	Czech Rep.	84.4	135.9
巴　西	Brazil	18.8	56.5	罗马尼亚	Romania	7.6	129.3
坦桑尼亚	Tanzania	5.2	55.0	乌克兰	Ukraine	13.2	115.4
印度尼西亚	Indonesia	129.2	50.5	俄罗斯	Russia	14.9	99.9
尼日尔	Niger	11.3	45.4	匈牙利	Hungary	17.9	60.9
越　南	Viet Nam	35.5	42.7	保加利亚	Bulgaria	2.0	50.9
刚果(金)	Congo, Dem. Rep.	38.2	42.1	丹　麦	Denmark	29.4	50.6
加　纳	Ghana	20.9	41.7	斯洛伐克	Slovakia	13.4	43.1
几内亚	Guinea	20.0	37.6	立陶宛	Lithuania	8.1	39.3
马　里	Mali	19.3	37.4	孟加拉国	Bangladesh	24.9	36.2
布基纳法索	Burkina Faso	16.9	33.6	拉脱维亚	Latvia	1.0	28.3
马拉维	Malawi	12.2	27.5	瑞　典	Sweden	12.2	26.8
安哥拉	Angola	1.3	24.4	白俄罗斯	Belarus	7.3	26.0
乌干达	Uganda	13.9	21.0	智　利	Chile	4.8	21.2
埃　及	Egypt	18.7	19.1	巴基斯坦	Pakistan	29.0	20.7
尼加拉瓜	Nicaragua	9.7	18.6	哈萨克斯坦	Kazakhstan	0.3	17.0
土耳其	Turkey	7.8	16.4	西班牙	Spain	5.0	15.4
赞比亚	Zambia	5.2	15.9	奥地利	Austria	12.5	14.2
贝　宁	Benin	12.1	13.7	伊　朗	Iran	0.9	13.9
中　非	Central African Rep.	10.5	13.5	巴拉圭	Paraguay	0.9	12.7
埃塞俄比亚	Ethiopia	1.2	13.0	土耳其	Turkey	…	12.5
莫桑比克	Mozambique	12.4	11.3	克罗地亚	Croatia	2.9	11.3
科特迪瓦	Cote D'Ivoire	7.2	11.2	南　非	South Africa	2.0	10.6
冈比亚	Gambia	13.8	11.0	爱沙尼亚	Estonia	3.9	10.3
墨西哥	Mexico	14.2	9.6	芬　兰	Finland	7.1	9.3
巴基斯坦	Pakistan	9.1	8.7	巴　西	Brazil	4.1	7.2
塞拉利昂	Sierra Leone	1.5	6.6	瑞　士	Switzerland	4.3	7.2
老　挝	Laos	1.3	6.3	阿根廷	Argentina	0.6	5.0
孟加拉国	Bangladesh	3.2	6.2	埃塞俄比亚	Ethiopia	1.4	4.3
中国台湾	Taiwan, China	7.9	6.2	摩尔多瓦	Moldova	0.1	4.3
马达加斯加	Madagascar	3.5	5.8	乌拉圭	Uruguay		4.1
津巴布韦	Zimbabwe	12.4	5.8	比利时	Belgium	1.4	4.0
几内亚比绍	Guinea-Bissau	2.0	4.5	塞尔维亚	Serbia		3.9
多　哥	Togo	2.6	4.1	意大利	Italy	4.1	3.5
海　地	Haiti	2.1	3.7	爱尔兰	Ireland	0.9	3.4
摩洛哥	Morocco	3.9	3.6	阿尔及利亚	Algeria	2.9	2.3
肯尼亚	Kenya	3.0	3.3	墨西哥	Mexico	1.4	1.6
泰　国	Thailand	13.2	3.2	希　腊	Greece	0.1	1.3
柬埔寨	Cambodia	0.8	2.9	挪　威	Norway	0.9	1.1
斯里兰卡	Sri Lanka	0.7	2.8	卢森堡	Luxemburg	0.8	1.1
菲律宾	Philippines	2.7	2.8	蒙　古	Mongolia		1.1

附录2-15 续表 4 continued

单位：万吨 (10 000 tons)

国家或地区	Country or Area	芝麻 Sesame Seed 2000	芝麻 Sesame Seed 2016	国家或地区	Country or Area	籽棉 Seed Cotton 2000	籽棉 Seed Cotton 2016
世　界	**World**	**285.8**	**611.2**	**世　界**	**World**	**5297.8**	**6539.2**
坦桑尼亚	Tanzania	3.9	94.0	中　国	China	1325.1	1602.9
缅　甸	Myanmar	37.6	81.3	印　度	India	512.8	1441.3
印　度	India	51.8	79.8	美　国	United States	958.1	1005.0
中　国	China	81.1	64.8	巴基斯坦	Pakistan	547.6	494.3
苏　丹	Sudan	28.2	52.5	巴　西	Brazil	201.5	346.4
尼日利亚	Nigeria	7.2	46.1	乌兹别克斯坦	Uzbekistan	300.2	330.8
埃塞俄比亚	Ethiopia	1.6	26.8	土耳其	Turkey	226.1	210.0
布基纳法索	Burkina Faso	0.7	23.0	澳大利亚	Australia	178.7	151.9
乍　得	Chad	3.3	17.0	希　腊	Greece	132.5	135.5
乌干达	Uganda	9.7	13.0	布基纳法索	Burkina Faso	21.3	90.0
喀麦隆	Cameroon	0.6	6.8	阿根廷	Argentina	41.8	67.3
尼日尔	Niger	1.4	6.7	马　里	Mali	24.3	59.7
莫桑比克	Mozambique	0.5	6.0	墨西哥	Mexico	22.4	48.8
墨西哥	Mexico	4.1	5.9	叙利亚	Syrian Arab Republic	108.2	47.8
伊　朗	Iran	3.1	5.6	缅　甸	Myanmar	12.3	43.8
危地马拉	Guatemala	1.9	5.6	土库曼斯坦	Turkmenistan	103.0	43.0
埃　及	Egypt	3.7	4.5	科特迪瓦	Cote D'Ivoire	40.2	37.8
越　南	Viet Nam	1.7	4.3	贝　宁	Benin	34.0	34.7
马　里	Mali	0.4	3.8	尼日利亚	Nigeria	39.9	30.3
孟加拉国	Bangladesh	2.2	3.7	哈萨克斯坦	Kazakhstan	28.7	28.7
巴基斯坦	Pakistan	5.1	3.3	塔吉克斯坦	Tajikistan	33.5	28.5
阿富汗	Afghanistan	2.3	3.2	喀麦隆	Cameroon	20.4	24.9
泰　国	Thailand	3.9	2.9	坦桑尼亚	Tanzania	12.3	18.4
柬埔寨	Cambodia	1.0	2.9	西班牙	Spain	29.5	17.6
也　门	Yemen	1.8	2.7	埃　及	Egypt	55.4	17.5
索马里	Somalia	2.3	2.5	伊　朗	Iran	49.7	17.3
巴拉圭	Paraguay	0.8	2.2	乍　得	Chad	18.0	15.2
土耳其	Turkey	2.4	2.0	玻利维亚	Bolivia	4.5	12.2
委内瑞拉	Venezuela	3.3	1.9	赞比亚	Zambia	6.2	11.2
老　挝	Laos	0.5	1.7	津巴布韦	Zimbabwe	24.2	11.0
斯里兰卡	Sri Lanka	0.5	1.6	苏　丹	Sudan	14.7	10.9
韩　国	Korea, Rep.	3.2	1.4	阿塞拜疆	Azerbaijan	9.2	8.9
玻利维亚	Bolivia	0.3	1.3	哥伦比亚	Colombia	11.1	7.8
塞内加尔	Senegal	0.1	1.2	乌干达	Uganda	7.6	7.7
中　非	Central African Rep.	3.7	1.2	多　哥	Togo	11.7	6.9
肯尼亚	Kenya	1.0	1.1	孟加拉国	Bangladesh	4.1	6.0
贝　宁	Benin	1.0	0.7	阿富汗	Afghanistan	5.7	5.9
巴　西	Brazil	1.5	0.7	吉尔吉斯斯坦	Kyrgyzstan	8.8	5.2
乌兹别克斯坦	Uzbekistan	0.2	0.7	埃塞俄比亚	Ethiopia	4.6	5.0
沙特阿拉伯	Saudi Arabia	0.3	0.7	秘　鲁	Peru	15.4	4.5
厄立特里亚	Eritrea	0.4	0.5	几内亚	Guinea	6.6	4.4
刚果(金)	Congo, Dem. Rep.	0.5	0.5	莫桑比克	Mozambique	3.5	4.4
海　地	Haiti	0.4	0.4	朝　鲜	Korea, Dem.	3.5	3.9
塞拉利昂	Sierra Leone	0.2	0.3	以色列	Israel	4.4	3.6
安哥拉	Angola	0.2	0.3	马拉维	Malawi	3.7	3.1
科特迪瓦	Cote D'Ivoire	0.3	0.3	伊拉克	Iraq	3.3	3.1
伊拉克	Iraq	1.4	0.2	刚果(金)	Congo, Dem. Rep.	2.9	2.9
尼加拉瓜	Nicaragua	0.4	0.2	南　非	South Africa	7.0	2.7
哥伦比亚	Colombia	0.4	0.2	中　非	Central African Rep.	2.6	2.2
冈比亚	Gambia	0.3	0.2	塞内加尔	Senegal	2.0	2.0

附录2-15 续表 5 continued

单位：万吨 (10 000 tons)

国家或地区	Country or Area	甘蔗 Sugar Cane 2000	2016	国家或地区	Country or Area	甜菜 Sugar Beets 2000	2016
世界	**World**	**125266.9**	**189066.2**	**世界**	**World**	**25014.9**	**27723.1**
巴西	Brazil	32612.1	76867.8	俄罗斯	Russia	1405.1	5136.7
印度	India	29932.4	34844.8	法国	France	3112.1	3379.5
中国	China	6828.0	12266.4	美国	United States	3254.1	3345.8
泰国	Thailand	5405.2	8746.9	德国	Germany	2787.0	2549.7
巴基斯坦	Pakistan	4633.3	6545.1	土耳其	Turkey	1882.1	1946.6
墨西哥	Mexico	4410.0	5644.7	乌克兰	Ukraine	1319.9	1401.2
哥伦比亚	Colombia	3395.9	3695.1	波兰	Poland	1313.4	1352.4
澳大利亚	Australia	3816.5	3440.3	埃及	Egypt	289.0	1332.3
危地马拉	Guatemala	1655.2	3353.3	中国	China	807.4	809.6
美国	United States	3611.4	2992.6	英国	United Kingdom	907.9	568.7
印度尼西亚	Indonesia	2390.0	2715.9	伊朗	Iran	433.2	553.7
菲律宾	Philippines	2122.3	2237.1	荷兰	Netherlands	679.8	550.2
阿根廷	Argentina	1840.0	2199.1	白俄罗斯	Belarus	147.4	427.8
古巴	Cuba	3640.0	1889.1	摩洛哥	Morocco	288.3	421.9
越南	Viet Nam	1504.4	1631.3	捷克	Czech Rep.	280.9	411.8
埃及	Egypt	1570.6	1576.0	比利时	Belgium	615.2	402.1
南非	South Africa	2387.6	1507.5	奥地利	Austria	263.4	353.4
缅甸	Myanmar	580.1	1043.7	西班牙	Spain	793.0	324.0
秘鲁	Peru	753.5	983.3	日本	Japan	367.3	318.9
厄瓜多尔	Ecuador	540.2	866.2	塞尔维亚	Serbia		268.4
伊朗	Iran	236.7	768.8	意大利	Italy	1237.0	204.6
萨尔瓦多	El Salvador	514.0	720.2	瑞典	Sweden	260.2	198.8
肯尼亚	Kenya	394.2	709.5	丹麦	Denmark	334.5	169.6
玻利维亚	Bolivia	360.2	691.1	智利	Chile	309.3	164.7
尼加拉瓜	Nicaragua	352.4	681.5	斯洛伐克	Slovakia	96.2	150.7
巴拉圭	Paraguay	224.5	670.8	瑞士	Switzerland	140.8	127.7
斯威士兰	Swaziland	388.5	558.3	克罗地亚	Croatia	48.2	117.0
苏丹	Sudan	498.2	552.5	罗马尼亚	Romania	66.7	101.2
洪都拉斯	Honduras	397.4	535.6	立陶宛	Lithuania	88.2	93.4
多米尼加	Dominican Rep.	451.1	471.8	叙利亚	Syrian Arab Republic	117.5	76.9
尼泊尔	Nepal	210.3	434.7	吉尔吉斯斯坦	Kyrgyzstan	45.0	70.5
赞比亚	Zambia	160.0	428.6	匈牙利	Hungary	197.6	67.6
孟加拉国	Bangladesh	691.0	420.8	摩尔多瓦	Moldova	94.4	66.5
哥斯达黎加	Costa Rica	380.0	415.8	加拿大	Canada	82.1	52.6
毛里求斯	Mauritius	511.0	379.8	芬兰	Finland	104.6	43.4
乌干达	Uganda	147.6	372.3	希腊	Greece	301.1	37.6
津巴布韦	Zimbabwe	422.8	348.3	哈萨克斯坦	Kazakhstan	27.3	34.5
委内瑞拉	Venezuela	883.2	333.1	阿塞拜疆	Azerbaijan	4.7	31.3
马达加斯加	Madagascar	218.9	300.6	土库曼斯坦	Turkmenistan	23.0	24.3
坦桑尼亚	Tanzania	135.5	299.4	巴基斯坦	Pakistan	15.9	11.8
马拉维	Malawi	210.0	291.5	亚美尼亚	Armenia	0.1	6.7
莫桑比克	Mozambique	39.7	276.2	伊拉克	Iraq	0.2	3.9
巴拿马	Panama	143.9	242.0	阿尔巴尼亚	Albania	4.2	3.5
圭亚那	Guyana	271.0	239.5	哥伦比亚	Colombia	1.2	2.5
刚果(金)	Congo, Dem. Rep.	166.9	219.1	委内瑞拉	Venezuela	1.7	2.3
老挝	Laos	29.7	201.9	突尼斯	Tunisia	2.1	1.4
科特迪瓦	Cote D'Ivoire	167.2	198.3	葡萄牙	Portugal	46.2	1.1
日本	Japan	139.5	157.4	黎巴嫩	Lebanon	34.2	0.7
斐济	Fiji	359.8	155.7	马里	Mali		0.6
海地	Haiti	80.0	147.3	厄瓜多尔	Ecuador	0.3	0.4

附录2-15 续表 6 continued

单位：万吨 (10 000 tons)

国家或地区	Country or Area	茶叶 Tea 2000	茶叶 Tea 2016	国家或地区	Country or Area	水果(不包括瓜类) Fruit excluding Melons 2000	水果(不包括瓜类) Fruit excluding Melons 2016
世　界	**World**	**323.1**	**595.4**	**世　界**	**World**	**47956.4**	**71768.7**
中　国	China	68.3	240.2	中　国	China	6427.9	17441.7
印　度	India	82.6	125.2	印　度	India	4300.1	8943.5
肯尼亚	Kenya	23.6	47.3	巴　西	Brazil	3704.9	3699.9
斯里兰卡	Sri Lanka	30.6	34.9	美　国	United States	3282.7	2450.7
土耳其	Turkey	13.9	24.3	墨西哥	Mexico	1331.4	1963.7
越　南	Viet Nam	7.0	24.0	印度尼西亚	Indonesia	850.4	1792.6
印度尼西亚	Indonesia	16.3	14.4	西班牙	Spain	1614.7	1741.7
缅　甸	Myanmar	6.3	10.2	意大利	Italy	1799.0	1683.7
阿根廷	Argentina	7.4	9.0	菲律宾	Philippines	1395.8	1617.2
日　本	Japan	8.5	8.0	土耳其	Turkey	1082.4	1596.0
伊　朗	Iran	22.3	7.5	伊　朗	Iran	1076.1	1398.6
孟加拉国	Bangladesh	4.6	6.5	埃　及	Egypt	696.7	1312.1
乌干达	Uganda	2.9	6.3	尼日利亚	Nigeria	932.2	1174.0
布隆迪	Burundi	3.4	5.3	泰　国	Thailand	1046.9	1063.5
泰　国	Thailand	3.2	5.3	哥伦比亚	Colombia	731.8	988.5
马拉维	Malawi	4.2	4.9	法　国	France	1120.9	901.4
坦桑尼亚	Tanzania	2.4	3.7	厄瓜多尔	Ecuador	658.3	787.6
莫桑比克	Mozambique	1.1	3.3	阿根廷	Argentina	717.5	758.0
卢旺达	Rwanda	1.5	2.6	越　南	Viet Nam	456.6	747.1
津巴布韦	Zimbabwe	2.2	2.5	南　非	South Africa	514.9	659.4
尼泊尔	Nepal	0.5	2.4	秘　鲁	Peru	318.7	638.3
中国台湾	Taiwan, China	2.0	1.3	哥斯达黎加	Costa Rica	381.1	619.5
马来西亚	Malaysia	0.6	1.1	智　利	Chile	392.3	617.7
埃塞俄比亚	Ethiopia	0.4	1.1	巴基斯坦	Pakistan	519.7	611.3
老　挝	Laos	…	0.7	喀麦隆	Cameroon	199.4	605.6
巴布亚新几内亚	Papua New Guinea	0.6	0.6	坦桑尼亚	Tanzania	187.8	577.5
喀麦隆	Cameroon	0.4	0.6	加　纳	Ghana	238.9	562.6
秘　鲁	Peru	0.6	0.3	危地马拉	Guatemala	195.6	538.7
刚果(金)	Congo, Dem. Rep.	0.2	0.3	安哥拉	Angola	44.7	481.9
格鲁吉亚	Georgia	2.4	0.3	波　兰	Poland	227.6	473.5
韩　国	Korea, Rep.	0.1	0.3	乌兹别克斯坦	Uzbekistan	141.5	457.3
南　非	South Africa	1.3	0.2	阿尔及利亚	Algeria	181.8	441.3
毛里求斯	Mauritius	0.1	0.1	乌干达	Uganda	1009.1	435.0
厄瓜多尔	Ecuador	0.1	0.1	多米尼加	Dominican Rep.	144.5	412.9
玻利维亚	Bolivia	0.1	0.1	孟加拉国	Bangladesh	136.1	402.7
阿塞拜疆	Azerbaijan	0.1	0.1	摩洛哥	Morocco	268.5	394.7
赞比亚	Zambia	0.1	0.1	俄罗斯	Russia	340.1	384.2
萨尔瓦多	El Salvador	…	0.1	希　腊	Greece	361.3	370.2
危地马拉	Guatemala	0.1	0.1	澳大利亚	Australia	308.3	350.5
巴　西	Brazil	0.8	…	卢旺达	Rwanda	232.1	319.8
俄罗斯	Russia	0.2	…	苏　丹	Sudan	115.7	313.1
马达加斯加	Madagascar	0.1	…	肯尼亚	Kenya	218.0	296.2
哥伦比亚	Colombia	…	…	韩　国	Korea, Rep.	262.6	290.7
葡萄牙	Portugal	…	…	日　本	Japan	382.1	280.2
马　里	Mali	…	…	委内瑞拉	Venezuela	302.7	266.0
黑　山	Montenegro		…	德　国	Germany	529.1	264.4
巴拿马	Panama			缅　甸	Myanmar	151.1	252.4
塞舌尔	Seychelles	…		巴布亚新几内亚	Papua New Guinea	166.6	243.2
美属维尔京群岛	Virgin Islands(US)			刚果(金)	Congo, Dem. Rep.	242.9	241.7
委内瑞拉	Venezuela			中国台湾	Taiwan, China	224.8	240.9

附录2-16　互联网网民占总人口比重

Individuals using the Internet as Percentage of Population

资料来源：世界银行WDI数据库。
Source: World Bank WDI Database.

单位：%　　(%)

国家或地区	Country or Area	2005	2010	2013	2014	2015	2016
世　界	**World**	**15.8**	**28.9**	**36.9**	**39.9**	**43.2**	**45.9**
高收入国家	**High Income**	**58.8**	**72.3**	**76.8**	**78.5**	**80.0**	**82.0**
中等收入国家	**Middle Income**	**7.5**	**21.9**	**31.5**	**35.1**	**38.9**	**41.9**
低收入国家	**Low Income**	**0.9**	**3.3**	**6.1**	**7.7**	**10.3**	**12.5**
中　国	China	8.5	34.3	45.8	47.9	50.3	53.2
中国香港	Hong Kong, China	56.9	72.0	74.2	79.9	85.0	87.3
中国澳门	Macao, China	34.9	55.2	65.8	69.8	77.6	81.6
孟加拉国	Bangladesh	0.2	3.7	6.6	13.9	14.4	18.3
文　莱	Brunei Darussalam	36.5	53.0	64.5	68.8	71.2	75.0
柬埔寨	Cambodia	0.3	1.3	6.8	14.0	19.0	25.6
印　度	India	2.4	7.5	15.1	21.0	26.0	29.6
印度尼西亚	Indonesia	3.6	10.9	14.9	17.1	22.0	25.4
伊　朗	Iran	8.1	15.9	30.0	39.4	45.3	53.2
以色列	Israel	25.2	67.5	70.3	75.0	77.4	79.8
日　本	Japan	66.9	78.2	88.2	89.1	91.1	92.0
哈萨克斯坦	Kazakhstan	3.0	31.6	63.0	66.0	72.9	76.8
韩　国	Korea, Rep.	73.5	83.7	84.8	87.6	89.7	92.7
老　挝	Laos	0.9	7.0	12.5	14.3	18.2	21.9
马来西亚	Malaysia	48.6	56.3	57.1	63.7	71.1	78.8
蒙　古	Mongolia		10.2	17.7	19.9	21.4	22.3
缅　甸	Myanmar	0.1	0.3	8.0	11.5	21.7	25.1
巴基斯坦	Pakistan	6.3	8.0	10.9	12.0	14.0	15.5
菲律宾	Philippines	5.4	25.0	48.1	49.6	53.7	55.5
新加坡	Singapore	61.0	71.0	80.9	79.0	79.0	81.0
斯里兰卡	Sri Lanka	1.8	12.0	21.9	25.8	30.0	32.1
泰　国	Thailand	15.0	22.4	28.9	34.9	39.3	47.5
越　南	Viet Nam	12.7	30.7	38.5	41.0	43.5	46.5
埃　及	Egypt	12.8	21.6	29.4	33.9	37.8	39.2
尼日利亚	Nigeria	3.6	11.5	19.1	21.0	24.5	25.7
南　非	South Africa	7.5	24.0	46.5	49.0	51.9	54.0
加拿大	Canada	71.7	80.3	85.8	87.1	88.5	89.8
墨西哥	Mexico	17.2	31.1	43.5	44.4	57.4	59.5
美　国	United States	68.0	71.7	71.4	73.0	74.6	76.2
阿根廷	Argentina	17.7	45.0	59.9	64.7	68.0	70.2
巴　西	Brazil	21.0	40.7	51.0	54.6	58.3	59.7
委内瑞拉	Venezuela	12.6	37.4	54.9	57.0	61.9	60.0
捷　克	Czech Rep.	35.3	68.8	74.1	74.2	75.7	76.5
法　国	France	42.9	77.3	81.9	83.8	84.7	85.6
德　国	Germany	68.7	82.0	84.2	86.2	87.6	89.7
意大利	Italy	35.0	53.7	58.5	55.6	58.1	61.3
荷　兰	Netherlands	81.0	90.7	94.0	91.7	91.7	90.4
波　兰	Poland	38.8	62.3	62.9	66.6	68.0	73.3
俄罗斯	Russia	15.2	43.0	68.0	70.5	73.4	76.4
西班牙	Spain	47.9	65.8	71.6	76.2	78.7	80.6
土耳其	Turkey	15.5	39.8	46.3	51.0	53.8	58.4
乌克兰	Ukraine	3.8	23.3	41.0	46.2	48.9	52.5
英　国	United Kingdom	70.0	85.0	89.8	91.6	92.0	94.8
澳大利亚	Australia	63.0	76.0	83.5	84.0	84.6	88.2
新西兰	New Zealand	62.7	80.5	82.8	85.5	88.2	88.5

附录2-17　世界主要国家或地区货物进出口总额
Merchandise Imports and Exports by Country or Area

资料来源：世界贸易组织数据库。
Source: WTO Database.
单位：亿美元 (100 million USD)

国家或地区	Country or Area	2000	2005	2010	2014	2015	2016
世　界	**World**	**131830**	**213790**	**308120**	**381060**	**332320**	**321800**
中　国	China	4743	14219	29740	43015	39530	36856
中国香港	Hong Kong, China	4167	5923	8421	11247	10698	10641
中国澳门	Macao, China	52	70	65	125	119	102
孟加拉国	Bangladesh	153	232	470	727	718	764
文　莱	Brunei Darussalam	50	77	114	141	96	81
柬埔寨	Cambodia	33	70	119	187	212	226
印　度	India	939	2425	5766	7856	6603	6231
印度尼西亚	Indonesia	1090	1627	2934	3545	2931	2801
伊　朗	Iran	426	963	1667	1398	1049	1060
以色列	Israel	691	899	1196	1440	1287	1290
日　本	Japan	8588	11108	14638	15024	12728	12519
哈萨克斯坦	Kazakhstan	139	452	911	1208	765	620
韩　国	Korea, Rep.	3327	5457	8916	10982	9633	9016
老　挝	Laos	9	14	38	69	80	77
马来西亚	Malaysia	1802	2559	3632	4428	3752	3578
蒙　古	Mongolia	12	22	62	110	85	83
缅　甸	Myanmar	40	57	134	277	283	276
巴基斯坦	Pakistan	199	414	592	721	659	676
菲律宾	Philippines	751	907	1100	1298	1290	1426
新加坡	Singapore	2723	4297	6627	7756	6434	6127
斯里兰卡	Sri Lanka	117	152	221	307	294	295
泰　国	Thailand	1309	2291	3762	4553	4170	4100
越　南	Viet Nam	301	692	1571	2981	3282	3510
埃　及	Egypt	199	354	794	936	849	813
尼日利亚	Nigeria	297	712	1282	1542	994	718
南　非	South Africa	597	1139	1882	2141	1861	1667
加拿大	Canada	5214	6829	7902	9563	8463	8067
墨西哥	Mexico	3458	4424	6085	8085	7859	7714
美　国	United States	20412	26338	32477	40331	38179	37060
阿根廷	Argentina	515	690	1250	1336	1165	1133
巴　西	Brazil	1138	1962	3935	4643	3700	3288
委内瑞拉	Venezuela	497	797	1047	1179	702	382
捷　克	Czech Rep.	611	1546	2596	3295	2994	3050
法　国	France	6666	9676	11348	12571	10792	10743
德　国	Germany	10490	17480	23137	27016	23782	23945
意大利	Italy	4793	7579	9343	10041	8685	8660
荷　兰	Netherlands	4514	7702	10907	12621	10829	10731
波　兰	Poland	808	1911	3378	4438	3958	3998
俄罗斯	Russia	1499	3692	6493	8047	5344	4732
西班牙	Spain	2714	4814	5814	6835	5945	5967
土耳其	Turkey	823	1903	2994	3998	3511	3412
乌克兰	Ukraine	285	704	1124	1085	742	755
英　国	United Kingdom	6335	9101	10071	11957	10865	10452
澳大利亚	Australia	1354	2314	4143	4782	3964	3864
新西兰	New Zealand	272	479	620	841	709	698

附录2-18　货物出口总额
Merchandise Export

资料来源：世界贸易组织数据库。
Source: WTO Database.

单位：亿美元　　(100 million USD)

国家或地区	Country or Area	2000	2005	2010	2014	2015	2016
世　界	**World**	**64580**	**105090**	**153010**	**190050**	**164890**	**159550**
中　国	China	2492	7620	15778	23423	22735	20982
中国香港	Hong Kong, China	2027	2921	4007	5241	5105	5167
中国澳门	Macao, China	25	25	9	12	13	13
孟加拉国	Bangladesh	64	93	192	304	324	350
文　莱	Brunei Darussalam	39	62	89	105	64	50
柬埔寨	Cambodia	14	31	51	68	85	100
印　度	India	424	996	2264	3227	2674	2640
印度尼西亚	Indonesia	654	870	1578	1763	1504	1445
伊　朗	Iran	287	563	1013	888	631	660
以色列	Israel	314	428	584	685	637	602
日　本	Japan	4792	5949	7698	6902	6248	6449
哈萨克斯坦	Kazakhstan	88	278	600	795	460	368
韩　国	Korea, Rep.	1723	2844	4664	5727	5268	4954
老　挝	Laos	3	6	17	27	28	30
马来西亚	Malaysia	982	1416	1986	2339	1992	1894
蒙　古	Mongolia	5	11	29	58	47	49
缅　甸	Myanmar	16	38	87	115	114	110
巴基斯坦	Pakistan	90	161	214	247	221	204
菲律宾	Philippines	381	413	515	621	588	563
新加坡	Singapore	1378	2296	3519	4093	3466	3298
斯里兰卡	Sri Lanka	54	63	86	113	105	103
泰　国	Thailand	690	1109	1933	2275	2144	2153
越　南	Viet Nam	145	324	722	1502	1621	1768
埃　及	Egypt	53	129	264	269	213	255
尼日利亚	Nigeria	210	505	840	942	514	328
南　非	South Africa	300	516	913	922	814	751
加拿大	Canada	2766	3605	3875	4763	4100	3901
墨西哥	Mexico	1664	2142	2983	3969	3806	3739
美　国	United States	7819	9011	12785	16205	15026	14546
阿根廷	Argentina	263	404	682	684	568	577
巴　西	Brazil	551	1185	2019	2251	1911	1853
委内瑞拉	Venezuela	335	557	657	747	372	246
捷　克	Czech Rep.	291	781	1330	1751	1580	1628
法　国	France	3276	4634	5238	5805	5058	5013
德　国	Germany	5518	9709	12589	14946	13268	13396
意大利	Italy	2405	3731	4473	5299	4574	4615
荷　兰	Netherlands	2331	4064	5743	6727	5697	5697
波　兰	Poland	317	894	1597	2202	1992	2025
俄罗斯	Russia	1050	2438	4006	4968	3415	2818
西班牙	Spain	1153	1926	2544	3245	2825	2874
土耳其	Turkey	278	735	1139	1576	1438	1426
乌克兰	Ukraine	146	342	515	542	379	364
英　国	United Kingdom	2854	3909	4160	5052	4602	4094
澳大利亚	Australia	639	1061	2126	2412	1877	1903
新西兰	New Zealand	133	217	314	416	344	337

附录2-19 货币汇率(年平均价)
Exchange Rate (Period Average)

资料来源：世界银行WDI数据库。
Source: World Bank WDI Database.
单位：1美元合本币数 (local currency unit per US dollar)

国家或地区	Country or Area	2000	2005	2010	2014	2015	2016
中　国	**China**	**8.28**	**8.19**	**6.77**	**6.14**	**6.23**	**6.64**
中国香港	Hong Kong, China	7.79	7.78	7.77	7.75	7.75	7.76
中国澳门	Macao, China	8.03	8.01	8.00	7.99	7.99	8.00
孟加拉国	Bangladesh	52.14	64.33	69.65	77.64	77.95	78.47
文　莱	Brunei Darussalam	1.72	1.66	1.36	1.27	1.38	1.38
柬埔寨	Cambodia	3840.75	4092.50	4184.92	4037.50	4067.75	4058.70
印　度	India	44.94	44.10	45.73	61.03	64.15	67.19
印度尼西亚	Indonesia	8421.78	9704.74	9090.43	11865.21	13389.41	13308.33
伊　朗	Iran	1764.87	8963.96	10254.18	25941.66	29011.49	30914.85
以色列	Israel	4.08	4.49	3.74	3.58	3.89	3.84
日　本	Japan	107.77	110.22	87.78	105.95	121.04	108.79
哈萨克斯坦	Kazakhstan	142.13	132.88	147.35	179.19	221.73	342.16
韩　国	Korea, Rep.	1130.96	1024.12	1156.06	1052.96	1131.16	1160.27
老　挝	Laos	7887.64	10655.17	8258.77	8048.96	8147.91	8129.06
马来西亚	Malaysia	3.80	3.79	3.22	3.27	3.91	4.15
蒙　古	Mongolia	1076.67	1205.25	1357.06	1817.94	1970.31	2140.29
缅　甸	Myanmar	6.52	5.82	5.64	984.35	1162.62	1234.87
巴基斯坦	Pakistan	53.65	59.51	85.19	101.10	102.77	104.77
菲律宾	Philippines	44.19	55.09	45.11	44.40	45.50	47.49
新加坡	Singapore	1.72	1.66	1.36	1.27	1.38	1.38
斯里兰卡	Sri Lanka	77.01	100.50	113.06	130.57	135.86	145.58
泰　国	Thailand	40.11	40.22	31.69	32.48	34.25	35.30
越　南	Viet Nam	14167.75	15858.92	18612.92	21148.00	21697.57	21935.00
埃　及	Egypt	3.47	5.78	5.62	7.08	7.69	10.03
尼日利亚	Nigeria	101.70	131.27	150.30	158.55	192.44	253.49
南　非	South Africa	6.94	6.36	7.32	10.85	12.76	14.71
加拿大	Canada	1.49	1.21	1.03	1.11	1.28	1.33
墨西哥	Mexico	9.46	10.90	12.64	13.29	15.85	18.66
美　国	United States	1.00	1.00	1.00	1.00	1.00	1.00
阿根廷	Argentina	1.00	2.90	3.90	8.07	9.23	14.76
巴　西	Brazil	1.83	2.43	1.76	2.35	3.33	3.49
委内瑞拉	Venezuela	0.68	2.09	2.58	6.28	6.28	9.26
捷　克	Czech Rep.	38.60	23.96	19.10	20.76	24.60	24.44
法　国	France	1.09	0.80	0.76	0.75	0.90	0.90
德　国	Germany	1.09	0.80	0.76	0.75	0.90	0.90
意大利	Italy	1.09	0.80	0.76	0.75	0.90	0.90
荷　兰	Netherlands	1.09	0.80	0.76	0.75	0.90	0.90
波　兰	Poland	4.35	3.24	3.02	3.16	3.77	3.94
俄罗斯	Russia	28.13	28.28	30.37	38.38	60.94	67.06
西班牙	Spain	1.09	0.80	0.76	0.75	0.90	0.90
土耳其	Turkey	0.63	1.34	1.50	2.19	2.72	3.02
乌克兰	Ukraine	5.44	5.13	7.94	11.89	21.85	25.55
英　国	United Kingdom	0.66	0.55	0.65	0.61	0.66	0.74
澳大利亚	Australia	1.73	1.31	1.09	1.11	1.33	1.35
新西兰	New Zealand	2.20	1.42	1.39	1.21	1.43	1.44

附录2－20 外商直接投资
Foreign Direct Investment

资料来源：联合国贸发会议FDI数据库。
Source: UNCTAD FDI Database .

单位：亿美元 (100 million USD)

国家或地区	Country or Area	外商直接投资 FDI Inflows			对外直接投资 FDI Outflows		
		2000	2010	2016	2000	2010	2016
世　界	**World**	**13602.5**	**13837.8**	**17464.2**	**11649.6**	**13860.6**	**14524.6**
中　国	China	407.1	1147.3	1337.0	9.2	688.1	1831.0
中国香港	Hong Kong, China	545.8	705.4	1081.3	540.8	862.5	624.6
中国澳门	Macao, China		28.3	30.3		-4.4	5.6
孟加拉国	Bangladesh	5.8	9.1	23.3		0.2	0.4
文　莱	Brunei Darussalam	5.5	4.8	-1.5	0.2	11.8	-0.6
柬埔寨	Cambodia	1.5	13.4	19.2	0.1	0.2	1.2
印　度	India	35.9	274.2	444.9	5.1	159.5	51.2
印度尼西亚	Indonesia		137.7	26.6		26.6	-124.6
伊　朗	Iran	1.9	36.5	33.7	0.1	2.4	1.0
以色列	Israel	69.6	63.4	123.2	33.4	86.6	125.0
日　本	Japan	83.2	-12.5	113.9	315.6	562.6	1452.4
哈萨克斯坦	Kazakhstan	12.8	115.5	90.7		78.9	-53.7
韩　国	Korea, Rep.	115.1	95.0	108.3	48.4	282.8	272.7
老　挝	Laos	0.3	2.8	8.9			
马来西亚	Malaysia	37.9	90.6	99.3	20.3	134.0	56.0
蒙　古	Mongolia	0.5	16.9	-40.7		0.6	0.1
缅　甸	Myanmar	0.9	66.7	21.9			
巴基斯坦	Pakistan	3.1	20.2	20.1	0.1	0.5	0.5
菲律宾	Philippines	22.4	13.0	79.1	1.3	6.2	37.0
新加坡	Singapore	155.2	550.8	616.0	68.5	354.1	238.9
斯里兰卡	Sri Lanka	1.8	4.8	9.0		0.4	2.4
泰　国	Thailand	34.1	145.5	15.5	-0.2	79.4	132.3
越　南	Viet Nam	12.9	80.0	126.0		9.0	13.9
埃　及	Egypt	12.4	63.9	81.1	0.5	11.8	2.1
尼日利亚	Nigeria	13.1	61.0	44.5	1.7	9.2	13.1
南　非	South Africa	8.9	36.4	22.7	2.7	-0.8	33.8
加拿大	Canada	668.0	284.0	337.2	446.8	347.2	664.0
墨西哥	Mexico	183.8	272.6	267.4	3.6	151.5	-7.9
美　国	United States	3140.1	1980.5	3911.0	1426.3	2777.8	2990.0
阿根廷	Argentina	104.2	113.3	57.5	9.0	9.6	8.9
巴　西	Brazil	327.8	837.5	586.8	22.8	220.6	-124.3
委内瑞拉	Venezuela	47.0	18.5		5.2	17.8	
捷　克	Czech Rep.	49.9	61.4	67.5	0.4	11.7	9.8
法　国	France	275.0	138.9	283.5	1619.5	481.5	573.3
德　国	Germany	1982.8	656.4	95.3	570.9	1254.5	345.6
意大利	Italy	133.7	91.8	289.5	66.9	326.9	227.9
荷　兰	Netherlands	638.5	-71.8	919.6	756.3	639.4	1736.6
波　兰	Poland	94.5	128.0	113.6	0.2	61.5	64.4
俄罗斯	Russia	26.5	316.7	376.7	31.5	411.2	272.7
西班牙	Spain	395.8	398.7	186.6	582.1	378.4	417.9
土耳其	Turkey	9.8	90.9	119.9	8.7	14.7	28.7
乌克兰	Ukraine	6.0	64.5	33.4		6.9	1.7
英　国	United Kingdom	1153.0	582.0	2538.3	2327.4	480.9	-126.1
澳大利亚	Australia	141.9	364.4	481.9	28.6	198.0	60.1
新西兰	New Zealand	13.5	-0.6	22.9	6.1	7.2	-0.4

附录2-21 外汇储备与黄金储备
Foreign Exchange and Gold Reserves

资料来源：国际货币基金组织IFS数据库。
Source: IMF IFS Database.

国家或地区	Country or Area	外汇储备（亿美元）Foreign Exchange (100 million USD)			黄金储备（万盎司）Gold Reserves(10000 fine troy ounces)		
		2000	2010	2016	2000	2010	2016
世　界	**World**	**19360.7**	**92654.3**	**107126.4**	**106644.5**	**99041.7**	**106951.1**
发达国家	**Developed Countries**	**12225.1**	**31291.2**	**41374.9**	**81731.8**	**70449.8**	**70656.3**
发展中国家	**Developing Economies**	**7135.6**	**61363.0**	**65746.8**	**13928.0**	**17935.0**	**25383.0**
中　国	China	1655.7	28473.4	30105.2	1270.0	3389.0	5924.0
中国香港	Hong Kong, China	1075.4	2686.5	3861.5	6.7	6.7	6.7
中国澳门	Macao, China	33.2	237.3	194.9			
孟加拉国	Bangladesh	14.9	99.0	302.9	10.9	43.4	44.3
文　莱	Brunei Darussalam	3.6	12.1	29.8			14.4
柬埔寨	Cambodia	5.0	31.5	82.5	40.0	40.0	40.0
印　度	India	372.6	2678.1	3365.8	1150.2	1793.2	1793.3
印度尼西亚	Indonesia	282.8	899.7	1109.3	310.1	235.0	251.0
以色列	Israel	231.6	692.7	942.8			
日　本	Japan	3472.1	10362.6	11582.8	2454.7	2460.2	2460.2
哈萨克斯坦	Kazakhstan	15.9	246.9	191.8	184.0	216.4	829.7
韩　国	Korea, Rep.	958.6	2869.3	3617.0	43.9	46.4	335.7
老　挝	Laos	1.4	6.2	7.8	1.7	28.5	2.8
马来西亚	Malaysia	274.3	1023.2	911.9	117.0	117.0	123.0
蒙　古	Mongolia	1.8	21.2	11.8	8.5	6.5	5.6
缅　甸	Myanmar	2.2	57.1	46.2	23.1	23.4	23.4
巴基斯坦	Pakistan	15.0	131.2	190.2	209.1	207.0	207.5
菲律宾	Philippines	129.7	539.9	718.5	722.8	495.4	631.3
新加坡	Singapore	795.1	2236.8	2443.7	409.6	409.6	409.6
斯里兰卡	Sri Lanka	9.8	66.3	51.2	33.6	34.6	71.5
泰　国	Thailand	319.3	1656.6	1641.5	236.7	320.0	490.0
越　南	Viet Nam	34.2	120.5	361.7			
埃　及	Egypt	129.1	323.5	197.4	243.2	243.1	243.0
尼日利亚	Nigeria	99.1	323.4	269.9	68.7	68.7	68.7
南　非	South Africa	57.9	354.2	399.1	590.0	401.6	402.7
加拿大	Canada	290.2	448.9	729.5	118.4	10.9	
墨西哥	Mexico	351.4	1148.8	1687.5	24.9	22.7	387.3
美　国	United States	312.4	520.8	390.2	26161.1	26149.9	26149.9
阿根廷	Argentina	244.1	466.2	335.6	1.9	176.0	182.5
巴　西	Brazil	324.3	2805.7	3567.9	211.8	108.0	216.3
委内瑞拉	Venezuela	126.3	91.9	20.5	1024.0	1176.0	600.9
捷　克	Czech Rep.	130.2	403.4	842.9	44.6	40.8	31.4
法　国	France	321.1	362.1	391.9	9724.5	7830.1	7831.5
德　国	Germany	496.7	373.6	368.9	11151.9	10934.4	10860.4
意大利	Italy	224.2	356.8	340.8	7882.9	7882.9	7882.9
荷　兰	Netherlands	70.0	89.0	58.8	2931.5	1969.1	1969.1
波　兰	Poland	263.2	863.2	1095.0	330.6	330.9	331.0
俄罗斯	Russia	242.6	4329.5	3080.3	1235.9	2535.5	5193.1
西班牙	Spain	295.2	133.1	469.5	1682.9	905.4	905.3
土耳其	Turkey	223.1	790.5	906.0	373.9	373.3	1212.3
乌克兰	Ukraine	11.0	333.2	118.9	45.4	88.5	82.0
英　国	United Kingdom	341.6	493.3	1065.4	1567.3	997.5	997.6
澳大利亚	Australia	167.8	327.9	476.4	256.3	256.7	256.7
新西兰	New Zealand	36.2	151.3	165.2			

附录2-22　研究与开发经费支出和公共教育经费支出占国内生产总值比重
Research and Development Expenditure and Public Spending on Education as Percentage of GDP

资料来源：世界银行WDI数据库。
Source: World Bank WDI Database.
单位：%　　　　(%)

国家或地区	Country or Area	研究与开发经费支出占国内生产总值比重 Research and Development Expenditure as of GDP			公共教育经费支出占国内生产总值比重 Public Spending on Education, Total as of GDP		
		2000	2005	2014	2000	2005	2014
世　界	**World**	**2.1**	**2.0**	**2.1①**	**3.9**	**4.2**	**4.7①**
高收入国家	**High Income**	**2.3**	**2.3**	**2.5①**	**4.8**	**5.0**	**5.2**
中等收入国家	**Middle Income**	**0.6**	**0.9**	**1.4①**	**3.8**	**3.9**	**4.1①**
中　国	China	0.9	1.3	2.0	1.9②		
中国香港	Hong Kong, China	0.5	0.8	0.7①		4.1	3.6
中国澳门	Macao, China		0.1	0.1	3.7	2.3	2.0
孟加拉国	Bangladesh				2.1	1.9③	2.0①
文　莱	Brunei Darussalam				3.7		3.4
柬埔寨	Cambodia		0.1④		1.7	1.7	1.9
印　度	India	0.7	0.8	0.8⑤	4.3	3.1	3.8①
印度尼西亚	Indonesia	0.1		0.1①	1.1⑥	2.9	3.3
伊　朗	Iran		0.6	0.3⑦	4.0	4.2	3.0
以色列	Israel	3.9	4.0	4.1	6.1	5.7	5.8
日　本	Japan	3.0	3.3	3.6	3.6	3.4	3.6
哈萨克斯坦	Kazakhstan	0.2	0.3	0.2①	3.3	2.3	2.9
韩　国	Korea, Rep.	2.2	2.6	4.3	3.4②	3.9	4.6⑦
老　挝	Laos		0.0④		1.5	2.4	3.3
马来西亚	Malaysia	0.5	0.6③	1.3	6.0	7.5	5.2
蒙　古	Mongolia	0.2	0.2	0.2	5.6	4.3③	4.6⑤
缅　甸	Myanmar	0.1	0.2④		0.6		0.8⑤
巴基斯坦	Pakistan	0.1	0.4	0.3①	1.8	2.3	2.5
菲律宾	Philippines		0.1	0.1①	3.3	2.4	3.4①
新加坡	Singapore	1.8	2.2	2.2	3.3	3.2	2.9①
斯里兰卡	Sri Lanka	0.1	0.2③	0.1①	3.1⑧		1.9
泰　国	Thailand	0.2	0.2	0.5	5.3	3.9	4.1①
越　南	Viet Nam		0.2④	0.2⑤			5.7①
埃　及	Egypt	0.2	0.2	0.7		4.8	
南　非	South Africa	0.6⑥	0.9	0.7⑦	5.4	5.1	6.0
加拿大	Canada	1.9	2.0	1.6	5.5	4.8	5.3⑤
墨西哥	Mexico	0.3	0.4	0.5	4.1	4.9	5.3
美　国	United States	2.6	2.5	2.7①	4.8②	5.1	5.4
阿根廷	Argentina	0.4	0.4	0.6	4.6	3.8	5.3
巴　西	Brazil	1.0	1.0	1.2①	3.9	4.5	6.0①
委内瑞拉	Venezuela	0.4	0.2				
捷　克	Czech Rep.	1.1	1.2	2.0	3.7	3.9	4.1①
法　国	France	2.1	2.0	2.3	5.5	5.5	5.5①
德　国	Germany	2.4	2.4	2.9	4.5⑧		5.0
意大利	Italy	1.0	1.0	1.3	4.3	4.2	4.1
荷　兰	Netherlands	1.8	1.8	2.0	4.6	5.2	5.5
波　兰	Poland	0.6	0.6	0.9	5.0	5.4	4.9
俄罗斯	Russia	1.1	1.1	1.2	2.9	3.8	3.9⑦
西班牙	Spain	0.9	1.1	1.2	4.2	4.1	4.3
土耳其	Turkey	0.5	0.6	1.0	2.6	3.1③	4.8①
乌克兰	Ukraine	1.0	1.2	0.7	4.2	6.1	5.9
英　国	United Kingdom	1.7	1.6	1.7	4.3	5.0	5.7
澳大利亚	Australia	1.6	1.9③	2.2①	4.9	4.9	5.2
新西兰	New Zealand	1.0②	1.1	1.2①	6.6②	6.3	6.3

注：①2013年数据。②1999年数据。③2004年数据。④2002年数据。⑤2011年数据。⑥1997年数据。⑦2012年数据。⑧1998年数据。
Note: ①Data refer to 2013.②Data refer to 1999.③Data refer to 2004.④Data refer to 2002.⑤Data refer to 2011.⑥Data refer to 1997.
⑦Data refer to 2012.⑧Data refer to 1998.

附录2-23 医疗支出占国内生产总值比重及人均医疗支出
Health Expenditure as Percentage of GDP and Health Expenditure per Capita

资料来源：世界银行WDI数据库。
Source: World Bank WDI Database.

国家或地区	Country or Area	医疗支出占国内生产总值的比重(%) Health Expenditure, Total as Percentage of GDP(%)			人均医疗支出(美元) Health Expenditure per Capita(USD)		
		2000	2005	2014	2000	2005	2014
世　界	**World**	**9.0**	**9.8**	**9.9**	**493.0**	**706.3**	**1058.5**
高收入国家	**High Income**	**9.9**	**11.0**	**12.3**	**2549.5**	**3750.8**	**5266.0**
中等收入国家	**Middle Income**	**5.2**	**5.3**	**5.8**	**67.6**	**105.0**	**290.5**
低收入国家	**Low Income**	**4.4**	**5.7**	**5.8**	**13.3**	**18.1**	**36.9**
中　国	China	4.6	4.7	5.6	43.6	80.9	419.7
孟加拉国	Bangladesh	2.3	2.7	2.8	9.1	12.4	30.8
文　莱	Brunei Darussalam	3.1	2.6	2.7	554.5	691.3	957.6
柬埔寨	Cambodia	5.9	5.8	5.7	17.6	27.6	61.3
印　度	India	4.3	4.3	4.7	19.6	31.3	75.0
印度尼西亚	Indonesia	2.0	2.8	2.9	15.4	35.3	99.4
伊　朗	Iran	4.5	6.1	6.9	229.5	177.8	350.7
以色列	Israel	7.1	7.4	7.8	1490.1	1515.1	2910.3
日　本	Japan	7.5	8.2	10.2	2838.6	2927.6	3703.0
哈萨克斯坦	Kazakhstan	4.2	4.1	4.4	50.8	150.0	538.8
韩　国	Korea, Rep.	4.2	5.3	7.4	504.9	994.2	2060.3
老　挝	Laos	3.4	4.3	1.9	10.5	20.4	32.6
马来西亚	Malaysia	3.0	3.3	4.2	121.6	183.2	455.8
蒙　古	Mongolia	4.9	5.1	4.7	23.4	50.8	195.3
缅　甸	Myanmar	1.8	1.8	2.3	3.2	4.7	20.3
巴基斯坦	Pakistan	2.8	2.9	2.6	15.5	22.4	36.2
菲律宾	Philippines	3.2	3.9	4.7	33.4	46.8	135.2
新加坡	Singapore	2.7	3.7	4.9	661.8	1061.1	2752.3
斯里兰卡	Sri Lanka	3.8	4.1	3.5	32.8	50.8	127.3
泰　国	Thailand	3.4	3.6	4.1	66.5	95.0	227.5
越　南	Viet Nam	4.9	5.4	7.1	20.5	36.8	142.4
埃　及	Egypt	5.6	5.1	5.6	77.7	63.8	177.8
尼日利亚	Nigeria	2.8	4.1	3.7	17.2	53.1	117.5
南　非	South Africa	8.1	7.8	8.8	245.1	414.2	570.2
加拿大	Canada	8.7	9.6	10.5	2099.8	3474.4	5291.8
墨西哥	Mexico	5.0	6.0	6.3	322.1	490.7	677.2
美　国	United States	13.1	15.2	17.1	4788.3	6741.0	9402.5
阿根廷	Argentina	9.2	6.9	4.8	706.9	389.8	605.2
巴　西	Brazil	7.0	8.3	8.3	262.8	391.3	947.4
委内瑞拉	Venezuela	4.9	4.7	5.3	234.8	255.2	873.4
捷　克	Czech Rep.	6.3	6.9	7.4	361.2	884.4	1378.5
法　国	France	9.8	10.6	11.5	2209.2	3721.1	4959.0
德　国	Germany	10.1	10.5	11.3	2397.8	3647.8	5410.6
意大利	Italy	7.9	8.7	9.3	1588.0	2788.5	3257.8
荷　兰	Netherlands	7.4	9.6	10.9	1931.8	3994.0	5693.9
波　兰	Poland	5.5	6.2	6.4	247.1	494.7	910.3
俄罗斯	Russia	5.4	5.2	7.1	96.2	276.9	892.9
西班牙	Spain	7.2	8.1	9.0	1045.5	2120.5	2658.3
土耳其	Turkey	5.0	5.5	5.4	206.8	386.2	567.6
乌克兰	Ukraine	5.6	6.4	7.1	35.8	118.3	202.7
英　国	United Kingdom	6.9	8.2	9.1	1763.5	3176.6	3934.8
澳大利亚	Australia	8.1	8.5	9.4	1745.9	3214.0	6031.1
新西兰	New Zealand	7.5	8.3	11.0	1056.1	2307.1	4896.4

附录3

山东省统计局工作大事记

Chronicle of Events of Shandong Provincial Statistical Bureau

简 要 说 明

一、本篇资料的主要内容

本篇按时间顺序记载了2017年山东省统计局发生的大事要事，包括局领导重要活动、方法制度改革、统计法制建设、统计基层基础建设、统计信息化建设、统计干部队伍建设等方面的内容。

二、本篇资料的来源

本篇资料由省统计局办公室整理提供。

Brief Introduction

I. Content

Events happened in 2017 of Shandong Statistical Bureau are recorded in time order, mainly including important activities of leaders, reform of statistical laws, development of primary-level statistical work, construction of information system, and training of statistics professionals, etc.

II. Source of Data

Data and files are provided by the Administrative Office of Shandong Provincial Bureau of statistics.

2017 年山东省统计局大事记

1 月 1 日，省第三次农业普查领导小组副组长、省统计局局长陈迪桂到济南历城区董家镇检查农业普查入户登记工作，并看望慰问一线普查指导员和普查员，济南市委常委、副市长苏树伟等陪同。

1 月 5 日，省委常委、常务副省长孙伟对省统计局报送的《省统计局研究制定“十三五”教育培训工作规划（2016-2020）》作出批示。

1 月 5 日至 8 日，省统计局联合省海洋与渔业厅、省畜牧兽医局组成 5 个督导组，对全省 17 市普查现场登记工作开展全面督导，省农业普查领导小组副组长、省统计局局长陈迪桂，省农普办主任、省统计局副巡视员周尊考分别带队。

1 月 6 日，省统计局党组书记、局长陈迪桂到德州市庆云县检查指导第三次农业普查工作，并看望驻村“第一书记”。

1 月 9 日，省委副书记、省长郭树清对统计工作作出批示。

1 月 10 日，省统计局召开选派第三轮第一书记工作动员部署会，党组书记、局长陈迪桂作动员讲话。

1 月 10 日，全省统计系统 2016 年度中央经费决算培训班在济南举办。

1 月 10 日，省统计局印发《关于开展向马建波同志学习活动的通知》。

1 月 12 日，全省统计工作会议在济南召开，省统计局局长陈迪桂作了《坚持改革创新加快转型发展 奋力推进全省统计工作走在前列》的主题报告，副局长刘银田作总结讲话，巡视员刘兴慧，纪检组长刘福谋，副局长马金栋，副巡视员刘绍辉、周尊考出席会议。

1 月 14 日，省统计局召开 2016 年度述评会议。党组书记、局长陈迪桂主持会议，副局长刘银田，巡视员刘兴慧，副局长马金栋，副巡视员刘绍辉、周尊考到会。

1 月 14 日，省统计局举行“创文明单位、树文明新风、做文明表率”承诺签字仪式，党组书记、局长陈迪桂带领班子成员及全体处级干部率先进行签名承诺。

1 月 16 日至 17 日，全省 2016 年 1%人口抽样调查数据评估会议在济南召开。

1 月 17 日，省统计局、省农普办联合印发《关于严肃法纪加强农业普查执法检查确保普查数据质量的通知》。

1 月 18 日至 20 日，国家统计局农村司副巡视员黄加才带队来山东检查指导农业普查现场登记工作，省农普办主任、省统计局副巡视员周尊考陪同。

1 月 22 日，省统计局召开 2016 年度总结表彰会议，党组书记、局长陈迪桂出席会议并讲话，副局长刘银田主持会议，巡视员刘兴慧，副局长马金栋，副巡视员刘绍辉、周尊考宣读有关表彰通报。

1 月 22 日，省统计局召开老干部通报会，局长陈迪桂主持会议并讲话，副局长刘银田通报工作情况。

1 月 24 日，省统计局联合省政府新闻办、省发展改革委在济南召开新闻发布会，省统计局巡视员、新闻发言人刘兴慧通报情况并回答记者提问。

1 月 26 日，副省长张务锋对省统计局报送的《我省能源生产和消费精彩纷呈但存在的问题不容忽视》作出批示。

1 月 29 日，省统计局、国家统计局山东调查总队联合印发《关于落实地方统计局与国家调查队部分业务分工调整优化方案的实施意见》。

1 月 29 日，省统计局印发《500-5000 万元固定资产投资项目统计入库管理办法》。

1 月，省统计局开展 2016 年全省城乡环卫一体化和移风易俗电话调查、全省 17 市民营经济营商环境情况电话调查。

1 月，省统计局首次开展体育产业增加值核算工作。

1 月，省统计局荣获全国《统计法》和《全国农业普查条例》知识竞赛优秀组织奖。

2 月 3 日，省统计局举办“一看一讨论”活动，集体观看一部反腐专题片、开展一次党风廉政建设专题讨论。

2 月 4 日，省委常委、常务副省长孙伟对省统计局报送的《山东省统计局关于报送2016年工作总结的报告》作出批示。

2月9日，全省农业普查办公室主任会议在济南召开，省农普办主任、省统计局副巡视员周尊考到会并讲话。

2月9日，省委办公厅信息调研室主任苏守平到省统计局调研信息工作，省统计局副局长刘银田参加座谈。

2月9日，全省社情民意调查工作座谈会在济南召开。

2月9日至10日，国家统计局人口与就业司、设计管理司联合组成调研组，来山东调研城镇化统计问题，调研组由人口与就业司司长李希如带队。省统计局局长陈迪桂会见调研组一行，副巡视员刘绍辉陪同调研。

2月10日，省统计局局长陈迪桂到淄博联系非公有制企业调研当前经济形势。

2月13日，省统计局党组书记、局长陈迪桂与新任第一书记、挂职县（市、区）党委副书记进行集体谈话。

2月14日，副省长张务锋对省统计局报送的统计专报《能耗结构初步改善 “双控”目标顺利完成2016年我省万元GDP能耗同比下降5.16%》作出批示。

2月14日，省统计局、省经信委联合召开全省2016年度物流统计会议。

2月16日，副省长张务锋对省统计局报送的《能耗结构初步改善“双控”目标顺利完成》《关于创建全国文明单位工作情况的汇报》分别作出批示。

2月16日，省统计局举办培育和践行社会主义核心价值观讲座。

2月21日至22日，全国能源统计工作会议在济南召开。国家统计局副局长许宪春出席会议并讲话，省统计局局长陈迪桂致辞。会议期间，省委常委、常务副省长孙伟会见许宪春一行。

2月21日，国家统计局副局长许宪春在济南主持召开局队座谈会，省统计局局长陈迪桂，副巡视员刘绍辉、周尊考，调查总队总队长刘同星、副总队长崔刚参加会议。

2月23日，省统计局印发《关于认真开展统计执法检查的通知》《关于进一步清理纠正违反统计法精神文件和做法的通知》。

2月25日，省统计局分3个片区在莱芜、潍坊、济宁召开经济形势座谈会议，并督导农业普查入户登记工作，省统计局局长陈迪桂、巡视员刘兴慧、副巡视员周尊考分别参加各片会。其中在莱芜，市委书记、市人大常委会主任王良，市委副书记、市长梅建华，市委常委、秘书长毕司东等会见陈迪桂一行，市委常委、常务副市长王光华陪同调研。

2月27日，省委常委、组织部部长杨东奇对省统计局报送的《关于省统计局创建全国文明单位工作情况的汇报》作出批示。

2月28日，省统计局印发《关于开展“学习雷锋活动月”的通知》。

2月，省委办公厅、省政府办公厅分别发文对2016年度信息工作先进单位和先进个人进行通报表彰，省统计局囊括各项荣誉。

2月，国务院农普办印发《关于公布第三次全国农业普查宣传作品征集活动入选名单的通知》，我省共有15件作品入选，居全国首位。

2月，省统计局开展2016年度群众对改革的获得感电话调查。

2月27日至3月2日，国家统计局投资司司长贾海到青岛、威海调研房地产去库存及房地产大数据应用情况，省统计局局长陈迪桂会见贾海一行，副局长马金栋陪同调研。

3月7日，全省国民经济核算工作会议在济南召开，省统计局巡视员刘兴慧到会并讲话。

3月9日，省统计局召开全省统计系统党风廉政建设工作视频会议，党组书记、局长陈迪桂作工作报告，省纪委驻省编办纪检组组长李永进提出要求，巡视员刘兴慧主持会议，副巡视员刘绍辉、周尊考参加会议。

3月13日，省统计局印发《2017年省统计局工作要点》。

3月14日，省统计局召开全省农业普查暨全省农村统计工作视频会议，省农普办主任、省统计局副巡视员周尊考到会并讲话。

3月14日，省统计局印发《山东省统计局信息和分析工作考核办法（试行）》。

3月16日，省委常委、宣传部部长孙守刚对省统计局报送的《省统计局关于创建全国文明单位工作情况的汇报》作出批示。

3月16日，副省长王随莲对省统计局报送的《关于开展体育产业增加值核算工作的汇报》作出批示。

3月17日，省统计局、省发展改革委在济南联合召开重点部门服务业发展与统计工作座谈会，省发展改革委服务业办公室主任陈清华主持会议，省统计局巡视员刘兴慧到会并讲话。

3月17日，全省统计教育培训工作会议在济南召开。

3月17日至18日，全省投资统计改革试点工作会议在济南召开，省统计局副局长马金栋到会并讲话，国家统计局投资司投资处处长许春伟授课。

3月21日，省统计局参加2017年上半年"阳光政务热线"现场直播节目，巡视员刘兴慧作为主嘉宾参加节目。

3月21日，全省贸易统计数据联审会议在济南召开，国家统计局贸经司首席统计师严先溥作报告。

3月21日，全省科技统计数据联审会议在济南召开。

3月22日，省审改办副主任王德娥来省统计局调研行政审批改革工作，省统计局副局长刘银田陪同调研并介绍情况。

3月24日，省统计局、省科技厅举行《科技统计工作联动机制框架协议》签署仪式。省统计局局长陈迪桂、省科技厅厅长刘为民出席并讲话，省统计局副局长马金栋、省科技厅副厅长李储林代表双方签署协议。

3月27日，部分市统计管理体制改革座谈会在济南召开，省统计局局长陈迪桂到会并讲话。

3月27日至30日，省统计局副局长刘银田、巡视员刘兴慧分别带队赴重庆和浙江、江苏调研经济发展形势、经济转型升级和统计工作。

3月，省统计局局长陈迪桂分别到中国证券监督管理委员会山东监管局、中国保险监督管理委员会山东监管局、中国人民银行济南分行、山东省邮政管理局、山东省通信管理局等单位调研。

3月，省统计局完成2016年省定贫困标准测算工作。

4月5日，省委常委、省委秘书长于晓明对省统计局报送的《关于省统计局创建全国文明单位工作情况的汇报》作出批示。

4月6日，省统计局召开全局政务信息工作会议，副局长刘银田到会并讲话。

4月7日，全省第三次农业普查行政村、乡镇普查表数据处理培训视频会议在济南召开。

4月10日，省统计局印发《2017年山东省统计局机关党的工作要点》。

4月10日至11日，全省服务业统计工作暨数据审核会议在济南召开，省统计局巡视员刘兴慧到会并讲话。

4月13日，省统计局印发《2017年精神文明建设工作要点》《关于在全省统计系统开展道德模范评选活动的通知》《关于开展"读书学习月"活动的意见》。

4月14日，省委常委、常务副省长李群对省统计局报送的《关于开展固定资产投资统计改革试点情况的报告》作出批示。

4月19日，省政府新闻办、省统计局、省发展改革委联合举办新闻发布会，省统计局巡视员、新闻发言人刘兴慧到会并回答提问。

4月19日，省统计局在济南召开2017年一季度市级GDP数据联算会议。

4月19日至26日，国务院农普办事后质量抽查组到潍坊青州市、昌乐县和济宁金乡县、嘉祥县8个普查小区开展第三次全国农业普查事后质量抽查工作。

4月21日，省统计局局长陈迪桂到枣庄调研当前经济形势，枣庄市委副书记、市长李峰，市委常委、常务副市长石爱作参加调研。

4月25日至26日，省统计局局长陈迪桂到潍坊、济宁调研当前经济形势和新动能发展情况，潍坊市委常委、副市长邹庆忠，济宁市委常委、常务副市长于永生等参加调研。

4月27日，省统计局、省经信委联合在潍坊召开全省2017年一季度物流统计会议。

4月28日，省统计局印发《全省统计系统"最美基层统计人"评选活动方案》。

5月4日至5日，国家统计局人事司副司长谢炳芬一行来山东调研省以下统计机构垂直管理实践有关工作，省统计局局长陈迪桂会见调研组，巡视员刘兴慧陪同调研。

5月5日，省统计局、省质量技术监督局联合召开名牌战略指标设置和数据信息共享座谈会，省统计局局长陈迪桂、省质量技术监督局巡视员谷源强到会。

5月8日，副省长王书坚对省统计局报送的《工业宏观走势与微观运行总体一致 加快产业转型与企业增效迫在眉睫》《一季度我省万元GDP能耗同比下降3.22% 煤炭消费持续增长问题突出》作出批示。

5月8日，全省农业普查事后质量抽查工作培训会议在济南召开，省农普办主任、省统计局副局长周尊考到会并讲话。

5月9日至16日，省农普办开展农业普查事后质量抽查工作。

5月10日，省委常委、常务副省长李群对省统计局报送的《省统计局明确重点任务全面推进我省新旧动能转换工作》作出批示。

5月10日，省人大常委会副主任柏继民对省统计局报送的《山东省统计局关于创建全国文明单位工作情况的汇报》作出批示。

5月12日，省统计局召开事业单位专业技术岗位聘用工作动员部署会，局长陈迪桂出席会议并动员讲话，副局长刘银田、巡视员刘兴慧、副局长周尊考、副巡视员陆万明到会。

5月16日，省委常委、常务副省长李群对省统计局报送的《关于高新技术产业有关分类情况的汇报》作出批示。

5月18日，国家统计局党组成员、总经济师盛来运到青岛调研，省统计局局长陈迪桂，青岛市委副书记、市长孟凡利，市委常委、常务副市长王鲁明会见盛来运一行。

5月18日，全省一季度贸易统计数据联审会议在济南召开。

5月19日，省政协主席刘伟对省统计局报送的《关于我省高端化工产业发展的一些思考》作出批示。

5月19日至20日，全省综合统计工作暨当前经济形势分析会在济南召开，省统计局副局长陈汉臻主持会议并讲话。

5月20日，省统计局举办首期“山东统计大讲堂”，国家统计局新闻发言人、综合司副司长毛盛勇作《当前经济形势和宏观政策》报告。

5月21日，省委书记刘家义对省统计局报送的《关于重庆市新旧动能转换实践的调研报告》作出批示。

5月22日，省委常委、常务副省长李群对省统计局报送的《山东省统计局关于创建全国文明单位工作情况的汇报》作出批示。

5月22日，省统计局印发《中共山东省统计局党组关于推进“两学一做”学习教育常态化制度化总体实施方案》《中共山东省统计局党组2017年推进“两学一做”学习教育常态化制度化工作安排》。

5月23日，全省一季度建设领域统计数据联审会议在济南召开。

5月23日至24日，全省一季度能耗核算数据联审暨业务培训会议在济南召开。

5月24日，省委常委、常务副省长李群到省统计局视察指导工作。省政府副秘书长、办公厅主任孙建功，省政府研究室副主任苏庆伟等陪同，省统计局班子成员参加座谈会。

5月24日，省统计局、省委督查室联合召开中央八项规定精神执行情况实地调查工作部署会。

5月24日，全省部门环境暨绿色发展统计年报会议在济南召开。

5月25日，省统计局局长陈迪桂到省财政厅、省交通厅调研加快新旧动能转换及重点服务业发展情况。

5月25日，省统计局印发《山东省统计局督促检查工作管理办法补充规定》。

5月26日，国家发展改革委副主任兼国家统计局党组书记、局长宁吉喆对省统计局报送的《山东省统计局关于创建全国文明单位工作情况的汇报》作出批示。

5月26日，全省统计信息化和网络安全工作会议在济南召开，省统计局副局长周尊考到会并讲话。

5月26日至27日，全省城镇化和人口就业统计工作会议在济南召开，省统计局巡视员刘兴慧到会并讲话。

5月，省统计局制定“四新”经济统计制度初步方案。

5月，省统计局开展投资专业“双随机”执法检查工作。

5月，省统计局开展2016年度山东省新型城镇化考核民意调查、全省养老服务需求调查、外来务工人员进城落户意愿电话调查、2017年全国公众生态环境满意度调查。

6月2日，省统计局召开“四新”经济统计工作推进会，副局长陈汉臻主持并讲话。

6月3日，省委常委、常务副省长李群对省统计局报送的《关于设立我省大数据管理和执法监督机构的报告》作出批示。

6月5日，省政协主席刘伟对省统计局报送的《关于GDP核算方法及有关情况的报告》作出批示。

6月5日，省统计局印发《山东省统计局2017年政务公开工作要点及任务分工方案》。

6月6日，省委书记刘家义对省统计局报送的《浙江经济转型发展的实践及启示》作出批示。

6月6日，省委常委、组织部长杨东奇对省统计局报送的《关于重庆市新旧动能转换实践的调研报告》作出批示。

6月6日，省统计局、省发展改革委在济南联合召开全省部门服务业统计工作会议，省统计局巡视员刘兴慧、省发展改革委服务业办公室主任陈清华到会并

讲话。

6月7日，副省长王书坚对省统计局报送的《关于我省高端化工产业发展的一些思考》作出批示。

6月9日，省政协主席刘伟对省统计局报送的《山东省统计局关于创建全国文明单位工作情况的汇报》作出批示。

6月9日至10日，省统计局副局长陈汉臻赴淄博调研新业态、新模式以及产业融合发展情况。

6月12日至14日，国家统计局服务业司副司长李万茂来山东调研服务业经济形势和服务业统计工作。

6月18日，省委常委、常务副省长李群对省统计局报送的《5月份我省经济继续平稳向好发展》作出批示。

6月18日，省统计局召开党组会议，传达学习省第十一次党代会精神，党组书记、局长陈迪桂主持会议。

6月19日，省统计局印发《关于评选全省统计系统先进个人的通知》《山东统计大讲堂实施方案》。

6月19日至22日，省统计局党组副书记、副局长刘银田，巡视员刘兴慧，副局长马金栋、陈汉臻分别带队赴8个市调研上半年经济形势。

6月21日，省统计局印发《关于认真学习贯彻省第十一次党代会精神的通知》。

6月21日，省统计局副局长周尊考到省农科院调研全省现代农业发展情况。

6月22日，省统计局、省妇儿工委办在济南联合召开全省妇女儿童发展规划监测统计培训会议。

6月25日，省统计局党组书记、局长陈迪桂赴北京向国家发展改革委副主任兼国家统计局党组书记、局长宁吉喆汇报近期重点工作，宁吉喆对山东统计工作作出重要指示。

6月26日，省统计局举办党组中心组（扩大）学习，党组书记、局长陈迪桂主持。

6月28日，省统计局举办第一期学习贯彻省第十一次党代会精神研讨会，巡视员刘银田主持。

6月28日，省统计局召开省直有关部门新旧动能转换统计监测指标体系座谈会。

6月28日至30日，2017年全省月度劳动力调查培训班在青岛举办。

6月29日，全省城市基本情况统计工作会议在济南召开。

6月29日，省统计局召开上半年经济形势分析会。

6月30日，省统计局印发《关于认真学习贯彻<中华人民共和国统计法实施条例>的通知》。

6月30日，省统计局副巡视员陆万明赴聊城调研经济形势。

6月，省统计局开展中央八项规定精神贯彻执行情况民情民意实地调查、2017年第二季度居民国内出游电话调查、全省6月份消费者信心电话调查、全省城乡环卫一体化和移风易俗情况群众满意度调查。

6月，刘银田同志任省统计局巡视员。

6月，省统计局制定健康山东监测指标体系，并首次开展健康产业增加值核算工作。

7月1日，省统计局举办中国共产党成立96周年庆祝大会，党组书记、局长陈迪桂到会并讲话，全体班子成员参加。

7月3日，据省政府办公厅反馈，省委常委、常务副省长李群对省统计局报送的《新技术新产业新业态新模式统计监测制度》《关于我省“四新”经济增加值测算情况的汇报》作出批示。

7月4日至7日，省委书记刘家义，省委副书记、省长龚正，省委常委、常务副省长李群，省委常委、省委秘书长胡文容分别对省统计局报送的《国家统计局宁吉喆局长对山东统计工作作出重要指示》作出批示。

7月4日，省统计局党组书记、局长陈迪桂会见德州庆云县委副书记、县长孙洪昌。孙洪昌一行到省统计局走访，主要是就“第一书记”抓党建促脱贫攻坚工作进行回访交流。

7月4日，省统计局举办第二期“青年论坛”活动。

7月5日，省统计局举办第二期学习贯彻省第十一次党代会精神研讨会，副局长陈汉臻主持。

7月6日，据省政府办公厅反馈，副省长王书坚分别对省统计局报送的《省科技厅、省统计局建立我省科技统计工作联动机制》《关于2016年17市单位GDP能耗下降情况的报告》作出批示。

7月6日，省统计局举办第三期学习贯彻省第十一次党代会精神研讨会，副局长周尊考主持。

7月8日，省委常委、常务副省长李群对省统计局报送的《<关于深化统计管理体制改革提高统计数据真实性的实施意见（送审稿）>有关情况的汇报》作出批示。

7月11日，省统计局印发《车辆使用管理办法》。

7月11日至12日，2017年全省1%人口抽样调查方案研讨会在济南召开，省统计局副局长周尊考到会并讲话。

7月13日，省委书记刘家义对省统计局报送的《关于2017年1-6月我省主要经济指标情况的报告》作出批示。

7月14日，省委副书记、省长龚正主持召开省政府第106次常务会议，会议审议通过《关于深化统计管理体制改革提高统计数据真实性的实施意见》。

7月14日，省统计局举办网络安全知识培训班，副局长周尊考到场并讲话。

7月14日，省统计局副局长陈汉臻带队到省新旧动能转换重大工程战略规划领导小组推进办公室对接交流。

7月17日，省统计局印发《山东省新服务企业认定工作实施方案》《山东省重点互联网平台专项统计调查实施方案》。

7月18日，省统计局印发《山东省统计局重大行政决策事项预公开制度》。

7月19日，省统计局、省政府新闻办、省发展改革委联合召开新闻发布会，介绍2017年上半年全省经济社会发展情况。省统计局副局长、新闻发言人陈汉臻到会并回答记者提问。

7月21日，省委书记刘家义对省统计局报送的《我省民营企业经营状况总体良好 五方面问题需要高度重视》作出批示。

7月21日，省统计局举办第二期“山东统计大讲堂”，国家统计局工业司副司长、高级统计师江源作《经济分析的逻辑》报告，省统计局局长陈迪桂主持。

7月21日，省统计局召开全局信息工作专题会议，局长陈迪桂到会并讲话，副局长马金栋主持会议并通报情况。

7月21日，全省绿色发展评价会议在济南召开，省统计局副局长陈汉臻到会并讲话。

7月21日，省统计局、省新旧动能转换重大工程战略规划领导小组推进办公室联合召开新旧动能转换十大重点产业统计监测工作座谈会议。

7月25日，副省长王书坚对省统计局报送的《关于我省国有企业加快新旧动能转换的几点思考》作出批示。

7月27日至29日，全省统计系统党组中心组（扩大）理论学习专题读书会在东营广饶县召开，省统计局局长陈迪桂到会并讲话，省委省直机关工委副书记周杰华、省金融办副主任赵理尘分别作专题讲座。

7月30日，省委书记刘家义对省统计局报送的《省统计局研究提出十项措施助力全省环保突出问题综合整治攻坚》作出批示。

7月31日，省委深改组第35次会议审议通过《关于深化统计管理体制改革提高统计数据真实性的实施意见》。

7月31日，省统计局聘任王志珍、李坤道同志为“首席经济分析师”，并牵头组建首席经济分析师团队。

7月，省统计局开展全省文明城市测评电话调查、公众安全生产媒体宣传认知度调查、2017年上半年全国群众安全感电话调查。

7月，省1%人口抽样调查工作协调小组办公室印发《关于表扬2016年山东省1%人口抽样调查先进集体和先进个人的通报》，对全省180个先进集体、320名先进个人通报表扬。

7月，省统计局开展《统计法实施条例》学习宣传活动。

8月2日，省统计局印发《中共山东省统计局党组工作规则》。

8月5日，省委书记刘家义对省统计局报送的《节能降耗形势总体好转能耗总量控制等三方面问题应予关注》《能源供应结构持续优化 消费回升势头放缓》作出批示。

8月8日，省统计局印发《中共山东省统计局党组转作风抓落实七项要求》《山东省统计局政府信息依申请公开工作流程》。

8月8日，省统计局成立宏观经济研究小组、《山东省统计管理条例》修订工作起草小组，印发《关于认真学习〈中华人民共和国统计法实施条例〉的通知》。

8月9日，全省上半年能耗核算数据联审会议在济南召开，省统计局巡视员刘银田到会并讲话。

8月10日，全省二季度贸易统计数据联审会议在济南召开。

8月10日至11日，全省第三次农业普查资料开发暨农村贫困户调查培训班在济南举办，省农普办主任、省统计局副局长周尊考到会并讲话。

8月11日，省统计局印发《关于认真学习贯彻习近平总书记在省部级主要领导干部专题研讨班上重要讲话精神的通知》《中共山东省统计局党组巡视整改“再回头”工作方案》。

8月15日，省统计局召开全局政务信息专题培训会议，省统计局巡视员刘银田主持会议并讲话。

8月16日，省政协副主席陈光对省统计局报送的《以优化投资结构为抓手 推进新旧动能转换》作出批示。

8 月 17 日，全省工业数据联审及业务培训会议在济南召开，省统计局副巡视员陆万明到会并讲话。

8 月 18 日，省委常委、宣传部部长孙守刚对省统计局报送的《关于贯彻落实全省文化产业发展推进会精神的报告》作出批示。

8 月 18 日，全省统计基层基础建设座谈会在济南召开，省统计局副局长周尊考、副巡视员陆万明到会并讲话。

8 月 19 日，省委书记刘家义对省统计局报送的《7 月份全省经济呈现七大亮点两大问题仍需高度关注》作出批示。

8 月 21 日，省统计局、省发展改革委在济南联合召开 2017 年第 2 次省有关部门服务业发展与统计工作座谈会议，省统计局局长陈迪桂到会并讲话，省发展改革委服务业办公室主任陈清华到会，省统计局副局长陈汉臻主持。

8 月 22 日，全省深化统计管理体制改革工作会议在济南召开，省统计局党组书记、局长陈迪桂到会并讲话，巡视员刘银田，副局长马金栋、周尊考、陈汉臻，副巡视员陆万明参加。

8 月 23 日至 24 日，国家统计局设管司司长程子林一行来山东，就国家统计局和山东省人民政府战略合作框架协议事宜进行衔接沟通，并调研基层社会综合治理网格化和基本单位名录库建设情况。

8 月 23 日至 24 日，全省统计系统办公室工作培训班在济南举办。

8 月 24 日，省直机关工委对省统计局争创全国文明单位进行考核验收。

8 月 24 日至 26 日，省统计局副局长陈汉臻赴青岛调研服务业发展情况。

8 月 25 日，全省上半年建设领域统计数据联审会议在济南召开。

8 月 27 日，省委常委、常务副省长李群对省统计局报送的《产业转型进入深水区 投资运行呈现微波动》作出批示。

8 月 31 日，全省社情民意调查工作会在济南召开，省统计局副局长陈汉臻到会并讲话。

8 月，省统计局在全省范围内开展经济形势调研，巡视员刘银田，副局长马金栋、陈汉臻、周尊考，副巡视员陆万明分别带队。

8 月，省统计局实施“督办单”制，对重点工作挂牌督办。

8 月，省统计局在全省范围内部署开展投资项目重复统计专项整治工作。

9 月 1 日，省统计局召开数据综合管理平台项目启动会议，副局长周尊考到会并讲话。

9 月 5 日，省统计局举办以信息写作交流为主题的第三期“青年论坛”，副巡视员陆万明参加并讲话。

9 月 6 日，省统计局党组书记、局长陈迪桂以讲大局为主题，为所在党支部及分管处室党员上党课。

9 月 6 日，省统计局召开数据综合管理平台数据加载第一次联席会议，副局长周尊考主持并讲话。

9 月 8 日，省统计局召开老干部通报会，巡视员刘银田主持并通报情况。

9 月 9 日至 10 日，省统计局、国家统计局山东调查总队在济南联合举办 2017 年国家统计执法证山东地区培训及考试。

9 月 12 日，省统计局参加 2017 年下半年“阳光政务热线”现场直播节目，副局长陈汉臻作为主嘉宾参加访谈。

9 月 13 日，全省前三季度经济形势座谈会在济南召开，省统计局副局长陈汉臻到会并讲话。

9 月 13 日，全省服务业统计数据质量审核会议在济南召开。

9 月 13 日，省统计局召开政务信息资源目录编制工作培训会议。

9 月 14 日，省国家保密局督查组对省统计局保密自查自评工作进行全面检查，省统计局局长陈迪桂、副局长马金栋参加督查工作座谈会并介绍情况。

9 月 15 日，省统计局举办马建波同志先进事迹报告会，党组书记、局长陈迪桂到会并讲话。

9 月 17 日，省委常委、常务副省长李群对省统计局报送的《关于今年前 8 个月经济运行情况的汇报》作出批示。

9 月 19 日至 22 日，辽宁省统计局总统计师付成忠来山东考察调研乡镇统计站建设和统一管理模式等情况。

9 月 20 日，山东省庆祝第八届中国统计开放日暨政府统计云上线启动仪式在济宁举行，省统计局副局长陈汉臻、济宁市政府副市长田卫东致辞。

9 月 20 日至 21 日，省统计局举办 2017 年全省 1% 人口抽样调查视频培训班，省统计局副局长、省 1%人口抽样调查工作协调小组办公室主任周尊考到会并讲话。

9 月 21 日，省统计局召开信息工作专题会议，局长陈迪桂提出“六点要求”。

9月21日，省统计局召开全局保密工作会议，副局长马金栋到会并讲话。

9月21日，省统计局举办档案工作培训班。

9月22日，省委书记刘家义对省统计局报送的《江苏开放型经济发展的经验及启示》作出批示。

9月22日，省委常委、宣传部部长孙守刚对省统计局报送的《关于我省2016年文化产业统计核算工作有关情况的报告》作出批示。

9月24日，省委常委、常务副省长李群对省统计局报送的《关于我省用水统计指标等有关情况的报告》作出批示。

9月26日至27日，全省网络安全培训会议在济南召开。

9月26日至28日，省统计局在威海举办共产党员党性教育培训班。

9月27日，省委书记刘家义对省统计局报送的《2017年上半年全省建档立卡贫困户调查报告》作出批示。

9月27日，省统计局印发《关于组建第四次经济普查筹备领导小组及办公室的通知》。

9月，省统计局开展环保督察整改情况群众满意度调查、2017年小康建设满意度调查。

10月2日，省委常委、常务副省长李群对省统计局报送的《2017年上半年全省建档立卡贫困户调查报告》作出批示。

10月10日，省统计局召开信息工作专题会议，副局长马金栋到会并讲话。

10月11日至13日，全省统计系统城乡划分业务培训会议在济南召开。

10月13日，副省长于国安对省统计局报送的《关于全省第三次农业普查工作情况的汇报》作出批示。

10月13日，省统计局印发《关于开展地方资产负债表编制试点工作的通知》。

10月18日，省统计局组织全局干部职工收看中国共产党第十九次全国代表大会开幕会实况，并召开党组（扩大）会议就进一步学习贯彻作出安排部署。

10月19日，省统计局与山东行政学院召开调研座谈会，就深化合作达成共识，省统计局局长陈迪桂、山东行政学院副院长司强出席。

10月19日，省统计局召开数据综合管理平台建设阶段性总结汇报会，副局长周尊考到会并讲话。

10月19日，省统计局印发《山东省统计局规范性文件公开征求意见制度》。

10月20日，省统计局局长陈迪桂到济南调研统计基层基础工作，副市长周云平陪同调研。

10月20日，2017年前三季度市级GDP数据联算暨研发支出计入GDP核算布置会议在济南召开。

10月22日，省统计局举办党组理论中心组（扩大）学习，集中学习习近平总书记在党的十九大开幕会上所作的报告。巡视员刘银田，副局长马金栋、周尊考、陈汉臻分别领读报告内容，局长陈迪桂作总结讲话。

10月24日，省委常委、常务副省长李群对省统计局报送的《9月份山东主要经济指标表》作出批示。

10月26日，省委常委、常务副省长李群对省统计局报送的《前三季度全省经济运行保持稳中向好态势》作出批示。

10月26日，省统计局召开政务信息专题会议，副局长马金栋到会并讲话。

10月26日，省统计局、省经信委在济南联合召开山东省2017年三季度物流统计会议。

10月26日至27日，全省基本单位统计报表制度布置会议在济南召开，总经济师孙思栋到会并讲话。

10月29日，省统计局召开信息工作专题会议，局长陈迪桂到会并讲话。

10月31日，省委常委、常务副省长李群对省统计局报送的《关于建立煤炭消费减量替代统计监测月报制度的报告》《我省7个传输通道城市大气污染治理对经济影响初步分析》作出批示。

10月，省统计局开展企业组织结构情况调查。

10月，省统计局开展党的十八大以来发展变化群众满意度电话调查、2017年全国卷烟零售客户满意度调查、“十九大”山东群众关注度电话调查、2017年全国公众气象服务评价调查。

10月，省统计局完成外网网站改版升级。

11月1日，省1%人口抽样调查工作协调小组组长、省统计局长陈迪桂，省1%人口抽样调查工作协调小组办公室主任、省统计局副局长周尊考，到济南市现场视察2017年度1%人口抽样调查入户登记工作。

11月2日，省统计局与山东行政学院签订战略合作协议。省统计局局长陈迪桂、山东行政学院常务副院长王卫东出席签约仪式。

11月4日，省统计局印发《山东省健康产业总产出增加值核算方案》《山东省体育产业总产出增加值核算方案》。

11月6日，省统计局印发《中共山东省统计局党组关于学习宣传贯彻党的十九大精神实施方案》。

11月6日，省统计局召开第一期重点工作推进情况点评会议，副局长马金栋、周尊考到会。

11月6日，省统计局成立机关党建研究小组。

11月7日，省委常委、组织部长杨东奇对省统计局报送的《省统计局党组激励干部担当作为干事创业的十条意见》作出批示。

11月7日，全省农村统计2017年年报及2018年定期报表布置工作会议在济南召开。

11月8日至10日，全省“五证合一”信息共享程序培训班在济南召开。

11月9日，省委书记刘家义对省统计局报送的《我省推进气代煤工程存在四方面问题需要关注》作出批示。

11月9日至10日，2017年全省1%人口抽样调查数据审核会议在济南召开。

11月10日，省统计局印发《山东省统计调查证管理实施办法（试行）》《山东省统计局关于完善统计违法举报工作制度实施办法(试行)》。

11月13日，副省长王书坚对省统计局报送的《我省7个传输通道城市大气污染治理对经济产生的影响及建议》作出批示。

11月13日，省统计局党组书记、局长陈迪桂为全局党员干部作党的十九大精神专题宣讲报告。

11月15日，省统计局成立山东省统计专家咨询委员会。

11月16日至17日，全省社情民意调查工作现场会暨业务培训会在日照召开，省统计局副局长陈汉臻到会并讲话。

11月17日，省委常委、政法委书记林峰海对省统计局报送的《10月份全省经济继续保持平稳向好发展态势》作出批示。

11月17日，省统计局荣获第五届“全国文明单位”称号。

11月17日，省统计局巡视员刘银田带队赴淄博调研明年重点经济工作。

11月17日，省统计局召开全局政务信息专题培训会议，副巡视员陆万明主持并讲话。

11月20日至21日，全省三季度贸易统计数据联审会议在济南召开，省统计局副局长马金栋到会并讲话。

11月21日，全省企业统计星级单位管理工作座谈会在济南召开。

11月22日，省统计局举办第三期社会主义核心价值观辅导讲座。

11月23日，省统计局局长陈迪桂赴德州调研当前经济形势和现代化经济体系建设情况。

11月24日，国家发展改革委副主任兼国家统计局党组书记、局长宁吉喆对省统计局报送的《省统计局关于创建全国文明单位的情况汇报》作出批示。

11月24日，省政协主席刘伟对省统计局报送的《省统计局关于创建全国文明单位的情况汇报》作出批示。

11月24日，省统计局印发《关于开展统计“普法宣传月”活动的通知》。

11月25日，省委书记刘家义对省统计局报送的《关于我省明年经济工作安排的初步建议》作出批示。

11月25日，副省长王书坚对省统计局报送的《关于省农科院科技成果转化情况的报告》作出批示。

11月27日，省统计局印发《山东省统计局政务公开工作考核办法（试行)》。

11月28日，省统计局印发《关于做好2017年度城乡划分质量检查的通知》。

11月29日，全省“四新”经济增加值核算暨核算改革工作座谈会在济南召开。

11月29日，全省能源核算数据联审暨报表制度培训会议在济南召开。

11月，省统计局被评为山东省档案工作科学化管理示范单位。

11月，省统计局开展2017年下半年全国群众安全感电话调查、《国企十条》实施及落实情况电话调查、土地承包到期后再延长三十年群众知晓度电话调查。

12月2日，省统计局开展“牢记使命 不忘初心”主题党日活动。

12月3日至5日，省统计局举办学习宣传贯彻党的十九大精神专题培训班，巡视员、机关党委书记刘银田到会并讲话。

12月4日，省委常委、常务副省长李群对省统计局报送的《全省统计基层基础工作问题突出需要引起高度重视》作出批示。

12月4日至6日，省委组织部、省统计局在济南联合举办全省深化统计管理体制改革培训班，省干部学院院长朱英坤致辞，省统计局局长陈迪桂作专题辅导，副局长马金栋主持。

12月6日，省委书记刘家义对省统计局报送的《我省实体经济降本增效仍需全面发力》作出批示。

12 月 6 日，全省统计工作专题会议在济南召开，省委常委、常务副省长李群出席会议并讲话。

12 月 6 日至 7 日，全省服务业统计报表制度培训暨数据审核会议在济南召开，省统计局副局长陈汉臻到会并讲话。

12 月 7 日，省统计局副局长周尊考赴青岛调研对接青岛国际院士港建设工作。

12 月 7 日，省统计局召开全省资产负债表编制试点工作座谈会。

12 月 8 日，省统计局、省发展改革委在济南联合召开重点部门服务业发展与服务业统计工作座谈会。省统计局副局长陈汉臻到会并讲话，省发展改革委服务业办公室主任陈清华主持。

12 月 7 日至 8 日，全省劳动工资统计年报工作会议在青岛召开，省统计局副局长周尊考到会并讲话。

12 月 11 日，省统计局印发《山东省统计数据质量管理体系》《新技术新产业新业态新模式经济增加值核算方案（试行）》。

12 月 12 日，全省建设领域数据联审暨报表制度布置会在济南召开，省统计局副局长马金栋到会并讲话。

12 月 13 日，国家统计局服务业司司长许剑毅来省统计局调研服务业统计工作，省统计局局长陈迪桂会见许剑毅，副局长陈汉臻参加调研座谈。

12 月 13 日，省统计局印发《关于加强统计领域信用建设的实施意见》《山东省统计局新闻发布工作制度（试行）》。

12 月 14 日至 15 日，全省统计法治工作会议在济南召开，省统计局副局长马金栋到会并讲话。

12 月 17 日，省统计局召开纠正“四风”加强机关作风建设推进会议，党组书记、局长陈迪桂同志主持会议并讲话。

12 月 19 日，省统计局局长陈迪桂赴东明县长集乡调研“第一书记”包村帮扶工作。

12 月 19 日，全省社科统计年报工作会议在济南召开，省统计局巡视员刘银田到会并讲话。

12 月 19 日至 20 日，在线学习中心市级管理员培训班在济南举办，省统计局副局长陈汉臻到会并讲话。

12 月 20 日，省委常委、常务副省长李群对省统计局报送的《11 月份全省经济继续持稳向好发展》作出批示。

12 月 21 日，省农普办召开第三次农业普查公报数据发布征求意见座谈会，省统计局副局长、农普办主任周尊考到会并讲话。

12 月 22 日，省统计局印发《山东省统计执法证管理实施办法》。

12 月 23 日，副省长王书坚对省统计局报送的《关于研发支出计入地区生产总值核算对我省研发经费投入强度影响情况的汇报》作出批示。

12 月 24 日，省委常委、常务副省长李群对省统计局报送的《省统计局关于我省工业能耗数据及国家统计局建议督察情况的汇报》作出批示。

12 月 26 日，省统计局、省旅游发展委在济南联合召开新旧动能转换考核旅游工作会议。

12 月 27 日，省统计局印发《打造科学精准的统计核算中心实施意见（试行）》。

12 月 28 日，省统计局印发《打造独具特色的形势分析中心实施意见（试行）》。

12 月 29 日，省委常委、常务副省长李群对省统计局报送的《国家四部委发布 2016 年度生态文明建设评价结果 我省在全国位居第 18 位》作出批示。

12 月 29 日，省统计局印发《打造现代规范的普查调查中心实施意见（试行）》。

12 月 31 日，省委书记刘家义对省统计局报送的《省统计局快速行动九条措施落实中央环保督察反馈意见》作出批示。

12 月 31 日，省委常委、常务副省长李群对省统计局报送的《关于 2016 年我省“四新”经济增加值核算情况的报告》《关于滨州、聊城两市煤炭消费压减工作及数据报送督导情况的报告》作出批示。

12 月，省统计局组建省统计执法监督局。

12 月，省统计局开展全省人民检察院工作群众满意度电话调查、2017 年下半年全省城乡环卫一体化和移风易俗情况群众满意度调查。

中国统计出版社最新图书简目

(仅供参考,以实际出版为准)

统计资料

中国统计年鉴　中国统计摘要　中国第三产业统计年鉴
中国第三次全国农业普查综合资料　国际统计年鉴　金砖国家联合统计手册
中国-东盟国家统计手册　中国农村统计年鉴　中国县域统计年鉴
中国农产品价格调查年鉴　中国城市统计年鉴　中国价格统计年鉴
中国贸易外经统计年鉴　中国零售和餐饮连锁企业统计年鉴　中国商品交易市场统计年鉴
大中型批发零售和住宿餐饮企业统计年鉴　中国住户调查年鉴　中国工业统计年鉴
中国环境统计年鉴　中国能源统计年鉴　中国建筑业统计年鉴
中国房地产统计年鉴　中国固定资产投资统计年鉴　中国对外直接投资统计公报
中国人口和就业统计年鉴　中国劳动统计年鉴　中国社会统计年鉴
中国科技统计年鉴　中国高技术产业统计年鉴　全国企业创新调查年鉴
中国文化及相关产业统计年鉴　2018年时间利用调查资料　中国妇女儿童状况统计资料
中国基本单位统计年鉴　中国教育统计年鉴　中国教育经费统计年鉴
中国民族统计年鉴　中国残疾人事业统计年鉴

省级综合统计年鉴系列

北京 天津 河北 山西 内蒙古 辽宁 吉林 黑龙江 上海 江苏 浙江 安徽 福建 江西 山东 河南 湖北 湖南 广东 广西 海南 重庆 四川 贵州 云南 西藏 陕西 甘肃 青海 宁夏 新疆 新疆生产建设兵团

市(县)级综合统计年鉴系列

滨海新区 石家庄 唐山 邯郸 保定 沧州 邢台 廊坊 承德 衡水 秦皇岛 张家口 太原 大同 阳泉 长治 晋城 朔州 晋中 运城 忻州 临汾 吕梁 呼和浩特 呼和浩特新城区 鄂尔多斯 包头 沈阳 大连 长春 吉林 延吉 四平 通化 松原 哈尔滨 齐齐哈尔 黑龙江垦区 上海浦东新区 南京 无锡 徐州 常州 苏州 南通 连云港 淮安 盐城 扬州 镇江 泰州 宿迁 江阴 丹阳 海门 杭州 宁波 温州 嘉兴 湖州 绍兴 金华 衢州 舟山 台州 丽水 合肥 安庆 马鞍山 福州 厦门 宁德 漳州 龙岩 南昌 九江 上饶 新余 抚州 萍乡 赣州 吉安 景德镇 济南 青岛 潍坊 枣庄 日照 滕州 郑州 洛阳 平顶山 三门峡 商丘 信阳 济源 汝州 武汉 十堰 荆州 宜昌 荆门 咸宁 长沙 广州 深圳 惠州 东莞 汕尾 南宁 柳州 桂林 梧州 来宾 河池 防城港 海口 三亚 成都 贵阳 黔南 毕节 昆明 西安 咸阳 延安 宝鸡 安康 铜川 汉中 榆林 兰州 庆阳 银川 乌鲁木齐 兵团一师 兵团十师

调查年鉴系列

天津 内蒙古 上海 浙江 福建 河南　湖北 湖南 广东 广西 重庆 四川　云南 甘肃 宁夏

统计方法应用/实用手册

实用SAS统计分析教程　Python数据分析基础　统计公文知识问答　领导干部统计知识问答
乡镇统计人员岗位知识培训系列教材：辅助调查员岗位基础知识　乡镇统计人员岗位基础知识
县级统计人员岗位知识培训系列教材：Excel在统计工作中的应用　简明统计分析
地市级统计人员岗位知识培训系列教材：统计报告与演示　中国国民经济核算体系（2016）基础知识
全国统计专业技术资格考试系列考试用书：统计业务知识（第四版）　统计业务知识学习指导与习题
全国统计专业技术资格考试系列考试用书：统计相关知识（第四版）　统计相关知识学习指导与习题

统计通俗读物/统计科普图书

我国20个统计指标的历史变迁　联合国工业发展组织：2016年工业发展报告
中国古代统计发展史　理解国民账户

重点图书

波澜壮阔四十年　砥砺奋进铸就辉煌——改革开放40年与时俱进的中国统计
新编英汉汉英统计大词典　中国国民经济核算体系2016　国民经济行业分类注释
挑大学选专业2019—考研择校指南　挑大学选专业2019—高考志愿填报指南　中华医学统计百科全书